当代中国思想家文库编辑委员会

总 策 划：葛海彦

主　　编：俞可平

执行主编：邢艳琦、贾宇琰

编　　委：范世涛、刘英、邓彤、王青、张馨文

当代中国思想家文库

Contempory Chinese Thinkers' Series

王元化文稿

上／文学卷

中央编译出版社
Central Compilation & Translation Press

《当代中国思想家文库》总序

俞可平

历史偏爱学问和思想。中国是一个有着浓重"官本位"传统的国家，官大不仅位高权重，似乎学问也大，真理也多。这种"官本位"现象至今在很大程度上仍是社会生活的现实。然而，即使对于中国这样一个有着特殊政治文化传统的国家，历史的偏好也没有改变。中国历史上总共有过332位符合法统登基的皇帝，408位正式称帝的君王，至于那些位极人臣的王公大臣又何止成千上万！这些当年的君王臣子又有几个不曾想名彪千秋？多少人为了青史留名而极尽歌功颂德、树碑立传之能事？然而，历史却是如此的无情：现在人们能够记住的皇帝和大臣又有几多？我们更多地记住的是孔子、老子、庄子、孟子、孙子、荀子、屈原、司马迁、李白、杜甫、韩愈、王安石、苏东坡，等等，等等。人们之所以今天还在代代相传地传诵和纪念这些令人敬重的先贤，不是因为他们的官职，而是因为他们的思想和学识，是因为他们对中华民族的进步所作出的卓越贡献。

历史的偏爱深刻地反映了知识分子对社会进步应当担负的崇高责任。立足当今中国的现实，充分吸取其他文明的优秀成果，创造性地传承、改造和发扬伟大的中华文化，推动我国政治生活、经济生活和文化生活的全面进步，正是当代中国知识分子的历史责任。改革开放以来，广大知识分子自觉投身于祖国的现代化建设事业，希冀早日把我国建设成为一个富强、民主、文明、和谐的现代化强国。他们所提出的许多观点、学说和思想，既为社会进步和中华振兴作出了贡献，也是中华文化对世界文明的贡献。也许是受"厚古薄今"和"言必称三皇五帝"的传统思维的影响，也许是"只缘身在此山中"，许多人并没有认识到我们这个时代已经产生了不少对现实和历史进程深有影响的重要思想。

人们通常说，一个伟大的民族和一个伟大的时代，需要伟大的思想。其实，我们更应该反过来说，一个民族和一个时代之所以伟大，是因为有伟大的思想。改革开放，极大地解放了人们的思想，极大地解放了社会的生产力，它使我国的综合国力迅速增强，使人民生活水平前所未有地提高。改革开放的过程，是中国社会的政治、经济、文化整体进步的过程；改革开放的时代，是一个伟大的时代，它深刻地改变了中国历史的进程，翻开了中国历史的新篇章，并对世界格局产生了重大影响。从理论思维的角度看，改革开放的过程，是一个新旧观念相互碰撞的过程，是一个新的思想观念不断战胜旧的思想观念的过程。这样一个伟大的时代，不仅催生着伟大的思想，而且它本身就是伟大的思想解放的产物。

改革开放不仅大大丰富了我们的物质生活，也大大丰富了我们的精神生活。改革开放需要并确实产生了各种新的思想观念，需要并确实产生了属于这个时代的思想家。从政治意识形态的角度看，我们产生了中国特色社会主义理论，它既不同于苏联的传统社会主义，又不同于西方的资本主义。从社会思想的角度看，尽管有传统势力的强烈抵制和压制,各种形形色色的思想仍然不可阻挡地竞相登台,争奇斗妍,相互激荡。思想的多样和学术的繁荣,既是时代进步的必然体现,更是时代进步的重要动力。正像高质量的物质产品是祖国富强的宝贵财产一样,进步的思想文化产品同样也是中华振兴的宝贵财富。那些拥有重大发明创造的自然科学家是中华振兴的功臣,那些产生先进知识观念的人文学者同样是民族复兴的功臣。

谁是当代中国的思想家?谁的作品有资格入选这套《文库》?这必然是富有争议的问题。我们不能指望读者对此有统一的答案,但我们希望《文库》的编选标准是合理的,并能得到多数读者的认可。简单地说,这些标准就是:中国化、原创性、现实感和影响力。

这是一套关于中国思想家的丛书。"中国思想家",不仅仅表示这些作者是中国人,更重要的是这些思想源于中国的现实,关注中国问题,是对中国历史文化的传承和发扬。换言之,这些思想产生于中国的土壤,有着鲜明的民族特色,其意义只有在中国的语境中才能得以完整地理解和阐释。但是,具有中国特色并不等于说这些思想只是对中国传统的延续,而没有对外来文化的吸纳。其实,自从近代国门被打开以后,中华民族一切进步的伟大思想家,无一不注重向国外的优秀文明学习,例如康有为、梁启超、孙中山、胡适、鲁迅、陈独秀、李大钊、毛泽东等。他们的思想之所以影响深远,很重要的一点,在于他们善于学习和借鉴外国的先进思想。当然他们不是简单地照搬国外的思想,而是将外国的先进思想与中国的现实结合起来,用以改造中国社会。改革开放以来的中国思想进程也再一次证明,只有秉承中国优秀传统，立足中国现实，大胆吸纳世界一切优秀文明成果，才是真正有益于中华民族进步的思想；也只有这些思想，才称得上是具有中国特色的民族思想。对于这些先进的思想而言，民族性与世界性是统一的。

从某种意义上说，任何时代的思想都离不开一定的文化传统，都是对先前某种思想的承继和延续。但是，一切有生命力的思想绝不是对历史传统的简单继承，而是创造性的发展。思想的原创性，指的就是对传统的创新。它既不是对传统的彻底割断，那样，这种思想就会成为无本之木；也不是只有几个新的概念和术语，而无实质性的突破，那样，这种思想至多也只是新瓶装旧酒。思想的原创性，其真实的意义在于，源于传统而又超越传统，依赖传统而又突破传统。对于改革开放时期的中国思想家来说，思想的原创性意味着，既本源于中国传统思想文化和马克思主义经典理论，又创造性地推进了中国传统思想和马克思主义经典理论。这样的一种原创性思想，也只能产生于中国改革开放的特定环境。

在日常语言中，我们一般对"理论家""思想家""学问家"不加区分，这当然无可厚非。但严格地说，它们之间是有区别的。学问家指的是那些术有专攻、业有所长、学识渊博的学者专家。他们本着独立研究的精神，探索规律和真理，往往与现实保持着一定距离，有些研究甚至远离现实生活。但他们的学识是人类知识长河中的涓涓细流，其影响超越时空而绵延不断。理论家和思想家则都有着强烈的现实关怀，其思想和观点往往直接针对现实问题。他们之间的区别在于，理论家的作用更多在于解释和辩护现实，思想家的作用更多在于分析现实和谋划未来。理论家和思想家都有自己的观点和学说，但理论家更看重现实价值，思想家则更强调历史意义。理论家和思想家都是顺应时代的要求而产生的，但理论家的影响力通常取决于特定的政治需求，思想家的影响力则取决于整个时代的需要。改革开放产生了形形色色的理论学说，其中大多数都随着某种特定政治需求的消失而退出舞台，而那些影响整个时代进程的思想必将作为中华民族的文化遗产而传承下去。

思想具有穿透时空的影响力。古今中外那些伟大的思想至今仍然发生着各种各样的影响。像孔子、老子、孙子的思想不仅对现在的中国人深有影响，而且在西方世界也有其不可忽视的影响。像柏拉图、亚里士多德、卢梭、康德、马克思等人的思想，不仅在西方世界深有影响，对中国同样也影响深远。思想家主要通过以下三种方式对人类历史进程产生影响。其一，指明人类进步的方向和目标。进步的思想为人类社会的发展提供基本价值，为人类的道德判断提供基本的评价标准，使人类的发展遵循理性的和进步的轨道。其二，给人们以心灵的启蒙。思想家通过提出问题和解答问题，通过对现实的分析和批判，宣示自己的主张，引导社会的舆论，使人们能够在重大的问题上逐渐形成共识。其三，影响政府决策。思想家通过针砭时弊，通过建言献策，影响政治当局的决策，从而影响社会的发展进程。改革开放以来，社会主义市场经济体制的确立和民主法治的推行，无不凝聚着当代中国思想家们的智慧和见识。

思想是时代的产物，思想家是民族集体智慧的代表。任何思想家，都离不开所处的时代环境和知识分子群体。改革开放以来在中国产生的各种符合社会进步潮流的新思想，都是全民族探索的结果，特别是全体知识分子智慧的产物，思想家不过是这些知识分子中的杰出代表。本《文库》将陆续收录的思想家如费孝通、于光远、吴敬琏、吴江、蔡尚思等，就是这一代知识分子中的佼佼者，他们分别在人文社会科学的各个领域提出了不少原创性的思想，在中国的改革开放过程中产生了各自的独特影响。我们编选这套文库，既是为了表达对所有为改革开放作出思想贡献的知识分子的敬重，也是为了对推动改革开放进程的各种代表性思想做一个汇总，并以此纪念改革开放30周年和新中国成立60周年。

弁 言

王元化（1920—2008）出生于湖北武昌，幼年随父母寓居北平清华园，学生时期投身"一二·九"运动，参加中华民族解放先锋队等进步组织。北平沦陷后南下，1938年初在上海加入中国共产党。1939年在上海大夏大学读书，期间从事上海文艺通讯总站的组织工作，并任文艺刊物《奔流》《万人月刊》编辑。1941年任上海地下党文委委员、《联合晚报》副刊编辑等职。1947年初被组织派往北平铁道学院任讲师。1948年夏返沪后，在《展望周刊》《地下文萃》杂志负责编辑工作。

1949年建国后任《上海时代》杂志社党总支书记，震旦大学、复旦大学兼职教授。1951年后历任华东局宣传部文艺处文学科长、上海华东文联筹备处研究室主任、上海新文艺出版社总编辑兼副社长、市出版局党组成员、市作协党组成员、上海文艺工作者委员会文学处处长。1955年5月因受"胡风反革命集团"案牵连而遭审查。1960年至1969年在市作协研究室工作。"文革"期间下放"五·七"干校和"五·七"工厂劳动。

"文革"结束后平反恢复名誉。1978年起先后任中国大百科全书出版社上海分社党组成员、市文联党组成员、上海社科院学术委员、国务院学位委员会文学学科评议组成员、华东师范大学人文学科首任博士生导师及兼职教授等职。1983年7月至1985年5月任中共上海市委宣传部部长。1984年起先后兼任上海古籍整理规划小组组长、上海"七五"社科规划小组负责人、上海社科院对外文化交流协会顾问、中国作协理事、上海文化发展基金会副会长、复旦大学兼职教授等职。期间当选为中共十二大代表、上海市第八届人大常委、上海市第七届政协常委。

王元化从上世纪30年代开始写作，在其60余年的学术生涯中著述不懈。1998年获上海市文学艺术杰出贡献奖；同年论文集《思辨随笔》获国家图书奖；2001年获华东师范大学"突出贡献"荣誉证；2006年获上海市哲学社会科学学术贡献奖。王元化去世后翌年在上海展览馆举行的"纪念上海解放六十周年主题展"中，被誉为"时代的思想者"，并与新中国首任上海市长陈毅等同列为**"城市丰碑　风范长存**"。

"王元化同志热爱党，有坚定的共产主义信念，在大是大非面前始终保持清醒的头脑，经受住了各种风浪的考验。他实事求是，始终把党和人民的利益放在首位，恪尽职守，忘我工作，具有强烈的革命事业心。他谦虚谨慎，平易近人，生活朴素，廉洁奉公，严以律己，保持了共产党人良好的政治本色和高尚的道德情操。他尊重知识、尊重人才，深受广大干部群众的尊敬"。"他的一生，是不断追求真理和进步的一生，为先进文化事业奋斗不息的一生。他对我国思想文化发展所作出的贡献，永远值得我们尊敬和怀念。我们要化悲痛为力量，学习他的崇高品德和精神，为建设中国特色社会主义的伟大事业而努力奋斗。"（摘自2008年5月16日王元化追悼会上"深切缅怀王元化同志"悼词）[①]

《王元化文稿》分为文学卷、文化卷、思辨卷，三卷内容主要是王元化生前发表过的文字；各卷分列多辑，小标题按选录旨趣所加。

[①] 参见陆晓光主编：《清园先生王元化》，华东师范大学出版社，2009年，第1页。

文学卷大体按历时态编列，亦望呈现王元化文艺生涯历程的轨迹。各辑标题为：（第一辑）抗战文艺论与《脚踪》、（第二辑）从《热风》到《地下文萃》、（第三辑）"向着真实"、（第四辑）文学沉思录、（第五辑）马克思主义与新方法论问题、（第六辑）读《文心雕龙》与黑格尔、（第七辑）读莎士比亚与外国文学、（第八辑）清园谈戏录、（第九辑）汪公严与清华校歌、（第十辑）清园书屋笔札。

文化卷所录主要是王元化研讨学术思想文化问题的文章，它们大都写于改革开放以后至新世纪初期。各辑标题为：（第一辑）人文精神与千禧年主义、（第二辑）与雅克·德里达对话、（第三辑）马克思与王国维、（第四辑）五四精神与东西文化、（第五辑）读黑格尔与卢梭、（第六辑）理想主义的曲折历程、（第七辑）有关上海文化发展的意见、（第八辑）学者与思想、（第九辑）"走自己的路"。

思辨卷是在《思辨录》（上海古籍出版社 2004 年）基础上的改编。删除了原《思辨录》（计 377 篇）中与本书文学卷及文化卷相重的部分（约 130 余篇），同时增加了较多新篇（约 110 余篇）；在框架上也作了重新组合，各辑加标题外，大体按时间顺序编列。王元化晚年提倡"有学术的思想和有思想的学术"，思辨卷亦望有所呈现这一风貌及其历时态。各辑标题为：（第一辑）艺文鉴识（上）、（第二辑）艺文鉴识（下）、（第三辑）美学辨析、（第四辑）名学思辨、（第五辑）文史考释、（第六辑）近现代掌故、（第七辑）传统与反思、（第八辑）学术文化批评、（第九辑）书简。另附王元化历年出版物。

目 录

第一辑　抗战文艺论与《脚踪》

论抗战文艺的新启蒙意义 …………………………………… 003
附：《抗战文艺论集》序 ……………………………………… 009
《脚踪》序 …………………………………………………… 011
乞丐收容所（报告文学） …………………………………… 014
民族的健康与文学的病态 …………………………………… 020
礼拜六派新旧小说家的比较 ………………………………… 028
散文式的悲剧 ………………………………………………… 039
曹禺的《家》 ………………………………………………… 041
记达君 ………………………………………………………… 047
《写给吴步鼎的七封信》小引 ……………………………… 051

第二辑　从《热风》到《地下文萃》

《热风》献词 ………………………………………………… 055
关于阿Q ……………………………………………………… 057
从《展望》到《地下文萃》 ………………………………… 060

1946年《联合晚报·夕拾》每日短评文选 …………………… 070

1948年末至1949年初《周末专栏》文选 …………………… 079

记　辛　劳 …………………………………………………… 083

《于伶诗钞》序 ………………………………………………… 090

《一笑之余》序 ………………………………………………… 091

怀贺绿汀 ……………………………………………………… 094

第三辑　"向着真实"

纪念鲁迅先生 ………………………………………………… 099

将人提高 ……………………………………………………… 101

"要有光" ……………………………………………………… 105

谈人格力量 …………………………………………………… 108

用光明暴露黑暗 ……………………………………………… 110

鲁迅的三十年战斗的起点 …………………………………… 114

反对"无巧不成书"的"巧" ………………………………… 125

车尔尼雪夫斯基与《怎么办?》 ……………………………… 129

《向着真实》改版后记 ………………………………………… 138

第四辑　文学沉思录

将人提高一解 ………………………………………………… 143

有真实的地方就有诗 ………………………………………… 151

失去爱情而歌与失去金钱而歌 ……………………………… 154

让酷评的幽灵永不再现 ……………………………………… 157

党的文艺政策和文艺规律的一致性 ………………………… 160

看电影小记 …………………………………………………… 163

文学的启蒙与启蒙的文学 …………………………………… 165

影片《天云山传奇》点滴谈 …………………………………… 167

谈巴金的《随想录》 …………………………………………… 170
论样板戏 ………………………………………………………… 172
写在两篇文章的日译之后 ……………………………………… 178
《王元化文学评论选》前言 …………………………………… 185
《文学沉思录》初版后记 ……………………………………… 190

第五辑 马克思主义与新方法论问题

和新形式探索者对话 …………………………………………… 195
鲁迅论与综合研究法 …………………………………………… 205
不要把理论联系实际简单化 …………………………………… 209
关于新思潮答问 ………………………………………………… 212
马克思主义与新方法论问题 …………………………………… 215
关于文艺学问题的一封信 ……………………………………… 220
从文化史的角度来研究文学 …………………………………… 225
谈近代翻译文学 ………………………………………………… 229
中国文学古今演变研究略谈 …………………………………… 235

第六辑 读《文心雕龙》与黑格尔

释《情采篇》情志说 …………………………………………… 241
《读黑格尔》"情志"三题 …………………………………… 246
《文心雕龙》创作论释义小引 ………………………………… 251
审美主客关系札记 ……………………………………………… 255
《文心雕龙创作论》初版后记 ………………………………… 263
《文心雕龙创作论》第二版跋 ………………………………… 266
《文心雕龙讲疏》序 …………………………………………… 275
《文心雕龙讲疏》日译本序 …………………………………… 279
《读文心雕龙》小引 …………………………………………… 282

附：《读文心雕龙》目录 …………………………………… 284
《日本研究〈文心雕龙〉论文集》序 …………………………… 286
《文心雕龙学综览》序 …………………………………………… 295

第七辑　读莎士比亚与外国文学

在莎士比亚塑像揭幕仪式上致词 ………………………………… 301
读莎剧时期的回顾 ………………………………………………… 302
《莎剧解读》跋 …………………………………………………… 323
告别张可 …………………………………………………………… 328
关于张可译作《早点前》 ………………………………………… 330
附：早点前 ………………………………………………………… 333
《文学风格论》跋 ………………………………………………… 343
外国文学漫忆 ……………………………………………………… 349
谈老年之爱 ………………………………………………………… 351
约翰·克利斯朵夫的亲情、友情、爱情 ………………………… 354

第八辑　清园谈戏录

京剧札记 …………………………………………………………… 359
关于京剧与传统文化答问（节录） ……………………………… 364
在京剧发展研讨会上的发言 ……………………………………… 373
关于京剧的即兴表演 ……………………………………………… 375
京剧"伍子胥" …………………………………………………… 381
由伍子胥所想到的 ………………………………………………… 384
谈折子戏 …………………………………………………………… 387
谈基础与流派 ……………………………………………………… 390
京昆丑角戏 ………………………………………………………… 392
《清园谈戏录》序 ………………………………………………… 394

《余叔岩研究》序 …… 396
《杨村彬艺术世界》序 …… 399
《吴石坚戏曲论文集》序 …… 401

第九辑　汪公严与清华校歌

汪公严与清华校歌 …… 405
记汪公严 …… 407
王芳荃遗著《怎样欣赏中国诗词》手稿目录 …… 414
《无邪堂答问》摘抄 …… 422
悼王瑶 …… 434
记郭绍虞 …… 438
《鲁迅与我七十年》序 …… 442
《冈村繁全集》中译本序 …… 447
记钱钢 …… 451
记任铭善 …… 455
说"伫中区" …… 460
谈闲适及其他 …… 462

第十辑　清园书屋笔札

《清园书屋笔札》 …… 467
附：《清园书屋笔札》序 …… 480
江陵图谱序 …… 481
《胡铁生书法集》序 …… 484
《舒同书法集》书后 …… 485
《起潜先生书法选集》序 …… 489
《刘旦宅书画集》序 …… 491

第一辑　抗战文艺论与《脚踪》

论抗战文艺的新启蒙意义

一

新启蒙运动并非是"五四"启蒙运动的简单再版，它是把"五四"阶段上所提出的任务放到一个更高的基础上来给予解决。"五四"的新思潮含有一个重要意义：价值的重新估定。那时有两个主要的口号：第一是民主，第二是科学。可是目前的新启蒙运动却具有别种的意义，同时它也不同于一般资本主义社会的启蒙运动。由于中国是一个半封建半殖民地的社会，因此它必须强调反对日本帝国主义的外来侵略。所以，新启蒙运动有着它自己的特殊性。我们可以把它的中心内容总括到下面两点：

（一）民主的爱国主义。

（二）反独断的自由主义。

同时，在另一意义上来讲，它又必然的是个大众化运动。

抗战文艺是文学上的新启蒙运动发展到现阶段的一个具体口号——也就是目前文艺运动的总目标，总方向。那意思是说它应该号召各派别的作家共同走到文艺抗战化这条路上来。

抗战文艺否定了普罗文艺阶段的绝对对立性和思想派别的宗派

性。一般说来，普罗文艺是无产阶级的文学，但抗战文艺却是一个民族统一战线的文学运动。另一方面，它与国防文艺也不同，因为抗战已成现实，所以抗战文艺也不仅仅是号召联合，同时更号召战斗。

最近，又有人提起"作家关系间的标帜"和"作品原则上的标帜"的划分；照他们的意思，抗战文艺仍是"作家关系间的标帜"，而不是"作品原则上的标帜"。现在我们暂且不管这句话在本身有多少的语病，依上面的说法，抗战文艺只是作家在政治立场上的结合，而不是作为文艺运动的总口号，这种观点显然是错误的。因为即使作家在政治立场上结合了，假设他在作品上仍然写的是些封建的反动的内容，那我们也不能称那些东西是抗战文艺，因为它实在对抗战毫无益处。所以，抗战文艺不仅是号召作家在政治立场上的结合的口号，同时它更是一个创作方向的文艺运动的口号。

自然，我们也不应该宗派地来理解这问题：以为只有新写实主义的作家才能写出抗战文艺，或者写不出抗战文艺的作家我们就要把他们当做汉奸来打击。其实抗战文艺是属于各阶层的，它的内容也是多方面的，假设一定要强迫别人放弃他们的阶级立场，那是过左的独断倾向，是与新启蒙运动的自由主义相矛盾的。——但，我说的也并不是所谓"广现实主义"的办法，叫人放弃"主义的门限"。我认为抗战文艺是有阶级性的，新写实主义的创作方法是抗战文艺的一支生力军，因为它能正确地反映现实把握住抗战的意识；不过，不应该把它夸张为"独占"的形式。而我们对于那些写不出抗战文艺的作家，只有诚恳地在工作中去影响和推动他们。关于这点，我们只有认清抗战文艺的联合阵线的意义性才能得到正确的结论。

我们应该更深刻地了解，新启蒙运动是目前思想文化上的一个范畴，抗战文艺只是这个范畴内的一部门，我们要时时注意它与其他部门的联系性。

二

抗战文艺的内容必然是理性的，作家在分析现实和把握主题的时候不应该作过火的估计。我们必须看清现实的发展，用正确的语言表达出来。

最近有人在利用旧形式的一篇文章里，甚至于这样地写道："管教××把国亡"，"要把××一扫平"。这样的句子，走到另一错误的境地，对于抗战不能说是有利的。新启蒙运动所以提出理性这口号，实是它必须抑制无谓的感情冲动反对任何笼统的幻想，才能达到认识现实的道路。

同时，又有人在作品里表现了民族失败主义的倾向，这种毒害更加大了。这就在于对现实的把握还不够，但，假设没有理性，那么怎能看清现实呢？

因此，抗战文艺对于理性运动是不能放松的。

为了使抗战文艺能够走到一条更圆满的路上去，那么在自己的营垒里进行自我批判也是必要的。不过，我却不赞成最近一部分人所提出"抗战八股"的口号。我并不是说不应该反对公式主义，主要是这话含有抹杀意味，我们不应该对于犯有错误的抗战作品，抱着取消的态度。

另一方面，自我批判也不限于只针对同一派别的作家，同时还要批判联合阵线里的各派别的作家。这样也许有人怀疑会影响到联合阵线的巩固，其实在批判中只要不武断、不宗派就绝不会有恶劣的影响。只有在合理的批判中联合阵线才能巩固地生长，抗战文艺才能健全地展开。

记得前几天在一个报纸的副刊上看到一篇解释日苏问题的文章，那里面的大意是：日苏冲突的地点在张鼓峰，张鼓峰的意义就是战鼓打得最紧，到了最高峰的时候，所以结论日苏必战。这副刊的观点一向是相当公正的，但在这里，显然有着非理性的错误。对于这种错误，我们应该诚恳地批判它；要在批判中去号召这些作者对于主题的把握来一个理性运动。

其次，关于反对反动意识和封建伦理观念也是抗战文艺的一个重要课题。目前有一个不可否认的事实，就是：大多数的人还是保存着封建的伦理观念，那么，假使拿反封建当做简单的教条，大刀阔斧地砍下去，无非惹起大众的反感。我们不能忘了大众还有一个更高级更重要的伦理观念：抗战。这是一个矛盾。所以我们要反对那些反动的伦理观念，只有把它放在更高级的伦理观念上给予解决，只有强调这点才能解决这个矛盾。

我们只有把握住这个结论，克制感情的滥用，发扬理性的精神，才能完成抗战文艺的反对反动伦理观念的任务。

三

抗战文艺还负有一个重大的使命：教化工作的深入和普及。我们不能不承认"五四"启蒙运动的不彻底，新文化运动只徘徊在少数知识分子和小市民的圈子当中，而同大众始终是隔离的。把这个问题放到现阶段上来求完满的解决，实是刻不容缓的急务了。所以目前又重新提起的文艺大众化运动，绝不是偶然的现象。同时由此也可以看出目前新启蒙运动乃是"五四"启蒙运动的更高一级的发展。

但是,我们并不把大众化运动看做现阶段文艺运动的一个总目标,那原因就是在于抗战文艺作品并不就只有大众化一条路线;不过,大众化运动却是抗战文艺中的一个主要手段。

我们明白了大众化运动的新启蒙的意义,就应该了解单是创作大众化的作品仍是不够的,我们还应该号召文艺理论的大众化运动,只有这样才能展开广泛的抗战文艺运动,只有这样才能使大众真正与文艺联系在一起。目前,要推进抗战文艺,光是几个文人已不够了,它必须号召大众一起来完成这工作。最近,如《华美周刊》主办的"上海一日"和内地所提倡的"展开广泛通讯员运动",这都表现着:大众不但只是消极地接受文艺作品,并且还应该积极地来参加文艺运动。但我们试想大众在斗争里所用的武器是什么呢?假使还是那些陈旧粗劣的家伙,那么是否能正确地反映现实呢?所以号召文艺理论大众化运动实属必要。

其次,"五四"新文化运动还留下另一个没有解决的任务:批判地接收"文化遗产"。那时对于旧文化完全采取毁灭的态度。我们可以看到"五四"新文化运动的健将鲁迅、吴虞、陈独秀等这些人对于礼教国粹的确来了一个很大的扫荡,但这只是进行了文学革命的第一个任务,而跟着接收"文化遗产"的问题却始终没有解决。同时,第一个任务也做得不广泛不深刻,真正反礼教的还是一小部分人,而大众仍沉醉在旧文化里面,这原因的一部分也是由于"五四"启蒙运动忽视了大众的缘故。

我们既然认清了大众没有扬弃旧文化而相反的旧文化却是密切地与大众联系在一起,这对于文艺大众化运动实是一个严重问题。所以现阶段就应该来完成扬弃旧文化的任务,大众化运动的利用旧形式就是解决这任务的最好方法。因为利用旧形式也就是批判地接收旧文化,在批判地接收过程中,必然地扬弃了旧文化的否定部分,而使它本身蜕变成一种新的文化了。①

一九三八年

(《集外旧文钞》,上海文艺出版社2001年1月)②

---

① (原注)本文系摘录。

② 全文见《抗战文艺论集》,洛蚀文编,(上海)文缘出版社1939年。该书影印本作为《中国现代文学史参考资料丛书》之一,由上海书店1986年出版。"洛蚀文"为王元化当时笔名。

附：

《抗战文艺论集》序

岳　昭①

卢沟桥的炮声,惊散了天河畔一年只能一度幽会的双星,同时惊醒了象牙塔里的睡眼惺忪的 Muse。但 Muse 不只是摆脱了一切美丽的梦幻,走到了十字街头,而且肩着枪,果敢地走上抗战的前线去。她的这种新姿态,影响了中国一切的文艺作家。于是无论年老的作家,以及文艺青年都一致地同意着:"现阶段的文艺,应该服务于抗战。"

这样的文艺,也有人称为抗战文艺。

自抗战以来,关于抗战文艺的意义与任务,内容与形式,以及写作的方法,已有许多人在讨论,并且提出可宝贵的意见。这些意见,虽不一定能够一致,但都倾向于同一的目标。间或有了争论,也不至于一打岔就是一万八千里,总会得到一个正确的结语,这是中国文艺界目前的好现象。虽然直到现在,抗战的文艺运动因为有种种困难,尚未能有计划有组织地展开起来,是件遗憾的事。

收在这个集子里的,都是新旧作家们对于抗战文艺各部门的可注意的见解,虽不是一部有系统的文艺理论书,但从这些论文里,

---

① 该序文作者"岳昭"为戴平万笔名。戴平万当时为王元化所属中共上海地下党文委的文学组组长。——编者

可以了解抗战文艺的任务和内容，以及近一年来中国文艺运动的趋势。同时还可以在比较单薄的文化之一环的文艺工作中，看到一些不可忽视的成绩。

可是在"孤岛"的环境里，收集全部的材料并非易事，也许有不少的遗珠，但主要的文艺论文，大都搜罗到了，这不能不归功于洛君的努力。

这个集子出版之后，我希望有更多的作家及文艺青年，对于抗战文艺诸问题，作更热烈更深入的讨论，使抗战文艺运动能更充实更广泛地发展开来，这才是出版这论文的真正意义。①

（载《抗战文艺论集》，《中国现代文学史参考资料丛书》影印本，上海书店1986年）

---

① 该论集所收文章篇目及作者为：

第一辑　关于抗战文艺：我们需要展开一个抗战文艺运动（周行）、新的现实与文学上的新的任务（周扬）、抗战以来文艺的展望（郭沫若等）、论持久战中的文化运动（以群）、论抗战文艺的新启蒙意义（洛蚀文）、担负起我们的开拓者任务来（穆木天）、抗战后的中国文艺运动及其现状（欧阳凡海）、抗战时期的文学（周扬）、现实主义的抗战文艺论（祝秀侠）、再广现实主义（李南桌）、抗战文学的创作方法（林淡秋）、抗战文艺的战略（天佐）、关于抗战文艺（林琪）。

第二辑　关于艺术大众化：关于"艺术大众化"（冯雪峰）、文艺大众化问题（茅盾）、抗战文学与大众化问题（林淡秋）、关于文学大众化问题（洛蚀文）、关于通俗文艺（穆木天）、怎样使文艺大众化（戴何勿）、谈通俗文艺（老舍）、大众化与利用旧形式（茅盾）、旧形式运用问题（杜埃）、唱本与地方文学的革新（周文）。

第三辑　报告文学及其他：报告文学者的任务（周钢鸣）、抗战文学与报告文学（戴平万）、谈诗歌大众化（石榆、孙望）、建立抗战漫画的理论（胡考）、关于抗战演剧（舒非）、剧院建设的诸问题（钱堃）、略谈改良评剧（丁玲）、改良文明戏的集体意见（鹰隼等）、谈抗战歌曲（丰子恺）、推进歌咏的通俗化运动（朱绛）、绘画·音乐·戏剧（常任侠）。

附录：中华全国文艺界抗敌协会发起趣旨（发起人）、抓住战斗的中国民族这个崭新的形象（冯乃超）、关于"艺术和宣传"的问题（鹿地亘）。

《脚踪》序

抗战爆发我从北平流亡到上海,那时我还是一个十七岁的中学生,在"一二·九"学生运动后,读了一些进步书刊。虽然我对文艺懂得很少,但是凭着青年人的热情,把自己的一些幼稚东西向报刊投稿。本集所收的《雨夜》就是我的第一篇作品。后来,我陆续写了一些习作,其中主要是文艺理论,但偶尔也写点创作。我的第一篇小说《南行轮上》是写平津沦陷后在一条驶向上海的轮船上的流亡人群的景象。它发表在当时上海学联主办的一本特辑上。特辑的名称已忘,只记得是为了纪念"红五月"而编的一本单行专集。这篇小说现在已经无法觅得。还有一篇是一九三九年初,我随上海各界救亡联合会所组织的慰问团去皖南新四军前夕,发表在《译报》增刊上的一篇报告,也同样找不到了。此外还有几篇,连我自己也记不清题名,因此也就由它们自行消亡。

当时上海可划分为孤岛和沦陷两个不同时期。一九四一年底太平洋战争爆发后,日军进入租界,顿时物价飞涨,人民辗转于饥饿、屈辱、恐怖之中。敌人的凶残不仅仅止于杀戮,而且把整个城市变成罪恶的渊薮。畸形的生活在每个家庭中掀起风波,撒下不和的种子,使本来应该彼此伸出援手的亲人,在难以忍受的生活折磨下,为琐事而争吵,互相仇恨,互相伤害。敌人在毒化生活，摧残人性，这些兽行是受害者所难以察觉的。这段苦难的历程倘非亲历，很难领会其中的甘苦。我在沦陷时期所写的《残废人手记》，就是勾勒了上述生活的缩影。如果用今天的眼光去责备它写得过于凄惨，我自然应当接受。不过，我也希望读者多去理解一下那时的生活环境。

我在另一篇小说《舅爷爷》中，试图唤起陷在泥沼里的人对人性美的向往。我写的是一个纯朴未凿的善良老人。我确实有个舅爷爷，在我童年时就死去了。他是替儿子到车站去买车票时被火车轧死的。他的惨死在我幼小的心灵中难以抹去。不过，小说中的舅爷爷并不是真人真事，他是经过艺术构思的人物。这篇小说直到抗战胜利后才发表。当时，曾引起几位作家的注意。首先是魏金枝在报上撰文介绍，接着以群在当时的《文哨》上加以推荐；差不多与此同时，师陀主持的苏联电台文艺节目中，也播送了这篇小说，并且照例加上作者简介之类的按语，记得其中开头的话是："不知小说作者函雨是谁？"其实，那时我和师陀是认识的，只是他不知道我用函雨的笔名。当时我有一种幻想，我想放弃理论，专门从事于创作。可是后来我不得不抛掉这想法。我缺少作家必须具备的迅速捕捉别人不易察觉其意义的生活细节的敏感——这也是艺术思维的一个特征。它是一种天赋，就像音乐家的听觉和嗓音得天独厚一样。有人否认形象思维的存在，我不能同意这种说法。记得达尔文在他的自传中说，他在青年时代最喜欢读莎士比亚的历史剧，可是当他从事进化论的研讨和著述以后，由于思维活动偏向科学的探讨，以致剥夺了他在青年时读莎士比亚的乐趣和享受。他因长年累月地偏于理论思维，所以艺术感受的能力衰退了。

我用《脚踪》作为这本集子的书名，这是由于这两个字恰好能说明我借以留下我所经历过的生活道路的一点痕迹的用意，它们多多少少反映了那个时代的一些小小的侧面，也许这还有点参考价值。

末了，我要感谢本书的出版者和从事具体编辑工作的同志们，他们为出版这套丛书或为我收集资料付出了辛劳。

一九八二年七月十一日于黄山人字瀑下听涛居

（《脚踪》，福建人民出版社 1982 年）①

---

① 《脚踪》为《上海抗战时期文学丛书》之一本。该丛书编辑委员会由巴金、楼适夷、林淡秋、柯灵等。(见该书中《〈上海抗战时期文学丛书〉编辑缘起》)

该文亦见《集外旧文钞》，上海文艺出版社 2001 年 1 月、《王元化集》卷七，湖北教育出版社 2007 年 12 月。

乞丐收容所（报告文学）

没有人能说出上海的乞丐到底有多少。你只要出门走走，无论在繁华的大街或僻静的小巷，都会遇见一些破烂肮脏靠人施舍的人物，假设你稍为穿得讲究一点，马上就会被他们包围，追逐。这些人晚上睡在爱多亚路或东新桥（即今延安中路湖北路）一带的小店里，代价是两毛五。如果他们要节省这笔费用，可以在宵禁时间，故意跑到街上徘徊，巡捕自然会请他们到捕房去，那里就成为他们很好的宿眠地了。他们吃饭的时间也不一定，运气好的时候，可以吃得很饱，倒霉的时候也许几天都没有东西下肚。除了一些有讨饭本领的乞丐之外，走霉运的乞丐毕竟占大多数。

今年一月间，上海的救世军（英国教会的一种组织）得到公共租界的协助，举办了一个收容所，专门收留这些无家可归的乞丐。这个收容所开办不久，马上轰动社会，许多外国记者带着他们的照相机以及好奇的眼光跑去观察，而且大多还写了文章寄回本国去发表，向国人报告这件破天荒的创举，因为，据说：专为乞丐而设的收容所在世界的历史上也不能不说是初次呢！

乞丐收容所顶多能容两千人，现在人数渐渐增多，大有供不应求之势了。可是有时仍旧有新的人补充进来，因为常常死掉许多染上烟瘾的乞丐，他们的空位可以转让给别人。

乞丐们大多都成了白面、红丸的莫逆，他们中间有些人把它看做比吃饭还要紧，少了就不成，头痛腰酸，鼻涕眼泪马上会流下来。收容所的负责人告诉我，乞丐们最容易犯的毛病就是拉烟痢，有些瘾君子被关在收容所里，自然不能得到吸白面吞红丸的自由，于是只好拿喝冷水来代替了。因此拉烟痢的在所有病人当中，占有半数以上，他们的死亡率也最高，在收容所开办的头些天，常常有大批吸毒的乞丐死掉。以此推想，上海吸毒品的人谅不在少数，又何止乞丐们受到它的毒害。

收容所里的乞丐不是自动进来的。巡捕房定好几天日子，在指定的区域里面，分头去捉，被捉进来的乞丐当时也许莫名其妙，可是弄明白之后反而会以为自己在其他乞丐之中还是"天之骄子"呢！有一个丐童亲口对我说，他希望我去说说情，让他一家搬进来住。他这个请求已经多次被负责人拒绝了，因为他的家人虽然同样是乞丐，可是时间已过，谁叫他们那一天不在被指定的区域里要饭呢？而他也只好和他的家人分开了。知道消息的乞丐只有少数，有一个丐童不知怎样打听到这件事，而且还知道了时间和地点。他原先只在戈登路（今江宁路）一带要饭，可是到了那天，他故意跑到中央捕房门口，结果果然被送进收容所里面了。自然，不愿进收容所的乞丐也有，他们需要不受束缚不受干涉的自由自在，宁愿餐风饮露，而不愿被人管。同时，不是乞丐，捉错了的也有。常常有些贫民，因为衣服褴褛，被误认为乞丐捉进来，结果费去很多力量调查清楚，找好保人才放出去。巡捕房固然白费时光，而被误捉的贫民也只好自认晦气了。

有些绅士特别讨厌乞丐，说他们好吃懒做，不值得人同情。其实好吃懒做的乞丐固然有，可是更多的却是受环境压迫沦落街头的乞丐。他们只能怪他们的父母没有留下丰富的产业，或上天故意使他们倒霉。他们原也不愿做这下贱的勾当，和我们是一样的，并不是天生的要饭坯子。就收容所里的乞丐来说，只有很少数是上海籍，是要饭的老门槛,大多数人却来自附近乡间,他们或全家或单身逃到上海,人地生疏,谋事又不易,只好"左手锣右手鼓地沿门求乞"。收容所就派人替这些和家人走失的乞丐写信。但是得到回信的机会很少,因为家里人也不知流落到什么地方去了。有一个丐童,得到邻居的回信说:"你母亲帮皇军洗衣服去了,至今无下落。"另一个丐童的爸爸写信给收容所的负责人说:"请你们留我的孩子,让他做一个学徒吧!"这些小孩得到这样的回信后也只好一哭了事。

乞丐们一进收容所,负责人就给他们洗澡,剃头,为了避免白虱,把他们身上带毛的地方完全剃光,就是女乞丐也同样不免。我碰见几个女乞丐,剃着和尚头,穿着号衣,摇摇摆摆地走来走去。乍一看,简直和男人没有什么两样,后来听到她们说话,我才明白过来。剃完头,洗完澡,收容所的负责人给他们换上一律的蓝棉衣蓝棉裤,好像制服一样。同时把他们的旧衣服保存起来,身边有钱的话,也替他们保存好。这时就开始闹出很多笑话,因为乞丐们不愿人家替他们保管钱财,虽然向他们解释,说后来如数归还,但仍旧无效。他们把钱藏到各处,负责人很要经过一些波折才能把他们的钱寻找出来。有一次在一个老头子身上找出了一百多块钱,收容所的人都很奇怪,追问他这许多钱是从哪里来的,他不肯直说。后来他和里面的人混熟了,才说出来,原来这是他卖媳妇的钱,他打算把这点钱过些快活日子,可是没料到第二天就被捉进来了。

收容所一共有二十个棚,每棚住七十人左右。棚盖得很坚固,是用草和泥砌成的,上面大概还涂了些油质的东西,即使落雨,我想也不会漏到里面去的。棚里的陈设很简单,只有挤得满满的双层床,别无他物。乞丐们按着年龄和性别分住在这二十个棚里,最后一个棚是专供残废居住的。我去参观的时候,许多乞丐正在晒太阳,散漫地坐在地上,无精打采地低声谈话,有的还懒洋洋地躺在棚里的床上。带我参观的一位友人对我说:

"这些乞丐整日无事可做,收容所的负责人太注重外表了,全不顾他们的生活和教育。而且管理得也不太好，收容所成立了这许多日子，乞丐们洗澡还没有轮到第二次呢！"

她把空着的洗澡间给我看，说他们不会利用时间给乞丐们洗澡。因为她和我很熟，所以才这样直说出来。

在收容所里只有丐童才有资格读书。他们的课堂是一间很考究的房子，玻璃窗，光线也很充分，他们的课程有：国语，英文，算术，音乐，体育等项。体育就在课堂对面的操场上举行。他们的程度多在小学三四年级以下。我在收容所办公处的走廊上，看到许多贴在墙壁上的字画，五光十色，琳琅满目，有工整的颜字大楷，有清楚的小楷，有活泼的自由画，有天真的作文，这些全是丐童们的成绩。其中有一篇作文的题目是："敬爱我们的国旗！"照口气看来，不像大人的授意，而的确是小孩子的口吻，天真，坦白，热诚，你读的时候就像有一双孩子的眼睛向你直视着。乞丐不是天生的笨虫，他们中间有不少聪明人，只是被环境压得吐不出气来罢了。

收容所好像成了儿童世界，读书的是丐童，做工的也是丐童！由此更可以证明负责人还没有把事情安排得走上轨道，这也许是开办不久缺乏经验的缘故吧！工作室里坐着二十来个丐童，中间只夹杂了两三个青年乞丐，他们手里一律拿着针线在缝纫。这些丐童本来不会做针线，到这里才学起来，教他们的就是那两三个青年乞丐，原来他们从前还做过成衣匠呢！不过收容所对于丐童的工作训练似乎不及学堂办得好，多少带着一点装饰门面的气味，而有许多外国新闻记者到这儿来，也不问皂白，只照几张相片就跑掉了。因此这种布置很合这些记者的口味。但是真正的事业到底不是为了给人看的。

我在收容所的办公处碰见了总负责人达军官，他是英国人，个子不高，脸很瘦，黑黑的，穿着一身救世军的制服，人很和气，显得十分精明强干。他向我寒暄几句，又忙着别的事走掉了。可惜我没有机会和他多谈，否则可以从他那里了解一下收容所的未来计划。

收容所的医院设在办公处的楼上，分出许多房间：诊断间、重病间、轻病间……全部布置得十分洁净，和普通医院无异。我走入重病间，看见一个垂死的丐妇卧在床上，旁边站着她的瞎眼的丈夫（他不住在收容所里），用手拉住她的一只手，没有一会他就被人领出去了，大概在我来之前他们已经谈了半天了。我看到他们分别时那种依依不舍的情况，不禁十分感动！也许下次他们不能再见了吧！诊病间里挤满了人，大都是些患皮肤病的乞丐，一个犹太医生（他是从纳粹统治下逃出来的难民）替他们诊治。他看见我们，连忙站起来，用生硬的英文欢迎我们。我没有多打扰他，就走出去了。我问我的朋友：

"那个犹太医生的医术怎样？"

我的朋友笑着回答说：

"他的医术和他的英文一样不高明。"

医院的设备，虽然还没有做到尽善尽美，但是一切布置倒相当完善，大体上是可以令人满意的，这也是收容所最成功的一处了。

乞丐们一天吃两顿饭，吃的东西很简单，只有萝卜汤和米饭两样。所谓萝卜汤，只是一大桶点上一些油加上一些盐的开水，有限的几片萝卜浮在上面，大概每人还分不到一块呢！无怪有些乞丐叫苦连天，说是比他们求乞要来的东西还差。烧火煮饭的大师傅，也是从乞丐中找来的，这样可以一举两得，一来不必花钱去雇外人，二来也算是给乞丐们找到一些工作，总比游手好闲强得多了。担任厨房工作的乞丐也各自分工，有的掌灶，有的煮饭，有的担水，有的分配装桶，有的发送。分配装桶的乞丐，人不高，很结实，非常油滑，像是《鸿鸾禧》中的金松。他向我说了些讨好的话：什么应该清洁，应该讲卫生，人必须勤快，多做事的人可以享受好的食物等等。他这些话一定对参观的人不知说了多少次，背得烂熟，可是我想大概连他自己也不会相信自己的话的。

收容所里的奇怪人物还有很多。据说有一个乞丐还是香港某大学的学生，一口英文说得很漂亮，每逢有外国人参观，他总要跑出来卖弄两手。他在沦为乞丐之前，曾做过各种事情：教员，打字员甚至伪军等等。据收容所负责人的分析，认为他沦为乞丐的原因是他没有长性，太容易改变趣味的缘故。这说法是否正确，我不得而知，不过我想除了性格问题之外，恐怕还有社会问题吧。可惜我来不及认识此人的庐山真面目，就要告辞回去了。看看表我已用去了一个多钟头，把带我参观的朋友已经麻烦得够受了。我只有在这里感激她的盛情！走出收容所的朱红大门，一阵风扑到我的脸上，有几个乞丐围拢过来，我不禁想：救济乞丐恐怕不是办几个收容所所能做到的吧！

一九四一年春

（《脚踪》，福建人民出版社1982年）①

---

① 亦见《集外旧文钞》，上海文艺出版社2001年1月、《王元化集》卷一，湖北教育出版社2007年12月。

民族的健康与文学的病态

前些天的《申报》上有丁福保先生演讲的"卫生长寿术",里面有这样一段话:

> 精神安定,足以养身,凡事须要知足,切勿自寻烦恼,待人接物,一以心平气和为主。宗教一项,虽有不同,如我国佛教慈悲,亦足以修身养性。

据说强国有赖于强身,大家照这样实行,不健康的民族也可以变成健康的民族了。丁先生还说:

> 饭米须吃糙米,珍珠米滋养最丰富,能代替白米,更有益于人生。

我从来没有研究过吃珍珠米是否真能长寿?只是知道中国人吃得起糙米的并不多。有个朋友告诉我,滇缅路的小工只有青草吃。没有饭吃的问题比吃白米生脚气病的问题更严重罢。中国民族的病是不在每个国民的肉身上而在整个民族的社会上。就譬如说知足罢,你知足别人不知足,你退一步别人进两步,一直弄到连知足都不能知足了怎么办呢?

只看清兵屠扬州,许多汉人何尝不愿献金宝,做奴隶,即使比牛马还下贱的待遇也肯忍受,总算十分"心平气和",没有"自寻烦恼"了，可是结果怎么样？清兵还是不住的杀，并没有因为别人知足也就跟着知足了。即令人能从刀缝里逃出来，知足地活下去，活到一百岁，一千岁，仍旧"轻健如四十左右"，又有什么用？顶多只能找到萨尔蒂可夫所写的"非常聪明的鲦鱼"作知己，满足地发一声感叹："感谢上帝，我还活着！"而已。要人注意健康原来很好，以为一提倡卫生，国就得救，别的可以不闻不问那就不对，因为民族的病症不是医药所能救治的。

有位精神病学者曾用医学的眼光来研究《阿Q正传》，他说阿Q的一举一动都是神经病的表现，并说，中国有这种神经病的还很多，几乎占百分之八十以上。不健康的阿Q精神也许实在是一种广义的神经病的表现罢。不过，要医阿Q的病，先得铲除造成阿Q病症的环境，这是恐怕精神病学者也不能反对。如果光是医学可以救治民族的病痛，鲁迅先生也不会放弃学医而从事文艺活动了。

但是有人举出鲁迅的话来证明文艺是无用的，不能医治民族的病症。他们说，鲁迅在《文艺与政治的歧途里》不也这样承认：

> 孙传芳所以赶走，是革命家用炮轰掉的，绝不是革命文艺家作了几句"孙传芳呀！我们要赶掉你呀！"的文章赶掉的。

他们以为这是鲁迅的矛盾，从事文艺工作的人都说文艺无用，不是很可笑的么？实际上，鲁迅在这里正说明了文艺的功用。文艺是社会心理的反映，文艺的功用也只能做到改造社会心理为止。所以鲁迅又说："诋斥军阀怎样怎样不合理，是革命文学家，打倒军阀是革命家。"如果把文艺和生活的关系看做简单的，直接的，那么诚如恩格斯所讥笑："比解一次方程式还容易"了。

这一点，有些人是明白的。可是他们对于文艺却要加以无理的限制，以为"今日的艺术当尽全部精力于歌颂，"（丁三：《现代生活与现代艺术》）不应写"自己的病痛"，"甚至写不相识者任何同胞的病痛"（劳用：《不需要病态文学》）。凡是暴露黑暗面的作品，

他们一概抹杀，称之为病态文学。即使要暴露，也只能暴露："……侵略者……全能国家……强权……的残酷。"（丁三：同上）

难道我们自己生活中的黑暗面就不能暴露么？丁三先生不是口口声声说："艺术是生活的表现"吗？大概他以为我们的生活里面本来就没有黑暗面这种成分，所以根本用不到暴露。最近不是有人正在用历史来辩解我们民族的"英勇"和"进步"么："中国民族不失为优秀的民族，在两千多年前就有些证例可援。"（黎锦明：《南庐杂感》）还有人说："我们民族本来是豪放的、刚强的。你看我们民族中主要的汉族罢：它崛起西北，轰轰烈烈的征服了四邻各种族；五千年来不断地吸收外族而使他们同化于自己，难道这不是至大至刚的民族吗？"（朱维之《中国民族是消极的吗》）

中国民族自然有英勇和进步的成分，可是，同时也有卑劣和退步的成分。隐藏在抗战阵营里，不是有许多吃摩擦饭，发国难财，借刀杀人，偷天换日的家伙么？张伯苓先生要我们用望远镜来看中国的一切事。但是对于这种人，我们必须用显微镜把他们放大，我们的文艺也必须把他们表现出来。也许黎、朱二先生不是有意反对暴露黑暗面的文学作品，可是他们把民族当做抽象的东西，忘了其中的不同的成分，却无形中助长了某些自称"抗建文学家"的阴谋。

狭隘的民族主义思想统治了几百年的历史。我们活在孤岛上，远离了祖国，一切都成了梦幻般的美丽，没有缺欠，没有丑恶。人大概常常只记着眼前的黑暗，忘了远处的黑暗。民族，国家对于我们是多么诱惑的字眼！劳用先生就利用这个缝隙，义正词严地说：

>……病态文学，小之有害于个人健康，大之有害于民族的健康，平常本来不需要它，现在阻碍抗建，莫此为甚，谁还需要它！

——《不需要病态文学》

其实正相反，这里说的健康的民族，实际是不健康，这里说的病态文学，实际也并不全是病态的。也许劳用先生不是存心欺骗，而是在讲老实话，不过因为立场不同，观点也就两样了。他所说的民族，并不能包括大多数的老百姓，只能代表他自己的一集团，他所说的"有利于抗建"或"有害于抗建"，也只是从他们一集团的利害出发，不是从大众的利害出发。因为大众的争解放，不但不要作异族的奴隶，而且也不要作同族人的奴隶，不但要挣脱异族人的手镣脚铐，而且也要挣脱同族人的手镣脚铐，所以一面暴露异族的残酷，一面暴露自己阵营中的黑暗，正是中国老百姓的普遍的要求。

我们在过去的历史上常常看到统治者总要借助老百姓的力量来抵抗异族的侵入，但他们对于老百姓的剥夺，并不比异族逊色，就在异族压迫得很厉害的时候，也挡不住他们"设教坊"，"倡女乐"。这种昏天黑地的荒淫佚乐，还只是他们黑暗生活的一部分，别的更不必说了。他们借重民众力量来抵抗异族，不过要争得长久的主子地位而已。自然，某些"抗建文学家"还不至昏庸到这种地步，然而他们借民族的大招牌作幌子，谋自己一群人的利益，却是和上述的统治者一样的。

他们所怕的是暴露黑暗面的作品，竟在"很少数自命正经的文学中"，占了不少的成分。但是大众并不怕这种作品，他们欢迎这种作品，他们只可惜这种作品过分稀少，以至许多鬼蜮的嘴脸还没有完全显露出来。

他们所谓"病态文学"是把"表现个人的或同胞的病痛"的文章和专讲风花雪月的文章硬拉在一起。这种故意混淆不过是为了放出一些烟幕，妄图使反对的人无隙可乘。风花雪月的文章谁还赞成？你反对风花雪月就会不自觉的赞同他们反对风花雪月的兄弟：表现"个人的或同胞的病痛"的文章。这种设心不能说不巧妙了。

实际上他们对风花雪月的文章的态度怎样呢？我看到了几种表面相反，实际上却是一致的意见。

第一种是赞成风花雪月的：

>各人有各人的悲剧，各人有各人应付这悲剧的方法，因为它能美化生活的悲剧——也可以说"防止"悲剧的发生。

所谓美化生活的悲剧，自然是不愿意看到黑暗面的暴露。而防止悲剧的发生，则在于反对暴露黑暗面的文学。不过这种大胆的告白太笨拙了，所以另一种意见不得不出来补充。

这种意见是根本反对风花雪月的，但是反对的理由却和我们不同：

>无病的呻吟固然不对，有病的呻吟也是一样的不应当，永不呻吟底才是最有勇气底。

这话多少带着鼓励和恫吓两种性质，倒有些像鲁迅的《我的第一个师父》中的龙师父对要受戒的三师兄讲话的口吻："拼命熬住，不许哭，不许叫，要不然脑袋就炸开，死了！"这位先生所怕的不是无病呻吟，倒是有病呻吟，假使大家呻吟惯了，风花雪月都呻吟完了，眼光四处一溜，万一找到什么有病呻吟的东西，岂不塌台！所以为安全计，还是永不呻吟最好。我们在外国影片上看到的黑奴，不是永不开口的么？即使遭受最大的苦难，他们也不呻吟一声的。

但是你要是相信"抗建文学家"真的反对风花雪月那就错了。不信，在他们的刊物上，和这些洋洋洒洒的大论排在一起的，就有许多他们反对的"念旧，怀古，悼亡，忆友……"这一类无病呻吟的文章。

>该怨恨自己命运不佳，你，
>本来是爹妈心头的小花，那时候，
>温暖，饱满，一天到晚只是耍；
>直到××们冲进了村庄，
>子弹打死你的爸爸，
>火把烧毁了老家，

你，才跟着妈

两个人，流落天涯！

——南人：《卖孩子的》

还有篇小说，写一个从北方逃到上海的小孩，这回是母亲死了，"跟着爸"，"流落天涯"。不用说故乡一切都好，外乡一切都坏，失业，病痛使得父子两人越发"怀念北方的家乡"：

"怎么？咱们的家……"

"咱们家的栗子多呢！良乡是咱们的家。良乡的栗子最有名。"

"我们为什么不回咱老家去哟？爸爸，咱欢喜吃栗子。"

爸爸的眼睛有点潮湿了。

…………

"上海！有什么玩儿！"小顺儿嘟起嘴，"咱们的老家那才好玩儿呢。走出屋子，就是一大片场地。那大院子有两颗大梨树！又甜又鲜！红柏树红得像血，我们家的山前山后不都是吗"？

——丁谛：《栗子》

这一类作品有念旧，有怀古，有悼亡，有忆友……难道还不能成为新风花雪月的文范读本么？可是该刊编者的编后告诉我们：

《栗子》应该有它积极的意义非怀乡病可比，诸君以为如何？

大概编者所谓"积极的意义"，就是作者把家乡沦陷前后的生活做了个对比的缘故罢！不过，恕我讲一句扫兴的话，这种作品才正是病态文学。

描写家乡的可爱和抒吐怀乡的痛苦，本来没有什么应该不应该，问题在于看你怎样描写，怎样抒吐！《铁流》中的农民对于故乡的怀念是多么真挚，鲁迅对故乡的描绘是多么可爱。然而他们并没有把"生活的悲剧美化"，他们的作品都是有血有肉的现实主义作品。故意把生活的悲剧美化的作品，一定不能正确的反映现实，一定不能感染读者，而且也一定是病态的。《卖孩子的》和《栗子》这两篇作品，都把沦陷前的家乡形容得像天堂一般。这其实是歪曲现实的病态作品，例如主张永不呻吟的人都这样说："一说起故乡，什么都是好的，什么都是可恋可爱的，恐怕世间也少有这样的人。他也会不喜欢那只扒满苍蝇的癞狗，或是隔邻二婶子爱说人闲话的那张嘴，或是住在别处的地主派来收利息的管家罢。"读完了《栗子》这一类作品，再看到同样刊物上的这种论调，对比之下真是很大的讽刺！

有意把悲剧的生活美化必然走到歪曲现实的路上去，这种作品不是病态文学还是什么？

一说起故乡什么都好的人，虽然很少，还是有的。这种人必须具备两种条件才有资格：有钱有闲，至少也起码不是被压迫者才成。劳苦大众的故乡，在沦陷前后虽也有区别，但只是程度的差异而已。编者说，《栗子》非一般"怀乡病"的作品可比是有缘故的。因为这种人怀乡，一辈子怀不出毛病，只有怀出好处来，证明过去的生活多么合理，以及连过去的生活都不满意的人是怎样不应该。

他们刊物上有一篇慧君的《出钱歌》把他们过去的生活说得明明白白：

　　我有着良田美地
　　…………
　　我有着高堂大厦
　　…………

有着"良田美地"，"高堂大厦"的人自然没有什么不满。他们所担心的只怕"防不了强盗的打劫"，"冤家的兵刃"。一旦强盗被赶跑了，冤家被打倒了，他们仍旧回到"良田美地"，住在"高堂大厦"里面，过着天堂一般的生活。你要请他们稍为改一改生活的方式怎么成呢？要知道他们的一切努力正为了维护这种生活。所以，他们一面痛恨替强盗冤家张目的"渣滓文学"，一面也痛恨企图改变过去"天堂"生活的暴露文学。这是一个矛盾。具有这种矛盾的人是十分痛苦的，也是十分危险的。人总不能永远在矛盾中讨生活，有些卑鄙的人往往在两条路中选择了最无耻的路：投降冤家强盗，作他们的鹰犬来剥削老百姓，历史上有许多帝王就抱着这种宁赠外邦不与家奴的主张。

所谓"抗建文学家"也许还不会卑劣到这种地步。不过矛盾不是他们的出路，如果要永远维持原状，那么他们的前途是可怕的。例如，他们最近的表现就实在令人捏一把汗。副刊上几乎每天都有一批小勇士，大吹大擂，认友为敌，假造通讯，存心诬蔑，简直与下流的渣滓小报记者差不多。至于堂堂的"抗建文学家"呢？也居然把渣滓文学轻轻放过，专对"正经的文学"开火，无理挑剔，动不动就拿大帽子制服人。说别人"故意反对抗建，故意作与抗建相反的宣传！"所根据的理由在哪里？只是凭空捏造。也许这是一种变态心理罢，他们一肚皮的闷气不敢发在真正敌人的头上，只好拿自己的人作假想敌来出出气了。不用说，反映这种心理的文学作品也必定是病态文学。产生病态文学的民族还能说得上健康吗？敢问。

一九四一年五月①

（《向着真实》，上海文艺出版社1982年2月）②

---

① 该文亦见《王元化集》卷一，湖北教育出版社2007年10月。
② （原文附记）：本文中××符号是在当时环境下必须避讳的字眼，如：日寇、汉奸、汪逆、抗日……这些名词那时是不容在报刊上出现的。现仍其旧，不加改动，以保留当时的时代背景。

礼拜六派新旧小说家的比较 ①

今年的夏天,我在出版不久的《万象》上,看到一篇郑逸梅先生的《消夏谈屑》,其中举出的夏日乐事很多,只要摘出几条我们就可以明白郑先生所憧憬的生活是怎样一幅幽闲的姿态了:

> 山居避暑,不问人世纷纭,捕得四五小萤于琉璃瓶中,以代灯火。
>
> 卧碧纱橱中,无复蚊蚋之侵扰;纳凉与家人谈鬼。
>
> 草销夏日记,所记无非谈诗悟禅,饮冰馈果,以及书画考证,人物月旦,及既金风送爽,衰集已成。
>
> 高卧北窗下,手秭史一卷,意倦自抛,憮然入睡。
>
> 彼美出浴,冰绡未掩,于屏角间窥之,肌理白腻,双乳莹然,正不知魂销几许。

这是多么潇洒!多么自在!可惜郑先生"为衣食故,奔走尘嚣,挥汗如雨",终于也渐渐知道:"无复有此享受"了。不过从郑先生的梦幻中,我们可以看出礼拜六派的作家追求的是些什么,感受的又是些什么。自然,郑先生不足以代表礼拜六派的全体——他们中

---

① 该文"是组织上责成我写的一篇遵命文学"。(王元化《向着真实》后记,上海文艺出版社1981年版)。

间也很有几个严肃认真的作者。可是,我想,怀有郑先生一样心情的,恐怕一定不在少数罢。我还可举出另外的资料,这是在《万象》的姊妹刊《小说月报》上看到的:

> 斜阳半帘,微言在野,汇集各家之笔,直衬的,或抽象的,也许给有心的读者,在烟清茶淡中,漾起一幅非常的波涛。
> ——《文艺奖金征文启事》

从这段话中,我们不难想象到这刊物是企图满足哪一种读者的需要了。这种读者在上海是很多的,据《万象》与《小说月报》的广告告诉我们:他们的刊物已"由初版再版甚至三版"了。然而在"拥戴"的欢呼中也可以听到不满的论调。不久以前,有一位作者对于这种"专门写些供悠闲阶级作茶余酒后的消遣的作品"下了一个攻击,他以为"那些旧小说,内容空洞,思想落伍,情节牵强,文笔陈旧;它们既不具有时代的精神,而且还往往违背现实,而其表现方法又极恶劣,实无文学价值可言"。(琦佩:《反对旧小说》)

然而这个批评是不足使旧小说家心服的。礼拜六派的刊物除了旧小说之外,还有大批新文学的作品,这些新小说并不比"专门写些供悠闲阶级作茶余酒后的消遣的作品"逊色,这些作品中的人物甚至比郑逸梅先生所想望的还要幽闲还要自在。请看他们怎样消磨自己的时光罢:

> 是一个初秋的晚上,已经微微地有了点凉意。我披了一件睡衣,躺在靠窗的一张沙发上,懒懒地在翻着一本朋友的诗集。消淡闲适的风格使我感到了平静感到了心的安宁。我的脑里一点感觉,一点思想都没有,空洞得像在无梦的酣睡中。过去的一桩桩的事,似乎太远了,我懒得,也不愿去回忆;未来呢?也远得很,且待将来再说罢,何必现在去多想呢?我只在享受

着我的现在。现在我是安适而宁静地躺在沙发里,这是一种至高无上的乐趣,只有懂得享受的人才会享受,我似乎这样意识到。

——《小说月报》第九期第四十二页

不过郑逸梅先生早已证明这种"酣睡"不能长久下去了。所以幻想幽闲变成了沉迷麻醉,寻觅享乐变成了追求刺激。本来人类的灵魂是不容易理解的,"我们看不见人的灵魂,就看看女人的肉体罢"(《小说月报》第六期第九十三页)。这班"一点思想都没有"的文学家会告诉我们:"肉的相贴"是怎样一种感觉,女人的乳罩是哪一种颜色,隐隐射射从女人的真丝马甲里可以看到一些什么东西,以及"肉弥弥的胸儿,白生生的腿儿,红喷喷的脸儿",甚至女人洗哈巴狗的"情调"……他们的作品塞满了这类色情的描写是并不奇怪的,因为他们都是此道的老手啊!自然,这还不够刺激。一个作者有新的发现了:"最奇怪的是女生的铅笔上,讲义上,都会那样芬芳的香"(《小说月报》第六期第一百零四页)。另一个又在研究更古怪的问题,他要猜想他的"年轻的姑娘"的内衣到底是"淡红色?白色?有花边?红的纽扣?还是白的纽扣?"(《小说月报》第七期第六十页)

内衣的颜色总有猜想完了的时候,新的题目又出现了,问题是:"女人什么时候最美?"

第一个想象力很贫乏,他说:"只要是一个女人,她总有一个时候是很美的"(《小说月报》第七期第六十七页)。

第二个口味有些特别,他以为:某种男人"专门喜欢小孩子这一类的"(《小说月报》第六期第九十六页)。

第三个又深不以为然,他说:女人在十七岁的时候只是"含苞欲放",到了二十二岁才是"正盛的牡丹"。前者只能作为观赏的对象,后者才有"非凡肉感的躯体,成熟了的女性特有的芳香,才有引力。她鲜红的，润泽的，适合于给人接吻的嘴唇；灵活的，深黑的，勾魂摄魄的眼睛；还有配给人拥抱的胸腰，都是发出它们的欢呼"（《小说月报》第八期第九十六页）

第四个呢？胃口更大了，倒像上海俗话说的"垃圾马车"，来者不拒，他说："虽然年纪比较大，可是一个女人实在不必问其年龄。有表面年纪大过真年纪，亦有真年纪反较表面老的"（《小说月报》第六期第三十四页）。

他们知道在女人的年龄上也翻不出什么新花样。就是最无聊的读者，看多了也要唾弃这种反反复复的昏话。可是除了女人，他们还知道些什么呢？于是他们空虚了：

> 我对于这个世界里的一切都觉得冷淡：金钱，名誉，高位，在我似流水浮云；即使说爱情罢，我也尝不出什么滋味，因为情人欢喜世界气，而我则否。我不要这些东西；我宁可抛弃它们。然而我要祝祷天：失掉一切罢！只保存下我的童心罢！
>
> ——《小说月报》第十期第五十九页

然而这个童心并不像普通童心那样纯洁，天真，活泼，可爱，这里面装满了污秽的色情。大人渐渐没有什么滋味了，小孩子的身上才有刺激，明白了这，也就可以明白有人要看秀兰登波跳草裙舞的原因。在世纪末的幻想中，还有什么想象不出来呢？连十三四岁的小学生也会用胳臂围着他的女同学的"苗条的腰身"，用胸部紧贴着她的"高耸的乳房"，感觉到她身上每处都潜伏着一种"神秘的迷力"。而她呢？这个小女学生也懂得脸红了（《小说月报》第六期第六十六页）。这不是"未死的童心"，这只是一颗脓血溃烂了的成人的心。有这样腐烂的心的人不但看不见别人的灵魂，而且对于自己的灵魂也不能理解。

不过，小学生有"高耸的乳房"的事，连他们自己都觉得不能使人相信。他们只好从迷信中找出路了。恋爱同水火有什么相干？

其实这中间的关系大得很呢！不信，请你先听文先生说罢：

> 可爱的火呀！……火……火……这都是火帮助我成功的。
>
> 可是文先生的朋友卞先生没有得到火的帮助，反而发现了水对于恋爱的害处：水啊！水啊！可恨的水啊！是水帮助她害我的！
>
> ——《小说月报》第六期第一百一十二页

自然，像这样语无伦次地瞎喊下去，不免要被人当做害神经病的疯子。最好的办法还是来解释"文艺欣赏少不了'色情'的点缀"的理由。

比较坦白的老实人这样解释："我不是参悟入定的老僧，怎么能遏制住泛滥的情欲"（《小说月报》第九期第五十页）。喜欢肉麻的毫不知耻地说："一个男子在娘儿们前，谁都会变成淘气的小孩子。"所以他对于他的爱人这样喊："Mother！Mother！Mother！My Dear…."（"妈妈！妈妈！妈妈！亲爱的……"）（《小说月报》第四期第二十二页）另一位理论家却用一幅令人莫名其妙的"金字塔"的图表来说明"两性关系为社会结合的原始"，肯定："反映社会现象的文艺，不能脱尽色情的描写，似乎事属当然了。"而且他还理直气壮地问："在莎士比亚，歌德，哈代，萧伯纳，法朗士，王尔德，屠格涅夫，契诃夫等名作中排斥女性的描写，那么他们伟大的成就，感动凡人的生花之笔，是否要打一个折扣呢？否则，我们也要为读者，甚至为自己'捏一把大汗'吗？"（《小说月报》第三期第六页）解释莎士比亚和他们的共通点是很困难的，可是说明反映社会和描写色情的关系也不容易。你以为他们在描写色情么？对不住，他们在反映社会呢！

这班色情狂除了干一些淫亵的勾当以外，有时还会假装痴呆地教训大家说：

> 我相信，每个人都有百折不回的精神，倘误用这精神，便是一种莫可补偿的虚耗。
>
> ——《小说月报》第六期第九十三页

色情描写加上这种教训就算是"革命文学"了。自然，这种假道学的警句，有时在货真价实的"性史"的广告上也可以看到。说他们的作品色情，他们当然不肯承认，可是说性史色情，性史的作者也会反对的啊！

一个礼拜六派的新文学家，在一篇洋洋洒洒的论文里，发表了他们的艺术观说：

> 文学的本身是没有目的的，只有作者，或者出版者才有目标。……说得俏皮一点，文学目的——如果要说她一个概括的目的——是使文学有新目的底创造之可能。说得老实一点：一般的写作——没有目的——随时代环境的推动——趋向。个别的写作——能有目的——随灵感兴趣的转移——动机。
>
> ——《小说月报》第五期第三十页

这个连文法都没有弄懂，句子都没有写通的理论家还有更新奇的见解呢！他说："伟大艺术是'长生不老'的，是'天下为公'的，不论古今中外，决无门户成见，也不能党同伐异。她有超然独在的精神，正像为周敦颐所咏的莲'出于淤泥而不染'（虽然不敢专供士大夫欣赏其清高）。"这些字句如果是疯人讲述的昏话，没什么稀奇，如果是色情文学家偶发的呓语，也没有什么古怪。令人惊异的，它原来是"文艺欣赏座谈之二"，而且还要代表他们整个集团来说明"文学的观点与意义"。自然，这里，也有几句比较正经的话："文艺作品并非象牙塔中封闭的宝物，我们不妨作街头展览。"不过这要看怎样的内容，性交"作街头展览"也会有人看的啊！

从这里我们可以看到，礼拜六派的新小说家集团堕落到怎样可怜的田地。不用说，这班专门描写淫亵的新文学家，比较属于旧小说家集团的郑逸梅先生，更加倒退了无数步，这是礼拜六派中正在蔓延的脓疮。今天笼笼统统地"反对旧小说"，不但是对于正直的旧小说家的一种侮蔑，而且也正是对于脓包似的新文学家的一种宽纵。

时间会使某些新文学家衰败，也会使某些旧小说家新生。礼拜六派的旧小说家除了幻想幽闲的郑逸梅先生这类人之外，还有另一种人。

还在十多年前，张恨水先生在《啼笑姻缘》的序里说：

> 有人说小说是创造人生，又有人说小说是叙述人生，偏于前者要写些超人的事情，偏于后者，只要写些宇宙间的一些人物罢了。然而，我觉得这是纯文艺的小说，像我这个读书不多的人，万万不敢高攀的。我既是以卖文为业，对于自己的职业，固然不能不努力，然而我也万万不能忘了作小说是我一种职业，在职业上作文，我怎敢有一丝一毫的自许的意思呢？

张先生同样说小说中不能有"一丝一毫的自许的意思"。但他并没有掩蔽文学的目的性。在"一·二八"战争之后，他出版了一本《弯弓集》，这书充满了民族解放的思想，可见他并不是"随灵感兴趣"而写作的。抗战以后，张先生的态度更积极了：

> 我们假使不能经常获得新的资料，便无从产生有时代精神的作品。

——转录：《张恨水会见记》

这和礼拜六派的新文学家主张文学是"没有目的"的态度有多么大的差异！张先生还说："至于与抗战无关的作品，我更不愿发表。"这简直要使那些从事于色情描写的新文学家羞愧至死的！

张先生的艺术才能也是一般礼拜六派的新小说家可望而不可即的。（一）他有细腻的观察力，他甚至只要略加思索就可以记忆起多年以前一枝一节：女郎怎样伏在大理石上喁喁私语，柳树中的乌鸦怎样震破了小山的沉寂……（见《啼笑姻缘》序）（二）他有活泼的描写手腕，他的笔下的人物，诚如李浩然所云："闭目思之，行止笑貌，恍惚若有所闻。"（三）他有严肃的写作态度，他不愿迁就读者的要求把《啼笑姻缘》中的凤喜写成和樊家树"坠欢重拾"，因为凤喜"疯魔是免不了的"，他并不是有意"把一个绝顶聪明而又意志薄弱的女子置之死地而后快"，只因为现实这样，他不能扭弯现实。不问他的观察对与不对，他的写作态度至少是严肃的。这些，礼拜六派的新文学家比得上么？

张先生在最近出版的小说《蜀道难》中借李小姐的口说：

> 我们有力量，就赶上大时代的前面去站定，没有力量，只好安守本分，听候大自然的淘汰，伤感是没有用的。
>
> ——第四十三页

这也是张先生自己的人生观：不伤感，不悲观，不失望，他只冷静地跟随着大时代走。自然，这还不是最正确的态度，但是在礼拜六派的作者中，却要算出人头地的意见了。张先生说小说的布局不外正反：

> 我们写中国军队的忠勇，××军队的畏缩而反战，也就是正反。
>
> ——转录：《张恨水会见记》

这话不知是传述失真，还是张先生的原意本来如此？倘使真是这样，那么张先生的理解太朴素，太单纯了，正反并不这样机械，张先生自己的小说就反驳了自己的意见，因为在《蜀道难》中似乎也隐隐约约写出了一些阴影。自然我们不应该干涉作家的写作方法，可是我们有权利要求作家反映现实。张先生说他的"白头发一天比一天多起来了"，可是他"觉得自己知道得很少，只有读书可以充实自己"。我想补充一句：可以充实我们的除了书籍之外，还有生活。

旧小说的压阵老将包天笑先生比张恨水先生更勇猛，更热情。他像"洪水猛兽一般"，要冲决"一切旧堤防，旧藩篱"。包先生很早就开始写小说，今年大概已有六十开外了，可是他愈老愈勇，毫没有一点衰败的气色。他曾经根据了威尔斯的《未来世界》中的一小节，写了一篇《无婴之村》，来"警戒世之侵略好战者"（《小说月报》第十一期第二十页）。最近他在《小说家的审判》中更把这种思想发挥得淋漓尽致了。他借用小说家丁君的嘴说：

> 现在世界战争有两种：一是侵略者，一是被侵略者。我们对于侵略者，主张和平，我们对于被侵略者，不能主张和平。倘然对于被侵略者也是主张和平，不加以抵抗，那就是屈辱。国与国之间，便日就削弱，日就凌夷，以至于亡国。种与种之间，便日就衰耗，日就渐灭，以至于亡种。一个被侵略者，为了保卫自己的国家，拥护自己的种族，如何不战。所以我写的小说，提倡战争，是站在被侵略一方面的。
>
> ——《小说月报》第十四期第一百三十一页

《小说家的审判》是写一个已经年交六十的小说家丁君，梦游阴府被阎王审判的故事，全篇以"阴间革命"作法："所有饿鬼地狱，寒冰地狱中的小鬼都逃出来了！柱死城也攻破了！奈何桥也炸断了：一大群鬼魂，上森罗宝殿来了。"自然这是个比喻。包先生在这篇小说里毫无忌惮地戳穿"阴间"的污秽，攻击那位"传染了些儒习气，不免带点迂腐气"的阎王。这个阎王控告小说家"非圣蔑贤，犯上作乱，败坏纲常，蔑弃伦纪"。他还要小说家知道："行政者有政纲，治军者有军纪，一切为人之道，都是从圣经贤传上得来的。"可是小说家直言不讳地对他说："不过一个文人比了那班言孔子之言，行盗跖之行的，总觉问心无愧一点。"这种狂风急扫的回答是多么令人激动！

在《小说家的审判》中还有一段有声有色的描写，这就是判官开始宣读小说家最后罪状的一幕：

"他写了两本政治小说，不免有'左倾'思想，这是要不得的。他里面描写穷人太穷，富人太富，不免挑起阶级仇恨。他里面描写厂主专权，工人困苦，不免暗示劳资冲突。他里面又描写政府专横，官僚腐败，这又不免引动革命思潮。他的小说虽然是取缔了，但是越取缔而读者越多。阳间的刊物总是如此的，试看历代的禁书，越是禁书，人家越要看。书一禁，好像给他登了一个广告，所以他的政治小说，私售私阅的还是很多。这种'左倾'思想，一入于青年脑中，牢不可拔。正如洪水猛兽一般，一切旧堤防，旧藩篱，都被冲破溃决，为害于国家社会，正是不小。因此在阳世也要治一重罪，何况在阴曹呢？"

这位红胡子判官，说到那里，奋髯扬臂，大声疾呼，居然似一位老师宿儒的卫道者。他把红袍大袖一拂，薄底乌靴一蹬，好似不胜其义愤填胸的样子。"了不得！了不得！"王者也大呼而起，说道，"这可是罪大恶极了，应得处以重典。他为什么有这种思想？应送入剖脑地狱。他为什么写这种文章？应送入断腕地狱。他为什么发这种言论？应送入拔舌地狱。在各种地狱受刑以后，还要送入阿鼻地狱，使他永不超生。咳！地狱正为此辈设，地狱正为此辈设。"

剖脑，断腕，拔舌，阿鼻地狱……并不能挡住小说家的"技痒"，他说："我不入地狱，谁入地狱？"这个"至死不休，不怕入地狱，还是写小说"的正义老人，正是包先生自己的写照。

看到了包先生这样勇往直前，又看到了那些年轻的新文学家这样摇摇欲坠，我不禁想起韩愈在《祭十二郎文》中的一句话："少者而殀殁，长者而存全。"这的确是历史给礼拜六派作家开的玩笑!

　　自然,包张两位先生的作品较我们所企望的标准尚有距离,无论在形式上内容上,他们也还不能摆掉传统的有害的影响,可是我在前面已经说过了:时间会使某些新文学家落伍,也会使某些旧小说家进步。我们在礼拜六派的新旧小说家的不同的姿态中间,就可以看到这种变化。这是才能问题,也是历史问题。

一九四一年十一月

(《向着真实》,上海文艺出版社 1982 年 2 月)①

---

　　① 亦见《王元化集》卷一,湖北教育出版社 2007 年 10 月。

散文式的悲剧

……一个作家能够从简单的善恶概念中解放出来，才能创造深刻的现实的作品。陀思妥耶夫斯基《卡拉马佐夫兄弟》中的费道尔·卡拉马佐夫和《被侮辱与被损害的》中的华尔可夫斯基亲王同样是两个坏蛋，而前者是活的，有生命的，后者却是死的，贫血的。其中缘故就在于陀思妥耶夫斯基创造费道尔时已经从单纯的善恶观念中解放出来，站在更高的角度来观察人生了。

看惯了英雄的传奇似的悲剧，再来看看这种平庸、琐细、无聊生活的描写是会觉得气闷的。许多观众往往只能接受传奇的悲剧，而不能接受"散文的悲剧"（这是我杜撰的名词）。其实在平庸、琐细、无聊、污秽的生活中，正包含了人生最大的悲剧。果戈理从"吃"写出旧式地主，从"吵架"写出两个伊凡，就是要在平凡生活中发掘出人类灵魂的真实悲剧。或者用鲁迅的话来说，这类作品是要表现生活中的"几乎近于无事的悲剧"。

我不想判断传奇的悲剧好还是散文的悲剧好，这种判断是愚蠢的。"莎士比亚式"的悲剧我喜欢读，"柴霍甫式"的悲剧我也喜欢读。不过，传奇的悲剧往往失之于渲染过分。雨果的《钟楼怪人》是伟大的作品，可是我个人的口味却更喜欢斯坦培克在《人鼠之间》中所写的莱尼一角。这个人物同样是一个力大、粗鲁、丑陋的壮汉，在粗糙的灵魂中又同样充满了人性和柔情。可是他更平凡，更使我觉得亲切,就好像站在我们的身边一样。也许正因为斯坦培克没有陷在传奇性的束缚中,他才有可能用全副力量去创造生活中的真实性格。

散文的悲剧比传奇的悲剧需要更真实的内在的美。洗去脂粉,脱掉艳装,把自己的真面目赤裸裸地展示在大众的面前,倘仍旧能博得称赞才是真正的"美"。别林斯基说:

"当一位中才作家,来描写强烈的感情时,他能紧张,能说几句响亮的独白,讲几件美丽的事物,能以漂亮的结构,雅致的形式,成熟的故事,绮丽的词句——即以自己的博学、智慧、教育来欺骗读者。但如果要他描写日常生活的图画,描写普通的与散文式的生活,那么你相信罢,这将成为他真正的绊脚石了,他那滞钝、冷淡与无灵魂的作品,将永远不能符你的期望。"(节大意)

读完了这段话,我们来看看中国的剧坛,卖噱头,玩技巧,喊口号,已经是规规矩矩的了,下焉者简直是在用奇装异服来勾引神经已经麻木的观众!讨好观众对于一个剧作者来说,几乎成了无法摆脱的诱惑。

一九四三年

(《王元化集》卷一,湖北教育出版社2007年10月)

曹禺的《家》

曹禺的作品,我最爱读的是《雷雨》和《北京人》。可是这两部作品又不同。《雷雨》里面充满了浓重的传奇的色彩。《北京人》只是生活的散文:平凡、朴素,好比一幅墨水画,没有炫人眼目的大红大紫的颜色,没有雕心刻意的技巧,没有庸俗的道德的饶舌,没有曲折离奇的情节,没有浅薄的笑料,甚至工愁善感的人也不会为它流下一滴廉价的眼泪。也许找寻刺激的观众嫌它沉闷,讲究技巧的专家嫌它平板,然而这也正是我特别爱读这个作品的理由。

每次读完《北京人》,我常常不由得想起柴霍甫。曹禺渐渐从故事性、紧张、刺激、氛围气、抽象的爱与仇的主题……这些狭小的范围走出来,接触到真实广阔的人生,多多少少都可以看出柴霍甫对于他的影响。《家》是曹禺在《北京人》之后的新作。倘说《北京人》受了《凡里亚舅舅》《樱桃园》的启发,那么从《家》里面,我们可以看到一些《海鸥》的影响。

《家》虽然根据的是巴金的原作,但是除了大体的轮廓之外,曹禺受到的巴金的影响极少。

曹禺用细致准确的笔触写出一群灰色动物,被痛苦折磨,被命运玩弄,每个人只能损害别人,就是最亲密的朋友、兄弟、爱人、母子也都不能援手相助，最亲爱的兄弟也成了陌生的路人，最亲爱的夫妇也含了敌意。例如，觉慧曾经对他的哥哥冷冷地说："过去我们是弟兄，现在我们是路人！"可是恨也不是件容易的事。觉慧在离家之前像影子一般地闪到觉新的面前，友爱地对他说："大哥我上次说错了，我们是弟兄啊！好弟兄啊！"觉新和瑞珏又何尝不如此。开头他把她当做仇人，可是渐渐他发现了她的天真、纯洁、坦白，她也和他一样的无辜，再恨她不能够了。这种感情是自然的、天真的，如同两条河流虽然受到种种阻碍和波折，结果还是汇合在一起，冲破了一切藩篱。高家的一家人，每个人都没有罪，而每个人都在受苦。即使他们之中最坏的陈姨太也是无罪的。这个叽叽喳喳搬弄口舌，面孔上尽量隐藏内心阴险的可怕的妇人，表面上谁不怕她？谁能奈何她？可是谁又不卑鄙她？难道她是快乐的么？她的出身是这样的卑微：过去是冯梁山的一个丫头，送到高家后不过是老太爷的贴身的侍婢，凭她的幸运、机警、谀媚的本领才爬上另一层奴婢的阶梯。她一生处在钩心斗角，非欺诈就不能生存的环境中，因此养成了她的刁滑、险毒、报仇的性格。这个人开头使我憎恨，可是渐渐我们胸中涨满了同情和怜悯。与其去恨她，不如去恨造成她的环境和制度。

这种人物在中国旧小说中很多，然而处理这种人物的态度是根据了庸俗的善恶观念去衡量，结果陷在浮浅的表面，把这种人物写成生来就是恶根，内心充满了非人的恶毒。也许许多观众欢迎的倒是这种善恶分明的作品，大多数观众都被善恶分明的戏剧教养惯了。中国的文艺运动正应该从这种落后状态中逐渐提高到更高的阶段。倘使观众只能用小市民的浮浅的善恶分明的眼光去看人生，那么正应该教他们用深刻复杂的眼光去看人生。一个作家能够从庸俗的善恶观念中解放出来，才能创造深刻的现实的作品。

曹禺借着陈姨太、王氏、沈氏这一组人物，写出大家庭中真实的、平凡的、无聊的生活。这些人简直庸俗得可怕，她们的一生完全耗费在无谓的口舌上面。她们唯一的快乐就是希望家庭里发生一点事供给她们咀嚼，倘使没有事发生，她们就自己制造。她们的生活是那样琐碎、平庸。她们的痛苦也只是微末不足道的痛苦，有的甚至连这一点点小痛苦都不感到。看惯了英雄的传奇似的悲剧，再来看看这种平庸、琐细、无聊生活的描写是会觉得气闷的。许多观众往往只能接受传奇的悲剧，而不能接受"散文的悲剧"（这是我杜撰的名词）。《北京人》不及《雷雨》叫座受欢迎就是一例。这同样是观众的程度问题。

其实平庸、琐细、无聊、污秽的生活中，正包含了人生最大的悲剧。果戈理从"吃"写出旧式地主，从"吵架"写出两个伊凡，就是要在平凡的生活中掘出人类灵魂最真实的一面。鲁迅曾说这类作品要表现生活中"几乎近于无事的悲剧"。

中国的剧坛，有几个人肯不顾成败，把自己献身给艰苦深邃的艺术事业？卖噱头玩技巧，喊口号，在作品上擦脂粉、穿艳装已经是规规矩矩的了，下焉者简直是在用奇装异服来勾引神经已经麻木的观众呢！讨好观众对于一个剧作者是很大的诱惑，甚至许多优秀的作家都不能逃避。写出了《北京人》的曹禺又写出了《日出》和《蜕变》，写出了《雷雨》上半部中繁漪的性格的曹禺又写出了只有紧张的空气离奇的故事的《雷雨》下半部，这是一个奇迹！除了在这里找到说明之外，还能有别的解释么？

《家》里另一重要的线索是以觉新为中心的三角恋爱。这一组里还有两个人物：瑞珏和梅。三角恋爱的题材可能使一个作家陷入无聊庸俗的感伤的境界。这种例子是很多的，例如：《飘》的作者就在这上面耗尽了精力，变成为写恋爱故事而写恋爱故事，只停留在恋爱的悲欢离合的故事的表面上，没有透过恋爱表现人生更大的苦恼。有两张同样以女家庭教师的三角恋爱为题材的影片，一张是保罗穆尼主演的《人海冤魂》，另一张是《再生缘》。《再生缘》的作者在三角恋爱中只看到缠绵悱恻的一面。可是从《人海冤魂》中我们可以看到更广大的人生，可以看到两个卑微的、纯洁的、充满正义的灵魂和整个肮脏的、狭窄的、丑恶的社会相搏斗。《人海冤魂》比《再生缘》的艺术品格高，就因为前者更富有人生的气息。

同样，曹禺在三角恋爱的关系里，触到每个人的心灵深处，弹动他们的心弦，使他们的心弦发出隐秘的音响，融成一片哀怨、凄凉、明暗和痛苦的交响曲。野地里发出杜鹃的寂寞的长鸣，房里是觉新、瑞珏和梅喁喁低诉般的对话，听到他们发自灵魂深处的颤抖的声音，使我想爱他们，同情他们，即使他们是这样的犹豫、动摇，懦怯到可恨的地步，我也宽恕他们。谁有勇气去恨这批可怜虫？至少我不能。他们互相爱而又不能互相团聚在一起，反而每个人成了每个人的刽子手。这难道不是最大的悲剧？然而与其说这是悲剧，不如说它是人生，与其说曹禺是站在"作家"地位说话，不如说他站在"人"的立场说话。《原野》中所表现的"人生"就不同，我们在一片无穷无尽的黑黝黝的森林中，看到"爱"与"恨"的交流，人与"命运"的斗争，燃烧着的复仇的火焰……表面看去也像处处散发着浓厚的人生的气息，可是人物都是抽象的，缺乏现实的血肉。曹禺在写这个剧本的时候，更多的却是受了奥尼尔的影响。

《家》里面另一组恋爱是觉慧与鸣凤。这一对年轻的天真的情人，像兄妹一般热爱着。然而在大家庭的空气里，这种爱只是梦。严寒中任何植物都不会生长的。恋爱在一开头就含有痛苦的情调，距离现实愈来愈远，可怜的孩子们做的梦却愈做愈甜，你想他们肯醒过来么？曹禺在处理鸣凤投湖自尽，觉慧错过了救助的机会时，要比另一个改编者聪明许多，完全出于自然，毫无勉强做作的痕迹，好像河流走到斜坡，自然往下冲泻去一样。另一个改编者是以觉慧没有听见鸣凤讲的一句话为转折，这是笨拙的、牵强的。曹禺交代鸣凤自尽的线索，早就安排了。我没有多余的篇幅来指出曹禺的聪明，因为这种地方很多。别人花了九牛二虎的力量，如同乞丐把铁锤用链条穿过手臂似的所造的噱头，在曹禺只淡淡几笔，而且深度远出乎前者之上。鸣凤听到老更夫的话跑到湖边去之后，谁想到她仍旧会回到觉慧的窗下呢？可是她来了。满院响着沥沥的雨声，鸣凤从黑暗的甬道中慢慢走出来，周身湿淋淋的，头发披散在后面，发里有草叶、水藻，手里握着残落的荷花。昏昏的红檐灯照着她一副失神凹陷的眼。她是人？是鬼？还是她的幽灵经不起爱火的焚烧和折磨，以至从湖底出来仍旧回到爱人的身旁，要求再看他一眼？有人说费穆的《浮生六记》中有美丽的氛围气，可是倘和这个相比，其中差别，简直是鹅同百灵鸟的差别一样。不过，这个场面能够抓住观众的不是性格，而是空气。曹禺在这里似乎仍旧放不下他所喜欢的迷人的氛围气。在《雷雨》中他用过它，在《家》里他又用了它一遍。鸣凤和觉慧的性格在这里是模糊的、脆弱的。

　　内行的人常常对我说，戏剧有"戏剧性"。倘使真有"戏剧性"这个东西，我以为也应该在描写性格的基础上展开。《北京人》中老太爷昏倒在台上的一个场面，思懿命令大家把这个已经不会说话了的老人抬出去，老人却抓住了门框，他还舍不得老屋，思懿在他的手上狠狠地咬了一口……这个场面的气氛多浓，"戏剧性"多强！《雷雨》中繁漪吃药的场面也是同样的。这两个场面打动我们的，与其说是作者外面加上去的"戏剧性"（如许多作者所作的一样），不如说作者对于人物有了更深刻的刻画。

　　杨绛的《称心如意》是个好剧本，然而有一个场面，使三个人像走马灯一般地转出来转进去，的确也相当机巧，有小聪明，有图案式的美。也许有人指这种处理方法是"戏剧性"罢，可是我不喜欢它。自然从这走马灯式的动作中也可以看到一些三角关系，可是别的场面早把这种三角关系表现出来了,而且还深刻得多、复杂得多。这里不但是多余的,而且还有化深为浅、化复杂为单纯的毛病,使观众原来的印象反而冲淡了。这种"戏剧性"就不是从表现性格的基础上展开的。鸣凤投湖的场面使我也有同感,虽然这些场面是这样的富有诗意。

(《文艺漫谈》,上海书店1985年影印本)①

---

① 《文艺漫谈》,上海通惠印书馆1947年版,是王元化第一本论文集。抗战胜利后,于1947年6月出版。收入论文九篇,自1939年至1945年止。书名《文艺漫谈》及作者署名何典均系书店编者所拟。上海书店1985年影印刊行。(参见韦泱《漫谈王元化的〈文艺漫谈〉》,《中华读书报》2008年9月17日)。

记 达 君

宾符君今天派人送来一张便条通知我：

"蔡达君君不幸于月前逝世，噩耗传来，伤心曷极！"

达君是我的同事，也是我的朋友，突然听到他死去的消息，使我有无限的悲痛。

我还记得，去年储能中学的另一个同事方君，患结核脑膜炎死去的时候，达君曾写了一篇短文，对一个戴了口罩去探方君病的人大加责备，以为这也是人与人之间的一种虚伪。我问他戴口罩的是什么人，为什么要对他这样挖苦。达君摸了摸光头。嗫嚅地说："那个戴口罩的就是我自己。"当时我不禁失笑了。他也笑了。达君口拙，意见常常说不清楚，事后我想了想才明白，大概他似乎觉得人间的同情有限，悲哀和痛楚只有当局者才能感觉到，换了另一个人，就不免被自己的利害打算占先，变得漠不相关了。这样真挚的心，在纯洁的眼睛看来尚要受到责备，那么我来纪念达君还有什么话好说？

我和达君第一次会见的光景，现在已经模糊了。只记得，大约三年前，也是我到储能中学教书的第二个学期，教员休息室里来了一个不被人注意的青年，年纪介乎教员与学生之间，看上去身体十分结实，穿着一件褪色的蓝布衫，青布鞋，蓬乱的短发竖在头上。他默默地坐在一边，陌生地望着大家谈笑，样子显得非常畏缩、拘谨。上了几天课之后,才从宾符君口里知道,这是新来的事务员,是他从前在麦伦中学教过的学生,新近毕了业,上不起大学,家境又十分困难,所以特地叫来帮忙的。这便是达君。从此达君就在纷扰的教员休息室里,坐在一张书桌的旁边,做着烦琐的事务工作了。有时看见他埋着头刻钢板,有时看见他匆匆奔到楼下厨房去给大师傅量米,有时又看见他满头大汗的从外边跑进来,臂下挟着一大捆的纸张、书籍、粉笔之类,他终日是忙碌的。

每到课前课后休息的时候,储能中学的教职员便聚在一起谈着一些关于吃馆子、看戏、时局分析、女人美丑等等的闲话。这时达君总是一个人默默地坐在一边看书或在小本上记些什么。也许他自觉自己地位的悬殊吧,除了宾符君之外,他不大和别人接近。

然而有一次他也破例来找我了:

"王先生,我可不可以旁听你的课?"

我一面答应他,一面也略略感到惊奇。第二天他果然拿着笔记簿来旁听了。对于这门课程我并无多少心得,对自己讲的也不满意。这次在一群心不在焉的学生中,多了一个达君的认真的脸,使我突然惶恐起来,一面又暗想他不免要失望了。真的,下一课他就没有来。过了几天,我碰见他问起没有来的缘故。他颇费了一番踌躇说:

"有几位先生在讲闲话呢!"

过了一会,他又略带着激动地说:"他们说我听讲要耽误工作的。"

可是以后达君似乎更用功了,有时还要练习写点短的东西。他甚至定下一条死板的规则来约束自己,每天必须写多少字。因为他看到一本万垒塞耶夫著的小书,讲到果戈理写不出时就在稿纸上写:"为什么写不出?"一直到写出为止。他似乎很喜欢这句话,还特地告诉我。当时,我直率地对他说:"这办法不对的,倘使你没有话要说,还是不写的好。"同时我又觉得他太想写文章了。我以为写作上有两种态度:一种,感到生活的压迫非要写出来不可的作品是好的。

另一种，先有要写的观念，再去经验、观察、采访，这样写成的作品，总不免露出作家气来。达君听了我的话，似乎有些丧气样子，可是他终于还是照他的办法去做。渐渐他的东西写得多起来，这时我又发现他另外一种脾气，就是喜欢稿子用正楷写得端端正正，有一二处的修改就要另誊一份。

达君一方面要同自己的天性、习惯等种种内部的弱点斗争，一方面又要克服外界艰苦的处境，像时间的缺乏、同事的干预、物质条件的简陋等等。然而这些阻挠还不够，新的打击又来了。达君这样的苦干，不想又引起另一位先生的不满。这位先生是一位有新思想的人物，平常对学生大谈革命，学生问他："什么是真理的定义？"他居然也会头头是道像解代数似地解答出来。有一次他对达君说：

"你工作的时候不要看书，这是妨碍工作的。"

达君回答说，他看书并没有妨碍工作，因为有些事是没有时间性的，只要不误事就完了。不料他又根据了一套"理论"说："你做事务的工作，为了适应学校的环境，还是不看书的好。"总之，达君看书已成为罪状了。

我离开储能中学那个学期的末尾，达君接连写出了两个短篇《大姊》和《魇》，都以郑定文的笔名发表在《万象》杂志上。读到这两个短篇后，使我感到很大的惊异。它也许不值专家们一顾，但是我却要把它推荐给和我一样喜欢文学的朋友们。这两篇小说，故事是平凡的，事情是琐碎的，结构是散漫的，甚至还有一些从他那小本子里摘出来的不必要嵌入的堆砌。然而，这些都不会使他的作品的真实性减色。达君不是驾临在他的人物之上来观察、发掘，而是站在他们中间，和他们一同悲哀，一同快乐。他对于所描写的人物太熟悉了。他和他们的悲剧太接近了，所不同的是他从腐蚀他们的庸俗、麻痹中把自己解放了出来。因此，他比他们自己更了解他们。

达君的两个短篇全以自己的家庭作题材，这使我对他多了一层的了解，知道他穷苦到什么地步，负起的担子又是怎样沉重。第二篇小说《魇》在《万象》上发表后不久，有一天他气喘喘地跑来告诉我："事情弄糟了！今天我一回家，邻舍们都来和我寻相骂。"原来他描写了几个邻居，一时疏忽用了他们的真名字，被他们发觉，联合向他大闹，结果达君几乎有两三个星期不敢回家。然而达君在作品中并没有诬蔑他的邻舍们，而且明明是同情他们啊！他遭遇的不幸，偏偏就这么多！

  我离开储能中学后不久，达君卖掉家里的一些东西，把母亲送到宁波的乡间去，据说在路上很吃了些苦，一件行李由岸上搬到船上就被"蓝帽子"敲去数万元之多。由乡间回来，达君又到另一个乡间去了。临行前他来看我，没有碰见，走的消息还是他的侄儿告诉我的。从此我就不再听到达君的消息，

  和平后，我想：和达君见面的日子大概不远了，他将带来不少的材料和作品给上海的朋友吧！哪知道竟传来他的噩耗！消息很简单：只说他是泗水淹死的，此外就完全茫然了。后来我才知道，他是为了跳进河中去救人而被淹死的。

一九四五年

（《人物·书话·记事》，人民文学出版社 2006 年 1 月）①

---

  ① 备参：《王元化集》卷一《〈写给吴步鼎的七封信〉小引》（2004）并两个附文："蔡达君写给吴步鼎的信"（1945）与"吴步鼎写给王元化先生的信"（2004）。

《写给吴步鼎的七封信》小引

上海沦陷时期，一九四二年至一九四三年，我经友人冯宾符介绍，到储能中学教书。这所中学原是宁波孝实中学，抗战爆发后，迁至上海。那时，在上海很难找到一处校址。储能中学是很狭小而简陋的，在一个也是十分狭小而简陋的庙宇清凉寺旁边。每天上课时，学校的铃声、学生的朗诵声和清凉寺的钟声、僧人的念经声交织在一起，加上街上的喧哗，乱成一片。我在储能教书的时候距今已近六十年了，但对那段可纪念的生活，一直难忘。

吴步鼎是我教的初中一年级的学生，他和他的弟弟步鼐在同一个班级。两人在校中显得十分突出，因为储能是从宁波搬来，搬来后又归宁波同乡会管理，学生几乎都是宁波人，但步鼎兄弟是湖北人。两人个子差不多高，都剃着平顶头，穿着灰色的粗布长袍和圆口布鞋，显得有些土里土气。但使我惊讶的是，宾符告诉我，在我到校前，学校曾举行过一次各班级合在一起的作文比赛，而吴步鼎获得全校第一名。那时他大概只有十二三岁。我去教书，很多同学都和我十分亲近，这些初中孩子似乎都很成熟，关心国家大事，关心抗战的前途。上课以外，他们还找来许多课外书来读，组织了相互交流书籍的小小图书馆。大概环境越是恶劣，生活越是艰难，孩子们反而更早懂事，更奋发有为。

步鼎患有肺病，有时请假不能来上课。我在储能中学教了一年多书，因政治环境缘故，就辞职不干了，但和储能的同学们还保持着联系。他们有时也到我家里来看望我，渐渐传来消息说，步鼎的病越来越严重了，只得辍学在家养病。他的家境并不好，详细情况我不清楚，只知道当时他家里的母亲不是亲母。他病重的时候，我曾想去他家里看望他，被他婉言谢绝。

这里发表的七封信，是在抗战胜利后，大约是一九四五年下半年至一九四六年上半年初写的，不久他就病逝了。这七封信能够得以保存，我一直以为完全依靠他的弟弟吴步骥。但是最近步骥告诉我，他哥哥去世后，这些信确是他保存着。可是不久，他就到新四军去了。去之前，他把这些信交给他的同班同学、也是我的学生王怀仁。王怀仁把这些信小心地珍藏着，在战乱中，解放后又在各次运动中，他始终冒着危险，把它们保存了下来。特别是一九五五年反胡风时，组织上号召和胡风分子划清界限，把信交出来。他忠于朋友之托，怀着对亡友的深厚感情，不顾会遭遇到的危险，顶着这场政治风暴，没有交出这些信。直到"四人帮"被粉碎后，他才把信完整地归还给步骥，而步骥于二〇〇〇年又把它们交还给我。现在作为附录收入本书中。这些十分值得纪念的信的原件我已交给上海档案馆保存了。

二〇〇四年三月二十四日

（《清园近作集》，文汇出版社2004年8月）①

---

① 亦见《王元化集》卷一，湖北教育出版社2007年10月。

第二辑　从《热风》到《地下文萃》

《热风》献词

抗战胜利了,然而上海的文坛仍旧是寂寞的。我们想在寒冷的气候中说几句话,所以把这小小的周刊叫做"热风"。

上海曾经有人很讨厌弯弯曲曲的文章,主张有话就直截了当地说出来。这原是很爽快的办法。不过,直截了当,也要看什么人,说什么话,并不是每个人都有这种福气的。阔人养的花木,就很难明白压在石下的小草为什么要弯弯曲曲地生长。魏晋时代,阮籍的文章是隐晦的,甚至刘宋时期的颜延之已经说不大能懂了。但是阮籍本人却是个慷慨以任气的人物。他有许多话,在当时不能说,只好弯弯曲曲地写出来,其实他的真意又何尝愿意如此。和他同时代的帮闲之流所写的文章就明畅得多了。倘使他们偶尔也有一两篇弯弯曲曲的文章出现,那也是有另外的原因:或故意作态以自藏嘴脸,或过于低能文章写不通,而并不是由于受到什么压制的缘故。

三四年来,我们蛰居孤岛,经历了世界的大变化,目睹文坛上的浮沉。一些趁风驶舵之徒忽而抗战,忽而大东亚,现在大概又该有什么新的花样了。可悲的是,到今天,我们仍旧只能把这些弯弯曲曲的话献给读者,也许有人会嫌它冷,但我们却要用鲁迅二十多年前的说法，反称之曰："热风"。①

一九四五年九月九日

（《集外旧文钞》，上海文艺出版社2001年1月）②

---

① （原文附注）我与满涛在抗战胜利后，通过姜椿芳关系在上海《时代日报》创办了一个周刊，取名《热风》。这篇献词是我为这个周刊所写的发刊词。这个周刊办了几期即因当时一位领导的不满而停刊了。

② 亦见《王元化集》卷一，湖北教育出版社2007年10月。

关于阿 Q

鲁迅的作品，流传得最广的是《阿 Q 正传》，最被误解的也是《阿 Q 正传》。《阿 Q 正传》发表后不久，各方面的批评接踵而来，毁誉互见，可是捐弃偏见，细心体会原作精神的，似乎并不多。约在二十年前，《阿 Q 正传》翻成俄文本，鲁迅在"序"里有这样一段话：

> 我的小说出版之后，首先收到的是一个青年批评家的谴责；后来，也有以为病的，也有以为滑稽的，也有以为讽刺的；或者还以为冷嘲，至于使我自己也要疑心自己的心里真藏着可怕的冰块。

现在批评家对于《阿 Q 正传》，虽然毁骂的已经渐渐减少，赞扬的已经渐渐增加，可是误解的情形仍旧和二十年前相仿。最大的误解，就是对阿 Q 这个人物的看法。

《阿 Q 正传》里曾经描写未庄的人们对阿 Q 的态度，这就是：只要他帮忙，只拿他玩笑，从来没有留心阿 Q 的"行状"。许多批评家之于阿 Q 和未庄人之于阿 Q 又有什么两样？鲁迅对阿 Q 的态度是不同的，他憎恶未庄人对阿 Q 的态度，憎恶这种人与人之间的关系。

鲁迅写出了阿 Q 的愚昧、麻木、懦怯，使我们最初觉得可笑，可是渐渐地我们又不得不为这渺小的灵魂感到悲哀。阿Q忌讳别人说他头上的癞疮疤，讥笑城里人管长凳子叫条凳，捉虱子比他看不起的王胡捉得少就扭住辫子打起架来……你读到这里，到底要嘲笑他的滑稽，还是为这样一个愚昧无知的小人物感到痛苦？他一会儿莫名其妙地跪在吴妈脚前求爱，一会儿从假洋鬼子的哭丧棒底下狼狈地逃出来，一会儿摆出流氓的架子在小尼姑脸上捏一把，一会儿又被赵太爷、钱太爷、地保一流土豪劣绅敲打斥骂……你读到这里，到底是憎恶他侮辱别人损害别人，还是怜悯他被人侮辱被人损害？尤其是末尾，你看到他异想天开地革起命来，又糊里糊涂地送掉性命，当他麻木地被绑在到刑场去的大车上，你听到跟随囚车的人丛里，发出豺狼嗥叫一般喝彩的时候，你对这样一个兽性的冷酷的苦闷的人间怎样想？

普希金说，读了果戈理的小说，开头唤起的是笑，接着而来的却是眼泪。读完了《阿Q正传》，难道我们没有同样的感觉么？

难道《阿Q正传》不是同样一种含泪微笑的作品么？讽刺小说家，往往被目为毫无感情的冷嘲热讽，似乎他们的心里都藏着可怕的冰块。实际上，他们都是认真的，有爱心的。没有同情的不是讽刺，只是滑稽，即使作者收敛了嬉皮笑脸，也不过流入幽默的一途。

对阿Q这个小人物，拎着他的黄辫子，叫人看他的可笑的面貌，大笑一场容易呢，还是对他伸出同情的手，研究造成他缺点的原因，把他也当做一个人看待而加以怜悯容易呢？这是每个读这篇小说的人必须认真思考的问题。

《阿Q正传》改编成的剧本有两个，我在四五年前曾经看到过两次演出。看了之后，只留下这么一个模模糊糊的印象：觉得戏里的阿Q和原作的阿Q距离很远，像一幅走了样的漫画。据我揣测，阿Q应该有忠厚老实的相貌，戏里却变成了一脸的呆傻和油滑。每一幕结尾，台上在场的人一齐指着阿Q说："你真是个阿Q！"最后审判的悲剧，由于十二个光头审判官的出现，也变成了滑稽的闹剧，和原作精神相差之远，无异南辕北辙。到底是为了考虑观众只能接受嘻嘻哈哈的庸俗的滑稽，不能接受严肃的讽刺，才不惜故意把《阿Q正传》漫画化了呢，还是编者、导演、演员对阿Q都有些误解呢？我不知道。我只是为阿Q觉得冤枉，为阿Q的原著者感到悲哀。

刘彦和的《文心雕龙》里有一篇《辨骚》，讲到许多屈原模仿者的眼光狭窄，用了几句极深刻极沉痛的话说：

> 才高者菀其鸿裁，中巧者猎其艳辞，吟讽者衔其山川，童蒙者拾其香草。

鲁迅在《坟》里曾引这四句，加以引申说：屈原的模仿者"皆着意外形，不涉内质，孤伟自死，社会依然，四语之中，函深哀焉"。不料对于鲁迅自己，也令人发出了同样的感慨。——尤其是看到别人对于《阿Q正传》任意涂改、歪曲、误解的时候。

一九四五年十月

（《文艺漫谈》，上海书店1985年影印本）①

---

① 亦见《向着真实》，上海文艺出版社1982年2月、《王元化集》卷一，湖北教育出版社2007年10月。

从《展望》到《地下文萃》

上海雁荡路复兴公园大门对面,坐落在南昌路路北,有一幢灰色楼房,解放前它原是中华职教社。当时《展望》周刊的办公室就设在这幢大楼第二层的一间大房间内,从一九四八年初秋到一九四九年三月《展望》被国民党反动派查封,我曾经在这里工作了半年多。

三十多年前,那是一个严峻的时代。大局正在动荡,人们忍受着生活的煎熬和政治的压迫,令人窒息的紧张气氛笼罩着上海。每逢我到这座大楼去的时候,需要高度集中自己的注意力,因为敌人知道《展望》社就设在这里。我得时刻警惕着,提防特务盯梢。同时也多少怀着惴惴不安的心情,不知道敌人什么时候会采取突然袭击,对《展望》下毒手。我必须随时做好准备。那时一切进步报刊几乎都停了,《展望》是由上海地下党所掌握的唯一刊物。它奇迹般地得以支撑下来,主要是由于任之(黄炎培)先生的社会地位和声望。这刊物是他主办的,敌人不得不存有顾忌,自然这是有限度的。随着局势转紧,情况就会发生骤变。

那是一九四八年九月下旬,有一天,唐守愚代表上级党通知我:黄炎培要求党派个人去负责编辑《展望》,组织上决定派我担任这项工作。由于考虑到今后我的工作环境,组织决定和我单线联系。我受命到《展望》去工作前,这刊物已出到第三卷。这是一个时事述评的综合性刊物，十六开本，用六号字排，每期约四万字。内容设有固定的专栏、专论、通讯报道等。

上海初秋的天气还十分暖和。我走上中华职教社的二楼，第一次见到了黄炎培。那时他已六十开外，短短身材，穿了一套中山装，身体健壮，精神矍铄。当时我对他用了王清园这个化名。他就直截了当地问我："王先生，你能不能把你的真姓名和地址告诉我？"事前老唐认为我可以告诉他，以便在危急时可得到他的通知。我如实说了，但请他保密，同时也请求他在《展望》有危险时立即通知我。当谈到编务时，他提出要我负责，并提出把每期刊头下的短论交我来写。我说还是请他本人撰写。短论实际上是代表《展望》立场和态度的社论性文章，过去是他以"同父"的笔名写的，和他关系密切的杨卫玉，也以"瑗"的笔名写过几篇（直到《展望》被查封前一期，由于他已不来社，我才以"万殊"笔名写了最后一篇短论）。经商议，我答应由我来写《周末专栏》。这一专栏在我以前是由杨卫玉写的，更早是由李政文、宦乡等写的。专栏一开始就用的是仲亨的笔名，撰稿者虽然换了好几个，但仲亨笔名一直沿用下来。我从第三卷第三期起在这一专栏由第一篇《飞虎将军张开了虎口》（评陈纳德声言将率其飞虎队空军"参加中国之剿共战争"），至被查封前一期《孙内阁垮了台》，共写了五十篇。关于黄炎培要我对编务负责问题，我提出由我把每期编好的稿子仍请他审阅签字发排。他同意了。这也是事前我和老唐谈过，按他的意见执行的。

谈好编辑工作后，黄炎培介绍我和杨卫玉先生见面。杨卫玉身材高大，也很健壮，年纪也有六十以上了。那时这二老全天到《展望》上班，几乎无一日缺勤。《展望》的经理部门由尚丁负责。由于各有分工，那时我和尚丁接触很少。实际上，那时《展望》的编辑只有两个人，一是我，另一是黄炎培派给我的助手李国全。小李是抗战胜利后由黄炎培带到上海的，当时只有十九岁。他身体矮小，似乎尚未发育成熟，有一双机警的大眼睛，能干、老练，超出了他的年龄。小李大概有些猜测到我的来历。他把一切危险工作承揽下来，主动向我提出由他到容易引起敌人注意的信箱去取稿件和来信，跑印刷厂送稿发排，并由他一人校对全部校样。他并不是党员，由于他的智慧和环境的熏陶，他学会了一些地下工作的方法。那时印刷厂是最引敌人注意的地方，为此他和排字工人交上朋友。这些工人知道《展望》是个进步刊物，他们和他商量好对付敌特警宪的办法，一旦敌人来搜查，就让他装作学徒，大家来掩护他。他在编务方面分担了大量的繁杂事务，做了许多原本应该属于我分内的工作。例如编排划样就是由他承担的。此外，和投稿人通信联系，审读所有来稿选出可用的交我决定取舍，为不愿留下通讯处的作者保存稿酬（这样的作者很多，需要把他们的稿酬存入银行，以待将来解放后发送），直到收集资料、剪贴报纸等等都由他一人包下来。这使我从繁杂事务中摆脱出来，可以腾出时间去做我要做的工作。因此，我每周只要两个半天到《展望》去处理编务，包括我写的《周末专栏》都是利用这两个半天在编辑室内草就的。

《展望》的特点首在"一周展望专栏"，每期四篇，按期由固定撰稿人撰写。"一周政治展望"是陈虞孙以张绍贤笔名写的。"一周战局展望"是姚溱以波光笔名写的。经济方面和国际方面分别由钦本立（笔名柏苍）和石啸冲（笔名丁蕾）执笔。前两位作者是上海地下党负有一定责任的同志，可以直接传达党的声音，从而成为《展望》的重点文章。在我接任《展望》编务后不久，姚溱被敌人逮捕了。当时唐守愚匆忙来找我通知此事，决定"一周战局展望"不能停，仍要用波光笔名继续发表，尽量保持姚文的原有风格笔调，以免敌人察觉，否则对姚和刊物都不利。这项任务由老唐本人来担当。所以当我去编《展望》时，"一周战局展望"除头一两篇，都是老唐写的。

《展望》另一类文章是时事述评的专论，撰稿人并不固定，作者多是民主人士或进步教授。在我任编务时期，漆琪生、孟宪章、王铁崖、周谷城、费孝通、施复亮、孙起孟、蔡尚思、陈仁炳、陈新桂、梁纯夫等都写过专论。此外，各地的通讯报道也是构成《展望》的一种特色，在不同地区从不同角度反映了全国的形势，颇为读者所关心。这方面撰稿人有知名的作者，如宦乡即以焦尾琴笔名寄来一些北平通讯。也有原不相识的作者的投稿，如谭波莉报道南京情况的《都门侧写》。直到解放后我才知道，这是张梁木、苟履之、唐宝璋三位同志合作以化名所写的文章。那时他们在南京，报道了不少有关南京政权颇为机密的内幕消息，自然用的是曲笔。另外，发表在刊末或不引人注意地位的信箱，专门披载读者投书。这个信箱也值得提上一笔，其中提出的问题往往发人深思。

　　《展望》是敌人统治下党直接掌握的公开刊物。当时敌人利用庞大的宣传机器，一方面造谣中伤，另一方面又进行新闻封锁。《展望》就用这一小小阵地面对敌人，作着孤军奋战的搏斗。敌人日暮途穷，政权摇摇欲坠，国民党负责宣传工作的头头潘公展，散布了大量谣言，诸如共产共妻、消灭商人、格杀被俘蒋军人员和虐待蒋政府公务员之类。这种蛊惑人心的宣传不一而足，在群众之间制造了相当的混乱。对此《展望》尽量发表了一些反映解放区和党的政策的真相的文章。《展望》是不能直接宣传党的政策和刊登新华社电讯的，必须适应环境，遵守白区工作合法斗争方法。因此，不得不采取迂回曲折的办法，利用英美等外国电讯和报章，甚至国民党的电讯报章透露出来的一点朦胧消息，以及它们之间互相矛盾的报道，借用当时说法，就是从夹缝中做文章，把真相告诉读者。记得当时最吸引我们注意的，是关于一些被解放军遣返回籍的被俘蒋军或由新解放区出境的商人和小公务员的谈话报道，其中自然有记者捏造的诬蔑不实之词，但也有一些稍经沙汰就可看出真相的报道。这是可以用来击破敌人造谣中伤的最好铁证，它们最有说服力。张绍贤、波光和一些通讯报道的作者，都善于抓住这类资料，写出揭穿敌人谎言的文章。经验告诉我们，无论什么时候，人民总是希望知道真相。真话和假话是区分一个政权的进步与反动、坚强与虚弱、兴旺与腐朽的分界线。至今我仍坚信这一真理。

这里还需要说明《展望》的另一性质，就是它发表的文章在观点上并不是清一色的。有一件事我记得很清楚。一九四九年初，战火日渐逼近国民党京畿，国民党在宣传上发起了一场和平攻势。这一手起了一定的混淆视听作用，甚至连一些拥护共产党的进步人士也难免被其所惑。为此，《展望》在第三卷第三期上发表了同父的短论《一点原则》，同期还发表了"一周政治展望"专栏文章《南京的"和平"》。这两篇文章存在着明显的分歧。前者对国民党带有某些幻想，把和谈比作做买卖，告诫国民党放弃独裁，接受民主，把"窄窄地开了一条缝"的和平之门敞开来。后者却针对当时蒋介石发表的文告，揭穿蒋政权保持法统、保持军队作为先决条件的假谈真打的和平阴谋，暴露了蒋介石在文告中所谓"今日时局为和为战，人民为祸为福，其关键不在政府"这种假借和平把内战责任嫁祸共产党的居心。这期《展望》出刊后，编辑部收到许多读者来信，对同父的短论提出质询和异议。我把这些信拿给黄炎培看，他一一细读。我向他提出，在下一期"信箱"中，要选刊几封来信，他同意了（后来就以诸家名义发表了《是真的"和平"吗?》几篇来稿）。他能够这样做是不容易的。

我在《展望》工作期间，和黄炎培是融洽的。他和我的妻子张可的伯祖张一麐是知交，又是亲戚。但是我始终未向他谈及此事（解放后我因疏懒一直未再与他见面和通信）。但他当时对我这样一个青年是信任的。他经常告诉我一些重要消息。张治中在去北平和谈前来上海找过他。他把谈话内容和他的个人分析详细地告诉了我。我对他的工作认真和生活朴素是佩服的。在寒冬腊月，他总是穿一身中山装，我自己穿着厚大衣。他冻僵了，就从写字台边座位上站起身，在室内走几步，搓搓手，活动一下，就又坐下去继续办公。但我们之间也发生过一次争执。我到《展望》不久，敌人要查封这个刊物的消息时时传来，风声鹤唳，传说纷纷。大约在我到《展望》一个多月后的一天，我挟着一包稿件走上那幢灰色大楼的办公室，发现偌大的一间房子突然变得空荡荡。小李形色紧张地跑到我面前说，外边风声很紧，黄任老他们都避开了，要我赶快出去。这次查封《展望》的传闻并未变成事实，不久黄炎培和其他的人又回到《展望》来办公。我去上班，就按照组织指示，向他提出召开编辑会议，并在会上提出他不事先通知我的质询。他说："你是主编。"意思我应承担一切责任。这使我有些意外，立即反驳他说："我一来就和任之先生商定，我负责编务。任老你应在政治方面负全责。你知道这方面我无能为力，你是完全有办法去应付的。怎么事到临头又变卦了？"他听了不再做声了。组织上还要我就薪金问题（一月只有数美元不足十日之粮）提出意见。由于是关系我个人的事，就没有向他提出了。这是我和他之间唯一一次的不愉快。

上海局势日渐恶化，敌人的镇压越来越疯狂。红色的捕人汽车——"飞行堡垒"——尖鸣着在街上飞驰，到处捉人。我接到组织上的指示，除非敌人查封，《展望》绝不自动停刊，要坚持到底。我把这一指示作为个人意见向黄炎培提出，他同意了。由于环境险恶，我不再到《展望》去上班，只和小李每周在事先约定的不同地点见面，把我写的和组织上交我发表的稿子交给他。这样一直坚持到一九四九年三月十八日三卷十八期出版为止。那时黄炎培和《展望》大部分人员也早已不去社办公，只留下沈鹤如等少数几个人。据说后来由三名国民党宪兵来社查封，由于没有发现搜觅的对象，所以没有捕人。

《展望》被查封不久，我已记不得确实日期，大约在三月底或四月初光景，组织上通知我，要我负责编辑《地下文萃》。这时上海局势急骤恶化，党的活动不得不更加隐蔽。但是上海市民都清楚，解放的日子不远了。上海地下党为了迎接上海解放，正在紧张地工作着，由文委领导的《地下文萃》也是其中之一。在那个时候，大概这是上海唯一的进步刊物。这刊物和《展望》不同，是由党直接领导并正面发表党的主张，带有一种党刊的性质。它不像公开发行的《展望》，而是一个秘密的地下刊物。

这个刊物取名《地下文萃》有一段因缘。抗战胜利后，党办了一个时事述评的综合性刊物《文萃》。当时这刊物在人民群众中具有很大影响，声誉卓著。一九四七年《文萃》遭到敌人破坏，捕去三名编辑，全遭杀害。这三名编辑是骆何民、陈子涛、吴承德三烈士。据说《文萃》遭到破坏的原因，是敌人首先侦破《文萃》的印刷厂。当时印刷厂的铅字并不是排印一次之后就重新浇铸的，铅字用久了就会留下磨损的痕迹。因此，从排印出来的字体上的笔画粗细及其特征，经过专门训练的特务，就可以辨认出这刊物是哪家印刷厂承印的。敌特就是用这种方法侦破了印《文萃》的印刷厂，然后派特务去印刷厂盯梢，最后破获了《文萃》的编辑部。当时我并未调到与《文萃》有关的部门工作。

组织上指派我去编《地下文萃》的时候，吸取了《文萃》被敌人破获的教训，作了周密的部署。首先采取的措施是，严格切断编辑、印刷、发行这几个环节之间的横的联系。在编辑方面，我不和另外参加编辑工作的冯宾符、王楚良等碰头，只由沈明钊和我单线联系。我按期和老沈碰一次头，两人见面也仅仅是他把别人写好的稿子交给我，我把自己写的稿子和他交来的稿子编好再交给他，由他转交给负责印刷的同志而已。当时组织上和我说过，鉴于过去《文萃》被破获的经验教训，组织上安排了四家与党有关系的印刷厂，轮番承印，每家印刷厂承印一期，印完四期后，再在四家印刷厂任择一家，交叉进行。当时已经估计到上海解放指日可待，因此采取了这个办法。这实是万全之策，敌人再难以从刊物追索到印刷厂再追索到编辑部了。自然，敌人从每一期出版的刊物都有可能追索到承印这一期的印刷厂，但由于每家印刷厂只承印一期，纵使这家印刷厂遭到敌人破坏，并不影响下一期刊物的出版，更由于严格遵守切断横的联系原则，就绝不会由这家印刷厂的被破坏而株连到其他方面。

当时组织上下了最大的决心，也作了最坏的准备。估计到《地下文萃》的编辑、印刷、发行，每个环节都可能遇到危险，因此作了周密的计划，以尽量缩小牺牲的代价，而绝不使敌人把从事《地下文萃》工作的同志一网打尽。后来事实证明，当时的筹划部署，使《地下文萃》的同志躲过了敌人的残酷镇压，把实力全部保存下来。

《地下文萃》的编辑、印刷、发行中的每个环节，遇到危险的可能性都很大。那时每天晚上很早就实行宵禁，敌人强令居民出钱在弄堂口装上铁栅门；特务警宪各处巡逻，路上行人时刻都会被抄身；家里也会被撞入搜查。这一切都给从事《地下文萃》工作的同志带来极大困难。不过，相对地说，编辑工作的危险性小一些，而发行工作的危险性最大。当时上海街头有许多报摊，除了零售报刊，有的还兼售书籍。这些报摊中有地下党组织，《地下文萃》就是交由报摊党组织负责销售。这是个秘密刊物，不能公开陈列，只能暗中卖给读者。做这项工作的同志可以说是站在第一线，处于和敌人短兵相接的地位，随时都可能被敌人察觉。至于印刷厂，危险性也不小，情况前面已说过了。编辑工作可能遇到的危险，主要在两方面，一是敌人突然来家搜查，发现文稿；另一是在交接稿件时被特务发现。我和老沈都是约定在外面的公共场所如公园、电影院门口等处交接稿件的。为了预防发生头一种危险，我采取的办法是收到了老沈交我的稿件，尽快在当天编好，并自己写出需要写的文章，于次日到约定地点交给老沈转到印刷厂发排。为了赶时间，要在一天内完成我的全部工作，有时赶写文章，要工作到深夜，有几次一直到东方破晓。因此每逢发稿，我往往是彻夜不眠的。这虽然辛苦，但安全系数较大。所以我的编辑工作从未超出一天之内的时限。在交给老沈的时候，我把全部稿件封入一只信封内，外面写上收信人姓名地址（自然是假的），再贴上邮票，以便一旦在路上发现抄身或封锁检查行人的时候，就投入附近街边的邮筒内；假使来不及投入邮筒，敌人搜到信件，也可以使我有幸免的机会，总比怀着一卷稿子好得多。至于我和老沈约定碰头地址的事，也煞费斟酌，地方太僻静，容易引起注意；人多杂乱的热闹场所固然比较理想，但往往又是敌特巡逻、企图猎取捕获对象的所在。因为敌人也逐渐摸出规律，知道地下党往往利用这类地方碰头，接关系。我和老沈商定结果，还是决定利用第二类地方交接稿件。有一次，我们约定在西藏路大上海电影院门口碰头。当天交接稿件的任务顺利完成了，可是后来受到了组织上的严厉批评。因为在我们交接稿件的头一天，敌人恰恰在这家影院门口捕去了两个人。我们那次没有遭到意外真是万幸。

我记得我一共编了三期《地下文萃》。编完第三期，组织上就通知停刊了。那时解放大军已经渡江，上海解放指日可待，暴风雨前的阴霾即将过去，上海就要展现晴朗的天空了。

关于这个刊物的内容，由于手边没有资料，加以年代较久，记忆模糊，连印象也谈不出什么了。甚至我再也追忆不起自己在这刊物上用过什么笔名，写过什么文章。那时用的笔名都是临时随意取的，事后也就置之脑后。至于别人的文章，有哪些人写过，写什么，在当时是不能问的，所以我就更不清楚了。说起来，这刊物虽由我编辑，但直到今天我还未见过它是什么样子。解放后，我曾经想找来保存一份，曾多方寻觅，但由于当时大家很忙，无暇为此多花时间。今年，我原不相识的钟德秋来我们单位工作，一次偶然和他谈起，才知道他曾经担任过《地下文萃》的出版印刷工作。那时我们彼此竟全不知情。当时我只知道《地下文萃》是以丛刊形式出版，名字叫《伟大的交响曲》，共出版过两期。记得我编了三期，大概由于当时出版条件困难，合并作两期出版了罢？老钟和我谈了他搞《地下文萃》出版印刷工作的种种经历，有些事情是很值得记述下来的。他还拿来一份当时和他一起搞这方面工作的同志所写的材料。

老钟又告诉我,他始终珍藏着以《伟大的交响曲》丛刊题名出版的《地下文萃》两期,直到十年浩劫的焚书祸行中才被抄去,再也无法追回了。这不能不说是件憾事!【补记:事隔多年后见到储大宏,他向我谈起那时他也做《地下文萃》的发行工作,他所保存的一本始终未散失,八十年代中期已交给上海党史征集办了。】

上海一解放,我去报到,见到原地下党文委书记陈虞孙,他要我筹备《文萃》复刊工作,并在当时军管会登了记,登记号码是第一号。后来由于上海文化工作重新部署,改变了复刊《文萃》的原定计划,《文萃》也就没有再出版。

一九八一年

(《集外旧文钞》,上海文艺出版社 2001 年 1 月)①

---

① 亦见《王元化集》卷七,湖北教育出版社 2007 年 10 月。

1946年《联合晚报·夕拾》每日短评文选[1]

小　引

《夕拾》是《联合晚报》的副刊。一九四六年三月，我被聘去当这个副刊的主编。这是我第一次到报馆当编辑，经过一段时期去适应这份工作后，我每天在副刊上写一篇短文，作为一个专栏，内容无外乎谈文化、谈社会、谈时世，其特点则是必须通俗，谈的问题也不可太专门，太严肃。这些短评都是我每天去报馆编报，坐在一间所有编辑部人员挤在一起声音嘈杂的大统舱中，匆匆忙忙急就而成的。写好就拿去发排，看了清样就上架印刷，傍晚出报。到了这年十月中，因为我写的一篇《谈丑》短评被法院通译官许少勇控告，不得不停笔。前后半年多，共发表两百篇左右。我原以为这些短评现实性强，都有针对性，如今时过境迁，已无再印的必要了。但钱钢去图书馆查阅旧报，认为倘从中选出社会评论，留下那个时代的鸿爪与风貌，未始不可供读者一读。我觉得他的话也对，随他一起去图书馆查阅旧报，再亲自筛选一遍，选出以下近四十篇。由

---

[1] 该题《集外旧文钞》选有38篇，《王元化集》卷一选有104篇。这里从中选录10篇。——编者

于这些文字都写于一九四六年,所以文末只写月份和日期,不再写年份了。

作　者

抗　议

前日本报发表一篇"一个翻译官"的来函,里面讲到美军在中国农田盖厕所,竟将农田中"三分之一亩"的熟麦割去。事后田主婉请翻译官向该美军负责长官"大江口军火转运站小主管梅中校"说情,请求赔偿损失。该梅中校不仅不自认理屈,反而口出不逊:"你们中国人就是爱钱!以为我们美国人钱多,就可以随便地来勒索吗?"翻译官将农夫劝走后,该梅中校尚刺刺不休,板起脸说:"你们中国军队可以随便占用民房,难道我们美军不可以吗?"

这真是无理至极!试问这是哪一国的土地?同时我们要更进一步地问:中国人民茹辛含苦抗战了八年为的什么?难道不正是由于日寇蹂躏我国土,欺凌我同胞吗?

胜利以后,我是参加欢迎盟军队伍中的一个。那时日寇初降,大局未定,上海仍在敌人魔手的统治下,但是看到最初在街头出现的几个盟军,每个市民不再顾到危险,欢欣鼓舞之情溢于言表,有的扬手高呼,有的献花行礼。我亲眼看见有一乡下老翁甚至感激而泪下,民心爱戴之真挚,想亦不过如此!但事隔不久,吉普闯祸,美军打人,购物赖钱,种种不法行为,接踵而起,层出不穷,虽然大多市民对之早生厌心,但我尚以为这是小疵,为各国军队所难免,还可以原谅。不料读"一个翻译官"的来函后,使任何一个爱戴盟军的人再也无法为之曲辩,以洗刷其罪恶了!强占民田的行为小兵自然不敢,分明出自负责官长的意思。且该梅中校者,既身为"中校",又负一方之责,官阶不小,竟对中国人抱如此错误之观念!倘美军最高首长对此种行为,不加惩办,以收中国人之民心,那么我们敢断言：美军在中国人心中的地位，将一落千丈！

六月十八日

"和平与民主"

廿二日文汇报，发表了一篇之江大学教授对时局的感言，其中有一位外国人 Mr.Price 的话，很值玩味。（这位 Mr.Price 不知是否即为少年村主办人美国牧师毕范宇先生？）他的话只有寥寥两句：

为了民主必需要和平，

为了和平必需要民主。

这两句话，语简意长，可以说是对症下药的一剂良药。和平与民主之不可分，已成铁一般的真理，外国人都明若指掌，为什么许多中国人还执迷不悟？昨天欢送贲延芳等代表赴京请愿的五万余人大游行，高呼反对内战的口号，形成了空前的壮举，人民已经说话了！八日美国的《纽约时报》有一篇社评，也对中国政局大声呼吁："听从人民意见，和平解决问题！"

毕范宇先生的话很对，赞成民主的人一定拥护和平，而促成和平实现一定要先从实施民主政治入手。反过来说，再打内战，无论他怎样苦口婆心，义形于色，事实上，仍旧不过是"挂羊头卖狗肉"，结果变成了和平的刽子手，民主的罪人，终于要被人民所唾弃！

六月二十四日

两个文奸被捕

最近接连有两个文化汉奸被捕了。一个是沈嗣良，另一个是杨光政。胜利以后，沈、杨二逆，不但不销声匿迹，自行检点，反而悠然自得，大有"你奈我何"的神气。据说和平消息最初传至上海时，沈逆尚不信以为真，竟勾结敌伪，将开庆祝会的圣约翰大学学生捕去数名，丧心病狂，一至于此，真正令人发指。

最妙者是这两个汉奸，全有一套"有奶便是娘"的哲学。沈逆过去是洋人最忠顺的奴才（昨日新闻报社评胪列其媚洋的丑态甚详，兹不赘），太平洋战事爆发后，沈逆摇身一变，而为"反英美协会"的委员；甘作无耻的傀儡。杨逆更是等而下之，开头大唱其"抗建文学"的高调，诬蔑暴露黑暗的作品为破坏抗战，义正词严，俨然以爱国分子自居。不想日军一进入租界，他的尾巴也随着露出来了，满口什么"大东亚"之类地狂吠着，比任何一条狗全叫得响。

呜呼！时光无情，才有多久？帮闲的嘴脸已经完全露在我们的眼前了。至于以前被他们所陷害，所诬蔑的人，至今不是依然故我，仍旧屹立不动么？含血喷人，别人岂能为之所污？自己又岂能借此洗刷干净？

六月二十九日

写在专刊之前

纪念七七的征文，自开始到现在，收到的已不下数十篇之多。可见大家对于这划时代的一页光荣历史，至今仍抱着无限的怀念。展读来稿，每见热烈之情，跃现纸上，令人悲喜交集，感奋万端。

来稿中以杂感为最多，作者有店员、公务员、学生、工人、艺人、军人、仆役、舞女等，每个角落里都发出了声音。但限于篇幅，又因所发挥的意见大致相同，为了避免重复，这许多真挚的文章，只得割爱了，特向投稿诸君致深深的歉意！综合这些杂感的内容，不外是呼吁国共双方快快停战！

回忆九年前的今天，中国面临生死存亡的最后关头，可是没有一个人怕战争，相反，多少人在鼓舞，多少人在欢腾，多少人在庆祝。光明灿烂的前途就在中国的门口招手。今年的七七是抗战胜利后的首次纪念，按理说，应该盛况空前，大大地热闹一番。但是每个人的心头全压上了一块铅，被内战的阴影笼罩着。抚今思昔，真是使人有说不出的滋味！

中国的人民大众并不惧怕战争，只要这战争是正义的，赴汤蹈火、牺牲性命都在所不顾！九年前的七七就是一个铁证。然而站在今天一触即发的内战前面，人民只有恐惧、反感和厌恶！这是我读了征文之后的一个结论。

七月七日

闲话石狮子

纪念"七七"，有些人不禁想起了卢沟桥上的石狮子。

有位记者说："石狮子的眼泪，一直到去年才干。"

但是另外有人说："如果今年再去看看，石狮子必然又有了新的泪痕。"

另外一位先生说得更妙："国事这样糟，我想连卢沟桥的石狮子，也要摇头。"

始终屹立于卢沟桥头的石狮子，经历了一代一代的兴衰，身受了沦陷的凌辱，眼巴巴盼到胜利的到来。正庆幸重见天日，不料内战又起，烽火重燃，此情此景，能不令人心酸？所谓顽石点头，连铁石心肠的石狮子也要流泪摇头起来了。

《红楼梦》中宁国府门口也有一对看门的石狮子。有一天，焦大因感慨于贾府的子孙不良，竟破口大骂道："这家里只有这对石狮子是干净的！"

卢沟桥上的石狮子，现在流泪摇头还是好的。倘我们这些黄帝的子孙再不争气，兄弟阋墙，自己打自己，那么说不定到了明年的七七，桥上的石狮子也要骂一句："只有我是干净的！"岂不羞煞人也？

七月八日

闻一多被刺

继李公朴被刺后，联大教授闻一多又被刺了。噩耗传来，令人悲愤无极！

昆明接连发生了这两件大血案，时间相隔不过几天，遇害者又都是人所共知的学者。尤其是闻一多教授，谁都知道他在战前只是一位恬淡的诗人，留着长发，穿着油腻的长袍，钻在古书堆中做着研究工作。抗战后，他不甘再沉默了，目睹眼前的大难，有感于衷，遂挺身而出说几句愤激的话。这样一个人为什么就偏偏遭受暴徒的嫉恨，以至下此毒手？

此次闻一多教授被刺，连他的公子也受了伤，腿部折断，至今躺在医院里。较之暗杀李公朴的手段，更加毒辣，更加卑鄙！在堂堂的昆明市，一而再地演出了这种暴行，且有变本加厉之势，不知暴徒眼中尚有国法否？把警政机关又看做了什么？

七月十八日

原告成被告

远东国际法庭审判日战犯土肥原、松井，由我国国防部次长秦德纯氏出庭作证。被告辩护人纷纷提出反问,真是问得厉害。

土肥原辩护人问:"日军演习系根据义和团事件议定书之权利,不唯日本,各国均有此权,此事知之乎?"

松井辩护人问:"华北要人如阁下者(指秦),料不致反对孙文先生之大亚细亚主义?中国青年抗日思想行动,其原因是否由九一八事变前即行排日教育?"

美籍辩护人窝伦问:"驻在中国之外国军队,除战争状态外,得不通知中国机关演习射击。证人承认该部分否?日军之演习既未违反国际法,证人何以谓违反国际法?"

这一连串唇枪舌剑的反问,使得秦次长只有自认:"所谓违反国际法或有错误。"

其实问题很简单,倘使远东国际法庭,承认满清以来中国所签订的一切不平等条约,那么审问日战犯也是多余的。因为日军侵略中国都可以从不平等条约中找到借口,自七七事变开始的中国抗战,也可能变成不合法的了。这样问下去,结果是原告反而成了被告!

七月二十六日

臧大咬子死得冤枉

臧大咬子被美军打死之后毫无下文,这两天报上才透出一点消息。据说此案已成三不管之势。所谓"三不管"者,即:美军不理,政府不管,法院不问也。

这年头,无缘无故死于内战者,成千累万,美军打死一个黄包车夫,不过是其中一个小小的插曲,本来无所谓冤枉不冤枉的。

为什么我还要替臧大咬子呼冤呢?就因为据说"美军之驻华系出于我国之请求,远非不平等条约时代,外军非法驻华可得同日而语"云云。

不平等条约时代，外国人打死了中国人，有"领事裁判权"作护身，自然是有冤无处可诉。现在"远非不平等条约时代"，美军驻华也并非"非法"的了。杀人者死。至少也应该开庭审问凶手，以重法纪。可是万没有料到：在此"平等条约时代"仍旧和"不平等条约时代"一样，可以"同日而语"，美军打死人仍旧白白打死人！青天大老爷呀！你说臧大咬子死得冤不冤？

九月三十日

速惩臧案凶手

臧案发生后，舆论界一致呼吁，要求严惩凶手。可是到现在仍无下文。地院表示无权审理，而美军总部也未发表任何消息。看样子，恐怕要按照中国的惯例：大事化小，小事化无，不了了之。

但是中国的人民大众正在注视这件案子。政府当局是否能够保障人民大众的生命财产，臧案就是一个试金石。如果此案有头无尾，不了了之，那么在此时此地的中国，做一个中国人，就是一桩极其危险的事！

前日晚十一时，笔者行经静安寺路成都路口时，又目睹了一幕美军行凶的丑剧。路人被伤者甚多，美军打完人之后扬长而去，警察在旁只有观望而已。

中国是最讲法纪的国家，照此情形，试问法纪安在？中国是警员最多的国家，照此情形，试问警员的任务安在？别的也不必多说，倘使当局不严促美军总部速惩臧案的凶手，那么不仅臧大家属不平，全中国的人民也将不平！不仅人力车夫三轮车夫担心自己的生命没有保障，全中国的人民也将要人人自危了！

十月七日

丑

九日法院侦查臧大咬子案,证人陈学东讲至半途,通译官许少勇用恫吓的态度对陈学东说:"你当心点,说错了要吃官司的!"

倘使要在这句话底下批一按语,那么我只有模仿金圣叹的办法,大书一"丑"字。

说其丑者,有三个理由:忘掉自己的身份,丑之一也;以奴隶总管自居,丑之二也;含血喷人,丑之三也。

通译官不过是沟通双方言语隔阂的舌人,本没有插嘴置喙的余地,但是这位许少勇,一旦到了中国的法庭,自以为站在美国人的屁股后面,就可以肆无忌惮,胡作非为,恫吓起自己的同胞来。臧案发生的经过,陈学东是在旁的目睹证人,至于这位许少勇却明明不在场,他根据了什么理由指别人说错了话?纵使证人说错,也只有法官才可以出面阻止。许少勇不但越俎代庖,反而威胁证人要吃官司。拿了主子的一点钱就下作至此,真可以说是无耻之尤了!

将来如果有人要编"丑学大观",我提议把许少勇这句话,列为其中的头一条!

十月十三日

(《集外旧文钞》,上海文艺出版社2001年1月)[1]

---

[1] 亦见《王元化集》卷一,湖北教育出版社2007年10月。

1948年末至1949年初《周末专栏》文选[1]

小 引

《展望》（原为《国讯》）周刊于抗战胜利后自川迁沪出版，一九四八年下半年，我参加《展望》工作的经过，请参阅《从〈展望〉到〈地下文萃〉》一文。这里选出我所撰写的《周末专栏》，仅为一小部分。这类文章属于时事评论，政治性强，和《夕拾》的通俗化文字不同。其中可供今天读者参阅的已经为数不多。所以这里仅选出十二篇，作为当时生活的一点痕迹而已。

作　者

勿为牛后

举世瞩目的"东京裁判"，现已告一段落了。恭读了远东法庭所公布的长达一千八百页的"判定书"，实在使人啼笑皆非！战犯的侵华暴行竟被剔除了。南京的杀人比赛也不当做一回事了。最可笑的

---

[1] 该题《集外旧文钞》与《王元化集》卷一选有12篇，这里从中选录4篇。——编者

是替罪魁裕仁洗刷得一干二净，只有被告之一木户部分提到他与裕仁有密切的关系，但也仅仅到此为止。从这幕"东京裁判"的活剧，我们可以看到美国是以这种宽大政策，作为增进美日国交的一种工具，原不足奇怪的。

据传南韩的报纸纷纷对此表示不满，一致认为度刑失之过宽，"对法庭的公平性表示怀疑了"（合众汉城十四日电）。此外其他各国政府方面，凡不赞成美国对日本宽大政策的，也都表示了态度。希望这一次我国当局"勿为牛后"，不要再等闲视之了。

一九四八年十一月二十四日

豪门先天下忧

最近豪门纷纷逃难，颇引起很多人的不满。首先是受到了舆论的指摘，据说北方报纸，甚至以"别矣豪门"为题，小小讽刺了一笔，算是出了一口怨气。不久之前，上海市参议会的参议员甚至也动了公愤，有的主张要他们捐款，有的主张限制他们出国，有的要求当局开除他们的国籍，反映了一般人对豪门的态度。

最妙的是一位先生套了一句古话来形容豪门，说他们是"先天下之乐而乐，后天下之忧而忧"！

其实豪门的逃难，也是"先天下之忧而忧"的！只要看看实际的例子就可以明白！老百姓并没有逃，北京的教授学生并没有逃，大多数人都没有逃，而逃者唯独豪门，何以故？岂不正是"先天下之忧而忧"么？

一九四八年十二月一日

平津"拆屋"

据最近报载,北平的古迹文物已遭到空前的大劫难:"开辟天坛机场,砍去古树已达四百余株"(《大公报》),"清华园内落弹九枚"(《大公报》),"靠城墙外的建筑物已被毁坏,筑成斜坡"(《大美晚报》)。诸如此类的消息不断传来。这不但使得国人为之惴惴不安,就连外国人主办的《大美晚报》也发出"请傅将军三思"的呼吁,认为"即使不从人道主义的观点出发,北平也是全世界的宝藏,不应该就那么胡乱地把它毁掉的"(十二月十八日《大美晚报》)。

较之文物古迹更值得注意的是,平津两地的居民有着更悲惨的命运。据不完全的报道,华北剿总为了修筑工事,在北平城关,"共拆房六千三百五十一间"(《大公报》),津郊一带也拆了民房不少,"三万八千乡民从此饥寒交迫"(路透社)。除此以外,当局还准备征用民工修筑工事。

华北剿总这一连串的措施,倘一一付诸实现,那么我们真要为平津两城的居民捏一把汗。记得抗战时期,敌人也采用过焚屋拆房的手段。但那是日寇入侵,自然没有话讲。现在作战的双方既然都是中国人,就应顾念一下人民的生命财产。

一九四九年二月五日

"黾勉从公"与"枵腹从公"

自从去年十二月二十六日上海发生竞兑黄金,挤死七人的惨剧后,到目前为止,兑金问题不知出了多少新闻。举其荦荦大者,最近就有首都各机关员工代表，包括总统府、各院部会、各军警宪机关、学校等七十一个单位，于七日上午十时齐集行政院请愿，要求按上海公教人员存兑黄金办法，照旧有价格每两千元，每人存兑一两。接着政院决议上海集体兑金应即废止，又颁布了"所有公务员应一体黾勉从公，不得聚众请愿"法令。

记得不久之前，上海公教人员集体兑金的办法公布了之后，不知羡煞多少人。有人还劝慰不能拿到黄金的市民说："看和尚吃馒头，也要想到和尚烫香洞。"意思是叫大家想到公教人员平日的清苦生活。孰料兑金的办法一再修正，结果公教人员除了少数外，仍旧是一场空喜欢。馒头没有吃着，香洞反而多烫了几只。据首都各机关员工代表向端木秘书表示："自政府存兑金银消息传出后，彼等均将私蓄尽行变卖，以期存兑，不料政府存兑金银办法历次更改，由无限制而改至五两，由五两而改到一两，价格由两千元而改到六千五百元，且不办理集体存兑。彼等因公务缠身，自不能效黄牛党竟日排队，且存兑价格之提高，政府已使彼等陷于倾家荡产之境"云云（一月八日《大公报》）。

首都如此，上海公教人员更加过之，因为他们已经得到集体兑金的保证，都纷纷变卖私蓄，或向亲友告贷，以为一两黄金可以笃定到手，谁料遭到这一记闷棍。自然兑到的也有人在，可是没有兑到的更多。笔者遇到几位当公务员的朋友，真是到了"倾家荡产"的地步了，这几天哭丧着脸诉苦说："为了兑金，我还背着一屁股的债呢！""黾勉从公"是可以的，"枵腹从公"如何办得到？

一九四九年二月十二日

（《集外旧文钞》，上海文艺出版社 2001 年 1 月）①

---

① 亦见《王元化集》卷一，湖北教育出版社 2007 年 10 月。

记 辛 劳

我认识辛劳是在抗战初,那时我刚刚从北平流亡到上海,还是一个读高中的十七岁的青年。我在上海参加了平津流亡同学会,做一些联系文艺界的工作。一九三八年的一个春天,我带着一封介绍信,到马斯南路(今思南路)一家难民收容所去见辛劳,准备请他到平津流亡同学会去谈谈文学创作问题。他在那里负责难民的文教工作。马斯南路是法租界一条幽静的马路,平时车辆不多,在并不宽敞的柏油路边,栽着两排望不见尽头的梧桐,树上布满绿色的嫩叶。收容所是用竹子和木板搭成的简便房屋,虽粗陋但清洁,一切都井然有序。室内有几个青年人,有男的也有女的,其中一个二十几岁的男子看见我,向我走来。我说明来意,他没有做声,只是用一双湿漉漉的鹰眼注视我,要我跟着他走。经过了两三间屋子,他才停下来,还是不做声,盯着我看。直到我把信交给他,说明要找辛劳先生,他才用几个简单的字说我要找的就是他。这时我才注意到他的外貌。他有一张狭长的脸,一头蓬乱的鬈发,穿着一件叫"乌克兰衫"的俄罗斯农民服式的上衣。这身打扮很特别,他给我的头一个印象并不好,我觉得他身上有一种罗曼蒂克气息。他谢绝了演讲的邀请,但为我写了一张便条,要我改请别人。后来我发现他给人的最初印象几乎都是不好的。他不仅口吃,也不善于讲话。他的大舌头发音含混,加上他的语言表达能力不强,往往不能把自己的意思完全说明白。他总喜欢盯着人看,好像要在你身上搜索什么可疑的东西。这种对人逼视的习惯,使人感到不舒服。那时他比我要大八九岁,但我觉得他并不比我成熟。我在收容所一见到他,就感到他在模仿普希金,他的样子也确实有点像。我不知道他的鬈发是天然的,还以为是故意弄成这样子。

在这以后不久,辛劳有时也到平津流亡同学会来坐坐了。他还为我们办的小刊物写一两首小诗,但我们并不欣赏他写的诗。记得他第一次拿来的两首,其中一首题名是《发霉的鼻子》。这首诗仅有七八行。我觉得诗的题目显然是套用涅克拉索夫的《严寒·通红的鼻子》。涅克拉索夫这首长诗我读过,我很喜欢他的沉郁风格。其中所描写的那个在森林中踉跄前进迷失在茫茫风雪中的农妇,使我从一个平凡女性身上看到了崇高和伟大。但辛劳的诗显示了什么境界呢?我觉得他的诗缺乏意境也缺乏语言的美。这并不是我一个人的看法。在平津流亡同学会负责的一位燕大同学,是个政治性很强的人,常常用小说《毁灭》中的美谛克去嘲笑一些知识分子。但他也读了不少文艺作品,特别是罗曼·罗兰的作品。他从辛劳交来的另一首诗中挑出"唱出心弦"这样的句子,以不屑的口气批评道:为什么不说"弹出心弦"呢?我对辛劳有较多的了解,并对他写的诗和散文由发生兴趣而喜爱是在这以后的事。辛劳在一九三八年下半年就带领收容所的一批青年难民到皖南新四军去了。渐渐由那里传来消息说,辛劳去后心情并不舒畅,似乎身体也不好,在咯血了。可是详细的情况究竟怎样,"孤岛"上的朋友谁也说不清楚。直到今天我对当时不少文化人在皖南的遭遇才算有了一些了解。我以为这是基于农民意识的反智主义。其实早在太平天国革命时期就已经有了这种迹象,土地革命时期也出现过"打倒知识分子"的口号。

一九三九年初我随上海慰问团到了皖南新四军军部,在服务团时,我被安排住在辛劳那个单独院落里。辛劳曾在他后来出版的散文集《古屋》中描写过它。这个院落很小,只有几间屋子。一进院门，左右各有一间，辛劳住一间，另一间是聂绀弩住的。我去的时候，绀弩出差到金华，要过一阵才回来。辛劳不知道我会来，一见到我，显得十分高兴。那时他因咯血，没有做什么工作，一人独处，感到相当孤独。这段日子我和他朝夕相聚，比在上海时熟悉多了。最初我们在谈到文艺问题时，曾发生过相当激烈的争论。争论的问题现在已经记不得了，不过我可以说，当时他对文艺的理解要比我深刻得多。我受到由苏联传入的文艺理论的影响，在不少观点上有机械论倾向。我们争论时，都动了感情，两个人全拉长了脸，谁也不理谁。可是这次争论只是成了我们日后友谊的一个曲折的前奏。次日我们又重归于好，一天的乌云消散了。我们在感情上迅速接近起来。辛劳是一个很有个性的人，他不轻易放弃自己的看法和主张。他告诉我，他到了这里后，由于在空暇时读《红楼梦》，遭到了不少嘲笑和批评，对此他一直想不通。更使他感到痛苦的是和他一起来的女朋友，发现他到了根据地并不像她所想的那样显示自己的革命才能，相反在许多方面倒成为被人指摘的目标，而对他的态度完全改变了。她调到另一个地方，几乎完全和他断绝了音讯。一天当我要到她所在的地方去的时候，辛劳要我带一封信给她。我把信设法转给她，但没有得到什么回音，这事就这样徒劳无功地结束了。

  我在服务团的那些日子，最使我难忘的是辛劳把他写的长诗《捧血者》拿给我看。这首诗刚完成不久，他经过了反复修改。我还看到修改前的初稿，发现初稿许多地方已大段大段地被砍去了。还有不少段落后来留下来的只有寥寥几行。辛劳把他的全部心血都倾注在这首长诗上。在当时那样的环境里，没有人会像他那样去做的。他对文学的不顾一切的执著，真是使人感动。半个多世纪过去了，至今我还记得他为我朗诵自己诗歌时的情景。他的脸因为兴奋而发红，眼睛闪着灼热的光，两片薄薄的嘴唇微微发抖，声音在颤抖。……这时你不由得会对他产生好感。后来我读到吴强回忆皖南的文章，他说辛劳为他和聂绀弩等朗诵《捧血者》时，常常被听的人所发出的赞叹打断。我不懂诗,也没有写过一首诗。读了《捧血者》后,我开始读辛劳的诗,我变得很喜欢辛劳的诗了。我被辛劳的诗所感染,领会到了辛劳诗中的真情至性,它的感情波澜和思绪的起伏回荡。但是那时,我还不能用明白的语言说出我的感受,虽然我确实感觉到了它们,自然我也有不理解的地方。当时看出辛劳诗的真正价值的是绀弩。他们两人在服务团那个小院落里比邻而居的时期,结下了深厚的友谊。辛劳写了一首送别诗,记述两人在小河口离别的情景:辛劳伫立在河边,望着船夫将竹篙插入水中,渡船缓缓地离开了岸。绀弩站在船头,马儿依在身旁。他低着头,没有向岸边看,渡船渐渐远去……这首诗里充满了诗人的深情。从皖南回来后,我读辛劳的诗,越读得多就越觉得他是一个最不会掩饰自己真性情的人。诗人需要这样的性格,但要用同样的态度处世就未免不合时宜了。这使我感到,我刚认识辛劳时对他所产生的不好印象就是由这样的性格引起的。如果他懂一些世故,懂一些人情,情况就可能会两样。但是,他不懂,也许他是懂的,但偏偏不愿照世俗行为去做。

　　发生在辛劳身上的这类事是很多的。"孤岛"局面结束以前,辛劳曾经从新四军回到上海。他在上海的生活很艰苦。一次正当上海的潮汛期,连下了几天暴雨,街道都被积水湮没了。夏天是酷热的,有好几天我因为大水没有出门。突然辛劳走上三楼推门进来了。他向我说,关在家里实在闷不过,所以用手中最后一点钱叫了一辆三轮车,涉水到我家来。他在上海很少和人接触,见到我特别感到高兴。但我觉得他太由着自己的性子了。难道不会等几天再来?他如果坐电车来看我只要几分钱就够了。这天他谈得很兴奋,谈话的内容已经回忆不起来了,只记得他说这些日子里常常挨饿。他竟把饿的感觉一一记下来,写了三十来条。后来他还把这稿子给我看过。他在回到上海的时期,全靠投稿拿点稿费过活。这天他对我说稿费用光了,新投的稿子一时还拿不到稿费。他有几天没有吃肉了,很想吃大排，问我有没有钱。那时我用的是家里的钱，我掏出身上所有的五块钱，他高高兴兴地拿走了。在我们的来往中，这是很平常的事。朋友之间有无相济，谁有谁拿出来，没有的向有的人去要，谁也不把这当回事。但是辛劳对我家里的人也不讲一点礼貌，没有一句客气话，照例一视同仁地用他那双湿漉漉的眼睛盯着人看，这使他们有些不舒服，就像他最初用这种不礼貌的眼光引起我的不快一样。不过辛劳全不理会这些，仍旧我行我素。

辛劳在上海报刊上发表的文章渐渐多起来，也有一两本书出版了。他的才能终于得到了承认，但主要在"孤岛"范围内，而且还只限于"孤岛"文学界狭小的圈子里，社会还是不知道他。当我今天回顾"孤岛"文学的时候，我要说在我们这些从事文学写作的朋友中间，辛劳是最有文学才能的。我说的才能是指一种艺术感受，即对大自然、社会世态和人类心灵，往往体会到一般人们所未感受到的，或虽然见到却被忽视的方面。作者在表现这些体会时，自然而然地注入了专属于他自己的个性特征，从而使他的作品具有一种与众不同的特有情趣。在这方面，我认为当时我们中间是没有人可以和他相匹敌的。辛劳的作品不一定写得深刻，但却是独创性的，总带着性格的烙印。虽然他的诗歌和散文有时也不免留下那个时代的某种模式的痕迹，但在朋友之间我敢说在当时他是唯一能够摆脱教条束缚的人。他在创作的时候不能忍受斫伤个性或违反自己的艺术感受的事发生。一次他写了一首题名《土地》的长诗投给《奔流》文艺丛刊，当时负责编务的是蒋天佐。诗在《奔流》第一辑上发表了。我读了很喜欢这首诗，认为在辛劳的诗歌中也堪称佳作。《奔流》出版后在满涛家里开了一个小规模座谈会。大家谈得正高兴，辛劳出言了，他说蒋天佐修改他的诗并没有征求他的意见，他对此有看法。辛劳突如其来的发言，使空气立刻变得严肃起来。天佐忙解释说，他很喜欢这首诗，他动手修改是为了使这首诗更好，但天佐的话并不使辛劳满意。过了几天，辛劳来看我，他仍对此事感到不快,他对我说:"我写的是我的家乡和我对家乡的情感、感受。我家乡出葡萄酒,天佐却把它改成了糯米酒,可是我家乡并不出糯米酒怎么办?"当时延安正提出"中国作风、中国气派",大后方也正在进行民族形式问题讨论。辛劳举出天佐所删改的一个例子,已足以说明天佐删改的原则分明是觉得葡萄酒不如糯米酒民族化。当时我是同情辛劳的,在开座谈会时,我还不清楚事情经过,没有为他辩护,别人也都没有说过一句话,事情就这样过去了。倒是辛劳本人不久以后,在《新文丛》上发表了一篇《树和剪树的工人》(《旅客及其他》中的一节),作为对此事的回答。这是一篇散文,也是一篇艺术性的批评,深刻、尖锐,却丝毫没有意气用事的意味。虽然他在真理问题上绝不假借,坚持自己的主张,但他也是以平心静气的态度提出自己的意见的。这类争论文章就像他的创作一样,显示了他的气质。这不是可以学到的。我不知天佐看了这篇文字后有什么感想,倘他不把个人的自尊放在文学的真理之上,我相信他对辛劳的批评也会折服,欣然接受。辛劳去皖南后是他创作的旺盛时期,这时期他一直在生病。病的阴影总是和他的作品相伴随。病给他带来痛苦,使他的作品显得病态,但同时也磨炼了他的诗才,使他沉静下去,想得更深,感受得更多、更细。这真是不幸的幸事,我不知道大地究竟是爱才还是忌才?既然赋予这个人以过人的才华,为什么又偏偏要将众多的不幸降在他的头上?

一九四一年底,太平洋战争爆发,上海沦于敌伪之手,从此辛劳再也没有回到上海来。我最后一次见到他,是他临去苏北前来向我告别,那次他从我家拿走了一只手提箱,这是邢秉枢(后改名林修德)去苏北的时候放在我处的。解放后邢要我把这只箱子和里面的几件衣服还给他,我已经还不出了。辛劳去世的年月当时就没有人知道。抗战胜利后不久我听淡秋说,大约一胜利,辛劳就从苏北回来,经过韩德勤驻地,被捉去死于狱中了,那时他才三十多岁。辛劳被害的详细经过虽经多方打听,但始终不清楚。他活得寂寞,也死得寂寞。我还记得他在世时，一次从新四军回到上海，我去看他，他正在害病，一个人孤零零躺在床上，面孔消瘦，不住呛咳着，他抬起眼睛望着我说："今天是我三十岁生日。"这眼光使我至今难忘……现在辛劳的名字已经很少有人知道，很少有人记得了。他的作品长久没有重印。各种现代文学大系都没有选录他的作品，现代文学史也没有提到过他的事迹，难道他真的将永沉于文学的忘川之中？我希望这本《捧血者及其他》能够唤起人们对他作出公正的评价。①

一九九六年六月三十日

（《清园近思录》，中国社会科学出版社 1998 年 1 月）②

---

① （原文"补记"）本文发表后，报馆转来中国社会科学院历史所王春瑜先生给我的来信。信中说："……我藏有阿英先生在盐城抗日根据地编的《新时期》两本，其中一九四四年出版的一册上，载有阿英亲自写的书汛，现将此页复印寄上。由此可知辛劳还有《栅栏草》，也可断定他被韩德勤抓去，也并非是抗战之后。……"这封信可纠正辛劳于抗战后被抓去遇害这一说法之误，信中附来复印剪报，题名《华中根据地出版书录》，署名"英"。这篇简讯共三则，最后一则标题为《栅栏草》，其文如下："辛劳著。诗集。一九四三年十一月刊。收诗四篇：'在月夜''五月十四''小夜曲'及'插秧女'。皆作者在韩德勤省府狱中作。油印本。"（同年九月二十日）

② 亦见《人物小记》，东方出版中心 2008 年 1 月、《王元化集》卷七，湖北教育出版社 2007 年 10 月。

《于伶诗钞》序

一九九二年祝贺于伶同志从事文艺工作六十年时，我曾作了如下的发言：于伶同志是我们前辈，就我和他五十多年的友情来说，就他作为我所尊敬的革命者来说，如果我不在这时候说几句表表衷情的话，我会永远感到遗憾的。今天大家怀着深情的发言，一直说不完。这个庆祝会应当命名为"说不尽的于伶同志"。

从三十年代直到解放后，于伶同志始终在上海这个曾经作为全国文化中心的城市，以坚毅的精神在各种困难和险阻下，领导剧团节节前进。于伶同志在他长期从事革命和文艺活动的生涯中，历经坎坷。他曾受到不公正待遇，但他是一个有理想、有信念、有原则的人。他掌握权力时，不以权傲人，不以势压人。挫折时，不灰心丧气，不动摇对党的信念和对真理的追求。政治气候的风向变化时，他不像某些善变的人那样翻筋斗，左右摇摆。同时他也是一位可以让人向他打开心扉，敢于向他争论说真话的人。坦白说，像这样平易近人的长者是不多的。这本诗集就是于伶同志的激情和人格的写照。

一九九六年八月二十五日

（《集外旧文钞》，上海文艺出版社 2001 年 1 月）①

---

① 亦见《王元化集》卷七，湖北教育出版社 2007 年 10 月。

《一笑之余》序

　　荆中棘《一笑之余》即将在上海人民出版社出版。荆中棘是束纫秋同志的笔名。

　　我认识纫秋是在抗战初期的上海。那时我俩还是二十上下的青年。纫秋在党领导下的银联工作。他在《职业生活》这个刊物上发表时论性的短评。他还利用余暇进行文学创作,写出了一篇中篇小说《投机家》,用的是越薪笔名,后来他就常以这笔名发表文章。这个中篇小说描写了孤岛金融界的形形色色。小说一发表就引起了人们的瞩目。王任叔十分重视这篇小说,特地写了评论加以推荐。当时孤岛上虽然已经有一些文艺杂志和副刊,但有分量的文学作品还十分少见,一位业余作者竟然出人意料地发表了这样一篇作品,自然引起大家的关注。不久,纫秋调到文艺界来了,我和他见面的机会自然也随之日益增多起来,我们一起参加文艺界的座谈会,一起参加文艺通讯活动,一起为我们自办刊物筹钱筹稿。孤岛时期没有维持多久,太平洋战争爆发了,日军占领租界,上海顿时陷入黑暗之中,饥饿、封锁、凌辱、恐怖……抗日活动转入地下,各人只在自己的范围内活动,座谈会取消了,刊物不办了,不是工作需要的来往切断了,犯忌的书籍自行焚毁了。我们必须遵守地下工作的原则,甚至必须牺牲自己的爱好和读书的兴趣。一年、二年、三年……坚忍着、苦熬着。我们充分尝到在敌人刺刀下丧失家园之苦。在这漫漫长夜中，我们并没有在敌人施加的磨难下失去信心，失去人的尊严和道德理想。我们也仍旧怀着文学创作的强烈渴望。当胜利到来时，长期压力下所积蓄起来的活力，就像岩浆从地下奔突而出。那时他有一个短篇《节日》发表在魏金枝主办的《文坛》上。小说的题目恰恰与胜利机缘相合，被排在杂志的第一篇。但这篇小说并不是胜利的即景，而是写一个青年小职员在胜利前夕的内心世界。他在节日中，满怀喜悦，早上起来打算快快活活地过一天，作为长期机械生活的调剂和补偿，可是时间一点一点流逝了，他始终在大街上盲目地踯躅着，一无所得，一天就这样白白地糟蹋了，他心中最后剩下的只是空虚和惆怅……作者没有用一个强烈的字眼，而是以淡淡的哀愁，去表现在节日中那个普通小职员的心理和悲欢。我很喜欢这篇隽永而深刻的小说，至今还留下了鲜明的印象。它不仅是纫秋文学创作中最好的一篇，而且也是胜利初期难得的佳作。可惜它并没有得到应有的重视和评价。纫秋似乎对美国作家欧·亨利的短篇小说最为服膺。亨利的作品以精练见长。根据我的浅见，纫秋撰写短评时似乎也受到他的某些手法的影响。从这本《一笑之余》即可见到。这些文章短小泼辣，在读者中颇有些反响。前人有以文入诗，今人有以杂感入诗，而纫秋援亨利写小说之法以入文。亨利在写短篇时是取生活线索交叉在一起的焦点，故篇幅往往仅有一二千字，而内涵却极为富饶。这需要眼力，也需要机智。这种才能在短篇小说中还比较容易发挥，但在一篇专讲道理的短评中就比较困难了。我觉得纫秋放弃写小说总是一件憾事。当朋友们希望在《节日》以后，看到纫秋的更多的同类作品，正在翘首以待的时候，不知为什么，纫秋戛然中止，没有再继续写下去了。纫秋以后所写的几乎都是短评。也许这是由于他的工作需要和时间限定只得如此罢，但纫秋现已退下，有充裕的时间，可以优游适会从容命笔了。

既然老朋友可以无话不谈,我就利用为本书写序的机会,再次呼吁:希望老束贾余勇,再接再厉,继《节日》之余绪,写出更多更好的短篇小说来。

一九九六年

(《集外旧文钞》,上海文艺出版社 2001 年 1 月)①

---

① 亦见《王元化集》卷七,湖北教育出版社 2007 年 10 月。

怀贺绿汀

我是贺老的一个朋友,贺老比我大十六岁。像刚才几位同志讲的,我也是从歌声中认识贺老的。一九三九年,我们在皖南,那时我还是不到二十岁的青年,常常唱《游击队歌》。后来我们回到了上海,也在孤岛上唱这首歌,很多人觉得非常好听,大家都学着唱。

我是凭个人爱好去认识贺老的音乐的。过去有些人对贺老有一种说法,说他是学院派,大概年纪大一点的人都知道,实际上贺老作的歌带有民间风味,他吸取了民间音乐、歌谣。他从学院获得了深厚的修养,在这个基础上,融化了民间成分,这是他的一大特点。贺老的歌唱起来非常清新、非常感人,有一种抒情味道。有些救亡歌曲除了表现激昂的情绪,就没有别的了。贺老的歌,在激昂情绪之外,更能抒发优美的情操。这是贺老歌曲与人不同的地方。

至于讲到他的学院派,当然贺老有很深的造诣,根基很厚。长期以来,学术界对学术和思想的关系,往往有很不正确的说法,有些人曾批评说:"九十年代,学术出台,思想淡化了",好像学术跟思想的关系不是东风压倒西风,就是西风压倒东风,是一种势不两立的对立关系。在人们对贺老音乐的评价中同样存在这个问题。假使思想没有学术、不被学术所深化，这种思想就会流为一种肤浅的、类似标语口号的东西；假使学术不由思想来充实，这种学术也就变成苍白无力了。贺老的作品同样体现了有学术的思想和有思想的学术这样一个真理。

  贺老的为人，有很多值得我们学习的地方。我们常说鲁迅是毫无奴颜媚骨的人物，贺老同样也是毫无奴颜媚骨的中国知识分子。在他一生中，从不因地位的升降浮沉而改变自己的态度。他从真理出发，只要他认为这个人是对的，哪怕这个人被千夫所指，他都毅然决然义无反顾地挺身而出为这个人说话，而绝不因为一个人的地位而改变自己的态度，他不是这种人。我觉得贺老身上有着中国知识分子非常可贵的东西，值得我们敬重的东西。这是与他几十年的交往中所得到的最深刻的印象。我最早认识贺老是解放初，当时中央音乐学院华东分院成立不久，那时他在这所学校任校长，要我去讲讲关于文艺方面的问题，今天算起来有四十多年了。他始终保持着一种人格的感召力量。不少知识分子在大风大浪中往往失掉操守，而他却始终如一。

  贺老确实是一个大公无私的人。刚才不少人谈到他二十几年的愿望，就是收回附中的那块地方。大概八十年代初，他就提出来了。他对这事，付出大量心血。不管对方是什么人，他坚持着一定要还。讲道理，讲真理，应该做的就坚持，不管碰到什么样的障碍，有多大的困难，自己写报告，自己奔走，自己出来讲话，自己写文章等等。这里面可以说没有掺杂一丝一毫个人的东西，他不是为自己争一寸土、一片瓦，而是为了事业，为了真理。这只是很多例子中的一个。这种敬业精神，为了工作，为了文化事业，他不顾一切地这么干，现在要找这样的人，不说完全没有，至少也十分罕见。上海人爱说"淘糨糊"，他绝不是这种人。在今天，我们要做一个不畏强御，不怕困难，也不顾自己的个人得失的知识分子，我们就应该以他为榜样。今天趁这个机会，我把贺老在我心灵中所留下的印象向各位讲一讲，以表哀思。①

一九九九年五月十八日

（《集外旧文钞》，上海文艺出版社 2001 年 1 月）

---

① （原注）本文是我在贺绿汀哀思会上的发言记录。

第三辑 "向着真实"

纪念鲁迅先生

鲁迅在二十世纪的黎明期开始了他的文学活动。他像同时代的其他清醒的现实主义者一样，把文学事业和人民解放运动结合在一起。

从他入矿路学堂和水师学堂求学时代起，直到他停止了最后的呼吸，人民用肯定他伟大战绩的"民族魂"的旗帜覆盖在他的灵柩上止，他没有松懈过片刻。这种献身的爱国主义精神，如同火把一样燃烧在他全部的人格里面，使他始终站在中华民族的前列，成了披荆斩棘的革命先驱者。

他经过无数次失败的挫折和痛苦的磨炼，在同辈"有的高升，有的退隐"中，倔强的屹立不动，始终坚持在自己的阵地上，向"无物之阵"举起了投枪，向"吃人"的旧社会作着韧性的反抗，这是什么力量？

倘用他的话来解释他自己，就是因为在当时，他敢于做一个"失败的英雄"，"单身鏖战的武人"，"抚哭叛徒的吊客"（《华盖集·这个与那个》）。这也就是毛主席说的："鲁迅的骨头是最硬的"（《新民主主义论》）的原因。

鲁迅之所以有别于那些善变的作家，正因为他的思想力量是以这种伟大的人格力量作为基础的缘故。没有获得人格印证和血肉融化的思想，那思想也就化为乌有，变得苍白无力。

真正民族的战士，不可能不是人民的战士。

鲁迅在他早期所写的《摩罗诗力说》中就是这样的告白："苟奴隶立其前，必衷悲而疾视，衷悲所以哀其不幸，疾视所以怒其不争。"他介绍充满反抗精神的俄罗斯文学，就是由于它的"自觉之声"。

从他自己的作品也可以看出，他的热爱一直是贯注在那些被侮辱被损害的卑微灵魂的身上。即使像《阿Q正传》这篇被人歪曲为作者"心里藏着可怕的冰块"的讽刺小说，如果我们理解他那"哀其不幸，怒其不争"的基本命意和唤醒昏睡麻木的自觉的企望，那么无论如何也不能够把"冷嘲"和"滑稽"这种曲解胡说去侮辱作者的。

一个作者如果有所否定，也必然不可免地有所肯定；对于旧的批判得愈深，对于新的则爱之弥切。这是理解任何伟大作品的人民性所不可或缺的一个认识。理解鲁迅，自然也应该这样。

"鲁迅的方向，就是中华民族新文化的方向。"①

这里所说的"方向"二字，倘不把它缩小或割裂，就不应该在所谓"迂回曲折的鲁迅式的杂文笔法"上兜圈子，用抽骨留皮的方法把燃烧着生命火焰的鲁迅作品当做描写技巧的文艺辞典看待。

一旦离开了人民性和现实主义的立场去看鲁迅，就无法不陷入各式各样的形式主义的泥沼里面，而那结果就是并无恶意的对鲁迅作品的恶意嘲笑。

一九五〇年十月十日晨

（《向着真实》，上海文艺出版社1982年2月）②

---

① （原注）毛泽东《新民主主义论》。
② 亦见《王元化集》卷二，湖北教育出版社2007年10月。

将人提高

委内瑞拉一位著名诗人曾经说:"当社会主义文化将人提高、昂扬、巩固和肯定的时候,垂死的资本主义却否定人。"

是的,这是现在这两种文化的最大的分歧点,再没有比今天更能够使每个人都看清楚这种分野的界限的时候了。美国的一部电影,因为内容是使互相仇视的印第安人建立和平就被禁止拍摄。意大利的一出戏剧因为对白中有这样一句台词:"和平斗争在工人区是受到愈来愈多的支持……"就被检察官删掉。他们不要贝多芬,公开宣称:"我们只崇拜爵士音乐,其他的都瞧不起。我们要贝多芬有什么用?我们唾弃他。"同时却疯狂地去追求那些只有变成白痴才会接受的"新奇音乐"。据华西里叶夫的《从后门看美国》一书中报道,现在美国最走红的"革新乐队"是在交响乐中羼进打呃声、哭泣声、玻璃打碎声、警笛尖啸声、野兽嗥叫声……同样的例子是够多的,一位看过许多疯人画的图画的英国画家说过一句老实话:"在这些疯人图画和我们展览会上展览的现代画家的作品之间,并没有一点不同的地方。"最奇怪的是被吹嘘作"十年之后将令人真正赞赏"的一幅画,据那位画家自白,他的画你可以从任何一个角度去看,所以也可以随你横、竖、歪、斜怎样挂法。我们还可以举出美国报章上的一些统计,据这些统计数字说明,在美国成为公众趣味的除了好莱坞之外,还有《大力水手泊庇历险记》和《肯特侦探》……

帝国主义的艺术和他们的大炮一样，目的是否定人，消灭人的庄严，把人的感情和理性在艺术中放逐出去。可是，和这种龌龊的否定人的工作同时，全世界所有善良的人都在保卫和平和保卫文化的伟大运动中投进了他们自己的一份力量。随便在哪一个国度的城市和农村中，都存在有"将人提高、昂扬、巩固和肯定"的不灭的火焰！

……平壤解放的消息传到上海的第二天，我看到了朝鲜的第一张艺术片：《我的故乡》。这张影片深深地感动了我。它用生活的强音告诉我们：四十年中间，朝鲜人民在日本强盗和封建地主的双重压迫下，从未丧失他们那美丽的人的性格。虽然残酷的统治者并不把他们当人看待，用贫穷、饥饿、监狱、酷刑和精神的虐害来摧残他们，使他们不能想到自己也是人，可是这种可耻的否定人的行为始终不能扑灭这些善良灵魂中的人的性格。相反的，他们却更坚韧、更顽强、更美丽！

我们想想看，四十年中间，朝鲜人民是被压在怎样沉重的苦难下面。《我的故乡》就是反映了朝鲜人民这样一段交织着血泪的斗争历史。那个官弼所走的道路，几乎就是千千万万朝鲜人民所走的道路。他们一生下来还是做孩子的时候，就认识了这个世界的不公平——母亲是有钱的地主的佣人，他自己每天要背着和他身材差不多的少爷上学堂。仅仅因为穷的理由，他就得忍受同样孩子的欺侮殴打而不许还手。小官弼在他的童年时期中，除了他的母亲以外，唯一给他带来了光和热的就是他所敬爱的老师，这是第一个把真理告诉他的人；可是正因为这缘故，老师被敌伪军警抓去了。当银幕上映出小官弼追赶在被逮捕的老师的后面，黑暗中爬上了一座荒凉的山冈，眼看着这个亲爱的人和押解他的那些豺狼的背影越走越远了，他痛恨自己的无力，不禁哭起来，口里骂了一句在他这样年龄理解为唯一最恶毒的大人的粗话。这是怎样一个不能不使人流泪、不能不使人痛苦得心都紧缩起来的场面！美丽的人的性格就在这里萌芽、成长、壮大！

可是敌人所要毁灭的正是这个东西。日本帝国主义和封建地主所独有的残忍，是一种比狼对狼还要野蛮的兽性。朝鲜人民在家破国亡暗无天日的日子里坚持了四十年之久，这不是一个短暂的时期！他们并没有屈服于统治者的暴力，变得昏庸麻木，这是怎样坚强刚毅的民族！他们前仆后继地用了血肉身躯向全副武装的敌人做着百折不挠的英勇战斗。即使被禁闭在监狱中，为了争取一口水来给生病的难友，为了贯彻同胞爱和同志爱这种神圣的感情，他们甚至不顾料想得到的非刑拷打，还是向敌人斗争到底。这是怎样坚强不屈的精神！敌人愈是否定他们的人的性格，他们的人的性格就表现得愈鲜明、愈崇高、愈伟大。

当朝鲜人民找到了英明的劳动党的领导，懂得了以有组织的武装和敌人做斗争以后，就成为一股永远不能被征服的力量。这样的军队自然和一切侵略军有着本质上的差异。这种差异不仅存在于组织性纪律性的不同上面，同时更表现在人的性格的流露上面。像官弼这样的战士就是一个明显的例子。除了果敢、智能和善于掌握作战的艺术以外，从他的身上我们还可以发现一些别的东西。当他们的游击队在参加某次战役后的夜晚，回到了宿营地的山峰上休息，大家围坐在篝火的前面，四周包围着重叠山峦的巨大黑影，熊熊的火光照亮了每个战士的质朴的面貌，静寂中发出了游击队员们亲切的谈话。……当一个战友问官弼为什么沉默不语的时候，官弼抬起了头，眼光射进了前面的黑暗，凝视着远方，用了深沉的声音说到他爱这一片美丽的国土……这是一段相当长的对白。虽然我不懂朝鲜话，可是由于真挚的感情是相通的，我好像冲破了语言隔阂的藩篱，从缓缓流出的质朴的声音中听懂了每一个字都是充满了爱自己的祖国和人民的感情。这种场面是只有在这种影片中才可以看到的。因为他们在从事一件伟大的工作——"将人提高、昂扬、巩固和肯定"。这使得这部在设备并不完善的条件下拍摄成功的影片，虽然声光方面都还未臻理想，也并不为之减色。那些利用了优良的条件耗费了无数的金圆、用场面宏大和手法新颖，来招徕顾客的好莱坞影片，怎么能够和它相比？钱不能拯救艺术，正如钱不能拯救灵魂一样。在这部影片里面，从许多地方我们都可以看到它那力求强调政治性的意图，"日寇和地主"几乎是故意在许多人物口中重复几遍，表现敌人残暴的时候也是不厌其详的描写了各种刑法。可是这些都仅仅是瑕疵。我想这里面有一个最重要的原因就是真实！它里面的思想是经过了饱满情绪的拥抱而发出的真挚声音，并不是用了冷观的态度和精密的安排、根据什么技巧或手法之类，把思想生吞活剥的化为形象，像那些反映了思想力的苍白和艺术力的死灭的作品一样，因此它才有可能跨过了逻辑公式的平面，在"将人提高、昂扬、巩固和肯定"的工作上发挥巨大的力量。

这张影片给予了我们一个坚固的信念：有着这样美丽的人的性格的朝鲜民族将永远不可战胜、永远不可征服。不管杜鲁门发出了怎样的恫吓，声言使用一切武器；不管麦克阿瑟从法西斯理论武器库中剽窃了怎样下流的人种论，宣称东方民族是"劣等种族"，"东方头脑只服从主人的鞭子"；不管美帝国主义侵略军在朝鲜的种种恐怖兽行是怎样的野蛮和残酷，朝鲜人民一定要反抗下去，斗争下去，并取得最后的胜利！因为"将人提高、昂扬、巩固和肯定"的崇高的工作必然会粉碎帝国主义否定人的龌龊的兽行的。

一九五〇年十二月十一日

（《向着真实》，上海文艺出版社1982年2月）

"要有光"

当罗曼·罗兰逝世六周年忌就要到来的时候,我们首先想到的是他以不倦的努力争取人类和平的事迹,是他在"九一八"之后向日本帝国主义提出的控诉,是他在中国人民的力量还未更进一步组织起来取得最后胜利之前,就呼吁中国的"向上的灵魂"和他结成同盟,做他的朋友和兄弟。一九二五年他在《约翰·克利斯朵夫给他在中国的弟兄的文告》中,就已反对了法西斯侮蔑东方民族的人种论,用了充满热情的声音说:"我不认识欧洲与亚洲。"作为中国的文艺工作者还应该记住:他是第一个肯定了鲁迅并读了《阿Q正传》而落泪的西方作家。正是这种说不完的友情把他和我们联结在一起,使得我们不能不带着激动来想到这个人……

在二次大战法国沦陷期中,曾经有一个游击队员向他的访问者说了这样的话:"我们不知道罗曼·罗兰现在怎样,只希望敌人没有伤害他罢!"这个不知名的战士用这样质朴的字句表示对于罗兰的关怀,也正反映了当时千万个罗兰的读者的声音。在那些黑暗的日子里,不知有多少人靠了他的力量才不致在沮丧中蹉跌,而战斗下去。据说许多在集中营和绞刑架上的法国人民的优秀儿女是默诵他那"即使战败,你还是属于一个永不战败的队伍,记住,你就在死亡中也将胜利"[1] 的箴言而从容就义的。

去年海外在一次纪念罗曼·罗兰逝世五周年的晚会上,称他是一个"最伟大的法国小说家和政论家","和平、自由、民主的战士",并对他表示了崇高的敬礼。有一位发言者说:"今天保卫世界和平的民主反帝阵营把罗曼·罗兰算入了它的行列,因为法国人民计算他在他们的行列中。"谁能否认这句话?且不去说那篇使他不能在祖国立足遭到毁谤和非难的《超越混战》的悲壮宣言罢,只要指出下列的事实就足够了:一九三二年在阿姆斯特丹举行的国际反战大会,一九三三年在伯雷耶耳纪念厅举行的大会,一九三五年巴黎的保卫文化大会……罗兰都是参加。罗兰的名字是与和平分不开的。倘使今天他活着,那么没有人怀疑斯德哥尔摩的和平宣言会缺少他的签名。是的,罗兰仍旧在保卫和平的壮大的行列中,他活在我们每一个人的心上……

一九三一年他在给《土敏土》的作者革拉特柯夫的信中,曾有这样的告白:

> 我带到你们掌握着你们命运工作者的阵营里面,精神和人类自由的神圣大旗!不要抛弃它们,要为它们而感到骄傲!要因他们走来和你们并肩作战而感到喜悦!……旧世界的神们、自由、人道,从你们的敌人的阵营逃亡。他们来到你们那里。接待他们罢!并且执着那个把他带给你们的人的手罢……

罗兰所走的是一段曲折的道路,经过了无数的挫折和痛苦,才达到了终点。可是这正如他本国的一位批评家所说的,我们不能以一种突然转向登记在罗兰那本能而又自然的发展里,因为在这建筑物里,一切都表示着一致。如果以为早期的罗兰是在个人主义的栅栏里,那就错误了。他在二十世纪的黎明就已表白了寻找"以主人

---

[1] (原注)见《约翰·克利斯朵夫》。

自居"的积极民众,并且始终如一地号召青年跨越他向前进,他说:"我们不需要尼采!"罗兰并没有把"自我"看做是绝对的超批判超逻辑的主体。只有这样理解才可以明白罗兰日后的"向过去告别",把自己的根须深入黑土,与高尔基的根须紧密地纠结在一起。

罗兰从开始他的文学活动起,就用了大勇精神来反抗当时悲观主义的重荷与冷淡的自然主义的潮流。他说:"没有伟大的品格,就没有伟大的艺术。"① 这句话直到今天我们听来仍旧会感到它的分量。思想不能借来,思想必须变成自己的血肉要求,必须化为自己的实践意志,必须建立在自己的人格基础上面。倘使不是用了挑剔文字的态度,那么我们可以理解罗兰所说的"伟大人格"并不是一种先验的独立的存在,它是在现实生活里面形成的战斗要求。凭借了它,罗兰才能够承担了血淋淋战斗的考验,踏着铁蒺藜前进。

罗兰说:"我们来到这世上,为的是发挥光辉。"可是,只有伟大人格才能够使作品放出生命之光来。法国一位理论家去年所发表的关于《约翰·克利斯朵夫》的论文,曾引用了罗兰的一句话,这句话是值得我们重复一遍的:

要有光!太阳的光明是不够的。必须有心的光明……
——《约翰·克里斯多夫》

一九五〇年十二月二十六日
(《向着真实》,上海文艺出版社1982年2月)②

---

① (原注)《贝多芬传》。
② 亦见《王元化集》卷二,湖北教育出版社2007年10月。

谈人格力量

世界观是从生活实践中提炼出来的。一个作者即使是真诚地接受了先进的思想，如果不把它在生活实践中融作自己的血肉，那么就不能使它在作品中发出光和热来。

恩格斯在给敏娜·考斯基的信中，提出了现实主义而反对"倾向文学"。这意思是说文学是从现实生活里提炼出来的，抛弃了生活也就等于抛弃了思想。由于思想只是作者在生活实践中的一根引线，所以作者对于现实生活必须具有实践的而非抽象的把握。"倾向文学"从书本或别人那里借来思想，而作者并没有把它变成自己的血肉，因此也就失去了它那原有的光辉。

别林斯基在批判"倾向文学"时说："倾向自身应当不仅存在于作家的头脑中，主要的是在他的心中，在他的血中；最要紧的是，他应当是一种感觉，一种本能，只有那样他才是一个自觉的观念；倾向非要像艺术本身那样生发出来不可。一种从书中取出来的或从别人处听来的观念，即使照应有的样子受到了解，但是并未被你彻底同化，并未受你自己的人格印证，不仅对诗的活动，就是对所有文学的活动，都是一种不生产的本钱。"

这段话可以纠正直到今天仍旧存在着的对于现实主义的误解。提出现实主义正是要求使思想得到作者的"彻底同化"，受到自己的"人格印证"，变成自己的有血有肉的"自觉观念"。

苏联文艺界清算拉普派"唯物辩证法创作方法"之后不久，我国文学界也批判了初期革命文学理论中出现的"世界观论"。这个"世界观论"所以受到了批评，就因为它只是依靠书本上的先进的思想来解决问题，没有把它当做生活实践中的行动的指南，使它存在自己的血肉里面，变成自己的自觉观念。

别林斯基说的"人格印证"是指思想只能在现实生活中形成，从历史进程中产生出来的性格。如果不从有血有肉的性格和实际的行动里面去理解一个人的人格力量，那么怎么能够去认识他的倾向性和他的世界观？难道在这基础上提出的人格力量，就一定是一种先验的独立的存在，一种和历史和社会并立的超阶级的东西么？

一种伟大的思想得到了人格印证，才可以渗透到自己的感性的活动里面。否则即使照应有的样子去理解这个思想，借它来使用，反映在作品中还不过是一种"不生产的本钱"，因为他没有和自己所固有的品质取得和谐一致。

提出人格力量正是要求我们不仅在口头上并且还要在实际上接受先进的思想，必须真诚地把它带进生活实践里面。①

一九五一年五月十七日

（《集外旧文钞》，上海文艺出版社 2001 年 1 月）②

---

① （原文附注）本文原来的标题是《世界观·倾向性·人格力量》。现在发表的是原文摘要，笔者只作了删除，未作增补。

② 亦见《王元化集》卷二，湖北教育出版社 2007 年 10 月。

用光明暴露黑暗

一个朋友从远地写信来说，他要买一本美国作家考尔德威尔著的《烟草路》，因为他认为这是一本暴露美国资本主义腐烂的小说，又说这本书对于我们抗美援朝宣传的工作多少会有一点帮助。最近还看到许多文章在提到过去美国的进步影片时也常常举出《烟草路》的名字。

这恐怕是一个最大的误会。几年前我曾读过这本小说的中译本，至今记忆中仍旧存留着恶劣的印象。它那把人当做动物来描写的粗暴的否定人的态度，以及作者的比抹布还要肮脏的灵魂，当时都曾使我为之吃惊并激起了深深的反感。为了检查一下记忆中的这种印象是否真确，最近又找到另一美国作者根据同一小说所改写成的剧本。据说这个剧本是前几年百老汇上演的剧目中最红的一个，卖座之盛几乎是空前的，那些口里嚼着橡皮糖的"中等美国人"，欣赏着台上出现的被叫做"人"的动物在各种低级欲念中盲目地骚动着，这成了他们逐猎新奇追求刺激的一顿丰盛美餐。可是任何一个有着正常的健全头脑的人都会对它无法掩饰自己的嫌恶。

只要翻开这个剧本，读不到二十页，你就会读出作者的整个灵魂的黑暗。他用那支下流的笔津津有味地描写着人类行为中的兽性。这是一个即将失去土地的农民家族：穷困、污秽、懒惰、退化。他们的形状也是丑恶的：没有光泽的棕黑色的皮肤、坚硬的头发、生着一粒粒玉蜀黍疹的面孔、长着从嘴唇中部直到鼻子左面大条裂缝的豁嘴……这些人只有低级的饥饿本能和尖锐的原始的色欲。为了抢食几个芜菁来塞饱肚子，一家人变得互不相识，像狗一样地在地上滚着咬起来。至于那些无耻的色情描写，更使人愤慨。作者把堕落资产阶级的性意识硬栽在这些下层人民身上，叫他们公开的展览令人作呕的肉市场。甚至转述作者的话，都会使你有一种可耻的犯罪的感觉。

史特林堡剧中的一个阴险小人物曾说过这么一句话："说别人比我们坏，这也是一种安慰。"

这就是《烟草路》这种作者的卑劣灵魂的写照。他企图摧毁人类精神中一切庄严的东西，利用潜伏在尚未洗净的人们意识中的落后性，使人退化到穴居时代以前的动物状态。作者的目的可以用一句话来说，就是那条否定人的丑恶定理里面。

目前我们自然可以把美国作家所写的暴露文学介绍给广大的读者，但必须是反映真实生活的，如杰克·伦敦的《生活的爱》和马克·吐温的《镀金时代》这类现实主义的作品，而不是《烟草路》，因为它和我们所需要的那种真实无论怎么说都是完全绝缘的。真正的暴露文学不是从血泊里寻出闲适，不是把屠夫的凶残化为一笑，当然更不是假借暴露的名义来贩卖色情或用自己的兽性来侮辱人这个庄严的名字。对于美国的劳动人民我们并没有丝毫的仇恨，绝对没有理由把我们的快意建筑在他们的被歪曲被糟蹋以致呈现出一幅丑恶不堪的漫画上面。这难道还用得着多说么？

《烟草路》之类到今天仍被提出作为有益的暴露文学看待，甚至以为它有助于我们的抗美援朝宣传，这说明了对于暴露黑暗这一问题仍旧存在着不正确的看法。很早以前，鲁迅就在《中国小说史略》中指出晚清的"谴责小说"和"黑幕小说"不同于具有真正暴露性的讽刺文学，因为前者虽然"命意在于匡世，似与讽刺小说同伦，而辞气浮露，笔无藏锋，甚且过甚其词，以合时人嗜好"，后者"不过连篇'话柄',仅足供闲散者谈笑之资……其下者乃至丑诋私敌,等于谤书"。这些都不是暴露文学所应采取的办法。

这是用不着再来提出的:那血淋淋的敌人兽行是应该记录的,那垂死的资本主义制度的霉烂是应该揭发的,那反和平的阴谋和新战争的准备以及毁灭文化的行为也都是应该暴露出来的。这里最不需要的就是犬儒主义和温情主义。至于由于封建主义所造成的劳动人民的落后性,也是可以描写的。许多优秀的作品在这方面给我们提供了不少的例证。但这些辉煌的作品与《烟草路》之类绝无相同之点。它们不是嘲笑,不是挖苦,更不是高高在上来欣赏劳动人民身上的精神奴役的创伤,而是凝结了深厚的热爱,用了"哀其不幸,怒其不争"的激情作更有力的刺击,使他们抖掉身上的麻痹,走上阶级自觉的道路。

只有对于光明的拥抱力最强的人,才能够将黑暗暴露得最深刻、最彻底、最真实。正像古时一位不知名的哲人所说的:

> 知道恶不是为了作恶,却是为了认识恶的反面。

这是暴露文学不可缺少的一条进步法则。在暴露黑暗的根底不可能不潜伏着作者心里的光明和纯洁,在否定的同时不可能不存在着肯定,在憎恨敌人的怒火中间不可能不燃烧着对于人民的热爱,如果没有这种将人提高的信念作为暴露文学的基础,那么即使惟妙惟肖地刻画了各种丑恶的形貌,也会变成暴露黑暗的高尚目的的反面——仅仅暴露了作者自己的卑琐,使不坚强的读者一起堕入了浊秽。但这并不是说要作者在作品里拖一条软弱无力的公式化的光明尾巴,也不是说在描写所谓反面人物的时候必须拉出几个所谓正面人物作为陪客似地衬一下。不是这样机械的,这样做只是说明了作者已失去真正拥抱光明的魄力而已。

捷克作家伏契克①在德国集中营里写成的报告，是我们应该学习的。他即使在最黑暗的地狱里，也被革命的乐观主义所鼓舞，坚定不移地信仰明天的胜利。当他被"绞索套着脖子"随时都会被敌人处死的最后时刻，他给我们留下了这样悲壮的遗言："人们，我是爱你们的！你们可要警惕啊！"他不像某些作者常常做的那样，运用虚浮的夸大手法把敌人描写成红眉绿眼的妖怪，却真实地暴露了特务的兽性，增加了人们对于特务的无比愤恨。他不像某些作者常常做的那样，淋漓尽致地叙述不必要的非刑拷打的琐碎细节，却真实地暴露了德国集中营的暗无天日的残暴。更重要的他使人了解了特务虽掌握了生杀予夺的大权，但远比他们所统治的犯人要孤独、懦怯和空虚。因为监狱对于革命者是一个"伟大的集体"，对于特务却是"自己把自己孤立起来"的地方。正是这种拥抱光明的力量，使这本书成了鼓舞人向上的不朽之作。同时这也说明了：黑暗不能用黑暗去暴露，必须要用光明去暴露它。

一九五一年二月十四日

(《向着真实》，上海文艺出版社 1982 年 2 月)②

---

① （原注）伏契克，捷克斯洛伐克党员作家，二次大战在德国法西斯占领下的捷克从事地下活动，为敌人逮捕下狱，被判死刑。临刑前，他在狱中极其艰苦困难的条件下，写了一部报告文学作品《绞刑架下的报告》。

② 亦见《王元化集》卷二，湖北教育出版社 2007 年 10 月。

鲁迅的三十年战斗的起点

鲁迅是中国文化战线上最正确、最勇敢、最坚定、最忠实、最热忱的战士。

鲁迅精神是伟大的,只要真诚地学习他,就可以在他那坚韧的战斗意志和圣洁的人格典型里面,得到力量,充实自己。

鲁迅的骨头是最硬的。一方面,他对于人民是无边的慈爱;一方面,他对于敌人是绝不妥协,坚持韧性的战斗。在他三十年的伟大战斗中间,他始终保持了最可宝贵的品格,不同于那些翻筋斗的作家,而显出了光辉的存在。他和青年们通信时,曾经不止一次地谴责了某些文士和各种庸俗根性:

> 中国有许多知识分子,嘴里用各种学说和道理来粉饰自己的行为,其实却只顾自己一个的便利和舒服,凡有被他遇见的,都用作生活的材料,一路吃过去,像白蚁一样,而遗留下来的,却只是一条排泄的粪。

他再三警惕青年们,必须坚持正确的原则立场,反对那种东倒西歪摇摆不定的态度,反对那种故作激烈而又受不住考验的空谈,反对那种专一冲锋反遭覆灭的无谋之勇的浪漫情绪,反对那种为对方留情面也正是为自己留退路的一团和气的作风。

他说:"如果已经开始了笔战,为什么留情面?留情面是中国文人的最大毛病。"

他的战斗是最顽强的。即使在同辈们"有的高升，有的退隐"的时候，他不动摇。即使在敌人结成庞大的战线向他进行"围剿"，使他处于四面碰壁只身作战的境地的时候，他不气馁。即使在白色恐怖最严重、黑暗和暴力的进袭最激烈、压迫和残害最毒辣的时候，他不退避。相反的，他的是非更分明，爱憎更强烈，战斗更勇猛了。

他的战斗是最实事求是的。他本着真实的战斗要求，向着具体的战斗对象。他不专讲"宇宙人生的大话"。对于旧社会的每个黑暗角落看得真切，对于旧势力的五花八门的战法懂得透彻，因此他的每一击都能打中要害，制敌于死命。他号召作家深入生活实践，参加实际革命斗争，来改造自己的思想感情，而反对以抽象的教条主义的态度去对待马克思主义。他以为"赋得革命，五言八韵"的教条主义，对于革命是没有丝毫用处的。因为"从喷泉出来的都是水，从血管出来的都是血"。只有先成为一个革命者，才写得出革命作品。

他的战斗是最坚韧的。很早他就主张"打落水狗"，到他去世之前，他也同样地表示了对于敌人到死也"一个都不宽恕"的仇恨。他反对伪君子的假慈悲，以为"压迫者指为被压迫者的不德之一的这虚伪，对于同类，是恶，而对于压迫者，却是道德的"。因此他反对赤膊上阵式的勇敢，而主张保全自己杀伤敌人的"散兵战、堑壕战、持久战"。

这些都形成了他的战斗的最大特色。

在他一生中间，曾经遭受敌人多少辱骂，各种最肮脏、最下流的字眼，都从最肮脏、最下流的嘴巴里喷出来，投到他的身上。但是这些无耻的攻击，如何能够伤害他的毫发，阻挠他的前进？

他说："几粒石子，任他们从背地里扔来，几滴秽水，任他们从背后泼来就是了。"

这是何等雄壮的气魄！

他从没有患得患失地斤斤计较个人的私利。别人称他为"中国青年的导师",把他比作"中国的高尔基",虽然他丝毫无愧地可以配得上这些光荣的称号,但是他由于真诚而不是由于虚伪,谦逊地声明自己不是。当然他知道了有人准备把他提名得"诺贝尔奖金"的时候,他断然地拒绝了。

他为自己所选择的是一条艰苦的道路,除了为人民、为革命、为真理的神圣目标以外,没有任何世俗的东西可以打动他那钢铁般的心。他把别人不惜以各种手段去追逐抢夺的个人利益,一概踏在脚下。

他说:"我对于声名、地位,什么都不要。"

这是何等崇高的气概!

这种像钻石般最可宝贵的品格,正是许多人最缺乏的东西。正因为这个缘故,直到今天,他仍旧巍然屹立在我们眼前,成为我们学习中的不可少的榜样。

他经过了不少痛苦的磨炼和"上下求索"的追求过程,由进化论走到阶级论,终于成了一个共产主义者。但是,可以把他的初期和他的后期,当做南辕北辙式的两个不同的方向么?可以把他的合于规律的自然发展,当做变化无常式的突然转向么?

如果不理解他那一贯的战斗的现实主义精神,自然会这么说。

他赞成进化论,并不是把这学说当做抽象的概念来把握、来传播,而是把它当做人类所积累的智慧,从里面汲取养料、武装自己,去解剖旧社会,打击旧势力。他的两脚是站在中国现实社会上面。他的战斗要求是从中国现实社会出发,因此反映了中国人民的革命的呼声。他的斗争对象是中国现实社会所存在的反人民、反革命的黑暗势力,因此体现了中国人民的斗争方向。这使他在"五四"时期就跨过了旧民主主义的陈腐思想,把那些资产阶级的知识分子远远地抛在后面。

"五四"文学革命一开始的时候,资产阶级知识分子就带着浓厚的改良主义的色彩,甚至连文学革命的口号也不敢提出,只是主张文学的改良。就以代表资产阶级知识分子的胡适来说,他在《文学改良刍议》里面所标示的"八大纲领"不过是把文学改良看做"文字工具的革新",至于内容方面,他提出的"言之有物"和"不做无病呻吟"也都是从章实斋的《古文十弊》里面取出的陈旧议论。更明显的是他在《尝试集自序》中引他自己写的那首"自古成功在尝试"的小诗,充分的说明他成了杜威实验主义的贩卖者,暴露自己对战斗缺乏勇气、对前途缺乏信心的胆怯情绪。

鲁迅和这种软弱无力的资产阶级知识分子恰好形成鲜明的对照。且不说那篇判决了封建主义死刑的《狂人日记》表现了如何英勇的战斗气魄罢,他在一九一八年发表的《生命的路》有着这么有力的表白:

> 无论什么黑暗来防范思潮,什么悲惨来袭击社会,什么罪恶来亵渎人道,人类的渴仰完全的潜力,总是踏了这些铁蒺藜向前进。
>
> 生命不怕死,在死的前面笑着跳着,跨过了灭亡的人们向前进。
>
> 什么是路?就是从没路的地方践踏出来的,从只有荆棘的地方开辟出来的。

这是多么雄壮,多么勇敢,多么乐观,多么充满信心!

"五四"的前两年,十月革命在俄国的胜利惊醒了全世界的人民。在中国一方面出现了第一批共产主义知识分子,懂得了中国的革命必须走俄国人的道路;一方面却使资产阶级的知识分子害怕工人阶级的力量,更加动摇起来,以致从革命的队伍退出,有的终于完全背叛了人民,投入帝国主义和封建主义的怀抱。

当李大钊在《新青年》上大量介绍十月革命和布尔什维克主义的时候,胡适就以"多研究些问题,少谈些'主义'"的名义,大肆污蔑,说谈主义就是"懒""骗人""会造成天下多少罪恶",并且拾了西欧资产阶级的唾余,说阶级斗争的学说"使社会上本来应该互助而且可以互助的两大势力,成为两座对垒的敌营",使"历史上演出许多本不该有的惨剧"。同时他也向《新青年》的同人提出"不谈政治"的警告,企图以另办杂志为要挟,甚至卑鄙地要《新青年》停办。

对于这个反动势力的进攻,鲁迅和李大钊站在一起,予以斩钉截铁的回答。鲁迅不理睬胡适的"不谈政治"的主张,并且已经看出了"不容易勉强调和统一",分裂是不可避免的,于是主张"索性让他分裂"。

早在十月革命的第二年,鲁迅就已表示了自己对于新生的社会主义国家的崇敬,向布尔什维克主义发出欢呼:

> 他们因为所信的主义,牺牲了别的一切,用骨肉碰钝了锋刃,血液浇灭了烟焰。在刀光火色衰微中,看出一种薄明的天色,便是新世纪的曙光。

他还要求中国人民"抬起头"来,追随这发放新世纪光明的苏联前进。

他从战斗的开始,就紧随着时代的脉搏前进,站在革命队伍的前列,成了斩荆披棘的开路先锋。

没有战斗的现实主义精神,单单依靠了书本上的进化论思想,难道可以使他达到这一步么?

如果把"五四"这个彻底的、不妥协的反帝国主义与彻底的、不妥协的反封建的革命,缩小在资产阶级启蒙思想的个性解放里面,那是模糊了它的真正意义。

是的,个性解放是这个时代的一个标帜。但是不能忘记,"五四"时代的个性解放是和反帝反封建的、争取进步的民族解放与人民解放紧密地结合在一起的。因此,这个时代的精神已不是向上发展的资产阶级启蒙思想的产物了。正因为这个时代的个性解放，必须取得反帝反封建的、争取进步的民族解放与人民解放为内容，所以不论是自觉的或是不自觉的，必然会产生对于已经进入垂死时期的资本主义的思想体系所采取的否定态度。

虽然鲁迅在"五四"时期所追求的是："血的蒸汽，醒过来的人的声音"，但他对资产阶级个人主义，已经抱着否定态度了。

一九一九年，他就有了反对个人主义人生观的流露，号召人们"有一分热，发一分光"，即令像"萤火"的一点光也好，不必"等待炬火"：

> 此后如竟没有炬火；我便是唯一的光。倘若有了炬火，出了太阳，我们自然心诚悦服的消失，不但毫无不平，而且还要随喜赞美这炬火或太阳；因为它照了人类，连我都在内。

从这种彻底的自我牺牲里，产生了他的集体主义的战斗精神。

在他的一生中间，他从没有考虑到个人的利害，总是服从人民的利益、革命的利益。他的目的只是为了要在黑暗中发光，而从不吹大自己，以英雄豪杰自命。对于光明就从心底发出赞美，而不担心会把自己显得渺小。他在去世前不久的病中，就已预感到了死亡的将临，这时他首先想到的不是自己的消失，而是对于工作的严肃的责任感，督促自己"要赶快做"！

这是多么伟大的精神！

在那本被人当做"悲观""虚无""个人主义"……的《野草》里，又何尝没有他的集体主义精神的存在？

且不去说他那企图血淋淋解剖自己的"剖心自食，欲知本味"的愿望罢，就在《野草》的《题辞》中间，岂不有着这样坦率的表白：

> 地火在地下运行，奔突；熔岩一旦喷出，将烧尽一切野草，

以及乔木，于是并且无可朽腐。

但我坦然，欣然。我将大笑，我将歌唱。

即使自己牺牲在地火的熔岩里面，也还要欣然歌唱，因为生命总是向前进。即使自己的青春已经逝去，也还不陷入寂寞和悲哀，因为身外的青春固在。

难道个人主义能够发出这种勇敢乐天的声音？

他并没有把个人的"自我"，当做超逻辑超批判的"主体"，像一切个人主义者一样。相反的，他关心着人民：那些身外的生命！那些身外的青春！

正因为这缘故，他始终像燃烧的火把一样，用自己的热，用自己的光，鼓舞了无数的人。不论认识的或不认识的，都可以从他那里懂得自我牺牲的美德，充实自己的战斗勇气。他像一个伟大的火种传布者。在他和青年们通信的时候，他一次又一次的把希望栽在每个人的心理。他总是用着感人的诚挚的声音向青年们说：

"革命的爱在大众。"

"想到别人和将来……"

"人生实在苦痛，但我们总要战取光明，即使自己遇不到，也可以留给后代。"

"将来总会是我们的。"

他就是这样"在生活的路上，将血一滴一滴地滴过去，以饲别人，虽自觉渐渐瘦弱，也以为快活"。他去世的两个月前，再一次涌现了这样的感情：

无穷的远方，无数的人们，都和我有关。我存在着，我在生活，我将生活下去，我开始觉得自己更切实了。

不但给别人以力量，去充实别人，同时也从别人那里汲取力量，来充实自己。

他就是这样用了一生的心血去爱护、哺育、培养新生的力量。他并不嘲笑它的幼稚,因为"即使幼稚,也可以希望长成"。他也不怀疑它的单薄,因为"既然已有,即可望多起来"。对于下一代,他的慈爱是深远无边的。

一九〇三年,鲁迅在《自题小像》的诗中,表示了对祖国强烈的爱,并且誓言要用自己的热血为中华民族的彻底解放服务。

> 灵台无计逃神矢,
> 风雨如磐黯故园。
> 寄意寒星荃不察,
> 我以我血荐轩辕。

这里说的"荃不察",虽然引自《离骚》的"荃不察余之衷情兮"的旧典,但显然并不是以"荃"喻"君",而是另有所指的。

这诗是作于他到东京的第二年。大概不仅是东京的许多中国留学生那种"学跳舞""燉牛肉"的昏聩现象刺激了他,主要的恐怕还是当时祖国人民的尚未有现代政治的觉悟,而使得他深深地不安。

在他最早写的《摩罗诗力说》中说:

> 今索诸中国,为精神界之战士者安在?有作至诚之声,致吾人于善美刚健者乎?有作温煦之音,援吾人出于荒寒者乎?家国荒矣,而赋最末哀歌,以诉天下贻后人之耶利米,且未之有也。非彼不生,即生而贼于众,居其一或兼其二,则中国遂以萧条。

从这种心情发出"寄意寒星荃不察"的感慨是自然的。在同一篇《摩罗诗力说》中,他把"立意在反抗,指归在动作"的俄国文学介绍到中国来,也正是本着唤醒昏睡麻木的渴望。他为了发出"自觉之声",无情地鞭挞了古老中国由于长期封建统治所造成的精神奴役的创伤——奴隶性。而他自己就成了奴才哲学的最大憎恶者。这在他早期的战斗中有着鲜明的标记。

今天看起来,这种奴隶性的暴露是不是使他反而成了人民的污蔑者?或反爱国主义者?

绝对不是。请看看这个可以引为借鉴的例子:

> 我们记得献身于革命事业的大俄罗斯民主主义者车尔尼雪夫斯基,在半世纪以前曾经说道:"可怜的民族,奴隶的民族,上上下下都是奴隶。"公开的和暗藏的大俄罗斯奴隶(对沙皇效忠的奴隶)是不喜欢回忆这些话的。然而我们却认为这是本着对祖国真正热爱所说的话,是因感慨大俄罗斯民众中间缺少革命性而吐露的爱国热情的话。当时在他们中间是缺少这种革命性的。
>
> ——列宁:《论大俄罗斯人的民族自豪感》

当时和鲁迅对垒的敌人,那些为封建主义撑腰的、提倡复古反对进步的"国粹派",鲁迅曾经一阵见血的揭穿了他们的假面具,指出他们是"把这国拿来做个影子","把国里的习惯制度抬得很高!赞美的了不得。"这种替封建制度辩护的"爱国",诚如他所指出的,是"兽爱"。而鲁迅自己,正像车尔尼雪夫斯基一样,他鞭挞奴隶性,正是一种由于当时中国民众"缺少革命性"而表现的"爱国热情"。

像《阿Q正传》这篇曾被歪曲为作者"心里藏着可怕的冰块"的讽刺小说,如果我们理解他那"哀其不幸,怒其不争"的基本命意和唤醒昏睡促其自觉的企望,那么无论如何也不能够把"冷嘲"和"滑稽"这种曲解去侮辱作者的。他倘使不是首先肯定了人民的力量,也就不会去批判由于长期的封建统治在他们身上所形成的精神的创伤。对于旧的批判得愈深,正是证明了他对于新的爱得弥切。

但是就在阿Q这个被他批判的对象身上，他也不是没有从这个人物对现状的不满中间，看出朦胧的反抗的萌芽。他在《一件小事》里面，通过那个车夫，更进一步地赞美了劳动人民的美德。那种质朴、坦白、正直、牺牲自己帮助别人的优秀的品质，深深地感动了他。他说："几年来的文治武力，在我早如幼小时候所读过的'子曰诗云'一般，背不上半句了。独有这一件小事，却总是浮在我的眼前，有时反更分明，叫我惭愧，催我自新，并且增长我的勇气和希望。"

那么又怎能够说他对于人民的认识模糊不清？相反的，正是从这里才产生了他作品中的辉煌的人民性。

远在他做孩子的时候，就由于他母亲的关系，使他得与农村接触，和农民结下了深厚的友谊，了解了他们"毕生受着压迫，很多苦痛"。因此在他的作品中出现了那么多的农民形象。中国文学史上，直到他才开始破天荒地把农民当做主角，并且没有歪曲地把农民形象正确地表现出来。这都不是偶然的。

他对祖国的爱，对人民的爱是最深厚、最坚贞的。

他的一生中间虽然屡次遭受到北洋军阀和国民党反动派的残害，甚至被下令通缉，使他几乎无法在自己的国土上立足；虽然屡次遭受到走狗文人的辱骂，污他为"买办""汉奸""日本人的间谍"……但是他对祖国对人民的最真诚的热爱，未曾被这区区刺激伤害丝毫。

他的晚年，正是中华民族临到最危急的考验的时候，日本帝国主义向我们的国土进行疯狂的侵略，在中国共产党领导下的全国人民掀起了风起云涌的爱国运动，大局动荡，已是暴风雨的前夕了。他一连串地发表了声明，衷心地拥护中国共产党向全国人民提出的爱国主张，他说："因我不但是一个作家，而且是一个中国人。"可是就在这紧张关头，他病了，身体渐渐衰弱下去，友人们劝他出国疗养，他拒绝了，并且用"野人怀土，小草恋山"的比喻，说明自己"眷念旧乡","不能绝裾径去"。读着这样的话,谁能不从心里激起最大的感动!是的,他那"我以我血荐轩辕"的悲壮的誓言是彻底实践了。在他死后,人民用了"民族魂"的旗帜覆盖在他的灵柩上面,来表扬他的一生的伟大战绩。这称号对他是最正确也最恰当的。

一九五一年十月十四日

(《向着真实》,上海文艺出版社 1982 年 2 月)[1]

---

[1] 亦见《王元化集》卷二,湖北教育出版社 2007 年 10 月。

反对"无巧不成书"的"巧"

"无巧不成书"的"巧",倘指的是偶然性,而这个偶然性又正是如普列汉诺夫所说的,"是一种相对的东西,它只会在诸必然过程的交叉点上出现",那么,还不成什么问题。如果把"无巧不成书"当做一切小说的一条不可避免的法则,因而向作者要求"巧的情节",并且认为:

> 真实的故事,不一定就能非常有力的动人,而要有动人的力量,那就还需要有巧的情节。
>
> 在小说里碰到日常生活里很难碰到的情节,人们才觉得巧,感到非常的惊异,显而易见,这个巧是所谓碰巧、巧遇、巧合。

这是一篇名为《谈"无巧不成书"》的文章中的两段话,照这样说,这个"无巧不成书"的"巧",是必须加以反对的。即使声明自己也相信"一切现实主义的小说,整个的故事必须是真实的",即使声明所谓"巧的情节"也并不是"离奇的、古怪的、不近人情的魔道,而是真实的集中的表现";但是既然认为"真实的故事不一定就能非常有力的动人",既然认为"在小说里碰到日常生活里很难碰到的情节,人们才觉得巧",那么,所谓"碰巧、巧遇、巧合"之类的"巧的情节",已经不是一般所说的现实主义的真实了。

难道真实的故事就不一定能够非常有力的动人么?难道日常生

活里面还缺少使我们深深感动的可歌可泣的事物么？不用多说，我们的时代并不是一个贫乏的时代，只要真正能够从本质方面，从发展方面，把现实生活中的真实表现出来，就一定能够非常有力的动人的。最能够动人的力量，除了真实还有什么呢？为什么这样不相信真实的力量，非得请出"巧的情节"来助一臂之力？为什么把我们的日常生活看得这样贫乏，非得寻觅它里面"很难碰到的情节"来作为写小说的出路？

有些文艺作者所以竭力追求什么"新奇"之类的东西，正因为他们日常生活的灰白贫乏，正因为他们不能表现真实，也不敢表现真实，只有在日常生活里去找寻很难碰到的情节，或者制造离奇曲折的故事，使得读者感到惊异，并且以此作为唯一的动人力量。所以他们只能在花样翻新上面作着比赛，在标新立异上面作着竞争，竭力逐猎"新奇"，而结果又往往不可避免地落进俗套，变成陈腔滥调。这也就是为什么许多作品，追求"巧"反而"不巧"，追求"不平凡"反而"平凡"的缘故。相反的，许多优秀的现实主义的作品，并没有追求什么巧的情节和不平凡的故事，而是表现日常生活里人人都可以碰到的东西，却往往给人以不平凡的印象和非常动人的力量。这是什么缘故？就因为文艺的真正的动人的力量，并不是巧的情节，而是真实。只要是真实的，就不问它在日常生活里很难碰到还是人人可以碰到，就不问它有了巧的情节还是完全没有巧的情节，都同样可以有力地感染读者的。

被称为俄国"自然派"（即现实主义）奠基者的果戈理的作品就是一个例子。

从果戈理开始，俄国文艺在小说方面，由传奇性走到朴素的、散文的、日常生活描写，表现平凡的题材。虽然这使他遭受到抱着传统文学观念的人的剧烈的非难和攻击，然而现实主义的特色，正是在这里显示出来。现实主义的胜利也正是从这里开始。针对着传统文学对于果戈理的责难，别林斯基这样说："一篇引起读者注意的中篇小说，内容越是平淡无奇，就越显出作者才能过人。当庸才着手描写强烈的情感、深刻的特色的时候，他会奋然跃起，紧张起来，唱出响亮的独白，侈谈美丽的事物，用辉煌的装饰，华美的形式、内容，圆熟的叙述，绚烂的辞藻——这些博学、智慧、教养和生活经验的结果来欺骗读者。可是他如果描写日常生活的场面，平凡的、散文的生活场面，——请相信我啊，这对于他将成为一块真正的绊脚石，他那沉滞的、冷淡的和无精打采的作品会叫你不断地打哈欠。"①

这些话直到今天我们仍旧会感到它的分量的。那些追求"巧的情节"的作者不正是和别林斯基所说的"庸才"一样么？倘使让他们面对赤裸裸的现实，去描写"日常生活的场面，平凡的、散文的生活场面"的时候，那么所谓"巧的情节"就要成为他们的真正的绊脚石了。为什么以"巧的情节"作为动人力量的作家，如果描写"平凡的、散文的生活场面"，就无法掩饰自己的冷淡？用果戈理的话说，就是"对象越是平凡，诗人就越须要崇高，才能够从中抽出不平凡的东西来，使这不平凡成为完全的真实"。②

现实主义者所说的情节是以人物性格的活动与展开作为唯一的基础，只要真实地把握了人物性格，那么情节就会自然而然地在你面前出现。这里，情节就必须被人物性格所规定，而并不是预先虚拟了只有在日常生活里很难碰到的"碰巧、巧遇、巧合"之类的"巧的情节"才算情节。有一位剧作家曾经说了一句非常恰当的话："我觉得剧作家在现代主题上的基本工作不是追求某些特殊的情节，而是应该深刻表现自己主角的性格。"（M.巴巴拉）因此，他批判了那种"……找寻某种特殊的具有动人情节的场面，可是在……日常工作前面却完全不知所措"的写作态度。这里所批判的不正是"无

---

① （原注）《论俄国中篇小说与果戈理君的中篇小说》，用满涛的译文。
② （原注）《关于普希金的几句话》。

巧不成书"的主张里面所提倡的么?

不要追求"特殊的情节"这句话,不但可以对作者这么说,同样也可以对读者这么说。把文艺作品当做茶余酒后的消遣,好像抽一根烟或喝一杯茶似的玩意,这样的读者,今天并不是完全绝迹了的。过去由于各种错误的文艺观长期的侵袭,影响了一些读者,在文艺作品中只要求"新奇""刺激""趣味"……而不把读文艺作品当做一件严肃的事情看待,凡是轻松的就一口吞下,凡是吃力的就拒而不纳。比如这个"无巧不成书"的主张,以为文艺作品的动人力量仅仅是使读者"感到非常的惊异"的"巧的情节",就是这种残余影响的一种。但是这样的时期必须结束了,不要再把引起读者的"惊异"的"巧的情节"作为文艺作品的动人力量罢!不要再去培养读者读文艺作品只是追求"这里面说些什么?"和"以后发生什么?"的"趣味"罢!——正如一位心理学家所说的,这样阅读文艺作品,"不能发展想象,而且恰恰相反,养成它不活动的习惯",造成所谓"想象惰性"。现实主义的真实,文艺的战斗性,这是比什么都重要的!

一九五一年十二月六日

(《向着真实》,上海文艺出版社1982年2月)①

---

① 亦见《王元化集》卷二,湖北教育出版社2007年10月。

车尔尼雪夫斯基与《怎么办?》

对我们来说,车尔尼雪夫斯基的名字是并不陌生的。虽然,车尔尼雪夫斯基的著作,翻译过来的还很少,我们只读到了他的一本论文《艺术与现实之美学的关系》和一部长篇小说《怎么办?》,但是在马克思主义的经典著作里,我们曾经不止一次地看到了他的名字。几乎每一位革命导师,都曾经给他以高度的评价,认为他给我们留下来的丰富的遗产,具有重大的意义。

车尔尼雪夫斯基是列宁所喜爱、所崇敬的作家之一。列宁说,他是"一个革命民主主义者,他善于用革命精神去影响他那个时代的一切政治事件,通过审查上的重重障碍,鼓吹了农民革命的思想,鼓吹了群众为推翻一切旧政权而斗争的思想。"(《"农民革命"与无产阶级农民革命》)。

早在我们读到《怎么办?》的中文译本以前,我们就曾经听到说,这部被称为"生活的教科书"的长篇小说,不仅影响了他那个时代的青年,而且影响了他以后几代的革命家。列宁、季米特洛夫,直到年轻的卓娅……都曾经受到这部小说的深刻影响和革命教育。

我们早就把车尔尼雪夫斯基当做先驱者看待了。通过关于他的生平的介绍,我们已经认识到,他是一个把一生都献给争取祖国和人民的幸福的伟大战士,他有着远大的、清明的目光,坚贞的意志,毫不畏缩的战斗精神。

他是在上世纪五十年代开始了文学与政论的活动的。这时期正是旧俄罗斯在经济发展和政治发展上面临着剧烈危机的时期，腐朽的农奴制经济在动摇和崩溃，农民反对农奴制压迫的斗争在日趋活跃，同时西欧的革命也带来了巨大的影响。连尼古拉一世本人都宣称：革命正疯狂地以它的目光注视着神圣的俄罗斯。由于震慑于革命的事变，反动统治者就以残酷的手段来镇压革命力量，迫害作为当时俄国解放运动主力的平民知识分子。

在文学活动方面，这是一个"检查恐怖的时代"：关于别林斯基和赫尔岑的文章不准发表了，甚至连他们的名字也不准提到了。屠格涅夫因为写了一篇悼念果戈理的文章而被逐出彼得堡，萨尔蒂可夫·谢德林因为写了中篇小说《纷乱的事件》而受到流放处分，奥斯特洛夫斯基因为写了喜剧《自家人好算账》而受到警察的监视……反动统治者对文学活动的迫害一连串地出现了。

一八五三年，车尔尼雪夫斯基参加了《同时代人》的编辑工作。很快地他就成为这个杂志的思想上的领导者，使它成为宣传革命民主主义的机关刊物，成为反对专制政治和农奴制度的论坛。一开始，车尔尼雪夫斯基就知道这是一场艰苦的战斗，他准备为自己的理想而付出最高的代价。他给自己的未婚妻的信中说：

> 从我这方面来说，把另一个人的生活同我自己的结合在一块是卑劣的、可鄙的，因为我不敢确信我能否长久地享受生活与自由。我既然有着这样一种思想倾向，我就应当时时刻刻等待着宪兵出现，把我押送到彼得堡，关进要塞里面，上帝才知道关多少时候。我在这里所做的事情使我很有被判苦役的危险……此外，我们国内不久将发生暴动，如果发生了，我一定参加进去……

车尔尼雪夫斯基把革命的民主主义者集中在《同时代人》的周围，号召人民为了从专制政治和农奴制度的桎梏下获得解放而斗争。

他看出一八六一年废除农奴制度的"改革"是符合地主阶级的利益，实际上是对农民的掠夺。他揭露了六十年代的自由主义者，由于对革命的恐惧，向专制政府奴颜婢膝，因而同样是人民群众的敌人。他把他们叫做"空谈家、吹牛者、蠢材"。

六十年代初期是《同时代人》得到收获的时期，也是遭到严重迫害的艰苦时期。保守派和自由主义派联合向它进攻。他们把车尔尼雪夫斯基说成是"一个吞噬一切的怪物，一个类似马拉或者几乎是彼得堡的纵火者那样的人。"他们用尽了一切卑劣的伎俩，造谣、诽谤、告密……接着来的是沙皇政府的加紧的迫害和摧残：杂志屡次受到当局的警告，随时都有被罚停刊的可能。在不到一个月的时间内，两位经常给杂志撰稿的作家被逮捕了。就在这一年内，车尔尼雪夫斯基的最亲密的战友杜勃罗留波夫逝世了。第二年（一八六二年）沙皇政府逮捕了车尔尼雪夫斯基，没有找到任何的法律根据，就对他作了荒谬的判决。他在被捕以后，受到了粗暴的侮辱，被判处了七年多的苦役，囚禁了二十年以上，而且其中有十一年之久都是被监禁在可怕的维留依斯克的狱中。这是被称为"世界的边缘"的北方的一个地名，那里是"凄凉的、冰天雪地的、有八个月长的残酷的冬天统治着的不毛之地"。他的被捕和受辱，引起了广大人民的愤怒。

车尔尼雪夫斯基自始至终都是坚强的。反动的统治者对他的各种迫害，无论是苦役、精神上的凌辱、长期的监禁……都丝毫不能摧毁他的战斗精神，动摇他的革命信念。沙皇政府要他自己提出呈请赦免的请求书，他断然回答道："我认为我的流放是因为我的脑袋和宪兵长官苏伐洛夫的脑袋的构造不同，难道这也能请求赦免吗？……我肯定地拒绝提出请求。"他在被监禁的长期岁月内，没有一句抱怨诉苦的话，这在他给妻子的信中可以得到充分的证明。

他是这样一个战士！迫害不能使他低头，艰难不能使他气馁。即使在悠长的孤独的监禁生活中，他也没有感到孤独，没有丝毫的悲观失望。他永远是有信心的、乐观的、有力量的，因为他对人类的历史，有着科学的认识，相信社会主义的理想一定要胜利。他正是像他自己说的那种人："他会怀着坚定的信心等待下一次黎明到来，他平静地观察星宿的位置，计算着离曙光出现的时候到底还有几个钟头。"他也正是像他在小说《怎么办？》中所描写的那些"新人"。他们为了自己理想的实现，可以付出任何代价。甚至，当他们遭到最悲惨的命运的时候，他们也不认为这是牺牲自己。他们不把实践自己信念的行为看做是冷冰冰的义务。他在监狱中仍旧没有放弃自己的工作，政论不能写了，他就从事创作和翻译。《怎么办？》这部长篇小说就是当他被拘禁在彼得堡罗要塞中，利用受审以外的时间（仅仅以四个月的工夫）写出来的。沙皇政府审查了小说的原稿，准许发表，所以于一八六三年在《同时代人》上刊出了。但是反动统治者很快就发现了自己的错误，马上禁止了它。经过了四十年光景，它才获得重印的机会。不过，查禁并没有阻止它的流传，长时期以来，它的手抄本被广大的青年贪婪地阅读着。

　　《怎么办？》是以家庭生活为题材，主要的线索是描写薇拉·巴夫洛芙娜和罗普霍夫、吉尔沙诺夫的恋爱故事。这部小说与当时那些恋爱故事有着巨大的区别。它开拓了广大的领域，成为革命青年的"生活教科书"，而不是告诉读者一些关于恋爱的悲欢离合的故事。情节甚至可以说是次要的。车尔尼雪夫斯基为了使他的作品和那些用陈旧的美学观点所写的"家庭生活""恋爱故事"……的作品对立起来，在小说中插进了作者和"敏感的读者"的对话。

　　这部小说是在代表反动阶层的"敏感的读者"的理解能力之外的。开头他们几乎以为这是一部侦探小说。看下去，他们发觉自己上当了，并没有惊人的情节、爆炸似的冲突。再看下去，他们不能理解，并且提出抗议：怎么作者竟描写他的女主角如何吃东西，这难道不是给女主角丢脸，使她成了"粗俗的唯物论者"么？怎么在故事的高潮出现了一个与情节没有什么关系的拉赫美托夫，这难道不是破坏了美学的原则，伤害了艺术性的统一么？……在这些对话里，车尔尼雪夫斯基给"敏感的读者"以多么辛辣的嘲笑！他使陈腐的美学标准露出了千疮百孔！

《怎么办？》的副标题是《新人的故事》。的确，用这个名字来说明这部小说的内容是最恰当的。因为这部小说里面的主要人物拉赫美托夫、罗普霍夫、吉尔沙诺夫、薇拉·巴夫洛芙娜、卡杰琳娜·瓦西里耶芙娜以及那个"穿丧服的太太"……都是当时社会上刚刚出现的新人。车尔尼雪夫斯基说："在我们国内，这种典型是新近才产生的。"他们有先进的思想，勇敢地背叛了旧社会的原则和虚伪的道德观念。他们和当时拥护农奴制的保守派与资产阶级自由主义分子完全不同，并且站在反对的立场上。只要看看小说中的第一章，那个根据旧社会的道德观念生活的玛莉亚·阿列克塞芙娜，对他们怎么也捉摸不透，无论如何也不能理解怎么会有按照不同原则生活的人，就可以明白了。至于小说中的"敏感的读者"，虽然要比玛莉亚·阿列克塞芙娜有学问得多，也更狡猾些，但是他们对这些新人的估计和猜测，却时常闹了大笑话，证明了自己的愚蠢。这是因为这些新人的社会理想和生活原则与他们完全不同的缘故。

这些新人的形象，对过去俄国文学史中时常出现的"多余的人"来说，也可以说是个新的现象。他们和过去那些伟大作品里面的人物，有着基本的区别。从普希金的《叶甫盖尼·奥涅金》起，这些人物的全部生活，"就是对事物的现存秩序在反拨意义上的否定"（杜勃罗留波夫）当时的社会还没有出现车尔尼雪夫斯基笔下的新人，作家不能违反现实去虚构人物。无论是奥涅金、彼巧林、罗亭，以至奥勃洛莫夫……他们虽然有着不同的个性和特点，但他们都是那样一类人物：没有明确的生活目的，一方面对现实生活的庸俗和虚伪抱着轻蔑和鄙视的态度，一方面又无法把自己的精力用到有意义的事业上去，于是他们有的变成厌倦、阴郁、玩世不恭；有的变成说话的巨人、行动的侏儒，陶醉在自己的漂亮话里；有的把一生埋葬在穿着拖鞋和睡衣的懒惰的生活中……总之，他们"不可能冷静地实践，稳步地、慎重地工作，积极地考虑……"较之这些人物，《怎么办？》里的新人使我们看到了一个新的世界。他们有着先进的思想、坚强的信念，有所爱，也有所憎。他们企图使劳动者成为自由、幸福和欢乐的人，并且他们准备献身给争取祖国的光明前途的伟大事业。

我们可以举出他们中间的最出色的人物拉赫美托夫作例子。车尔尼雪夫斯基说他"在那一伙人中间就好比茶中的茶素，醇酒中的馨香……这是优秀人物的精华，这是原动力的原动力，这是世上的盐中之盐"。

拉赫美托夫以一个被他的朋友称为"严肃主义者"的面目出现在我们的面前。"他享有这个为千百万人所熟悉的光荣的名字的权利并非受之于造物，而是凭着自己的坚强意志争取到的。"他出身于一个贵族的家庭，在大学读书期间，他就与自己出身的环境斩断了关系。他刻苦地锻炼自己，过着严格的生活，种过庄稼，做过粗工木匠、搬运夫、纤夫。他说："我需要这么做，这会使老百姓尊敬我，喜欢我。这是有益的，可能有用的。"他曾经以纤夫的身份走遍了整个伏尔加河流域，并且在比赛力气中胜过了三四个最强壮的伙伴，人们给他起了一个"尼基土希卡·罗莫夫"的绰号——这原是一个有名的力大无比的纤夫的名字。由于预计斗争的艰苦，他甚至残酷地对待自己，试验自己的毅力。有一次人家发现他睡在上面钉着几百只尖头朝上的小钉的毛毡上过夜，背部和身体的两侧都被血浸透了。他说这是"一个试验，必需的试验，当然不合理，但是将来说不定需要这样的。我知道我受得了。"他只吃黑面包，认为自己没有权利为那些可有可无的嗜好浪费金钱。他严格地支配时间，给自己规定了"不许任性"的禁例。他甚至强制自己的爱情，对向他表白爱情的女人说："我对您比对任何人都坦白；您知道，像我这样的人是没有权利把别个的命运跟自己的连在一起的。"

这样严格、苛酷地对待自己，几乎像禁欲主义者一样，难道不是过分不近情理、违反人的天性么？不说别的，就连拉赫美托夫的亲密的朋友们对他也在尊敬中带有几分畏惧的成分。可是只要你真正地理解了他，走进他的内心世界，你就可以看到一颗赤诚的心和活泼愉快的性格。他会因为一个人善于开玩笑而喜欢那个人。他说："我并不是一个抽象的思想，我也是一个渴望着生活的人啊。"他并不像别人误解的那样，是一个"阴郁的怪物"。

我们只要看看那一场他和薇拉·巴夫洛芙娜的单独的谈话，就可以对他多懂得一些了。他受了罗普霍夫的嘱托，在薇拉·巴夫洛芙娜陷入痛苦境地的时候去安慰她。虽然他说的话，在表面上看是理智的、甚至无情的，但是他的目光多么锐利地抓住了对方的隐秘的内心世界，他的语言又是多么有力地解除了对方的苦恼。薇拉·巴夫洛芙娜听了他的正直的、诚挚的、在理性中含有最大友情的谈话以后，觉得他又温存、又愉快、又善于体贴，反复地对自己说："啊，他多好，他多好啊！"

拉赫美托夫并不是不懂得生活，不知道享受生活的人。他成了一个"严肃主义者"，正如他自己所说的："我们替人们要求充分的生活享受，——我们应该用自己的生活来证明：我们要求这个不是为了满足自己个人的欲望，不是为自己个人，而是为一般人，我们说那些话完全是由于主义，而不是由于个人的爱好，由于信仰，而不是由于个人的需要。"

车尔尼雪夫斯基把拉赫美托夫和其他新人的共同信仰叫做"合理的利己主义"。这是一个令人奇怪的名词。但是问题不在名词，而在它所包含的内容。凡是读完了这部小说的读者，就可以知道这个"合理的利己主义"正是为了去反对一般人概念中的利己主义。这些"合理的利己主义"者解释自己的信仰说："我的好处就是一切人的好处。我的幸福就是大多数人的幸福。我的利益就是公共利益。"他们把自己的利益和集体的利益当整体看待。违反集体利益的个人利益，对他们来说就不是"合理的利己主义"的利益了。追求这个东西，不仅背叛了"合理的利己主义"的原则，而且是卑劣，是羞耻。他们只在争取集体利益的斗争中，得到快乐和享受。

有人曾经根据社会学的观点反驳"合理的利己主义"的主张，因为"合理的利己主义"者认为人总是照他觉得最有利的那样来行动的，这样岂不是把人当做自己行为的主人？但是人并不是自己行为的主人，难道人的出身、教养、社会环境等等不是造成了他的性格，决定了他的行为么？

自然，我们今天不会把革命道德观叫做"合理的利己主义"，可以用更适当的名字去称呼它。我们对革命道德观的理解，也可以比车尔尼雪夫斯基更完整、更科学。但是，当时的革命民主主义者车尔尼雪夫斯基，是以一个革命教育家作为自己的职责的。正像卢那察尔斯基在《车尔尼雪夫斯基的长篇小说》中所指出的，如果一个革命教育家不是告诉人们有改造社会的力量，而是对人们这样说："人们的一切行为都是自然而然的产生的，是由一定的原因引起的，所以用不着去理会什么道德和教育，因为要发生的事终归是要发生的。"那么，"这不仅不合乎启蒙者的精神，而且绝不合乎马克思主义"。

车尔尼雪夫斯基的革命道德观是要号召人们成为自觉的人，根据集团的利益去辨别善恶，去采取行动，不屈服于黑暗势力之下，而应该成为改造环境、征服环境的人。

《怎么办？》这部长篇小说是不朽的。直到今天，它对我们仍有着巨大的意义。问题不在小说的每个细节，以及作者在小说中所显示的每个观点，甚至可以说某些地方，今天来看已经是完全过时了的。列宁说，车尔尼雪夫斯基"幻想经过旧的、半封建的、农民的村社过渡到社会主义，他没有看到并且在十九世纪六十年代也不可能看到，只有资本主义和无产阶级的发展才能创造出实现社会主义的物质条件"（《"农民革命"与无产阶级农民革命》）。这种空想的社会主义，在小说中同样可以发现。他在小说中用了不少篇幅去描写薇拉·巴夫洛芙娜的工厂，就带有这种性质。但是他所创造的新人的形象，永远是有生命的，正像季米特洛夫在给《怎么办?》写的序文中所说的，他们可以给我们以革命的教育，可以帮助我们成为一个"坚强的、有自制力的、毫不畏缩的、能够自我牺牲的人"。

  作为革命战士的车尔尼雪夫斯基，以及他所写的伟大的作品，都是为我们所崇敬、所喜爱的。因为我们把他看做自己的先驱者，从他那里可以学习到有益的东西。

一九五四年十月十九日

（《向着真实》，上海文艺出版社 1982 年 2 月）①

---

① 亦见《王元化集》卷二，湖北教育出版社 2007 年 10 月。

《向着真实》改版后记

本书初版已快近三十年了。我在初版《后记》中曾记下这样一段话：

"写出真实来！"斯大林同志这句话是现实主义的基本原则。文艺上的许多错误，不正是因为忘记了它才滋生蔓延起来的么？那么，坚持现实主义，向着真实努力，这是必要的。凭着这么一点看法，从一九五〇年四月间起到一九五一年底，陆续写了十来篇东西，就是现在收在这里的文字的一大部分。由于水平限制，我只能像画记号似的写下一些零碎的感受。……

这段话仍适用于现在改版后的内容。四十年代，我读了《海上述林》介绍恩格斯关于现实主义的理论后，我一直没有改变对于现实主义的信念。应该说，把真实性作为现实主义的基本原则，是恩格斯最早提出来的。自然，我对于现实主义包括写真实这一原则的理解，是有自己的认识过程的。我不愿掩饰自己的幼稚和偏颇。早期我也走过弯路。一九三七年，我开始文艺理论习作，我只有青年人的革命热情，却不能识别教条主义的危害。当时写的那些文字今天已经没有什么意义，现在只收入一九三九年以洛蚀文笔名发表在《新中国文艺丛刊》第三辑上的《鲁迅与尼采》一文。这刊物的编者是戴平万同志。他为了给我一点勉励，在《编后记》中说："《鲁迅与尼采》的作者,还是一位二十岁左右的青年;他以这样的年龄,而能有这么严正的精神来治学,真是可敬。虽然在这篇论文中,对尼采的个性解放,在某一阶段的革命性,估计尚不充分,多少有点机械味儿,但对于鲁迅先生的思想分析,却非常正确。"这已是过奖的评语,但我正年少气盛。当平万同志见面征询我的意见时,我竟顶了回去。现在我还记得他那有些失望并对我宽容的脸色。如何评价尼采自然可以各持己见。不过,那时我如果虚心一点,我是可以从当时自己写的某些理论文字中发现机械论痕迹的。

四十年代开始,我企图摆脱教条主义的束缚,按照恩格斯的现实主义理论去探讨文艺现象。尽管在写作过程中领受了不少甘苦,但我的进展不大。从本书收入的五十年代初期所写的一些文字中,明眼的读者还可以看到,"正如人的胚胎在其各个最早的发展阶段上还重复着我们祖先的鳃弧一样,"我还未能摆脱当时左的思潮的浸染。它在我身上的主要表现就是一种偏激情绪。在这种情绪支配下,往往只求气胜,而不以理胜。

本书第一辑所收各文,都写于抗美援朝时期。我不愿妄自菲薄当时激荡心中的同仇敌忾之情。它们纵使幼稚,却出于真诚。尽管我不赞成逞一时之快,图眼前之功,主张如实地揭露敌人的真相;但是,我在文字中时或流露出来的对于西方现代文化的全面否定态度,却是偏激情绪的表现。至于我在左的思潮的冲袭下所写的所谓批判性文章,不管它们出现在怎样特定的历史条件下,我都不应掩饰自己的责任。这些文字虽然没有编入这本集子里,(例如原有关于《武训传》的三篇就删去了。)但我愿效法前人在这里记下一笔,借以自劾。

本书的第二辑,我写下了对自己所喜爱的某些作家的一些感受。其中有些看法现在虽然已有所变化,但对于这些引导我认识生活和怎样对待文学事业的先驱,我始终怀着青年时代的崇敬之情。今天重读这些文字,我的心中仍激起当年的感情波澜。

在本书第三辑中,除《谈卓别林》一文是我在上海沦陷时期的仅有理论文字外，全写于一九四一年底太平洋战争爆发前夕。当时成为孤岛的上海文艺界呈现了相当复杂的形势，进步文艺界和倾向国民党的所谓"抗建文学"并与之若即若离的为虎作伥的所谓"和平文学"不可避免地发生了倾轧、摩擦和斗争。这里需要说明一下，一九四一年下半年在孤岛文艺界爆发了一场论战。这次论战是由这一辑收入的一篇拙文《民族的健康与文学的病态》所引起的。这篇文章当时在《奔流文艺丛刊》上发表后，立即遭到"抗建文学家"的围剿。他们利用和他们有关的大量报刊：《正言文艺》《正言报》副刊《草原》（后期）、革新号后的《文林》以及《新流》《文苑》《文综》等，进行气势汹汹的攻击。那时，我们仅有的《奔流文艺丛刊》已不能继续出下去了。过了四、五个月之后，才另行出版了《奔流新集》。在第一辑《直入》上，许多进步文艺工作者都写了文章予以还击。（当时和我并肩作战的战友有的已逝世了，如满涛、赵扬等。）这一辑收入的拙文《论掩蔽、弯弯曲曲、直截的戳刺》就是和这些文章一起编在《直入》中的我的反驳。此外，这一辑所收入的其余几篇文字也都与当时环境密切关联。《关于金批〈水浒传〉的辨正》是因所谓"抗建文学家"以梁山暗射延安，袭用金圣叹独恶宋江的故伎而写的。《礼拜六派新旧小说家的比较》则是组织上责成我写的一篇遵命文学，其目的是为了贯彻文艺界的统一战线。至于两篇《读书偶记》也都涉及孤岛时期上海文艺运动中的一些现象。这些文字在观点上存在着这样或那样的缺点，但是却也保留了一些资料性的意义，所以仍编入集中了。

　　末了，我要向上海文艺出版社编辑部的同志们致意。他们花费了不少时间和精力，为本书的出版做了许多繁琐工作。我在此向他们表示感谢。

一九八一年三月记于上海

（《向着真实》，上海文艺出版社1982年）

第四辑　文学沉思录

将人提高一解

文学必须以向上的积极的健康的精神去影响读者的精神面貌，这是不容置疑的。过去，普列汉诺夫曾经把高尚情操作为他的艺术论的核心。由于普列汉诺夫在涉及这个问题的时候，侧重于强调审美的主观性，——我以为，这和他在认识论上主张象形文字论，而偏离了唯物主义反映论多多少少有关联，——以致在三十年代被普列汉诺夫艺术理论研究名家的胡秋原在他写的《唯物史观艺术论》中推向极端，从而背弃了现实主义传统。尽管如此，我认为普列汉诺夫主张文学作品必须具有高尚情操，这一观点却是无可非议的。我们必须反对嗜痂成癖或者像卓别林影片中所讽刺的把腐烂发臭的野鸡当做美味来享受的那种病态的、颓废的、腐朽的审美趣味。

我一向赞成委内瑞拉一位革命诗人在二次大战后所提出的社会主义文学将人提高的原则。我以为，这也是社会主义文学坚持人性反对兽性的原则。一九五〇年，我曾以《将人提高》为题写过一篇短论。去年，我在《上海文学》发表的拙文《人性札记》中又提出了这个原则。由于我在这篇文章中再一次批评了美国一位剧作家根据考尔德威尔《烟草路》改编的同名剧本把堕落的资产阶级性意识硬栽在那些有色人种的下层人民身上，而遭到几位读者来信的指责。可是，我仍坚持自己的观点。不过，这里我不想对这部作品加以深论。我觉得需要说明的是，从审美主客关系来说，将人提高和写真实都是现实主义不可缺少的原则。它们是互相渗透，相辅相成的。特别需要注意的是，倘使片面强调审美的主观性，离开了现实主义反映生活真实的原则，去侈谈高尚的情操，那结果就不免会流入唯意志论，出现豪言壮语的浮夸风，而把文学作品变成思想传声筒的概念化倾向又会乘虚而入。这一点，我们是有足够的经验教训的。

我们究竟应该怎样看待那些揭露丑恶或抉发弊端的作品？这类作品往往遭到人们的误解。但文学却不应说谎，不应粉饰。刘勰在一千多年前就曾经批评过那些回避生活真实的玄言诗赋。他所说的："世极迍邅，而辞意夷泰"，就是对这类虚假作品的针砭。在我们的文艺界，歌颂和暴露向来是一个有争议的问题。我很怀疑文学作品能不能按照长期形成的习惯划分为歌颂文学和暴露文学，我更不能赞同把那些根据现实主义写真实的原则创作出来的揭露丑恶或抉发弊端的作品看做是违反社会主义文学将人提高的使命的。我认为，这是一种误解。倘使追源溯流，应该说它根源于古老的美学偏见。黑格尔在《美学》的绪论中，曾指出西方惯用的几个美学名词（Asthetik 或者 Kallistik）都不能十分恰当地表现美学的内容。但是，他自己也没有摆脱上述那种偏见，对美作出精确的界说。他在《美学》中说："如果事物内在的概念和目的本身已经是虚妄的，原来内在的丑在它的外在的实在中也就更不能成为真正的美了。"由于强调理想美，他认为反面的，坏的、邪恶的力量不应作为不可少的反动作的根源。这种偏见使他对自己所崇敬的莎士比亚也作出了一些显然错误的审美判断。比如，他认为艺术不应引起罪恶和乖戾的印象，因而他对《雅典的泰门》和《李尔王》都不无微词，责备前者"没有合理的情志"，而后者则是"尽量渲染罪恶"。幸而黑格尔常常从抽象领域进入到现实世界，摆脱了他的思辨结构框架，这才使他对许多作品也包括莎士比亚剧作，作出了深刻精辟的分析。如果他僵硬地死守上述那个美学命题去评骘一切，那么，他那部具有卓识的《美学》就将成为令人无法卒读的著作了。过去，我们的文艺界也出现过类似的看法，有的文章曾根据自然形态和加工后的艺术形态"两者都是美"的观点加以引申说，倘使自然形态本来就不美，那么加工以后的艺术形态，也就一定更加丑化了。这种认定艺术作品只应表现美的对象的观点是这样偏狭，以致使无数生活现象都被摈斥于艺术领域之外。试问，我们如何按照这种理论去评价文学史上大量存在着的现象呢？难道高尔基的《奸细》和《克里姆·萨木金》等等，由于他们的自然形态本来就不美，于是表现这类人物的作品也都变成了丑恶的么？车尔尼雪夫斯基的美学尽管在深度和广度上逊于黑格尔的美学，但是他所提出的美是生活这一命题，在突破传统美学偏见这一点上，确是石破天惊之论。他在青年时代所写的批判思辨美学的学位论文中，就已一针见血地指出："把艺术作品的必要属性的形式美和艺术的许多对象之一的美混淆起来，是艺术中不幸的弊端的原因之一。"应该说这一观点具有重大意义，它使艺术进入生活的广阔天地，为现实主义美学奠定了基础。

不幸的是，直到今天我们有些评论者仍落入传统美学偏见的窠臼，有意无意之中还在宣扬只有美的对象才是艺术所表现的题材，从而严格地规定了什么是应该写的和什么是不应该写的。最近我读到一篇谈真实性的文章援引鲁迅的话作为自己立论的根据，因为鲁迅曾说过癞头疮、毛毛虫，鼻涕，大便等是画家不取为题材的。我以为这位论者只是借权威以助己说，死扣字面而并没有去探讨问题的实质。什么时候我们才能摆脱依傍，从实际出发，经过独立思考去解决具体问题呢？我们需要踏踏实实的文风，以纠正长期以来贪图省力，不去论证也不去分析，只是搬弄经典条文作为现成结论的陋习。其实马克思主义经典作者早已指出过了：这不是站在马克思主义立场上，而是躺在马克思主义立场上！不错，鲁迅确实说过画家不会去画癞头疮,毛毛虫、鼻涕、大便,但是用摘句办法并不能说明这些对象就是艺术表现的禁区。因为鲁迅本人就着重地写过阿Q的癞疮疤,他在《长明灯》里还用癞头疮的绰号代替人名。读过鲁迅小说的人都会知道,他是没有这种清教徒式的戒律的。他曾经写过豆腐西施的圆规式的小脚,四太太耳朵后的积年老泥,王胡把虱子放在嘴里毕毕剥剥地咬嚼,甚至还有七大人拿在鼻子旁擦着的屁塞,……然而,这些比鼻涕大便更丑恶的东西,却并没有使他的作品堕入浊秽。谁会说鲁迅描写了这些东西是为了陈列丑恶呢?它们都是根据作品的内在要求,为了写出人物的性格面貌,揭示生活的原有底蕴所不可缺少的。这说明鲁迅并不认为只有美的对象才符合审美标准。把美学简单地认作表现美的对象这种理论是这样站不住脚,甚至只要举出被称为唯美主义的王尔德所写的《道林格的画像》就足以把它驳倒。谁会说这部小说是以美的对象为题材呢?我想,鲁迅认为丑恶的东西恰恰相反,是那些假借美的名义掩盖真相、粉饰生活、歪曲现实的倾向。这里不妨用他所举出的一个极端例子来说明,那就是他对"五四"前后的国粹派所作的讽刺。这些国粹派为了维护封建主义,把祖传下来的一切东西都说成是尽善尽美的,哪怕是无名肿毒,他们也要做这样的美化:"红肿之处,艳若桃花,溃烂之时,美如乳酪。"十分可悲的是,十年浩劫"四人帮"在文艺领域内所推行的混淆黑白,颠倒是非,弄虚作假的那套伎俩,正是重演了这段历史。直到三中全会恢复并发扬党的实事求是的优良传统之后,它才失去了合法的地位,遭到否定。

那种把艺术当做是"被装饰了的自然"的陈腐美学观点,早在一个多世纪以前就被一些坚持现实主义的理论家驳得体无完肤了。可是在我们这里还有一定的市场。拔高这两个字因为使人马上会联想起臭名昭著的三突出,总算是已有了不光彩的名声,虽然它在有些作品中仍在探头探脑的现身显灵。由于我们对于艺术比生活更高更美的误解是这样根深蒂固，以致违反生活真实的作品仍在流传，悠然自得。我曾经听到一位电影导演感慨地用假、大、洋、新四个字来概括这种倾向。我觉得这四个字在我们新兴的电视片中表现得较普遍。自然，电视剧也有好的。如根据《许茂和他的女儿们》改编成的《葫芦坝的故事》就是一例。但是不少电视剧却是为了炫耀装饰性的趣味以投合时好而制造出来的。在这些片子中，农舍有如旅馆，打仗形同阅兵，田地好像花园，而且不问时空条件，一切陈设、用具、服装，都力求最新、最洋、最讲究的款式，但在内容上空空洞洞，没有生活的气息，没有时代脉搏的跳动。我感到奇怪，为什么我们对于这类远离生活真实的装饰性作品竟熟视无睹，很少听到有人发出呼吁？

由于我们把歌颂和暴露截然分割开来，很早我们就已形成一种习惯，认为所谓歌颂的作品总是美的、好的，所谓暴露的作品总是丑的、坏的。因此，对于那些掩盖真相粉饰生活的作品，总是那么心平气和，尽管它在散布弄虚作假的浮夸作风；对于那些秉笔直书抉发弊端的作品却总是那么痛心疾首，尽管它在培养实事求是的社会风气，有助于改正我们的缺点，激发我们向着光明的前景奋勇前进。在抉发弊端和将人提高或培养高尚情操的问题上，我们还墨守传统美学的偏见，断言这两方面是势如水火，绝不相容的。直到今天，有人还在认为写社会缺点就是散布悲观情绪，没有鼓舞人们的斗志。也有人认为可以写阴暗面，但必须要有光明人物来衬托，如果没有一个光明人物出来现身说法，那就是违反了文学必须表现典型的原则。还有人认为写我们的缺点，就应该加倍地去写敌人的罪恶。甚至就是不涉及缺点问题也是一样。比如以解放战争为题材，要写我军的牺牲，就必须加倍地去写敌军的惨重伤亡。不管作者把侧重点放在那里，不管作者要表现什么，也不管作品总要受到题材的一定局限不可能这样来处理，倘使作者不硬加上这一条，那就是长敌人志气，灭自己威风。这不禁使我想到老舍在解放初所写的《学习当先》一文中说过的几句话。这几句话的大意是，任何作品都不可能是一部包罗万象的百科全书，每篇作品都针对一定对象，作者只能在这篇作品中有限度地传达某一点思想，激起某种感情的反应。倘使作者写的是垂杨柳，而批评者说他没有写出黄花鱼，那只能说是强人所难的题外发言了。现在三十年过去了。评论者对于那些抉发弊端的作品所发出的求全责备，使人不得不遗憾地认为他们仍旧是老舍所说的那种强人所难的题外发言。我不知道我们的作家倘使像《毁灭》作者那样，以那支近于溃败的游击队走出原来战地作为收尾，将会遭到怎样的责难？也许被呵责为败坏士气毁我长城还算是从轻未减了。可是，试问：《阿Q正传》里有什么先进人物或正面形象呢？阿Q的阶级成分大概可划为贫雇农。鲁迅既哀其不幸，又怒其不争，而最后给他的大团圆却以被枪毙收场。当时也有人指责鲁迅写阿Q时"心里藏着可怕的冰块"。自然，鲁迅写的是旧社会。但是今天的评论者也完全可以根据上述那种逻辑，振振有词地去责备鲁迅当时作为一个革命民主主义者，却没有在这篇小说中去讴歌那时争取民主的革命志士。至于契诃夫就更不在话下了。他那时代的权威批评家曾一口咬定他是一个"不可救药的悲观主义者"。可是这个"不可救药的悲观主义者"所写的戏剧却是使列宁深受感动的。斯坦尼斯拉夫斯基在自己的回忆录中说，在同时代的作家中，契诃夫是最早预见革命风暴即将来临的人。这话不免有些夸大，但确实表明了契诃夫对于人民命运的关注。正因为契诃夫身上有着鼓舞人向上的积极因素，苏联在卫国战争时期才把他列入俄罗斯民族杰出代表人物的名单中以鼓舞士气。

须知，黑暗不能用黑暗去暴露，而只能用光明去照亮它，有憎才有爱，能杀才能生。作者没有要歌颂的东西也就没有要暴露的东西。为什么一定要把歌颂和暴露机械地割裂开来，以为暴露仅仅出于单纯的憎恶情绪，或甚至是发泄不满？难道对于丑恶的东西批判得越深，不正是出于对光明的东西爱之弥切么？我以为，作品的光明首先要存在作家的心里。至今我仍相信罗曼·罗兰说的这句话："要有光！太阳的光明是不够的，必须有心的光明。"作家心里有光才能真正揭露阴暗，才能使自己的作品放出光辉，哪怕他只抉发弊端，只写丑恶现象，他的作品也是闪着亮色的。鲁迅说，革命的人不管写什么，他的作品总是革命的。这话说得很好，不幸的是人们却往往把它忘记了。一部作品是否具有高尚的情操，并不在于它写的是什么，也不在于它有没有写到光明，而是在于他具有怎样的思想感情。作家的思想感情是健康的，他就不会专挑病态的东西来欣赏，在作品中陈列丑恶，——如前文所提到的《烟草路》同名剧展览肉市场和国粹派讴歌无名肿毒，以及揭发隐私的黑幕小说和贩卖色情的黄色小说那样。后两类小说常常以劝善惩恶作为光明点缀在作品之中，但尽管通过用这种用光明来衬托黑暗的办法，也无济于事，并不能改变这类作品的腐朽性，因为它们是不真的、虚假的。我们必须把这类作品和那些作者怀着善良的意图，以心里的光明去揭露社会阴暗面的作品加以严格的区别。让我们抛开习惯的成见，不要以将会引起不良社会效果的杞忧来对后一类作品轻率地进行裁决。我们应该把文学的社会效果看得复杂一些，不要简单地以为作品的功能只是诱发读者去效法其中的人物。就像名为果蝇的细腰蜂捕捉螟蛉封在窠里日夜唱道"像我像我"，于是那小青虫也就成为细腰蜂了。如果真是那样，读者从作品中读到扒手就去学扒手，读到强盗就去学做强盗，那么，暴露一切丑恶的东西（包括"四人帮"的罪行）都必须列入文艺的禁区了。请相信我们读者的识别能力和欣赏水平，他们并不像有些评论者所想象的那样，盲目和浅薄。请相信我们的作者，他们并不像有些评论者所想象的那样，是一些喜欢挑剔苛求、心怀不满的恨世者。我在一次座谈会上听到一位作家的发言。他由于胸怀坦荡，始终对党怀着耿耿的忠诚，因此，他说他相信自己的感情。我觉得这话说得很好。作家只要严格地要求自己，真诚地热爱人民、热爱党、热爱祖国，忠实于生活，忠实于艺术，他就会顾忌皆去，相信自己的感情，相信自己的写作不会背叛自己的信念，相信自己在作品中会流露出高尚的情操，能够达到将人提高的目的。这样的作品是经得起时间考验的，人民和历史将会为它们作证。

一九八〇年十二月二十日

（《文学沉思录》，上海文艺出版社 1983 年 5 月）①

---

① 亦载《王元化文学评论选》，湖南人民出版社 1983 年 3 月。《王元化集》卷二，湖北教育出版社 2007 年 10 月，该篇题作"历史会为它们作证"。

有真实的地方就有诗

我想谈谈我对文学的真实性和倾向性的一些意见。我不能同意所谓真实性强倾向性差的说法。这样的分割是重蹈社会和艺术二元标准论的故辙。二十世纪三十年代末期,我曾在当时的刊物《文艺新潮》上发表文章附和过藏原惟人把艺术作品分析为社会价值和艺术价值的观点。据说这一理论是从苏联传入日本的,它来源于拉普时期苏联文艺界对普列汉诺夫提出的艺术作品具有"社会等价物"所作的解释和引申。由于缺乏资料,我没有经过查考,尚未究明原委。如果有人对这方面进行探讨,那对我们文艺理论研究工作会是很有益的。在四十年代初期,我开始对自己曾经相信过的这个观点产生怀疑。试问:在艺术形象的真实性之外有什么倾向性呢?也许某些概念化作品正是表现了这种筋骨外露的倾向性的,例如,我国革命文学发端时期文学作品中的光明尾巴之类。但是不久,成熟起来的文艺理论界就已辨明它的虚妄,因为提倡这种倾向性不是尊重艺术感染力的潜移默化作用,而是主张耳提面命的生硬灌输。不过历史的教训并没有得到普遍的承认,文学的真实性和倾向性问题仍尚待解决,过去的谬误在新形势下还在改头换面地时隐时现。我以为真正的倾向性不能游离于艺术形象的真实性之外,而是从艺术形象本身自然而然流露出来的。当时我是读了《海上述林》介绍的理论，才取得这种认识，纠正了过去的偏颇。我认为硬加到作品上去的倾向性是造成概念化的根源之一。倾向性是作家的立场观点在认识、掌握和表现生活时有意或无意的表露，它只能从艺术形象的真实性中显现出来。怎么能说一部作品写得很真实而它的倾向性却不好呢？倘说倾向性有问题，也只能通过艺术形象的真实性的不足去探索原因加以论证，而不能离开作品本身的艺术形象的真实性去评论短长。

  一九五二年我出版的一本论文集是以"向着真实"作为书名的。现在二十八年过去了。我不讳言这书中存在不少缺点和偏激之处，但是我对于"向着真实"这句话仍深信不疑。那时我在书里曾明确反对冷淡旁观的态度和把写真实当做有闻必录作生活起居注式的自然主义烦琐描写。当我用"向着真实"作为自己书名的时候，我完全没有料到在以后历次文艺思想批判的政治运动中，写真实竟成为最受攻击的目标之一，历经厄难。直到今天在有些人心目中，写真实和抄袭自然仍无异于同义语。我不懂这种误解怎么竟如此根深蒂固？这里我想举一个可资借鉴和参考的例证。黑格尔曾提出："一切现实的皆是合理的，一切合理的皆是现实的。"这一著名命题曾引起普鲁士政府的感激和进步党人的愤怒，双方都没有理解它的合理内容。在这种误解始终没有消除的时候，恩格斯曾对黑格尔所用的现实一词作了切中肯綮的阐释，他指出："黑格尔的意思根本不是说，凡存在的一切无条件地都是现实的。在他看来，现实的属性仅属于那同时是必然的东西。"我认为这段话可以有助于我们来澄清在写真实问题上所形成的种种混乱，或者至少可以使我们受到启发，对真实这个概念也作出相应的正确理解。为什么一定要把真实和存在混同起来？为什么一定要把真实和本质隔绝开来？根据什么理由可以断言真实的属性一定不是仅属于那同时是必然的东西？如果有人对真实的含义作了歪曲的理解和滥用，那么文艺理论工作者的责任，是应该分清是非辨明真相，还是将错就错把罪咎推到无辜的真实头上？这样平凡的真理竟要大声疾呼地申辩，真是令人为之扼腕。

一九八〇年

（《王元化文学评论选》，湖南人民出版社1983年3月）①

---

① 节录自《对文学与真实的思考》（第一部分），亦见《文学沉思录》，上海文艺出版社1983年5月及《清园论学集》，上海古籍出版社1994年12月。现标题据《王元化集》卷二（湖北教育出版社2007年版）。

失去爱情而歌与失去金钱而歌

目前，社会效果已成为一个经常涉及的题目。其实，这本来是不言自明的，文学作品既然公之于众，怎么可能没有社会效果？问题是不能把社会效果作简单化庸俗化的理解。过去的教训不能忘记，否则又要退回到所谓为政治服务的"赶任务""写中心"等等偏向上去。社会效果归根到底仍离不开倾向性问题。我曾经说过，倾向性是作家的思想感情在认识、把握和表现生活真实时在艺术形象中的自然流露。杜勃罗留波夫曾经说："艺术作品可能是某种思想的表现，并不是因为作者在他创作的时候听从了这个思想，而是因为那作品的作者被现实的事实所征服，而这思想正就是自然而然地从这种事实中流露出来的。"作家的思想感情不是一朝一夕所形成的，其中包含着性格、才能、天赋、气质等等复杂因素，是经过长年累月的熏陶和磨炼才形成起来的。在这方面我们的研究还处于幼稚阶段，许多微妙的精神现象还有待于我们经过不断的探索去一一揭开其中的奥秘。这里我所能说明的是作家的思想感情，有一个自然形成的长过程，绝不是临时张罗、依靠人工装修的办法所能奏效。一旦进入写作阶段，作家为了追求社会效果，不从自己的真情实感出发，企图用强制手段，进行削足适履的弥缝修补，纵使出于自觉自愿，也仍然无济于事。因为他不能在顷刻之间使自己长期定型的思想感情骤然发生脱胎换骨的变化。倘使硬要这样做，那势必会束缚作家的自由抒发，变成创作活动的无情桎梏。自然，作家写作有时也会考虑到社会效果，但是，这种考虑首先必须尊重生活，不能违反艺术的规律。只有在作家的思想感情适应并服从艺术形象的真实性情况下，他才能使自己关于社会效果的考虑步入正轨，否则就会出现有时令成功的作家也难免感到不安的二元化倾向，这也就是说，作家在艺术形象中不自觉流露出来的潜在的思想感情和他为了追求社会效果强加到作品上去的外露的思想感情，形成真假混杂、表里柢梧的矛盾，从而造成思想感情本身之间和它与艺术形象之间的分裂。这势必破坏了艺术必须浑然一体的和谐一致性。

思想必须获得人格的印证，只有伟大的性格才能写出伟大的作品。从某种意义上来说，倾向性是不以作家本人的意志为转移的。强扭的瓜不甜，强扭的思想不真。艺术最不能作假，作品无法掩饰作家的灵魂。一个人被胁以刀锯鼎镬也不肯吐露的内心隐秘，有时也会不知不觉地在作品中经过折射露出或隐或显的痕迹。作家在写作的时刻，如果强迫自己去写对他是陌生的、未经消化的、并未扎下根的思想感情，那么，不是煮成一锅夹生饭，就是弄虚作假。艺术要求真诚，假、大、空是会引起读者厌恶的。文艺复兴时期，摆脱了经院神学束缚、代表人文主义的哈姆雷特在一场戏出场的时候，一边读着手里的一本书，一边说："空话，空话，空话。"这重复了三遍的两字评语难道不能使我们引以为戒？难道还要重蹈言之无物或言不由衷的故辙？没有获得人格印证融为自己血肉的思想是虚假的。游离于艺术形象真实性之外的倾向性，不是脉管中流动的血液可以灌注全身，赋予肌体以生命，而是贴上好看商标的赝品，顶多只能起着暂时的蒙混作用，利用假相去唤起错觉。可是人们只要揉一下眼睛，那些五彩缤纷的幻景就会立刻烟消云散。从艺术形象的真实性之外去评论倾向性，恰恰无视文学作品是活的有机体。其实把文学视为活的有机体并不是什么新的见解，古代文艺理论家早已认识了这一点。亚里士多德曾在这方面作过充分的阐发。刘勰说"义脉不流则遍枯文体",也是把作家的思想感情看做是血液在布满全身的脉管中流动不息,灌注艺术以生气和生命。

最后,还需要补充一点,作家的思想感情固然需要是真实的,但也并不意味着凡是真实的思想感情都可以打动别人。罗斯金曾经说过:"少女失掉了爱情而歌令人感动,而守财奴失去了金钱而歌就不会令人感动了。"(大意)这就说明真实的思想感情还需要是高尚的。

一九八〇年

(《王元化文学评论选》,湖南人民出版社 1983 年 3 月)[①]

[①] 节录自《对文学与真实的思考》(第三部分),亦见《文学沉思录》,上海文艺出版社 1983 年 5 月及《清园论学集》,上海古籍出版社 1994 年 12 月。现标题据《王元化集》卷二,湖北教育出版社 2007 年。

让酷评的幽灵永不再现

> 请你们在公文上老老实实照我本来的样子叙述，不要徇情回护，也不要恶意构陷。
>
> ——莎士比亚：《奥瑟罗》

为什么到今天我们还不能按照艺术本身的规律对作品的倾向性作出合情合理的评价？我们对于这两年间涌现出来的一些不是按照通常习惯把角色划分为好人和坏人的写法，而是表现生活真实的作品，并不是都能接受的，有时甚至还发出了不公平的责难。作家需要别人实事求是地正确理解他的作品。评论者纵使不能成为作者的知音，至少也要尽量去理解作者的创作甘苦，可是有的评论者往往把已经习惯了的审美趣味的惰性当做评价作品的唯一准则。如果一部作品出现的人物既不能简单地归为好人，也不能简单地归为坏人，却是像真实生活本身那样具有复杂的性格，而作者对这样的人物又不是简单地抑扬或作出一览便知的褒贬，而是同情中夹杂了批判的成分或批判中夹杂了同情的成分，那么这些评论家就不免对之瞠目结舌，不知所措。而比这更糟的是不屑理解就硬以已经定型的习惯标准率尔判定是非。我不知道评论者根据什么逻辑又有什么权力，可以把别人作品中的复杂的人物性格按照自己所熟习的非此即彼的分类法去任意归类，把作品中的复杂的思想感情强行纳入自己看人论事的简单划一的尺度去妄作解人,然后再把这种歪曲了原著精神实质纯属捕风捉影的主观臆断当做铁证,从而义形于色地进行无的放矢的指摘?最近我读了一位批评家对一部有争议作品的批评文章,我感到自己不能沉默,因为这类批评并不是孤立的现象。我在本文里不可能以更多的篇幅来评论这个作品的功过,我只是想顺便提一下,嬉笑怒骂虽然皆成文章,但是意在求胜却不应是批评的应有态度。我不懂那位批评家的评论文章为什么要运用比"一个阶级只有一个典型"更偏颇的理论,把作者写的在十年浩劫中一个胡作非为——用作者的话来说"倒下去的人越多,官做得越大"的部队坏干部——充当做人民解放军的全体,从而对作者大张挞伐,并加上了给"最可爱的人"抹黑,给老干部"挂走资派黑牌"等等吓人的罪名?过去一位外国戏剧家把我国的京戏中武士背上的四面靠旗当做了四支军队,这虽然可笑,但是,呜呼!他毕竟还没有把一个军人,哪怕他是军队的"大首长",作为整个军队的化身!我不懂这篇评论为什么既然声明不敢说作者笔下的一个人物的思想就是作者的思想,可是紧接着笔锋一转,又以这个人物误入歧途的行为作为唯一的根据,去呵责作者本人竟"公然宣扬叛国无罪"?倘使把这种方法施诸前人,像普希金和莱蒙托夫这样的现实主义作家也会遭到无妄之灾。评论者可以质问:奥涅金开枪打死了自己的朋友蓝斯基,这是什么行为?毕巧林的故事冠以"当代英雄"的美名,这是什么思想?作者必须为自己笔下的人物负起道德上以至法律上的责任,因为作者并没有在自己人物身上粘贴区分善恶的显眼标签,为读者提供现成的褒贬答案。如果作家没有采取金圣叹评《水浒》那种眉批夹注的办法,对书中人物的每句话和每一行动都作出塾师批卷式的诸如"妙""丑""狠毒""可畏""绝倒"之类的按语,那就是作者没有表态,没有批判,没有站稳立场。我想,鲁迅所说的分明的是非与热烈的爱憎和这种评论要求完全是风马牛不相干的两回事,那是需要具有思想力和艺术鉴赏力的评论者以严肃认真的态度实事求是地深入到作品艺术形象的真实性中去探讨作家思想感情的复杂表现,才能作出中肯的审美判断。十年浩劫期间遍及全国的大批判造就了一批比著名的忒耳西忒斯还要严厉,还要粗暴,横行阔步的酷评家。随着"四人帮"的覆灭,这种显赫一时的大批判再没有耀武扬威的余地了。但是余毒未清,大批判的病菌也会侵入我们肌体。但愿那种无限上纲,罗织罪名,打"语录"仗式的驳难攻击,永远消失不再重演吧。

一九八〇年

(《王元化文学评论选》,湖南人民出版社 1983 年 3 月)[①]

[①] 节录自《对文学与真实的思考》(第四部分),亦见《文学沉思录》,上海文艺出版社 1983 年 5 月及《清园论学集》,上海古籍出版社 1994 年 12 月。现标题据《王元化集》卷二,湖北教育出版社 2007 年。

党的文艺政策和文艺规律的一致性①

最近周扬同志谈到还是要搞个文艺八条或十条,这很重要,否则各地都搞一些土政策,离开文艺规律去瞎指挥,就会造成邓小平同志讲的横加干涉的情况。今天,我们正在确立并加强社会主义民主与法制。我觉得,艺术规律就是艺术领域中的法制根据。大家按照艺术规律办事,那种在创作中"强迫结婚,限期产子"的荒谬事就不会发生了。

文艺创作是精神劳动,没有自由,没有民主怎么行?"二为"离不开"双百"。现在有一种情况,就是容易形成"一窝蜂"和"一面倒",一谈到四个坚持,就不再谈艺术民主了。邓小平同志在在第四次文代会祝辞中提出:作家写什么,怎么写,不要横加干涉。这两点得不到保证,文艺事业要繁荣就很困难。写作要有自由,这是艺术规律。我并不是主张搞资产阶级自由化,或提倡爱写什么就写什么,而不顾及社会效果。四项基本原则必须坚持,社会效果必须考虑,这是作家的责任。但是作家一旦进入了写作过程,临时抱佛脚式的强迫自己用人工方式,增加一些与作品自然流露出来的思想感情格格不入的标签,这种在主题思想上追求急功近利的做法,是

---

① 原注:"本文系作者在上海市理论工作座谈会的一次文艺理论专题座谈会上的发言纪要。"(《王元化文学评论选》,湖南人民出版社1983年3月,第6页)

违反艺术规律的。作家如果认为自己的作品在社会效果上会产生不良影响，那就不要发表好了。违反艺术规律去追求艺术效果是不行的。

我觉得别林斯基所提出的创作规律，至今看来仍值得注意。他说："创作是无目的而又有目的，不自觉而又自觉，不依存而又依存，这便是创作行为的法则。"这并非戏论。在艺术创作中，别人强迫不行，就是作者心悦诚服地接受，甚至哪怕自己强迫自己也不行。创作自由就是认识并且不受干扰地遵循艺术规律。从受盲目性的支配到对必然性的认识，这就是由必然王国向自由的王国飞跃。套用我国一句老话就是"从心所欲不逾矩"。决定作家写什么、怎么写有种种因素，这是不以人的意志为转移的。我觉得恩格斯在致梅林的一封信中谈到意识形态问题和上面所说的情况有些近似。他说："意识形态是由所谓的思想家有意识地、但是以虚假的意识完成的过程。推动他的真正动力始终是他所不知道的，否则这就不是意识形态的过程了。"每个人的生活经历、内心活动、思想感情、教养、气质、才能、禀赋以及个人感受生活的方式等等，多是积年累月形成的，甚至某些是来自遗传的素质。当它们一旦形成后就成为客观因素，你不能违反这些因素，按照主观任意性去年进行创作。这是一条重要的规律，我们只能顺应、利用规律去达到一定目的，而不能用自己的主观任意性去改变客观规律。这应当是个常识问题。如果写出来的东西不行，只能在平时通过长期的艰苦锻炼去改变这些因素，而不能在这些因素未变之前，在创作时急于事功，用取巧的办法，妄求取得脱胎换骨之效。荀子曾经说过这样的话：可以强迫人的口沉默不讲话，可以强迫人的身体或伸或屈，但是却不能强迫人的内心改变他的意念，是之则受，非之则辞。荀子在两千多年前就懂得这一思想规律。今天我们怎么能主张违心之论呢？撒谎还成什么文艺家？龚自珍是中国最早的杂文家，他的思想水平远远超过了后来的康、梁。他曾经说过：庖丁之解牛，羿之射箭，僚之弄丸，伯牙之操琴，古之神技也。如果你对庖丁说，不许多割一刀，也不许少割一刀；对伯牙说，只许志于高山，不许志于流水；对羿和僚说，只许东顾，不许西逐，否则我就要鞭打你；那么这样一来神技也就没有了。作家进入了创作过程，就不能以主观任意性去代替客观规律性。有人说，鲁迅的小说《药》，由于作者在坟上添了一个花圈，就增加了作品的亮色。我不赞成这种说法，亮色必须在作品中自然而然地流露出来，而不是外加的办法所能收功奏效的。

一九八〇年

（《王元化文学评论选》，湖南人民出版社1983年3月）①

---

① 本文节录自《关于文艺理论的若干问题》一文，标题为该文中原有。亦见《文学沉思录》，上海文艺出版社1983年5月。收入《王元化集》卷二，湖北教育出版社2007年10月时标题改作"向自由王国飞跃"，文字亦有删订。

看电影小记[1]

我以前曾看过张艺谋拍的《黄土地》《一个和八个》，觉得颇有新意，但这回看了《大红灯笼高高挂》，就没有了以前的那种感觉了。最近《读书》上发表了社会学家费孝通先生和台湾文化人类学者李亦园教授的文章，他们都专程到拍摄《大红灯笼高高挂》的山西乔家大院作了考察，并在文章中谈及了这部电影。虽然这是两篇社会学家的文章，但我认为它们也可以当做影评来读。

山西乔家大院在晋商中颇有名望。费李两位先生在这部影片里看到的尽是阴暗、荒淫和无耻。对此他们不禁感到了诧异。他们不约而同地谈到了乔家大院的大红灯笼，说乔家大院确实有大红灯笼，但是，这些大红灯笼都是用于喜庆节日，绝不是如影片中所描写的老爷去哪房姨太太房中过夜，哪房就挂起大红灯笼来。乔家大院家规严明，不允许也不可能有这样的事发生。

也许有人反驳费李两位先生的意见说：《大红灯笼高高挂》是电影，不是历史，也不是社会学家的考察报告。电影是艺术，艺术有想象与虚构的权利。为什么要电影去如实地表现乔家大院的事实呢？难道不允许虚构吗？作为电影，乔家大院有的可以表现，没有的也

---

[1] （原注）本篇是笔者于一九九五年十二月在《文汇读书周报》召开的座谈会上的发言，本文据该报的记录整理而成。

可以表现，这有什么不对呢？我认为这些问题提得好，但也可以代替费李两位先生作答：电影是艺术，艺术允许虚构，但虚构与事实的关系值得研究。试问，虚构为什么非得与真实背道而驰呢？作者的想象为什么总是一成不变地朝着丑恶这一个方向行进呢？是由于作者的作风还是出于作者的偏爱，为什么要使艺术陷入作者浓墨重彩加工而成的罪恶渊薮中去呢？虚构一旦成为一种倾向，化作一种模式，甚至演化为一种数学公式，变成为千篇一律的一种规格，那么，人们将会看到这种虚构是在害病了，而我们也就会发出这样的感叹：自由的想象毕竟还是不自由的。

一九九五年

（《集外旧闻钞》，上海文艺出版社 2001 年 1 月）①

---

① 亦见《王元化集》卷二，湖北教育出版社 2007 年 10 月。

文学的启蒙与启蒙的文学

英国拍的电视剧《安娜·卡列尼娜》，尽管有这样或那样的缺陷，但我认为基本上是忠实于原著的。（有人说改编者自己写的文章也对原作作了不确切的理解。但我怀疑这是不是为了迁就清教主义舆论的压力？）但上映以来遭到一些观众的反对，有的说"安娜是破鞋"，卡列宁是"正人君子"。这和有人说"《红楼梦》是吊膀子的书"情况差不多。这反映了某些观众和读者对文艺作品的审美水平还很低，识别能力也很差。列宁在十月革命前就表示了一种愿望：希望当时只有少数人所能欣赏的文艺作品，在社会主义革命后，能够真正成为广大工农群众人人能够欣赏的读物。他提到作品中就有托尔斯泰的一些名著。这里就有一个文学的启蒙和启蒙的文学的问题。关于后者，我希望我们文艺理论工作者像艾思奇早年写的《大众哲学》一样，也写一部《大众文学》的启蒙书，来提高读者的鉴赏力，使许多优秀作品不致变成卞和献玉那样不被理解，甚至蒙受不白之冤，而让那些趁潮趋时之作仅仅由于其本身迎合猎奇的趣味与别人对它的吹捧而享有虚妄的声誉。

文学需要启蒙，这是一方面，另一方面，我们对高级读物不能与启蒙的通俗读物一样看待，一样要求。文学作品如果不能诱发读者的想象，使他的想象生动活跃，广泛开阔，并产生一种欲望，要用自己的想象去补充作品中似乎言犹未尽的虚线，那就标志着它的失败。同样，文艺理论如果不能激起读者的思想，引起强烈的求知欲，使他头脑中出现许多从未想到过的问题，并渴望去解决它们，那也标志着它的失败。

过去，有些理论著作对佛学的论述有些简单化，认为佛学只是"迷信虚妄，蠹国殃民"，几乎一无是处。我觉得对佛学不能一概否定，佛学也有经过批判可以吸收的成分。比如鲁迅翻印的《百喻经》和其他一些佛书，其中一些故事如"唾面自干""瞎子摸象"等等，今天已成了家喻户晓的格言。我们实际上已受到不少佛书的影响，甚至在生活用语中也有不少成语、词汇来自佛书。恩格斯在《自然辩证法》中说过，辩证法最早见于古希腊人和古代佛教徒的著作。魏晋时代有个著名僧人鸠摩罗什说过一句话，"嚼饭与人，徒增呕秽"，很足以发人深思。把嚼过的饭喂人，既不卫生，也不利于增强人的消化力。理论文字要通俗易懂，但也不能采取嚼烂了喂的办法，使人一览无余，从而造成思想上的惰性，只知就现成、图省力，这不是好办法。因为思想是不能由别人来代替的。我们要培养读者的思考能力，这和提高人们的精神文明是有关系的。提高精神文明就要善于独立思考，而不能随声附和，必须要有明是非、辨善恶、识美丑的能力。①

一九八二年

（《王元化文学评论选》，湖南人民出版社1983年3月）②

---

① 该文原为《关于文艺理论的若干问题》（第四部分），原注："本文系作者在上海市1982年五月五日举行的一次文艺理论专题座谈会上的发言纪要。"

② 亦见《文学沉思录》，上海文艺出版社1983年5月，现标题据《王元化集》卷二，湖北教育出版社2007年10月。

影片《天云山传奇》点滴谈①

这两年,我们的文学艺术已经从窄门冲了出来,开始向生活靠拢,出现了不少好作品。我觉得《天云山传奇》这部影片也应该列入这些好作品的行列中。

在一九五七年反右斗争中,扩大化是我们社会中的一场悲剧。这场悲剧是怎样发生的?今后如何避免?我们正在总结。我认为敢于实事求是纠正过去的缺点和错误,正是表明我们党的伟大。一个永远具有生命力不断前进的党是不怕这样做的。

我们都亲身经历了十年内乱的大灾难。也有不少人经历过和影片中的罗群相类似的命运,在他们身边同样有着冯晴岚式的女性:母亲、妻子或姊妹。虽然遭遇不尽相同,但她们都和冯晴岚一样,甘愿默默地作出自我牺牲,相信自己的亲人是正直的、拥护党的。记得"四人帮"被粉碎后不久,我读到巴金同志第一次发表他所翻译的《往事与随想》的几章,其中有这样一段话:"没有人(除了女人)敢于表示同情,敢于替那些昨天还同他们握过手、可是夜里就给逮捕的亲戚、朋友说一句好话。……只有女人不曾参与这种抛弃亲近的人的可耻行为。"这几行文字当时曾使我心情激荡不已。自

---

① (原注)《文艺报》于一九八〇年末《天云山传奇》拍摄完成放映前,请影协上海分会主持召开座谈会。本文系作者在座谈会上的发言纪要。

然，我并不认为在我们这里也只有女性才具有这种可贵的品质。但是我知道，确实有几位女性和冯晴岚的行径几乎完全一样。至于有着和她类似性格的女性就更多了。这些足以引为我们民族自豪的女性，是应该在我们的作品中表现出来的。

影片中的宋薇写得比较扎实，罗群就比较单薄了。我觉得不一定非要搞一个富有传奇性的情节或通过重大的事件才能表现罗群的精神面貌。像他这样的人往往是默默地走过那条坎坷不平的道路的。这就需要作家从平凡中间去发掘那些不平凡的东西，从看起来很普通的行径中去探索不普通的意蕴。如果把这个写出来，不专注传奇性的故事情节，而是把人物发掘得更深入些，这部影片就会更加出色。我觉得，罗群是有些理想化的。一开头他在马车上对小凌云讲的那段话，所流露出来的那种感情，使人感到格格不入。他饱经沧桑，对党始终怀着一颗赤诚之心，那些话不像是这样的人对新一代青年讲的。他会想去理解他们，深入到他们内心中去，而不可能用空泛的大道理去对他们进行训诲。

在文艺作品中，细节的真实性很重要。现在一提到现实主义只强调典型环境中的典型性格，但是往往忽略了细节的真实性。典型环境和典型性格从哪里表现出来呢？还是要从细节中表现出来。影片中有几场戏是抓得好的，但揭示得不够，只是勾勒了一下，比如罗群生病时，冯晴岚跑来表示要和他结婚，他很矛盾，痛苦，不愿别人为他背负苦难生活的重担，他把《工作与学习》的手册扔到地下。这类细节如果发掘得深一些，人物的性格和心灵就会出来得更多一些。再如：他在劳动之后躺在泥地上休息，几个孩子用泥块扔他。这时他的心情应该很复杂，这里包含着多少深刻的内容！如果开发出来会很动人的。

（白桦同志插话："这是震撼人心灵的细节。"）

还有罗群写那份"我的检讨"，也嫌表现得直线化了一些。过去我们都做过这类"检讨"，可是和他那个情况不一样，不会只有那么一种单一的感情。陆文夫同志曾引用另外一个同志的话对我说，那时他真恨不得把自己灵魂中的东西用显微镜照出来,然后再用放大镜放大,写进检讨里面去。这种经历大概是许多人共同的。当时的心情是很复杂的。谁也不会有今天的政治水平。那时我们只知道"党是正确的"。这种心情也是真实的,它和自己坚持讲真话会发生激烈的矛盾冲突。而传奇性的写法往往会用理想的东西淹没这种复杂的心情。这样一来,生活的真实性就被冲淡了。我不是反对传奇性的写法,谁也不会说喜欢运用传奇手法的莎士比亚比不上喜欢运用散文化手法的契诃夫,他们两人的作品我都很喜欢,但是传奇性写法很不容易运用自如,弄得不好往往会流入理想化,结果现实主义就被削弱了。我希望我们的艺术家向生活靠得更拢一些,把人物发掘得更深一些。

吴遥这个人物,我认为影片没有采取那种尽量夸大的办法是可取的。有一个动人的场面是吴遥打了宋薇一个耳光,自己也感到了恐怖,于是怀着惭悔的心情又跪到她面前。我不赞成把他写成一根棍子,这太简单化了。愤怒出诗人,但文艺作品不能靠出气主义来完成自己的任务。真实地去揭示吴遥的可鄙灵魂,是对这种人最有力的批判,因为没有什么力量可以抗拒真实。我很同意黑格尔提出的一个美学观点,即每个人的行为都有可辩护的理由。从吴遥本人来看,他认为自己的行为是合理的,应该这样做的,或者这样做是可以取得谅解的;自然他也有由于一时冲动作出自己也不理解的行为。把这些如实地写出来,才真正触到疼处,挖出了他的思想根子。文学的批判不是古代两军作战前的互相骂阵。我不赞成为了出气解恨,就像过去的黑幕小说那样,把批判对象写成头顶生疮脚底出脓的大坏蛋。这不是实事求是的态度,也违反了现实主义写真实的原则。

一九八〇年

(《王元化文学评论选》,湖南人民出版社 1983 年 3 月)

谈巴金的《随想录》

巴金的几本《随想录》，虽然有不同的书名，但都可以用"真话"两个字来概括。

最近有一位作者说，学会讲话只要一两年就行了，学会讲真话却往往是一辈子的事。确实，讲真话是不容易的。在任何时候、任何地方，都敢于秉笔直书，说真话，这就需要有真诚的愿望，坦荡的胸怀，不畏强暴的勇气，不计个人得失的品德；同时，还需要对人对己都具有一种公正的态度。我在读《随想录》的时候，感到巴金既有一颗火热的心，又有一副冷静的头脑，所以能够用热烈的激情感染我们，用清醒的思想启迪我们。

巴金的散文一向是以热情闻名于世的。他今年已届八十二岁高龄了。但他并没有老年人的迟钝和淡漠，仍旧一如既往，焕发着青春活力。当我们读他所写的这些文字的时候，我们会感到他所燃起的火焰给我们带来了温暖，带来了光与热。如果说，巴金现在写的散文和年轻时写的散文有些不同，那就是在他老年的时候，更增加了对人生对世事的深邃的思考，从而抓住了世事的真谛。我们都不及他对十年浩劫这场民族悲剧想得那样多，那样深，那样透彻，以至我感到他的这些话不仅是写给我们这一代人读的，也是写给后代人读的。有人曾告诫作家不要去正面写"文化大革命"，断言文学必须避免残暴和丑陋。可是，《随想录》的价值恰恰就在于揭示了

"文化大革命"的真相，要我们痛定思痛，引起我们的深思。抉发弊端是为了医疗，我不想在这个问题上再作什么申辩。我只想指出，我们民族有着古老的传统，这有好也有坏。古老的文化给我们提供了传统的资源，可以使它和现代化的建设接轨。但是也要提防死的往往支配着活的。鲁迅以他的讽刺揭示了这一点，巴金以他的热情突破了"这个传统"。无论鲁迅的讽刺和巴金的激情在文学风格上存在着多少差殊，但是有一点是共同的，那就是他们都有着分明的是非和热烈的爱憎。

巴金曾经说过，真正的文学家在写作的时候不会想到技巧。他的《随想录》是这样质朴无华，没有做作。也许有人会说它们显得朴拙，但是我认为这正是真话的本色。

一九八六年九月二十三日

（《集外旧文钞》，上海文艺出版社 2001 年 1 月）

论样板戏①

样板戏是许多观众很关心的问题。记得前年报上曾报道了这个问题的讨论，发表了邓友梅、刘长瑜、张贤亮的意见。后来报上还发表了黄裳等的文章。我是倾向友梅的意见的，更赞赏黄裳写的那篇漂亮的杂文。它们至少在感情上引起了我的共鸣。后来在一次会上我发表了自己的看法，严格说那只是近乎表态似的意见。当时有人说我不了解行情，不知道现在某些权威性意见。我认为中国知识分子应摆脱长期以来的传统依附地位，找回自我，要有自己的独立人格，并由此形成独立意识和独立见解。尊重知识，尊重人才，首先就要注意这一点。再不能用"皮之不存，毛将焉附"的说法，把中国知识分子放在寄生或依附的地位。罗曼·罗兰在第一次世界大战期间，曾经超越混战，发表了精神独立宣言。后来他在答复苏联作家格莱特考夫的信中，又宣称自己是一个个人主义者。可是谁都不会怀疑以个人主义自命的罗曼·罗兰其实是具有强烈的爱人类、爱真理、爱进步的群体意识和社会责任感的。艺术家不应在艺术问题上盲目遵从任何大人物的意见。

这八个样板戏就成为"文化大革命"中的十年浩劫中仅有的八

---

① （原注）本文是根据上海广播电台记者朱慰慈一九八八年三月中旬对作者的采访记录改写成的。收入本集时经过压缩。

出戏。十亿人在十年中只准看这八出戏，整整看了十年，还说什么百看不厌。而且是以革命名义，用强迫命令的办法，叫人去看、去听、去学着唱。看后还要汇报思想，学得不好就批斗。那时有个说书艺人不懂样板戏是钦定圣典，一字不可出入，而糊里糊涂按照演唱的需要作了一些修改，结果被指为恶毒攻击无产阶级司令部拉去枪毙了。只要还留有那段噩梦般生活记忆的人，都很清楚，样板戏正如评法批儒、唱语录歌、跳忠字舞、早请示晚汇报一样，都是"文化大革命""大破"之后所"大立"的文化样板。它们作为文化统治的构成部分和成为我们整个民族灾难的"文化大革命"紧紧连在一起。因此，有的同志对样板戏产生了应有的义愤，这是可以理解的。相反，如果经历了那场浩劫而对样板戏竟引不起一点感情上的波澜，那才是怪事。据说，犹太王大卫的戒指上刻有一句铭文："一切都会过去。"契诃夫小说中的一个人物却反其意说，他要在自己的戒指上也刻上一句铭文："一切都不会过去。"他认为，什么都不会毫无痕迹地湮灭：今天迈出的任何一步对于未来都会具有意义。是的，时间无法消灭过去，只有麻木的人才会遗忘。龚自珍作为我国近代史上的敏感的思想家，他曾经说过："灭人之国必先去其史。"人类有历史就是使人不要忘记过去。我感到奇怪的是目前竟出现了反对文艺作品去表现"文化大革命"的主张，例如电影《芙蓉镇》在排除阻力后才得以放映就是一例。难道历史真是应该被遗忘的么？

　　不过，对样板戏的看法，不仅仅是情绪上或感情上的问题，这里确实还需要作进一步探讨。有一种较普遍的说法，就是"三突出"的理论是江青提出的，是反动的；而样板戏却是别人创造而被江青窃取，所以不是反动的。事实上，这是长期以来所形成的一种看人论事的习惯。我们憎恶江青不仅是这个名字，而是这个人以及她的专横跋扈，她的女皇野心，她的陷害忠良的政治阴谋。"三突出"如果不是江青提出的难道就不坏了么？固然有几出样板戏是由别人创作的，后来被江青据为己有。江青对这些戏不是拿来就算了，而是经过仔细加工。当时舆论捧为呕心沥血，精益求精，固然带有谄媚阿谀味道，但江青苦心孤诣地在样板戏中把"三突出"理论具体体现出来，确也是不容回避的事实。江青不仅动手改本子，而且以她那专横霸道作风，从挑演员，定服饰，乃至化妆、布景、锣鼓全都一把抓过来，不容拂逆她的任何意旨。当时有关她的样板戏的意见都被当做绝对命令在全国范围内传达。那时连我这个被打入另册的人都有恭聆之幸。传达中说杨子荣化装土匪上山，上衣应由豹皮改为虎皮，因为穿豹皮上衣太像土匪打扮，有损英雄形象；还说刘秀蓉剪掉头发是反革命行为等等。我认为把样板戏和"三突出"理论区别开来是违反实际的。样板戏是"三突出"理论的实践。我可以举几点来谈谈自己的体会。"三突出"是突出英雄人物，创造一个"高大全"的形象。恐怕至今仍有人对这种"高大全"的英雄形象神往。我还记得那时曾勒令我们一些在牛棚的人去学习《红旗》上刊载的阐发"三突出"理论的文章，其中不乏警策，而最令人醒目的是这样几句："只能让座山雕围着杨子荣转，不能让杨子荣围着座山雕转。"于是在这一原则指导下，《智取威虎山》在排演员地位时始终要让杨子荣居于舞台的中心，站在光天化日之下，而座山雕只能偏居一隅，处于阴暗的角落里。有人会问：突出英雄人物有什么不好？我愿借用我过去在《文学沉思录》中说过的话来回答这问题。卡莱尔的《英雄与英雄崇拜》和罗曼·罗兰的《英雄传记》，虽然都以伟大人物为对象，但由于这两位作者在英雄概念上有显著的分歧，所以这两种性质类似的传记存在极大差异。卡莱尔把英雄视为领导群伦、迥拔众生的先知或神人，而罗曼·罗兰却把英雄当做靠心灵而伟大的平凡的人。我的一位友人曾说"文化大革命"使人不再成为人，而是使大众异化为兽和少数几个人异化为神。自然前者是芸芸众生，后者则是像卡莱尔所说的先知或神人。"三突出"就是宣扬个人迷信的造神理论，而样板戏就是它在文艺创造上的实现。这种理论并不是一朝一夕形成的。解放以来，在"极左"思潮的泛滥下，教条主义猖獗。文艺界以政治运动方式陆续批判了"写真实论""现实主义深化论""中间人物论"。那些批判文章动辄加上丑化劳动人民、歪曲英雄形象的恶谥。写英雄不准写缺点，更不准写他死亡。这些都为后来宣扬个人迷信的"三突出"做好了准备，提供了条件。可以说"三突出"是集教条主义大成并把它以恶性膨胀形态表现出来。如果说"文化大革命"在提供反面例证上也有某种用处，那就是它使过去潜在的东西显露了，隐藏的东西明朗了。它以夸张方式把过去不易为人察觉的东西使人看得明明白白，把并不感到有什么害处的东西使人了解它的危害性。用一句中医的话来说，就像一帖对症的药把隐藏在内的病源"表"出来了。这应该说是一件好事。就我个人来说，从此我再也不能欣赏那种说大话、浮夸成风的豪言壮语，再也不能去崇拜自己也曾经陷于其中的个人迷信。我不认为英雄是一个超凡入圣的神人，可以蔑视小小地球，把认为敌人的对象当做蚂蚁和苍蝇，以巨人的雄伟气魄在芸芸众生、凡夫俗子之间高视阔步。我认为真正的英雄是和我们一样的人。他是人民中间的一个，甚至也有缺点和错误，但胸襟开阔，头脑睿智，眼光远大，他为人类作出的贡献往往是我们所不可企及的。一旦有了这样的认识，就会使体现"三突出"的样板戏成了再也看不下去的东西，因为其中的英雄都是上述那种凡人中间永远找不到的纯而又纯的高大全形象。

样板戏所蕴含的"文化大革命"精神实质，还表现在另一方面。那就是贯串在样板戏中的斗争哲学。"文化大革命"整整斗了十年。在这十年浩劫中，"千万不要忘记阶级斗争"以及"阶级斗争年年讲、月月讲、天天讲"之类，口号震天，标语遍地。处于随时随地需要煽起斗争的生活环境里，在意识形态方面，自然只容许为斗争加油，而不准将斗争冲淡。样板戏是应时应运而生的产物，它在大字报、批斗游街、文攻武卫、夺权与反夺权所演奏的斗争交响曲中成了一个与之相应的音符。如果把斗争作为陷害忠良的手段，用来罗织罪名，以不实之词栽诬无辜者，那就更是残酷的暴行了。在"文化大革命"那场灾难里，最大的悲剧是扭曲人性，使人发生令人毛骨悚然的自我异化。人与人之间的正常关系：尊重、友爱、互助……没有了，只有猜忌、仇恨、伤害……既然成千上万的无辜者被打成反革命，那就需要通过斗争哲学，使人大胆怀疑，满眼都是敌情。样板戏就重在表现斗争，而且都是敌我斗争。《海港》中的钱守维原来是作为内部矛盾处理的，可是终于还是改为敌我斗争了。这并不是偶然的，而是那个时代的需要。样板戏炮制者相信：台上越是把斗争指向日寇、伪军、土匪这些真正的敌人，才会通过艺术的魔力，越使台下坚定无疑地把被诬为反革命的无辜者当敌人去斗。江青他们都是艺术功利主义者，不会无缘无故去演样板戏的。样板戏散布的斗争哲学有利于造成一种满眼敌情的严峻气氛，从而和"文化大革命"的要求是一致的。

  我觉得把样板戏作为那个时代出现的特定艺术的"样板"保存下来也有一定用处。但这绝不是像有人所主张的是为了贯彻"双百"方针。我也不赞成大肆播放。我认为在播放前后至少应对样板戏作点剖析，使听众观众尤其是青少年了解它是什么时代的产物，内容如何，纵使是不同意见的争议也好。这样才算尽了应尽的责任。可是播放者往往不屑这样做。现在也有人认为应把江青劫夺篡改过的样板戏恢复它们的原来面目。我不反对这样做。自然，应该承认原来的革命现代京戏本子和经过篡改成为样板戏的本子是不同的两回事。但是，在两者之间严格划出界线后，应该看到，前者也是在"文化大革命"前夕编写的。这些未经劫夺篡改的革命现代京戏不仅不能摆脱当时"极左"思潮的浸染，而且大抵是受到当时教条主义的影响而创作出来的。自从八届十二中全会提出"千万不要忘记阶级斗争"以后，林彪编的"语录"问世了，并开始在全国推广，个人崇拜愈演愈烈，柯庆施提出了"大写十三年"，文艺界除了我在上文提到的一系列批判运动之外，又批判了"名洋古"，阶级斗争工具论被强调,"四人帮"开始插手意识形态,特别是文艺工作……这些怎么可能不给当时的革命现代京剧以影响?有谁能甘冒不韪、向以党的名义出现的"极左"思潮和教条主义大胆挑战、逆流而进呢?这样去要求当时的文艺工作者是太严厉而近于苛刻了。不过,到了今天,倘以那时写的革命现代京戏与江青的样板戏不同,而无视那个时代在它上面所留下的暗影,就未免过于重视自己作品,难免敝帚自珍之诮了。在当时那种气氛下有多少作品可以经得起历史风雨侵袭仍保持着生命力呢?我要承认,我在一九五二年出版的《向着真实》,当时曾被视作异端,受到批判,以致停止销售达二十余年。当它得到平反重新问世后,我再去翻阅,越来越感到其中不少段落以至篇章,已不可卒读了。自己受到的委屈应该得到公正对待,但自己对待自己受过不公正对待的作品,也应该有一种实事求是的态度,因为作品出版后是属于读者的、全社会的。作家在任何情况下都不能丧失艺术的公正。

一九八八年

(《王元化集》卷二,湖北教育出版社 2007 年 10 月)①

---

① 该文原为访谈录形式,题作《论样板戏及其他》,见《传统与反传统》,上海文艺出版社 1990 年 4 月。又《清园谈戏录》,上海书店 2007 年 1 月所录《谈样板戏及其他》一文,增加了 1990 年后讨论京剧文化的内容等,后者参阅本书"清园谈戏录"辑。

写在两篇文章的日译之后

一九八二年三月日本《ユニテ》(Unite) 杂志第三期第十五号,将我的两篇论文《关于〈约翰·克利斯朵夫〉》和《重读〈约翰·克利斯朵夫〉》(载拙作《向着真实》中) 译成日文发表。前者写于一九四五年,后者写于一九五〇年。《向着真实》于一九五二年初版,一九五四年印刷三版后,因我卷入所谓胡风案件被禁。沉埋二十余年后,一九八二年在上海文艺出版社改版重印。译者相浦杲教授即据此版将上述两篇文章译出发表。同刊的同一期上,还发表了相浦杲教授写的评介:《ロマンロランと王元化先生捧入》。这篇评介提及他迻译我的两篇文章的命意所在,现摘译如下:

> 从年代上说,《关于〈约翰·克利斯朵夫〉》是在我们日本人不能忘怀的第二次大战结束时写的,是新中国成立前优秀的中国知识分子的罗曼·罗兰观。《重读〈约翰·克利斯朵夫〉》是社会主义成立后的罗曼·罗兰论。这一定会引起对现代中国有关罗曼·罗兰研究感兴趣的读者的注意。对我来说,谁的论文也不及崇敬并热爱罗曼·罗兰的王元化先生的论文给我的教益。

这两篇文章走出国界和日本读者见面,我自然感到高兴。罗曼·罗兰是我青少年时代所喜爱的作家。当时,我以稚气的真诚把自己的一点感受写在这两篇文章里。我没有料到这样两篇毫不涉及政治的平凡文字，在一九五五年反胡风斗争中，在我站在被告地位又被剥夺答辩权的情状下，遭到了口诛笔伐。这里顺便说一下，收在《向着真实》里的谈契诃夫的两篇文章，也同样遭到一位翻译契诃夫的有名译者的批判。这些文章蒙受着批判者投掷给它们的污泥，伴随着我经历了二十多个寒暑，一直埋葬在尘封中。直到今天这些勇敢的批判者并没有为他们的行为感到愧疚，表示过任何歉意，好像他们以带着杀机的笔锋把这几篇稚气文字上纲上到反革命的高度，只是逢场作戏。对于在过去那些思想批判的政治运动中为了保全自己的批判者，我不想多加指摘，虽然去痛打一个不能还手的人比《圣经》中所写的向娼妓投掷石块的群众似乎更为卑劣，但他们的行为毕竟要归咎于气候的影响。

但是对于当时批判我那两篇谈《约翰·克利斯朵夫》的一位法国文学的知名翻译家，我还要说几句话。一直到一九六〇年，他仍在文章中责骂"胡风分子方典（即王元化）"，用的仍是与《胡风反革命集团三批材料》中的"按语"同样的语言。那时反胡风斗争早已结束了。没有任何政治原因促使他这样做。这种怨毒说明他确实把我对《约翰·克利斯朵夫》的见解视为不可饶恕的罪行。大概由于义愤填膺的缘故吧，他必欲置它们于永劫不复的地步方称心意。我相信这位先生这种疾恶如仇的态度并非做作出来的。他痛恶"胡风分子、右派分子'竟敢闯入学者视为禁脔的法国文学研究领域，痛恶这批别有居心的家伙竟敢越出以法国文学权威自居的学者所划出的研究罗曼·罗兰的界线去赞扬他所贬责的《约翰·克利斯朵夫》。自然他的批判也多少含着炫耀他的正确和优越的意味。他对这部作品的评价可以从他于一九八〇年刊印的《论罗曼·罗兰》一书中看出。传说他自诩此书曾得到"理论权威"某公的赏识。在这本书中，他称作家的"自由灵魂"事实上"只不过是资本家的金丝笼中唱歌的小鸟"。他和"胡风分子、右派分子"不同，他是憎恶

"资产阶级人道主义"的。他认为许多青年成为"右派分子"是读了《约翰·克利斯朵夫》的缘故。这些都不属于个人恩怨,而是出于对艺术、对人生的观点上的分歧。恕我直白地说,由于长期以来学术和权力的结合,丧失独立人格的依附地位所形成的卑怯,使得我们中国知识分子永远像噩梦般地被窒息生机的"极左"思潮所缠绕。至于从今人的因素来说,为什么像他这样一位法国文学的研究者竟在一九八〇年这样时候还效忠于这股思潮?我就不能加以说明了。因为我不认识他,从未与他有过什么瓜葛,对他的研究并无兴趣,所以也就不甚了了。

现在我那两篇遭到厄运的文字,不但重印了,而且译成日文,可以让更多的人去公正地判断这件公案。为了使不清楚它们遭遇的读者多了解一些情况,我在事过三十年后,补述了当时的经过。我几乎没有写过什么辩诬的文字,这大概也可以算一篇追思往事的回忆文吧。

关于译者相浦杲教授,我还想说两句话。就在这两篇译文发表在《ユニテ》杂志上的次年,即一九八三年秋,我受中国社会科学院委派组团访问日本。我见到了相浦杲教授和绫子夫人,被他们邀至日本的罗曼·罗兰之友会去演讲。我发现绫子夫人也是罗曼·罗兰的景仰者。她曾问我最早被罗曼·罗兰所吸引的是他的哪部作品。我回答是《贝多芬传》,特别是这部传记前面的那篇热情洋溢的序言。绫子夫人高兴极了,她说:"我和你一样。"至今我仍记得她由于得到了一位和自己一样的同好所流露的纯真的欣悦之情。我在日访问期间,还被邀到他们家去做客,绫子夫人驾车来接,我们一起吃牛肉锅。相浦杲教授教我演习茶道。这些年我结识了不少日本学者,其中不乏纯朴豪放之士,但老实说,我也碰到另一些我不喜欢的那种深沉内向的性格。他们待人彬彬有礼,但感情深藏,偶或从内心中流露出一种没有掩饰掉的民族优越感。爱国是未可厚非的,但这种优越感却令人可嫌。我是在抗战烽火中长大成人的。日本军国主义在侵华战争中带给中国人民的深重苦难,我目睹了,亲受了,这是不能也不应忘怀的。我对日本人民在战争中的苦难是深怀同情的。我曾特地去凭吊广岛,在纪念日本死于原子弹下受难者的马蹄形纪念碑前怀着深深的悲哀。但是日本某些身居要津的政客一再为侵华罪行曲辩,却使我愤怒。日本传统中的某些带有封建色彩的因素,一直保留到今天,甚至被海外也包括我们的一些学者所称颂,这是我引为忧虑的。由此我怀念今天正在卧病的相浦杲教授,他和中国人民的心是连在一起的。他的身上没有那种内向的深沉,那种民族优越感,那种带有封建色彩的传统因素。他憎恶军国主义,憎恶日军侵华的罪行。在他的谈话中,好几次都有这种真情的流露。我希望他能读到这篇小文,让我遥祝他早日康复,有机会再来上海,和我一起聊天,饮酒,谈谈各人的文学见解。

一九八九年二月二十日

附录:

有关罗曼·罗兰的一些事

相浦杲

在一九八二年三月的《ユニテ》(罗曼·罗兰之友会编)上,我曾翻译过王元化先生的《关于〈约翰·克利斯朵夫〉》和《重读〈约翰·克利斯朵夫〉》两篇评论,向日本同行介绍了中国有关罗曼·罗兰评论的部分见解,同时还写了一则短文,谈了我与王元化先生相识的经过。这两篇文章,原先均收录在王元化先生所著的评论集《向着真实》一书中。

这两篇评论,前者写于一九四五年,后者写于一九五〇年。就年代而言,则前者系新中国成立以前的作品,后者是社会主义新中国成立以后所写的。时间虽已久远，其中的见解却精辟如故，使人对作者关于罗曼·罗兰研究的识见深为钦佩。

重提这些旧话，是因为最近读了王元化先生寄赠的评论集《传统与反传统》（一九九〇年四月上海文艺出版社），其中有一篇《写在两篇文章的日译之后》，涉及上述我译《约翰·克利斯朵夫》评论的事以及我这个译者的一些情况。从这篇文章里，我才了解到当年围绕着这两篇文章所发生的一些事情的始末。

对中国稍有了解的人都会知道，一九五五年，发生了著名的胡风反革命事件。胡风原先是毛泽东文艺路线的反对者，一九五五年，毛泽东亲自率先撰文，开始了对胡风的批判。当时，胡风是以反革命、反社会主义的国民党特务被定罪的，胡风这个名字成了当时中国举国声讨的名字。直到"文革"后的一九八〇年，党中央正式为胡风恢复名誉，这才又变成了举国尽知的冤案事件。

王元化先生就是在这场胡风批判运动兴起时，受到了牵连，被定为胡风集团分子。就因为如此，上面提到的《向着真实》一书也于一九五四年出了第三版后被禁止发行了，直到一九八二年，被埋没二十余年后，又在上海重印发行。我所读到的正是这个重印本。

这本书，不仅被埋没了二十余年，并且随着王元化先生因胡风事件站上了被告席，也被打成为反革命材料。只要读一下我译出的那两篇评论《约翰·克利斯朵夫》的文章，就不难明白，这都是些与政治毫不相干的文章，并非像被称作反革命之类的那样令人毛骨悚然。不过，也有人不这样看，中国有个著名的法国文学研究者，直到胡风批判运动已经结束的一九六〇年，还在把这两篇东西当做反革命来批判。直至今日，王先生虽然没说出他的名字，不过这位法国文学家正是写《论罗曼·罗兰》的罗大冈氏。

读一下罗大冈氏的《论罗曼·罗兰》，可以发现它的"代序"标题下写着"向罗曼·罗兰诀别"。我看到这行字真是吃了一惊，在《论罗曼·罗兰》里写着"向罗曼·罗兰诀别"，即使处在"文革"

时期，不管换了谁都会觉得不可思议。就是这位罗氏，在"文革"中受"极左"文艺思想的影响，把罗曼·罗兰定为资产阶级人道主义者加以否定以至提出诀别；而当"文革"结束后，中国重新刊行《约翰·克利斯朵夫》，写书序的却仍是这位与罗曼·罗兰诀别的罗大冈氏；在中国，最早翻译出版《欣悦的灵魂》的也是罗大冈氏。这些自然是值得高兴的，只是这样一位学者的否定——诀别——肯定的路线，实在使人难以理解。与之相比，作为被害者的王元化先生为罗曼·罗兰所倾倒的态度，虽然经历了"文革"前后的不同时期，却始终如一。仅就这一点而论，在同一个问题上，王元化先生即使在受迫害期间仍把它作为知识分子的识见始终坚持下来，我认为胜利者当然应该归属于他。

"文革"是虚妄的。就因为它已经成为过去，我们才能这么简单地下个结论。连评论罗曼·罗兰都会出现如此悲剧性的现实，可见围绕知识分子的各类问题又将是多么令人感慨，通过以上的事实才使人清楚地认识到这一点。我现在能翻译王元化先生的两篇文章介绍给日本读者，真是太有意义了。一则可以让人了解到贯穿整部中国现代史的优秀的中国知识分子关于罗曼·罗兰的评论，二则也是为了帮助人们进一步了解，究竟是谁才对中国文化问题作出了有益的贡献。此外，要是再加上个人感情这一点的话，我对王元化先生——这位虽是仅长我六岁的兄长，却是杰出的古典文学家——这样的知识分子，怀有深厚的感情和友谊。

（原文载日本《アジア时报》一九九〇年十二期）

【附记】

相浦先生于一九九〇年十二月十七日去世。上面这篇译文是根据他的最后一篇遗著翻译出来的。我在《遥祭相浦杲》一文中记述了有关此文的一些事,现摘录如下:"我把收有我那篇《写在两篇文章的日译之后》的《传统与反传统》论文集寄给了相浦。这一两年,只听说相浦在患病,我写信去,没有收到回信。他是勤于写信的,来信越来越少,使我深感疑虑。去年劳动节后终于收到他的来信,但很短,这是他给我的最后一封信。他逝世后,我从相浦绫子夫人写给我的来信中,知道他是患癌症去世的。绫子夫人来信中有这样一段话:'丈夫拜读了先生寄赠的《传统与反传统》,十分感动。在每日新闻社亚细亚调查会约写的稿子里写了这件事。这是他以因癌细胞侵袭发着烧的病体写下的最后一篇稿子。他一直焦急地等待《亚细亚时报》的出版,高兴地说,这刊物一出版就给王先生寄去,谁知没等刊物出来,他已经离去了。现遵丈夫生前之嘱,奉上《亚细亚时报》一份,盼指正,也作为我丈夫离开人间的一个纪念。'读着绫子夫人的哀婉感人的来信,我打开了和信一起寄来的《亚细亚时报》,翻到用一条薄薄书签作标记的相浦杲教授的遗文,我不禁泫然。"

作者记于相浦逝世三周年忌日

(《清园论学集》,上海古籍出版社 1994 年 12 月)①

---

① 亦见《传统与反传统》,上海文艺出版社 1990 年 4 月与《王元化集》卷二,湖北教育出版社 2007 年。

《王元化文学评论选》前言

在三十多年的漫长岁月中，我只能从自己有限的文章里选出本集所收的十来篇文字奉献给读者。我在青年时期也有过奢想，希望能在写作方面作出较多一点成绩。但是事与愿违。这一方面是由于自己的懈怠，白白荒废了许多本来可以利用的时光，另一方面也出于环境所限，有较长一段时间，我被夺去了作为一名写作者所不可缺少的条件。在那些艰苦的日子里，我曾写了一首七律送给一位和我共遭磨难如今已故的友人，借以抒吐当时的抑郁情怀。我从来没有做过诗，今后大概也不会再做了。其中有两句是：

豪情都作断肠梦，岁月渐摧鬓发斑。
心事茫茫谁堪诉，问君更得几时还？

我不想为自己掩饰，这是由于渴望工作却不能工作而流露出来的一种颓唐情绪，自然不足为训。当时我没有料到，在今天确立了正确路线的党的领导下，为害甚久的"极左"思潮随着横行一时的"四人帮"的覆灭，终于遭到人民的唾弃。我在一九七九年出版的一本拙著的后记中，曾用下面的文字来表达我的欢欣："……可以深深领会到目前正在方兴未艾的思想解放运动是具有怎样巨大的力量，它给我的最大鼓舞，就是那标志着理性再觉醒的实事求是的科学精神,已经发出了新的呼唤。"如果在意识形态领域内也可能出现类似经济领域内由于生产力摆脱了束缚从而取得蓬勃发展的情况,那么,自三中全会以来,党所确定的正确路线,确实像把农村经济搞活一样,也把文艺搞活了,使之在经历十年浩劫已被窒息被闷死的情况下得以复苏,并且呈现了空前繁荣的景象。这是黑夜之后的黎明曙光,宛如在广阔的天空突放异彩。我以为,从建国以来,我们的文艺作品从没有像近几年这样给人以抚慰,给人以勇气,给人以希望。自然,这并不是说文艺战线没有缺点,这是必须警惕的。也有在开放政策下,随着好的一面同时出现的一些引进上的偏差,或盲目地迷恋西方,甚至少数偏离了马克思主义根本原则的某些现象。不过对于这些缺点必须加以区别,加以分析,而不能笼统地绳之一律,更不能简单的嗤之以鼻。譬如治水,不能用鲧的防堵,而应采取禹的疏导。只有循循善诱才能使那些迷失在黑暗中的星球重新返回到正常进行的轨道上来。看到缺点当然是应该的,但绝不可以瑕掩瑜,抹杀这几年来由于解放文艺生产力所取得的巨大成就。

　　从我个人这一小小侧面来说,尽管近几年我的身体日见衰弱,而且只能挤出一点业余时间来从事写作,但我写的东西就数字上说已超过"四人帮"粉碎前那许多岁月。据我所知,别人的情况更为显著。本集所收文字约四分之三都是粉碎"四人帮"之后写的,其中仅《论题外发言》等六篇(其余详篇末写作日期)选自一九五二年印行的拙著《向着真实》、(另一篇《看戏偶记》写于五十年代而从未编入集内)。其余的文字则都是这几年中写成的。在编这本选集时,我除了作些文字上的修订,并没有改动内容。因为它们留下了我在一定历史时期的思想痕迹。我不赞成章太炎晚年手定文集时一再刊落删定的办法。他这样做正如鲁迅指出是为了"身衣学术的华衮，猝然成为儒宗。"我觉得自己是什么样子还是让它现出什么样子的好。我相信读者的辨别力，倘有毛病，他们迟早总会看出来的。

这本集子是遵照"中国当代文艺评论丛书"主编冯牧、刘锡诚、阎纲同志的嘱咐编选的。时间限于当代，解放前的不收；性质限于评论方面，纯理论性的不收。在后一点上，可能我的编选有点违例，因为我把一篇《黑格尔美学札记三则》收入集内。关于这方面，我有自己的一点看法。我是主张综合研究法的。我认为文艺评论和文艺基础理论以至美学有着血肉相连的关系，很难完全割开来。我很同意一位作家朋友和我谈到的意见，他认为文艺评论应以美学为基础，否则就很难把道理说透。由于我在一些评论文章中涉及上述那篇美学论文中的某些论点，为了使读者以明究竟，也收入集内，这样可以使我的论点比较清楚，对全套丛书的体例我看也不会有太大的影响，我想丛书的主编和读者可以体谅这种苦衷。另一篇《创作行为的自觉性与不自觉性》虽未直接涉及当代文学，但却是从当代文学现象考虑出发提出来的文艺理论问题。所以也不能说因为未举当代文学的实例，就划在线外。自我提出这一问题后，陆续出现了一些探讨同一问题的文章，因此也可以说它应作为当代文学中将会影响作家创作的一个问题而值得注意。

我感到遗憾的是，我对于当代文学作品没有写出什么专题文章，虽然不少作品曾使我深受感动，有的甚至使我不禁泪下。请想想看，在十年浩劫中经历了那么多的残暴、冷酷，人的尊严被践踏，赤裸裸的兽性发泄……一旦大地春回，从这些作品中领略到了生活的温暖，看到了人的真诚，善良和正直，我是多么感动啊，几乎无法自抑！对于这些在我心中增添了光和热的作家，我将永远怀着感激之情。他们使我加强了从青少年时代起党对我所培育的追求真理的信念。也许我有一种偏见,我比较偏爱那些不是凭着小聪明卖弄才情而是正视生活中的矛盾冲突并加以真实表现的现实主义作品。这些作品纵使被人(很可怀疑地)指摘为缺乏技巧,我还是要说它们在艺术的成就上绝不在那些用新异的形式和绚烂的辞藻装饰起来企图出奇制胜的作品之下。在文艺评论方面,我喜欢读上世纪俄国批评家别林斯基一年一篇的《概观》。这样的评论文章把作品的研究和文艺基础理论、美学结合起来。我自己并没有这样做,但虽不能至,心向往之。我希望能多读到一些这样的文章。本集所收文字在针对某些文艺现象提出自己的看法时,虽然也涉及当代作家作品问题,但作为专题来探讨的仅有一篇《影片〈天云山传奇〉点滴谈》,而且还是座谈发言纪要。我本来还想把另一篇关于《祸起萧墙》的座谈发言纪要也收入集内,可是由于当时整理好的记录拖延未发,而且连记录稿也遗失了。为了弥补这一缺漏,现把去年《文艺报》发表的《文讯》中记者所记我在上海作协召开《祸起萧墙》讨论会上的发言摘录如下:

> 王元化说,他读这部作品时,感受到一种英雄气概,一种崭新的伦理道德观念,一种强大的思想力量,这就是革新的力量,前进的力量,党和人民的力量。他认为,随着四化建设的前进,这样的斗争将越来越深入,其表现形态也将越来越复杂,这将是我们文学在今后很长一个历史时期中应该加以深刻反映的社会矛盾。

末了,我要对几年来不断给我帮助和鼓励的前辈表示衷心的感激,并以此作为鞭策自己前进的力量。也有一些不相识的青年朋友给我写来热情的信,他们掏出心里话向我倾吐,使我的心和他们的心紧紧贴在一起。我不知什么缘故,这几年我常常不由自主地想到少年时读到的鲁迅在《热风》中所译的有岛武郎《与幼者》。这篇率真的文章有几句话不时地浮现在我的脑海，现在我把它抄下来作为自己的铭箴。那就是其中对幼者说的：

  你们若不是毫不客气地拿我做一个踏脚，超越了我，向着高的远的地方进去，那便是错的。

记于黄山人字瀑下听涛居

一九八二年七月七日

（《王元化文学评论选》，湖南人民出版社 1983 年 3 月）①

---

① 亦见《王元化集》卷七，湖北教育出版社 2007 年 10 月。

《文学沉思录》初版后记

从一九七六年八月到一九八二年七月，我所写的文字大多收入这本集子里了。

这六年，我们的国家正处于伟大的转折时期，经历了巨大的变革。我还记得六年前十月中的一天，在那黑暗的漫漫长夜里突然听到"四人帮"被粉碎的消息时所感到的兴奋和激动。当时的心情使我不由得想到"剑外忽传收蓟北，初闻涕泪满衣裳"那首诗中所表达的情绪。我一口气跑到满涛住的阁楼上，把这个喜讯告诉他。我们高兴得相对流泪。我们为党、为祖国、为人民，也为我们自己摆脱了沉重的枷锁终于重见天日而感到庆幸。我们相信美好的日子就要到来。不过，道路并不是平坦的。在最初的欢欣鼓舞过去以后，紧接而来的是全国性的两年徘徊。就上海来说，还得加上一年——那就是指没有从两年徘徊时期延续"文革"的"左"的路线和两个"凡是"的指导思想的严重束缚中摆脱出来。但是历史的潮流毕竟不可阻挡。三中全会召开了。这使长期被教条主义和个人崇拜所窒息的生机得以复苏。有人把它称为我国现代史上的又一次思想解放运动。我很赞成这一提法，并且坚信我们的后代将怀着崇敬与自豪的心情把它载入史册。

恩格斯曾谈到他和马克思最初读费尔巴哈《基督教的本质》以唯物主义思想冲破思辨哲学专横统治时所感到的喜悦。他在多年以后回忆这段经历还充满激情地说:"这种解放作用只有亲身经受过它的人才可以理解到。"我想,我们在这几年大概也有同样的感受。它涤荡了那些盘踞在人们头脑中的似是而非的虚妄意念,摧毁了机械的模式,打开了封闭的禁区,以实事求是的科学态度把一切放在实践的法庭上去检验、去衡量、去再估价,从而恢复了马克思主义本来应该享有的声誉和光辉。要知道,这是我们经历十年浩劫,作出惨重牺牲,在痛定思痛之后才得到的结果。我觉得,如果我们不珍惜以至忘记了这些用苦难换来的经验教训那将是对人民的犯罪。

这些年,我们理论工作的发展是有起伏,不平衡的。目前我们的经济学正处于领先地位。在这一领域内,锐意革新思想冲破了因循守旧的藩篱,呈现空前活跃繁荣局面。(如像孙冶方同志那些过去曾被目为异端邪说而实际上却是坚持了马克思主义原则精辟深刻的科学观点今天受到普遍重视就是明证。)我想,这和这个领域中在学术上坚决贯彻自由讨论方针是分不开的。自然,其他学科也在不同程度上取得了一定进展。我在将由湖南人民出版社出版的另一本拙文选集序言中,曾扼要地说到我对这几年文艺理论方面的一些看法。我觉得,看不见这几年所发生的变化和取得的成绩是不对的。不过,为了前进,我们更应该看到我们的不足之处和缺点错误。

在文艺理论方面特别显著的问题是:读者对于那些说来说去仍是那么几句话的反刍式的文章是感到多么厌烦!我觉得奇怪,为什么时至今日在文艺问题讨论中时或见到的那些简单化的偏见,竟是几十年来从未中断的旧主张旧观念?它们似乎在新文学史的洪荒时代就已存在,尽管在不同时期换上了不同的服装。我们是不是要像斯宾诺莎那样对它说:"无知不是论据"?当我们读到那些纠缠不清的驳诘、论难、争辩……我们不禁会想到契诃夫在一篇小说中所嘲笑的那些头脑简单、思想冬烘、愚昧无知的人。这篇小说曾经这样写道:"哪怕跟他们之中最有思想的人,只要说,'人类往前迈进,再过下去,就会用不着护照和死刑。'这时那位居民就会斜着眼睛,满怀猜疑地瞪着他问道：'你是说，那时候大家可以随心所欲地在大街上杀人吗？'"在文艺的争论中，我们有时也会陷入这样的窘境。在这样的对手面前你可以说什么呢？任何充足的论证都将失去说服力。在我们的文艺理论中是不是还残留着一种用引证代替论证的反科学倾向，就如海涅的讽刺诗《宗教辩论》所提到的犹太拉比把他的圣书《泰斯维斯——钟托夫》中的每句话作为不容反驳的最后结论一样？这是从事理论工作最省力的办法，不用思考，只要会背诵就行。我以为这些都是我们必须注意加以克服的弊病。

我在本集所收的一些文字中还提到文艺理论界所存在的另一些问题，这里就不再赘述了。这些意见可能有不成熟和不正确的地方，但使我聊以自慰的是，我没有作违心之论，它们本于我的信念，出于我的思考，其中有些问题甚至曾经在我头脑中萦回多年，虽然我在写作的时候只能利用业余的有限时间，断断续续匆忙急就而成。我想，每个写作者都会懂得缺少连续的写作时间将会给写作带来多少困难。

一九八三年一月九日记于上海

（《文学沉思录》，上海文艺出版社 1983 年 5 月）①

---

① 亦见《清园论学集》，上海古籍出版社 1994 年 12 月。

第五辑 马克思主义与新方法论问题

和新形式探索者对话

艺术要发展，要前进，就需要突破，需要创新。我要向那些蔑视机械的模式、冲击因袭的陈规、在创新道路上不畏险阻奋勇前进的相识或不相识的探索者致敬。为什么艺术家就不能像科学家一样，可以从事经过认真思考过的试验，哪怕这种试验仅仅属于新形式的探索？为什么不能像对待科学家一样也容许艺术家在试验上失败，而不受到非议和责难？我们不能再重复过去那种不分皂白把一切有关艺术形式的探讨一律斥为形式主义倾向的谬误了。在文学史上，随着每个重大历史时期的迭嬗，都经历了一场艺术形式的变革。尽管莎士比亚仍然像歌德所说的是一位无人可以企及的伟大作家，可是现在哪个剧作者还会使用莎士比亚那种繁缛的充满隐喻和双关语的枝叶披纷的语言呢？这样做只有显得迂腐可笑。反过来，如果我们由于时间距离久远已经不习惯莎士比亚在他那时代为当时所有剧作家所采用的那种语言表达方式，就断言他留给我们的凝聚着人类智慧精华的巨大遗产已经过时，于是掉首不顾，弃若敝屣，甚至以轻佻态度去任意加以贬抑，那也是愚不可及的。今天的小说作者也不会再采用巴尔扎克按部就班去描写宅邸、室内、陈设、人物、服饰、面貌那种近乎整齐划一因而多少显得板滞的表现手法了，虽然巴尔扎克仍然是今天不少作者的学习榜样。这并不奇怪，因为十九世纪作家所惯用的表现手法已经不能完全适应表现我们今天生活的气息、节奏、氛围和复杂多变的内容了。现实生活要求充分而完美地去表现它本身的新形式。

我是坚持现实主义写真实原则的。在最近上海作协和《上海文学》编辑部召开的短篇小说座谈会上,有两位作家的发言不约而同地说出了和我完全一致的信念:"只有真的才是美的和善的。"我认为这一说法较之过去出现过的把真善美割裂和现在正流行的把真善美并列的观点是更合理更科学的。形式和表现手法毕竟不是文学的最根本问题。我同意另一位作家所发出的呼吁:面向严酷的生活,不要为了追求艺术上的声、光、色的美,而把文学注意力从我们还来不及思考和整理的重大生活问题引开去。我觉得这位作家用这些话来唤起文艺工作者肩负起时代使命的责任感,并不是对当前进行表现手法探索的菲薄,而是必要的提醒,以便使这种探索得以健康地开展。我们不能把形式或表现手法在文学创作上的作用加以无节度地夸大,用它作为衡量作者是否敢于突破和创新的唯一尺度,或者评论作品优劣成败的决定因素。我们应该承认有不少杰出的作家,正如卢那察尔斯基所说的那样是"不穿制服的将军"。他们并不特别关心形式和表现手法问题,殚思竭虑地在这方面进行反复推敲,下工夫去精雕细琢。他们在构思的时候,往往把全部精力倾注在人物性格和生活意义的思考上,而在表现这些内容的时候却漫不经心,匆忙落笔,只求达意就行了。如果我们要从巴尔扎克作品中寻找形式或表现手法的缺陷,以至事件上的出入和情节上的漏洞,那是并不困难的。至于陀思妥耶夫斯基作品中的某些段落,更是写得拖沓、累赘、繁冗。但是,能够说巴尔扎克和陀思妥耶夫斯基不是伟大的作家么?能够说他们的作品没有自己的风格和作为伟大作家标志的独创性么?他们和同时代作家比较起来,谈不到有什么特别新颖的表现手法,更说不上在艺术形式上作出重大的突破,他们从生活中探索真理,用自己的眼睛去看,用自己的感情去感受,用自己的思想去思考,这使他们的作品留下鲜明的创作个性。这类作品是榛楛弗剪的深山大泽，而不是人工修饰的盆景。它们蕴含着内在美，我们可以用陆机所说的"石蕴玉而山辉，水怀珠而川媚"，去形容它们的内容意蕴所发生的作用。应该说它们也是敢于突破敢于创新的作品。尽管写出这类作品的作家没有穿上镶滚金边威风烜赫的元帅服，但任何人都会承认他们是文坛的宿将，征服人类心灵的大师。

我举出上面的例子并不是贬低当前在表现手法上追求创新的努力。对新事物泼冷水并不会使我比别人更少反感。我在艺术鉴赏力上也没有迟钝到对于形式美毫无感受的地步。凡不是为了随风趋时，不是为了竞新争奇，而是踏踏实实顺应时代和生活的要求在艺术形式或表现手法上进行新的尝试，我都为之欢欣鼓舞。纵使一时我还不理解，我将虚心学习使自己逐渐明白起来。纵使这种尝试本身暂告失败，我也会耐心等待，默祝它终有成功之日。在这方面我有过实际的经验和感受，这就是我从北京人民艺术剧院演出的《茶馆》中所领会到的艺术形式的创新意义。我要毫不犹豫地说，它在我国话剧史上写下了最美的篇章，确立了我国话剧表演具有民族风格的独创性。这种在艺术形式或表演手法上的探索和尝试及其取得的成就是不可等闲视之的。如何把古老传统的戏曲表演方法引进到话剧中来，使它毫无斧凿痕迹地与话剧反映今天时代和社会的要求达成默契，融为有机的浑然整体，从而出现一种令人触目惊心的崭新形式，却是一桩极复杂极艰巨的工作。这绝非朝夕之功，也不可能一蹴而就，而需要编剧、导演、演员、美工等亲如一人般的通力协作，在探索过程中绞尽脑汁，流出大量汗水。北京人艺最近出版的《茶馆的舞台艺术》就是记载这一艰难创业的实录。恕我冒昧地说，他们在这以前也有过先败，最明显的就是《蔡文姬》的演出。我不知道：究竟应该归咎于写得不好的剧本所带来的局限呢，还是由于导演和演员没有积累足够的经验，把传统戏曲表演手法加以消化，以致处处露出生拼硬凑的痕迹，成为与"话剧加唱"式的京剧相反的"京剧减唱"式的话剧。也许这是探索过程中难免的——没有失败就没有成功。直到最近我看了北京人艺再次博得成功的《左邻右舍》的演出后，我才作出上面那种评价。后者虽然赶不上《茶馆》，但走的是一个路子，这说明北京人艺在形式探索上对自己所开辟的新天地已经有了明确的认识。希望他们站稳脚跟，顺着这条道路走下去。

在艺术形式和表现手法的探索中，可以继承民族的东西，也应该引进外国优秀的东西。鲁迅就是后者的典范，他把国外（特别是俄罗斯文学）的艺术形式和表现手法引进到他那和我国传统作品截然异趣的新小说中来，从而揭开了我国新文学史的第一页，如果没有鲁迅筚路蓝缕、披荆斩棘之功，就不会使我们的小说如此顺利地出现今天这种局。自然，从国外引进新的表现手法这项工作并没有终结，仍应继续下去。但是，很不幸地，这项工作长期以来中断了。十年浩劫使我们成了故步自封的闭关锁国，其实早在解放初"一边倒"的情况下，西方就已成为一个未经探测象被魔法禁锢起来的世界。对于这片陌生的国土，我们虽然一无所知，却信心十倍地确认那里的一切：从社会、政治、经济、工业直到科技、文化、道德、艺术等等，都是垂死的、腐朽的、行将崩溃的。可是当我们痛定思痛，懂得了必须认真总结过去的经验教训之后，通向西方的窗户终于打开了，我们有如马克·吐温笔下的里凡从一场大梦中醒来，惊讶地发现我们并没有看见事实的真相。过去那种坚定的信心，原来是盲目的唯意志论。过去那种深信不疑的确认，原来是经不起事实考验的主观独断。现在我们再向西方望过去，对那些五彩缤纷朱紫杂陈的奇景应接不暇，不免看得眼花缭乱，头晕目眩。于是，在匆匆忙忙引进西方的科学技术、成套装备和文化艺术的同时，也涌进了贴上洋商标的盲公镜、已经过时的喇叭裤、走了样的开字头。似乎我们要像性格开朗、活泼好动、喜新庆旧、追求刺激的美国人所掀起的"中国热"那样，也搞一场"西方热"或"美国热"，来报之以桃李。面对这种从未碰到的新形势下的新问题，我们怎么办？如果有人主张重袭前清顽固派保存国粹的那种对策，或者干脆采取义和团扒铁路、砍电线杆的那套蛮干办法，我是坚决反对的。小青年戴上贴洋商标的盲公镜如痴如醉向往西方生活方式的迷洋心理，固然是值得我们关心和重视的社会问题。但是，我们也不必感叹人心不古，世风日下。我们应该探索它的社会根源，认清这是历史对长期以来所形成的闭关锁国的无情惩罚。不必强制那些盲目迷洋的小青年改装易服，还我故衣冠。我们要学会循循善诱，相信他们一旦受到良好教育，有了较高的文化素养，变得更文明起来，他们自会懂得怎样把自己打扮得更美一些。重要的问题是，从国外引进什么和怎样引进？这是需要严肃认真思考的。我认为鲁迅所提倡的"拿来主义"仍是我们必须遵守的原则。拿来，就需要辨认、识别、取舍、融化……其目的是为了祖国的四化，把社会主义大厦建设得更美好更壮丽。这就必须要有冷静的头脑和科学的态度。我不赞成象外国人那样一窝蜂地搞什么热。西方一些作家所盛行的不断花样翻新的做法并不值得我们效法。是不是可以把那里文艺界不断出现的旋生旋灭的种种新异流派，看做是文艺商业化的表现呢？罗曼·罗兰在《约翰·克利斯朵夫》中曾经描写过巴黎的艺术市场，请读一读《节场》这一章吧，它会使我们懂得新的并不一定都是好的。

  我希望我的意思不致被误解为拒绝从西方现代艺术流派中引进新的表现手法。目前有几位作家正往尝试把意识流运用到自己的小说中来，由于这种探索正在开始，我不想评论他们现在所发表的几篇作品的成败得失。但是，不要由于自己不习惯或读不懂就轻率地把他们的尝试一笔勾销。他们中间有人把人、人物、性格、心理区分开来的观点是我感到惊讶而不能接受的。但我要耐心等待，从他们以后写得更成熟的作品和阐发得更充分的文学见解去对他们的创新尽量作出中肯的判断。坦率地说，我对意识流还不怎么理解也没有研究。我只知道意识流这一概念来自威廉·詹姆士的《心理学》。这书我在"文革"前读过，并不认为它是一部具有卓识的了不起的著作。抗战初我从亡友满涛那里曾翻阅过他收藏的詹姆士·乔伊斯的《尤利西斯》。这部堪为意识流代表著之一的作品，是一本写得非常古怪的著作，其中有许多页全是没有标点符号的文字，或者相反全是没有文字的标点符号。此外，还有大写字母和小写字母的错乱使用等等。我的英文程度差，简直无法卒读。满涛精通英语，又有很高的文学素养，但他也说很难读懂。据我们两人在当时的议论，乔伊斯这一流派是主张把未经整理过的在作者脑海中刹那闪现出的意识流动波迅速地照原样记录下来。如果那时的印象大体符合实际，那么，乔伊斯的新流派不过是把旧有的感性直观或潜意识的文艺理论推向极端而付诸实践罢了。应该承认我们过去在写人的时候很少或根本不涉及下意识或其他复杂的心理因素。现实的人的动作或反动作并不都是像我们大量小说中所写的那样是经过理性的审慎衡量的。他们往往凭着感情的冲动或其他心理因素（例如古希腊人所说的"情志"）去行事。为了弥补这种缺陷，去借鉴意识流的表现手法自然是可以的。但是，如果以为在这方面只有意识流才是最好的借鉴，那也未免太偏颇。根据我读过的作品来说，例如司汤达的《红与黑》与《巴玛修道院》，以及罗曼·罗兰描写克利斯朵夫儿童时期的心理活动和他在创作乐曲时的艺术构思活动所取得的非凡成就，绝不在我读过的意识流作品之下。我认为把表现复杂心理活动的多样手法，全都归之于意识流，从而把意识流以前在这方面做出贡献的作家（甚至包括我国古代诗人），都说成是采用了意识流的表现手法，来为意识流争专利权，这是不是有些夸大？自然，现在电影采取了意识流表现手法，把过去、现在、未来相互交叉，打破时空刻板顺序的局限，从而形成了跳跃的节奏，逼真的气氛，轻快的旋律，生动的场面，取得了令人赏心悦目的效果，这是不容抹杀的。我认为对于引进意识流表现手法的尝试，既不应粗暴的呵责，也不应盲目的颂扬。我建议，我们（自然包括我本人）对意识流的作品和理论多做些踏踏实实的研究，先不忙于亮出旗号。归根到底，我同意一位作家在讨论意识流时所发表的意见："传统的现实主义表现手法，仍然是最重要的基本功，不要丢掉这个传统。"

我在上海召开的短篇小说座谈会上听说《人民文学》来稿的三分之一都是意识流式的。《上海文学》编辑说他们收到的也大多是这样的稿件。倘情况确实如此，那么在广大青年作者中似乎已形成了一股意识流的热潮。一些青年作者是怎样来理解意识流呢？据说，有不少人往往在写不下去的时候来一串虚点，做一场梦，加一场内心独白或插一段旁白之类。这种用凌虚蹈空来代替务实求真的写法，使我不得不想到我曾经援引过的那两位作家的呼吁和告诫：面向严酷的生活，不要丢掉现实主义的传统，不要借口追求艺术美回避生活的尖锐矛盾。风中的物体会有各式各样的形态：站着的、摇摆的、倒伏的；但有生命力的文学从来都是迎着压力站着的文学！我觉得目前在不少青年作者中所出现的这场意识流热，是和我们过去多年来对西方所形成的闭关锁国的情况密切相关。同时，是不是有一种避开生活中的尖锐矛盾，认为还是在形式上进行突破比较保险的心理也在无形之中起着作用？过去那些机械的模式和因袭的陈规，压得青年作者喘不过气来，激起他们追求新异，恐怕也是一个重要原因。就后一种情况来说，我除了向青年作者们推荐《约翰·克利斯朵夫》的《节场》之外，我还要请青年作者们仔细读一读契诃夫的《海鸥》。这个剧本并不像通常所理解的那样只是单纯地描写恋爱，它也是反映当时俄罗斯文艺界的一幅精致的缩影。上世纪末本世纪初，在俄罗斯艺术领域内也经历了一场追求新形式的热潮。《海鸥》中的特里勃列夫就是投入这场热潮中的一位青年作家。他被抛在穷乡僻壤，默默无闻，但他怀着一颗赤诚的心，真挚热烈地探索形式的创新，企图以此来向周围死气沉沉的艺术界的陈腐空气进行挑战。戏在开始的时候，他的母亲伊琳娜，一个自私、俗气、心地狭窄、却在当时戏剧圈子里享有盛誉的女演员，和她的情夫特利哥林，一位平庸的却又有些小才气的作家，一起回到乡间来了。特里勃列夫让自己的女友宁娜为他们演出自己新写成的一个剧本。这个剧本的开场是一段独白：

> 人们、狮子，鹧鸪和苍鹰，长角的鹿、鹅、蜘蛛，住在水里的沉默的鱼，和海星，和眼睛不能看见的一切生灵，——一切有生之伦，一切有生之伦，一切有生之伦，既已完成了他们悲哀的循环，都已经寂灭。千年，万年，地球上不曾生出生命，只有这凄惨的月亮在空虚里点着它的明灯。草原上，不再有鹭鸶长啸一声而惊醒，菩提林里，也没有五月甲虫的声音。空虚呀，空虚，空虚；恐怖呀，恐怖，恐怖；寒冷呀，寒冷，寒冷！（稍停）生物的尸骸都已化为灰尘，永恒的物质已将他们变成了岩石、流水和浮云。一切的灵魂全都化为一体，而我，我就是这世界的灵魂……

我不知道契诃夫凭借什么力量，竟像普洛士丕罗挥动一下手中的魔杖，就写出了这段奇异的独白？他是一个坚贞不渝的现实主义作家，可是他模拟追求形式创新的表现手法却远远驾凌在当时那些新流派的新作品之上！我们究竟应该怎样来对待特里勃列夫在艺术形式上的这种探索和尝试？他那自私的甚至对自己儿子也嫉妒的母亲，充满了陈腐的偏见，除了已经习惯盖上通行公章的东西之外，把一切新事物都看做异端。她用不屑一顾的轻蔑口吻说："颓废派"。这三个字一下子就判定了这部作品的死刑。她的情夫，那个平庸的成名作家特利哥林是比她懂得创作甘苦的。他说，"每个人都是按照自己所喜欢所能够的来从事写作。"倘使问我本人对于特里勃列夫写的这段独白怎样看法？我要这样回答：我反对伊琳娜那种一笔抹杀真诚追求艺术新形式的努力。粗暴地去刺痛艺术家的自尊心，使他的人的尊严受到凌辱，那是不尊重人、不关心人的表现。我宁取特利哥林比较通情达理的宽容态度，我也要说，每个人可以采取他自己所喜爱的艺术表现手法，而不应把自己的审美趣味强加于人。不过，我想还是让真诚追求艺术新形式的探索者特里勃列夫自己来发言，也许更能对我们的青年作者有所启发。他在探索的道路上逐渐发觉在艺术形式和表现手法上新的并不一定都好。他对宁娜说："我的剧本那么愚蠢地失败了。我已经把它烧掉，片纸不存了。你怎么知道我心里的苦恼啊！"后来，特利哥林从他那里夺去了宁娜的爱，而不久又把她抛弃了，他陷入更大的痛苦中。可是艺术家的良心使他公正地说："特利哥林已经找到他自己的一套手法了，所以他写起来就很容易。对于他，破瓶的颈子在堤上闪光，风磨的巨轮投下一道黑影——那就是月夜的情景。可是，我呢，战栗的光影，星星们安静地霎着眼睛，远远的地方有钢琴的旋律，在寂静芬芳的空气里渐渐消逝……唉，这真令人苦恼！"由于这种清醒的自省，特里勃列夫对于自己所卷入的那场追求新形式的热潮终于大彻大悟。我们应该牢牢记住紧接上面的反省，他说出的这几句话："我越来越相信，这并不是新形式和旧形式的问题，要紧的是，一个人写作的时候应该根本不会想到形式，而是它自然地从灵魂里涌了出来的。"这几句话说出了一个经过认真实践的探索者的心声，他曾经在自己的探索过程中呕尽心血，遍尝甘苦，我想这个过来人的告白至少可以作为一种意见供我们的青年作者参考吧。我觉得这几句话也可视为契诃夫本人的文学见解。照我看来，其中确实触及到艺术的创作规律。表现手法并不像有人所理解的那样，是作家可以随便挑选的时装。它和作家的气质、趣味、个性以及感受生活的方式结合在一起。黑格尔在《美学》中提出"形象的表现方式正是作家的感受和知觉的方式"，可以用来说明形式必须自然地从灵魂中涌现出来这句话所包含的深刻意蕴。要知道在上世纪末本世纪初俄罗斯艺术界所出现的追求新形式的热潮中，契诃夫不仅以自己的新型剧作出色地完成了对传统戏剧的巨大变革，而且开启了莫斯科艺术剧院在表演艺术上所作出的卓有成就的突破和创新，为这个新的表演体系铺平了道路。丹钦柯曾经在他的回忆录中说，新表演体系的建立是从契诃夫批评旧剧场"演员们演得太多了"这句话得到最初启示的，所以至今莫斯科艺术剧场的大幕上仍以海鸥为标志，来纪念契诃夫的开创之功。这说明现实主义本身也不是僵滞不变的，而是有它自己的发展历程的。随着时代的进展，杰出的现实主义作家都在突破和创新上比许多新流派作出了更大的贡献。我觉得契诃夫本人的情况和上面举出的《海鸥》的例子，可以启发我们认识这一点。我们应该记住，不管什么形式或表现手法，不管是借鉴传统固有的或引进国外新生的，文学的内容与形式必须是从灵魂里自然涌现出来的。让我们把这句话作为新形式探索征程上的起点吧。

一九八〇年十月二十八日

（《文学沉思录》，上海文艺出版社 1983 年）①

---

① 亦见《王元化文学评论选》《清园论学集》《王元化集》卷二。

鲁迅论与综合研究法[①]

我们的文学理论研究工作，分工分得很细，好处是向专的方向发展，使各个专题可以研究得深，研究得透，避免囫囵吞枣，只留下一个模糊轮廓的粗枝大叶作风。但是，分工过细也会产生另一种弊端，那就是各守各位，画地为牢，为各自所选择的专题所拘囿。这种河水不犯井水的办法，势必造成隔行如隔山的很大局限性，结果是研究中国的对外国的置之不顾，研究古代的对现代的茫然无知。从事文学理论的可以昧于美学常识，遑论把文史哲融会贯通在一起？鲁迅、郭沫若、茅盾、老舍、巴金……都成了一家之学，一个萝卜一个坑，研究者各守自己的领地，只盯住自己的专题，谁也不肯越雷池一步，放开眼界，关心一下自己那个小天地以外的广大世间。这种情况倘不急速扭转，将会使我们的研究者成为恩格斯所说的"分工的奴隶"。早在一千多年前，刘勰就已感叹前代和同代那些"各照隅隙，鲜观衢路"的理论家，"各执一隅之解，欲拟万端之变，所谓东向而望，不见西墙也"。我很怀疑目前我们那种分工细到这种地步的研究方法，到底会出怎样的成品，会有怎样的功效？研究自然应有重点。人的才能、禀赋、志趣、爱好互异，修短殊用，难以求备。何况每人都受到时间、条件、精力的限制，怎么能够成

---

① 该文为《关于鲁迅研究的若干设想》之一节。

为博览群籍，无所不晓的饱学之士？少时读到胡适说的"为学当如金字塔，要能博大要能高"，虽然心向往之，但实际上却是可望不可即的奢想。这类旷世奇才虽然不是没有，毕竟极为罕见。恩格斯谈到人类文化史上发放异彩的十九世纪，也只举出两个半的百科全书式的天才。不过，我觉得，我们的研究者最好从拘于一隅的狭窄范围走出来，就力之所及争取做到博一点，至少对于和自己专题有着密切关联的学科，也花工夫去钻一下，这不仅有好处，也是必要的。试问：研究我国现代文学的某一作家，能够不去了解他的时代、社会和环境么？——这就需要有一些政治、经济、历史的知识。能够不去了解他和前代或外国作家的继承或借鉴关系，和同时代作家的交互影响以及对后代所发生的作用么？——这就需要有比较全面的文学创作和理论的知识。能够不去了解他在作品中反映出来的时代思潮、思想根源和美学观点么？——这就需要有一定的思想史和美学的知识。我以为，这些知识都是文学理论研究者不可缺少的。鲁迅研究并不例外，甚至还应该特别注意这一点。鲁迅曾经说过，专家多悖，博学者多浅。倘使抛开上述应有的知识，孤立地研究鲁迅和他的作品，不但难免于悖，而且也往往流于浅薄和空疏。因此，我倡议鲁迅研究要尽量采用综合研究法。

六十年代初期，我们报刊上开始出现过号召研究者注意科学杂交和边缘科学的呼吁，有关科研工作方法问题一度引起了学术界的注意。在古史研究上还提出过文献和文物结合的研究方法，并取得了一定成绩。但是这个良好的开端不久就夭折了。而国外的科研工作却早已迈进综合研究时代，通过杂交出现了许多前所未有的跨界学科，不仅开拓了广大的科研领域，并且取得了惊人的飞跃和突破。我们如果仍旧抱残守阙，故步自封，那将大大地陷于落后状态。近年来，我们学术界重新注意到综合研究是科研工作的必然趋势，可是，在文学理论研究领域内对于这么重要的问题似乎仍未引起普遍的重视。是不是可以在鲁迅研究上先尝试一下采用综合研究法呢？

鲁迅的学识是广博的、多面的。他的作品涉及古今中外，其本身就蕴藏着多种学科的综合，一直延伸到自然科学领域。如果不采用综合研究法去进行剖析，就难免捉襟见肘，穷于对付。不要以为对鲁迅作品中所涉及的那些人名、书名、事件……找出出处，作出注解，就算大功告成，任务完毕。这些工作对研究者只起着资料性的作用，只能说是研究的初阶或前奏。我并不是轻视这些注疏考证工作，这种工作也还有待于进一步整理、汇总、编辑成为系统的工具书。迄今我们还没有出版一部鲁迅辞典，而国外著名作家辞典早已大量问世。最近我收到一部国外寄来的两厚册《莎士比亚辞典》，词条达五万左右，内容详赡，检索方便，对研究莎士比亚大有裨益。我们还缺乏这类工具书，出版界也不够重视这方面工作。我曾搞过一点我国古代文论研究，我所用的诸如《通检》之类工具书，却是法国巴黎大学汉学院委托我国专家编纂的。我也接触到一些从事古代文论研究的大学中年教师，他们苦于缺乏必要的工具书。例如，较普通的《说文解字诂林》《经籍纂诂》《三通》《清经解》《增订简明四库目录标注》之类，有的对此竟茫然不知，而我们的出版界至今仍迟迟不予重印，这是有碍研究进展的。

据说鲁迅辞典已在着手编纂，但愿早日出版。然而，无论在鲁迅研究方面从事注疏考证，或编纂鲁迅辞典，毕竟不能代替综合研究。我们需要从鲁迅作品中去探索其中所涉及的人名、书名、事件等和他在思想上的渊源关系。就是对于他并未正面涉及的，也要善于去分辨，去寻找其间的蛛丝马迹。例如，鲁迅晚年有些文章是以周作人为对象的。据我浅见，鲁迅的《喝茶》就是和周作人的《苦茶随笔》针锋相对的。这篇文章十分精辟地勾勒出在大动荡时代的那种回避现实、不敢使自己的灵魂粗糙起来，却又变得具有病态的敏感、细腻，以致不能经受时代风暴考验的怯懦性格。再如，鲁迅在《题未定草》第九篇中引张岱《琅嬛文集》述明末东林党和非东林党中的君子与小人一段所发的议论，也是驳斥周作人的。两人同引这段话，却作出了截然不同的相反结论。这些地方都没有只字提及周作人，只有读了周作人文集后，进行比较，才可见出端倪。鲁迅和周作人的分歧代表同一时代两种思潮。如果有人写出这一对兄弟，如何在早期重视手足之情，以后由于思想上的分歧而产生了矛盾，那将是一个有兴趣的题目。

此外，我认为，鲁迅写的《论辩的灵魂》《牺牲谟》《评文心雕龙》等杂文中所勾画出来的强词夺理的诡辩，十分深刻地揭露了一直在我们社会中流传不绝阴鸷反噬之术。试举第一篇中的一则为例："你说甲生疮。甲是中国人，你就是说中国人生疮了。既然中国人生疮，你是中国人，就是你也生疮了。你既然也生疮，你就和甲一样。而你只说甲生疮，则竟无自知之明，你的话还有什么价值？倘你没有生疮，是说诳也。卖国贼是说诳的，所以你是卖国贼。我骂卖国贼，所以我是爱国者。爱国者的话是最有价值的，所以我的话是不错的。我的话既然不错，你就是卖国贼无疑了！"我们是多么熟悉这种诡辩术。在十年浩劫的大批判中就弥漫着它的魔影。如果有人采用综合研究法，从逻辑学角度加以剖析，揭示这种诡辩由于用心险恶在怎样玩弄权诈，甚至不顾违反逻辑的常识，把真理践踏在脚下，那不仅在学术上有很大价值，而且也更有积极的社会意义。可是这项工作，鲁迅研究者没有去做，逻辑学者也没有去做。我们的逻辑学家从生活语言中取材，从名著中取材，为什么竟遗漏了比马克·吐温《竞选州长》所揭露的造谣报纸更可畏、更毒辣如上述"鬼画符"之类的丰富材料呢？这说明综合研究法在我们某些领域内还是一片未开垦的处女地。

一九八一年一月十四日

（《文学沉思录》，上海文艺出版社1983年5月）①

---

① 亦见《王元化文学评论选》，湖南人民出版社1983年3月、《清园论学集》，上海古籍出版社1994年12月、《王元化集》卷二，湖北教育出版社2007年10月。

不要把理论联系实际简单化①

理论联系实际是马克思主义精髓,这是谁也不能否认的。但在强调理论联系实际时,有时也有偏差,就是用功利主义观点对基础理论一概加以抹杀,全都斥之为脱离实际。这是多年来轻视基础理论的后果。黑格尔曾批判过这种实用主义的态度,他在《小逻辑》里批判了一种观点:即理论研究必须立即产生实用价值,否则就把它说成是空疏无用的学究把戏。他曾举出当时有些著作不去探讨事物的自身性质,只是把它们作为工具去实现其自身以外的目的,比如不去探讨橡树自身的性质,只是去考量橡树皮如何可以剥下来作为木塞以实现其封酒瓶的实用目的。黑格尔嘲笑说:"曾有不少书是根据这种作风写成的。"这种急功近利的观点在我们这里也很流行,我们往往很不适当地对德国人具有特色的理论表述作出了种种苛求和挑剔。如一位研究鲁迅的专家认为德国古典哲学家例如康德等的风格非常坏,因为他们所表现的思想内容很抽象、很晦涩,是从概念到概念。我不同意这种批评,我认为这多少有些粗暴和简单化。德国古典哲学遭过几次殃,斯大林就曾经认为,德国古典哲学是对法国资产阶级革命的反动。这与恩格斯在《路德维希·费尔巴哈与

---

① 该文为《关于文艺理论的若干问题》之节录,原文系作者在上海市理论工作座谈会的一次文艺理论专题座谈会上的发言纪要。

德国古典哲学的终结》中说的恰恰相反。恩格斯指出德国古典哲学为当时的德国资产阶级革命作了理论准备。最早发现这些积极因素的是海涅，他从当时那些表面看来迂腐而晦涩的哲学中，发现了隐藏着的革命意义，他甚至把康德以来的德国古典哲学家比拟作法国资产阶级革命者。斯大林在这个问题上是有偏见的，否则我们怎么能说德国古典哲学是马克思主义的三个来源之一呢？不错，黑格尔的哲学是晦涩的，马、恩都这样说过，但并不能因此认为它是抽象蒙眬的。它的晦涩主要是黑格尔体系造成的。他的体系严格遵循自在——自为——自在自为这三段式，而且把它毫无例外地用在每个小章节中。黑格尔哲学显得晦涩，就因为他在论述时为了迁就这种刻板的先验的体系，往往不得不抛开事实的实际情况，采取了强制的人工手段，因此往往在一个环节向另一环节过渡时，就用了十分牵强以至神秘的说法，来维持他的体系的完整。不过在其他方面黑格尔哲学并不晦涩，只要弄清他的特有术语，我们就会发现，他的表述和论证很清晰，像一杯没有杂质的清水那样透明。黑格尔曾说哲学是思想的思想，所以他不在正文中列举具体的例证。费尔巴哈说他把很多具体例证放逐到脚注中去了。但恩格斯对他运用个体性、特殊性、普遍性三范畴来阐述思维活动曾给予高度评价。我们一般只讲到个别和一般两个范畴。其实毛泽东也在文章中运用过这三个范畴，如论述中国革命战争的战略问题中，就谈到了战争（普遍）、革命战争（特殊）、中国革命战争（个别）的关系。早在先秦，我国名辩学家就已相当充分地提出了这三个范畴。如《墨辩》所提出的"达名"（如"物"即普遍性的概念）、"类名"（如"马"即特殊性的概念）、"私名"（如"臧"即个体性的概念），亦即是荀子所谓"大共名"（如"物"可统摄万有）、"大别名"（如"马"既区别于牛羊，又可赅括一切不同形式的马），以及"推而别之至于无别然后止"（如"臧"这是某个人的专称）。我以为无论在哲学、美学或文艺理论中只用一般和个别两个概念是不够的，许多问题只有用三范畴才能阐释清楚,可是我们的理论很少运用后者,这不能不说是个缺陷。

德国古典哲学的内容是极其丰富的,不能因为运用纯抽象思维的表述方法,而没有多举实例,就批判它脱离实际。这种错误的判断是由于从形式去看问题的结果。恩格斯就说过,黑格尔哲学形式上是唯心的,而内容上却是现实的。意思说它是从现实实际的事物中概括出来的抽象,即列宁所推崇的那种区别于"抽象的普遍性"(通过知性分析方法所得出的共性)的"具体的普遍性"(通过理性把分析综合统一起来统摄整体的方法所得的共性)。理论联系实际是必要的,但不要作简单化的理解。

一九八二年五月五日

(《文学沉思录》,上海文艺出版社 1983 年 5 月)①

---

① 亦见《王元化文学评论选》,湖南人民出版社 1983 年 3 月、《清园论学集》,上海古籍出版社 1994 年 12 月、《王元化集》卷二,湖北教育出版社 2007 年 10 月。

关于新思潮答问[①]

我在《文学沉思录》里，曾谈到跨界学科、边缘学科及科学研究中的方法论问题，并提出综合研究是科研工作的必然趋势。这个问题提出五年后的今天，社会科学中的方法论已经开始普遍为人注意了。

在以阶级斗争为纲的年代，我们强调政治挂帅。"文革"一开始《解放军报》上就接连发表了五篇论突出政治的文章，连"把政治做到业务工作中去"这样的提法也被当做违反突出政治的只专不红的口号加以批判了。在十年浩劫中，强调用政治统驭经济，使我国的经济临到大崩溃的边缘。强调政治统驭经济的同时还在政治标准第一的口号基础上提出了用政治统驭思想，不顾思想有其自身发展的特点和规律。十年浩劫中，国外科学技术有了巨大进展，我们却整整丧失了十年的时间。在自然科学方面的新发展，引起了革命性的变革，在时空观念、物质与精神观念等方面，都受到很大影响。如果今天仍像过去一样，只强调政治在思想文化中的作用，用引证经典著作词句代替自己思考去进行科学论证，不重视自然科学对思想文化发展的重大影响，不学会对具体事物作具体分析，必然会使我们的理论研究工作走进死胡同。

---

① （原注）本文原是答《社会科学报》记者问。

解放以来，在自然科学中，曾有三十多种学科受到批判，涉及面是如此之广，以致在我国造成自然科学领域中的大量空白点。至于社会科学就更不用说了。今天有两项工作要做：一是填空，另一是追踪。我们需要把目前从资料掌握到理论探讨都落后的状况迅速扭转过来，我们应该在研究工作领域内提倡脚踏实地的务实精神，而不要一窝蜂。我不大喜欢"文化热"这样的说法，因为热得容易也往往冷得快，实际上，我们对文化的研究还差得很远，仅在资料的掌握上来说，就差得很远。我们不要采取急功近利的实用主义态度。"文革"时所谓"急用先学""立竿见影"，就是这种实用主义的突出表现。事实上，无论学习或研究，都不是可以立见功效的。必须纠正长期以来不看原著，仅翻语录汇编，找出典，作论据，匆忙下结论的做法，这在理论界形成一种空疏浅薄的学风。

我们应该认识到学术领域内也有新陈代谢的问题，不过，更新不是趋新猎奇。在思想史上也有不少新流派，像旋风般一个接着一个涌现。近来理论界的新说似乎也露出这种旋生旋灭的迹象。有人开玩笑，把这类新说说成是"各领风骚三五天"。黑格尔曾援引《新约》中的话来解释哲学史上新流派一个挤掉一个的现象。这段话的大意是：当你埋葬前人的时候，将要把你抬出去的人，已经站在门口。黑格尔感叹地说，新哲学、最新哲学、全新哲学已经成为十分流行的徽号。那些以为使用这些徽号能够表示某种意义的人，只要高兴就可以很容易地要贬斥谁就贬斥谁，要推崇谁就推崇谁，甚至把某一个平庸的空论高叫作哲学。照黑格尔看来，哲学史不是错误的陈列馆，每一种真正的哲学是不会完全消灭的。当它们推翻前人的时候，它们吸取了前人遗产中的合理因素；当它们被人推翻的时候，后人也会吸取它们遗产中的合理因素。那么，思想史上有没有不留痕迹、永远消失在忘川中的东西呢？有的，就是那些经不起时间洗刷、旋生旋灭的新说，因为它们仅仅是由于趋新猎奇而出现，它们毫不理睬前人遗产中的合理因素,它们自己也没有给后人留下任何有益的东西。它们只是思想发展史亡的不正常的畸形儿。

一九八六年十一月二日

(《清园论学集》,上海古籍出版社 1994 年 12 月)①

---

① 亦见《传统与反传统》,标题为"新思潮与新成果",上海文艺出版社 1990 年 4 月、《王元化集》卷六,湖北教育出版社 2007 年 10 月。

马克思主义与新方法论问题①

关于新方法论问题，现在谈得很多，也有一些不同看法。这次大会提交的论文也涉及这方面，主要是运用系统论来探讨《文心雕龙》。系统论中的某些原则，是和辩证法一致的。系统论中讲一个大系统分为若干子系统，这些子系统不仅互相渗透，而且也互为因果，它们的总体结构形成一个封闭的循环圈，维护了大系统的稳定，因为每个子系统结构中都有功能的输出输入。例如这一子系统输出的功能，在其他子系统中就成了输入的存在条件。而这些子系统输出的功能又成为这一子系统输入的存在条件。正是这种功能条件的互相转化，形成了各子系统之间互相渗透、互为因果的关系。这就好比人的身体，在这个大系统中，有许多子系统，诸如消化系统、循环系统、神经系统等，每一个子系统之间的功能条件的互为因果、互相转化，维持人的身体这个大系统的存在。前几年，史学界开始用系统论的方法来研究历史现象。我曾读到一本讨论西方社会结构的书，这本书认为一个社会内部存在着政治、经济、意识形态三个子系统，它们按照功能耦合原则调整着相互的关系。作者运用系统论的方法阐释了罗马社会由共和制变为帝国制的原因。作者运用系

---

① 原文为1986年4月在《文心雕龙》学会第二届年会上的讲话，即《关于目前文学研究中的两个问题》。这里节录的是其中第一部分。——编者

统论提出了一些新观点，这是运用得比较好的。文学研究中运用新方法论有的较好，有的似乎较逊，不少人把精力主要用到创造新名词上去了。我并不是说不要用新名词，新观念往往需要用新名词来表述。但现在有些文章用了许多生涩的、杜撰的名词、术语，其中有许多是不必要的，因为完全可以用易懂的语言把问题交代清楚。正如我们运用马克思主义来分析问题，是运用它的观点和方法，而不是搬弄名词。对新方法论也应如此。运用新方法论的成败标志，应该体现在研究的成果上。如果运用新方法解决了问题，推进了理论的进展，以至有所突破，纵使论点还有值得商榷的地方，那也是取得了成就的；如果运用新方法只得出了和以前运用老方法得出的同样结论，理论上毫无进展，徒然点缀一些新名词、新术语，那就变成空疏的花架子了。

　　马克思主义和新方法论是相通的，钱学森列出九门学科，他认为马克思主义在这些学科和一些新方法之间起着桥梁作用。我们应该探讨马克思主义和这些新方法的关系，这一点很必要。我同意"离经不叛道"的说法。但我不赞成把它理解作仅限于方法而不涉及观念。照我看经典中的某些观念也不是不能突破的。我们应该站在马克思主义立场上，而不是躺在马克思主义的经典上，用引证代替论证，就现成，图省力。今天提出的"一国两制"，"社会主义商品经济"，都是经典中所没有的，离开了经典，发展了马克思主义，不正是为了坚持走社会主义的道路吗？马克思主义是发展的科学，是一种开放的体系，它之所以常青，就在于它不断吸收新的知识成果来充实自己，发展自己。它不像儒家的大学之道"止于至善"，也不像黑格尔哲学虽然充满了辩证法，却得出了一个十分僵化的结论，即由绝对理念返回自身而宣告认识的完成。马克思主义随着科学和实践的发展而不断前进，不断丰富自己、充实自己。恩格斯在《路德维希·费尔巴哈和德国古典哲学的终结》中指出，黑格尔哲学的局限与当时整个科学发展有关，当时，"自然科学主要是搜集材料的科学"，进化论、细胞理论和能量守恒这三大发现还没有出现。过去我们只讲阶级局限，完全不顾由科学发展水平所带来的认识局限，这是片面的。事实上，任何一门学科都是随着科学和实践的前进而发展的，马克思主义本身也是如此。列宁曾经说过：随着科学的进展，马克思主义要不断修正自己。我们现在很有必要把马克思主义作为沟通新方法论的桥梁，用马克思主义对新方法论进行探讨，加以剖析，给予正确的评价。把这种研究探讨和长期以来存在的"左"的僵化的教条的东西区别开来，还马克思主义以本来面目。五六十年代，在《文心雕龙》的讨论中为了这部著作是唯物主义还是唯心主义争论得厉害，到目前还没有结论。这种争论自然是需要的，但是以为这一争论就是评定这部著作的唯一关键，那就未免太把它夸大了。过去我们常常谈到整个哲学史就是唯物主义和唯心主义两条路线的斗争史，这一点马克思、恩格斯并没有谈到过，恩格斯只是说过哲学上的基本问题是存在和意识哪一个是第一性的问题。我以为把政治上的概念硬套在哲学上是不妥当的。因为这样一来，势必得出从古到今凡唯物主义就是进步的，凡唯心主义就是落后或反动的。但问题并不这样简单。我们今天自然坚持辩证唯物主义，但是对于哲学史上的复杂现象却要作实事求是的分析。我们知道，马克思主义有三个来源，其中有一个是德国古典哲学。德国古典哲学的几个代表人物除了费尔巴哈是"半截的唯物主义"之外，康德、费希特、谢林、黑格尔等都是唯心主义。恩格斯指出当时唯物主义已是江河日下。假设我们从哲学上的两条路线斗争来看，是不是这些唯物主义者比黑格尔伟大，我们应该站在他们一边来反对德国古典哲学呢？用唯物和唯心两条路线斗争的观点就无法解释哲学史上的上述现象。由于我们用它来解释文学史，来评价刘勰的《文心雕龙》，为了强行纳入两条路线斗争的模式，往往作出种种削足适履的论断，以致要肯定某一著作的价值，就把本来是唯心的也说成是唯物的。历史上唯心主义的东西很多，这么多唯心主义的东西是不是都要放到错误的陈列馆去呢？过去我们只是认为马恩仅仅从黑格尔那里吸取了辩证法，并把黑格尔的头脚倒置的辩证法顺转过来。其实，马克思主义也从德国古典哲学中吸收了唯心主义的东西，这一点过去很少有人提，但却是事实。比如《一八四四年经济学哲学手稿》中就称赞了黑格尔关于人化自然的观点。马克思在《关于费尔巴哈提纲》中曾说过，和唯物主义相反，唯心主义却发展了能动的方面。马克思是从唯心主义那里接过主观能动性这一概念的。自然，马克思也同时批判了唯心主义在这问题上的抽象观点。由此可见，唯心主义并不是没有任何值得注意的东西。最近我去看了戴震纪念馆，其中楚图南有一副对联写得很好："治学不为媚时语，独寻真知启后人"，马克思主义者也要有这种精神才行。戴震是经学家，但他破除了经生注释的传统，在注释经义时把自己独到的哲学思想阐发出来。梁启超曾赞颂他，倘无确凿证据，"虽圣贤父师之言不信也。"这是令人敬佩的。过去经生注经讲究师传和家法，所谓师之所授，一字不敢出入，背师说即不用，这就把自己的独立思考，有创见的东西，在知识的长河中增加新的颗粒的努力都给压制下去了。我们不能轻视经生注经的传统，它给我们带来教条主义，危害很大。以前，我们有所谓老八股，后来又有了洋八股。这种八股，还侵入了马克思主义，成了党八股。我们国家八股绵延不绝，影响着社会的前进。今天我们应该像戴震那样独寻真知，敢于创造，而不应该再让这些八股缚住我们的手脚。

我认为，目前对待新方法论不能采取否定的态度，我们要认真研究马克思主义和新方法论的关系，并慎重地运用新方法来为文学研究服务。在这方面应该注意这样几个问题：

一、不能把新方法论和马克思主义对立起来。前面已经说过，马克思主义是一个开放的体系，它过去吸收了，今后还应该不断吸收科学研究的新成果来充实自己、发展自己。我们应该运用马克思主义来剖析新方法论，同时又在运用新方法中来丰富和发展马克思主义。

二、要有一种宽容精神。在运用新方法进行理论探索中难免有一些幼稚的和不成熟的东西，这就像孩子学步，一开始就让他健步如飞，那是不可能的，正像对待科学家实验的失败一样，我们应该容忍在文学领域内应用新方法的失误，不要看到一点点错处就冷嘲热讽，甚至加以恶谥，那是不好的。我们应该满怀热情地支持这种探索。

三、正因为是探索，就应该集思广益，倾听别人的意见，有追求真理的自我批评精神。认识到自己的不足才能时时上征。探索者和批评者只有站在平等的立场上在互相理解和互相尊重的气氛中，才能有一种心平气和的对话。

一九八六年

（《传统与反传统》，上海文艺出版社 1990 年 4 月）①

---

① 《王元化集》卷二"关于采用政治概念问题"为该文节录。

关于文艺学问题的一封信

林元同志：

手书奉悉，附寄的钱学森同志给您的信【一】亦已拜读。最近因忙乱，未能及时作复，歉甚！您建议我撰文商榷，我很感谢您的关注。

钱文【二】发表，很引起文艺界的注目。他提出九种理论作为马克思主义和九门学科之间的桥梁，使我受到启发。我曾在最近发表的拙文【三】中提及。① 顺便说一下，这篇拙文是今年四月我在屯溪召开的《文心雕龙》二届年会上的讲话记录，交我阅改时，限时限刻，以致有些误记，一时疏忽，未及订正。在此之前《文学报》《报刊文摘》发表了记者关于这次讲话的报道，同样转述失真，也有不少讹误。例如，说我说方法上可以"离经"，观念上不可"叛道"，即是一例。离经不叛道的说法很好，我确实援引过钱文这一说法，但我不赞成钱文附加上去的限制。方法怎么可以和观念截然分开？马克思主义要汲取新方法，也要更新观念，纵使某些基本观点，也要发展。这一点，早出的《徽州社会科学》（今年第二期）发表有关我的访问记中也说到了。后来我在拙文中订正了《文学报》等

---

① 指《关于目前文学研究中的两个问题》文，该文原为1986年4月在《文心雕龙》学会第二届年会上讲话。——编者

报道的失误。我对这问题的看法和钱文不大一样。我不同意在任何情况下方法都不能改变基本观点的说法。自然科学中的情况，我不清楚。但在文艺创作中，方法有时是会改变观念的。现成的例子，就是恩格斯说的巴尔扎克的现实主义战胜了他的保守的世界观。

至于钱文说，人的思想总是落后于社会发展，这一点我也不同意。大约在五十年代后期哲学界讨论过桌子和桌子观念问题，已涉及认识中的主观能动性。其实不仅桌子和桌子观念是这样，社会主义学说就先于社会主义社会。《资本论》说得好，"劳动过程结束时得到的结果，已经在劳动过程开始时，存在于劳动者的观念中，所以已经观念地存在了"。实践的观点是反对机械的反映论的，从而也是反对唯一决定论的。但是我们往往忽视认识主体的能动性，从而重复过去洛克把认识主体当做一张白纸的观点。我看到过去编纂的一部哲学小辞典，其中对韩非反对"前识"的主张大为赞美，但同时也就站在机械反映论的立场上取消了认识主体的能动性。

此外，我认为钱文把普列汉诺夫的文艺理论当做马克思主义文艺理论的开山祖和基本观点也不太妥当。普列汉诺夫确实做出不小贡献，但他不能代替马恩的地位，尽管马恩不像普列汉诺夫那样写出艺术论之类的专著。普列汉诺夫在论述托尔斯泰艺术论时，给艺术所作的定义，不能视为马克思主义文艺理论的基本观点。因为断言艺术不仅是感情交往的手段，而且是思想交往的手段，并不见得比托尔斯泰的定义更准确。托尔斯泰并不是认为艺术不表现思想内容，他的意思其实是说在艺术中思想内容是通过感性形态而表现的。这样，艺术才不是诉诸思考，而发挥入人速、感人深的潜移默化的作用。问题的实质在于艺术作品中所表现的思想感情和在其他精神产品（如科学论文）中所表现的思想感情有什么不同。普列汉诺夫没有探究它们之间的不同特性，从而比古希腊人用"情志"（Pathos）来揭示艺术作品所表现的思想感情的观点反而后退了。普列汉诺夫还认为艺术作品中，具有"社会等价物"，这就导致了拉普派后来据此所提出的分别为社会价值与艺术价值的二元论艺术观。我认为这和马恩的艺术观是有根本分歧的。我并不是说，在一切观点上都必须严格遵循马恩的主张，而不能发展或超越。但后人发展前人的观点，必须提出比前人更丰富一些、更完整一些、更准确一些的看法，而不能重复前人的错误，或比前人的观点反而后退。从马恩的艺术观点中，我们是看不到后面这种情况的。但是普列汉诺夫却有时经不起这种推敲。

现在我手边只有钱学森同志今年发表在《文艺研究》第一期上的文章，另一篇一时未找到。我觉得文艺学似不应包括生活美学的内容（如服饰烹调园林之类），上次我对史中兴同志只提了这点看法。我除了这些拉杂感想，没有多少意见可提，所以也写不出商榷文章。由于您的鼓励，谨以上面不成熟意见，供您参考。倘钱学森同志要知道我的意见，您可以将此信转他，请他批评指正。

匆匆不尽——。

祝好

王元化
一九八六年国庆节

《文艺研究》编者注：

（一）钱学森同志今年四月十八日在本刊编辑部作了题为《美学、社会主义文艺学和社会主义文化建设》的学术报告（载本刊一九八六年第四期）。六月十二日上海《文汇报》摘发了半版。同日该报副总编辑史中兴同志来信说："钱文刊出后，编辑部内外反映甚佳。我打电话问王元化同志的意见，他对文章甚感兴趣，并提出（你刊）应从系统工程角度请钱再写一篇，这是他最拿手的。对文中阐述的文艺结构、分类，王则持不同意见，认为可进一步讨论。我则感到钱文对文艺层次的论述,言简意赅,极富现实意义,对改善党对文艺工作的领导,提供了有益的启发。"编者将意见反馈给钱学森同志,并要求从系统工程角度再写一篇。六月三十日钱学森同志来信说:"王元化同志的建议,我一时还难以完成。因正如史中兴同志讲的,文艺的结构及分类尚在探讨中,而这是个基础,基础不定,怎往上兴建系统工程?所以我觉得等待中国艺术研究院的同志,请他们明确中国社会主义文学艺术的结构分类。我在文中所提的只一家言而已。"编者即去函(并附钱学森同志信)给王元化同志,感谢他对《文艺研究》的关心和支持。为了推动学术讨论,并请他对钱文中一些意见撰文商榷。

(二)指钱学森同志发表在《文艺研究》一九八六年第一期上的《关于马克思主义哲学和文艺学美学方法论的几个问题》一文。

(三)指一九八六年八月二十五日《人民日报》转载王元化的《关于目前文学研究中的两个问题》一文。

一九八九年

附记:

本文载于一九八七年第一期《文艺研究》。这封信是给编者林元同志的,原来并不准备发表,经他一再敦促我同意了。"编者按"是林元同志写的。此外,他还在《编后》写了这样一段话:"著名文艺理论家王元化同志的《关于文艺学问题的一封信》,是同著名科学家钱学森同志商榷的。最近几年,钱学森同志提倡自然科学和社会科学之间学科交叉,以极大的革命热情关心着我国社会主义精神文明建设、文学艺术的发展。他发表的许多文章,对于发展和建设具有我国特色的马克思主义文艺学,提出了重要意见,引起了广大读者和专家学者的重视。钱学森同志多次提出希望听取文艺界专家们的意见,王元化同志的信,就是很好的学术对话;信中提出的一些重要问题,值得理论界重视。"拙文发表后,同年《文艺研究》第三期发表了李准、丁振海的《关于文艺学讨论中的两个问题》,对我关于普列汉诺夫的批评提出异议,认为"相比之下,恐怕普列汉诺夫的意见更科学些"。接着同年《文艺研究》第六期又发表了叶纪彬的《思想形象化非艺术的审美本质》的长篇论文,参与了这个问题的讨论。他是支持我的意见,反对钱学森与李准、丁振海的意见的。我在信中谈得很简单,叶纪彬作了充分的发挥,论述详赡,读者倘要了解这场小小的论争,请参考上述文章。林元同志于一九八八年四月二日在北京逝世,他把自己的一生献给了编辑工作,为了表示我对他的尊敬和悼念,拍去了一封电报,以志哀思。

一九八九年二月记于深夜
(《传统与反传统》,上海文艺出版社 1990 年 4 月)①

---

① 亦见《王元化集》卷二,湖北教育出版社 2007 年 10 月。

从文化史的角度来研究文学①

我在编大百科《中国文学卷》时曾提到这样两个原则：第一，从比较中探索中国文学的特点；第二，从文化传统的背景上来探索形成这种特点的原因。我相信，如果我们这样去做，对一些长期晦暗不明、争论不清的问题可以理出一些头绪甚至有所突破，对一些似成定论的问题也可能作出新的估价，取得新的认识。这里我主要想谈谈从文化传统的角度来研究文学这个问题。

关于文化的研究，建国以来中断了三十多年，一九七九年开始文化的研究逐步得到了重视，陆续出了一些著作，学术界对这方面的讨论也热烈起来了。从一九八二年在上海举办的一次文化研讨会以来，至今已经举行了好几次文化研讨会，并且邀请了国外的一些专家来参加。

为什么在建国三十多年中文化的研究几乎是空白？原因是多方面的，其中有一个重要原因就是把这种研究看成是与马克思主义相对立的。目前人们逐步明白了这种看法是不对的，从而形成了近年来的研究文化热。但是我们的思想中还存在着一种因袭的陈旧观念，那就是认为，每个时代的文化都是当时的政治经济的反映；有什么

---

① 该文原为1986年4月在《文心雕龙》学会第二届年会上讲话（《关于目前文学研究中的两个问题》）之部分。

样的政治经济形态，就会产生什么样的文化。这个看法也不是完全不对，马克思主义就认为经济基础决定上层建筑，但我们绝不能把这一点作简单庸俗的理解，因为马克思主义在指出这种决定作用的同时，还指出文化和经济发展的不平衡，因而把政治经济和文化的关系作单纯直线的理解是错误的。我们应该认识到，意识形态具有相对的独立性，有着自身的发展规律，这不是政治经济的规律所能代替的。同样的社会形态在不同的民族那里出现了不同的文化类型，就足以说明这一点。《文心雕龙》曾分析了齐梁以前的"九代"文学，认为每一个朝代的文学都有不同的特征。但这些不同朝代的社会却是同一性质的。王国维在《宋元戏曲史》中说，"一代有一代之文学"，文学发展总是渗透了时代的特点。但是，在文化史上，有没有在不同的历史时期、不同的社会条件下，存在着一种共性的东西呢？应该说是有的。马克思在《资本论》中批判本杰明·边沁的效用说时，提出了人性的问题。马克思说，人性可分为"人性一般"和"在不同历史时期变化了的人性"。在我们的文化史中是不是也有一种共性的东西，像这里所说的"人性一般"的存在？即我们民族文化传统中在不同的历史时期、不同的社会条件下具有某种共性的东西。我们的文化研究，不仅要研究各个历史时期文化的不同特点，同时还应在历史长河中去探寻人们思想中所潜藏文化传统的共性成分。

我认为，构成我们民族文化传统的因素大概有以下四个方面：（一）在创造力上表现的特点。每个民族文化在创造力上都具有不同的特点。（汤因比在他的《历史研究》中把世界文化归为二十几种类型，提出了"挑战和应战"的学说，以此来探讨文明诞生的原因。这也就涉及创造力的问题。）（二）民族心理素质。（三）一个民族所特有的思维方式、抒情方式和行为方式。（四）这个民族的价值观念。

我以为探讨民族文化传统的特点应该从这几方面入手，下面举几个简单的例子来加以说明。黑格尔曾经在《哲学史演讲录》中说，东方哲学强调同一性，忽视特殊性。我认为黑格尔这一说法是对的，这个问题是中国文化传统中的一个重要特点，它所涉及的问题也就是群体和个体、共性和个性或者说是公与私的关系问题。我国文化传统观念侧重于共性对个性的规范和制约，而忽视个性，以社会道德来排斥自我，形成了一整套固定的思想模式和伦理道德规范，从而使个体失去了它的主体性。我国古代就重以礼节情的思想，直到后来还是把"无己""克己"当做美德，要榨掉一切属于自我的东西，使人成为一个空有躯壳的社会性机器；这种极端思想为什么会在我国一直盛行不衰？这与我们传统的文化心理结构很有关系。但是，真正活的创造力是存在于组成群体的个体之中。没有个体的主体性就没有创造力。片面强调共性制约个性，以致压抑个性取消个性，就会摧残创造力。清代乾嘉学派的戴震作为伟大的思想家，就在于他处在当时理学盛行时代反对了压制个性的"遏欲之害"，主张使人"各得其情，各遂其欲"。

中国的思维方式缺乏思辨思维和形式逻辑，主要强调直观和经验，把一切都同伦理道德挂钩。孔子的哲学也主要是道德箴言，思辨色彩不浓。在自然观上，中西有着不同的形态，倘把中国古代和古希腊对照来看，希腊是朴素的直观，中国是天人合一。刘勰的"天地人"三才说也是把自然纳入人的道德规范之中。从亚里士多德《诗学》开始，西方人提出自然的模仿说，中国没有自然的模仿说，因而很少有史诗、长篇叙事诗，这就跟思维方式相关。中国重政教伦理，反映到文学观上就是原道、明道、载道。刘勰的文学总论也是把原道、征圣、宗经融在一起，形成道——圣——文合一的体系。至于言志说，也和希腊的自然模仿说异趣。中国的文学观离不开政教伦常。《关雎》这样的抒情诗也要和"美后妃之德"连在一起，蒙上伦理的色彩。在科技方面，当欧洲还在野蛮落后的中世纪徘徊时，中国的科学技术遥遥领先。为什么到后来突然停滞不前，没有产生像西方那样的近代新科学？除了社会原因外，从文化传统中也可以探讨出一些原因。李约瑟曾列表说明科技发展的三个因素：理论、实验和应用。我国在应用上发展很快，在理论上和实验上却很落后，往往是一种经验主义的东西，这影响了科技的发展。国外一位学者说，中国人的认识方式是"体知"，而不是"认知"，不强调理论思维，讲究直观领悟，只可意会，不可言传，这很对。例如《文心雕龙》就说过："伊挚不能言鼎，轮扁不能语斤。"这种认识方式导致了我们的科技因缺乏理论而在发展中形成了一系列的断层。

在对文化传统的再评价上，有的论者只是从哲学思想的角度来概括中国传统文化心理结构，往往很难得出令人信服的结论。我不同意单单从哲学思想方面，比如用儒学来概括中国的文化传统，这并不是说中国文化传统中的哲学思想不重要，而是由于哲学总是和时代、社会的联系较密切。可是当它一旦凝集在民族的心理中，它就往往冲淡时代、社会所赋予它的特定的内涵，而成为一种思维方式、抒情方式、行为方式的确定模式，而这些往往正是构成文化传统的重要特征。

关于文化研究现在刚刚开始，这里我只能把它的大概源流、来龙去脉讲一讲，我期待文化史的研究将向更深的层次推进，也希望我们文学界能开阔眼界，从比较的角度、从文化传统的背景上来研究，我相信这样一定会取得新的成果。

一九八六年

(《传统与反传统》，上海文艺出版社 1990 年 4 月)①

---

① 亦见《王元化集》卷二，湖北教育出版社 2007 年 10 月。

谈近代翻译文学

过去的文学大系向来不列翻译文学的课目，文学史也很少涉及翻译文学。就我所见，在中国文学批评史中，只有罗根泽的一部谈到了魏晋时期传译佛经的理论。写文学史，编文学大系，略去翻译文学部分是个缺陷。因为翻译文学留下了外来文化对中国本土文化影响的轨迹，翻译文学理所当然地应成为文学史的一部分。用施蛰存先生的说法，中国有两次翻译高潮。编入《大系》的，是第二次，即近代的翻译文学（据施先生统计，近代翻译文学在数量上较现当代翻译文学为多）。第一次则是中古时期，即魏晋时代的佛经传译。研究文化史如果昧于魏晋时代的翻译文学，就不能较深了解当时的玄学思潮，后来佛教的中国本土化，以及它如何演变成为对中国文化产生巨大影响的禅宗。甚至直到今天我们的口语或文字中的某些词汇或典故也都是来自传译过来的佛经（如"瞎子摸象""唾面自干"等等）。我曾在拙著中举例说明《文心雕龙》的文质理论系来源于当时佛经传译中的文质概念。这部被章学诚称为："成书之初祖"的系统完整、体例周详的著作，是受到体现了印度文化重逻辑精神的因明学的一定影响。至于当时十分发达的翻译理论对后世的影响则更为巨大。施先生《导言》中援引刘半农在"五四"时的译诗序言，就有这样说法："两年前，余得此诗于美国 *Vanity Fair* 月刊，尝以诗赋歌词各体试译，均苦为格调所限，不能竟事。今略师前人译经笔法写成之，取其曲折微妙处，易于直达，然亦未能尽惬于怀。"这里刘半农谈到他在翻译上是受到传译佛经的影响的。我认为魏晋时期的佛经传译也是值得研究的题目。关于第二次高潮，施先生在《导言》中说得十分周详，这里不再赘述了。

我只想就《导言》所提出的几个为人忽视的问题，谈谈我的看法。《导言》认为近代翻译文学在民主自由思潮上也起过重大作用。我觉得这一补充很重要，因为一般人只谈严复等所译的人文科学理论在这方面的作用。《导言》对林纾作出了公允的评价。长期以来，一提林纾就说他是一位开倒车的冬烘人物，在翻译文学工作上也一无可取。但《导言》指出："林纾的早期译本，几乎都有序文，他喜欢以司马迁的'龙门笔法'来分析外国文学的艺术性，其中有一部分是中肯的，可以说他和原作者具有通感，但也常常有迂阔之谈。对于某些杰出的外国文学名著，例如狄更斯的批判英国政治社会的现实主义小说，司威夫特的讽刺小说，林纾都在序文中对它们的思想意义，给予高度赞扬，并且还联系中国现实，在慨叹、惋惜的微词中，透露出他对封建专制政体的不满，和对民主自由政制的向往。"我觉得这一补充也是很重要的，可纠过去之偏。《导言》还提出当时翻译文学对创作界的文学语言起显著的影响。施先生不轻下断语，而是采取了提问方式的审慎态度。他举出了既是翻译家又是创作家的包天笑、周桂笙、陈冷血等人，说他们的译文和他们的创作，文体是一致的。我认为这给近代文学的研究提出了一个很好的课题，值得进一步探讨。"五四"以后的文学语言，无论在字汇、名词、语法上，都受到当时翻译文学的影响。虽然三十年代提倡大众语的极端派把当时文学语言，讥为非驴非马的"骡子文学"，但我认为鲁迅所说的欧化语法是不可避免的，有时甚至渗透到日常用语中。如鲁迅所举的"对于""取消"之类，甚至连反对欧化语法的人也在使用。至于外来语的专门名词就更不用说了。近代文学史上，黄遵宪所体现的"诗界革命"，显然受到翻译文学的影响。过去，人们只强调他的"我手写我口"的白话性质，其实他也是最早采用外来语法和字汇的人。这并不是为了逐新猎奇，而是由于生活变了，文学语言也不得不变的缘故，不如此，反而令人难以接受。记得小时读到一位留学美国的长辈给父母寄来的一首旧诗，诗中说"自是更残难假寐，挑灯重读远来书"。我当时感到奇怪，这位长辈住在十分现代化的美国城市里，难道那里也打更么？那时我家里用的是电灯，难道美国依旧在用油灯么？这诗不能唤起我读唐宋诗词的那种境界；相反，却多少使我感到有些格格不入。黄遵宪将电灯、轮船之类入诗，虽被人讥为不雅驯，但这也是应时顺变的必然结果。不过黄遵宪毕竟是特殊的例子。当时翻译文学在文学语言上固然创立了一种新的白话文，而过渡时期的痕迹，却比比皆是，如林译中就不乏"拂袖而去"之类的字句。试问：穿西装紧袖口如何"拂袖"呢？

《导言》指出当时翻译文的严重缺点在于删节原作。如德国作家斯托姆的《茵梦湖》，近年出版的译本有五万字，而一九一六年发表在《留美学生季报》上的同著译文《隐媚湖》则仅有四千字。这种节本类似以前影院所赠发的交代故事梗概的"本事"，为了满足观众急欲知道情节的好奇心，不惜将原来的生动丰富的艺术性斫伤殆尽。由于不懂或为了省力而删节原文，自然是不足道的。但《导言》所指出的另一种删节，却更值得注意，这就是追求译文的雅驯。严复曾以信、达、雅作为译书的要求，事实上严复本人对于雅就已经觉得难办。如果原著有不雅的文字，怎么能用典雅的中文来译述？《导言》援引了严复的话："行文欲求尔雅。有不可阑入之字，改窜则失真，因任则伤洁。"他于是写信去请教古文学家吴汝纶。吴回信说："鄙意与其伤洁，毋宁失真。凡琐屑不足道之事，不记何伤？若名之为文，俚俗鄙浅，搢绅所不道。"吴并举《左传》《史记》为证，说太史公倘不能将俚鄙不经之事"化俗为雅"，一定都"芟剃不言"了。我读太史公书，却并不觉得他有洁癖，其中甚至不乏俚语和口语，包括一些"不洁"的内容。这里要谈的是，严、吴所提出的这种删节既非偷懒，也非媚俗，而是为了贯彻文字雅驯的主张。不过，这里马上出现了一系列问题：究竟应由谁来划定俚俗的界线？是作者还是译者？如果作者认为事虽琐屑、俚俗，但写入文中却并不使艺术本身也变得琐屑、俚俗，怎么办呢？或者译者认为是琐屑、俚俗的部分，恰恰被作者认为是体现了他的艺术风格、创作个性的特征，乃至成为整个艺术有机构成的组成部分，又怎么办呢？……总之，我仍取一种也许被认为是陈旧的看法，即翻译应忠实于原作。作为一名读者，我读译述是要知道原作的真实面目，而不是译者对原著的改造。自然我也愿意知道译者对原著的批评意见，但希望在译者的序跋或文章中去知道，而不希望在译者对原作动手动脚加以删改中去知道。有些才高的译者在译述时往往难免技痒，改动原著，我以为这是不足为训的。鲁迅说严复"做"了《天演论》。我们要研究近代中国的启蒙思潮，自然要读这本书。但是如果我们要知道原著，那就不能读这本书，而需要去读赫胥黎、斯宾塞本人的著作。

其实，在译述中应不应改动原著是个老问题，这问题在魏晋时期就已存在。当时翻译佛经，多用外书比附内典，号称格义，使佛书中国化了，更明确地说老庄化了。佛书中的一些专门名词都用老庄的一些术语替代了。如"菩提"译为"道"，"涅槃"译为"无为"，"比丘"译为"除馑"，"真如"译为"本无"等等。迨至道安因见先旧格义于理多违，遂废而不用。道安时期佛教如日中天，名僧辈出，译业弘富；唐代玄奘时期为传译佛经的鼎盛时代。至于佛教的中国化乃是此后的事，它是经过从格义到忠实迻译的过程以后，才走上中国化的道路的。如果没有这样的曲折历程，不经过忠实迻译的阶段，很难说它是否会形成现在那种中国化的佛学。今天这个问题还在继续讨论，例如陈寅恪是主张格义的，不过他是就学术发展意义上说的，有着特定的含义。而鲁迅则是反对日本上田进那种归化的理论的。他认为翻译外国作品应保存些洋气，而不应以中国面孔为标准将外国面孔用"削鼻挖眼"的手术去加以改造。傅雷是删削原著的。他翻译的巴尔扎克小说就有删节之处。他曾向满涛说过,他认为巴尔扎克行文有冗繁处,就删节了。我不懂法文,不能说出傅译删削了哪些文字。我想懂法文的人对照原文便可知道。《导言》对翻译本身的理论谈得不多,不知近代翻译文学理论除了严、吴的文求雅驯的观点外,还有哪些说法?

我觉得归化和忠于原著的问题,不仅存在于翻译领域,在舞台上,介绍外国戏剧也同样存在。几年前,上海举行了莎士比亚戏剧节。在筹备过程中,不少人提出要用中国戏曲形式,我提出不同意见,遇到主持人强烈反对。后来戏剧节开幕了。据说用戏曲形式演出的莎剧在莎士比亚的本土也得到称赞。当时我写了一篇短文说,我仍认为莎士比亚戏剧开始在中国演出,应采用道安所主张的忠于原本和鲁迅所主张的译文保存洋气,而不能采取以外书比附内典的"格义"及削鼻挖眼的"归化"方式。外国人对于用戏曲方式演出莎剧表示称赞,或是出于猎奇,或是要看中国是怎样理解莎士比亚。但我们的立场不同,我们很多人还从来没有看到莎士比亚的戏,也不知道莎士比亚是怎么回事。如果一个从来没有看过莎士比亚戏剧的观众,看了用戏曲形式使之归化的莎剧后说:"原来莎士比亚戏剧和我们黄梅戏(或越剧或昆曲)是一样的!"那么这并不意味介绍莎士比亚的成功,而只能说是失败!

一九九一年清明

(《清园夜读》,海天出版社 1993 年 10 月)①

---

① 亦见《王元化集》卷二,湖北教育出版社 2007 年 10 月。

作者补录:①

一九九三年一月二十三日日记

过去谈近代翻译文学。如鲁迅与秋白之《通讯》，施蛰存之《导言》，罕言王国维，仅谈及严复、吴汝纶、林纾等辄止。当时对西学的见解，当以王国维最值得注意。《静庵文集》谓："今则大学分科，不列哲学，士夫谈论，动诋异端。国家以政治上之骚乱，而疑西洋之思想皆酿乱之麴蘖。小民以宗教上之嫌忌，而视欧美之学术皆两约之悬谈。且非常之说，黎民之所惧；难知之道，下士之所笑。此苏格拉底之所以仰药，婆鲁诺（布鲁诺）之所以焚身，斯披诺（斯宾诺莎）之所以破门，汗德（康德）之所以解职也！"这是何等精神！何等见识！纵在今日又何以易之！

一九九三年一月二十四日日记

《静庵文集》另一篇文章《论新学语之输入》尤不可忽略。文中评严复译事，造语虽工，而不当者亦多……又谓严复译述"古则古矣，其如意义之不能了然何？"王氏主张适当引进日译名，但又批判了"好奇者滥用之，泥古者唾弃之"的倾向，此评至今看来仍切中时弊。王氏之通达深邃率多类此。

---

① "作者补录"见《王元化集》卷二，湖北教育出版社2007年10月。

中国文学古今演变研究略谈①

提出这个题目的意图是使古代文学、近代文学与现代文学结合起来研究,来探讨它们发展演变的轨迹。也许有人会问:为什么要专门开这个会来讨论这样一个题目。我想把这问题的背景简单地讲一讲。长期以来,在我们的学术界,有关古代文学和现代文学研究存在着隔绝的情况,这是很奇怪的。但早期的文学研究中并没有这么大的隔绝。看看王国维的研究就可以清楚,他不仅把古今结合起来,而且把中国的和外国的也结合起来。比方说他的《红楼梦》研究就是一个例子。他本人对德国古典哲学很有研究,一般认为他喜欢叔本华,所以把叔本华的哲学思想引进到《红楼梦》评论中去。实际上他更喜爱康德,对康德也很有研究。当时在文学研究领域里没有古今隔绝的问题,中国学者向来讲究"融会贯通",当然研究工作必须有专业方面的重点,但是在研究的时候必须把问题放在历史的宏观背景上来探讨。只有经过比较之后才可以显示出问题的来龙去脉和它本身所具有的特点。假设像我们现在这样,只讲专,不讲兼通,所谓"一个萝卜一个坑",隔行如隔山——知道现代的不知道古代的,知道中国的不知道海外的,知道文学的而对历史、哲学只

---

① (原注)"中国文学古今演变研究"国际研讨会于二〇〇一年十一月十五日在复旦大学举行。此文系据我在大会所致开幕词略加整理而成。

有粗疏的知识或竟至完全无知。这样的研究不仅陷于狭隘，而且很难把问题真正搞清楚、弄深弄透。

一九五二年有过一次院系调整，学校的老师和年龄大一些的同学大概都很清楚这是怎么一回事。所谓院系调整就是向专业化发展，这是在"一面倒"的指导思想下，盲目向苏联学习，一切都要遵循苏联的范例。解放前的大学多是综合性的，有许多文理不同的学科。但在这次所谓院系调整的教育改革中，都被砍掉了。比如清华就是如此。清华原是综合性大学，在文科方面有很好的国学院传统。这个传统至今还常被人怀念和称道。当时国学院四位著名导师——梁启超、王国维、陈寅恪、赵元任——所留下的清华文科学风，影响很大，是我们的一份宝贵遗产。清华国学院培养了大批优秀人才，成为自那时以来中国学术界的主要骨干。也许可以不夸张地说，后来国内大多数文科人才都是由他们一代人直接或间接教育出来的。清华大学的这一传统，可惜在院系调整中被砍掉了，以后清华被限定为理工科的大学。我常想，一九五二年向专业化发展的院系调整，形成以后像恩格斯说的"分工的奴隶"的那种偏向。① 分工是必要的，但分工必须在整体综合的基础上进行。由于专业化的畸形发展

---

① （原注）我在一九八一年初发表的《关于鲁迅研究的若干设想》一文（第二节"鲁迅论与综合研究法"）中，就已提到分工过细所产生的弊端："那就是各守各位，画地为牢，为各自所选择的专题所拘围。这种河水不犯井水的办法，势必造成隔行如隔山的很大局限性。结果是研究中国的对国外的置之不顾，研究古代的对现代的茫然无知。从事文学理论的可以昧于美学常识，遑论把文史哲融会贯通在一起？鲁迅、郭沫若、茅盾、老舍、巴金……都成了一家之学，一个萝卜一个坑，研究者各守自己的领地，只盯住自己的专题，谁也不肯越雷池一步，放开眼界，关心一下自己那个小天地以外的广大世间。这种情况倘不急速扭转，将会使我们的研究者成为恩格斯所说的'分工的奴隶'。早在一千多年前，刘勰就已感叹前代和同代那些'各照隅隙，鲜观衢路'的理论家，'各执一隅之解，欲拟万端之变，所谓东向而望，不见西墙也'。我很怀疑目前我们那种分工细到这种地步的研究方法，到底会出怎样的成品，会有怎样的功效？"（《文学沉思录》第55页）

以致现在许多研究工作越分越细，牛角尖越钻越尖，甚至有研究鲁迅的不知道王国维、陈寅恪，不知道近代学术思想这类的情况发生，因此就造成了上述的那种隔绝，其实这是不应该有的。我们在院系调整只向专业片面发展的时候，国际上的科研工作早已向综合方向发展了，不仅把古今中外结合起来，把文史哲学结合起来，而且在一些科研项目上还出现了向边缘学科探索或进行科学杂交。任何一种文化思潮倘不放在当时的思想背景上去看，不从哲学上向深层根源去发掘，就会流于浮浅。比如像鲁迅研究，我们已经研究了半个多世纪，文章也写出了成千上万，可是大家的谈法都差不多，角度也差不多，内容也相仿，看来已到了题无剩义的地步，似乎研究已经到顶了，不能再有什么新观点了。是不是真的如此呢？并不是的。鲁迅在思想史、文学史上当然是一个重要的人物，他的思想与中国传统有着密切的联系。举个例子来说，假如研究鲁迅不能对章太炎的思想有所了解，就很难真正了解鲁迅。鲁迅对秦始皇、对法家、对李斯，甚至对"五四"时期兴起的疑古派的评价等等，都是或多或少受章太炎的影响。鲁迅自称只关注章太炎的革命业绩，而受到他学术方面的影响很小，但我们仔细研究研究鲁迅的著作，就可以发现他有很多观点其实是受到章太炎影响。比如鲁迅批评顾颉刚"大禹是一条虫"的考据，就是明显的例子。在鲁迅之前，章太炎就已讥讽过"鲧是一条鱼，禹是一条虫"这种说法了。再如鲁迅有一篇题为《论华德焚书异同》的文章，其中说到秦的焚书与希特勒的焚书不同，与阿拉伯人焚烧亚历山大图书馆也不同。他认为始皇推行的"书同文、车同轨"是统一中国的伟业，很值得赞扬。他不同意"秦无文"的说法，称赞李斯的碑文写得好。这些都在一定程度上受到章太炎的影响。因此不从思想史的角度研究鲁迅，就不能真正理解鲁迅在现代环境中所表露的思想的内涵。我认为做学问只专不博，不讲兼通，要想做出贡献是很困难的。"五四"时代还没有去掉这个传统，当时胡适就说过："为学当如金字塔，要能博大要能高。"像钱穆这一代人,大多也都一再主张通才教育的。

  主持人章培恒先生和梅新林先生为会议提出"古今演变"这个主题,我觉得十分有必要,可以使我们因过去长期分工所造成的片面化的情况得以克服,这对于文学的发展会有帮助,使我们的文学研究可以做得更为深入一些。

二〇〇一年十一月十五日

(《清园近作集》,文汇出版社 2004 年 8 月)①

---

① 亦见《王元化集》卷二,湖北教育出版社 2007 年 10 月。

第六辑　读《文心雕龙》与黑格尔

释《情采篇》情志说

——关于情志：思想与感情的互相渗透

"诗言志"是我国诗论的开山纲领。自陆机提出"诗缘情而绮靡"一语后，魏晋以来的文学理论家大多在不同程度上汲取了缘情说的成分。

刘勰曾从各个方面论述了"情"在文学创作中的作用。《文心雕龙》几乎没有一篇不涉及"情"的概念。据《文心雕龙新书通检》载，"情"字见于《文心雕龙》全书达一百处以上，这里可以随手举出几个例子。《神思篇》："神用象通，情变所孕。"这是就"情"作为唤起并指引想象活动的媒介而说的。《体性篇》："情动而言形，理发而文见。"这是就"情"作为决定文学形式的内在因素而说的。《指瑕篇》："情不待根，其固非难。"这是就"情"作为构成文学特殊功能的感染力而说的。《总术篇》："按部整伍，以待情会。"这是就"情"作为贯串全局的引线而说的。照刘勰看来，作家的创作活动随时随地都取决于"情"，随时随地都需要"情"的参与，因此，他在《情采篇》中提出了一句总括的话说："情者，文之经。"

过去有些批评家往往把"情"和"志"或"情"和"理"分拆开来，认为这是两个不容调和的概念。汪师韩《诗学纂闻》曾记载前人把刘勰归为"诗缘情"一派，以致"后之君子斥为不知理义之所归"。这种用理义反对缘情的说法，也就是在"情"和"志"之间划下了一道不可逾越的鸿沟。事实上，刘勰认为"情"和"志"这两个概念不是彼此排斥，而是互相渗透的。《情采篇》先后提出的"为情造文""述志为本"二语，就是企图用"情"来拓广"志"的领域，用"志"来充实"情"的内容，使"情"和"志"结合为一个整体。

根据传统说法，"志"渊源于《尧典》的"诗言志"，偏重在国家礼俗政教的美刺方面，是《诗》的创作路线的理论概括；"情"脱胎于《文赋》的"诗缘情"，偏重在一己穷通出处的抒发方面，是《骚》的创作路线的理论概括。从《诗》《骚》本身来看，主志、主情虽然重点不同，但并没有严格区分"情"和"志"的界限。言志美刺的《诗》并不一定摒弃抒情的成分。《诗大序》说："在心为志，发言为诗，情动于中，而形于言。"这里所说的"志"和"情"显然是混用不分的。另一方面，发愤抒情的《骚》也不一定完全无视言志的功用。《悲回风》曾提及"志"的问题说："介眇志之所惑兮，窃赋诗之所明。"可见《诗》《骚》本身已经说明："志"和"情"在一定程度上可以相通。刘勰首先是在这种意义上把"情"和"志"综合在一起的。他总结了《诗》的创作路线，也总结了《骚》的创作路线，兼取前人累积下的经验成果，加以融会，成一家之言。《序志篇》"本乎道，师乎圣，体乎经，酌乎纬，变乎骚"，始终是刘勰立论的基本纲领。因此，他在《明诗篇》给诗作概说的时候，一方面从言志美刺的角度出发，指出诗有顺美匡恶的作用，另一方面也从发愤抒情的角度出发，指出诗有吟咏性情的特点。"人禀七情，应物斯感，感物吟志，莫非自然。"这里就是把"情"和"志"作为两个互相补充的概念而提出的。这是刘勰把"情"和"志"综合起来的第一种意义。

其次，刘勰把"情"和"志"综合起来还有另一种意义。这种意义是从上面一种意义引申出来的，但是和上面一种意义又有一定区别。在头一种意义上,"情""志"这两个概念是就文学创作的性能功用而言。在后一种意义上,"情""志"这两个概念是就文学创作的构成因素而言。从后一种意义来看,"情"可归入感性范畴,相当于我们所说的感情。《文心雕龙》所用的"五情""七情""情性""情趣""情致""情韵""情源"诸词,大体上都属于这个"情"的概念。"志"可归入理性范畴,相当于我们所说的思想。刘勰曾把"志"和"思"组成一个词,他所说的"思"有时又和"理""义"诸义相近。《情采篇》:"志思蓄愤,吟咏情性。""志思"即指后者,"情性"即指前者。后来不少文艺理论家也都是在这种意义上去理解"情"和"志"的概念。例如承袭诗教说的程廷祚就偏重在思想意义方面而推重"义理",主张性灵说的袁枚就偏重在感情成分方面而独标"言情"。偏重思想意义方面,趋于极端,往往把情感视为异类,以至产生了否定文学存在的"作文害道"(见程颐《答朱长文书》)的说法。偏重感情成分方面,趋于极端,往往溺于情好,发出"诗不关理"(见严羽《沧浪诗话》)一类的议论。

照刘勰看来,属于感性范畴的"情"和属于理性范畴的"志"是互相补充、彼此渗透的。这是他把"情"和"志"综合起来的第二种意义。他不仅经常以"情""志"对举,互文足义,而且也时常把属于感性范畴的概念和属于理性范畴的概念联系起来考虑。《宗经篇》:"义既极乎性情。"《诠赋篇》:"情以物兴,故义必明雅。"《章句篇》:"明情者总义以包体。"这些话都清楚地说明"情"在一定情况下是包含着"义"的成分的。因此,他在这种意义上所提出的"情者,文之经"的主张和"文以明道"的主张并不相悖,"为情造文"的说法和"述志为本"的说法也不矛盾。他有时单单拈出"情"字来涵盖文学的内容,这只是因为在艺术作品中思想往往是蕴含在情的感性形态里面的缘故。

刘勰曾经把"情"和"志"连缀成词,铸成"情志"这个概念。《附会篇》"必以情志为神明",就是用"情志"来表明构成文学内容的思想感情。这正是把"为情造文"和"述志为本"综合在一起的说法。"情志"这个概念不是刘勰创造出来的。《尹文子上篇》:"乐者所以和情志",已有"情志"的说法。《后汉书·文苑列传·赞》"情志既动,篇辞为贵",张衡《思玄赋》"宣寄情志",郑玄《六艺论》"箴谏者希,情志不通,故作诗者以诵其美而讥其过",也都提到"情志"一词。魏晋以来,"情志"这个概念更被人普遍采用。陆机《文赋》"颐情志于典坟",嵇康《琴赋》称音乐"可以导养神气,宣和情志",挚虞《文章流别论》"夫诗虽以情志为本,而以成声为节",沈约《宋书·谢灵运传论》"自兹以降,情志愈广",范晔《狱中与诸甥侄书》"常谓情志所托,故当以意为主",这些都是刘勰以前或和他同时代人的说法,刘勰很可能从他们那里得到了一定的启发。

虽然,"情志"仅仅见于《附会篇》一处,但是我们如果考虑到我国古代汉语有"字同而义异"和"字异而义同"的特点,那么就不难发现,刘勰正是把"情志"作为一个重要概念。在同一篇《镕裁篇》中,下文"设情以位体"其实也就是上文"情理位体"的另一说法。《体性篇》"志实骨髓",其实也就是《附会篇》"必以情志为神明"的另一说法。因此,在一定情况下,"情"就是"情理","志"就是"情志"。同时"情理""情志"这两个词又可以被视为是同义的。根据这种情况来看,我们不能不说刘勰比前人更充分地阐发了"情志"这个概念。他所说的"情志"是颇接近于渗透了思想成分的感情这种意义的。在外国文艺理论方面,古代希腊人也有过类似的用语。他们所说的 $\pi\alpha\theta o\varsigma$ 一词就可以十分恰当地译为"情志"。古代希腊人也用这个词来表明文学创作中的思想感情。据黑格尔解释,这个词是用来代表一种"合理的情绪力量",这种情绪不是出于一时的冲动或溺于一己的情好,而是"经过很慎重的衡量考虑来的",并具有"充塞渗透到全部心情的那种基本的理性内容"。这正类似于我国传统文论中的"情志"一词所蕴含的意义。

一九七九年

（《读文心雕龙》，新星出版社 2007 年 12 月）①

---

① 亦见《文心雕龙创作论》，上海古籍出版社 1979 年 10 月、《文心雕龙讲疏》，上海古籍出版社 1992 年 8 月、《王元化集》卷四，湖北教育出版社 2007 年 10 月。

《读黑格尔》"情志"三题

一、情志 A

黑格尔把激起人物行动起来的内在要求,用一个古希腊语 πάθoξ 来表达。他说这个字很难译,不能作为情欲来理解,因为情欲总是有着一种低劣的意味,而它却是一种本身合理的情绪方面的力量,是理性和自由意志的基本内容。我以为情志应该合理地理解作在人的内心中所反映的时代精神。时代精神是一种普遍的力量,所以黑格尔把它称为"有实体性的普遍力量","普遍力量"或"普遍的内容"等等。更确切地说,这种时代精神,黑格尔往往用来表明那个时代的具有普遍性的伦理观念。为什么黑格尔又把它称为"神圣的东西""神的内容"或索性就是"神"呢?这是黑格尔从他认作是艺术理想时代的希腊艺术中概括出来的。在古希腊的作品中,无论是雕刻、史诗或悲剧,"神"纵使不是唯一的也是最重要的艺术表现的内容。古希腊人正是用神来表现他们时代具有普遍性的伦理观念的。这样我们就不难理解黑格尔说的:"无论把神们看成只是外在于人的力量,或是把他们看成只是内在于人的力量,都是既正确又错误的。因为神同时是这两种力量。"反映时代精神的具有普遍性的伦理观念不是由于个别人所形成,并且不以他的意志为转移,所以是外在的。但是个别人不能脱离他的时代,他的性格被他那时代具有普遍性的伦理观念所浸染，形成他的情志，所以又是内在的。

黑格尔为了说明这一点曾举《伊利亚特》为例。他认为，在荷马史诗里，神与人的活动经常交织在一起。神好像是在做与人无干的事情，但是实际上，神所做的事情只是反映了人的内在心情的实体。比如，荷马描写阿喀琉斯在一次争吵中正在举剑要杀阿伽曼农，这时雅典娜女神站在他身后，一把抓住他的头发，只有阿喀琉斯才能看到她。一方面，雅典娜的来临好像与阿喀琉斯的心情毫不相干，阿喀琉斯心头的怒火突然停息，这种控制对于原有的愤怒似乎是一种外在力量。但是，从另一方面看，突然出现的雅典娜就是平息阿喀琉斯怒火的谨慎，这还是内在的，反映阿喀琉斯自己的心情的。事实上，荷马在前几行诗里就已留下了伏笔，点明了阿喀琉斯犹豫不决的内心矛盾。这就说明了雅典娜作为一种以神的面貌出现的情志，对阿喀琉斯来说，既是外在的又是内在的力量。这种情志代表一种审慎，这种审慎不是凭空而来的，而是和那个时代具有普遍性的伦理观念交织在一起的。它是以那个时代对于首领的尊重，处世待人的态度，以及符合英雄品格的行为标准这些具有普遍性的伦理观念为内容的。一个人从小就生活在浸透着他那时代精神，他那时代具有普遍性的伦理观念的环境中，这种时代精神及其具有普遍性的伦理观念，通过种种渠道：教养、习惯、亲友交往、社会风气的熏染，在他内心深处扎下了根，融为他的性格血肉的一部分，所以当他一旦发觉自己的行为背离这种时代的具有普遍性的伦理观念时，他就会自觉或不自觉地马上起来纠正自己行为的偏差，把它纳入他心目中认为合理的正轨。

一九七七年

二、情志 B

黑格尔说："要显出人物的更大明确性，就需有某种特殊的情志作为基本的突出的性格特征，来引起某种确定的目的、决定和动作。

但是，如果这种界限定得过分死板，以致使一个人物仅仅成为某种情志——例如爱情和荣誉感之类——的完全抽象的形式，那么一切生气和主体性也就完全消失了，而这种艺术表现也就会因此枯燥贫乏。例如法国的戏剧作品就是如此。"这是非常值得我们注意的一个重要论点。作为人物身上主导因素的情志必须在人物性格的丰富性复杂性中显现出来，和人物性格的丰富复杂性互相交织在一起，必须带有人物个性的鲜明烙印。莎士比亚的作品可以说是这方面的典范。他的人物都具有特殊的带有个性鲜明烙印的某种情志作为基本的突出的性格特征，同时这种特殊的情志又不是直线式地支配人物行为和心理的单纯力量，而是与人物性格的多样性结合在一起的复合性。与此相反的就是黑格尔所说的十七世纪法国古典主义作品。这种作品只是挑出某一种情志作为人物性格的全部内容，人物的一言一行莫不严格地按照这种情志的需要作出死板的安排和规定，从而消灭了人物性格原来所应有的丰富性和复杂性。这样，就使情志丧失了生气和活力，而沦为一种概念化的抽象力量。黑格尔在论述希腊悲剧时也指出了某些作品存在着同样的弊端。他反对把神（情志）作为一种抽象的外在力量加到人物身上去。他指出有些希腊悲剧搬用"神机关"来作为事件的转折点，而不是使神（情志）和人结合起来，通过神（情志）来表现人物改变自己行动的内在要求。在这种情形下，人和神分裂开来，神（情志）发号施令，人只有俯首服从。神（情志）变成了死的机械，而人物也就变成神（情志）的工具，任凭外在的意志所支配了。在法国的古典主义戏剧中，尽管没有出现神，尽管推动人物行动起来的力量好像也是人物内心的一种思想感情，但由于这种思想感情只是由作者的意志外加到人物身上去的抽象概念，所以它其实就是一种变相的"神机关"，不过是人化了的神机关罢了。

　　黑格尔认为，情志应该在一个完满的个性里显现出来，在这完满的个性中，某一特定的情志尽管是构成性格的基本特征，尽管是在这一个性中占有统治作用的一方面,但是人的心胸是广大的,一个真正的人可以把各种不同的情志同时包括在他的心里。人物性格所以能引起兴趣,就在于他一方面显出整体性,而同时在这种丰富性中,他仍是本身完备的主体。所以在人物性格中,尽管有一种特定的情志作为统治方面,但同时人物性格仍须保持住生动性和完满性,使他有余地可以向多方面流露他的性格,适应各种各样的情境,把一种本身发展完满的内心世界的丰富多彩性显现出来。但是从形而上学的知性观点看来,一方面有一个统治的定性,而另一方面在这个定性范围内又有这样的多方面性,好像是不可能的。形而上学的观点爱用抽象方式单把性格的某一方面挑出来,把它标志成整个人的唯一准绳。凡是跟这种片面的统治相冲突的,在形而上学看来,就是始终不一致的。但是,就性格本身是整体因而具有生气的这个道理来看,这种始终不一致正是始终一致的,正确的。因为人的特点就在于他不仅担负多方面的矛盾,而且还忍受多方面的矛盾,在这种矛盾里仍然保持自己的本色,忠实于自己。

一九七七年

三、情致译名质疑

我所用某些黑格尔专门术语的译名,没有采取《美学》朱光潜中译本的译名。例如 begriff 中译本作"概念"(英译本作 notion),我在过去的文章中从贺麟译作"总念"。因为黑格尔赋予此字的特殊涵义与一般所谓"概念"有重大区别。"总念"指的是具体的普遍性以区别于知性的抽象的普遍性。再如 πάθoξ 这一古希腊语,黑格尔在书中已说明此字很难转译,因此在书中特标明此字的希腊原文,至于他是否用德语转译以及用哪个德文字来转译,朱光潜中译本未曾说明,至于英译本用什么译名,朱译本亦未注出,估计可能用的是 pathos(悲哀,哀愁,动情力,悲怆性等)。而朱光潜译本竟以"情致绵绵"的"情致"译之。这个译名有悖原旨。英译名 pathos

作为一种动情力，含有悲怆性的意蕴，近似于雅科布·伯麦的 Qual 这一用语的涵义（英译 Qual 作 torment；intense suffering）。据恩格斯解释："Qual 按字面的意思是苦闷，是一种促使采取某种行动的痛苦；同时，神秘主义者伯麦把拉丁语 qualitas（质）的某些意义加进这个德国词，他的 Qual 和外来的痛苦相反，是能动的本原，这种本原从受 Qual 支配的事物、关系或个人的自发发展中产生出来，而反过来又推进这种发展。"由于语言学水平所限，我不能把古希腊人说的 πάθος 和神秘主义者伯麦说的 Qual 两者之间的关系作进一步探讨，这里只是提供一条线索供高明者作为参考之资。至于《笔记》中把 πάθος 转译为"情志"一词是借用刘勰的用语。《文心雕龙》中把作为情感因素的"情"和作为志思因素的"志"连缀成词，用以表示情感和志思的互相渗透。刘勰所谓"志思蓄愤"，也同样是说情志含有一种悲怆性，它是一种打动人们心弦唤起人们共鸣的动情力，不过他只是就激发诗人进行创作这方面的力量来说罢了。

一九七七年

（《读黑格尔》，新星出版社 2006 年 11 月）[①]

[①] 亦见《王元化集》卷六，湖北教育出版社 2007 年 10 月。

《文心雕龙》创作论释义小引

《文心雕龙》一书主要包括了三个部分,即总论、文体论、创作论。(书中也涉及作家的才能、文学批评、文学史等专题研究,但都是单独的篇章。)在写作方法上,刘勰把"史""论""评"糅合在一起。因此,在全书的三个部分中,都贯串了文学史的论述、文学批评的分析和文学理论的阐发。但由于三部分性质不同,在"史""论""评"方面也各有其重点。创作论是侧重于文学理论方面的。释义企图从《文心雕龙》中选出那些至今尚有现实意义的有关艺术规律和艺术方法方面的问题来加以剖析,而这方面的问题几乎全部包括在创作论里面,这就是释义以创作论作为主要研究对象的原因。自然,释义所选择的创作论八说,不能说已经把这方面的问题囊括无遗,缺漏是不可能避免的。

释义对刘勰理论的阐述,力求"根柢无易其固,而裁断必出于己"。笔者尝试运用科学观点对它进行剖析,把写作过程作为自己的学习过程。

我国古代文论具有自成系统的民族特色,忽视这种特殊性,用今天现有的文艺理论去任意比附,就会造成生搬硬套的后果。在阐发刘勰的创作论时,首先需要以实事求是的态度揭示它的原有意蕴,弄清它的本来面目,并从前人或同时代人的理论中去追源溯流,进行历史的比较和考辨,探其渊源,明其脉络。这项工作许多研究者已作出不少贡献。释义在已取得的成果基础上，希望能够提供一点新的看法，这些看法就写在释义的正文里。

但是，另一方面，如果把刘勰的创作论仅仅拘囿在我国传统文论的范围内，而不以今天更发展了的文艺理论对它进行剖析，从中探讨中外相通，带有最根本、最普遍意义的艺术规律和艺术方法（如：自然美与艺术美关系、审美主客关系、形式与内容关系、整体与部分关系、艺术的创作过程、艺术的构思和想象、艺术的风格、形象性、典型性等），那么不仅会削弱研究的现实意义，而且也不可能把《文心雕龙》创作论的内容实质真正揭示出来。正如《政治经济学批判导言》中所说的："人体解剖对猴体解剖是一把钥匙。低等动物身上表露的高等动物的征兆，反而只有在高等动物本身已被认识之后才能理解。"按照这一方法，除了把《文心雕龙》创作论去和我国传统文论进行比较和考辨外，还需要把它去和后来更发展了的文艺理论进行比较和考辨。这种比较和考辨不可避免地也包括了外国文艺理论在内。但从事这项工作的时候，自然不能抹杀其间的历史差别性，而只应该是由此更深入地去究明《文心雕龙》创作论的实质，更鲜明地去显示我国传统文论的民族风格。笔者在这方面根据自己的能力，或提出一些自己的看法，或只是提供一些资料，进行剖析，以供读者参考。现把它们放在释义正文之后，作为附释。过去，阎若璩撰《古文尚书疏证》，于每篇正文之后，附有若干条札记，有人曾认为著书体例不严谨，但我以为这种办法也有可取之处，它的优点就是行文活泼，不受拘束，可以使作者的意见从多方面得到发挥。因此，笔者也采取了同样的方式。

释义是掌握了清理和批判的原则对《文心雕龙》创作论进行剖析的。不过在论述方面，释义的正文和附释各有其不同的重点。正文侧重于清理，因为正如前面所说，正文的任务是按照刘勰理论的本来面目忠实地揭示它的原有意蕴，这样就不宜在这个重点之外，另生枝节，干扰阐述的主要线索，分散读者的注意。所以释义就把批判划归附释，作为附释的重点之一。自然，就研究方面来说，清理和批判不能截然分割。只有经过了批判才能真正清理出刘勰理论的原来面目，同时也只有真正辨清了刘勰理论的原来面目之后，对它的批判才是中肯的、实事求是的、具有科学性的。但是，在表述研究的成果时，仍不妨使正文和附释各有侧重的一面。不过，我们应该把正文所侧重的清理，理解作经过了批判的清理，把附释所侧重的批判，理解作经过了清理的批判。

附释另外还侧重于通过剖析刘勰的创作论，对其中涉及的艺术规律和艺术方法问题作出进一步探讨。严格地说，这已不属释义的范围，而进入专题研究和专题讨论的领域。不过，它和释义也并非完全没有关系。因为批判继承古典文艺理论遗产的目的，除了说明它的原来面目"如何"，也必须进一步弄清问题本身，究明它到底应该"怎样"。为了实现这一目的，笔者在附释中有时也选择了某些具有代表性的外国文艺理论来加以论述。自然，这样做是有一定限度的，那就是只限于刘勰创作论八说所涉及的问题范围之内。

总之，释义企图在批判地继承我国古典文艺理论遗产方面提供一些新的研究方法。同时，笔者还怀有这样一个愿望：经过清理批判之后，使我国古典文艺理论遗产更有利于今天的借鉴，也更有利于使它在世界文学之林中取得它本来应该享有的地位。像《文心雕龙》这部体大虑周的巨制，在同时期中世纪的文艺理论专著中还找不到可以与之并肩的对手，可是国外除了少数汉学家外，它的真正价值迄今仍被漠视。这原因除了中外文字隔阂，恐怕也由于还没有把它的理论意蕴充分揭示出来。释义仅仅是这方面的初步尝试，但愿望并不等于事实，笔者衷心期待释义能得到读者的检验和批评。

最后还要说明一下，用科学观点去清理前人理论是一项困难的工作。笔者认为《费尔巴哈与德国古典哲学的终结》在这方面留下了一个范例。这部著作对黑格尔的"一切现实的皆是合理的，一切合理的皆是现实的"命题作了阐发。阐释中提出的一些观点是黑格尔本人所没有确定而鲜明地说出来的,它们是经过清理之后才得出的结论。这样的清理方法,表面看来似乎已越出了原著的界限,可是事实恰恰相反,它却是完全必要的。因为不这样做,就不能真正揭示出隐藏在黑格尔哲学内核中的合理因素。我们不应该把这种用科学观点清理前人理论的方法,和拔高原著使之现代化的倾向混为一谈。自然,运用这种方法而要做到恰如其分是很不容易的。笔者在释义中是不是有做得过头或做得不足的地方,也希望得到读者的批评和指正。

一九七九年

(《读文心雕龙》,新星出版社 2007 年 12 月)①

---

① 亦见《文心雕龙创作论》,上海古籍出版社 1979 年 10 月、《文心雕龙讲疏》,上海古籍出版社 1992 年 8 月、《王元化集》卷四,湖北教育出版社 2007 年 10 月。

审美主客关系札记[①]

最早提出美学中的人的能动性的是黑格尔。黑格尔在论述《艺术美的概念》中说:"在艺术里,感性的东西是经过心灵化了,而心灵的东西也借感性化而显现出来。"在文学创作过程中,心灵的现实化和现实的心灵化一直在交错进行着。文学创作所反映的现实不是现实世界的自然形态,而是心灵化的现实,从而使属于意识形态的艺术美区别于自然美。同时文学创作所表现的思想感情不是精神世界的抽象形态,而是现实化的心灵,从而使以形象为特征的艺术区别于以概念为特征的科学。

黑格尔在《美的理念》中,通过对于知性的有限智力和有限意志的批判更进一步阐述了审美的主客关系。现综述大意如下:有限的智力对待对象的态度是假定客观事物是独立自在的,而我们的认识只是被动地接受。表面上看,这好像克服了主观的幻想和成见,按照客观世界的原状去吸取眼前的事物。但主体在这种关系上是有限的,不自由的,因为这是先已假定了客观事物的独立自在性,从而取消了主观的自确定作用。而有限的意志则相反,主体在对象上

[①] 原为《文心雕龙创作论》的"释《物色篇》心物交融说——关于创作活动中的主客关系"篇的附释之三。该文在1992年修订版的《文心雕龙讲疏》中删除,在2007年版的《读文心雕龙》与《王元化集》卷四所录《文心雕龙讲疏》中再度修订恢复。——编者

力图实现自己的旨趣、目的、意图，根据自己的意志牺牲事物的存在和特性，把对象作为服务自己的有力工具，从而剥夺了事物的独立自在性，以致使对象依靠主体，对象的本质就在于对主体的目的有用。这样一来，就从对象的不自由而使主体变成自由了。但这种主体的自由只是一种假象，在实践的关系上，它仍是有限的、不自由的。因为由于有限意志的片面性，对象的抵抗就不能消除，结果就造成了对象和主体的分裂和对抗。

以上黑格尔关于审美主客关系的论述，包含着一些值得我们批判地吸取作为借鉴的成分。他所说的"主观的自确定作用"就是指认识活动的主观能动性。（《小逻辑》第二二六节《附释》批判了把认识的主体当做一张白纸的观点——案：这是洛克在《人类悟性论：单纯观念的性质》中提出的主张。可参阅。）黑格尔所提出的"人把他的环境人化了"这一美学实践观点，曾引起马克思的注意（见《为〈神圣家族〉写的准备论文》），是应该肯定的。但是我们同时也应看到他所谓审美主体的"自确定作用"，正如《费尔巴哈论纲》所说的，只是唯心主义抽象地发展了能动方面。因此，他一方面在批判知性的有限意志时，肯定了事物的独立自在性，反对主体为了实现自己的意图去牺牲事物的存在和特性。而另一方面，他在批判知性的有限智力时，又否定了客观事物是独立自在的，认为这种独立自在性只是出于主体的事先假定。黑格尔的这种说法似乎是矛盾的，而他的晦涩的论述方式更容易使人增添迷乱。为了弄清问题的真相，首先必须明白黑格尔对存在与思维关系这一认识论根本问题的看法。黑格尔的思想体系是按照精神是第一性的客观唯心主义建立起来的。不依赖人的意识而客观存在着的理念是他的哲学理论的核心。他在《美学》中说："一切存在的东西只有作为理念的一种存在时，才有真实性。因为只有理念才是真实的东西。这就是说，现象之所以真实，并不由于它有内在的或外在的客观存在，并不是由于它一般是实在的东西，而是由于这种实在是符合概念的。"由此出发,黑格尔认为在审美的主客关系中,客体对于主体是独立自在的。有限意志的局限就在于没有认识到客体不依赖人的意志而客观存在着。可是,另一方面,客体对理念来说又是没有独立自在性的,因为它只是理念的外化,尚处于粗糙的低级阶段。有限智力的局限则在于没有认识到人的认识历程是理念的自身活动,由自在阶段向着高级的自在自为阶段的不断深化,而要认识客观事物的内在概念,就要依靠主观的自确定作用,使理念回复到自身,达到主客观在自在自为的更高阶段上的统一。黑格尔把主观能动性视为理念自身活动的一个环节,这正可作为唯心主义抽象地发展了能动方面的最好说明。因为他"不知道真正现实的、感性的活动本身",不知道人的能动性是由历史所形成,只能从实践所产生,并经过实践所检验。

因此,黑格尔在论述审美主客关系时,作出了"在概念与实在的统一里,概念仍是统治的因素"这一唯心主义的结论。尽管黑格尔在思辨的叙述中常常作出了把握事物本身的真实的叙述,例如,他虽然把艺术美称作"理想",但他却强烈地反对使艺术脱离现实的理想化倾向。他说:"在艺术和诗里,从'理想'开始总是很靠不住的,因为艺术家创作所依靠的是生活的富裕,而不是抽象的普泛观念的富裕。在艺术里不像在哲学里,创造的材料不是思想而是现实的外在形象。所以艺术家必须置身于这种材料里,跟它建立亲切的关系;他应该看得多,听得多,而且记得多。"以为黑格尔反对现实主义的文艺理论,这是最大的误解。不过,由于他以"美是理念在感性事物中的显现"这一原则所建立的客观唯心主义美学体系的局限,他断言心灵和心灵所产生的艺术美高于自然。他认为只有心灵才是真实的,才是涵盖一切的,所以自然美只是心灵美的反映,而且自然美所反映的心灵美只是全然不完善的粗糙形态。由此,黑格尔提出了他的艺术清洗的理论。他认为艺术要把被偶然性和外在形状所玷污了的事物还原到它和它的概念的和谐,就必须把现象中凡是不符合概念的东西一概抛开，只有通过这种"清洗"，才能把理想表现出来。黑格尔曾经把这种克服所谓自然缺陷的艺术清洗论表述在下面的命题中，即：艺术创作应使"概念完全贯注到符合它的实在里"。对于黑格尔由绝对理念孕育出来的这种说法，费尔巴哈早就看出其中具有一种和黑格尔的辩证法相反的绝对化倾向，他在《黑格尔哲学批判》中说："认为类在一个个体中得到完满无遗的体现，乃是一件绝对的奇迹，乃是现实界一切规律和原则的勉强取消——实际上也就是世界的毁灭。"这个批判同样非常准确地击中了黑格尔美学的要害。因为黑格尔所说的"概念完全贯注到符合它的实在里"，正是认为"类"可以在一个个体中得到绝对的实现。事实上，无论在现实世界里或在艺术作品里，个别的都不能绝对地体现它的一般概念。自然，任何个别的都蕴含着一般，但是正如列宁所指出的："任何一般都是个别的（一部分，或一方面，或本质）。任何一般只是大致地包括一切个别事物。任何个别都不能完全地列入一般之中等等。"（《谈谈辩证法问题》）"类"在个体中绝对实现，这在现实世界中是不存在的，同样在艺术中也是荒诞的。因为如果艺术要正确地反映现实生活，如果艺术创作要不违反现实世界中个别和一般之间关系的客观规律；那么就不能不排除黑格尔所说的"概念完全贯注到符合它的实在里"这种追求绝对的美学理论。

事实上，当黑格尔的辩证法使他从思辨结构中摆脱出来，作出了把握事物本身的真实的叙述时，他也背叛了自己的理论原则。他在论述美的理想对现实的关系时，曾反对艺术家"从现实中的最好形式中东挑一点西挑一点拼凑起来"的办法。他在《美学》和《小逻辑》中都说过偶然性在艺术创作中是不可少的。他在论述人物性格时，曾反对法国古典主义剧作家使人物仅仅成为某种情志的抽象形式而消灭了人物的主体性，从而使艺术表现显得枯燥贫乏。他说："性格的特殊性中应该有一个主要方面作为统治的方面，但是尽管具有这个定性，性格仍须同时保持生动性与完满性，使个别人物有余地可以向多方面流露他的性格，适应各种各样的情境，把一种事物本身发展完满的内心世界的丰富多彩性显现于丰富多彩的表现。"诸如此类的论述，显然和他从艺术清洗理论提出使"概念完全贯注到符合它的实在里"的命题背道而驰。可是，这些地方往往为人所忽视，甚至把黑格尔美学中的消极一面发展到极端，以为将所有的优点集中到一个人物的身上来拔高形象就是创造艺术典型的准则。从这种追求艺术理想完人的理论出发，以致连车尔尼雪夫斯基提出的正确命题："茶素不是茶，酒精不是酒"，也被视为对艺术美的贬低。这里我们可以引另外一位理论家的话来说明车尔尼雪夫斯基所提出的"茶素不是茶，酒精不是酒"的观点："譬如，一个化学家取一块肉放在他的蒸馏器上，加以多方面的割裂和分解，于是告诉人说，这块肉是氧气、碳气和氢气等元素所构成。但这些抽象的元素已经不复是肉了。"这段话不是别人说的，而恰恰是黑格尔《小逻辑》（第二二七节）。其实，车尔尼雪夫斯基这个观点和上引黑格尔关于人物性格的观点基本上是一致的。

不过，黑格尔的客观唯心主义思想体系对他毕竟不是没有影响的。由于他认为美是理念在感性事物中的显现，由于他认为自然本身是有缺陷的，不能完善地显现美的理想，从而作出了一些显然错误的审美判断。例如，他在论述引起动作的普遍力量时，认为反面的、坏的、邪恶的力量不应该作为不可少的反动作的基本根源，"因为它们内在的概念和目的本身已经是虚妄的，原来内在的丑在它的外在实在中也就更不能成为真正的美了"。这种观点使他对莎士比亚作出了一些不公正的指摘。他说："古代大诗人和艺术家从来不让我们引起罪恶和乖戾的印象，莎士比亚则不然，他在《李尔王》悲剧里尽量渲染罪恶。"这种把表现罪恶当做玷污美的理想的偏见，倘加以引申和发挥，就会一笔抹杀十九世纪席卷整个欧洲文学的批判现实主义思潮，因为这些作品都以批判社会罪恶为宗旨。从黑格尔上述观点来看，就不能认识到这些揭露社会罪恶的作品并不简单地只是揭露丑恶，它们在揭露丑恶的同时也流露了作者的一定的理想光芒。因为黑暗不能用黑暗去暴露，而必须用光明去照亮它。果戈理曾经很机智地说明了这一点。当有人问他作品中正面肯定的力量是什么的时候，他回答说："我的'笑'。"但是黑格尔并不承认破中有立，并不承认在批判社会罪恶的否定中必须以作者的肯定为前提（虽然批判现实主义作家往往并未在作品中直接说明他们肯定的是什么）。黑格尔这种否定艺术表现邪恶的偏见正是说明：一、在概念和实在这对范畴中，概念是第一性的。当概念与实在发生不一致的情况下，不是使概念服从实在，而是牺牲实在去保持概念的纯洁。如果说这一点在他的艺术清洗理论中已见端倪，那么在他指斥表现罪恶（这是大量存在于莎士比亚时代——资本主义原始积累时代的现实）玷污了美的理论中就显露无遗了。二、他的美的理想仍受到了艺术只应该表现美好事物的传统美学观念的束缚，而并不承认艺术应该全面表现社会生活，除了美好的方面外也包括邪恶的方面在内。从而这使他把古希腊史诗时代的艺术标准偶像化、绝对化，当做了一切时代的审美准则。他认为史诗时代以后艺术只有日趋衰落这一看法，显然出于他对古希腊艺术的偏爱。三、他把事物的概念和实在和谐一致作为美的属性，正像车尔尼雪夫斯基所指出的："把艺术作品的必要属性的形式美和艺术的许多对象之一的美混淆起来，是艺术中不幸的弊端的原因之一。"虽然黑格尔在阐发美的规律方面较之车尔尼雪夫斯基美学具有更丰富的内容，虽然车尔尼雪夫斯基由于直观唯物主义的局限不能像黑格尔那样从主观能动性方面去阐述艺术的创作活动，来充分肯定艺术美的应有价值，但是车尔尼雪夫斯基的唯物主义倾向是明显的。他不妥切地以费希尔作为黑格尔美学代表的批判也并没有完全落空，有时他确实触到黑格尔美学本身的缺陷。

不过，这里的问题是怎样正确理解审美主客关系中的人的能动性。生活不能解释它自身，生活的本质隐藏在现象之中，因此，艺术创作就必须全面地能动地反映生活，对生活作出判断，并通过这种判断提出批判，揭示理想。艺术创作对生活素材进行艺术加工的全部过程都是按照一定的目的进行的，这目的就是在反映"生活是什么样的"时候，从中显现"生活应该是什么样的"。这一点，十九世纪最后一位伟大现实主义作家契诃夫已开始有所察觉。他曾经感叹当时的文艺界正经历一个瘫软的、贫瘠的、沉闷的时代，作家们缺乏生活的目标和远大的理想。针对这种情况，他提出自己的向往，认为"最优秀的作家是写实的，按照生活的原来样子去描写生活，可是因为每一行像液汁一样渗透着对于目的的自觉，所以您，除了原来样子的生活之外，还可以感到应该是那样的生活"。写了这几行之后，契诃夫惋惜地说他不能实现他的心愿。过去的现实主义作家由于时代和阶级的局限往往无法企及这种境界。自然，过去的现实主义作品也常常蕴含着浪漫主义的理想因素；不过它们多半是越出社会发展轨道的乌托邦式的空想。

今天，作家必须在表现"是什么样的生活"中去显示"应该是什么样的生活"。前者是基础，后者是主导。作家愈是深刻地认识并掌握了"应该是什么样的生活"，才能愈正确地反映"是什么样的生活"。同时，作家也只有充分理解了"是什么样的生活"，才能合乎规律、合乎逻辑地把"应该是什么样的生活"表现出来。不过，这里必须防止用主观任意性去代替主观能动性，像唯意志论那样，为了主观的意图不惜牺牲事物本身的存在和特点。理想性是现实的理想性，它不存在于现实之外，而是存在于现实之中。它是现实的潜在功能，把这潜在的功能加以明显的发挥，就是现实的真理。揭示现实中的理想性，不能跨越现实的历史阶段，不是把将来才能实现的理想去代替现在的现实，或者拔苗助长，把理想的萌芽夸大成为普遍的存在。艺术作品所表现的理想萌芽仍应是它的萌芽状态，不过经过了艺术家的能动的反映，可以使人清晰地看到它必将逐步壮大，成为不可抗拒的力量，转化为普遍的现实。**所以，艺术比生**

活是"更"理想的。在概念和实在的关系中,实在是第一性的,只有在这种意义上说艺术美高于自然美才是正确的。

一九七九年

(《读文心雕龙》,新星出版社 2007 年 12 月)①

---

① 亦见《文心雕龙创作论》,上海古籍出版社 1979 年 10 月、《王元化集》卷四,湖北教育出版社 2007 年 10 月、《读黑格尔》,新星出版社 2006 年 11 月。

《文心雕龙创作论》初版后记

这是一部旧稿,开始写于一九六一年。后来因为患病,时写时辍。至一九六六年初,初稿基本完成。当时还来不及整理出版,"文化大革命"开始了。在"四人帮"横行猖獗之际,原稿被抄走,经过了十多年的漫长岁月,才重新回到手中。我将原稿作了一些修订,删去了几篇,又增加了新写的一章《释〈体性篇〉才性说》,并在其他几篇《释义》的原有附录之外,补写了近十篇新的附录。

我遵照一位同志的意见,在修订旧稿时没有作较大的改动,甚至连一些名词也仍其旧,以保持原来的面目。如形象思维这一用语,在当时是犯忌的,故写作艺术思维。今天这些禁区已被突破,可以直言无隐了。不过,这却使旧稿和后来新写的附录在同一名词上显出了分歧。对此,我不想加以统一,以便使本书留下一些时代的痕迹。从这一小小的侧面也可以深深领会到目前正在方兴未艾的思想解放运动具有怎样巨大的力量,它给我的最大鼓舞,就是那标志着理性再觉醒的实事求是的科学精神已经发出了新的呼声。

关于写作本书的缘起,我在小引中已作了说明。有人不大赞成我采取附录的办法,建议我把古今中外融会贯通起来。这自然是最完满的论述方式,也正是我写作本书的初衷。但是限于水平,我还没有能力做到这一步。为了慎重起见,我觉得与其勉强地追求融贯,以致流为比附,还不如采取案而不断的办法,把古今中外我认为有关的论点,分别地在附录中表述出来。如果学力深厚的研究者以此作为聊备参考的资料,从而作出进一步的综合论述,那正是笔者所盼望的。

此外,需要说明的是本书上篇在阐述刘勰的思想体系时,没有涉及佛家的因明学对于《文心雕龙》的一定影响。这种影响并不表现在刘勰的具体文学观点上。就刘勰的文学观来说,我认为他是恪守儒学的立场风范的。有些论者用刘勰后来站在佛学立场所写的《灭惑论》中的某些概念和观点来诠释《文心雕龙》,我至今仍认为是牵强的。可是,如果说作为当时儒、释、道三家并衡的时代思潮对刘勰撰《文心雕龙》竟未产生过任何影响,那也未免太偏颇。佛学自汉末流入中土,到了刘勰的时代,用佛家的话来说,正是"如日中天"。刘勰自少时入定林寺依沙门僧佑居处,就已开始钻研佛法。佛家的重逻辑精神,特别是在理论的体系化或系统化方面,不能不对他起着潜移默化的作用。六朝前,我国的理论著作,只有散篇,没有一部系统完整的专著。直到刘勰的《文心雕龙》问世,才出现了第一部有着完整周密体系的理论著作。因此,章学诚称之为"勒为成书之初祖"。这一情况,倘撇开佛家的因明学对刘勰所产生的一定影响,那就很难加以解释。然而我在本书上篇中并未说明《文心雕龙》的结撰方法是在一定程度上吸取了佛家因明学的某些成分。今后我希望在这方面能作出一点研究成果,以弥补本书上篇中的不足。

从我开始写作本书的那天,我就以马克思《资本论》第一版序言的最后一段话作为鞭策自己的良箴。现在我还要把它援引在下面:

任何的科学批评的意见我都是欢迎的。而对于我从来就不让步的所谓舆论的偏见,我仍然遵守伟大的佛罗伦萨诗人的格言:

走你的路,让人去说话!

一九七九年校后记

(《文心雕龙创作论》,上海古籍出版社 1979 年 10 月)①

---

① 亦见《文心雕龙讲疏》,上海古籍出版社 1992 年 8 月、《读文心雕龙》,新星出版社 2007 年 12 月、《王元化集》卷四,湖北教育出版社 2007 年 10 月。

《文心雕龙创作论》第二版跋

本书重版时我作了一些修订。我曾经说过，我不赞成章太炎晚年手定文集时一再刊落删定的办法。这是出于存真的考虑：这样可以使作者在特定历史条件下所写的文字保留原有风貌，以便读者参照作者前后不同时期的文字以窥其演变之迹。

这本书是在"文革"前基本完稿的。一九七九年出版时我在《后记》中说，我没有做过什么修改。现在本书将印行第二版，我仍本初衷，除在少数文字上做了一些修订，所有的观点，纵使有错误，我也未动，让它们照原来样子重印。不过，在这三四年中，《文心雕龙》的研究取得了不少进展，我的思想也有所发展，不可能仍停留在原处。凡某些必要加以补充或说明或纠正的，我都以"二版附记"的形式附于篇末。这也是仿照本书《小引》所举阎若璩《古文尚书疏证》的体例。

回顾四年多前，本书的一章先以单篇论文在杂志上发表时，虽然得到一些至今使我感念不已的默默支持，但也遭到不少苛刻的挑剔吹求。某些责难因其无理地上纲上线、戴帽穿靴而难以令人心折，可是由于没有击中要害，却也并不使我怎么懊丧。这本著作是企图在《文心雕龙》的研究上（或者可以说，在我国古代文论的研究上），采用新方法，作出一点尝试。为此，我曾经过多年的思考。当我让它走入世间与广大读者见面的时候，我是有充分心理准备的。

对于我们文论研究领域内的因袭成见，我深有体会。对于我自己可能碰到的困难，我也并非茫然无知。我期待实践的检验，渴望听到读者的认真批评。纵使这批评是毫不容情的，我也将心悦诚服地用来进行自我反省，因为我知道这种批评出于对真理的追求。但是，对于那种舆论偏见，或者如黑格尔所指摘的那种愈是空疏，愈是理智上衰竭无能，就愈显出一种压倒千古大哲的虚骄之气的评论，我觉得，我当以那些坚贞的理论工作者为楷模，无论是现在或将来，绝不对之妥协让步。但我也不准备纠缠在无助于推动理论前进、只是为了逞强好胜的无谓争论之中。

近两三年来，这本著作逐渐得到了一些不怀偏见的评论。不少读者、同行和前辈来信给我以勉励。报刊上除披载了几篇评论本书的专文外，有些文章虽不以本书为对象，却附带涉及本书的观点和方法，予以奖饰。自然，也有些文章和我进行认真的商榷。我感到欣慰的是，我提出的某些观点逐渐为人所探讨。例如，在论述刘勰身世问题时，我提出刘勰属于庶族（在此以前均称刘勰为士族）。对于这一说法，季羡林先生于一九八一年曾来信表示赞同，并提供了进一步研究的线索。他在信中说："讲到刘勰身世，从士庶区别方面立论，很有卓见。我忽然想到陈寅恪先生在几篇文章中都谈到天师道的问题。看刘勰家世好像也信奉天师道。刘穆之、刘秀之，两辈都用'之'字排行，与王羲之家及其他许多家相似。天师道对刘勰的思想是否也有关系？颇值得探讨。"天师道问题确实值得研究，它不仅关系到刘勰家世（刘勰一支无排行"之"字者。范老曾注意这一点而未申论。倘进一步探讨，甚至可能推翻本传所述刘勰的世系），而且也关系到刘勰的思想。但我因事冗少暇，对这一问题未加深究，而其他研究者也未论及。这里附带提一笔，希望这一问题可以得到注意。此外，关于刘勰属于庶族的看法，更早还得到了周振甫先生的肯定。一九七九年尾，他来信说："大著论刘勰出身庶族，掌握极为丰富的材料，论证极为有力，使人信服，极好。"后来他和牟世金先生都在各自的著作中采纳了此说（前者见一九八一年人民文学出版社《文心雕龙注释·前言》，后者见一九八二年齐鲁书社《文心雕龙译注·引论》）。又如我据一九六九年江苏句容出土的《刘岱墓志》在刘勰世系上增添了刘勰的远祖刘抚及其堂叔刘岱的名字，后来也被人采入自己著作中。再如考定《灭惑论》撰于梁时并由此划分刘勰的前后期思想，这一论证虽至今尚存分歧，但也得到较多人的肯定，如李庆甲、李淼先生等均基本赞同拙说，并对我的一些论据加以补充，做出了比我更精确的论证。至于本书《创作论八说释义》，更引起了较多的反响。这里就不一一赘举了。

我很高兴，有几位评论者细心地注意到我在本书试图采取的科研方法。一九八一年《读书》第二期赵毅衡先生撰文说："一九七九年，或许是我国比较文学研究进入'自觉期'的一年：钱钟书《旧文四篇》《管锥编》前四卷，杨绛《春泥集》，范存忠《英国文学语言论文集》，王元化《文心雕龙创作论》，这些解放后出版物中中西比较文学内容最集中的书籍，都出现于一九七九年。"季羡林先生也是搞比较文学的，他在一九八一年给我的另一信中也说："我常常感到中国古代文论有一套完整的体系，只是有一些名词不容易懂。应该把中国文艺理论同欧洲的文艺理论比较一下，进行深入的探讨，一定能把中国文艺理论的许多术语用明确的科学语言表达出来。做到这一步真是功德无量。你在这一方面着了先鞭，希望继续探讨下去。"

老实说，我对比较文学没有研究。在撰写本书时，我也没有想到采取比较文学的方法（例如比较文学的平行研究法等）。我自以为我采用的方法在本书《小引》中已经交代得十分清楚了。可是，除了钱仲联先生评论本书的那篇专文接触到这一点外（见《文学遗产》一九八〇年第三期《〈文心雕龙创作论〉读后偶见》），它很少被人谈到。我在六十年代的头一二年开始酝酿并撰写本书的时候，正是学术界自由探讨的空气比较活跃的时候，报刊上时或出现一些有关科研方法的文章。那时涉及由抽象上升到具体等有关科学规律方面的理论、边缘科学、科学杂交、科研方法（类推法、向未知方面的设想法、对比法、归纳法）、文献和文物结合研究等等。其中大多数问题是长期被忽视、甚至被摒斥的，这种活跃的学术空气带来的清新气息，不仅给人鼓舞，也使人的头脑从僵滞狭窄的状态变得开豁起来。它打开我的思路，使我想在《文心雕龙》的研究方面作些新的尝试。我首先想到的是三个结合，即古今结合、中外结合、文史哲结合。尤其是最后一个结合，我觉得不仅对我国古代文论的研究，就是对于更广阔的文艺理论研究也是很重要的。我国古代文史哲不分，后来分为独立的学科，这在当时有其积极意义，可说是一大进步，但是今天在我们这里往往由于分工过细，使各个有关学科彼此隔绝开来，形成完全孤立的状态，从而和国外强调各种边缘学科的跨界研究的趋势恰成对照。我认为，这种在科研方法上的保守状态是使我们的文艺理论在各个方面都陷于停滞、难以有所突破的主要原因之一。文史关系难以分割是容易理解的，因为我国古代向来以文史并称，至于文学与哲学之间的密切关系，却往往被忽视。事实上，任何文艺思潮都有它的哲学基础。美学作为哲学一个分支，就说明两者关系的密切。但这样简单的事实，我们却认识不足。由于从事文艺理论工作的人，不在哲学基础上从美学角度去分析文艺现象，以致不能触及这些现象的根底，把道理说深说透。我们在阐述文学史的问题时，更很少从哲学方面去揭示它的思想根底，像车尔尼雪夫斯基论述果戈理时期俄国文学概况那样，揭示那一时代的理论家都和哲学有一定的血缘关系。例如：波列伏依以法国的库靖哲学为基础，纳杰日丁以德国的谢林哲学为基础，别林斯基以德国的黑格尔哲学为基础，而车尔尼雪夫斯基本人的文艺思想则是以费尔巴哈哲学为基础。关于这些问题的思考逐渐使我认识到在研究上把文史哲结合起来的必要。

至于把古今中外结合起来的想法，是萌生于马克思在《政治经济学批判导言》中所说的："人体解剖对猴体解剖是一把钥匙。低等动物身上表露的高等动物的征兆，反而只有在高等动物本身已被认识之后才能理解。因此，资产阶级经济为古代经济提供了钥匙。"这几句话给我极大启发，使我首先想到，对于萌芽形态尚未成熟的文学现象，只有用后来已经成熟的发达形态的文学现象才能加以说明。不过，这里涉及几个必须注意的问题：文学的范畴、概念以至法则，不是永恒的，而是变化的。但是作为文学最普遍、最根本的规律和方法，却并没有随着时间的流逝而消亡。不过某些这类范畴和概念本身也在发展，并非停滞不变。例如从萌芽形态发展为成熟形态，从低级阶段发展到高级阶段，而且这种发展变化过程多半呈现了极为复杂的形式，有时甚至是很难辨察的。因此，一方面我们必须把那些随着历史进展而消亡的范畴、概念、方法、法则和最普遍、最根本的范畴、概念、方法、规律严格地区别开来，另一方面又必须把后者的萌芽形态和成熟形态与低级阶段和高级阶段所变化了的形式与性质严格区别开来，而不能一律相绳，采取简单比附的办法。这样，我们就需要把古与今和中与外结合起来，进行比较对照，分辨同异，以便找寻出在文学发展上带有规律性的东西。我曾把这种方法称作"综合研究法"（参见最近出版的拙著《文学沉思录》五十五页至六十一页）。我要再说一遍，我考虑到这种方法主要是受到上引《政治经济学批判导言》中马克思说的那段话的启示。

关于季羡林先生在上引来信中说的，通过中外文艺理论的比较，"一定能把中国文艺理论的许多术语用明确的科学语言表达出来"。我觉得这话很重要。自然，我们不应把它简单地理解作用现代术语去硬套古代术语，而应理解作像人体解剖是猴体解剖的钥匙那样，即通过成熟形态的剖析，以之为借鉴，进而去探讨尚未获得充分发展的萌芽与胚胎。这样不仅可以使我们清晰地认识那些本来模糊不清、难以索解的问题，而且还可以使我们的研究工作取得新的突破。

我曾在一篇文章中举我国具有古老传统并积累了丰富临床经验的针灸为例，说明倘使我们运用有关现代科学（包括神经生理学、心理学、生物化学等），在机制研究方面去进行探讨，就可以把一直搞不清楚的道理解释明白，从而取得研究上的飞跃。不过，这种见解在我国古代文论研究领域内并不是完全可以被人接受或正确理解的。有人以维护我国古代文论的民族的和时代的特殊性为借口，反对以今天更发展了的文艺理论对它进行剖析，从中探讨古往今来中外相通、带有最根本最普遍意义的艺术规律和艺术方法，区别其萌芽形态与成熟形态，探索其发展进程，同时并由此去辨同异，以揭示我国传统文论的民族风格。我以为，拘泥于以古证古的办法，往往不免陷入以弹说弹的困境，而永远不能用今天科学文艺理论之光去清理并照亮古代文论中的暧昧朦胧的形式和内容。持这种主张的人有一种根深蒂固的偏见，以为只有以古证古才不会产生比附之弊。殊不知，以古证古同样会出现比附。不仅在目前可以找到大量例证，就是在前人这类文章中也可以同样找到不少例证。然而这类明明属于比附的弊端，仅仅由于它们采取了以古证古的形式，而就不再受到指摘。这是很不正常的现象。除了把它视为一种偏见之外，还可以说什么呢？自然，目前也涌现了大量以今论古的文章，我除了读到报刊上发表的这类论文外，也收到一些嘱我提意见的论文。确实其中很多都有比附的毛病。我并不想掩饰这一事实。我认为，无论出于什么原因，比附总是要反对的。

　　用科学的文艺理论去清理并阐明我国古代文论，首先需要在前人取得的成果上进行。这里特别指的是版本的考据和校勘，以及文字的训诂和注释。由于过去我们对考据和训诂采取轻蔑态度，一概斥为繁琐，这给我们的古典文学研究带来很大灾害。近几年学术界已开始认识到清人的考据训诂之学的重要性。很难想象倘使抛弃前人在考据训诂方面做出的成果，我们在古籍研究方面将会碰到怎样的障碍。在这种情况下，有人甚至提出"回到乾嘉学派去"。确实，多年以来我们对乾嘉学派迄未作出应有的评价（我认为对乾嘉学派人物的思想上的评价尤为不足）。目前有些运用新的文学理论去研究古代文论的人，时常会有望文生解、生搬硬套的毛病，就是没有继承前人在考据训诂上的成果而发生的。但是，另一方面我认为我们的研究工作也不能止于乾嘉学派，那就是绝不逾越前人的考据训诂之学，甚至在治学方法上也亦步亦趋，墨守成规。前人批评李善注《文选》释事不释义，已经感到不去阐发内容底蕴，只在典章文物、名词术语上作工夫是一种偏向。事实上，自清末以来，如王国维、梁启超等，他们一面吸取了前人考据训诂之学，一面也超越了前人的界线，在研究方法上开拓了新境界。就《文心雕龙》的研究来说，我觉得纵使在较早时期出现的一些著作，如黄侃《文心雕龙札记》、范文澜《文心雕龙注》、刘永济《文心雕龙校释》等也不是墨守考据训诂的传统方法之作。这些作出了新贡献的著作较前人向前跨出了一大步。我觉得在古代文学研究方面存在着一种惰性作用，有些文学史和不少作家作品研究大多都是用知性分析方法写成的，以庸俗社会学顶替科学理论，但年深日久，习惯成自然，竟然没有人指出这种阻挠古典文学研究前进的严重缺陷，甚至连一两句批评也听不到。相反，浅见者反奉之为圭臬。这是值得重视并需加以纠正的。

此外，对于本书内容方面还有一点话要说。我在第一版《后记》中曾经说，我在阐述刘勰思想时未涉及佛家因明学对《文心雕龙》的一定影响。后来，我在《文学理论体系问题》一文中，曾提到西域三藏吉迦夜与昙曜所译的《方便心论》及三藏毗目智仙共瞿昙流支所译的《回诤论》，都是阐发古因明学的著作，并认为刘勰会读到这些著作。这里，我想顺便作些说明和订正。据《出三藏记集》著录，《方便心论》于北魏孝文帝（元宏）延兴二年（472年）译出。此书译出时刘勰尚在少年，因此刘勰很可能读到此书。至于《回诤论》，系龙树所造，于东魏孝静帝（元善见）兴和三年（541年）译出。此时刘勰已殁。这是需要修订我在拙文《文学理论体系问题》

中所述两书出于同一时代之误的。不过，这里必须打破因明学仅在唐时方输入中土的错误论断。因明为印度五明之一，源远流长。据上所述，至少在南北朝时释家因明学的专著已传入中土，并有汉语译本，它对我国学术不可能不产生一定影响（且不说当时还有大量佛书，虽非因明专著，但在因明学的熏染下所蕴含的重逻辑精神和理论的体系化和系统化的特点，也会对当时学术发生潜移默化的作用）。我在第一版《后记》中还说过，我认为刘勰撰《文心雕龙》是恪守儒学的立场风范的。有些论者用刘勰后来站在佛学立场所写的《灭惑论》中的某些概念和观点来诠释《文心雕龙》，我认为是牵强的。可是，如果说作为当时儒、释、道三家并衡的时代思潮对刘勰撰《文心雕龙》竟未产生过任何影响，那也未免太偏颇。上述这些意见，我至今不变。我只是想再作些补充，把我的看法说得更清楚一点。

魏晋南北朝时期，虽然战乱频仍，政局动荡，但在学术思想上却打破了两汉定儒家于一尊的局面，儒、释、道诸家蜂起，并产生了以思辨为特点的玄学，呈现了诸子争鸣的活跃局面。学术文化有其自身相对独立发展的规律，它不能离开前代和同时代思想家所提供的思想资料来构成自己的学说。但是，决定思想家属于哪一学派却是被他的思想体系所决定。我们必须从其论著中分析他的主导思想，而不是由于他运用了同时代不同学派的思想资料，就率尔判定其间必有渊源关系。在《文心雕龙》中，刘勰曾据王弼解《易》的大衍之数，定其框架（共五十篇，取"其用四十有九，则其一不用"），还涉及玄学中的言意之辨、有无之辨等。尽管刘勰运用了这些思想资料，但从其思想体系看，从其主导思想看，《文心雕龙》仍属儒家思想。须知儒学本身也在发展，在发展过程中也会吸取其他思想学派的某些成分融化于自身之内。倘使我们今天在分析某一思想家的时候，不问其思想体系和主导倾向如何，以为融化了某些其他思想学派的某些成分，或者甚至只要运用了前人或同时代人某种不同流派的思想资料，就可划入某种学派，这种简单化的办法是不符合科研工作的科学态度的。可是，今天有些文章在分析《文心雕龙》的思想内容的时候，往往采取了比这还要简单的如有人所指出的语汇对比法，那似乎就未免过于牵强了。以上问题，由于这几年我在从事一些行政事务性工作，无法潜心钻研，倘有人在这方面写出自己的心得，那对《文心雕龙》的研究将会起着推进作用。

末了，我想顺便谈谈当前文风中的一个问题。这个问题我在拙著《文学沉思录》中曾经提到过，但几乎没有得到什么反响，所以这里不惮辞费，再申述一遍。我曾经说，我们时或可以看到，有人提出一种新观点或新论据，于是群起袭用，既不注明出自何人何书，以没其首创之功，甚至剽用之后反对其一二细节加以挑剔吹求，以抑人扬己。这种学风必须痛加惩创，杜绝流传。我们应该对古往今来提出任何一种新见解的理论家，都在正文或脚注中一丝不苟地予以注明。我们必须培养这种学术道德风尚（见《文学沉思录》六十页）。为了学习这种治学楷模，我在自己的文章里不敢掠人之美，凡别人先我提出的值得参考的观点或论据，我都一一注明出自何人何书。这一点，我相信细心的读者是会体察我的用心的。

一九八三年六月六日记于上海

（《文心雕龙创作论》，上海古籍出版社 1984 年 2 月）①

---

① 亦见《文心雕龙讲疏》，上海古籍出版社 1992 年 8 月、《读文心雕龙》，新星出版社 2007 年 12 月、《王元化集》卷四，湖北教育出版社 2007 年 10 月。

《文心雕龙讲疏》序

本书自一九七九年以《文心雕龙创作论》书名出版后,迄今有十多年了。一九八四年,《文心雕龙创作论》印行第二版时,我曾在文字上略作修订,并在有关章节后增加了二版附记,以补充或订正原来的观点,使先后两种说法并存。这是效法阎若璩《古文尚书疏证》的体例。现在本书即将印行新版本,在这新的一版里,我作了较大的删削,增加了一组近年来的新作,并更换了原来的书名,改为《文心雕龙讲疏》。

《文心雕龙创作论》自一九七九年问世,到一九八四年再版,共发行了五万多册。几年前已售罄。书出版后,得到了郭绍虞、季羡林、王力、钱仲联、王瑶、朱寨诸位先生的奖饰。此外,见诸文字的品评或引证,包括有《中国大百科全书·中国文学卷》《新文艺大系理论二集导言》在内的专论、专著数十种。这些品评不仅限于古代文论范围,而且也伸展到其他领域。作为这部书的作者,对自己的著述能够取得这样广泛的影响与回应,自然感到欣慰。但同时也萌生了一种喜忧参半的心情。

《文心雕龙创作论》于六十年代初期撰成,如今已历三十个寒暑。在这漫长的岁月中,世事沧桑,我个人的思想观念也在发展变化。当我开始构思并着手撰写它的时候,我的旨趣主要是通过《文心雕龙》这部古代文论去揭示文学的一般规律。在文艺领域内,长期忽视艺术性的探索，是众所周知的事实。但产生上面想法还有其他原因。五十年代末期，紧接着一次又一次的思想批判的政治运动之后，"大跃进"的暴风雨席卷了中国大地。那时候，人们似乎丧失了理性，以为单单依靠意志，就可以移山倒海。这种笼罩在祖国上空的乌云，它所带来的痴迷和狂热，倘非身临其境是难以想象的。当意志大喊大叫去征服大自然的运动刚刚开场，大自然对无视理性的盲目、愚昧、狂热，就加以惩罚了。其后果就是历史上所谓三年自然灾害时期。在饱经苦难之后，一些学人对于唯意志论感到切肤之痛。首先，在经济领域出现了孙冶方的价值规律的理论。虽然它马上被当做修正主义而遭到批判，但在六十年代为期短暂的学术活跃时期，它像投入平静湖面的石块，激起一圈圈涟漪，向四面扩散开去。哲学界展开了科研方法的讨论，史学界对农民战争性质作出了新的估价，文学方面掀起以《文心雕龙》为代表的古代文论研究，连一直沉默的心理学也发出了声音……这些富有生气的理论活动，给学术界吹来阵阵清新的微风。但是，没有多久，"千万不要忘记阶级斗争"的一声号召，风云突变，一切也就烟消云散了。不过，我不想因为突然的变故而中断《文心雕龙创作论》的继续写作，虽然我不知道等待它的将会是怎样的命运。

　　那时我正沉迷于黑格尔哲学的思辨魅力。五十年代中期，我在隔离审查的最后一年开始阅读黑格尔。隔离结束，我把十几本读《小逻辑》的笔记簿带回家中。此后，我又读了黑格尔《哲学史讲演录》《美学》。这三部书比黑格尔的其他著作给我更大的影响。几年中，我把《小逻辑》读了四遍，作过两次笔记。黑格尔的《美学》，我也作过十分详细的笔记。后来，我所发表的有关黑格尔美学思想的论文，包括《文心雕龙创作论》中的那几篇附录，都是从这些笔记中抄录出来的，几乎没有作过多少修改。当时关于德国古典哲学的局限性，谈得较多的是那批迂腐学究喜欢建构无所不包的庞大体系的特殊癖好。我也持同样看法。但是黑格尔哲学那强大而犀利的逻辑力量，却使我为之倾倒。我觉得它似乎具有一种无坚不摧、可以扫荡现象界一切迷雾而揭示其内在必然性的魔力。黑格尔哲学蕴含着一股清明刚毅的精神。一八一八年，黑格尔荣膺柏林大学讲席，他在开讲辞中说："精神的伟大和力量是不可以低估和小视的。那隐闭着的宇宙本质自身并没有力量足以抵抗求知的勇气。对于勇毅的求知者它只能揭开它的秘密，将它的财富和奥妙公开给他，让他享受。"这几句话充分显示了对理性和知识力量的信心。上述种种都加强了我认为文学规律可以被揭示出来的信念。

六十年代过去了。"十年浩劫"之后，当我可以重新阅读、思考、写作的时候，我对黑格尔哲学进行了再认识、再估价。近年来，海外一些学人经过把黑格尔哲学抛在一边的冷漠时期以后，又重新对他的"市民社会"学说发生了兴趣。黑格尔是不能被当做一匹"死狗"而简单地予以否定的。他的哲学充满着复杂的矛盾。黑格尔哲学严格地恪守他为自己体系所建构的自在——自为——自在自为的理念深化运动的三段式。他的著作明显地流露了对这种刻板的、整齐划一的体系的追求和用人工强制手段迫使内容纳入它的模式的努力。七十年代末，我开始感到黑格尔哲学中的这一缺陷，并将自己的某些看法写进文章里。我对黑格尔哲学的清理，实际上正是为了对自己进行反思。今天这项工作仍在我的思想中进行着。这里我不能离题旁涉过远。我只想简括地说一下，我认为自己需要对黑格尔哲学认真清理的，除了他那带有专制倾向的国家学说外，就是我深受影响的规律观念了。六十年代初开始写作《文心雕龙创作论》时，我对机械论是深有感受并抱着警惕态度的，因为我曾亲领个中甘苦并为之付出代价。我知道艺术规律的探讨不是一个容易对付的领域，不小心就会使艺术陷入僵化模式。我曾在书中援引了章实斋"文成法立而无定格，无定之中有一定焉"的说法为借鉴。但是，这种戒心未能完全遏制探索规律的更强烈的兴趣与愿望。《文心雕龙创作论》初版在论述规律方面所存在的某些偏差，第二版中仍保存下来，直到在这新的一版里，我才将它们刈除。但这只是删削，而不是用今天的观点去更替原来的观点，所以可以说是在做减法，而不是在做加法。不过，在新的版本里，我增加了新的一组讲话稿。比如关于玄学的评估，关于儒、释、道、玄的关系的阐释。特别是在一九八八年讲话中所提出的《原道篇》的"道"与老子的"道"的渊源考辨，关于《原道篇》中的"道"与"德"关系的考辨，关于刘勰的言意之辨的观点的阐发……这些都对初版的观点进行了纠正或补充。但我对这一版也有于心未惬的所在，这就是《释〈镕裁篇〉三准说》这一章。现在我不能对它进行过多修改，使之脱胎换骨，但我又认为这一问题是值得重视的，因而就索性让它像人体上所存在的原始鳃弧一样保存下来了。

本书改名为《文心雕龙讲疏》，取既有讲话，也有疏记的意思。一九四六年，我在国立北平铁道管理学院任讲师时，曾讲授《文心雕龙》。《文心雕龙创作论》的某些观点，即萌发在那时的讲课中。八十年代，我曾在日本的六所大学，在瑞典的斯德哥尔摩大学，以及在国内举行的《文心雕龙》研讨会上，作了十余次讲话，现将手边有的并略经整理的四篇，作为新的一组文章收入集内。末了，我要向关心本书出版的友人伯城、同贤和责任编辑兴康表示感谢。

一九九一年十一月二十四日

（《文心雕龙讲疏》，上海古籍出版社 1992 年 8 月）①

---

① 亦见《王元化集》卷四，湖北教育出版社 2007 年 10 月。

《文心雕龙讲疏》日译本序[①]

本书的著述有一个漫长的过程。从青年时代汪公严先生授我《文心雕龙》开始，大致经历如下：一九四六年我在国立北平铁道管理学院任教，曾选出《文心雕龙》若干篇为教材。授课时的体会，成为我写作本书的最初酝酿。六十年代初，我栖身在上海作家协会文研所时，开始了《文心雕龙柬释》的写作。前后约四年光景，初稿全部完成。可是紧接着在被称为"十年浩劫"的"文化大革命"中，稿件被抄走。直到七十年代"文革"结束，原稿才发还。我以近一年的时间进行修改和补充，于一九七八年完稿。书名定为《文心雕龙创作论》，由上海古籍出版社出版。出书的日期是在一九七九年末。所以本书的酝酿是在四十年代，写作是在六十年代，出版则是七十年代。八十年代本书重印时，又做过一些增补。至于重订本《文心雕龙讲疏》的出版，则是九十年代初了。

这本书基本完成于四十年前，倘根据我目前的文学思想和美学思想去衡量，是存在差距的。但要将我今天的看法去校改原来的旧

---

① 《文心雕龙讲疏》日文本为日本汉学家冈村繁教授主编的《王元化著作集》三卷之第一卷，日本汲古书院2005年4月。另两卷为《思辨随笔》，汲古书院2008年3月、《九十年代反思录》，汲古书院2010年3月。

作,那是不可能的,除非另写一本新书。不过,我也不妄自菲薄。这本我曾以多年心血写成的著作,无论在材料上,方法上,观点上,对今后的读者也许还有一些参考价值,因为我是尽心用力去做的。那时我写作本书的目的是为《文心雕龙》作注释;所以六十年代我写的初稿称为"柬释"。我在本书下卷首篇《释义小引》中曾援引熊十力先生的一句话,即"根柢无易其固,而裁断必出于己"来说明释义的宗旨。长期以来,大陆上对国学的研究是以"以论带史"为原则,蔑弃考据训诂,斥之为烦琐,从而形成望文生解,生搬硬套种种弊端。八十年代初,我曾撰文《回到乾嘉学派去》,即为纠弹这种不良学风。但我也并不主张我们应该亦步亦趋、墨守成规。前人曾批评李善注《文选》"释事不释义",这种只限于在典章文物名词术语上下工夫,使我感到实是一种缺陷。前人的一些注释,往往只找出出处辄止。我国为《文心雕龙》作注疏者(甚至很有影响的范文澜等),仍不脱此习。但是倘不察作者何以用前人此一说法,命意何在?是申引本文,还是借喻取譬?于所用旧说中所寓新义又如何?凡此种种,有千变万化之情况,皆须一一探索之,而不能因袭旧惯。我撰《释义小引》即明此旨。其实这也并非完全是我自立的新义,清人朱鼎甫《无邪堂答问》就曾经指摘当时俗儒,"务其物名,详于器械,考于训诂,而不能晓其大义之所及。此无异乎女史诵诗,内竖传令也"。所以,我认为注释前人著作一方面须下训诂考据的工夫,去揭示原著之底蕴(meaning)——此即"根柢无易其固";另一方面又须按照上述观点,摆脱释事不释义的窠臼,阐发原著中所涵之意蕴(significance)——此即所谓"截断必出于己"。我当初按照上述宗旨撰写本书,可以说是一种尝试,至于这种尝试的结果究竟如何,还须请读者赐教。

本书的日译本由福冈大学甲斐胜二教授以业余时间,积十年之久完成，再经冈村繁先生于耄耋高龄，费神劳心详加校订，耗时达一年之久，隆情厚意使我感愧，现谨致以衷心的谢忱。

二〇〇四年八月十六日

(《读文心雕龙》，新星出版社 2007 年 12 月)①

---

① 亦见《王元化集》卷四，湖北教育出版社 2007 年 10 月。

《读文心雕龙》小引

这本《读文心雕龙》，最初以《文心雕龙创作论》为书名，于一九七九年初版问世，印行了两版后，一九九二年更名为《文心雕龙讲疏》，又印行了四版。现经我重新加以校订，再次更名为《读文心雕龙》，和《读黑格尔》《读莎士比亚》，简称"三读"，列入《清园丛书》。

本书的著述有一个漫长的过程。从我青年时代问学于汪公严先生开始接触本书起，大致的经历如下：抗战胜利后，一九四六年我在国立北平铁道管理学院任教，曾选出《文心雕龙》若干篇为教材。授课时的体会，成为我写作本书的最初酝酿。六十年代初因卷入胡风案件，栖身在上海作协文研所那时，除翻译外国文学作品和研究我国古代文学外，实在也没有其他较有意义的事可以做，能够做。正好由于需要，我开始了《文心雕龙柬释》的写作。前后延续了三四年，初稿全部完成。可是紧接着"文革"开始。稿件被抄走。直到七十年代"文革"结束，原稿才发还。我以近一年的时间进行修改和补充，于一九七八年完稿。书名定为《文心雕龙创作论》，由上海古籍出版社出版。出书的日期是在一九七九年末，可是当我拿到书的时候，已是八十年代开始了。所以本书的酝酿是在四十年代，写作是在六十年代，出版则是七十年代，至于我再重新加以校订，作为今天这样的本子出版则是二十一世纪的第七个年头了。

这本书基本完成于四十年前，倘用我目前的文学思想和美学思想去衡量，是存在较大的差距的。但要将我今天的看法去校改原来的旧作，那是不可能的，除非另起炉灶，再写一本新书，由于这个缘故，我对现在这个定本的出版，怀有一种喜忧参半的心情。

　　我不想妄自菲薄，我曾以多年的心血写成的这本著作，并没有随时间的流逝而消亡。无论在材料上、方法上、观点上，我在当时是用尽力气去做的，我的劳力并未白费，它们对今后的读者可能还有些参考价值。但我也感到有不足的方面，我没有将我近十多年来所形成的对中国文论的新看法表述在本书中。

二〇〇七年中秋节

附:

《读文心雕龙》目录

刘勰身世与士庶区别问题

《灭惑论》与刘勰的前后期思想变化

刘勰的文学起源论与文学创作论

《文心雕龙》创作论八说释义小引

释《物色篇》心物交融说——关于创作活动中的主客关系

〔附释一〕心物交融说"物"字解

〔附释二〕王国维的境界说与龚自珍的出入说

〔附释三〕审美主客关系札记

释《神思篇》杼轴献功说——关于艺术想象

〔附释一〕"志气"和"辞令"在想象中的作用

〔附释二〕玄学言意之辨撮要

〔附释三〕刘勰的虚静说

释《体性篇》才性说——关于风格：作家的创作个性

〔附释一〕刘勰风格论补述

〔附释二〕风格的主观因素和客观因素

释《比兴篇》拟容取心说——关于意象：表象与概念的综合

〔附释一〕"离方遁圆"补释

〔附释二〕刘勰的譬喻说与歌德的意蕴说

　　〔附释三〕关于"由抽象上升到具体"的一点说明

　　〔附释四〕再释《比兴篇》拟容取心说

释《情采篇》情志说——关于情志：思想与感情的互相渗透

　　〔附释一〕《辨骚篇》应归入《文心雕龙》总论

　　〔附释二〕文学创作中的思想和感情

释《镕裁篇》三准说——关于创作过程的三个步骤

　　〔附释一〕思意言关系兼释《文心雕龙》体例

　　〔附释二〕文学创作过程问题

释《附会篇》杂而不越说——关于艺术结构的整体和部分

　　〔附释一〕文学创作中的必然性和偶然性

　　〔附释二〕整体与部分和部分与部分

释《养气篇》率志委和说——关于创作的直接性

　　〔附释一〕陆机的应感说

　　〔附释二〕创作行为的自觉性与不自觉性

(《读文心雕龙》，新星出版社2007年12月)

《日本研究〈文心雕龙〉论文集》序

几位日本学者曾将他们撰写的研究《文心雕龙》的论文寄给我，使我产生了编选一部集子的想法。因为迄今我们在介绍中国大陆以外学者研究《文心雕龙》方面的工作，尚未得到应有的注意。据我有限的见闻，仅知道王更生《文心雕龙研究》（台湾出版）中第一章《绪论》第三节《文心雕龙研究角度的转变》丙《打开国际市场的拓荒者》曾在这方面有简要的概述。王氏此书于资料搜集上用力甚勤，颇资借鉴。

中、日两国在文化交流上有着悠久的历史。远的不说，近六十年来，两国文化相互影响之巨，实堪瞩目。且以因明学这一学科来说，自玄奘创慈恩宗以来，在唐代曾极一时之盛，后经战乱，有关因明学论疏之类著作在我国已丧失殆尽，从此成为绝学，垂亡达五百余年。直至清末，才在日本发现由玄奘日本弟子道昭传入彼邦以窥基《因明入正理论疏》为首的不少有关因明学的疏记，并取回锓版流通，从而因明学于"五四"前后在我国复昌。老一辈学者对日本汉学家的研究成果是关心并重视的。我觉得，我们应保持这个传统。

笔者不谙日语，又加资料缺乏，本无力编选这本集子，幸得几位日本汉学家之助，才得以编选成功。这里应向下面几位致以谢忱：九州大学教授冈村繁来信以其论文见示，使我知道了日本学者自战后以来有关我国古代文论的研究,首推《文心雕龙》。京都大学教授兴膳宏协助我搜集有关《文心雕龙》的论文。前立正大学教授户田浩晓以自己研究《文心雕龙》的论文见赠。九州大学教授伊藤正文帮我作了介绍工作。京都大学助教授釜谷武志特地为我用中文撰写了《日本研究文心雕龙简史》。由于本集已收入户田浩晓《文心雕龙小史》,对日本学者研究《文心雕龙》概况阐述甚为详赡,为了避复,不再披载釜谷武志文章,这是要向他表示歉意的。但是我将在序中尽量援引他的一些看法和他所提供的资料。本集中未收冈村繁的论文,据他最近来信说,他未发表单篇论文,故告阙如。又据釜谷武志称:"前不久兴膳宏又写了《文心雕龙和出三藏记集》 (一九八二年载《中国中世的宗教和文化》)。超过十一万字的这篇论文,从各种角度,特别是佛教方面来对《文心雕龙》进行详细分析与研究。"因为篇幅和时间的限制也未编入本集。再有前京都大学教授已故的高桥和已《刘勰文心雕龙文学论的基本概念之研究》,虽然一些文章提及,但一时未能觅到,故只能割爱。诸如此类的缺漏一定还有不少,希望将来有更完整的集子编辑出版,本书只算是开一个头。

　　据《文心雕龙小史》一文所述,可以见出日本学者对《文心雕龙》的研究大抵包括下述几个方面:一是援引袭用。日本最早征引《文心雕龙》文字的是遍照金刚的《文镜秘府论》。该书《天卷·四声论》曾援引《文心雕龙·声律篇》之文。又据小西甚一云,该书《南卷·定位论》之论旨,系以《文心雕龙·熔裁篇》为蓝本。后来,青木正儿《中国文学艺术考》(弘文堂)中的《中国人的自然观》亦举《文心雕龙·物色篇》,述其大意,作为对山水景物文学的批评。二是考辨《文心雕龙》对日本文学的影响。这项工作首推土田杏村,他在《文学的发生》第八章《批评文学的发生及其源泉》中,谈及日本延喜五年(公元九〇五年)敕撰和歌集《古今集序》与《文心雕龙》的关系,曾引《原道篇》及《程器篇》之文为例证。三是版本研究和校勘。釜谷武志云："当以京都铃木虎雄《敦煌本文心雕龙校勘记》为嚆矢。"铃木虎雄是最早校勘唐写本《文心雕龙》的学者，其文发表于一九二六年五月。越一月，我国赵万里《唐写本文心雕龙残卷校勘记》发表于《清华学报》第三卷第一期。本集所收户田浩晓的论文则是近来日本在《文心雕龙》版本研究方面卓有成就的著作。四是注解校释。以斯波六郎《文心雕龙札记》为最。吉川幸次郎评论这部著作"钩隐发微，宏博精深"。可惜斯波六郎未能完成此书就赍志以殁。五是翻译。釜谷武志称："第一次把《文心雕龙》全书译成日语的是京都大学兴膳宏。他的译本（一九六八年筑摩书房《世界古典文学全集》第二十五卷）以带有非常流利的现代日语与日本传统的文雅的训读文这两种译文和其他注释本未曾有过的较细的注解为特征。国内对它的评价很高。九州大学目加田诚比兴膳宏更早开始了部分翻译工作，以后加以补订，于一九七四年由平凡社出版。此书有现代日语的译文与简单的注解，在通俗化方面作出了一定贡献。户田浩晓从一九六〇年到一九七〇年发表了部分译注后，在一九七四年和一九七八年由明治书院出版了全译本的上下两册。它的特点除了现代日语和训读文的译文外，还附有一七三八年养素堂刊以黄叔琳辑注本为蓝本的原文。"日本学界素以翻译及时著称，但《文心雕龙》的日译本却较美国华盛顿大学教授施友忠的英译本 The Literary Mind and The Carving of Dragons 晚出，后者于一九五八年由哥伦比亚大学出版部印行。笔者未见全书，仅看到片断摘引，译文似并不理想。六是索引。冈村繁《文心雕龙索引》相当于我国王利器的《文心雕龙通检》，在日本享有盛誉，是一部有用的工具书。七是思想内容探讨。近三十年来，我国关于《文心雕龙》研究的总趋势，是以过去的训诂考据的成果为依据，透过时代背景，对刘勰的身世、思想、世界观、创作论等等作了深入细致的探讨，这一潮流目前方兴未艾。日本方面的情况也大体相同，本集所收五篇文章尚不能尽其全貌。

日本学者孜孜不倦地努力探讨并传播我国古代文论的精华，他们的精神是值得钦佩的。当我得悉二次大战后，日本人民正经历最艰苦岁月的那几年中，以目加田诚为中心的日本学者仍弦歌不辍，致力于《文心雕龙》的研究，这种锲而不舍的精神使我为之感动。但是，我本着不为贤者讳的古训，在感到深获教益之余，也想对本集所收的一些文章，提出我不敢苟同的一些看法。我不打算一一加以胪述，只是举影响较大的几个重大问题来进行商榷。下面的意见主要是围绕斯波六郎的《文心雕龙札记》来展开讨论。

《征圣篇》赞曰："文成规矩，思合符契。"斯波六郎《札记》释曰："文成由规矩，思合有如符契。"所谓"文成由规矩"，据《札记》的进一步解释是"把文章结构以规矩来衡量"。吉川幸次郎对这一句的解释亦大体相同，他解释为"表现形式合乎文章法则之意"。我认为以上二说，皆有悖原旨。刘勰论文固然肯定规矩的存在，但他又反对刻板的定程。《神思篇》"规矩虚位，刻镂无形"，《情采篇》"为情造文"，《通变篇》"变文之数无方"，《章句篇》"随变适会，莫见定准"，均可证。这些话都否定了按照一定规矩去作文的意思。据我看来，所谓"文成规矩"，亦即后世章学诚所说的"文成法立，未尝有定格也，然无定之中有一定焉"。这可以作为"文成规矩"的比较惬恰的注释。至于第二句"思合符契"，斯波六郎的解释是基本合乎原旨的，但是吉川幸次郎却认为不确，改释为"作为表现前提的思索与要点一致，并被紧紧地把握住"。我认为把"符契"训为"要点"是缺乏根据，也不足以尽原文之意的。从《文心雕龙》的体例来看，对偶句每每互文足义。比如《物色篇》"随物宛转"即指心随物宛转，"与心徘徊"即指物与心徘徊。"思合符契"中思与什么相合有如符契呢？我以为吉川幸次郎把文作为表现形式，把思作为表现前提的思想内容是有一定见解的。所谓"思合符契"即思与文相合有如符契。

《札记》引《原道篇》"夫子继圣，独秀前哲"，认为刘勰在

《文心雕龙》一书中以孔子为尊,并引《序志篇》等文为证。而吉川幸次郎非之,谓"孔子在六朝时代的地位并不如后世那样高"。这一问题涉及《文心雕龙》思想体系中儒与佛、道、玄诸家的关系。最近无论在我国或日本都正对这一问题进行探讨。我个人是同意《范注》儒家古文学派之说的(详拙著《文心雕龙创作论》上篇)。历来论者也多持儒家之说,直至最近始有异说出现。有不同意见进行讨论本是好事。我并不反对做翻案文章,许多问题就是应该翻案。但是立新说首在言必有征,而且需要将前人的不同的重要论据一一驳倒,而不能为了取得惊听回视之效,而采取意在求胜的独断方式。这在某些文章中时或可见,我觉得最好能避免此种弊病,树立踏踏实实的文风。至于吉川幸次郎以孔子在六朝地位不若后世之尊来否定斯波六郎之说,似嫌过于笼统,不知他在其他文章中有没有较详的论述,倘无充分论证,则不能令人心折。据我所见,国内论者论证《文心雕龙》杂糅了佛、道、玄思想,大抵采取了语汇类比法,即以佛、道、玄诸家著作中的一些语汇去比附《文心雕龙》中的用语,日本亦然(见本集安东谅文所述某些日本学者的观点)。这种类比法有时甚至张冠李戴,把本不是佛、道、玄的用语误为佛、道、玄的专有词汇,纵使《文心雕龙》有类似甚至相同于佛、道、玄的用语,我以为,除了辨析这种情况是发生在怎样情况下及其目的何在外,也应划清一条界线,即把用本义而取譬和舍本义而取譬的两种不同征引法加以严格地区分开来。这一点我曾在拙文《〈神思篇〉虚静说柬释》(参见《中华文史论丛》一九六三年第三期)中加以申论。我觉得要否定《文心雕龙》在思想体系上属儒家之说,不能置原道、征圣、宗经的观点于不顾,不能置《宗经篇》谓儒家为"恒久之至道,不刊之鸿教"的最高赞词于不顾,更不能置《序志篇》作者本人所述撰《文心雕龙》的命意于不顾……同时,也必须推倒斯波六郎所举出的"夫子继圣,独秀前哲"等等充分证据。倘撇开原文,以穿凿附会之词代替科学的论证,那是不足取的。刘勰曾针砭当时词人逐奇失正之弊说："厌黩旧式，故穿凿取新，察其诡意，似难而实无他术也，反正而已。"这确实揭示了一种率好诡巧、出奇制胜的不好文风，是值得我们警惕的。在这个问题上，我的观点仍如拙著后记所云，刘勰撰《文心雕龙》在文学观上是恪守儒学的立场风范的。佛家的重逻辑精神，特别是在理论的体系化或系统化方面不能不对他起着潜移默化作用。因此，只是在他所采取的方法上可能受到了佛家因明学的一定影响。逾出这个范围，特别是在《文心雕龙》的思想内容上，是找不到佛学的重大影响的。

《札记》释《征圣篇》赞曰二句"妙极生知，睿哲惟宰"，曾提出这样的问题："'宰'究竟作动词，还是作名词性的动词呢？"接着斯波六郎自己回答道："我认为睿哲是指一般哲人，宰为'主''长'之意，是名词性动词，全句解作'孔子在哲人之中亦系登峰造极者'。"我认为这未免过于牵强。奇怪的是吉川幸次郎对这样明显的臆断反而未加以评论。《札记》把睿哲解为孔子的代词，再把"宰"作为名词性动词，训为"主"或"长"以表示"登峰造极"之义，这不仅缺乏根据，而且也不符骈文对偶的体例。我以为下句"宰"字当与上句"知"字相对，都是名词，应解作"主宰"或"真宰"，代表心的意思。《情采篇》也有"真宰弗存，翩其反矣"的说法。《征圣篇》赞中的"宰"字本之荀子《正名篇》："心也者，道之工宰也。"（杨注："工能成物，宰能主物，心之于道亦然也。"陈奂曰："工宰者，工官也。官宰犹言心宰。"）这都是"宰"可作为心之代词的明证。我曾在拙著中阐发过《文心雕龙》在思想体系上与荀子有较密切的关系。如刘勰的心物交融说强调了物沿耳目的感官功能，与庄子的"以神遇而不以目视，官知止而神欲行"的主张相悖，而其主旨却符合荀子的"缘天官"说（《正名篇》）。再从"心生而言立，言立而文明"这个基本命题来看，他认为文产生于心，通过心这一环节，使道——圣——文三者贯通起来，构成原道、征圣、宗经的理论体系。郭绍虞《中国文学批评史》指出，明道、征圣、宗经三种意义合而为一，为我国传统文学观，"其根基确定于荀子"。又如《神思篇》虚静说，按照我的看法，也是来自荀子的"虚壹而静"之说，并不是像前人注中所说的本之老庄。上引《征圣篇》赞曰二句文意，我在拙著中曾作过这样的解释："圣人所以睿哲是因为圣人之心合乎天地之心，而宇宙产生了充满智慧的圣人之心，实在有着极其神妙的道理。"只有这样解释，《征圣篇》赞曰末句"百龄影徂，千载心在"才有了着落。

《札记》释《原道篇》之"道"字为"天地间的元气与理法，和老庄对道的解释是相近的"。又引《韩非子·解老篇》之文："道者，万物之所然也，万理之所稽也。理者，成物之文也；道者，万物之所以成也。"认为这几句话"明显地流露了'一道万理'的思想，而且'理者，成物之文'也与彦和对'文'的看法非常接近"。斯波六郎以韩非《解老篇》之文去解释《原道篇》之道，此说本之黄侃《札记》。后者亦曾援用上引《解老篇》的话，但似乎说得更透彻一些。黄侃以为韩非之"道"为公相（即一般），"理"为私相（即个别），并加按语曰："庄韩之言道，犹言万物所由然。文章之成亦由自然，故韩子又言圣人得之以成文章。韩子之言，正彦和所祖也。"（节录）黄侃的公相与私相之说，后被引申为"道是自然界的根本规律，理是万物借以互相区别的特殊规律。特殊规律离开不了总的规律，总的规律寓于特殊规律中"（《中国哲学史》），以致越来越离开本旨了。我国另一部《中国思想通史》也是同样不别韩、老的同异，有时直接把韩非解老的话作为老子本人学说的内容来看待。不知斯波六郎是否受到这些说法的影响。笔者认为这里首先应当把韩、老的思想加以严格的区别。固然韩非也和老子一样，把道当做万物的本体，是永恒的，而理则是可变的，如方圆、短长、粗靡、坚脆、存亡、盛衰都是相对待的，万物万理的变化就是这个永恒不变的道的显现。（所以道和理的关系并不是什么一般与特殊的关系，而是无待驭有待，不变驭万变。）但是，韩非和老子却有着根本分歧，这就是韩非在老子推崇自然的道德本义中注入了他那君主专制的霸术论思想（说详一九八〇年《中华文史论丛》第八期所载拙文《韩非论稿》）。这一点绝不可加以混淆。我认为刘勰的原道观点本之《易》理，以儒家思想为骨干，他的宇宙起源假说接近于汉儒的宇宙构成论，即斯波六郎所称元气说。但是他在什么是太极这个关键问题上，和古文学家明白断定太极就是元气的态度比较起来，可以说是往后退了一步。他的宇宙构成论和文学起源论都采取了极其混乱而荒诞的形式并充满神秘精神（详拙著上篇）。

以上是我读了斯波六郎《文心雕龙札记》后的一点意见。至于我对本集所收其他文章虽也有不敢苟同之处，但不一一赘述了。我只是想再简略地谈一下关于《文心雕龙》成书年代问题。本集所载目加田诚和林田慎之助两文，虽未正面提出，但据行文来看，似都断言《文心雕龙》成于梁时。另据兴膳宏之文，则认为在《文心雕龙》中，"刘勰所见之世是他自己生活着的齐代"。显然，兴膳宏是以为《文心雕龙》成于齐世的。案我国自刘毓崧、纪昀以来，亦均主成于齐世之说。后来，又经范文澜《注》、杨明照《本传笺注》作出相当精确的考证，遂渐成定谳。近来虽也有个别翻案文章主成于梁时之说，但言而无征，终未引起学术界的注意和得到承认。由于笔者不知目加田诚和林田慎之助认为《文心雕龙》成于梁时在别处有没有加以论述，倘曾加以论述，又提出了哪些论据，所以这里也只好略而不论，希望熟悉这方面的同志对这一问题进行探讨。

最后顺便说一下，日本学者对唐写本《文心雕龙》最为重视。五十年代初，王利器《文心雕龙新书》称，他在校勘《文心雕龙》时，确知存在而未得征引者，有"前北京大学西北考察团团员某"藏唐写本《文心雕龙》残卷，约三尺。此事曾引起海内外的重视。王更生推断此三尺残卷可补斯坦因所窃、现见夺异域的《文心雕龙》残卷（藏大英博物馆）之阙。去岁，笔者承中国社科院文学研究所敏泽同志见告他查访经过。据他说，此三尺残卷确为《隐秀篇》，解放初有几位学者曾亲眼见到，但经十年内乱，现已下落不明云云。

本书由编者约请彭恩华同志担任翻译，除最后两篇外，都出自他的手笔。

一九八二年七月十四日
记于黄山人字瀑下听涛居

（《日本研究〈文心雕龙〉论文集》，齐鲁书社1983年）①

---

① 亦见《王元化集》卷四，湖北教育出版社2007年10月。

《文心雕龙学综览》序[1]

中国文心雕龙学会成立十二年以来，除进行国内外学术交流，定期刊行学刊外，较重要的工作就是编纂这部《文心雕龙学综览》了。编辑工作历时三年，撰稿者有七个国家和地区的七十多位中外学者。全书六十余万言。这样一部由海内外学人共同编纂的煌煌巨制，在大陆恐怕还是一件创举。《综览》的编纂是鉴于迄今还没有一部比较全面反映《文心雕龙》研究概况的参考资料。

《文心雕龙》成书后，虽得沈约"深明文理"的品评，但在齐梁之际，并不为时流所重。它开始受到社会瞩目，始于唐代，贞观十年所出《隋经籍志》已有著录。唐时各大家如颜师古《匡谬正俗》与《汉书疏》、孔颖达《五经正义》、陆德明《经典释词》、刘知几《史通》等则或品评、或采撷、或引征。《文心雕龙》传播到海外，也是在这一时期。唐昭宗初，日本宽平年代藤原佐世所辑《日本国见在书目》内杂家部与别集部即著录有《文心雕龙》十卷刘勰撰。倘再证以空海《文镜秘府》天卷引用《声律篇》事，则更

---

[1] 《文心雕龙学综览》，上海书店出版社1995年6月出版。封面题签张光年，主编杨明照，副主编林其锬（执行）、萧华荣。编委会编委：王元化、王运熙、牟世金、林其锬、俞子林、徐中玉、张少康、杨明照、詹锳、萧华荣。特约编委：（日本）冈村繁、兴膳宏、安东谅、笠征；（瑞典）罗多弼、夏谷；（前苏联）李谢维奇、戈雷金娜；（意大利）珊德拉；（香港）黄维梁、陈耀南。

可推知其时当在平安朝初。近据兴膳宏教授考定，早于平安朝行世的汉语诗集《怀风藻》中，有虫麻吕作的《秋月于长王宅宴新罗客》诗序，其文"物色相召"等语与刘勰《物色篇》相契。这一考证又把《文心雕龙》传入日本的时间提早到约当唐天宝十年。

《文心雕龙》究竟是先传入日本还是先传入朝鲜？这问题还待进一步推考。据韩国启明大学教授李钟汉考证，韩国学人崔致远于唐懿宗咸通九年来华留学。新罗五十一代真圣女王四年（相当唐昭宗大顺元年），崔致远奉敕撰写《无染和尚碑铭并序》。文中记新罗王引《文心雕龙·论说篇》："上曰：弟子不佞，少好属文，尝览刘勰《文心》有语云：滞有守无，徒锐偏解，欲谐真源，共般若之绝境。则境之绝者，或可闻乎？"（引文与原文稍异）据此可知《文心》传入朝鲜，当在唐昭宗大顺元年之前。

至于《文心雕龙》传入西方则甚晚，现所知道的是其时已在十九世纪下半叶。一八六七年，清同治六年，法国学者卫烈亚历撰《汉籍解显》，称："《文心雕龙》是诗文评论的第一部新作。"半个多世纪后，苏联汉学家阿列克谢耶夫于一九二六年在巴黎法兰西学院设讲座，作中国文学六讲，第一讲即介绍《文心雕龙》，称刘勰为"公元五世纪著名诗学家"。越十年，阿列克谢耶夫将讲话撰写成文，题名《中国文学》问世。书中将《原道篇》译成法文，并附《辨骚篇》译评。这是西方迻译《文心雕龙》的滥觞。二十多年后，美国汉学家休斯于五十年代译出《原道篇》，附在《文赋》英译本中出版。此后，《文心》全译本在日美两国陆续问世，日译本竟达三种之多，而珊德拉所译意大利文本也可望于今年出版。

随着《文心雕龙》包括今译在内的传播，研究工作也有了长足的进展，从早期的涓涓细流，蔚为大观。根据初步统计，截至一九九二年为止，各国各地区出版的专著共一三八部（大陆八三、港台四二、日本九、韩文英文意大利文四），论文二四一五篇（大陆一八四六、港台四二八、日本八六、韩文三一、英文二四）。《文心雕龙》研究，在时间上跨度之长，在空间上覆盖之广，倘要明其概貌，绝非编纂一部年鉴所可胜任，这也就是改年鉴为综览的由来。

《文心雕龙学综览》使读者可以在《文心雕龙》研究方面追源溯流、鉴往知来，从而在进一步总结以往的工作时，对其中的错误可加以改正，对其中的不足可加以充实，对其中的缺漏可加以填补，对其中的长处可加以发扬光大。《文心雕龙》研究实可作为中国文化宏观研究中的一个个案，由《文心雕龙》研究的发展和传播历程，去探讨中国文化研究的发展和传播历程。这部《综览》倘能起到这种作用，那将是编纂本书的同人最感欣慰的收获了。

一九九三年八月二十二日

(《集外旧文钞》，上海文艺出版社2001年1月)①

---

① 亦见《王元化集》卷七，湖北教育出版社2007年10月。

第七辑　读莎士比亚与外国文学

在莎士比亚塑像揭幕仪式上致词

作为人类文明象征的莎士比亚塑像在上海树立起来了。这座早就该在中国大地上建成的塑像，今天终于揭幕了。这是每个景仰莎士比亚的人，每个爱好和平、追求进步，把德行与艺术看得比金钱和权力更为重要，认为美必将战胜邪恶的人，所感到庆幸，引为骄傲的。

莎士比亚不属于一个国家、一个民族、一个时代。"说不尽的莎士比亚！"再没有比歌德这句话对莎士比亚是更适当的赞词了。莎士比亚的戏剧不仅包括了浩瀚的人生，而且还蕴涵了渊博的知识和发掘不完的深邃思想。莎士比亚的光辉并不随着时间的消逝而褪色。一个一个世纪过去了，一本一本作品被人遗忘了，可是莎士比亚的戏剧仍像一座开掘不完的矿藏，永远保存着未被发现未被揭示的新意蕴。它们向现在，也向未来，展示着尚未被人认识到的深刻哲理。

我们对于莎士比亚的研究还太少，太幼稚。我们演出的莎剧还停留在尝试阶段。但这并不会挫折我们的信心和勇气，幼稚是可以成长起来的，只要我们加倍地虚心学习，更勤奋地去钻研、去思考。

一九九五年十一月二十八日

（《读莎士比亚》，上海书店 2008 年 1 月）①

---

① 亦见《莎剧解读》，上海教育出版社 1998 年 1 月、《王元化集》卷三，湖北教育出版社 2007 年 10 月。

读莎剧时期的回顾

一九三八年我认识了满涛。他从俄文译出了契诃夫《樱桃园》，不久，这本书在巴金主持的文化生活社出版了。满涛的译笔漂亮流畅。他用了一些北京俗语，用得很恰当，使全书神采奕奕，增添不少生动气韵。这是我第一次读到契诃夫的剧本。那时读书界还不像现在，认为剧本只供演出而没有阅读价值。满涛翻译的这个本子是很有影响的。我也很喜欢这个剧本。读了《樱桃园》，我马上再去找契诃夫的其他剧本。契诃夫的剧本并不多，我读了《三姊妹》和《伊凡诺夫》的中译本。另外两本《海鸥》和《凡尼亚舅舅》，我读的是商务印书馆印行的加中文注释的英译本。几乎在差不多时候，也是抗战初期，商务已出版了梁实秋翻译的几本莎剧。我读了梁译的《丹麦王子哈姆雷特之悲剧》。书前有译者写的一篇长序，序中谈到哈姆雷特的性格和他在复仇上所显示的迟疑。这个西方莎学所探讨的问题也引起了我的兴趣。五十年代初，我以它为题，写了一篇探讨哈姆雷特性格的文章。这篇文章没有发表，一直保存到六十年代初。我将它和那时写的论奥瑟罗、李尔王、麦克佩斯编在一起，作为《论莎士比亚四大悲剧》中的第一篇。张可将这部近十万字的稿子，用娟秀的毛笔小楷誊抄在朵云轩稿笺上，再用磁青纸作封面，线装成一册。"文革"初我害怕了，在慌乱中将它连同十力老人几年来寄我的一大撂论学信件一并烧毁了。现在我只能简略谈谈留在记忆中的大致内容。在那篇《哈姆雷特的性格》中，我认为造成哈姆雷特的迟疑的原因，不是由于他的怯懦，而是由于他的生活经历了一场大变化。这场变化来得太突然、太急骤了。父王的暴卒，母亲改嫁给有篡弑嫌疑的叔父，而这位奸诈的叔父又马上登上了王位……和平恬静生活立刻变得严峻起来。世态的炎凉，处境的险恶，朋友的背叛，是这位从小在宫廷中养尊处优的王子所无法承受的。他惊恐地发现脚下布满陷阱，随时都会陷落下去。这些突如其来的变化，迫使他不得不怀疑，不得不思考。他需要迅速地去弄清每一变故的真相，去追索它们发生的原因，而摒弃已往的盲目热情、无邪的童稚。他很快地成熟起来，一下子由幼童变成了成人。我在这篇文章中曾援引了海涅的一段话，大意说：堂吉诃德将风车当做了巨人，将马房娼妓当做了贵妇人，将一场傀儡戏当做了宫廷典礼。而哈姆雷特相反，从巨人身上看到了风车，从贵妇人身上看到了娼妓，从宫廷典礼看到了一场傀儡戏。海涅的理论文字，蕴含着深邃的哲理，又具有诗的魅力。这是一般思想家所无法企及的。直到今天我读他的哲学论文的时候，仍引起很大的兴味。我在文章里，还援引了歌德在《威廉·麦斯脱的学习时代》中的一段话。书中人物在排演哈姆雷特时说："莎士比亚是要表现一个伟大的事业承担在一个不能胜任的人的身上的结果。……就像一棵橡树种在一个贵重的花盆里，而这花盆只能种植可爱的花卉，树根生长，花盆便碎了。"这些议论是威廉·麦斯脱作为导演和他的同伴在探讨剧本时说的，但颇可见出歌德本人的观点。歌德和海涅对于哈姆雷特的分析，虽然文字不多，却都言简意赅。现在回想起来，我感到自己过去写的那篇文章，由于出于同情和耽于辩护的立场，过分强调环境的变化才造成了哈姆雷特的迟疑犹豫。（别林斯基论哈姆雷特就是把他说成具有坚强的性格，说他的每一句话都是"涂了毒的箭"。）当我细细思考歌德和海涅的话之后，觉得哈姆雷特的迟疑犹豫，除了归结为环境的急骤变化外，也应考虑他本身的因素。每个人在迎接同一环境挑战时，都会有不同的反应，这里就有人的性格的作用。环境固然是性格形成的重要的原因，但遗传的因素也是不可忽视的方面。

我写了《哈姆雷特的性格》以后，对莎剧仍说不上有真正的爱好，不过我开始不再把莎士比亚看做是一位夸张做作已经过时的伟大天才了。从本世纪初以来，莎士比亚在中国并没有获得好运。"五四"新文化阵营中有不少人是以弘扬文艺复兴精神自命的，可是他们对于西方文艺复兴的这位代表人物，却显得十分冷漠，对他尚不及对那些无论在才能或成就方面远为逊色的作家的关注，仅仅因为他们被视为弱小民族的缘故。胡适在二十年代初写的日记，有几处谈到莎士比亚，说他"绝不觉得这人可与近代的戏剧大家相比"。而莎士比亚的"几本哀剧"（悲剧），只当得"近世的平常刺激剧 melodrama"。他认为，近代大家绝不会做《奥瑟罗》"这样的丑剧"。又说，他实在看不出"那举世钦仰的《哈姆雷特》有什么好处。……哈姆雷特真是一个大傻子！"① 鲁迅虽然没有这样激烈的贬莎论调，但莎士比亚并不是他所爱戴的西方作家。他没有写过专门谈论莎士比亚的文章，当论战的对手提到莎士比亚的时候，他才涉及他，说《裘力斯·恺撒》并没有正确地反映罗马群众的面貌。"五四"时期的一些代表人物不喜欢莎剧，虽然各有各的理由，但主要原因除了功利主义的艺术之外，也可能是由于已经习惯了近代的艺术表现方式，而对于四百多年前的古老艺术觉得有些格格不入。胡适和不少人大抵都是如此。我这一代人的文学思想是在"五四"新文化观念的哺育下成长起来的，自然不能脱离"五四"的影响。

---

① （原注）胡适对莎士比亚的责备，使人想到莎剧最早评论者德莱登承袭英国复辟时期的议论："他时常是单调的、乏味的。他的喜剧的智慧陷入了生硬，他的豪言壮语陷入了夸大。"而胡适斥责《奥瑟罗》的话，更接近十七世纪评论家汤姆士·雷默尔的论调。雷默尔是这样谴责《奥瑟罗》的："这出戏里有着一些噱头，一些诙谐与乱糟糟的喜剧才智，一些炫夸，和一些迎合观众的模仿。可是它的悲剧部分只是一种流血的闹剧，并且是淡而无味的。"笔者未能查考，不知胡适是否曾受到这类评论的影响。

具有浓厚意图伦理的"五四"人物，在文学思想上多重功用。胡适当时所喜爱的是易卜生的社会问题剧。我真正开始进入艺术世界是在四十年代，比"五四"时期晚了二十年。当时易卜生的剧本已经不能满足我的文学爱好，我喜欢的是契诃夫。毕竟时代不同了，"五四"时代强烈的功用色彩淡化了。回顾起来，我并不认为我当时爱好契诃夫有什么偏差，契诃夫的剧本一直是我心爱的文学读物。契诃夫为什么吸引了我呢？他的五个多幕剧几乎大同小异，在情节上都平淡无奇：开头一些人回到乡间的庄园来了，在和亲友邻居等等的交往和接触中，发生了一些纠葛和冲突，引起感情上的波澜。这些事件并不令人惊心动魄，正如平凡的日常生活时时所发生的一样。最后又是一些人怀着哀愁怅然离去。故事就这么简单。但是契诃夫把这些平凡的生活写得像抒情诗一样美丽。在他以前，果戈理写两个伊凡的吵架，从吵架表现了人们把精力消耗在近于无事的悲剧中。果戈理的笔触是粗壮的、强烈的、尖锐的，小说中处处闪露着作者的讽刺微笑。同样，吵架也是契诃夫笔下经常出现的场景。在这些场景中流露出来的淡淡哀愁是柔和的、含蓄的，更富于人性和人道意蕴的。契诃夫似乎并没有花费多少心思用在情节的构思上，当时我正沉迷于十九世纪俄罗斯文学所显示的那种质朴无华的沉郁境界。我不喜欢文学上的夸张、做作、矫饰和炫耀。陆游诗中说的"功夫深处却平夷"，正是我那时所追寻的境界。我认为质朴深沉比雕琢卖弄需要有更多的艺术才华，虽然初看上去前者并不起眼。艺术需要含蓄，需要蕴藉，但这往往是贪多求快的读者所忽略的。当我逐渐懂得去欣赏契诃夫以后，不管经历多少岁月，面临怎样的艺术新潮，我再也不会发生动摇了。等到我从黑格尔美学中理解到"形象的表现方式正是艺术家感受和知觉的方式"以后，我更坚定了我的信念。

别林斯基以自然派的名义来概括十九世纪俄罗斯文学。他曾以下面一段话来说明自然派文学的技巧问题。这段话的大意是"一篇引起读者注意的小说，内容越是平淡无奇，就越显出了作者过人的才华。当庸才着手去描写强烈的热情、深刻的性格的时候,他可以奋然跃起,说出响亮的独白,侈谈美丽的事物,用辉煌的装饰,圆熟的叙述,绚烂的辞藻——这些依靠博学、智慧、教养和生活经验所获得的东西来欺骗读者。可是如果要他去描写日常的生活场面,平凡的散文的生活场面,请相信我,这对于他将成为一块真正的绊脚石。"我是从战前生活书店出版的《柏林斯基文学批评集》读到这段话的。这本书的译者是王凡西。严格地说,这只是一本小册子,全书只是别林斯基的几篇文章的摘译。但它给了我极其深刻的印象,影响了我对艺术的看法。我在五十年代初所写的一些文学论文里,曾不止一次援用过它。

"文革"时期批判所谓三十年代黑线时,说那时的文艺思想来自别、车、杜。事实上,三十年代译出的全部别、车、杜三家论著,除《译文》摘译的别林斯基几篇论文的片断外,只有王凡西的这本小册子。周扬翻译的车尔尼雪夫斯基的学位论文《生活与美学》已是四十年代的事了。至于比较完整介绍别、车、杜的论著,已是到了四十年代末五十年代初了。(当时从事这项工作的是时代出版社的姜椿芳、满涛、辛未艾。)怎么能说三十年代所谓文艺黑线来源于别、车、杜呢?那时左翼文艺理论家所推重的是普列汉诺夫,苏联的高尔基、吉尔波丁、罗森达尔,以及日本的藏原惟人、志贺直哉等,他们几乎没有涉及别、车、杜。我也是在四十年代末五十年代初才较多地知道别、车、杜的文学思想的。人们习惯按照苏联理论界的说法,把别、车、杜称作是革命的民主主义思想家,以为他们的文艺思想显示了强烈的政治色彩。这种说法至少是夸大的。这三位思想家在自己论著中固然表现了一定的政治态度,但并不像我们所设想的那样,他们是把自己的政治概念灌输到审美趣味中去。我始终不能忘记,我在四十年代从教条主义摆脱出来时,别林斯基的艺术观对我所发生的影响。他帮助我把自己的零碎感受提升为一种观念。这可以用我当时所读到的他的一种说法来阐明。这段话现在我已记不起是出于他的哪一篇论文了。大意说,"一个作家如果听从某种思想的指引,必须把它化为自己的血肉,使它获得人格的印证,否则这思想就会成为一种不生产的资本。"① 别林斯基这一论述和长期以来左翼文学理论关于思想性的说法迥不相同,倘非亲身感受是很难领会它所给予我的思想解放力量的。当时正在强调正确的世界观对于文艺创作的决定作用,两位具有权威性的文艺理论家正在严格地用这一理论去裁决文艺问题的是非。在这种使我感到压抑的窒息气氛下,一九五一年我写了《世界观·倾向性·人格力量》,发表在梅林主编的《文学界》上。这篇文章援引并阐发了别林斯基那段话。一九五二年我编《向着真实》集子时,一位对我怀着善意担任领导工作的朋友,劝我不要把这篇文章编入集内,因为它和当时正在大力宣传作家必须先改造世界观的指导思想相悖。我接受他的意见,使我在接踵而来的文艺整风中免除了惊扰,但这篇文字也就从此没有编入我的集内了。一九五四年尾,我读到《文艺报》印发的胡风三十万言意见书,那是作为批判材料让大家阅读的。胡风在批评世界观决定论时也阐发了别林斯基的上述观点,还引用了原文"不生产的资本"这一说法。由于胡风没有注明这句话的出处,批判者不知它的来源,所以在反胡风运动中才没有引起对这问题的深究。

这里我想为别林斯基说几句话。别林斯基对十九世纪俄罗斯文学曾发生过举足轻重的作用。他依靠友人的转述去理解黑格尔,从黑格尔那里吸取了许多东西。这里可以举一个例子,黑格尔门人及

---

① (原注)最近我找到我所引用的这段话的原文:"倾向自身应当不仅存在于作家的头脑中,主要地在他的心中,在他的血中;最要紧的是,它应当是一种感觉,一种本能,只有那样,它才是一个自觉的观念;倾向非要像艺术本身那样生发出来不可。一种从书中取出来的或从别人听来的观念,即使照应有的样子受到理解,但是并未被你彻底同化,并未受你自己的人格印证,不仅对诗的活动,就是对所有文学活动,都是一种不生产的本钱。"

后继者对于黑氏美学中的情志 πάθoξ 这一被阐述得十分精辟的概念，似乎并没有予以应有的注意和回应，而只有别林斯基认识到它的意义，懂得它是黑格尔美学中重要的概念之一，在他所写的一系列有关普希金的论文中，对这一概念作了引申和阐发，显出了真知灼见。但是他并不墨守前辈大师的规矩方圆。黑格尔对古希腊艺术推重备至，却十分鄙视滥觞于他同时代并在他以后蔚为大观的近代文学，认为后者对前者来说，只是一种退化。别林斯基并不受这种偏颇观点的影响，他用自然派来命名果戈理时期的文学现象。这方面他所作的精辟论述，实际上是对十九世纪以人道主义为内容的俄罗斯文学的系统阐发。在这一点上，他是前无古人的。他比黑格尔生得晚，活在一个俄罗斯文学巨星光芒四射、人才辈出的时代。这些大师的乳汁哺育了他的审美趣味，他把从他们那里吸取的文学养料化为自己的血肉，又反转来成为影响和推动十九世纪俄罗斯文学前进的动力。普希金、莱蒙托夫、果戈理以后，风起云涌一个紧跟着一个出现的俄罗斯文学巨匠，很少不受这股思潮的扶持或推动，陀思妥耶夫斯基、屠格涅夫、尼克拉索夫、托尔斯泰……都受到它的影响。契诃夫，虽然生得较晚，但也是在这种文学气氛中成长起来的。在开拓这片文学大地的艰苦工作中，使别林斯基获得成功的一个关键，就是他的艺术鉴赏力。他逝世多年以后，车尔尼雪夫斯基重谈果戈理时期文学概观的时候，曾说了一句语重心长的话，他说，他在艺术鉴赏方面，不能提出比别林斯基更多一些意见，只能按照他所开拓的方向走下去。尽管车尔尼雪夫斯基比别林斯基受到的正规教育要多得多，但艺术鉴赏力，除了需要学识之外，更需要思维活动中源于禀赋的领悟能力。

无论是契诃夫的剧本或者别林斯基的自然派理论，都使我对于表现平凡日常生活的作品产生了极大的兴趣。在我读过的剧作中，我把具有这种特点的剧本称作是"散文性戏剧"，将它与"传奇性戏剧"相区别。不用说，在这样的对比下，我的偏爱很自然地会倾向契诃夫，而不是莎士比亚。那时我常和张可谈论这个问题。她并不赞同我的意见。她不善于言谈，也不喜欢争辩，只是微笑着摇摇头，说莎士比亚不比契诃夫逊色。当时我们谁也没有说服谁。我对散文性戏剧和传奇性戏剧所作的比较说明，在我过去所写的文字中留下了痕迹。一九四三年上海国华剧社在金都戏院上演曹禺改编的《家》的时候，我写了一篇剧评，收入我最早的一本论文集《文艺漫谈》中。这篇文章有这样一些说法："每次读完《北京人》我常常想起契诃夫。曹禺渐渐从故事性、紧张、刺激、氛围气、抽象的爱与仇主题走出来，接触到真实广阔的人生，多多少少都可以看出契诃夫对于他的影响。"（我这样说是有根据的，曹禺发表了《雷雨》《日出》《原野》以后，曾在一篇自述中说，在北京的一个秋天，他坐在飘落黄叶的院子里，一边读契诃夫的《三姊妹》，一边沉入了遐想。他说，如果一个剧作者一生只写出一部这样的作品，也就可以心满意足了。）"《雷雨》充满浓重的传奇色彩，《北京人》只是生活的散文：平凡、朴素，好比一幅水墨画，……我不想判断传奇的悲剧好，还是散文的悲剧好。莎士比亚式的悲剧我喜欢，契诃夫式的悲剧我也喜欢。不过，传奇的悲剧容易渲染过分，以致往往有失真之弊。雨果的《钟楼怪人》是伟大的作品，可是我个人的口味更喜欢史坦培克在《人鼠之间》中所写的莱尼。这是一个力大、粗鲁、丑陋的壮汉，在粗糙的灵魂中同样充满了人性和柔情。他更平凡，也更使我觉得亲切。"以上这些就是我当时的看法，其中许多观点，我至今未变。但是任何一种正确观点，如果固执地推到极端，作为审美标准的极致，就会产生片面化，从而使自己的眼界狭窄起来。当时我正年轻气盛，我的偏执使我在艺术鉴赏上也蒙受影响。具有不同特性或不同体裁的文学作品，有其不同的长处，也有其不同的局限。现代自由体新诗固然比古代格律诗具有种种的优越性，但如果用现代新诗体裁将古人律诗加以今译，就无法在意境、气韵、格调、神采等等各方面保持原有的面貌而不走样。就这一点来说，在抒发思想感情方面比旧体诗更自由的新诗，也有它的局限性。《文心雕龙》是用六朝骈文写成的，在自由抒发方面更受限制，但我读了好几种今译本，发觉没有一种今译可以将原著形神兼备地表达出来。比如《物色篇》赞中的这几句话"目既往还，心亦吐纳，情往似赠，兴来如答"，几乎所有的今译都丧失了原有的情趣。前人所谓尺有所短，寸有所长，万物并育而不相害的话，确实是有道理的。

我通过撰写《哈姆雷特的性格》，已开始感到它是耐人细细品味的作品，而绝不是那些俗文俗作可以比拟的。一部作品倘使不能唤起想象，激发你去思考，甚至引起你用自身的经历，去填补似乎作者没有充分表达出来的那些空白或虚线，那么这部作品就没有多少可读的价值了。哈姆雷特的犹豫迟疑曾引起我的思考，从最初读梁译，到写成那篇文章，将近十年。这说明它是一部耐人寻味的剧本。

不过，我对莎士比亚真正产生了爱好，却是在五十年代下半叶的隔离时期。审查一年后，我被准许读书。我将自己的阅读范围很快集中在三位伟大作者的著作方面。这就是马克思、黑格尔、莎士比亚。我以极其刻板的方式，规定每天的读书进程。从早到晚，除了进餐、在准许时间内到户外散步以及短暂的休息占去极为有限的时间外，我没有浪费分秒的光阴。这样全神贯注地读书，一直到一九五七年二月二十二日正式宣布隔离结束为止。这是我一生中读得最认真也受益最大的时候，此后不是由于外在的干扰，就是由于自己的分心，再也不能专心致志地读书了。那时我所读的莎剧，最引起我关注的是《奥瑟罗》，这个剧本一下子把我吸引住了。我的全身心都投入到奥瑟罗的命运中去。在隔离审查中，由于要交代问题，我不得不反复思考，平时我漫不经心以为无足轻重的一些事，在一再追究下都变成重大关节，连我自己都觉得是说不清的问题了。无论在价值观念或伦理观念方面，我都需要重新去认识，有一些更需要完全翻转过来，才能经受住这场逼我而来的考验。我内心充满各种矛盾的思虑，孰是孰非？何去何从？在这场灵魂的拷问中，我的内心发生了大震荡。过去长期养成被我信奉为美好神圣的东西，转瞬之间轰毁，变得空荡荡了。我感到恐惧，整个心灵为之震颤不已。我好像被抛弃在茫茫的荒野中，感到惶惶无主。这是我一生所遇到的最可怕的时候。多年以后，我在一篇自述文章中，用精神危机来概括这场经历。

  这就是我读《奥瑟罗》那时的心境和思想状况。当我读到第四幕奥瑟罗的一段独白时，我产生了强烈的共鸣，它使我激动不已。在这场戏中，奥瑟罗遣走了陪伴苔丝狄蒙娜的爱米利娅，台上只剩下他们两个人。奥瑟罗被苦恼重重击倒，过了一会儿，他平静下来，从内心深处发出叹息："要是上天的意思，要让我受尽种种的折磨，要是他用诸般的痛苦和耻辱降在我的毫无防卫的头上，把我浸没在贫困的泥沼里，剥夺我的一切自由和希望，我也可以在我灵魂的一隅之中，找到一滴忍耐的甘露。可是唉！在这尖酸刻薄的世上，做一个被人戳指笑骂的目标，我还可以容忍，可是我的心灵失去了归宿，我的生命失去了寄托，我的活力的源泉变成了蛤蟆繁育生息的污地！……"奥瑟罗的绝望这样震撼人心，因为他由于理想的幻灭而失去了灵魂的归宿。伟大人文主义者笔下的这个摩尔人，他的激情像浩瀚的海洋般壮阔，一下子把我吞没。我再不去计较莎剧的古老的表达方式，他那繁缛的充满隐喻与双关语的枝叶披纷的语言，他那多少显得有些矫饰留下了人工造作痕迹的戏剧技巧——这些因时代风习使作品在形式上受到局限的斑痕……要紧的是他写出了人和他的灵魂，还有什么比这更重要，更值得读者去沉潜往复从容含玩呢？任何作品的形式都不可能臻于至善至美，它将随着时间的流逝而更新，但人类心灵中所闪烁的光芒却是恒久的。……我不想把那时一些想法都当做我的成熟思想。一年多隔离审查的幽居生活，在发生精神危机之后，我的神经系统出现了一些异常征兆，嘴角歪斜了，舌头僵硬了，说话变得含混不清。（十多年后，我在"文革"中再度被隔离审查时，又出现了同样病兆。在一次批斗我的会上，我感到脸上身上有无数小虫在爬，使我疼痒难熬，禁不住全身扭动着。一位因去过苏联也被批判过的女同志，看到这副古怪的样子，大为生气，对我恶声叱骂，眼里向我投射出憎恶的冰冷的光芒。她不知道这是病，还以为我在装假）。但我觉得在孤独中我的头脑似乎变得更清晰、更灵敏。由于感情长期被压抑不得抒发，一旦激动起来，就会一发不可收拾。那时我也意识到必须抑制自己，但我的想法仍难免有夸大或过火的地方。我对奥瑟罗所产生的强烈共鸣，仔细分析起来，是和我从小受到的教养有着密切关联。我这一代的知识分子，大多都是理想主义者。尽管不少人后来宣称向理想主义告别，但毕竟不能超越从小就已渗透在血液中，成为生存命脉的思想根源。这往往成了这一代人的悲剧。但不管怎么样，结果却是，这种对于奥瑟罗失去理想的共鸣，终于改变我对莎剧的看法，引导我重新进入他的艺术世界。奥瑟罗这个人物，正如莎士比亚笔下的其他人物一样，显示了人性中某方面的弱点。这位后来成为我膜拜对象的伟大作家，曾满怀悲悯地向上天发问："为什么上帝先要让人有了缺点，才使他成为人？"（大意）这句充满人道感情的话，一直在我心中发出回响。奥瑟罗确实是嫉妒的，但是如果不明白这出悲剧的波澜壮阔的背景，就不会明白这出悲剧的性质。戏一开始就埋伏下了这对情人的最终命运。他们违反当时社会常规的爱情，其本身就是带有浓厚的理想主义色彩的。这种不问出身、门第、肤色、礼法与习俗的婚姻，竟然发生在威尼斯贵族社会里，这是可以想象的么？然而这种不讲世俗利害，不顾舆论偏见，只是基于爱情的婚姻，偏偏冲破重重障碍得以实现了。但命运作弄人的地方却是在成功中就已埋下日后必将破灭的种子。戏开场不久，勃拉班旭向公爵控诉奥瑟罗用魔法蛊惑了自己的女儿的那些长篇议论，可以说明这场婚姻是不能用当时社会人人恪守的正常情理来判断的。而奥瑟罗的辩解："她为了我所经历的种种磨难而爱我，我为了她对我所抱的同情而爱她"，则可以说明这种爱情的理想色彩已远远超出了当时社会所能接受可以理解的限度。这种似乎来自天上的爱情，一旦和现实社会的坚硬顽石相冲撞，焉能不败？对于奥瑟罗本人来说，这爱情的获得也是他料想不到，所以当他获得这种意外的幸福之后就更加珍惜它。当它一旦破灭，就使他倍觉惨痛。

重读《奥瑟罗》以前，我还读过史丹坦尼斯拉夫斯基写的导演《奥瑟罗》计划的中译本。解放后，史丹尼斯拉夫斯基已成为我国最被尊崇的戏剧大师，他的表演体系被视为必须坚守不渝的法典。不但话剧界如此，戏曲界恐怕至今还有一些人心悦诚服地用它作为改革传统戏曲的尺度。但是我对这位大师的文学鉴赏能力却有些怀疑。他所领导的莫斯科艺术剧院被称为契诃夫剧院，可见两者关系的密切。但他并不懂契诃夫，他是依靠丹钦柯的解说和引导才逐渐懂得的。史丹尼斯拉夫斯基毕竟是一位令人尊敬的艺术家，他曾不加掩饰地在自己的文章中说出这一情况。在《奥瑟罗》导演计划中，他对奥瑟罗和苔丝狄蒙娜的爱情性质作了另一种解释。他认为这场爱情是由于奥瑟罗在凯西奥的帮助下，两个人处心积虑地用了种种手段才得以成功。史氏这样强古人以从己意的阐释是我不能接受的。我不禁想起，他在导演契诃夫的《凡尼亚舅舅》时，也有类似的误读。他把凡尼亚舅舅想象成一个生活在穷乡僻壤中的土头土脑的地主，而把亚斯特罗夫医生想象为一位风流倜傥的花花公子。契诃夫看到这出戏的排演后，意味深长地向他说："我写得明明白白，凡尼亚舅舅打着一条奇妙的领带，而亚斯特罗夫医生的穿着，则是花格裤、破洞鞋、臭雪茄"。（一个土头土脑的地主是不会打一条奇妙的领带，他不可能有这样的审美趣味，而花格裤、破洞鞋、臭雪茄，更不会是一位风流倜傥的花花公子的装饰。）契诃夫言简意赅，经他一说，可以看出史氏对两个剧中人的理解全都给弄拧了。后来他接受了契诃夫的意见，纠正了自己的误解。但是对于《奥瑟罗》的误读，他似乎并没有得到什么人的提醒，以致写进书里，传诸后世。他没有理解那场爱情有着违反当时社会常规的理想性。其实，这一点在剧中是表现得十分清楚的。奥瑟罗在回答勃拉班旭指控时所作的自白说:"我的言语是粗鲁的,一点不懂得那些温文尔雅的辞令。自从我这双手臂长了七年的膂力以后,直到最近这九个月时间在无所事事之中蹉跎过去以前,它们一直都在战场上发挥它们的本领;对于这一广大的世界,我除了冲锋陷阵以外,几乎一无所知,所以我也不能用什么动人的字句替我自己辩护。"奥瑟罗没有恋爱的经验,更不懂恋爱的技巧。他爱的对象是他从未接触过而在传说中又是十分神秘的威尼斯少女,要这样一个人去玩弄恋爱技巧,纵使有凯西奥助他一臂之力,把这位少女赢到手,这是可能的吗?原著中留下了哪些笔墨,哪怕是一点点暗示,可以作为这两个人玩弄爱情解数的证据呢?这出悲剧的末尾真相大白,奥瑟罗临终前的告白是这样光明磊落,使人不得不对这个犯了弑妻罪行的人产生了同情:"……当你们把这种不幸的事实报告他们的时候,请你们在公文上老老实实照我本来的样子叙述,不要徇情回护,也不要恶意构陷。……"珍惜自己的名誉,固然令人钦佩;珍重公正,则更令人敬重。我在隔离时期读这个剧本时,这也是其中最令我感动的章节之一。它在我心中唤起的强烈情绪,一直保持最初的印象,久久没有消逝。二十多年后,我在写《对文学与真实的思考》时,再一次引用这段话作为论文前的题词。

一九五七年隔离结束回到家里,莎剧研究中辍了。我得到组织上的批准,到华东医院去看病。经过粟宗华和夏镇夷两位医生的诊治,病情逐渐好转。最初我已丧失了辨别真假的能力,许多过去的事或新发生的事,我都弄不清楚,以为是不真实的。医生说这是长期孤独生活所引起的心因性精神病症,只要恢复正常生活就可以慢慢康复。在医生的精心治疗下,果然种种不正常的心理现象逐渐消失了。但我的睡眠仍旧不好,天天都要服用安眠药才能入睡。在我疗养期间,外面经历了一场反右的暴风雨,我过着与世隔绝的生活,成了化外之民。我和张可都各有一个温暖的家庭,我的父母和姐姐,张可的父母和哥哥，常来看顾我们，给那愁闷的岁月带来了一点欣慰；我的审查结论长期拖延不下，没有分配工作，只拿生活费。家里的经济来源主要靠张可的工资。为了增加一些收入，我和书店接头，替他们翻译书稿。我每天伏案笔耕十小时，这样继续了将近一年。翻译工作告一结束后，我又开始了我的读书生活。这时我完全康复了，不像隔离时期，整天处于精神亢奋状态。

我再读莎剧首先感到的是他的艺术世界像澎湃的海洋一样壮阔，没有一个作家像他那样精力充沛，别人所表现的只是生活的一隅，他的作品却把世上的各种人物全都囊括在内。我不知道他凭借什么本领去窥探他们的内心隐秘，这是对他们胁之以刀锯鼎镬，他们也不肯吐露的。当时我最喜欢读他的历史剧。继大宪章时代的《约翰王》之后，他将他那时期的近代史全部载入了他的戏剧史册，其中有表现英法百年战争的《亨利五世》，也有表现红白玫瑰战争的《亨利六世》等。他使这些历史人物复活了，这是任何历史著作做不到的。后来我读到达尔文的自传，发现达尔文也十分喜爱这些历史剧。他说，直到他从事进化论研究，头脑完全用在研磨事实的理论思维方面之后，他才丧失了这种阅读的愉快，为此他感到十分遗憾。这里不可能过多地去叙述我读莎剧的感想。《科里奥兰纳斯》写的是古罗马时代，但也是我所喜欢的剧本。它所描写的古罗马民主制的弊端，直到今天也还值得我们从中吸取教训。我希望将来有机会可以专门来谈谈这个问题。不过我应该提一提《李尔王》，因为这出戏启发了我去理解《长生殿》中一个长期聚讼不决的问题。李尔开头以帝王之尊，在划分国土给二个女儿时，显示了一个暴君的专横与任性。但是当他交出王权，经历了人世的苦难以后，他身上的人性的东西渐渐觉醒了。《长生殿》究竟是一出歌赞爱情的戏，还是一出政治谴责的戏？这两种看法在戏剧界形成了非此即彼不可调和的对立意见。认为《长生殿》是歌赞爱情的人，举出《闻铃》《哭像》等折作为例证。认为《长生殿》是政治谴责的人，举出《舞盘》

《窥浴》《进果》等折以为例证。两方面各执一词，争辩不下。那时，我读了《李尔王》，忽然有了一种想法：李隆基是不是和李尔王一样，也是在失去帝王的权力之后，经历了一场人性复归的蜕变呢？他做皇帝时过的是荒淫的生活。——就这一点来说，认为《长生殿》是一出政治谴责的戏是对的。等他交出帝王的权力，人性在他身上复苏了，从而他的爱情也变得贞洁起来。——就这一点来说，认为《长生殿》是一出歌赞爱情的戏也是对的。上述两方面错只是错在偏执一面，而不知道《长生殿》也是在写同一个人物在不同境遇下所经历的变化。其实只有如此，才使这出戏的主题思想驾凌在简单的政治谴责或简单地歌赞爱情之上。我一直想把我的想法写进文章里，但始终没有动笔。六十年代初，我和村彬、元美一同去庐山，在那里见到俞振飞和言慧珠。那时他们正想排演《长生殿》，村彬、元美要我向他们谈谈我的想法。我把上面的意见向他们说了，他们听得很认真，可惜后来他们始终没有演出这出戏。

回家后我常到四马路去看书，这成了我在当时的一种乐趣。我从外文书店买回了 Charles Jasper Sisson 编的《莎士比亚全集》。这家书店的旁边是生活书店的旧址，现在改为一家专卖外文旧书的书店。那里的旧书真不少，还不断有新的进货，书价也不贵。我除了买回来柯勒律治、赫兹列特的专著以及从班·琼生到十九世纪莎剧评论名篇的选集外，也买回了泰纳的巨著《英国文学史》（凡隆的英译本）。这部书的第二部第四章是专门论述莎士比亚的。张可逐译的泰纳《莎士比亚论》就是据此。那时我知道海外莎学号称两大学派，一是英吉利学派，一是德意志学派。在上世纪，这两个学派为了争做莎士比亚的最早发现者，曾发生过一场争论。前者以柯勒律治为代表，后者以席勒格为代表。席勒格著作的英译本很难找到，我请书店的熟人帮忙。一天，他兴冲冲地向我说，他们店里收到一部席勒格译的莎士比亚全集，附有精美的插图（席氏放弃自己的诗歌创作，以十年苦工译成此书，为此，丹麦学者勃兰兑斯将他列入其多卷本《十九世纪文学主潮》的著名史册，使他享有翻译家很少获得的殊荣）。但由于书价过昂，我终未买回家去。但是，我急于想要找到的席氏有关莎剧评论的英译本，却意外得到了。这就是他的《戏剧艺术与文学演讲录》。这书是朱维基借给我的。那时朋友很少来找我了，朱维基却是少数来找我的几个人中的一个。一天我向他谈起很难找到席氏莎剧评论的英译本，他说他有一本，下次他来就慷慨地把这本书借给我了。他在"文革"中死去，距今已快三十年了。然而这部书和他赠送给我的他所翻译的但丁《神曲》、拜伦《唐璜》，仍保留在我处。那时张可也在多方搜罗海外著名莎剧评论的英译本。歌德的《威廉·麦斯特的学习时代》的英译本，就是她借来的。书一借到，她就立即动手翻译。这样我们搜罗的资料渐渐丰富起来。但也有失望的时候。我曾托一位亲戚去向她所熟识的朋友郑麐去借 Hordce Howard Furness 编纂的莎士比亚新集注本。在莎集中这一版本是最好的版本。编者将十八世纪至十九世纪八十年代四十四种名家校订本的注释搜罗在内。孙大雨译《黎琊王》，原剧译文一册，译注一册，后者诸说多援自此书。但这部书很难找到，而郑麐却自备一部。郑麐是我的父执辈，曾在北方几个大学任教，解放后，被安置在市府参事室。他精通英语，造诣精深。曹未风翻译莎剧时常向他请教。毛选的重要英译多出自他的手笔。（"文革"中造反派说他把愚公译为 Stupid Old Man，将他剃了阴阳头，罚他天天挂牌扫马路。他就住在我家附近，他扫街时我还看到过。）郑麐没有同意我去借阅新集注本，只是让那位亲戚带回一本通俗小册子给我，大概他觉得初入门者用不着这种专著。这样我就和这部书失之交臂了。

我们收集资料已有了一点眉目。那时张可正在上海戏剧学院戏文系从事莎士比亚的研究。我和她在谈论中，渐渐形成一种想法，就是莎剧研究最好先从西方莎剧评论的翻译入手，因为这方面工作几乎还很少有人注意到。那时所谓三年自然灾害已开始降临了。我在国泰影剧院前的繁华马路上，已能偶尔见到几个外地农村的逃荒者。一个身材高大的壮丁，脸孔浮肿，两眼射出饥饿的光芒，步履蹒跚，他已没有气力行走，但仍缓缓地向前移动。一个领着孩子的妇女，手里捧着一包糕点从他身旁经过。他以十分缓慢的动作抢过了糕点，马上塞到口中吞吃了。这一切没有发出一点声音，被抢的妇女开头一怔，但很快走掉了，好像什么事都没有发生过一样。在这三年灾害中，食品匮乏，物价腾飞，日子过得十分艰苦。由于缺乏必要的营养，我得了肝炎。家里人尽量去找鸡蛋、黄豆、食糖，来补充我的高蛋白，使我在一个多月后肝功能就恢复了正常。这几年，经过了反右和反右倾两场大运动，政治空气似乎越来越严峻。学术界批判了厚古薄今的所谓名洋古之风，文学凋零，理论荒芜，眼见本来已经十分惨淡的文化园地更加枯萎下去，使人产生了说不出的愁闷。但也不是所有的情况都令人沮丧，在某些地方，也有一些生机在萌动，它们终将会对中国文化的前途发生一定影响。我隐隐地感觉到在思想文化掌权者中间，似乎也还有人想要做点好事。我不知道他们是谁，我已处在最底层，且是戴罪之身，没有人会传递给我任何信息。但有些迹象可以说明，我这种感应并非全无根据。比如，我在书店看到北京的商务印书馆出版了不少汉译西方名著。这些书的质量远远驾凌在过去商务印书馆出的同类书的水平之上，只要将同一原著的前后不同译本作一比较，就可以立判高下。解放后形成了一支优良的翻译队伍，他们工作认真负责，在掌握母语和外语的能力上，在专业知识的修养上，都属上乘，不仅超过前人，而且（恕我遗憾地说）也是现今许多译者所不可企及的。商务印书馆的这些汉译名著一本一本印出来，我的经济情况虽然拮据，但也拼足了力量去买。我把它们看做是使人不致沉沦在愚暗中的智慧之光。这些译著的出现是和当时意识形态主流思想相悖反的，可是它们居然出来了，并且生存下去了，这似乎是个奇迹。

张可译完泰纳的《莎士比亚论》，要我从文字方面为她校阅一遍。我略略作了一些润饰，主要是借古代文论惯用的语汇，去修订那些过于累赘而又含混不清的表述。这是我们第一次合作。这次合作的经验，使我的兴趣增加了，我决定也来翻译西方莎剧评论，使这项工作进行得快一点。我的英语水平是不能对付莎士比亚的古老文字的，但这项很有意义的工作目前没有人去做，所以也就抱着日月出而爝火熄的想法黾勉以赴了。好在我碰到了疑难可以请教父亲。我为书店做些翻译工作时，由亲戚介绍，聘请了一位曾在教会任职的李仲道先生作为咨询。当时一些最好的翻译家如傅雷、满涛等，也都各有他们的咨询。李先生虽然不是学文学的，但他从小就有优良的英语训练，年纪又不太大，可以细心去查找工具书，因此对我帮助很大。

我们在翻译中，首先碰到的问题就是评论中所引用的莎士比亚原文，究竟由我们自己翻译出来，还是借用别人已有的翻译。我们决定借用别人的译文。当时译出的莎剧已经不少，译者大多都是名家。但我们毫不迟疑地选择了朱生豪的译本。朱的译本于抗战时期在世界书局出版，装订为三厚册。他翻译此书时，年仅三十多岁。他不顾当时环境艰苦，条件简陋，以极大的毅力和热忱，完成了这项难度极高的巨大工程，真是令人可敬。一九五四年，人民文学出版社将它再版重印，分装为十二册，文字没有作什么更动，只是将有些剧本的名字改得朴素一点。我们在翻译莎剧评论时，所援引的原著译文就是根据这一版本。当时我见到主持出版社工作的老友适夷，对他说，他办了一件好事。不料后来，出版社却把这一版本停了，改出新的版本。新版本补充了朱生豪未译的几个历史剧，而对朱译的其他各剧，则请人再据原文校改。校改者虽然大多尊重原译，但是在个别文字上也做了订正。从个别词汇来看，不能说这些订正不对，校改者所订正的某些字，确实比原译更确切。但从整体来看，还有原著的精神面貌问题，即传神达旨的问题必须加以考虑。拘泥原著每个字的准确性，不一定就更能传达原著的总体精神面貌。相反，有时甚至可能会损害原著的整体精神。我国古代文论中，有所谓"谨发而易貌"的说法，即是指此。这意思是说，画家倘拘泥去画人的每根头发，反而会使人的面貌走样。汤用彤曾说魏晋识鉴在神明，从那时起我国审美趣味十分重视传神达旨。刘知几《史通》区分了貌同心异与貌异心同两种不同的模拟，认为前者为下，后者为上，也是阐明同一道理。过去我们的翻译理论强调直译，这在一定时期（或在纠正不负责任随心所欲的意译之风时）是必要的，但如果强调过头，忽略传神达旨的重要，那也成为另一种一偏之见了。朱译在传神达旨上可以说是首屈一指的，所以我们翻译莎剧评论引用原剧文字时，仍用未经动过的朱译。这一点也得到了满涛的首肯。他在翻译中倘遇到莎剧文字，也同样援用一九五四年出的朱译本子。直到后来，我才知道，朱生豪和我少年时代的老师任铭善先生是大学的同学而且友善，二人在校时即同组诗社唱和。有趣的是任先生学的是外文，后来却弃外文而专攻国学；而朱生豪在校时，读的是中文，后来却弃中文而投身莎士比亚的翻译。朱的译文，不仅优美流畅，而且在韵味、音调、气势、节奏种种行文微妙处，莫不令人击节赞赏，是我读到莎剧中译得最好的译文，迄今尚无出其右者。那时我已感觉到这位译者大概曾受过古代诗词的严格训练，否则难以臻此境界。果然，朱生豪就读中文系时，正是夏承焘诸位先生在那里执教的时候。

随着六十年代第一个春天的降临，我的结论下来了。我被安置在作协文研所，从此天天要去上班，不能再由自己的兴趣去读书了。所里一些青年要我给他们讲授《文心雕龙》。从这时开始，我的研究方向转向了《文心雕龙》方面，一直延续到"文革"后七十年代末我的《文心雕龙创作论》出版为止。不过，我对莎士比亚的兴趣未减，只是研究的课题已定，我不能像过去那样全面投入了。我感到这样东抓一把西抓一把不是认真从事研究的态度，这终将使我一事无成。但是那时能由自己做主的事是很少的，好在《文心雕龙》也是我喜欢的课题，总比把时间和精力消耗在去搞那些时髦的热点理论或创作要好多了。我坚持自己研究领域的最后阵地，不去搞这些东西。在所里那些年，除了去做一些每个人都必须做的看地方文艺杂志、写情况汇报，以及交给我去翻译《国际文学》英文版的几篇小文章外，我还能读我愿意读的书（虽然也有几次被批评过）。作协图书馆订有美国莎士比亚协会出版的《莎士比亚季刊》（大概是曹未风建议才订了这份在作协几乎无人借阅的杂志），还有一本 Allardyce Nicoll 编的《莎士比亚概观》，是佐临赠送的，我有时也到图书室去翻阅这两种读物。不过毕竟和以前全身心投入的情况不可同日而语了。

  我在研究工作中，也感到了命运的捉弄。我和张可在读莎剧和翻译莎剧评论最起劲的时候，多么希望看到一些重要参考书和工具书，比如上面说过的那部根据四十四种校注本编成的新集注本，可是没有能够借到，这使我们怅然良久。我们也想有一部莎士比亚辞典，可是在五十年代后期要找到这类外文著作是难以想象的。十多年后，"文革"已经结束一年多了，张可正在负责编辑学校的校刊《戏剧艺术》忙得不可开交，而我正在最后修订已准备出版的《文心雕龙创作论》而无暇旁骛，这时候张可的姑父袁澋昌从美国寄来了 Alexander Schmidt 编著的《莎士比亚词语字典》上下两大册和 William Dodge Lewis 编著的《莎士比亚语录》。我们收到了袁姑父从海外寄来的这份馈赠是多么高兴，又是多么遗憾。要是十多年前有了这些书该多好，我们将全神扑上去，这将使我们的翻译工作得到多大的帮助！可是现在我们无法享受这种乐趣了。夏天来了，上海的炎热使人气闷。张可在一次系里开会的时候，突然中风，被同学抬到附近的公费医院进行抢救，等她从昏迷中醒过来以后，就完全丧失了阅读能力，一直没有恢复。而我也走上了工作岗位，不可能再潜心研读莎士比亚了。所以袁姑父送我们的这几本书，虽然曾经是我们渴望得到的，但时机已经错过。当我们非常需要它们的时候，我们得不到它们；有了它们的时候，我们又不能去读它们用它们了。这几本书存放在我们处，一直没有发挥它们应该发挥的作用。只是在张可病前，她的老师孙大雨先生，曾经要我们从《莎士比亚词语字典》去查一个问题，我们才利用了这本书。如果不是张可最近清理抽屉找出一张便条，恐怕连这件事也记不起来了。这封信是这样的：

> 元化弟、可妹：我要麻烦你们为我查一查 A. Schmidt 的 Shakespeare Lexicon 内 "A thing of beauty is a joy forever" 这句诗行，是否为莎翁所写，若然，在哪一个剧本里第几幕，第几景，第几行。可查这部字典的上卷 "beauty" 及 "joy" 二字，可以查得出有没有，若有，会标明是哪一个剧本的幕数、景数和行数。若查不出就不是莎剧手笔。我要查这一行的根底，有用；我自己的这部字典被盗匪抢去未还，知道可妹的姨父送给她此书，故托查。多谢。
> 　　祝新春快乐安好
> 　　　　　　　　　　　　　　　　　　孙大雨　二月二日

便条的后面有张可的几行字：

> beauty 在 Volume I，p.91 内；
> joy 在 Volume I，p.606–p.607 内亦没有。

此后我们再没有去碰莎士比亚了。不过我们一同在莎士比亚艺术世界里遨游的日子，将永远成为我们一生中的美好的回忆。

　　　　　　　　　　　　　　　　　　　　一九九七年四月二十二日

（《九十年代反思录》，上海古籍出版社2000年12月）①

---

①　亦见《莎剧解读》，上海教育出版社1998年1月、《王元化集》卷三，湖北教育出版社2007年10月、《读莎士比亚》，上海书店2008年1月。

《莎剧解读》跋

《莎剧解读》的校样全部校完了。编者为松要我再写一篇跋，交代序言中没有涉及的问题。我觉得这确有必要，所以再向读者说几句。现在编成的这本书，是我和张可在五十年代末六十年代初共同工作的一点纪念。我把当时分别译出的莎剧评论，誊抄在两厚册笔记本上，共有四百五十多页。我们对这项工作是抱着一种虔诚认真的态度的，这也可以说是一种敬业精神罢。当时正是"大跃进"年代，思想界批判了厚古薄今，出书的政治要求极为严苛，像这样的著作想要出版是不可能的。自然我们也不会料到"四人帮"粉碎后发生了在当时简直是不可想象的变化。我在誊抄这部译稿时，在每一篇题目下都标明了"未刊印"字样，就是为了让后来看到这两本译稿的人，多少可以领会一点当时环境的艰辛和我们心情的寂寞。龚自珍在《纵难送曹生序》中说，在他那时候一些追求真知的人，没有同伴，没有指导，也得不到帮助。他们不去做这些事不会受到督责，当他们去做这些工作的时候，会不会因为寂寞而感到悲哀？会不会由于颓丧而感到气馁？……这几乎是历来中国知识分子的共同命运。不过那时读了龚自珍的这些沉痛的告白，倒反而使我们得到了几分慰藉。

这两本莎剧评论的译稿，都是由我一人誊抄的。而张可誊抄我的手稿就更多了。我的长篇论文《龚自珍思想笔谈》《韩非论稿》

以及译稿《文学风格论》等，都是由她誊抄的。几年前，我已将它们捐赠给上海图书馆的手稿室了。我的手稿和笔记由我自己誊抄的也有好几种。去年一位由江西来组稿的编辑，看到我读黑格尔的两本笔记，一定要拿去，最近已由百花洲文艺出版社影印出版了。这两本《莎剧解读》的抄本，等到校印完竣以后，我也准备捐赠给上海图书馆的手稿室。这并不是由于它们具有什么特别值得保存的价值，而是想让后人知道，我们在并不良好的环境下，对工作所怀有的那一点愚忱。

现在出版的《莎剧解读》是手边所保存的全部译稿。其中尚未译完的，如汤姆士·怀特莱的那篇《麦克佩斯与理查三世》，虽是全文的一小部分，也收入书中了。这不仅因为通过它可供读者窥见这篇值得注意的评论的一斑，而且也由于我们想要留下那时期的一点生活痕迹作为纪念。还应说明的是现在出版的这本书，并不是我们译出的莎剧评论的全部。那时的译稿也有尚未誊抄就已遗失了的。我感到最为遗憾的是那篇莫里斯·莫尔根的《论戏剧人物约翰·福斯泰夫》。这篇文章和怀特莱那篇《麦克佩斯与理查三世》堪称双璧，可以说是在莎剧评论中从事人物性格分析的开山之作。它们在英国享有盛誉。当我即将译完莫尔根这篇文章的时候，《古典文艺理论译丛》发表了另一位译者的译文。那时我们有一种想法，如果有了别人较好的全文翻译，我们就不必重复，所以我的译文纵然即将完稿，也仍旧停下来不再翻译下去了。这篇译稿虽未誊抄，但我一直保存到我们搬到吴兴路寓所之后。可是，最近当我想要找到它时却怎么也找不到了。不过，福斯泰夫这个人物却深深留在我的印象之中。他引起我的兴趣的一个原因，是由于他使我联想到我们文艺作品中的猪八戒。这两个角色具有不同的文化背景，自然存在着差异。但他们也有相同的地方。猪八戒像福斯泰夫一样，有个沉甸甸的大肚子，形状丑陋，好吃懒做，撒谎吹牛，贪婪好色。他也常常让自己陷于周围人们的嘲笑、斥责、詈骂、捉弄的尴尬境地，又总是嬉皮笑脸做出一副认输乞怜的样子将自己巧妙地从困境中解脱出来。中国读者像英国观众喜欢福斯泰夫一样喜欢猪八戒。记得我还是孩子的时候，我和周围的小朋友几乎没有一个人不喜欢这个为我们童年增添生气带来欢乐的丑陋怪物的。我们在故事中，戏台上，年画里，市场的玩具摊头……随时随地都会发现他的踪影，似乎他已成为我们生活中不可少的一部分了。我在翻译这篇论述福斯泰夫的论文时，童年的记忆在我脑海中不断浮现上来，变得越来越活跃，引起了我想写一篇《猪八戒论》的欲望。我想借此探索一下，为什么这个丑陋的、有着恶习的、品德败坏的角色，竟会引起人们这么大的乐趣，甚至得到儿童的普遍喜爱？作者凭什么本领化腐朽为神奇，从丑中提炼艺术的魅力，显现人性的弱点，却又用滑稽突梯把辛辣和苦涩变为可笑？……我的这个写作打算后来虽未付诸实现，但一直萦回脑海中的猪八戒形象，却给那段枯燥沉闷的日子带来了不少生趣，使我至今难忘。

　　这里还需要说明本书所辑录的俄国作家的评论，系大多取自友人的译文。这就是满涛的有关普希金和别林斯基的译文，辛未艾的有关车尔尼雪夫斯基的译文，姜椿芳的有关杜勃罗留波夫的译文。在辑录别、车、杜三家的评论时，可能有一两段是出于其他译者手笔。比如别林斯基《智慧的痛苦》那一小段，看来不像满涛的译笔，可能是选自人民大学所编纂的莎剧评论资料的油印本，由于年代久远，译者是谁已经记不清楚了。至于本书所辑录的赫尔岑的那段文字，也是同样情况。这里顺便说一下，在那些年代里，大学还没有重理轻文，只关心可以迅速直接收到效益的应用学科，因此文科还是办得比较认真的，文科的资料工作也作得较好。可是不久资料工作不再受到重视了，从而形成一种以引证代替论证而不从论据进行论断的空疏学风。今天这种不良风习已逐渐消退,可是代之而起的,却是赶时髦,喜炫耀,以艰深文浅陋的逐新猎奇的风习。

那时,我们辑录莎剧评论只是为了供自己查阅,一般性的或参考性不大的不录,虽然重要但容易找到的也不录。比如马克思书中有不少地方涉及莎士比亚。五十年代中期,我在读一九五三年版郭王合译的《资本论》第一卷时,发现书中涉及莎剧的地方不下十处,有些地方译者加注说明,有些地方由于译者不知道是出于莎剧而没有注明。例如第一卷第十二章第五节讲到门纳尼亚斯·阿格列巴(即朱译美尼涅斯·哀格利巴,Menenius Agrippa)的"无稽的寓言",译者未作注释,我怎么也不懂马克思引用这件事是怎么一回事。费了很大力气才查出原来出于莎剧《科利奥兰纳斯》。查明典故,《资本论》的意思也就明白了。我本想根据朱生豪译本将有关字句抄下来,但后来马恩论艺术这类书出版了,这些问题已解决,我就不再去抄录了。但是也有我本应该做而没有去做的,这就是抄录黑格尔《美学》中涉及莎剧的文字。这些文字虽然多半是寥寥数语,但往往言简意赅,不乏独到之见。过去我曾写过一篇谈到黑格尔对于莎剧具有某些偏见的短文,收入《思辨随笔》中。其实,总的来说,黑格尔是赞赏莎士比亚的,他对莎剧的分析往往烛隐发微,颇足启迪人的思考。这些地方我在本书序言中只是略加涉及,如果把黑氏《美学》中谈到莎剧的文字全都辑录下来,我想对于读者一定会大有裨益的。但由于精力和时间所限,目前我已无法做这方面的工作了。

我们出版本书,如前面所说也有我们个人方面的考虑,即作为我们过去生活的一点纪念,本书所附张可早年翻译的《早点前》,就是出于这一意图。张可自一九七九年中风后,思维能力受伤,迄今读写俱废。她的译述除了本书中所收的几篇莎剧评论外,主要就是独幕剧《早点前》。这个译本篇幅很少,既然不能出单行本,也就索性收入在这里了。请读者将它作为阅读莎剧评论之后的一点余兴来读罢。

最后需说明的是本书每篇译文的"译者附识"都是我写的。

一九九七年八月尾

(《九十年代反思录》,上海古籍出版社2000年12月)①

---

① 亦见《莎剧解读》,上海教育出版社1998年1月、《王元化集》卷三,湖北教育出版社2007年10月、《读莎士比亚》,上海书店2008年1月。

告别张可[1]

我的妻子、知音、伴侣张可,于八月六日上午九时二十五分永远离开我们了。她因骨折、失语、吞咽功能的丧失,躺在病榻上,度过了痛苦的一年多。虽然在这以前医生就已多次宣告她病危、已无生存希望,可是她一次一次地闯过了死亡关口。她被病痛折磨得十分孱弱衰竭的躯体,若有神助。她的生命力如此顽强,显示了不同寻常的力量。是不是因为她知道我们不愿她离去?在这悲痛的日子里,我还不能平静地阐述有关她的一切以及我们共同生活中许多值得纪念的事迹,现在我只能把我过去说过的有关她性格特征的一些话再抄录如下:

张可心里几乎不懂得恨。我没有一次看见她以疾颜厉色的态度待人,也没有一次听见她用强烈的字眼说话,她总是那样温良、谦和、宽厚。从反胡风到她得病前的二十三年漫长岁月里,我的坎坷命运给她带来无穷伤害,她都默默忍受了。受过屈辱的人会变得敏感,对于任何一个不易觉察的埋怨眼神,一种稍稍表示不满的脸色都会感应到。但她始终没有这种情绪的流露。这不是任何因丈夫牵

---

[1] 该文为张可去世后王元化写的送别文。原文附有讣告如下:

王元化先生的夫人、原上海戏剧学院教授张可八月六日上午九点二十五分病逝于上海瑞金医院,享年八十七岁。八月九日上午九点将在龙华殡仪馆举行遗体告别仪式。八月十二日上午十点将在徐家汇衡山路国际礼拜堂举行张可追思仪式。

连而遭受磨难的妻子都能做到的，因为她无法依靠思想和意志的力量来强制自然迸发的感情，只能听凭善良天性的指引才能臻于这种超凡绝尘之境。

二〇〇六年八月七日

（《王元化集》卷十，湖北教育出版社 2007 年 10 月）

关于张可译作《早点前》

最近整理旧书，清理出这本《早点前》。书中夹有一张纸已发黄的便条，是已故吴仞之先生写给张可的，信中说："张可同志：我正在整理书籍，检到《早点前》，有两本，送给你一本，是你早期译作，应归你留作纪念。"这信至少也有十多年了。至于这本《早点前》，更是经历了半个多世纪的岁月。它是上海剧艺社出版的"剧本丛书"之一。这套丛书还有李健吾译的《爱与死的搏斗》《撒谎世家》，岳瑛译的《交际花》，顾仲彝改编的《人之初》，以及于伶创作的《女子公寓》《花溅泪》等。

《早点前》于民国二十七年（一九三八）出版，译者署名范方，那时张可十八岁，正在暨南大学外语系就读。外语系教过她的老师有孙大雨、方光焘、李健吾、陈麟瑞等。其中尤以李健吾先生对她帮助最大。据张可说，这本《早点前》就是李健吾要她翻译的，译完后又由李先生亲自校阅并修改。这个剧本是独幕剧，不长，从头到尾只有罗兰夫人这一个人物，此外另一个人物罗兰先生不出场，没有一句台词，只露出过一只手。三十年代正是奥尼尔在中国剧坛风行的时候，他的剧作大多于此时译成中文出版并上演。如《南鲸》（一九三〇年北平演出，熊佛西导演），《战线》（一九三一年上海演出，邵惟、向培良导演），《东航卡迪夫》（一九三二年上海演出），《天边外》（一九三四年上海演出，赵丹导演）、《琼斯皇》（一九三四年上海演出，洪深导演）。而《早点前》在范方译本前已有另一译本《早餐之前》，一九三六年在南京曾两次演出，第一次由马彦祥导演，第二次由白杨演出。范方的译本是在一九三八年在上海剧艺社演出的，导演李健吾，演员即译者本人，不过用了范方的名字。奥尼尔于三十年代在中国风行，恐怕和当时戏剧界的倡导有关。据我所知，曹禺就很喜欢奥尼尔。当时一些文艺界朋友议论说，他的《原野》就有奥尼尔的影响。我们的一位朋友陈西禾，他曾以林珂笔名写了一个剧本《沉渊》。在这个剧本中也同样可以发现奥尼尔影响的痕迹。西禾还多次在谈话中提到奥尼尔剧本以浓郁的氛围见长，他对此极表赞赏。我那时也买来奥尼尔剧作的几个译本，我读了《奇异的插曲》和《天边外》。那时我的兴趣在古典的西方十九世纪作品，而对二十世纪的西方现代剧作读的不多。我比较喜欢萧伯纳，对奥尼尔则并不怎么欣赏。我想这恐怕是由于我对他那纤细的技巧和机智的布局这些现代手法，比较陌生还不习惯的缘故吧。

范译《早点前》有篇林率写的序。我不知林率是谁，问张可，她说已记不清是谁的笔名了。这篇序不长，尚不满一千字。看文字和口吻，很像出于李健吾本人的手笔。（按：本文发表后，即得友人告知，林率是陈麟瑞先生的笔名）。序中说，作为观众，我们在这出戏里只看到罗兰夫人一个人；在唠叨、抱怨、责骂、发泄……但我们所关心的却是她所针对的那个没有出场的人物罗兰先生。这自然是作者故意在显示他的机巧。这机巧吸引着观众的注意力，一直到罗兰夫人的惊慌说明了罗兰先生已经自杀为止。序中又说，在这出短短的独角戏中，把我们一直没有看见的罗兰先生，他的"穷困潦倒，想当作家的失望，不满意的婚姻，过去的打击，还有海伦的信……"这些引他走上自杀道路的因素，都显示出来了。序中还有一些对于作者的分析："这种把一切凶暴的行为都摆在后台，是希腊悲剧的传统。"但又补充了一句："史特林堡嫌恶女人的态度，也影响奥尼尔造成这个戏的结局。"这篇短短的序文就是今天看来也是写得很好的。剧本的译笔，妥帖而又精练，一个十几岁读大学的学生难有这样的功力。张可告诉我译本是经过李健吾润色过的。

《早点前》译本出版后的第二个月，就在上海法租界的法国总会礼堂（今科学会堂）演出了。我去看了演出。记得《早点前》是和李健吾翻译的罗曼·罗兰《爱与死的搏斗》一起由上海剧艺社演出的。演出的情况，我已经没有印象了。但在当时出版的《戏剧杂志》一卷三期上，发表了一篇瑞任写的剧评《观〈早点前〉》（摘录收入南大出版社出的《奥尼尔与中国》一书）。现抄录如下，以见一斑。"一个演员演戏成绩之好坏，对于他了解剧本与否是很有关切的，现在以译者来充任主角，当然她对于这个剧本的理解是不用说的了。……范方小姐把低声、高声、满腹狐疑、半耳语地、激怒地、神经质地、轻蔑地、愤愤地、洋洋自得地、讽刺地、辛酸地、黯然、静静地、郁郁、干哭、满意地，所有各种地方都很深刻地表现出来，使观众看了忘记这是个独角戏，和其他戏的热闹场面一样提起了兴趣。"

一九九六年十一月十日

附：

早 点 前

[美] 尤金·奥尼尔 著① 张可 译

人物：罗兰太太

罗兰先生（不出场）

景：纽约城克立斯托夫街的一层楼上，有一间厨房饭厅两用的小房间。房之右后方，有一门通外面的走廊。在进门处靠左边，有一个水槽和一只两个火眼的煤气炉。从煤气炉直到左墙，有一个藏置碗盏杂物的壁橱。左方，有二窗。从窗口望出去，可以看到太平门窗台有些盆景，因为没有人照料，奄奄待毙。窗前，有一只铺着油布的桌子。桌旁，有两把藤椅。另外一把藤椅在后门右方靠墙处

---

① （原注）尤金·奥尼尔（Eugene O'Neill）是美国最著名的戏剧家，名优 James O'Neill 的儿子，生于一八八八年。他到七岁为止，一直跟着他父母在各处游历。此后进了学校，最后一年是在普林斯顿大学读完的。后来过着多年的漂泊和冒险的生涯，有探金者、戏子、水手和售货员各种不同的生活经验。他的足迹踏遍北美、南美、英国、南非洲各处。他关于海上生活和水手经历的丰富知识显露在他早年的几个剧本里。

经历了海上生活之后，他又随他父亲出去卖艺，并且自己也做过戏子。后来他在新英报馆找得一个新闻记者的职位。在哈佛大学读了一年书，他决然投身戏剧运动。他的处女作发表在 The Smart Set 杂志上。那时候该杂志的编者是 L. 孟肯，他赏识了 O'Neill 的天才，鼓励他从事写作。

放着。右墙的后半段,有一门通入卧室。再向前,衣钩上挂着男女各式衣服。一根晒衣用的绳索,从房后左角横穿到前右方的墙上。男人的衬衣衬裤晾在绳索上面。

是初秋一个晴和而有阳光的早晨,约在一点半钟左右。

罗兰太太从卧室方面登场,打着哈欠,手不住在忙着把发针捅进她圆脑袋上褐色的发髻,潦草结束她最后的修饰。她是一个中等身材的女人,胖得没有身段,而一件不时式的,褴褛不堪的蓝色衣服,更衬得她臃肿丑陋。她的脸部缺乏个性,脸上各部小而端正,眼睛蓝得没有了品。她的眼睛、鼻子和那无力而含怨的嘴上都挂着一种苦涩的表情。她不过廿二三岁,但看去,却老得多。

她走到屋子中央,连打了好几个哈欠,尽量伸直她的胳膊。她惺忪的倦眼扫射房里一周,怒容满面,这种怒容是躺了很久而并未睡得很久的人所常有的。她无精打采地走到右方挂着的一堆衣服那边,从衣钩上取下了一条围裙。她把围裙系在腰上,那个结不听从她肮脏的肥胖的手指的时候,她便迸出一句"死东西"来发泄。最后,她把那个结打好了,便慢慢走到煤气炉边点着了火眼。她在水槽里把咖啡壶灌满,拿来搁在火上煮。然后她倒进桌旁的椅子,手放在头上,好像头痛的样子。突然她脸上光辉了起来,仿佛记起了什么事情,她向碗橱瞥了一眼,然后紧紧地注视着卧室,聚精会神地静听了一时。

罗兰太太:(低声)亚弗莱德!亚弗莱德!(卧室内没有回答,她满腹狐疑,继续提高着嗓子喊道)你用不着假装睡觉。(对于这句话,室内还是没有回答,竭力不使发出一点细微的声音,然后从一叠碟子后面隐秘的处所抽出一瓶戈登牌杜松子酒和一只玻璃杯。正在那时候,她一不留神,错将顶上的碟子碰了一下,发出叮当的声音。这声音使她感到负罪而惊跳,接着便含怒地望着卧室的门口。)(她的声音颤抖着)亚弗莱德!

停了停,就在那时候,她细听室内有无声音,然后她拿起玻璃杯,倒了一大杯酒,咕噜噜一口吞进了肚子,然后急忙把酒瓶和酒杯放还原处。关上橱门时如同打开时一样谨慎,她深深呼了一口气,又倒到椅子里面。她方才喝下的掺有大量火酒的饮料,立时起了反应。她抖擞起精神,像是精力聚集了,唇边浮着一种生硬的报复的微笑,望着卧室。她的目光迅速扫视了户内一周,然后盯住挂在右方衣钩上的男人的西装和背心,她偷偷走向敞开着的门口,站在那里,不让里边的人看见,静听里边的动作

(半耳语地喊着)亚弗莱德!

还是没有回答。一旋身,她从衣钩上把那西装和背心抓在手里,回到椅子旁边。她坐了下来,从每个口袋里掏出许多东西来,但又很快地放了回去。最后,她在背心最靠里的口袋,找着了一封信

看着笔迹——慢慢对自己说道:

哼,我早就知道了。

她展开信纸往下读。首先,她是怀恨的、激怒的表情;但当她读到临了的时候,却变成一种恶意的洋洋自得了。她沉思焦虑了一会儿,目不转睛地凝视着前方,手里捏着那封信,唇边浮起险恶的笑意。然后她把那封信放回背心的口袋,依然小心翼翼不去惊醒那熟睡的人,把衣服挂在原来的衣钩上,接着走到卧室门边,向里面张望着

(用一种洪亮而尖仄的声音)亚弗莱德!(更响了些)亚弗莱德!(室内发出含糊不清的打呵欠的声音)这时候还不该起来?你打算在床上睡一天吗?(转了一周,回到椅子旁边)我知道你在床上能赖一辈子不起来的。(她坐下来,烦激地望着窗外)天知道现在什么时候了。自从你傻瓜一样当掉了你那只钟以后,我们就没有法子知

道时刻了。那只钟是我们最后一件值钱的东西,你肚子里也明白。随便什么东西,你都拿去当,当,当——磨着时候不去找事做,要不也想尽法子不好好去做事,一点儿也没有个男人腔调。

她紧咬着嘴唇,神经质地用她的脚蹬着地板

(稍缓)亚弗莱德!起来!听见没有?我得在出门前把床理好。我可不能听你把房间永远弄得乱七八糟的。(轻蔑地一笑)除非你上哪儿去弄点儿钱来,不然的话,我们就在这儿耽不久了。天知道我多卖气力——再说——每天还得到外边去给人家缝补,你哪,摆起大少爷的派头,跟街头那帮游手好闲的艺术家在酒店里鬼混。

(停了停,然后她便神经质地玩弄着桌上的杯子和碟子)我倒想知道,你打算上哪儿找钱去?房租这个礼拜就该付了,你知道房东是个怎么样的人。他不会让我们在这儿多耽一分钟的。你说你找不到事情做。那是骗人的话,你自己也知道。你压根儿就没有去找事。你只会成天糟蹋时候写些狗屁不通的诗跟小说,难怪没有人要买——当然,谁也不肯。你瞧,我随时能够找到一个位置,像样儿的位置;也就是我赚来的这点儿钱没有叫我们俩活活饿死。

(站起来,走到煤气炉旁边——望望咖啡壶里,看水沸滚了没有;然后又回来坐下)你今天可也得上那儿去找点儿钱来用啦。不能尽让我去,我也不高兴去。你得好好放明白。哪怕是求,借,偷,随便哪儿,你也得去。(轻蔑地笑了一下)可是究竟哪儿,我倒想打听打听?求吗,你太骄傲了;借吗,你也借够了;偷吗,你还没有那份儿胆子。

(停了停——愤愤然站起来)天老爷子,这早晚还没有起来吗?只有你才这样,不是再睡一觉,就是假装睡一觉。(她走近卧室门口,向室内张望)喔,你起来了。好,也该起来啦。你用不着那个样儿看我。你的神气再也不用想骗我一骗。我太清楚你了——你就想不到我多清楚——你跟你的把戏。(把身体从门边背转过来,脸上很显得洋洋自得) 我知道的事多着哪,我亲爱的。你现在不用管我知道些什么。我出门前会告诉你的,你别着急。(她走到房间中央。站在那里,独自发怒。)

(愤愤然) 哼!我想我该备好早点了——其实,没有多少东西预备的。(疑问地) 除非你有钱给我?(她收住了话,等待室内回答。室内却并不回答) 问也白问!(她发出短促的笑声) 本来吗,我这时知道你应该比以前更清楚了。昨天晚上,你一发脾气离开这儿,我就晓得要发生什么事情。一秒钟我也不能信任你。你回来的那个样子可真够瞧的!我们吵架只是你要胡闹的一个借口。其实,你当了你的表,有什么好处?还不是拿钱去买酒喝?

她一边说话一边走近碗橱,搬出碟子、杯子等物

快点儿罢!这些日子,托你的福,早点用不着怎么预备的。今天早上我们有的也就是面包牛油和咖啡;要不是我出去做活,把手指头部差点儿缝掉,你连这个还没有得吃哪。(她砰的一声把面包掷在桌上)

面包隔了夜,一点味道也没有。我希望你喜欢吃。你就不配吃什么好的,可是不我明白,为什么我也要受罪。(走近煤气炉) 咖啡快熬好了,你别做梦,我可不等你。(突然大怒起来) 你这半天到底在那儿干什么!

(走到门口,向室内张望) 好,你总算快把衣服穿好了。我以为你还躺在床上哪。那才像你。瞧你今天早上脸色多难看!看天老爷的份儿上,刮刮胡子罢!你活恶心死人!你活像个流氓。怪不得没有一个人愿意给你事做。我一点儿也不怪人家——看看你的样子,半点儿雅致也没有。(她走近煤气炉) 这儿有的是热水。你没有法子

偷懒的。（拿了一只碗，从咖啡壶里倒出些水来灌进去）我搁在这儿了。（他伸出手到房间里来拿。那是一只有着尖细手指的，美丽的、柔弱敏感的手。手抖擞着，把水泼在地上）

（讥刺地）瞧你的手抖擞得多利害！你还是戒了酒的好。你支不住的。你会中了酒毒麻痹的。那就什么都完了！（望着地板）瞧你把地板糟蹋成什么样子了——烟屁股呀，烟灰呀，弄得满地都是。为什么你就不能把它们放在一个碟子里头呢？可不是，你不会这样体谅别人的，你永远不肯为我着想。屋子用不着你来打扫，你也就乐得糟蹋了。（拿起一把扫帚，胡乱扫着，激起一阵灰尘。从内室里发出一种摩擦剃刀的声音）

（扫着地）快点儿罢！快到我出门的时候了。晚一步，我就会丢掉我的位置，以后你也就不用再想我养活你了。（她讥刺地加上了一个才想到的念头）那时候呀，你就要逼得不得不去找事做，干什么苦活儿了。（在桌子底下扫着）我要知道的是，你今天到底去不去找事。你知道，你家里不肯再帮我们的忙了。他们也看够了你。（静静地扫了一会儿）这种生活我简直过够了。真想回娘家去。要不是我太好面子，不愿意让他们知道你多么不争气，我真想回娘家去，——你，你是百万富翁罗兰的独生子，哈佛大学的毕业生，诗人，又是全城女子追求的目标——哼！多神气！

（辛酸地）要是她们知道了真情实况，怕没有几个人妒忌我哪。我们的婚姻多美满，我倒想知道知道？你那百万富翁的父亲，欠了人家一屁股债，死了，可是他没死以前，你早就不把你女人放在心上了。我想，你当时以为我应该高兴的，既然屈尊娶了我——你可忘记你事先给了我多少苦头吃。当着你那些高朋贵友，你怕跟我在一起，因为我父亲不过是一个开杂货店的。你敢说我的话不对吗？好在我父亲是一个老实人。单凭这个，就比你父亲高多了。（她一直扫到门边，靠着扫帚歇了一会儿）

当时你希望外人想,是我硬要嫁给你,好让外人同情你,你说你没有吗?没有生那孩子以前,你告诉我,你爱我,话说得流水一样快,叫我相信你的谎话,你没有吗?你叫我相信你并没有要你父亲拿钱收买我。其实他倒打算收买来的。现在我可明白了。我跟你在一起过了这么久,总算没有白过。(黯然)幸而那可怜的孩子养出来就死了。要不然,遇着你这样儿的父亲,够多好!

(静静地,郁郁了半晌——然后她带着一种野蛮的欣忭继续下去)倒霉的可也不止我一个人。至少,还有一个女人,她现在就不用指望跟你结婚。(她把头伸进卧室去)海伦怎么样啦?(她从门口退回来,略带惊慌)

别那么看着我!是的,我看她的信了。你要怎么样?我有权力过问。我是你太太。我要知道的我全知道了,你用不着撒谎。你盯着我也没有用。你不用想拿你大爷的架子吓唬我。要不是我,你今天早上出去连早点也没有得吃,(她把扫帚喀嚓搁回墙角)咖啡已经熬好了。我可不等你。(她重新坐到椅子上)

(停了停——烦激地把手放在头上)今天早上,我的头疼得要命。像我这样的身子,整天关在不透气的屋子做活,羞也得羞死。只要你有一半儿像人的话,我也就不会憋在这儿了。照规矩,应该躺着的是我,不是你。你知道这一年来我病得多厉害,可是我想弄点儿什么东西提提我的神,你总要反对。连我从药房买来的那瓶补药,你也不让我喝。(干笑)我知道你巴不得我早点儿死了,省得碍你的眼;那时候你就可以自由自在去追求那些傻女孩子了,她们把你当做一个了不起的,被人误解的才子——就像海伦和她那一帮子人。(从卧室里传来一阵因痛苦而剧叫起来的声音)

(作满意状)瞧!我就知道你刮破脸了。这正是给你的一个好教训。你知道,你不应该天天晚上出去鬼混,拼命喝酒,把神经弄得这么糊涂。(她走到门边,向内张望)

你的脸色为什么那么青？你为什么那样盯住镜子瞧？看老天爷的份儿上，你把脸上的血擦擦干罢！（战栗起来）好不怕人。（用一种慰藉的口气说）哎，现在好了。我就怕看见血。（她从门口梢为退回来几步）你别自己受罪了，到一家理发店去给人家刮刮罢。你的手抖擞得多厉害。你为什么那么盯着我？（从门口扭回身来）我可以给你一毛半钱——你可得答应我不拿去买酒喝。你还为着那封信跟我怄气吗？（挑战地）是的，我有权力看你的信的。我是你太太。（她走向椅子，又坐了下来。略缓。）

我知道你成天尽跟女人鬼混，你老说你在图书馆，这种谎话别想骗得了我。海伦到底是谁？也是一个艺术家吗？要不然，她也写诗吗？看她的信就有点儿像。我可以打赌，她一定告诉你，你写的东西是好而又好，你哪，就傻瓜一样信以为真。她长得年轻漂亮吗？你用你那种诗意的话儿迷惑我的时候，我也是年轻，也是漂亮的；可是只要跟你过上一年半载，谁马上也得毁的。我可受够了折磨！（她走过去把咖啡从煤气上拿下来）早点已经预备好了。（轻蔑地投了一眼）早点！（给自己倒了一杯咖啡，把壶放在桌上）你的咖啡要凉了。你在那儿干什么？——莫非还在刮胡子？你趁早儿别刮啦。你总有一天要给自己刮一个大口子的。（她切好面包，又抹上牛油。她说着下面台词的时候，她一边吃着面包，喝着咖啡）我一吃完，就得赶路了。我们总得有一个人做事才成。（发怒）你今天到底去不去找事做？你那些高朋贵友真要是看得起你的话，他们应该会帮你的忙的。可是我猜他们就喜欢听你说废话。（静静地坐了一会儿）

不管海伦是谁，我总觉得她很可怜，你难道一点儿也不替人家打算打算吗？难道她家里就听你们胡闹吗？我看见她在信里边提到她家里人来的。她打算怎么样？——把小孩子养下来——还是去找个大夫打打胎？这一下子可真好了。她上哪儿去找钱来呢？她本人

有钱吗？（她等候室内回答她一连串的问话）

哼！你不肯拿她的事告诉我，不是吗？我倒挺关心她的。其实，仔细想来，我并不怎么同情她。她知道她自己干的什么丑事。从她的信上看来，她并不像我是一个女学生。她知道你已经结过婚了吗？当然，她应该知道。你的朋友全知道你婚姻不如意。我知道他们可怜你，可是他们就不知道我这方面的苦处。他们要是知道了我的苦处，也就不会那么说啦。（她太忙于咀嚼了，以至停下几分钟没有说话。）海伦一定是一个了不起的女孩子，知道你结了婚，还那么跟你偷偷摸摸的，请问，她指望些什么呢？她希望我跟你离婚，让她来嫁给你吗？她以为我会糊涂到那步田地，——跟你受够了活罪，我就离婚吗？我才不干哪！你不能够跟我离婚，这你自己也知道。谁也不能说我有过什么错儿。（喝了她最后一口咖啡）

说老实话，活该她吃苦。你要知道我的意思吗？好，我给你讲了罢，你的海伦比街上一个野鸡好不了多少。（卧室里传来一阵紧急的呼痛声）

你又把脸刮破了吗？真叫活该。我答应给你钱，你为什么不上理发店去呢？（站起来，解下围裙）好，我得出去了。（愤愤然）我的日子过得太美了，你再这样游手好闲下去，我可真受不下去了。（什么声音抓住了她的耳朵，她停了停，聚精会神地倾听着）瞧！你一定打翻水了，泼的哪儿都是。别说你没有打翻。我听见水在地上流哪。（一种模糊的恐怖表情笼罩着她的脸）亚弗莱德！你为什么不回答我？（她慢慢走近卧室。听到椅子翻倒和什么沉重的东西掉在地板上的声音。她站着，因惊吓而颤抖了起来）

亚弗莱德！亚弗莱德！回答我！你把什么东西打翻了？你酒还没有醒吗？（她再也挡不住这种紧张的空气，她冲进卧室）

亚弗莱德！

（她站在门，望着内室的地板，惶恐莫知所措。接着她便疯狂地

喊了一声，冲向另外那座门，开开锁，慌慌张张拉开门，疯狂地喊着，冲向外边的过廊）

——幕下

（《莎剧解读》，上海教育出版社1998年1月）①

---

① 亦见《王元化集》卷三，湖北教育出版社2007年10月。

《文学风格论》跋[①]

在我们的文艺理论领域内,有关风格理论的研究迄今未取得多少成果。解放后,大约在五十年代后期,文学风格论才成为研究的课题。不过,就我所见到的有关论文来说,我觉得大都使人有浅尝辄止之感。这些论述文学风格的文章跳不出狭窄的框框,仅在有限的几个概念上兜圈子,说来说去始终是那么几句话。这种概念的贫乏使得文学风格论的探讨再也无法深入下去。例如,大多数论文所谈的仅限于时代的、民族的、阶级的风格这样几个问题,不仅内容大同小异,甚至在引文方面也几乎雷同,以致使一些有关风格问题的具有深刻含意的名言警句也变成了苍白的浮词套语,这并非苛刻之论,我相信诚恳认真的文学理论工作者也都会有同感。

风格是文学理论中的一个重大问题,它是一个国家或一个民族的文学超越了模仿的幼稚阶段,摆脱了教条主义模式化的僵硬束缚,从而趋向成熟的标志。如果创作实践没有为探讨风格的理论工作者在作出概括性的论证方面积累并提供足够的材料,那么就会影响理论工作的顺利进展。不过,纵使在这种情况下,理论工作者也不是完全无所作为。我以为,他至少可以介绍我国古代文论或引进外国

---

① (原注)本文曾以《模仿·作风·风格》为题发表在《上海文学》1982年2月号上。

文论的风格理论。无论就我国古代文论或者外国文论来说，有关风格的理论都是十分丰富的。在许多方面，我们不得不十分遗憾地承认，今天我们的风格理论竟然落在前人之后，尽管在科学的观点和方法上我们居于领先地位。因此，这就有必要用我们占优势的科学观点方法去清理、继承、借鉴我国古代文论和外国文论中的风格理论。这本小小的拙译就是本着这种愿望所作的尝试。

这里收入的四篇拙译都是在"文革"前译出的旧稿。当时并未想到单独发表，而只是为自己写作《〈文心雕龙〉创作论》准备材料。那时我借到了一部库柏编译的英译本《文学风格论》，为了引证方便，我索性把我认为足资借鉴的四篇文字译了出来。我在撰写《文心雕龙》创作论八说中，有一篇《释体性篇才性说》就是阐述刘勰的风格论的。在这篇文章的附录二中，我以《风格的主观因素和客观因素》为题比较全面地评价了收入本书的十九世纪德国语言学家威克纳格的风格理论。

无论在我国古代文论中或者在外国文论中，大多涉及了风格的两个方面。一方面即作家的创作个性（《文心雕龙》中的《体性》篇即阐发这方面的问题），另一方面即文学体裁本身所提出的要求（《文心雕龙》中的《定势》篇主要就是涉及这方面的问题）。威克纳格在他的风格论中把前者称为风格的主观因素，把后者包括在风格的客观因素之内。这一观点在文学风格论中并非是什么创见，可是对于我们今天的风格理论来说却纯然是完全陌生的东西。由此我想到，倘使我们整理并借鉴我国古代文论和外国文论中的风格理论，放开眼界，使思想活跃起来，是可以突破今天在文学风格论的探讨上所形成的僵滞状态，有助于建立具有我们民族特色的科学的风格理论的。

这里，我想再简略地谈谈威克纳格所提出的风格的二因素说，特别是风格的客观因素。这个问题今天探讨风格的论文虽然多未涉及，但是它在我国古代文论中却是经常论述到的。例如，上举《定势》篇就是申明势不自成，随体而成的体势相须之理。其要旨也就是说明作品的体裁规定了作品结构的类型，从这种体裁本身出发，要求作家必须顺它的特定风格。《定势》篇所说的："章表奏议，则准的乎典雅。赋颂诗歌，则羽仪乎清丽。符檄书移，则楷式于明断。史论序注，则师范于核要。箴铭碑诔，则体制于宏深。连珠七辞，则从事于巧艳。"都是说明不同体裁应有其本身要求的不同风格。曹丕《典论·论文》所说的"奏议宜雅，书论宜理，铭诔尚实，诗赋欲丽"，也是申明同旨。至于陆机《文赋》所说的："诗缘情而绮靡，赋体物而浏亮，碑披文以相质，诔缠绵而凄怆，铭博约而温润，箴顿挫而清壮，颂优游而彬蔚，论精微而朗畅，奏平彻以闲雅，说炜晔而谲诳。"则更进一步从每种文体的特点与性质来说明每一文体所应具有的风格特色。我以为，这些见解正可以包括在威克纳格所说的风格的客观因素之内。自然，威克纳格有关风格客观因素的观点以及库柏对他的观点的修正和补充，并不仅仅限于阐明由文体的特点与性质所规定的风格要求。他们认为风格的客观因素，可以就下述三方面来划分：（甲）从空间来划分，可得出民族的、国家的、方言或流派的家族的风格等等。（乙）从时间方面来划分，即是各个历史阶段所形成的风格演变（主要表现在因时代不同而形成习惯语法的差异上）。（丙）即上述我国古代文论中所阐述的文体的特点与性质所规定的特定的风格特色。库柏批评了威克纳格过分强调上面第三个条件，而把种族，时代等都归之于作家本身的人格的主观因素中去，这是不正确的。库柏指出"个人风格（即风格的主观因素）是当我们从作家身上剥去所有那些不属于他本人的东西，所有那些为他和别人所共有的东西之后所获得的剩余或内核。"我以为库柏这一论点是正确的。

我们区别了风格的主观因素和客观因素，还需要进一步从常和变或同和异之间的有机联系来分析两者间的关系。民族的、阶级的、时代的、流派的、家族的风格具备常或同的一面，而个人风格则是变或异的一面。这两方面是互相渗透的，呈现着错综复杂的现象。在分析具体作家的风格时更要注意同中之异或异中之同，从常中有变或变中有常的角度加以仔细的分辨和剖析。一个作家具有其他作家共有的民族的、阶级的、时代的、流派的共同风格特征，但是这些共同的风格特征又往往是通过由他的创作个性在作品中自然流露出来的个人风格所体现出来的。所以尽管是同民族、同阶级、同时代、同流派的作家，也仍然存在着某一作家所特有而不容混淆的所谓同中之异或常中有变的个人风格，如果同一流派的作家除了具有他所隶属那个流派的共同风格，而没有为他所独具的个人风格，那么，这个作家还说不上是具有风格的，只能说他尚未脱离模仿阶段。

　　在外国文论中，风格和作风是两个截然不同的概念，并不像我们现在的许多论文那样，不仅没有对这两个词加以严格的区别，甚至有时是在异语同义的情况下使用它们的。然而，在外国文论中，作风一词多半含有贬义。固然，作风也显示了作者的某种独创性，不过这只是一种坏的独创性。

　　本书收入的歌德的风格论，是把"自然的单纯模仿"——"作风"——"风格"作为不同等级的艺术品来看待的。事实上，这一问题直接涉及美学的根本问题，即审美的主客关系问题。"自然的单纯模仿"偏重于单纯的客观性，这就是在审美主客关系上以物为主，以心服从于物，亦即以作为客体的自然对象为主，以作为主体的作家思想感情服从于客体。"作风"则相反而偏重于单纯的主观性，这在审美主客关系上是以心为主，用心去支配物，亦即以作为主体的作家思想感情去支配、驾驭、左右作为客体的自然对象。至于"风格"则是主客观的和谐一致，从而达到情景交融、物我双会之境。因此，歌德认为它是艺术所能企及的最高境界。歌德在他的文章中申明，他是"在善意和尊重的意义上使用作风这个词的"。但是他委婉地指出如果作风不能作为中介把主观性和客观性统一起来，那么这种作风就将变得浅薄和空疏。至于在其他一些外国文论中，作风却纯粹是一贬词。例如，黑格尔《美学》认为"作风只是艺术家的个别的因而也是偶然的特点，这些特点并不是主题本身及其理想的表现所要求的"。这种作风一旦发展到极端，就只是听任艺术家个人的单纯的狭隘的主观性的摆布，就这种意义来说，"艺术家有了作风，就是拣取了一种最坏的东西"。因为这种"掌握题材和表现题材的特殊方式经过反复沿袭，变成普泛化了，成为艺术家的第二天性了，就有这样一种危险，作风愈特殊，它就愈退化为一种没有灵魂的因而是枯燥的重复和矫揉造作，再看不出艺术家的心情和灵感了"。显然，这种带有贬义的作风与真正意义上的风格是朱紫各别，泾渭殊途的。这里所谓的作风近似我国书法中、绘画中、音乐表演中所谓的"习气"。这种习气是不适宜于表现审美客体的，也不是作者创作个性合理的自然流露，而是脱离了艺术的内在要求，作者在表现手法上所形成的某种癖性，往往由于习惯成自然，不管场合，不问需要不需要或适当不适当，总是顽强地在作品中冒出头来，成为令人生厌的赘疣。

倘要举例说明，我们就可以本书所收威克纳格和德·昆西在他们的风格论中所涉及的两位希腊悲剧家为例。这就是阿里斯托芬在《蛙》中借埃斯库罗斯和欧里庇得斯所作的互相指摘：埃斯库罗斯指斥欧里庇得斯总是喜欢在诗句中第五缀音后停顿，于是用开玩笑的办法在每行诗句停顿处，替欧里庇得斯加上一个子句："丢掉了个小油瓶！"以挖苦欧里庇得斯诗句的平板单调。另一方面，欧里庇得斯也指责埃斯库罗斯喜欢滥用大言壮语的叠句，他嘲笑了埃斯库罗斯在他的悲剧《密耳弥冬人》（已失传）中总是毫无必要地在许多诗句后面插上一句："这打击！哎呀呀，怎么不来救呢？"以此来揭露埃斯库罗斯的矫揉造作。这两个例子使我们不禁感叹：这种带有贬义的作风纵使在艺术大师身上有时也在所难免。我觉得上述例子很可以作为殷鉴，帮助我们来区分什么是真正具有独创性的风格和什么是矫揉造作的作风（或我们所说的习气）。不幸，有时我们还不懂得这中间的差异,往往作出鱼目混珠式的审美判断。从某种意义上来说,进行文学风格论的探讨也正是为了提高我们的艺术鉴赏力,培养纯正的审美趣味。

一九八一年十二月十七日夜

(《文学风格论》,上海译文出版社1982年6月)①

---

① 亦见《清园论学集》,上海古籍出版社1994年12月、《王元化集》卷二,湖北教育出版社2007年10月。

外国文学漫忆

年轻时，我喜欢过一位如今似乎永沉忘川再也不被人提到的俄国作家安特莱夫。他曾被责为阴冷、灰暗、病态。我以为这不是误会就是曲解。我但愿有机会能为他的《红笑》《往星中》《大学教授》《狗的跳舞》《吃耳光的人》这些为我的年轻心灵拥有过的作品说几句话。我也喜欢过英国的费尔丁。他不像狄更斯那样多产，那样获得读者的爱戴。他的作品少，读者也少。但如果把他的《约瑟·安德路传》和狄更斯的《匹克威克外传》放在一起要我选择，我会更倾向前者。费尔丁在书的扉页上书明"拟堂·吉诃德"，如果不是他亲自写下这句话，别人是很难察觉它们之间的渊源关系的。狄更斯的书我也爱读，他不但有才气，还有一颗仁慈的心。可是他的匹克威克太像亚当了。我可以举出这两部书有着像家族血缘所形成的那种类似的地方。自然，至今仍使我倾心的是本书中或多或少涉及过的莎士比亚、契诃夫、罗曼·罗兰，虽然后面这位作者在他本国或国外已经被人越来越淡忘了，然而我一想到他，仍感到温暖。他的《约翰·克利斯朵夫》曾经在我度过漫长艰难岁月中给我以勇气。我不能一一列举我喜爱的外国作家的名字，但如果我不提一提司汤达，我会感到负疚的。这位赋有非凡才禀的作家，在他生前默默无闻，他预告一百年后会被人们理解。果然本世纪五十年代，他的作品像旋风般地风靡世界，可是令人感叹的是，冥冥之中似乎有什么力量在左右作家艺术命运的升降。不久，他在光芒四射之后，又隐没在黑暗中了。我愿意说，他在我心目中的地位，超越了当时不懂得他而对他采取漠视态度的雨果。我不禁反问自己：为什么今天的读者很多人读雨果的书而不知道有个司汤达呢？（正如在白朗底姊妹中选取了夏洛特的《简·爱》而将艾密莱的《呼啸山庄》弃置不顾？）是我抱残守阙，还是艺术感觉渐渐迟钝或者变异了？我不能回答，由将来去判断吧。在这里，我唤起青年时代的记忆，让那些曾经使我迷醉的艺术精灵在眼前再生。我早就由文学转入另一个领域，已经长久不谈，以后恐怕也不一定有机会谈到他们了。不管时间的无情浪潮使他们会有怎样的升降浮沉，我是不忘记他们的。

一九九二年

（《王元化集》卷二，上海古籍出版社 2007 年 10 月）①

---

① 该文为《思辨发微》，生活·读书·新知三联书店出版社 1992 年，序文的节录。

谈老年之爱

年轻时,读别林斯基论莎士比亚的罗密欧与朱丽叶。别林斯基说,剧作者让他笔下的那对恋人年轻的时候就双双意外死去,这样处理是很恰当的。因为可以想象到,如果罗密欧与朱丽叶一直活下来,变成了一个老头子和一个老太太,成天坐在一起,哪里还有什么爱情可言?两人对面只有打哈欠而已。这是别林斯基的看法。那时我觉得他说得很对,但是后来我步入中年重读杜甫的"三别"中的《垂老别》之后,我的感受完全不同了。年老夫妇之间,为什么就没有爱情可言呢?《垂老别》写的那个老汉被拉去打仗的时候,杜甫没有用多少文字,把两个老人拳拳相依之心和眷念之情,写得多么深邃,令人感动。其中有一段是用老汉的眼光写出:老妻卧路啼,岁暮衣裳单。孰知是死别,且复伤其寒。此去必不归,还闻劝"加餐"!话极平常,但是我每读到此,总禁不住内心的激荡,它确实有一股催人泪下的力量。

别林斯基是俄罗斯文学中自然派的创始人,自然派以果戈理为代表人物。果戈理的小说集《密尔格拉德》中第一篇《旧式地主》写的是一对居住在乡下庄园里的老夫妻。开始读时,我们觉得这对老夫妻的生活是沉闷、枯燥、庸俗的。果戈理用充满柔情的含笑微讽的笔调，去写他们之间的感情生活。老爷爷对他的那位一向过着平静生活，天性胆小的老妻，总是喜欢用取笑的态度去吓唬她，说她最怕听的话。例如"庄园失火了怎么办？""强盗闯进来抢劫怎么办？"而他自己还准备"用一把大刀和哥萨克的长矛"去上战场等等，直到老太太吓得心惊胆战他才罢休。这对老夫妻的生活当中，最重要的一件事就是吃。老爷爷时而问老太太："该吃些什么了吧？"或者说："我的肚子怎么不舒服了？"于是老太太就用她精心焙制和酿造的各种美食和酒类去满足老爷爷。我每次读到这里，都忍俊不禁。越到后来，读者就越感到果戈理是在歌颂这对老年伴侣身上所蕴藏的真挚不渝、持久不变的爱情。他在最后的段落里曾将这种老年的爱情和当时社会上也出现过的年轻人的爱情作了比较。他说有个青年，因为所爱的人死去，内心发出剧烈的哀痛，简直到了可怕的地步。家人怕他殉情，对他严加防范，可是他还是乘隙用枪打破了自己的头颅。经救活后，他再次一头跳到马车轮下自杀，伤了手脚，又幸而被救治好。可是一年多后，情况完全变了，人们看见他神情焕发，坐在牌桌上打牌，背后站着的是他新婚不久的美丽妻子。果戈理在书中感叹道："有什么样的忧伤不会被时间冲刷掉呢？有什么样的激情在与时间作实力悬殊的较量中会丝毫不减呢？"当作者写到五年后他再去拜望他以前拜望过的那对老夫妻的庄园，就回答了上面的问题。那里似乎一切如旧，可是生活变得混乱。老人由于丧妻的哀痛，虽然脸上仍时时挂着从前那样的微笑，可是眼光呆滞了，头脑麻木了，手脚变得笨拙了。在餐桌上，当老人说起"这盘汤的烹制就是按照……"眼泪开始在眼眶里晃动，继而大颗大颗地滴落下来，手中端着的汤盘打翻在身上，哽咽得说不下去。读到这里，我觉得自己的心好像被紧紧揪住一样，一阵阵酸痛涌现出来。这就是果戈理所写的老年的爱情。不知别林斯基在论述罗密欧与朱丽叶时，为什么竟没有注意及此。

二〇〇五年十月五日

(《人物小记》，东方出版中心 2008 年 1 月)①

---

① 《王元化集》卷七，湖北教育出版社 2007 年 10 月，该文标题为"老年爱"。

约翰·克利斯朵夫的亲情、友情、爱情

复旦同学来读书，读的是《约翰·克利斯朵夫》。这部书是我年轻时最爱读的，并且不知读过多少遍。这次重读，和以前最后一次读它时，相距有四十多年了。目前我的感受和从前不同的是，我不再把约翰·克利斯朵夫看做像普罗米修斯一样的神明，因为我不再有年轻时的那种狂热的激情了。我十分服膺莎士比亚说的：上帝造人先让他有了缺点才成为人。人的认识、人的理性力量，不是无所不能的，而是有限的。克利斯朵夫也是有缺陷的。过去我爱读的是这部书的第四卷《反抗》和第五卷《节场》，对克利斯朵夫不顾一切想要去涤除艺术界多年积存的油垢，向那批用艺术以外的手段去骗取金钱、地位和名誉的文士进行挑战，那时我是多么倾倒啊！我觉得他说的每句话、做的每件事都成了批评的正义和艺术的真理。可是，这次重读我发现，他的批评并不总是对的，有时他做过头了，把值得肯定的作品和值得尊敬的前辈也一概践踏在脚下。我想罗曼·罗兰只是把这种反潮流、反传统的极端态度，当做青年艺术家在精神发展历程中的一个时段。虽然罗兰是含着同情的理解去写这样一段精神历史，但并不意味着他要我们都去学他。罗兰在他的剧作《群狼》和《爱与死的搏斗》中都明确表达了他并不赞成狂热、激进和偏激的观点。

这次重读，我发现罗兰用了一种特殊笔法来写这部书。有些地

方我不太喜欢,因为太理论化了。虽然这些叙述体现了作者生活感受的特点,并显示了作者的内在胸怀。例如当克利斯朵夫找到一个真正的朋友奥里维以后,奥里维像维吉尔引领但丁游地狱一样,向他步步深入地去揭示法兰西社会的潜在的深层。过去克利斯朵夫所见到的法兰西只是那些浮在表面的泡沫,而没有见到真正的法兰西精神。奥里维和克利斯朵夫两人在这方面的对话,虽然饱含着深邃的哲理,对我们不能说没有启发,但读来却让我们感到冗长沉闷,这不是文学的形象语言,而是哲理的逻辑语言,我们读《地狱篇》就没有这种感觉。

重读时我又发现,从前已经感到但没有进一步去体会的,这部书写法的另一特点,就是它像一首宏伟、深厚,具有复杂内容的交响乐。罗兰是个很博学的人,尤其擅长音乐。我读《约翰·克利斯朵夫》这部书,总感觉到有一种节奏感、音乐感在跃动。时如款款流水,时如汹涌激流,极富于变化,引发出人的各种复杂感受。比如在《反抗》这卷中,少年克利斯朵夫自从被愤怒的大公爵从宫廷乐师的位子上斥退后,我们感到书中的一切都显得骚动、杂乱,有如发出了兵器的相击声,像一场逼人而来的暴风骤雨。可是急转直下,突然出现了平和恬静、春光明媚、草木青葱、众鸟欢鸣的田园风光,使人感到安详、轻松、平静,这就是克利斯朵夫终于抛弃了一切烦恼,找到了一位敬重他,深爱他的音乐,而从未见过面的苏兹老人。这难道不像在有冲击力的快板之后出现的慢板吗?不知谙熟音乐的罗兰是有意还是无意做这样的结构安排的。另外,这次重读,我最喜欢的是第六卷《安多纳德》。这一卷似乎是游离在全书之外、可以独立存在的一卷。安多纳德这个人物在前一卷就反复出现过了。这种写法也像交响乐的写法。一位教音乐的友人告诉我,这称之为"主题的再现"。安多纳德在上一卷和克利斯朵夫在剧场偶然相遇,接着就消失了。第二次再见,是驶往相反方向的两列火车的车厢窗口,他们认出了,但是来不及相互招呼一下,火车就开走了。

过了很久,第三次再现,是在喧嚣、嘈杂的巴黎大街上。他们又偶然见到了,都挣扎着企图走向对方,但被车马人流冲散了,像两个流浪星球似地接近了一下,又在无垠的太空中分开了。这样的主题出现了三次之后,紧接着,书的第六卷就是《安多纳德》。我读到这一卷所感到的女性美、人性美、人间的爱,是我在前两次读这书时很少感到的。

《约翰·克利斯朵夫》这部书在中国青年中曾发生巨大影响,可是,也遭到过蛮横无理的批判。长期以来我们把人性、人道主义当做反动的东西加以唾弃,这部书中描写人性和人道主义伟大的篇章,如《安多纳德》及其他关于爱情、友谊、亲情的章节,都被指为资产阶级腐朽感情。记得何其芳曾这样批评过,后来在六十年代他改正了,承认这些都是好的,但却遭到姚文元用和他过去同样语言的批判,指斥这部书里所描述的无非是爱情、友谊、亲情,而这些只不过是资产阶级货色。这一段历史我至今还记得。

二〇〇五年十月二十二日

(《王元化集》卷七,湖北教育出版社 2007 年 10 月)①

---

① 《人物小记》,东方出版中心 2008 年 1 月,该文标题为"谈约翰·克利斯朵夫"。

第八辑　清园谈戏录

京剧札记

要接受并欣赏一种艺术，需要相当长的一个过程，那就是需要逐渐地去适应，去熟悉，去习惯，去理解，这样，才能培养起对它的兴趣，引发起对它的爱好。接受并欣赏京戏，尤其需要这样一种过程。如果说任何艺术品都有它特定的语言，那么以虚拟性程序化为手段、以写意为表现形态的京剧的特定语言，就是比较难以接受的艺术语言之一。观众要接受京剧，就先要使京剧的特定语言在自己心中有一个破译过程。这种过程必须经过较长时间的熏陶，才能慢慢习惯起来。以我自己为例，我在五六岁时被喜爱京剧的外祖母经常带到剧场去看戏，往往不到终场即已昏昏入睡，散场后由家人抱着回家。有好一阵，如果不是孩子爱热闹的心理，我对剧场中刺耳的锣鼓喧哗是难以忍受的。我也害怕老生或老旦一直呆坐着或呆站着大段干唱。我看武戏开打才感到有点意思。但我并不懂功架身段，只知道黑花脸杀出红花脸杀进，打旋子，翻筋斗，耍枪花……这些近于杂技式的功夫。后来年岁渐长，在较长的看剧过程中由于耳濡目染潜移默化，也由于大人和同学在闲谈中无形的点拨，才逐渐习惯于京剧语言，才喜欢上京戏。

三十年代，抗战前戏剧界有过一次关于京剧的讨论。记得我的父执辈王文显教授说京剧是颗古老的珠子，一时传为佳话。当时一般人多把京剧说成象征艺术。我认为这并不妥当。京剧的唱念做打，以及包括服饰、道具、布景等等的虚拟性程序化，不是公式化、也不是象征化，而是一种具有民族艺术特点的写意型表演体系。中国艺术讲究含蓄，讲究意会，所谓"意到笔不到""言有尽而意无穷"等大量艺术格言，都是需要从写意这一特点才能理解，才能解释的。最明显的就是写意画，这是人人熟知的。如齐白石画虾、画鱼，并不画水。但通过虾和鱼的生动游姿，你可以感觉到它们是在水中悠然嬉戏。画师不画水，欣赏者可以清楚无误地感到水的存在。这就是通过写意手法取得的效应。中国戏曲的特点也是写意的。在戏曲舞台上任何写实的东西都变成实中有虚和以虚代实的写意性的表现。上楼不需要楼梯，上马没有真的马。《空城计》中诸葛亮站在一块幕布后当做高矗的城墙，司马懿带领的四龙套代表一支庞大军队。一桌两椅的简单道具，在不同的场合，可以作山，可以作门，可以作窑洞，可以作织机。这种写意性的虚拟性手法，打破了西方古典主义的三一律。舞台不受三面墙的拘宥，使时间空间有大幅度的回旋余地，可以自由舒展，舞台调度有了极大的灵活性。如果剧情需要，演员在台上跑圆场，就可以表示长途跋涉，经过了万水千山。两个演员在台上，不用布景隔开，就可以表示，一个在室内，一个在室外，各自不见对方。在京剧同一舞台上，无须凭借舞台装置，就可成为各种不同的处所，或为宫殿，或为茅舍，或为通衢，或为荒郊，或为山林，或为河流。这些观众一看就明白，并且马上进入境界。现在有些京剧的改革引进话剧表演和布景，硬把写实的东西强加进去，结果就破坏了京剧以虚拟性程序化为手段的写意表演体系，变成了话剧加唱式的不伦不类的东西。

京剧中最引起争议的是它那俚俗的词句，有的唱词甚至文理不通，但必须注意，京剧唱词大都是老艺人根据表演经验的积累，以音调韵味为标的去寻找适当的字眼来调整，只要对运腔使调有用，词句是文是俚，通或不通则在其次，因为京剧讲究的是"挂味儿"，可以说京剧虽在遣词用语上显得十分粗糙，但在音调韵味上是极为精致的，目前尚无出其右者。这一点必须认清，否则京剧的字句虽然改好，而韵味全失，这是得不偿失的。用俚俗不雅，甚至文理不通的词句，竟能唱出感人肺腑的优美腔调，这似乎不可思议，但事实确实如此。记得外国一位戏剧家说过，好演员读菜单也令人下泪。这就是说，把词句当做激发情感或情绪的一种媒介或诱因，使音调韵味成为感人的主要力量。在京剧中，音调与词句俱佳，自然最好，倘不能至，我认为正如作文不能以词害意，京剧也同样不能为了追求唱词的完美而任意伤害音调韵味。

凡懂得并喜欢京剧的人都会同意京剧最吸引人的是在唱腔方面。我小时在北京，观众到剧院，不说看戏而说听戏。据说早先时候，一些老观众，只是闭目聆听，用手拍板，而眼睛并不看台上。这固然是一种不足道的畸形现象，但同时也可见唱功在京剧中所居的重要地位。也许这和我国艺术传统素重音乐有关。早在先秦时期音乐理论就已十分发达。连对艺术十分轻视的法家在音乐方面也有很深的造诣。如韩非就记有音乐的理论："夫教歌者，使先呼而诎之，其声反清徵者乃教之。一曰：教歌者，先揆以法，疾呼中宫，徐呼中徵。疾不中宫，徐不中徵，不可谓教。"（《外储说右上》）至于有关音乐的传说与美谈，如"广陵散""伯牙琴"等等，更是不胜枚举。这种艺术传统的基因也渗透在京剧中。

京剧老生从同光十三杰的程长庚、余三胜到谭鑫培、汪桂芬、余叔岩，再到言菊朋、孟小冬、周信芳、谭富英、马连良、杨宝森……在唱腔上经过不断地变化，形成各自不同的流派。他们都使京剧唱腔能表现最丰富、最复杂的情绪，或凄怆、或悲愤、或沉郁、或高亢、或雄伟、或委婉……摄人心魄，使人陶醉。我觉得音乐理论工作者应好好研究这一未经深入探讨的瑰宝。我青少年时代听到一位国外音乐家去听刘宝全的京韵大鼓的情况。他头一次来中国，对我国一切毫无所知，自然更不懂中国画和中国艺术。可是据说他听刘宝全的大鼓后竭力称赞大鼓的音色与音阶的丰富多变，甚至认为超过西方的歌剧。他说他从大鼓中听出有：风、黑夜、女鬼……这个人不愧是位音乐家，那天刘宝全唱的是《活捉》。京剧唱腔的释调、音色也具有同样的优点和长处。

在京剧老生中，我尤喜爱余派。按照一般说法，余叔岩在京剧史上是一个承前启后的人物。我是从唱片去欣赏余叔岩的。他在唱腔上以湖广音为主，兼容京音、徽音于一炉，从而拓广了唱腔的音韵领域，开创了一个新的境界。他的唱腔素有"空谷鹤鸣，巫峡猿唳"之称。戏剧界老前辈齐如山说余叔岩没有什么创造性，似非公允之论。齐如山不仅是深通音律的专家，而且在京剧鼎盛时期又亲自鉴赏过不少名家的演唱。但他也有千虑一失。例如他批评谭鑫培在《珠帘寨》中采用京韵大鼓"哗啦啦"的唱腔，说："难道鼓的声音会'哗啦啦'么？"这恐怕是苛论。固然真实的鼓声不是"哗啦啦"，但他没有从写意的角度去衡量。一旦走上这条什么都要求像真的形似路子，那么作为写意型的表演体系也就不存在了。倘用写实去要求，试问京剧还有多少东西可以留下来呢？甚至音乐本身也成了问题。我们不能要一首田园交赞曲去真实地表现虫鸣鸟叫，更不用说云霞夕照的意境了。如果承认京剧是写意型的表演体系，那么京剧唱腔也不能例外。写意容许变形的表现手法，但这不是违反真实，而是更侧重于神似。优秀的写意艺术比拙劣的写实艺术可以说是更真实的，因为前者在精神上更酷肖所表现的内容。齐如山这类议论是不足效法的。他用同类观点去评骘余叔岩，甚至在修身上，指摘余叔岩喜欢和文人来往以及性格孤高等，我都不敢苟同。

现在海峡两岸都在进行戏改。我认为要戏改，先得有一个前提。这就是必须掌握京戏的特点，发扬这种特点，至少不要伤害这种特点。我希望海峡两岸的剧改，能参照前辈老先生的经验，他们也并不墨守成规，因袭前人，也作过不少更新改进的工作。如谭鑫培等人，他们在身段上、唱腔上都作了不少令人击节赞赏的革新，使得京剧在发扬自身特色的情况下更为提高了。我觉得，在戏改中，过去我们所提的三并举的办法仍是可行的（即一、保持传统节目不动；二、新编历史剧目；三、进行不拘一格的创新实验）。第一种是基本。后两种经过改革可能出现新气派新景象。但在改革中，还应保持它那显示中国戏剧风格的原有特点，而不能伤筋动骨。现在各剧种都在改革，而改的结果却弄得你中有我，我中有你，好像大家通婚，由不同家庭变成一个家族。这一情况又好像各种不同品种、不同味道的西瓜，互相串来串去，都变成品种相同、味道一样的西瓜似的。用一句北京话来说，这叫"串秧子"。艺术的生命在于多样化。所有的戏剧变成单一的格调，那不是在发展而是在衰落。

一九九二年七月

（《清园夜读》，海天出版社 1993 年 10 月）①

---

① 亦见《清园论学集》，上海古籍出版社 1994 年 12 月。

关于京剧与传统文化答问（节录）①

一

翁思再问：近年来先生曾写过好几篇关于京剧的文章，都产生了一定影响。听说最近有人要您那篇在一九八八年写的《论样板戏及其他》。据我所知，这篇文章发表不久，有人就指出它的意义说："近年在社会学界，历史学界，人们正在构建新历史观，对历史进行广泛的重新评价。从王元化关于样板戏的文章到重新审视当代政治斗争历史的《古船》，可说是这股新思潮在文学上的反映的迹象。"（一九八八年二月二十五日《文论报》）您为拙编《余叔岩研究》所写的序言曾得到吴小如的首肯。而《清园夜读》中的《京剧札记》则被日本京都大学《中国文学报》披文介绍。您是不是可以从美学角度对中西戏剧进行比较，发表一些看法？

答：承你多次推动要我谈谈京剧问题，帮我找来不少重要资料，我作了一些准备，现在可以谈了。我不是内行，只是一名京剧爱好者，真要懂得京戏并不容易。俗话说："唱戏的是疯子，看戏的是傻子。"不入迷，不上瘾，就不能真懂。我还差得很远。过去看过的

---

① 原文有十二节，篇幅近两万五千字，这里节录的是前三节。——编者

戏，我记得很不全，不是一个轮廓，一点印象，就是一鳞半爪，太笼统是谈不好的。演员的生命在台上，时过境迁，要补课是来不及了。幸亏你还有魏绍昌、吴光耀、张绥龄几位友人，帮了我的忙。他们几位也替我找来一些重要资料，尤其是台湾的丁秉鐩、美国的周志辅、我们这里的刘曾复，以及清末的王梦生的回忆著作。他们记述自己看戏的经过，使我可以援引，作为论证观点的佐证。虽然我喜爱京戏，但我研究京戏也并不完全出于兴趣，主要在对于文化传统问题的考虑，我认为京戏在文化传统中占有重要的地位。

问： 现在还很少有人谈这方面的问题。很希望您先谈谈京戏和文化传统的关系。

答： 京戏无论在表演体系上或在道德观念上，都体现了传统文化精神和传统艺术的固有特征。研究中国文化传统经过了怎样的渠道走进民间社会，甚至深入到穷乡僻壤，使许多不识字的乡民也蒙受它的影响，这是一个值得探讨的问题。中国的传统思想自然是直接表现在儒释道墨法那些思想家的著作里，而研究文化传统的学者也多半只探讨这些思想家的典籍。但是能阅读这些著作的人究竟有多少？大多数从来没有读过这些著作的人，为什么会受到它的影响呢？我小时在偏远的乡间曾见到不少贞节牌坊，那些殉节的妇女大多并不识字，她们从哪里得到儒家传统的贞节观念并以它作为自己的信念呢？这些问题不能不引起人们对文化传统问题的思考。我认为人类文化学学者所提出的大传统和小传统理论对于解决上述问题是很有帮助的。大传统和小传统这一说法是五十年代芝加哥大学人类文化学教授芮斐德（Robert Redfield）首先提出来的。台湾李亦园教授是研究人类文化学的，对此曾有专文介绍。据他说所谓大传统是指上层士绅、知识分子所代表的文化（相当"五四"时期所说的贵族文化），这多半是经由思想家或宗教家反省深思所产生的精英文化（refined culture）。与此相对应所谓小传统，则是指一般社会大众，特别是乡民或俗民所代表的民间文化（相当"五四"时期所说的平民文化）。精英文化与民间文化也可称作高层文化与低层文化（high and low culture）。芮氏所用的后一称谓与我们过去所说的雅文化与俗文化，以及今天所说的高雅文化与大众文化是比较接近的。

从一九八六年起，我写了一系列探讨文化结构的文章，提出文化结构中的高层文化与大众文化所形成的这种关系："高层文化的社会效益必须置于文化结构各方面的相互作用中去考虑。例如，一部美学著作的读者对象，只限于一些专业工作者：教师、作家、编导、建筑师、美术家等。通过他们把其中的审美标准、审美趣味融进自己的作品里，再由这些作品把它传播到群众中去。在文化结构中，高层文化起着导向作用，它影响着整个民族的文化水平和文化素质。但大众文化和高层文化是发生着互补互动关系的。大众文化直接来自民间，具有民间的活力，也往往推动文化的发展。从文学史上可以看到唐宋的传奇、话本，变文，元明的戏剧，明清的小说以及历代的民歌民谣等等都曾经对整个文化发生过巨大的影响。"这里没有涉及文化传统问题。但传统文化中的大传统与小传统的关系也是一样的。大传统即上面说的过去思想家所产生的高层文化或高雅文化，小传统即民间文化，包括谣谚，格言、唱本、评书、传说、神话、小说、戏曲、宗教故事等。民间社会一代又一代，都是通过这个渠道承受了传统的影响。

问：我想请您更详细地说说这个问题。比如大传统是如何通过小传统传播到民间去的，小传统是否原封不动地保存了大传统的面貌，还是有所更易？

答：民间社会是通过小传统去接受大传统的，因此不是直接，而是间接地吸取了大传统如经史中的观念以及史书中的史实等等。今天许多人的历史知识不是来自正史，而是来自广为流传的小说戏曲，甚至知识阶层中的许多人也不例外。清末王梦生撰《梨园佳话》称"二十四史忽化声能语，自声入而心通"，即明此义。大传统既然有赖于小传统作为中介传播到民间去，因此它就不可能完全保持其原来面目，而是经过民间的筛选和转述。在这一过程中，不仅有取舍，也有引申、修订、加工和再创造。李亦园曾举小传统把儒者心目中的非人格化的天和俗世的皇帝融合在一起，转变为人格化的玉皇大帝。在大传统的宗教文化中，儒道释的源流派别是分辨得清楚的，但在民间祭典文化中就只有三教合一的民间信仰。小传统在民间信仰仪式（鸾堂等）中显示了对中国文字的尊重等等，都是说明这种情况。这是一项需要开发的极其细致的工作，有待今后的努力。我认为近两百年来京剧在民间文化中占有十分重要的地位，其中所蕴含的道德观念和审美趣味，影响了不止一代的中国人。作为小传统的京剧，它是大传统的媒介，也是载体。从京剧来探讨大传统如何深入民间，可以为这方面的研究提供一些资料。

二

问：两年前您在《杜亚泉与东西文化问题论战》一文中对传统伦理观念曾作过阐发和论述。请您谈谈京剧这方面的问题。记得您曾援引柳诒徵"西方立国在宗教，东方立国在人伦"的说法，并阐发了梁启超的"根本精神说"和陈寅恪的"理念说"。指出传统文化的承传主要在其精神实质或理念，如"道德主体""和谐意识"等，而并不在其由当时政治经济和社会制度所形成的派生条件，如君臣、父子、夫妇的三纲观念等等，并认为前者是常，将随着传统的承传而延续下去，后者是变，将随着社会制度的变化而消亡。我觉得这一阐发很有助于去理解京剧中所体现的伦理道德观念。您是否可以更进一步谈谈这方面的问题？

答：这个问题太大太复杂，这里不可能谈得太多。你所转述我那篇谈杜亚泉文章的观点，我不想重复了，请读者去参阅该文。我认为谈到传统伦理道德，必须注意将其思想的根本精神或理念，与其由政治经济及社会制度所形成的派生条件严格地区别开来。不作这样的区分，任何道德继承都变成不必要的了。每一种道德伦理的根本精神，都是和当时由政治经济及社会制度所形成的派生条件混在一起的，或者也可以说，前者是体现在后者形态中的。倘使我们不坚持形式和内容是同一性的僵硬观点，就应该承认它们两者是有区别的、可分的。冯友兰于六十年代出于担心要全盘否定道德继承性的考虑，提出了抽象继承法，就是依据上述可分性的原则。不过，他用了一个很容易引起误会的说法，以致遭到非难。可分与不可分这两种不同的观点，导致了道德可以继承与不可以继承的分歧。如果认为是不可分的，传统道德观念中的根本精神及其由当时社会制度所形成的派生条件是等同的，那么在古代一些杰出人物身上还有什么崇高精神、优良品格、善良人性？任何一个人都不能完全超越他的时代，完全摆脱由当时社会制度所形成的派生条件。不能要求他们活在和我们一样的社会制度中，从而在派生条件上具有和我们完全一样的道德观念。如果坚持思想的根本精神和当时的社会制度所形成的派生条件两者是不可分的，那么道德继承问题也就不存在了。

岳飞、文天祥的事迹今天仍会使我们感动，可是他们的社会意识是充满忠君色彩的。我们对于皇帝再也不会产生神圣的感情了，为什么还会被这些充满忠君感情的人物所打动呢？这并不是由于我们也像他们一样，对皇帝抱着同一种神圣感情，而是从他们的忠君意识中领会到另一种崇高精神。我们是被它所打动的。这种崇高精神固然蕴涵在他们的忠君意识之中，可是我们却在无形之中把两者分离开来了。至于屈原就更是一个复杂人物，但是谁会因为他的忠君意识而否定他的坚贞而博大的爱国情怀呢？王蒙曾说他每次读《红楼梦》，读到元妃省亲贾政启奏那一节，都不禁为之酸鼻，觉得"忠中有悲，忠中有情，这种中国式的忠的感情，真是令人唏嘘感动"。可是使人感到遗憾的是，后来他却把《三国演义》看做是一部争龙椅的相斫书。似乎赵子龙在为主子效力之外不存在"忠中有悲，忠中有情"了，从而他似乎又不主张根本的思想精神和派生条件是可分的了。其实《三国演义》这部古典名著是蕴含了多层面的。比如像诸葛亮这样一个人物，过去大多仅仅从"为政治服务"的角度去批判他，但我觉得郑振铎从智慧的角度去评估诸葛亮，也许是更妥切、更合理一些。

一九三五年，梅兰芳赴苏访问演出，当时也有一位苏联的艺术家认为京剧完全是供封建王公贵族玩赏的"雕琢品"，说这种戏剧是"为古代专制的封建道德做宣传的喉舌"。但是，艺术家奥布拉兹佐夫后来到中国进行考察之后，他有不同的看法，并作了十分中肯的评述："中国传统戏剧的剧本演出及服饰等，当然都反映了，也不可能不反映千百年来的封建制度，不过并不能因此就把这种戏剧看成仅仅是帝王和封建贵族的玩物，这是绝对不正确的。"什么原因呢？他举出的理由是："从来没有哪一个封建阶级或非封建阶级的贵族，哪一个特权阶级或特权阶层会需要两千个剧院。"他用戏剧在中国普及的程度来说明它的人民性。在当时的苏联，使用"人民性"这个具有魔法性的字眼，是突破僵硬的教条，使艺术的生命不被机械论所扼杀的唯一办法。但我觉得还是用传统思想的根本精神及由社会制度附加给它的派生条件是可分的来对待道德继承问题，才更合理。"五四"时代反封建的先驱人物是以非孝作为突破口的。但其中两位主要人物胡适与鲁迅，在实际生活中对于母亲的孝道行为却是十分感人的。是他们言行不一吗？不是的。他们坚决反对的是封建制度附加给孝道精神的派生条件。即当时梁漱溟所谓"古代礼法，呆板教条，以致偏欹一方，黑暗冤抑，痛苦不少"等等。我们必须把他们奉行孝道的根本精神和他们反对的那些派生条件严格地区别开来。但倘硬说他们的孝道和传统的孝道是毫不相干的两回事，那是牵强的，难以令人折服的。

三

问：京剧在多方面体现了传统文化的精神特征，除了在道德观念外，您是不是可以再从艺术方面谈谈？

答：你提出的问题，实际上也就是有关京剧的表演体系问题。如果容许我用最概括的说法来阐明东西方艺术传统的不同特点的话，那么，可以说西方艺术重在模仿自然，中国艺术则重在比兴之义。西方的模仿理论最早见于亚里士多德的《诗学》；中国的比兴理论最早见于《周礼》的六诗说和《诗大序》的六义说。六诗和六义都指的是诗有风、赋、比、兴、雅、颂六事。最初在《周礼》和《诗大序》中，这六事并不是如后来那样分为诗体（风、雅、颂）和诗法（赋、比、兴）两个方面。这种区分始于唐代，唐定《五经正义》，孔颖达作疏，开始将诗的六事作体用之分。在这以前，诗体、诗法是不分的，体即是用，用即是体。而将六诗说、六义说概括为"比兴"一词，是始于六朝时期的刘勰。刘勰撰《文心雕龙》，其创作论有《比兴篇》。中国艺术中的比兴之义，它所代表的艺术精神和艺术特征与西方艺术是很不同的。这种不同主要表现在对待和处理心与物（审美主体与审美客体）的关系上。模仿说重自然，在艺术创造过程中，以物为主，以心服从于物。比兴之义则重想象，表现自然时，可不受身观限制，不拘守自然原型，而取其神髓，借以唤起读者或观众的想象，去补充那些笔墨之外的空白。由于比兴之义诉诸联想，由此及彼，或由此物去认识彼物，故多采移位或变形之法。陆机《文赋》有离方遁圆之说，即阐明此旨。他的意思是说在艺术表现中，方者不可直呼为方，须离方去说方，圆者不可直呼为圆，须离圆去说圆。《文心雕龙》也有"思表纤旨，文外曲致，言所不追，笔固知止"的说法，意谓艺术有一种幽微奥秘难以言传的意蕴，不要用具有局限性的艺术表现使它凝固起来变成定式，而应为想象留出回旋的余地。诸如此类的意见在传统文论、画论、乐论中，有着大量的表述。如"言有尽而意无穷""意到笔不到""不似之似""手挥五弦，目送飞鸿""此时无声胜有声"等，都是阐发同样的观点。记得一位已故友人陈西禾在抗战初曾发表过一篇题为《空白艺术》的文章，也是阐发艺术创造中的笔墨之外的境界的。可惜这篇写得十分精辟的文章没有得到应有的反响，今天几乎已经没有人知道这件事了。我们书法中有飞白，颇近此意。空白不是"无"，而是在艺术表现中有意留出一些余地，以唤起读者或观众的想象活动。齐白石画鱼虾没有画水，这就是空白艺术，观众可以从鱼虾的动态感应到它们在水中悠然嬉戏的情趣。京剧中开门没有门，上下楼没有楼梯，骑马没有马，这些也是空白艺术。这种空白艺术在西方是罕见的。我只知道契诃夫在他的剧作中很喜欢运用停顿（pause），停顿近似空白艺术，但又不完全相同，似乎着重在节奏和氛围的处理上。至于英国导演彼得·布鲁克倡"空的空间"，那是现代派艺术兴起以后的事。

由于处在不同文化传统的背景下，西方一些观察敏锐的专家在初次接触京剧时，就立即发现了它不同于西方戏剧的艺术特征。一九三〇年，梅兰芳访美演出，评论家勃鲁克斯·阿特金逊在《纽约世界报》上撰文一针见血地指出："在想象力方面，从来不像京戏那样驰骋自如。"一九三五年梅兰芳访苏演出，苏联导演爱森斯坦在讨论会的发言中说，中国京剧是深深根植在中国文化传统基础之上的。他大概并不知道中国传统的比兴之义，但从实际观察中体会到它的意蕴。他说："京剧不同于西方模仿式的表达常规，而使人产生一种奇特的'抽象性'（按，应作写意性）的深刻印象。它所表现的范例不仅在于一物可以用来标示另一物（按，此说近于前人对'比'所作的注疏），而且可以标示许多不同的实物和概念，从而显示了极大的灵活性。比如一张桌子可以作饭桌、作公案，也可以作祭坛等等。同一个尘拂可以作为打扫房间的工具，也可以作为神祇和精灵所执的标志。这种多重性,类似中国象形文字(按,应为义符文字)各个单字可连缀成词,而其渊源则来自中国的传统文化。"(大意)这位著名导演赞扬京剧艺术已发展到极高水平,而称他们的戏剧"那种一再折磨我们艺术的所谓忠实于生活的要求,与其说是先进的,毋宁说是落后的审美观"。

在这个座谈会上,梅耶荷德、爱森斯坦和另几位倾向现代派的艺术家,向基于模仿的现实主义理论,进行了大胆的挑战。他们不受模仿说的拘囿,认识并肯定了中国传统艺术的特点。这种开放态度是令人钦佩的。但这些追求革新的艺术家在突破模仿说时,断言体现这一传统的现实主义艺术是落后的,并将他们所见到的那些僵硬的充满说教的艺术作为现实主义的代表则未免做过头了。"百川入海不择细流",艺术应是多样化的。我认为上两个世纪出现的托尔斯泰、契诃夫、陀思妥耶夫斯基、费尔丁、狄更斯、巴尔扎克、司汤达等等的现实主义作品并不过时。我一直喜爱它们。艺术不能在古与今、中与外、新与旧之间作出高下之分,而只有崇高与渺小、优美与卑陋、隽永与平庸的区别。

一九九五年十月三日于清园

(《九十年代反思录》,上海古籍出版社2000年12月)①

---

① 亦见《清园近思录》,中国社会科学出版社1998年1月、《清园谈戏录》该文题为"京剧与传统文化丛谈",上海书店出版社2007年1月、《王元化集》卷二,湖北教育出版社2007年10月。

在京剧发展研讨会上的发言

振兴京剧是全国上下的共识。虽然这不是一项轻而易举、一蹴而就的工作,要很好地发扬京剧的优良传统,使京剧在今天能有更健康、更完美的发展,也许需要我们一两代人不懈的努力。但是,我相信,只要我们站在不同岗位的艺术工作者,兢兢业业,虚己服善,认真不苟地工作,京剧的优良传统必将得到发扬。

具有两百年历史的京剧,在中国文化传统中占据了一个特殊的地位,这是有十分重要意义的。中国的文化传统,不仅体现在圣哲贤人的经籍著作中,也体现在和它有着一定关联、掺入了人民的创造、蕴含了艺人血肉的民间文化里面。近两百年来,京剧是民间文化中最具有生命力、最具有广泛影响的积极力量之一。在这两百年中的几代人,不仅把京剧作为调剂精神的娱乐手段,而且无形之中也使它成为陶冶性情、增长见闻的教育手段。恐怕直到今天,许多人的历史知识、道德观念、文化修养,很多都是从民间文化中经过潜移默化的过程而获得的,在这中间,京剧更是起着积极的作用。

要振兴京剧,照我看来,首先应当注意人才的培养。今天,北京、天津、上海等地已经出现了一些令人感到欢欣鼓舞,觉得前途有望、大可培养的新苗,如北京的穆宇、陆地园、尤奇,天津的王玺龙,上海的王佩瑜、王旭东等,对这些新人应该注意他们的基本功,打好基础,让他们多得名师指点,多看前辈艺人的示范演出,使他们底子瓷实，路子正，功夫到家，防止拔苗助长。

第二，应当重视抢救目前还健在的老艺术家的绝艺、绝活，为他们多创造演出和教学的机会和条件。因为京剧真正能吸引观众的不仅在于好剧目，更主要的还在于好角儿的表演艺术，后者恐怕是京剧获得观众的关键所在。应当把过去名角流动演出的机制确定下来并加以发扬。

第三，上海京剧比较注意增加演出场次（如戏校学生演出传统折子戏日场），强调以不同样式的剧目满足各种观众的不同需要，注意培养青年观众对京剧的欣赏能力，这种意图是好的。但同时还需要总结其中的经验，以完善操作的办法。

第四，京剧的发展应当坚持在继承基础上创新的方针。不注意继承将丧失根本，不注意创新将陷于停滞和僵化。在创新的工作中，京剧必须保持它的虚拟性、程式化、写意型表演体系的特点。吸收西方的东西固然需要，但是不能照抄照搬，以致违背京剧本身应有的特点。在这方面，正如在整个文化领域里一样，舍传统趋西化的观点是不足为训的。我认为，只有掌握了京剧的虚拟性、程式化、写意型这一表演体系特点，才能去进行改革创新。

一九九七年八月一日

（《清园近思录》，中国社会科学出版社 1998 年 1 月）①

---

① 亦见《王元化集》卷七，湖北教育出版社 2007 年 10 月。

关于京剧的即兴表演

蒋锡武问：我在您和胡晓明先生《关于人文知识分子与二十一世纪的对话》一文中，看到您在纵论从十九世纪到二十世纪的中西文化、思想、学术、文学等问题时，专门说到了京剧；在钱文忠访问您和法国著名哲学家德里达《是哲学，还是思想的对话》一文中，又见您谈到了中国传统戏剧的虚拟性程式化写意性的表演体系。您一如既往地关注着戏曲，而且是在这样大的范围内，真是让人高兴的事。

答：我现在不大看戏，但中央电视台十一频道——戏曲频道，我还是看的。上次播放的是山西上党一个村，这个地方的人很重视戏剧传统，村里居然还有个研究机构，这可不能小看。研究机构有位研究者，在那里讲历史，讲源流，对我很有启发，我看可以请他到大学里去讲课。

我现在很少去看京戏了，没有好的角儿，引不起兴趣。现在有些演员在台上瞎使劲，浑身用力，青筋直冒，五官乱动，肩膀乱抖，让人看了太吃力了。花脸行当中这种表演特别多。好演员的表演是不让人感觉吃力的。不要说京剧，地方戏也是一样。

一九五二年，我记得川剧、秦腔都到上海来演出过。秦腔演了《游西湖》，至今给我留下很深印象。那时候还没有什么鬼戏有害无害的争论。鲁迅早在《女吊》一文中，针对那些认为文艺作品不能写鬼的论调说："敢请'前进'的文学家和'战斗'的勇士们不要十分生气罢。我真怕你们要变呆鸟！"秦腔剧团有个很好的演员苏育民，他演了一出《激友》，是内部观摩，我去看了，真过瘾。那时他们到基层演出，跟工人见面，大家看苏育民个子粗壮，脸膛黝黑，以为他是唱黑头的，绝想不到他是唱小生的，在台上一点也不滞重。他在《激友》中演的张仪是那样灵巧，真让人感到浑身舒畅。现在的一些演员好像不大懂什么是"放松"了。

问：的确是这样。这与演员的修养有关系，也就是说，他不是以内涵的力量去感染观众，而是靠卖力去刺激观众。

答：这是一种倾向，他以为特别卖劲，说不好听的，其实就是在"洒狗血"。难道观众都是聋子、瞎子？靠这样的"卖劲"，只能让人讨厌。懂行的观众要听要看有韵味的东西。所以，当王珮瑜毕业演出时，要我题词，我给她写了"戒直戒露，去甚去泰"八个字。后来俊为看到了，也要我同样写了一张。

问：我想，这也有个表演者给观众提供什么的问题。作为演员，如果你总是给观众"洒狗血"的玩意，造成他不知内涵、含蓄为何物，那也就只好不断地、加倍地去"卖"你的"劲"了。

答：中国的艺术都讲究含蓄，所谓"言有尽而意无穷""此处无声胜有声""意到笔不到"等等，这种格言在文论诗话中太多了。我不同意胡适所讲的艺术的特点，他认为艺术首先就在于"明白易晓"，这是错误的。一件艺术作品，一点蕴藉也没有，一点含蓄也没有，让人一看便知，一览即晓，还有什么回味呢？胡适说《红楼梦》还不如《海上花列传》，又说《哈姆莱特》《奥赛罗》都一塌糊涂。在他看来，莎士比亚的悲剧还不如近代（如易卜生）的一些社会问题剧。胡适是有学问的人，但他在艺术品位上，在艺术鉴赏力上，远远不如"五四"时代的周氏弟兄。

假若京剧离开中国传统的基础太远，连最基本的东西都丢掉，就很危险了。昨天我看电视，一个老先生讲，京剧有三个重要特点，包括演员的演技、唱念的音乐性,这些当然都是不错的,但他又说还有导演,这就不对了。别的不讲,过去一出戏,呕心沥血、千锤百炼,保留下来,流传开去,靠的是什么?靠的是演员。清末王梦生谈谭鑫培的《空城计》,说他的演唱经过不少加工,跟以前不同。历代的好演员也都做了大量这样的改动。就不是什么导演的功劳嘛!那时根本也没有什么导演!

问:可以说,好角儿就是导演。

答:传统戏剧的灵魂在哪儿?在演员身上。我们的一些导演,以为人家京剧演员没文化,识字不多。可是,你别以为你识字多就了不起,他的那些学问你也未必懂,他掌握的京剧符号密码,比你不知多多少。他们就是靠着这些你也未必懂得或还未入门的学问,不断地完善一个戏,把它弄得更深刻,更富有艺术韵味。一出戏能传下来,每一代演员都做了工作,这很值得研究。比如《空城计》,杨宝森是怎么吸取余叔岩的,余叔岩又是怎么吸取谭鑫培的,谭鑫培又是怎么吸取余三胜的,他们又在哪些方面根据自己的条件和自己的体会,进行了再加工,精益求精等等……如果我们能把前辈艺术家走过的路弄清楚,不理睬那些外行"里手"的瞎掰、胡来,才可能对京戏的发展作出真正的贡献。

问:现在的问题是,演员的这种创造力,正在被消解:戏是怎么回事,有编剧;台上怎么回事,有导演;唱腔怎么回事,有作曲;穿戴怎么回事,有舞美。演员是谁的都听,甚至可以说是谁的都得听,结果呢,没有了自己。我以为,这是演员主体意识的一种失落。

答:创造力一旦被闷死,那就完了。我看这就是京剧在晚近一代不如一代的原因。如果演员都靠别人代替他去思考创造,那演员也就变成提线木偶了。

问:当年裘盛戎排《雪花飘》,有人要用舞美技术来下雪,裘先生说:"那还要我干什么?"

答:是啊,这一句话不就完了吗!还是要靠演员的创造。过去的演员是有创造的,关键是他们懂。裘盛戎识字也许不多,但他掌握了京剧的艺术特点,他就具有了创造的本钱。他并没有进研究生班学英语,但我看他比会叫"约翰""玛丽"的那些戏曲硕士要高明得多。

我听说,从前演员演出前不用对戏,都是台上见。记得陈西禾和我说过,一次他看《黄金台》,他对演田单和伊立两个名角演到"当真要搜,果然要搜"这一场对话时称赞不绝。虽然时隔多年,他想起来还是回味无穷地说:衔接之妙,尺寸扣得那么准,真可谓珠联璧合。西禾是导演,他却佩服戏曲演员的即兴发挥。

问:这里边,与演员的能力是很有关系的。我听刘曾复先生讲,当年钱金福因岁数大了,由儿子钱宝森顶替,为杨小楼的《挑滑车》配演金兀术。自然,要说先跟杨先生排排戏,就笑话了,那是绝不可能的,就是得到台上见;而钱金福虽然从来不爱给儿子说戏,这次因事关重要便也想说说,就问钱宝森,今儿你打算怎么来?钱宝森说,我快快的。钱金福说,行啦。这就算说了戏。事后,刘先生问钱宝森是怎么快的,钱说要害是"一合两合"的"一合",如果这一下教杨小楼落(là)下了,就算砸了。这就要求,首先是能快得上去,更要紧的是还要知道快的节骨眼在哪儿。

答:即兴创造能激发起演员的激情和灵感,就像音乐家演奏乐曲,诗人即兴赋诗,不是临时张罗,事前盘算,而是凭借平时的训练和积累,一旦上台表演,即可豁然有悟,于无意之中得之。其实,这种情况很普遍,比如踢足球也是一样,运动员在场上奔驰,相互传递、配合,都不是经过了推敲和理智思考(那就来不及了),而是不假思索的临场的发挥和反应。

问:说来这是很奇怪的事,京剧表演原本是高度程式化的,有严格的限制,但优秀的艺术家却能在这种限制中,获得极大的创作自由。我认为,这一方面,是与它的舞台时空自由的原则相一致的,是"有定法中无定法",使得有如"神来之笔"的即兴创造成为可能；另一方面，则是这种限制，反而激发了演员的创造力，活跃了他们思维中的即兴机制，从而通过这种创造，不断地丰富了京剧表演的这座艺术宝库。

答：这一点正是我要讲的，都让导演事先替他安排好了，用一种刻板的理性去进行指导，你叫他到台上怎么可能有即兴的发挥？当然，演员的即兴发挥，不等于是胡来，不等于没有事前准备，它是演员多年下工夫琢磨，苦学苦练，积在胸臆的技法和技能所形成的一种如别林斯基说的"创作的直接性"。这种创作才能的直接抒发，往往是经过了平日积累的间接历程，才能未经演员的思索而在表演中表现出来。中国古代文论中也有类似的探讨。像陆机《文赋》中的"应感"之说，就十分形象地描绘了这种即兴的创作状态。

陆机的"应感"之说，是说在创作过程中，思维活动忽而敞开来，非常活跃，有时也会忽而又堵塞了，十分迟钝。这两种相反的情况，都不是受着理性支配，靠着知性来左右的。当你头脑非常灵活的时候，再复杂的东西，也可以井然有序地在你的头脑里呈现出来，这时，思想像一阵阵风一样发自你的胸臆，语言像一股股泉水一样从你的唇齿间流出来，千头万绪，众象纷呈。你倒好像变成了一个工具，你的笔推着你往前走，教你怎么去写作。但是当你的情感钝涩了的时候，你虽有心创作，却变得像一段呆木头，头脑越来越枯窘，思想也挤不出来。写作真是非常古怪的事！有时候你虽然竭尽了全力，却什么也写不出；有时候你不经意，反倒写起来得心应手。《文赋》所谓"虽兹物之在我，非余力之所戮"，意思是说，文章是我作的，但是写得好不好，却又不是我主观的祈求完全可以决定的。

这是什么意思呢？有些人就是未识开塞之所由，不懂得艺术创作不能完全按照事前的安排、预先的设置来进行；不能按照黑格尔所讲的"不能掌握美"的"知性"去指导的。艺术创作要依赖创造激情的迸发。这一点，我过去也不理解。我年轻时，以为艺术创作都是有规律性的,这种规律是可以用理性的方法来探讨的,只要摸清了这个规律,就可以按照这个规律去写作。可是,这还有什么创作呢?这些都是从苏式理论那里贩来的,它对我们的影响太大了。我这样讲,并不是说理性的东西不要,也不是说艺术创作都是神秘的,突如其来的,更不是说演员不练功,不喊嗓,到时候等灵感一来,就可以演出来了。我不是提倡这个。问题是,如果导演都给你设定好了,你成了提线木偶,这里边的自我阐发的东西,"创作的直接性","应感之会",都不起作用了,久而久之,演员哪里还来即兴创造的能力?他再也迸发不出创造的激情,他的创造力都慢慢地给导演磨掉了!

二○○三年五月

(《清园近作集》,文汇出版社 2004 年 8 月)①

---

① 亦见《清园谈戏录》,上海书店 2007 年 1 月。

京剧"伍子胥"

京剧老生戏中,我最爱看的是《伍子胥》。《伍子胥》这出戏主要包括了《战樊城》《文昭关》《浣纱记》《鱼藏剑》。我看的是杨宝森演出的①,他把这几个折子戏串在一起,成为全本《伍子胥》。好的京剧不以情节取胜,像《伍子胥》这出戏,我看了好几遍,并不因剧情早已熟悉就减少了兴趣。我不知道在杨宝森演出此戏之前,更早的老艺人是否也同样把上述几出戏串在一起连演?② 早期汪桂芬演出此戏最负盛名。汪派音调高亢,很适于表现剧中的悲愤和焦灼心情。梅兰芳在他的文集中曾记载,他年轻时与王凤卿搭班,到上海丹桂第一舞台演出。王凤卿也是汪派那一路子,同样有阳刚之气。梅兰芳说,每逢王凤卿贴出《文昭关》这出戏,他就在门帘后聆听。一开场,台上传出一句西皮散板:"伍员马上怒气冲,逃出龙潭虎穴中。"顿时悲愤之情弥漫全场,迎来了观众的满堂彩,使梅击节称赞。

伍子胥是个伟丈夫,力能举鼎。平王追捕,他逃出樊城,只身

---

① (原注)王元化先生很欣赏杨宝森。一九五二年,他在华东局文艺处工作时,正好赶上杨宝森在百乐门演出全部《伍子胥》,他特地包了两排座位,让大家去看了。那个时候,杨的戏上座不好,他是诚心去捧场的。

② (原注)早年,程长庚、汪桂芬常将这几折戏串联演出,名《鼎盛春秋》。杨宝森则在上世纪四十年代其组班宝华社时如是首演。

持弓箭，追兵不敢近。汪派演唱此戏最为合适。杨宝森由于天赋所限，在唱法上和汪派比较，就未免有些低柔衰颓了。有些人喜欢阳刚之气，爱聆黄钟大吕之声。我的老师公严夫子就曾经说过，张之洞不喜皮黄，爱好梆子，觉得京剧有靡靡之音。今天，也还有人仍持此见。但是为什么杨宝森演《伍子胥》仍获得大量观众的喜爱？这是很值得研究的一个问题。最近思再从徐州开会回来，他向我谈了几点意见。他说后来的京剧多向韵味发展，在唱腔中使感情深化了，复杂了。从前的唱腔比较单纯，而后来的就显得好听了。以杨宝森来说，自然没有汪派那种昂扬刚劲之声，但他的唱腔更挂味儿，耐人寻味，使人爱听。我觉得这话有道理。一般论者说到戏剧的历史，都称赞那种浑然未凿、敦厚质朴的古典戏剧，而对后来的戏剧则多加贬抑。例如，黑格尔就把希腊悲剧置于莎士比亚之上，而我国有些论者，也往往认为明清的传奇远不及元曲。这些说法不能说没有道理，但有时也要看具体情况而论，后来的戏剧并不一律今不如昔。

我虽然看过多次《文昭关》，却未学会。思再把那几段二黄快原板唱给我听，使过去看杨宝森演出此剧的情景重现脑海。伍子胥隐藏在东皋公的后花园内，因昭关阻隔，内心焦灼，一夜之间须发皆白。

第一段他戴黑胡子（内行称黑三①）唱："心中有事难合眼，翻来覆去睡不安。背地里直把东皋公怨，让人难解巧机关……"第二段改为戴花白胡须（内行称黪三）唱："我本当拔宝剑自寻短见，爹娘啊，父母的冤仇化尘烟。对天发下宏誓愿，不杀平王我的心怎甘……"第三段，听东皋公惊告他，他已须发全白。他唱："一见须白心好惨，点点珠泪洒胸前。冤仇未报容颜变，一事无成两鬓

---

① （原注）王先生这里记忆有误，快原板前，即唱"心中有事难合眼"一段时，伍子胥便已经换"黪三"了，此段唱罢，再换"白三"。

斑……"伍子胥无可告诉的心中冤仇，困居昭关一筹莫展的苦闷，双亲遭杀害引起的内心惨痛，这些交织在一起的复杂情绪，化为一腔悲愤在这三段唱中宣泄出来。这种危难之际所迸发的真情，怎能使人不感动、不震撼呢？京剧能够表现这样强烈、复杂的内在感情，恐怕由于它是一种虚拟性、程式化、写意型的表演体系，它可以让演员自由自在地表露自己的内心衷曲。而话剧是写实的，就往往难臻此境。当话剧演员站在台上使用内心独白时，我总感到别扭、不自然。例如，改编的《家》，觉新在新婚时虽然用诗一般的语言来吐露内心隐秘，但我仍有这样的不满足感。

顺便说说，我还看过其他京剧演员演的《伍子胥》，当演到渔父将伍子胥渡过大江，知道伍子胥怕他泄露真相，就投江自尽这一场戏时，竟把情节改作渔父是假装投江，暗地里却悄悄潜水游走了。我不知道这改动是为了什么？伍子胥那个时代的人，都有一种重然诺轻生死的侠义气概，正如莎士比亚剧中所常常提及的罗马人有一种壮烈精神一样。春秋时侠士情愿为义而捐躯，荆轲、专诸皆此类人物，而渔父和《赵氏孤儿》中的鉏麑也显示了那个时代的侠义风骨。不谙此理，任意篡改原剧，那真是非愚即妄了。①

二〇〇五年十二月九日

---

① （原注）此文曾以《清园谈话录·十》标题刊于二〇〇五年十二月二十一日《新民晚报》。

由伍子胥所想到的

我还想谈谈从历史上的伍子胥所想到的其他一些问题。屈原曾说"依彭咸之遗则,从子胥以自适"(见《悲回风》)。注云:"自适,谓顺适己志也。"可见屈原对子胥推崇之重。后来王逸等人多以子胥比干并举,成为忠良的楷模。伍子胥在春秋时期是作为一个伟人的形象而被人所尊重。

不过,这里所谓忠的观念和后来有着极大不同。伍子胥是楚国人。楚平王无道,胥父伍奢忠言直谏,被平王残酷处死,全家灭门,只有伍子胥只身逃出,往吴国搬兵灭楚。倘据后来某种观念来评判,子胥不但不可谓忠,甚至可说是大逆大道。春秋时代把他视为忠的表率,是以他对吴王夫差来说的。这同样和后来对忠这个概念的理解大相径庭。为什么会出现这类问题呢?我想主要是对早期儒家的道德规范并不理解。后人多以为孔孟倡导的是愚忠愚孝,这乃是极大误解。以君主为本位,倡导君主专制主义的不是儒家,而是法家。孔孟的君臣之道是建立在双向关系上的。孔子说:君使臣以礼,臣事君以忠。孟子则进一步说:君视臣如草芥,臣视君如寇雠。杀掉昏主暴君,孟子甚至认为不是弑君,而是"诛独夫"。

钱穆曾说儒家有民主思想。如果认为这评价过高,那么至少也可以说早期儒家是以民为贵的民本主义者。但直到今天某些人却并不这样看,他们开门闭门说孔老二是封建专制主义的代表。我曾经和持这种主张的一位老友说过，我不同意他的意见，我愿意和他讨论这个问题。倘他不同意我的看法，希望他直言批评。他一直殚精竭虑为民主宪政而呼吁，我想他会接受我的意见的。不料他说，他不能再花力气做这些事而拒绝了。这使我很失望，我觉得他在坚持一种长期形成的既定观念，这种既定观念对他来说是天经地义的、不容反驳的，这就是"五四"的反传统精神。其实这种反传统精神早在明末何心隐、李贽等人那里就已形成，"五四"只是将其推向极端罢了。

十五世纪的文艺复兴以恢复希腊罗马文化为宗旨，"五四"虽因袭文艺复兴之名（最明显的是"五四"代表刊物《新潮》即以 Renaissance 为英文译名），实际上却恰恰背道而行，以反传统为纲领。"五四"的反传统就是"五四"思潮和"五四"精神的主要内容。谁如果对"五四"思潮、"五四"精神的某些消极因素或错误观点（如意图伦理、庸俗进化观、功利态度、激进主义）加以怀疑而进行反思，那么他就一定会被视为在倒退复古。因此，这些不容对"五四"进行反思的人采取了一种非理性超批判的信仰主义态度。"五四"自然有它伟大的历史意义，直到今天，也还有很多方面值得我们继承和发展。但是，真正要做一个启蒙者，就要不怕把思想、哪怕是自己最心爱的观念、放在理性的法庭上加以审判，重新估量它的价值、判定它是否应该继续存在下去，这才叫反思。十七、十八世纪的启蒙思想家都做过这样的理性批判，而不是把自己某些偏爱的思想和观念包藏起来，不准对它进行怀疑和思考。这样做的人，无论打着什么样的旗号，恕我直言，他只能成为一个非理性超批判的信仰主义者。我们这里这样的人不少，其中甚至有一位扬言，"五四"好就好在没有学术研究。在这种风习下，这些人不愿对"五四"时代所提出的民主、科学之类的观点作较为认真的研究，也不愿对"五四"时代的尊法反儒思想进行批判，以致成为以信念代替思想的既定观念的维护人。

实际上,"五四"时代重法批儒不仅偏激,也可说是错误的。儒家并不主张君主独裁,伍子胥反对平王并不被认为大逆不道即是一例。法家如韩非则明目张胆地揭橥君主专制主义,他认为君主专断独行的权利是绝对的、不容触犯的。他曾把君主比做帽子,帽子虽蔽坏,也必须戴在头上;把臣民比作鞋子,鞋子再美好,也必须踏在脚下。这和孔孟所提倡的君臣之道有很大的差别,可是"五四"不但不反法而且尊法。主张全盘继承"五四"的人,为什么在这个观点上闷声不响,连一点反应也没有呢?①

二〇〇五年十二月十六日

(《清园谈戏录》,上海书店出版社 2007 年 1 月)②

---

① (原注)此文曾以《清园谈话录·十一》标题刊于二〇〇五年十二月二十八日《新民晚报》。

② 《京剧〈伍子胥〉》亦见《王元化集》卷七,《由伍子胥所想到的》另见《王元化集》卷六。

谈折子戏

最近读了《新民周刊》及《文汇报》上发表的俊为三篇关于京剧的文章，颇有同感。现在很少有人谈京剧本身的发展问题了，说到京剧只是从产业化、市场化、时尚化的观点去谈，而没有去谈京戏本身的价值和意义，俊为的文章恰恰谈到了这方面。

京剧节这样一个全国性的演出活动，却几乎没有传统戏的节目，仅有一个"武戏擂台赛"。其实，传统京戏是一个整体，生旦净丑、文武昆乱、唱念做打，都不可或缺。京剧节如果想使传统戏占一席之地，就应该把折子戏列为正式节目。最近听到一位从事戏改工作几十年的友人在为京剧传统折子戏呼吁，说明人同此心，心同此理。我们现在幸而还有不少得过真传、造诣匪浅的京剧演员和艺术家，他们大半辈子都在舞台上磨炼过。现在还能演，观众也很想看，为什么他们在京剧节中没有一显身手的机会，和观众见见面？折子戏保存了传统京剧的基本功，可以说是京剧之本，忘掉了折子戏，丧失了京剧的基础，那就谈不到弘扬传统，谈不到京剧的发展。说到发展，我的意见，在没有真正弄懂、吃透传统戏的精髓、价值的情况下，传统戏不要乱动。

据说，现在许多传统戏曲的剧种都濒于衰亡，其中最令人忧虑的是经过二百年来磨炼、已成为中国传统戏剧主干的京剧正面临危亡之秋。我敢说，这不是个人的忧虑，而是关心中国文化传统前景的人的共同忧虑。过去,我们还有机会到剧场去看看折子戏,可是近年来,这样的演出却越来越少。演传统戏的演员说捞不到戏演,喜欢传统戏的观众说捞不到戏看。媒体上也是一样,这类节目或者被撤销了,或者被换成了其他地方戏。我过去常常看的一个电视频道,本以播放京剧为主,现在播放较多的则是梆子戏。这些梆子戏倒还没有异化,总算可以以此作为传统戏曲尚未灭绝的一个佐证,给人留下一点安慰(补记:但最近又改为以越剧为主了)。

传统京戏的流失也反映了我们传统文化的衰落,扩而言之,这也是全球性的问题。我曾在《清园近作集》中介绍过本杰明·史华慈教授的遗笔《中国与当今千禧年主义——太阳底下的新鲜事》一文。文中说,在当前科学与经济突飞猛进向前发展的社会中,人们可以得到越来越多的物质享受,产生了一种消费主义与物质主义,而形成了精神世界的偏枯。这种源于美国的消费主义与物质主义正像脱缰的野马向世界各地蔓延。国外已经有很多眼光远大的学者,都提出了这个问题。可是我们这里不仅没有人出来指出,相反却一味往消费主义、物质主义的路上走,不知在经济改革、倡导市场经济的同时,也必须防止消费主义、物质主义的无限蔓延,才能使我们的市场经济得以健康的发展。我不知道,究竟是我们对于必须警惕的问题视而不见,茫然无知,还是只顾眼前之利,不予理睬?

关于京剧的发展,必须注意基础的重要性。片面强调市场化、产业化,以为搞大制作就可以产生轰动效应。一出戏动辄投资几百万,可是效果却不好,剧目难以保留,投资更是亏本。须知把京剧传统丢掉了,等于把基础丢掉了,京剧是不会得到真正发展的。这情况就跟现在流行的书法、绘画一样,不讲究练碑的功夫,不讲究素描的功夫,一上来就龙飞凤舞,搞什么现代派,那怎么行呢?毕加索也不是一开始就画斜眼睛、歪鼻子的,他的素描根底是很好的。我们现在有些画家、书法家,连素描、碑帖的基础都没有,人也画不像,字也写不正,就号称"现代派",一味赶时髦。你说你是现代派，他说他是后现代……就像鲁迅当年说的，你开个"皇后皮鞋店"，我就开个"皇太后皮鞋店"……我认为这不是创新，只能算逐新猎奇，赶时髦。①

二〇〇五年四月二十五日

（《清园谈戏录》，上海书店出版社 2007 年 1 月）②

---

① （原注）本人口述 李舒笔录。此文曾以《也为折子戏呼吁》为题，先后刊于二〇〇五年四月十四日《新民晚报》及第四卷《艺坛》。

② 《王元化集》卷七该文题为"也为折子戏呼吁"。

谈基础与流派

思再来嘱我为他新撰写的谈京剧流派一文提意见。思再提出京剧不要讲流派,曾遭人反对,包括跟他意见基本一致的几位朋友也不赞成。我向思再说:"你的用意虽好,但认为京剧不应该有流派一说却是错误的。你本意要讲京剧应该重基础,如老生当以谭余为本,初学京剧不由此入手打好基础,就去学麒学言,往往误入歧途。你的这些意见都是很好的,但是,你的文章应正面提出基础问题,而不能趋于极端,全盘否定流派。"

思再说:"梅兰芳就曾经跟那些学梅派的人说过:'我是没派。'"思再以此为根据,以为梅兰芳也是全盘否定流派。

我说:"你这话不足为训,梅兰芳这句话是一句类似反讽的话,意思是指那些学梅派走了样、变了味的人,如果他们都可称得起是梅派的话,那么他自己就是'没派'了。梅兰芳确实是个很有头脑的人,他说他自己是'没派',正如马克思早年对那批学马克思走了样、变了味却都号称马克思主义者的人感到气恼,马克思向他们说:'你们都是马克思主义者,只有我不是。'可能梅兰芳并不知道这件事,但他用了同类说法,真是了不起。"

我又和思再说,是不是重基础就不要再谈流派了呢?你可不要把基础和流派对立起来。光有基础而不注意艺术家的个性创造,并由此渐渐形成自己特有的风格,那还是不行的。歌德曾经在《单纯的自然模仿·作风·风格》一文中把风格列为艺术的最高境界,风格是审美主客观因素的统一,是艺术家展现他独有的艺术创造才能的表现。倘使你强调基础而忽略甚至抹杀风格,那就大成问题了。流派是由艺术家独特创造才能的显现所构成的,当然这种独特的艺术创造才能不一定就是风格。歌德曾经把作风与风格严格加以区分的。作风也显示了艺术家的特点,但这往往只是由于艺术家的一种主观的癖好,或常年积累的习气所形成。这只是审美主观因素的畸形表现,它是不美的,有时甚至是令人嫌恶的。但它也是艺术家的个性显现,一种艺术家特有的个性创造(即作风)。你不能因为反对艺术家的特性和艺术家的个性创造的畸形表现(即作风),就将另一种基于审美主客体统一的、符合美的规律的艺术作品的个性显现和个性创造混为一谈,朱紫不分。你曾经流露过艺术不要流派,并且说有位京剧大师也说过他的戏就是没有特点的,这种观点基于抹杀艺术的特点,以为只要基础就够了。但是我要和你说,在京剧界有许多功夫扎实的老艺人,他们或因天赋的缺陷,或因没有艺术创造的才能,所以一辈子也没能唱出自己的风格、特点;还有一些只能到科班里去教徒弟,或者成为人们称说的戏包袱、戏篓子,这还不能说明问题吗?①

二〇〇五年九月八日

(《清园谈戏录》,上海书店出版社 2007 年 1 月)②

---

① (原注)此文原以《清园谈话录·二》标题刊于二〇〇五年十月二十六日《新民晚报》。

② 《王元化集》卷七,湖北教育出版社 2007 年 10 月,该文题为"谈戏曲流派"。

京昆丑角戏

前天，几位年轻朋友来，我对他们说，从中国文学史上看，中国的喜剧不发达，中国也缺乏喜剧人才。的确我国古代戏剧中，好的悲剧不少，但喜剧就谈不上了。不过在表演艺术方面，苏昆中的丑角是有名的。晚清时，曾有这么一副对联：刘三死后无苏丑，李二先生是汉奸。此联下句我并不以为然，但上句却能说明苏昆的丑角在当时就堪称绝活。自然，不论苏丑也好，或京丑所演的戏，并不都是喜剧，其中除了有些是笑中有泪的非单纯打闹发噱的喜剧外，还有不少与其说是喜剧性，不如说具有悲剧性的丑戏。我看过的苏昆中以丑为主角的戏，如《醉皂》《芦林》《疯僧扫秦》都是此类。解放初，传字辈在浦东大楼旁的九星剧院演出，满涛约我、张可和西禾、村彬、元美等经常去看。我还记得五三年，有一次节日演出，节目由作协安排，我参与了此事。当时，我拉住了昆剧的名演员朱传茗，准备请他和华传浩同演一出《芦林》。由于是临时张罗，未找到行头和场面，只得改由华传浩演《醉皂》。这出戏是以下层社会一个小人物诉说自己生活辛酸为内容的。那时有些华东、上海文艺界的同志也来看了，十分满意。我还记得夏衍曾跟我说，他是第一次看昆曲，没想到这样好，真是令他惊叹。这事发生在《十五贯》被发掘出以前。《十五贯》演出后，号称"一出戏救活了一个剧种"。我以为这个说法不太确切，因为早在五三年，上述的演出就已取得了一定成功，使文艺界有了一个很好的印象。

至于谈到京剧的丑角戏，自然比不上昆丑的戏，不过京丑戏中也有一些是很好看的。小时曾见肖长华在吉祥园演过一出《老黄请医》，以后再没有看到过这出戏了。我印象极深，至今难忘。我曾托翁思再向艾世菊老先生借得此剧的抄本。这出戏由两位丑角扮演，说的是老黄为相公娘子去请医，请得医生刘高手，闹出不少笑话。刘高手看好病要从老黄身上取"药剂子"。先摸一下老黄的头，老黄问"这是什么？"答"龟头"。又拔下老黄的几根胡须，说这是"菟丝"。再抓一下老黄的手，说这是"鸡爪黄连"。再打老黄的屁股，说"使君子"。……取完了老黄的药材，再取自己的。也是先摸一下自己的头，老黄说："龟头。"刘高手把眼一翻，答："鹿茸。"又碰一下自己的胡子，老黄说："菟丝。"答："龙须。"再同样抓一下自己的手，老黄说："鸡爪黄连。"答："佛手。"最后向茶盅里吐了一口痰，老黄问："怎么吐痰？"刘高手答："啊，冰片。"过了半晌，老黄这才转过弯来："哦，原来到他那儿就全变了。"

这出戏使我久久不能忘怀的原因，就是它比较深地刻画了我们社会的世态人情，像刘高手这样一到他自己身上就全变了的人物，不但市井社会上有，甚至学术界也有，我就碰见过。①

二〇〇五年十一月十七日

（《清园谈戏录》，上海书店出版社 2007 年 1 月）②

---

① （原注）此文原以《清园谈话录·六》标题刊于二〇〇五年十一月二十三日《新民晚报》。

② 《王元化集》卷七，湖北教育出版社 2007 年 10 月，该文题为"谈丑戏"。

《清园谈戏录》序

本书是将过去所写的一些谈戏文章编为一集。我原无这种打算，由于朋辈的敦促，才着手进行这项工作。近年来目力不济，读写都困难，幸得友人锡武的帮助，他不惮烦琐，帮我查阅资料、审读旧稿，选择刊用的文章，并为之作注。他做得很细心，凡有疑难，都向我询问，本书得以问世，我要向他表示衷心的感谢。

我对京剧并无什么研究，只是个爱好者。我是以鉴赏的眼光看待京戏的，首先把它当做一种艺术品。我在鉴赏它的时候，是要满足我的艺术享受。这种艺术享受虽然也包含了剧中的思想意蕴、道德观念和社会价值在内，但是这不同于过去戏改者所谓"政治标准第一"，并以此来区分内容的有害无害之类。

我曾说过，我写一些谈戏的文章，不仅仅是出于爱好，而且还兼有去探讨我国文化传统资源中至今仍在吸引我们，令我们感到喜爱的那些东西。但是目前古迹文物正在遭到破坏和摧毁，我在零六年第十一期《上海滩》上读到一篇秦维宪先生写的文章，他说老北京城最大的历史文化街正被拆毁，要改成一个假古迹，包装出新的大栅栏和鲜鱼口云云。这里所说的只是古迹，其实其他的文化遗产的命运也一样，也出现了毁真造假的情况。前些时，我在电视上看到改过的《四郎探母》，据一位戏曲学院的教授解释说，这样改是要把老腔中青年不能接受的啰嗦和缓慢的地方改短改快。《四郎探母》

本是一出好戏，在交织着家庭、国家、民族种种错综复杂的矛盾背景上，显现了真挚深切的亲情、人情和人性。许多唱段沉痛隽永，使人听了感到心灵上的强烈共鸣。可是，改过的《四郎探母》，虽然还叫《四郎探母》，唱段还是那些唱段，但不伦不类、韵味全失，成为难以卒听的怪腔怪调了。我不知道，包括戏改在内的这种造假古董风何时得以停止，中国的文化遗产何时得到尊重。

此外，我还要乘此机会赠送几句话给我所熟识的年轻朋友。他们以严肃认真的态度从事戏曲工作，尊重传统而不趋赶时髦，去胡编乱改原来京剧的唱腔和身段，或搬来外国话剧的什么体系，在台上弄姿作态，卖噱头、洒狗血。相反，他们一心一意想要把前辈老艺人经过多年精心磨炼积累下来的真功夫传承下去。但我希望他们注意：没有技巧，也就没有京剧。可是，京剧不仅仅是单纯的技巧，在技巧之外，还要有感情的内涵。光遵守前辈的规矩法度，而不能像前辈一样去理解戏中人物的思想感情，不懂得像前辈一样在表演上展示出风格和气派，那只是一种貌合神离的模仿。

在京剧面临危机的今天，针对某些现象，我说了以上这些话。我并不想得罪什么人，但迎面相逢的事是无法回避的。我只好直言了。

二〇〇六年十一月三日

（《清园谈戏录》，上海书店出版社2007年1月）

《余叔岩研究》序

思再同志汇编《余叔岩研究》，嘱我写几句话。我没有亲聆过余叔岩的演唱，对京剧也没有什么研究，本无置喙的余地，但盛情难却，姑且谈谈自己一些外行想法，以就正于方家。

我认为京剧的唱念做打，以及服饰、道具、布景所采取的程式化形态，是一种具有民族艺术特点的写意型表演体系。中国传统艺术，讲究含蓄，讲究会意。程式不是公式，也不是象征。欣赏中国传统艺术更多诉诸想象。所谓意到笔不到，言有尽而意无穷等等大量艺术格言，都需要从写意这一特点才能理解，才能说明。在京剧舞台上，任何写实的东西都变成实中有虚和以虚代实的写意性的东西。现在有些经过改革的京剧引进话剧的表演和布景，硬加进写实的成分，结果就破坏了京剧以程式化为手段的写意特点。这类京剧被讥为"话剧加唱"是并不过分的。

京剧最吸引人的是在唱腔方面。我小时在北京，观众到剧院，不说看戏，而说听戏。据说更早些时候，一些老观众只是闭目聆听，用手拍板，而眼睛并不看台上。这固然是一种不足道的畸形现象，但同时也可见唱功在京剧中所居的重要地位。也许这和我国艺术传统素重音乐有关。早在先秦时期乐经、乐论、乐记等就已十分发达。连对艺术十分轻视的法家在音乐方面也有很深造诣。如韩非就记有音乐的理论："夫教歌者，使先呼而诎之，其声反清徵者乃教之。一曰：教歌者，先揆以法，疾呼中宫，徐呼中徵。疾不中宫，徐不中徵，不可谓教。"（《外储说右上》）至于有关音乐的传说与美谈，如"广陵散""伯牙琴"等等，更是不胜枚举。这种艺术传统的基因也渗透在京剧中。

我尝言，京剧中最引起争议的是它那俚俗的词句。有的唱词甚至文理不通，但必须注意，京剧唱词大都是老艺人根据表演经验的积累，以音调韵味为标的，去寻找适当的字眼来调整，只要对运腔使调有用，词句是文是俚，通或不通，则在其次，因为京剧讲究的是"挂味儿"。可以说京剧虽在遣词用语上显得十分粗糙，但在音调韵味上却是极为精致的。京剧中的唱词也应纳入写意型的表演体系之内。这就是说，把词句当做激发情志或情绪的一种媒介或诱因。在京剧中，音调与词句俱佳，自然最好，倘不能至，我认为正如作文不能以词害意，京剧也同样不能为了追求唱词的完美而任意伤害音调韵味。

我喜爱京剧中的老生，在老生中我尤喜爱余派。按照一般说法，余叔岩在京剧史上是一个承前启后的人物。我是从唱片去欣赏余叔岩的。他在唱腔上以湖广音为主，兼容京音、徽音于一炉，从而拓广了唱腔的音韵领域，开创了一个新境界。他的唱腔有"空谷鹤鸣，巫峡猿唳"之称，表现了最丰富最复杂的情结，或凄怆、或悲愤、或沉郁、或高亢、或委婉……摄人心魄，使人陶醉。戏剧界老前辈齐如山说余叔岩没有什么创造性，似非公允之论。齐如山不仅是深通音律的专家，而且在京剧鼎盛时期又亲自鉴赏过不少名家的演唱。他所留下的著述，使人读后深获教益。但他也有千虑一失之误。例如他批评谭鑫培在《珠帘寨》中采用京韵大鼓"哗啦啦"的唱腔，说："难道鼓的声音会'哗啦啦'么？"这恐怕是苛论。固然真实的鼓声不是"哗啦啦"，但他没有从写意的角度去衡量。一旦走上这条什么都要求像真的形似路子，那么作为写意型的表演体系也就不存在了。倘用写实去要求，试问京剧还有多少东西可以留下来呢？如果承认京剧是写意型的表演体系,那么京剧唱腔也不能例外。写意容许变形的表现手法,但这不是违反真实,而是更侧重于神似。优秀的写意艺术比拙劣的写实艺术可以说是更真实的,因为前者在精神上更酷肖所表现的内容。齐如山这类议论是不足效法的。他用同类观点在评骘余叔岩,甚至从修身上去进行批评,指摘余喜欢和文人来往以及性格孤高等,我都不敢苟同。以上只是个人对余叔岩研究的一点浅见。我希望这本《余叔岩研究》,其效应不仅限于一家一派,而是作为整体京剧研究的一部分,从而在振兴京剧,保存戏剧遗产方面发挥一定的作用。

一九九〇年十一月记于清园

(《王元化集》卷七,湖北教育出版社2007年版)①

---

① 《余叔岩研究》,翁思再编,上海文艺出版社1994年版。

《杨村彬艺术世界》序

村彬是我二姐元美的丈夫。我一直把他当兄长看待。一九四六年我在《联合晚报》编副刊《夕拾》,当时发生了美军打死三轮车夫臧大咬子事件,法庭审理这案子时,通译官许少勇威胁臧大咬子的兄弟清洁工臧金海说:不要乱讲,否则要吃官司的。报馆记者采访回来对我讲了,我很气愤,就写了一篇《谈丑》的文章。文章发表后,许少勇控告《夕拾》主编和作者,我被传讯。当时和谈已告破裂,局势日紧,村彬每次都陪我出庭。从这件事可见村彬的为人。

在戏剧方面我只是个爱好者,我感到村彬在导演中重视传统风格,这在戏剧界中是为数不多的人。解放后,陈西禾、村彬、满涛、元美和我几个人,常常一起看戏。我们特别喜欢川剧、京剧、昆曲、秦腔。有时看了戏找个小馆子吃一顿,一起聊戏,谈得十分欢畅。村彬和西禾是干戏剧的,我和满涛是戏曲爱好者,满涛对京戏很内行,他们对我有不少启发。这段时间是我生活中最愉快的时期。反胡风斗争以后,这种欢聚就中断了,满涛最早故世了,西禾不久也走了。村彬导演话剧不但重视传统风格,也尽量把传统手法引进到他导演的戏中去。以我所见,导演中在这方面做得比较成功的,只有焦菊隐和他。中国戏曲以程式为手段,是虚拟性的、写意型的表演体系。这一概括性的表述,蕴涵着几种因素,这些因素之间彼此关联互为作用。写意性表演体系,由于是虚拟性的,才能通过想象获得写意艺术所表现的现实内容。不是虚拟性的,就成为写实的了。

借助于想象的虚拟性扩大了舞台调度的领域，打破了舞台上时间空间同一律的局限，这是一个很大的优点。中同戏曲既是虚拟性的，因而又必须以程式化作为手段，使之具有一种类似符号特征的直接启示功能。这样才能使想象不至流于散漫无章，而合乎一定的规矩法度，在虚拟性的表现中寓有现实性的启示。观众一旦在熟悉了它的特性后，就可以不假思索，立即进入规定情境和舞台上的表演产生交流与共鸣。前几年我写了一篇谈样板戏的文章，对中国戏曲的看法作了初步的整理。我认为传统艺术的特点首先在于写意。我国的传统绘画、文学、戏剧最早都是写意的，不像西方是自然的模仿。亚里士多德的《诗学》可以说是西方最早的模拟自然的艺术理论，而中国早期艺术理论则是阐发写意的观点。中国艺术由于重想象，因而比兴理论成为早期中国艺术观中的骨干。《周礼》和《诗序》提出的"六诗"，或"六义"，概括地说就是"比兴"理论。重比兴就得重想象，比兴不是现实的直接再现，而是通过想象去构成艺术形象。这和西方模拟自然的现实主义是很不相同的，我们应把中国传统中的艺术特点揭示出来，研究深，研究透。艺术是不分国籍的，但又是具有民族特征的。各个民族以他们自己的艺术特点去丰富世界艺术的宝藏。艺术不能整齐划一。如果我们强行用斯坦尼斯拉夫斯基体系去衡量并要求以程式为手段、虚拟性的写意型表演体系（中国戏曲），认为它没有表现人物内心活动的细腻表演，没有现代化的灯光布景作陪衬，因而指摘它是落后的，"有局限性"，那就陷入要求艺术整齐划一的机械论了。我认为村彬对戏曲的态度很慎重，不匆匆忙忙做结论，这种态度是值得我们注意的。

一九九二年

（《王元化集》卷七，湖北教育出版社2007年10月）①

---

① 赵莱静、杨乡编：《杨村彬艺术世界》，上海文艺出版1995年版。

《吴石坚戏曲论文集》序

　　吴石坚先生早岁参加革命，未尝以政事功名自见，而致力于京剧研究，不趋时，不阿世，含辛茹苦，默默耕耘，数十年如一日，后人必有能辨之者。集中记周信芳晚年述其演剧生活隐衷，论梅欧阁二大师之得失，皆发人所未发。至于训释写意艺术观、程式化表演方法，以及心物交融、善入善出等原理，亦多自出机杼。读文集至此，辄令人冥会于心，有空谷足音之感云。庚辰年初秋清园王元化撰并书。

二〇〇〇年

（《清园谈戏录》，上海书店出版社2007年1月）①

---

① 该文见《清园谈戏录》一书扉页，为作者书法手迹图片。亦见《吴石坚戏曲论文集》，作家出版社2001年、《王元化集》卷七，湖北教育出版社2007年10月。

第九辑　汪公严与清华校歌

汪公严与清华校歌

汪健君先生已年逾九十,来信由别人代书。内容很简单,但附有其先君公严夫子于二十年代在清华教书时,为清华所撰校歌(后李增德又为我抄来一份,两份文字相同)。其词如下:

西山苍苍,东海茫茫,我校庄严,巍然中央。东西文化,荟萃一堂,大同爱跻,祖国以光。莘莘学子来远方,莘莘学子来远方,春风化雨乐未央,行健不息须自强。自强,自强,行健不息须自强。

左图右史,邺架巍巍,致知穷理,学古探微。新旧合冶,殊途同归,肴核仁义,闻道日肥。服膺守善心无违,服膺守善心无违,海能就下众水归,学问笃实生光辉。光辉,光辉,学问笃实生光辉。

器识为先,文艺其从,立德立言,无问西东。孰介绍是,吾校之功,同仁一视,泱泱大风。水木清华众秀钟,水木清华众秀钟,万悃如一矢以忠,赫赫吾校名无穷。无穷,无穷,赫赫吾校名无穷。

小时居清华园,每逢节日盛典,学生聚会大礼堂,一开始全体起立,唱校歌。我们这些员工子弟,参加节日聚会时,也同大学生一起唱校歌。所以清华园的孩子们都会唱校歌。上面的清华校歌大约作于二十年代初，由汪公严作词，何林一夫人作曲。我曾问过现在清华的许多人，他们都不知道了。（一九八四年我在广东从化疗养，邂逅高士奇，我们曾在一起唱过。）至今我还很清楚记得在挤满黑压压人群的大礼堂里，一起唱校歌的情景。气氛十分庄严，我们也屏着呼吸，一本正经跟着唱。但只唱完第一节就结束。现在我才知道校歌后面还有两节。

一九九七年

（《王元化集》卷七，湖北教育出版社2007年10月）①

---

① 《思辨录》，上海古籍出版社2004年4月，该文题为"清华老校歌"。

记汪公严

一

我早就想写一点纪念先师汪公严先生的文字，迟迟未能下笔，原因有二：一是我虽然曾由父亲领去向先生问学求教约一年，但算不上是先生的一名正式弟子。从辈分上来讲，他和我父亲虽在上世纪二十年代是清华同事，但又有师生之谊，我父亲曾向他学过画，学过古文。汪先生比我年长半个世纪。那时，我已二十多岁，请父亲央求他抽出时间允许我去问学，蒙他应允了。因此，我觉得我称他为师，多少有些冒昧。其二是，我向汪先生求教时，他年事已高，我不敢多坐，课程一完，就匆匆告辞，交谈少，对他的情况也就知道的少。倘写文纪念他，难免会空泛。

上世纪九十年代初，我曾写信给汪先生的长公子健君先生，请他提供些资料给我。那时健君先生已年高，退休在清华园。他曾回信给我说，体弱记忆不好，无法应命。但又说，他二弟复强先生手中有些资料。数年前，复强先生到大陆探亲访友，我们见了面，才知道复强先生编有汪先生自记年谱等资料。他返台后不久，即将这些资料复制给我。这些资料，倘再加整理即可汇编成册，这是让人全面理解先生为人治学的好办法，但目前一时尚难做到。所以，我只能在这篇小小的纪念文中,将复强先生所编的资料作为先生的小传摘写如下。

公严先生(又字巩庵),于清同治十年(一八七一年)三月一日生于广西桂林文昌门内之福旺街,母亲徐平之夫人为他取名鸾翔。先生六岁时在家塾读书,父母课以四书、毛诗、唐诗等。

十二岁,先生父亲云臣公因滇督之聘由桂赴滇,临行勉之曰:"人生须有实学,乃能做事。年少科第,非汝福也。汝之经尚未卒业,且须全读之,不必汲汲赴乡试。"先生遂遵命家居读书。先生母亲徐夫人查诸经中有未读毕者,令补之,且取毛诗三百首口授之。在《自记年谱资料》中,先生把当时读毛诗的情景描述得甚为生动:"风雨潇潇,一灯如豆。风声、雨声、鸡声与读书声关相唱和,(先母)必责令全部皆能背诵乃已。"同时又记:"先外祖母傅太宜人亦娴诗学,自余幼时即以唐诗三百首授之。至是时,仍责以时时背诵。"又记曰:"余补读初完,而先父亦自滇回桂。遂于光绪十三年丁亥春,携余游广州。中遇浏阳欧阳蔼臣(学凤)先生课以程朱之学。余始知人生尚有圣贤之学。"

十四岁,先生应童子试,屡列前茅。这一段《资料》记有一件颇为有趣的事:最后一场,先生文成尚有余纸,乃画梅一枝于其上,戏问试官:"此梅佳否?"学使詹希伯(嗣贤)大宗师,顾而笑曰:"试场命汝作文,非作画也。汝犯场规矣。明年汝来考古学,并来取秀才可乎。"略一品味这段话,可见先生性格潇洒,颇具幽默感。从《资料》中还可看出先生自幼性喜自然,好作画,亦善于作画。先生后来在清华教书时,教职员中,向他学画者络绎不绝,家父曾携清华美籍教员麻伦向先生学画。至今,我家仍藏有先生所作的尺方山水画近十幅。那时先生因索画者甚多,遂订"画约"。我想先生对绘事的爱好是出于天性。先生四岁住福旺街时,院中有无花果树一株,又栀子、天竺、筋竹各一丛,先生时攀树取果,或种花果其下,是为最大乐趣。

十七岁，腊月，返桂林应广雅书院招考。次年十八岁，榜发，列第一名。时梁节庵为广雅书院山长，任先生为西斋斋长（案：斋是学生宿舍的通称）。又越一年，义乌朱蓉生（一新）鼎甫继任山长，后朱先生将院中师生问答辑为《无邪堂答问》一书，共五卷。先生特在《资料》中记曰："余独占一卷。"解放前，我曾在北京琉璃厂购得广雅书院所刊此书原本。书中不仅可见朱一新学问渊深，同时还可以从先生提到的那一卷答问中看出他年轻时好学深思、文思睿敏。此事我在拙著《九十年代日记》中曾有记述。

二十一岁，请假回桂乡试，首题成文逾八百字（案：当时考试文不可过八百），正主事拟摒弗取，副主事见文中有道学、儒林、文苑之殊途句，讶曰："此语非曾读宋史者不能道。"又笑曰："此人于时文中敢用杜句，非诗人亦狂生矣。"几位试官争议后，再三斟酌，终将此卷由抡元降为第四。

二十二岁，入京。参加康有为"强学会"，渐倾心于新学。从湖南晏孝儒习算学。凡有西学新译诸书，必购，自行研读，用力极勤。

二十五岁，父亲病故后，数年中，历就家教席。

二十七岁，得张之洞电调入鄂，遂留张幕，与海门周彦昇（家禄）共编辑《劝学篇》，越三月《劝学篇》成。（案：此事多为人所不知）

二十八岁，保送经济特科，赴试不第，曾参与康有为之保国会。戊戌事变，"六君子"被难后，避嫌出京。

三十五岁，母亲病故后，仍返武昌供职。在岳丈纪钜维（案：系纪昀后人）为总监之文普通学堂任教。十二月，调北京学部任审定科行走，复兼任北京第一师范优级选科物理化学教员。

四十一岁，武昌起义后，避居天津俄租界，曾拟改名"遗"。次年任天津法政学院地理教员，复得兼保定高等师范史地部主任教员。乃仆仆于津京保之间。越明年自津迁返北京。

四十八岁，一九一八年，由梁节庵荐在清华学堂任教，授高等科、中等科国文。一九二〇年，先生为清华学堂撰写校歌歌词，由何林一夫人配制乐曲。一九二一年，在清华国学部授中国哲学（含伦理）及国文。开始在家中授徒绘画，与京中书画文词之士日增往来。李响泉、萧愻、许宝蘅、曹经沅、梁漱溟、傅巍棻则过从较密。（案：《资料》中称"梁漱溟于是年结婚"，复强先生复制给我的其他资料中有梁漱溟致先生的信一件。）一九二三年，清华留美专科及女生之考试中地理试题及阅卷均由先生担任。至一九二八年五十八岁时，清华数易校长，罗家伦来，乃离去，（案：当时离去的人颇多，我父亲亦为其中之一。先生在清华前后约十年）任保定河北大学教职。

六十四岁，一九三四年，与陈曾寿携行至伪满长春授溥仪数理化等科。

七十一岁，一九四一年自东辞归，回北京，居兵马司中横街九号。一九四六年，我在北平任教时，曾向先生问学求教约两年。

此后，先生年逾古稀，活动不多，只有以下数事可记。一九四七年，先生七十七岁时，尤应邱石冥之请，去近邻南横街盆儿胡同十一号京华美术专科学校授课。一九四九年，七十九岁，八月，逆产管理局下令迁居，辗转半年，终于迁至清华大学西院四十一号。一九五三年，八十二岁，被聘为北京文史馆馆员。

先生逝世于一九六二年七月二十三日晨，享年九十二岁。

二〇〇五年十二月三十日

<h2 align="center">二</h2>

一九四七年初，北平天气很冷，父亲和我雇了两辆洋车，到兵马司中横街九号去拜见汪先生。那是一条清洁的胡同，先生住宅有两扇红色大门。走进门洞，分东西两座大院，院内的花草树木很少，

使人有些空旷寥落之感。东院北头有几间砖瓦平房,这就是先生的居所。室内烧着装有烟筒的煤炉,火势甚旺,火焰有时从炉门蹿出来。公严先生身体瘦小,须发皓然,说话带着广西口音。他穿着一件古铜色的长袍,腰间系着一条蓝绸腰带,下面是双梁布底鞋。由于父亲早就向他说过我要来求教的事,所以见面后谈话很快就转入这个题目。我说出我的读书要求后,确定讲授内容分三方面:一是屈原《离骚》,二是《文心雕龙》,三是《文赋》。

先生授课,大多全凭记忆。有时身边也放着几本书,但很少查阅。我读《离骚》用的是商务出版的卫瑜章编著的集释本,书中亦采用了时人资料,如"青锁"二字下,即收入闻一多的考释约一百字。"女嬃"名下,编者忽插入按语,大意是说"朱子谓嬃乃贱妾之称,以比党人。郭沫若遂以女嬃为屈原之妻,亦大奇矣。唐突古人,抑何太甚?"我将这些讲给汪先生听,汪先生听了莞尔一笑。他对我讲授《离骚》时,全用古音,读来押韵。就我总的印象来说,汪先生讲授各书时,似不太重视前人的训诂考据,这大概是"通人恶烦"吧。他的讲解往往有独到之见。比如讲解《文赋》"虽离方而遁圆,期穷形以尽相"一句,即与何义门所释"此言文章须有规矩方圆"不同。照先生的意思,离方者是离开方去说方,遁圆者是离开圆去说圆,否则以方说方,以圆说圆,就变成前人所讥的"以弹说弹"。这一说使我长久不能讲通的道理也就豁然贯通了。

先生讲授《文心雕龙》更使我终身受益。这部书虽仅四万余言,却是包括了史论评在内的百科全书式的著作,倘非具有极渊博的知识是很难理解它的。在先生讲授前,我几乎读不懂魏晋时代那种对仗式的骈体文字,更没有经书的一般知识。后来我对《诗经》《易经》《左传》等略有常识,完全由于先生的教导。先生求知欲之强是令我惊讶的。我向他问学时,他已逾古稀之年。可是,在他书架上,我发现有一套战前水沫书店出版的普列汉诺夫等著、由鲁迅等翻译的马克思主义文艺理论丛书。先生竟会读这些书,真是出我意料之外。由此使我想到，前辈在治学方面是重视通才的。他几乎从不向我提问，只有一次，他说得高兴时，忽然问我一个化学问题，使我手足无措。先生说他那时代读自然科学是多么困难，言下之意自然是责备我不用功。这件事使我至今愧然难忘。

我随父亲和先生一起出游两次。一次是往中山公园看牡丹。后来先生曾赋诗一首惠赠。诗云："胜境宁辞过往频，况当花木正逢春。几番履舃来今雨，难得衣冠是旧人。一世尽为争地战，众葩亦学捧心颦。残年至计唯收弃，笑拾飞鸿傍水滨。"我将先生手写的这首诗裱好装入镜框，一直把它挂在室内。可是"文革"一来，我不得不将它烧毁了。当时先生说看牡丹还是去崇孝寺好，那里有三棵黑牡丹，是明代传下来的。后来我们又去了一次崇孝寺，在先生提示下，还看了寺藏的青松红杏图。先生诗作甚多，惜未收集刊印。先生在九十高龄时，父亲收到清华旧友寄来的一首他作的诗："同对西山看夕曛，阶前落叶已纷纭。人间何限风兼雨，物外犹存我与君。学不干时身更贵，书期供用老弥勤。卅年旧梦谁堪续，重话琼宴酒半醺。"我很喜欢这首诗，曾将其中两句，引用在我写的那篇自述前作为题词。

先生以绘事闻名于同侪。父亲说他对中国画史钻研甚精，举世无二。我没有向先生请教过这方面的问题，但偶尔听他随便说过二事。一是他不喜欢徐悲鸿的马。二是他说宋人之画多茂密，后人画才渐趋疏落。先生不太重视撰述，未在这方面留下什么著作，我曾请问过复强先生，他说先生授课的讲义今已无存。又说，他只依稀记得，先生似乎撰写过一本有关荀子的著作，但已经找不到了。

我自一九四八年夏返回上海后，就再没有和先生见过面。一九五五年我受胡风案牵连后，就完全切断了社会交往。那时，先生为父亲作的十来幅尺方山水画存在我处，我时时把玩，恍如与先生仍在沟通，闻其謦欬。其中有一张是画的傍晚雪景，在一座依山的茅舍前，有一排篱笆，一童子抱着一瓶新采的梅花走来，茅舍窗口有一人孤独坐在那里。画上题着一句诗:"山家除夕无他事,插了梅花便过年。"我很喜欢这张画。那几年,我们一家三口每逢过旧历年时,就把这张装在像框里的画拿出来放在台子上,以度岁末。

二〇〇六年元月六日

(《人物小记》,东方出版中心 2008 年 1 月)①

---

① 亦见《王元化集》卷七,湖北教育出版社 2007 年 10 月。

王芳荃遗著《怎样欣赏中国诗词》手稿目录①

CONTENTS

PART I   Page

Selections of Poetry

Si King（詩經）⋯⋯⋯⋯⋯⋯⋯⋯⋯⋯⋯⋯⋯⋯⋯⋯⋯⋯⋯⋯ 1

1 Pe Fung（北風）⋯⋯⋯⋯⋯⋯⋯⋯⋯⋯⋯⋯⋯⋯⋯⋯⋯⋯ 2

2 Tsu Yu（騶虞）⋯⋯⋯⋯⋯⋯⋯⋯⋯⋯⋯⋯⋯⋯⋯⋯⋯⋯⋯ 6

3 Huang Niu（黄鳥）⋯⋯⋯⋯⋯⋯⋯⋯⋯⋯⋯⋯⋯⋯⋯⋯⋯ 8

Chu Tzuh（楚辭）⋯⋯⋯⋯⋯⋯⋯⋯⋯⋯⋯⋯⋯⋯⋯⋯⋯⋯ 15

4 Tung Jun（東君）⋯⋯⋯⋯⋯⋯⋯⋯⋯⋯⋯⋯⋯⋯⋯⋯⋯ 18

Yo Fu（樂府）⋯⋯⋯⋯⋯⋯⋯⋯⋯⋯⋯⋯⋯⋯⋯⋯⋯⋯⋯⋯ 27

---

① 《怎样欣赏中国诗词》的英文题为 *How to Appreciate Chinese Poetry*，作者王芳荃（1880—1975，字维周）为王元化父亲。成稿于 1974 年，作者时年 94 岁，故该书稿封面署名"九四老人"。王芳荃先生早年曾留学美国芝加哥大学，是清华大学最早一批教师之一。本文所据为华东师范大学王元化研究中心所藏该手稿的照相电子版，原文为繁体字。

5 Chang Ko Shin（長歌行）……………………………… 28

6 Mung Hu Shin（猛虎行）……………………………… 32

7 San Sha Yao（三峽謠）………………………………… 34

Poetry of Tsing dynasty（AD.265-419）

8 Ten Kiang Chung Ku Yu（登江中孤嶼）……………… 36

9 Yin Chiu Si（飲酒詩）………………………………… 40

Ku Si（古詩）……………………………………………… 44

Li Ho（李賀）'s two poem：

10 ① Kung Wu Chu Men（公無出門）………………… 45

11 ② Lan Shiang Zen Niu Miao（蘭香神女廟）……… 52

Po Chu-i（白居易）

12 Pi Pa Shin（琵琶行）………………………… 60-84

The Chue Chu and the Leu Si of Tang dynasty（610-906 A.D.）
（唐絕句和律詩）……………………………………… 85

13 Nan Pu Pe(南浦別)……………………………………… 88

14 I Sue Sung Pe(易水送別)……………………………… 89

15 Ba Tsong Tu（八陣圖）………………………………… 91

16 Kiang Shin Wan Kuan Lu(江行望匡廬)……………… 93

17 San Leu Miao（三呂廟）……………………………… 95

18 San Yueh Shue（三月雪）……………………………… 98

19 Ten Huan Cho Lou（登鸛雀樓）……………………… 100

20 Ya Si（夜思）…………………………………………… 101

21 Chun Mien(春眠)………………………………………… 102

22 Shun Ying Tse Bu Yu（尋隱者不遇）………………… 103

Seven-worded Chue Chi(七言絕句)

23 Sung Mong Hao-jan Tse Kuanglin（送孟浩然之廣陵）… 105

24 Sha Kianglin(下江陵)…………………………………… 107

25 Yueh Chung Huai Ku(越中懷古)……………………… 109

26 Chiu Yueh Chiu Er I Santung Shun Ti(九月九日懷山東兄弟) ·············· 111

27 Wei Chen Chu(渭城曲) ·············· 114

28 Feng Chiao Ya Puh(楓橋夜泊) ·············· 116

29 Tsu Sai(出塞) ·············· 118

30 Huei Shiang Ou Su(回鄉偶書) ·············· 120

31 Chue Chu(絕句) ·············· 122

32 Chuchour Si Jien(滁州西澗) ·············· 124

33 Kung Tauh(宮詞) ·············· 126

34 Chung Yu(春遊) ·············· 128

35 Chinling Tu(金陵園) ·············· 130

36 Ti Pi(題壁) ·············· 132

37 Ching Ming(清明) ·············· 134

38 Tseng Pe(贈別) ·············· 136

39 Lo Hua(落花) ·············· 138

40 Lu San(廬山) ·············· 140

41 Tung Chin(冬景) ·············· 142

42 Hua Ying(花影) ·············· 144

43 Shi Hu(西湖) ·············· 146

44 Ti Tse Hua Lan Hua ·············· 148

Five-worded Leu Si(五言律詩)

45 Ya Wan(野望) ·············· 150

46 Tsao(草) ·············· 153

47 Ko Ku Jen Chuan(過故人莊) ·············· 155

48 San Chu Chiu Min(山居秋暝) ·············· 157

49 Ko Shiang Chi Si(過香積寺) ·············· 159

50 Chung Nan San(終南山) ·············· 161

51 Tsuh Pe Ku San(次北固山) ·············· 163

Seven-worded Leu Si(七言律詩)

52 Huang Ho Lou(黃鶴樓) ················· 165

53 Piao Shung Hua Chiu(表兄話舊) ············ 169

54 Chi Li Tsan Yuein Shi(寄李僧元錫) ·········· 172

55 Huai Sung Yu Ku Chi(懷宋玉古跡) ··········· 175

56 Ten Lou(登樓) ····················· 179

57 Ko Ya(閣夜) ······················ 182

58 Wen Kuan Jun Sou Honan Hope(聞官軍收河南河北) ··· 185

Seven-worded Leu Si of Sung dynasty(960-1276 A.D.)

(宋七言律詩)

59 Mei Hua(1)[梅花(一)] ················ 188

60 Mei Hua(2)[梅花(二)] ················ 191

61 Chang Shiang Si(Pe Chin) ··············· 195

Tzuh of Nan Tang Previous of Sung dynasty

(宋前南唐詞) ······················· 197

62 I Kiang Nan(Huai Chiu)憶江南(懷舊) ········· 198

63 Yu Mei Jen(Kang Chiu)虞美人(戚舊) ········· 200

Tzuh of Sung dynasty(960-1276 A.D.)

宋詞

64 Tien Shien Tse(Chun Hen)天仙子(春恨) ········ 202

65 Yu Lou Chun(Chun Chin)玉樓春(春景) ········ 206

66 Shi Kiang Yueh(Chun Shi)西江月(春夕) ········ 209

67 Shin Shiang Tse(Chi Li Lai)行香子(七裏瀨) ······ 211

68 Kiang Chen Tse(Yun Liu)江城子(詠柳) ········ 215

69 Ching Yu An(Shue)青玉案(雪) ············ 219

70 Chang Shiang Si(Yu)長相思(雨) ··········· 223

71 I Chin Wo(Pe Chin)憶秦娥(別情) ··········· 225

72 Nan Ko Tse 南歌子 ··················· 228

73 Kiang Chen Tse(Chung Pe)江城子(春別) ………… 231

74 Mu Lan Hua Lin(Liu)木蘭花令(柳) ………… 234

75 Yu Lou Chun(Chun Hen)玉樓春(春恨) ………… 237

76 Man Kiang Hun(Hen Ti)滿江紅(恨敵) ………… 240

77 Tsue Hua Yin(Tsun Chiu)醉花陰(重九) ………… 244

78 Sen Tsai Tse(Yuen Shi)生查子(元夕) ………… 248

79 Tsa Ku Tien(Pe Chin)鷓鴣天(別情) ………… 250

80 Man Ting Fang(Ti Pi)滿庭芳(題壁) ………… 253

Dramatio Melody of Yuen dynasty(1277-1367 A.D.)

Yuen Chu(元曲) ………… 259

81 Tou Wo Yuen(Cha Chu)竇娥冤(插曲) ………… 260

82 Kung Shiao Chiao 滾繡球 ………… 261

Tzuh of Ching dynasty(1644-1911 A.D.)

(清詞)

83 Tsu Yin Tai Jin(Tiao Wan Tzuh)祝英台近(悼亡詞) …… 266

84 Mai Hua Sen 買花聲(Ti Shu Pien Su San 題徐翩翩
書扁) ………… 270

Poetry of the Present Day（現代詩詞） ………… 275

Chairman Mao's Poetry(毛主席詩詞)

85 清平樂 ………… 276

86 Wei Liu Ming Ping Ti Chao 為女民兵題照 ………… 279

87 Tung Yung(冬雲) ………… 281

Poetry from other sources

From the Novels San Kuo Yien Yi(三國演義)

88 Shie Lu Yin Mau 淺露陰謀

89 Chang Sung(張松) ………… 286

Tien Yu Hua(天雨花)

90 Yu Mei Jen Hua(虞美人花) ………… 289

Hung Lou Mung 紅樓夢

91 Chu Mun(菊夢) ·· 291

92 Yu Chi(虞姬) ·· 294

From Chai Tse Yuan(芥子園)

93 Poem by Po Chu-I(白居易) ································ 297

94 Poem by Kuan Pan Pan(關盼盼) ························ 297

95 Seven-worded Chue Chu by an old workman ············ 300

96 Five-worded Chue Chu by a sedan-chair carrier ········ 302

PART Ⅱ

The Four Sounds of Chinese Character(or word):Pin(平)、
San(上)、Chu(去) and Ju(入)Rime ···················· 311

The Pin Che(平仄)of the Chue Chu and Leu Si(律诗
平仄) ·· 312

Tui Lein(對聯) ·· 318

Meaning and Purpose of Chinese poetry ···················· 321

A Passage from "Si Pin"(詩品)by Chong Yung(鐘嶸) ······ 325

"Twenty Four Classes of Poetry"by Si-Kung Tu《二十四詩品》
司空圖著 ·· 328

Quotatioin of Some Lines from English and American
Poets ·· 331

A Special Point of the Poet's Practice ···················· 335

Bibliography

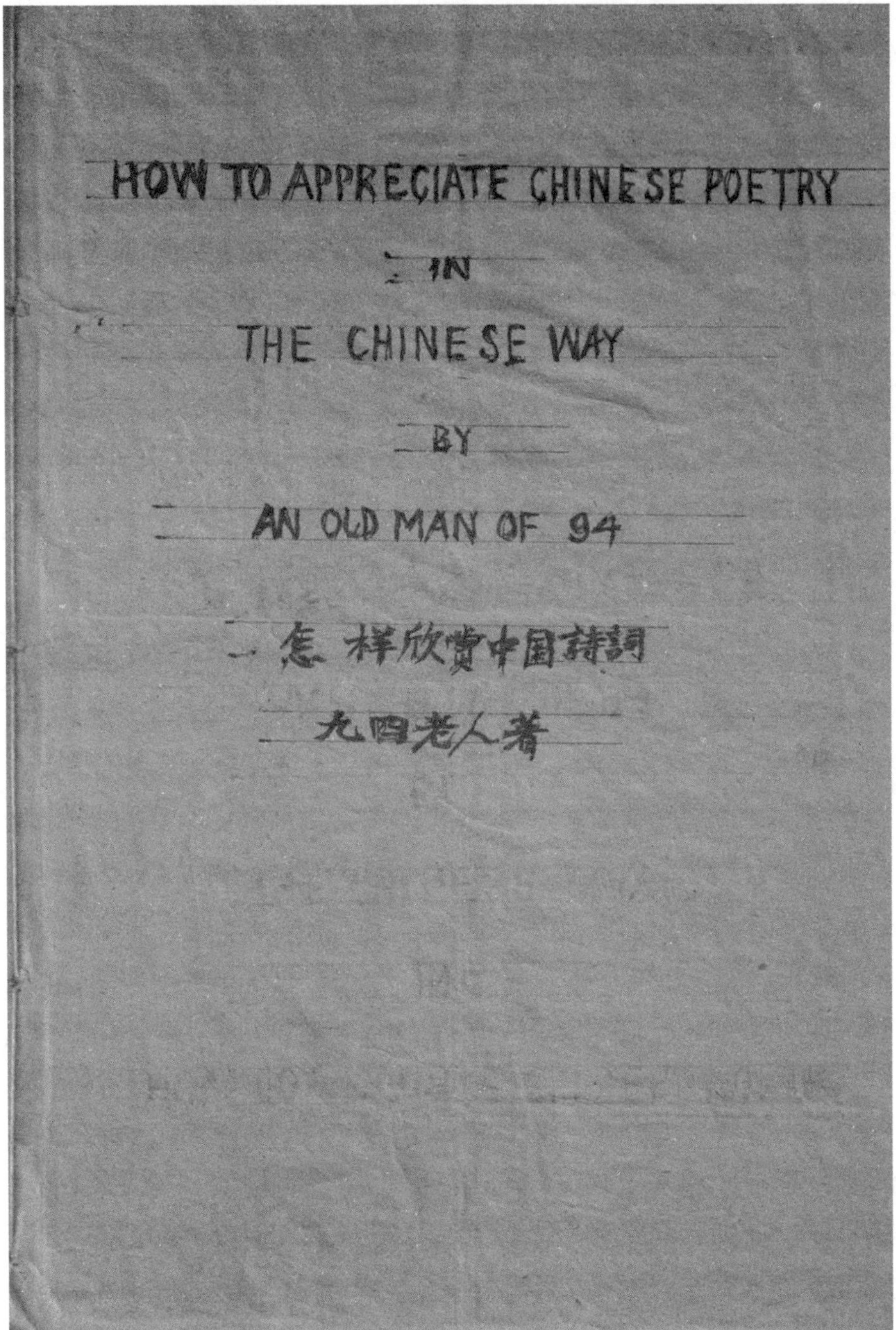

HOW TO APPRECIATE CHINESE POETRY

IN

THE CHINESE WAY

BY

AN OLD MAN OF 94

怎样欣赏中国诗词

九四老人著

附图一：王芳荃《怎样欣赏中国诗词》手稿封面

```
                CONTENTS
           PART I                          Page
       Selections of Poetry
       Sī King (詩經):                      1
  1.   Pě Fung (北風)                       2
  2.   Tsü Yu (騶虞)                        6
  3.   Huang Niu (黃鳥)                     8
       Chu Tzuh (楚辭):                     15
  4.   Tung Jun (東君)                      18
       Yo Fu (樂府):                        27
  5.   Chang Ko Shin (長歌行)               28
  6.   Mung Hu Shin (猛虎行)                32
  7.   San Sha Yao (三峽謠)                 34
       Poetry of Tsing dynasty (265-419):
                                    A.D.
  8.   Ten Kiang Chung Ku Yu
                (登江中孤嶼)                 36
  9.   Yin Chiu Si (飲酒詩)                 40
       Ku Si (古詩):                        44
  a.   Li Ho (李賀)'s two poems:
  10.  Kung Wu Chu Men (公無出門)           45/46
```

附图二：王芳荃《怎样欣赏中国诗词》手稿扉页

《无邪堂答问》摘抄

一

连日读朱一新《无邪堂答问》。此书系一九四七年在北方交大任教时,自琉璃厂书肆购得,广雅书局版,线装,五册一函。迄今未见有铅印本,大概民国以来从未排印过。朱一新为汪公严先生老师。但可惜我未问过汪先生,汪先生也未向我谈过。我读此书时将感兴趣者,陆续摘抄下来。书中有一段文字论辩伪倘出于臆断,其祸烈于焚书。文曰:"姚氏(立方)古今伪书考,多出臆断。古来伪书,惟子部最多,经部作伪不易。汉魏六朝经师,一字之殊,斤斤考辨,若张霸、刘炫之伪造者,终不能售其奸。近人动辄疑经,唐以前无是也。《皇清经解》中,颇有此弊。大率以己之意见治经,有不合者,则锻炼周纳,以证古书之伪,而后可伸其私谈。若推此不已,其祸殆烈于焚书。"

二

《无邪堂答问》论戴震《孟子字义疏证》一书:"汉学家略涉宋

学藩篱而以之攻宋儒者，推戴东原。乾嘉诸儒，东原、竹汀为巨擘。一精于经，一精于史。竹汀博洽过东原，湛深不逮，而弊亦较少。其言名物制度，历算音韵，故足泽逮来学。然戴氏之《孟子字义疏证》《原善》《绪言》三书，则谬甚。东原集中有《系辞论性》《孟子论性》两篇，乃《字义疏证》之根柢，自以为揭孔孟之精神，不知宋儒固先言之矣。其论告子之学，亦不出李文贞《榕村语录》范围。文贞论告子甚精，似足补章句之所未及。惟东原误以人欲为天理，宗旨一差，全书皆谬。古书凡言欲者，有善有恶。程朱语录亦然。其教人退欲存理，特恐欲之易纵，故专举恶者言之，乌可以辞害意？东原乃以欲为本然中正，动静胥得。"（见本集"读《孟子论性》篇"）无论古书多不可通，率天下而祸仁义者，必此言矣。且既知义理与气质有别，而又执气质以为义理，自相矛盾，何也？惠定宇为汉学大师，东原等群相应和。惠氏经学虽深，未免寡识，其言易庞杂无绪，未得汉儒家法（家法不宜太拘，独治汉易，则不能不拘守一家之说……）。（惠氏）《九经古义》，撷拾前人弃置不用之说，其所推衍，亦罕精要，与臧氏《释经日记》略同。《史通补注篇》谓刘昭注《后汉书》，如人有吐果之核、弃药之渣，愚者重加捃拾，洁以登荐。惠、臧之书，殆亦类此。

化按：朱氏评东原论欲，全是宋学立场。其实东原并非不知欲之有善有恶。他认为禁欲絜欲之害，在于使人产生冷漠，而丧失发展进取之心。欲之不可禁，正如思想亦有恶，不能因此将一切思想禁绝。朱氏忽略了清代下半叶思想，是以欲作为伸张个性解放之说，所以他对龚自珍亦持同样的批评态度。

三

《无邪堂答问》卷四答汪巩庵（公严先生号）问曰："世儒但以博学为贵，思辨之功不讲久矣。善乎陆桴亭之以思辨名其书也。辨，谓辨之于己，非谓与人争胜。圣人且以学之不讲为忧。"

又，**汪巩庵问**："党锢诸君，清操亮节，诚足令人兴起，然矫枉过正，能无弊欤？"

答："诸贤当分别观之，其更相标榜，诚不免为名所累，然此坏于依附以立名之徒，声气既广，因缘并进，其人本不足为轻重。（张俭持议激切，而事急亡命，累及多人，益见李元礼、范孟博深识劲气，为不可及也。贾伟节说窦霍以救元礼，而独闭门以拒岑晊，宜哉！）……魏武取人，不恤廉耻，士风始变，卒酿篡夺之祸，纷纷至三四百年而未已。然则诸贤之隐持世运为何如？懔懔焉，皓皓焉，与崑玉秋霜比质可也。"化（按）：许寿裳赞鲁迅曰："皓皓焉坚贞如白玉，懔懔焉劲烈若秋霜。"亦用此语。

又论申韩非圣人一体云："吕氏《呻吟语》，谓申韩亦圣人之一体，非也。陆清献《三鱼堂集》已辨之。"

四

汪巩庵问："凡太俭、太刚、太刻、太傲之人，似皆易流于不近情。"

答："太俭者，伪君子。太刚者，学君子而未至，否则亦好名之人。若刻与傲，则小人矣，岂止于不近人情焉？小人举动有极近人情以欺君子者，不可不察（俭为美德，过则弊生。故俭于己，谓之俭；俭于人，谓之啬，啬者不足论。俭而过者，非性安淡泊，则欲以邀名，其中又有等差。取人当观大节，未可以是而遽信之。素位而行处境者最宜致力，可省却无数矫揉造作。凡矫揉造作者，充其量可行险侥幸，盖同此患得患失之心也）。"

五

汪巩庵问："独行不惧四字故善，然须以当言则言，当行则行八字作注脚，否则恐任意决裂，多有不当。"

答："独行不惧，本非鲁莽灭裂之谓，惟其见理明而处之当，故能独行不惧，不然意气之私而已，何足当此？古来安心为小人者亦不甚多，大抵见理不明，自以为是，意见之私，有以害之。若恃此而以为独行，其流弊有不可胜言者。毁誉固不足计，然不计流俗之毁誉则可，倘持一自是之见，而概以人言为不足恤，则亦终为小人之归而已（王介甫为考官，一院之事皆欲纷更，张方平知其必当误国。故学术贵正大，不贵新异，高明者最宜戒此）。"

汪巩庵问："人须有我在，方足自立，持身方有崖岸。人所趋，我不趋；人所避，我不避，方不随人转移。"

答："善哉言乎！然天下亦有不妨共趋共避者，须精义之学乃能辨之。随人转移之非，固不待言；若不问理之当否，但求与众立异，尤非也。持身必有崖岸，理尚未足（疑下有脱文），能自立，能不为人转移，则不求异人而自异。若必好为崖岸，非儒者中正之道。凡人内不足，而后以气凌人，其好立崖岸之徒，有本诸天性之刚者，有出于识见之偏者，亦有伪饰以欺人者，不可不察。"

六

汪巩庵问："人虽当平正通达，似亦不可无奇崛盘郁之气寓乎其中。"化按：汪先生此问，系紧接上面答语而发，似有向师商榷之意。

答："奇崛盘郁之气，断不可少。龌龊者流，不可以入德，为其索索无真气也。人不特立独行,未免虚生可惜。此天之所与我者,人皆有之。世故曰深,斯真气日寡;我但率性而行,初非以此翘然自异于众也。以此自异,则与龌龊者相去不能以寸。是以君子贵学,学则可抵于俊伟光明,不学则流于诡异坚僻。诡异坚僻者,其人亦多奇气,一用于正,一用于偏,遂觉相去霄壤耳。"(下略)

七

汪巩庵问:"人无论和与介,均须独立不惧,有一自立之处,方能置一切荣辱毁誉于度外,而心地常坦然。习之当,即养气之功。"

答:"配义以道,方能独行不惧。义之所在,生死且非所计,何论荣辱毁誉?至接人则和中自有介在,所为卑而不可踰也。生斤斤于和介之辨,是犹有和介之见者存。须知接人以和,持己以介,介与和固并行不悖。若己介而必以介责人,则触处荆棘。天下大矣,岂能人人尽如我意。趣向既殊,敬而远之可耳。古今之至介者,莫如夷、齐;至和者,莫如柳下惠。然有直道事人,三公不易之节,而后可言和。有求仁得仁不念旧恶之心,而后可言介。三子者不同道,其趣一也(宋儒中,伊川以严厉名,然每见人论前辈之短者,则曰,汝辈且取他长处。此何等气象!潘四农《养一斋札记》有云:孟子论事刚决,然看'爱人不亲'一章,方知守道之严,立心之厚,不相悖也)。后之君子则异是。故处士横议,而秦有焚坑之祸。顾厨标榜,而汉有党锢之灾。灾祸非君子所避也,苟以此为荣,而或激成之,则未闻君子之大道也(在下者与在上者地位不同,措施亦异。匹夫而操扬清激浊之权,灾必逮夫身。汉魏时,尚行乡举里选之法,月旦之评,犹可言也。后人而欲为此,思不出位之谓何?)。"

化按:观以上数日所摘师弟之间问答,可见二人胸中之丘壑。问者正当青春,气方盛,一再以做人当"独立不惧""须有我在""奇崛盘郁之气"等为立身之本,以与龌龊者流相区别。而答者,阅世深，思虑密，老成持重，处处戒弟子不可陷于片面，操之过急。我觉得这样切磋学问是很有意义的。其中所说一些修身道理就是在今天也可供我们参考。

八

汪巩庵问："西学在今日，亦当务之急。何者最为切要？"

答："治西学须明其地势，考其政俗，以知其人之情伪。为操纵驾驭之资。……"

汪巩庵问："赵易胡服，卒振朔方。日本步武泰西，甚至变服色，易徽号，而国亦因之日强，岂势之所值，固有当因时制宜者欤？"

答："取西人之艺事，以辅吾不逮，未为非计。若改正朔，易服色，是亦不可以已乎？且倭人亦何尝真强？不终为俄之附庸不止也。日本旧为封建之国，事神其本俗，而教法则儒释并用，释尤胜于儒。当平氏、北条氏时，屡有大将军削发而仍执朝权者（见《日本史》《日本外史》）。足利氏兴，始尊儒术。藤原肃出，始宗程朱。物茂卿、太宰纯之徒，又诋程朱，尊汉学，皆视吾中国之好尚，以为趋舍（物徂徕乃陈同甫之流，非专汉学也。太宰纯、山井鼎辈，乃真汉学）。自攘夷议起，德川归政，行欧洲之法，废支那之书，而儒释皆不竞矣。盖彼视儒释与西学，同一来自外邦，故迭兴迭废，不以为意……"

化按：那时人不似今天所想象的那样守旧，他们是关心外面世界的。鼎甫所论虽有保守的成分，但他对日本学术思想脉络是相当清楚的。

九

汪巩庵问礼（略）

答：（前略）"汪双池读《近思录》，谓无物无理，随处目睹，耳闻、手持、足践，皆吾穷理之学。《朱子补传》：'在即物而穷其理。'一即字已吃紧，教人非谓只格一物，便可贯通。亦非谓必穷尽天下之理，只积累多后，自然见去。戴东原《孟子疏证》谓'闻见不可不广，而务在能明于心。一事豁然，使无余蕴，更一事而亦如是，久之心知之明，进于圣智，虽未学之事，亦岂足以穷其知？'案东原之说，正与《朱子补传》意同。而讥宋儒为空指一贯，何焉？程朱言格物，明白如是（见上文）其言一贯，必推诸真积力久，一本万殊。又推诸违道不远，下学上达，曷尝空指乎？"（下略）

十

答问学中论清人之学逊于明人。"（国朝惟小学骈文优于明代，其他理学、经济、朝章、国故及诗、古文之学皆逊之。至说经之书，明人可取者固少，而不肯轻为新说，犹有汉儒质实之遗。近人开读书之门径，有功于后世者固多，而支离穿凿以蠹经者，亦正不乏。康熙时儒术最盛，半皆前明遗老。乾嘉以后，精深或过之，博大则不逮也。）百余年来，风流阒寂，遗书散亡。《正谊堂丛书》之刻，虽未尽餍人意，犹得藉是以窥崖略，其去取亦颇审慎（其中时有删节失当者。《皇清经解》亦有此病）。《宋元学案》掊撦最富，谢山持论最平（黄主一之论颇有偏者，宜分别观之）。黎洲《明儒学案》虽主张王学，然于龙溪、心斋之徒，亦未尝有怨辞。惟河东、敬斋诸流派，采撷未备，是则门户之见耳。道之大原出于天，故《中庸》曰：'天命之谓性，率性之谓道。'《系辞》曰：'穷理尽性，以至于命。'（《大戴礼·本命篇》：'分于道，谓之命。形于一，谓之性。'所谓道者，与《系辞》'一阴一阳之谓道'意同，与《中庸》之言人道者意异。戴东原据此以斥诸家，彭尺木《二林居集》有书辩难。尺木他文多杂释氏，此则持论独正。东原复书，盖强辞也。）"

十一

"《二程遗书》明道曰：利非不善也，其害义则不善也，其和义则非不善也。伊川曰：'君子未尝不欲利，只是以利为心，则有害在。如上下交征利而国危，便是害。未有义而遗其君，便是利。'仁义未尝不利，是则近人之所据以攻宋儒者，程子早言之矣。化按：此一节义利之辩，申宋儒之理，可供参考。

仓颉造字，自营为私，背私为公。自营者自环也。私本非美德，而近人亦必故反其说，甚至援干禄百富之文，以释《论语》之干禄。不思求福于天，乃诗人颂祷之词，干泽于人，岂圣贤诫勉之意？《大戴礼》有子张问入官篇，夫子答之，与此语意迥异，安得援以为证？《集解》引郑注，与《集注》初无异义，乃支离曼引，欲以此回护贤哲，而不知适以大恶归之。此皆扬圣门、释非禄之余波。西河妄言，可为典要焉？说经不顾其安，而徒好为新异，以便营私者之藉口。苟充其类，则世人贪缘奔竞，皆分所宜然。鄙夫患得患失，尤势不容已，无惑乎？以长乐老为圣人矣。吁！可畏哉！"

化按：二节论义利尚有可辩，亦有可观。此节论公私，唯引证圣人之训，不就问题本身进行探讨，无论据，亦无论证。只可作卫道之言看。

十二

答问学，辨前人注"一以贯之"诸家之说。"（《论语》多言求仁之方，罕言仁体。《西铭》则专言此。盖《西铭》源出《周易》也。）"又"（《论语》何注，以不待多学而一知之释'一贯'。离学识以求一贯，其言远不如《集注》之精实。近儒反以'堕于空虚'疑《集注》。阮文达遂释'贯'为事，而云'一以事之'。姑无论其说之是非，恐亦无此文法。）"（中略）"治经治史，皆欲穷至事物之理以措诸用，而非撷拾细碎，傲人以所不知之谓博也。（姚姬传言'诸君皆欲读人间未见书，某则读人间常见书。'其言深可玩味。索诸六合之外者，往往失诸目睫之前。惟精研训诂，覃思义理，久之自能通贯。朱子读书之法盖如此，其举以教人者屡矣。一事不知以为深耻，学者当立此志。知之为知之，不知为不知，学者当存此心。天地之大，圣人有所不知，不知不害为圣人也。若破碎支离，辗转贩袭，以为求知之道，为人乎？为己乎？欺人乎？欺天乎？）苟徒索诸虚，而不知证诸实，是为无用之学，异端以之。泥于器数之末，而不知性道之原，是为无本之学，俗儒以之。"（下略）

汪巩庵问："人虽游遍五岳，所处仍不过一庐。为学而有兼骛专营之分，其理想亦如是。"

答："学固有安身立命之处，然不游五岳，专守一处，所见已隘，所志亦卑，为学第当知有归宿耳，始基固不可不博也（胡子《知言》有云：'学欲博，不欲杂；守欲约，不欲陋。'二语可为学者之良箴。[按五峰之言，《近思录》取之]《张南轩集·答胡季履书》曰，博与杂，相似而不同，不可不察也。徐伟长《中论·治学篇》：'凡学者大义为先，物名为后，大义举而物名从之。'然俗儒之博学也，务其物名，详于器械，考于训诂，摘其章句，而不能晓其大义之所极，以获先王之心。此无异乎女史诵诗，内竖传令也。

荀仲豫《申鉴·时事篇》，语有之曰：'有鸟将来，张罗待之，得鸟者一目也。今为一目之罗，无时得鸟矣。'道虽要也，非博无以通矣，博其方，约其说）。"

十三

汪巩庵问兵书事。（略）

答："兵法为学问中至精之事，亦儒生分内之事（古儒者多通此）。然可学而能者，制阵束伍之方；不可学而能者，审机应变之略。兹事半由天授，古人恒慎言之。若夫周秦诸子，持之有故，言之成理。苟去其偏，皆足经纬宙合。故文景以黄老致治，诸葛忠武，学兼申韩。特其言驳杂不纯，非以义理裁之，则害多利少，故不若儒术之纯粹无疵也。"（下略）"汉承秦后，驭下如束湿薪，民困兵革久，故清静无为，足以致治，非其时，则废弛矣。东汉之季，王纲解纽，刘璋暗弱而无能，蜀民富庶而无制，故信赏必罚，乃可为国，非其时，则操切矣。治莫大乎因时，拘泥成法者，不足与语远猷。然苟不知为治之本，则补苴琐屑，法立弊生。衰世之政，治丝愈棼，职是故也。申韩久为世诟病，而蜀先主以训其子，谓《商君书》益人意智，亦为其时与其人而发耳，非此者乌可藉口。"

十四

汪巩庵问："学问如筑室，然须自根基筑起，逐渐推去，方成完备之室。非然者，虽有涉猎，亦终如海市蜃楼，惝恍迷离而不可恃。注疏奥衍难晓，不如趁此时将诸经正文温读一二过。《史》《汉》《通鉴》，亦阅其大概。经济辞章之书虽不必遽弃，但暇时涉猎，后再致力。俟数者稍有得,方阅理学书。似此或不致逐末忘源,而如筑室之无基。"化按:此问,似亦可作为答语看。想是朱先生令公严师自述如何治学,始胪述其门径与步骤,有如此详细者。

答:"筑室之喻良是,但其所恃以为根基者,则有所未尽。注疏所以释经,经义隐奥,故注疏以释之。专读正文,须经义已通者方可,不然安能领会也。(原注略)生近读《曾文正集》,文正往往言归宿于义理。所谓归宿者,读书所得,每日所行,必印证于义理,而以此为归,非谓姑置于后为缓图也。生质本聪颖,志趣亦觉不凡,第为学太杂,欲兼包并骛,而少循序渐进之功,又未免见纷华而悦之意。故日记中多自刻责语,而终不免游移。无他,年少气盛,而未能收摄心神之所致也。学问之道,有本有末,有专营,有兼及,有所弃乃有所取。考据之学,非生专长,亦不愿生之汩没于此。然既知经史之宜治,义理之可贵,而又作骑墙之见,何也?"(下略)

化按:从以上数则答问来看,可知师弟之间切磋学问之情状。一方面多用引导之法,循循善诱,而绝无耳提面命,生硬灌输之态。另一方面则因此养成了一种不受拘束、好学钻研的精神。这些不仅可供学术上的参考,亦可作为教育上的借鉴。不知今日教育家是否注意到以前书院所积累的教育经验否?倘将过去的东西一概视为必须加以反对的糟粕,那么,我们只有像十月革命后的无产阶级文化派那样,连已有的铁路也当做资产阶级的毒瘤,必须扒掉,重新去建所谓"无产阶级的铁路"了。

十五

化按:读《无邪堂答问》笔记,至此而止。我已不记得当时为何而中断了。答问中尚有许多有关自然科学方面的内容。据我看,朱一新是吸取了截至那时为止中国在自然科学方面所积累的最新最全面的成果。我由于自然科学基础差，读这些篇章时多不理解，但对其阐述的渊博和精深感到惊讶和敬佩。公严夫子从广雅书院卒业出来，时在清末，他最早所做的工作不是在学堂教授中文，而是教授自然科学。算来，他恐怕要算是我国早期的自然科学教育家之一。这是当时知识分子的特殊表征。

二〇〇一年据一九九七年日记整理

（《清园近作集》，文汇出版社 2005 年 5 月）

悼 王 瑶

去年十月二十二日，王瑶先生给我的信中有这样一段话：

> 下月二十日，我将赴沪郊青浦县参加巴金作品讨论会。此会二十五日闭幕，会后拟在沪小住数日，因我的老伴未去过上海，此次将偕行，在沪并无其他任务，只是逛马路而已。届时定当趋访，借叙衷曲，来示所说的心情，彼此与共，晋人王弼曾云"圣人应物而无累于物"，姑共勉之。

我认识王瑶是一九八一年在北京京西宾馆举行的国务院学位委员会第一届学科评议组的会议上。后来我们在编《中国大百科全书·中国文学卷》时，又经常在一起，这样就逐渐熟悉起来了。我们在一起工作，讨论问题，但没有单独深谈过，尽管我早就对他十分仰慕。他在信中约定叙述衷曲，在我们交往中还是头一次。我在给他信中曾诉说了自己心情不好。得他信后，我一直期待着和他作促膝之谈，这大概是我隐隐感到我们都具有一种相濡以沫、相呴以湿的共同愿望吧。

青浦的会议我没有参加，听说王瑶是抱病到会的。在他从北京动身之前就感到不适了。由京辗转来到青浦，他已经渐渐感到不支。会议主持人尊重他，把他请到主席台上，要他发言。他吃力地讲了不多几句就讲不动了。两天后，他被送进华东医院。我得到通知，到医院去看望他，这时他躺在病床上，发着烧，脸孔红红的，由于哮喘而显得呼吸急促。我要他不要说话，但他仍表示好了后要去我家。他住院时期，在他身边照料的有他的夫人杜琇女士、女儿超冰和北大中文系孙玉石教授等。孙也是他教过的学生。后来，王瑶要留学英国的儿子超默回来。不久，超默也来了。当时，我对王瑶的病没有想得太严重，总希望药石有灵，经过治疗就可康复。他并不是患的绝症，只是普通的肺炎。医院也没有宣告他的病情危险。我还在盼望他出院后可以实现我们谈心的约定。

可是，他的病情一天天恶化了。一天深夜，孙玉石打电话通知我，医院给王瑶切开气管输氧。电话中传来孙玉石充满焦虑的声音。我也知道，这种手术是万不得已时才用的。第二天一早，我赶去看他，他的被切开的喉管已插入输氧的管子，旁边有一架发出笃笃运转声的输氧机。他的头脑一直是清醒的，但是他连简单的话也不能说了。这种手术使病人很痛苦，但他却显得异常平静。他一见到我，就伸出手来要握住我的手。可是我没有把自己的手伸出去，因为我怕他的切开的伤口会受到感染，始终和他的床保持较远的距离。我觉得他像是要诉说，这使我感到难过。可是我能说什么呢？我们相对无言。他那双柔和的眼睛，不仅没有痛苦的表情，却显出一种超脱，甚至我觉得似乎是含着微笑。记得青年时，我读过罗曼·罗兰写的纪念玛尔维达·梅森堡的文章。当玛尔维达在病危中因阵痛无法控制的时候，她就让身边的朋友出去一会，等阵痛过去再进来。她不喜欢丑的东西，甚至连自己因疼痛而扭歪的脸孔也不愿朋友看到。大概王瑶也是这样，为了某种信念而宁愿强忍痛苦。是不是他服膺魏晋风度从而感染了魏晋时代的通脱？他论述魏晋学术的著作，迄今仍是被重视、被引用的名篇。他对六朝文学有很深的造诣；而解放后，他却以现代文学名家。他曾向我说过，当时因为学校没有教授现代文学课程的人，作为分配给他的任务，他接受了这门课程，使自己的研究完全换了一个领域。我常感叹，中国知识分子中是有这样一些人，他们的个人要求很低，为自己想得很少，甘愿为需要作出牺牲。但我们是不是珍视这种品质？有没有因为随心所欲或者粗心大意而浪费人才？不过不管怎样，王瑶仍在现代文学研究领域作出不可企及的贡献。

他病危的最后几天是折磨人的。我几次去看他，都感到心上的沉重。他的女儿超冰坐在病床旁嘤嘤哭泣着。我们都感到他的病情严重。可是医生仍旧说不是没有救治的希望。不过这些话已经不能再安慰他的亲人了。北大对他的病十分重视，向医院表示，不论多么贵重的药物都可报销。在他病危期间还特地派来陈副校长和其他几位校领导。华东医院也尽力挽救。我从医务人员那里时常听到他们说他们正在抢救一位国内屈指可数的学者，他们尊重他，尽力挽救他的生命，把所有弄得到的药都用上了。可是，由于他的肺功能太差（后来医生跟我说这是他吸烟太多的缘故），一切药都不能减轻他的炎症。十二月十三日晚，他终因肺炎转呼吸窘迫综合症逝世于华东医院，享年七十五岁。

根据家属意见，遗体告别尽快在上海举行，以便将他的遗骨带回北京，由学校正式举行悼念活动。在龙华火葬场为他举行的告别会上，我头脑空空洞洞，浑浑噩噩地站在大厅中他的遗体前。当时上海已进入湿冷的冬季。我的头脑和身体都已麻木，甚至连感情也被冻僵了。

龙华举行的遗体告别一结束，王瑶的家属和北大来沪的同人就匆匆回京了。这时我才感到茫然若失。在寒冷的夜晚，白天的喧嚣归于沉寂，四周静下来，我为国家失去这样一个人才，为自己失去这样一个朋友而感到悲痛。我想到他信中所说的"应物而无累于物"，大概对他来说，是表示了一种对生死处之泰然的态度吧。但是，我又不大理解，他这次动身之前就感到不适，可是还要奔波于苏州、上海。为什么他这样不爱惜自己的身体呢？我曾经问过别人，但我得不到满意的回答。我又想，他在信中，在电话中，甚至住院躺在床上都和我提起叙衷曲的事。他的家人也和我说他向她们提过这事。但预定的这次谈话永远不能实现了,我不知道他要谈些什么,我似乎可以料到一些,但这些朦朦胧胧的感觉一旦具化,又像阵阵幻影从意识中纷纷褪去,无影无踪了,这使我感到遗憾。

  夜深了,楼外的灯火大多已经熄灭,我感到有些寒冷。我很想把自己对亡友的怀念用诗句表现出来。但是,做不好。很奇怪,在那些日子里,前人的一首悼亡诗,一直萦绕在我的脑际,诗中有一句说的是:"卫史遗言成永憾,晋卿祈死岂初心。"我久久不能排遣掉……

  这些年来,朋友们逝世,我很少写悼念文章。我怕不能把亡友的形象真切地表现出来。我更怕不能真切地写出自己的真情实感以致流为应景文字。写这篇小小的纪念文,我力图避免此弊。但我只能说我写了我的所见所闻和所感,也许有些地方,从他本人来看并不完全那样,那么,我在向亡友告别的时候,再说一声请原谅吧。

一九九〇年五月八日

(《清园夜读》,海天出版社 1993 年 10 月)①

---

  ① 亦见《清园论学集》,上海古籍出版社 1994 年 12 月、《王元化集》卷七,湖北教育出版社 2007 年 10 月、《人物小记》,东方出版中心 2008 年 1 月,题作"记王瑶"。

记郭绍虞[①]

我向绍虞先生请教问学,始于六十年代初。那时他是上海文研所的所长,而我则是审查五年后刚被处理下放在所里栖身的人员。我们最初接触是我将自己所写的几篇《文心雕龙柬释》送他审阅。我没有料到很快就得到他的同情的回应。他在信中不仅给我鼓励,还为我筹划怎样将这些文字同时分批发表。这是我在那寒冷岁月中从未领受过的温暖。不久,他还托人送来亲手书写的条幅。从此以后,我把陆续写出的《文心雕龙柬释》逐篇送给他审阅,他每次退回给我的原稿上都夹有用端正小楷书写的签条。他对这些文章读得十分认真仔细,甚至对文中所引用的书籍也进行了不同版本的对勘。比如,他指出,我所引用的《四部备要》本《弘明集》,有些篇章的卷数和《四部丛刊》本不同。这真使我既感且愧。

今天各大学中文系已将中国文学批评史列为普遍开设的学科,而这门学科的建立则有绍虞先生的一份心血。早期教授这门学科的卓越有成就的专家如罗根泽、杨明照等,均出自绍虞先生门下。他的《中国文学批评史》为这门学科奠定了基础,使人认识到它是一门独特的学问,而不是无根的游谈。绍虞先生曾谦逊地说,他这部书只是早出的陈中凡先生的《中国文学批评史》的跟随者。但正如

[①] 原文初刊时有副标题"纪念郭绍虞先生百年冥诞"。——编者

朱自清先生在评郭著时所说:"它虽不是同类的第一部,可还得称是开创之作,因为他的材料和方法都是自己的。"郭著取材极为丰富,我们只要从他后来主持编纂的《中国历代文论选》就可见其端倪。倘使他没有搜集并掌握大量文论资料,并对这些资料下过鉴别和梳理的功夫,他是写不出《中国文学批评史》的。后来他编纂《中国历代文论选》时,能够驾轻就熟、得心应手,也正是得益于当初在资料上所下的工夫。

绍虞先生这部书在编例上有着与人不同的特点。一般文学批评史多按历史朝代分期,这种写法直到今天也殊少例外。郭著却不是这样,在章节上并不整齐划一,而是或以家分,或以人分,或以文体分,或以问题分。表面看来,全书很不一致,显得有些琐屑零乱,但实际上却是费过一番经营擘划的功夫。这种编例摆脱了形式上的拘囿,更能勾画出我国文学批评史的真实面目,触及它的深微之处。但是这一点往往不易为人理解。我曾听到过有人指摘郭著不够豁朗,缺乏明晰的逻辑线索,文笔过于曲折细腻,有夹缠不清之弊。这种批评是受了长期提倡明白易晓、使人一览便知的文风的影响,以致对内容复杂、蕴藉较深的文字,就视为芜蔓晦涩了。绍虞先生似乎最怕过直过露。他谈任何问题,总是联系到各个方面,以防片面化和简单化,因此和那种文风恰恰是背道而驰的。

绍虞先生以照隅室作为斋名。晚年印有《照隅室文学论集》《照隅室语言文学论集》《照隅室杂著》三种。"照隅"二字取自《文心雕龙·序志》:"各照隅隙,鲜观衢路。"这句话的原意,是刘勰对于前人持论取小忘大作风的指摘,本含有贬义。绍虞先生反其意用之,不仅在于这两个字和他的本名谐音,而是寓有其他命意。他的《中国文学批评史·自序》有一段话说得很明白:"(我)愿意详细地照隅隙,而不能粗鲁地观衢路。"这意思是说,宁可详细地从事一些个案的具体研究,而不愿粗率地从事抽象的理论概括。这一说法在今天正盛行着以简单的概括手段作为宏观研究的时候,就更容易为我们所理解、所接受了。绍虞先生并不是不懂宏观研究的理论价值，以及将宏观研究与微观研究结合起来的必要。他这一说法实是有所指而发的。我觉得对于绍虞先生的学术著作都应从这种角度去领会，不能不去注意它们的针对性。

绍虞先生《论八股》一文表明他对趋时之病最为痛恨。他称这种风习为"一窝蜂，即所谓赶时髦"。文中援引了章炳麟《复仇是非论》中一句话：趋时之疾沦于骨髓，相率崇效，与高髻细腰之见相去有几？（大意）他在治学上像老一代重视独立精神的学者一样，是不肯曲学阿世的。这一点在他所写的《语文通论》等著作中，也留下了痕迹。语言文字的研讨在他的学术著作中占有相当重要的位置，仅仅把他视为古代文论的学者，而忽视了他在语言文字方面所取得的学术成就，就不能对他作出全面的评价。他在这方面的研究具有不少创见，往往发人所未发。比如，他对语言型、文字型、文字化语言型的界定；对于文言的音乐性（倘用传统文论的说法，绍虞先生所说的音乐性即文气）。使其具有不用标点亦能得其句逗的特性的阐发；对于我国义符文字不同于西方音符文字的特点乃在于目治、单音、造句以名词为主，因而很难向音符发展，只能从象形、指事等方面着手的说明，都可称为真知灼见。尤其他对于语言与文字或文言与白话问题的论述，更值得我们注意。这个问题从"五四"以来就已经有了固定的看法，胡适的活文学、死文学之说似乎成了普遍为人接受的共识。绍虞先生并没有对此说进行商榷，他的话虽然说得十分委婉，但细心读者不难发现他的某些论述实际上正是对此说献疑。这可以从他对近乎口语的周秦文辞和与口语远的唐宋文辞所作比较看出，也可以从他对韩柳的古文、明代的语录体、戏曲等常杂以骈语的论述中看出。我感到遗憾的是我没有在绍虞先生生前向他请教这方面的学问，我的理解可能是很不够的。

凡和绍虞先生接近过的人，从未见过他有激烈的言语和动作，都觉得他性格温和。他说话总是那样慢条斯理，从容不迫。但根据他的弟子记述，他也有过感情激动的时候。这事发生在抗战初北平沦陷后的燕京大学课堂上。一天他上课讲到《黍离》诗时，竟然恸哭失声，以致使满座随之泪下。这一突兀举止也不难理解，在为人处世上，他本来就称颂过狂狷性格。他在《忆佩弦》一文中，说朱自清不英锐而沉潜，不激烈而雍容，在性格中具有更多的涵容成分。他把朱先生归结为不必定以斗士姿态出现而仍不失为斗士的人。这足以说明他对斗士的向往。

最近读到前几年唐弢先生为纪念绍虞先生而作的《狂狷人生》，我才知道解放初复旦中文系聘我去兼课是出于绍虞先生的举荐。那时我们并无来往，后来绍虞先生也未向我提及此事。根据我和绍虞先生多年接触所得的印象，我觉得他是一位不知文过饰非而敢于展露自己胸襟的长者。"文革"刚开始，报上正在批"三家村"的时候，紧张的政治空气令人惶惶不安。我去见他，向他谈到邓拓。他没有一个字涉及这场运动，只是出乎我意外地说了一句："可邓拓的书法实在好。"说完他走进里面的书房拿出一本美术杂志，翻到一页刊有邓拓写的"实践"两个字指给我说："你看！"此情此景使我至今难忘。再有一次在粉碎"四人帮"后，那时的气氛完全不同了。他略带微笑地向我说，他曾经也想用儒法斗争的观点去修改《中国文学批评史》，可是还没有来得及，"文革"结束了。这种毫无掩饰的坦诚，再一次使我惊讶。绍虞先生虽教书多年，但他不是口才辩给的人。他不大会说话，因而就需要从他那近于木讷的谈吐中去发掘寄托遥深的寓意。绍虞先生真诚地相信应改造自己跟上时代的步伐，像许多老一代知识分子一样。我感到遗憾，当时没有和绍虞先生深谈，不知他在几十年改造的经历中，究竟领受了怎样的甘苦。

一九九三年十一月十四日

（《清园论学集》，上海古籍出版社 1994 年 12 月）①

---

① 亦见《王元化集》卷七，湖北教育出版社 2007 年 10 月、《人物小记》，东方出版中心 2008 年 1 月。

《鲁迅与我七十年》序

问：这几天有幸读到《鲁迅与我七十年》清样。我想知道周海婴为什么请你为他的回忆录写序呢？

答：我只能告诉你一些我和鲁迅家人的来往情况。抗战时上海有份抗日救亡的杂志叫《妇女界》，许广平是《妇女界》主要负责人。起先上海地下党文委派戴平万同志去帮助做些编排方面的指导（当时就在凌山家聚谈）。后来戴平万有别的工作要做，就派我去。时间是一九三九年。因这缘故，见到了许广平。我那时对鲁迅先生是非常敬佩的，总希望从许广平那里听到有关鲁迅的故事。许广平有空也会和我们讲一点，她那时就对我们说鲁迅也是普通人，不要把他神化，还讲了一些这方面的故事。这些故事有的她已写到回忆录里面去了。后来我们听说海婴需要请家教，我的一位友人乐起同志知道后自告奋勇去了。乐起本名乐嘉澍，抗战前原是清华大学物理系研究生，和李政道同学。"七七事变"后因献身抗日，放弃学业，在上海地下党外围做工作。他也是鲁迅崇拜者。乐起去辅导海婴不久，我们就听说他和海婴玩起桥牌来了。这次看了海婴的回忆录才知道乐起是以这种方式在教海婴英语。我八十年代见到海婴时提起乐起，他还口口声声乐老师乐老师，对乐起很有感情。

一九四二年我在储能中学教国文，那时周建人也在储能教书，教生物。海婴书中多次谈起周建人，但没有提及这件事。大概他那时太小,不知建人先生因家境困难还在中学兼过课。这里提出来算是给海婴回忆录作点补充。

改革开放后,我和海婴见过几次面。就在前两年,他还为上海召开鲁迅纪念会的事情打电话给我,他说外地有些这类会议的组织者不让周令飞在会议上发言,请我向有关领导反映一下。市里答复上海不会这么做,有关领导还招待海婴和令飞吃了一顿饭。

问:说实话,我刚拿到这本清样时,期望并不高。我想,海婴是搞无线电技术的,也没听说过他写过什么文章,再说,鲁迅至今依然是被高度政治化的人物,他的后代能秉笔直书吗?但看着看着,我就被这本书吸引了。海婴的叙述很诚恳很坦率,从朴实的文笔中,可以感到作者为人的正直,即使涉及一些恩恩怨怨,他也很宽容。

答:是的。许广平解放后也出版过回忆录,当时环境不允许她把什么都讲出来,比如解放后被打倒的胡风、萧军等,许广平的书中就不能不尽量避开。海婴写回忆录是在九十年代,顾虑少,真实性较强。书中有不少地方显示了海婴敢讲实话的勇气,不为尊者讳,也不为亲者讳,把很多事都写了出来。

海婴能够历史地看问题,撇开了上一代的恩怨。比如创造社的问题,四条汉子问题等。即使像李初梨解放后仍然以偏见成见对待鲁迅,海婴写到他,还是很心平气和的。

海婴是个很有感情的人。鲁迅在世的时候,海婴还很小,鲁迅习惯于夜间工作,早上睡觉,因此每天早上许广平都要叮嘱海婴轻手轻脚。海婴常在临出门上学之前,悄悄溜到楼上鲁迅房间里,给鲁迅的烟嘴装上一支烟。这样的细节令人感动。海婴写到朱安时,带着高度赞扬的口吻。鲁迅去世后,许广平一直承担着鲁迅母亲和朱安的生活,她和朱安夫人之间互相尊重,像姐妹那样相处,这是值得后人敬重的。

问:鲁迅对待海婴的教育方式是尽量不作限制,让他自由发展。但海婴长大后,个性和爱好都很受限制。他十八岁时迷上无线电,还考取业余无线电牌照,但天线才架起来两天,上海地下党就通知拆掉,因为许广平家来往的人太多,怕引起国民党注意。解放后他在北大读物理,有一次看到同学为桥牌的规则争论,他插了几句嘴,结果却传开鲁迅的儿子不好好读书,一心打桥牌。为此,北大团委书记还专门找他谈话。说作为鲁迅的后代要注意影响。从此他再也不敢参与任何文娱活动。这种影响一直波及他的儿子。一九八二年,周令飞在日本和台湾女孩恋爱,后来去台湾成亲。国民党的报纸将之宣传为鲁迅的后代投奔台湾,这里则有人向海婴施加压力,要求他发表脱离父子关系的声明。幸好海婴顶住了,要不然数年之后,两岸通婚成了稀松平常的事,海婴如何面对自己的儿子。从这里可以看到,海婴不仅有宽厚忍让的一面,也有勇于顶住压力,耿介的犟脾气。

答:我们一直把鲁迅当做一面旗帜,海婴的地位处境很容易让人对他产生误解。海婴不能像普通人一样生活,他时时刻刻都活在别人的期望中。因为他是鲁迅的儿子,所以人们对他往往期望过高,过严,过苛。甚至有时还提出不应该有的要求。

问:我原以为海婴属于特权阶层,但看了他的回忆录才知道,他们不仅没有受到特殊的照顾,连应该属于他们的权益也被侵犯了。"文革"时将许广平的医疗单位从北京医院和其他"走资派"一起转到了北大医院,许广平心脏病突发的时候,该医院没有值班医生,拖延了抢救时间才去世的。许广平去世一个月,他们全家六口就被要求搬家。搬到一套旧建两居室的工房里。而许广平解放初买下的一座四合院被公家拿去后,却至今不归还。他们搬到工房后,因为排污管堵塞,粪水满地流,两个孩子都得了肝炎,没钱治病。周恩来知道后,将积存在银行里的鲁迅稿费批了三万块钱给他们,才解了燃眉之急。后来,为了鲁迅版税的继承权问题,和人民文学出版社多次协商不成,对簿公堂,社会上就纷纷传言鲁迅的儿子爱钱。

答：海婴为鲁迅版税继承权的问题打官司，有些人不能理解，认为海婴不该这么做。我却不这么看。如果我们承认他也是一个公民，也有合法的权利，那么就应该依法办事。据海婴和我讲，他到了日本，看到内山完造遗孀生活非常困难，回来后就向出版社建议，将鲁迅著作的日译本版税拨出一部分资助她的生活。但出版社置之不理，连日译本的样书也不给他一本。他觉得自己的权益没得到尊重，才引发了诉讼的事。

从海婴的回忆录可以看到，他们一家的捐献远远大于他们所得到的。鲁迅当年在北京买下的两处房子捐献出来做博物馆这就不说了。许广平将和鲁迅有关的一切物品几乎全部捐献出来了，包括鲁迅朋友送给鲁迅的物品和文物，连鲁迅特地为海婴誊抄的《两地书》，海婴摸都没摸一下，就捐出去了。这些捐献从纪念鲁迅来讲，也可以说是应该的。但自从到了解放区一直到解放后许广平去世，鲁迅的稿费他们分文未取。而且，许广平作为国家干部，一直在支付保姆的工资，按理她是可以享受由政府支付保姆工资的待遇的。像她这样自觉减轻国家负担，不是人人做得到的。许广平去世之后，海婴用不起保姆，辞退的费用却要按国家工作人员的待遇让海婴支付。这些是是非非是不难明白的。

问：海婴回忆录提到鲁迅的死可能和须藤医生的阴谋有关。在鲁迅病逝前半年，一位美国医生路过上海经朋友引介来为鲁迅看病。这位医生的结论是，鲁迅的病情主要是肋膜积水，只要将积水抽去至少还可以活许多年。这位医生说这是个很简单的手术，只要他指导一下，一个护士都可以做这种手术。但须藤医生却一直不施行这位美国医生的方案，还是以注射激素感觉舒服一些，但同时也会加速病情的发展。最奇怪的是，须藤医生自从鲁迅去世就消失不见了，再也没有出现过。因此许广平生前一直对鲁迅的死有怀疑，对海婴也讲过。许广平解放后多次东渡日本，当年和鲁迅有交往的都纷纷来看望她，唯有这须藤医生没出现，这就加深了她的怀疑。

答：这件事我早就听说过。从海婴回忆录得知，须藤医生是日本乌龙会副会长。乌龙会是日本在乡军人组织，这组织是鼓吹军国主义、侵略中国的。须藤医生曾建议鲁迅到日本去治疗，鲁迅拒绝了。日本就此知道了鲁迅的态度，要谋害他是有可能的。像这样一件重大悬案，至今为止，没有人去认真调查研究，真令人扼腕。现在由海婴提出来，希望就此能引起重视，能将这件悬案查个水落石出。另外鲁迅在有人提醒他之后，为什么坚持不换医生，这也是一件悬案。

问：鲁迅生前希望海婴不要做个空头文学家，要做个能自食其力的人。就此而言，海婴是实现了鲁迅的希望的。

答：我不认为鲁迅的后人从事文学才算继承了鲁迅。我觉得最重要的是对鲁迅以及许广平道德人品的继承。做个空头文学家，道德人品又有问题，那是继承鲁迅吗？那是对鲁迅的背叛。我觉得海婴在很多方面为人正直，这是能安慰鲁迅和许广平在天之灵的。

二〇〇一年

（《王元化集》卷七，湖北教育出版社 2007 年 10 月）

《冈村繁全集》中译本序

《冈村繁全集》中译本即将由上海古籍出版社出版，我能够在这项中日学术交流工作中聊尽绵薄之力，感到十分高兴。

冈村繁先生是当代日本的中国文学研究界有代表性的资深学者。他早年师从著名汉学家斯波六郎，斯波先生是二十世纪初日本研究中国学术文化的"京都学派"代表人物狩野直喜和铃木虎雄的学生，其渊源直接来自于我国乾嘉学派。当年王国维亦曾为"京都学派"作出贡献。冈村先生作为京都学派的后继者之一，其学术风格继承了日本的中国学研究传统。这种传统对于我们今天也可以提供某种借鉴。

中国学界对于冈村繁先生的名字并不陌生。二战后日本学者对我国古代文论的研究首推《文心雕龙》，研究涉及有版本、注释、翻译、索引等方面。冈村先生最初研究成果是《文心雕龙索引》，这部书与王利器《文心雕龙通检》均在五十年代问世，成为研究《文心雕龙》的重要的工具性著作。我结识冈村先生也是缘于《文心雕龙》研究。一九八三年我受中国社会科学院委派访问日本，曾在京都、九州、大阪、广岛、东洋等大学与不少日本学者会面。与冈村先生就是在那时认识的。他的热情豪放性格给我留下深刻印象。从那时起，我们经常往来，建立起真诚的学术友谊。

冈村繁先生是位勤奋扎实而勇于发表独立见解的学者，在中国文学研究的诸多领域都有开拓性建树。他的《文选》研究提出了与日本学术界不同的观点,而以往日本学术界所认同的观点正是以他的老师斯波六郎为代表;他对楚辞与屈原的关系也作过新的阐释,这是他在日本学术界率先提出的;他的《陶渊明新论》突出了陶渊明性格中的世俗性一面,也受到学术界瞩目。

冈村繁先生作为一位有影响的日本学者,对中国文化十分热爱。我们见面聚谈,在许多问题上常常产生共鸣。他对中国文化怀有深厚感情是从他长年累月对中国文化的倾心研究中产生出来的。随着研究的深入,他逐渐感受到中国文化的魅力。日本接纳中国文化有悠久的历史,不难理解,作为日本汉学家的冈村先生,他对中国文化的感情还包含着中日文化关系的历史渊源。可能正是这缘故,使得他在涉及中日文化关系的研究方面,能够不拘狭隘的民族观念,不受学术以外因素的牵制拘囿,而发表自己的研究结论。两年前,他应上海古籍整理出版规划小组和上海图书馆邀请,为沪上学术界作了题为"日本接受中国文艺的类型"的专题演讲。演讲中他追溯了日本古代各时期接纳中国文学的基本状况,并对日本学术界的一种主流观点提出质疑。这种观点认为日本平安时期出现的"物语"文学并未受到中国文化的影响,而是在日本独立文化环境中所形成的,从而称其在世界文学中为独创性的文学样式。冈村先生经过作品的比较和分析得出结论说,最初的"物语"文学与中国唐代"变文"有种种惊人相似之处,两者存在着密切的授受性亲缘关系。此外,对日本文学史上另一个出现于镰仓、室町时期的"镜物"文学,冈村先生也从中国文化史背景角度进行考察,指出它很可能与当时中国北宋末期司马光《资治通鉴》的影响有关。这同样是日本研究者一直未能解答的问题。他颇怀感慨地总结说:"日本是位于世界东端的海上小国,自古以来对中国和朝鲜半岛拥有的悠久先进的文化之发展动向,怀着特别的敏感。正是这种宿命的敏感性,形成了古代日本接受中国文艺的特定模式。"从这番基于实证而发自肺腑的坦诚表述中，我们不难感受到他对中国文化的感情与他长期从事中国文化研究之间的密切关系。这种感情理应受到中国学术界的珍视。

中国文化对日本有着深刻影响，而日本对中国文化发展的影响在近代也十分显著，从章太炎、王国维、鲁迅、郭沫若等近现代人物的著作中，我们不难看到这种影响。在研究中国学术文化的领域中，我们对日本方面研究状况的介绍和了解迄今还做得很少。如果说中国学术文化的价值并不限于中国自身的话，那么我们对中国学术文化的研究视阈也就不能囿于本国范围。就此而言，《冈村繁全集》作为外国的中国文化研究者的全集首次在中国出版，是一件有特殊意义的事情。

冈村先生承袭日本学者学风，重视基础工作，培养学生从基础入手，重视版本、训诂、考据，以及资料索引等方面的研究。而这些基本方面在我们的很多研究中常常受到轻视。他的学生甲斐胜二曾回忆以前在大学听冈村老师上萧统《文选》演习课的情况说："上课前学生要做很多准备，首先要比较几种版本和抄本中的相关部分，调查文字的异同；再做异同对照表；然后自己去调查现在能够看到的资料。上课中老师时常严格问学生，版本为什么会出现这样的异同，为什么这个版本与那个版本的文字一样而与另一个版本的文字不一样。学生对这些问题有的能够回答，有的不能回答。不能回答的时候，老师常常手里夹着一支香烟沉默地等待着，这时间对学生来说很长很长。学生就这样渐渐掌握了对中国古典文章的阅读法。"从中可以看到冈村先生的治学颇具中国清代乾嘉学者的遗风。这对于我国不重基础工作的年轻一代学人来说，尤具启迪意义。

冈村先生在其一九九九年的《文选之研究》出版后记（见本全集第二卷）中写道：

近年来不知不觉中我已垂垂老矣，且疾病不断。我不得不承认自己的《文选》研究已经难以再进一步推进。……不过，本书的每一篇都倾注了我的精魂，都是经过我再三抚摸而写成，它们令我流连不舍，尽管其中仍然有一些不成熟。我想这些倾注心血的论考随着学问的进步，也一定会或迟或早在将来某一天被后秀们超越。这是无可奈何的学术发展的必然。毕竟后生可畏。虽然这令人感到有点怅怅，但是为了《文选》研究的进步，我还是祈望着这一天的早日到来。

这样的心情，是出自一位异国的中国文化研究者，令人感到弥足珍贵。虽然著者这里所涉及的只是《文选》研究，但是我们不难想见他在已逾半个多世纪的中国文学研究生涯中的执著与期盼。冈村先生今年已齿比八十，据他的学生说，他现在仍在尽力主持推进着十多卷本的《白居易全集》的日译出版，又听说他还期望着能每月在家中与他的弟子们一起进行《毛诗正义》的研读会。我衷心祝愿冈村先生健康长寿，所愿如意。

本全集副主编陆晓光曾是我的博士研究生，十二年前由我介绍赴日本留学，拜师冈村先生学习两年，现任华东师范大学东方文化研究中心主任。另一位副主编俞慰慈博士也出生上海，是冈村先生的中国弟子，现在日本福冈国际大学任教。

最后，我要向参加全集翻译的译者们以及负责和担任全集出版的上海古籍出版社各位表示衷心感谢。

二〇〇二年二月

（《冈村繁全集》第 1 卷，上海古籍出版社 2002 年 7 月）①

---

① 亦见《王元化集》卷七，湖北教育出版社 2007 年 12 月。

记 钱 钢

二〇〇三年十一月八日这天，整日下着雨，就在这样一个阴雨绵绵的悒郁日子里，钱钢离我们而去。他从发病到去世只有二十多天，享年仅四十五岁。

他去世前一个多月，晓明曾约请几位朋友在庆余聚餐，钱钢也应邀参加了。那时谁也看不出他有病，吃完了饭，还是他送我上楼来的。临行，他转身出门前，含着微笑向我告别。怎么想得到这会是我们的诀别！

十月上旬他发病初，我自己也因病住进了医院，打电话到他家去，接电话的是他的夫人小林。我问钱钢在家吗？回答是一阵微弱似乎带有哭泣的细语，我听不清说的是什么，接着传来钱钢本人的声音。他告诉我他在发烧，肝上发现肿块。我知道他长期被肝病所困扰。半年多前他曾向我说过，他在一家中西医结合的医院看病，医生说他病情稳定，没有问题，他自己也表现出乐观，充满自信。但是现在他在电话里告诉我这样一个消息，使我吃惊，不知怎么说才好。我只说了一两句自己也觉得是无用的安慰话，电话就挂断了。接着而来的是一连串的可怕的消息，他被确诊为肝癌，而且已是晚期，住进了长海医院。再得到的消息更可怕，他在大量地吐血，脸上和全身泛出肝癌末期病人所出现的黄色，病情在急剧恶化。当时，我自己住在医院里，只能依靠天天去长海探病的文忠，把他的情况告诉我，一直到他去世为止。

十一月十六日举行的遗体告别仪式，是蓝云当天赶来跟我说的。他的遗体静静地躺卧在一片白花丛中，来吊唁的人多半是他的学生，其中有他曾经教过的、正在教的，还有一些他没有教过的。他们哭泣着向他的遗体鞠躬告别，依依不舍地伫立在灵堂四周，久久不肯离去。钱刚生前性格内向，很少表露自己，从来没有和我谈过自己的成就。但有一次，他带着有些得意的神情告诉我说，他们学校举行了一次不记名投票，让学生来推选他们所敬爱的老师，而得票最多的就是他。此外，就再也没有听他说过他教书的事情了。直到他去世后，他的好友张寅彭把他学生写的悼念文交给我看，我才发现，钱钢竟是这样一位深受学生爱戴的好老师。我没有想到，他在课堂上是那么生动活跃、善于言辞，趣味盎然，这跟我认识的钱钢截然不同。他在学生面前一点也不拘谨，一点儿也不寡言笑，而是很会说笑话，很会掌握他们的心理。他引导他的学生去爱生活、爱学问，去做一个富于人性的真正的人。我读了十来篇他学生写的悼文，这些文字句句都是爱，字字都是至情。这些可爱的孩子在倾吐难以抑制的伤痛的时候，展示了自己内心的纯真和质朴，令人读后，怎不感动？如今我已入耄耋之年，在这熙熙攘攘、上下征利、人情浇薄的世上，犹能见到这样一批不同于赶时髦的庸众俗流，而是有头脑、有品格、有追求的青年，真是感到高兴。我不能不说，从他们身上也显示了中国的未来希望。钱钢在教育上默默耕耘，虽然很少有人知道，但目前的大学正需要这样淡泊于名利、勤奋敬业的好老师，尽管他的工作、他的价值，在他活着的时候是被漠视被埋没了。

我和钱钢最初认识是在一九九〇年。他的父亲是我四十年代初所教过的学生，可是我们并没有什么来往，而钱钢却成了我青年朋友中的知己。我们无话不谈，他理解我，不会因为我说话不慎而对我产生误解和猜忌。他也不像有些人怀有某些实际目的，或言不由衷，或虚与委蛇，而缺乏真情实意。像他这样的朋友，我觉得是很难得的。他逝世后，我写了几个字以表悼念，其中四个字是"至感痛惜"，这几个字虽平常，却表示了埋在心中的哀思。多少年来，朋友的去世都使我难以抑制自己的悲痛，不过时间一久，也就逐渐平复下去。但钱钢的死在我心上留下的伤口，恐怕难以愈合了。

我最初认识钱钢时，对他的治学并不怎么重视，但后来情况有了变化。最近这两年，我感到钱钢有了突飞猛进的进步。他是从文学批评史跨到文化研究领域里来的。进入这一新领域难度很大，对这点我有切身体会。钱钢是个认真的人，他不怕钻研之苦，但他有个和别人不同的困难，这就是他的身体。我们来往一直很频繁，但有一度，大约是三四年前，他突然长久不来了。我打电话问他，才知道他得了肝病，而且这种肝病是他已故母亲遗传给他的。虽然钱钢时时想摆脱肝病对他的威胁，但事实上，这种病是致命的，所以，死亡的阴影一直笼罩在他的身上。在这种情况下，他要发奋治学，就不得不受到阻挠。他不能像别人一样拼命熬夜，一时身体垮了也还能够恢复。他要是在治学上钻砺过度，就将酿成大祸，所以他不得不小心。他能作出最后两年那样的成绩，是不由人不感到钦佩的。去年第九期《博览群书》上发表他的论文，大概是他最后几篇作品之一，只要把这篇文章和他以前写的同类文章相比，就可以知道他为这种进展曾付出过多少努力。

钱钢近年来以大部分精力致力于传统文化的研究，我们经常一起谈论这方面的问题。就我的记忆，似乎我们没有谈过张载。不过我相信他会喜欢张载下面的这段话："为天地立心，为生民立命，为往圣继绝学，为万世开太平"。有人说张载此语胸襟广阔、气势恢宏、境界崇高、超迈千古，可为中国士人重建精神的家园。文忠告诉我钱钢临终向亲友诀别时，显出了一种内心的平静和安详。为什么会这样？张载说："存，吾顺事；没，吾宁也。"这样一种人生观，一种对生和死的态度，是需要一个人以一生的行为来贯彻自己应尽的责任和使命,才能实现的。我想,钱钢努力去做了,他才在最后的日子里显得那样安详和平静。

二〇〇四年立春

(《人物小记》,东方出版中心 2008 年 1 月)①

---

① 亦见《王元化集》卷七,湖北教育出版社 2007 年 10 月。

记任铭善

任铭善先生，字心叔，江苏如皋双甸人。一九一三年生，一九三五年毕业于之江大学。曾师从锺泰、徐昂、夏承焘诸位国学大家。早年治文字、音韵、训诂之学，后专攻经学。抗战初，之江大学迁到上海，在租界内慈淑大楼租赁了几间房屋作为教室。任先生在之江任中文讲师。七七事变后，我们一家从北平逃难到上海，母亲怕我荒废学业，通过老朋友之江教务长胡鲁声教授请来任先生教我中文，以准备报考大学。我每周三次到任先生住所上一小时课。那时任先生住在忆定盘路的一条弄堂里。这条弄堂是战后匆忙建起来的一排排两层的简易楼房。当时租界因不断有逃难来的人涌入，人口骤增，房商新建了不少这种所谓新式里弄的简便楼房，任先生就住在一座楼房的底层。

我第一次去拜访任先生，看见他穿着一件长袍，个子不高，但两眼有光，神情肃然。在我和他的接触中，他似乎从未笑过。他并不是一个内向的人，也很直率，绝不为了敷衍别人而随声附和。他是很讲原则的，上课时，从来不跟我讲闲话。尽管任先生肃若霜秋，对人对己都有严格的要求，但他并未让人望而生畏，感到凛然不可亲近。他教我的时间不长，前后约一年光景，但他给我讲授了《说文解字》《庄子》两门课程。《说文解字》依序按照部首一个字一个字讲的；《庄子》用的是郭庆藩的集释本，他讲授了《内篇》和

《外篇》,《杂篇》则没有时间教了;《世说新语》是他指定我自己读的。我除了每周三次到忆定盘路他家里去上课外,有时他还要我到慈淑大楼去旁听他在之江大学讲课。任先生讲课时全神贯注,声音洪亮。我在他家上课时,虽然只有我一个人,他也是用同样洪亮的声音对我讲解。

任先生生活简朴,他的居室只有几件木制家具和一把作为休息用的藤椅,此外别无长物。我每次去他家,都看见他端坐在书桌前,孜孜不倦地读书,从来没有闲散的时刻。他经常读的是三礼之类,都是线装本。任先生后来在礼学上造诣甚深,恐怕与他早年下过苦功夫有关。书桌上还有一方小砚台和一锭小朱砂墨。我去时,他不是在埋头攻读,就是用朱笔在书上圈点或在书眉上批注。他写的一手蝇头小楷,清丽端正。任先生教我读《庄子》,每遇到艰深难懂的句子,他总是把重要的诸家注释逐条地解说。最后再加以分析和评断,向我阐明哪家之说不可通,哪家之说费解,哪家之说才最为惬恰。倘所有注释全都不妥,而他也不能以己意解通,就取存疑态度。例如他对《养生主》中的"指穷于为薪"一句,就是如此。

就记忆所及,任先生曾对我有过几次批评,却没有对我表扬过。这不能怪他严厉,那时我正忙于抗日救亡工作,对知识学问的价值和意义还不理解,以致去任先生那里上课常常迟到,有时甚至还缺席。任先生极为生气,责我自由散漫。有一次,因为我没有去上课,他从忆定盘路跑到古拔路我家中,留下一张便条,说他"久候不至",问我为什么不事先请假,并将此事向我母亲诉说。我回到家中,看到便条,受到了母亲的责备,虽然心中有些惶然,却并没有向他表示歉意。倒是多年以后,每一念及此事,他那消瘦的面庞、两只炯炯有神的眼睛、发音洪亮的嗓音,就会出现在我面前,使我愧疚,使我不敢荒疏懈怠。

那时我读了一些"左倾"书,社会阅历浅,却自以为掌握了"前进的意识",有时也在报上发表一些小文章。我曾挑几篇拿给任先生看。他读了，只是冷冷地说："写得不行。"接着指出："你看你的文章气势这样急促，这是不好的。"我听了不禁感到浇了一盆冷水，心想任先生对我的要求未免太高了。过了几天任先生拿他的学生作文卷给我看。这些学生年龄和我差不多，但他们写得确实好，使人从中感到有一股清新不迫的韵味。我还记得一份描写湖边观景的作文卷，有"远山踏波欲来"之类的句子，任先生在旁边加上了圈点表示褒奖。在此以前，我不知道"文气"是什么，经过任先生的点拨，我开始有点明白了。当时我还把自己正在阅读的金圣叹批杜诗请教他。他叫我不要读，说："金批割裂了原文的气势，这是不好的。""气"是中国传统文化的一个特有范畴。二十世纪八十年代后期，我曾撰文谈到，在西方很难找到和"气"相对应的字，但在中国文化传统中，"气"这个概念却存在于各个领域。就风格言，早在曹丕的《典论·论文》提出"文以气为主"之前就已存在了。王充《率性篇》所举"齐舒缓、秦慢易、楚急促、燕憨投"就是这方面的例证。九十年代末，钱钢为我编学术年表，说我注重文气是源于任先生的教导，就是指此而言。

任先生的一生是坎坷的，反右时被定为"极右"，原因一是鼓动学生走白专道路，二是因龙泉哥窑遗址遭到破坏，他曾提出过呼吁和批评。从此以后，他被剥夺了各种权利，不准教书，不准发表文章，每月只发生活费三十余元，令他到资料室劳动。为了维持全家的生活，他不得不将自己心爱的藏书和历代碑帖卖掉。以上这些事在《夏承焘佚闻》和任先生哲嗣任平兄等所撰写的文章中均有较详的记述。任先生曾是夏先生的高足，他们之间的关系可以说是亦师亦友，感情笃深。"反右"后，任先生身处逆境，又患重病，却仍勤奋治学。他写出的学术论文除了一九六一年暂短的宽松期偶得用本名刊出（如为《中华文史论丛》创刊号撰写《经籑小辨三题》），其他大多不能发表。夏承焘先生慨然署上自己的名字拿到报刊上去登载，稿费交给任先生去补贴家用。"文革"爆发，夏承焘先生为此多次批斗，两人所遭到的凌辱和折磨是可想而知的。那时任先生已患肝癌绝症。"文革"次年秋，任先生终于郁郁以殁，春秋五十有四。任先生临终前，曾说了这样一句话："我死了，夏先生可以少一条罪名了。"我是直到九十年代去杭州时，才认识任平贤伉俪的。一次我专程请任平兄带我去他家拜见师母，并和师母合影留念，作为我对任先生的教泽师恩的一点表示。那时我已年逾古稀，任平兄叫我和师母并排坐下拍照。相互推让了半天，我还是站在师母身后拍了一张照片。这张照片收入了我的画传《跨过的岁月》中。

　　论曰：瘢夷者恶燧镜，伛曲者恶绠绳。故忠言常遭忌于当道，直行多为社会所不容也。呜呼！任先生两者兼而有之，怎能不陷入悲惨之境？他的敬业精神是令人肃然起敬的。他以直道事人，也是无可厚非的。但是我有时想，他在为人处世上是不是太执著一些？对于这种品格，我不知道究竟应当加以赞美，还是为之痛惜？前些年听人说，五十年代初，任先生在大学任教务长时，一心想把教学工作做好，律己严，而且也以同样的标准去要求别人。他曾在别人上课时去旁听，发现讲解有误，就情不自禁站起来直言说出，以致使对方感到难堪。我能够理解任先生的性格。我相信，任先生这样做，丝毫没有扬才露己、贬损别人的成分，他比那些貌似谦逊的伪善者心地要善良得多。但是，他在做法上太激切了，太缺乏考虑了。近读朱一新《无邪堂答问》，谈到和与介问题。无邪堂认为，必须接人以和，持己以介，和与介是并行不悖的。又说："若己介必以介责人，则触处皆荆棘矣。"《无邪堂答问》一书多重修身哲学，其中有许多精辟意见，令人折服，上面所引这些话也是不错的。但无邪堂是理学家，不大重视甚或轻视人的性情方面。人不是完全可以被道德规范所制约所塑造，按理性的支配去行动。人是复杂的，人的性情有时也会冲破理性的樊篱，人的美德有时也会夹杂某些负面因素。因此，人固然应该向着臻于至善的方向去努力，但是没有人能够真正做到臻于至善。语云"人无完人"，亦明此理。任先生固然难免无邪堂所指出的"己介必以介责人"之病，但是我又想，倘去掉这种因素，要他和光同尘，与世推移，那么恐怕也会使他身上耿介正直与敬业精神随之消失。因为，某些缺陷往往是和美德混在一起的，这是性格所生成，难以分解。去掉这一方面，往往那一方面也就不复存在了。恐怕这也就是人产生许多困扰和悲剧的原因之一吧。任先生也难逃此数。

二〇〇五年一月二十五日

（《人物小记》，东方出版中心 2008 年 1 月）①

---

① 亦见《王元化集》卷七，湖北教育出版社 2007 年 10 月。

说"伫中区"

徐复观先生在《文赋》疏解一文中指出：钱钟书《管锥篇》笺释《文赋》首段"伫中区以玄览，颐情志于典坟"，将二句并为一句，意谓"在室中把书卷"。徐疏对此评曰："当时的书不是帛卷，就是简篇，很难拿在手上站着看。"这一评论自然是对的。但钱注将"中区"训为"屋内"是否有据，则未得解决，有人甚至认为并无任何根据。

按，"区"训为"屋"，是可以成立的。《汉书·胡健传》，颜注"区者，小室之名"；《张苍传》："区谓居止之所"；《集韵》："区，所也"；《一切经音义》："区，处所也"，皆可证。然而，"区"可训为"屋"，并不意味着"区"都应训为"屋内"。更值得重视的，这里说的是"中区"。《后汉书·蔡邕传》："纳玄策于圣德，宣太平于中区"（卷九十）；《晋书·桓温传》："贵中区而内诸夏"（卷九十八）；《魏书》："伊洛中区，均天下所据"（卷十九）；晋皇甫谧《三都赋序》："吴割荆南之富，魏跨中区之衍"（《文选》卷四十五）等，都和李善注一样，把"区"解释为"区域"。陆机《文赋》中首句正是借用地理中重要有利的位置，引申而为创作中最具有观察力和判断力的场所。钱注将"伫中区以玄览，颐情志于典坟"二句，合而为一句解，并在末句下加一分号，至"瞻万物而思纷"始断句。这样一来，不仅将前两句化约为只有一层意思，并且将后二句作为前两句的对句,解释为在户外看风景,这样的断句训读,使得陆机原本易解的文句,反而滞碍难通了。

我在青少年时曾从公严先生学此文,我觉得这段话是平易的、好懂的。"伫中区以玄览"句,是说属文之道,首在对自然与人生的观察,以积累生活的经验。李善注谓"中区"即"区域之中",乃是确解。只有立于区域之中,而不局囿于一隅,所见者才能全面,而不致陷于一偏。"颐情志于典坟",这是属文之道第二个要旨。要写好文章,就必须钻研前人的典籍,从文化传统中培养自己的文学素养。颐即培养,这句好懂。

陆机在上面所提的属文之道,二者相互关联,却又不可混同为一。不对自然与人生加以观察,写不好文章;不从传统,从前人典籍中培养自己的文学知识,也写不好文章。陆机接下来讲的一大段,正可由此分为前后六句。前六句:"遵四时以叹逝,瞻万物而思纷。悲落叶于劲秋,喜柔条于芳春。心懔懔以怀霜,志渺渺而临云。"即阐述属文之道的第一要旨,只有在观察中,在与社会的接触中,才能引发思想活动,而外界的变化才会引发出不同的情绪与感受,这与前面一句"伫中区以玄览"形成互文足义的句式。后六句:"咏世德之骏烈,诵先人之清芬。游文章之林府,嘉丽藻之彬彬。慨投篇而援笔,聊宣之乎斯文。"即阐述属文之道的第二个要旨,即在传统中学习,才能造成深厚的文化素养,也才能有高洁的胸襟人品,这也正好作"颐情志于典坟"的注脚,并且只有这样解释,才可以将《文赋》首段讲通。

二〇〇五年九月十四日

(《沉思与反思》,上海辞书出版社 2007 年 6 月)①

---

① 亦见《王元化集》卷六,湖北教育出版社 2007 年 10 月。

谈闲适及其他

寅彭来聊天时谈到，夏志清写的中国现代文学史目前很走红，有些人正在捧这本书。记得魏绍昌生前曾经把夏志清写给他的几封信给我看，夏在信中称魏为现代中国文学界的"大师"（这称号可能记得不太确切，但总是差不多的美称。我想绍昌的信大概还保存在作协或什么地方，将来总是可以复案的）。那时我就对绍昌说，我不喜欢读夏志清的文章，和现在一些人的意见相反。

从四十年代初开始，我就对将政治外加于文学而提出文学必须为政治服务之类的理论感到格格不入，后来甚至产生一种厌恶感。但我也不赞成现在颇为流行的所谓纯文学观点。古往今来，能够震撼人心、垂诸后世的巨著，都不像现在流行的纯文学观理解的那样，是绝对排斥作家对民生疾苦的关怀，对人类文明前途的焦灼这类内容的。自然我们也应当注意，人的需要是多方面的，所以文艺作品的性质也是多样的。除了上述那种关怀民生疾苦、忧虑人类文明前途的感时之作外，我们也需要山水诗、花鸟画以及所谓的闲适作品，因为人的生活在一定时候也需要放松、娱乐和其他享受，而不能总是剑拔弩张。抗战前有人认为随时随地都不要忘记国难，例如吃西瓜就要想到山河破碎。鲁迅曾讥笑了这种观点，认为果真如此，那么连西瓜也吃不下去了。鲁迅又说，吃西瓜虽然不能和抗日救亡挂钩，但一个战士在天很热口很渴时吃了西瓜，就会精神一爽，奋勇杀敌。鲁迅写了很多有关这方面的文字，我至今爱读的就是那篇《文学与政治之歧途》，而对鲁迅谈文学阶级性的那些文字则不大能接受。不过，我对鲁迅上述吃西瓜的话，以及他晚年所写的论陶渊明除了飘飘然之外也有金刚怒目式的时候，和对朱光潜论古希腊艺术"浑身都是静穆"说的批评，我至今仍是深为服膺的。

提倡闲适没有什么不好，但是有两点应该注意，一就是鲁迅所讲的闲适诗人并不总是一味闲适的。陶渊明是这样，张岱也是这样。张岱文集中《湖心亭赏雪》等篇就是与社会其他问题无关的，而《越绝诗小序》等篇则属忧世感时之作。倘使只举前一类，就不能概括张岱的全貌，鲁迅把这种做法称为摘句家的断章取义，是一点不错的。二是有些诗文看似闲适，实际不然。例如战前周作人写的自寿诗："前世出家今在家，不将袍子换袈裟。街头终日听谈鬼，窗下通年学画蛇。老去无端玩古董，闲来随分种胡麻。旁人若问其中意，请到寒斋吃苦茶。"这其实是如他所说的"寄沉痛于悠闲"。诗发表不久，就受人指责，詈骂纷至。我并不赞成周作人的主张，但我们必须实事求是。这并不像那些批评者所解释的那样：周在国难当头还在谈鬼画蛇，简直"和平冲淡"得很。周曾为这首诗辩解说：街头终日听谈鬼，焉知所听不都是空洞无谓的鬼话？窗下通年学画蛇，焉知不是一种自责，说自己所写的文字不都是无用的蛇足？那首诗中正是含着这些牢骚，但如鲁迅所说，当时的青年看不懂罢了。当然，也有浑身都是闲适、毫不关心其他问题的纯文学之作，目前有人正在吹嘘这类作品，而不见其低浅，反沾沾自喜，自以为高。老实说，对这种纯文学我并不佩服。

二〇〇五年十月十七日

（《王元化集》卷七，湖北教育出版社 2007 年 10 月）

第十辑 清园书屋笔札

《清园书屋笔札》[①]

(十题)

一、中国的脊梁

中国本来就有三军可以夺帅，匹夫不可夺志的传统。每逢危难关头，总会有人挺身而出，甘冒不韪，迎着压力和打击，去伸张正义，去为真理而呼喊。这些富贵不能淫、贫贱不能移、威武不能屈，在任何情况下也不肯降志辱身的人，堪称中国的脊梁。

一九九二年撰记孙冶方零四年初秋

[①] 王元化著：《清园书屋笔札》，中国美术学院出版社，2004年11月。

图为《清园书屋笔札》"中国的脊梁"篇

二、光与盐

记得小时一位学圣品人的长辈对我说:《圣经》上说的你要做世上的盐比你要做世上的光更好,因为光还留下了行迹,而盐却将自己消融到人们的幸福中去了。作为中国的一个学人,我佩服那些争作中国建设之光的人,但我更愿意去赞美那些甘为中国文化建设之盐的人。无私奉献的精神总是值得尊敬的。

一九九五年撰近思杂记第九篇甲申处暑后七日

三、无神论者的弥撒

不要对那些因改革屡遭失败和社会过于黑暗而成为激进主义的革命者加以嘲讽,他们往往是高尚的。他们为此付出牺牲也往往能够启迪后人。我尊敬他们,愿意像巴尔扎克在他的小说《一个无神论者的弥撒》中所写的主人公德斯普蓝医生一样,为那个和自己信仰相反的亡灵去祈祷、去祝福,但我不会因此改变我对激进主义的看法和态度。

一九九九年撰对"五四"的再认识答问零四年九月初

四、不作妄语，舌不焦烂

一位哲人曾经说，理论的生命在于勇敢和真诚。我距此虽然还有较大的差距，在荆棘丛生的理论道路上一再蹉跌，但我没有放弃自己的向往和努力。一千多年前，鸠摩罗什作为一个异邦人来到中土，他以宗教的虔诚传译梵典，自称未作妄语，死后舌不焦烂。我觉得这种对待自己事业的精神，至今仍值得效法。

一九八九年撰思辨短简后记甲申处暑后

五、人文精神

人文精神不能转化为生产力,更不能直接产生经济效益。但一个社会如果缺乏由人文精神所培育的责任伦理、公民意识、职业道德、敬业精神,形成精神世界的偏枯,使人的素质越来越低下,那么这个社(会)纵使消费发达,物品丰茂,也不能算是文明社会,而且最终必将衰败下去。

二〇〇三年为中国人文教育高层论坛题词甲申初秋

六、珍珠港纪念馆

我们在海湾中航行了十来分钟，到达了目的地。纪念馆像一艘卸了武装的战舰，我依靠船边的栏杆上，透过清澈的淡蓝海水，俯视下面一条条当年被炮火击沉的船只，沉船铁板上斑斑锈迹清楚可见。这些沉船躺在这里已经有半个世纪了，它们好像在无声地诉说人世的沧桑和自己的悲惨经历。我默默面对这些历史见证的庞然巨物，心中不禁升起一种宛如凭吊古战场的苍茫之感。当我从怅惘中醒来，走回到甲板上，发现那里却是轻松愉快的，四周不断传来游客的欢声笑语。他们到这里来是为了散心，活泼的美国人不喜欢沉重。纪念馆的后面，相当于后舱部位，竖立着阵亡将士纪念碑。洁白的大理石墙面上，密密麻麻镌刻着阵亡将士的姓名。我请一位带着妻子女儿来参观的美国人给我拍照留念，他答应将来将照片寄给我。可是回国后，我一直没有收到这张照片。

二〇〇〇年撰一九九一年回忆录零四年立秋后三日

图为《清园书屋笔札》"珍珠港纪念馆"篇

七、清华南院

  清华园大门外有一条河,上面架着一座石桥,对面就是通向南院的道路。南院还是老样子,只是那条小河的河床更向下深陷了。二十年代清华国学院的三位导师王国维、陈寅恪、赵元任都在南院住过,可是现在清华人已经没人知道这件事了。南院呈方形,北面东面是西式房屋,南面西面是中式房屋,中间有一广场,小时我们就在这片场地上玩耍。那是多么无忧无虑的快乐日子啊。原来觉得十分宽阔的天地,现在变得狭小了,上面蔓草丛生,令人感到一片荒凉。昔日一同嬉戏的友伴大多已失去消息,不知他们是否还在人间。如果他们还在,祝福他们,愿他们幸福;而对于那些已故的亡灵,我也默默祈求,愿他们在地母的怀抱里安息。

一九九七年撰重返清华园二〇〇四年白露

清华园大门外，有一条河，上面架着一座石桥，桥西就是通向南院的道路，南院还是老样子，只是那条小河的河床变得不深阔了。二十年代清华国学院的三位导师王国维、陈寅恪、赵元任都在南院住过，可是现在清华人已经没有人知道这件事了。南院是方形，北西东西式房屋，每家里西走了式房屋，中间为一广场。小时我们就在这广场地上玩耍。那是夏夜乘凉的好日子，常常一阵嬉戏惊动小鸟，令人感到一丝凉意，若日一闻嬉戏的声响便原来是我们几个小孩顽皮。现在旧居依然在，艳称他们，他们还在人间。如果她们还在，艳福她们，愿她们幸福。而对于那些已故的大哥哥姊姊们，不知她们是否还识我，愿她们在地母的怀抱里安息。

摘录自重返清华园 录此文赠于一九九七年

二零零零年 白香

清园

八、艺术的区别在哪里

艺术应是多样化的，我认为从希腊、文艺复兴到十九世纪的伟大作品并不过时，我一直喜爱它们。艺术不能在古与今、中与外、新与旧之间作出高下之分，而只有崇高与渺小、优美与卑陋、隽永与平庸的区别。

录自一九九五年撰写的京剧与文化传统丛谈二〇〇四年七月

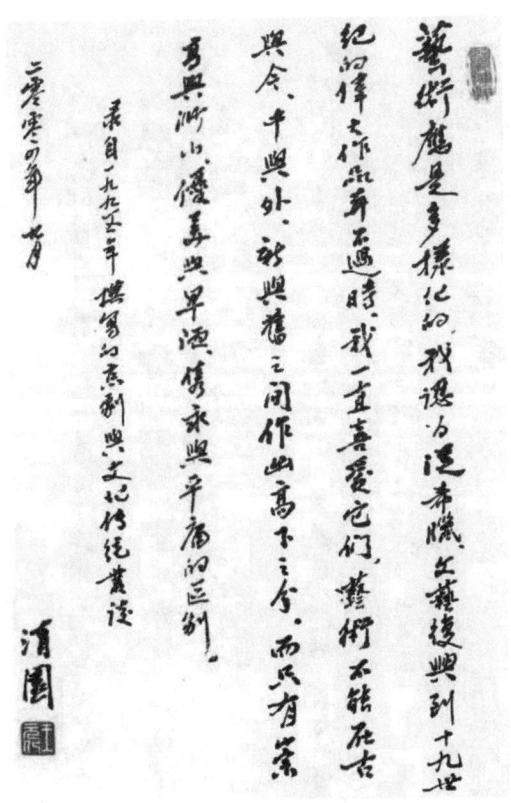

九、功夫深处却平夷

契诃夫似乎并没有花费多少心思用在情节的构思上。当时我正沉迷于十九世纪俄罗斯文学所显示的那种质朴无华的沉郁世界。我不喜欢文学上的夸张、做作、矫饰和炫耀,陆游诗中说的"工夫深处却平夷",正是我那时所追寻的境界。我认为质朴深沉比雕琢卖弄需要有更多的艺术才华。

    录自一九九七年撰读莎剧时期的回顾○四年初秋

十、创作自由

龚自珍曾经说：庖丁之解牛，羿之射箭，僚之弄丸，伯牙之操琴，古之神技也。如果你对庖丁说，不许多割一刀，也不许少割一刀；对伯牙说，只许志于高山，不许志于流水；对羿和僚说，只许东顾，不许西逐，否则我就要鞭打你；那么这样一来四子的神技也就没有了。这是前人对创作自由的有力说明。

录自一九八〇年撰向自由王国飞跃二〇〇四年十月

附：

《清园书屋笔札》序

  中华书法，源远流长，宏博精深，以形、意、境叠次如人心。"形"者，字形与点画，书体与使转的规则，还包括书法的风规与器识。"义"者，字义与文意，书写的内容与内涵。"境"者，以"纵横有象"来表达书体的意态、书者的气度与风神，而臻人心的佳境。王元化先生是我们尊敬的一位著名学者，他以一种温厚的笔法，书录他的著作语要，书写敬正风雅的文人气息，文质而彬彬，可谓形美、义真，而入自在与感心之境。这种重书写内涵、重书之风神的学者书艺，正应为今日学界所推崇。当此《清园书屋笔札展》开幕之际，我院集辑出版《清园书屋笔札》，表示对他的崇敬之意，并以语要裨益学人，墨艺蕴育来者。

中国美术学院院长许江

（《清园书屋笔札》，中国美术学院出版社 2004 年 11 月）

江陵图谱序[①]

清园王元化撰并书

　　江陵右乘巴蜀之势，左启吴会之衍，控江汉，摄云梦，北绾中州，南搹（扼）百越，江山形胜，天与名都。神禹导川，始奠荆州；帝舜南巡，厥土宜经。古史虽存涯略，然其迹况殊欠分明。西周昭王南征，舟人使之没于汉水，事见《史记正义》所引《帝王世纪》之文，语固不详，亦可概见荆楚之士时已卓尔崛起，为王威之所不可侮。

　　今文献之可徵者，春秋楚文王熊赀始都于此，号曰郢城。成王熊恽继位，建别宫于郢都之南，以渚宫称，其时已虎视中原，与齐桓晋文相抗衡，循至睥睨列国，问鼎宗周。战国中，其既有庄王焉，五霸之雄也。或启疆于筚路，或辟国以兵车，江黄夔邓，六蓼群舒，奉我冠带，隶我版图，实仓廪，治武库，国势之盛，康阜随之。屈子《哀郢》所谓州土平乐，江介遗风是也。

---

① 参见陈礼荣《王元化的乡情——关于〈王元化集〉一篇佚文的往事述略》，载《博览群书》2008年第10期。

三楚文物凑集斯邦，近年地下发掘所得，其营建规制之恢闳，锦绣织物之工丽，钟鼎彝器之典雅，兵刃器用之精利，夸矜天下；与夫郢爰简策之属，具见其制度与食货之周备，令人悬度昔日之盛况。晚周之世，宇内名都堪与匹敌者，殆不足屈指也。

汉末中土云扰，京洛俊杰之士，避地南迁，以荆襄为乐土，一时人文之盛，为习凿齿辈所艳称。然以地居冲要，枢纽四方；复秉前代余烈，秦汉咸为重镇，汉末群雄驰逐，荆州为兵家必争。魏吴蜀鼎立之势，实系于荆州之得失。关羽十年坐镇于兹，勋名远播，城垣肇基，实奠斯时。其间争战遗址，亦以荆州为多。

东晋南渡，荆州仍为雄藩，屏障建业，控制上游。拥旌挥麈之士，纷集于此，历宋齐而益著。侯景之乱，元帝萧绎犹赖荆州而复延梁祚。嗣后萧詧据以为都，建后梁称帝凡三世。四百年后，高季兴父子兄弟又割据逞雄，抗衡汴洛，以荆南为国，历经五主，达五十七年。盖荆州自姬周至赵宋，为帝王都者凡四度。其间风云变幻，泥爪豁没，台馆之兴废，人物之聚散，即史乘所载，亦难毕述。纵经岁月兵燹之磨洗，今犹能依稀辨识周汉晋唐之旧迹，感盛业于既往，图奋起于来兹，顾不伟焉！

楚人刚毅沉雄，俊拔英特。托枝于华夏，独茂于禹域。非特三户亡秦，民气可式；抑且文采风流，辉熠今古。粤自先秦，楚文化既与《风》《雅》竞秀。汉兴以还，几于笼罩宇内，蔚为宗主。荆州为楚文化荟萃控纵之地，作育屈宋，胎息辞赋，金相玉质，百世无匹；中华文化，悉在陶冶之中。

历代人才鼎盛，英才辈出，于政事、学术、艺文，咸多建树，著籍于斯土者如岑文本之奕世显赫，冠冕初唐；张居正之一代风云，鼎鼐中明；智者大师撰天台经义，为象教巨擘；岑嘉州咏边塞以抒壮怀，称骚坛绝唱。至于游宦流寓之士，尤更仆难数。其流风余韵，足以增重斯邦者，比比皆是。抚古览胜，寻绎赏叹之余，傥或能求思之深乎。

余虽隶籍荆州，然自父辈即流寓他乡，向慕桑梓之情，无时或已，惟乡邦文物，实未曾识而熟谙。发皇潜德，力所不及，爰缀数语，以申游子拳拳怀土之忱。

庚辰年大暑后五日

（《清园存稿》，华宝斋书社 2000 年 12 月）

《胡铁生书法集》序

铁生先生自幼酷爱篆刻书画,其书法以习颜真卿画赞碑入手,复临秦汉六朝古碑,博采众长,自辟蹊径,真积力久,粲然发为艺苑奇葩。尝谓:"学一家书不过为人做奴婢。"故矢志于融通之道,不拘前人绳墨。观其法书篆书,则冶天发神谶碑笔法与琅琊台刻石造型于一体,结构谨严,风格遒劲。魏书则器宇开阔,元气淋漓,非一石一碑所能限。人称先生书法似千军万马严阵以待,又如豪杰搏战气贯长虹,令人奋发,令人向上。

先生画,法青藤雪箇,力主画有字意,以泼墨笔法写花鸟鱼虫,清新脱洒,舒卷自如,颇足以显其胸中丘壑。

先生于篆刻艺术,创三结合之论,即:篆隶结合,繁简结合,通用字与专用字结合。风格不拘于一体,造型不限于一碑,推陈出新古为今用,卓然自成一家,使传统篆刻艺术为建设四化服务。

先生作品屡在国内外展览,报刊多有披载,今逢其八旬大寿,书店特汇编此集,嘱余赘数言,谨以为贺。

一九九〇年初夏

(《集外旧文钞》,上海文艺出版社 2001 年 1 月)①

---

① 亦见《王元化集》卷七,湖北教育出版社 2007 年 10 月。

《舒同书法集》书后

《舒同书法集》即将问世，云飞同志嘱我写几句话。我对书法素未钻研，本来没有置喙的余地，只能谈谈自己的粗浅看法。解放初期我曾在华东局宣传部工作，是舒同同志的老部下。对于那一段在他领导下的难忘岁月，我觉得也应该说一说自己的感怀。

舒同同志的书法，我是喜欢的。他的字像他的人一样，雍容大度而又质朴无华。不带任何炫人眼目的做作之习，而自有一种精神内敛气度厚重的自然风韵。初看并不怎样吸引人，多看细看，则不由得会流连把玩，使人产生一种亲切感。这和时下流行的所谓龙飞凤舞的笔墨是大相径庭的。现也有人效法舒体，据说有的拍卖会还出现了伪托舒同亲笔的赝鼎之作。这些模仿品纵使在形似上可以乱真，但毕竟不能得其神髓。这正印证了前人所说的风格是人格的显现这句话。

舒同同志一直保持着平易近人的作风，总是那样心平气和，从容不迫。他说话的声音很细，镇定、平稳，有些沙哑，没有光芒四射的谈锋，没有滔滔的雄辩，也没有抑扬顿挫的铿锵语调和大起大落的感情波澜。做报告时也像平时谈话一样，仍保持着这种本色，以致有些新调到部里来的青年，常说舒主任不会演讲。他们以为作报告的要诀就在于能言善辩，具有语惊四座的煽动力。那时我也常听他作报告,他的报告确实是平实的,不过道理说得明白,分寸掌握得准确。这也是一种风格。我甚至以为这种风格无形中影响了当时部里的工作作风。记得我调去不久,就发现部里安置了一位具有文字修养的老干部,担任一项特殊任务,专门审读各处室的对外发文(不是审查内容,而是斟酌遣词用语是否适当和有无语法错误等等)。大家开玩笑,把他叫做"挑错专家"。宣传部设立这样一个职务,不但前所未闻,以后也再没有听说过。今天回想起来,这一举措对于工作大有裨益,而我个人也由此受到了文字上的锻炼。懂得行文需掌握分寸,力求准确。还有一件事也是令我难忘的,这也是舒同同志的朴实作风在部里的反映。我不大了解后来他在山东主持省委工作的情况,但在华东局宣传部确实是这样的。那时在部务会议范围内传阅中央和地方文件,不是各自分头去看,而是每周集中一次,由机要秘书诵读。读毕还抽出时间,大家再简单地议一议。我印象最深的是每次读完各地向华东局发来的请示或汇报电文后,大家最关心的总是电文中所述情况是否有虚报或不实之处。这种务实精神至少可以使浮夸风受到遏制,成为不合法的东西。可惜后来特别是"大跃进"时期,这一好传统很少见到了。

在华东局宣传部工作时期,我也有不适应的时候(我一直在上海从事文化工作,没有整风审干的经验。第一次碰到三反五反运动,平时随便说说笑笑的同志,突然全都绷紧了脸。开会时空气顿然紧张起来,我感到很不习惯。一次会上大家说完,轮到我去批评那位我并不认为有问题的怀疑对象,我实在说不出,但又不能不说,而要说又不知说什么,既紧张又惶恐,憋了半天,哇一声哭了出来。一位同情我的同志批评我受到十九世纪西方资产阶级文学影响太深,划不清人道主义思想界限,总算结束了这种窘困局面。这是四十多年前的事,后来恐怕就不可能这样轻松过关了)。舒同同志领导下的华东局宣传部是颇有人情味的。当上面提到的那个同志被隔离审查时，我还奉命去看望他，给他带去一部翻译作品供他阅读。这在后来的运动中简直是不能想象的。尤其使我难忘的是舒同同志本人在民主生活会上的检讨。这绝不是走过场，搞形式主义，而是一板一眼认认真真进行的。大小会开了多少次，连驾驶员、警卫员、保姆都来参加了。意见提得毫无保留，他都静静地倾听，没有任何不豫之色。一位年轻的图书室管理员提出说，舒主任借去一套《鲁迅全集》快半年了，至今未还，是否要据为己有？话说得很尖锐，他仍静静地听着。过几天他就把《鲁迅全集》还了。当时党内这种民主空气，很使人向往。

舒同同志并不是一个软绵绵的人。据说他在党内曾有一个毛驴子作风的绰号。他的生平行事也足以说明这一点。我听人说，一九四七年，他在新四军任山东军区政治部主任时，曾深入虎穴，与敌军军长谈判，促成了这支装备精良的军队起义，从而对扭转敌强我弱的山东战局起了一定的影响。更值得一提的是他在"文革"中，已身陷囹圄，但不畏强暴，于一九七一年除夕，撰写"贺词"，犯颜直斥专案组，显示了凛然不屈的气节。这篇值得保留下来的文献，不久前由《文汇读书周报》（第五一零号）披载了。我读后多少有些惊讶，难道这种像烈火般灼人的激愤文字，竟出自被人认为一向温文和平的舒同同志笔下么？我几乎不敢相信。但这确是他写的。作为一个革命者，他具有一种宁折不挠的刚毅，尽管平时含而不露，但毕竟是他性格中的一个方面。

我认识舒同同志较晚，但我在调到华东局宣传部之前，有一件事使他注意到我。那时上海刚解放，我被姜椿芳同志找去编《时代》杂志。但我的组织关系被一位曾领导我多年的老同志扣住不转过来。后来姚溱同志告诉我，舒同同志由于看到了我在报上发表的一篇文章，问及我的情况而表示关心，才由上海市委组织部出面解决了我的组织关系问题。他当时很忙，这件事他本可不管，但他还是关心到我这个和他素不相识的普通党员。这是使我颇为感动的。

今年是舒同同志八十晋九的华诞。为了庆贺他的书法集出版,也为了向他祝寿,谨以上面这些絮语作为献礼。

一九九四年十二月八日

(《集外旧文钞》,上海文艺出版社 2001 年 1 月)①

---

① 《王元化集》卷七"记解放前的一段经历"一文为本篇之摘录。

《起潜先生书法选集》序

起潜先生以其近日法书展出作品若干帧,裒为一册,远道见示。金声玉振,大雅之作矣!先生乃吾国当代图书事业之开山人物,早年于艰厄苦困之际,与张菊生、叶揆初先生创办合众图书馆,集涓涓之水滴,汇为百川之美富,视今日沪上之图书馆,以一千万册之缥缃缣素,跻身为世界一流名馆,先生愿力之大、功业之巨,世人皆为之仰止。又吾国藏书事业家,实有一优良之传统,即于庋藏图籍之际,又校勘钞写、刻印刊布、编订目录,有功于竹简韦编、牙签锦轴,如卢文、鲍廷博、黄丕烈诸人是也。观先生所整理编定刊布之古籍,诸如《四当斋书目》《海盐张氏涉园》《番禺叶氏遐庵》,以及《合众图书馆丛刊》《中国古籍善本书目》《读史方舆纪要》等,无量之珍本秘籍,为千万化身,先生之有功于古籍,奄有前人之长而更博,然先生更于贯穿六籍百氏、区别品类、甲乙部居之际,又染翰临池,手钞缣易,数十年冥心穷讨法书之道。然则先生书艺之美,更非卢、鲍、黄诸家之所能侔矣。吾于先生法书之学,特以"雅量"一语品题之。《世说·雅量》篇云:谢太傅盘桓东山,时与诸名士泛海戏。风起浪涌,诸人失色,便唱使还。太傅神怀方王,吟啸不言。风转急浪猛,太傅更貌闲意悦。于是审其雅量可以镇定天下。雅量之美,淳厚浑穆,神明内敛,气静机圆;书林中之诸葛孔明、谢太傅是也。雅量之美,谈何容易!融厚植之学养、博洽之闻见、清澄之心地、沉着之干才于一炉，全幅人格之呈现，即《礼记》所云："清明在躬，志气如神。"起潜先生将刊其书法集，属弁其端，因略说先生之人品与书道之关系，以见先生之成就，盖于文字之外有大者存焉，岂唯区区之私见云尔。

一九九六年冬

（《集外旧文钞》，上海文艺出版社2001年1月）①

---

① 亦见《王元化集》卷七，湖北教育出版社2007年10月。

《刘旦宅书画集》序

陆机《文赋》有"离方遁圆"一语,意思说在艺术表现中,须离方去说方,遁圆去说圆。《文心雕龙》称:"思表纤旨,文外曲致,言所不追,笔固知止。"意谓有一种幽微奥秘难以言传的意蕴,不要在艺术的表现中使之成为定势,而应当为想象留出回旋余地。此即画论所谓意到笔不到之旨。中国艺术重空白,空白不是无,而是在作品中,故意留出一些地方,不着笔墨,以求其尽得风流之妙。这种空白艺术在以自然模仿为本的西方写实画中是罕见的。刘勰《物色》篇有两句话,最能勾勒出中国传统艺术的基本特点:"写气图貌,既随物以宛转;属采附声,亦与心而徘徊。"二语互文足义。这是指在创造过程中,作为审美主体的心既要随物以宛转,而作为审美客体的物也要与心而徘徊。心物交融,和谐默契,所谓"目既往还,心亦吐纳,情往似赠,兴来如答",才是气韵生动的最高境界。

一九九六年夏

(《集外旧文钞》,上海文艺出版社 2001 年 1 月)①

---

① 亦见《王元化集》卷七,湖北教育出版社 2007 年 10 月。

当代中国思想家文库编辑委员会

总 策 划：葛海彦

主　　编：俞可平

执行主编：邢艳琦、贾宇琰

编　　委：范世涛、刘英、邓彤、王青、张馨文

当代中国思想家文库

Contempory Chinese Thinkers' Series

王元化文稿

中 / 文化卷

中央编译出版社
Central Compilation & Translation Press

目　录

第一辑　人文精神与千禧年主义

道德及其现代价值 …………………………………… 003

生命、人文和政治文明 ………………………………… 010

关于《中国与当今千禧年主义》的几句话 …………… 015

关于文明的物质化、庸俗化与异化的通信 …………… 029

《陈方正论文自选集》序 ……………………………… 035

人文精神与二十一世纪的对话 ………………………… 038

答剑桥国际传记中心问 ………………………………… 044

致书书 …………………………………………………… 046

第二辑　与雅克·德里达对话

与德里达对话访谈录 …………………………………… 051

玛雅访古志 ……………………………………………… 059

"达巷党人"与海外评注 ……………………………… 064

与友人谈海内外学风书 ………………………………… 070

姜椿芳与大百科全书 …………………………………… 074
关于斯城之会及其他答问 ………………………………… 077
谈　想　象
　　——致海外友人书 ………………………………… 084
悼目加田诚 ………………………………………………… 089
在南京大学国际学术研讨会上的致词 …………………… 091
《太平天国革命亲历记》译序 …………………………… 093
参观斯特林堡纪念馆后想到的 …………………………… 099

第三辑　马克思与王国维

人性札记 …………………………………………………… 105
马克思主义面临的两个挑战 ……………………………… 112
思想政治工作的改革 ……………………………………… 115
谈几个理论问题 …………………………………………… 121
为周扬起草文章始末 ……………………………………… 126
记冯定 ……………………………………………………… 132
记若水 ……………………………………………………… 136
我所认识的冯雪峰 ………………………………………… 141
王国维读《资本论》 ……………………………………… 145
王国维的境界说与龚自珍的出入说 ……………………… 146
《王国维全集》序 ………………………………………… 151

第四辑　"五四"精神与东西文化

论传统与反传统
　　——为"五四"精神一辩 ………………………… 155
与友人书：谈古史辨 ……………………………………… 174

杜亚泉与东西文化问题论战	178
关于近年的反思答问	202
对"五四"的思考	214
胡适与京剧偶记	217
郭嵩焘与湖南新政	220

第五辑　读黑格尔与卢梭

读黑格尔的思想历程	225
论知性的分析方法	236
黑格尔哲学批判	244
卢梭公意说与黑格尔三范畴论	246
张奚若谈卢梭	248
与友人谈卢梭社约论书	252
附：吴江来信	269

第六辑　理想主义的曲折历程

《从理想主义到经验主义》序	275
记　顾　准	278
谈孙冶方	281
记张中晓	290
我和胡风二三事	299
七律一首	303
记　满　涛	304
记林淡秋	307
附：唐康来信	313
悼念慎之同志	316

《适夷十封信》跋 …………………………………………… 318

谈鲁迅思想的曲折历程 ……………………………………… 320

纪念与超越 …………………………………………………… 322

第七辑　有关上海文化发展的意见

有关上海文化发展的意见 …………………………………… 327

附：有关发展上海文化事业建议书 ………………………… 331

文化发展战略是项系统工程 ………………………………… 334

哲学社会科学规划的制定 …………………………………… 340

文化交流和古籍整理 ………………………………………… 347

《文化发展八议》后记 ……………………………………… 354

《新启蒙》编后 ……………………………………………… 359

关于文化问题答《海上文坛》记者问 ……………………… 366

《学术集林》编后记 ………………………………………… 369

邂逅草书话 …………………………………………………… 381

第八辑　学者与思想

记熊十力 ……………………………………………………… 393

再记熊十力 …………………………………………………… 398

记韦卓民 ……………………………………………………… 405

记郑桐荪 ……………………………………………………… 409

记林毓生 ……………………………………………………… 411

谈汤用彤 ……………………………………………………… 414

谈杨遇夫 ……………………………………………………… 417

读樊著龚自珍考 ……………………………………………… 422

谈胡适小集 …………………………………………………… 428

谈胡适自传唐注 ………………………………… 433
悼 冯 契 …………………………………………… 440
记谭其骧 …………………………………………… 442
贺麟《文化与人生》 ……………………………… 444
陈澧《东塾读书记》 ……………………………… 447

第九辑 "走自己的路"

自 述 ……………………………………………… 451
重返清华园 ………………………………………… 457
寻根江陵 …………………………………………… 463
走自己的路 ………………………………………… 474
"以我为例" ………………………………………… 475
我的三次反思 ……………………………………… 479
《清园近作集》序 ………………………………… 487

第一辑　人文精神与千禧年主义

道德及其现代价值①

问：今天我们的这个有关道德建设的话题，是否可以先从"五四"谈起？

答："五四"新文化赋予了我们文化传统以许多崭新的因素，最主要的就是独立的思想和自由的精神。"五四"时代对于那些旧道德，譬如守旧的不近人情的妇道、孝道等，是持激烈的反对意见的。这在"五四"新文化代表人士的作品中俯拾皆是。但是由于矫枉过正，当时人在反传统伦理方面有时未免做得过火，甚至凡旧道德、旧伦理、旧观念皆被全盘否定，有些属于传统文化中的优秀成分，可以向现代化转化的东西也一并被唾弃。那个时期，除个别学者，几乎所有的文化先驱者，都是传统道德的激进反对者。

但是正如柳诒徵在一九二四年所撰之《中国文化西被之商榷》中言，"西方立国在宗教，东方立国在人伦"。中国社会现在所存在的宗教多非源自本土。中国是一个以无神论为主导的国家，但很注重伦理。黑格尔曾说过孔子的《论语》其实就是一部道德箴言。中国传统道德一方面受到"五四"先驱者的猛烈抨击，另一方面，他们又不得不承认，中国传统文化的特点主要体现在伦理道德上。如

---

① （原注）本文为作者答《上海党史与党建》记者唐旻红关于传统道德及其现代价值的提问。

果将伦理道德全盘去掉，中国还有没有立国的根基？西方的外来价值学说能不能很快在中国的社会土壤中生根？这个复杂的问题他们考虑得比较简单。

因此，"五四"时期对于中国传统伦理道德的批判是在急于求成的心态下，在你死我活的思维模式下，在"新的就是好的"这样庸俗进化观的价值取向下，把批判简单化了。比如在"五四"文化激励下的年轻人热衷于走出家庭这样的反叛行为，对于中国传统家庭中讲究父慈子孝、双向调节的人伦关系，是一种粗糙的破坏。传统家庭伦理中当然有压抑性的关系，但是我们不能不看到，中国家庭伦理的主要精神是主张和谐、互为对方着想。而这种建立在和谐意识上的人伦关系，这种旧道德中的合理因素，其实应该是可以作为可贵的资源，并将其向现代化方向转化的。而在西方的道德传统中，却缺乏这样的资源。它尊重人权，崇尚独立人格，但有原子式的极端个人主义倾向，家庭关系较为淡漠。这是它的一种缺陷。在西方现在越来越多的人认识到这个问题了。

当然，道德的历史和文化的历史都是不可能重新设计的。我们并没有理由去责怪先辈应该做什么或不应该做什么。近代的中国，一股股强大的来自外部的力量威胁着我们国家、民族、家庭和人身的安全。国破家亡的境况，加上知识分子对社会文明天然的关怀和忧患，促使当时有良知、有责任心的中国人都趋于极端化。再加上鸦片战争后百余年间，从洋务运动、康梁维新，到辛亥革命，每次改革都以失败告终。于是很容易使人认为屡屡失败的原因就在于革命的不够彻底。在这样的气候下，"五四"时期喊出了一些矫枉过正的、过激的口号，而如当时《东方杂志》主编杜亚泉这样主张温和渐进改革、主张东西文化调和、主张开明与保守兼备的"接续主义"的学者，却被作为反对革新的落伍者，因而在东西文化问题论战中被激烈抨击。可以说，自上个世纪三十年代以后相当长一段时期的中国，有一种左的倾向。只不过，由于外患、内战等时代因素，这种左的倾向后面的病症被遮盖住了，没有充分冷静地被人们所认识和了解，而且，这种要求彻底的流弊影响深远，一直延续到数十年后的政治批判运动中，竟至达到了极端酷烈的程度。今天我们所能做的，当然不是去指点当年应该如何如何，而是理智、清醒地反思它，冷静从容地从学理上分析时代背后的思维模式、深层病因，并认真考虑今天该怎样对待传统道德，怎样倡导传统道德，怎样一方面提炼传统道德中的基本精神或理念，另一方面提高警惕，认真区辨，不要为历代那些社会、政治、经济附加其上的时代烙印和落后元素所迷惑。

问：您刚才谈到了杜亚泉所主张的"接续主义"。那么我们现在该如何对传统伦理道德进行接续呢？

答：杜亚泉对待历史文化的接续主义思想也可以用在伦理道德上。我们今天已充分认识到，中国的传统文化包含了极为丰富的内容，自然我们的传统文化不能用伦理道德来简单概括。但伦理道德的精神和原则渗透到传统的各个方面。如果从中抽掉这些精神和原则，传统也就所剩不多了。我们在认识到传统伦理道德在旧社会中所表现的呆板僵硬和它带给人们的黑暗冤抑的同时，也应该看到，像"己所不欲，勿施于人""天行健，君子以自强不息""杀身成仁，舍生取义""威武不能屈，贫贱不能移，富贵不能淫""先天下之忧而忧，后天下之乐而乐""恻隐之心""谦逊仁爱""勤学敬业"等等，都或体现了传统思想有关人的道德主体的和谐精神，或体现了儒家思想本身所具有的人文精神内涵。这些传统伦理道德中的基本精神或根本理念，使得中国人在面临危难时能更多地考虑群体而非个人的利益，使得中国的知识分子有更强烈的忧患意识，使得社会里毕竟多少有了一些公理的空间、公共的诉求，有了表达社会舆论的某种可能性。最后，也使得中国社会主流价值比较注重精神价值，追求着将人提高、向上的生活。当然其中还有一个向现代化转化的问题。

问：建国后我们党内也考虑过道德继承的问题吗？

答：二十世纪六十年代曾展开一次道德继承问题的讨论，但讨论没有结果，便不了了之了。因为当时由于对阶级机械分析的教条主义作祟，无论是哪一方都认为传统道德打上了封建烙印，是统治阶级的货色，所以当时大多数人认为传统道德是不可继承的。只有个别人认为可以，如冯友兰提出了"抽象继承法"。那时社会上阶级斗争是一种普遍的思维模式。两军对垒式的思想年代，哪里有什么学理？改革开放后，有些人认为改革开放时期提出伦理道德问题就是干扰体制改革，就是道德理想主义。这种看法过于偏颇了。这些人，以为只要经济上去了，什么都会一了百了。但近年来，越来越多的人认识到，伦理道德是人文精神中的重要部分，也是社会良性发展必不可少的保证之一。

问：今天我们在谈以德治国，在谈道德重建，恐怕正是基于您刚才所提到的，无论是中国的传统道德还是西方的外在超越模式，都已不可能为今天的中国所直接取用，都有一个或转化或融合的过程。那么，中国当代的知识分子和执政者有望在其中起些什么作用，承担哪方面的职责？

答：首先，道德不是人们所从事的某种职业，因而道德体系的建立和巩固，也不是由社会上的哪一类人专门去担当的。但知识分子，尤其是从事人文社会科学研究的知识分子，是可以在其中做些事情的。

就具体内容而言，我认为传统道德中的"小传统"问题更应该值得人文知识分子们加以关注。而恰恰这方面的研究却尤为贫弱，甚至可以说几乎没有。何谓小传统？深入传统道德的思想结构，你会发现，它有大传统与小传统之分。大传统就是一代代知识分子传承下来的经史、诸子思想，上层文化等，小传统则是戏曲、小说、民间传说等民间文化形式流传下来的、乡俗化了的道德文化观念。大传统经由民间的筛选、改编、再创造，变成了小传统。虽然它有时会将儒释道混在一起，会将大传统中一些经典的东西曲解、歧解，但它却能广泛而深刻地直接影响国人的大多数。我小时候在乡间往往可以看到作为纲常名教象征的贞节牌坊。许多穷乡僻壤的妇女拥有强烈的节烈观念，但她们连字都不识，也就不可能从大传统中获取这些观念。可见小传统作为传统中影响民间社会的主导力量，是不容讳言的。我们的思想界、学术界应该对这个问题好好研究一下。这是一项非常复杂而艰巨的工作，同时又具有一定的现实意义。搞好了，对今天一定会有不少启示的。

过去我们一直比较注重自然科学的研究工作，而对社会科学进步的意义认识不深。由此造成在中国知识分子身上人文精神的逐渐衰弱。社会科学的进步对于一个国家、民族的发展来说，其作用是不可替代的。一九七九年后较为宽容的理论环境促使我国的政治经济的理论建设有了较为长足的发展，相信对道德伦理方面的作用也将会是一样的。

问：通过对传统进行发掘、探索和转化后，还有一个使之与现实生活结合的问题。对此您如何看？

答：中国目前改革重点首在体制与法治建设，这是不错的。中国传统伦理观念也确实属于一种内在的超越，是与西方重法律的外在超越式文化分属两种不同文化模式的。今天要想依法治国，任务是非常艰巨的。情况十分复杂，但不能因为困难和复杂就不去做，就简单化地回避道德问题。我们所说的"任务艰巨"，是指法治和德育是有联系的。简言之，法律应有普遍的价值原则。在这方面，现代法学家和政治哲学家已经有充分的讨论，比如人权、公平、正义、民主等所形成的价值原则都含有道德观的因素。这些价值原则在中国成为法治的社会文化基础还有艰苦长期的工作要去完成。而我们所说的"情况复杂"，是指法治与道德又应区分，并非所有的不良行为，用道德规范去教化就能有效用的，也并非一切道德问题，都要归入法治的范围去解决。这两方面我们都面临着转型时期复杂多变的情形，必须一边发展一边建设。

另一个问题是，也有一些人没有经过深入研究就滥取滥用传统资源。还是以法为例。我们有法家，有历朝历代的律法，直至大清律，但并不能由此说明我国具有悠久的法治传统。法治理论与法治经验在中国的传统资源中甚为稀薄，大多只是作为统治手段的法制，在诸子观点中，也看不到法律主治的意义。虽然孟子的法与法家的法不尽相同，却也没有超出法制观念的范围，不能成为今天进行法治建设的传统资源。同时，在我们的现代化生活中诸如个性、人权等等必不可少的现代理念，也是从传统中很难寻觅的。情况复杂的另一例子是：一方面作为家庭伦理、私德领域、公德中的礼让等，是现代社会不可废弃的。但是另一方面，作为人格健康的成长理论，中国传统道德中抑制个性的理念使得人难以充分挥发才智、振作精神。这与现代社会对于人的要求是相抵触的，对人自由而全面发展的方向更是一种阻碍。由此可见，对传统资源作出理性的区分，对于传统和现代价值不至于"合之则两伤"，是非常必要的。

问：您刚才也提到了西方重法律、人权、个性等观念。是否能就对待西方伦理观念这一问题更深入地谈谈？

答：就整个世界范围来看，恐怕这一个世纪的主流，仍然是科技文明的功利主导。人们的大多数活动和形形色色的个性，正在逐渐被科技和利润之手整合为一体。科技和利润的逻辑正在逐渐成为评估一切发展进步与落后的准绳。如果是这样的话，离马克思所说的人的解放、人的全面发展、个性的充分发展，确是还有相当远的路要走的。西方关于人的自由发展的思想，一个新课题是如何回应消费主义（consuming）。从美国发端的消费主义和物质主义，已成为二十世纪影响力巨大的潮流，如今正在向世界各地蔓延。我们国家正在一步步融入整个世界，而科技与经济的进步推动着生活水平的提高，同时也推动着关于赚钱、花钱的消费主义的兴起。这一切必然带来各种伦理后果。譬如，功利主导的价值观势必会在我们的文化中占领地盘。美国宾州大学历史学教授卡罗斯（Gary Cross）的最近一本新书《全面消费的世纪：商业主义在美国胜利的成因》，就专门研究这个问题。一向对中国怀有感情并将自己的精力用于中国问题研究的史华慈（Benjamin I. Schwartz）教授，在他的遗笔《中国与当今千禧年主义》中就曾说，中国今天实在没有理由为西方以消费主义、物质主义为涵义的普世理念蔓延感到兴奋（大意）。可见，西方一些敏感的人文知识分子已经意识到了伦理方面的世界性危机。在这样一个世纪转换交替的时刻，期望看到更多中国的知识分子对此加以关心和忧虑，更多一些批判精神。

二〇〇三年五月

（《清园近作集》，文汇出版社 2004 年 8 月）①

---

① 亦载《王元化集》卷六，湖北教育出版社 2007 年 10 月。

生命、人文和政治文明

四月下旬,新一届政府以前所未有的决心,果断处理渎职官员,把谎报、瞒报的情况扭转过来,每天向全国和全世界公布疫情,在不长时期内,使正在迅速蔓延的SARS疫情得到了控制。这说明面对SARS这场突发的危机,政府是有应对能力的,所采取的措施是有效的。

长期以来,我们只喜爱豪言壮语,只追求宏伟目标和乌托邦理想,至于为实现这些理想和目标,会带来什么样的后果,老百姓要付多少代价,都可以在所不惜。这是一种只讲意图伦理的政治。但是,政治家更重要的还必须讲责任伦理。可以这样说,本届政府在就职时向人民所作的承诺,已经初步实现。它是一个对人民负责的政府,是按照现代政治家的要求,以责任伦理指导自己工作的政府。而其突出的表现就是将人的生命放在第一位。过去,我们也讲要对工作负责,但很少提到人,特别是人的生命。这里说的人和人的生命,不是一个笼统而抽象的概念,如卢梭所说的"公意",而是指对每一个具体的人的生命负责。不落实到每个具体的人身上,人民这一概念也就变成没有内容实质的空话。过去,我们往往将经济指标放在第一位,实现多少GDP,吸引多少投资,成为工作成绩最重要的考核指标。甚至有时表现为急功近利,只为政绩,不管造成什么样的后果。这次政府抗击SARS的行动让人感到较为满意,我想其中开始显现的一些基本人权观念，恐怕在起着主要作用。

我们是在尚未完成体制改革的情况下来进行这场没有硝烟的战争的。在我看来，政府抗击SARS的行动，主要运用了以下三种措施：第一是高度行政集权的协调机制，把为防控SARS所急需的人财物作集中的调配。北京小汤山医院就是这样搞起来的，部队和上海等大城市在医药用品、设备和人员方面，对疫情严重地区所作的支援也是这样的。第二是运用党和政府总动员的方式，设立以总指挥部为核心的领导机构，大张旗鼓，发动群众，来贯彻政府的统一部署。第三个措施是为应对危机，迅速颁布了一系列法令，采取了雷厉风行的严厉措施，大力整饬玩忽职守的官吏，将他们拉下马。

以上三种手段也是过去常常采取的，但是为什么这次政府的政策得以较为顺利地贯彻，比较获得人心呢？那就是因为本届政府注重责任伦理，把人的生命放到第一位，这是一个关键条例。不过，这种措施是在体制改革还没有实现之前所能采用的手段。运用这样的行政手段，在一定程度上还是人治，而不是法治。它所依靠的是领导的开明，否则，采用同样的行政手段就会产生截然不同的后果（如过去的"大跃进"就是一例）。我们不能过分信赖这套行政手段，因为它只能用于一时，而不可行之于久远。它是有局限的，虽然适合于某些方面，但在另一些方面则不一定顶用（正如最近有人已经指出的，我国SARS患者超过千例，可从这样众多患者身上取下供医学研究的丰富资料，这是其他有疫情国家做不到的。但在对SARS病毒科学研究上，我们和先进国家比还相当落后）。它只能是在体制改革尚未完成以前，在政治文明的目标实现之前，不得不采用的手段。倘不坠入空谈高调，我们只能说，在现有的基础上，实在也别无更能行之有效的方案可循。我甚至认为在一轮一轮政治改革完成以前的较长时期，也还只能如此。自然其前提必须是有责任伦理和人权观念的政府。如其不然，一旦放弃体制改革和政治文明的建立，不立此为本，那么，必将流为新权威主义，这是与现代民主政治精神泾渭殊途的。

在抗击SARS的战役中，特别强调了科学和法制的作用，这无疑是正确的，但我认为人文精神却不可遗漏。长期以来，不注重人文精神，即使在学术文化领域里，人文精神也同样被忽视，以致直接影响到人的素质低下。我们只要略加反思，就可认识到忽视人文精神的后果。但使我感到惊讶的是，在SARS肆虐期间，不少中国公民身上竟然会闪耀出人性的光辉。比如许多医务工作者平时默默工作，他们都是普通人，但临危不惧，恪尽职守，是那样的从容，充分体现了对职业道德的自觉。这是令人感动的。我觉得也有更多一些人在观念上，开始萌发了某些变化。这是由于迅速传染的疫情，促使人们省悟个体和群体的关系，懂得保护自己就得保护他人。这不仅表现在公共卫生方面，而且在价值观念上，也有所体现。过去，人们大多只想到自己和自己的利益。但在危机时刻，开始想到别人，认为有价值的东西不再仅仅是金钱和私利，而是为别人的生命作出贡献的崇高品质。诸如这些过去很少看到的人性中美好的一面，突然展现出来，怎不令人鼓舞？

不过我们必须注意，在危难时刻所显现的美好人性，倘不加珍视、培育、巩固，是会稍纵即逝的。同时，我们更应该看到问题的另一方面。由于长期不注重人文精神，很多不好的现象也在危机中暴露出来。一些人不讲公德，随地吐痰。有的患者明知自己有病，还出来游玩。甚至还有SARS患者从医院逃出来，到公共澡堂去洗澡。这是我们长期以来蔑视人文精神，缺乏由人文精神所培养出来的责任伦理、公民意识、职业道德和敬业精神等等，必然产生的恶果。我希望通过这次SARS的经历，全社会都能够重视这个问题，思考这个问题。

小政府、大社会是我们这些年社会发展的一个中心目标，政府也投入了许多精力和资源，来建立和发展社区。现在我们的社区还不是民间社会团体。民间社会组织的根本精神是自治，是市民或村民按照自愿的意志自发组织起来的团体。这里且以美国的社群为参照，美国每一个镇都是一个社群，它有自己的通过选举所产生的管理机构，镇并不对县或州负责，它只对自己的选民负责。在镇、县、州和联邦之间，并不是一般我们所理解的上下级关系，每一个都是相对独立的社群，只是通过明确的法律联系在一起，比如州的立法不能违背联邦的宪法等等。

我们现在的社区，在历史传统上与保甲制度有关。一九四九年之后，我们采取的是街道里弄组织，它们都是区行政部门的派出机构或政权机构的延伸，实际上是政府的基层单位。它们是以贯彻上面的政治任务和领导意图为主要目标。它们不是自治的、服务性的，更多的是管理、控制的功能。在这次抗击SARS中，社区在医学隔离方面作出了巨大贡献，但也存在了不少问题。据一家周刊报道说，某社区的干部要求从疫区来的人隔离，那个人不肯，干部就对他说："我以这个地区行政长官的名义命令你，不许跨出家门半步！"这样的说法是将社区内的居民看成是他治下的子民，并无法律作为依据。可是媒体还将这样的错误认识作正面宣传。

这个例子，正如我在上文中所说，运用行政集权手段，倘不以责任伦理和人的生命第一作为前提，就会出现长官意志，强迫命令的现象。当前社区改革已成为刻不容缓的任务摆在我们面前，它应该是从大政府转向大社会，使社区更多体现出服务和自治的性质，让政府对社区的管理由指令式向指导和辅助式转化，由原来作为区政府派出机关的基层单位向民间社会自治性组织逐步过渡。

这次抗击SARS留下给我们思考的问题很多，我认为较为紧迫值得重视的一个问题，就是在危机中所闪现的美好人生和价值观上的某些转变。多难兴邦，目前SARS疫情接近尾声，恢复平时的太平生活后，这些美好的东西是不是会随之消失？过去读鲁迅《题未定草》引用了张岱的《越绝诗小序》，大意说："忠臣义士，多见于危难之际，如敲石出火，一闪即灭。人主不急起收之，则火种绝矣"。张岱所谓人主指的是明太祖,自然和现在的情况不同。鲁迅引用这段话后说,石在,火种是不会绝灭的,这自然是正确的。不过,我认为张岱的话终究不失为一种必要的告诫。①

二〇〇三年五月

(《清园近作集》,文汇出版社2004年8月)②

---

① (原文附记)我很少写这种时事性很强的策论文字。这篇是我在两位友人的催促下,通过口授,由蓝云笔录,才勉力写成的。这两位友人,一位是《财经》杂志的顾问汪丁丁,另一位是老友吴敬琏,他被邀请在这杂志辟一专栏,谈SARS问题。本文即发表在该刊上。

② 亦载《王元化集》卷七,湖北教育出版社2007年10月。

关于《中国与当今千禧年主义》的几句话[①]

去年四月间，我同友人林毓生教授在杭州聚会时，他曾与我谈起他的老师史华慈（Benjamin I. Schwartz）教授临终时的遗笔。毓生教授回去后，便把经过他整理的史华慈教授遗笔的中译《中国与当今千禧年主义——太阳底下的一桩新鲜事》一文，和他为此文所写的导读，一并寄来给我。现转给上海《社会科学报》发表。史华慈教授所著的《中国古代思想世界》（The World of Thought in Ancient China），在西方享有盛誉，被认为是论述中国古代思想最好的一本著作。但是，史华慈的文笔隐奥，见解深邃，使他这本名著不易懂，更难译，所以我们至今还没有一本中译本。至于毓生寄给我的史华慈遗笔，虽仅四千字，但也艰深难读。我读了几遍，方有一个头绪。在杭州时，毓生便同我说起，史华慈是以"古老的先知精神"，怀着对人类文化深深的殷忧，来向世人提出这篇严正的告诫的。据我粗浅的理解，这篇遗笔的意思是说，在当前突飞猛进的"新科学·经济社会"中，人们可以得到越来越多的物质享受，而形成一种消费主义与物质主义。但是，在这种单纯的物质享乐与纯粹

[①] （原注）本文和史华慈《中国与当今千禧年主义》（中译文）与林毓生导读一并发表在二〇〇三年一月九日上海《社会科学报》上。本文作为上述两文的跋语，附在最后。

的个人满足中,许多人并没有想到,科技与经济的进步必将带来各种伦理后果。那些消费主义与物质主义的忠实信徒反而认为,只要"完全专注于从科技·经济那边,看待人生每一方面",便能有"一套全新的方式,来消除长久以来一切人生苦难的成因"。这就是史华慈借用宗教语言所说的"千禧年主义"。当脱缰野马般失控的消费主义与物质主义已从美国开端,并向世界各地蔓延时,史华慈的遗笔等于是向我们提出了这样的问题:"就人作为人而言,得到越多的物质享乐和满足,就能过得更美好、更幸福吗?"我想,史华慈的看法大概是,消费主义与物质主义将会造成精神上的真空世界。所以,他才在遗笔中向世人发出他的告诫的。我觉得,毓生在他的导读中写的最后一段话,可以帮助我们理解史华慈遗笔中的深意:"人文学科所提供的资源,尽管与它们的(物质的、社会的、经济的、政治的和文化的)环境有关,但却不可能化约为这些环境因素。只要它们在一定程度内是人的自由和独立的纪录,它们就在这个程度内给我们提供了需要认真对待的资源——只要我们的兴趣经由人的自由和独立来处理问题和寻求意义。"这不正是一种人文关怀吗?中国今天实在没有理由为西方以消费主义、物质主义为涵义的普世理念蔓延感到兴奋。我是怀着深深的感激之情来读史华慈教授这篇遗笔的。

二〇〇二年六月十日

(《清园近作集》,文汇出版社 2004 年 8 月)①

---

① 亦载《王元化集》卷七,湖北教育出版社 2007 年 10 月。

附一：

中国与当今千禧年主义

——太阳底下的一桩新鲜事①

本杰明·史华慈（Benjamin I. Schwartz）著

刘唐芬 译 林毓生 校订②

关于当代中国最为显而易见的评论之一是：中国实在没有理由为了当今西方的千禧年主义（millenarianism）感到兴奋。③ 如果"千禧年主义"指的是：按照基督教历法（以一千年为单位），相信在其结束的时候，整个人类处境将有一次来世救赎的转化（an apocalyptic

---

① （原注）原载 Philosophy East and West vol.51, no.2（April 2001），第193—196页。作者：史华慈（Benjamin I. Schwartz）教授。中译者：林毓生、刘唐芬。

② 校订者注：这篇译文，最初是应刘梦溪先生之邀，为收入他所主编的《世界汉学》而根据美国的林同奇先生与台湾的刘唐芬小姐分别译就的初稿，在二〇〇一年十二月完成校订的。那份校订稿后来曾发表在陆晓光主编的《人文东方》（上海：上海文艺出版社，二〇〇二，第8—14页）上。同奇兄看过我的校订后又做了不少校订，并用英文写了五页说明。现在发表的译文，则是我参考他的校订与说明，再仔细校订以后，于二〇〇三年五月完成的。关于译事，严又陵先生曾说，"字字由戥子称出""一名之立，旬月踟蹰"。这些话道尽了个中的艰辛。此文为先师史华慈先生遗笔。史先生"文笔隐奥，见解深邃"（王元化先生语），故不可不谨慎从事。不过，可能尚有不妥之处，自当由校订者负责。

③ 校订者注：作者在是一九九九年十月八日完成此文的。二十世纪已接近尾声，当时西方一些圈子中常有人谈论将要结束的一千年的意义，作者因此有这一番话。

transformation），那么各自有其历史愿景的中国人、犹太人和回教徒，实在没有理由要在刚要过去的这一千年的历史结束之时，去发现任何特殊意义。当公元第一个一千年末或第二个一千年开始的时候，正值中国文明的高峰。如果我们可以，在某种程度内，于中国高等文化或大众文化中找到末世救赎论的倾向，这些倾向是佛教或道教关注的焦点。它们与特定的历法并无关系，而是用"劫"（kalpas）①，这个印度精神传统的词汇来说的。"劫"可能延续若干亿年，也可能下星期就临到头上（若是刚巧正在"劫末"的话）。

此外，应该注意——正如蓝德斯（Landes）教授和其他人所指出的，认为公元一千年的时候，（欧洲的）人心完全被即将降临的末世救赎所盘踞的说法，是大有争议的。由于受到伊斯兰教和犹太教哲学家们的影响，在中世纪教士里学术性较强的那些成员中，已经出现了一些思维方式，指向非末世救赎论的士林哲学。

在所有历史悠久的文化中，都有过某种末世救赎的憧憬，许诺世人到那个时候可以从人生的苦难和绝望的巨大重担下解脱出来——这种憧憬甚至也会得到那些并不追求以末世救赎来解决（根本问题）的人的承认，他们继续相信俗世生活仍然应许补偿（痛苦）的满足，尽管这种满足可能是有限的。他们也不接受上座部/小乘（Theravada/Hinayana）佛教的信念，认为甚至我们称之为个人个

---

① 校订者注：据任继愈主编《宗教大辞典》，上海：上海辞书出版社，一九八一年，第381—382页；"'劫'为梵文 kalpa 的音译，'劫波（或"劫簸"）'之略，意为极为久远的时节。源于印度婆罗门教，印度教因之。佛教虽亦沿用其说，但说法不同。（1）婆罗门教认为世界要经历许多劫，一说一个劫，等于大梵天的一个白天或一千个时（yuga），即人间的 432000 万年，劫末有劫火出现，烧毁一切，然后重新创造世界……（2）佛教对'劫'说法不一。《释遍氏谱》：'劫是何名？此云时也。若依西梵名曰"劫波"，此土译之名大时也，此一大时其年无数。'一般分大劫，中劫，小劫……一大劫包括'成''住''坏''空'四个时期，通称'四劫'。……'坏劫'时，有火、水、风三灾出现，世界归于毁灭。"

别的欢愉，乃是我们的个别痛苦的功能。依此信念，我们对于我们的儿女或妻子的爱，都会由于尖锐地意识到他们无常的存在而受到毒害。只有断绝个人因果相续诸业，遁入无以名状的涅槃，才是从轮回中解脱出来的唯一法门。①

当我们转向《旧约》中的《传道书》时，我们发现作者——他代表希腊与希伯来的智慧的混合——并不是一个末世救赎论者。他仍然希望我们可以从作为尘世存在的个人生活中获得某些满足。然而，由于人类的虚荣和欺诈而使他感到的失望、痛苦和恼怒，却常与上座部佛教经文中所罗列的一长串苦难相符合。不过，和上座部佛教徒一样，他相信在这个"无明"的世界里，确是"太阳底下没有新鲜事"。在人类个人生命无穷尽的世代相传中，人的"无明"和苦难的每种模式，肯定均存在于无尽的业报轮回之中。纵然如此，有件事却是真的：在完全专注于从科技，经济那边看待人生每一方面的时候，我们找到了一套全新的方式来消除长久以来一切人生苦难的成因。佛陀认为我们一般的个别欢愉会被苦难，被体悟到个人的个别欢愉转眼成空所毒害。可是，"百忧解"（Prozac）似乎可以持续奏效，不会产生焦虑。就在这里，我们的确有了一桩太阳底下的新鲜事！

实际上，这种新科技·经济千禧年主义所代表的，确实与十九、二十世纪似乎能够提供持续改善人类处境之可能的科技·经济的转化不同。十九世纪的科技及经济改良主义，可以与以较早形式出现的，姑且可称之为"物质主义式的"生活改进有关。但是，十九世纪的物质主义进步观，不仅经由基督教的信仰，而且还透过许多十九世纪欧洲俗世的意识形态，联系着伦理关怀。当时有整套的意识形态，诸如社会主义、自由主义、无政府主义、浪漫主义、民族主

---

① 校订者注：这一段译文的校订，曾与研究佛教思想史的周伯戡教授反复推敲。对于周教授的协助，谨此致谢。

义等,都持续地对于科技·经济进步的非"物质主义的"、伦理的后果,感到深切的不安与忧虑。科技·经济的进步,毕竟没能阻止屠杀犹太人的大浩劫(the Holocaust)、前苏联的集中营(the Gulag),以及两次世界大战所带来的惨痛。恰恰相反,它把古已有之的恶推向恶毒的新极致。随着许多意识形态貌似的瓦解,随着电脑领域中的辉煌斩获以及"科学资讯"的瞬间可得,随着已有可能通过生物医学迅速治愈我们身体上的一切病痛和不适,随着经济学家眼中的美景——全球化市场经济终将把我们带到无限的经济成长的境地,我们现在可以谈论一种像是彻头彻尾的"物质主义"末世救赎论的东西了。

应该强调的是,在过去大多数末世救赎论曾经扮演过特殊角色的比较高等的宗教中,末世救赎论涉及时间上的某一特定时刻,也涉及人类作为一个整体的共同命运。上座部/小乘佛教关切的,是个人在时间之外、无以名状的境界里得到拯救。而在大乘佛教那里,当进入"末世"阶段之时,甚至大多数罪孽深重,在求得业根救赎的奋斗中并无进展的人,可能都仍被超度而集体得到最终的救赎。根据大乘佛教对于人类命运的看法,不仅对于未能得到救赎者慈悲为怀,而且在其末世救赎论的核心观念中也有慈悲和喜舍的原则。诸如阿弥陀佛和弥勒佛等拥有花园般天宫的救世佛观念,可以把大部分罪孽深重的人提升到更高层次的存在境界。虽然这些超度众生的"法门"在一些哲学的意义上未必是"真实的",但却可以使人相信大慈大悲的宇宙最终会以末世救赎的各种方便法门(upayas)普度众生。的确,末世来临,劫数将尽时,那个使人得到救赎的世界甚至会就在现世转化我们的生命。类似的情形也存在于基督教的"天国"观念里,一方面看到个人灵魂在一个超越的世界中得到救赎;但另一方面也可以见到一项拯救所有罪人于末世的承诺。关于后者,当耶稣说"天国近了",我们永远无法确定他的意思是指"天国"将把我们大家转移到另一个彼岸的世界,抑或"天国"终将在我们所知的这个世界里实现。与此相似的还有，以色列人从〔被掳至〕巴比伦回归以后犹太教内产生的末世救赎的倾向：由其所强调的死者可在现世复活的新颖说法，透露了在一定程度内具有末世救赎论色调的犹太教联系着在人间世之内获得拯救的观点。

当我在这里谈到对于苦难的不断灾害之物质主义的反应时——《传道书》上则把道德的失误当做太阳底下一直存在的灾害来看待——我们并未得到，对于一个人而言他的"德行"是他的最高报酬的印象。没有什么比快乐和满足更为重要，那是他一心渴求的。可是，当他发现现在已有一种名叫"百忧解"的化学合成物，保证能使人们长时段享有单纯的、没有反思的满足的时候，他便感到幸福了吗？现在已有一项庞大的许诺：由生物医学治愈即使最可怕的疾病，甚至祛除造成外貌缺陷的物质成因。我不想在这里讨论伴随这类化学疗法而来的所有新的与深刻的忧虑——且不说它们能否真的产生许诺的疗效，或者它们是否可能失去效力。不管怎么说，针对失控的消费主义所激发出来的一切欲望，市场经济这门"科学"都可以提供使之快速满足的办法。不断堆集起来的消费品带给我们各式各样的直接快感，使我们心满意足；同时并制造出来其特有的环绕在它周围的名气和声望。对于那些坐在经济权力位置上的人而言，这使他分泌出大量的肾上腺激素，给他带来环绕在真实权力的气氛之中的满足感。对于那些从事媒体艺术和广告工作的人而言，他们的名气和声望则来自发表他们"自己私人意见"的能力。这些"意见"毋须凭借着世世代代的人类与"人的经验"搏斗所累积下来的、取之不尽的"资讯"宝库，而单凭一个"〔光〕说话的脑袋"能够以"富有刺激性的"和"新颖的"方式说出一己之见即可。至于绝大多数没有什么机会自我声称〔可能或已经〕成名的一般大众，则透过想象去体验和享受运动明星和"富有创意的艺术家"的名气来取得自己的认同。有时，即使公众皆知"破纪录"涉及以化学药物为手段，仍然无损打破纪录者散发出来的光环。

然而，事实仍旧是：大部分贮存在人类经验中的"资讯"，并非建立在对于人类成就所作的"物质主义"的说明之上，而是建立在远远更为复杂的对于人类命运的"人文主义的"说明之上，在人类的命运中追求幸福与此种追求所包含的吊诡（悖论），两者是分不开的。"百忧解"所带来的片段的满足，到头来并不能防杜一个人与其家人之间在人文关系上的不愉快。一旦他把事情想透了，他会发现，从改善与妻子之间的关系中可以比"百忧解"所带来的暂时性纾解得到更多的欢愉，尽管如此做可能让他饱受压力乃至极度痛苦。

同样，在人类经验的浩瀚纪录中贮存的"资讯"，也不是建立在对于这些经验的"物质主义的"解读之上，而是建立在"人文主义的"解读之上，同时也建立在应用一套意味着人有意识，有思想、有意向的人文主义者的词汇之上。就物质力量在一定程度内确实能够，于不予限定的未来，减轻受苦受难的人类的种种苦楚而言，这种力量当然受到欢迎。不过，物质力量绝对不能替代人类依据人文主义的观点去理解其自身的幸福所做的长久以来的努力。佛僧在经历寺庙内一切严苛与戒律的苦修中，事实上，可能从自身修为所得的果报中获致当下的满足。所有的人均可能一边从例行的日常生活里得到当下的满足，一边大大增强自己与人类同胞之间的情谊纽带，并不计较他们的名声、地位、外貌或才能。单单生活在一起就可以巩固人际间人文主义的情谊纽带。同样的"人文主义"对于自然界的看法，乃是出自对于自然的"不科学"的诠释，这种看法在我们与自然之间富有诗意的关系中扮演着核心的角色，并继续抵制一种思想——这种思想认为我们对于自然界的人文主义的态度必须完全让位给由"物质主义的"办法来解决所有人类的问题。的确，我们对于科学唯物主义所做的人文主义的抵制，已经引导许多人对于生态保护运动采取新的尊敬的态度；虽然，"自然而然"构成的大自然，绝不是毫不含糊地善待人文主义所追求的目标。如果我们转向莎士比亚对人类处境极为复杂的叙述，我们发现他的叙述大体上是建立在彻底的人文主义观点之上。我们不能断定他的叙述是否基本上类似《传道书》那样，抑或他仍然坚持人的经验乃是人的事业的观点。在"〔死后〕还存在，还是不存在"（To be, or not to be）①中的来世观念，毕竟不是基于个人逝世以后会进入无以名状的涅槃的想法，而是基于另一想法，这个想法认为人逝世以后将进入一个可能就其今生作为人的行为施予可怕的道德惩罚的境域。

事实上，我们从过去继承下来的绝大部分资讯，是以人文主义对于人类行为的性质所作的预设为基础的。这种资讯不是建立在"物质主义"的因果之上，而是建立在人文主义的脾性之上，这样的脾性提供给各个人做错各自错误的真正力量。就各个人在一定程度内拥有这种力量而言，他们可以被视为是由自己"做错"自己错误的人，而这一点必须以人文主义的观点来看待。如果我们寻找"资讯"是建立在对于过去人文主义传统所要告诉我们关于人的行为的种种的老老实实的研究之上；那么，在相当大的程度之内，我们就需要依靠一套承认人拥有"自己使得自己做错"的巨大力量的人文主义的词汇。虽然物质主义者的看法——主张经由明确的、固定的技术手段和经济安排来祛除我们所有的失误——可能会减少人类的痛苦，但也可能使得自己削弱人的力量并导致人自身的堕落：诸如对于即时快感的疯狂崇拜、对于名气（无论多小）的渴求，以及经由不断扩大财富的累积所取得的对于更高名声的崇拜等等。

到头来，我们终将无法通过这些手段增进我们作为人的独立性。

（《清园近作集》，文汇出版社2004年8月）②

---

① 校定者注：William Shakespeare, Hamlet, Ⅲ i 64. 译文采自梁实秋译《哈姆雷特》三幕一景。

② 亦载《王元化集》卷七，湖北教育出版社2007年10月。

附二：

史华慈遗笔导读

林毓生

一九九八年春天，我的一位研究西方古代史的同事 Mike Clover——他同时是一位至为钦许史华慈（Benjamin I. Schwartz）所著《中国古代思想世界》（*The World of Thought in Ancient China*）的学者——邀请史华慈教授参与他筹备多时的"过去千年的欧亚及非洲"会议。与会者还包括 Heiko Oberman，J. C. Heesterman 和 Catherine Coquery-Vidrovitch 等人。史华慈在会议中提出的论文是他在过世之前三十七天完成的最后一篇学术著作，由我在一九九九年十月十一日至十二日于威斯康星州麦迪逊市举行的会议中代为宣读。

一九九九年夏天，我从与史先生数次电话通话中得知，虽然他打算以《单线演化观与中国的命运》为题为此次会议撰文，他的心思却深深地被正在美国出现的一个日益严重的现象——如脱缰野马般失控的消费主义和物质主义——所占据。在史先生看来，这种消费主义和物质主义借其自我喂养来生长的特点，加上其强度愈演愈烈以及其凌驾四方的冲击力，显示着一个令人深感不安的新现象正在世界上崛起。十月二日至三日，我到麻州剑桥探望史先生和他的夫人的时候，他正在撰写一篇拟称作《新科技·经济千禧年主义》

（new technological-economic millenarianism）或《"'物质主义'末世救赎论"》（"materialistic" apocalypticism）的论文。他说，宁愿由我代为宣读这篇可望在会议之前完成的文章，而不提出原先打算写的那篇。此次会议旨在从世界史的观点来探讨时间变迁的意义，像史华慈那样严肃而犀利的思想家，在纪元第二个一千年末与即将到来的第三个一千年之交，对于他所察觉到（从美国开端，但势将蔓延至世界各地）的一个全新的普世现象的涵义进行反思，即使他这篇论文与中国的过去殊少直接关联，也理当为会议所乐见。

史先生在一九九九年十月八日（星期五）那天完成论文之后，健康状况急遽恶化，而于十一月十四日逝世。事后回想，史先生当时也许已经自觉会很快离开我们，但仍奋力打起精神支撑到完成这篇著作为止。他这样做，一方面固然是出于承诺交稿的责任感，但另一方面，更重要的是：他迫切地感到必须用一种古老的先知精神向世人提出严正的告诫，以此作为他的遗言。

这篇文章娓娓道来，微言大义隐含于字里行间，而未出之以正式的论证形式。只要想到作者提笔时的健康状况，我们实在不能奢求。以我之见，即便是如此，也无损这篇论文的重要性；但却需要读者们更仔细地研读，以便了解其深义。现在，我谨此尝试作一简短的导读。

首先，史先生选择了使用那些带有与"终极关怀"相关的宗教语言，诸如"千禧年主义"或"末世救赎论"（这种语言原本只是用来描绘以罕见而剧烈的方式把人类从"人生的苦难和绝望的巨大重担下"拯救出来的宗教信仰），借以作为比喻来探讨新兴消费主义和物质主义的性质及其涵义——这样的做法显示着他所看到的此种新现象的出现，是多么的严重。

消费主义和物质主义扩展到了那样的程度，以致向其忠实信徒许诺：只要"完全专注于从科技·经济那边看待人生每一方面"，便能有"一套全新的方式来消除长久以来一切人生苦难的成因"。因此，我们有正当的理由称其为"'物质主义'末世救赎论"。因为这样的消费主义和物质主义超脱了生命中所有的紧张和痛苦，并使其忠实信徒"升入"一种"得救"的境地。不过，"'物质主义'末世救赎论"，就其只关心个人自己"单纯的，没有反思的满足"和享乐而毫不顾及科技·经济的进步所带来的各种伦理后果而言，乃是一种与十九世纪"科技及经济改良主义"大不一样的新物质主义。十九世纪"科技及经济改良主义"，不仅经由基督教的信仰而且还透过许多俗世的意识形态，联系着伦理关怀。

尤有进者，大部分从过去传下来的比较高等的宗教，诸如大乘佛教与基督教（末世救赎论于其中都扮演了一定的角色），均涉及"人类作为一个整体的共同命运"。基督教中，有对于有罪的人类惠予拯救的末世救赎的许诺。在大乘佛教中，人们相信慈悲的宇宙终会普度众生。再者，在多数比较高等的宗教中，末世救赎论并不排除，人们可以希望从充满种种艰难和痛苦的此世人生中获得某种满足并导出某些意义。如果概括地与大多数比较高等的宗教相对比，或单独地与其中末世救赎论的成分相对比，则此种崭新的"'物质主义'末世救赎论"，并无上述那些关怀。它的截然不同的差异之处在于：它光从纯粹的物质享乐和纯粹的个人满足中获得唯我主义的"拯救"（或沉溺）。

然而，"'物质主义'末世救赎论"或排他性物质主义宗教（exclusive religion of materialism），果真能够带来——如其忠实信徒所确信的——那样的拯救吗？这是史华慈先生的论文所蕴涵的关键问题。换句话说，就人作为人而言，得到越多的物质享乐和满足，就越能过得更美好、更幸福吗？抑或这种新兴的物质主义的假设只是一个幻觉而已？

在二十世纪结束的时候，史先生所形容的，经由失控的消费主义、大众传播媒体无远弗届的效应，以及一般大众认同名人的行为的风气，所带来的精神和思想上的空虚——它们的恶化，不容否认是与排他性物质主义宗教的崛起有关——在在让我们想起韦伯（Max Weber）的睿识。在二十世纪初，他已痛切地看到，资本主义经济秩序乃是囚禁人类的"铁笼",[①] 而且人类无法改变这样的禁锢。不过，一方面，韦伯出于形式推理，认为既然无人能预知将来，所以"无人能知道究竟谁将生活在这个铁笼里"，从而拒绝做出预断。但，另一方面，他却不能不以悲观的语调来结束他对预断的搁置。韦伯深为忧虑，毫不放松的资本主义经济蔓延的后果，可能是精神的真空席卷整个人间的世界。那是"一种亢奋式妄自尊大情绪掩饰下，机械的僵化"世界。"因为〔在这个'铁笼'之内〕文化发展的最后阶段"，韦伯接着说道，"也许可以的确这么说：'专家们没有灵魂，纵欲者没有心肝；这个废物却在自己的想象中以为它已经达到前所未有的文明水平。'"

史华慈从排他性物质主义宗教所产生非人化的影响（the dehumanizing effects）中看到的，与韦伯的观点是聚合的，而且还证实了韦伯的殷忧有其深远的见地。不过，韦伯留给我们的是他的轻蔑式悲观主义。史华慈却没有放弃希望。他反而敦促我们，在面临这种排他性物质主义宗教日益猖獗的优势时，更要好好估量一下我们的人文资源〔对于面对当下及未来的意义和用处〕。

事实上，这种"宗教"无非只是化约主义（reductionism）的一个变种而已。至少就以下两方面而言，有其根本的不足之处：它既没有正视（蕴涵着种种复杂性、吊诡和奥秘的）个人生命本身的问题，也没有正视种种社会关系的问题——即我们如何一起生活与如何才能一起生活？排他性物质主义宗教假定我们无需端正、坚定地面对这些问题所构成的挑战。它以为当生活通过科技手段和经济安

[①] （原注）Max Weber, *The Protestant Ethic and the Spirit of Capitalism*, trans, Talcott Parsons（New York：Scribner,s,1958），p.181. 后面引文出自 p.182。引文中译曾参考马克斯·韦伯著：《新教伦理与资本主义精神》于晓、陈维纲等译，北京：生活·读书·新知三联书店1987年版，第143页，并作了必要的改动。

排已被化约为物质的（包括生物性的）享乐和满足时，这些问题都会消失。然而，这样的假设乃是一种逃避主义。当这种逃避主义变成一股全面性、囊括一切的潮流的时候，它带来的是：人的力量的削弱和人类的堕落。到头来，"'物质主义'末世救赎论"所想象的"拯救"，恰恰由于它无法超越它的尘世的种种局限，而根本不是什么真的拯救。物质主义，作为一项偶像崇拜，只是一种完全没有宗教基本真实性的、自我欺骗的、异化的"宗教"而已。

与"'物质主义'末世救赎论"所导致的空虚和荒芜进行搏斗的最重要的力量，在于认真看待前人在世上传递下来的人文传统中的资源（包括词汇、观念和价值）。这些是我们面对生命中种种挑战的最主要的参考材料。

采取这样的立场，是基于两项重要的理由。首先，知识论上说，没有人能凭空思考或处理问题。人只能参照某些事物来思考。职是之故，古往今来的其他人对于人生和社会生活的问题和意义的反思，对我们而言，当然都是重要的参考材料。其次，从实质的观点来看，人文学科所提供的资源，尽管与它们的（物质的、社会的、经济的、政治的和文化的）环境有关，但却不可能化约为这些环境因素。只要它们在一定程度内是人的自由和独立的纪录，它们就在这个程度内给我们提供了需要认真对待的资源——只要我们有兴趣经由人的自由和独立来处理问题和寻求意义。在致力这样工作的过程中，我们只能通过试验、错误、改正的步骤，取得成就。因此，迈向有意义的人生的第一步，就是不怕犯错，并为自己的错误负责。事实上，衡量一个人成熟与否，要看他从错误中学习的能力如何而定。这才是通往人的自主和尊严的道路。

（《清园近作集》，文汇出版社 2004 年 8 月）①

---

① 亦载《王元化集》卷七，湖北教育出版社 2007 年 10 月。

关于文明的物质化、庸俗化与异化的通信

毓生先生

早就想写封信给你,但未得便。最近春节临近,照料张可的护工又走了,使我为之手足无措。你那篇文章的事,前在电话中已详,不赘。

这里乏善可陈,令人郁闷。现和你谈点文化方面的事。去岁十二月中旬,几位热心朋友倡议在上海美术馆举办一次"清园书屋笔札展",我同意了。展品是我用毛笔书写的拙著中的各片段,每幅二百字上下。目前媒体上所报道的文化活动不是为了炒作,就是带有广告性质。充斥在报纸、杂志、戏剧、舞台上的,大都是一些低级庸俗的文字和图像。我已经老了,没有力气再做什么事,我想通过这次展览,也许多少可以显示出一种和只顾向钱看的消费主义和娱乐文化有所不同的文化氛围,但是我失败了。展览会办了约半个月,参观的人不算少,然而多半是来看热闹的,能够体察我那点用意和苦心的,恐怕为数寥寥。我放了留言簿在展览会上,希望来参观的人都能留下几句话。留言簿倒是写了不少,说好话的也很多,但也有不少人只是写下"某某某及其女友某某某到此一游",或画上一颗心,某某某及其女友共同签名。自然也有人写出一些真实的感受,这只是少数。翻了几次留言簿,真是啼笑皆非,使我感到一种莫名的悲哀袭上心头。

如果你翻阅一下送你的那本《清园书简》（有一封我给你的信），你就可以发现大约是十年前，我被出版社邀请到新华书店签名售书。我意外地发现，那些读者都是在人生、文化上有着追求的，他们的求知欲很强，品味也比较高，决不像展览会留言簿上所反映的那么无知、低级、庸俗。仅仅前后不过十年，这里的文化衰败和人的素质下降就这样迅速，我不禁想到赫尔岑那样的问题："这是谁之过？"作为一个知识者，我们自然是有责任的。但这不能仅仅责怪知识者，这是我以前跟你说过的那种决定文化导向的力量所造成的。每一想及此事，真是令人悲从中来。我已入耄耋之年，一无所求，但是想到我们的后代，想到我们悠久的文化传统，倘听其毁于一旦，实在是于心难堪此劫。你是我的知交挚友，这些话也只有和你一吐为快了。

王元化口授
二〇〇五年三月二日

附：

林毓生复函

元化先生道鉴

　　前几个月收到您三月二日来函的时候，当读到上海美术馆举办的"清园书屋笔札展"留言簿上有人写道"某某某及其女友某某某到此一游"，或画上一颗心，"某某某及其女友共同签名"，不觉哑然失笑。这些年轻人不自觉的低级趣味所呈现的文化庸俗化现象，在港台的年轻人身上随处可见（当然，也有例外），在那边，大家好像已经见怪不怪了。

目前塑造年轻人"［无］意识"与"［无］品味"的最大力量，是媒体的与政治的炒作。各国制度尽管不同，许多年轻人趋向享乐、趋向低俗的情况，大同小异。我本来以为欧洲历史比较悠久，文化底蕴比较深厚，对于人性物质化及动物化的侵蚀，应该比较能有较大的抗拒力。但，事实不然。欧洲文明世俗化、物质化与动物化的程度，有些地方比美国有过之而无不及。至于非西方文明，一旦遇到了史华慈先生遗笔中所指谓的当代西方"排他性物质主义的宗教 (the exclusive religion of materialism)"，虽然各地反应有些不同，但都显得招架无力，其精神传承都被这股强劲的力量排挤了。［伊斯兰教的势力范围，看来反西方的力量似乎很大。事实上，他们反西方的劲头与物质生活的贫困和封闭，很有关系。那些受到资本主义经济较多影响的地区，如黎巴嫩，就不怎么反西方，其人民的生活反而变得相当物欲化了。（恐怖分子的情况暂且存而不论）］

全球化的经济，一方面给世界各地的许多人带来了生活的改善和便利，但，另一方面，各地互通有无的经济，使得整个世界变成了市场，一切以赚钱为目的，精神、境界、格调、品味当然都顾不到、谈不到了。

人在资本主义笼罩之下，只有异化之一途。早期马克思，受到了黑格尔的影响而形成的这项对于资本主义病态的理解，确是看到了真相。不过，他后来提出的解决办法，却是建立在历史具有进步性的假设以及科学主义的迷信和乌托邦的想象之上，则显得太过天真！就十九世纪以来的历史来看，进步与退步是同时向相反方向进行的。自然科学、工程、医药等与时俱进的同时，人文与社会生活明显地是在退步！马克思思想无法解决问题；针对资本主义产生人的异化问题而言，世界上其他思想家也都尚未能够提出真正有效的解决办法来，人类正处于"无解"的状态！（适当、有效的思想还需要政治、经济、社会等因素的配合，才能真正解决问题。不过，思想终究是不可化约的诸多相关因素之一。）

我的看法,并非我的发明,基本上是从韦伯的思想推演出来的。韦伯之所以比马克思深刻,主要是由于他对人类的未来感到悲观。所以,他不可能陷入一厢情愿式的天真。悲观使他无法想出解决问题的办法来,可也不会制造学说,带来灾难。从韦伯的观点来看,资本主义所主导的社会,其最大的特征是,它赖以发展的"工具理性"① 有自我推展至极致的内在动力。这种内在动力排斥一切阻挡、抑制其推展的思想、文化、道德、社会素质,使它们无法产生效用。换言之,在资本主义的社会之中,大家为了赚钱,会绞尽脑汁,想方设法,以达目的;至于这个目的是否是理性的,是否应该有所节制,由于资本主义本身自我喂养的特性,是无所顾忌的。

因此,"工具理性"愈发达,"价值理性"愈萎缩。结果是,用韦伯常喜征引德国诗人 Friedrich Schiller 的名句来说,"世界不再令人着迷"("the disenchantment of the World")②。一切均可用"工具理性"来处理,人间的活动自然均将物质化、动物化了。

韦伯所形成之资本主义的异化观,其所以比黑格尔、马克思的异化观更为深刻,恰恰是因为他认为它本身没有自我超脱的能力。异化了以后只能继续异化下去。这样的异化最终切断与"超越"的联系,而人的精神和呈现道德与美的品质的境界与格调,必须与"超越"相联系才能有源头活水。而黑格尔与马克思的异化观,由于

---

① (原注)"工具理性"是对照着"价值理性"而言,它是指:运用理性寻找达成任何目的的最有效的工具或手段。"价值理性"是指:价值(如真、善、美)本身是理性的,所以有其自我存在的理由,无需其他理据来为其存在辩解或维护。

② (原注)在中文世界有关韦伯的著作中,这个诗句常被译成"祛除迷魅"。这样的译法并非完全错误。它是指人间事务经过"工具理性化"以后,巫术之类的东西不会再产生吸引力了。然而,这样的译法,把韦伯的意思弄得狭窄了;未能顾及"工具理性"双面刃的效果。它一方面,使得经济发达,科技进步,以致巫术之类的东西不再迷魅人类;另一方面,它却也切断了美好事物底"神圣"或"超越"的源头。所以,我按原意译为:"世界不再令人着迷"。

深信"正、反、合"的逻辑，则蕴涵了自我超脱，甚至自我超升的能力。

虽然无人能够预知未来，我个人的感觉是，韦伯的悲观，看来是要不幸而言中了！

这封信起草了几次，都不能成篇，主要是因为想到人类的未来，心情甚为沮丧，而自己除了肯定韦伯，也并没有什么新意可陈。当然，韦伯处于十九世纪末、二十世纪初正当西方文明灿烂的正午刚过，但却已开始露出败相的关口，心情是复杂的。他一方面，看到过什么是真正美好的东西，另一方面，却也已看到了西方文明自我消解这些美好东西的内在骚动，且其势头看来已无可抑止。虽然韦伯是悲观的，但他并没有把话讲死。这显露出他心灵中"软心肠"的一面。对于那些美好的东西，就这样完了，他毕竟感到心有未甘。所以，他说："没有人知道未来究竟谁将在这个'资本主义所造成的'铁笼里生活；没有人知道在这个惊人的发展的终点，是否会有全新的先知出现；也没有人知道，将来会不会有老观念与旧理想的伟大的再生。"不过，韦伯接着说："倘若上述两者都不会出现的话，那么将来是否将是一个亢奋式妄自尊大情绪掩饰下，机械的僵化世界？关于这个铁笼之内文化发展的最后阶段，也许的确可以这么说：'专家们没有灵魂，纵欲者没有心肝，这个废物却在自己的想象中以为它已经达到前所未有的文明水平。'"

写到这里，想起先生信中说："……大约是十年前，我被出版社邀请到新华书店签名售书。我意外地发现，那些读者都是在人生、文化上有着追求的，他们的求知欲很强，品味也比较高，决不像展览会留言簿上所反映的那么无知、低级、庸俗。仅仅前后不过十年，这里的文化衰败和人的素质下降就这样迅速……想到我们悠久的文化传统，倘听其毁于一旦，实在是于心难堪此劫。"

先生信中所说的，除了受到前述被西方文明所支配的普世现象的影响以外，当然还有国内的特殊原因。两者加在一起，情况比西方还要严重。您对未来大概也是感到悲观的。您的文学兴趣与品味是在莎士比亚与十九世纪的西欧与俄国文学,正与韦伯的很接近。您的悲观也是与韦伯的精神相通的。所以,虽然悲观,仍有"实在是于心难堪此劫"的浩叹!

在这"排他性物质主义的宗教"日益猖獗,将逐渐席卷世界的时候,个人所能为力的,实在相当有限。我看只能把分内的事情尽量做好,朋友之间相互慰藉而已。

耑此　祗请

道安

毓生敬上

二〇〇五年六月三十日

(《王元化集》卷六,湖北教育出版社2007年10月)①

---

① 亦见《沉思与反思》,上海辞书出版社2007年6月,标题作"'世界不再令人着迷'"。

《陈方正论文自选集》序①

一九八四年,香港中文大学决定授予巴金老人名誉文学博士学位,时任中大秘书长的陈方正先生为此专程来沪,通过我的引介,与巴老见面,并顺利完成了这件事。此后方正先生常有机会来上海,趁便也常来看我,我们逐渐熟悉起来。那年他才四十多岁,年富才美。记得巴金有一回还对我说起:陈方正头脑清楚,做事干练。我们相识之后的第二年,我和他都在职业上有了变化:我从岗位上退下来,可以专心从事学术研究。而他调离大学秘书长的行政工作,担起中国文化研究所的重要担子,进入了学者兼研究主持人的新角色。这往后的十年余间,或在上海晤面,或在外地相聚,彼此间更增进了了解,我发现他这些年对于他的新工作,还真有出色的表现。眼前的这本《陈方正论文自选集》,正是他在繁忙的公务之余,勤奋笔耕,做出的学术成绩。

现代社会是个充满紧张、节奏极快,要求人有最大限度的表现的时代。做一个认真负责、有所表现的实干家,与做一个潜心学问、不计功名的知识人,这两者之间,有时确会有着相当程度的冲突的。有人当初曾用"二马分道而奔",喻职业与志业相分裂的苦痛,敏感地道出了现代人的某种困境。然而方正先生既有做事的魄力与过人

---

① (原注)这篇序收入本集时作者略作删节。

的干才（譬如，他十余年来为中国文化研究所争取到那么多的经费、重大的专案以及那些不可错失的发展机会），同时，他又不甘心将自己完全囿于行政公务之中，于是就有了这样一些或大或小的论题，愉快而艰辛的学问跋涉。从题目上可以看出，他确是善于利用工作和做事的机会，结合着自己的兴趣，明确针对一些重要问题，作准确而有效的写作。看了这里面的文字，以及了解他对自己少年时代好文的一再追忆，我更相信这是他从小根深蒂固的人文情结（对文学、哲学和历史的发自内心的喜好）的开花结果，或者，这简直就可以说是中国悠久而不朽的人文传统，在现代知识分子身上的一种顽强而成功的自我表现？尽管，也许他本人恰恰可能是对这样的传统生命力抱有某种怀疑态度的。

　　读这本文集我又想到：科技与人文在下一个世纪如何能够结合得更多更好？方正先生是物理学博士，却转而对人文学的一些重要问题发生兴趣，由兴趣而抓住机会，在诸如中国的现代化等问题上，参与论争，发为一家之言；在科技与人文的关系问题上，他也同样有自己的思考。我以为他的具体结论不必一定都可得到赞同（包括我自己，坦诚说也会有这样那样的保留），然而这样的介入参与，确是非常有意义的。我读季羡林先生的《留德十年》，对那里写到的科学家所具有的人格精神魅力与思想情怀，深致感叹。科学学者的人文睿智确值得人文学者平心而论。譬如这本论文集的《不可爱的真理》一文，勇锐地批评了波普的"证伪"说，认为有些永恒的科学价值是不可被"取代""证伪"的。不然，则"霎时间大厦、桥梁、水坝都会倒坍、飞机会撞毁"。如果我们将这里的道理引申到人文价值领域，不也是同样可以发人深思么？

　　陈方正先生身为中国文化研究所所长，在大力鼓吹西学如科技、民主以及现代化等等新潮的同时，也不遗余力地争取到各种机会，凝聚了八方力量，使香港中文大学的中国传统学术研究，获得引人瞩目的进展，跃身而成为南方的一个重镇。诸如《先秦两汉古籍逐字索引丛刊》这样目前最大型的索引工具书，以及"甲骨文全文电子资料库"等，都是举足轻重、各方关注的大事，也是只有在现代科技手段和现代学术组织充分发展的条件之下，才可能顺利进行的。一个极富国学成绩的研究所，一个拥有饶宗颐先生和刘殿爵先生这样学者的地方，又拥有一本着重新知与思想性的杂志和一位重视科技和现代化的所长，看起来是颇有几分不谐，然而恰恰就能托福于现代学术分化之功，托福于香港一地中西交流、兼收并蓄的五光十色之美。他们不激烈、喜雍容，讲究价值中立，可以说正是现代学术分化、专业化、技术化、客观化的产物。但是如此下去，万物并育而不相害，他们却未必不会取得大的成绩与真实的文化建设意义。香港中文大学近十年来甚为活跃，成为两岸三地海外关心中国文化命运的人，共同探讨问题的交汇点，这正是陈方正先生和他的同仁们努力的结果。正如他们的杂志那句卑之无甚高论的题词"为了中国的文化建设"所呼吁的，传统与新知，在这里有了真诚严肃的共识。张载说：有对必有仇，仇必和而解。这或许正是人类文化的变化逻辑？重要的是，我们已经可以从《二十一世纪》这本刊物看出一点头绪，也从方正先生的这部文集看出一点端倪。

二〇〇一年九月

（《王元化集》卷七，湖北教育出版社 2007 年 10 月）

人文精神与二十一世纪的对话

问：在上海这样以工商业为主导的城市，人们很容易听到大批公司人、企业人、政府人、金融人和专家的声音，但是却似乎很难听见"文艺复兴人""人文主义者""通人""思想者"的声音。像先生这样以人文为职志，以博雅为趣味，以思想关怀为宗旨的知识人，应该还是有相当多的听众的吧？

答：我不主张把知识人截然地判为几种人。重要的是作为知识分子有没有公共的关怀。不管是什么样的知识人，我以为都应该有一种自觉其为知识分子的公共声音。海外友人张灏在一篇谈及殷海光的文章中，讨论到由于分工的发展，知识人变得越来越专业化，越来越只具有一种职业的操心，变成整个组织化社会中没有批判意识的"有机知识分子"。我很赞成张灏所说的知识分子要有公共关怀，公共的关怀可以是对身边事的主动的知情和热心的参与，也可以是关于文明与发展、知识与文化等大的问题的省思。比如现在大家都说全球一体化，其实对文明的忧虑是十九世纪人文知识分子的老问题。从尼采以来就不断有这种呼吁。恐怕这一个世纪的主流仍然是科技文明的功利主导。我们正在看到文化和教育走向商场，大学也在企业化，知识人才走向规模化大批量生产。工商由效率重新组织，教师和知识分子成为普通雇员……人们的大多数活动和形形色色的个性，正在逐渐被科技和利润之手整合为一体，科技和利润的逻辑正在逐渐成为评估一切发展进步与落后的准绳……如果是这样的话,离马克思所说的人的解放、人的全面发展、个性的充分伸展,确是还有相当远的路要走。所以,人文知识分子特别敏感,他们对文明发展的思考,是对人的自由命运的忧虑关心。这种关心和忧虑伴随着科技的发展,是从不间断的,只不过是在这样一个世纪转换交替的时刻,越是显得鲜明强烈罢了。

问: 从您的书中读到您特别喜欢十九世纪。作为经历了一个世纪的种种灾难,又面对世纪末的种种病象的过来人,您是否对二十世纪已经失望,甚至会有幻灭感?

答: 我不否认我对十九世纪比对二十世纪有更多的感情。直到今天,西方十九世纪文学仍是我最喜欢的读物。十九世纪文学,重要的我都读过。二十世纪的文学我读得很少。在我的著作中,谈的较多的除莎士比亚、菲尔丁等外,是狄更斯、勃朗蒂姐妹、果戈理、陀思妥耶夫斯基、托尔斯泰、契诃夫、安特莱夫、雨果、巴尔扎克、司汤达、罗曼·罗兰等。还有一些虽然没有在文章中谈到,比如像马克·吐温、杰克·伦敦、王尔德以及一批诗人、戏剧家等,也都是我所喜爱的。我喜欢十九世纪的文学处处渗透着人的感情、对人的命运的关心、对人的精神生活的注重、对人的美好情感的肯定。二十世纪的文学大概不是这样写的吧?我在精神上是十九世纪之子,是喝着十九世纪作家的奶成长的。在思想和学术方面,十九世纪也是群星灿烂的时代,二十世纪的文学天空就不免显得黯淡了。缺乏第一流的大思想家、大艺术家,怎么不令人怀想十九世纪呢?对于十九世纪的思想和学术遗产都没有很好的消化和吸收,我们的时代充满着一知半解不生不熟的东西,在这个思想和观念变成走马灯的时代,我们容易看出十九世纪的好处,毕竟那是一个对思想和学术充满着虔敬之心和潜心耕耘的时代。

然而话又说回来,我不喜欢用过于概括化的语调来下判断,所以我没有想过"幻灭"之类。我喜欢从具体的文化问题下手作批评,而不是发表宏伟的概观。比如现在大学的巨模化、产业化、市场化，究竟是利是弊依然很值得研究。从前的校长往往是文理兼通的，现在已经很难找到这样的人才了。在一些理工出身的校长眼中，文史哲是无用的。只重应用而放弃基础学科的培养已成为普遍倾向。至于对精深学问的探讨更是被忽视。目前学校中有许多人甚至完全不懂人文精神对人的素质培养的重要。学校里科研课题的申请，也有功利化、浮躁化的倾向，而背后的导向是只注意量的扩张的形式主义（经济上有泡沫，教育有没有泡沫化的现象？我看是有的）等等。这些都是很具体的问题。将来的人由现在的教育来造就，教育的品质某种程度上决定着社会的文化气质。所以人文精神在这里就有了至关紧要的作用，所谓人文知识者发出声音，就包括这些很基本的关心、基本的知情权和参与权的表达而已。人文知识分子比较能欣赏多元立场，比较多主张个性自由发展，所以总会有一些在功利、数字、规矩和巨模的压抑之下的不同声音。

问：记得殷海光说过："一只加拿大狂欢鹤需有一百六十亩才能生存愉快。"的确，在科层组织化、市场至上、功利主导和工具理性占优势的社会，人们的精神自由空间是不那么大的，所以你说的多元立场和个性自由发展，作为人文知识人的基本诉求，作为本世纪人文思想的重要财富，在未来的世纪里会非常重要的。尽管你说你不喜欢作比较，我正是要说十九世纪的人似乎比二十世纪的人有更多自由的精神向度（Psychological Dimension），这里的关键是十九世纪人有一种文化上的"广漠之野"，而现在这种精神生存的背景渐渐消失了。你有没有发现，大众文化时代的来临，你所喜欢的莎士比亚、契诃夫，那个时代的文学、诗歌、音乐、美术、哲学，这一切人文主义者奉为神明的优美事物交织而成的旧世界，正在走向边缘、破碎、消失？

答：什么是时代精神？什么是新陈代谢？在文学作品和文化思想中，这是很复杂的问题。十九世纪末也像现在一样，曾出现不少能体现当时时代气息的新思想新流派，也曾经风行一时，但而今安在？在那以后，人们还是喜欢原来那些生命力历久不衰的作品。像黑格尔在他的《美学》中就明显地表露了他所喜爱的文学是希腊的史诗和悲剧，他甚至将它们放在莎士比亚之上。我在前几年所写的文章里可以说已经回答了这个问题："艺术不能在古与今、中与外、新与旧之间，作出高下之分；艺术只有崇高与渺小、优美与卑陋、隽永与平庸的区别。"（见《九十年代反思录》第190页）我认为人的需求是多样的。所谓大众文化也不能够一概而论。例如京剧原先就是底层的俗文化，是没有多少文化的百姓的精神享乐，但是现在很雅，艺术上有很精致复杂的蕴涵，思想上也有富于浓度的、深厚的文化传统积锭。雅和俗，不是绝对的。在谈京剧与传统文化的文章中我已说过，大众文化和高雅文化是发生着互补互动关系的，大众文化直接来自民间，带着新鲜活力，不断推动文化发展。唐宋的传奇、话本、变文，元明的戏剧，明清的小说，历代的民歌民谣，都在文学史上有过巨大的影响。清末王梦生撰《梨园佳话》，称"二十四史忽化声能语，自声入而心通"，已经提出了这样一种互动关系。当然，今天的大众文化与高雅文化的关系复杂得多，我们需要做细致分析。完全反精英文化的大众文化，比如以暴力、凶残、黄、赌、毒和迷信等为特质的大众文化，是需要抵制的；这些东西正挟着电子科技和商业利润的优势，铺天盖地而来，可能会越来越厉害地弥漫于中国的广大城乡，这样的形势下除了抵制之外，有没有可能多发展多元本土的乡村文化、社区文化、民俗文化，与此抗衡，消解它独霸天下的势头，这是一个希望。此外，表面上并不那么有害的大众文化，也有潜在的消极意义。比如它具有商品拜物教的特征，它的标准化、统一化和同质化的生产，是排斥真正的个性和创造力的，久而久之会生产出同质、平面的社会主体，一个以时尚为主导的社会文化中，是没有真正有深度的精神生活可言的。而商品的规律使它具有强烈的支配力量，控制和规范着文化消费者的需求。助长一元化（如市场至上等）的意识形态统治，产生着新的压抑形式。所以我赞成知识人在大众文化面前保持清醒的头脑和批判的意识，这样可以尽力去保证一个社会在发展中不至于产生太多的文化泡沫。

问：你的思考中，可以发现有一以贯之的基本假定，大致说来即你对于知识、理性在近现代的命运的反思，是不主张太过于强调其中的力量，又不主张完全放弃其责任。这种思考，十分接近哈耶克、伯林等人的思路，是不是这样呢？

答：我对晚近西方哲学和社会思想的情况，知道得并不多。我比较熟悉的是十九世纪德国哲学家给我的那点思辨的底子，毕竟我是这样走过来的知识分子，我所看过的经过的已经相当丰富，为什么不把这一切作为思想的对象呢？我对近现代知识命运的反思，集中在描述一种我称之为"意识形态化的启蒙心态"或"扭曲的启蒙心态"。大致说来，这种心态是指对于人的力量和理性的能力的过分信赖。为什么这种过分信赖甚而崇拜的心态会导致对人的自由的侵害？理性精神和人的力量，曾经使人类走出了黑暗的中世纪，但是一旦把它加以神化、又自以为掌握了终极真理的时候，他就会以真理的名义，将反对自己和与自己有分歧的人，当做异端，不是去加以改造，就是把他消灭掉。于是人性改造工程、灵魂爆发革命、洗脑就成为当然。以上所说的不过是得出了当代人经过思痛之后都能得出的结论，只是想得深一些，看出一些其他人不愿意接受的辛辣的思想教训而已。对于我本人来说，在得出这样的结论之前，经历了十分长久痛苦的思考。我并没有读过哈耶克等人的著作，可能会在一些问题上有相近的结论，这并不太奇怪，因为二十世纪知识人做的和想的，都在中国有极充分的体现，以中国近代思想作反思的对象，有可能产生一些具有世界普遍意义的命题。所以，二十世纪是思想的一笔财富。

但这并不是说知识人可以不去探求真理，放弃追寻理想。我理解的探求真理的态度，仍然是一种执著虔敬诚实的热忱，是人文知识者的一种高尚的气质。我曾谈到爱因斯坦、霍金以及季羡林《留德十年》中所表彰的德国科学家，那样一种忘我舍身、以真理作为人的最高幸福的气质，永远都不会失去光彩的。同时，历代中国知识分子疾虚妄、求真知、关怀天下、追求独立思想和自由精神，也永远不会失去光彩的。一方面，对知识和文化的信念，对真理和道义的担当，对人的自由命运的关心，永远都是人文知识分子的尊严所在，没有这些东西就没有人文的意义。另一方面，这些信念和追求并不只是一些光秃的冲动，而是有内容的，考虑后果的，负责任的。总之，既有积极的理性精神，又对理性的限度和责任有真实了解的知识人，才是二十一世纪真正有力量的知识人。

二〇〇一年

（《沉思与反思》，上海辞书出版社 2007 年 6 月）①

---

① 亦见《清园近作集》，文汇出版社 2004 年、《王元化集》卷六，湖北教育出版社 2007 年。

答剑桥国际传记中心问①

问：请谈谈你最近的兴趣所在。

答：目前我的研究工作是企图通过中外文化的对照比勘，来探讨中国文化的特征，以及中国文化传统在现代化建设中的作用。

问：请谈谈你的特定成就和你取得这一成就的原因，以及你为什么从事这项工作。

答：近十年来，我在中国文化史、思想史、文学批评史的研究上出版了八本专著，发表了近百篇论文。我认为中国知识分子传统中的好的一面，是不仅有丰富的专业知识，还有一种对人生的忧患意识，它成为探索知识奥秘的一种动力，使人感到一种精神的升华。

问：请你谈谈你期望于未来和青年一代的是什么。

答：我希望于将来的是人的尊严不再受到凌辱，人的价值得到

---

① （原文附记）一九八八年夏得英国剑桥国际传记中心来函并附表格，信中说为了庆祝该社成立三十周年，将于一九九〇年出版《国际名人录》第二版，作为纪念，邀请我回答该社提出的问题，以便收入这本书中。（一九八八年）

确认，每个人都能具有自己的独立人格和独立意识。我期望于青年的是超越我们一代，向着更有人性的目标走去。

一九八八年夏

（《王元化集》卷六，湖北教育出版社2007年10月）①

---

① 亦见《传统与反传统》，上海文艺出版社1990年4月、《清园论学集》，上海古籍出版社1994年12月。

致 书 书

书书：

　　你大概不会想到，收到你的来信和贺卡，我是多么惊喜，多么意外。你在英国牛津女子学校读书，换了陌生环境，需要熟悉，至于学习则更要占去你大部分时间，居然你在这样忙碌的情况下，还想到我这个老人，还抽出很多时间来写这封内容使我感到十分欣慰和有趣的长信。我把它读了几遍，真是高兴得很。我也给我的一些朋友，像蓝云阿姨和别的人看过，他们也觉得你写得很好。你把学校的新环境、新学习内容和你所爱好的课程都言简意赅地讲得清清楚楚。你在学校交了许多新朋友，和他们谈心、谈生活、谈时政，可以相互帮助，相互勉励，这是很有益的。我认为，青少年在学校生活中，应当重视和朋友交往的益处。你在选课中选了数学、物理、英国文学和意大利语，真是不简单。我在年轻时就没有你这种机遇，更缺乏你的毅力。希望你持之以恒，将来可以成为一个很有用的人才，为人类作出贡献。你喜欢数学，这是我完全没有想到的。我还以为，你将来会专攻英国文学或其他的人文学科呢！我小时候数学学得很坏，有时候还不及格。其实数学并不是一门枯燥的学问。等我长大之后，自己攻读逻辑学，才发现数学其实是很有趣的，甚至和音乐都有相通之处。等我明白了数学的好处，想回过头来再好好学一学，但是环境、时间都不允许，真是悔之晚矣。我在国内也认识了几位数学家，他们对文学都有很大的爱好，而且也有相当高的修养，这是许多人所想不到的。你现在英国，身居异邦，脱离了中国文化环境，我觉得这是美中不足的地方。当然任何事都有利有弊，十全十美是没有的。我不是一个狭隘的民族主义者或爱国主义（如一位思想家所称谓的"泡沫式的爱国主义"）者。我小时候生在一个相当洋化的环境（清华园）和一个与中国传统多少有些疏离的基督教家庭。那时，我所接触的西方文化很多，而对中国文化传统，知道得很少。这对我有好处（养成一种对西方文化的开放心态，积累了一些基本知识），但也有坏处，就是对中国文化传统的相当无知。直到我岁数大了以后，才领略到中国传统文化的优美内涵。现在，我对它的深爱已经根植在我的内心深处，变成我生活中不可少的东西了。我讲这番话给你，就是希望你在时间和条件允许的情况下，也抽出一点时间，来学习中国传统文化的精髓，比如背一点古诗文，一时不能完全理解也无妨，只要储蓄在那里，日积月累，积累到一定程度，我相信以你的聪颖、智慧和善良的性格，你终于会理解它、深爱它，而它也会在你的身心以及人格上发挥很好的作用。以上这些话不知你以为如何？我已经垂垂老矣，我多么希望年轻的一代能够跨越我们前进，比我们有更多的知识，更深刻的思想，更完美的人格，而减少我们身上的缺点与错误。你在我们老辈所期望的年轻一代中，是很有希望的、很有前途的。

  请接受我对你的期盼和祝福吧。问候你爸爸妈妈，新年好。

  这封信是由我口授，蓝云阿姨笔录的。

王元化 二〇〇三年元月四日

（《清园近作集》，文汇出版社2004年8月）①

---

① 亦见《王元化集》卷九（书信），湖北教育出版社2007年。

第二辑 与雅克·德里达对话

与德里达对话访谈录

问：九月十一日，法国著名哲学家德里达访问上海。第二天，《文汇报》在头版报道了德里达来访的消息，其中说道："昨天中午王元化先生和德里达就中西文化做了意犹未尽的交谈。"您能谈谈交谈的情况吗？

答：我是受到法国驻沪总领事郁白夫妇的午餐邀请和德里达教授会面的。事先复旦大学吴中杰教授受郁白先生的委托，已向我约定这次会见。（郁白先生是钱锺书著作的译者，汉学造诣颇深。）我对西方现代哲学几乎是一无所知的，担心对话很难进行，可是中杰说郁白很希望我去，所以还是去了。

问：你们的对话是怎样开始的呢？

答：我们的谈话在饭桌上就开始了。德里达最初说的是中国人大多讲英语，而不讲其他外语，他对此颇有感慨，以为是文化霸权主义所形成的结果。我觉得这样说是太严重了。如果说霸权主义，那也只有在殖民地情况下才发生，比如抗战时期沦陷的上海，就被日本占领者强迫读日文。至于中国人平时学英语，只是把它作为一种公器。由于英语在全球较为普遍使用，所以就以英语作为交流的工具了。我向德里达说，我最初上小学读的是北平孔德学校，那里就是读法语的。这时郁白先生插话说，过去上海也有读法语的中法学堂。

问：您对德里达先生的印象怎样？

答：我觉得他像西方其他后现代派学者一样，有强烈的批判意识。比如谈话中，他曾多次使用"霸权主义"这个字眼。不过，他是一个很本色的人，不矫饰，不做作。他谈的多半是学理和严肃问题，但从没有显示出学者架子，不像有些誉满仕林的大师，让人感到，他们在机智和智慧的谈吐中，往往不知不觉流露出一种卖弄和炫耀的气息。

问：德里达的解构主义在中国也享有盛名，但真正理解的恐怕不多。他的著作和语言有密切的关系，不能直接从法语读他的书就难以理解他的思想。他的书很难译，我们恐怕还很难找到好的中译本。

答：我们对翻译问题似乎并不重视。解放初，翻译很有起色，出现了不少西方学术著作的好译本。当时商务就大量出版了如贺麟、王太庆、陈修斋等一批优秀译者译的西方古典哲学著作。但目前的翻译产生了滑坡，水平大大下降。自然也有好的翻译，但这是个别现象。前些时候你买给我的以赛亚·伯林的《俄国思想家》，是本好书，但翻译太糟了。其中援引赫尔岑论述别林斯基的一段话，过去我读过出于满涛手笔的十分优美的译文，可是在这个译本里却用的是半生不熟支离破碎的句子，使原文的神情尽失。最近友人毓生向我谈到，美国将托克维尔的论述美国民主的著作重新译出了。这是十九世纪海外学者论述美国民主的最好著作，过去的英译本并不坏，但为了更准确传达原著的精神与思想，仍有人不惜花费大力气重译，而且译得更好。Constance Garnett 翻译的俄国文学名著，我青年时代读过，当时被认为是翻译俄国文学名著的佼佼者。可是如今也由更好的译本替代了。我们的出版界、翻译界肯这样做吗？如果没有最准确最优美的翻译，怎么能够真正去理解西方思想呢？

问：我还是想听听您对德里达的哲学思想的评论。比如他的解构主义的真正内涵，他所说的"逻各斯中心主义""语音中心主义"

到底是什么意思？我知道您在哲学方面下过难以想象的"死功夫"，应该说对现代欧洲哲学也不会太陌生吧？

答：不，我对欧洲现代哲学并不懂。解放后，数十年间我们只能读到西方古典哲学著作。由于一种特殊的历史原因，当时商务出版的这方面著作，比解放前老商务出版的同类著作要好。但西方现代哲学，长期以来却是禁区，这方面著作没有人翻，更不能出版。改革开放以后，禁锢情况固然不存在了，但我因从事其他方面的研究，已经没有时间和精力用在西方现代哲学方面了。如果勉强要我说说自己极不成熟的意见，我认为德里达的解构主义本身也许是一个悖论。一方面他对传统的哲学找出缺口进行解构，一方面他的解构又不是企图摧毁哲学。不知这样理解是不是对？我觉得这似乎是他的解构的主旨和命意。如果能够用格义方式作一比喻的话，那么是不是可以用佛学中龙树的无所不破的大雄大勇精神来做参照呢？龙树的无所不破似乎和德里达的解构有着某种类似的地方。但德里达的一些重要概念，比如他所用力去批判的所谓"逻各斯中心主义"和他提出的"语音中心主义""语音特权"等等，我觉得自己尚未把握住，这就很难谈他的思想了。我不能对德里达的哲学再说什么了。中国古代格言"知之为知之，不知为不知，是知也"，西方古代格言"我知我之不知"，都告诫我们不能不懂装懂，所以对你这个问题只得交白卷了。

问：您和德里达的谈话从餐桌到客厅，一直到他按预定安排去参观上海博物馆才结束，足足谈了两个多钟头，报上还说"意犹未尽"，那么谈的内容究竟是什么呢？

答：我们谈的自然不是他的解构主义，也不是我所研究的《文心雕龙》。这种题目，双方是很难对话的，因为彼此都不熟悉。听说德里达是为了想了解为十多亿人民所拥有历史悠久的文化，才不远千里来到中国的。他今年七十一岁，我也有八十一岁了。我们都已经老了，但还想通过接触，能够彼此增进一些文化背景的了解。记得年轻时读到一篇鲁迅以丰之余笔名写的文章，记述清末民初的"老新党"，说他们不但读《学算笔谈》《化学鉴原》，还要学英文，学日文，硬着舌头，怪声怪气朗诵着洋书而毫无愧色。这情况虽然有些可笑，但也令人感动。要了解一种异国文化就需要这种精神。可惜这种精神现在越来越少了。

问：您和德里达的对话着重哪些方面？有没有中心话题？这个中心话题又是如何形成的？

答：中心话题既不是事先预定的，也不是当场商定的，而是由德里达的一句话所引起，自然而然形成的。

问：这句话是什么？

答：我们在就餐时，他说了一句："中国没有哲学，只有思想。"这句话一说完，在座的人不禁愕然。他马上作解释，说他的意思并不含有褒贬，而哲学和思想之间也没有高低之分。他说中国没有哲学，只有思想，这话丝毫没有文化霸权主义的意味。他对这种看法作的解释是：西方的哲学是一个特定时间和环境的产物，它的源头是希腊。其实在他以前，黑格尔在《哲学史演讲录》中也曾经说过中国没有哲学，孔子的《论语》只是道德箴言，因为其中没有思辨思维，甚至也没有严密的逻辑系统。

问：我想德里达的这种解释是和他解构西方哲学思想有关的。他认为起源于古希腊的西方哲学的主要内容就是他所谓的"逻各斯中心主义"。

答：逻各斯中心主义是德里达批判的东西，也是他要解构的东西，他认为西方哲学就是以逻各斯为中心的。因而他说他并不认为哲学与思想之间有高低之分，这是符合他的理论的。至于中国究竟有没有哲学问题，这一点我要借用《庄子·天下篇》来阐述我的意见。《天下篇》称惠施有万物毕同毕异之说，我觉得有些后现代哲学在辨同异问题上，有时有些畸轻畸重的倾向。我在《与友人谈想象书》中，曾提到另一位法国现代哲学家弗朗索瓦·于连的观点。他曾批判中国学者用想象来阐释《文心雕龙》中的"神思"，认为这是比附。因为照于连看来，"神思"和想象是相异质的两个概念，而西方文艺思想直到浪漫主义兴起后才有想象的理论，从而他借此说明中国更不可能在那么早的时代，就会产生想象的理论了。我以为这也是在辨同异上过于偏重于异的偏颇。

我指的是特定的具体问题，即思想在不同的思维方式、抒情方式、表达方式中，是不是也存在异中之同的问题。比如，不同民族在创造语言文字时，有的是拼音，有的是象形，有的是会意。有的是横写，从左到右。有的是竖写，从右到左。尽管千差万别，但不论哪一种形式的语言文字，都还是语言文字，而不能说某种是，某种却是语言文字以外的另一种东西。我认为起源于希腊的西方哲学和中国从先秦发端的哲学，从基本方面来说，只是在思维方式和表达方式上不同，而在研讨的实质问题上，并没有太大的殊异，虽然两者往往会作出不同方面的探索，甚至是相反的结论，我不知德里达取怎样的观点。有些西方哲学家不承认中国有逻辑学。因为中国虽然在天文历算方面十分发达，但在几何学方面却十分滞后，直到明末徐光启始将欧几里得的《几何原本》译成中文。（后来传入日本，曾影响了日本的明治维新。）几何学是和形式逻辑密切相关的，爱因斯坦曾提到过两者的关系。从表面上看中国逻辑学似乎很不发达。过去人们认为，自佛教传入中土，因明学大昌，六朝人著书，受到因明学影响，如《文心雕龙》《诗品》等著作，始有严密的系统和完整的体系。所以章实斋称之为"勒为成书之初祖"。显然这些都被当做了中国缺乏逻辑学的证据。但是，事实并不如此简单。中国思想史常常发生断层。先秦时代曾有大批名辩学者出现，如邓析子、公孙龙、惠施等，尤以《墨辩》为最。可惜《墨辩》这部书自晋鲁胜作注后即已亡佚，直至清代毕沅始将残篇断简整理成文。只要读过这些尚存的残篇，就不能不承认它包括有逻辑的命题和公式在内。

我想两汉定儒术为一尊是有一定影响的。一个时代的主导思潮对于思想文化的兴衰有时会起决定作用。解放初，艾思奇在刚刚被接管的清华大学作报告，按照当时斯大林理论痛斥形式逻辑，使拥有金岳霖教授的清华再不能讲授逻辑学了。但断层并不意味中国没有逻辑学存在。近代学者（最早似乎是章太炎）认为西方、印度、中国存在着三种不同类型的逻辑学。这亦即我所说的仅仅是在思维方式和表达方式上的不同。所以中国学者（如胡适、冯友兰等）也都把自己的著作称为"中国哲学史"。这就是我在对话中向德里达讲述的一个内容。

问：中国哲学和西方哲学的不同，还在双方的名词概念，在翻译的时候往往没有对应的词汇。比如西方的 Sein、Dasein、Füersichsein 等等，就很难在中国哲学中找到现成的概念。

答：这种差异往往成为翻译的最大困难。但也不能说两者是无法沟通的。比如西方哲学的 Sein（贺麟译作"有"），在我国魏晋时代的玄学中，就有着有无之辨。一般认为中国哲学缺乏思辨思维，很少接触本体论方面的问题，其实魏晋玄学中的本末之辨、有无之辨、言意之辨等等都涉及本体论的讨论。玄学在两汉经学之后出现，实际上与先秦的名辨哲学有着一定的关系，后者是前者的发展。我以为这可能是当两汉定儒于一尊的局面瓦解后，使得消沉已久的诸子学重见天日，而名辨之说也就随之得以复昌，受到人们的关注。自然，也不容抹杀，当时传入的佛学对玄学也发生了推波助澜的作用。另一方面从中国的许多名词概念来说，在外语中也很难找出对应的字，比如中国古书中常常出现的"气"，就很难译成对应的外文。过去有人译作 Quintessence，固然不准确；李约瑟译成 Vital Energy 也不惬恰，但外国美学中黑格尔说的"生气灌注"和中国画论中的"气韵生动"还是比较接近的。如果不同文化的概念都是不同质的，那也就不存在文化上的比较研究问题了。

问：您谈的中国和外国哲学名词和概念的对应问题当然非常重

要。但我觉得您讲的玄学中的本体论成分及其与先秦名辨学派的前后相继关系，是前人没有说过的，很值得做深入的研究。这是一个思想史上的极其重要的课题。

答：我还要谈谈这方面的问题。中国有没有哲学问题，这自然指的是德里达说的类似西方哲学性质的那种哲学。我以为魏晋时代的玄学可以作为一个例子。可是研究玄学的人不多，所以往往被忽视了。汤用彤是研究玄学的大家，他在西南联大讲授玄学时，常进行中西比较。据门弟子说，他曾以斯宾诺莎的上帝观念，来对照王弼的贵无论，以莱布尼兹的预定和谐说，来对照嵇康的声无哀乐论。以休谟对经验的分析，来对照郭象的破离用之体。在比较研究中，生搬硬套，用比附之法，妄生穿凿是很坏的学风。（这一点连胡适早期所撰的《中国哲学史大纲》也未能幸免，比如称韩非历史观为进化论，称荀子天道观为培根的戡天主义等等皆是。）但汤用彤（基于早年留学国外钻研哲学的深厚基础和治学的严谨学风）却并没有这样做。他的比较研究和《中国哲学史大纲》中的那种比附是截然异旨的。他只是以西方哲学为参照系，而不是采取同一标准来进行衡量。在对照中，虽然可以看出两者之间存在着很大的差异，但就其所涉及的领域或所要解决的问题来看，却有着某种类似或相同之处的。从汤的上述说法可以推知，如果中国玄学和西方哲学是完全不同质的，那也就无法进行这种比较了。

问：您的讲述之后，在德里达和您之间有没有什么争论？

答：我向德里达阐述了中西文化中的一些问题，不是为了争论，而是企图提供给他对中国文化能有大致了解的一点参考意见，因为他是为了解中国而来的。

问：他对您的阐述提出了什么问题吗？

答：基本上他在听我讲。但当我从思维方式来谈中国传统戏剧的虚拟性程式化写意型的表演体系，说到中国先秦时代的《周礼》《诗序》提出的比兴之义，与亚里士多德《诗学》提出的模仿说不同，从而阐明一个是写意型的，一个是写实型的时候，他表示了不同意见。但这个问题太复杂，时间到了，也就没有再谈下去。

二○○一年十二月

（《清园近作集》，文汇出版社 2004 年 8 月）①

---

① 亦载《王元化集》卷六，湖北教育出版社 2007 年 10 月。

玛雅访古志

我们中国作家代表团一行,这次应墨西哥作协总会的邀请,访问了墨西哥,有机会接触了墨西哥的风土人情,增进了对这个具有古老文化并留下大量古代文明遗迹的国家的了解。

总会主席何塞先生安排我们参观墨西哥的文化古迹。其中玛雅文化给我留下了很深的印象。墨西哥的古文化分为三个时期:奥尔梅克、玛雅和阿兹泰克文化。我们这次比较多地参观了玛雅文化的古迹。

墨西哥的玛雅文化主要在尤卡坦半岛。我们在半岛的美里达、奇琴—伊特萨等地参观了金字塔、祭祀井、天文台、古球场和其他玛雅文化遗迹。在美里达乡间,我们走访了玛雅后裔的家庭。此外,在美里达城的人类博物馆和墨西哥城人类博物馆,我们还考察了一批玛雅文化的遗物以及遗迹图片。

英国历史学家汤因比在《历史研究》中把人类社会分为二十一种类型,玛雅社会是其一种。关于玛雅文化,历史学、考古学和人类学各种著作谈得很多,但仍有大量解释不清楚的现象。这次在美同旧金山停留期间,曾见到柏克来大学的魏克曼教授,他也认为玛雅文化是个谜。我对玛雅文化没有作过研究,这次亲历其境进行考察,只有一些零星的感想。

国际上有一些学者认为,在殷商时代我们的先民就已经设法通过白令海峡到达美洲,并和古代玛雅人有过交往。也有的学者认为,玛雅文化是外星人创造的。这些都不过是推测,缺乏实证。据说原苏联文化人类学研究所拍摄的火星表面照片,发现有类似金字塔的建筑。这就引起了一个新的问题:它和埃及、墨西哥的金字塔有没有关系?

由于文字记载缺乏,使玛雅文化变得扑朔迷离,产生了种种推测性的说法和假设。古代玛雅文化在经历了差不多十五个世纪后,在公元十世纪突然神秘地消失了。年深月久,风雨剥蚀,加上主要由于十五世纪西班牙人入侵禁毁异教文化,使玛雅文化毁坏殆尽。现在能见到的比较可靠的玛雅文献,只有东德德累斯顿,西班牙马德里、法国巴黎三处保存的所谓玛雅三钞本。但玛雅文化并不是完全消灭了,玛雅的后裔以及一部分遗迹都还存在。文字记载的材料虽然零散破碎,但总还有一些。还有好多有关的传说也可以提供考察的线索。

玛雅文字,和南美其他文字不同。我在美里达人类博物馆里看到一些用彩笔写在树皮上的文字,据说是古代玛雅文字,但历史学家认为除德累斯顿、马德里、巴黎三城市所藏以外的玛雅文字都是靠不住的,不过这一点还难成定谳。这是近似象形的文字,非常繁缛。很有意思的是博物馆的学者把汉字的大篆和楷书和这些文字相对照挂在陈列橱里。他们认为玛雅文化受过亚洲影响,和亚洲文化比较接近。我买了一本装饰精美的玛雅象形文字集。字形的装饰性强,又很繁缛,很难判定到底是图案还是文字。我曾请教过一位美国专家,他也觉得不好说。对玛雅现存文字的研究,据报道原苏联学者已经破译出百分之十几,但距离找到谜底的路程还很遥远。

奇琴—伊特萨的古球场,要比现在的篮球场大两三倍,长方形,两侧砌石墙,两米多高,墙壁上直竖一个石头雕成的直径约两尺的石饼,正中有个碗般大的洞。比赛据说是两队人用树枝做的球抛来抛去,进洞多者为胜。更具体的比赛规则已不得而知。国外体育史家说这可能是篮球赛的起源。据说胜队的队长要被杀死去祭神。古代玛雅的宗教信仰认为献身于神是崇高的事，神也喜欢人类的壮硕体魄。

祭祀井是个天然湖，约五十米方圆，二十米深。古代玛雅城邦地处热带，多是盆地。汤因比《历史研究》引用斯宾登的《墨西哥和中美洲的古代文明》的描述，说古代玛雅人要跟灌木丛斗争，要开辟耕地，建立灌溉工程，因而对水很看重。在遗留的古代建筑上，都可见到水神恰克的塑像：两只圆眼、象鼻垂直无弯度（据说，我国近年地下挖掘出的文物，具有类似图像的遗迹）。祭祀井带有神圣的意味，到一定时候，把童男童女抛入井内，祭祀雨神。我在美里达博物馆的陈列品里，看到过从祭祀井中打捞起来的戒指、首饰等，大概是这些祭神者的遗物。我国古代也有河伯娶妇的传说，两者有相像处。

特奥提瓦坎（神仙城）的太阳、月亮金字塔（应作神庙），非常雄伟，和埃及金字塔不同。第一是没有顶尖。第二是有阶梯可供人攀登上去，顶上有一房屋式建筑。第三是不用大石块而用较小的石块垒成。玛雅金字塔是作祭祀用，不是陵寝，虽然后来曾在塔内发现过尸体，但墨西哥的学者认为那是后世移入的。但也有人相信是陵园，因为太阳和月亮金字塔之间，有一条所谓"死亡大道"，这大概是西班牙人去了以后产生的附会。至于那塔顶建筑的作用，西班牙人用自己的天主教义，说是修道院，这和玛雅宗教便有违忤了。顺便提及，墨西哥的天主教有些变异，大概有玛雅文化因素掺入。关于金字塔，还有一个美丽的传说：玛雅的先民认为曾经有过五个太阳。天上的魔鬼与第一个太阳作对，把星星放到人间来变作猛兽，消灭人类，太阳毁灭了。第二、第三、第四个太阳在风火雨相继毁灭了一次又一次重新诞生的人类时，也陨落了。这时天上众神商量在金字塔上创造第五个太阳，但要穷神和富神之中的一个从塔顶跳下来。富神先跳，但试了五次都不敢跳下去。穷神一举跃下，于是升起了一个辉煌的太阳。富神不甘一无所得，也纵身跳下去了，却腾起了一颗月亮。富神恼极，于是在月亮上开了许多缺口。玛雅文化关于太阳的神话传说，倘和中国羿毙九日的神话传说进行比较研究是颇有兴味的课题。

在奇琴—伊特萨我们又参观过一座金字塔，没有太阳金字塔那么大，坡度却更大，我爬了一百十余级台阶登上去，塔顶有一平台作祭祀用，台上有一石室，墙上绘有美洲虎壁画，里面光线很差。

我们又去看了那边的天文台。那是一片残垣断壁，很多已经倒塌了。据玛雅学者考察研究，这是座相当规模的天文台。古代玛雅人和我们的先祖一样，对天文历法的研究十分发达。

在美里达城附近，有一片玛雅古建筑群，当初做什么用，现在谁也说不上了。建筑群边大道上有一人字形牌坊似的拱门，门外已是一片荆棘丛生的荒原，遍地是葛藤蔓草。二次世界大战时有一法国人驾驶一辆吉普在那儿开了一条道。我在这条布满荆棘丛林的小道上行走时，真担心是否会有各种热带的野兽出没。

我们曾去访问了玛雅后裔的住处，他们的房屋以草覆顶，木质结构，但还牢固。现代文明也在渐渐侵入，我们见到了洗衣机。在墨西哥我们多半吃的是牛肉，但玛雅人家的庭院里却饲养猪，以猪为主要家畜，并作为主要食品。这又是和我国的情况十分接近。

在天文台以及其他许多玛雅古建筑的基础上，都镌刻有图案化的蛇头，几乎和水神恰克一样，比比皆是。前面提到的天文台平台上的石屋，开有很多扇门，屋内石柱基上也刻着蛇头。据说每年到一定时辰，阳光通过门射入室内，下连蛇头，看去就像一条巨蟒在那里起伏晃动。这显示了玛雅人的历算发达。玛雅人很看重蛇。现在墨西哥国徽就是雄鹰叼着一条蛇屹立在仙人掌上。我看到过一尊蛇人的雕塑，得知玛雅人认为蛇口可以诞生出人类。这又和我们的传说相近。据发掘出来的汉墓壁画，先民意识中的伏羲、女娲诸神，都是人面蛇身，他们相信蛇身交尾产生了人。

玛雅人对蛇的看重，大概是由于干旱缺水。是否可以设想蛇和水神恰克并重是和求雨有关？我国古代就有以土捏蛇（土龙）求雨的仪式，《淮南子·说林》上说："旱则修土龙。"

正因为玛雅文化是个谜，所以值得探讨。殷商先民（据谭其骧先生对笔者说，可能比殷商还要早）渡白令海峡落户南美并影响了玛雅文化，这话是否可靠，还有待于科学考察，但把玛雅文化同中国文化加以比较，却是个很有趣也很有意思的研究课题。

一九八六年

补记：去年据中国新闻社报导，最近在民族学学者刘尧汉教授指导下，由云南省社会科学楚雄彝族文化研究所研究人员在武定县望德乡自乌村发现了与古墨西哥玛雅人相同的古老历法。这一历法为世界上最古老的十八月太阳历，为世传彝族星占师所用。此历法一年十八个月，一月二十天，共三百六十天，其余五天为"过年日"（玛雅人则称之为"禁忌日"，其余完全相同）。在此以前，人们只知道是玛雅人创造了接近公历的、行用历史已有六千年之久的十八月太阳历。

一九九二年

（《清园夜读》，海天出版社1993年10月）①

---

① 亦见《王元化集》卷七，湖北教育出版社2007年10月。

"达巷党人"与海外评注

近读美国汉学家牟复礼（Frederich Mote）评史华慈（Benjamin L.Schwartz）所撰《古代中国思想世界》（The World of Thought in Ancient China）一文。牟氏称史华慈学养深邃，但在文字训诂方面则多以己意为进退。其中有一条是关于《论语》"达巷党人"章的。牟氏所评有中肯的地方，也有值得商榷的地方。比如，他和史华慈等把达巷党人解释成"无知的乡下人"，就使人难以苟同。

旧注关于达巷党人的读法存在着不少分歧。一般据《礼记·曾子问》（孔子曰："昔者吾从老聃助葬于巷党"），以达巷党三字连读。何晏《集解》引郑注，则以达巷二字连读，党作乡党。朱熹《集注》并同。康有为《论语注》一反前人之说，将达字划归上章之末，作巷党人。海外学者多尊宋学，据朱子《集注》解经，但是他们又自生枝节，把达巷党人说成是"无知的乡下人"（an ignorant villager 或 villager to be a boorish ignorant）。我认为这一说法显然是用今天所谓乡下这一地区观念去附会古人了。殊不知乡党在孔子时代并非是偏僻地方。郑注云："达巷者，党名也。五百家为党。"皇疏称："天子郊内有乡党，郊外有遂鄙。"均可为证。至于把达巷党人冠以"无知"的称号，更与历来注疏相悖。《孔子世家》有"达巷党人童子曰"的说法。孟康本《国策》"项橐生七岁为孔子师"，谓达巷党人即项橐。《汉书》董仲舒对策云："臣闻良玉不琢，资质润美，不待刻琢，此亡异达巷党人不学自知者。"汉人关于这方面的传说很多，如《淮南子》《论衡》等均言项橐事。清翟灏《四书考异》则云："不本正典，不足信。"方观旭《论语偶记》驳之，谓"汉人相传如此，当必有据"。不管达巷党人为项橐说是否可靠，有一点是明确的，前人多把达巷党人视为聪颖的人。说他无知是没有根据的。能知孔子不博，确实如方观旭所说，需有一定文化素养。一个无知的乡下人怎么会识别博不博或专不专的问题呢？

牟复礼《述评》说："在讨论孔子是士的新精神的代表时，史华慈引《论语》：'吾何执？执御乎？执射乎？吾执射矣。'（此射字当做御，系史氏笔误。——牟）孔子听到无知的乡下人提出一位博学者何以没有专长的问题后，对弟子说了这些令人扑朔迷离的话。这句话长久以来受到注疏者瞩目，现代学者也觉得有特别诠释的必要。维利（Arthur Waley）在释文后加注道：'我认为这个乡下人粗俗无知，盖君子不应以专才闻。'顾理雅（Herlee G.Creel）则认为'对一荒谬问题的讽喻答复'。理雅各（James Legge）也认为是'明显地反讽'或'极自慊之词'（后者乃历来注释家之说）。目前大家都认为乡下人之谬，孔子报之以讽，新旧二派均无异议。"（见Reviews，pp.391-392）

这里有几个问题需要辨明：《论语》的原文是"达巷党人曰"，可是海外学者把它解作向孔子提出问题（an ignorant villager had asked 或 an absurd question 或 the villager question）。达巷党人的原话是"大哉孔子！博学而无所成名"。本是赞美之词，可是海外学者把达巷党人说的"无所成名"解作博而不专了（Why a man of his breadth of learning was not noted for expertise in any specific skill）。我想，这大约是引申朱子《集注》又加以发挥的结果。《集注》对这句话的解释是："盖美其学之博，而惜其不成一艺之名。"其说似申明郑义。郑注云："此党人之美孔子博学道艺，不成一名。"细审两说，看来相契，其实却有很大分歧。郑注所谓"不成一名"，意思是说孔子广大渊博,使人莫可名之。这和《论语》记孔子本人赞美尧的话是一致的。孔子称"大哉尧之为君也",荡荡乎,其广大渊博同样是"民无能名焉"。类似的说法,在《泰伯》篇亦可见到。孔子赞美泰伯"可谓至德",而"民无得(与德通)而称焉"。"至德无得"正与"无能名焉""无所成名"同一语例。这种说法一直延续到后世。《南史》记王僧辩为梁元帝作《劝进表》,也有"博学则大哉无所成名"之语,显然这是套用《论语》中的说法。可见"无所成名"已经普遍地当做一种赞词,否则《劝进表》这类文字是不敢轻易使用的。我以为毛奇龄《论语稽求篇》申明郑义,最是的解。毛氏云:"所谓不成一名者,非一技之可名也。"这正是达巷党人赞孔子无所成名的本义。朱子《集注》把郑注的"不成一名"变为"不成一艺之名",已渐疏原旨。而海外一些学者望文生义,再把朱子的"不成一艺之名"拉扯到博和专的问题上来,则谬误尤甚。我感到怀疑:孔子时代是否存在这个问题?纵使存在,是不是这么引起重视,连"无知的乡下人"都会就这个问题发表议论?孔子把弟子分为德行、言语、政事、文学四科,如果连孔子也不专,那么当时谁才算得上是"专"的?这倒真的成了一个"荒谬的问题"了。

孔子听到达巷党人的赞美,对门弟子说:"吾何执?执御乎?执射乎?吾执御矣。"这几句话确实难以索解。海外一些汉学家认为孔子是用一种讥讽的态度(an ironical reply 或 evidently ironical 或 irony of Confucius's response)回答达巷党人。但是,这只是悬揣,难以凭信。近来出版的吴林伯《论语发微》对这几句话作了这样的阐释:"孔子谓其弟子,告其居贫,则姑执御以待时耳。本篇下章:'子曰:吾少也贱,故多能鄙事。君子多乎哉,不多也。吾不试,故艺。'鄙事,指执御等。君子,劳心治人者。不试,不见用。孔子正以其不见用于时,处贫贱而多擅执御一类鄙事。"这些说法并不都是新说,也并不一定是确解,但它将前章有关部分对勘串讲,得其通理,却有助于发明原旨。对于达巷党人既非问,孔子也非答,两人说的前言不搭后语的话，前人诠释虽多，但难惬人意。我不想强作解人，这里姑推其大意：孔子听到达巷党人的赞美，可能触动了不见用于世的感慨，而发出了"吾执御"的感叹。这和他说"将浮于海"或"欲居九夷"属同一性质。这比传统的谦逊说和海外的讥讽说，更近人情一些，也更贴近孔子的人格表现一些。但这也只是推测而已。《论语》忠实记录了孔子的言行。孔子的话在当时都是容易理解的。他的弟子与再传弟子都清楚那些话是在什么背景下与针对什么情况而发的，也许由于太熟悉了，也由于古人"尚简用晦"的传统表述方式，所以对这些背景与情况往往略而不述。可是，这种简略往往成了后人理解孔子言行的难以克服的障碍。我觉得，我们对于这些难寻文证的地方，与其强作解人去穿凿附会，还不如让它们存疑为好。

牟复礼在上面援引的话之后，紧接着又说："然而，史华慈却平添一层含意，将孔子归属于服务阶层的'士'，并以孔子的回答解释作讽刺性地拒斥六艺中作为'军事技艺'的射御。士之军事背景，士由武士而来，久为理解孔子时代有才艺之士的重要课题。孔子是否已轻武到拒斥射御的地步，认为不值得为士所习？似乎没有理由作此想。孔子的讥讽原在谦虚地回答一个思想简单的乡下人，如果他也勤于射御，也必将'有所成名'。实在没有理由像史华慈那样，把文武两艺截然分开。他引余英时以实其说（见《中国知识阶层史论》）。不过，余氏引《论语》那句话却有不同的命意。他认为士虽然不能都像孔子那样兼通六艺，但确是具有多方面的才能，所以他们的职事可以是武的，也可以是文的，无法一概而论。我相信这样来界定孔子及士的性格较好。"（同上引）

牟氏上述观点似更接近顾颉刚说（见《史林杂识初编》）。他所援引的余英时则对顾说曾质疑（见《士与中国文化》）。不过，这里只想谈谈牟氏把孔子的话理解为"如果勤于射御必将有所成名"的问题。其实这种看法也并非新的观点。李光地《论语札记》释

"达巷党人"章曾云:"六艺莫粗于射御,而御较射又粗。学无精粗,而必由粗始。"这也是同样认为孔子教人勤于射御。李光地是个拘守道学的人,他尝言:"圣人或默或语,无非教者。"企图从《论语》的每字每句中找出教训来,其弊尤过于经生之注经。我以为这种看法的错误,主要是忽略了下章孔子所谓的"鄙事"。孔子严格区分君子儒与小人儒。他对于弟子学圃、学稼尚不以为能,为什么教人学从御始呢?牟氏批评史华慈也有对的地方,不过他没有说到问题的点子上。我以为援引《论语》本身比援引权威更重要。射是不是代表军事技艺?未执射是不是就等于拒斥军事技艺?孔子对于军旅之事的态度究竟如何?这些问题比较复杂,历来就存在分歧的说法。

《卫灵公》篇:"卫灵公问陈于孔子,孔子对曰:'俎豆之事,则尝闻之矣。军旅之事,未尝学也。'明日遂行。"刘宝楠《正义》引《新序》,谓此为孔子"贱兵"之证。《论语发微》驳之,称孔子答子贡问政,以"足兵""足食"并举,《子路》篇则明言"教战",再引《孔子世家》及《礼记·礼器》篇述孔子有习武之事,于是根据这些证据作出判断说,孔子以"未习军旅之事"去卫,实际上只是疾卫灵公无道而作的"托词"。以上二说都提出一些根据。不过,我以为"托词"之说似嫌勉强。《孔子世家》称冉有问孔子学过军旅之事,以及《礼器》篇称孔子曾言"我战则克",究竟是否可靠,颇令人怀疑,因为毕竟是后人提供的间接资料。倘根据孔子学说本身来看,权衡其中的本末轻重,我以为刘宝楠引《新序》说孔子重礼轻兵,总是不可否认的事实。

史华慈认为孔子提出射御问题是反讽地拒斥军事技艺(a sarcastic repudiation of "The military arts" of archery and charioteering among The Six Arts)。这话不能说毫无理由,至少在把握原旨方面比"学射御以成名"说要准确一些。其错误乃在以射、御并举,忽略了在孔子时代,射不仅是军事技艺,而且列为礼乐制度之一。

《仪礼》贾疏："六者之中，御与书、数三者于化为缓，故特举礼与射言之。"征之礼书，《仪礼》中有《乡射》与《大射》，均以射为礼。《乡射》郑目录云："州长春秋，以礼会民，而射于州序之礼。"《大射》郑目录云："名曰大射者，诸侯将有祭祀之事，与群臣射以观其礼。"列入礼书的射均名礼射，以与力射区别开来。《论语》记孔子谈射都没有表示拒斥之意，就因为射是礼。《八佾上》："子曰君子无所争，必也射乎！揖让而升，下而饮，其争也君子。"（其文亦见于《礼记·射义》与孔子所说同）《八佾下》："子曰：射不主皮，为力不同科，古之道也。"（"射不主皮"亦见于《仪礼·乡射礼》）前者说的射虽然也有争，但不伤于礼，故符合君子儒的准则。后者说的射不主皮，其本身就是乡射礼的一种规定。马融《论语注》训主皮为"能中质"。朱子《集注》训主皮为"贯革"。毛氏《论语稽求篇》驳马朱二说，谓之未明礼射之旨要。毛氏说："旧注引《周礼》，朱注引《仪礼》，犹是引经证经，引礼证礼，而不经谛观，便复有误，况臆断乎？"我以为这几句话是值得我们深思的。

一九九一年除夕于白藤湖畔

（《沉思与反思》，上海辞书出版社 2007 年 6 月）①

---

① 亦见《清园夜读》，海天出版社 1993 年 10 月、《清园论学集》，上海古籍出版社 1994 年 12 月、《王元化集》卷六，湖北教育出版社 2007 年 10 月。

与友人谈海内外学风书

四月四日手书并惠赐尊著均已拜领,感激无量。第一篇《幽暗意识与民主传统》,已拜读过,深获教益。

我生在一个基督教的家庭,从小受到熏染,成年后虽不再有宗教信仰,但影响可能依旧潜在。我一直服膺莎士比亚所说的:"为什么上帝造人,先要让他有缺点?"我不认为人可臻于至善。我和林先生谈话时尚不知您的幽暗意识之说。您对"文革"的反思,对儒家的检讨,都是深刻的。这种沉思出于未亲历浩劫的海外学者,尤令人钦佩。

我对清教徒问题,素无研究,未敢置喙。以前所读的英国文学作品,从莎士比亚到萧伯纳,往往揭示了清教徒的伪善,正如中国文学作品常常嘲笑伪道学一样。我不知道这是不是末流背叛了原始,就如佛说的狮子自身生蛆蟲食狮子肉一样?清教徒的禁欲主义和理学家的天理人欲说,似有相通之处。但两者在"人是否可以臻于至善"的问题上,却存在着较大的分歧。从逻辑推理上,固然也可以推演出要求至善就包含了人是有缺陷的内涵,但儒家并不认为至善是未完成的,是未来的事,而是认为至善是已经完成的,是过去的事。孔子是至圣的,也是至善的。因此两者很难说在人性观点上是相同的。不知您以为然否了?

我长期处于闭关锁国,开放后,精力日衰,未能多多吸收海外学界成果。近年来，有些不成熟的想法，在夏威夷时曾与杜维明、林毓生两先生谈过。粗粗说来，大陆治学似与海外异（自然有些人也在力求与海外治学吻合一致）。海外多尊宋学，再融以西方现代哲学思潮。在兼综中外方面，是以后者为体，前者属用。而大陆仍延续"五四"整理国故传统，受到海外已被新起的诠释学所扬弃的兰克（Ranke）较大的影响，重论据、论证，偏向客观主义。同时，也羼杂甚至充盈着庸俗社会学的滥调（此一情况乃一十分复杂的问题，可惜海外学人无暇耐心探索，故多不谙其原委，不究其本末，以感情的厌恶代替理性的判断）。解放后虽以批胡适为名，一再对客观主义大张挞伐，但终难除其根株，去其影响，即此亦可见其生命的顽强。改革开放以来，海外现代思潮冲击大陆，所谓绝对客观标准受到挑战，我以为这对推进大陆学人的思考，十分有益。不过就我个人来说，对海外那种以六经注我或强人从己的诠释理论与实践，却不大能够接受。

十力先生曾称他恪守"根柢无易其固，裁断必出于己"的治学原则，此语精审使人敬服。但他诠释古书，往往强古人从己意，以致其文虽颖脱迥拔，却因难寻文证，而终遭非议。檀岛之会时，我曾与杜先生谈过，不应把古人拔高或理想化。我认为孟子思想与杜先生所主张的多元化相违，这在阐述孟子民本思想时亦不可为之讳，要扬善但也不隐恶。在思想一元还是多元化问题上，依愚见，孟子不及庄子。庄书总是以对话方式，使仲尼较老子或隐者略逊一筹，这虽然是可笑的褒贬方式，但他并未将对手涂黑或骂倒，而且承认对手的一家之言的地位。孔子在容忍异见上似乎更要好一些，并不像孟子拒杨墨那样偏激。胡适晚年曾引用他老师白尔的话并加以引申说："容忍比自由更重要。"这句话虽平凡，却是真理。没有容忍，没有多元化，就没有自由。我国早在两汉以前，就已存在着定于一尊的思想；先秦法家的专横独断的政治论固不待言，像孟子这样具有伟大民本思想的哲人，也有不息不行之论，此说开启了后世不塞不流，不破不立的先河。我们应正视这一点。

近读海外一篇演讲文稿。其中将大陆学人对传统持批判态度者，均归为搞影射史学。其实，大陆学人在已往历次思想批判的政治运动中，均因被诬为影射而遭祸，如"文革"批吴晗《海瑞罢官》，指他在为彭德怀翻案。"大跃进"时，凡写过有关杜甫《北征》的，均被指为在影射三年灾害，诸如此类的例子，俯拾皆是。有了这样的经验教训，他们怎会作茧自缚，授人以柄？且影射非比兴之正途，为有识者所轻。

海外有些学者好作高屋建瓴、把握全局、统观整体之论，因此常常采用概括方法。黑格尔曾把由概括所得之普遍性，分别为抽象的普遍性与具体的普遍性两类，认为前者外延愈广，则内涵愈空。后者不同，可涵盖并统摄特殊性与个体性于其自身之内。此类划分虽然理想，但实际上恐难付诸实现。我们只能说，在概括上可能有比抽象的普遍性较为蕴含具体一些的另一类普遍性，但要求普遍性能将特殊性与个体性涵盖于自身之内，恐怕只是黑格尔同一哲学的幻想。不过，大陆所谓抽象继承法，却是从这种抽象的普遍性引申出来的。有人曾为此说辩护，但多偏重于感情上或道义上，认为冯友兰先生在当时提出此说，具有存亡续绝的良苦用心。冯先生在压力下经历了曲折过程，首先提出，再进行自我批判，终于复归于肯定，这一现象大陆学人倒能理解。但理论之域，更重要的是明辨是非，说出道理。抽象继承法是从形式上借用前人的说法，舍其原有的本义，使之成为一种比喻。在生活中用这种方法却是常见的，但一旦作为继承遗产的原则，势必会模糊原来对象的本来面目，以至篡改了它的本义。这无异把遗产当做一种与其思想内容无干的容器，从而只是在形式上继承了前人的思想资料。用这种方法从文化遗产中所能得到的东西，将是极贫乏、极稀薄的抽象。

我生活在政治气氛极浓的气氛中,也许由于反拨作用,倒不大喜欢那种以天下为己任、开药方的文章。但这一点说来话长,信中难详。……

一九九二年五月三日

(《清园夜读》,海天出版社 1993 年 10 月)①

---

① 亦见《清园论学集》,上海古籍出版社 1994 年 12 月。

姜椿芳与大百科全书

《中国大百科全书》分六十六个学科，共七十四卷，一亿两千余万言，现已全部出版了。这样一部煌煌巨制，从无到有，仅仅用了十五年时间。

为了庆祝全书完成，上海分社举行座谈会，邀请在沪编委及各学科分编委的主任、副主任参加。我也是应邀出席的一个。座谈会上亲聆了许多发言，使我深受启迪。大百科虽然只有十来年历史，可是由于人事更迭，原来的老同志，或逝世、或卧病、或下岗，以致使许多史实幽暗不明。比如，会上有人说大百科出版社成立在十一届三中全会以后，这是失实的。据我所知，大百科出版社在一九七八年就经国务院下文批准成立。当时我在北京，在那段日子里，常和作为大百科出版社发起人、创办人的姜椿芳相聚。一天我们同去访问一位阔别已久的友人，在路上他把刚刚得到国务院批准的消息告诉了我。他向来是一个平静温和的人，感情不太外露，但这一次他显出少有的兴奋。此情此景，至今仍在目前，使我感念故人，不胜怅惘。次年，我再去北京，他又向我谈及准备请胡乔木到大百科担任总编委主任。不久，这件事果然实现了。胡乔木身居要职，公务繁重，实际上大百科事仍由老姜来抓。

在上海这次召开的座谈会上，我的座位恰巧排在会议所陈列的大百科全书的书案之前，看到这些装订精美的知识宝库，我不禁想：

其中凝聚着老姜的多少心血！他曾经参加了多少次各卷以至各分支的计划会、筹备会、审稿会、定稿会。最后几年，他已失明，可还是仆仆风尘，由人扶着上路，去参加各种会议，让人把稿件读给他听。他对大百科可说是具有一种宗教式的虔诚。胡乔木在给他的信中就这样说过。这种敬业精神在今天看来尤为可贵。他越到后来就越执著地盼望能在自己有生之年，得见全部大百科问世。现在这七十四卷的大百科就在这里，可是，老姜已逝世六个年头了。

我是在一九七九年平反前，经虞孙、季宏之邀，到大百科上海分社工作的。在编辑《中国文学卷》的过程中，我常与老姜争执。我不赞成在编写上分片分块包干的办法和把交稿日期限时限刻定得过死，我认为这都会影响质量。我十几岁在上海时就由老姜领导从事文化活动。他是看我长大的，所以我提意见毫无顾虑。他对我的宽容，使不了解内情的人颇觉诧异。现在回过头来看，老姜主张尽早把第一版编好，打算在第二版修订时再做过细工作，这一方针是切合实际的。现在这一版大百科是分学科编的，篇幅庞大。倘从数量上看，可居世界百科之首。但编纂百科，不能以量取胜。相反篇幅浩繁往往是其所短。因为分学科编纂是不科学的；而其中的交叉重叠则是不可避免的赘疣。比如，以孔子来说，由于他的博学多能，倘按学科编撰，就得分别列入许多条目之中，至于孔子的生平究竟放进哪一条目中最合适？或者，是不是在每一条目中都交代一两句？这就很难解决。分学科编就会碰到一大堆诸如此类的问题。

老姜在世时也承认现在这样分学科编不科学。他认为第一版是为第二版做好准备，到第二版时，就应按现在各国通行的综合编纂法，将七十四卷删繁就简压缩在三十卷之内，以符合百科全书便于检索的辞书性质。这是老姜在任时经过长时期探讨，大家所认同的方针。大百科出版社成立时即设有研究室，老姜为此物色了专门人才，组织力量翻译了英国的大不列颠、法国的拉鲁斯、德国的梅耶、日本的平凡社和讲谈社大事典、苏联的百科全书等有关框架、知识系统，编纂方法及不同百科全书同一条目的释文等等资料，并将它们译成中文，进行认真的探索。中国大百科第一版能有今天这样的成就，应归功于当年这一决策。这次在上海举行的座谈会上，也谈到再版问题，可是没有人提及原来的再版设想了。有人竟提出第二版争取出一百卷的豪言壮语。当时我感到，连续性的中断往往会给工作造成极大的浪费和损失。大百科也不例外。

愿他安息在大地的怀抱里。

一九九三年十月六日①

（《清园近思录》，中国社会科学出版社 1998 年 1 月）②

---

① 王元化 2003 年 7 月 20 日在其《人和书》的跋文中有如下一段记述：

在重写《怀林淡秋》一文时，我也曾想把我另一位兄长般的友人姜椿芳也重写一遍。他是我入党后的第一位领导人。那时我才十八岁，他如一个大哥哥般地关怀我。这种感情，经久不变。一九五五年我被隔离时，他像淡秋一样，写了长信给张可。直到二十几年之后我们才重新相见。那时"四人帮"尚未被粉碎，他从秦城监狱放出来不久，特地到上海来访友。他到我家来，走上狭窄的三层楼梯，一见到我，就把我抱住放声大哭。此情此景，至今难忘。"四人帮"刚粉碎，我到北京去申诉，那时他还没有完全平反，领我乘电车、公共汽车一天走访九处。趁我在北京时，他又设法借了一辆小巴，领我去香山玩，请我吃了一顿极为丰盛的晚餐。这是十年浩劫后我的第一次最美好的享受。一九七九年我一平反，他就约集了所有我在北京认识的人聚餐，约有四、五桌人。他内心充满喜悦，向大家宣布我的平反，为我祝贺。后来我进了他所主持的大百科出版社，为了一些工作方面的问题，有时和他顶撞争辩，我的态度不好，他也总像大哥般地对我加以容忍。这些往事我怎能不把它们写下来？可是现在这种请别人笔录来写作，我是这样的不习惯，往往用很大力气，而事倍功半，觉得远不如自己动笔那样顺当。同时，也由于本书即将付梓，所以只能将原来那篇我并不满意的急就文字收入书中了。

（王元化《人和书》，兰州大学出版社 2003 年，第 374 页）——编者

② 亦见《王元化集》卷七，湖北教育出版社 2007 年 10 月。

关于斯城之会及其他答问

问：您六月上旬去瑞典参加了"当代中国人心目中的国家、社会、个人"讨论会，请您谈谈这次会议的情况。

答：这次会议是由瑞典斯德哥尔摩亚太研究中心与斯德哥尔摩大学东亚学院联合召开的。它得到瑞典与发展中国家合作署、斯堪的那维亚航空公司的赞助。会议共四天，从六月十一日至十四日。出席的有瑞典、美国、挪威、丹麦、中国大陆与香港地区学者四十多位。

问：您下榻的萨尔舍巴登饭店的所在地，听说是个有悠久历史的度假胜地。

答：这里是瑞典夏季度假胜地，也时常作为国际会议的活动场所。萨尔舍巴登饭店建于一八九三年。戊戌政变后，一九〇四年康有为流亡海外曾到过这个饭店。他在日记中称，萨尔舍巴登是瑞典最美的地方之一。今天许多重大的国际会议，如石油输出国组织年会、欧洲自由贸易联盟年会都曾经在这里举行。

问：这次会议日程是怎么安排的呢？

答：这次会议安排得很紧凑。会议参加者虽然有不少外国人，但会议使用的语言是汉语。这在西方是不常见的。自然其中有几位外国学者不会汉语，用英语发言，但多数是用中文。这一点曾引起海外一位友人的惊讶，他说由此可见欧洲汉学家中文功底之深了。

会议第一天上午开幕。由斯德哥尔摩亚太研究中心主任赫德馨主持；斯德哥尔摩大学校长英格·永森教授致开幕词；瑞典和发展中国家合作署署长安德斯·威依克曼致欢迎词；斯德哥尔摩大学东亚语言学院院长、中文系主任罗多弼做了会议导言。紧接着十点半，会议就进入学术报告和答辩。会议每半天由一位学者主持，每位发言者讲二十分钟，然后与会者提出问题，发言者进行答辩。当天上午会议由余英时主持，下午主持人是杜维明。第二天，六月十二日上午会议是由我主持的。以后会议的主持人有李欧梵、陈方正、葛浩文等。

问：听说您在八日下午的会上做了题为《社会契约的两种类型》的发言。您的发言有没有引起争论？

答：我的发言已经发表在今年四月二十日《文汇读书周报》上，这里不再重复了。争论是有的。这里我只想谈争论中的一个问题，即历史和逻辑的关系问题。我认为有的学者从逻辑推理作出论证是有缺陷的。过去我也十分欣赏黑格尔所说的历史和逻辑的一致性，但如果过分相信逻辑推论，以逻辑推理代替历史的实证研究，就会形成以抽象代替具体的弊端。历史的发展固然可以从中推考出某些逻辑性的规律，但历史和逻辑并不是同一的，后者不能代替前者。历史的发展往往并不是可以根据逻辑推理，顺理成章地得出结论的。我强调法律上的证据法，强调拿出证据来而不能只根据逻辑推理，或根据我国传统审案的所谓"自由心证"。因为在审案中根据逻辑推理可以构成的罪行，在事实上却往往是无辜的。这一点在我们的"文革"中可以说是屡见不鲜的。我的上述发言曾引起林毓生教授的反驳，他认为理论研究和审判案件不同。两者自然是不同的。可是，我觉得两者在所蕴涵的历史和逻辑的关系问题这一点上仍是有共同之处的。

问：看了您带回的会议资料，我感到这次学术会议，不少海外学者对我国近现代文化思想给予了很大关注。特别值得注意的是张灏的《中国近代转型时期的民主观念》，这篇发言对近代以来民主观念的发生、变化及形态异同作了比较全面的、条分缕析的考察。

答：这篇发言确很有意义。自从近代西方思潮传入我国以来，有许多概念，如民主、自由等等，人人都说，可是它们的确切含义，却很少有深入的钻研，结果只剩下一个朦胧模糊的印象。就以民主作为一种政治学说来说，它的起源和发展流变，它在英国经验主义和大陆理性主义的不同思潮中形成怎样不同的学说，以及当它传入我国后，我国思想家有怎样的诠释和发挥，这些问题都是建立现代化民主体制所必须弄清楚的。可是迄今还很少有人关心这类问题。我觉得我们还缺乏踏踏实实的精神，不务精探，而好趋新猎奇，满足于搞花架子，在文章中点缀一些转手贩来、自己还未咀嚼消化的新学说、新术语，借以炫耀。一些刊物，也往往喜欢发表这类文章。这几年一些海外学者中的有识之士，都对这种学风提出了批评。这里我想援引手边几本海外学者在他们的著作中发表的意见。一本是林毓生的《中国传统的创造性转化》。林教授是一位严谨的学者，他说中国知识分子常犯一些情绪不稳定的毛病，不是过分自谦自卑，就是心浮气躁、狂妄自大。他说要了解另外一种文化是非常困难的事，把另外一种文化的一些东西当做口号是相当简单的，但口号式的了解并不是真正的了解。这种口号是很做作的、不自然的，反映我们内心问题的假权威。他举以前在台湾文学界流行的"现代主义"和"新批评"（New Criticism）为例，说随便把在外国环境中因特殊的背景与问题而发展出来的东西当做我们自己的权威，实在是没有根据的。这种办法的结果是：可怕的口号变成了权威，亦在把外国的一些观念从它们的历史的来源中切断，断章取义地变成了自己的口号的时候，自然就会犯形式主义的谬误（formalistic fallacy）。这些话虽然是针对台湾学术界的一些情况而发，却也切中我们这里的时弊。

此外，余英时的《中国文化与现代变迁》是最近出版的一本著作。余教授称他治中国思想史永远立足于中国传统及其原始典籍内部所呈现的脉络，而不是任何外来的理论架构。他认为，严格地说没有任何一种西方的理论或方法可以现成地套用在中国史的具体研究上面。余教授也批评了趋新猎奇的倾向。他说西方学术界号称日新月异，其实是异多于新。许多所谓新观念、新思想不过是变名词的把戏而已。西方学术界并没有一面倒的趋新的风气，一味趋新的人往往被同行看做是浅薄的表现。他提出今天的文化危机特别表现在知识分子的浮躁心理上，他们仰慕西方文化而不知西方文化的底蕴，憎恨传统文化而又不知中国传统为何物。

海外学者的这些说法使我深深引为共鸣。我在《思辨发微》这本拙著中，收有我在一九八四年写的一篇短文《各领风骚三五天》，其中举出黑格尔援引《新约》中的话，说到学术界新流派一个挤掉一个的现象。这段话的大意是：当你埋葬前人的时候，将要把你抬出去的人已经站在门口。这种不务深探、趋新猎奇的风气弥漫于文化界。在学术、文学、电影等领域似乎已成为主导倾向，许多人竟以为这才是合乎潮流的创新。我觉得这已成了文化领域中一个不容忽视的问题，认识这个问题的重要性，可以使学术界去掉浅薄、浮躁，建立踏踏实实的学风。去年哈佛大学举办的"文化中国"学术研讨会上，几位海外学人对国内一家刊物编者就曾提出过少登这类空文而多发表一些切实探讨中国文化的意见。

问：张灏在他的发言中，把一八九五年至一九二五年定为由传统过渡到现代思潮的关键时期。这一时期中西文化开始了广泛而深入的交流，而中国转型时期的民主思潮也在这时开始定型。他指出，中国近代知识分子吸收和认同的是西方社会的高调民主。它的表现是第一，从民族主义观点去认识民主。梁启超、严复、邹容等强调民主是民族独立、国家富强所不可少的条件。第二，从传统道德的社群取向去认识民主。康有为、谭嗣同等以儒家的"仁"理想为基础，吸收西方民主思想；李大钊以大同团结为理想接受民主政治。这样的高调民主观念，它绕不开一个问题——民众主义。无论近代知识分子舍弃了传统的圣贤君子的政治观念，还是现代知识分子宣扬群众是历史的动力说，事实上精英主义、权威主义观念始终没有在中国知识分子的自我意识中退位。相反，二者以某种奇特、悖论的方式结合着，由此我国转型期的民主思想带有很大的不稳定性和脆弱性，这一倾向，在今天中国知识分子的民主观念中也常常地出现。张灏先生这些观点确有新意。

答：张灏教授对西方民主观念两种类型的概括，对中国知识分子认同和接受民主观念的评说，以及对我国现代转型时期的界线划分等，都作了深入的阐发。我觉得我们今天缺乏这样的文章，报刊也很少刊载这类文章。张灏的发言也有人提出补充的意见。张灏认为人性具有幽暗意识。他的一本书就以《幽暗意识与民主传统》命名。有人引用一位思想家的话说得很好："正因为人性有恶，所以民主是需要的。正因为人性有善，所以民主是可能的。"这一说法，我觉得可以补充张灏教授未充分展开的论述。人性恶是古代法家的观点，司马谈《论六家之要指》称法家"惨刻少恩"，就是指法家不承认人性中也有善的因素，因此只有用严刑峻法去限制、去制约的缘故。

问：类似这次瑞典召开的有关中国文化的国际研讨会，已经召开过数次。您参加了不少次会议，和海外关心研究中国问题的专家学者接触不少。您有些什么感想？

答：类似瑞典斯德哥尔摩的学术研讨会，这几年我参加了三次。第一次是在美国夏威夷东西方中心召开的，时间是一九九一年二月。第二次是一九九二年八月底至九月初，在美国哈佛大学召开的（这两次会议都以"文化中国"为标题。"文化中国"不是政治概念，而是文化概念，它指全球华裔以及和中华文化有着渊源关系或研究中国文化的外围人在文化上的认同，因此这一文化概念要比政治概念宽广得多）。今年瑞典斯德哥尔摩召开的是第三次。我参加了三次会议，深感这样一种国际文化学术交流会议是非常有意义的。通过会议，我们可以互相了解彼此的研究方向和最新研究成果，这往往是只靠阅读所不能了解的。我们应该承认，长期以来，我们在学术研究方面因意识形态化所带来的损失是很大的。过去的政治挂帅、阶级斗争工具论、以论带史以及硬性作出唯物、唯心两条路线斗争等，种种流弊，至今也并未完全消除。这样的学术研究引起别人的非难是不奇怪的。但是海外一些学者认为大陆无学术而只有原始资料的极端看法，也未免偏颇。不能说长期以来大陆学人中没有不计成败、埋头苦干的人，他们具有识见的著作虽然不多，但总是存在着的，只是往往被埋没而不为海外所知道罢了。我以为海外学者在诠释古籍方面往往不够精确。美国杨联陞教授在世时，曾写过不少纠谬文章，海外学者称他为 watching dog，视之为畏友（最近中国社科院出版了杨的论文集）。但他去世后，就很少有人再做这一工作了。去年我在哈佛见到在费正清研究中心从事研究工作的学者林同奇，他十分重视这一问题，并为此用英文写了不少介绍大陆学术研究的文章。最近他在美国一份历史悠久、很有威望的杂志 *Daedalus* 也上发表了长篇论文来阐发此意，企图使海外学者能够更多地理解大陆的学术真相。我觉得我们自己在这方面做的工作很不够。我们并没有把堪为代表的学人著作介绍出去（通过国际发行渠道介绍出去的多半并不是佳作）。这一点说来使人痛心，许多优秀论著即使在国内也常是默默无闻，又怎么能够让海外认识它们的价值？为此我曾想集合一点力量办一份杂志，介绍一些好作品，不是从政治目的出发，也不讲什么知名度，而是为了那些可以代表国内水平、具有真知灼见的学术论著。可是这一小小的愿望四五年来迄今未实现。①

一九九三年七月

(《清园近思录》，中国社会科学出版社 1998 年 1 月)②

---

① 本文节录的是该文开首至此的部分。——编者
② 亦见《清园论学集》《九十年代反思录》《王元化集》卷六。

谈 想 象

——致海外友人书

尊文对西方某些汉学家关于中国语文及文字见解的误读作了纠正，甚佩。要理解一个异邦的文化是十分困难的，特别当涉及那些非规律性的细微幽深之处时更是如此。海外汉学家往往以西方为坐标来衡量中国的文化，而不知道在思维方式、价值系统、心理素质上，多有差异，有时这些差异甚至是很巨大的。在进行中西文化比较时，抹杀其间根本方面的相同，固然不对，但我觉得海外汉学家的失误往往倒是在于忽视其同中之异。比如尊文所引法国汉学家弗郎索瓦·于连（Françoise Julien）一九八五年发表在《远东与远西》第七期上的《想象的产生：论中西文学》中的下述看法就是一个例子。他认为既然西方直到十九世纪浪漫派才出现想象理论，中国怎么可能早在千余年前就有近于想象理论的神思呢？于连先生显然是以西方为标准来衡量中国文化。

近读熊十力先生遗著，知他晚年十分反感以马列哲学中唯心唯物理论乱套中国的心物观念。其实，此风更早始于"五四"初胡适以进化论及实验主义套讲中国哲学史。六十年代初，我撰《文心雕龙创作论》时，虽对附会存有戒心，但在论述传统文论时以西学为准的影响仍然存在。这使我偏重于阐释《文心》中与西方美学相似或相近的原则，至于其中不同于西方美学而具有独立特色的方面则未加探讨。比如"气"这一概念，在传统文化中是个极其重要的概念，但在西方理论中却难找到相应的理论。（"气"这个字难觅英语单字对译，有人译成 quintessence，不妥。李约瑟译作 vital energies，虽较好，亦难尽其意。）就我所见，直到十九世纪黑格尔美学中才出现了"生气灌注"的说法。但黑氏的说法与我国传统理论中大量有关"气"的概念还是难以比量。至于从内容的丰富性和复杂性来说，相差就更大了。又如《文心》中的《风骨》篇，我就很难从西方文论中找出相应的概念来进行阐述，于是只好暂告阙如了。再如我对《镕裁》篇的阐释，是按照外国文论中通常阐述的创作过程或创作步骤来阐述的，因此长期以来，未惬于心。我觉得海外汉学家倘以西学为主体来解读中学，实际是退回到半个多世纪前已被克服的西方文化中心主义的立场上。这是无法理解中国文化传统底蕴的。一九五〇年初大陆实行"一面倒"政策时，苏联专家进入中国，在文化上提出不少违反中国文化传统的粗暴做法。比如苏联专家里斯列，强以斯坦尼斯拉夫斯基的体验派表演体系改造中国传统戏曲即是一例。他完全无视中国戏曲是和斯氏完全不同的以程式为手段的虚拟性的写意型表演体系，从而不能用斯氏体系对它强行进行改造。已故导演崔嵬当时始终不屈，曾和里斯列进行了多次争论。但也有一些戏曲导演和演员直到今天仍按这种错误理论在进行"戏改"，以为这就是中国戏曲的现代化。

中国艺术的写意性与想象有着密切的关联，无论在文学、绘画、戏剧、音乐中都鲜明地显示了写意的特点。可是这很少被人涉及。（附带一提，中国的义符文字，以目治、单音以及造句中以名词为主的特点，是和西方的音符文字不同的。中国传统艺术以写意为特点，也和中国文字的特点有着十分密切的关系。）尊文所列举几位西方汉学家论断中国传统因无宗教的超越意识，故在艺术中只能"真实地表现实事"，这纯粹是从逻辑推理作出的结论，而在艺术鉴赏方面未下工夫，甚至可能并未亲炙。甚至我对他们是否认真读过传统文论著作也感到怀疑。如果说西方文论从自然的模仿开始，而中国文化侧重比兴之义，早在先秦《周官》及汉代《诗大序》中就有"六诗""六义"之说。西方文论传入中国以前，"比兴"之义始终是中国文论的核心问题。比兴说与模仿说的差异，即在中国重想象（也许可以说是不同于西方方式的一种虚构，亦即后来刘勰所谓"身在江湖，心存魏阙"的超越身观的神思），西方重自然，中国重写意，西方重写实。文化背景不同，倘不破除隔阂与偏见，就很难真切体会这一点。近来我常常谈到京戏，不仅因为我爱好京戏，而且由于京戏充分体现了作为中国传统艺术的写意性。这种写意性和传统的绘画、音乐、书法等是相通的。布莱希特受京剧影响颇大，但他只从京剧中吸取"间隔效应"这一方面，而对其中的写意性则很少提及。可见理解异国文化，倘要升堂入室是多么困难的了。

一九九四年

补记：

《谈想象》一文寄加拿大《文化中国》发表时，附有下面一段文字，现照录如下：

近年来几次参加海外举办的中国文化研讨会，我已将自己的一些感想分别写进几篇文章中。现将我写给友人张隆溪先生的一封信也附上，作为笔谈一部分，表达我对中西文化交流的一点看法。我觉得在交流中，尊重并理解对方的不同文化传统和文化背景是十分必要的。中国需要引进并研究西方文化成果，以补自己之缺，早已成为有识之士的共识，不再是需要大声疾呼引起注意的问题了。

研究中国文化不能以西学为坐标，但必须以西学为参照系。中国文化不是一个封闭系统。不同的文化是应该互相开放、互相影响、互相吸取的。我不赞成所谓万物皆备于我的返本论。尤其当有些人假借东方主义的理论，只承认文化传统的特性，不承认各个民族由人类共性所形成的相等的价值准则，因而拒绝遵守国际公法和人性原则的时候，这个问题就更为突出了。今天不应该再出现清军在常胜军协助下攻破太平军据守的苏州，因杀降而遭到戈登将军责问时，以"国情不同"为借口来搪塞的荒唐事了。我愿再一次援引拙著《清园夜读》后记中所揭示的那种诡辩术。这些诡辩者只要对自己有利，可以根据不同时期的不同需要，出乎尔、反乎尔，不惜把惠施说的万物毕同毕异分割开来，时而只承认万物毕同，时而又因碰到相反情况而只承认万物毕异。上述以国情为借口而蔑视国际公法和人性原则的诡辩即其一例。

研究中国文化，现在更需要的是多做些切实的工作。自从自由、民主、人权等等名词由西方传入中国以来，人人都会说，可是却很少有深入的钻研，结果在人们头脑中只剩下一些朦胧的概念。就以民主作为一种政治学说来说，它的起源和发展演变，它在英美经验主义和大陆理性主义的不同思潮中形成怎样的学说和流派，以及当它传入中国以后，我国思想家对它作过怎样的诠释与发挥……这些问题都是建立现代民主社会、民主体制所必须弄清楚的。可是迄今很少有人关心这类问题，以致对于援引孟子"黎民不饥不寒"而说中国的民主就在于吃饱穿暖的谬论，竟很少听到反驳的声音。似乎很多人都把注意力放在二十一世纪从宏观去阐发海外的某些新颖观点和原则上去了。记得小时候一位学圣品人（基督教牧师）的长辈对我说：《圣经》上说的"你要做世上的盐"比"你要做世上的光"更好，因为光还为自己留下了形迹，而盐却将自己消融到人们的幸福中去。作为大陆上的一个学人，我佩服那些争做中国文化建设之光的人,但我更愿意去赞美那些甘为中国文化建设之盐的人,忘我无私精神总是值得尊敬的。

一九九五年十月二十四日

(《谈文短简》,辽宁教育出版社1998年)①

---

① 《王元化集》卷二,湖北教育出版社2007年10月,该文标题为"谈想象——致友人书"。

悼目加田诚

一九九四年五月初日本汉学家目加田诚先生逝世时,收到福冈大学打来的长途电话。我于目加田先生遗体行殡葬礼前拍去这份电报。目加田先生在三十年代来上海,曾拜会鲁迅先生。他是一位热爱中国文化的日本学人。

痛悉目加田诚先生不幸逝世,曷胜哀恸。十一年前,我由中国社会科学院委派,率团访问日本,有幸拜识先生,亲炙先生仁者之风。次年中国文心雕龙学会暨复旦大学联合举办中日学者文心雕龙研讨会,先生不顾已届八十高龄,欣然命驾,再次得聆謦咳欬,深受教益。今年年初,文怀沙先生来沪,言及在日本访问时,面晤先生,谈话中先生对我拳拳眷念之情,令我感动不已。今先生遽归道山,忆及前尘往事,倍觉伤痛。一九八三年访日时获知,先生于二战尚未中止之前,率弟子于艰难困苦中,弦歌不辍,孜孜于文心雕龙之研究,此种精神堪与魏晋时代道安于颠沛流离中率弟子弘扬佛法相媲美。先生之学术功业,非日本一国之荣,先生之高风亮节,亦非仅同辈之楷模。临书凋怅,遥向东瀛,谨致哀悼。一九九四年五月六日后学王元化拜唁。

(《清园近思录》,中国社会科学出版社 1998 年 1 月)①

---

① 亦见《王元化集》卷七,湖北教育出版社 2007 年 10 月。

在南京大学国际学术研讨会上的致词

下面是我参加一九九六年南京国际学术研讨会"文化：中西对话中的差异与共存"开幕式上的致词。由于事出仓促，我于四月二十三日凌晨开会前数小时赶写成此稿。

我很荣幸被邀请参加这次盛会，使我有机会可以聆听各位发表对中西文化问题的高见。这些年来，我虽然多次参加有关中国文化的研讨会，但是能像今天这样和这么多的法国学者聚在一起议论中西文化的异同，还是少有的。我期待听到法国朋友从不同角度对中西文化问题提出具有独创性的看法，使我可以从中吸取新的知识和新的智慧。

中国历史上曾经有两次出现了大规模地对外来文化的吸取。一次是在一千多年以前的东汉末和魏晋南北朝时期。当时从西域传来的印度文化，使中国过去偏重经验的思维方式增强了思辨性质和逻辑色彩。第二次具有重要意义的中西文化交流发生于近代。这是从明代后期开始，到了本世纪初"五四"前后，达到了前所未有的高潮。这一时期，法国思想家艺术家的著作大量介绍到中国。比如笛卡儿，启蒙时期的伏尔泰、百科全书派的达朗贝尔、狄德罗等，都在中国享有盛誉。七十年代末，中国开始编纂百科全书。我参加了这项工作，负责编中国文学卷。那时我们中国大百科的同仁，都自称是启蒙时期的百科全书派，以此自豪。我们也仔细研究了法国图文并茂的百科全书拉鲁斯，并译出了其中若干条目释文作为借鉴。

就在中国开始介绍法国文化的差不多时期，中国思想家艺术家的作品，经过法国学者的努力，也被介绍到法国。例如根据纪君祥《赵氏孤儿大报冤》改编流行于欧洲的《中国孤儿》，就出于伏尔泰的手笔。在法国不仅启蒙学派，还有许多艺术家对中国文化也是喜爱的重视的。在中国成为家喻户晓的法国大作家巴尔扎克，在小说《禁治产》中，曾经描写一个法国人由于酷爱中国文化而入迷，甚至引起家人误会的故事。这一切说明中法文化之交是源远流长的。

文化交流不应受到意识形态和社会习俗的影响。这样所凝结成的友谊才可以一代一代持续下去。有人说今后的世界将由于文化差异而形成新的冲突。虽然中国近代史上出现过狭隘的民族主义思潮，也出现过盲目的排外行为，但中国人的文化传统在根基里是重视和谐意识的。孔子所说的"和而不同"就是阐明此义。让我们在文化的差异中，求同存异，取长补短，发扬各民族文化传统的特点，为人类文明共同做出应有的贡献。

一九九六年四月二十三日

（《清园近思录》，中国社会科学出版社1998年1月）①

---

① 亦见《清园近作集》，文汇出版社2004年8月、《王元化集》卷七，湖北教育出版社2007年10月。

《太平天国革命亲历记》译序

本书原名 Ti Ping Tien Kwoh：The History of Ti Ping Revolution, Including a Narrative of the Author's Personal Adventures，英国呤唎（A.F.Lindley）撰。一八六六年伦敦 Day & Sons 出版公司出版。一九六一年中华书局出版了中译本。一九八六年再版发行。现已经过了十多年，迄今尚未重新印行，该书早已售罄。兹再作校订，并商得上海档案馆同意，将馆藏的唯一一张李秀成部进军上海时所摄的相片制版披载。这一译本的新的版本，由上海人民出版社出版。

这本书是五十年代末，由先父和我共同翻译的。他翻译了前八章，我翻译了第九至二十六章。全书完稿后再经我作最后的校订和润色。在一九八六年的中华书局再版本中，我写了一篇跋文记述我们翻译此书的经过。那时先父已去世，我在那篇跋文中说："译此书时，先父已届高龄，可是出版社限时限刻。索稿甚急。因此大部分译事落在我的头上。那时我大病初愈，工作尚未分配，有的是时间，每天几乎工作在十小时以上。过去，我对太平天国史很感兴趣，所以翻译时不太感到陌生，这给我不少方便。但本书是一百多年前用英文写的，凡我国人名、地名、职官名、文书等，均需回译。其中有不少这类译文，当原作者由中文译成英文时，即打了很大折扣，现在又须据此颇成问题的英译回译成中文，确实使我汗流浃背，穷于对付。每逢碰到许多译得不准确的人名或地名时，往往煞费斟酌，需要查对不少史料，方可下笔。但即使如此，也还难免讹误。在职官方面，原作者以当时英国政府和军队的职称来称谓清方及太平天国的官名与军衔，这种欧化译法简直使人无从捉摸。我在翻译时，几乎无一例外，需要查阅有关史籍，寻找线索，才能译出正确无误的原名。回译清方文书（大臣奏折和皇帝上谕），尚有《东华录》可考，这虽然极其耗时费事，但终究还不致茫然无措。最使我头疼的是回译现已亡佚的太平天国文书，手边一无可供参考的资料，全要自己硬着头皮，一个字一个字地抠出来。这是一件吃力而不能讨巧的工作。回译时既需要不违反太平天国文书的特殊文体，又需要照顾太平天国文书的特定用语和避讳，同时又不能离开作为唯一依据的英译原文。尽管翻译时在这方面花足了力气，但能否做到近似原件，我还是没有把握的。……回忆我在翻译此书时，先父在旁时加指导，这些情景，至今仍在目前，令我难忘。如今他已弃世八年了。我感到最大的遗憾，就是他未亲眼目睹'四人帮'的覆灭。在十年浩劫中，他对'四人帮'祸国殃民的罪行，具有切肤之痛。倘使他能知道此书在粉碎'四人帮'后的今天得以重版，他一定是十分高兴的。一九八三年初春王元化记于上海。"

一九六一年本书一出版，夏衍即来信说："我在报上看到了这本书的介绍，就写了一封信给在北京的张骏祥同志，建议以此书为基础，编一个电影剧本。"几乎在同时，友人郑效洵从北京来沪，告诉我冯雪峰想根据本书写一部长篇，还准备沿着忠王作战路线作实地踏勘，但后来似乎终未动笔。这本书引起了文艺界不少人的兴趣，大概是由于下述一些原因。本书在前人记载中是少数同情太平天国的著作之一。作者是一位外国人，这就更为难得了。呤唎原是英国派往中国的海军军官。他到上海不久，就弃军职而经商，为太平军购办军火，并一度投李秀成麾下，助太平军作战。作者对李秀成抱着深切的同情，甚至怀有敬意。他自称"本书是遵照伟大太平天国革命领袖的嘱托而写的"。扉页上则写下了"献给太平军总司令忠王李秀成——如果他已去世，本书就作为对他的纪念"。由于以上原因，人们把作者的记述视为太平天国的信史，而不像那些大量的怀有偏见的著述，多诬蔑不实之词。本书在国内影响很大，南京太平天国纪念馆所陈列的图像，就是据本书插图仿制的。本书以记述李秀成事迹为主。太平天国后期，天京内讧，领导层日趋腐化，李秀成力挽危局，成了太平天国中唯一可以担当与清军抗衡重任的人物。他处在内受天王猜忌，外遭强大清军步步紧逼的险恶情势下，居然使太平天国苦撑许多年，打过好几场硬仗，取得了重大的胜利。他的悲剧性格与悲剧命运，博得了作者的好感和尊敬。本书第二十三章记述作者在无锡与李秀成最后离别时的情形说："我和忠王进行了最后一次会见，我永远不能忘记当我跟他握手告别，准备转身离去时，他那双美丽的眼睛所流露出来的生动表情。他的目光表示着友爱，对于我过去服务的感激，对于未来的忧虑，以及一种默默深情的请求，期望我不要在他困难的时刻也像别人一样离弃他。这使人深记不忘的一瞥，在我们之间更增加了一层只有死才能消除的联系，仅仅这样一种联系就要使我竭尽全力去帮助忠王。"作者这段话是在太平军已面临不可挽回的失败命运时说的，所以显得十分沉痛。在这以后，他为他所同情的太平天国所做的唯一事业，就是写出这本记述太平天国的史实以昭告世人。

原著于一百多年前出版。是一本十分罕见的书，不知今天英国本土是否还有收藏。虽然我已经知道有这样一本著作，但找到它却完全出于偶然。五十年代初，原上海租界工部局收藏的一批书，搬到了圆明园路亚洲文会图书馆存放。我得到了友人沈之瑜的帮助，在那里借到了呤唎的这本著作。起先我只想以它作为自己创作的资料，后因忙乱始终没有动笔。五十年代后期，隔离结束后，一直没有分配工作。我向书店接头，希望翻译此书出版拿一点稿费。当时中华书局上海编辑所接受了，并嘱我在一年内交稿。这就是本书翻译出版的由来和经过。本书初版有书店约请罗尔纲写的长篇前言。

罗文充分肯定了本书的价值，同时也指出本书在史实方面有十四条错误。我以为呤唎这本书还有一个最大的特点是记载并分析了英国当时的对华政策。其中颇多在其他著作中所难见到的资料。此外书中所揭露的清军暴行也是为其他著作很少道及的。比如史书中曾经述及曾国藩湘军对待战俘的"挖目凌迟"酷刑，本书第二十一章记戈登军攻占太仓后，太平军俘虏被程学启部酷刑处死的情况，就是对这种兽行的具体报导。我曾将它援引在一篇谈论此书的拙文中。至于关于太平天国本身的史实，就我所浏览的来说，如早期简又文的一些有关著作，后来罗尔纲编定的大量资料，以及清方记载，特别是清军为了作战需要由张德坚编纂的《贼情汇纂》等，都比呤唎这本书要丰富。不过呤唎这本书的贡献，是他在书中记述了他亲身所经历的一些事迹，这是其他著作所没有的。这里说的他所亲历的史实，也包括他从当时外文报刊所摘录的大量报导和评论，这也是其他著作没有涉及的。不过，也需要指出，根据我的判断，本书所记作者个人的冒险故事，大多属于虚构。这是当时著作界的一种风气，作者在书中加进这些虚构的个人冒险故事，很可能是为了增加读者阅读的兴趣。

　　解放以来，史学界出版了不少有关太平天国的著作。我以为如果把近代史中作为农民起义的太平天国运动，和现代中国革命史联系起来考察，就会发现不少饶有兴味的前后相续的现象。可惜这项工作迄未引起人们注意。在我印象中，有这样几个事例是很值得探讨的。如太平天国基于平均主义思想，采取了类似张鲁五斗米教置义舍、义米肉，设男营女营圣库圣粮，以行供给制。再如，太平军行军时，有类似"八项注意"的纪律规定（两者在细节上近似的程度令人为之惊讶）。此类史实倘加以深入探讨，对我们研究中国现代革命运动和已往农民运动的密切关系，将会有不少重要的发现。太平天国的失败自然应归之于天京内讧后领导层的腐化。但其采取歧视知识分子（士人）的政策（往往与摧残文化的行为相联系），也是造成后来失败的一个重要原因。如今所流传下来有关太平天国的野史笔记等，均出于士人之手，他们几乎毫无例外地对太平军持反对态度。这是不能简单地用士人的反动阶级立场来说明的。范文澜撰写的近代史已经看到这一点，他曾引曾国藩《讨粤匪檄》的一段话："粤匪焚郴州之学宫，毁宣圣之木主，十哲两庑，狼藉满地。所过州县，先毁庙宇，即忠臣义士如关帝岳王之凛凛，亦皆污其宫室，残其身首。"指出曾国藩的"这一宣传是取得了胜利的"。我还从一本清人笔记中读到，太平军将所俘士人，着青衣小帽，编入队末，令其抄写文书。据说这还是最优渥的待遇。太平军不理解士人的价值并不奇怪，我们在"文革"中还可以听到用"工人为你们造房子，农民为你们种粮食"之类的话，来指责知识分子只会糟蹋粮食，对社会毫无贡献。

一九八六年本书再版时，我在译者跋文中，曾据罗尔纲意见，将地名芦墟改为甪直。跋文在报上发表后，即得杨其民等来信。杨认为原文 Loo-Chee 译为芦墟不误。理由有五。一、呤唎自上海出发，溯黄浦江至松江，再至芦墟、盛泽、平望等地买丝，然后循运河至苏州。而甪直在吴淞江中游，不经黄浦江。若由松江去甪直，则绕远路，且无水道直达。二、呤唎自称自芦墟至上海约六十英里水路。此与实际较接近。三、书中称芦墟"佛寺捣成粉碎"。案甪直名刹保圣寺，一直没有被毁，而闻名中外的唐塑罗汉，亦至今犹存。四、芦墟、盛泽、平望为著名产丝区，所以呤唎说他携巨款去买丝。甪直为鱼米之乡，并不产丝。五、书中称"此地最近由英国人自太平军手中夺下交满清政府管辖"（见一八六三年十月呤唎在上海《中国之友》西报所载重游芦墟的通讯）。芦墟被戈登军攻下为是年十月，与呤唎所说"最近夺下"日期较为符合。此外，陆铭之亦对此事发表了意见。他也认为初版本所译不误。他说，他就是芦墟人。呤唎将这个地名译为 Loo-Chee，系据当地方言。从前有些诗人将 Lo Qu 称为"芦漪"或"芦溇"。用简化字后，有不少人写成"芦坛"，均与吟唎英译 Loo-Chee 相符合。陆氏还有些意见也与上述杨其民意见相合。他们两位的意见都提出了充分证据，所以书中恢复最初所译地名仍用芦墟。

一九九七年五月八日

（《太平天国革命 亲历记》［英］吟唎著，王维周、王元化译，上海人民出版社1997年12月版）①

---

① 亦见《王元化集》卷七，湖北教育出版社2007年10月。

参观斯特林堡纪念馆后想到的

八十年代中期,我第一次访问斯德哥尔摩时,马悦然邀我去参观史特林堡纪念馆。史特林堡是瑞典负有盛名的作家,但他始终没有得到诺贝尔文学奖。他的纪念馆就是他的故居,坐落在一条小街上的公寓里,面积不大,只有四五间光景。马悦然告诉我,在史特林堡的一次生日聚会时,突然街上涌来了大批人群,在他居室前向他欢呼致贺。他们向站在邻街的小阳台上的史特林堡呼喊:我们赠送给你瑞典人民颁发的诺贝尔奖!史特林堡在狭小的阳台上,把手中花束的花瓣一片片摘下来抛向人群,情景非常热烈感人。恐怕许多人不知道,瑞典人并没有把诺贝尔文学奖颁发给最受他们祖国人民尊敬的大作家。

纪念馆内有一两间房间,是用玻璃幕墙隔开的,参观者只能隔着玻璃观看。马悦然为我破例,领我从后面一道小门走到玻璃幕墙内,我除了看到许多史特林堡生前的用具和纪念品外,还看到了他写的一叠研究汉字手稿,其中有汉字,也有用瑞典文作的说明。这使我惊讶地发现,瑞典有着像高本汉这样研究中国文字的专家,居然这种研究颇为普及,连史特林堡都有这方面的著作。承蒙纪念馆的负责人答应了我的请求,将这些手稿印了十来张送我,我现今还保存着。

史特林堡的著作我读的不多,我知道他写过几个剧本,我读过其中一部。这个剧本中有一个卑怯的小人，曾说过这样一句话："把别人说得比自己更坏一些，也是一种安慰。"我曾经把这句话引在自己的文章中。这句话使我不禁想到我们自己掩饰自己的缺点，掩盖自身的丑陋，恐怕比史特林堡剧中的那个人物要厉害得多。随手可以举出这样几个例子。章太炎曾说"瘢痍者恶燧镜，佝偻者恶梗绳"，鲁迅笔下的阿Q就是个因为自己长了癞痢头，忌讳别人说"光"说"亮"的人。鲁迅年轻时曾师从章太炎，从章太炎那里接受了许多国学思想，也从章太炎那里继承了讽刺笔法。讽刺文在我国本不发达，早期有龚自珍，后有章太炎和鲁迅，他们都是写讽刺文的大家，讽刺在中国近代文学史上是甚为罕见的现象。

鲁迅揭示掩盖丑恶，不惜使用种种诡辩法来为自己洗刷的伎俩，写得最为深刻的是他的一篇杂文《论辩的灵魂》。这是一篇令人拍案叫绝的好文章，现摘引如下："你说甲生疮，甲是中国人，你就是说中国人生疮了。既然中国人生疮了，你是中国人，就是你也生疮了。你既然也生疮了，你就和甲一样。而你只说甲生疮，则竟无自知之明，你的话还有什么价值？倘你没有生疮，是说诳也。卖国贼是说诳的，所以你是卖国贼。我骂卖国贼，所以我是爱国者。爱国者的话是有价值的，所以我的话是不错的。我的话既然不错，你就是卖国贼无疑了。"

可悲的是，这种掩盖生疮的陋习至今不绝。据我所知，就有以下几种。第一种，是用鲁迅我的《第一个师傅》中龙师傅对徒弟受戒时的告诫办法："不准出声，拼命忍住，一出声，头就要炸开，死了！"这种不准有时竟达数十种之多。第二种，"您恐怕弄错了，不是疮，您怎么没有心理距离的艺术鉴赏观呢？您站在沉船的甲板上，如果不斤斤于自己身居危境的考虑，不是正可以鉴赏落日余晖的美丽风景吗？如果不把生疮放在心上，不是可以看出，红肿之处，艳若桃李；溃烂之时，美如乳酪吗？……"第三种，"咋说？你说我生疮？生疮又怎的？你小子太没有自知之明了。拿个镜子照照看，你的疮比我大多了！哈哈……"我想应该还有第四种、第五种，那就留待读者根据自己的体验去补充吧。

二〇〇五年十一月二十六日

（《王元化集》卷七，湖北教育出版社2007年10月）①

---

① 原标题为"谈生疮"。——编者

第三辑　马克思与王国维

人性札记

《资本论》第三卷提出过"最与人性适合也最光荣的条件"。马克思并没有对人性这个概念作进一步说明,我们还不能确切地知道它具有怎样的含义。但是《资本论》第一卷在批判功利主义者边沁的效用原则时曾这样说:"假如我们想知道什么东西对狗有用,我们就必须探究狗的本性。这种本性是不能从'效用原则'中虚构出来的。如果我们把这一原则运用到人身上来,想根据效用原则来评价人的一切行为、运动和关系等等,就首先要研究人的一般本性,然后要研究在每个时代历史地发生了变化的人的本性。"从这里我们可以看出,马克思把人的一般本性和不同历史时代变化了的人的本性加以区别,认为在研究不同历史时代变化了的人的本性之前,首先要研究人的一般本性。这是肯定人性存在的说法,并否定了有些人所说的只有有阶级的人性这一观点。在这一点上,马克思并没有摈弃他在早期著作中关于人性的基本观点。

对于马克思上述人性理论究竟应该怎样来解释?美国的新弗洛伊德派精神分析学家弗洛姆在六十年代初出版的《马克思关于人的概念》第四章《论人的本性》中,曾经作了这样的解释:"与一般的人的本性和人的本性在各种文化中的特殊表现之间的这种区别相一致,如我们上面所说,马克思区别了两种类型的倾向和欲望:一种是不变的或固定的倾向和欲望,例如饥饿和性的冲动,它们是人的本性的组成部分,仅仅在它们在各种文化中所采取的形式和方向上可能发生变化。另一种是'相对的'欲望,这不是人的本性的组成部分,'它们起源于一定的社会结构和一定的生产和交换的条件'。"① 弗洛姆用人的"不变的"欲望和"相对的"欲望来解释人的一般本性和不同历史时代变化了的人的本性之间的区别,同时又把人的不变的欲望解释作饥饿和性的冲动,认为只有这个不变的方面才构成人性的内容。这是用弗洛伊德所谓人被生物的、本能的冲动(即弗洛姆所说的性和饥饿)所支配的人性观点来附会马克思的人的一般本性概念。我以为这是不符合马克思的原旨的。

目前在关于人性问题的讨论中,有篇文章对上述马克思的那段话也作了某种类似的解释。这篇文章提出了不少新见解,澄清了长期以来存在着的一些混乱观点,这是应该肯定的。但是,它认为所谓"人的一般本性"主要是指人的自然属性,即人性的抽象部分,例如"饮食男女";所谓"在每个时代历史地发生了变化的人的本性"则主要是指人的社会属性,亦即人们社会关系的总和,其中包括人的阶级属性。从而断言人性是人的社会属性和人的自然属性的对立统一,脱离了社会性的人和脱离了自然性的人,都是"半面人",不是真人、活人。

的确,人具有各种属性,每种属性都是人本身所固有的、不可缺少的。诚如这篇文章所指出,许多自然科学学科,例如医学、人种学,以至一些社会科学学科,例如人才学中的最佳年龄部分,都是以这种人的自然属性或某个方面为对象的。但是我不同意这篇文章把"人的一般本性"认作是人的自然属性。我认为马克思所谓"人的一般本性"恰恰是指人的社会属性,而并不像这篇文章所说的是一种"抽象的人性",仅仅属于生物学或生理学范畴。马克思在

---

① (原注) 见《哲学译丛》一九七九年第二期。弗洛姆文中的末一句是引自马克思和恩格斯合著的《神圣家族》。

《关于费尔巴哈提纲》中论述人的本质时写道:"就其现实性来说,它是一切社会关系的总和。"马克思在《资本论》中所提出的"人的一般本性"也就是《提纲》中所提出的"人的本质"。两者都不是指"抽象的人性",而是指现实的人性。既然这篇文章承认:人的社会性是马克思和恩格斯多次重复的论断,为什么马克思在《资本论》中提出一个"抽象的人性"来呢?这是令人费解的。

如果说"人的一般本性"是指人的自然属性,那么我们就无法解释马克思和恩格斯早期著作中关于人性问题的大量论断。例如《神圣家族》在阐述异化理论时指出,由于资本主义社会制度的生活条件"达到了违反人性的顶点","无产阶级身上实际上已完全丧失了一切合乎人性的东西",以致使它"不得不愤怒地反对这种违反人性的现象"。这里所说的"人性"绝不是指人的自然属性。因为属于生物学或生理学范畴的人的自然属性,例如饥饿和性的冲动等等,是人的本能,这种本能在任何生活条件下也不会"完全丧失"的。人的自我异化并不是在生理本能方面即人的自然属性的意义上发生,而是在社会生活条件方面即人的社会属性的意义上发生的。那么,我们究竟应该怎样来理解马克思所说的"人的一般本性"呢?我认为这一概念不是指人的自然属性而是指人的社会属性,是根据马克思早期著作关于"人的本质"的论断。《资本论》只提出"人的一般本性",却没有对这一概念作具体的说明,可是马克思对于"人的一般本性"就是"人的本质"的更确切的说法,两者的含义在基本上是一致的。马克思在《评 J.米勒的〈政治经济学原理〉》中,论述了以自然经济为基础仅限于使用价值生产的社会里的人的本质时说:"可以这样设想,我们似乎是作为人进行了生产:我们中的每一个人都似乎在他自己的生产中又一次肯定了自己和别人。第一,我似乎在我的生产中把我的个性,把我的个性特征对象化(客观化)了,因此,既在生产活动中享受了个人的生活表现,又在观察对象中享受了个人的欢乐,我懂得了我的个性是一种客观的、感性上可以观察到的，因而也是一种不容置疑的力量；第二，在你的享受中，或者说在你使用我的产品中，我似乎直接地得到了享受，我意识到：在我的劳动中，我似乎满足了一种人的需求，也就是说，把人的本质对象化了，因此给其他人的本质需要提供了适合于他的对象；第三，对你来说，我似乎一直是你和族类之间的中间人，也就是说，你已经意识和感觉到，我是你的存在的一个补充，是你自身的一个必要部分，因此，无论是在你的思维中，还是在你的喜爱中，我都似乎得到承认；第四，我似乎在我个人的生活表现中直接地创造了你的生活表现，即在我的个人的活动中直接地证实了并且实现了我的真正的本质，我的人的本质，我的社会本质。"这里说得很明白，人的本质是人的社会属性，而不是人的自然属性。人具有各种属性，但是人的本质并不是所有这些属性加在一起的混合物，或者这些属性的任何一种都成为人的本质的组成部分。人的自然属性，像前面说的饥饿和性的冲动等等，也是动物所具有的。构成人的本质的东西，恰恰是那种为人所特有、失去了他人就不成其为人的因素。而这种因素就是人的社会性。上述马克思的那段话和他在《关于费尔巴哈提纲》中所阐明的观点一样，是从人的社会关系上去探讨人的本质的。人的本质不能从孤立的人来考察，而必须从人与人之间的关系上来考察。正如《资本论》第一卷第一章所说："人到世间来没有携带镜子，也不像费希特哲学家一样，说'我是我'。人最先是以别一个人反映他自己。"

根据我的理解，马克思在评米勒《政治经济学原理》时论述人的本质，是在阐明没有阶级的社会、尚未发生自我异化情况下的人的一般本性。这种人的本性是通过劳动生产活动来加以论述的。照马克思看来，劳动产品是人实现自己的表现，由此人认识了自己的本质，看到了自己作为人的实践力量，从而享受到一种欢乐。同时，劳动产品又使人与人之间结成了亲密关系，因为任何人生产的劳动产品，都给别的人的需求提供了对象，成为别的人的补充，是别的人作为人的存在的不可缺少部分，从而得到了别的人的认可。这对于创造劳动产品的这个人来说，也是他的一种欢乐的享受。基于劳动生产所形成的"我为人人、人人为我"这种现实的社会关系，充分地反映了人的本质。人的一般本性的一切精神表现，都是从这种人与人之间的现实的社会关系上产生出来的，都是具有现实的物质基础的。由此可见，马克思所谓"人的一般本性"，既不是人的自然属性，也不是"抽象的人性"。

事实上，弗洛姆把人的一般本性认作是人的固定不变的欲望，例如饥饿和性的冲动等，这些观点是偏颇的。在二次大战后，我读到过一部根据考尔德威尔《烟草路》改编的同名剧本。这部作品就是按照人的生物学或生理学的自然属性去表现饥饿和性的冲动的。它在西方曾经轰动一时。这部作品描写一个即将失去土地的农民家族：穷困、污秽、懒惰、退化。他们的形状也是丑恶的：没有光泽的棕黑色的皮肤，坚硬的头发，生着一颗颗玉蜀黍疹的面孔，长着从嘴唇中部直到鼻子左面大条裂缝的豁嘴……这些人只有低级的本能和强烈的色欲，为了抢食几个蔓菁来塞饱肚子，像狗一样在地上滚着咬起来。至于那些无耻的色情描写，更使人感到愤慨。作者把堕落的资产阶级的性意识硬栽在这些下层人民身上，叫他们公开展览令人作呕的肉市场。这部作品说明如果经过抽象使人的自然属性还原为动物的机能，发展到极端，就会导致否定人的地步。甚至连一些卓有成就的自然主义作家，也由于他们往往把人当做生物学或生理学的人去描写，以致使自己的作品受到了损害。例如左拉在《娜娜》的末尾详细地去描写那个不幸死去的女人脸上的一颗颗脓疮在怎样溃烂，这就给人的心头蒙上了一层消沉的阴影。

欧仁·苏是法国的一位三四流作家。《巴黎的秘密》也不是出色的作品，只是一部写得相当俗气的通俗小说，其中还夹杂了许多有关基督福音的说教。但是由于这样一部作品在描写玛丽这个人物的开头部分中真实地反映了生活的某些方面，表现了她的人性的优美，

《神圣家族》还是对它做了适当的肯定。玛丽是作为一个卖淫妇成了那个罪犯麇集的酒吧间老板娘的奴隶出场的。虽然欧仁·苏后来给这个女性编造了一个皈依宗教的虚伪结局,把神圣的光轮笼罩在她的头上,可是在开头的时候,作者却没有用理想化去歪曲她,而是如实地描写了她的"本来的形象"。《神圣家族》就这一点作了这样的分析:"尽管她处在极端的屈辱的境遇中,她仍然保持着人类的高尚的心灵、人性的落拓不羁和人性的优美。"很明显,这里说的"人性"也绝不是指人的自然属性。值得注意的是紧接着上面的分析,《神圣家族》对玛丽的这些品质提出了一句概括性的说法,这就是"在非人的境遇中得以合乎人性的成长"。我觉得这句话非常精辟地说明了文学作品中的人性问题。如果像欧仁·苏这样一个平凡的作家在描写玛丽的某些段落里,一旦从她的非人境遇中表现了她的人性的闪光,尚且使自己的作品获得了生命;那么,那些像巨人一样屹立在文学史上的伟大作家,难道不是在这方面取得了更辉煌的成就?

不过,这里马上会发生这样的问题:既然《神圣家族》在阐明异化理论时曾说,由于资本主义社会制度的生活条件达到了违反人性的顶点,以致使"无产阶级身上已完全丧失了一切合乎人性的东西";那么,为什么《神圣家族》在分析玛丽的时候,又说她"在非人的境遇中得以合乎人性的成长"?我们怎样来解释她的"人性的优美"?我以为玛丽身上所表现出来的人性,不是《资本论》所说的"人的一般本性",而是"历史地发生变化了的人的本性"。玛丽在那极端屈辱违反人性的生活条件下,无法不丧失马克思所指出的在私有制以前没有阶级的社会中那种在本原意义上的"人的本质"。因为这种生活对她来说是一种反常的强制,而不是她的人的本质的表现。她不会从自己的生活活动中,由于实现自己,认识到自己作为人的力量,并由此和别的人结成一种亲密的关系,而得到欢乐的享受。在这些方面,由于资本主义社会制度的罪恶,使她完全丧失了人的一般本性。但是，她不是一个毫无反抗屈服于暴力之下没有防御能力的羔羊，而是一个善于捍卫自己权利并能坚持斗争的女郎。因此，在她身上出现了在特定历史时代的"变化了的人的本性"。《神圣家族》说："玛丽所理解的善与恶不是善与恶的抽象道德概念，她之所以善良，是因为她不曾害过任何人，她总是合乎人性地对待非人的环境。她之所以善良，是因为太阳和花给她揭示了自己的像太阳和花一样纯洁无瑕的天性。最后，她之所以善良，是因为她还年轻，还充满着希望和朝气。"这种对待非人环境的合乎人性的善良，是在一定历史时代所形成的变化了的人性。它和人的一般本性有区别，但是也有联系。因为它也是人的社会属性的特殊表现。同时，它也是在本原意义上的人的本质在特定历史条件下经过了曲折发展的特殊形态。

一九八〇年二月十五日

（《沉思与反思》，上海辞书出版社 2007 年 6 月）①

---

① 亦见《文学沉思录》，上海文艺出版社 1983 年 5 月、《王元化集》卷二，湖北教育出版社 2007 年 10 月。

马克思主义面临的两个挑战①

我们应当在革命实践中,结合我国的国情发展马克思主义。坚持马克思主义和发展马克思主义是相辅相成的。我以为今天不重视发展也就难以坚持。现在马克思主义面临两个挑战。一个是自然科学挑战。自然科学的"三论"(系统论、信息论、控制论)出现后,使自然科学各个领域都起了革命性的变化。过去我们只强调政治在意识形态中的作用,而不重视自然科学对意识形态的影响。如果今天仍沿用"凡是"派的观点,用引证去代替论证,不重视自然科学对马克思主义发展的重大影响,不学会以马克思主义为指南去对具体事物作具体分析,必然会使马克思主义走进死胡同。古人类学家吴汝康在一九六五年去坦桑尼亚参加在奥杜韦峡谷发现的"东非人"头骨移交仪式,据认为这是当时已发现的最早的人类。后来他根据考察写了一篇文章,认为人类的历史远比以前的理解悠久,在大约二百万年前已有能制造工具的人类出现于东非。"文化大革命"开始了,他受到批斗,那些人说他和毛泽东唱对台戏,给他戴上反对毛泽东思想的大帽子,因为毛泽东在《中国革命和中国共产党》中根据当时的科学研究成果说,人类的起源只有五十万年。这样来对待

---

① 原文系作者在上海市一九八二年五月五日举行的一次文艺理论专题座谈会上的发言纪要(《关于文艺理论的若干问题》),这里节录该文第五节。——编者

马克思主义比我国古代讲究家法的经生注经"一字不敢出入"还要僵硬。事实上，马克思主义随着自然科学的重大发现是不断发展的，因此它具有强大的生命力。毛泽东同志《在延安文艺座谈会上的讲话》，从以前的版本到收入选集，就经过较大的修改。比如《讲话》以前说，人民内部绝不能用讽刺，但收入选集时，就认为讽刺任何时候都是需要的。我们相信马克思主义，因为它是科学，随着实践的发展而发展，搞"凡是"本身是反马克思主义的科学精神和革命精神的。三中全会批判了"句句是真理"和两个"凡是"的观点，才使马列主义、毛泽东思想不再是"四人帮"所搞的宗教，而成为真正的科学，我觉得这对我国理论工作的影响，将愈来愈发挥巨大的作用，也将愈来愈显出巨大的意义。

另一个挑战是西方马克思学的挑战。香港一位作者，曾写过一篇文章，认为我们"总是纠缠在写真实……等问题上面，……援引的不外是俄国文粹派批评家如别林斯基、车尔雪尼可夫斯基以及马列和鲁迅的言论"，而对西方马克思主义者的文艺思想鲜有提及，这对"处于混乱状态"，"标榜以马克思主义为前导的中央文艺界，不无讽刺之感"。应该承认我们对西方文艺钻研未深，对西方共产主义了解得还很不够，通过研究，可以促使我们研究新情况新问题。此外，西方资产阶级"马克思学"的学者也写了大量论文和著作，同样值得我们注意。不过，我们发展马克思主义，决不能发展到西方资产阶级马克思学的某些岔道上去。因为有些西方资产阶级马克思学大抵采取了两种手法，一个是把马克思学说加以歪曲，抽掉马克思主义的革命内容，使之变成西方资产阶级所能接受的学说，如说马克思主义是心理的伦理学之类。另一是采取杂交或渗透的办法，使马克思学说与西方资产阶级各种现代哲学或社会学流派，如新精神分析学等混在一起。对这些我们必须研究，进行说理的论争，以捍卫马克思主义的根本原则。这不仅是文艺理论界的当务之急，也是理论界各条战线的重要任务之一。

最后想顺便说一下，上面提到的那位论者，对于别、车、杜似乎并不怎么了解，不仅连车尔尼雪夫斯基的名字都写错了，而且统称为"文粹派"，也不知何所指而云？论者对我们的文艺界有些隔膜，他竟不知道写真实和别、车、杜，过去遭受的厄运，甚至今也没有完全翻过身来。关于写真实我已经说过不少意见了。请容许我援引吴组湘同志最近所说的几句精辟的话："现在，我们还是看到有些评论，怀疑写真实，反对写真实。有的说，写真实就是自然主义。也许是我弄错了，对'自然主义'可不是这样理解的。……还有的因为曾有人借口写真实写出内容很坏的作品，所以听到写真实就紧张，好像这是为居心不良的人开绿灯，那还了得！我以为不能因噎废食。我们当然要美要善。真不是唯一的，却是最基本的。它是一切文艺生命之所系。离了真，美和善都无所附丽；不真的美、不真的善能成个什么东西？可掉过来却不行。"我认为写真实是马克思主义文艺理论的一个根本原则，恩格斯不是无缘无故提出典型的真实性和细节的真实性的，斯大林也不是无缘无故提出写真实可以通向马克思主义的。但是，今天西方现代艺术中的某些流派是以最初浮现脑际未经理性调整的感性直观作为写真实看待的，这样我们就需要在写真实问题上根据新情况新问题作进一步探讨，而不能老是重复经典的话来代替新的论证。让我们在发展中坚持马克思主义的原则吧。

一九八二年五月五日

（《王元化文学评论选》，湖南人民出版社 1983 年 3 月）①

---

① 亦见《文学沉思录》，上海文艺出版社 1983 年 5 月。

思想政治工作的改革

十二届三中全会通过的《中共中央关于经济体制改革的决定》，确实可以说是马克思主义普遍真理和中国社会主义建设实践相结合的政治经济学。马克思主义是一门发展的科学，而并不以臻于至善的绝对哲学自命。马克思主义的生命力就在于它本身不断地随着社会实践的发展而发展。这次中央的《决定》，深刻总结了我国社会主义建设正反两方面的经验，特别是最近几年城乡经济体制改革的新经验，同时一些具有胆识的经济学家在解放思想实事求是的号召下也作了有创见的理论探讨，从而充实、丰富和深化了马克思主义的一些基本原理，对马克思主义的发展作出了新的贡献。

《决定》的学习和贯彻执行，必然会进一步激发广大人民群众中间蕴藏着的极大的改革热情，推动改革的浪潮在全国城乡迅猛发展。新的形势也必然会出现许多新的思想问题和理论问题，要求人们来探讨和回答。怎样以中央《决定》为指导方针，在改革中做好思想政治工作，实在是一个迫切需要探讨的新课题。我在前不久的一次会议上，曾经就这个问题谈过一些看法，现在愿意提出来，与广大从事思想政治工作的同志共同磋商。

我们党一贯重视思想政治工作，在长期革命斗争中形成了许多值得重视的经验。我们对这些经验需要更好地作出系统的全面的总结，对思想政治工作的规律也还需要进一步认识、掌握。另一方面，建国以来在思想政治工作方面也有某些值得引以为憾的不好经验，特别是一些"左"的做法。我们对待人的思想问题往往不是用说服教育的方法来解决，而是采取行政命令的办法去压服。党的十一届三中全会以后，思想政治工作有了很大的改进和变化。但是，我们有些同志一讲到做思想政治工作，仍习惯于开大会，做大报告，照传照搬，搞得很沉闷、很呆板，而不是从实际出发，采取灵活多样、生动活泼的方式方法去切实地解决人们的思想问题。有的同志不善于平等待人，循循善诱，疏导谈心，而是惯于耳提面命式的生硬灌输，或者说些不着边际的空话、套话等等。这些说明，进一步在思想政治工作中解放思想，在方式、方法上善于创新，抛掉那些不适应今天群众、特别是青年的思想特点的思想政治工作模式和方法，以加强思想政治工作的战斗力，才能适应改革的形势。

当前在各条战线蓬勃兴起的改革，是一场深刻的革命。这场革命和我们已经经历的革命不同，它是用在社会主义制度自身基础上自我改进、自我完善的方法，去改变同生产力发展不相适应的生产关系和上层建筑，改变一切不适合四化建设要求的各种体制。面对这样一场革命，群众中需要解决的思想问题很多，党内需要解决的思想问题也很多。我们一定要在改革中坚持思想先行，通过强有力的思想政治工作，去克服由于"左"的思想影响和旧习惯势力给改革带来的各种阻力。不同的社会主义国家，在不同时期，可以采用不同的方式来坚持社会主义道路。有人把我们的体制改革曲解为放弃走社会主义道路。面对诸如此类的错误论调，我们需要对当前的改革提出理论的论据，作出理论的论证。

建国初期，我们党的思想政治工作积累了一些经验。但是，今天我们已经进入开创社会主义现代化建设新局面的伟大历史转折时期，无论从时代的使命，还是从青年一代的思想和心理状况来说，同五十年代都有不可同日而语的特点。我们经历了"文化大革命"，今天，我们正在实行搞活经济和对外开放，这个历史条件同五十年代有了大变化。这就需要在进行思想政治工作中根据新情况，充实新内容，采用新方法，如果一味留恋、固守、照搬五十年代的思想政治工作的方法和经验，我认为是很难做好思想政治工作的。

今天我们的立足点，应放在探索做好八十年代思想政治工作的新途径、新方法上，创造新鲜经验来丰富和发展过去的优良传统。小平同志提出："教育要面向现代化，面向世界，面向未来"，我认为，今天的思想政治工作要开创新局面，也必须坚持这"三个面向"的原则。

面向现代化，就是要使我们的思想政治工作更好地适应以经济建设为中心的社会主义现代化建设的需要，坚持为社会主义现代化建设服务的方向。面向世界，就是要使我们的思想政治工作更好地适应对外开放的需要，迎接世界新技术革命的挑战。我们必须密切注视整个世界的新趋势，不但研究世界上一切先进的科学技术知识和管理方法，而且要善于借鉴一切对我们有益的各种思想文化和社会科学成果。我们不能自外于世界，闭目塞听，搞与世隔绝的"封闭式"的思想教育。我们的思想政治工作应该教育人们眼界开阔，知识丰富，能够博采众家，补己之短，有自强、自立于世界民族之林的气概。面向未来，就是要使我们的思想政治工作更好地适应振兴中华的需要，把广大干部、群众、特别是青年一代的注意力集中到把我国建设成为高度民主、高度文明的社会主义现代化强国上去。

我们今天从事的是前无古人的事业。在我们这样一个十亿人口，农民占八亿的大国搞经济体制改革，搞现代化，没有现成的经验和规范可借鉴，马克思主义经典著作中也没有现成的答案。我国理论界过去受"左"的影响相当严重。有的同志一讲马克思主义基本原理，往往照搬五十年代国外教科书的模式，把教科书当做不可逾越的教条。这次中央的《决定》，从我国的实际出发，突破了陈旧的、过时的传统观点和传统思想。其中许多重大理论问题，都属马克思主义的基础理论，应作为马克思主义原则而列入我们需要坚持的四项基本原则之中，比如关于社会主义商品经济的理论，关于社会主义计划经济和价值规律的关系，关于社会主义企业所有权和经营权的关系，关于价格体系和财政制度的改革等等重大问题，都是过去五十年代教科书所没有也不可能有的，从而为建设具有中国特色的社会主义画出了蓝图。在这种情况下，我们从事理论工作和思想工作的同志，只有采取理论联系实际的办法，去不断研究新情况，解决新问题，总结新经验，才有可能使工作出现新局面。

理论联系实际是我们一向坚持的学风。目前，在一些从事哲学社会科学工作的同志中间产生同现实"保持距离"的想法，这是心有余悸的一种表现。只有提倡自由讨论来加以消除，才能把理论搞活，打破窒息沉闷的空气。列宁曾经引用过歌德的话"生活之树常青，理论是灰色的"来说明实践的重要，理论是实际生活的概括，它要在实践中不断充实自己，发展自己，才能永葆青春。今天，生活中提出了许许多多思想理论问题和实际问题，迫切需要我们的思想政治工作者、理论工作者和实际工作者相互配合进行创造性的研究，从实践中概括出思想政治工作的规律，对改革问题作出有指导性的回答，也需要对国际上各方面的思潮作出实事求是的分析与评论。所以，我们的理论工作者、思想政治工作者都要自觉地面向实际，加强对现实问题的研究。

理论联系实际，不是放松基础理论的研究。过去我曾以水涨船高的比喻，来说明基础理论和应用学科的辩证关系，但遭到一些人的反对。去年当我们开始注意到新的技术革命挑战这一具有世界意义的重要问题的时候，我高兴地读到几位自然科学专家所发表的谈话，他们都认为，在重视应用学科的同时，不可忽视基础理论。我觉得，在哲学社会科学的研究方面，也是同样必须注意应用学科与基础理论的辩证关系。

思想政治工作的专业化、知识化、科学化，这是开创思想政治工作新局面的一个很重要问题。思想政治工作是做人的工作，是研究人的思想、观点、立场的形成和发展变化的规律，并且教育人，说服人，端正人的思想、观点、立场，帮助人提高认识世界、改造世界的能力。应该说，思想政治工作是一门以人为本位、重视人的价值的学问，而且是一门复杂的学问。有人说它是"灵魂工程学"，不无道理。

人类知识主要是研究自然、研究社会、研究思维三个方面。我们所以说人的思想工作很难做，就是因为人的思维是一个十分复杂的科学领域。同研究自然、研究社会相比，我认为研究人的思维难度更大一些。人的思维秘密并没有全部揭示出来，许多思维规律还有待我们去探索。

思想是不能由别人来代替的。要改变别人的思想，必须唤起他的自觉。2000多年前荀子就说过，可以使别人的口不说话，可以使别人的身体或伸或屈，但却不能使别人勉强改变自己的心意，他觉得对的就接受，不对的就拒绝（"是之则受，非之则辞"）。行政命令只能强迫人去执行，却无法强迫人去接受他所不愿意接受的思想、观点。思想政治工作的科学化，很重要的一条就是要掌握人的思维规律，了解各个不同的人的不同思维特点，掌握工作对象的千差万别、千变万化的心理活动。思想政治工作是一门深刻的科学和高超的艺术，是一项非常细致、非常复杂、非常困难的工作。过去，不少同志把它看得太简单了。今后我们需要加强这方面的科学研究，并使思想政治工作干部成为研究人的思维科学的专门家。

近年来，我高兴地看到，我们有些思想政治工作者已开始在实践中不断总结新鲜经验，注意研究青年的思想特点，注意吸收现代心理学、教育学、社会学、伦理学等学科的研究成果，下工夫探索思想工作规律，在实践中开始创造了一些好办法、好经验，尽管这是初步的，却是一个好的开端。到实践中去，总结实践经验，上升到理论，是思想政治工作的正确途径。

在当前改革的热潮中，系统地总结思想政治工作的经验，深入地研究思想政治工作的规律，使思想政治工作实现专业化、知识化、科学化，使我们的思想政治工作具有吸引力，这是一件意义深远的大事。

(《文化发展八议》，湖南人民出版社 1988 年 10 月)

谈几个理论问题

一

理论研究至少可以采取三种方式。第一种是阐释性的,即对某一问题的某种观点加以说明、引申和发挥。第二种是整理性的,即根据某一课题,搜集有关资料,辨别真伪,进行考辨,以阐明某时代某一现象或某一问题。第三种是探索性的,即对前人所未涉及的领域进行创造性的研讨,或对前人已有的结论进行突破性的再认识和再评价。这三种研究方式,只是就大体而言。自然理论研究方式是多样的,还可以有其他方式。我认为,目前在面临改革、观念更新的时候,特别要注意探索性的理论研究。前一时期,我们所说的引进对象仅限于西方的科学技术,而对社会科学则觉得有些烫手,需要划清界限。理论界提出了第三产业问题,这不同于《资本论》中二大部类的划分,于是上海经济学界就有人出来反对。技术革命的提法也不行,说是资产阶级的。我们有一种不好的老传统,这就是以经生注经方式去对待马克思主义,一字不许出入,讲究师承。经生注经须墨守师说,疏不破注,背师说即不用。这在两汉特别显著。宋代学者开始萌发了怀疑精神,至清代这种怀疑精神则发扬光大。我们往往把清人的考据学斥为烦琐,但清人考据学中的怀疑精神使笼罩在经典上的神圣光圈变得黯然失色了。例如戴震就说过,倘无确凿证据,虽父师之言不信。现在时代变了,可是在新的情况下,这种经生注经的教条主义阴魂不散。历史上老的教条主义和现在新的教条主义结合起来是非常可怕的东西。我们不仅在经济上落后,在文化上也同样落后,这是教条主义滋长的土壤。

二

我们很少提到否定之否定规律。据说"文革"前在杭州会议上,毛泽东曾认为否定之否定律不能成立。他认为生活中有些例子很难用否定之否定律去说明。比如封建社会否定奴隶社会后,资本主义社会又否定封建社会,而资本对封建否定奴隶并不是否定之否定,相反,倒是肯定的。因此这里面就没有低级形态在高级形态的复归现象。这固然是事实,但是有些规律只是在更宽广的时空领域内才有效准。恩格斯曾经说:"我们所研究的领域是远离经济领域,愈是接近于纯粹抽象的思想领域,我们在它的发展中看到偶然性就愈多,它的曲线就愈是曲折。如果你画出曲线的中轴线,你就会发现,研究的时期愈长,研究的范围愈广,这个轴线就愈接近经济发展的轴线,就愈是跟后者平行而进。"这段话原是指社会发展中经济基础的作用,但正可以同样说明否定之否定律。如果从更长的时间和更广的领域来看,私有制否定原始共产社会后,共产主义社会又否定私有制社会,这就构成了正——反——合否定之否定的发展规律。不承认这一规律就会把文化发展的曲线进程看作简单化的直线进程,并且还会产生更严重的恶果。"文化大革命"中出现的所谓彻底决裂,把过去文化一概斥为封资修加以消灭,是和长期以来不讲否定之否定律,歪曲科学的批判精神分不开的。马克思主义批判精神不是简单地全盘否定,而是含有扬弃的意义。

三

过去我们常常谈到整部哲学史就是唯物主义和唯心主义两条路线的斗争史。这一点马克思恩格斯并没有提到过，而是列宁在《唯物主义与经验批判主义》中提出来的。当时他主要是要反对波格丹诺夫等人的政治观点，而把党派性观念引入哲学。倘使说整个哲学史都必须以唯物唯心来画线，就势必会引出这样一个结论：从古到今凡唯物主义都是进步的，唯心主义都是落后的或反动的。但整个哲学史却无法用这种公式去说明。列宁说马克思主义有三个来源，其中之一就是德国古典哲学。作为德国古典哲学的代表人物康德、费希特、谢林、黑格尔等都是唯心主义者，费尔巴哈也只是半截唯物主义者，他的哲学上半截也是唯心主义的。当时唯物主义，用恩格斯的话来说，已是江河日下。难道能够说当时的布洛赫、伏格特、弗莱肖特等这些唯物主义者比康德、费希特、黑格尔等更高明更进步么？那么，马克思主义的三个来源之一为什么是后者而不是前者呢？或者，难道我们应当站在前者一边去反对后者么？过去我们理论研究为了把思想领域中的一切现象强行纳入唯物唯心两条路线斗争的模式，以致作出种种削足适履的论断。为了肯定某一历史人物的价值，就把本来是唯心的，也说成是唯物的了。

四

历史上唯心主义的东西很多，是不是都要放进错误陈列馆去呢？过去我们认为凡属唯心主义的东西，都毫无价值，只能摒弃，不能吸取。马恩从黑格尔那里只是吸收了他的辩证法，而且是把头脚倒置的辩证法顺转过来才吸取的。这种观点长期以来已成既定公理，似乎不容置疑。但事实上马恩也从德国古典哲学中吸取了唯心主义的东西。明显的例子就是马克思在《关于费尔巴哈论纲》中说的："能动的方面竟是跟唯物主义相反地被唯心主义发展了。"马克思是从黑格尔那里吸取了人的主观能动性的。自然在吸取过程中经过了批判和消融，把抽象的能动性变为现实的感性的活动。马克思在《一八四四年经济学哲学手稿》中也称赞了黑格尔的"人化了的自然"观点。这些都不属于黑格尔的辩证法部分而属于他的唯心主义部分。如果把所有唯心主义的东西都当做毫无可取的糟粕，那么思想史上可以肯定的东西也太少了。我认为列宁的学说本身也是在发展的，他的早期哲学思想和晚期哲学思想并非一成不变。我们应当吸收其中更成熟更完整的理论，而不能用凡是观点，一律当做一字不可出入的经典加以征引。列宁在后期读了大量哲学著作特别是黑格尔哲学以后，就提出过不同于以前的看法，他说"聪明的唯心主义比愚蠢的唯物主义是更接近聪明的唯物主义的"。这也就不同于以前那种以唯物唯心去划线的看法了。

五

过去理论界对矛盾的理解受到苏联批判德波林的影响，认为差异就是矛盾，就是一分为二，而这样就产生了"与天奋斗，其乐无穷；与地奋斗，其乐无穷；与人奋斗，其乐无穷"的斗争哲学，所以"大跃进"时就提出了"征服地球"和"向地球开战"之类豪言壮语。其实人与自然的关系不是征服关系，人应把自己看做是自然本身的一分子，寻求相互适应的关系。以功利主义的态度盲目索取自然资源，将会破坏生态平衡，上述的那种斗争哲学用在自然上也是错误的。至于用于人类社会，发展到极端，以致像"文化大革命"那样，到处滥用，施之于广大人民和自己同志，那后果就更严重，破坏性就更大了。其实世界是多样统一的。多样性不一定都构成矛盾，也可以是和谐的、多样统一的。我们古代有"声一无听，物一无文"的说法，这就叫做和而不同。社会主义所有制的形式也是多样性的，有社会主义全民所有制、集体所有制，还有个体经济，以及国家资本主义补充形式，不是单一经济。我们要这样地认识社会结构的多层性和丰富性，才可能对客观实际作出科学的概括。随着实践发展和科学前进，观念更新，马克思主义也要发展，这样才能保持旺盛的生命力。

一九八七年

(《集外旧文钞》，上海文艺出版社 2001 年 1 月)①

---

① 亦见《王元化集》卷二与卷六，湖北教育出版社 2007 年 10 月。

为周扬起草文章始末

王蒙、袁鹰同志正在编一本《忆周扬》文集，希望我写一篇纪念周扬的文章，周密同志也为此来了电话。

我和周扬没有什么接触，如果说交往，就是起草《关于马克思主义的几个理论问题的探讨》一文的那段时间了。我想就以起草这篇文章的始末为题。关于我参加这次起草的始末，我看到几个当事人的回忆文章，有些地方与我的记忆略有出入。例如说由于我偶然去医院探望周扬谈起此事，才参加了起草。这一说法大概都来源于周扬于一九八三年三月二十八日写给胡耀邦、胡乔木、邓力群的信。原文如下："二月中旬，中国社会科学院和中央党校联名写信给我，约请我在马克思逝世一百周年学术报告会上作一讲话。当时我因跌伤骨折住院，偶然和前来探视的王元化同志谈起此事，并希望他和王若水同志帮我起草。……"我不知周扬同志为什么这样说明，事实上却非如此。

据我记忆，一九八二年秋，当时我在大百科上海分社分担领导工作。上海市委通知我参加总结一九七六至一九八二年六年以来上海情况的定稿工作。这份总结是根据中央指示来清理上海六年来工作中存在的问题，以肃清"四人帮"在上海的流毒。市委书记陈国栋同志亲自组织班子主持起草，并指定几个人参加定稿工作。我是被指定参加定稿工作者之一，记得其他有陈虞孙、洪泽、罗竹风。

正在这时，大百科党委接到市委电话，说中宣部来电叫我去北京。我摸不到头脑，去问陈国栋，他说他也不了解详细情况，只知道为了周扬要写一篇文章的事，中宣部叫我去。他让我放下还未完成的协助"六年工作回顾"的定稿工作，先去北京。

到北京后中宣部文艺局长梁光弟来接，直接去中宣部，才知道是中宣部副部长贺敬之安排的，同时在座的还有陈涌、陆梅林，程代熙、顾骧等人。一坐下来，为了人道主义问题，陈涌和我因意见不同发生了争辩，记得他大意是说西方现在提出的人道主义有反动的目的。

在这次碰头会上，梁光弟宣布，这个会原是由贺敬之召集各位来研究协助周扬同志写一篇文章的事，但他们两位都生病住在北京医院。这时我才完全弄清楚中宣部要我来京的意图。在梁光弟主持的这个会上，大家首先研究为周扬文章主持起草的人选，有人提出要我担任。我说我工作中断了二十多年，复出不久，情况不了解，接受这项工作有困难。我提出请陈涌承担最适合，因为他人在北京，又在中央政策研究室工作，对政策和情况都容易及时掌握。可是他们几个人，你说一句，他说一句，还是说由我担当最合适。我说上海市委还有任务要我去做。梁光弟说，这没有关系，我们中宣部可以给市委发文去调你。在这种情况下，我只好接受了这项任务，但提出希望顾骧也参加起草工作。

会后，似乎是由顾骧陪我去了北京医院，先到了周扬房间，周一见到我就问："你怎么来了？"我听了感到非常奇怪，说："中宣部说是你要我来参加研究一篇你要写的文章。"他才恍然记起说："是的，前些时候，部里要我写一篇纪念马克思逝世一百周年的文章，那时我曾说过，想找几个人一起谈谈，比如上海的王元化。可是现在我生病躺在医院里，怎么能写呢？"这时我才明白，原来是贺敬之下令叫我来的。我又到隔壁病房去看贺敬之。贺热情相迎，但被护士严厉阻拦说他是病毒性感冒不能会客，不顾贺的"只谈五分钟"的要求，没有商量余地地将我们拉出他的病房。

中宣部将我安排住在北纬饭店，由顾骧负责具体接待我的工作。我和顾骧商量，并建议题目定在"中国特色的马克思主义文艺理论"上。由于在北京我无法查阅资料，周扬又住在医院，工作无法进行，我就回了上海。

一九八三年春节前四天我收到周扬来信，说现在可以开始工作了，要我到天津迎宾馆。春节后，我赶到天津，向周提出请王若水、顾骧一起来参加讨论。人到齐了，开始讨论写文章的事。我说："现在许多文艺问题说不清楚。由于文艺思想都有哲学、美学的背景，如果不在哲学上弄清，许多文艺理论问题就谈不深，谈不透，所以最好先从哲学方面弄弄清楚。"周扬同意我的意见，让我、王若水、顾骧三个人就这个问题进行准备，并指定第一天由我谈，第二天王若水谈，第三天顾骧谈。我主要谈了认识论方面的问题。我说《实践论》和《矛盾论》是毛泽东哲学思想的基础，贯穿在他的一切理论之中。理论界对这两论也作过很多探讨，问题也很多。有些和文艺理论也有直接的关系，很值得我们研究。我提出我在这里所要谈的是从感性到理性的问题。

我认为把认识过程概括为由感性到理性自然是对的。但不要忽略在感性到理性之间还有知性的阶段。知性也是不同于感性认识的抽象思维，但这种抽象思维和作为理性的抽象思维有截然不同的性质。我们不能把它视为可以达到对事物的全面的、本质的和内在联系的认识。理性具备这种认识功能是因为它是辩证的，而知性认识是形而上学。感性、知性、理性不仅是德国古典哲学家康德、黑格尔的提法，而且也是马克思的提法。马克思在《政治经济学批判导言》中所提出的"从抽象上升到具体"就是具体阐明了感性、知性、理性的认识过程，并且还说这是唯一正确的科学方法。我的发言中还说到我在一九七九年在《学术月刊》上所发表的第一篇文章，就是对"由抽象上升到具体"所作的阐释。过了两年，我又在《上海文学》上发表了《论知性的分析方法》，以阐明它的形而上学的性质，并举"文革"中"抓要害"的例子为证（我的观点后来在"清污"中也受到了批判，说是和毛泽东唱对台戏）。第二天，王若水谈的是人道主义、异化问题。第三天顾骧也讲了他的一些看法。三个人的发言都由周扬秘书小丁整理成记录稿，经我们本人修订后再交周扬。过了两天周扬经过了酝酿，又召集我们三个人，对我们说，他考虑就用我们的发言稿作基础，写一篇文章。这篇文章分四个问题，即后来发表的《关于马克思主义的几个理论问题的探讨》的四个部分。讨论中王若水对人道主义，异化问题有很多发挥，希望这个问题成为文章中的重点。周扬对知性问题很感兴趣，让我写进去。我说："关于这个问题，我已发表过文章，如果写进去变成你重复我的观点，这不大好。"周扬说："那没有关系，你可在这篇文章中写明我赞成你那篇文章中的论点。"我只好尽量从不同角度来写，这使我写得很吃力。我们讨论结束，三个人就按周扬的意见分头去写，写好交他审定。

在讨论中，对于周扬有些见地，我非常同意。他说中国革命在民主革命阶段就理论准备不足。俄国民主革命有别林斯基、车尔尼雪夫斯基，杜勃罗留波夫，有普列汉诺夫这些理论家，而中国革命缺乏这样的理论家。我们往往只重实践而忽视理论，强调"边干边学""急用先学""做什么学什么"等等。周扬的意见是切中时弊的。我们向来对理论采取功利态度，所谓以《禹贡》治水、以《春秋》断狱，以"诗三百"作谏书，把学术作为工具，用学术来达到学术以外的目的，而不承认学术具有其本身的独立价值。这种轻视理论的传统一直延续至今，为中国革命带来很多问题。据传这篇文章后来成为问题，主要在于这一点。当时众所周知的"理论权威"向中央进言，说周扬没摆好自己的位置，他不过是一个中央委员，竟将自己站在党之外，甚至党之上，说中国从民主主义革命到社会主义建设，甚至在十一届三中全会召开之后，都缺乏理论准备，难道十一届三中全会文件不是最好的马克思主义理论？于是这一点就成为这篇文章的主要问题。

讨论中，周扬还曾对我们说过，王若水对于人道主义、异化的说法有些偏颇的地方。他说马克思主义不可没有人道主义，但是人道主义不能代替马克思主义。他认为在我们社会里是可以通过自我完善来解决异化问题的。我在定稿时按周扬意见将王若水所写部分删去了约四五百字。

这篇文章在周扬去党校作报告的前一天三月六日的晚上，由周扬本人审定，进行了最后的润色，直到三月七日凌晨才匆匆印出。

我没有去会场。后来我在电话中问周扬反应如何，他说反响不错。报告会是由王震主持。报告结束王震和他握手说讲得很好，还问周扬异化是哪两个字，是什么意思。当时我也高兴，第二天就回上海了。我走后，不想事情急转直下。我后来听说，原定于三月九日结束的会突然延期，三月十日胡乔木找郁文、夏衍、王若水到周扬家，提出了意见，由此逐步升级，掀起了一场清除精神污染运动。

"清污"开始，中纪委派了一位老同志，姓刘的委员来上海，找我谈话，对这篇文章写作的始末进行调查。当时我因颈椎病发作，住在医院里治疗，在医院向这位刘同志讲了以上过程。他听了之后说，这和他所听到的情况很不一样，不属于纪律检查范围，与他们的工作无关，原来十分严峻的态度一下子松弛下来（后来我把我向中纪委所说的情况写成书面材料，作为这一事件的说明，上交给市委）。当时"清污"已大张旗鼓地展开了。听说有的地方已经剪披肩发，不准穿高跟鞋。在市委常委会上，我作为市委宣传部长需要对"清污"如何进行表态，我向市委提出不要重复过去运动的方式，不要人人表态，不要也去剪披肩发等。这意见得到汪道涵同志的支持，当时陈国栋同志也不主张用运动方式"清污"，我提出意见后，经他同意将由市委宣传部一位副部长的安排在《解放日报》已排好的两版表态文字取消了。胡耀邦同志访问朝鲜回来后，我还住在医院治病，陈国栋立即将胡启立讲话向我作了传达。我从医院出来后，市委就安排我去广东从化疗养。市委成立了思想工作领导小组，由夏征农任组长，陈其五和我任副组长。

一九九七年十一月

（本文经李子云同志将我口述整理成文，特此致谢。）

（《人物·书话·纪事》，人民文学出版社2005年）[①]

[①] 亦见《集外旧文钞》，上海文艺出版社2001年，《王元化集》卷七，湖北教育出版社2007年10月。

记 冯 定

"一二·九"学生运动后,我像许多救亡青年一样,以极大的热情去寻找左翼读物来阅读。当时上海拥有一批才华出众的理论家,冯定就是一个。其他还有艾思奇、钱亦石、孙冶方、骆耕漠、薛暮桥、何干之、李平心、许涤新、胡绳、顾准、金仲华等等。我就是在那时读到贝叶的著作的。所以,我认识冯定以前就知道他了。不过我不知道贝叶就是冯定。我读了他的一些文章,觉得道理新颖,文字平易近人。只是感到贝叶的名字很怪。一个青年朋友告诉我说:"古代,印度的佛经不是写在纸上,而是写在一种叶子上,这种叶子就叫贝叶。"我们曾在一起议论,认为用贝叶作笔名,不像艾思奇这个笔名那样容易理解。艾思奇就是"爱"思奇,谁都懂得那是什么意思。可是贝叶这名字却带有一些古奥的意味。多少年后我才猜想用贝叶作笔名,大概是要表示一种类似宗教的虔诚,意味着用自己的文字来传播马克思主义。这就是"贝叶传经"这一古语的今用吧。

抗战开始后我在上海参加了党,被分配在由孙冶方任书记,顾准任副书记的文委领导下从事文艺工作。一九三八年底,地下党文委派我和殷扬(后改名扬帆)带领二十几位文艺青年,随上海各界救亡联合会所组织的慰问团,前往新四军。慰问团行至金华受到国民党干扰,殷扬嘱我带一名同志先行。行前,殷扬写了一封临时介绍信,要我交给贝叶。原来上海党组织的正式介绍信藏在一枚未使用的牙膏管内,准备等殷扬到达新四军军部后再交上去。

我随新四军交通员阿陀,由金华出发,经岩寺、太平,到了泾县找到新四军军部的接待处。可是接待处一时不知贝叶是何人,几经周折,才弄清楚原来贝叶就是冯定。冯定当时在新四军宣教部任科长,宣教部部长是朱镜我。我和冯定见了面,他非常热情地接待了我。他穿一身灰色军装,右臂上缝一块新四军的徽号,上面印着"抗敌"二字,字下面有一个端着刺刀冲锋的军人的木刻像。他个子不高,身材瘦小,脱了军帽是一个剃去了头发的光头,戴着眼镜,脸上皱纹很多,说话声音微弱,但是精力充沛。

在宣教部时期,我天天和冯定在一起。他领我见了朱镜我,朱当时患有严重的胃病。又领我去见了政治部主任袁国平。后来我回上海,还读到过袁国平的《关于文艺问题的讲话》。我和冯相聚的日子里,他总是那样兴高采烈,眉飞色舞,情绪兴奋地谈论。他曾多次劝我到陈毅(当时新四军第一支队司令)部队活动的金坛一带去看看,他对陈毅十分钦佩。我快要回上海时,他托我去看他的堂弟冯宾符,说冯宾符还不是党员,要我回去后对他起些影响。当时我不满二十岁,抗战前我读中学时就读过冯宾符发表在《世界知识》上的文章,他这样说使我不免有些惶然。后来上海沦陷期间,冯宾符在储能中学主持校政,邀我去教书,我们才见了面,成了朋友。

当时冯定和我谈到大城市的许多知识青年,要求抗日,纷纷涌往解放区,他说这些知识青年到解放区后往往要经历三个阶段:开始满怀热情,带有主观幻想,以为那里一切都新,一切都好;可是到了解放区后所见所闻,往往不如自己想象那样美好,因此未免失望,甚至灰心丧气。他说从这一阶段跨到下一阶段很重要,主要看如何磨炼自己,使理想和现实趋向一致。我清楚地记得,他讲这些话时,完全像一个理论家那样阐发自己的观点,和别的老干部很不同。他纵使在解放区,也仍旧和他在上海从事文化工作时一模一样,保持着原来的思想方式和表达方式。这给我的印象很深。直到多年以后，我在华东局与冯定重新见面，发现他身上这种所谓"书生气"的特点始终不变。

解放初，我在华东局宣传部工作了一个短暂的时期，那时华东局的宣传部部长是舒同，副部长只有一位就是冯定。我和他分别十多年后重逢了。当时他是我的领导，我发现他比我在新四军见面时苍老多了，他身上已没有那种谈笑风生的青春活力，变得严肃了，但这并不是由于意识到自己位高权重，而似是在十几年中经历了一些艰难的生活风霜，或者也许是身体健康并不太好，究竟什么缘故我不太明白。我到华东局宣传部后，没有机会和冯定叙旧，十多年中我的改变也很大，他似乎已不记得过去见面的事了。

在华东局宣传部，我发现冯定的办公室内，摆满了琳琅满目的书报，有中文的也有外文的，这在当时是罕见的。有一次，他作工作部署，突然加进了一段插话。他讲到法国耶稣会教士，为了传播他们的宗教信仰，历尽艰难困苦，深入人迹罕至的中国腹地，与当地的居民打成一片。他说这些教士不怕肮脏，竟依照当地风俗，把对方从身上搓下的泥丸子一口吞下。冯定认为传播自己的信念和真理，就应有这样的勇气。他说这段话，距今有半个多世纪过去了，我还记得他谈话时的神态。由于高度的兴奋，他似乎恢复了当年我在新四军时见到过的那种青春活力。这时我和他虽然没有个人的交往，但是我隐隐感觉到他在思想深处有一种锲而不舍的追求真理的精神，这种精神使他陆续写出了后来收入《平凡的真理》中的那些文章。在这本著作里，他对个人崇拜进行了批判。他好像是国内最早提出这一观点的理论家，这使我对他深深怀着敬佩之情。据说，五十年代反修时，在批判他的会上，有人提出他反对个人崇拜，是追随赫鲁晓夫。他竟一本正经地辩解说："我批判个人崇拜，是在苏共二十大赫鲁晓夫作秘密报告之前。"

工作时期，在华东局宣传部还有一件事也是使我难忘的，那是在部长会议室内所举行的一次民主生活会，这种民主生活会当时是常常召开的。这次会的规模很小，只有十来个人参加。会议内容是部长之间进行批评与自我批评，当时的部长除了舒同、冯定之外，又调来了一位新的副部长，三位部长都参加了。发言主要是冯定对舒同提意见，他认为舒同在许多事情上不够放手，以至本应由他分管的事难以着手，甚至下面人来汇报工作也都跳过他，而直接向舒同去汇报了。冯定说，他在副部长的岗位上感到有些无所作为。这时那位新来的副部长插话说，我们做副部长的就是给部领导做助手，我觉得要做的事都来不及做，怎么能说无所作为呢？冯定没有回答，仍旧讲下去。他是一个胸襟坦然的人，习惯把自己心中所想的如实地讲出来，这种开诚布公的态度，给我留下了极深的印象。他在继续发言中说，自己的思想深处，有时有一种悲观的情绪袭上心头。这时那位新来的副部长又马上插进来说，一个共产党员怎么会有悲观情绪呢？我听了这种唯上媚上的话颇为反感。这位新来的副部长和冯定代表了两种作风。我钦佩冯定所表现的那种胸怀坦荡的态度。可是这样的同志，在运动中往往由于真诚而遭到灭顶之灾，比较而言，冯定后来的境遇在这些人中间还不算太悲惨。

我在华东局工作中还有一件事与冯定有关，那就是有一次他曾对我同情胡风的文艺思想提出了告诫。他说胡风的文艺观点有些是对的，但也有许多是错误的。又说毛主席最近把胡风的书都看了，认为在根本上是反马克思主义的，要我跟党走，而不要跟胡风走。这在当时对我也起过一定的作用。

二〇〇二年

（《人物·书话·纪事》，人民文学出版社 2005 年）①

---

① 亦见《王元化集》卷七，湖北教育出版社 2007 年 10 月。

记 若 水

　　一月十一日,《人民日报》一位朋友打电话告诉我若水在美国与世长辞了,我听了很震惊。不久前,为征集书信,我打电话到他家,得知他去了美国,他妹夫李思孝说若水的身体状况不错。我还在耐心地等待他回国后,将我写给他的信搜检出来寄给我,那些信反映了我八十年代生活的重要片段。没想到,这么快他就撒手人间了。以后一个多星期里,不断有朋友上门来和我谈及若水去世的消息。我还得知,若水垂危时,一位友人去医院看他,他脸上戴着氧气罩,呼吸急促。一见面就用颤声问朋友:"国内有什么消息?"这使这位朋友大为感动地说:"一个备遭磨难的中国知识分子,在临危之际,心中所关心的只是两件事:中国和思想。"是的,若水直到最后感到遗憾的,是他没有把自己想的都写下来。若水作为一个思想家的形象更是深深铭刻在我心头的。一些朋友希望我能为若水写点什么,我自己也觉得应该写一篇悼念他的文章,但因为颈椎病发作,到医院打吊针,至今无法执笔,只好口述,请友人整理成文。

　　我与若水交往始于八十年代。但早在五十年代,我就听说他了。那时友人林淡秋在《人民日报》,他对我说起他们报社两个年轻人很有才华,其中之一就是王若水(另一个后来证明是不行的)。六十年代,王若水《桌子的哲学》产生很大影响,显示了他在理论上的造诣。在当时教条主义笼罩下,像这样的好文章是少见的。一九八六年我写文章谈到钱学森文章中"人的思想总是落后于社会发展"的观点，还引用过《桌子的哲学》。"文革"中，若水因为上书反左被打下去，一九七九年中央理论务虚会上，若水批判个人崇拜，我听说后感到和他思想相契，因此在未见到他之前，印象已很深。

一九八三年初，我们为周扬起草《关于马克思主义的几个问题》，终于互相认识了。我们是在天津迎宾馆见面的，当时正是寒气逼人的严冬，别人都还穿着厚大衣，若水无论在室内室外都只是一套人民装，身材瘦小，显得精力充沛。浓浓的眉毛，目光深邃、智慧、明亮。从他说话的态度、形象、穿着多方面看来，都给人以一种精干的印象。

我们在迎宾馆讨论如何起草文章，周扬请大家先谈谈对当前理论的看法，然后根据我们所谈的拟订了四个题目让大家分头去写。我写了两个，王若水和顾骧各写一个。王若水写的是人道主义和异化问题。那时他担任《人民日报》副总编，工作很忙，不能留在天津，就回北京去写。因为工作忙，他交稿也比我们晚。马克思逝世纪念日是三月五号，周扬三月初必须在中央党校作报告，我们赶回北京《人民日报》定稿，这时离开会日期只有两天了，又逢假期，我和若水特地到《人民日报》排字房加班排出清样，本来打算将文章排四号字按文件形式印出发给大家看，因时间来不及，只好根据大样拼成，周扬就拿去作报告了。周扬去之前问我是否去，我说稿子是我们写的，我就不去了。周扬作完报告后，我打电话问情况怎样。周扬说反响很好，主持会议的王震也说好，散会后还问周扬"异化"是哪两个字。我匆忙返回上海之后不久，就听说因为胡乔木发难，酿成轩然大波，《关于马克思主义的几个问题》成了清除精神污染的导火线。事情的实质有些同志当时就已经看出来了，夏衍就曾对周扬说，这篇文章的问题所在就因为是你周扬写的。据说，胡乔木在政治局会议上就讲过，他周扬只是个中央委员，凭什么在理论上对党指手画脚。

我虽然因为参与起草也被卷入这场风波，但胡乔木主要针对异化问题发难，为此，王若水挨整最厉害，他被撤掉了《人民日报》副总编的职务。

我在《关于马克思主义的几个问题》中，谈的主要是两个问题。一个是关于感性到理性的认识问题。长期以来，我们只谈从感性到理性，跳过了知性阶段，这是一个重要问题。另一个是关于否定之否定。长期以来，我们只讲一分为二，只讲差异就是矛盾、矛盾就是斗争，产生了斗争哲学，取消了多样的统一，造成极大危害。若水谈的是异化问题。异化问题过去有人提出过，但没有成为广泛讨论的问题，也没有引起争论。因为它是一个不大容易被人理解的哲学理念。这次若水提出来，我认为，产生了很大的反响。要真正理解异化，就必须关涉对马克思主义根本的理解问题。在我们理论界，很多人认为，马克思主义最根本的就是从社会发展规律揭示了资本主义矛盾，指出了共产主义社会的前途，因此无产阶级必须开展对资产阶级的斗争，以暴力革命推翻资本主义社会。只从唯物史观或只从社会发展规律来理解马克思主义。直到最近还有人根据恩格斯在马克思墓前的讲话，说马克思主义就是，"吃饭哲学"。马克思是务实的。他确是企图从科学精神而不是空想的乌托邦来探讨社会发展的问题。但是我们还要进一步想一想，马克思在创造他的学说，解决这些问题的时候，是否还有更深一层的考虑？是否还有更重要的人文背景？若水提出异化，就是要解决这个问题。

王若水认为，马克思主义最根本的问题就是人的解放。我认为这理解是准确的，不是无根的游谈。启蒙运动兴起之后，西方思想家都是在人文关怀的背景下来探讨问题的。若水曾经根据《共产党宣言》，强调马克思的重要观点："个人解放是人类解放的前提条件"。这一说法在中国思想界，据我所知，是王若水首先揭示出来的。他使马克思主义不仅只有认识社会规律的科学价值，而且赋予它以生命的意义，使科学精神和人文理想更紧密地结合在一起。我认为这是王若水在阐释马克思理论方面所作的贡献，使马克思主义在新的社会环境中更容易为人所理解、所接受。

我们经过二十世纪的两次大战以及社会的残暴、罪恶,因此更仰望不仅是科学意义的而且是精神方面的拯救。但是可惜,王若水的探索,不仅没有得到重视,反而被粗暴地扼杀了。在清除精神污染的名义下,在批判的噪音中,有些人认为异化是马克思早期的理论,只是在《神圣家族》《德意志意识形态》等早年著作中出现,他们引用列宁的话"那时的马克思还不是一个马克思主义者",认为马克思最基本的著作就是《资本论》,而《资本论》这本巨著所谈的只是社会发展的规律以及资本主义必然灭亡问题。我觉得这种说法是不对的。难道马克思后来就放弃了异化观点吗?《资本论》第三卷就提及异化问题。从表面上看,《资本论》谈异化并不多,主要是谈经济规律问题,但是马克思指出资本主义社会种种不合理不合法以及劳动性质的扭曲等等,难道不是说的异化?我最近在北京三联书店出版的一本书中看到一篇文章说《资本论》首先是一部伦理学著作,有人看不到这一点,于是致力于划分早期马克思晚期马克思,以为早期马克思关怀异化问题,突出了人文意义,而晚期马克思转向了对资本主义和历史发展规律的科学研究,不再是人文主义者了。这是错误的看法。没有对异化的关心、对人的意义丧失的焦虑,他根本不会以毕生的精力从事颠覆资本主义的研究。事实上,他对许多经济问题的解读,已经被证明是错误的,不符合资本世界发展的实际情况,《资本论》、马克思主义之所以在今天仍有意义,被不断发掘,最主要的原因就是他的人文理想,而其核心部分就是从异化反思开辟出来的意义领域。他穷毕生心血反复指出,资本的运作创造了一种新的异化,不同于费尔巴哈的"宗教异化",即"劳动异化"(《儒家与资本主义》,第92页)。我看了这段话很高兴,异化仍然有人在研究,并且在理论上有了新的发展。

若水是思想家类型的知识分子。他有倔强的不屈不挠的性格。他所坚持的是经过他深思熟虑的。他能够理解反对他的人,而反对他的人则不能理解他,因此他勇于坚持自己的观点。他在非常困难的境地敢于和位高权重的胡乔木辩论,在中国知识界是少见的。

  他由于坚持,而付出了巨大的代价,后来一直为此蒙受打击。他晚年境遇一直很困难,假如不是那么坚持,他的状况就会好得多,但是若水宁愿安于清贫,坚持到底。

  借此悼念若水的机会,我还想披露一件外界不知道的往事:未能出版的《新启蒙》丛刊第五期后记是若水写的。这篇文字我曾收入我的《集外旧文钞》集中,现借此机会抄录如下:

    我们这个小小的丛刊诞生不久,只是一棵刚出土的幼芽,却受到许多热心朋友的重视和支持,这是使我们感激又惭愧的。但也引起有的人的疑虑:"他们要干什么?"其实,我们的宗旨就是《论丛》的名字:新启蒙,或曰新的启蒙运动。启蒙运动也就是思想解放运动,民主、科学、人道、法治、改革、开放、现代化,这些都是和启蒙相联系的。难道这有什么可怕吗?

    中国的改革现在面临一个关键时刻,我们坚持反对那种埋怨改革搞"坏"了,想走回头路的观点。改革中遇到这样那样的问题是不奇怪的,笔直的改革道路是没有的。改革中出现的问题,只有在进一步改革中解决。改革的力量应当受到保护。以任何借口来掀起改革回潮都是错误的。

    改革是全方位的:经济改革、政治改革,还有观念改革。观念改革就是观念更新,就是思想解放,就是文化启蒙。我们的力量尽管微薄,但也要尽全力来从这一方面作出贡献。

二〇〇二年三月七日

(《人物·书话·纪事》,人民文学出版社2005年)[1]

---

[1] 亦见《王元化集》卷七,湖北教育出版社2007年10月。

我所认识的冯雪峰

1936年我在北平读中学时参加了"民族解放先锋队",这是党的外围组织。1937年"七·七"事变后,日本兵占领北平,我在日本兵进北平那天逃难到上海。我1938年初入党,认识了孙冶方、顾准、林淡秋等。我在北平时读了鲁迅很多文章,也读了冯雪峰的文章,知道他和鲁迅的关系密切,所以对他很敬重。但我到上海时,冯雪峰已离开上海,没有能够与他见面。

我那时爱好文艺,已开始发表一些习作。原来党的关系在学生界,后来就调到文委系统。文委书记是孙冶方,副书记是曹荻秋和顾准。当时上海是孤岛,但与内地关系还没有完全断绝。有许多进步的文化工作者集中在金华,骆耕漠、邵荃麟、葛琴、刘良模等都在金华。他们之中有人有任务到上海来,就与我们见面。在新四军的党员作家辛劳有时从皖南到上海,他说他见过冯雪峰(可能在义乌或金华),带来雪峰的消息,他曾说到冯雪峰很关心上海孤岛的文艺活动,冯雪峰说你们几个搞理论的人的文章不错。

上海孤岛时期,党的文艺小组办过丛刊,有戴平万、林淡秋、楼适夷和我等人,人员变化流动很大,办的主要是《奔流》丛刊,是在租界里,被停刊后,又出《奔流新集丛刊》,出过两集,一集叫

《直入》，一集叫《横眉》（是茅盾题与的字）。楼适夷用真名发表了《怀雪峰》，因为当时冯雪峰生死不明，有种种谣传，就以为他已不在人世。当时雪峰的才华、看问题的深度都被人所敬重，楼适夷的文章也代表了当时上海地下党中的许多人对雪峰的感情。同为冯雪峰是有名的共产党，丛刊因此被禁，我们这样的做法没有考虑到当时的形势。

我与冯雪峰第一次见面，是在抗战胜利以后，他从内地回上海时。那时我与魏金枝、林淡秋、满涛等人经常在魏金枝任教的南屏女中见面，讨论文艺问题。我们一起办过《现代文艺丛刊》（第一辑名《新生代》）。冯雪峰与我们都在这个刊物上发表过文章。

三十年代的文艺理论家中，我以为雪峰最有才华，他写的《有进无退》《乡风与市风》等书都很深刻。毛泽东说过他喜欢冯雪峰的文章，朱自清在清华大学任教时指定《乡风与市风》作为学生的课外阅读书。

冯雪峰对我们几个人说过，有一天晚上，他与毛泽东在树林里散步（长征时），毛泽东对他说了许多对鲁迅的看法，毛泽东很喜欢鲁迅的杂文，在延安文艺座谈会上对鲁迅评价很高。并不像后来有些人所说，毛泽东喜欢鲁迅只是为了政治需要。鲁迅打"落水狗"的精神与毛泽东主张的斗争哲学有共同之处。

冯雪峰很耿直、直率，说话不考虑人际关系。为什么毛泽东后来不喜欢冯雪峰？我听说因为冯雪峰写过文章，说关于文艺的政治性和艺术性要"反问三次……"这是针对毛泽东在延安文艺座谈会上所主张的政治标准第一的观点（注：这篇文章就是冯雪峰在1946年写的《题外的话》，收入《雪峰文集》第2卷第365页。文中写道："什么是先生所说的政治性？只要一连反问三次，恐怕说的人也会不知所答的罢。"）解放后，我也写了一篇有关政治性和艺术性的文章，雪峰对我说，这个问题我已经写过了，你不要再写了。

胡风说："我有许多看法是从冯雪峰那里来的。"后期胡风对冯雪峰不好，他信中写的二马就是指冯雪峰。

人民文学出版社的郑效洵到上海来，告诉我冯雪峰在写关于太平天国的小说。我与父亲合译的《太平天国革命亲历记》，是英国军官呤唎写的，我父亲译八章，我译十六章。当时写太平天国的书都是反对他们的，只有这本是歌颂的。作者在前面写道："献给忠王李秀成"。这本书当时已有影响。冯雪峰看这本我译的书是为搞清太平天国作战时走过的路线。

夏衍与冯雪峰有隔阂，我听说，1936年时夏衍听章乃器说冯雪峰说过："夏衍是坏人，要扭送捕房，他（夏衍）不能代表党。"周扬在"文革"以后去看冯雪峰，解决了他们之间的隔阂，这很好。

解放初，冯雪峰调出时代出版社，我调进去，他那时把他的书都送给我，在"文革"爆发时，我想这些书不能再留了，就把他的书与胡适的书都烧了。

冯雪峰在解放后把他以前写的有关教条主义等文章都修改过，已不是原来的样子了。胡风反对他的修改稿。冯雪峰后期写的《党给鲁迅以力量》，就有些不符合鲁迅的实际情况。

冯雪峰在中央苏区时已是中央候补委员，当时中央委员和候补委员都很少，所以很不容易的。（注：冯雪峰于1934年1月被选为中华苏维埃政府中央执行委员会候补执行委员。）

三十年代党内的"左倾"来自苏联和共产国际，当时苏联认为中间派最坏，要消灭中间派。冯雪峰的"左倾"思想来自组织，个人是敌不过组织的，天平总向集体倾斜，这是没有办法的。冯雪峰又以他的"左倾"思想去影响鲁迅，当时批判"第三种人"是极"左"的做法。鲁迅喜欢冯雪峰，不抵制冯雪峰的做法。许广平回忆录中写道，冯雪峰要鲁迅先生怎样怎样做，最后总是冯雪峰达到目的。

（载《文汇报》2008年6月30日，吴长华记录整理）①②

---

① 该文初发于《文汇报》2008年6月30日。原文前面有一段署名吴长华的说明："本文是王元化先生的未定稿，是他口述，由我记录整理的。那时我在写《冯雪峰传》，他说他在抗日战争时期与雪峰相知、相识，可以写一篇回忆。他很忙，眼睛也不好，所以由我来记录，时间在2002年3月23日。我回去整理后，过几天再读给他听，他一字、一句、一个标点都要反复推敲，标题也是由他定下的。这样三易其稿，第三稿是4月9日完成的。因为我已订好去新加坡的机票，他嘱我回来后要再'过'一遍才能发表。我回国时，他已患癌症，这事就搁置下来了。现在他已乘风归去，我找出了这份稿子，发现它提供了很多党史和文学史上的宝贵资料，我想，还是应该让它面世的。——吴长华"

② 《王元化集》等未载。

王国维读《资本论》

读傅杰为《集林》组来的姜亮夫文稿，发现姜二十年代在清华读国学研究院时，有时在课后去王国维家，向王问学。他曾在王的书案上，见有德文本的《资本论》。陈寅恪在国外留学时也于二十年代初读过《资本论》。这些被目为学究的老先生，其实读书面极广，并非如有些人所想象的那样。四十年代我在北平汪公严老先生家，就看到书架上有不少水沫书店刊印的马列主义文艺理论中译本，那时，他已近八十岁了。光绪年间，汪先生以第一名考入广雅书院，是朱鼎甫的高足。晚清他从广雅书院毕业出来后，教授过自然科学，还做过溥仪的化学老师。那时的学人阅读面极广，反而是后来的学人，各有所专，阅读也就偏于一隅，知今者多不知古，知中者多不知外。于是由"通才"一变而为鲁迅所谓的"专家者多悖"了。

一九九四年

（《人物·书话·纪事》，人民文学出版社 2005 年）①

---

① 亦见《王元化集》卷七，湖北教育出版社 2007 年 10 月。

王国维的境界说与龚自珍的出入说

刘永济《文心雕龙校释》论《物色篇》云:"本篇申论《神思篇》第二段论心境交融之理。《神思》举其大纲,本篇乃其条目。盖神物交融,亦有分别,有物来动情者焉,有情往感物者焉:物来动情者,情随物迁,彼物象之惨舒,即吾心之忧虞也,故曰'随物宛转';情往感物者,物因情变,以内心之悲乐,为外境之欢戚也,故曰'与心徘徊'。前者文家谓之无我之境,或曰写境;后者文家谓之有我之境,或曰造境。"

《校释》用王国维的境界说来阐释刘勰的心物交融说,较之以前的注释家向前跨进了一大步。不过,我们同时也应该看到王国维的境界说是刘勰的心物交融说的演变,两者虽然有着一定的关联,但前者已经是后者在不同时代的新发展。

王国维生于清末,曾受到西方文艺思潮的影响。他所说的"有我之境"(或曰"造境")和"无我之境"(或曰"写境"),乃侧重指出"理想与写实二派之所由分"。严格说来,这和刘勰的心物交融说不尽相同。刘勰在他那时代还不可能提出这样明确的理论。因此,《校释》直接以王国维的"有我之境"和"无我之境"去解释刘勰的"随物宛转"和"与心徘徊"是较牵强的。在王国维的境界说中,"有我之境"指的是以我观物的理想派,"无我之境"指的是以物观物的写实派。在文学创作方法上,这两派各立门户,泾渭殊途，是不容混淆的。王国维正是从它们的殊异方面来立论。可是，刘勰所提出的"随物宛转"和"与心徘徊"，二语互文足义，说的却是一件事。按《物色篇》原文："写气图貌，既随物以宛转；属采附声，亦与心而徘徊。"其中用"既""亦"二字，可以证明"随物宛转"和"与心徘徊"是不容分割为二的。它们相反而相成，只有统一起来才构成审美主客关系的有机内容。王国维的"有我之境"和"无我之境"，侧重于论述创作方法上的不同流派，而刘勰的"随物宛转"和"与心徘徊"，则侧重于论述审美的主客关系，因此不可把两者作简单的类比。

那么，王国维的境界说和刘勰的心物交融说是不是毫无关联，因而我们也就不应该把它们联系起来进行比较的考辨？那又不尽然。只要细加考察，就可以看出其间仍是有脉络可寻的。因为从创作方法上的理想和写实这两大派深入一步进行探讨，就必然会归结到审美主客关系这个美学的根本问题上去。王国维的境界说的积极意义在于他已初步认识到理想和写实两派虽分判为二，但从物我关系上来看，这两派却又相互可通。《校释》在这一点上曾作出颇有见地的阐明："前者（无我之境）我为被动，后者（有我之境）我为主动。被动者，一心澄然，因物而动，故但写物之妙境，而吾心闲静之趣，亦在其中，虽曰无我，实亦有我。主动者，万物自如，缘情而异，故虽抒人之幽情，而外物声采之美，亦由以见，虽曰造境，实同写境。是以纯境固不足以谓文，纯情亦不足以称美，善为文者，必在情境交融，物我双会之际矣。"所谓情境交融、物我双会，就是说以物观物的无我之境并不能把我完全排除在外，以我观物的有我之境也并不能把物完全排除在外。

王国维在《人间词话》中说："自然中之物互相关系，互相限制。然其写之于文学及美术中也，必遗其关系限制之处。故虽写实家亦理想家也。又虽如何虚构之境，其材料必求之于自然，而其构造亦必从自然之法则，故虽理想家亦写实家也。"这种见解在当时是颇为难能可贵的。不过，王国维把理想和写实两派可以相通的原因，归之于在文学与美术中能够摆脱自然万物的互相关系、互相限制的局限性，却不免有些朦胧含混。但他在《人间词话》的另一处曾提出这样的主张"诗人对宇宙人生，须入乎其内，又须出乎其外。入乎其内，故能写之。出乎其外，故能观之。入乎其内，故有生气。出乎其外，故有高致。"所谓"入"是说我入物内，以物为主，故我为被动。所谓"出"是说我出物外，以我为主，故我为主动。诗人创作必须既能入又能出，这正是申明情物交融、物我双会之旨。

在王国维之前，龚自珍已经提出过"善入善出"说。倘使我们要从我国文论发展史的观点来进行探讨，就可以看到从刘勰的心物交融说，到龚自珍的善入善出说，再到王国维的境界说，显示了我国文论关于审美主客关系理论探讨的演进流变的一条线索。不过，在谈到龚自珍的善入善出说的时候，有两个问题需待解决：第一，王国维和龚自珍都提到入和出这两个概念，而且论旨大同小异，那么，前者是否受到了后者的影响？就《人间词话》来看，王国维对龚自珍是十分菲薄的。他曾引《己亥杂诗》中的一首，直斥"其人凉薄无行，跃然纸上"。似乎不可能对龚自珍的理论加以推重。然而撇开这一点不论，我们可以说，他们在探讨艺术规律上作出了某种共同的结论，而这就更值得引起我们的注意。第二，龚自珍的善入善出说见于他的《尊史篇》。这篇文章既然以"史"标目，是不是也适用于"文"？要解决这个问题，首先必须明确龚自珍所谓"史"是一个内涵极广的概念。清人多持"六经皆史"之说。所谓"六经皆史"，一般指的是六经为周史所掌，而龚自珍却把这个概念扩大了。他认为五经为史之大宗，诸子为史之小宗，并且批评了刘向仅以道家、术数家出于史官的说法。龚自珍甚至把小说家也列入史的领域，称为"任教之史"。他在《古史钩沉论二》中还进一步指出："史之外无有语言焉，史之外无有文字焉，史之外无人伦品目焉。"这已越出把六经视为周史所掌的范围。因此，我以为他在《尊史篇》

所提出的善入善出说显然也适用于文的。

从龚自珍的善入善出说可以看出，它和刘勰的心物交融说是有着一定渊源关系的。《尊史篇》说："何者善入？天下山川形势，人心风气，土所宜，姓所贵，皆知之；国之祖宗之令，下逮吏胥之所守，皆知之。其于言礼、言兵、言政、言狱、言掌故、言文体、言人贤否，如言其家事，可谓入矣。"这是说，作者需要静观默察，钻进描写的对象中去，揣摩到家，使之烂熟于心，达到如数家珍的地步。这就是"善入"，它相当于刘勰所说的"心随物以宛转"。"何者善出？天下山川形势，人心风气，土所宜，姓所贵，国之祖宗之令，下逮吏胥之所守，皆有联事焉，皆非所专官。其于言礼、言兵、言政、言狱、言掌故、言文体、言人贤否，如优人在堂下，号咷舞歌，哀乐万千，堂上观者，肃然踞坐，哂睐而指点焉，可谓出矣。"所谓"善出"是指作者钻进了对象之后还要跳出来，表现自己对对象的态度、看法和评价。善出才不至于见树不见林，被孤立的事物所拘囿，才可以统观全局，发现事物之间的联系。这相当于刘勰所说的"物与心而徘徊"。

龚自珍认为，一个作者既要"善入"，又要"善出"，必须两者兼备。他说："不善入者，非实录；垣外之耳，乌能治堂中之优也耶？则史之言，必有余呓。不善出者，必无高情至论，优人哀乐万千，手口沸羹，彼岂复能自言其哀乐也耶？则史之言，必有余喘。"不善入就会脱离现实，凌虚蹈空，流于向壁虚构；不善出就会奴从现实，缺乏个性，陷于刻板模拟。龚自珍提出"善入善出"的主张，就是要求作者既要写实，又要表现个性，从而把文学的真实性和作家的独创性结合起来，使个性渗透在对象的真实描写中，千途万辙，莫不贯穿，达到心物交融的境地。

如果我们把刘勰、龚自珍、王国维三家之说作一简括的概述，就可以这样说：刘勰的心物交融说初步接触到审美的主客关系问题，还属于原始的朴素看法。龚自珍的善入善出说进了一步，在审美主客关系上提出了主体与客体的互相渗透。至于王国维的境界说,则从主客关系的"入乎其内"与"出乎其外"更进一步,在创作方法上标出写实与理想两大流派,并开始提出这两派相互可通。从以上概述大体可以看出我国文论在不同时代的发展线索的一个轮廓。

(《文心雕龙创作论》,上海古籍出版社 1979 年 10 月)①

---

① 亦见《文心雕龙讲疏》《读文心雕龙》《王元化集》卷四。

《王国维全集》序

在二十世纪中国学术史上，王国维的地位是不可替代的。他秉持"独立之意志，自由之思想"，不仅在历史考据方面取得了杰出的成就，同时在西学引入方面做出了可贵的贡献，既有以《观堂集林》为代表的缜密的功夫，又有以《静安文集》为代表的恢宏的境界。对于他的学术成就与治学方法，陈寅恪先生早就作了很好的概括：

> 一曰取地下之实物与纸上之遗文互相释证，凡属于考古学及上古史之作，如《殷卜辞中所见先公先王考》及《鬼方昆夷玁狁考》等是也；二曰取异族之故书与吾国之旧籍互相补正，凡属于辽、金、元史事及边疆地理之作，如《萌古考》及《元朝秘史之主因亦儿坚考》等是也；三曰取外来之观念与固有之材料互相参证，凡属于文艺批评及小说戏曲之作，如《红楼梦评论》及《宋元戏曲考》《唐宋大曲考》等是也。此三类之著作，其学术性质固有异同，所用方法亦不尽符会，要皆足以转移一时之风气，而示来者以轨则。吾国他日文史考据之学，范围纵广，途径众多，恐亦无以远出三类之外，此先生之书所以为吾国近代学术界最重要之产物也。

这无疑是不刊之论，而特别值得一提的是在当时的历史条件下，王氏兼具宏大的抱负与清醒的意识，既不妄自尊大，也不妄自菲薄，发出了难能可贵的呼吁：

> 余谓中西二学，盛则俱盛，衰则俱衰。风气既开，互相推助。且居今日之世，谓今日之学，未有西学不兴而中学能兴者，亦未有中学不兴而西学能兴者。（《国学丛刊序》）

从他的译文到他的论著，都反映了他融汇中西，博学睿思的努力，这些努力成果是二十世纪的中国留给我们的最珍贵的遗产之一，过去我曾说过：学术不仅如过去的学者所理解的那样为政治培养人才，更为重要的是它能转移社会风气，提高人的文化水平，影响人的素质。而学术上的虚骄浮夸陋习，往往会形成社会上的弄虚作假之风，从这个意义来看王国维孜孜不倦的治学精神，仍足以为我们的榜样。

王国维的著作曾经多次编辑出版，但全面搜集王氏著作、书信、译著的全集则尚未见。经过多年努力，现在我们有了这部全集，这是值得庆贺的。我也盼望能有更多的学者与出版者来认真从事这样既无愧于我们的先人，也有启于我们的后人的踏踏实实的文化积累与传承的工作。

二〇〇七年十二月

（谢维扬、房鑫亮主编：《王国维全集》第20卷本第1卷，浙江教育出版社与广东教育出版社，2010年）

第四辑 "五四"精神与东西文化

论传统与反传统

——为"五四"精神一辩

"五四"包括了两个方面：一个方面是指一九一九年在北京发生的学生运动，另一个方面则是指在一九一六年开始发生的思想运动。一般把前者称为"五四"救亡运动，把后者称为"五四"新文化运动。两者有着密切的关联，都具有要求民主、要求科学的反帝反封建性质。过去我们对此并没有严加区分，而是总起来把德先生（民主）、赛先生（科学）作为"五四"精神的代表。可是，后来逐渐把"五四"的新文化运动和救亡运动分开来。有人认为"不宜视为一个运动的同体两面"（吕实强）。也有人为"处'五四'浪漫革命之时代，学术很难不受外界之干扰，学者亦鲜有不走向十字街头的"（汪荣祖）。胡适于一九六二年逝世前所作的《口述自传》中，用整整第九章《"五四"运动——一场不幸的政治干扰》对这种看法作了明确的论断。他说：他那时出于一番愚忱，想把"五四"运动维持成一个纯粹的文化运动和文学改良运动，可是终于被"五四"的政治救亡所阻挠而中断了。他认为当时青年由于受到多个政党的争取拉拢，都对政治发生了兴趣，因此使他一直作"超政治构思"的文化运动和文学改良运动，也就被大大削减了。我们应该公正地看待胡适，他确实是从他的信念出发。我们不能把他认为青年投身救亡运动是受到政党争取拉拢这番议论和当时日本持对华侵略态度的政府、军部或舆论说"五四"排日运动是受英美两国的煽动和野心政客林长民、熊希龄、汪大燮等唆使的结果等同看待。① 无疑地，胡适认为参加"五四"救亡运动的青年都是盲目无知受人利用，这是极大的偏见。但这种偏见是和自身不仅不反对政治而且还积极参政的胡适对于群众运动的极端厌恶以及他总想保持和平冲淡的宁静心态是一致的。研究胡适思想以纠正五十年代初那场从某种政治目的出发而毫无学术价值的胡适批判运动，将是一项重要的课题。不对胡适功过作出正确的评价就无法认识我国的现代思想文化史。不过我不能在这里来探讨这些问题。

我想要说的是，最近国内也出现一种类似说法，认为"五四"启蒙运动的中断是由于救亡运动。于是有人据此提出了为学术而学术的观点（即所谓"在书斋中透彻分析研究"），以为这才能使学

---

① （原注）根据林明德《日本与五四》一文选摘数条：日本原敬内阁的内阁会议（一九一九年九月九日）文书称："他们（指当时学生团体）的运动'势力'实基于本身的自动而发，但除此之外，仍有林长民、熊希龄、汪大燮等政治家的唆使，乃至英美两国人的煽动。而他们的举动似仍偏向于排日的消极方面，对于中国复兴的大宗旨，即一般政治改革的建设性范围均未涉及，因而可以断言其并无救国救民的伟大抱负。""指摘"五四"运动为第三者煽动一事，可能是根据日本驻华公使小幡酉吉，以及（属军方系统）坂西利八郎、宗方小太郎等人的报告。"日本报界也大抵持类似论调，《大阪每日新闻》则更尽诬蔑之能事，其社论要旨称："中国当局或一部分国民，以为此举即可使日本受苦，且终能取得日本以外强国的援助，以贯彻其排日的目的，此不啻为狂人妄想。……过去已屡次驳斥中国排日之谬，今又故态复萌，一如患有歇斯底里症妇人疯狂的发作，甘以中国的国家陷于'自缢'的枉态，实已无可救药。主要原因应归于中国人之热衷私利，竞逐党同伐异之邪见，不顾国家盛衰兴亡，唯有诡辩狡黠，虚饰以达其所欲的国民性弱点使然。"但也有与上述见解不同，企图对"五四"运动加以了解的日本舆论界人士。作为"大正民主"运动中坚的黎明会代表人物吉野作造，以为"五四"运动并无何人煽动，且具有一种确信精神，而所定方向未尝有误。"……此次风潮表象虽极狂暴，而其精神仍不外政治上的开明运动。我等正未可因同情于二三亲日者，遂漠视此等新运动之价值"。但这种清醒的评论，不仅是凤毛麟角，且遭到军部人士的痛斥。至于当时日本的自由主义教育运动者、《日华公论》社成员、无政府主义者都发表了一些似是而非的言论。（原注以"＊"号方式附注于文末，现一并改置页底注。——编者）

术健康发展。诚然，过去在极"左"思潮下，政治干扰学术，强迫学术为政治（甚至为某一时期的政策）服务，把学术当做阶级斗争的工具，确实扼杀了学术的生机。这种情况不应重复。至今它的根株未尽，仍旧在不断冒出头来。但是，不能由此得出结论，必须反对学者与艺术家的参与意识，以为有了参与意识就会丧失独立人格和独立思考。有人以为西方的启蒙运动不像"五四"那样受到救亡的冲击，所以才可以贯彻到底。这是不符合历史事实的。"五四"启蒙文化本身正是从救亡图存的要求中诞生的。"五四"前夕，袁世凯签订二十一条卖国条约，接着巴黎和会、张勋复辟。一系列的丧权辱国的严重政治事件激发了大批知识分子。他们在当时国家危急之秋，为了救亡图存，感到必须唤醒民众，"扫除蒙昧，启发民智"。后面这八个字就是我们今天用的启蒙一词的由来。把启蒙和救亡看成全然相克是不对的。西方固然没有发生过"五四"那种救亡运动，但是在西方启蒙运动中，思想革命和宗教革命、政治革命是紧密相关的。为什么这一情况没有造成西方启蒙运动的中断？早在文艺复兴时代，那些在学术上作出卓越贡献、多才多艺的思想家，都关怀当时的实际生活，用笔和剑去进行斗争。这并没有损害他们的学术，相反，成为激发他们创造力的一种活力，使他们突破了因袭成见和阶级局限。后来的启蒙思想家和那些中世纪烦琐经院哲学家在四壁萧条的斗室中进行苦思冥想的治学方式截然异趣，他们也像文艺复兴思想家那样关怀生活，参与生活，从生活中获取力量。在这一点上，和我们"五四"启蒙运动并没有什么两样。在抗战爆发前夕，也正是面临国家存亡关头，一些进步理论工作者又提出新启蒙口号。当时报刊上发表了不少文章，有些人还写过专著，何干之就出过一本《中国启蒙运动史》。我自己在一九三八年还发表过《抗战文学的新启蒙意义》一文（见上海书店重印的《抗战文学论文集》）。可是后来得到通知不要再用"新启蒙"的提法，这次出现不久的新启蒙运动也就夭折了。至今我还不明白是什么原因，我想查阅党史资料也许可以找到答案。不管怎样，在抗日战争前后，理论界曾再一次揭櫫了启蒙的旗帜,这是事实。

我不赞成救亡压启蒙的说法,因为启蒙夭折的原因,应该从当时的启蒙思想本身去寻找,而不能仅仅归之于外铄。照我看,"五四"启蒙运动的中断是在于当时启蒙思想家(包括马克思主义者)的幼稚和理论上的不成熟。他们错误地把启蒙运动所提出的个性解放、人的觉醒、自我意识、人性、人道主义等都斥为和马克思主义势如水火、绝不相容的资产阶级反动思想。类似的看法恐怕至今并未绝迹。长期以来,我们对马恩著作中关于个人的自由发展、自我意识、人性,人道主义等等的论述,一概采取了回避态度。① 直到这

---

① (原注)这里我不想阐述瞿秋白等人的观点,我想举鲁迅为例。有时最不能成为典型的例证,反而更能说明问题。要是在鲁迅身上反映了这种特征,就用不着再举其他例证了。从《二心集》开始,鲁迅虔诚地接受了瞿秋白、冯雪峰等的影响。这一时期,他的不少文字带有特定意义上的遵命文学色彩。例如,他对第三种人的批判,对文艺自由的论争,对阶级性的分析以及对大众语和汉字拉丁化的意见等等,都留下这样的痕迹。现试举另一例,早期,鲁迅在一九〇七年写的《文化偏至论》中说:"布鲁多既杀该撒,昭告市人,其词秩然有序,名分大义,炳若观火;而众之受感,乃不如安东尼指血衣之数言。于是方群推为国之伟人,忽见逐于城外,夫誉之者众数也,逐之者又众数也,一瞬息中,变易反复,其无特操不俟言;即观现象,已足知不祥之消息矣。"这分明是排众数的主张,但是,他在一九三四年写的《又是莎士比亚》和《以眼还眼》,对牡衡援引莎剧《裘力斯·恺撒》所描写的这同一历史事件,却作了完全不同的评价:"我疑心罗马恐怕也曾有过有理性有明确的利害观念,感情并不被几个煽动家所控制所操纵的群众,但是被驱散,被压制,被杀戮了。莎士比亚似乎没有调查,或者没有想到,但也许是故意抹杀的……"布鲁斯特(布鲁多)不仅在文艺复兴时代,而且也在启蒙运动时代,都被当做推翻专制暴君的英雄加以歌颂。鲁迅在早期也是持这种观点,可是后来他不再提了。上面那些为群众辩护的话,显然是牵强的。它使人感觉到鲁迅担心如果不作一些肯定的评价,会使人丧失对群众的信心。

在这几年中,纵使从鲁迅身上也可以看出当时的某些思想倾向的影响。早年,他经常提到的个性、人道、人的觉悟……在他的文字中消失了。直到他逝世前,才开始超脱"左"的思潮,显示了不同于《二心集》以来的那种局限性,表现了精神上新的升华。他最后发表的那些文章《我的第一个师父》《女吊》《死》《凯绥·珂勒惠支版画选集序目》等,写得既沉郁又隽永。

几年解放思想、冲破禁区，才开始援引有关这方面论述的马恩原文。例如，《共产党宣言》对每个人的自由发展是人类自由发展的前提的论述，《资本论》第一卷对"人的一般本性"和"在不同历史时期变化了的人性"以及第三卷和《神圣家族》对人性的论述。这些马克思主义观点，和长期以来我们流传的以阶级的人性来否定人的一般本性的观点是截然相反的。至于马恩把自我意识作为一种叛逆精神，提出它的反封建意义，我们从他们著作中可以多次读到。他们认为人和动物的区别就在于人的自由自觉的活动。可是，诸如此类的论述，竟然成了禁区，没有谁敢于在自己文章中加以援引，而这一切是发生在封建力量仍然强大、我们的反封建任务并未来完成的情况下。十年前，个性解放、独立意识、人格尊严、人格力量、人性、人道主义等，都成为政治运动的批判对象。

为什么会发生这种现象？就思想上来说，除了有些马克思主义者的幼稚和在理论上不成熟外，也由于我们受到一种传统偏见的束缚。我愿再引述一段去年初拙文中说过的话：我国传统观念侧重于共性对个性的规范和制约，而忽视个性，以社会道德来排斥自我，形成了一套固定的思想模式和伦理道德规范，从而使个性失去了它的主体性。但是，真正活的创造力是存在于组成群体的个体之中。没有个体的主体性就没有创造力，正如没有个人的自由发展就没有人类的自由发展一样。用群体来抹杀构成群体的个体，那只是抽象的群体，这种抽象的群体和抽象的理念没有什么两样。否定人的价值、人的尊严、人的需求、人的自由和解放，不仅是和否定人性连在一起，也和否定个人，否定自我连在一起的。实际上，压抑个性、扼杀个性的结果，就会使健康的、合理的个人意识被邪恶的个人贪婪所取代。因为个人的自我是不能被消灭的。在"文革"中"斗私批修""狠斗私字一闪念"闹得最凶的时候，也正是社会公德被践踏和社会道德最败坏的时候。不能想象群体中的绝大多数个体都是无价值的，而由他们构成的群体竟会是有价值的。在某种特定的情况下，没有个性对共性的突破，就没有发展和进化。

当时一些马克思主义者受到苏联庸俗社会学的机械论和日本福本主义极"左"思潮的很大影响。传统文化的固有偏见，再加上传入的似是而非的错误理论的影响，双管齐下。这种情况形成了当时一些马克思主义者在理论上的幼稚，思想上的不成熟，是不会使人感到奇怪的。我认为这就是"五四"启蒙运动中断的重要原因。为什么不直截了当地提出这一点呢？没有必要把责任推诿到救亡上去。所谓救亡压启蒙，这不能成为规律，因为没有非如此不可的必然性。一方面将"五四"启蒙运动的中断归咎于救亡，一方面又不愿置身于时代使命感和社会责任感之外，这就形成了理论上的混乱。我们不是完人，不能没有错误。理论工作者对于发生在自己身上和发生在别人身上的错误，要有一视同仁的不容情的态度，而不能文过饰非，采取弥缝补漏的办法。

长期以来，我们对于"五四"采取了一种漠然态度，理论界也很少加以研究。海外的情况却不同，对"五四"的研究始终没有中断，其中不乏真知灼见，使人读后深受启发。不过，我对于有些海外学者否定"五四"的偏激态度是不能苟同的。我认为，对于近七十年前发生的，曾对我国历史起过并还起着巨大影响的这场运动，今天已经到了可以公正地加以再认识和再评价的时候了。在真正意义上的批判精神是需要的。可是，海外学者中有人把"五四"运动跟义和团运动相提并论，说成是偏颇的两极。还有人进一步说，"五四"是"文化大革命"的先河，日本东洋史学家宫崎市定认为"文化大革命"时期的红卫兵运动和"五四"反日运动是一脉相承的。另一位美国学者也说"五四"时代的知识分子，甚至包括最温和的胡适在内都是"感情用事"的，而这种"感情用事"的行为和作风在"文革"时勃然再起，这对那些"以天下为己任的传统读书人的老遗传，而又受有时代教育的新知识分子，真是一拍即合"（唐德刚）。这些说法与其说是出于理性的考虑，不如说更多地出于偏见与好恶。其实把"五四"精神和义和团精神以至造反精神一锅煮，是一种不分皂白的牵强说法。为什么把"五四"作为"文革"的先河，而不把义和团视为红卫兵的前驱呢？后两者倒是有共同的根源，都基于同一的农业文明，或像张光直教授所说，一种连续性的、发源于萨满文化的、在世界范围内具有普遍性的文化传统。在天安门受检阅的红卫兵，那种完全丧失理智的狂迷、号叫、哭泣，有如巫神附体，准备为了愚昧的崇拜赴汤蹈火，献出自己。这和义和团以同样的狂热和愚昧，凭着刀枪不入的符咒，冒着敌人的炮火，毫无畏惧，前仆后继，有什么两样？试问呼唤人的觉醒、个性解放、人道主义精神和民主与科学的"五四"启蒙思潮是不是也是这样呢？这种不伦不类的类比，这种由于嫌恶而产生的偏见，一直没有得到应有的辨正。流风所披，这些年来，国内也出现了和海外某些学者评价"五四"的类似论调。我觉得对"五四"的这种嫌恶是由"五四"的反儒精神所激起的。

从表面看，"五四"打倒孔家店，"文革"批孔，两者似乎一脉相通。我最近读到海外学者的一篇文章，以对儒家的态度来衡量国内学者，认为在今天谁推崇儒家或至少对于儒家的尊重多于批评，谁就是纠正"文革"批孔的错误，谁就是开明改革派。这种看法大概是由于对国内情况有些隔膜，所以作了这样的判断。他们不理解在过去一系列的政治运动中，思想批判只是达到政治目的的实用手段，只要略为了解诸如海瑞、《水浒》等等这些历史人物和历史故事在剧烈政治斗争中的浮沉荣辱就可以明白了。"文革"前海瑞是号召作家去写的清官楷模，但由于政治需要一下子就成了为"文革"序幕祭旗的牺牲了。《评新编历史剧〈海瑞罢官〉》是真的批海瑞这个历史人物吗？不是，《水浒》这部小说曾被宣布包含了不少辩证法，新编京剧《三打祝家庄》也一再受到热烈的奖励，但是在"文革"中一下子变成了宣扬投降主义的反动著作。当时是真的批宋江吗？不是。它们都作为影射的符号，所谓项庄舞剑意在沛公，这些选来祭旗的历史人物和历史故事，只是为了达到某种政治目的的替罪羊。批孔也是一样，就在当时恐怕连不大识字的人也都明白批大儒、批魁儒究竟批的是谁。这也就是当时除了御用写作班子的少数笔杆子外，理论工作者（哪怕是一贯对儒家采取批判的人）都对这场闹剧采取了坚决抵制态度的缘故。如果不懂历次政治运动总要通过文艺批判来揭开序幕，如果不懂自有文字狱以来就已存在的所谓"影射"这两个字的妙用，那么只能说还不大了解中国国情。须知，"文革"期间，固然是把封资修一股脑儿作为批判的对象，可是，经历这场浩劫的过来人都可一眼看穿它的皮里阳秋。尽管表面声言封资修是一路货色，而实际上今天谁都知道"文革"是封建主义复辟。试问：当时被尊崇并凌驾在马克思主义之上的法家不是封建主义是什么？倘使知道，"文革"期间连意大利电影导演安东尼奥尼都被当做外国的孔夫子去批，难道还能认真地——或者直白地说，迂腐地去把这场批判当做是真在反儒吗？

一位海外学者在文章中说，毛泽东继承了"五四"的彻底反传统主义。关于毛泽东的文化思想，现在已开始了较为实事求是的研究，使许多问题都逐渐明朗起来。分析他在文化上的一些观点，是项复杂的工作。如果仅仅根据他说的一些话，从表面上去判断，就难以弄清真相。他是政治领袖，一位具有丰富斗争经验的政治策略家。据传一位他多年的助手说，他的话很难理解，这句话在"文革"时被揭发出来而受到批判。解放不久，陈毅一次在上海作报告时说，毛泽东熟读春秋战国史。他对清史也很熟悉。他曾称赞康熙，号召作家去写康熙。这是大家比较熟悉的。早在五十年代，我听夏衍告诉我，他去中南海见他，他曾问夏对乾隆怎样看法。后来"文革"评法批儒时，乾隆被列入法家，备受赞扬，这似乎并不是偶然的。美国汉学家费正清在他近著《观察中国》中说，美国人对这一点完全茫然无知，我认为，这并不是苛评。早在四十年代，毛泽东就以"形式主义"的说法指出"五四"评价问题全好全坏方式的片面性。

这恰恰与上面那位海外学者说的把传统文化当做统一整体加以全盘否定的"五四"人物的思想模式是大相径庭的。虽然毛泽东对于传统也说过一些片面、过激的话，但是对他多作一些了解，就可以看出他并不否定孔子。他称他为孔夫子。从他赞美鲁迅为新中国的圣人这一称号，似乎也从中透露一些消息。一再被人援引的经典性的说法，所谓从孔夫子到孙中山都要总结，这是他的名言。从他的思想，从他文章中的征引，可以看出他和包括孔学在内的旧学的渊源关系。据传，他晚年读的是大量线装书。其实更早时候，四十年代初，他在那篇作为历次思想改造运动的纲领性文件《改造我们的学习》一文中，就表示了对于传统文化的重视。他批评当时学者"言必称希腊，对于自己的祖宗，则对不住，忘记了"。但事实上，就是在近五十年后的今天，我们这里究竟有多少人懂得希腊呢？这种激愤同样表示对于传统文化的一种偏爱。我认为说他继承了"五四"彻底反传统和全盘西化的思想才发动"文化大革命"，这恐怕是太不了解他了。①

---

① （原注）这方面已有不少有价值的文献，如《新民学会资料》《湘江评论》《讲堂录》《伦理学原理批语》等都是研究毛泽东早期文化思想的重要资料。建国初至"文革"前夕为毛泽东管理图书报刊的逄先知所写的《毛泽东的读书生活》是记述毛泽东后期文化思想的重要文献。这些资料都有力地证实了我在上文中的论断。

毛泽东在"五四"早、中期固然赞赏胡适、陈独秀、吴虞、李大钊等，但并不主张废弃传统文化。早在湖南第一师范就读时，他就受到杨昌济的熏陶。"五四"前夕，一九一四年他在日记中写道："仍抄曾文正公日记，欲在一月以内抄完，亦文正一书不完不看他书之意也。""五四"新文化运动开始，一九一七年，他仍自称"独服曾文正"。当时，他还往"船山学社"聆听学术报告。直至一九三七年，他成为党的领袖，在延安讲授哲学，还请边区外的同志为他收购自己收藏不全的《船山遗书》。在湖南就读时，曾多次偕蔡和森、萧子升、易礼容等出游北京、上海、山东等地，拜访孔孟故居，向陈独秀、胡适等求学问道。这期间，除醉心阅读《新青年》外，也钻研古籍，重点阅读的书有《近思录》《仁学》《资治通鉴》《读史方舆纪要》《昭明文选》《韩昌黎全集》等。一九二〇年他给周世钊的信中说："东方文明在世界文明内要占半壁的地位，然东方文明可以说就是中国文明"。这都说明"五四"时期青年毛泽东对传统文化的重视。

去年出版的汪澍白的《毛泽东思想与文化传统》，有一章曾根据毛泽东的《伦理学原理批语》等，从"本原论""格致说""知行观"三方面来阐述朱熹哲学对青年毛泽东

接上页注文

的影响，足资研究者参考。我认为汪著提及颜习斋对毛泽东的影响是更值得注意的。颜习斋出生在北方一个小村落，他的生涯大多在家乡度过，他把读书比作"吞砒(霜)"，强调习行有用之学。所谓习行有用之学惟兵、农、礼乐三端。《年谱》记他对张文升说："如天不废予，将以七字富天下，垦荒、均田、兴水利；以六字强天下，人皆兵、官皆将，以九字安天下，举人才，正大经，兴礼乐。"颜习斋排斥读书强调实践，其说与宋明诸儒迥异，但仍是儒家的一个学派。（侯外庐的《中国思想通史》称颜学不是儒学，而是墨学的复活。此说不确，盖墨子非攻，颜元却主张以军旅强天下。）故钱穆说他气魄之深沉，识解之毅决非南方学者梨洲、船山、亭林诸人所及，并谓其思想深层与王阳明有一定渊源，故称其"仍是宋明诸儒薮"。

汪著指出毛泽东于一九三七年写的《实践论》多次直接使用了知行这个中国哲学史上习用的范畴。一九五一年《实践论》公开发表时，毛泽东还特意加上："认识和实践的关系——知和行的关系"。虽然后来毛泽东在关于板田文章的谈话中说，从实践到认识，再从认识到实践的飞跃，老庄、墨子、张载、李贽、王船山、谭嗣同都"没有讲清楚"；但是，用实践来概括认识论，却是和颜习斋的思想有相通之处的。颜最重亲知，强调"要在行字着力"。他名所居为"习斋"就是表示重视躬行践履之意。他最初也是信奉程朱、陆王之学，后来又转而对它进行了批判。他在《言行录教及门》中说："古今旋转乾坤开物成务，由皇帝王霸以至秦汉唐宋明，皆非书生也。读书著书能损人神智气力，不能益人才德。"他力排朱子的读书为穷理之说，以为"试观今天下秀才晓事否？读书人便愚，多读更愚，但书生必自智，其愚却愈深。"他著书很少，但留下这类排斥读书的话却很多。汪著指出，毛泽东也多次发表过类似的见解，并援引毛泽东一九六四年在春节座谈会上的讲话为证。《讲话》称："明朝搞得好的，只有明太祖、明成祖父子两个。一个不识字，一个识字不多，是比较好的皇帝。以后到了嘉靖，知识分子当政，反而不成事，国家就管不好。书读多了，就作不了好皇帝。"早在《反对本本主义》一文中也说过："读过马克思主义'本本'的许多人，成了革命的叛徒，那些不识字的工人常常能够很好地掌握马克思主义。"我认为毛泽东主张知识分子只有参加体力劳动才能改造思想也和上述观点不无关系。体力劳动是指上山下乡运动，到农村去滚一身泥巴。他到了晚年更进一步提出知识分子要接受贫下中农的再教育。这时他不再像从前那样承认农民身上也有落后的东西，而是把农民当做无产者，和工人阶级等同起来了。我在文中说，据传毛泽东在晚年读的是大量线装书。现在查阅了逢先知《毛泽东的读书生活》可将要旨转述如下：进北京后，逢为毛泽东特地买了一部《四部备要》、一部大字本《二十四史》。前者，他读了大部分。后者，则不止通读一遍。他还浏览了大量中国古代的诗、词、曲、赋、小说等。但对外国作品却读得很少。逢只举出了《茶花女》《简·爱》《罗密欧与朱丽叶》寥寥几部。至于经济管理，特别是国外有关社会化生产管理方面的书就读得更少了。

在上述情况下，说毛泽东继承了"五四"全盘性反传统主义，以致导致了"文化大革命"的悲剧，虽然似乎也言之成理，但却令人感到持之无故，距离事实太远了。

"五四"究竟是不是全盘否定传统与主张全盘西化？这确实不是三言两语可说尽的，因为这个问题还涉及怎样理解批判继承传统的问题。长期以来，批判继承的最简练的说法就是取其精华去其糟粕。这个说法经过不断简化和滥用，已变成一种机械理论。照这种理论看来，知识结构只是各种不同成分的混合与拼凑，而不是有着内在联系的整体，各部分之间没有相互渗透和相互作用，没有完整的系统或体系，因而可以进行任意分割和任意取舍，但是，就知识结构的整体、系统或思想体系来说，却不容这样割裂。① 正是由于上述机械观点长期成为批判继承文化传统的准则，于是对古代某一思想家进行评价时，往往出现了不同观点的评论者从中各取所需，作片面的摘引，以证己说。这种摘句法由于各摘一面，可以导致截然不同的结论和截然不同的评价，形成此亦一是非彼亦一是非的奇异混淆。我们很少去把握古代思想家的思想体系，从各部分到整体，再从整体到各部分，进行见树又见林和见林又见树的科学剖析。六十年代初，理论界曾探讨了庄子哲学的思想体系。我觉得，不论这种探讨是否作出成绩，总比摘句法的引证要好。自然在探讨庄子哲学思想体系的时候，也出现了另一种倾向，即用有待——无己——无待的

---

① （原注）这从各国编纂大百科全书都要探索知识结构以构成自己的体系就可说明问题。例如《大不列颠百科全书》十五版所附《知识纲要》，对知识进行分类，并以图表示意。它把全都知识划分为十门，组织在一圆形内，来说明其间的有机联系而不容任意割裂。苏联百科全书也附有知识分类与知识系统表。

上文中所说是一个常识问题，但摘句法恰恰是违反这个简单的常识。其实古人倒往往明白这个道理。试举一例，《乐记》说："礼节民心，乐和民声，政以行之，刑以防之。礼乐刑政，四达而不悖，则王道备矣。"这是说明礼、乐、刑、政是一整体。如果谈到儒家的礼乐概念，而不去考虑它和刑政的关系，就会陷入割裂的错误。自然这并不是说，谈礼乐必得谈刑政，而是说不能用摘句法把它从思想整体割裂下来，掩饰它与刑政的关系，作片面的阐发。

三段式硬去印证《庄子》各篇以至篇中的每句话，而忽视原则和原则运用之间，思想体系和具体观点之间的可能差距。从部分到整体，再从整体到部分，都不能不作细致的剖析而采用简单印证的办法硬套。

就思想体系来说，我认为后一代对前一代的关系是一种否定的关系。但否定就是扬弃，而并不意味着后一代将前一代的思想成果彻底消灭，从而把全部思想史作为一系列错误的陈列所。前一代思想体系中积极的合理因素，被消融在后一代思想体系中，成为新的质料生成在后一代思想体系中。这是辩证法的常识，也是思想史的事实。但是，要真正吸取传统文化中的积极的合理因素，要真正把它们消融成为新体系中的质料，就得经过否定。正如淘金，就像刘禹锡诗中说的："千淘万漉虽辛苦，吹尽狂沙始到金。"批判得愈深，才愈能区别精华与糟粕，才愈能使传统中的合理的，积极的因素获得新的生命。我以为对于"五四"的反传统精神也应从这种角度去理解。

最近我读到一位得到海外文化学者赏识的青年朋友写的文章。她认为文化传统积淀在我们思想深处是难以摆脱的。为了证明这没有什么不好，她举出甚至海外唐人街所存在的那些陈规陋俗也一直在起着文化上的认同作用，形成了民族的凝聚力，使中国人虽身居异邦而历久不被同化。这种议论令我惊讶。为了这种狭隘的民族意识竟乞灵于陈规陋俗，岂不过于贬损这个民族？中华民族的凝聚力不能依靠落后意识，不是排拒其他民族而是虚心学习他们长处的。我不能同意认为积淀在思想深处的文化传统是无法突破的这种悲观论调。自然，传统是像习惯势力一样甚或更加顽强，没有人否认这一点。但是它毕竟不是永恒不变的、绝对的。现在很盛行一种说法，例如我在一篇为海外学者著作写的序言中曾读到这样说法："任何人都是处于他长期生活的传统中,因而他反传统实际上也不可离开自己的传统。"比如林毓生《中国意识的危机》断言"五四"的全盘性的反传统主义本身就是根源于中国的"传统思想模式(或称为分析范畴),换言之,也就是由一元论或唯智论所构成的有机整体观借思想文化为解决问题的途径。"① 如果用简明的表述,这就是说"五四"的全盘性反传统主义是被更深层的传统意识所支配所渗透的。这一论断就难免会使人产生这样的疑问:既然如此,那么要反对"五四"全盘性的反传统主义的偏颇,就必须铲除产生这种偏颇的深层根源——中国传统思想模式(分析范畴)?试问:这岂不是比"五四"的全盘性反传统主义更进了一步?我觉得这里当做前提东西的本身是有待论证的。不经过论证而作为必然的结论,这只是一种先验论。过去,我们把"阶级"当做涵盖一切、代替一切、超批判超逻辑的主体,认为它无处不在,每个人从生到死都无法逃脱它打下的烙印。现在,我觉得一些文章谈到"传统"时似乎也有这种趋

---

① (原注)林毓生的《中国意识的危机》是据爱德华·希尔斯对马克斯·韦伯理论的修正,把作为权威象征的"奇里斯玛"(Charisma)视为中国的王权。他认为辛亥革命推翻王权后,也就表示作为权威的奇里斯玛崩溃了,于是产生了对旧社会秩序的彻底否定。由于中国的思想模式乃在于一种有机整体观,即把社会、政治、经济、文化看做是不容分割的有机整体,一枯俱枯,一荣俱荣,所以要彻底否定旧社会制度,就需彻底否定旧文化,而并不像具有另一形态的思想模式的西方一样在彻底否定社会制度的同时,可以将文化与之分开来,保存其中优良的成分。同时更由于中国的思想模式是以思想作为解决一切的途径,所以彻底否定旧社会制度时首先要从文化方面入手。林教授认为由此产生了全盘性的反传统主义。"五四"启蒙运动如此,十年浩劫的"文化大革命"也是如此。根据我的粗浅理解,我认为林毓生所说的全盘性反传统主义的理论脉络大致就是这样。我认为林教授写作本书的理论模式或用他的说法分析范畴,是作为先决条件提出来的。而这些先决条件本身是有待论证的。其实他把中国文化传统的思想模式实际上简单地看做是"儒家的思想模式"——即"强调心的内在道德功能"或"心的内在思想经验的功能"。这是偏颇的,但这里不能详论了。

向。我不赞成超批判、超逻辑的"阶级论",也不能赞成超批判、超逻辑的"传统论"。为什么中国的思想模式是文化的整体观——形成"借思想文化为解决一切的途径"——从而造成了"五四"的"全盘反传统主义"?这需要论证和证据。倘使有人提出疑难,不能接受上述既定的前提,就被认为是没有默契不能进行对话,请恕我援引海涅的《宗教辩论》作为回答。这诗的大意说,当拉比在辩论过程中援引犹太教的圣书《泰斯维斯——钟托夫》时,天主教教士卡普勒说:"让《泰斯维斯——钟托夫》见鬼去吧!"这时,拉比愤怒地叫道:"连《泰斯维斯——钟托夫》都不适用了,还有什么可说呢?天哪!"

不过,我认为用思想模式去探讨文化传统,本身不能说是错误的。据我有限的见闻,我知道海外学者本杰明·史华兹和卡尔·菲烈德等都提出了思想模式问题。过去,汤因比曾以哲学思想来确定文化传统,把人类文化传统划分为二十一种类型。近来国内外学者在谈中国文化传统时也多取这种方式,如谈中国文化传统是以儒家思想为中心或儒道互补,甚至有人还援引三教同源的理论,等等。构成文化传统的要素需具有稳定性、持久性、连续性,而不能随着时代的进展与社会的变迁而消亡。哲学是思想的思想,在文化传统中起着相当大的作用。但我认为构成文化传统的应该是比哲学思想具有更大的稳定性、连续性、持久性的东西。依我看这就是:不同文化类型在创造力上所显示出的不同特点,形成某一文化类型的心理素质,它的思维方式、抒情方式和行为方式,以及最根本的价值系统。据此,我的初步看法是中国文化传统具有这样几个特点:靠意会而不借助言传的体知的思维方式,强调同一性忽视特殊性的尚同思想,以道德为本位的价值系统。以上这些特点较之儒家或儒道互补或三教同源等等哲学思想具有更大的稳定性、连续性,持久性。

这方面，我曾在别的文章中作过一些论述。这些问题都值得进一步加以探讨。这里我只是想说明我并非没有认识到文化传统的顽强性。文化传统如果按照我们主观愿望一下子就可以摆脱或突破，那也不成其为文化传统了。我只是反对把文化传统看做是命定无法摆脱或突破的这种消极观点。我认为在一定情况下，如果不能突破传统的某些规范，就不可能有发展和进步。人类最初倘使不突破类人猿用四肢行走的传统，而变为用两脚行走，就不能完成从猿到人的具有决定意义的历史性转变。（类似的意思鲁迅在"五四"时期早就说过了。）

认为"五四"精神是全盘性反传统和全盘西化，这种论调先出自海外，后传入国内，似乎已成定谳不容置疑了。但是就我所看到的论著来说，全都是宏观性的概述，几乎很少有具体的剖析和科学的论证。有的论者纵使援引一些原著文字以证己说，但又往往陷入摘句法，也有削足适履地用夹叙（事实）夹议（理论）方式写成的专著。如上面提到的林教授的论文。我感到是先立一框架，然后再去填补材料，多少带有先验模式论倾向。以上论者在对"五四"启蒙运动进行批判的时候，由于缺乏对照比勘，放弃了对于论战对方的考察，以致陷入片面。据我理解，"五四"精神在反儒家问题上是要求出现诸子争鸣的学术自由空气。如果不把儒家以外的诸子以及我国的古代神话、小说、民间故事、歌谣等等都摒斥于文化传统之外，那么就断断不能把"五四"精神说成是全盘的反传统主义。即令对儒学，"五四"启蒙者也并没有采取全盘否定的态度。这里我想引用一些为上述论者不去涉及或深究的证据。例如，陈独秀曾这样说："孔教为吾国历史上有力之学说，为吾人精神上无形统一人心的工具。鄙人曾绝对承认之，而不存丝毫疑义，盖秦火以还，百家学绝，汉武独尊儒家，嗣后支配中国人心而统一者惟孔子而已。以此原因，两千年来迄于今日，政治上、社会上，学术思想上，遂造成如斯之累。"（《新青年》一九一七年三月）"论者之非孔，非谓其温良恭俭让信义廉耻诸德及忠恕之道不足取，不过谓此等道德名词乃世界普遍道德，不认为孔教自矜独有者耳。"（《新青年》一九一七年七月）"中国学术隆于晚周，差比欧罗巴之古希腊。"（《新青年》一九一八年四月）"我们中国除儒家之君道臣节名教纲常以外，是否绝灭他种文明？除强以儒教统一外，吾国固有之文明是否免于混乱矛盾？以希思想界统一故，独尊儒学而黜百家，是否发挥固有文明之道？"（《新青年》一九一八年九月）"窃以无论何种学派，均不能定于一尊，以阻碍思想文化之自由发展。况儒术孔道，非无优点，而缺点正多。尤与近世文明社会绝不相容者，其一贯伦理政治之纲常阶级说也。此不攻破，吾国之政治、法律、社会、道德，俱无由出黑暗而入光明。"（陈独秀《答吴虞书》）

"五四"启蒙者对儒家以外的诸子如墨子、老庄，商鞅以至魏晋时代的人物和后来的李贽等都采取了肯定的态度。当林纾斥责北京大学覆孔孟，铲伦常是"谣诼纷集"声名狼藉的时候，蔡元培即举胡适《中国哲学史大纲》作为反证。这本书于一九一九年出版，用新观点和新方法对先秦诸子学说作了论述，确实足以驳倒"五四"全盘反传统之说。由胡适发端而鲁迅集大成的对中国小说史的研究，应该说是"五四"时代研究传统文化的一个贡献。鲁迅于"五四"时期写的第一篇历史小说《不周山》对于女娲的赞美，我认为甚至比今天被许多人所歌颂的龙文化更有意义。他的另一篇历史小说称颂大禹的《理水》，虽然写于"五四"之后，但可说是"五四"时期的思想延续，当时在传统文化领域内成为显学的墨学（尤其是《墨经》）和佛学，都曾经是鲁迅钻研的学问。至今他的遗文尚存有一九一八年所写的《墨经正文重阅后记》，其中透露了他对墨学的重视。陈独秀反对定儒家于一尊，要求重现晚周诸子争鸣学术自由，可以说是当时所有主要人物的共同主张。鲁迅肯定墨学，重视庄学，并承章太炎的《五朝学》破千余年来偏见的余绪，对魏晋六朝学作了重新估价。当时他所校勘的玄学家《嵇康集》就是明证，他捐资重行刊印佛家《百喻经》，说明他认为从中可吸取某些文学因素以丰富新文化。吴虞这位在当时被称为"只手打倒孔家店的老英雄"，照理说应是一位全盘反传统的闯将，但是读了他的《文录》，我感到他虽然接受了一些西方文化思潮，但他的反孔非儒并没有多少新思想，其格局甚至不脱我国早期思想史上的传统与反传统，魏晋以来的儒道之争，以及宋明以来的天理人欲之争。他在行文中也确实屡屡援引老庄、列子、墨子、文子、商鞅、王充、阮籍、嵇康、孔融、李贽等人的话，作为抨击儒家纲常名教的武器，其中尤以庄子的《盗跖》《天运》《胠箧》《让王》诸篇每被征引。吴虞尽管曾留日习政法，但他书中很少涉及西学。他曾提到孟德斯鸠，并征引过他的话，但仅仅一笔带过，其他如卢梭、伏尔泰、约翰·穆勒诸人只是提到名字而已。吴虞长期被人当做"极端派"。这其实是误解，他的理论较之前人和较之对手要温和得多。根据林毓生教授的论证，"五四"的全盘性反传统主义是源于作为王权"奇里斯玛"（Charisma）崩溃的后果。事实上，就以非孝来说，在王权并未崩溃的魏晋时代，孔融远比吴虞更为激烈。我觉得，在治学上无论是我们喜欢搬弄僵化的教条，或是过去德国思想家喜欢构造强制性的大体系，或是现在某些海外学者喜欢用材料去填补既成的理论图式，都是不足取的。把"五四"精神说成是全面性反传统，我觉得就是后一种倾向所构造的论断。较之这种偏向，我认为余英时的意见是较为可取的。余教授认为传统中包括了非正统和反传统的思潮在内（《五四运动与中国传统》）。如果我的理解不错，这里虽把儒家作为正统，但也把非正统或反儒的诸子百家包括在传统的范围内。

"五四"精神自然体现在反传统上。它反对具有强烈封建主义色彩的纲常伦理与吃人礼教。"五四"启蒙者对于传统文化缺乏作全面的再认识、再估价，经过批判使应该保存下来的保存下来，吸收融化在新的思想体系中。"五四"启蒙者对于儒家以外的诸子百家殊少批判，就是对儒家本身也未进行更全面的批判。比如孔子学说中的仁和礼的关系以及像陈独秀所肯定的忠恕之道以及温良恭俭让、信义廉耻诸德，都未经过考察，予以正确的评价。至于"五四"启蒙者所肯定的老庄墨子等等就更少经过批判，作出再认识和再估价了。以鲁迅对文化传统和社会心理的深刻洞察，尚且没有在当时甚至后来对墨子学说所反映的小生产的狭隘性及某种专制倾向与尚同思想作出应有的批判。凡此种种，都不能不说是"五四"启蒙者的缺陷。鲁迅当时在反封建主义上是彻底的（这方面，他甚至说过一些偏激的话）。他在"五四"时期所写下的对文化传统及我国社会心理的深刻剖析，至今尚无人可以企及。林毓生说："鲁迅出于理性上的考虑和道德上的关切，在完全拒绝中国传统的同时，又发现中国传统文化和道德中的某些成分是有意义的。"又说："在他所主张的全盘性反传统思想面前，这种态度使他十分苦恼——甚至有一种内疚的罪恶感。"（《中国意识的危机》）我不能同意这种说法。我认为林毓生举出鲁迅在《文化偏至论》中说的"弗失固有之血脉"可以说是孤证，并不足以作为充分理由。这篇文章可作为《摩罗诗力说》的姐妹篇，均作于一九〇七年，其主旨乃在尊个性张精神，以尼采哲学反对"平等自由之念，社会民主之思"，而绝非以传统文化反西方文化。这篇文章中，曾有这样说法："个人一语，入中国来三四年，号称识时之士，多引为大诟，苟被其谥，与民贼同。"足证其基本概念是外来的而非传统的。鲁迅在当时反对民主代议制和"自由平等之念，社会民主之思"，确实是个值得探讨的问题。我认为他是受到尼采思想的影响，因而是以一种西方文化思想去反对另一种西方文化思想。我觉得把它想象成是对传统文化的"一种内疚的罪恶感"，是不可思议的。

  笔者在本文中涉及几位海外学者，其中有些还是笔者的朋友。我在本文开头就说过，海外有不少学者的论著曾给我以很大启发。比如周策纵的《"五四"运动史》，我认为至今仍是一部佳作。一九七九年"五四"六十周年时，他为汪荣祖所编《五四研究论文集》写过《五四书怀》，其中有云"德赛今犹待后生"。这句话说得很好，可以代表不少人的心声。

一九八八年九月二日

（《传统与反传统》，上海文艺出版社1990年版）①

---

①　该文收入《王元化集》卷六时作者补记："本文对'五四'和陈独秀的评价有片面性，未就其反传统主流作出切合实际的论述，和作者后来的看法有较大出入。请参阅作者论杜亚泉及现代思想史两文。"（《王元化集》卷六，湖北教育出版社2007年版，第339页）——编者

与友人书：谈古史辨

七月二十七日手书奉悉。寄出的陈垣书信集收到否？九月初，你将离檀岛出访，赶写此信，以便行前达览。

《崔东壁遗书》上海古籍于八三年出版，十六开本，千余页，精装成巨帙，虽捧读维艰，但检索甚便。书前有王煦华协助顾颉刚所写长序，约数万言。此序为顾氏晚年重要论文，述其学术思想甚详。崔著清时影响不大，观遗书尾所附清时诸儒之评骘可知。"五四"后，疑古思潮日炽，由胡适倡导，顾氏以十年心血将崔著整理出版。钱穆序中可见其对崔著之委婉微讽。崔述以疑古辨伪为顾氏所重。据顾氏云，古史研究即在辨伪与造伪（或成伪）之争。以怀疑精神探究古史本无可非议，但以辨伪规范古史，则未免过于简单。盖如此难免胸中横亘先入之见，所见莫非伪书。倘再率尔断案，则其弊尤甚。如崔述曾断"老子之言皆杨朱之说"，虽顾氏亦谓此说"毫无根据，自嫌鲁莽"。疑古派盛行于二三十年代。战后，文物发掘，甲骨文、金文、竹简大量出土，于征订古史方面，足资凭借，即以《周官》一书而言，宋欧阳修、洪迈、清方苞、廖平、康有为诸人，均斥之为伪书。宋时夹有党争偏见（即今所谓意识形态化），清之今文家则更趋极端，称此书为刘歆助王莽伪造。徐复观先生更别出心裁，直谓《周官》乃王莽本人所伪造（余英时先生于书序中驳之甚辩)。据近二十年来出土青铜器铭文考订,仅西周早、中、晚三期,其中册命职官名称、职务与《周官》合者,不下五十余种(参见中华出版之《西周金文官制研究》及台湾出版的《西周册命金文官制研究》)。前人论先秦之典章制度,多取证于诗书,而不取证于三礼,以为不可据信,足征已往之偏见未除。东壁遗书的学术价值,疑古派似过于推重,清时王崧等评其所偏,未尝不得其要。近人钱穆,稍晚如杨宽等所论定,亦可称为持平之说。

近读四书,曾参阅前人注疏多种。顷已草就《论语》束释数则。今夏海外学人惠我牟复礼(Frederick W. Mote)所撰评史华慈《古代中国思想世界》(*The World of Thought in Ancient China by Benjamin Schwartz*)。文中涉及达巷党人章。牟氏与史氏俱将本应连读之达巷党三字拆开,解党字为"乡党",并释乡党为"无知的乡下人"。又史华慈释孔子"吾执御乎?吾执射乎?吾执御矣",为孔子不喜"军事技艺"之凭证。倘以诸如此类望文生义之训释,作为理解思想之根据,岂能得其真谛(我已草就二文,一、《达巷党人与海外评注》,交《中国文化》发表。二、《子见南子与前人注疏》,交《法言》发表)。近又读海外友人H先生惠我其所撰关于创造性诠释学一书(系我年初回国后由美寄来),书中分诠释学为五个层次,最后两层次,一为"应谓"(即原作者应说而未说者),一为"必谓"(即原作者必须说出而未说者)。H先生认为创造性诠释学任务,即在于替原作者说出"应谓"与"必谓"两层次内容。我以为这项工作不是不可以做,但极易引出逞臆妄说之风。如作为诠释者个人意见或诠释者的批判则可,而硬归派为原作本身思想则勉强,倘进一步断定如此方得原作之真谛,则更不可以为训。即以H先生本人来说,他以老学名家,而其书中竟未说明老庄并称始于魏晋,而在此以前只有黄老之学,诠释者只就己之好恶以庄解老,谓此才是真老，只字不提老氏何以曾与黄学兼综，而开法家先河。如此诠释岂非带有极大主观随意性？我不仅不反对，而且还赞同以羼入海外新理论（只要是推动理论前进的）的新观点来诠释古人著述，但不可流入比附，强古人以从己意。……

一周前，上海举行秦汉思想与华夏文化讨论会。参加者，除国内人士亦有海外学者数位，我被拉去与会，又被拉出发言，临时讲了几点感想。目前海内外对秦汉思想史都较轻视。谈儒家，必宋明，不是程朱（理学），就是陆王（心学），而视两汉为既陈刍狗，轻之如敝屣。即以经籍注疏言，汉儒固简拙，岂可废也。近翻阅《论语》注疏，宋人虽多新解，但穿凿者亦众。儒家思想至宋明如日之中天，被称为新儒学。但两汉定儒于一尊，当时儒家如董仲舒诸人，焉可弃之于不顾？否则何以理解儒学之源流与发展？据我管见所及，近来大陆研究秦汉思想专著，仅有金春峰及祝瑞开所撰两种，似未能超迈前贤如吕思勉之《秦汉史》者。目前谈文化思想者很少涉及秦汉。《吕氏春秋》一书，仅仅成为追寻先秦思想遗迹之资料库，而书中所反映之时代精神与文化思潮，迄未引起重视。《淮南鸿烈》亦然。《论衡》一书系早期对孔子持批判态度者，研究儒学，不可不考虑儒学定于一尊时持不同意见者的品评，以求从正反两面探其全貌。自然汉学亦有明显缺陷，如汉儒《易》注，专重象数。魏晋时，王弼以玄学本体论解《易》，其说出，汉学遂告寝微。唐定五经正义，弃汉《易》而取王《易》，非无故。就思想通豁，兼综各家而言，宋明确优胜于两汉。宋明儒学，融贯释老，擅发义理，长于思辨，而汉人多墨守师说家法，但就经籍注疏来说，汉人成果亦不可废弃。近有一想法，学人多钻研海外诠释学，而对两千年来前人注疏未加注意。倘将两千年来前人注释，爬梳整理，总结其成败，对今后传统文化研究定有极大帮助。自然，此项工作非个人可就，亦非一时可就。我相信，在此基础上，或将在古史辨学派后开创一新方法、新境界。"五四"以来，古史辨在我国所形成的主流学派达数十年，其功固不可没，但今天其病多已暴露。

匆匆已尽四纸，字小而劣，乞谅。又，蒋善国先生于其所撰《尚书综述》出版前（八六或八七）已殁。

一九九一年八月十日

（《清园夜读》，海天出版社 1993 年 10 月）①

---

① 亦见《清园书简》，湖北教育出版社 2002 年、《思辨录》，上海古籍出版社 2004 年、《清元论学集》，上海古籍出版社 1994 年。

杜亚泉与东西文化问题论战

一

杜亚泉，一八七三年（同治十二年）生于浙江绍兴府山阴县伧塘乡（今上虞市长塘）。原名炜孙，字秋帆，又署伧父。少时刻苦自修，精于历算，通日语，长于理化、矿物及动植诸科。他的治学道路颇曲折，青少年时，即觉帖括非所学，改治训诂。甲午后，又觉训诂无裨实用，再改学历算。一八九八年（光绪二十四年）应蔡元培之聘，任绍兴中西学堂算学教员。越二年，为提倡科学，培养人才，创办亚泉学馆（后改为普通学书室），同时出版《亚泉杂志》。（化案：亚、泉二字为氩、线之省笔。氩是一种惰性化学元素，线在几何学上无体无面，用这两个字原表示自谦之意。可是他没有料到，氩在今天已成为具有广泛用途的重要元素了。）一九〇四年（光绪三十年）应商务印书馆夏粹芳、张元济之邀赴沪，将其普通学书室并入商务，任商务编译所博物理化部主任，负责编辑教科书。（王云五《小学自然科词书序》称：经他负责编辑的教科书不下百余种之多。笔者少时读代数所用的盖氏对数表，就是他编译的。）至今仍在沿用的化学元素中文译名不少也是出于他的首创。由于这些成就，人们称他是中国科学界的先驱、徐寿以后至二十世纪初成绩卓著的学者。

他在主编任上，奖掖后进，做了不少工作。后来，胡愈之回忆在《东方杂志》当编辑时说曾得到他的细心指导，并称他是忠厚长者，治学严谨，办事踏实。①

一九一一年（宣统三年）至一九二〇年（民国九年），杜亚泉掌《东方杂志》笔政，前后凡十年。他出任主编后，刷新内容，扩大篇幅，使这个刊物成为当时具有重大影响的学术杂志。除主持编务外，他还勤于著述，著有《人生哲学》，译有叔本华《处世哲学》。他在《东方杂志》上发表论文达二百篇。其中有些文章，今天读来，仍有一定启迪作用。《东方杂志》编辑部在他去世后，在悼文中曾对他作了中肯的评价："其对于人生观和社会观，始终以理智支配欲望，为最高的理想，以使西方科学与东方传统文化结合，为最后的目的。先生实不失为中国启蒙时期的一个典型学者。"蔡元培也说他"以科学方法研求哲理，故周详审慎，力避偏宕"。② 他在胡适以前，首开以科学方法治学的风气。虽然今天看来，科学主义不免给学术研究带来不少弊端，但他在运用科学方法解释社会问题时，却比今天一些号称运用自然科学与社会科学交叉的青年学者，要通情达理得多。

"五四"时期，发生了东西文化问题论战。这场论战肇始于《新青年》主编陈独秀批判《东方杂志》上发表的三篇文章。不久，杜亚泉于一九二〇年迫于情势（受论战影响）辞去主编职务，同时也不再为杂志撰稿，仅担任编辑课本工作，同时创办新中华学院。两年后因经费告绌而停办，负债数千元。一九三二年，淞沪战争爆发，商务毁于日军炮火。杜亚泉举家避难回乡。次年，患肋膜炎，十二月六日逝世，享年六十岁。他在病时，无钱医治，下葬时借棺

---

① （原注）参见胡序文：《胡愈之和商务印书馆》，刊《商务印书馆九十年》第一百二十五页，商务印书馆一九八七年版。

② （原注）蔡元培：《书杜亚泉先生遗事》，刊许纪霖、田建业编：《一溪集》，第七页，三联书店一九九九年版。

入殓，身后萧条，令人备觉凄凉。张梓生于《新社会》半月刊撰文悼念，言语甚哀，极为沉痛：

> 国人对于人物之崇仰，久失其正鹄。当曲园之死，举国淡然，时王静庵已有所感。近则时局幻变，人心愈趋卑下，对数政客官僚之死亡，报纸争载，市巷纷谈；而对于品格崇高，行足讽世之学人之逝世，除三数熟友外，类皆无所感怀。①

二

杜亚泉逝世后，不但他的生平和功业很少有人提及，就连他的名字也似乎渐渐湮没无闻了。解放后所出版的《现代思想史论》，对"五四"前后那场关于东西文化问题的论战未置一词。这场论战就其在文化史上的意义来说，是远远驾凌于以后发生的科玄论战、民族形式问题论战等之上的。根据现在涉及杜亚泉的几篇文章来看，却是毁多誉少，有的甚至把他诋为落伍者。现在是应该对他作心平气和的再认识、再估价的时候了。

杜亚泉在任主编前就已经在《东方杂志》上发表文章。最初两篇文章是《物质进化论》和《伦理标准论》，接着一篇一篇源源不断。就这些文章看，他不仅是启蒙者，也是一位自由主义者。一九一一年他在《减政主义》一文中说：

---

① （原注）张梓生：《悼杜亚泉先生》，刊许纪霖、田建业编：《一溪集》，第二十二页，三联书店一九九九年版。王静安语见《教育小言十则》第五节："德清俞氏之殁几半年矣。俞氏之于学问，固非有所心得，然其为学之敏，与著书之勤，至盖而不衰，固今日学者之好模范也。然于其死后，社会上无铺张之者，亦无致哀悼之词者，计其价值，乃不如以脑病蹈海之留学生。吾国人对学问之兴味如何，亦可于此观之矣。"

> 今各国政府组织繁复之官僚政治，视社会上一切事务均可包含于政治之内，政府无不可为之，亦无不能为之。政权日重，政费日繁，政治机关之强大，实社会之忧也。

他认为政府对于社会，只能养其活力的源泉，而不要使之枯竭；只能顺其发展的进路，而不要设置障碍。只有这样，社会的活力才得以顺畅发展。所以政府在教育事业和工商事业方面，仅仅是司其政务，而不必自己去做教育家，自己去经营工商事业。要使教育发达，并不是政府多颁学堂章程，多编教科书。他说：

> 不察此理，贸贸焉扩张政权，增加政费，国民之受干涉也愈多，国民之增担负也愈速。干涉甚则碍社会之发展，担负重则竭社会之活力。

这种观点在其他文章中（如《论人民重视官吏之害》《个人与国家之界说》等）亦多有阐发。

照杜亚泉看来，保证社会不发生专制集权现象的重要条件之一，就在于要有一个民间社会的独立空间。政府需受到法律的严格限制，才可以避免对于社会进行过多的干预。他认为社会活力具有伟大的创造力量，一国的兴衰就视其社会活力是受阻而枯竭，还是相反得到了通畅的发展。这一观点十分近于西方的小政府、大社会的国家学说，近年来，海外学术界重新探讨了黑格尔等市民社会理论，大多认为如果无条件地承认国家至上独尊的地位，就会导致国家对人民权力的剥夺或侵吞。杜亚泉在《个人与国家之界说》中，也批判了国家主义"强他人没入国家"与"强个人没入国家"的现象，这是侵犯他人的自由，蔑视基本人权。他在《论思想战》中，把这种自由思想阐发得更为透彻。这篇文章提出四条原则：前面两条说的是开浚与广博思想，属于思想修养的问题，后两条，一条是"勿轻易排斥异己之思想"，另一条是"勿极端主张自己之思想"。这种毋意、毋必、毋固、毋我的观点,固然来自传统资源,但杜亚泉使它和现代民主思想接轨。数十年后,胡适声称他认为"容忍比自由更重要"是自由主义的一项重要原则。在那场论战中和杜亚泉站在对垒位置的陈独秀,到了晚年也说,承认反对党的自由乃是自由的要义。但他在那场论争中,曾经是多么疾言厉色地批判了杜亚泉。杜亚泉写的《中国之新生命》一文也是十分值得注意的,其中提到中产阶级问题:

> 现今文明诸国,莫不以中等阶级为势力之中心,我国将来,亦不能出此例外,此则吾人之所深信者也。

他在"五四"前后就提出这些看法,说明他的思想敏锐,这使他在当时知识分子中间居于领先的地位。

三

我认为把杜亚泉看做是一位反对革新的落伍者,这种误解要归之于长期以来中国近代史上发生的急骤变化。近代历史上的每次改革都以失败告终。鸦片战争后,以曾张李为代表的洋务运动,希望从西方引进船坚炮利、声光化电等科学技术。可是甲午一战,惨遭失败。继起者认识到不经过政治制度的根本改革,科学技术是不可能孤立地发展的,于是出现了康梁维新运动。辛亥革命成功,以共和代替了帝制,但政治情况却并未改善,军阀割据,连年混战,民不聊生。在共和制下,竟出现了议会贿选、政客收买猪仔议员的丑剧。继起者再一次认识到共和政治制度只能在一定的社会背景和思想基础上形成,于是"五四"的思想革命诞生了。百余年来不断更迭的改革运动,很容易使人认为每次改革失败的原因,都在于不够彻底,因而普遍形成了一种越彻底越好的急躁心态。在这样的气候之下,杜亚泉就显得过于稳健、过于持重、过于保守了。

对于改革，杜亚泉却有他自己的看法。他在《个人之改革》一文中，阐明了他的改革观念：

> 吾侪自与西洋社会接触以来，虽不敢谓西洋社会事事物物悉胜于吾侪，然比较衡量之余，终觉吾侪之社会间，积五千余年沉淀之渣滓，蒙二十余朝风光之尘埃，症结之所在，迷谬之所丛，不可不有以廓清而扫除之。故近二三十年以内，社会变动之状况，虽左旋右转，方向不同，而其以改革为动机则一也。社会间稍有智能之人士，其对社会之运动，虽温和急进，手段不同，而其以改革为目的则一也。改革云者，实吾侪社会新陈代谢之机能，而亦吾侪社会生死存亡之关键也。

他清楚说明改革是他坚定的信念，这里没有什么虚饰或权辩，他对改革是真诚的。可是至今人们还是不能理解他那渐进温和的态度。四年后，东西文化问题论战爆发，他的东西文化调和论被陈独秀斥之为"人类惰性的恶德"。陈独秀持急进彻底态度的原因，可用他在《调和论与旧道德》中的几句话来说明："譬如货物买卖，讨价十元，还价三元，最后结果是五元。讨价若是五元，最后的结果，不过是二元五角。社会上的惰性作用也是如此。"《新青年》同人中也有人说过类似讨价还价的话。这种要求彻底的态度一直延续到数十年后的政治批判运动中。由于矫枉必须过正，以致形成以偏纠偏，越来越激烈，越来越趋于极端。

杜亚泉主张温和渐进改革的理论根据，他在《接续主义》（一九一四年）一文中曾加以阐明。接续主义是德国学者佛郎都（Frantz）在其《国家生理学》一书中的用语。接续是指旧业与新业接续而成，不可割断。杜文说：接续主义表示，"一方面含有开进之意味，一方面又含有保守之意味"。他认为"有保守无开进，则拘墟旧业"；有开进无保守，则使新旧的接续中断。在近世国家中，英美两国都是开进和保守二者兼备。他大概最早把保守和开进结合起来，并揭示保守的积极意义。他说:"所谓保守者,在不事纷更,而非力求复古也。"可见他是从历史发展的继承性使用保守一词的。在这篇《接续主义》中,他根据以往的历史,指出当时如果复古,结果将是摧折新机,动摇国本。历史是不能倒退的,法国革命后屡次复古卒不成功,汉高帝欲复封建为张良所阻。假使今日俄国欲复彼得大帝以前之旧法,日本欲行明治维新以前之旧制,世人岂不"皆知其不能,皆识其不可"?他引孟子的话:"吾闻出于幽谷迁于乔木,未闻下乔木而入于幽谷者。"接续主义正是出谷迁乔,而不是相反下乔入谷。他说:

> 水之流也,往者过,来者续,接续者如斯而已。若必激东流之水,返之在山,是岂水之性也哉。

四

东西文化问题论战中的一个插曲——关于新思想问题的争论,是值得注意的。这一争论涉及理性与感情问题。一九一九年,蒋梦麟在《晨报》发表《新旧与调和》一文,虽然没有提杜亚泉的名字,实际上却是对他的调和论提出批评。蒋梦麟的文章说:

> 新思想是一个态度,这一个态度是向那进化一方向走,抱这个态度的人视吾国向来的生活是不满的,向来的思想,是不能得知识上充分的愉快的。

杜亚泉在《何谓新思想》中争辩说:"态度非思想,思想非态度。"态度是心的表示,且常属于情的表示,而思想则是心的作用,且专属于智的作用。二者不能混同。对向来的生活与知识感到不满足、不愉快,是一种感情,感情不是思想。主张推倒旧习惯,改造旧生活、旧思想,是一种意志,意志也不是思想。接着,蒋梦麟再为新思想是一种态度的观点进行辩论,他在《何谓新思想》一文中认为态度与思想并非毫无关系,"态度变了,用官觉的方向就变,感情也就变,意志也就变,理性的应用也就变"。这篇文章刊载于《东方杂志》,文末附有杜亚泉的按语。按语再驳蒋说:

> 以感情与意志为思想之原动力,先改变感情与意志,然后能发生新思想,是将人类的理性,为情欲的奴隶,先定了我喜欢些什么,我要什么,然后想出道理来说明所以喜欢及要的缘故。此是西洋现代文明之根底。

这里所说的西洋文明的病根,即杜亚泉在下文中所指出的第一次大战时,西方以国家主义、民族主义、竞争主义等等名目,作为发动战争、进行侵略的借口。杜亚泉曾多次撰文对这种行径加以指摘,并引俾斯麦回答奥人的话:"欲问吾开战之理由耶?然则吾于二十四小时寻得以答之。"认为这正是先有了要什么的态度,再找理由去说明的生动例证。

这一问题的讨论,具有普遍意义。许多人至今仍相信思想取决于态度的正确。解决思想问题,不是依靠理性的认识,而是先要端正态度,先要解决爱什么、恨什么、拥护什么、反对什么的问题。这种态度决定认识的观点,正是马克斯·韦伯所说的意图伦理(an ethic of intentions)。我们都十分熟悉这种意图伦理的性质及其危害,它使学术不再成为真理的追求,而变成某种意图的工具。这种作为意图工具的理论文章,充满了独断和派性偏见,从而使本应具有的学术责任感沦为派别性意识。杜亚泉为了说明仅仅从感情冲动出发的不可靠,再援历史为证。他说:

> 英国当十九世纪初期,劳动者以生活困难之要求,闯入工场,摧毁机器,仅有感性的冲动,而无理性的作用者,即因其时社会主义新思想,尚来发生于彼等心意中之故耳。

像杜亚泉这样坚持理性的人，不可能不对我国历史作出冷静思考。他的《中国政治革命不成就及社会革命不发生之原因》（一九一九年）一文将中国历史划为三个时期，文中以大量篇幅谈到游民与游民文化问题。他说游民是过剩的劳动阶级，即没有劳动地位，或仅进行不正规的劳动，其成分包括有兵、地棍、流氓、盗贼、乞丐等。游民阶级在我国社会中力量强大，他们有时与过剩的知识阶级中的一部分结合，对抗贵族阶级势力。他认为秦始皇以后，二十余朝之革命，大都由此发生。可是革命一旦成功，革命者自己也就贵族化了。于是再建贵族化政治，而社会组织毫无更变，他说这不是政治革命，也不是社会革命，只能说是"帝王革命"。游民和知识阶级结合，就产生了游民文化。这种文化以尚游侠、喜豪放，不受拘束，不治生计、嫉恶官吏、仇视富豪为其特色。

杜亚泉认为知识阶级缺乏独立思想，达则与贵族同化，穷则与游民为伍，因而在文化上也有双重性：一面是贵族性，夸大骄慢，凡事皆出于武断，喜压制，好自矜贵，视当世人皆贱，若不屑与之齿者。另一面则是游民性，轻佻浮躁，凡事皆倾向于过激，喜破坏，常怀愤恨，视当世人皆恶，几无一不可杀者。往往同一人，处境拂逆则显游民性，顺利则显贵族性；或表面上属游民性，根底上属贵族性。他说，以此性质治产必至于失败，任劳动必不能忍。这些说法都道人所未道。游民和游民文化是中国历史上的特殊现象，很少被人涉及，但是研究中国文化就不能不注意这个问题。

五

陈独秀所质问的《东方杂志》的三篇文章，均发表于一九一八年。它们是杜亚泉的《迷乱之现代人心》、钱智修的《功利主义与学术》、平佚编译的《中西文明之评判》。当时正是一次大战之后。

论战发生的前一年，杜亚泉撰《战后东西文明之调和》，说此次大战使西洋文明露明显之破绽。这在当时是相当普遍的意见，海外学人甚至谈得更多。杜文又说：

> 至十九世纪科学勃兴，物质主义大炽，更由达尔文之生存竞争说，与叔本华之意志论，推而演之，为强权主义……其尤甚者，则有托拉邱克及般哈提之战争万能主义。不但宗教本位之希伯来思想被其破坏，即理性本位之希腊思想亦蔑弃无遗矣！现代之道德观念，为权力、意志本位，道德不道德之判决，在力不在理……战争之责任不归咎于强国之凭陵，而诿罪于弱国之存在……

这种估计虽然有些夸大，但事实却是存在的。他就是在这种背景下，提出东西文化调和论的。《中西文明之评判》这篇文章译自日本杂志《东亚之光》，其中介绍了三位西方学者台里乌司、弗兰士和普鲁克陀尔福对中国学者胡君的著作的意见。胡、辜日音相近，胡乃辜鸿铭之误译。辜书曾以德文在德发行，一本是《中国对欧洲思想之辩护》，另一本是《中国国民之精神与战争之血路》。其内容要旨是说以孔子道德伦理为代表的中国文明，实优于基于物质主义的西方世界观。台里乌司对辜说表示同情，而弗兰士则力辟其妄。陈独秀质问的另一对象是撰写《功利主义与学术》的钱智修。钱又署坚瓠，为杜亚泉在商务的同人，他与陈寅恪曾在复旦公学同学。一九二〇年杜亚泉辞职后，钱继掌《东方杂志》的笔政。钱对改革的看法与杜相近，他有因革说：

> 因者，取于人以为善，其道利在同；革者，创诸己而见长，其道利在异。因革互用，同异相资，故甲国之学，既以先进之资格为乙国所师，乙国之学亦时以后起之变异为师于甲国，而学术即因转益相师而进步。

钱也和杜亚泉一样,在东西文化问题上主张调和论。他那篇引起陈独秀质问的《功利主义与学术》,主要阐明文化结构的两个不同层次,即高深之学与普及教育之关系。鉴于时人多以功利主义蔑弃高深之学,他对此加以批评。他借"儒家必有微言而后有大义,佛家必有菩萨乘而后有声闻乘"来说明高深之学(相当于精英文化)与大众文化、通俗文化之间的关系。当时传统国学正在衰落,面临这种惨淡景象,他无限感慨地说:

> 濂洛关闽,年湮代远,不可作矣。问有如黄顾颜王之艰苦卓绝,独创学风者乎?无有也。问有如江永戴震之立书著说,发明绝学者乎?无有也。问有如俞樾黄以周之久主书院,门弟子遍于东南者乎?无有也。问有如李善兰华蘅芳之研精历算,译著传于天下者乎?亦无有也。有之则载政客为巨魁之学会,及元勋伟人之政书尺牍耳。

后来,王国维自沉昆明湖,陈寅恪在挽词中说:"凡一种文化值衰落之时,为此文化所化之人,必感苦痛。"钱智修这段话正与此相应,可以用来作为阐释王国维自杀的原因。这种思想反映了这一代受到传统文化浸润的知识分子的普遍心态。

陈独秀在《新青年》上发难,撰《质问〈东方杂志〉记者》,副题是《〈东方杂志〉与复辟问题》,时间是一九一八年九月。十二月,杜亚泉发表《答〈新青年〉杂志记者之质问》。次年二月,陈独秀再发表《再质问〈东方杂志〉记者》。从此论战内容逐渐扩展,涉及的问题愈来愈多,参加者也愈来愈众,当时一些重要学人几乎无不参加,时间延续很长,直至一九二〇年杜亚泉辞去《东方杂志》主编职务后,论战仍未消歇。这在我国现代思想史上是空前的。这场论战第一次对东西文化进行了比较研究,对两种文化传统作了周详剖析,对中西文化的交流提出了各自不同的看法,实开我国文化研究之先河。以后文化研究中诸重大问题及对这些问题所持观点，几乎均可从这次论战中见其端倪。其思路之开阔、论点之坚实、见解之深邃，往往难为后人所超迈。翻阅当时资料，我颇觉惊讶，今天有关东西文化的研究，好像还在重复着这场论战中的一些重要论点。但是今天很少有人提及这场论战了，这不能不说是一件憾事。

六

陈独秀的第一篇质问共十六条。其中驳《中西文明之评判》九条，驳钱智修《功利主义与学术》六条，驳杜亚泉《迷乱之现代人心》一条，但这一条最长，其中又包括七点。陈驳杜亚泉的统整说是他的质问中最有理据的。杜亚泉提出统整之说，不仅是为了继承传统，绍述"周公之兼三王，孔子之集大成，孟子之拒邪说"的盛业，而且也出于处在当时军阀割据、列强瓜分的岌岌可危形势下要求统一的迫切心情。但是无论如何，统整说和他那自由主义思想多少显得有些格格不入。他是中西文化调和论者，主张西学融入传统文化，因而他必须发掘可与西学接轨的传统资源。这是一件十分困难而精密的工作，很容易因误差而铸成错误。他在和蒋梦麟论争新思想问题时，蒋曾说他崇尚宋儒性理之学，这话有一定道理。他在文章中多次援引孟子的话，虽然有时对孟子也取批判态度，但他在文化问题上终未摆脱宋儒的局限。陈独秀就杜亚泉声言汉后优于先秦的观点作了有力的驳诘：

> 中国学术文化之发达，果以儒家统一以后之汉、魏、唐、宋为盛乎？抑以儒家统一以前之晚周为盛乎？……欧洲中世……耶教思想统一全欧千有余年……文艺复兴后之文明，诚混乱矛盾；然比之中土，比之欧洲中世，优劣如何？

这段话的缺点是未阐明西方文化为希腊文化与希伯来文化之综

合，但它从文化的多元化来反对统整说，就比杜说显得优越。可惜这场论战没有深入探讨下去。今天海外不少学者正在进行苦苦思索，他们担心多元化也有消极的一面，这就是会导致此亦一是非彼亦一是非的相对主义。这是一个悬而未决的问题，有待今后来解决。

陈独秀驳钱智修的《功利主义与学术》没有只字提及西方的宗教生活，这是一大缺陷。实际上，西方虽然在俗世生活中重功利、重物质，可是在俗世生活外还有宗教生活，可以使人在这个领域内吸取精神的资源，以济俗世生活的偏枯。中国情况不同，没有超越的领域，一旦受到功利观念的侵袭，正如一位海外学者所说："整个人生都陷于不能超拔的境地，所以有人慨叹现代中国人过分讲实际，过分重功利，缺乏敬业精神。很少有人为知识而知识，为艺术而艺术，只有一种工具理性。""五四"时，胡适把文学革命说成是文学工具的变迁。四十多年来，盛行学术是阶级斗争工具论。直到今天还有人以艺术为人道主义服务取代艺术为政治服务，作为打破教条僵局的出路，而不知道自己并没有走出工具理性一步。钱智修大概是最早对工具理性进行批判的人。他在文章中说：

> 功利主义最害学术者，则以应用为学术之目的，而不以学术为学术之目的是也。所谓《禹贡》治水，《春秋》折狱，《三百篇》当谏书者，即此派思想之代表也。

这种以学术为筌蹄的观点，足以妨碍学术之独立。当时像钱智修这样的知识分子，都向往于学术具有一种自由的思想和独立的精神。

钱文的不足是没有对功利主义在西方思想史上的地位和作用作一交代，他只是说一句功利主义之流弊"殆亦非边沁、约翰·穆勒辈主唱此主义时所及料者"，就一笔带过了。这就给对方留下口实。陈质问钱：

> 以权利竞争为政治上之功利主义，以崇拜强权为伦理上之功利主义，以营求高官厚禄为学术上之功利主义，功利主义果如是乎？

这一段驳诘不能说没有道理，但是针锋不接。钱文所批评的是当时中国社会中的功利主义，因此批评者应该就钱文所说的当时社会上的功利主义是否存在以及钱的批评是否正确作出评断。这才是在同一层面上探讨问题。可是陈的质问并没有这么做，以致这场论战所提出的具有重大意义的问题，因意气纠缠而没有深入展开下去。陈在质问中称：

> 释迦之自觉觉他，孔子之言礼立教，耶稣之杀身救世，与夫主张民权自由立宪共和诸说……今固彻头彻尾颂扬功利主义者也。

这是一个重大的论断，可是缺乏应有的理据，而下面的驳诘则更为不伦："功之反为罪，利之反为害，《东方》记者倘反对功利主义，岂赞成罪害主义者乎？敢问。"这已是将论战变成意气之争了。

陈独秀引《中西文明之评判》胡（辜）氏之言"此次战争，使欧洲文明之权威，大生疑念"，斥之为"此言果非梦呓乎？"又引台里乌司所谓"欧洲之文化，不合于伦理之用，此胡（辜）君之主张，亦殊正当"，斥之为"彼迂腐无知识之台里乌司氏，在德意志人中，料必为崇拜君权反对平民共和主义之怪物"，甚至连台里乌司援引勒萨尔的话"德意志之诸大思想家（指康德等），如群鹤高翔天际，地上之人，不得闻其羽搏之微音"，也遭到谴责。勒萨尔（今译拉萨尔）是一个社会民主党人，不是反对平民共和主义的。辜鸿铭固然是复古派，但是陈对辜的每一言每一行全都加以否定，而不问其是非曲直，也未免责诘过甚。

七

这场论战所争论的问题核心在杜亚泉的调和论中有关传统伦理道德观念。论战前,一九一六年,杜亚泉就已撰写了《静的文明与动的文明》一文。内称,西方重人为,中国重自然。西方是外向的,中国是内向的。西方尚竞争,中国尚和平,等等。他将西方归为动的文明,东方归为静的文明。他认为动静应当互补,各取对方之长,以补自己之短。杜亚泉虽未言明其动静说出处,但细绎其旨,便可领悟其说本之宋儒对《周易》的解释。朱子解周敦颐《太极图说》云:"太极有动静是天命之流行也",故"动极而静,静极复动"。近读余英时教授《创新与保守》一文,也采用了动静概念。他说:

> 如果我们把创新和保守理解为中国哲学观念中的动和静,这便与这一对观念在西方文化中的原有位置和关系相去不远了。西方的观念,整体看来,是以保守和创新为属同一层次迭相交替,彼此互倚的价值,正如中国人讲"一动一静,互为其根"(周敦颐语)一样。

自然这和杜的说法不尽相同。不过,杜以内向外向来区分东西文化,这一内在超越的概念现已普遍为讨论中国传统文化的海内外学人所接受,他以前尚无人用过这一说法,他要算是最早提出此说的人了。杜亚泉的动静说是他的东西文化调和论的主要根据。动静互为其根,所以东西文化也缺一不可。一九二〇年,冯友兰在纽约访问泰戈尔,记泰戈尔也有动静说:"有静无动,则成为'惰性';有动无静,则如建楼阁于沙上。现在东方所能济西方的是'智慧',西方所能济东方的是'活动'。"(见冯友兰《与印度泰谷尔谈话〈东西文明之比较观〉》)泰戈尔这一说法与杜亚泉颇为接近。

在这场论战中，持调和论者多以传统资源为依据。陈嘉异于一九一九年发表《我之新旧思想调和观》，又于一九二一年撰《东方文化与吾人之大任》。陈嘉异学兼中外，造诣甚深（其生平待考，只知他曾与章行严、钱智修等交往）。他也像杜亚泉一样，从传统资源中发掘新旧调和观点。不过他更强调淬厉固有的民族精神，并以黑格尔历史哲学中理念自我发展自我运动为依据。他引曾子的话："时也者，人与人相续而成者也"说：

> 此与法儒某谓历史之可贵，在累积若干时代之智识道德以传之于国民之谓，同一精审。审此，则吾人如欲焕新一时代之思想与制度，仍在先淬厉其固有之民族精神。

他又引《易》"天行健，君子以自强不息"以证此说。稍晚，梁漱溟在《东西文化及其哲学》中，更进一步发挥此意。另一方面，《新青年》同仁李大钊于一九一八年发表的《东西文明根本之异点》也取动静说："东洋文明主静，西洋文明主动。"他将东西文明说成是世界进步之二大机轴，如车之两轮、鸟之双翼，缺一不可，"此二大精神之自身，又必须时时调和，时时融会，以创造新生命而演进于无疆"。

陈独秀对调和论持反对意见最为坚决。他在《今日中国之政治问题》（一九一八年）一文中声称，在政治、经济、文化各个领域内，西洋的法子和中国的法子，如像水火冰炭，绝对是两样，断断不能相容。次年，再撰《调和论与旧道德》说："新旧调和而递变，无明显界限可以截然分离，这是思想文化史上的自然现象。"他把这种自然现象说成是"人类惰性作用的不幸现象"，而新旧杂糅调和缓进，就是这种人类惰性的恶德所造成的。陈对社会发展所持的看法是"不能说社会进化应该如此"，吾人不可"助纣为虐"。比此文早一个月发表的陈嘉异《我之新旧思想调和观》，虽然是驳张东荪的渐变不可调和说（见东荪《突变与潜变》），但正可回答陈独秀的上述观点。东荪谓 harmony 为由甲乙变丙,是自然的化和,而 compromise 只甲乙相济,则是人为的调和,并引黑格尔的突变说,以证明渐变不可调和。陈嘉异以物理学、生物学、社会学等理论以驳之,其辞甚辩,论证详博,由于引证太繁,姑简述其要。他说:"调和乃指甲乙两极之交点,所生之功用,使甲乙不逾其量而又不尽其量,以保其平衡之普遍的宇宙现象之谓也。"他认为"宇宙之森罗万象,只可谓为有'和'之功用,未可谓为'尽一'(同一)之能事。"又说:"调和之功用本宇宙万有一切现象不可须臾离者,否认调和是无异否认宇宙之有差别相。"此论一出,当时几无人能破之。陈嘉异说的"否认调和是无异否认宇宙之有差别相",确是这场论战的根本问题所在。试从双方对中西文化同异上的看法作一区分:

杜亚泉——东西文化各有不同特点,持调和论。

陈独秀——中西文化绝无相同之处,西学为"人类公有之文明"(一九一八年《随感录·学术与国粹》),反对调和论。

胡适——不排拒传统,但以西学为主体,强调两种文化之共性,不主调和论(指思想实质)。

吴宓——与胡适相反,以中学为主体,但亦强调两种文化之共性,亦不主调和论(指思想实质)。

参加论战的其他诸家,不外可归于以上四类中之一种。梁漱溟即可归为杜亚泉那一类,他在《东西文化及其哲学》中说:"假使中国的东西仅只同西方化一样便算可贵,则仍不及人家,毫无可贵!中国文化如有可贵,必在其特别之点,必须有特别之点才能见长!"这是持调和论者揭示中西文化各有特点的明显表示。胡适在《读梁漱溟先生的〈东西文化及其哲学〉》一文中针锋相对地说:"文化是民族生活中的样法,而民族生活的样法是根本大同小异的。为什么呢?因为生活只是生物对环境的适应,而人类的生理的构造根本上大致相同,故在大同小异的问题之下,解决的方法,也不出那大同小异的几种"。(吴宓《论新文化运动》亦同,虽然他与胡适在新旧问题上持论相反，但在同异问题上则恰恰与胡暗合。他说新旧文化"其根本定律则固若一"）。胡适驳梁说率多浮浅，今天来看很难站得住。人类思维规律固然在根本上相同，但他所说的"样法"，或更准确地说是思维方式、抒情方式、行为方式，在中西文化之间却有着明显的差异，这是文化史学家已经证明了的。

八

这场论战诸家特别把自己的注意集中在传统伦理观念的问题上。为此，陈独秀的质问专门引用了杜亚泉在《迷乱之现代人心》中的一段话：

> 吾人在西洋学说尚未输入之时，读圣贤之书，审事物之理，出而论世，则君道若何，臣节若何，[仁暴贤奸，了如指掌；退而修己，则所以处伦常者如何，所以励品学者如何，亦若有规矩之可循，虽论事者有经常权变之殊，讲学者有门户异同之辨，]（括弧内质问引用时删去——化案）而关于名教纲常诸大端，则吾人所以为是者，国人亦皆以为是，虽有智者不能以为非也，虽有强者不能以为非也。

这段话特别引起陈独秀的反感，他在质问中提出义正词严的责难：

> 请问此种文明，此种国基，倘忧其丧失，忧其破产，而力图保存之，则共和政体之下，所谓君道臣节名教纲常，当做何解？谓之迷乱，谓之谋叛共和民国，不亦宜乎？

末两句话十分严厉，已经从文化问题牵连到政治问题上去了。可是杜亚泉在回答质问时毫不示弱地坚持自己的见解："至原文所谓'君道臣节及名教纲常诸大端',记者确认为我国固有文明之基础。"这并不是任性使气,而确是他对传统的基本观点。并且这也不是杜亚泉一个人的看法,大凡对儒家传统取同情态度的人都持相同的观点。在论战后期,梁漱溟和未参加论战的陈寅恪等,都对这一观点作了更充分的发挥。稍晚,一九二四年,柳诒徵撰《中国文化西被之商榷》,直截了当地指出:西方立国在宗教,东方立国在人伦。

"五四"时期曾到中国来讲学的杜威、罗素,也都对中国传统伦理观念特别加以注意。梁漱溟曾记杜威于一九二〇年某晚在北京大学哲学研究会上讲话内称:"西方哲学偏于自然的研究,东方哲学偏于人事的研究,希望二者调剂和合。"最近海外学者也多把中国的"道德主体""和谐意识"与西方的"认知主体""政治主体"相区别。中国的传统文化自然不能简单地用伦理道德来概括,但它渗透到传统的各个方面,影响之广,从民间文艺的忠孝节烈观念,直到穷乡僻壤的不识字妇女(笔者少时在乡间往往可以见到作为纲常名教象征的贞节牌坊),它成为传统中十分重要的主导力量,却是毋庸讳言的,这也是尊重传统的人重视伦理道德的原因。如果从中抽掉伦理道德,传统也就所剩不多了。

但是,传统伦理道德观念又是和当时社会别尊卑明贵贱的等级制度紧密相连的。于是,引发了这样的问题:为什么杜亚泉、梁漱溟、陈寅恪等等还会对传统伦理道德采取维护态度?他们都不是顽固派,可以说都是主张革新的开明人物。杜亚泉作为一位自由主义思想家,带有浓厚的民族色彩。他虽然服膺理学,但决不墨守。一九一八年,他撰《劳动主义》,称许行之言深合孔子之旨,与子路迥别,是劳动主义者。孟子则是分业(分工)主义者。他批评孟子说的"有大人之事,有小人之事"与"劳心者治人,劳力者治于人",以为"依此,则劳心者得食于人之特权",故称孟子的分业是"伪分业"。在这个问题上他所赞同的不是孔孟,而是托尔斯泰在《我的忏悔》中所倡导的体脑结合"四分法"。这不是理学家所做得到的。梁漱溟的情况也一样。他自称对王学泰州学派最为服膺,认为"晚明心斋先生、东涯先生最合我意"。前人称泰州王氏父子传阳明之学,结果却造成王学的终结。这话是不错的。陆陇其曾指出泰州学派后期"荡佚礼法,蔑视伦常"。梁漱溟采用泰州学派术语,称孔子伦理观念为"絜矩之道",但又说:"古代礼法,呆板教条,以致偏欹一方,黑暗冤抑,苦痛不少。"陈寅恪也存在着看来类似的矛盾。他一面在《王观堂先生挽词并序》中感叹三纲六纪之沦丧,一面又在《论再生缘》中赞赏被斥为"不安女子本分"的陈端生,说她"心目中于吾国当日奉为金科玉律之君父夫三纲,皆欲借此等描写以摧破之也。端生此等自由及自尊即独立之思想,在当日及其后百余年间,俱足惊世骇俗,自为一般人所非议"。陈寅恪从写法俗滥、为人轻视的弹词小说《再生缘》中,发现了一个平凡女子为人所不见的内心世界,说明他具有一颗深入幽微的同情心。

从上述可以看出,他们并不是没有认识到传统伦理道德在旧社会中所表现的呆板僵硬和它带给人们的黑暗冤抑,他们也并不是对此无动于衷,漠然视之。甚至比他们更为赞颂传统的陈嘉异也不是主张开倒车回到从前封建时代。他说:

> 夫一民族之成立,所恃者非仅血统、语言,地理、宗教等关系使然;为其枢纽者端在此形成浑然一体之民族精神。……惟是此精神,其民族若不善于运用之,则易流为固性的传统思想,而不克随时代之变易以适应其环境,则此精神或且为一时代之障碍物。所谓"时代错误"(anachronism or ignorant of the modern times)一语,即自此而来。

陈嘉异的民族精神论乃本之黑格尔的历史哲学,这个民族精神不是凝固不变,而是发展的,与时而俱新,不断前进的。

九

杜亚泉最引人误会的是他所说的君道臣节、名教纲常这几个字。陈独秀在"一时情急"下，指责他妄图复辟，"谋叛共和民国"，也不是事出无因。现在哪里还有什么君道臣节、父子夫妇的封建关系？这种误会也绝不止陈独秀一个人，就是今天也还有不少人是这样想（笔者过去也曾经有类似看法）。要解开这个似乎是解不开的死结，就需要多作一些冷静的思考。这里还是先从梁漱溟的《东西文化及其哲学》入手。这本书里有一段话，曾给我很大启发：

> 孔子伦理，实寓有所谓絜矩之道在内，父慈，子孝，兄友，弟恭，总使两方面调和而相济，并不是专压迫一方面的。

他认为西方是先有我的观念，才要求本性权利，才得到个性发展。各个人之间界限划得很清，开门就是权利义务、法律关系，谁同谁都要算账，甚至父子夫妇之间也都如此。而中国则恰好相反。西洋人用理智，中国人用直觉、情感。西洋人有我，而中国人却相反。母之于子，其情若有子而无己；子之于母，其情若有母而无己；兄之于弟，弟之于兄，朋友相与，都是为人可以不计自己，屈己从人的；不分人我界线，不讲什么权利义务，所以孝、弟、礼、让之训，处处尚情而无我。他说，这是孔子伦理的要义。（这颇近于上述海外学者所谓"道德主体"的"和谐意识"。）但是在过去社会中，孔子的精神理想没有实现，只有一些古代礼法，呆板教条，以致偏欹一方，黑暗冤抑，痛苦不少。然而尽管如此，在家庭里、社会上，时时都能得到一种情趣，不是冷漠敌对，互相像算账的样子，因而于人生的活气有所培养，不能不算是一种长处。（以上综述大意）

尽管对于上述某些观点以及书中所设想的礼乐制度在未来文化中的陶养感情作用，笔者并不赞同，但是这段话提出了令人深思的问题，这就是伦理道德的继承问题。六十年代初，这个问题曾在大陆展开讨论，但草草收场，收获不大。其实这并不是一个新问题。一九二〇年，梁启超在《欧游心影录》下篇《中国人之自觉》中说：

> 须知凡一种思想，总是拿他的时代来做背景，我们要学的，是学那思想的根本精神，不是学他派生的条件，因为一落到条件，就没有不受时代支配的。譬如孔子说了许多贵族性的伦理，在今日诚然不适用，却不能因此菲薄孔子。柏拉图说奴隶制度要保存，难道因此就把柏拉图抹杀吗？明白这一点，那么研究中国旧学，就可以得公平的判断，去取不至谬误了。

当时，陈寅恪的《王观堂先生挽词并序》也说到传统伦理的现代意义所在，他说：

> 吾中国文化之定义，具于《白虎通》三纲六纪之说，其意义为抽象理想最高之境，犹希腊柏拉图所谓 idea（理念）者。

所谓传统伦理中的抽象理想最高之境，即是梁文中所说的排除了时代所赋予的具体条件之后的思想的根本精神，这也就是陈寅恪所谓柏拉图的理念。柏拉图的理念说，后来为黑格尔所继承。按照黑格尔的解释，个体存在只表现理念的某一方面，因此是有局限的，这局限性促成其毁灭。理念本身不可认做是任何一事件的理念，而是在这些个别的实在的结合里和关系里，实现其自身。理念的自身本质上是具体的，因为它自己决定自己，自己实现自己。在传统道德继承问题上，无论是梁启超说的"思想的根本精神"或是陈嘉异说的"民族精神之潜力"，或是陈寅恪说的"超越时间地域之理性"

即"理念",都是指排除时代所赋予的特定条件之后的精神实质或思想实质。根据这一观点,等级制度、君臣关系等等,只是一定时代一定社会所派生的条件,而不是理念。理念乃是在这些派生的条件中所蕴含的作为民族精神实质的那种"和谐意识"。过去,在道德继承问题讨论时,冯友兰曾提出抽象继承法。这一说法容易引起误解,反不如以上诸说明晰,因为民族精神和理念都是具体的,更谈不到对它们的抽象继承。传统伦理道德除了作为一种民族精神外,也体现在中国文化的思维方式、抒情方式和行为方式上。这是有继承性的。

东西文化融会调和是极其复杂的,其中不少问题至今仍悬而未决。持调和论者多主张开发传统资源,使之与西方文化接轨。但是在许多方面,传统资源十分贫乏。比如,民主是一种思想,也是一种制度。不少学者举出孟子的君轻民贵、黎民不饥不寒之类,这是很不够的。陈焯撰《议院古明堂说》称古代明堂有今议会性质。陈嘉异据《春秋命历叙》称循蜚纪(太古十纪中的第七纪)神皇氏执政,使神民异业,说这就是政教分离。诸如此类,更不足为训。民主制是需要法治来保证的,但传统思想乃内在超越,重修身,而治国则是修身的延续,故法治理论与法治经验在传统资源中极为稀薄。梁漱溟在书中曾与陈独秀辩论法律问题,陈重法律而梁则主道德修养。在这一点上,梁说不免显得单薄,缺乏说服力。中西文化的分野是内在超越者必重道德而轻法律,外在超越者必重法律而轻道德。这是两种不同模式的文化。如何使之融合,是十分困难的。目前海外学者在对付这一难题时,也常常陷入困境。至于在个性、人权等等问题上,中西文化也存在很大的分歧。西方重个人、张个性,故这方面十分发达,但在中国传统中则很难寻觅这方面的资源。梁漱溟曾明白宣告:

宋以后所谓礼教名教者又变本加厉，此亦不能为之曲讳。数千年以来使吾人不能从种种在上的威权解放出来而得自由；个性不得伸展，社会性亦不得发达，这是我们人生上一个最大的不及西洋之处。

杜亚泉在《论社会变动之趋势与吾人处世之方针》中，也说到传统思想以克己为处世之本。他认为这种思想也"并非没有流弊，以其专避危险之故，至才智不能发达，精神不能振起，遂成卑屈萎靡，畏葸苟且之习惯。我今日社会之所以对于西洋社会而情见势绌者，未始非克己的处世法之恶果"。以上这些对于传统文化的冷静思考，都是我们今天需要认真对待的问题。

一九九三年九月二十一日

(《九十年代反思录》，上海古籍出版社2000年12月版)①

---

① 亦见《王元化集》卷六，湖北教育出版社2007年10月。

关于近年的反思答问

问：近年您出版了《清园论学集》《清园夜读》《思辨随笔》，还主编了《学术集林文丛》和《学术集林丛书》。现在文丛第一卷已经出版，不少报刊作了报道，您是不是先谈谈编这两套书的感受？

答：今年我主要的精力都花在编这两套书上去了。现在文丛第一卷终于出版，半年多所花的心血有了这样一个收获，自然会感到欣慰。目前办一件事十分困难，编文丛、编丛书比自己写作还要困难。我不是指编辑工作分内的那些事，而是指编辑工作以外那些使人头痛的无谓的干扰。

问：您能详细说说吗？

答：我不想用此事去占读者的时间，我倒想谈谈排印的质量问题。现在书中错字实在太多，社会上已有"无错不成书"的谚语。文丛中有不少文章是探讨国学和传统文化的，所以用的是繁体，书中错字大抵出在由简改繁的问题上。我们的汉字简化方案，似乎未顾及汉字是诉诸目治的义符文字特点，而照音符文字的规律，用同音假借办法，使一字兼赅形义互异的许多同音字。现在激光照排的电脑软件，又多系对汉字钻研未精的技术人员所编制，其办法简化到将笔画多的一律归为繁体，笔画少的一律归为简体，按照这一原则进行由简到繁的转换。于是"皇后"就成了"皇後"，"诗云"成了"诗雲"，"干扰"成了"乾擾"，"征服"成了"徵服"，"五斗米"成了"五鬥米"……这种令人啼笑皆非的事,真是不一而足。文丛付排校对花了几个月时间,但仍未纠正这些错误。不是没有校出,而是电脑软件有了问题(繁简体数目相等,是一对一),改正很困难。这情况需要出版界乃至全社会来关心。

问:您是否能将您最近所见、所闻和思考的问题提出来谈一谈?

答:最近李泽厚将学术界开始出现探讨学术的空气说成是学术出台思想淡化。其实完全用不着担心,这种学术空气还十分微薄,简直成不了什么气候。而且我敢预言在相当长的时期内,学术研究也不会成为可以和其他文化活动抗衡的力量,只要看看现在社会上流行的是些什么读物就可以明白。我们的文化研究有以西学为坐标的老传统,也有以论带史的新传统。前者主宰文化界已七十多年,后者也将近半个世纪。伴随着这股潮流而弥漫文化界的仍是阶级斗争工具论的变种和趋新猎奇的浮躁之风。要在这样的文化市场使学术挤走思想,恐怕无异于梦想。我不认为学术和思想必将陷入非此即彼的矛盾中。思想可以提高学术,学术也可以充实思想。它们之间没有"不是东风压倒西风,便是西风压倒东风",那种势不两立的关系。而且我也不相信思想竟如此脆弱,会被救亡所压倒,被学术所冲淡。

这里顺便说一说,长期以来,在学术思想领域里散播了过多的仇恨,这还不仅仅是"阶级斗争一抓就灵"之类所产生的政治影响,在学术领域里也存在着问题。鲁迅是我从青少年时代一直顶礼膜拜的作家,读他那些在冷静表面下抑制不住地迸发出来的激情文字,使我至今仍感到灵魂上的震撼。但鲁迅也不是超凡入圣的神明,他也有他的缺点和局限。他曾自称身上存在着法家的峻急和老庄的随便。如果我们看不到他那宽阔的胸怀,只把他在愤激时所说的意见,如称吃鱼肝油不是为了所爱的人而是为了所恨的人,又如说自己不惜从最坏方面去看人,等等,作片面的理解,那就失之于一偏了。很遗憾,现在有些作者往往不去思考这类问题,批评争论的对手时以骂得刻骨铭心、淋漓尽致为快。我觉得我们还缺少一些宽容精神。我觉得前人有两句话很值得我们注意，这就是"和而不同"和"群而不党"。这种精神也许可以消除一些拉帮结派、党同伐异的无原则纠纷。

  问：您在《杜亚泉文选》序言中有一段话说："近代历史上的每次改革都以失败告终。鸦片战争后，以曾、张、李为代表的洋务运动，希望从西方引进船坚炮利、声光化电等科学技术。可是甲午一战，惨遭失败。继起者认识到不经过政治制度的根本改革，科学技术是不可能孤立地发展的，于是出现了康梁维新运动。辛亥革命成功，以共和代替了帝制，但政治情况却并未改善，军阀割据，连年混战，民不聊生。在共和制下，竟出现了议会贿选、政客收买猪仔议员的丑剧。继起者再一次认识到共和政治制度只能在一定的社会背景和思想基础上形成，于是"五四"的思想革命诞生了。百余年来不断更迭的改革运动，很容易使人认为每次改革失败的原因，都在于不够彻底，因而普遍形成了一种越彻底越好的急躁心态。"您这段话似乎并未引起应有的注意。我觉得这段话实际上揭示了激进主义是极"左"思潮的基础。"文革"时的"两个彻底决裂"可以说是这种激进主义发展到了登峰造极的地步。不知您对于激进主义还有什么想法？

  答：对激进主义的批判是我这几年的反思之一。这种认识不止我一个人，学术界还有别人也对激进主义思潮作了新的评估，过去我并未接触这方面问题，也许无形之中对激进主义倒是同情的。仔细分析，这也是由于受到"五四"庸俗进化观的影响。达尔文的进化论对二十世纪的思想家发生过深远的影响，它不仅仅限于科学领域。伟大的科学学说，都会影响到整个思想界，恩格斯在马克思墓前的演说中，把达尔文和马克思并列，予以崇高的评价。后来有些马克思主义理论家甚至更进一步阐发了马克思主义与进化论的共同性。可以说进化论的影响在本世纪衣被了几代人。从严复的《天演论》译本开始，夹杂了斯宾塞观点的社会进化论在我国成为一种主导思想，"五四"时代几乎没有一个思想家不信奉这种进化论，尽管他们在其他观点上分歧很大，甚至是属于互相敌对的流派。过去我们对进化论的积极意义谈得太多了，至于消极方面则很少谈到。鲁迅在二十年代下半叶说，他过去认为青年必胜于老年，大革命的血腥屠杀才使他纠正了相信进化论的偏颇。鲁迅也许是在我国现代思想史上最早对进化论进行反省的人。不过这种反省只限于指出进化论缺乏阶级观点；至于"新的必胜过旧的"这种观点，表面上虽似乎触及到，但实质上并未改变。如果要探讨进化论对二十世纪中国思想界带来的消极影响，就应着眼于今天仍在支配思想界的新与旧的观念。这种观念认为新的都是好的、进步的，而旧的都是不好的、落后的。所以谈论旧的就被目为回眸，批评新的就被目为顽固。在进化论思潮下所形成的这种新与旧的价值观念，更使激进主义享有不容置疑的好名声。这种影响在今天的思想界和文艺界也同样存在。任何一种新思想新潮流，不论是好是坏，在尚未较深入研究之前，不少人就一窝蜂地赶时髦。推其原因，即来自长期所形成的，"越彻底越好"和"新的总比旧的好"这种固定的看法，并以这种看法去判断是非。在文学艺术方面，新的流派像旋风般地旋生旋灭。这几年我很少读文学作品，已经不清楚今天流行的新潮是什么，我只知道每一次新的出现都以征服者或胜利者的姿态睥睨群伦。我实在怀疑文学上的流派是否也要像设计时髦服装一样，在那样短暂时间内就要来一次更新换代？如果非得如此不可，那真像《新约》中所说的："当你埋葬前人的时候，把你抬出的人，已经站在门口。"（大意）黑格尔曾经援引这句话嘲讽当时哲学上新流派一个挤掉一个的现象。他感叹地说，"新哲学、最新哲学、全新哲学已经成为十分流行的徽号了。"

问：从您这几年所写的文章中，特别是近年著作的序跋中可以知道，自九十年代初开始，您经历了一场深刻的反思过程，您在文章中把这个过程称作是痛苦的。据我的理解，这大概是指您在这几年中痛定思痛，对过去所追求的信念、崇奉的思想、心爱的观念等等作了重新估价，有的甚至进行了批判。对于一个不是随便去信、去爱的诚实的学者来说，当他发现自己多年所心爱的东西其实不是那么美好的时候，的确是痛苦的。我完全相信这一点。您在《文学沉思录》中曾从车尔尼雪夫斯基的书中引用了他论述黑格尔哲学的一段话："真理——是思维的最高目的；寻觅真理去，因为幸福就在真理里面；不管它是什么样的真理，它是比一切不真实的东西更好的；思想家的第一个责任就是：不要在随便什么结果之前让步；他应当为了真理而牺牲他的最心爱的意见。迷妄是一切毁灭的来源；真理是最高的幸福，也是一切其他幸福的来源。"您所服膺的德国古典哲学的批判精神，使您和这段话深相契合，您是不是谈谈关于反思方面的问题？

答：我确实把自己近几年来的反思写进新出的书的序跋中了。最近读书界有一种轻视序文、跋文的风气，认为序跋是不足观的小道。据说香港《明报》月刊的一位总编就曾对撰稿人明言不收序跋文字。其实我在序跋中，往往阐述了我在几年内的种种想法。在写这些序跋时，我花费了比写论文还要多的力气。可是遗憾的是这一点似乎并没有人注意。我很高兴你从我近年著作的序跋中清理出我这几年的思想脉络，看出其中重点在于反思。现在读书界弥漫一种粗枝大叶、贪多求快、不求甚解的风气。所以我常常向人谈到十力老人说的"沉潜往复，从容含玩"这八个字。关于反思问题确实值得谈一谈。我为什么在这几年进行了反思呢？这不是从书本那里得出的或从别人那里学来的，而是完全出于个人的自觉，可能是由于思想受到生活的冲击，才引起了痛定思痛的要求吧。我发现学术界还有一些人，在相互毫无沟通的情况下，也像我一样在进行反思，颇使我惊讶。仔细想想，在这种时刻进行反思，是留下了时代的烙印的。有一次我在一个国际会议的休息时间问一位久未晤面的友人是不是也经历了这一过程，不料他正色断然答道："我有什么要反思的？没有，我没有反思。"我不知道，是不是我的话引起了他的误会，以为反思是指忏悔过去，或者真的他要向我表明他并没有反思。（可是从他最近发表的言论来看，他在这几年也是有反思经历的。）我不知道是不是可以把反思说成是出于一种忧患意识，以一个知识分子的责任感，对过去的信念加以反省，以寻求真知。这种反省之所以发生是鉴于自己曾经那么真诚相信的信念，在历史的实践中已露出明显的破绽。你提到车尔尼雪夫斯基书中的那段话，确实是我深深服膺的。虽然车尔尼雪夫斯基似乎已成为一个过时的人物，他的许多观念也不再使人能够信服，但是这并不等于他的书再也不值得一读，他的话再也没有一句可信。思想上虽然也有新旧更迭，但这种更迭不像生活用品，例如电灯代替油盏或汽车代替独轮车那样，旧的遭到淘汰就一去不复返了。有些古老的思想在今天仍有生命，有些已成过去的著作，在今天仍不乏值得我们去玩味的吉光片羽。车尔尼雪夫斯基上面那段话，实际上正是对于自康德以来德国古典哲学的批判精神的写照。康德有"三批判书"他的哲学本身就被人称为批判哲学（贺麟在早年翻译的《小逻辑》中译为批导哲学）。可是现在"批判"也成了一个贬义词了。我想这大概是出于对令人憎恶的"文革"大批判的联想。但德国古典哲学的批判精神和大批判除了名词相似之外，还有什么相同之处呢？奇怪的是研究德国古典哲学的学者中，居然也有人把"批判"一股脑地当做已成定论的坏字眼而加以唾弃了。

问：有反思，思想上也就会显出一些变化，这是不言自明的。但我们已习惯于把思想上的变化当成一件不好的事来看待。您是不是认为这是由于我们有"天不变道亦不变"的思想传统或过分强调思想上一以贯之的精神？

答：这恐怕还不仅是道不变的思想传统和强调一以贯之精神的问题，按照儒家传统观念，"一以贯之"是指学问和道德品格的一致性。这自然十分重要，我也是这样主张的。但一般人往往把这句话理解为一个人的思想必须始终一样，不容有所变易。但在传统中从汤之盘铭起就有日新之说，日新就有改变，就不能认为一个人的所有观点都必须始终不变。我想鄙视思想变化的习气，可能还有其他原因。在三十年代，"转向"这个词成了一个很坏的词。那时左翼文学还展开过有关转向问题的讨论。其实这个译自日文的词的真正含义是指政治上的变节，那时许多日本左翼作家被捕后经不起拷打，纷纷背弃了原有的信仰，这就是"转向"一词的来源。作为政治变节的转向是来自外在的压力，屈服于统治者的淫威，虽然口头上表示忏悔，但内心中并没有认识到错误。这和我们说的反思引起思想变化完全是不相干的两回事，因为后者不是屈服于淫威，取媚于权势，趋承上意或随波逐流，而是在追求真知的道路上出自内心的反省。但是直到今天还是有人把两者混淆起来，一律视为是可耻的，至少也是应受指摘的。过去，人们对鲁迅在大革命时期发生的思想变化所采取的态度就是一个例证。这里不想评价鲁迅的思想变化对他的文学活动是好是坏（我在这方面曾谈过一些自己的认识，请参阅拙著《思辨随笔》第二百一十二篇《鲁迅的曲折历程》），而只想谈谈人们对他的思想变化的一些看法。毁谤者称他是投降，把他列入文坛贰臣传。鲁迅为了答复这种诬蔑，把自己的一本集子取名为《二心集》。但更值得注意的倒是那些崇敬他的人也竭力在他身上洗刷思想变化的痕迹，而不顾鲁迅自己明明说过他曾纠正了相信进化论的偏颇。我早期所写的关于鲁迅的文章也有同样的倾向。那时我还没有认真读过德国古典哲学，对于康德以来所倡导的批判精神还不理解。同样，我也没有考虑过近代思想家难以避免思想变化历程这一事实。

问：您是否可以谈谈这方面的情况？

答：近百年来中国是处在一个转型时期，在这个时期，社会、政治、经济发生了巨大的震荡，陈寅恪曾称这是"赤县神州值数千年未有之巨劫奇变"。生活在这样环境中的敏感的知识分子，几乎没有人不经历了思想转化历程,"五四"前后的学人同样难逃此例,倘使说"五四"人物能在思想上大体保持一致而没有太多改变的,应该说只有胡适。他在六十年代口授自传时谈到白话文运动,几乎一字不差地重复了三十多年前写的"逼上梁山"。他在逝世前所谈的科学精神科学方法,仍旧是他在"五四"后不久所提出的十五字诀:拿出证据来,大胆的假设,小心的求证。尽管他的老师杜威在晚年已经从事于行为科学的研究了,而胡适却仍在他最初的立足点上原地不动。他的这些观点早已露出破绽,就连信奉他的弟子也都感到不足,认为必须加以修改和补充。但胡适并未采纳有益的建议,而是一仍旧贯,这种似乎僵滞的一贯性,实在没有值得赞赏之处。不过,胡适也不可能做到完全不变。他的某些政治见解(例如对于苏联的看法等等),还是有着很大的改变的。这里必须说一说,我并不认为凡是思想转化都必定是好的。有的有积极意义,有的只有消极意义,也有的是积极和消极两种因素掺和在一起的,其形态千变万化,不可绳之一律,而需要根据个人的不同情况加以分析,作出准确的估价。

问:在思想转化中,往往同时保存了一贯性的东西。一贯寓于转化之中这种形态也是常常可以见到的,主要在于基于自己的学术良心作认真的思考,保持了自己独立的人格和自由的思想,而不轻易为潮流所裹挟。多少年来,不管外界形势发生过怎样的变化,这样的学者仍然未曾绝迹。您很推崇在"文革"中身故的顾准,记得一九八九年初您曾为他的《从理想主义到经验主义》写序,推许为您近年读过的最好著作。这部书前几年由香港三联出版。在作者逝世二十年之后的今天,收录了这部著作的全稿以及《希腊城邦制度》《试论社会主义制度下的商品生产和价值规律》等其他遗作在内的《顾准文集》终于由贵州人民出版社刊行问世了,请您谈谈您的感想。

答:贵州人民出版社出版了完整的《顾准文集》,这是使我感到十分欣慰的事。我相信随着时间的进展，顾准著作的深刻意蕴会越来越显示出来。《从理想主义到经验主义》这部写成于"文革"中的著作，作者生前并未想到可能发表，只是写给自己兄弟的札记，如今奇迹般地被保存了下来了，并且得以出版，这实在是十分值得庆幸的事。我曾把这部书推荐给海外的林毓生教授，他来信说从序中读到顾准这样的知识分子在横逆中的艰苦卓绝精神而流泪了。我们这里有不少人以思想家自诩，但配得上这个令人尊敬的称号的，恐怕只有像顾准这样的学者。他没有自高自大的傲慢，也没有过于自尊自重的矜持。他在写这些札记的时候，早已把名誉地位、个人得失置之度外，在求真求实的路上一往直前，义无反顾。这是使我们肃然起敬的。今天的中国知识分子就需要这种治学精神和道德品质。这次出版的《顾准文集》收集了他比较完全的著作。我在《从理想主义到经验主义》序文中曾经举出从中深受教益的八个方面（见《清园夜读》及《思辨随笔》所收录的该文），但是香港刊行的本子删掉了其中关于从法国大革命到巴黎公社的经验教训的总结和关于对直接民主与议会制度的评价这两方面。大概是由于有关这方面的文字没有收录集中的缘故吧，现在《顾准文集》补入了香港未收的《直接民主与"议会清谈馆"》《民主与"终极目的"》，使我们可以读到这两篇论文。我们的理论界一直流行着"五四"时代好的绝对好、坏的绝对坏的这种绝对主义倾向。比如今天对市场经济及其在改革开放中的实践所存在的问题进行探讨，就会被目为反对改革开放反对市场经济，而所持的理由是你认为现在出台的市场经济有这种或那种问题或缺陷，难道你主张回到计划经济上去吗？你觉得体现在文化上的是理想失落和道德沦丧，难道你主张让姚文元的"棍棒文化"复活吗？须知这些缺点和消极方面，都是市场经济不可避免的伴生物，而随着市场经济的发展，精神领域的一切问题都会迎刃而解，自然会好起来。面对这些以动听的新说重复经济决定论之类的辩难，我觉得我们倒是应该从二十多年前顾准所写下的遗文中去领受教益。我们不应该再用乌托邦式的天国幻想把我们所心爱的观念、理想、制度笼罩在美丽的迷雾中，以为好的全都是好的，没有任何缺点，没有丝毫需要我们警惕加以防范或克服的缺陷。今天没有任何一个有良知、有责任心的中国人会不拥护民主思想和民主制度，但是如果不对民主的源流、历史的发展以及今天的现状进行理性的思考——亦即批判精神——那将形成一个经不起历史考验的高调民主。相比之下，我觉得丘吉尔的见解倒是实事求是的。他说："民主并不是一个好的制度，但是今天还没有比它更好的制度，所以我选择了民主。"（大意）虽然我并不赞成丘吉尔的许多政治主张，但是比起上述那些高调民主论来，我觉得他的低调民主论是值得我们认真思考的。① 民主制度在希腊、罗马时代并不代表进步力量，只代表一种多数的暴政。比如贝壳放逐、竞技场的群众以拇指向上或向下来决定人的生死等等都是。苏格拉底就是根据民主的程序被处死的，莎士比亚以罗马为题材的历史剧《科里奥兰纳斯》，曾对罗马民主选举的弊端作了极为精辟的描述。多数决定少数的原则反映在艺术领域内，也是很有问题的。但是今天有些人甚至连多数应该多到包括少数在内即尊重少数的存在、承认少数的权利这一民主原则都不理解，一味媚俗，以为一些低劣作品充塞文化市场，挤掉了高雅艺术，是伴随市场经济而来的必然现象，是历史的潮流，不可阻挡。对于这样一种看法，我觉得更有读读上面提到的顾准那两篇文章的必要。民主和自由是两个不同的概念，民主并不能促进自由的发展，有时反而会成为自由的障碍，所以现代的民主观念不是一味强调多数，而是认为没有少数也就没有多数。我们把

---

① （原注）本文发表后，友人吴敬琏将丘吉尔所说关于民主的那段话原文抄来，现援引如下：Many forms of government have been tried, and will be tried in this world of sin and woe. No one pretends that democracy is perfecter all-wise. Indeed, it has been said that democracy is the worst form of government except all these other forms that have been tried from time to time.

全民当家做主之类的口号当做民主的精髓,实际上这只是一种高调的民主,一种乌托邦式的幻想。(这个全民概念正如卢梭的公意概念一样,是一个名为涵盖个别实则排除了所有个别的黑格尔式的抽象。)顾准在他的《直接民主与"议会清谈馆"》一文中对这个问题作了认真的思考。在他写那篇文章前举行的北戴河会议,将《人民公社若干问题的决议》和毛注《张鲁传》发给政治局和各省领导人,以及紧接着"文革"开始所提出的全国人民公社化的主张,就是顾准在写作这些文字时的历史背景。他在文中指出,公社实际上是承袭了法国大革命时代企图恢复共和罗马公民大会这种直接民主制度。他针对这个问题就《法兰西内战》为法兰西政治所描绘的图景提出了四点极为深刻的质疑,紧接下来又就苏联所奉行的直接民主所产生的后果作了深入的反省。时隔三十年后,他这些预告都被一一验证了。我认为这是他的著述中最美的篇章。可惜的是顾准的这些深刻思想至今仍只为少数人所领悟,其价值远远没有得到充分的估价,所以我想乘这个机会,将这本书推荐给读者。

问:您提到莎士比亚的作品,又提到在艺术领域中不能只由多数决定少数,我想有一个实例,就是您对被舆论所吹捧的用越剧、昆曲等戏曲形式演出莎剧并将莎剧作庸俗化处理而自诩为创新等做法所持的批评。您的意见发表以后,引起了一定的反应,听说您的邻居谢希德教授读了报上发表您的评论摘要,一见面就向您说完全赞同。您还愿意再谈一下这个问题吗?

答:是的。但是表示赞同的人恐怕并不多,报刊和电视几乎形成了一面倒的捧场的情况。我的那篇短文是谈莎士比亚一组文章中的一篇,并不是发表在上海的报刊上,而是发表在山东的《文史哲》上,后来又补充了一半以上的篇幅,发表在北京的《文艺研究》上。这两家刊物的发行量很小,读者不多,但是被上海一位编辑朋友看到了,就作为一则消息报道,发表在《新民晚报》上,后来这篇报道又被《报刊文摘》摘登了。我的意见只能说是发出一些微弱的声音，比起舆论传媒声势浩大的宣传来，有如沧海一粟。现在文化界也使用了股票市场所谓"炒"的手段，以为广告宣传法力无边，可以决定艺术品的优劣成败，但是我却并不相信这种伎俩。我认为文化思想的价值在于其本身，商业手段虽然可以把它炒得热火朝天，却不能改变真善美的价值法则。历史上确实有不少通过艺术以外的宣传手段取得显赫一时的成功，但曾几何时，这些五光十色的美妙景象都泡沫般地消失了。我的那篇短文，只是有感于本应切切实实进行的莎士比亚研究被艺术市场上的喧嚣所淹没了。这是弥漫在文化艺术界的一种浮躁风习，对于文化建设是不利的。但愿我们能够成熟起来，摆脱这种浮躁。

一九九四年十一月二十日

(《九十年代反思录》，上海古籍出版社2000年12月版)[1]

---

[1] 亦见《王元化集》卷六，湖北教育出版社2007年10月。

对"五四"的思考

《关于近年的反思答问》这篇文章是我对自己思想所作的一次反省性的小结。从九十年代初开始，我对自己的学术思想作了反思，这场反思迄今仍在持续。自一九九六年起，我曾以这方面的内容，先后在南京大学、上海师大、杭州大学、华东师大、上海戏剧学院、复旦大学、中国美术学院，作了每次近三小时的演讲，题目是《对五四新文化运动的再认识再估价》。现将要旨简述如下：

一、我认为，不应因袭过去成说，将"五四"时期的文化简单看做是"文白之争"或"新旧之争"（尽管它具有这种性质），因为这两个概念不能完整地规范"五四"时期文化的整体，它具有更深远更广阔的内容。我认为，近年来受到学术界重视的独立的思想和自由的精神，是"五四"文化思潮的一个重要特征。如果从这方面去衡量"五四"时代的学人，过去惯用的文白界限和新旧界限就很不适用了。因为创导白话从事新文化运动的人，并不都能体现上述这一特点，有的甚至很不符合这一要求。而那些用文言写作的，也有人吸收了外来的自由思想，坚持学术的独立地位。

二、长期以来，人们用德、赛二先生来概括"五四"文化思潮。我认为真正可以作为"五四"文化思潮主流的，是不是民主与科学还值得探讨。当时这两个概念是提出来了，并得到了相当普遍的认同。但对它并没有较深入的认识，在理解上是十分肤浅的，仅仅停留在口号上（以至至今还需补课）。就以民主来说，关于民主学说的源流，它在近代西方所形成的不同流派，我国开始接受外来民主学说的历程及其存在的问题等等，我们都缺乏切实的研究。一般教科书介绍民主观念大抵偏重于法国大革命和巴黎公社的民主革命经验，特别关注卢梭的契约论和公意说，而对于法国百科全书派和卢梭的分歧，特别是对于英国经验主义的民主学说——如洛克等人的理论，则茫然无知（我本人长期以来就陷入这种偏向之中）。

三、我认为"五四"时期的思想成就主要在个性解放方面，这是一个"人的觉醒"时代。长期以来，我国儒家传统轻视个性，这是一些遵从儒学传统的人（如杜亚泉、梁漱溟等）也承认的。自我意识从长期酣睡中醒来，开始萌发于清代中叶。当时可以龚自珍的诗文、曹雪芹的小说、邓石如的书法、郑板桥的绘画、戴震的《孟子字义疏证》、惠栋的《易微言》等为代表。但这些个性解放思潮的萌芽只是"五四"时期波澜壮阔的个性解放运动的微弱先声。"五四"时期在这方面所取得的成果是值得我们近代思想史大书特书的。

四、我认为"五四"时期所流行的四种观念是值得注意的：第一，庸俗进化观点（这不是直接来自达尔文的进化论，而是源于严复将赫胥黎与斯宾塞两种学说杂交起来而撰成的《天演论》。这种观点演变为僵硬的断言：凡是新的必定胜过旧的）。第二，激进主义（这是指态度偏激、思想狂热、趋于极端、喜爱暴力的倾向，它成了后来极"左"思潮的根源）。第三，功利主义（使学术失去其自身独立的目的，而作为为其自身以外目的服务的一种手段）。第四，意图伦理（即在认识论上先确立拥护什么和反对什么的立场，这就形成了在学术问题上往往不是实事求是地把考虑真理是非问题放在首位）。"五四"时期开始流行的这四种观点，在互相对立学派的人物身上，都可以或多或少地发现，而随着时间的进展，它们对于我国文化建设越来越带来了不良的影响。

五、"五四"是反传统的，但不是全盘反传统。"五四"时对庄子、墨子、韩非子以及小传统中的民间文学是肯定的。不过，第一，庄、墨、韩学说并不是传统中的主流，传统中占重要地位的儒家学说在"五四"时期是被激烈反对的。第二，五四对庄、墨、韩等的肯定，或是用来作为一种反儒的手段（如利用庄子中的反孔观点），或是用来附会西方某种学说（如用韩非附会进化论与实验主义），还不能被视为是吸取传统资源以建设新的文化。第三，"五四"号召提倡平民文学，打倒贵族文学，固然使长期被湮没的民间小说，山歌、民谣等得到重视，为中国文化建设开拓了新领域，但同时将封建时期的士绅文化或精英文化一概目为必须被打倒的贵族文化，却具有很大的片面性。

六、"五四"时期在国学研究方面有两门显学值得重视。这就是晋鲁胜为之作注的《墨辩》在亡逸千余年后，经清代毕沅重拾旧绪，将其残编断简重新加以整理，到"五四"时则成为当时许多具有代表性人物所关注和研究的学问之一。另一种则是对佛学唯识论和久被遗忘的《因明入正理论疏》。这门由印度输入的有关逻辑的理论也是当时为不少学者所关注的学问之一。可是这种热忱只是昙花一现，很快就无以为继了。再者，"五四"以来对于近代史的研究，偏重于改革思想的政治意义，而忽略了乾嘉时期以及乾嘉以后的学术思想发展，以至直到今天仍简单地称乾嘉学派只有考据训诂，而不知当时如戴震的《孟子字义疏证》《原善》《绪言》，焦循的《论语通释》，程瑶田的《论学小记》等等，均具有重要的思想意义。尤其值得重视的，是对于乾嘉以后在学术发展与流变中发生影响的如陈兰甫、朱鼎甫诸人缺乏研究。他们强调义理，兼容今古，重新肯定了宋明学术的价值，对后来的学术发生过举足轻重的作用。

一九九八年据一九九七年稿修订

（原载《九十年代反思录》，上海古籍出版社，2000年12月）①

---

① 亦见《王元化集》卷六，湖北教育出版社2007年10月。

胡适与京剧偶记

《胡适的日记》由香港中华书局出版，傅杰代我在上海三联书店购得。几年前余英时先生就向我推荐胡适的日记和书信，说是内涵丰富，值得一读。四年前，我去美国参加哈佛之会，转机前曾去旧金山友人处逗留了几日，他家中有两本胡适的书信集（选刊）。读后果然觉得其中有很多资料是别处找不到的。后来我在哈佛见到了老友赵如兰，她向我谈起，他父亲元任先生曾说过，胡适日记是为别人看的，他的日记则是为自己写的。确实，胡适写信都留底稿，记日记也准备身后流传。自然这难免会使日记受到某种局限，但既然留给人看，也往往会使准备公开的事记得较准确。

这本六百余面厚厚一大本的《胡适的日记》，涉及现代史的地方固多，但我更感兴趣的却是有关胡适本人的事。三年前，我曾写过两篇谈胡适的文章，其中提到胡适晚年在日记（一九六一）中说："京剧的音乐简单，文词多不通，不是戏剧，不是音乐，也不是文艺，所以我不看京剧。"可是《藏晖室日记》（收在《胡适的日记》中）有大量他在少时看京剧的记载。这里可摘引数条：

己酉十二月十六日（一九一〇）"桂梁、剑龙偕陈祥云来。陈祥云者，上海名伶小喜禄也。桂梁、剑龙近方从之学歌，其人温文敦厚，无丝毫优伶习气，亦不易觏者也。""酒阑人散，余与仲实以与剑龙有宿约，遂至春贵部。是夜有贵俊卿、小喜禄《汾河湾》，神情佳绝。"

十八日"陈祥云来。今日君墨与剑龙同摄戏装《八蜡庙》合影一帧,余见猎心喜……"

十九日"是夜观剧春贵部。"

庚戌正月初二(一九一〇)"是夜与剑龙观剧春贵部,有李百岁之《拾金》,贵俊卿、小喜禄之《朱砂痣》,李顺来、常春恒之《义旗令》,皆佳。"

初七"是夜,观剧春贵部,有贵俊卿之《空城计》最佳。其'城楼'一节,飘洒风流,吾昔观刘鸿昇唱此戏,辄叹为飘飘欲仙,今贵俊卿之丰神乃驾刘而上之,惟声稍低耳。"

胡适晚年忽然对京剧苛责起来,态度十分决绝。这是什么缘故?我想这大概和胡适揭橥新文化运动大旗之后,一直坚持新旧文化之争的观点有关吧。京戏的内容不外忠孝节烈,不出传统道德的范围。"五四"时期,是把旧道德旧文化作为封建糟粕的。其余波一直影响后来。三四十年代,我和我的一些朋友也是如此。我们都是"五四"时代的儿子,对"五四"时期的各种观念,不论是什么,一概奉行不渝。那时满涛是很懂也喜欢京戏的,不过他一直没有声张,直到被我发现后,他才带着愧色向我招供,他有一种"不良嗜好",这就是看京戏。解放后,举行了几次戏曲会演,我们才改变了,那时我们几个:满涛、西禾、村彬、元美常常一起去看戏。也是在那时候,夏衍在作协党组会上感慨地说,中国戏曲是很好的遗产,但他过去一直对它抱偏见。我并不是要在这里谈自己的爱好,而是想通过上述的经历,说明那时我们反对传统戏曲是自以为在坚持进步,坚持科学,坚持新潮流。抱这种态度的不止我们这一代,至今还有不少中青年也是如此。我以为这和"五四"时代的庸俗进化观点多少有点联系。这观点就是新的一定胜过旧的。谁也不会否认社会是向前发展的,但这是从总的方面和大的方面来说,而并不意味着任何时候和任何事物新的都好旧的都坏，或新旧之间没有持续关系，而只能是彻底决裂。

胡适在日记中有时竟会流露出一些令人惊讶的肤浅看法，很可能与这种庸俗进化观点有关。比如他曾举孔子时只有竹简，而没有墨笔砚，来反驳一位外国人称颂中国古代文化最为辉煌的说法，就是一例。再如，一九二一年六月三日日记中说莎士比亚"远不如近代的戏剧家……他那几本最大的哀剧（悲剧），其实只当得近世的平常'刺激剧'（Melodrama）。如《Othello》（奥赛罗）一本，近代的大家决不做这样的丑戏！又如那举世钦仰的《Hamlet》（哈姆雷特），我实在看不出什么好处来！Hamlet 真是一个大傻子"。这些话正如他在别处说过的：《红楼梦》算不得是一部好小说，因为它没有一个 plot；三一律是写戏剧的经济法则等等一样，只能证明他的审美趣味实在是有问题的。胡适在文学上的贡献是在别的方面，而不是在他的艺术鉴赏。

一九九八年九月二十九日

（《清园谈戏录》，上海书店 2007 年 1 月版）①

---

① （原注）此文未正式发表，原收入线装本《清园文稿类编·戏曲篇》，华宝斋书社 1999 年。

郭嵩焘与湖南新政

比戊戌政变略早出现的湖南新政,似乎至今没有引起多少人的重视,却是十分值得研究的课题。它与戊戌政变都是当时很有影响的改革运动,但两者本身却存在着很大区别。这一点陈寅恪早就指出过。他在《读吴其昌撰〈梁启超传〉书后》一文中称:"咸丰之世,先祖亦应进士举,居京师。亲见圆明园午霄之火,痛哭南归。其后治军治民,益知中国旧法之不可不变。后交湘阴郭筠仙侍郎嵩焘,极相倾服,许为孤忠闳识。先君亦从郭公论文论学,而郭公者,亦颂美西法,当时士大夫目为汉奸国贼,群欲得杀之而甘心者也。到南海康先生治今文公羊之学,附会孔子改制以言变法。其与历验世务欲借镜西国以变神州旧法者,本自不同。故先祖先君见义乌朱鼎甫先生一新《无邪堂答问》驳斥南海公羊春秋之说,深以为然。据是可知余家之主变法,其思想源流之所在矣。"戊戌政变是采取激进手段,把成败寄托在帝党与后党之争上面,以为帝党胜则改革成,这是一种由上而下的改革路线。湖南新政则相反,它所采取的是渐进手段。湖南新政的最大特点还不在于它继承了洋务运动未能完成的事业,也不在于它的开民智——办时务学堂以培养人才,办《湘报》作为新政的舆论,而最为重要的是在于公官权,即从基层入手推行地方自治。显然这一从基层入手的措施使它和戊戌政变分别开来,说明两者是走不同的路线。

从《散原精舍文集》中也可以看到陈宝箴父子与郭嵩焘关系密切，感情笃深。文集目录后有用小字排印的寅恪附言，内称其先君三立壮岁时与筠仙（嵩焘）往复商榷诗文。文集中又载三立所撰《船山师友录叙》。文称，船山遗书"久而后显，越二百有余岁，乡人湘阴郭侍郎嵩焘，始尊信而笃好之，以为斯文之传，莫大乎是"。这几句话因船山而涉及，但亦可见其推崇之重。文集中的《郭侍郎荔湾话别图跋》，这本是为他在离开粤东前与友人王少鹤，丁禹生（日昌），陈兰甫（澧）等十余人，同游潘氏海山仙馆名园的图影，所写的纪游小文，但也点出他"痛言古今之变，得失之宜……立自强之基，振兴变革"的胸襟怀抱。

郭嵩焘是早期变法维新思潮的代表人物，他的思想不仅远远超迈倡导洋务运动的前辈，就是同时期的维新人物也难以和他比量。光绪元年（一八七五）他于福建按察使任上所写的《条议海防事宜》，就已申言"西洋立国有本有末，其本在朝廷政教，其末在商贾"。商贾不是本，洋务派所向往的坚甲利兵声光化电也不是本。当时能有此种议论是与人颇不相同的，而尤其难得的是他在《条议》中还提出自己所倡导的"自治"观念。自然这时他对自治的认识还很朦胧。但他出使英国，一到那里就竭力搜索西方的政教知识。最初向井上馨、马格里等询问政治经济的著作，得知阿达格斯密斯（亚当·斯密）的《威罗士疴弗呢顺士》（Wealth of Nations，《国富论》），抟蔑儿（约翰·密尔）的《播黎地加儿伊哥那密》（Political Economy，《经济学》）。他的《日记》中大量记载了参观访问活动。光绪三年二月三十日记："赴下议院听会议事件。"同年十一月十八日在日记中谈到英国的巴力门（Parliament 议会）和买阿尔（mayor 民选市长）："推原其立国本末，所以持久而国势益张者，则在巴力门议政院有维持国是之义，设买阿尔治民有顺从民愿之情。二者相持，是以君与民交相维系，迭盛迭衰，而立国千余年终以不敝。人才学问相承以起，而皆有以自效。此其立国之本也。"同年十二月十四日的日记也讲到英国的两党制："二百年前即设为朝党、野党，使各以所见相持争胜，而因济之以平"。十二月十九日记他和李凤苞议论英国政治涉及制度与道德问题颇堪注目："西洋君德，视中国三代令主，无有能庶几者，即伊、周之相业，亦未有闻焉。而国政一公之臣民，其君不以为私。其择官治事，亦有阶级、资格，而所用必皆贤能，一与其臣民共之。朝廷之爱憎无所施，臣民一有不慊，即不得安其位。自始设议政院，即分同异二党，使各竭其志意，推究辩驳，以定是非，而秉政者亦于其间迭起以争胜。……朝廷又一公其政于臣民，直言极论，无所忌讳，庶人上书，皆与酬答。其风俗之成，酝酿固已久矣！"（以上引自钟叔河编郭嵩焘《伦敦与巴黎日记》）

郭嵩焘对英国的民主政治是有较深理解的，在当时还没有人能望其项背，这大概与他亲自在英国作了考察有关。由于他与主持湖南新政的陈氏有着密切关系，我以为湖南新政的"开民智"（办学办报）、"公官权"（地方自治）大概都受到了他的（倘不是最主要，也是很大）影响。自然这还只是推理，倘要进一步证实，还需要做大量资料爬梳的工作。尽管湖南新政不如戊戌政变像一场骤风暴雨那样激动人心，而只是像没有大的波澜起伏的平静河水向前缓缓流去，但是日本的维新人士却对它甚为推重，将它比作在日本维新时期的长门和萨摩两个藩。长期以来，我们对戊戌政变给予很多的注意，但对于当时和它采取不同方式（如果不遭意外也许可以获得成功）的湖南新政则几乎没有人关心也很少有人研究，这不能不说是一件憾事。

二〇〇一年据一九九八年旧稿改

（《清园近作集》，文汇出版社，2004年8月）①

---

① 亦见《王元化集》卷六，湖北教育出版社2007年10月。

第五辑　读黑格尔与卢梭

读黑格尔的思想历程①

我开始接触黑格尔是在隔离审查的第二年。经过一年多时间，我的问题基本清楚了，内查外调已经结束，我被允许读书读报。我读的第一本黑格尔的书，是一九五四年三联书店初版印行的贺译《小逻辑》。这是根据解放前的商务本子重印的。这本书我现在还保存着，纸已发黄，封底业已脱落。在最后一页上记载着："一九五六年九月七日上午第一次读毕。"下面有这样几行文字："用了一个多月的时间。开始很吃力，但越读兴味越大。深刻，渊博，丰富。……作了重点记号。作了第一次笔记。"时间过去整整四十年了，我已记不起当时所记的笔记内容，这本笔记早就遗失了。记得初读《小逻辑》时，宛如进入一个奇异的陌生世界。我完全不能理解黑格尔所用的专门名词和他的表述方式。费尔巴哈曾经说，黑格尔将具体的例证都放到脚注中去了。他的正文是思辨性的、抽象性的。试想这怎么能够使一个从来不习惯于思辨思维的人去理解它？在读《小逻辑》的开头几天，我完全气馁了，几乎丧失了继续读下去的勇气。可是我想我应该像许多开头并不懂黑格尔的读者一样，无论如

---

① （原注）本文原为拙著《读黑格尔》（百花洲文艺出版社1997年版）序文。序文开头有这样几句话："《读黑格尔》是我的两本笔记的影印本。一本是读《小逻辑》的笔记，另一本是读《美学》第一卷的笔记。两本笔记都是二十多年以前记的。"

何应该把这部难读的书读完。我打算反复去读，先通读一遍，然后再慢慢细读或精读。这个决心一下，我驱走了失望情绪，耐心地去读第二遍。在上面提到的那本现已破旧的《小逻辑》最后一页上，我记下"一九五六年十一月一日下午第二次读毕。此次历时两个多月，做了十一册笔记，共三百二十六面，约二十万字左右。"我在第二遍阅读时，开头很缓慢，每天早上只读书中的一节。我要求自己尽量读通读懂，对书中的某些疑难问题，有时一直从早上考虑到下午。这样一点一点去消化，使我养成了一种钻研的习惯。后来我从一些艰深著作中得到了读书之乐，就是从这时开始的。六十年代初，我向熊十力先生问学时，他批评读书"贪多求快，不务深探"的作风，而提倡"沉潜往复，从容含玩"，使我深锲于心，即由于我有过上面那一段读书体验的缘故。这次所写的十一册笔记连同差不多时期所写的读《资本论》第一卷的十来本笔记，我于一九五七年隔离结束后带回家中，"文革"动乱中也没有随同其他书札一起被毁，幸而保存下来。两年前我将它们全部捐赠给上海市档案馆了。

在一九五四年三联初版印行的《小逻辑》最后一页上，还记载着"一九七四年十月二十九日第三次读毕"，下面没有附加任何说明。现在本书所影印的《读小逻辑笔记》就是第三次读毕之后所写的笔记，记笔记的时间约在一九七四年十一月到十二月光景。我读黑格尔《小逻辑》共有三次。韦卓民先生在通信中，曾称我读黑格尔"韦编三绝"即是指此。这三次阅读《小逻辑》是就通读而言，至于平时翻阅检索的次数，就没有记录了。我应该承认，如果说我也有一些较严格的哲学锻炼，那就是几次认真阅读黑格尔《小逻辑》为我打下了基础，使我以后可以顺利地阅读黑格尔的其他一些著作。

自从读了黑格尔哲学以后，我成为黑格尔的景仰者。我觉得他的哲学具有无坚不摧扫除一切迷惘的思想力量。我曾经几遍几遍重读书前所载黑格尔在柏林大学授课前向听众所做的《开讲辞》："精神的伟大力量是不可低估和小视的。那隐闭着的宇宙本质自身并没有力量足以抵抗求知的勇气。对于勇毅的求知者它只能揭开它的秘密，将它的财富和奥妙公开给他，让他享受。"我每次读《开讲辞》这几句结束语，都会感到心情激荡，它体现了文艺复兴以来对人和人的思想充满信心的那种坚毅的人文精神。在那些愁苦的岁月中，它增加了我的生活勇气，使我在隔离中不致陷于绝望而不可自拔。从那时到现在已经有数十年过去了。虽然我这些年不再像过去一样，对于理性主义怀有那种近似宗教式的热忱，但我仍牢记黑格尔所说的"精神的力量是不可低估和小视的"这句话。

《小逻辑》给我的最大启迪，就是黑格尔有关知性问题的论述。这些论证精辟的文字对我的思想起了极大的解放作用。因为知性的分析方法，长期被视为权威理论，恐怕至今还有人在奉行不渝。它使我认识到，自康德以来的德国古典哲学把知性作为认识的一种性能和一个环节是完全必要的。这可以纠正我们按照习惯把认识分为感性和理性两类，以为前者是对于事物的片面的、现象的、外在联系的认识，而后者是对于事物的全面的、本质的和内在联系的认识。按照这种两分法，我们就很难将知性放到正确的位置上，甚至还可能把它和理性混为一谈。知性和理性虽然都是对于感性事物的抽象，但两者区别极大。知性具有形而上学的性质，并不可能达到对事物的全面的、本质的和内在联系的认识。我们应该重新考虑德国古典哲学的说法，用感性—知性—理性的三段式去代替有着明显缺陷的感性—理性的两段式。那时我在隔离中，虽然前途茫茫，命运未卜，却第一次由于思想从多年不敢质疑的权威理论中解放出来，而领受了从内心迸发出来的欢乐，这是凡有过同样思想经历的人都会体会到的。

我隔离结束回家后，利用长期等候做结论的空暇，重读了马克思《政治经济学批判序言导言》。这篇不长的文字中所提出的"由抽象上升到具体"的方法是我们学术界长期争论未决的问题。一般认为这个说法很难纳入认识是由感性到理性的共同规律，于是援用《资本论》第二版跋所提出的"说明方法"、"叙述方法"来加以解释，以为"由抽象上升到具体"是指"叙述方法"。对于这一说法我一直未惬于心。当我根据《小逻辑》中有关知性的论述再去思考这个问题时，渐渐从暧昧中透出一线光亮。越思考下去，问题越变得明朗。就马克思在《导言》中对这问题的说明来看，我认为马克思也是运用了感性—知性—理性三段式的。如果这样去理解他对"由抽象上升到具体"所作的说明，问题就变得明白易晓了。马克思在《导言》中仔细地阐释了这个方法的全部过程。我们可以把他说的过程分为三个阶段：第一阶段"从混沌的关于整体的表象开始"（即指感性）——第二阶段"分析的理智所作的一些简单的规定"（即指知性）——第三阶段"经过许多规定的综合而达到多样性的统一"（即指理性）。问题太明显了，这三个阶段不是阐明感性——知性——理性又是什么呢？这一发现不禁使我欣喜万分。我觉得我的诠释是切合《导言》本义的。同时，用感性——知性——理性代替感性——理性的想法，由于从"由抽象上升到具体"的诠释中得到印证，更使我对自己的观点加强了信心。我很希望自己的愉快别人也能分享，一九七九年我有了投稿的可能，就把对"由抽象上升到具体"的理解写成一篇短文，投寄《学术月刊》。这是我在沉默二十多年后发表的第一篇哲学文章。但是它并没有得到什么回应。我并不因此放弃自己的看法。两年多以后，我比较充分地阐释了自己的观点，写了《论知性的分析方法》，发表在上海另一个杂志上。在这篇文章中，我批评了在理论界盛行不衰的"抓要害"观点。所谓"抓要害"即指抓主要矛盾或抓矛盾的主要方面。我在文章中说，"这一知性分析方法经过任意搬用已经成为一种最浅薄最俗滥的理论"。当时"文革"结束不久，大家对大批判攻其一点不及其余的滋味记忆犹新。这篇文章在读者中产生了一定影响，现在它也没有完全被人遗忘，偶尔还被人提起。

一九八三年初，我们在天津迎宾馆为周扬起草那篇惹起一场风波的讲话稿时，他听到我对知性问题的阐释很感兴趣，坚持要我在讲话稿中把这问题写进去。我说在此以前我已有文章谈过了，他说没有关系，可以在讲话稿中说明他对这观点的赞同。这篇讲话稿后来成为引发一次事件的开端。在这次事件中，知性问题虽然不是主要的批判对象，但也受到株连，被指摘为和权威理论唱对台戏，"要回到康德去"。对于这种责备，我一直沉默着，现在也不准备回答。我只想对掌握意识形态大权的批判者提一个问题：为什么你们回避了我"由抽象上升到具体"的诠释呢？要知道除非在这个问题上将我的论据论证驳倒，你们是不能稳操胜算的。

当时我对于《小逻辑》所提出的三范畴即普遍性、特殊性与个体性的理论最为服膺。恩格斯曾说这三个范畴始终贯穿并运动在黑格尔的逻辑学中，他对此甚为赞赏。在黑格尔那里，这三个范畴是紧密相连不可分割的。普遍性是自我同一的，又包含特殊性和个体性在内。特殊的即相异，或有特殊性格，又必须了解为它自身是普遍的并具有个体性。个体性为主体和基本，包含有种和类于其自身，并具有实质的存在。黑格尔认为任何事物都是一个推论，就是说明一切事物都包含这三个环节于自身之内。后来我读了黑格尔《美学》，发现他在《理想的定性》中阐述理念经过自我发展过程而形成具体的艺术作品，就是按照上述三环节的理论加以论证的。后来我曾经撰写过一篇题为《情况——情境——情节》的文章，论述黑格尔的上述美学观点，现收入《清园论学集》中。美学中所说的情况相当于逻辑学总念论三范畴中的普遍性，情境相当于特殊性，情节相当于个体性。艺术家在创作活动中可以将情况、情境、情节中的任何一个作为中项或中介来带动其他两项。就《美学》中的这个例子来看，我更理解了黑格尔所说的"一切事物都是一个推论"这句话的合理性。

但黑格尔并不到此止步，在《小逻辑》中，进而论述了"抽象的普遍性"这一概念。他认为这是知性的概念。所谓抽象的普遍性，就是排除了特殊性与个体性的概括性，因此概括的外延愈大，它的内涵也就愈抽象愈空疏。与此相反，总念的普遍性却统摄了特殊性与个体性于自身之内。当时我对于黑格尔关于两种普遍性的划分十分钦服，认作是逻辑学中的一个重大揭示。长期以来我不止一次援用了这个说法。近几年我为了清理自己的思想，对黑格尔哲学进行了反思，这使我的看法有所改变。我认为黑格尔在总念的普遍性问题上，没有能够摆脱给他带来局限的同一哲学的影响。知性的普遍性固然不可取，但以为总念的普遍性可以将特殊性与个体性一举包括在自身之内，却是一种空想。它在逻辑上虽然可能，但在事实上却做不到。黑格尔在《哲学史演讲录》中曾举出东方哲学的特点在于不承认与自在自为的本体对立的个体具有任何价值。他说，个体与本体合二为一时，它也就停止其为主体而消失了。我不懂黑格尔在论述总念的普遍性时为什么会作出与此相反的论断？这恐怕要归咎他刻意追求逻辑的彻底性的缘故吧。无论总念的普遍性如何优于知性的普遍性，如果不承认它是不可能将特殊性与个体性一举囊括在自身之内这一事实，那么这样的思想就会给人类生活带来极大的灾难。卢梭在设想公意超越了私意和众意，从而可以通过它来体现全体公众的权利和利益的时候（这也是以为普遍的可以一举将特殊的和个体的统摄于自身之内），原来是想为人类建立一个理想的美好社会，可是没有料到竟流为乌托邦的空想，并且逐渐演变为独裁制度的依据。① 当黑格尔陷入同一哲学的时候，我们必须注意它的后

---

① （原注）需要说明一下，照卢梭看来，私意（个人的意愿）、众意（众人的意愿）并不真正了解他们本身的利益是什么。因为私意、众意往往着眼于自己的私利，是片面的，只顾眼前，看不到长远的根本的方面，只有公意才着眼于公共的利益。（从这一论断可以推出这样一种看法，即人们为了维护或争取自己的利益，并不真正懂得应该做什么，只有一个在政治、思想、道德上更完满具有奇里斯玛魅力的领袖才知道他们应该做什么和怎样做。）黑格尔在《小逻辑》中谈到普遍、特殊、个体三环节关系时特别举卢梭《社会契约论》为例，说任性荒诞不真的意志不是意志的总念，而卢梭所说的公意（黑格尔解释说它无须是全体人民的意志）才是意志的总念。我们似可据此来考虑我们对于"人民"一词的理解。

果。最近我在一篇与友人论学书中，曾经专门谈到这个问题。不过这里必须说一下，我在反思中虽然有了这样的认识，但并不因此减少我对于黑格尔总念三环节理论的服膺。他所说的普遍性、特殊性和个体性和我国先秦名辩哲学中的同类概念是可以相互印证的。比如《墨子·墨辨》所列举的达名、类名、私名，以及荀子所说的大共名、大别名和"推而别之，别则有别，至于无别然后止"的个体名，都是用来代表普遍性、特殊性和个体性这三个逻辑概念的，这是很值得探讨的有趣问题。

最近我在文章中常涉及黑格尔，只是想清理自己的思想，就自己受到黑格尔影响的那些观点，进行剖析，提出新的认识。这些年我几次在文章中提到逻辑和历史的一致性，就因为过去我对这个问题十分信服。六十年代，我曾向研究精神病理学的周玉常医生请教人的生长过程。在他的帮助下，我认识到从受精卵到胎儿，几乎在大致上重复了从动物到人的进化史，即由单细胞生物发展到高级动物的生命史。我又从阅读中知道，可以从不同年龄的儿童的认识过程（有人曾把这一过程分为特化阶段——泛化阶段——分化阶段——概括化阶段四个时期），来探讨早期人类的认识史。我以为这些事例都可以作为历史与逻辑一致性的佐证，从而为我们提供了一种可信的研究方法。比如我们如果要知道概念是怎样在人的认识发展过程中形成的，或美感是怎样在人的认识发展过程中形成的，我们只要注意对婴儿的观察，记录他们在不同发育成长阶段的认识活动或意识活动，就可以测知大概近似的情况了。我还发现，黑格尔本人的著作也是根据逻辑与历史一致性的原则来构成整体的框架的，不仅《逻辑学》《美学》《哲学史讲演录》《精神现象学》各书如此，而且我们还可以将《小逻辑》和《哲学史讲演录》加以对勘来读。因为在逻辑学中，各个概念出现的程序，正是和哲学史上各个概念出现的程序同步的、一致的。这些理论上的思考和发现，使我对黑格尔提出的这一原则深信不疑。

可是后来我的意见改变了。我开始对这一信念产生动摇,也是在近几年的反思时期。正像这一时期我的某些看法发生变化,不完全是借助书本的思考,而是来源于生活的激发,这一次也是一样。数十年来,在思想界已经形成了一种新传统,即所谓以论带史。研究问题,不从事实出发,不从历史出发,而从概念出发,从逻辑出发。这一风气不限于史学界,而且是弥漫在各个领域,甚至渗透在生活中。后者带来的深刻教训是使人不会忘记的。运动中妄加给人的罪名,往往不是从事实出发,而是根据逻辑推理作出的。所以后来我在讨论历史与逻辑的一致性时,曾以审案为例。我说应当强调法律上的"证据法",而不能根据逻辑推理,或根据我国传统审案的所谓"自由心证"。因为在审案中根据逻辑推理可以构成的罪行,在事实上却往往是无辜的,这一点在"文革"中已经是屡见不鲜了。从历史的发展中固然可以推考出某些逻辑性规律,但这些规律只是近似的,不完全的。历史和逻辑并不是同一的,后者并不能代替前者。黑格尔哲学往往使人过分相信逻辑推理,这就会产生以逻辑推理代替历史的实证研究。无论哪一个从事理论研究的人,一旦陷入这境地,就将如同希腊神话中的安泰脱离了大地之母一样,变得渺小无力了。我读了黑格尔以后所形成的对于规律的过分迷信,使我幻想在艺术领域内可以探索出一种一劳永逸的法则。当我从这种迷误中脱身出来,我曾把自己的经验教训写进《〈文心雕龙讲疏〉序》中。这里我扼要记述了我近年对于黑格尔哲学反思的经历。我相信,了解这些经历,就会理解我在某些观点上的改变,并非见异思迁或趋新猎奇,而是经过认真思考的过程的。这样就会以严肃的态度来对待我的思想变化,而不致妄测这种变化的原委,或轻率地说"嘿,看看他有了一百八十度的改变",而加以讥嘲。我并不是简单地希求别人的同情性的理解,而是想以自己的经历昭告后来者,使他们少走弯路。

黑格尔的《美学》也是曾经对我发生过巨大影响的著作。我最初读《美学》，已是七十年代了。倘使和读《小逻辑》的艰难比较起来，我读这部书不知要轻便多少。人们常说黑格尔哲学晦涩难懂，其实这并不确切。黑格尔哲学的难懂处，如果撇开在理论结构上由于使用了强制性手段，以致常常暧昧不明之外，主要是由于他拥有一整套与别人不同的独具意蕴的名词和术语，如果掌握了他的专门名词和术语，黑格尔哲学是并不难懂的。我曾经把他的哲学比作一杯不羼杂质的清水一样纯净明澈。我读《美学》第一卷进展十分顺利。但像这一类书，读一遍是绝对不够的。当时没有作记录，我读几遍已记不得了。这本读《美学》的笔记大约作于一九七六年。《美学》笔记也像《小逻辑》笔记一样，存在一些当时不成熟的以至今天看来已变得十分粗陋甚至机械的看法，我希望读者把它作为我的思想轨迹看待。黑格尔《美学》给我的第一个印象，就是使我对他的艺术鉴赏力感到敬佩。黑格尔的思想深度是从来不会令人怀疑的，但是仅仅具有深刻思想的哲学家，不一定会写出一本好的美学著作，因为它还需要艺术的感受才能。黑格尔的艺术鉴赏力不仅在学术界是罕见的，就是在艺术领域内也是很少有人可以与之匹敌的。他对于希腊艺术的赞美与分析，对于莎士比亚的真知灼见，对于十七世纪法国古典主义的批评，对于风格、才能、独创性的阐发，对于独创行为的剖析等等，处处显示了渊博的知识和卓越的审美趣味，就是今天看来，如果撇开其中某些可以原谅的失误外，也足以令人为之叹服。

　　黑格尔如果没有这样深厚的艺术素养，就不可能在美学著作中提出如此深合艺术特征的美学原则。例如，他将古希腊人所说的πάθος一词，作为激发人的动作和反动作的内在要求。他说这个字很难译（朱译作"情致绵绵"的情致二字，我以为不妥，姑改译作古代文论中所用的"情志"一词，以求较近似之）。它既不是具有低劣意味的情欲（因为它是"本身合理的情绪方面的力量，是理性和自由意志的内容"），它也不是经过审慎衡量的理智所形成的思想

（因为它是"存在于人的自我中而充塞渗透到全部心情的那种基本的理性的内容"）。举例来说，哈姆莱特的复仇就是一种情志。他的复仇既没有经过应不应该这样做之类的盘算考虑（不是一般意义上的理性），也不是听凭感情指引的一时冲动（不是一般意义上的感性），而是根深蒂固盘踞在他的心头未经思索不招即来的一种意志力量。所以情志既非思想又非感情，同时既有思想的某种性质又有感情的某种性质。一般文学教程从来没有像这样来探讨问题。黑格尔的情志说不仅发人所未发，而且将艺术作品中表现思想感情的问题置于更深入更合理的地位上加以解决。遗憾的是在黑格尔提出情志说后，很少有人重视这一说法。我们的文学教科书至今仍在沿袭那套文学既表现感情又表现思想的陈词滥调。

黑格尔《美学》与一般文学教程或美学课本不同之处，特别表现在《想象、天才和灵感》《作风、风格和独创性》这类章节上面。这些都是一般论者不敢轻易下笔论述的问题，因为它们属于艺术家的微妙的创造活动，倘使不在日积月累的创作经验中亲身领受它的奥秘，那么在论述这些问题的时候，就很容易流于简单机械，出现刻板呆滞的毛病。黑格尔是不可能具有什么艺术创作活动的经历的。为什么有时连一个内行也难以表达出来的奥秘，他却能够谈得这样妥帖入微，使最挑剔的人也不得不折服？这是我迄今仍感到惊讶并百思不得其解的。我所指的是这类论述。比如：关于才能和天才——他说，单纯的才能只是在艺术的某些方面达到熟练，只有天才才给艺术提供生气灌注作用。关于艺术的表现能力——他说，形象的表现方式就是艺术家的感受和知觉方式。而真正的艺术家可以毫不费力地在自己身上找到这种方式，就像它是特别适合他的器官一样。凡是在他想象中活着的东西，好像马上就转到手指上。关于灵感——他说，艺术家把对象变为自己的对象后，应抛开自己的主观癖性。如果在一种灵感里，主体作为主体突出地冒出来发挥作用，而不是作为艺术主题本身所引起的有生命力的活动，这种灵感就是一种很坏的灵感。关于独创性——他说,艺术家须根据他的心情的和想象的内在生命去形成艺术的体现。艺术家的主观性与表现的真正客观性这两方面的统一就是独创性的概念。独创性是从对象的特征来的,而对象的特征又是从创造者的主观性来的。关于区别于风格的作风——他说,作风是指某一特殊的表现方式,经过反复沿袭变成普泛化了,似乎成了艺术家的第二天性,这就可能出现这样一种危险,作风愈特殊,它就愈容易退化为一种没有灵魂的因而是枯燥的重复和矫揉造作,再见不出艺术家的心情和灵感了……诸如此类论述,真是胜义披纷,精美绝伦,构成了《美学》的最动人篇章。我初读《美学》时原来只希望得到哲学性的启迪,可是渐渐我领受到艺术鉴赏与审美趣味得来的乐趣。那时我不禁默默祷念:黑格尔,你的哲学是人类奇妙的创造。你的书打开了我的心灵。感谢你,使我在你的知识海洋中可以汲取取之不竭的智慧……

一九九六年五月九日于清园

(《九十年代反思录》,上海古籍出版社 2000 年 12 月)①

---

① 亦见《读黑格尔》,新星出版社 2006 年 11 月、《王元化集》卷六,湖北教育出版社 2007 年 10 月。

论知性的分析方法

知性概念

我们习惯把认识分为两类，一类是感性的，另一类是理性的；并且断言前者是对于事物的片面的、现象的和外在关系的认识，而后者则是对于事物的全面的、本质的和内在联系的认识。这样的划分虽然基本正确，但也容易作出简单化的理解。因为它不能说明在理性认识中也可能产生片面化的缺陷，例如知性在认识上的性能就是如此。

康德曾经把认识划分为感性——知性——理性三种。后来黑格尔也沿用了这一说法，可是他却赋予这三个概念以不同的涵义，黑格尔关于知性的阐述，至今仍具有现实意义，对我们颇有启发。笔者将要在本文中借鉴他的一些观点。

这里先谈谈知性的译名。知性的德文译名是"VerStand"我国过去大抵把它译作悟性。黑格尔《美学》中译本有时亦译作理解力。现从贺译译作知性。这一译名较惬恰，不致引起某种误解，而且也可以较妥切地表达理智区别作用的特点。

我觉得用感性——知性——理性这三个概念来说明认识的不同性能是更科学的。把知性和理性区别开来很重要。作出这种区别无论在认识论或方法论上，都有助于划清辩证法和形而上学的界限。根据我的浅见，马恩也是采用知性的概念，并把知性和理性加以区别。马克思在《政治经济学批判导言》中说："我如果从人口着手，那么这就是一个混沌的关于整体的表象，经过更切近的规定后，我就会在分析中达到越来越简单的概念；从表象中的具体达到越来越稀薄的抽象，直到我达到一些最简单的规定。于是行程又得从那里回过头来，直到我最后又回到人口，但是这回人口已不是一个混沌的关于整体的表象，而是一个具有许多规定和关系的丰富的整体了。"从这段话看来，马克思也是运用了感性——知性——理性这三个概念的。如果把马克思的上述理论概括地表述出来，就是这样一个公式：从混沌的关于整体的表象开始（感性）——分析的理智所作的一些简单的规定（知性）——经过许多规定的综合而达到多样性的统一（理性）。马克思把这一公式称为"由抽象上升到具体"的方法，并且指出这种方法"显然是科学上正确的方法"。按照马克思的说法，和这种方法相对立的，则是经济学在初期走过的路程，例如十七世纪的经济学家，（他们像恩格斯所指出的那些启蒙学者一样，把"思维的悟性［知性］）作为衡量一切的唯一尺度"，就是从混沌的关于整体的表象开始，通过知性的分析方法把具体的表象加以分解，达到越来越简单的概念，越来越稀薄的抽象。这也就是说，从感性过渡到知性就止步了。马克思提出的由抽象上升到具体的方法，则是要求再从知性过渡到理性，从而克服知性分析方法所形成的片面性和抽象性，而使一些被知性散开来的一些简单规定经过综合恢复了丰富性和具体性，从而达到多样性统一。从这一点来看，黑格尔说的一句警句是很正确的，那就是理性涵盖并包括了知性，而知性却不能理解理性。

简括地说，知性有下面几个特点：一、知性坚执着固定的特性和多种特性间的区别，凭借理智的区别作用对具体的对象持分离的观点。它把我们知觉中的多样的具体内容进行分解，辨析其中种种特性，把那些原来结合在一起的特性拆散开来。二、知性坚执着抽象的普遍性，这种普遍性与特殊性坚硬地对立着。它将具体对象拆散成许多抽象成分，并将它们孤立起来观察，这样就使多样性统一的内容变成简单的概念，片面的规定，稀薄的抽象。三、知性坚执着形式同一性，对于对立的双方执非此即彼的观点，并把它作为最后的范畴。它认为对立的一方有其本身的独立自在性，或者认为对立统一的某一方面，在其孤立状态下有其本质性与真实性。

由于知性具有上述的片面性和局限性，当我们用知性的分析方法去分析对象时，就往往陷入错觉；我们自以为让对象呈现其本来面目，并没有增减改变任何成分，但是却将对象的具体内容转变为抽象的、孤立的、僵死的了。

不过，知性在一定限度的范围之内也有其一定的功用，成为认识历程中的一个不可缺少的环节。我们不应抹杀它在从感性过渡到理性的过程中的应有地位和作用。一位美学研究者在他写的《略论艺术的种类》中曾经这样说："文学词义所提供的一切都受着确定的知性理解的规范，而使其内容具有知性的确凿性。"知性的作用可以借用黑格尔的一句话来说明："没有理智便不会有坚定性和确定性。"为了论证这一点，他举出一些例证。比如在自然研究中，知性是作为分析的理智来进行的，只有这样我们才可以区别质料、力量、类别，并将每一类孤立起来，而确定其形式，而这一切都是对于自然研究所必要的。再如，在艺术研究中也不能完全离开知性作用，因为我们必须严格区别在性质上不同的美的形式，并把它们明白地揭示出来。至于创作一部艺术作品，也同样需要理智的区别活动。因为作品中的不同人物性格须具有明确性，作者应加以透彻地描写，并且将支配每个人物行为的不同目的与兴趣加以明确地表达。诚然，知性不能认识到世界的总体，不懂得一切事物都在流动，都在不断地变化，不断地产生和消亡。但是当我们要去认识构成总体的细节，就不得不凭借知性的区别作用，把它们从自然的或历史的整体中抽出来，从它们的特性以及它们的特殊原因与结果等等方面来逐个地加以研究。

然而，如果我们一旦习惯于知性的分析方法，只知道把事物当做孤立的、固定的、僵硬的、一成不变的研究对象，并且认为这是不言而喻的唯一正确方法。那么，我们就将陷入形而上学。不少理论家并不认识知性的局限性，他们认为运用知性的分析方法是理所当然、合乎常识的。恩格斯曾针对这种看法说："常识在它自己的日常活动范围内虽然是极可尊敬的东西，但它一跨入广阔的领域，就会遇到惊人的变故。"知性的分析方法在一定领域内是必要的，可是一旦超越这个界限，它就要变成片面的、狭隘的、抽象的，并且陷入不可解决的矛盾，因为它不能认识事物的内在联系和事物的运动与变化。因此，马克思在《政治经济学批判导言》中批判了十七世纪的经济学家的知性分析方法，而提出了由抽象上升到具体的唯一正确的方法。

知性不能掌握美

黑格尔在《美学》中说："知性不能掌握美"。这是就知性总是把统一体的各差异面分裂开来看成是独立自在的东西这一特点来说的。知性的这一特点，显然是破坏了艺术作品必须是生气灌注的有机体这一基本原则。从这一方面来看，我们可以援引黑格尔的话来说明："有机体的官能和肢体并不能仅视作有机体的各部分，唯有在它们的统一里，它们才是它们那样，它们对那有机的统一体互有影响，并非毫不相干。只有在解剖学者手里这些官能和肢体才是机械的部分。但解剖学者的工作乃在解剖尸体，并不在处理一个活的身体。"（《小逻辑》第一三五节）黑格尔很喜欢援用亚里士多德说过的一句话，那就是，把手从身体上割下来就不复是手了。这正好说明采取孤立的、抽象的考察事物的知性分析方法，尽管在艺术研究中具有一定作用，但是如果不是把它作为达到具体的过渡环节，坚执为最终的范畴，那就不可能掌握美。

　　关于这个问题，黑格尔并未详细地加以深论。我认为如果我们进一步去进行探讨，将会澄清我们在文艺思想上迄今仍存在着的许多混乱。这里我想谈谈我们文艺理论界曾经盛行不衰的所谓"抓要害"的观点。据说抓要害就是要抓住主要矛盾和矛盾的主要方面。这一知性观点经过任意套用已经变成一种最浅薄最俗滥的理论。臭名昭著的"三突出"就是这样发芽滋长出来的，并且直到今天它仍在改头换面传布不歇。最近我看到一篇评论电视片《武松》的文章，论者赞扬这部把《水浒》改编走了样的作品，说它的最大优点就是"一切从主题出发"。我还看到另一篇分析《阿Q正传》的文章，论者把阿Q的精神胜利法作为贯串每一细节中去的主题思想，由此断言鲁迅安排所有细节，连阿Q在小尼姑脸上捏一把，甚至阿Q向吴妈求爱，莫不是有意识地把它们作为阿Q精神胜利法的表现。这就不得不使人认为，直到目前抓要害这一知性的分析方法，仍被当做不容置疑的正确理论。从表面上看，抓要害有什么错？这似乎是无可非议的。但是它却经不起仔细推敲。我们往往以为只要抓住事物的主要矛盾和矛盾的主要方面就抓住了事物的本质。但是，事实上，由此所得到的只是与特殊性坚硬对立的抽象的普遍性，它是以牺牲事物的具体血肉（即多样性的统一）作为代价的。抓住主要矛盾和矛盾的主要方面是不是就可以认识事物的实质？这在自然科学中可以找到回答。有人曾举出下面的例证：半导体材料主要是锗或硅这两种元素。这两种元素可以说是半导体的主要矛盾和矛盾的主要方面，但是却不能形成所需要的半导体的导电性能，因为必须在这两种元素外掺进某些微量杂质，如锑、砷、铟等才可以使半导体的特性充分发挥出来。分析什么是主要矛盾和矛盾的主要方面固然是重要的，但是仅仅到此为止是不够的，还应当更进一步像列宁所说的要研究事物的各个方面以及其间的种种联系。只有对事物作出这样全面的考察才能认识事物的整体，而不致像知性的分析方法那样肢解了事物的具体内容，使之变成简单的概念，片面的规定，稀薄的抽象。

认为艺术作品一切都必须从主题出发这种来自知性的观点是对艺术的最大误解。艺术作品必须有一个占主导地位的情志，但是作者一旦使他的作品的任何部分，包括每一细节，都从主题出发，都必须作为点明主题思想的象征或符号，那么必然会引起尊重感情的读者应有的嫌恶，他将会指摘这种作品或者某些评论者按照这种理论对于一些优秀之作所作的牵强附会的分析。文艺作品固然要表现生活的本质，但是它是通过生活的现象形态去表现生活的本质的。因此，文艺作品不能以去粗取精为借口舍弃生活的现象形态。相反，它必须保持生活现象的一切属性，包括偶然性这一属性在内。甚至像黑格尔这样认为哲学的任务就在于扫除偶然性揭示必然性的理论家也说，偶然性在艺术作品中是必要的。过去，俄罗斯批评家谢维廖夫认为《死魂灵》中的一切细节都具有反射主题的重要意义。这种理论曾受到车尔尼雪夫斯基的正当讥评。他反驳说："乞乞科夫在到玛尼罗夫家去的路上，也许碰到的农民不是一个人，而是两个人或三个人；玛尼罗夫的村落，也许坐落在大路左边，不是右边；梭巴开维支所称呼的唯一正直的人，可能不是检察官，而是民事法庭庭长，或者省长，等等，《死魂灵》的艺术价值一点也不会因此而丧失，或者因此而沾光。"谢维廖夫把上述这些偶然性都认作是从主题思想中引申出来的，只能是这样，不能是那样。这正是知性不能掌握美的一个例证。

人物性格必须有一个主导的情志（如哈姆莱脱的复仇、夏洛克的贪吝等），但是这种主导的情志不能是唯一的、单线的，尽管它是人物的主要矛盾和矛盾的主要方面。例如《三国演义》中的曹操是以奸诈来满足权势欲作为主导的情志。但是这个人物所以写得很成功，正如高晓声同志所说的，全在于从多方面来展示他的性格的丰满性：曹操杀死吕伯奢全家是一面，官渡之战破袁绍从档案中找出一批手下官员通敌信件看也不看付之一炬又是一面；为报父仇攻下徐州杀人掘墓是一面，征张绣马踏青苗割发代首又是一面；一方面礼贤下士兼收并蓄，另一方面却容不下一个杨修；一方面煮酒论英雄表现得很聪明有眼力，另一方面又毫不察觉刘备种菜的韬晦之计；一方面在华容道对关羽说："将军别来无恙！"显出一副可怜相，另一方面当关羽被杀首级送至曹操，他笑曰："云长公别来无恙！"又显出一副刻薄相。最后，高晓声同志把以上这些写法总结成这样几句话："一个曹操有多副面孔，看来似乎矛盾，但联系着每一特定的场合，却又真实可信。这多副面孔构成曹操的性格，曹操就立体化了，活起来了。"这话说得多好。可是，遗憾的是有些文艺评论者只能按照黑格尔所指摘的法国十七世纪古典主义作家的知性原则去评长道短。他们和普希金相反，把莫里哀的悭吝人看得比莎士比亚的夏洛克更合乎艺术法则。普希金认为悭吝人只是悭吝人，而夏洛克的性格却是活生生的。夏洛克的主导情志固然也是吝啬，但同时他爱女儿，对作为犹太人所受到的歧视和侮辱满怀愤怒，因此他的性格是丰满的、复杂的。但是坚执知性原则的文艺评论家却颠倒看问题，恰恰把普希金所指出的缺点当做长处。

从多方面展开的人物性格的复杂性就在于：一方面他必须有一个主导的情志，成为支配或推动他行动起来的重要动力；另一方面他的性格又必须是多方面的，具有多样性统一的性质。一方面作为人物性格中的情志来说是普遍性的，否则就不能引起人们的共鸣；另一方面作为个体的人物性格来说，又必须具有和其他人所不同的独特个性。作家怎样通过一条微妙的线索使上述两个方面统一起来，这是艺术创造的真正困难所在。知性不能掌握美，就因为理智区别作用的特点恰好在于把多样性统一的具体内容拆散开来，作为孤立的东西加以分析，只知有分，不知有合，并且对矛盾的双方往往只突出其中一个方面，无视另一个方面，而不懂得辩证法的对立统一。

须知，普遍性不能外在于个别性，倘使外在于个别性变成教诲之类的抽象普遍性，就必定会分裂上述的统一，使人物成为听命抽象概念的傀儡，而这正是知性的分析方法给艺术带来的危害。

一九八二年六月二十日

(《文学沉思录》上海文艺出版社 1983 年 5 月)①

---

① 亦见《清园论学集》，上海古籍出版社 1994 年 12 月与《王元化集》卷六，湖北教育出版社 2007 年。

黑格尔哲学批判

黑格尔在《小逻辑》第三版序言中对他的批评家说过这样的话：

> 对于一个经过多年的透彻思想，而且以郑重认真的态度、以严谨的科学方法加以透彻加工的著作，予以这样轻心的讨论，是不会给人以任何愉快的印象的。

这并不是一个哲学家的自负和高傲。今天谁还知道那些黑格尔哲学批评家的名字呢？不过，除了这些浅薄空疏的批评家外，毕竟还是有人认真地研究并批判了黑格尔的哲学。头一次击中了黑格尔哲学要害的是费尔巴哈。费尔巴哈在一八三九年出版的《黑格尔哲学批判》中指出：

> 黑格尔哲学被规定和宣布为"绝对的哲学"，虽然并不是这位大师本人作出了这样的规定，而是他的门徒们，至少是他的正统门徒们贯彻始终地契合着老师的学说作出了这样的规定。但是黑格尔哲学，不管它的内容性质如何，都只能是一种一定的、特殊的、存在于经验中的哲学。……认为哲学在一个哲学家身上得到绝对的实现，正如认为"类"在一个个体中得到绝对的实现一样，这乃是一件绝对的奇迹，乃是现实界一切规律和原则的勉强取消……因此也就别无他望，只有等待世界的真

正终结。但是，如果今后历史仍像以前一样继续前进，事实上上帝化身的理论也就被历史本身所驳倒了。

费尔巴哈批判黑格尔哲学体系中的绝对主义，在黑格尔《美学》中也是同样存在的。后来，车尔尼雪夫斯基在批判黑格尔美学时，主要就是根据这一点而加以发挥的。费尔巴哈打烂了黑格尔哲学体系，就把黑格尔哲学当做无用的东西抛在一边。但是"像黑格尔哲学这样对民族精神发展起过巨大影响的伟大作品，是决不能靠简单地置之不理的办法把它收拾的"。

一九七六年

（《王元化集》卷六，湖北教育出版社 2007 年 10 月）

卢梭公意说与黑格尔三范畴论

卢梭的公意是我们十分熟悉的。我们都能够明白，公意是被宣布为更充分更全面地代表全体社会成员的根本利益与要求的。它被解释作比每个社会成员本身更准确无误地体现了他们应有却并未认识到的权利，公意需要化身，需要权威，需要造就出一个在政治道德上完满无缺的奇里斯玛式的人物。不幸的事实是，这种比人民更懂得人民自己需求的公意，只是一个假象，一场虚幻。其实质只不过是悍然剥夺了个体性与特殊性的抽象普遍性。以公意这一堂皇名义出现的国家机器，可以肆意扩大自己的职权范围，对每个社会成员进行无孔不入的干预。一旦泯灭了个体性，抽象了有血有肉的社会，每个社会成员就得为它付出自己的全部自由作为代价。民间社会没有了独立的空间，一切生命活力也就被窒息了。只有在国家干预有所限制的条件下，方能容纳各种需求，使多元性、自发性，独立性的公民意志得以沟通，达成真正的契约关系。这样才可以使原先淹没于抽象普遍性之中的个体性与特殊性，取得真实意义上的存在。

黑格尔幻想有一种不同于抽象普遍性的具体普遍性，可以将个体性与特殊性统摄并涵盖自身之内。但这种具体普遍性只存在于黑格尔的逻辑中。不承认独立存在于普遍性之外的个体性与特殊性，实际上也就是用普遍性去消融个体性与特殊性。不管把这个普遍性叫做抽象的，还是具体的，情况并不会有什么两样。黑格尔的同一哲学，使他非常方便地作出上述逻辑推理，得出消融在普遍性中的个体性和特殊性，竟能保持其自身的独立价值。过去我曾十分迷恋黑氏关于普遍性、特殊性、个体性三范畴的哲学，认为这是他的辩证法所创造的一大奇迹。现在应该从这种逻辑迷雾中清醒过来了。

一九九二年①

(《读黑格尔》，新星出版社 2006 年 11 月)

---

① （原注）摘自一九九二年撰《与友人论公意书》。

张奚若谈卢梭

我在涉及"五四"的文章中,还提到"五四"所倡导的德先生仅停留在口号上,而缺乏认真的探讨。那时介绍的民主学说多半源于卢梭的著作,可是我们对卢梭的思想至今还很少有深入的研究。几年前学术界开始讨论了卢梭的公意说,我在一封致友人书中也谈到这个问题。最近我读到清华大学出版社印行的《张奚若文集》,其中有几篇文章都涉及了卢梭。第一篇《卢梭与人权》是作者于一九三〇年在政治学会所作的演讲稿。第二篇是长达八万字的论文,自一九三一年至一九三二年连续刊载于《武汉大学社会科学季刊》上面,题目是《法国人权宣言的来源问题》。这两篇文章都谈到了卢梭的《社会契约论》。最近《书屋》发表了智效民《漫话张奚若》一文,对张作了简要的介绍。文中风趣地提到张奚若和徐志摩的交往,说"一个是略带土气而又硬得出奇的北方老陕,一个是刚柔兼备却又风流倜傥的江南才子"。作者引用了徐对张的评语,说张是个"硬人",无论说话还是写文章,都是直挺挺的。这一描述确实惟妙惟肖。读张的著作的确像读法律条文一样,给人一种直挺挺硬邦邦的感觉。例如上面提到的那篇八万字的论文,如果没有一点耐心是读不下去的。这篇文章大量引用了《社会契约论》的原文,而且还不附汉译。这样做可能是为了力求准确,但却苦了不懂法语的读者。我只好麻烦友人李棣华教授,请他将文中所引卢梭原话按字逐句翻译给我听。张的行文如老吏断狱，反复推敲，不放过一字一义。任何拐弯抹角的地方，他都搜寻过，探索过。每论证一事必附有充分论据，把任何一个可以供人反驳的空隙都堵住了。这样得出的结论可谓泰山不移，令人不得不服。他认为法国的《人权宣言》不可能来自《社会契约论》，理由如下：

一、卢梭认为个人在建设国家时不得保留任何权利，而应把自己的权利毫无保留地全部转给集体。只有这样才能建成尽可能完美的联合体。这种主张和用《人权宣言》的方法去限制国家的精神与办法，相去殆不可以道理计。

二、卢梭毫不含糊地认为，用上述办法造就的国家是不受任何一种根本大法（纵使是社会契约的本身）所制约的。因为那便违反了共同体的本性。

三、既然个人不能保留权利和国家不受限制，那么这种不受限制的国家岂不容易流于专制，妨碍人民的安宁和幸福？卢梭的回答是当然不会。因为卢梭的国家是人民的国家，人民自己就是主权者，就是国家。国家不能伤害人民，就如同人民不能伤害自己一样。

四、卢梭的主权者，自定义言之，不能作非，所以用不着限制，所以无需对人民提供任何保证，所以主权者由于他是主权者，便永远都是他所当然的那样。①

五、《社会契约论》除开头谈奴隶社会等，承《人类不平等论》及《教育篇》中个人主义余绪外，自第一卷第六章起涉及由人民建成的国家之后，卢梭就站到集体主义者（collectiviste），或国家主

---

① （原注）这是卢梭国家学说的重要内容，请参看《社会契约论》第二卷第七章："主权者既然只能由组成主权者的各个人所组成，所以主权者就没有、而且也不能有与他们的理由相反的任何利益；因此，主权权力就无需对于臣民提供任何保证，因为共同体不可能想要损害它的全体成员；而且我们以后还可以看到，共同体也不可能损害任何个别的人。主权者正因为他是主权者，便永远都是他所当然的那样。"张奚若称这段话是《社会契约论》的"根本注脚"。

者（ètatiste），甚至，照有些人的意见，也可以说是专制主义者（absolutiste）的立场上了。

上述只是张的意见的大概轮廓，读者要想知道他的论证内容和论证方法，最好去读他本人的著作。这里我只想再谈谈张是怎样评价卢梭思想的。他是一个严谨的学者，他的治学方法只是对具体问题经过充分论证以后才作出个案的判断。而他的判断也仅限于个案范围之内，而决不扩大到它的界限之外。他不像现在一些论者喜欢海阔天空，匆匆忙忙作出结论。我很想从这篇长达八万字的论文中找到他对卢梭的国家的看法，但除了对一些具体问题所作的个案判断外，不能找到什么答案。相传他的弟子曾说他上课时对卢梭讲过一些热情洋溢的话。这使我不禁有些惶惑，难道像他这样一位经过冷静剖析完全掌握了《社会契约论》实质的学者，对卢梭的国家理论所带来的后果竟然会毫无反应么？我没有接触过奚若先生，对他的学说也没有深入研究，不敢妄议。幸好清华大学出版社为他编辑的文集中尚有线索可寻。一九三五年发表在《独立评论》上的两篇讨论国民人格的文章，可以作为他批评卢梭的国家学说的佐证。卢梭认为人民建立的国家其性质规定了它是不会作非的。张奚若针对这种观点说："假使国家真是不能作非，政府是的确万能，那么，绝对地服从，无条件的拥护，至少还有实际的利益。不过，不幸经验告诉我们，世上没有这样的国家和政府。最简单的理由就是因为政府是由人组织的，不是由神组织的。政府中人与我们普通人一样，他们的理智也是半偏不全的，他们的经验也是有限的，他们的操守也是容易受诱惑的。以实际上如此平常如此不可靠的人而假之以理论上无所不包无所不能的权利，结果焉能不危险。"紧接在这段话下面，又谈到权力的腐蚀作用："权力对于运用它的人们有一种侵蚀的力量，有一种腐化的毒素。这种腐化侵蚀的象征，便是滥用权力。坏的统治者固然逃不掉此种侵蚀与腐化，就是再好的统治者，若不受限制，也很难抵抗滥用的引诱。某种限制权力的特殊方法，例如分权，不见得一定有效，但是权力应受限制的原则却是毫无问题的。经验告诉我们，接受批评容纳意见是有效方法中最重要的一种。"这些话是在六十多年前说的，但今天看来仍旧是十分深刻的。如果让一个持有这种意见的人，去赞扬卢梭的国家学说，我想那将是不可能的。

张奚若走过的道路和他的许多见解不一定都是正确的，但他是"五四"以来不受意图伦理拘囿的少数学者之一。在一九一九年那个轰轰烈烈热火朝天的时代，他就对"五四"作了冷静的思考。他在一封由海外寄给胡适的信中，批评当时的新思潮说："《新青年》《新潮》《每周评论》等今日同时收到，尚无暇细阅，略读数篇，觉其论调均差不多。读后感触是喜是悲，是赞成是反对，亦颇难言。盖自国中顽固不进步的一方想起来便觉可喜，便觉应该赞成，然转念想到真正建设的手续上，又觉这些一知半解不生不熟的议论，不但讨厌，简直危险。……"这种议论和当时那些重视立场，壁垒分明，党同伐异的态度是截然不同的。其实张奚若是最珍视"五四"传统的，这从他后来所写的许多纪念"五四"的文字可以清楚地看到。他的理性态度在那些受意图伦理支配的激进分子眼中，也许正是立场摇摆丧失原则的一种表现。直到今天这种看人论事的方式仍在流传不绝，想到这里不禁令人感到惆怅。

一九九七年岁末①

(《九十年代反思录》，上海古籍出版社2000年12月)②

---

① （原文附记）本篇摘自《〈清园近思录〉后记》。
② 亦见《王元化集》卷六，湖北教育出版社2007年10月。

与友人谈卢梭社约论书

你的信转来已经很久了,你读了我那篇《后记》并认真提出意见,我很感谢。我未能早日作复,因为收到来信没有几天就病倒了,前后拖了一个多月时间。你在信中建议再读读《社会契约论》,这意见很对。我找来八十年代初经原译者何兆武校订过的中译本。这个译本译得很认真,先后修订过两次,并将哈伯瓦斯(M.Halbwachs)、伏汉(C.E.Vaughan)、波拉翁(G.Beaulavon)等人的注释本的注释作为脚注收录书内(可惜未区分何人所注,下面引用时简称"注释本注"),以供参考。这次重读用去两个多月时间,还记了笔记。我越读就越觉得这是一本不容易读懂的著作。过去我只侧重卢梭的公意说,用它来和黑格尔总念论三范畴进行比较,这还好办。现在要回答你提出的那么多问题,就得对《社会契约论》(尤其是其中的国家学说)进行全面考察,这就不简单了。

这本书所谈的大多都是实质性的具体问题,似乎不应该是一本难读的著作。但在两个多月的研读过程中,我花费了不少力气,时常需要放下书去苦苦思索。卢梭的知识渊博,书中的政治学说正是我的弱项。从青年时期起,我和许多同代人一样,虽喜爱文史哲,却对政法经不感兴趣,很少问津这方面的书籍。但《社会契约论》恰恰属于后者,其中涉及的世界史我也毫无知识基础。书中不仅大量援引罗马的政治史,还时而涉及许多不复存在的古国,这些我全没有接触过,读来感到吃力当可想见。

人称卢梭是政治哲学家，他的确配得上这一称号。这本书是一本务实的著作，但是当我们读它的时候，如果不能从那些实质性的问题后面，去领悟作者赋予它们的思辨意义，那就可以说并没有真正理解它。这一点可以从下面一些事得到证明。作者曾在本书第二卷第十一章中提及有人曾称他的观点为"思辨虚构"；又在第三卷第十七章中为自己申辩说，他的一些说法并非"思辨玄虚"，这些虽属自我辩解，但他确实是从思辨的意义去阐明那些实质性的具体问题的。倘你翻翻拙作《与友人谈公意书》，你大概多少会有一些这种感受。这里再另举几个例子。比如他提出社会契约的缔约双方，乃是社会成员自己与自己缔约，因为他们具有两重身份（立法的主权者和守法的臣民。见《社会契约论》第一卷第七章《论主权者》："每个人在可以说是与自己缔约时，都被两重关系所制约着：即对于个人，他就是主权者的一个成员；而对于主权者，他就是国家的一个成员。"）①，这显然是十足的思辨说法。许多人不理解卢梭的思辨概念，以致生出种种误会。然而这却是卢梭《社会契约论》的关键所在。② 又如，第三卷第一

---

① （原注）本文中凡括弧中仿宋体字均为笔者自注。

② （原注）由于不理解本书的思辨性，对卢梭社约论的较多误解，是把缔约的一方作为社会成员，另一方作为政府。我在《与友人谈公意书》也有类似的错误（从总体上说那篇文章基本上仍是正确的）。按照卢梭的说法，每个社会成员都具有双重身份（即立法的主权者和守法的臣民），在社会契约中他们只是自己和自己缔约的，这种思辨把戏确实令人不易理解，即使懂得也难以接受。朱学勤书中曾引路易·阿尔图塞对卢梭契约论的批评。阿尔图塞从中发现了四大裂缝，并称卢梭"是靠语言游戏偷越过去的"。所谓"四大裂缝"是指：一、缔约的第二方不明确；二、主权交换同义反复；三、契约承受方不在场；四、公益私利混淆不分。（学勤以为上面第四条所论不当，但我认为倘从公意难以确定来看，此条亦不误。阿尔图塞不可能连卢梭再三强调应以公意克服私利的道理都不知道。）阿尔图塞的上述批评切中要害。但这一思辨概念却是卢梭社约论的根本所在，因为他认为人民和人民自己缔约，是自己服从自己，这才是自由的。倘人民中的一部分与另一部分（政府）缔约，则违反了公意的原则，让自己受人支配。所以他说："有很多人认为，创设政府的行为乃是人民与他们给自己所加上的首领之间的一项契约；由于这一契约，人们便规定了双方间的条件，即一方有发号施令的义务，而另一方有服从的义务。但我确信，人们将会承认这是一种奇怪的缔约的方式。"（见第三卷第十六章）据中译本注认为卢梭说"有人"系指霍布斯与洛克。我未遑查阅二人著作，倘果如中译本注所述，则应将主张专制的霍布斯与主张民主的洛克区别开来。洛克不像卢梭那样主张人民将权利全部转让，只主张转让出部分权利，而自己仍保持大部分权利，即我曾在拙文中说过的所谓小政府（权力是有限的）、大社会（民间社会仍有很大的空间）。

章《政府总论》谈到充当国家与主权者之间的联系,作为公共力量代理人的执政者,"对于公共人格所起的作用,很有点像是灵魂与肉体的结合对一个人所起的作用那样"。这里借用了笛卡儿在《灵魂感情论》的观念,倘不加以解释,也是很难理解的。他的意思是说,在社会共同体中,执政者、国君、君主作为国家与主权者之间的联系的中间体,应按照公意的指示活动。肉体倘无灵魂是不能活动的,它必须由灵魂指示去活动。执政者、国君、君主正如不能自己活动的肉体,而公意则是指示他活动的灵魂。原文写得那样隐晦,当你读它的时候,能够不感到吃力吗?卢梭就在这一章的开头,向读者作了这样的告诫:"我提请读者注意:本章必须仔细阅读,对于不能用心的人,我是无法讲清楚的。"卢梭为什么要有这样的声明?什么样的道理读者不用心作者就不能讲清楚?我以为就是思辨论述。书中那些思辨哲学不是仅仅凭借常识就可以理解,相反,常识在这里往往只会起着误导作用。就以上面举过的例子来说,照常识看来,缔结社会契约的双方,简单地说只能是两个人,而绝不会是具有双重性的一个人,由他自己与自己缔约。再如,公意与私意的区别是容易理解的,但是公意与众意有什么不同呢?这就很难使人明白了。这些不用心不仔细就读不懂的地方,不独作者特别叫人注意的《政府总论》这一章为然,在全书其他地方也都比比皆是,真使人感到触手皆荆棘。凡读至此等处,不得不使人煞费斟酌,有时甚至要一遍两遍反复思考,才读得下去。卢梭生前受到百科全书派伏尔泰、狄德罗等人的批评,但得到德国哲学家康德、黑格尔的称许。我想后者对他赞赏,恐怕也是由于思辨哲学的缘故吧。

卢梭写这本书还采取了一种特殊的写法。这里指的是他在讨论同一问题时,在不同场合往往将坐标移动,背景转换。就以来信所说卢梭以"召开人民会议作为监督政府"的办法这一问题为例,在不同篇章中就出现了自语相违的情况。比如第三卷第十二章《怎样维持主权权威》说:"主权者除了立法权力之外便没有任何别的力量

（因为卢梭反对主权者掌握或运用行政权力），所以只能依靠法律而行动；而法律又只不过是公意的正式表示，所以唯有当人民集合起来的时候，主权者才能行动。"卢梭针对人们怀疑是否可能经常召开这样的会议，作了这样的辩答："有人会说：把人民都集合在一起，这是多么妄想！在今天，这是一种妄想！但是在两千年以前，这却不是一种妄想。那么，难道是人性改变了吗！"这里说的是两千年以前的罗马。但是在同一卷第四章也是谈到罗马的人民会议时，卢梭却有相反的告白："我们不能想象人民无休止地开大会来讨论公共事务；并且我们也很容易看出，人民若是因此而建立起来各种机构，就不会不引起行政形式的改变。"这段话和第十二章那段话显然是大相径庭的。第十二章明明说罗马有"四百万人以上公民"（中译本注这数字不正确），他们"很少有一连几个星期不集会的，甚至还要集会许多次"。在《政府总论》前后两章里，竟有如此大的差异，正是由于坐标移动背景转换的缘故。书中类似的情况是很多的。同一题目或同一事件，有的篇章只作历史叙述，另一章却由描述式改为评价式了，更为特别的是在别一章中却又变成将历史叙述和自己的构想混杂在一起，而又不作明白的交代，这就使人徒增迷乱，弄不清哪些是历史，哪些是作者本人的设想。

  卢梭特别要读者注意的第三卷《政府总论》共有十八章。前八章重点在于论述政府形式建制，后十章重点在于论述维持主权权威。前者基本上以罗马的政府形式演变为据，对民主制—贵族制—国君制这三种前后相继的政府形式作扼要的考察。卢梭说人们常常为了什么是最好的政府形式而发生过不少争论，他认为在一定情况下，上述三种形式中每一种都可以是最好的，在另一种情况下又都可以是最坏的。他按照"行政官的人数应与公民的数目成反比例"这一原则，作了一般性的规定："民主政府就适宜于小国，贵族政府就适宜于中等国家，而君王政府则适宜于大国。"（见第三章）为什么民主制仅适宜于小国？他的理由是国家小、人数少才易于集会，并且每个公民才易于认识所有其他公民。(指便于互相了解有利于在一起讨论问题)。卢梭对罗马的民主制评价不高。他说："没有别的政府是像民主的政府或者说人民的政府那样地易于发生内战和内乱的了。"卢梭曾一再强调须将立法权与行政权严格区别开来，罗马的民主制恰恰是将两者并于一身。他说："以制定法律的人来执行法律（行使行政权力），并不是好事，而人民共同体把自己的注意力从普遍的观点（法律制订是针对社会全体成员，而不是为某个人，故是普遍的），转移到个别的对象上来（法律的执行是针对个别的人的，故是个别的行为），也不是好事。没有什么事是比私人利益对公共事物的影响更加危险的了（似指立法者倘又执法，则容易将个人私利介入立法中），政府滥用法律的为害之大远远比不上立法者的腐化（似指政府滥用行政权力其为害仅极个别的人，而立法者以个人私利去制定法律则为害将遍及全社会），而那正是个人观点之必不可免的后果。"

卢梭在第四章对罗马共和国的批评到了第十二章中全部消失了。这一章提到："罗马人民不仅行使主权（立法权）的权利，而且还行使一部分政府（行政权）的权利。他们处理某些事务，他们审判某些案件，而且全体罗马人民在公共场上往往同时既是行政官而又是公民。"这是以罗马为可行性榜样来阐明应该用人民集会去维持主权权威。这时卢梭对罗马的评价是："在我看来，罗马共和国是一个伟大的国家，罗马城是一个伟大的城市。"前后两章何以相差乃尔？

在这里我不想按照那些善于挑剔毛病的论者在辩论中去抉发别人的矛盾以逞己说。可是，卢梭对罗马民主制的态度究竟是怎样的呢？我以为他对罗马民主制主要是采取批评态度的，当以第四章为准，后面第十二章虽有一些称颂之词，却并不能算作是对罗马民主制的评估。所以我们用不着对他某些前后颇有出入的说法去刻意吹求。卢梭批评罗马的民主制，并不等于他否定所有的民主制，这是不言自明的。不过我们在第四章中还读到另一种对于民主制的一般性评述:"就民主制这个名词的严格意义而言,真正的民主制从来就不曾有过,而且永远也不会有。多数人统治而少数人被统治,那是违反自然的秩序的。"(自然秩序不是指"自然的自由",而是指"社会的自由",卢梭认为主权者自己立法自己服从,等于是自己服从自己,而不是受人统治,故而是自由的。)卢梭将他的这一观点在同一章结尾处再重申一遍:"如果有一种神明的人民,他们便可以用民主制来治理。但那样一种十全十美的政府是不适于人类的。"读了上面这些话我真不知道该如何评价卢梭对民主制的看法,他那具有空想性质的看法是十分庞杂的,它们之间的分歧有时是巨大的。我希望自己不要犯以偏概全的错误,而能够做到明其统系殚其底蕴。卢梭一方面如上面所引反对"多数人统治而少数人被统治",但另一方面又如你信中所说,他主张"不服从共同意志的人应当强迫他服从,也就是强迫他自由"。原文见第一卷第八章《论社会状态》:"任何人拒不服从公意,全体(主权者)就要强迫使他服从公意。这恰好就是说,人们要迫使他自由;(下略)"怎样强迫不服从公意的人去服从呢?卢梭的回答是:"投票的大多数是永远可以约束其他一切人的;这是契约本身的结果。"于是又退回到"多数人统治少数人"的道路上。卢梭还设想有人会提出这样的问题:"一个人怎么能够是自由的,而又被迫要遵守并不是属于他自己的那些意志呢?反对者怎么能够是自由的,而又要服从为他们所不曾同意的那些法律呢?"卢梭回答说:"这个问题提法是错误的。"那么如何才是正确的呢?解决的办法仍在公意。他认为:"在人民集会上讨论议案,不论赞成或反对都是从是否符合公意出发的,最后表决也是以票数来得出公意的宣告。如果与我相反的意见占了上风,那只是证明我错了——我所估计的公意的并不是公意。那么我就做了一件并非我原想要做的事,而在这时候我就是不自由的了。"(第四卷第三章)按照上述逻辑,来信所引"强迫他服从",就意味着使被强迫的人自由，因为只有公意才是自由的。① 本书中译本在上述原文后面，曾引注释本的注，以诠解卢梭的自由说。这段话是饶有兴味的。其文如下："在热内亚监狱大门上和船奴的锁链上，都可以看到 Libertas（自由）这个词。这样的办法真是又漂亮又恰当。事实上，唯有各国为非作歹的人才会妨碍公民得到自由。在一个把所有这样的人都送去做船奴的国家里，人们便会享有最完美的自由了。"卢梭在上面列举的情况，只是许多情况中的一种。出现这种情况是由于认识和估计的错误：我原以为我的意见符合全体利益，但表决结果证明我的意见是错了，而多数意见是对的。存在这种情况固然是事实，但除此之外还会有另一种情况，即多数并不总是正确的，有时真理会在少数人手中。卢梭甚至也考虑到人民有时像是"愚蠢而胆小的病人"（第二卷第八章）："常常是并不知道自己应该要些什么东西的盲目的群众，——因为什么东西对于自己好，他们知道得太少了，——又怎么能亲自来执行像立法体系这样一桩既重大而又困难的事业呢？"（第二卷第六章）。他也说过，民主制可能"蜕化为群氓制"（第三卷第十章）。应该说，卢梭的思想是复杂的。所可惜的是他虽然也对"多数人统治而少数人被统治"提出批评，但是他把公意说当做希腊人在戏剧中所用的"神机关"一样，所有的困难一碰上它，就全都化险为夷迎刃而解了。不过我们也不必去责备他没有提出在一定情况下必须容忍，并尊重意见不同的少数。② 因为他毕竟是十

---

① （原注）卢梭《山中书简》："自由不仅在于实现自己的意志，而尤其在于不屈服别人的意志，自由还在于不使别人的意志屈服我们的意志。"这段话似与此处意旨相悖离，其实两者并不矛盾。卢梭认为服从公意即自由，服从公意与服从某个人的意志是大不相同的。

② （原注）卢梭反对代议制与他认为公意不容代替和分割的主张有关。代议制每个政党执政时，都必须容许竞选中失败成为少数的反对派存在。这和卢梭的原则是相反的。卢梭所追求的是直接民主，但历史走错了房间，使他不知不觉步入了一个舆论一律的专制的王国。

八世纪的启蒙思想家,他也不能预料到将多数作为公意强迫别人服从的思想,在他身后所爆发的法国大革命中变成怎样一种残暴的力量,使多少无辜者包括一些同是启蒙思想家的百科全书派丧身在断头台上。"少数人总是有罪的!"成了当时实行屠杀的一条理由。一七九二年,巴黎市民因前线告急,害怕监狱在押嫌疑犯暴动,自发冲进各监狱杀死了一千多人。"少数人总是有罪的"就是由一位来自布列坦尼的议员在议会辩论时提出来的。下面他还补充了一句:"尽管从权利上说,他们(指被他称为少数的在押犯)有法律保护权。"① 写至此处,我不禁想,上面有关法国大革命的议论一定会使得你和一些老朋友难以接受。过去有许多看法和大家一致,但这些年我在反思中有了新的认识,我不愿向你们隐瞒自己的观点,但许多问题不是一时可以说得清的,我已向一位友人约定,找机会和几位朋友见面畅谈。我要和朋友们一起讨论的不仅是理论,还有一些写法国大革命的小说,特别是狄更斯的《双城记》、罗曼·罗兰的法国革命悲剧系列:《七月十四日》《丹东之死》《群狼》《爱与死的搏斗》等等。这些书我在青少年时就读过,但近来它们给予了我过去未曾领受的一些新的意蕴……

让我还是回到卢梭的《社会契约论》上来吧。我认为公意说是《社会契约论》全书的核心。我曾在《谈公意》一文中,将卢梭的公意、众意、私意和黑格尔的普遍、特殊、个体作了比较研究,现在再补充一点看法。卢梭在第三卷第二章《论各种不同政府形式的建制原则》中有一段话对这三个概念解释得非常清楚。他说:"在行政官个人的身上,我们可以区别三种本质上不同的意志:首先是个人固有的意志,它仅只倾向于个人的特殊利益(即私利);其次是全体行政官的共同意志,唯有它关系到君主的利益,我们可以称之为

---

① (原注)见马迪厄《法国革命史》、布罗姆《卢梭和道德共和国》、陈崇武《罗伯斯庇尔评传》。(以上转引自朱学勤《道德理想国的覆灭》)

团体的意志,这一团体的意志就其对政府的关系而言则是公共的,就其对国家——政府构成国家的一部分(国家指执政者和人民全体)——的关系而言则是个别的(即众意);第三是人民的意志或主权者的意志,这一意志无论对被看做是全体的国家而言,还是对被看做是全体的一部分的政府而言,都是公意。"这里所说的私意、众意、公意一目了然。卢梭说的公意永远应该是主导并且是一切其他意志的规范,也容易理解。困难的是如何来确认公意?这实在是一个非常棘手的问题。张奚若《社约论考》① 试图以算式来表明。他说:"公意是以公利公益为怀,乃人人同共之意。如甲之意=a+b+c,乙之意=a+d+e,丙之意=a+x+y。所以公意=a。而众意则是以私利私益为怀,为彼此不同之意。因此众意=a+b+c+d+e+x+y。所以公意是私意之差,而众意是私意之合。"张氏算式将公意表述为完全排除私意,仅以剩下的纯粹为公利公益的共同意志为内容,这是符合卢梭的原旨的。卢梭的公意正如黑格尔的总念的普遍性一样,这个普遍性将特殊性与个体性统摄于自身之内,从而消融了特殊性与个体性的存在,变成了纯粹抽象。② 这对我们来说是容易理解的,我们所熟悉的"一大、二公、三纯",与卢梭的公意说、黑格尔的总念

---

① (原注) 张奚若《社约论考》一九二六年由商务印书馆出版。

② (原注) 曹意强《"包罗万象史"和西方艺术史的兴起》一文引用了十九世纪德国哲学家德罗伊申(Droysen)的一段话。我不知道德罗伊申说他所尊敬的思想家是谁,但用来作为对黑格尔的总念普遍性的批评,确是颇为合适的。曹文说:"德罗伊申告诉我们,有一位令他尊敬的思想家扬言,如果我把个人所具备的一切和所懂的一切称为A,那么这个A产生于a+x,其中小a包括这个人所受到的外界影响,即国家、人民和时代对他的影响,小x则代表他自己的特征,他的自由意志的产物。在a的影响下,小x消失了。这样,个人不过是国家和时代精神中一个微不足道的零件而已。他不具备个性,但能反映这种集体精神。"德罗伊申强烈反对这种说法,坚持认为"不论消失的x多么微小,它具有无限的价值,从道德和人性上考虑,它本身就是价值"。

普遍性说是如此相似,几乎使人怀疑是一条藤上结的瓜。① 它也要求做到排除所有私意的大公境界,所谓"斗私批修""狠斗私字一闪念"等等,都是为了达到同一目的。至于张氏算式所表述的众意,则是不妥切的。倘将卢梭的意思用更明白的话来说,那么众意指的就是团体的意志。它与属于个人的私意不尽相同,私意是谋个人私利,而团体意志则是指去谋团体的私益。两者对公意来说虽都是私意,但毕竟有所不同。卢梭认为公意不容分割。他是一个彻头彻尾的集体主义者,因此反对在大集体中再分派系。他说:"当形成了派别的时候,形成了以牺牲大集体为代价的小集团的时候,每一个这种集团的意志对它的成员来说就成为公意,而对国家来说则成为个别意志;这时候我们可以说,投票者的数目已经不再与人数相等,而只与集团的数目相等了。分歧在数量上是减少了,而所得的结果却更缺乏公意。"(第二卷第四章)因此,卢梭认为"为了表达公意最重要的是国家之内不能有派系"。② (注释本在这段话下面作注,引马基雅弗里在《佛罗伦斯史》中提出"激进宗派与党争是有害

---

① (原注)公意的概念使人很容易想到我们所说的"人民"。人民这一概念正如公意的概念一样,也是排除了特殊性与个体性的。我们的人民国家的建制来源于一九四八年九月八日中共中央在西柏坡村召开的九月会议。会上,毛泽东对建立人民民主专政政权作了这样的规定:"政权制度采用民主集中制即人民代表会议制,而不采用资产阶级的议会制。各级人民政府都要加上'人民'二字。如法院叫人民法院,解放军叫人民解放军"等等(见《首都中国:迁都与中国历史大动脉的流向》)。一九五八年毛进一步准备将国家体制改为人民公社,是受到与卢梭理论有密切关联的法国大革命的影响。据《豫南党史资料》记载,该年十一月十三日,毛接见遂平县和碴蚜山卫星公社的领导时说:"从一八七一年到一九五八年共八十七年,巴黎公社是世界上无产阶级第一个公社,遂平卫星人民公社是第二个公社。"

② (原注)法国大革命雅各宾专政时期,就是按照卢梭的理论取缔小集团的。在我国,一九五五年"肃反"时也专门下过指示整肃小集团。当时"胡风反革命集团"最早即称"胡风小集团","反右"期间也有过"丁陈小集团"等等之称。卢梭书中对为什么要反对小集团,有详细说明,可参阅。

的"一段话与此互为印证)。从卢梭对小集团的强烈反对,我们可以知道为什么他要把众意和公意严格区别开来的原因。

不过问题的关键还在于如何来分辨什么是公意,什么不是公意?卢梭在第二卷第三章《公意是否可能错误》中一开头就说:"公意永远是公正的,而且永远以公共利益为依归;但是并不能由此推论说,人民的考虑也永远有着同样的正确性。人总是愿意自己幸福,但人们并不总是能看清楚幸福。人民是决不会被腐蚀的,但人民往往会受欺骗,而且唯有在这时候,人民才好像会愿意要不好的东西。"既然人民希望幸福又并不总是能够看清幸福,既然人民会受欺骗因而会愿意要不好的东西,或者如他在第二卷第八章《论人民》中说的:"人民甚至不能容忍别人为了要消灭缺点而碰一碰自己的缺点,正像是愚蠢而胆小的病人一见到医生就要发抖一样";那么,接下来的问题,"这些人该怎样来规定社会条件呢?是由于突然灵机一动而达成共同一致的吗?政治体具备一个可以表达自己意志的机构吗?谁给政治体以必要的预见力来事先想出这些行为加以公布呢?或者,在必要时又是怎样来宣告这些行为的呢?(主权者)常常是并不知道自己应该要些什么东西的盲目的群众,——因为什么东西对自己好,他们知道得太少了——又怎么能亲自来执行像立法体系这样一桩既重大而又困难的事业呢?人民永远是愿望自己幸福的,但是人民自己却并不能永远都看得出什么是幸福。公意永远是正确的,但是那指导着公意的判断却并不永远都是明智的"。下面卢梭就提出如何去辨认什么是公意,什么不是公意的办法了。他继续说:"所以就必须使它(即指导公意的判断)能看到对象的真相,有时还得看到对象所应该呈现的假象;必须为它指出一条它所寻求的美好道路,保障它不受到个别意志的诱惑,使它能看清时间与地点,并能以遥远的隐患来平衡当前切身利益的诱惑。个人看得见幸福却又不要它;公众在愿望着幸福却又看不见它。两者都同等地需要指导。所以就必须使前者能以自己的理智顺从理性;又必须使后者学会认识自己所愿望的事物。这时，公共智慧的结果便形成理智与意志在社会体中的结合，由此才有各个部分的密切合作，以及最后才有全体的最大力量。正是因此，才必须要有一个立法者。"（第二卷第六章）恕我引了大量原文，我这样做是怕复述失真，也怕引起你怀疑复述时是否有强古人从己意之处。你由此可以看到，卢梭的社会契约最初是人民将自己的全部权利转让给集体，以公意作为最高的指导，这公意是完全排除个人的或特殊的成分的。缔约的人民被称为主权者，他们一方面可以在人民集会中享受立法权，其中包括投票权、发言权、提议权、讨论权等。另一方面他们又以缔约者的另一重身份，作为守法的臣民。前者是他们的权利，后者是他们的义务。张奚若在《社约论考》中，拿主权者的权利和义务算了一笔账。他说："譬如一国中有一万人，主权者之于个人，犹万之于一。个人之于主权者，犹一之于万。个人之为服从于法律的人民，为完全绝对的，而其为主权者，则仅为万分之一。"（如果一国有一亿人，则为一亿分之一。主权者随着人口之增加，其权利则更形缩小，而其作为有守法义务的臣民则始终是不变的一，这样其比率也就以一对一亿了。）张氏作了这样的结语："个人仅为主权者的一微小部分，又须完全服从主权者所造之法律，其结果岂非个人仅有主权者之名，而无主权者之实，受多数压制而为不自由之甚乎？"这确实是个值得思考的问题。

不过，有主权者之名而无主权者之实的问题还不仅止于此，更关键的问题发生在公意上。如果是主权者行使权利的先决条件，那么，根据上述卢梭最后所提出的"必须有一个立法者"那些话来看，这权利就岌岌可危了。因为在各种意见中。什么是公意，什么不是公意，主权者往往是不明白的，只有立法者才能辨认清楚。立法者的伟大恰恰就在这里。请看卢梭对立法者的颂赞："为了发现能适合于各个民族的最好的社会规则，就需要有一种能够洞察人类的全部感情而又不受任何感情所支配的最高的智慧；它与我们人性没有任何关系,但又能认识人性的深处;它自身的幸福虽与我们无关,然而它又很愿意关怀我们的幸福;[此句它指最高的智慧,以代立法者。立法者往往不是本国人,而是由别的国家请来的,卢梭本人就曾经作过这样的立法者,一七六四年卢梭应布达富柯(Buttafuocu)之邀为科西嘉制宪,次年撰成《科西嘉制宪拟议》]最后,在时势的推移里,它照顾到长远的光荣,能够在这个世纪里工作,而在下世纪里享受。要为人类制定法律,简直需要神明。"(第二卷第七章)卢梭在《日内瓦手稿》中还把立法者比作"一个牧人对他的羊群具有优越性那样"。说到这里,主权者的权利到底还有多少大概可以清楚了。最初订约时,卢梭还说,缔约的集体中每个成员所享有的权利是平等的,谁也不比谁多,谁也不比谁少。你把你的全部个人权利转让出去后,所收回来的也是和大家一样,因为集体中每个成员也都把他们的个人权利全部转让,再收回各自的一份,和你完全一样,所以也是平等的,因此,集体中每个人都一样地享受同等的立法权。这应该是十分公平合理的。卢梭和倾向专制的思想家格劳修斯、霍布斯主张把权利转让给某个人是完全不同的。但是有一点必须注意到,主权者所享受的全部权利即立法权是和公意连在一起的,而这个公意又是难以辨清和确认的。应该承认,卢梭认为人民往往容易受到欺骗,不知道什么才是幸福,这也都是正确的,我在这个问题上甚至还可以做点补充。不仅个人或小团体常常陷于私利私意,就是大家众心一致认为应该去做的事,有时也可能有错误。(例如我曾经举出过的小亚细亚一带居民为扩大耕地面积而砍伐森林,由于耕地面积扩大,当时居民普遍得到了利益,可是后来却造成一片沙漠,使人们遭到巨大损失。)因为他们为了眼前的利益而不能预见未来的灾难。卢梭考虑到这些问题是应该的,但是他把确认什么是公意、什么不是公意的能力赋予一个立法者,说他像一个牧羊人对他的羊群那样具有优越性,把他视若神明,这却是一种危险的理论。我不认为也不相信卢梭说这些话是为了鼓吹个人崇拜和个人迷信。他只是用浪漫语言，对那些具有最高智慧，却又超脱物外的异邦立法人，情不自禁地发出赞美罢了。可是他那立法者可以像神明一样掌握公意的理论，只要略加改动，把异邦人变成集体中的领袖，那么它的后果将是难以想象的。他身后的历史证明上述恐惧并非是杞忧。我还认为后来果然出现的那些野心勃勃以牧人自命的领袖，他们的倒行逆施也都不一定是出于为恶的目的，也许他们因为被权力冲昏了头脑，自以为掌握了人类命运，所以才悍然不顾地干出了令千万人战栗的蠢事。

卢梭在第二卷第七章《论立法者》中又说："敢于为一国人民创制的人，——可以这样说——必须自己觉得有把握能够改变人性，能够把每个自身都是一个完整而孤立的整体的个人转化为一个更大的整体的一部分，这个个人就以一定的方式从整体里获得自己的生命与存在；能够改变人的素质，使之得到加强；能够以作为全体一部分的有道德的生命来代替我们人人得之于自然界的生理上的独立的生命。总之，必须抽掉人类本身固有的力量，才能赋予他们以他们本身之外的、而且非靠别人帮助便无法运用的力量。这些天然的力量消灭得越多，则所获得的力量也就越大、越持久，制度也就越巩固、越完美。从而每个公民若不靠其余所有的人，就会等于无物，就会一事无成；如果整体所获得的力量等于或者优于全体个人的天然的总和，那么我们就可以说，立法已经达到了它可能达到的最高的完美程度了。"① 这里援引的一大段话，主要是说立法者负有改造

---

① （原注）法国大革命雅各宾专政时期，推行教育改革，罗伯斯庇尔提出"创造一种全新的人"，即来自卢梭的改造人性，佩蒂埃向国民公会提出的教改方案中有如下内容："所有的孩子都必须从父亲身边领走，交由国家教育；教育免费；男孩从五岁到十五岁，女孩从五岁到十二岁，穿同样的衣服，受同样的教育；饮食菜谱有严格规定，禁绝酒和肉类；他们必须割掉与家庭的联系，形成新的人种……"（见饶勒斯《法国革命社会史》）我们在"大跃进"时期，曾有过人民公社的计划，准备废除家庭，实行儿童公有制，只是未能实现罢了。想到柬埔寨红色高棉的社会改造，我不知道波尔布特是否在法国受到这种改造理论的影响。倘有人对此有研究能谈谈这方面情况，那就最好了。

人性的任务。所谓改造人性也就是将自然的人造成为社会的人，自然的人是个别的生存，社会的人则是集体的生存。有些人以为卢梭主张回到自然，这是误解。回到自然就不必谈什么社会契约了。缔订社会契约就是要使自然的人变成社会的人，过集体主义的生活，因此必须要有一个大转化大改变，也就是先要从他们身上抽掉所有那些固有的东西，再赋予他们原来所没有而在集体生活中必不可少的新成分。这就是人性的改造。我们对于这种在卢梭时代还仅仅是设想的改造是懂得的。这种人性改造简直是一项巨大的系统工程，它就由卢梭所谓"敢于为一国人民进行创制""在一切方面都是国家中的一个非凡人物"的立法者来承担，而接受这种人性改造的自然仍是称作主权者的人民。卢梭虽然把改造人性作为他的国家学说的一项重要的内容，但究竟怎样进行，他没有提出任何具体方案，只好让我们在这理论的历史实践中去追寻它的踪迹并评估它的价值吧。不过，这已不是这封信所要做的和所能做的，因为它已经写得太长了。关于《社会契约论》的读后感（主要谈国家学说部分，因为来信认为说得不全面），我也只能说这些了。

　　对于来信所提出的几个问题，我应该做一简要的回答。一、你说张奚若认为《人权宣言》不可能来自《社会契约论》，"这论断未必恰当"。你的意思说《人权宣言》是受到了卢梭的影响。这里我要说明，造成你这种印象的，责任在我。因为张氏那篇长文的下半部，就是在于指出《人权宣言》所受当时思想家的影响。在另一篇《卢梭与人权》中，张氏还据《人权宣言》每一章开列出主要是受到哪一家的影响，其中有洛克、孟德斯鸠，也有卢梭，而卢梭所占比重最大。《后记》中未提及，主要是说来源问题。张氏把来源和影响加以区别，在其文中立论甚明，论述亦多。由于篇幅所限，我未援引，因为我认为他的文集出版不久，容易看到。至于你认为张氏的论断不妥，我以为他是依据《人权宣言》立论的，我在《后记》中特地把他的引文作为附注，就是为了表明张氏是根据论据作出论断的，而不是逞臆乱说或作无根游谈。你对此未作分析，所以我也不知你认为他的论断有哪些不妥，望指明，以后还可谈。二、信中将卢梭与马基雅维里对举，认为一个是民主主义者，一个是专制主义。对此我无研究，不敢妄议。但据《社会契约论》来看，其中援引最多的就是马基雅维里（特别是他著的《李维论》），其中可互相参证处颇多，注释者且多次指出两者可以互训。其次是孟德斯鸠，其中有首肯者，亦有批评者。最少的是洛克，仅两处，都是批评的。值得注意的是卢梭在书中（第三卷第六章）提出的对马基雅维里的一种看法，是和我们流行的说法大相径庭的："马基雅维里自称是给国王讲课，其实他是给人民讲大课。马基雅维里的《君王论》（即《霸术》）乃是共和党人的教科书。"在这段原文下有注，注文说："马基雅维里是个正直的人，也是个善良的公民；但由于依附美第奇家庭（曾掌佛罗伦斯政权），所以不得不在举国压迫之下把自己对自由的热爱伪装起来。他选择那样一位可咒诅的主人公（指以诡诈著称的恺撒·波尔嘉）这件事本身，就充分显示了他的秘密意图；而他的《君王论》一书中的准则与他的《李维论》和《佛罗伦斯史》两书相矛盾，也说明了这位深刻的政论家的读者们至今都是一些浅薄的或腐化的人。罗马宫廷曾严厉禁止他这本书。我很相信这一点，因为这本书描写得最明晰的正是罗马的宫廷。"这条注不知出于何人手笔，是注释本三家中的一家，还是作者自注？不详，待考。果如所说，那真使人感到莫大悲哀。昔刘彦和称："将相以位隆特达，文士以职卑多消，此江河所以腾涌，涓流所以寸折也。"三、信中虽未谈到，但我还是要说一说。我对卢梭的《社会契约论》有所批评，并不等于我对他全盘否定。这书中也有不少真知灼见的地方，这里不一一赘举。这绝不是敷衍话，将来我也准备把它写出来。① 如果没

---

① （原注）这里且以书中仅仅附带提及的一些问题为例，如关于国家的消亡，关于缺乏连贯性给政府工作带来的危害，关于公民精神素质与国家体制的关系，关于税收政策，对于彼得大帝进行改革的评估等等，都十分深刻，至今仍可借鉴。再如关于地理环境、气候对一个民族的文化的影响，也颇具创见。我甚至推测，这一观点可能对十九世纪历史文化派（泰纳、勃兰兑斯等）产生过某种影响。

有这些思想的闪光,他还成什么如你所说的"杰出的启蒙思想家"呢?这些年我在反思中,特别对过去所信仰、所崇奉、所迷恋的某些人物、某些思想观点,作了再认识、再评价。我这样做也是有原因的,也在文章中作过说明。但有些自称是朋友的人,不去看,也不分析我的意见是对是错,只凭臆测,说什么受了八十年代末外面刮进的某股风的影响;更有甚者,另一位则投以冷嘲,讥讽地说"这是一百八十度的大转变","从'启蒙'到'国学'"等等,飞短流长,企图挑起风波,以掩盖真相。似乎要启蒙就不能去研究传统文化,一研究就陷入了泥沼,而反思"五四"就是开倒车,就是背弃启蒙精神,就是向封建投降。真是罪莫大焉。我生平被诬蔑、被毁谤,被加以恶谥,可谓多矣。但是我还是我,泼来的污秽并不能改变我的一丝一毫。你和其他老朋友对我近来的反思,似乎也不大理解,但你们是以诚恳的态度来和我商讨。我觉得这才是解决分歧推动理论前进的正确途径。老实说,如果你不来信讨论,我是不会花那么大力气再去啃《社会契约论》这块硬砖头,去写我不熟悉不敢去碰的有关国家学说的文章。为写这封信,我特地离开上海,到杭州找到一个清静地方。我要感谢中国作协和杭州的"创作之家",给我提供了可以不受干扰闭起门来潜心思考和写作的地方。这里靠近灵隐寺,坐落在一片绿色茶树园中,是一所白墙黑瓦、造型有点古色古香的小楼房。我的窗口面对云雾缭绕的北高峰。夜间万籁俱寂,间有几声犬吠,但更多的是从附近池塘边传来的阵阵蛙声。每天清晨,天未大亮,我就起身到近处树林中去散步。松树丛随着微风散发出清香的新鲜空气,沁入肺腑,令人心旷神怡。我一边散步,一边听着林中啾啾的鸟叫声,慢慢走回住所,提起笔来写这封信。一天一天就这样过去了。现在这封信可以结束了,我大大舒了一口气。

一九九八年五月三十一日于杭州

附：

吴江来信

元化同志：

遵嘱拜读了发表于二月七日《文汇读书周报》的《〈清园近思录〉后记》。恭喜你到了老年还不断有新的集子问世。你大概让我留意《后记》中关于张奚若先生评卢梭国家学说的部分吧？果如是，我也就遵命谈谈我的一点浅见，但我未查阅张原文，只根据你的引文和结论谈看法。看来你对张奚若对卢梭国家学说的评论是肯定的，我则认为还可以查阅一下《社会契约论》全文。

卢梭是十八世纪法国启蒙运动的杰出代表人物。十五、十六世纪以后，欧洲的近代民族国家开始形成，国家关系复杂，启蒙思想家也多关注国家问题（国家问题在西方提出很早），国家的各种弊端也日益暴露出来，于是有各种国家学说出焉。例如，十六世纪意大利尚处于四分五裂状态，成为当时欧洲各中央集权强国的角逐场所。意大利有一位叫尼科洛·马基雅维里的政治思想家，他于一五三二年发表《霸术》一书，主张意大利建立有无限权力的专制君主政体，把这看做是消除国家分裂的唯一手段。他主张一个新国王不能逃避残酷的名声，用杀一儆百的手段来镇压骚乱者，到头来还是比较仁慈的。他的《霸术》一书我们可看做是"洋法家"理论。但是卢梭在国家问题上总的说来是一个民主主义者，而非专制主义者，他的理想国家是实现人民的完全平等和自由，而政府是受人民监督的，也是受限制的。张奚若认为法国的《人权宣言》不可能来自《社会契约论》（恰当地说应是：不可能受《社会契约论》的影响），这种论断未必恰当，原因在于他对卢梭的国家学说理解得并不全面（像《后记》中引用的张举出的那四条理由）。

据我从有关介绍卢梭思想的书籍中找到的（也是仓促进行的，因此也只能供参考），卢梭认为每个人都是主权者，这个主权包括人生来就有的自由和平等。但卢梭同时认为人们由于在自然状态下生活遇到障碍，因而需要用契约将每个成员组织起来，即组织成为国家，每个成员把自己的主权（权利）交给国家，构成共同意志。国家主要官员由普选产生。卢梭的理想是每个人为了社会利益，都放弃自己的主权，每个人服从共同意志也就是服从自己。"人生来就是自由的，可是却处处都在桎梏中。""不服从共同意志的人应当强迫他服从，也就是强迫他自由。"这成了当时革命思潮的响亮的口号。卢梭根据自由行为是由自由意志和行为力量两种原因促成的原理：引申出国家必须把立法、行政两种权力分开的学说。卢梭反对行政权执行者的神圣不可侵犯性。为了防止行政权以自己私人的意志僭窃人民的意志，他提出必须由人民经常监督它。为此，他认为必须定期召开人民会议，讨论下列两个议案：一、人民是否愿意保存现有的统治形式？二、人民是否愿意把行政权保留在当时行使它的人们的手里？在卢梭眼中，人民就用这样的方法来保障自己选举任命和撤换行政首长的权利。

上述只是卢梭国家学说的概要。法国的《人权宣言》（一七八九年八月拟就草案）是否来源于卢梭的《社会契约论》，可以讨论，但恐怕不能说与卢梭的思想毫无关系。影响总会有一点的。（张奚若的《卢梭与人权》我未见，这样说或有武断之嫌吧？）这里倒要附带说一件事，一七八九年法国大革命时，美国有一位进步政治家、民主主义者托马斯·潘恩，挺身出来捍卫法国革命，一七九一年写了《论人权》一书，论证人生来是平等的，都有平等的自然权利，自然权利就是具有生存权的人的权利。但他却遭到当时美国政府的反对和迫害，被迫出走法国，到法国后被选为国民会议议员。一八〇二年他返回美国。但他的人权、民主观却一直遭到美国统治者和种植场主的猛烈攻击。这是美国人权史上不可磨灭的一页，不知当今美国的"人权卫士们"尚能记忆否？

这是闲话。你早几天特地打电话告诉我说你将在《文汇读书周报》上发表《〈清园近思录〉后记》一文，这是否因为留意到我最近几次在不同场合提到马克思主义的国家学说，而马克思是深受卢梭影响的。在国家问题上，卢梭是普选主义者和集权主义者，马克思也是。至于他们都主张自由和平等，那更不用说了。但马克思的国家学说更受到后来法国空想社会主义者（特别是圣西门）的影响，和卢梭已拉开了不小距离。当马克思谈论无产阶级革命任务时，已视国家为一种"祸害"，认为无产阶级当政初期，不得已而用之，但须经彻底改造使之成为无产阶级专政的工具（马克思在这里曾说了一句"要把旧国家的合理职能继承下来"）。但生产资料社会所有制完成之日，就是国家终结之时。卢梭提出"人民国家"的口号，马恩和列宁则不承认有所谓"自由的人民国家"一说，说人民若真有了自由，国家也就不需要存在了，因为国家只是为了专政、为了镇压才存在的。后来，列宁把他创立的苏维埃国家称之为"无产阶级民主国家和无产阶级专政国家"，甚至说国家不只是暴力，甚至主要不是暴力，而是一种管理。但具体究竟如何做，就没有下文了。我们的中华人民共和国当然是人民国家，宪法规定了的，主权属人民嘛，全称为人民民主专政国家。但是非常愧惜，至少在我看来，我们的理论界（无论前辈或后辈）并没有提出过一个比较具体的完整的新国家学说来。邓小平同志在《党和国家领导制度的改革》一文及其他文章提出过一些有关国家问题的重要思想，但是现在探讨邓小平理论的无数文章却鲜有涉及邓小平国家理论者。先哲曰：没有革命的理论就没有革命的行动。我想，这恐怕正是导致我们的政治体制改革步履艰难的重要原因之一吧。质之元化同志，以为如何？

一九九八年二月

（《沉思与反思》，上海辞书出版社 2007 年 6 月）①

---

① 《九十年代反思录》，上海古籍出版社 2000 年 12 月，及《王元化集》卷六，湖北教育出版社 2007 年 10 月。

第六辑　理想主义的曲折历程

《从理想主义到经验主义》序

《从理想主义到经验主义》不是一本为发表所写的著作，而是顾准应他兄弟的要求断断续续写下来的笔记，时间是从一九七二年到一九七四年作者逝世前为止。我要说这是近年来我所读到的一本最好的著作：作者才气横溢，见解深邃，知识渊博，令人折服。许多问题一经作者提出，你就再也无法摆脱掉。它们促使你思考，促使你去反省并检验由于习惯惰性一直扎根在你头脑深处的既定看法。这些天我正在编集自己的书稿，由于作者这本书的启示，我对自己一向从未怀疑的某些观点发生了动摇，以至要考虑把这些章节删去或改写。本书就具有这样强大的思想力量。

如果要我勾勒一下我从本书得到的教益，我想举出下面一些题目是我最感兴趣的。这就是作者对希腊文明的研究；对中世纪骑士文明起着怎样作用的探讨；对宗教给予社会与文化的影响的剖析；对从法国大革命直到巴黎公社的经验教训的总结；对直接民主与议会制度的评价；对奴隶制与亚细亚生产方式的阐发；对黑格尔思想的批判与对经验主义的再认识等等。作者对这些都作了很少有人作过的探索，显示了真知灼见，令人赞佩。作者的论述，明快酣畅，笔锋犀利，如快刀破竹。许多纠缠不清的问题，经他一点立即豁然开朗，变得明白易晓。我觉得，这不仅由于他禀赋聪颖，好学深思，更由于作者命运多蹇，历经坎坷，以及他在艰苦条件下追求真理的勇敢精神。这使他的思考不囿于书本，不墨守成规，而渗透着对革命、对祖国、对人类命运的沉思，处处显示了疾虚妄、求真知的独立精神。他对于从一九一七年到一九六七年半个世纪的历史，包括理论的得失、革命的挫折、新问题的涌现，都作了认真的思索。这些经过他深思熟虑概括出来的经验教训，成为他的理论思考的背景，从而使他这本书形成一部结合实际、独具卓识的著作。

读了这本书我不能不想，是什么力量推动他这样做？请想想看，他很早参加革命，解放不久在"三反"整党中就被打下去。"文革"前曾两次戴上了"右派"帽子，一次在一九五八年，一次在一九六五年。据我所知，这是绝无仅有的。"文革"开始，唯一关心他的妻子自杀了，子女与他划清界限。他断绝外界来往，孑然一身，过着孤独凄苦的生活。在异地的弟弟和他通信，他寄给弟弟大量笔记。读了这些凝聚着智慧和心血的文字，不得不使人为之感动。他的这些笔记是在十年浩劫的那些黑暗日子里写的，没有鼓励，没有关心，也没有写作的起码权利和条件，也许今天写出来，明天就会湮没无闻，甚至招来横祸。这是怎样的毅力！我由此联想到历史上那些不计成败、宁愿忍辱负重、发愤著书的人物。记得过去每读司马迁的《报任安书》，总是引起内心的激荡，真所谓展卷方诵，血脉已张。为中国文化作出贡献的往往是那些饱经忧患之士。鲁迅称屈原的《离骚》："怼世俗之浑浊，颂己身之修能，怀疑自遂古之初，直至百物之琐末，放言无惮，为前人所不敢言。"（《坟·摩罗诗力说》）他指出达到这种高超境界是基于思想的解放，摆脱了世俗的利害打算。倘用他本人的话说，这就是："灵均将逝，脑海波起……茫洋在前，顾忌皆去。"（《坟·摩罗诗力说》）我想，本书作者在写下这些文字的时候，大概也是一样，对个人的浮沉荣辱已毫无牵挂，所以才超脱于地位、名誉、个人幸福之外，好像吐丝至死的蚕、燃烧成灰的烛一样，为了完成自己的使命与责任，义无反顾，至死方休。所以，在造神运动席卷全国的时候，他是最早清醒地反对个人迷信的人；在"凡是"思想风靡思想界的时候，他是最早冲破教条主义的人。仅就这一点来说，他就比我以及和我一样的人，整整超前了十年。在那时代，谁也没有像他那样对马克思主义著作读得那样认真，思考得那样深。谁也没有像他那样无拘无束地反省自己的信念，提出大胆的质疑。照我看，凡浸透着这种精神的所在，都构成了这本书的最美的篇章。

这里顺便说一下，抗战初我在隶属江苏省委的文委领导下工作，顾准是我的领导。那时文委书记是孙冶方，顾准是文委负责人之一。我以自己曾在他们两人领导下从事文化工作而感到自豪。直到我看了顾准兄弟写的回忆文章后，我才知道孙冶方于五十年代提出价值规律是受了顾准的启发。我感到幸运的是"文革"后我又见到孙冶方，并多次晤谈。可是，我和顾准在一九三九年分手后，就再也没有见过面，后来连音信也断绝了。现在留在我记忆中的顾准仍是他二十多岁时的青年形象。王安石诗云：

沉魄浮魂不可招，遗篇一读想风标。
不妨举世嫌迂阔，赖有斯人慰寂寥。

是的，世界上有这样的人才不会感到寂寞。我读了顾准的遗篇，才知道他的为人，才理解他的思想，可是为时已晚。当他尚在的时候，尽管困难险阻，我没有能去看望他，向他请教学问，终觉是一件憾事。

一九八九年

（《传统与反传统》，上海文艺出版社1990年4月）①

---

① 亦见《清园论学集》，上海古籍出版社1994年12月、《九十年代反思录》，上海古籍出版社2000年12月、《人物小记》，东方出版中心2008年1月、《王元化集》卷七，湖北教育出版社2007年10月。

记 顾 准

我和顾准相识在一九三九年。那时他是上海地下党文委副书记，我是他领导下的文学小组的一个党员。我对他有较多的认识是多年以后的事。过去我只知道他生活坎坷，历经磨难，而并没有料到他的遭遇竟如此悲惨：意外的株连，两次被打成"右派"，三年灾害时期的劳改苦役，由于狱卒的蛮横所受到的人格侮辱和肉体摧残，饥饿，疾病，家庭的不幸，离婚，妻子的自杀，子女断绝亲情，最后的绝症……种种不幸一股脑降在他那毫无防御的头上，好像要让他饮尽人生的苦酒。但他并没有倒下去，偏偏在非人的生活中挣扎着，活下来，而且还不停地读写，直到因癌症去世。这种非凡的毅力可以说是达到了人所能达到的极限。这里我想引用克利斯朵夫说过的话："在这样的榜样面前，我们所经受的那些痛苦又算得了什么！"

四年前，我去北京参加顾准八十冥诞学术研讨会时，曾去拜访已届高龄双目失明的骆耕漠老人，久违多年的前辈。骆老曾在顾准最困难时期设法接济他食品。老人的精神好，记性也很好，他的讲述是十分动人的。他说有一次他请顾准到小饭店吃饭，回来时顾准提出要散散步，领他绕一条远路走。他们慢慢走到顾准曾经住过的地方。顾准站住了，对妻子自杀前的故居远远眺望着，这时骆老才明白他为什么要散步。还有一次，他要买台灯，却买了一盏双人用的台灯。这时他早已是孤零零一个人住了。最初骆老不明白他为什么要这样做，后来才恍然想起，过去他和妻子汪璧两人的书桌拼在一起，共同使用的双人台灯就是这一种。这类细节虽是小事，但感人至深。它使我们进一步了解这个在困难中迎着压力而不屈服的硬汉子，却具有一副富于人性的柔肠。像他这样一个珍视家庭亲情的人，一旦因为说出了浅人庸人所不懂的真理，就被置于万劫不复之地；而且不是由于他的过错，也不是由于妻子儿女的过错，却必须去承受妻离子散的人间悲剧，这是怎样的一种精神酷刑！它比肉体上的痛苦和折磨更为可怕。当我们谈论顾准的为人时，如果在这些细节方面注意不够，表述得不充分，那就会失去对他的精神世界的更深发掘，而这恰恰是我所读到那些充满豪言壮语的文字所不懂或忽略不顾的。

　　顾准在"文革"这场浩劫中，居然活了好几年，还将自己的思想记录下来，直到癌症去世。这固然基于他本人的品格素质，但与经济所的特定环境也不无关系。从一九五七年起，孙冶方就担任了经济所所长，那里聚集了一批优秀人物。顾准被打成"右派"后，就是孙冶方设法邀请到他到所里去做研究工作的。庐山会议后，张闻天也被下放经济所。此外所里老一辈的还有骆耕漠、林里夫、巫宝三等，年轻的有张纯音、吴敬琏等。这些人皆一时之选。在那人与人关系变成了狼与狼关系的残酷年代，似乎只有经济所还散发着人间的温暖，这似乎是个奇迹。经济所关心爱护顾准的不止骆耕漠，张纯音也是一个。她不仅接济他食品，送他钱，而且还让跟去干校的女儿咪咪去照顾他。这一老一小后来结成了纯真的友谊，咪咪在那些愁苦的日子里给予了顾准很大的慰藉。这是使顾准得以存活下来的精神力量。人活着不仅需要使自己温饱，还需要精神养分，而友情就是其中的一种，它也像水与空气一样不可缺少。在顾准患癌症的时候，又是骆耕漠四处奔走，利用过去的关系，使顾准住进了医院，而这时他自己也在靠边审查。当一个人自顾不暇的时候，如果不是对朋友的忠诚，谁会置自己的安危于不顾，去甘冒不韪呢？

但是，顾准的病情仍旧恶化了，医院发出病危通知。经济所的那些善良的人们自动地组织起来去护理，分成三班轮流守在他身边。他临终时，在他病床前值班的是如今已成著名经济学家的吴敬琏。他在最后时刻想见见长久没有晤面的子女，子女没有来，经济所"革委会"的负责人去做子女的工作。这一切都发生在阶级斗争斗红了眼的时候，难道是可能的吗？但这是事实。这些人纵使处在最恶劣的环境下，仍旧良心未泯，他们心中的正义火焰始终在燃烧。这几年谈论顾准的文章多起来，有些论者本来是可以写出一点研究心得的，但他们放弃这样做，而只空谈主义，将顾准当做一面旗帜，把它抓在自己手里，讲些人人早已知道的道理，还吹嘘这就是对顾准思想最深刻的理解。读了这些文字真使人感到悲哀。我不懂，这些人并不缺乏才华，过去也写过一些好文章，为什么虚掷自己的精力。其实顾准所写的有关民主的文章是很值得我们去探讨的。我所指的是这几篇：《直接民主与"议会清谈馆"》《民主与"终极目的"》《科学与民主》等。前几年北京三联寄给我一本《公共论丛》，这本丛刊并不以顾准为标榜，却切切实实地讨论了一些问题，其实这类问题还有很多。比如顾准书中所谈的古希腊斯巴达精神问题就值得重视。过去我们一直赞扬斯巴达的集体主义精神。小时候我曾读过鲁迅的早期论文《斯巴达之魂》，这篇文章写得热情洋溢，令人神往。在苏联，斯巴达的名字也成为光荣的称号，甚至有的足球队也以它的名字命名。而根据顾准的论断，我才受到启发，知道斯巴达是怎样从集体主义滑向专制主义的。

一九八九年

（《人物·书话·记事》，人民文学出版社2005年版）①

---

① 亦见《人物小记》，东方出版中心2008年1月、《王元化集》卷七，湖北教育出版社2007年10月。

谈孙冶方

——《陈修良文集》序

今年十一月六日是修良大姐逝世的周年，尚之准备为母亲编文集，嘱我写序，这是义不容辞的。抗战初，修良大姐在江苏省委领导下负责妇委工作，那时我入党不久，还是一个十几岁的青年。修良大姐没有直接领导过我，但我在文委时，沙文汉同志是江苏省委的宣传部长，曾给文委成员上过党课。我和修良大姐相识很迟，八十年代后期才接触多起来。后来她身体不好，长期住院疗养，我每次去看她都谈得很高兴。没有会面她就打电话来，谈谈她的一些想法。对于丑恶的东西，她那种疾恶如仇的态度，就像一个血气方刚的青年人。那时她患了骨质疏松症，不能下床，仍认真阅读书报，思考问题，写回忆录，不能写就口述。我不禁想有多少年届九十还在生病的老人还会像她一样？我并不想为修良大姐讳，由于老年人容易失控，她感情冲动时也会说一些过火的话，这一点曾引起有些人非议。但知人论世当取大节，她的鲠直的性格，磊落的态度，毕竟是可贵的品质。难道她不是常常把大家想说而没有说的话说了出来么？

修良大姐是二十年代入党的老同志，她在文章中所谈的多半是自己的革命经历，我对这些事所知有限，我理解得比较多的是那本书《孙冶方革命生涯六十年》。修良大姐和孙冶方有着深厚的战斗友情。大革命后，他们同在莫斯科中大学习，又一起受到校长米夫所支持的王明、康生的打击和迫害。回国后，修良大姐帮助孙冶方恢复组织关系，还介绍他和洪克平大姐相识。这本书不仅提供了有关孙冶方本人及历史背景的第一手资料，而且帮助我们进而去认识他的内心生活和精神面貌。本书所提供的资料简直可以作为史鉴来读。一九二八年初，中大发现了所谓"江浙同乡会反革命组织"，这一政治案件仅仅是由于一句戏言引起的。原来中大江浙籍的同学常到孙冶方处去玩，一次一个同学从那里经过，听见里面讲话都是江浙口音，回来就向人说，他们在开同乡会。中大肃反开始，王明负责学生支部局工作，他对其中某些人怀着派性偏见，竟借这句话把他们打成托派，虽然后来查明了真相未作反革命处理，但十多年后王明在长江局当书记时，还问一个由上海去汇报工作的同志："中国农村经济研究会有一个薛萼果（即孙冶方原名）的托派分子现在哪里？"那时在莫斯科军大学习的中国同学也发生了相同的事件。军大也有一些江浙同学要在那里学习的蒋经国请客烧点中国饭菜吃，蒋写了一个纸条回答说"钱未汇到，没有会费"。条子里的"会费"同样是句戏言，不料恰好可以和中大的"江浙同学会反革命组织"联系起来。这些因戏言而兴大狱的事发生在七十多年前，可是后来的审干肃反没有从中吸取教训。五十年代在审查所谓"潘扬反革命"案件时，也因为过去有人在淮阴把奉命联络文化人的扬帆比作孟尝君，开玩笑说："扬公门下三千客，尽是鸡鸣狗盗徒。"于是断定扬帆的"反革命组织"有三千人之多（扬帆也是孤岛时期的地下党文委成员之一）。本书中详细记录了"江浙同乡会"案件始末，我想主要是由于这虽然是孙冶方本人的事，但又不限于彼时彼地他一个人。同类的事还在发生，它们并未成为过去。

修良大姐在本书中重点介绍了孤岛时期的上海文化工作，为被污蔑成"黑线"的三十年代文艺工作平反。她在字里行间流露出对这段生活的怀念。这些年代也是令我难忘的岁月。孤岛时期孙冶方是文委书记，副书记是顾准和曹荻秋。我所在的文学小组由戴平万（书中"万"字误印作"凡"）、林淡秋分头领导，而孙、顾二人都代表文委参加过我们小组的活动。我还记得当顾准代替文委的另一个同志来参加我们的小组时，大家是多么高兴。原来那位领导过于严肃，对我们动辄加以训斥。而顾准是有人情味的，他第一次参加小组活动时还带了一些糖果，大家边吃边谈，毫无拘束。有一件事我的印象很深，当时我负责文艺通讯的组织工作，这是一个群众团体，参加的文艺青年有两三百人，突然文委决定解散，我的思想不通，小组同志几经说服，我仍不服，就越级给顾准写了一封长信。小组有些人对我的这一举动不以为然，可是后来我听蒋天佐告诉我，顾准当时却说坚持自己认为正确的看法还是好的，虽然他对我反对解散文通的意见并不同意。孙冶方偶尔也参加小组活动，他不苟言笑，但我们并不像怕那个喜欢训斥人的领导一样怕他。他虽然也很严肃，但并不严厉，有了问题，他只是细细地听你说，再慢慢地分析道理。有一次我闹情绪，他就是这样对待我的。还有一次，他去出席戏剧小组，那里有不少刚刚入党的年轻同志。开会了，他讲话刚刚开了个头，就停下来，在屋里嗅了嗅问："什么味道？"接着把面孔转向那位领导这个小组的同志，叫了声他的名字："你又不洗脚，脚要天天洗的。"他的话一出口，马上引起一阵哄笑，但他没有笑。他自己总是穿得很整齐，衣服洗得干干净净，似乎还经过熨斗熨过。后来我从修良大姐这本书中，才知道他当时经济很困难。我觉得修良大姐在书中曾形容他有时会显出一种憨态是颇为传神的。不过当时我们这些刚入党的小青年都很喜欢他，不知谁给他起了个"妈妈"的绰号，这名称一下子就传开了。我们虽然幼稚，但都懂得他对我们的爱护，尽管他从未向我们公开表露过。抗战初是一个轰轰烈烈的时代，党内生活又是那样充满生机和朝气，这一切都使我们这些正在拼命吸收知识的小青年受到了良好的熏陶。那时我们的生活笼罩在一片欢腾的气氛中，虽然敌人是残暴的，工作是危险的，但我们还没有经受理想和现实的冲撞，我们心里的阳光还没有被任何云翳所吞没。

孤岛时期的文委做了大量的工作，可是修良大姐在这本书里只挑出当时文艺界所发生的一个问题来谈，即歌颂和暴露问题。她说这是社会主义国家中"争论不休的问题"。她认为孙冶方提出的观点特别值得重视。为什么社会主义国家内，这个问题竟成为长期不能解决的问题呢？事情不在这个问题本身，而在它涉及对社会主义社会的看法，涉及对民主原则和民主作风问题。一种意见认为社会主义的优越性即在于它不会产生异化现象，因而也就不会存在任何黑暗、丑恶、腐败的东西。提出暴露是别有用心的。而另一种意见认为社会主义不是不会产生异化，而是在于它敢于公开揭露那些黑暗、丑恶、腐败的东西，它可以依靠民主的生活、健全的法律、舆论的监督这些自我调节的手段去加以克服，因而暴露是不可缺少的。修良大姐和孙冶方都坚持后一种观点。当时文委的领导层中也有不同的意见，但多人如顾准、王任叔、林淡秋、戴平万、姜椿芳、殷扬等都和孙冶方看法一致。当时我觉得这道理是不言自明的，连争辩也是不必要的，直到日后我才明白它涉及的方面确实是十分复杂，延安文艺整风，就是由这个问题引发出来的。苏联在斯大林时期曾提出用批评和自我批评的方法去解决社会主义本身的矛盾，表面上也承认社会主义的黑暗面，主张揭露它。所以斯大林提出，如果批评的意见只有百分之五是正确的，就应当接受而不应该对批评的人打棍子。甚至他在那本和学术民主精神相悖的批判马尔语言学的著作中，也提出了没有自由讨论任何科学是无法前进这一论点（可是实际上却从没有实行过)。然而我们这里连公开的说法也是反对揭露内部的黑暗面,反对讽刺的,认为它只能对外,不能对内。(就我记忆所及,解放初在一面倒的情况下,当苏共"十九大"政治报告提出文艺作品应当用讽刺的火焰把内部黑暗全部烧掉以后,《讲话》才作了文字上的修改。)实际上歌颂与暴露的问题并不是什么深奥的问题,而是一个关系到让不让人讲话和能不能听取不同意见的民主原则和民主作风问题,关系到应该不应该鼓励人们独立思考和发扬批判精神的问题。

坚持独立思考坚持批判精神是要付出巨大代价的。我以为这本书写得最精辟、最感人的地方,就是这些方面,并且从这些方面显示了孙冶方的内心生活和精神面貌。修良大姐所记述的那些事迹,清晰地勾勒出一个知识分子的悲壮的心路历程。它似乎在告诉我们:这个人生来就不是为了追求庸人梦寐以求的幸福,为了真理,他可以置自己的安危于不顾,纵使身临危境,也毫无畏惧,而决不会放弃自己的正确主张。现在我将书中有关这方面的记述依时间先后转述如下:

> 一九五八年"大跃进"时,"一大二公"之风盛行,张春桥在《解放》杂志上发表文章,鼓吹供给制。孙冶方冒着危险提出了"价值论"。(七二至七三页)

> 一九六二年六月至八月,陈伯达邀孙冶方每天去《红旗》杂志编辑部参加"座谈会",康生也几次约他去"座谈",鼓励他尽量"放",以便收集他的"修正主义"罪证,以后再将他一棍子打死。他不顾好心人的劝告,虽然明知这是一个阴谋,仍决定参加。他说:"我不需要三不主义(不抓辫子、不打棍子、不戴帽子),只要有答辩权,允许我反批判就行。帽子总是要戴的,不是戴这顶,就是戴那顶,可是答辩权最要紧。"(六八至六九页)

一九六三年底，他在哲学社会科学部一次扩大会议上，发表了关于利润问题的演说。有人劝他说："风声很紧，还是不要再讲利润问题。"他回答："什么是风声，我不是研究气象学的。"继续写这方面的文章。（七八页）

一九六四年，康生、陈伯达根据孙冶方在内刊上发表的文章，给他戴上"中国最大的修正主义者"的帽子。有一次他们指定他去参加会议，讨论一篇在他指导下，由几个年轻人写的有关生产价格的论文。他挺身而出，把火引向自己。他说："不必批判年轻同志，这些观点是我的。"就这样承担了政治责任。在会上他阐发了价值规律的作用和资金利用效益的重要后，严正声明："要解决几十年的疑难，是要冒点风险的。尽管人家在那里给我敲警钟，提警告，说这是修正主义观点，我今天还要在这里坚持自己的意见，以后也不准备检讨。"在重重的压力下，有的人放弃了原来的观点，有的人灰心失望，准备改行。可是他在会上公开宣布接受挑战。他说："对我来说是遭遇战，我应战。"从此对他的打击一步步升级，直到"文革"开始，一九六八年四月四日夜间他被戴上手铐，关进秦城监狱以后，人们才不再能够听到他的声音。（七八至八一页）

他坐了七年的牢，在牢房中一直坚持写"论战书"。经过了二十年的"反思"，他是有充分信心的。他说："死不足惜，声誉毁了也不要紧，我长期从事经济研究所形成的观点绝不能丢，我要为真理活下去，要在死前把它留下来，让人民去作公正的判决。"狱中没有纸，没有笔，他就打腹稿，反复背诵，达八十五遍之多。他长期患肝病，居然熬过了极端苦难的七年铁窗生活。一九七五年形势有所改变，他被释放出狱。当押他回家的造反派在汽车上警告他"要老实做人"时，他回答："我是一

不改志，二不改行，三不改变自己的观点的！"（八四至八七页）

他回家不久，"反击右倾翻案风"就开始了。他目睹许多被指为"右倾翻案风的首从者"也跟着去批邓，心中感到非常忧虑。一次江青在大寨的讲话又点他的名说："孙冶方又要翻案了。"他不但不怕，还坦然地说："我有什么案可翻？至于经济学问题，我可以同她争论。他们把经济搞成了这个样子，难道也是我孙冶方的罪过吗？"

"文革"后，他快七十岁了，仍努力学德文，做调查研究，写文章，做读书笔记。书中对这段生活的记述，内容十分丰富，这里不能一一枚举，但有几件事，我觉得不能不提的。一件是他在一九七七年十一月十六日的日记里，记载他通过读书和思考，认识到权力的腐蚀作用。这对他来说是一重大发现。还有一件事：一九七八年六月下旬，他从外地讲学回来，对于"唯上"的学风提出批评。他以马寅初的人口论为例，十分赞赏马老在一九五九年遭到围攻时说的一段话："我虽年届八十，明知寡不敌众，自当单身匹马，出来应战，直到战死为止，决不向以力压服不以理说服的那些批评者们投降"。中国历史上本来就有"三军可以夺帅，匹夫不可以夺志"的传统，每逢危难关头，总有人挺身而出，甘冒不韪，迎着压力和打击，去伸张正义，去为真理而呼喊。这些威武不能屈、贫贱不能移、富贵不能淫，在任何情况下也不肯降志辱身的人，堪称为中国的脊梁。他们是应该载入史册，让人永志不忘的。再有一件：一九七九年九月他经过超声波检查，发现胆囊附近有黑影，医生从他腰部抽出了淤血，于是立即剖腹检查，发现是晚期肝癌。他开刀不久，就支撑着伤口未痊愈的病体，为多年来未得彻底平反的老战友沙文汉向中央写报告。修良大姐听人说，这报告是"他用两条纱布拴在床上，拉着纱布条强坐起来"写成的，这事使修良大姐热泪盈眶。

动手术后，他休养了一个时期，又开始各种活动了。修良大姐特别提到一九八二年，他为影片《天云山传奇》进行申辩这件事。这部影片是根据小说拍摄的，放映不久就被斥为"完全歪曲了反右斗争的真相"，认为它是"资产阶级自由化在文艺上的反映"。当时他对这种无理的指责进行了抗争。他不顾别人要他"别管闲事"的劝告，不顾自己已患绝症的衰弱身体（他写这篇文章距他去世只有几个月的时间了），以分明的是非和热烈的爱憎，投入到这场论争中去。他身上所显示出的这种精神力量，是来自他的信念，也来自他从三十年代讨论歌颂与暴露问题以来就已形成的观点，这是有坚实基础的。

我和他孤岛时期分手后一直未见过面。一九七八年五月二十七日他在上海科学会堂作报告，① 那时我尚未平反，想尽了办法弄到一张入场券，坐在后排远远地望着他，这是我们分手四十年后第一次重逢。次年，我为自己的案子上京申述，姜椿芳带我去见他，这才有机会作长谈。"十二大"时我们又见了面。大会开幕的那天，趁会前的空隙，我从拥挤的大厅中把《天云山传奇》的作者（也是来参加大会的）鲁彦周找到和他见了面。最令我感动的是他去世后，他的助手把他的一本遗著寄给我，并在书的扉页上写下了这样几句话："冶方同志把书放在床边，本想等身体好些亲自签名将书送给你，但一直未能做到，现在只好由我在书上盖了他的图章，以表他的遗愿。"

读完修良大姐这本书后真是感慨万千，心情激荡不已。它使我回到孤岛时期刚刚入党的年轻时代。我是吸取上海地下党文委的精神乳汁长大成人的。文委中那些至今令我难忘的人，对我的思想的

---

① （原注）本文载入《陈修良文集》时，上海社会科学出版社编辑根据自己揣测，将原稿中的"上海科学会堂"改作"上海社会科学院"，这是错误的。当时（一九七八年五月）上海社科院尚未恢复，孙冶方是在南昌路科学会堂做的演讲。

形成和人格的培养，曾经发生过巨大的影响。这些人里面，自然也包括了直接领导文委的沙文汉同志，包括与文委没有直接关系但在精神上和文委同呼吸共命运的修良大姐。

一九九九年八月二十日

（《九十年代反思录》，上海古籍出版社 2000 年 12 月版）①

---

① 《王元化集》卷七，湖北教育出版社 2007 年 10 月的《记孙冶方》，是该文的节录。《人物·书话·记事》，人民文学出版社 2005 年版与《人物小记》，东方出版中心 2008 年 1 月的《记孙冶方》亦为节录。

记张中晓

一

一九五五年,中晓因胡风案受审,旧疾复发,咯血不止,于一九五六年被允准保外就医,回到绍兴乡下。收入没有了,甚至连购买户口米的粮票也没有了,只得依靠在当地邮局做小职员的父亲苦撑度日。"大跃进"三年灾害时期,我的妻子张可突然收到一封寄至她单位上海戏剧学院的信。拆开来,其中还套着另一封封口的信,是中晓写给我的。他不知我也被定为"胡风反革命分子",日子也不好过。信中说:"你的情况大概还好,我很困难,活不下去了。但我还想活……"他希望我给予援手等等。读了他的来信,我心中惨然。

中晓进新文艺出版社,我有引荐之责。当时他刚刚二十出头,至今我还记得他那双闪闪发亮似乎永远在追寻生活奥秘的大眼睛,是那样澄澈、坦然。当时我听了朋友的介绍,写信邀请这个不相识的青年到新文艺社来工作。他不大讲话,总是默默地倾听着,一开始他就给我留下了很好的印象……从道义上说,我不能对他的来信置之不理。可是,我在当时的处境下又能为他做些什么呢?信件来往在胡风案件中曾构成严重问题,令人心有余悸。我拿着他的信,心中忐忑不安,害怕再惹祸事。在作为定案准则的"胡风反革命集团三批材料"中，中晓被说成是最反动的。他的一些直率言词，被解释作具有特殊的"反革命敏感"。这种说法经过大肆渲染，"张中晓"已成为令人毛骨悚然的名字。直到六十年代，在一本指定作为学习文件的小册子中，仍在重复这些说法。

我和中晓的交往曾成为我在被审查中的一个问题。一九七五年初，我在隔离时期，两位和我共过事的老作家来找我谈话。我为中晓申辩，说他是一个淳朴的青年，当即受到其中一位的严厉呵斥。后来我被指为对抗组织审查，这也是证据之一。由于这些事记忆犹新，现在手里拿着中晓的这封信，真不知怎么办才好。那时朋友中只有一位还和我往来，他就是我深深信赖的柏山。我去和他商量，他经过考虑，认为还是不要声张好。我把信搁了下来。但是不久，中晓又寄来了第二封信。他在信中再一次向我呼吁，诉诸我的良知，企图唤醒我由于权衡利害逐渐变得麻木而冻结起来的同情心。我不知道其他处境相同的人是否像我一样经过如此剧烈的心灵交战，我在受审查时期曾有好几次发生过这样的精神危机。也许勇者是不会这样的。可是我的性格中蕴涵着一些我所不愿有的怯懦成分，这一次我克服了自己的懦弱。但是应该承认，我并不是每一次都能做到这一步的。我通过罗荪把中晓的信转给了主持上海文教工作的石西民。他曾向我表示过，可以向他反映自己的困难，也包括其他受到处分的人，哪怕关在牢里的也是一样。我和石西民素不相识，他说这些话的时候，我不敢深信，但后来证明他是真诚的。多亏在那可怕的岁月里有这样一些人，中晓总算有了一线生机。可是他没有活多久就逝世了。

现在已没有人说得出中晓离开世间的确切年月，可以知道的是，他偏偏多活了一些时日，偏偏还要经历"文革"的浩劫。这究竟是命运的捉弄，还是天地不仁，必须使他遍历人世的磨难？那时他只身蛰居上海，在新华书店做寄发书刊的杂活，勉强糊口。"文革"一来，苦难和疾病把他拖垮了。据估计，他死于一九六六年或一九六七年，享年三十六七岁。当中晓能够苦撑着生存下来的时候，他相信未来，相信知识的力量。他决不苟且偷生，能活一天，就做一天自己要做的事。留下来的这本《无梦楼随笔》就是一个见证。书中生动地表明他是怎样在困厄逆境中挣扎，怎样处于绝地还在内心深处怀着一团不灭的火焰，用它来照明周围的阴霾和苦难。当时他的贫困是难以想象的。我们从他的札记里时常可以读到"寒衣卖尽""早餐阙如""写于咯血后"之类的记载。据说他曾把破烂外衣补补缝缝改为内裤。他就是在这种极端艰难困苦中，一笔一笔写下他那血泪凝成的思想结晶。

当路莘把书稿交给我嘱我写序的时候，正是我束装南下的前夕。在几天内，我读了经过整理的书稿，又借来中晓那三本札记，一边读，一边心潮随着起伏、激荡。我还来不及细细消化，借来的书稿和札记都得交还了。我写这篇序的时候，总觉得未能较深体会这些平凡文字的深意。从中我惊讶地发现，经过一九五五年的事件，痛定思痛，我们在许多方面几乎有着同样的内心体验和精神历程，这首先表现在完全出于自觉的反思上。这种反思是痛苦的，但它是以一种巨大的精神力量来进行的。人的尊严愈是遭到凌辱，人的人格意识就愈会变得坚强起来。这是施加暴虐的人所不理解的。在那些年代里，中晓以旺盛的求知欲读了他所能得到的书籍。在哲学方面，除了马、恩原著外，主要是康德与黑格尔，他也是黑氏《小逻辑》一书的热心读者。他的札记中有《小逻辑》的大量摘录。札记中凡摘录黑氏著作，使用的都是贺译的名词术语。此外，他为了拓展视野，补足自己的知识不足，还读了不少古书。我发觉他对程朱理学和陆王心学都予以特殊的注意，这显然是想要纠正过去用唯物唯心画线，轻视思辨哲学的偏颇。札记中还用了不少篇幅来摘录《周易》的文字，可惜很少据以引申出自己的看法。中晓摘录这些文字，不会没有想法，但我们不能悬揣。札记中也摘录了不少基督教《圣经·新约全书》与《圣经·旧约全书》中的文字。这方面比较容易理解。比如札记中曾摘录《旧约箴言》的话："你在患难之日若胆怯，你的力量就微小。"显然就是和他当时处境与心情相关联的。

  这本书的不平常处，就在于它的作者没有想到能发表供人阅读。他那隐闭着的心灵沉思，我们从这本选编而成的《无梦楼随笔》中只能窥见一斑。要理解他在饱经患难中所经历的心路历程，即使读了全部原始札记，也仍旧不能轻易揭开那扇隐秘的心扉。因为在当时处境下，纵使他在写给自己看的札记中，也还不能直言无隐。札记中有一些自藏锋芒的隐语，一时是不容易明白它的含义的。札记中也有一些观点是在反思中出现的尚未成型的看法，记下来可能是为了备忘，以待日后进一步思考。但我觉得，如果我们细细体会他所留下的三本札记，就可以按照那些断断续续记下的一鳞半爪的思想轨迹，去探索他的思想变化、心理活动和精神历程。他在历经磨难、艰苦备尝的环境中，没有丧失生活的勇气，始终怀着一颗在知识中寻求力量的赤子之心。这不是每个中国知识分子都可以做到的。

二

  《无梦楼随笔》是中晓于一九五六年因咯血被允许保外就医至一九六三年间所写下的札记。那时他作为被管制的"胡风反革命分子"，是没有言论和行动的自由的，因此他在撰写这些札记的时候不得不格外谨慎。后来事实证明，作者这种小心翼翼的态度是完全必要的。本书附有作者于一九六六年十月七日向监管机构所作的《关于三本笔记的检查》。其中说到为了盘问这些札记的事，"当地（曾）将（他）父亲禁闭吊打"。这份《检查》通篇都是为札记进行解释的。作者在《检查》中说写札记的动机是为了留下自己的思想资料，以便"用毛泽东思想加以批评和改造"，这显然是托词。作者既然早就知道当时可能遭到的危险，为什么他还要撰写这些札记呢？作者于一九六六年离家时，垂泪向父母和弟弟说道："我牵连害苦了你们，心里很难过。今年我三十六岁，光身一条，只有两箱的书和十年中所写的几本札记。这一去凶吉不知，这些札记也许以后有点用，求你们给我保存好。"从这些话来看，作者是十分重视这些札记的。作者在本书第一部分"文史杂抄"小序中也说，他将这些札记汇编成集，曾"五易寒暑，三经删订"。

小序还说"因杂观群书，遂抄摘斯篇。掇拾贯穿，无所不记……"，似乎作者全是摘抄他人著作，而未参入己见。正由于这缘故，它被人目为零碎散乱如断烂朝报。我开头也有类似看法，但渐渐我的看法改变了。编者所编选的这一部分，我发现绝大多数都是作者自己撰写的文字，只是因这些文字经过了自藏锋芒的修饰，一时不容易看出来罢了，但倘细加推考，就不难见其思想轨迹。其中有一些直接针砭时弊的文字，还是容易辨认的。比如：

> 流氓哲学与政治哲学之间……如果没有道义的标准，两者实际上是无区别的……（第二十二节）

> 中国人的理论，学术著作，读来如一批命令，缺乏纯真的乐趣（美学上的享受）。没有精神参加进去，没有精神（个性）的活动。或者是抄袭，或者是枯燥的理智，或者是宫廷语言的堆积……（第六十一节）

> 中国人的所谓心术，是一整套没有心肝的统治手段，残酷地进行欺诈和暴力行为……心术越高，而他心中的人性越少。如果他让心术和人性共存，那么，他将是一个伟大的悲剧性格。他可能而且只能在他的关键时刻，毁灭自己。……（第七十三节）

> ……宗教裁判所对待异教徒的手段是火刑，而现代只是使他沉默，或者直到他讲出违反他的本心的话。（第八十节）

> 当世俗的权利在精神的王国中挥舞着屠刀，企图以外在的强加来统治内在的世界。于是就产生诛心之论，产生法外之意。

(第一百一十一节)

　　一切美好的东西必须体现在个人身上。一个美好的社会不是对于国家的尊重，而是来自个人的自由发展。……（第一百一十二节）

　　是像人一样地生活、感觉和思想，还是像僵尸一样地不思想？兽一样冲动？百灵鸟一样地学舌？（第一百一十六节）

　　……

这些文字可以判定完全出于作者手笔，而不是引自前人的著作。因为只有处于作者那样特定的环境和遭遇，具有作者那种特定的个性、气质、禀赋的人，才会写下这样的文字。其中有许多话，比如第三十九节"人不是神，正如人不是兽"是"文革"后常用的类似说法。但要知道，作者写下这句话的时候是在"文革"前，甚至在一九六二年以前，比后来说这话的人至少要早十五年。我认为更值得注意的还不在于作者思想上的敏感，重要的是他具有一颗善于体察人类悲剧的同情心。困难和不幸并没有把这颗心磨硬，使他变得冷酷，相反倒增加了他对别人的苦难和不幸的同情与洞察力。在陷入胡风冤案前，我们都倾向于激进派，思想偏激，不赞成也不大懂得容忍和宽恕在一定情况下是必要的。我们在文章中，有时甚至会滥用疾恶如仇的激情去斥责对手，一定要把话说得淋漓尽致刻骨铭心才称心意，而没有想一想这些人并非大奸巨憝，他们同样是处在淫威之下。不幸的打击和苦难的折磨，不是令人丧失良知，堕入地狱，就是相反，锻炼人的毅力，使人净化自己的灵魂。作者在许多章节中都显示了一种新的思想境界。他在第九十九节说：

　　过去认为只有睚眦必报和锲而不舍才是为人负责的表现，现在却感到，宽恕和忘记也有一定意义，只要不被作为邪恶的利用和牺牲。耶稣并不是完全错。

据我的印象，这是作者过去很少涉及的思想领域。紧接上面引文，还有这样两行文字："一九六一年九月十日，病发后六日记于无梦楼，时西风凛冽，秋雨连宵，寒衣卖尽，早餐阙如之时也。"在如此困顿的逆境中，作者没有被生活所压倒，没有产生丝毫的沮丧情绪，仍然保持着清明的头脑和宽广的胸怀，这是令人感动令人惊讶的。饱经忧患使他更为同情地去看待人类的悲剧。作者在第五十七节中说：

> 在颠倒的世界和混乱的时代中，人们的言论的悖理和行为的道德违反人性，是当然的现象。他们是牺牲者，道德上的失败者。他们干出了最蠢的事，像陷入一场噩梦那样，恐怖疲劳，两眼失神，他们的内心是非常的矛盾和不安的。他们的不负责任和不诚实，常常是违反本质的。

读这段话需要仔细体会作者的时代和环境。如果不理解中国知识分子的苦难历程，不理解人在接连不断的运动中由于恐惧和保存自己的本能会干出怎样的蠢事，不理解牺牲者、道德失败者的人性是怎样被扭曲的……就不会懂得作者的这些告白。作者曾经赞美"出于自由心情"的"容忍"，却以"幻想统治者恩赐的奴隶道德"这一特定含义赋予"仁慈"这两个字（见第二十五节）。如果还后者以应有的意蕴，我们可以说，作者对待由苦难所滋生出来的脆弱人性等是宽恕的，也是仁慈的。我以为这类文字凝聚了作者极其深刻的思想，构成了这本书的最美篇章。

从本书一些文字中也可以看出作者正经历着极为痛苦的思想探索过程，如果命运不是那样残酷地把多种不幸降在他身上，而使他享有天年，我相信他会在现代中国思想史上做出很少有人可以匹敌的贡献的。可是他在荆棘丛生的思想征程上起步不久，才三十多岁，还可以工作许多年，就夭折了。从这本书可以看出，他十分赞扬黑格尔哲学,如第一百三十五节谈到"建立体系的大师",第一百〇九节谈到"圣人虽然不怒,但恨却更合乎人性",第九十八节谈到"历史上有地位和成体系的大家,他们都代表真理发展的一个环节"……这些说法不难发现黑格尔的影子。作者对康德却往往不无微词。(不知是不是因为仍旧怀着激进的启蒙心态,对他的不可知论表示不满?)书中第一节谈到"哲学的任务是在于使人有力量(理性)来改变外来压迫和内在冲动",列举了康德、黑格尔、斯宾诺莎、狄德罗、费尔巴哈诸说,但在末尾又加上:"无梦楼按,康德例外,他对这力量本身怀疑。"那么上面那段正文是谁说的呢?对于这段话的正文和按语我一直在思考,我认为两者都可能出于作者的手笔。为什么要这样做?回答就是我在前面已经说过的作者为了提防检查,事先做好自藏锋芒的修饰。第十四节谈到真理论,在正文后的括弧中说:"远处传来了康德的声音:不,只说对了一半,人类对真理是不可知的。"第一百六十七节是推重康德批判独断主义,作者说康德站在远处。倘细察默省我们就会这样想,随着日月推移,作者将越来越向康德逼近,然而作者早逝,这种推测将始终成为一种推测而已。

这本书编者记述作者在横逆和困顿中好学不倦的精神是令人感动的:"为了能看到书报,他常在早上四点钟起床,从绍兴东关坐三个小时的手摇船到绍兴城,在书店、在路边的报栏站几个钟头阅读,到中午十一时再坐船回家。"作者舍不得用有限的生活费买一些必要的生活用品,连内裤都是剪裁已经破烂的外衣补缀而成,可是他回乡后在几年中,购买了一批书价并不便宜的书,有:《历史哲学》《魏晋玄学论稿》《哲学史讲演录》《伦理学》《罗曼·罗兰文抄》《松阴讲义》《汉学商兑》《薛文清公读书谈》《朱子语类辑略》《判断力批判》《反杜林论》等等。作者并不把学术和思想看成是对立的,认为重学术就会轻思想,像有人所说的"学术出台思想淡化"

那样。正由于他勤学苦读，才使他的思想更臻于成熟，深刻。对他来说，学术不但没有淡化思想，相反，却是深化思想的一个必要因素。

一九九二年

（《人物小记》，东方出版中心 2008 年 1 月）[1]

---

[1] 亦见《九十年代反思录》，上海古籍出版社 2001 年，标题为"《无梦楼随笔》台湾版序"、《人物·书话·记事》，人民文学出版社 2005 年版、《王元化集》卷七，湖北教育出版社 2007 年 10 月。

我和胡风二三事

一、我认识胡风是在抗战胜利后。一九四六年,我和满涛一起去雷米路文安坊看望冯宾符,他对我们说胡风就住在他的隔壁,愿介绍我们认识一下。我们当然很高兴。这是我和胡风先生第一次见面。在此以前,我在北平读中学时,曾读过胡风的文章。抗战后我到了上海,胡风已去了内地,但他写的《论民族形式问题》和他编的《七月》,在孤岛时期还能看到。这次我们见面,谈话的内容我还记得。他说今天中国的文艺界,要反对两种倾向,客观主义和色情,我们听了都很赞同。

二、抗战胜利后不久,我就到北平在国立北平铁道管理学院去任教了。那时满涛给我来信说,他和萧岱、樊康常到胡风家去。后来他们办了一个小型刊物,把我写的一篇《论香粉铺之类》发表在他们办的《横眉小集》上。这篇文章本来是寄到《时代日报》给楼适夷的,满涛他们看到,拿去就作为《横眉小集》丛刊第一集题目了。我在北平教了三年书,被组织上叫回上海。那时上海的文委领导是新从延安回来的一位老同志,他经过延安整风和"三整三查",一回来,就把整风精神带来了。在敌伪统治时期,我开头是上海地下党文委的委员,后来做文委的代书记。这位同志一来,觉得我思想不纯(在学习《讲话》时,我提出了一些想不通的地方),就罢了我的官,要过去我所领导的文委成员(包括萧岱、束纫秋、包文棣、樊康等）背对背地揭发我。他们揭发不出任何东西，但这位同志仍认为我有问题，不安排我工作。我从北平回上海后，他咬定《横眉小集》是我倡办的。他认为这个刊物很不好，勒令停刊了。虽然萧岱、樊康等一再声明《横眉小集》的创办与我无关，但他仍坚持这个丛刊是我授意办的。

三、我回到上海后，仍由这位同志领导。他先派我去《展望》负责编辑工作（《展望》被查封后，又令我去负责编《地下文萃》）。我在编《展望》时，樊康拿来一篇冰菱（路翎的笔名）的文章，我在《展望》上发表了，受到这位同志的严厉批判。他向我宣称："胡风是有政治问题的。"我和他争辩，举出鲁迅答徐懋庸那篇文章。他十分生气，认为我对抗组织。此事一直拖到上海解放后，由当时华东局宣传部长舒同亲自过问，交上海市委组织部解决。我受到了口头警告的处分后才分配工作。（"文革"时，曾有人来向我了解这位老同志的历史问题，说他是叛徒。我说不是，因为上海沦陷期间，我在地下党文委工作，这位同志被捕过，当时组织没有受到破坏。他被营救出来后，还是由张可把他送到火车站辗转去延安的。但是来外调的人说："你在包庇他。"我说："没有，你们可以去调查。"可是外调的人说："他被捕两次，头一次是有问题的，你为什么瞒着不说！"我说："这我就不知道了。"）

四、在解放战争中，国民党节节败退，那时，这位老同志突然来找我，通知我说："你去找胡风，向他说组织希望他到香港去，这是周恩来同志的意见。"这使我一点摸不着头脑。我向这位同志说："我和胡风没有什么来往，他也完全不知道我是党员，我怎么能去向他说呢？我去说了他也不会相信我。"我向他建议不如让林淡秋转告冯雪峰（那时雪峰和地下党没有直接关系），让冯雪峰去说比较合适。此事后来怎么办的，我不清楚。不过从这件事看来，他以为当时我和胡风关系密切，以为我把什么事都向胡风说。

五、解放后，华东局宣传部派刘雪苇和我去新文艺出版社工作。

一九五二年党内整风，这位同志已经在北京工作，他专门写来了揭发信，揭发我和胡风关系密切，并说我如何为路翎捧场等。其实，当时我并不太喜欢路翎的小说。我和胡风说过，我比较更喜欢贾植芳的《人生赋》。

六、我和胡风的来往倒是从解放后开始的。开头姜椿芳在时代出版社负责，找我去工作。不久又调到华东局宣传部，后又由华东局宣传部分配到新文艺出版社。这期间开始了批判胡风的思想，我很有抵触情绪。后来，冯定同志和我谈话，对我起了影响。（我和冯定认识是在一九三九年初。抗战初他也是上海地下党文委成员，不久就到了皖南新四军军部。一九三九年初，地下党派扬帆和我随上海慰问团带领二十多位青年到新四军去。我们行至金华为国民党所阻。扬帆嘱我带另外一个团员先行，我到了新四军就是和冯定联系的。）解放初，我在华东局宣传部工作时，当时宣传部长是舒同，副部长就是冯定。北京开始批判胡风后，冯定专门找我谈话。那时我的想法很幼稚简单，认为文艺界有宗派，而党的最高领导是完全正确的，可是由于全国刚解放，诸事待理，还来不及过问文艺方面的事，一旦过问，许多问题就会迎刃而解了。我还认为苏联也是这样的。（这些简单幼稚的想法，在我当时写给胡风的信中都表现得非常清楚，可参照。）冯定和我谈话时，向我严肃地说，毛主席把胡风的全部著作都读过了，认为胡风是反马克思主义的，叫我划清界线。我听了震动极大。（大概那时他也向刘雪苇讲了同样的话。）冯定还跟我说："你不能跟胡风走，你应该跟党走。"我听了内心十分矛盾。我向他说："胡风有些文艺观点我是赞同的，如果我马上就划清界线，那是假的，我希望组织上在这方面能够帮助我。目前我所能够做的，就是不再和他们来往了。"（直到最近，我为北大出版的《纪念冯定百年寿辰研究文集》所写的《认识冯定》一文，才把这情况说明，可参阅。）我长期对批判胡风采取抵制的态度，因为冯定是我信任的人，我认为他和文艺界没有任何瓜葛，完全可以信任的。自然更主要原因是我当时对党的最高领导的迷信。

七、一九五四年我调到上海文委，年底，全国开展了批判胡风的斗争，来势凶猛，从思想问题很快上升到政治问题。这时，彭柏山把我和孔罗荪叫到市委宣传部，他拿出刚刚发下的红头文件对我们两个人说："中央责令每个党员都要写批判胡风的文章。这件事很严重，是毛主席亲自抓的，我也要写，你们也要写。"谈话回来不久，果然柏山写了，我也写了。这是我一生中所写的至今内心深以为疚的文章。一九五五年六月，我被隔离审查了。隔离后期，审查我的同志对我说："你的问题已经弄清楚了，没有历史问题。在对敌斗争时期，你的表现是好的。现在的问题是你对胡风的认识不清，立场和态度都没有转变过来。你转变过来了，就可以出去工作。"由于我一直坚持胡风不是反革命集团，终于在最后给我作结论时，定我为胡风反革命集团骨干分子。当时，领导上有不同意见。中宣部的周扬，上海市委的王一平、石西民都反对给我戴上反革命帽子。但是，上海反胡风五人小组领导张春桥坚持定我为反革命。我的结论是到一九五九年底才作出来的。隔离时的情况，有些同志在文章中谈到过，这里就不多说了。①

二〇〇三年

（《人物·书话·纪事》，人民文学出版社2005年）②

---

① （原文附注）小风来信说《我和胡风》行将增订重版，由于来不及另写专文，就把《清园书简》中写给胡风的七封信寄去，并加一附记，作为小小的纪念。以上就是附记的内容，题目是现在加上去的。

② 亦见《王元化集》卷七，湖北教育出版社2007年10月。

七律一首

边城风雪锁春寒，千里荒漠万重山；
墨翟有感哭歧路，老聃无意出函关。
豪情都作断肠梦，岁月渐催鬓发斑；
心事茫茫谁堪诉，问君更得几时还。

五五年余与柏山同罹胡风案之难，余被革职，柏山则放逐青海。余赋此诗，未得便书赠之。直至"文革"前柏山返沪探亲，余始以诗示之。柏山匆匆离去后，十年浩劫难发。未几，其子小勤即以柏山于运动中被害讯来报。此事距今已近四十年矣。

甲申处暑前一日
（2004年）

（《清园书屋笔札》，中国美术学院出版社2004年）

记 满 涛

现在我把这件不幸的事简单向你报告。你离沪去武汉不久,满涛病情即日趋恶化。我们心中毫无准备,医生说病危,但又说倘支持一星期左右,仍有好转希望。这期间我们轮流去医院值班〔从这时起到今天我一直未再去看老林(淡秋)了,他已住院,眼睛开了刀,情况良好,这是别人告我的。打算过几天去看他〕。十七日晚,我的孩子去医院守夜。十八日一清早,我尚未醒,即被他的痛哭声惊醒(他是很爱他的大舅的),匆忙赶到医院,发现满涛晚间病情恶化,已切开气管输氧气,床前挤满了医生护士正在抢救。我知道已到最后时刻,没有让可去医院,同时把建侯打发走了,因他俩都血压高,建侯还有心脏病。我陪津莘守在旁边,不久清姊也起来了。满涛身上好几处插了管子,呼吸急促,大口喘气,全身痉挛,在向死亡作最后的挣扎。看到这种痛苦的样子,我感到自己的心都紧缩起来……

他在上午十时,停止了心脏的跳动。医生为他按摩心脏,做人工呼吸,继续了半个多钟头,毫无转机。最后把我叫到一旁,说抢救无效,问我是不是再要抢救。是我同意不再抢救的。这时,津莘扑在满涛遗体上,一边痛哭,一边叫着"可怜的满涛,可怜的满涛……"我帮助她为满涛擦身、换衣。他身上仍有体温,我握着他的手,感到那上面的温暖。这印象是这样深,我觉得自己手上的温暖感觉恐怕永远不会消退了。我们随同医院护工一起把他的遗体送至太平间。

我和满涛不仅是亲戚，而且是三十年的挚友、知己，一旦人天两隔，我就失去了心上最宝贵的那一部分。我有负疚之感。这两年来，我对他体恤照顾不够。他受到"四人帮"迫害，晚年在性格上起了很大变化。我懂得这时为什么他的自尊心特别强，常常会怀疑别人对他歧视，甚至连亲人挚友也不免。这是许多人在遭到政治迫害后往往容易产生的心理状态。但是当他对某些我认为绝对不会对他歧视的人也有疑心的时候，我们发生了争执。我责怪他不像从前那样听我的劝告，因而在一些看法上有了分歧和隔阂。现在我失去了他，再想起这些事，就感到痛苦了。这几天晚间醒来，我不禁想到自己身上不是也同样存在着因自尊心受伤而产生的那种多疑的不正常心理状态么？我也有的，有时甚至比他还厉害。我们都是"人"啊！我们不能超凡入圣。自然也有少数人，胸襟开豁，智虑明达，堪为我们的模式。但是不从社会历史的复杂原因去看待满涛晚年的性格变化，是不公正的。为此我深深地感到负疚。这确实是一个悲剧。许多事往往在事后才会使人变得聪明一些。但是太晚了。他已经无从知道我此刻的心情。我失去了一个兄长，一个友人，一面可以照出我的灵魂、使我不敢妄为、促我上征的镜子。这损失是太大了，这是无可弥补的啊。

最令人感到痛心的是他没有实现他的抱负。这并不是什么宏图大业，却是一种令人不得不肃然起敬的为文艺、为人生的严肃工作。虽然他在晚年所能做的只是译事工作，但他锲而不舍，只要活一天就要做一天，决不肯苟且敷衍，贪图舒适享受。可惜他未能完成愿望就赍志而殁了，连他在生前以为可以完稿的《死魂灵》，也仅仅译出了三分之一强。现在他的书桌上还放着他在译稿上写下的最后一个字。当我在十八号那天在医院安置好他的遗体后，陪津苹回到裕和坊时，看到翻开的《死魂灵》原著和他用颤抖的手写下的那些字时，我抑制不住流下了眼泪。命运太不公平！如果他再活五年把五卷《果戈理全集》和六卷《别林斯基选集》译竣，他的一生也算有了交代。他留下的工作，我干不了，我想别人恐怕也不能像他那样卓越地去完成它们！这是多么大的损失啊！

你对他的评价，说出了我的心声。你是深深懂得他的，你的评价是公正的。我不得不说到译文社。满涛生前原拟译好《果戈理全集》《别林斯基选集》后，再着手译司各脱。他很赞赏马、恩对司各脱的评价。可是他向出版社提出后，他们婉言拒绝了他，说已经有人翻译了。这使他很气愤。我同情他的气愤，因为我知道出版社约了一个无论在原文、母语、文学修养各方面都远远不及他的人去翻译司各脱。出版社连珍珠和豌豆的区别也不能辨别。尽管主持者也是我认识多年的朋友，我不知道他们对翻译事业怀着怎样的心理，甚至怀疑他们究竟考虑的是"人事"，还是"事业"？现在满涛已故，在我们的悲痛里也包括为我们文化事业所感到的损失。但有些人也许不是这样，他们感到去掉了妨碍他们成名成家的一块绊脚石。但这些话现在已经晚了……①

一九七八年

(《人物·书话·记事》，人民文学出版社2005年)②

---

① 该文系作者1978年致陈冰夷信的节录，该信收录于《清园书简》，湖北教育出版社2002年版，第298—302页。原信后面一段文字为：

让我再汇报一下满涛的后事吧！（一）他病危时，我请老钟速办平反。老钟多方奔走，宣传部派专人办理，终于推倒一九七六年"四人帮"加给他的"胡风分子"帽子种种诬蔑不实之词，恢复"文革"前结论。但最后信息传来，他已含恨而死了。（二）通过老钟由作协、译文社联合出面于下月十三日下午举行追悼会，已成立治丧小组（我是成员之一），董其事者，还有萧岱、丰村、吴岩等六人。《讣告》不久即可发出。（我原以为你去广州，可能转来沪上，曾要他们预订几间招待所房间，现在你自然不能来了。不知京中去穗开会的同志何人会来?）（三）一些老同志巴金等为追悼会出点子，希望追悼会加上平反恢复名誉的内容，我已提出，老钟支持。（四）成立治丧小组会上，我因心情悲痛，一肚子怨气，历数了译文社种种不合理措施，发了火。事后我责怪自己不应感情冲动。中妹来信说你为我担心，你的信件中再三告诫。我一定听你的劝告，不再激动、冲动。——编者

② 亦见《王元化集》卷七，湖北教育出版社2007年10月。

记林淡秋

十二月六日黄源打来电报说:"淡秋于四日去世,望写文悼念。"这消息来得这样突然,使我惊讶,使我茫然。

今年我三次出差杭州,每次来去匆匆,但前两次仍抽空和淡秋见了面。第一次在淡秋家作了竟日之谈。第二次去杭,他的身体已经十分衰弱,我原打算去看他,但他一定要来看我。他夫人唐康不让他出门,但拗不过他,只好由小女儿陪他来,说好谈话时间不要超过半小时。这次他谈得少,但兴致很高,几经女儿催促,才怏怏离去。当时我怎么也不会想到这次分手竟成永诀!说来事情竟这样凑巧,我第三次去杭州是在十二月三日,定好次日即返。四日一早我打去电话,唐康告诉我说:"老林生病进医院了。"我听了一惊,要去探望,但唐康说现已无碍,再三劝阻我不要去医院。谁知就在我当天下午五时乘车离杭的时候,正是淡秋弥留之际,错过了最后见面的机会,使我懊丧不已。

这些天,我不能平静下来,但约定交稿的日子到了,我不能再拖延。现在夜深了,四周是这样静,窗外是浓墨般的黑夜,我感到沉重的悲哀阵阵袭上心来。我想到我失去了一位尊敬的友人,一位在我青少年时代引导我走上文学道路的兄长,一位平易近人,率真、热情、质朴的革命者。听说他立下的遗嘱是不开追悼会,不作悼词,不搞骨灰安放,并且要他的家属在他死后即迁出省委大院。只要了解淡秋平日为人的人就可以知道他正是会做出这种安排而不是别种安排。淡秋还像我四十多年前所认识的那个淡秋，他仍保持着四十多年前的那种简朴作风，没有一点架子和官气，甚至还像过去一样，谈得高兴时突然会爆发出一阵阵爽朗的笑声。

在我和他的接触中，很少听到他说"我怎样怎样"或"我如何如何"，他讨厌自我炫耀，讨厌吹嘘自己，他也不喜欢这样的人。记得还是在抗战时期，有一次他向我谈起，"左联"中的一位常委用化名"林矛"写了一篇文章，然后又以第三者的口吻吹捧这篇文章，组织大家去学习。淡秋自始至终都是不喜欢这种作风的。他不喜欢互相吹捧，互相拉扯，自然对后来的拉帮结派更是深恶痛绝。在人和人的关系中，他似乎有一种十分执著的平等观，在这方面几乎到了绝对的程度。他和"左联"五烈士之一的柔石是很好的朋友。在抗战初我认识淡秋不久，他就和我说过，是柔石把他从乡下带到上海来从事文学工作的。他对柔石有一种很深厚的敬爱之情。但有一次，他也无形中向我流露出对柔石膜拜鲁迅的过分态度不无微言。由此可见，淡秋对平等人生观是多么坚执。后来，在严分上下级的官本位社会中，淡秋仍一贯保持他那待人平等的本色。现在回忆起来，不论淡秋在怎样的处境中，面对怎样的人物，也都不可能辨别得出他说的哪些话是对上级说的（无论这个人的级别是多么高，权势是多么大），哪些话是对地位比他低的人说的（无论这个人处于怎样的困境），淡秋都一视同仁。他这种可贵的性格，就我接触的众多的人来说，是十分罕见的。

抗战初，我和淡秋认识不久，常常找他去聊天。那时他住福履理路（今建国西路）一条弄堂中一间不足六平方米的亭子间，里面只放得下一床、一桌、两椅，他和唐康就住在这样简陋的地方。我去聊天时，三人中总有一人得坐在床上，但是在这样的小屋里，我们仍谈得十分欢畅。到了吃饭的时间，我常常不顾人家的麻烦，就自动留在他们家吃饭。唐康取出一只小小的打气煤油炉，淘米煮饭，然后再用一个小油锅，把早上买来的裙带鱼收拾干净，放进油锅一炸，三个人就围着小书桌吃起来，我吃得特别有味道，所以常常喜欢到他家聊天，再吃这么一顿饭。有一次时间过晚，我把自己的长衫忘在他家了。直到六十多年后，唐康还几次对我笑谈这件往事，说我年轻时如何粗枝大叶、生活散漫。这段时期我们身在孤岛，生活艰难、环境险恶，却很愉快地从事着地下工作。朋友之间没有猜忌、没有摩擦，或者其他不愉快的事情。虽然有时也会发生争吵，但不久就乌云消散，不留下任何感情的芥蒂。这种坦率纯真的生活真是令人向往。

淡秋常跟我说，他身上具有农民性格。我那时未去过农村，根本不知道农民性格是什么。我只感到，他从不会做作，不会因为矜持而掩饰自己，他像孩子一样天真，总是毫无顾忌地把自己内心袒露出来。有一次，我和他还有满涛一同走在马路上，行至半路，天色骤变，雷声隆隆，闪电划破了天空。随着一声炸雷，大颗大颗的雨点落了下来。这时淡秋惊慌失措，拿着手里的一本杂志挡在头上，满脸惊慌地到处寻找躲藏的地方。满涛和我看了不禁大笑起来，我们真没料到，一场暴雨就把他吓坏了。他就是这样天真无瑕，这也算他性格中的一个特点吧。

他也有农民性格中倔强的方面。孤岛中期，他满怀热情到皖南新四军军部去。那时，新四军成立未久，物质条件极差，这一点对淡秋来说不成问题，他能吃苦，也不怕吃苦。但那里使他感到不适应的，却是需要绝对的服从命令听指挥的刻板生活。他作为一个文化人，自由惯了，从来没有受到过这样的拘束。尤其，他是一个作家，对文学有深刻的理解，和部队里须按照严格的政治要求和政治任务去写作完全不同。新四军宣教部的领导叫他为新四军创作军歌歌词，他欣然接受了。不料，领导却指定他把一些政治口号填嵌进去，而且这要求是极为严格的。换了别人，也许觉得这不是去搞文学创作，而是去完成一项政治任务，就会接受下来，按照领导的意图去填写军歌歌词。可是淡秋执拗得很，他对于写作有自己所深信的那一套，决不苟且，以为一旦放弃了自己的原则，就是对工作不负责任。所以，他固执地不肯按照领导的交代去写。但是，当时以政治标准挂帅的领导，怎么可能理解淡秋的文学观念和写作态度呢？那时皖南也有几个知识分子出身的干部被提到领导岗位上，其中有一位是"一二·九"学运的领袖和"民先"的领导，但他到了皖南后，很快就和当地的干部同化了。当时皖南在对知识分子的政策上是有偏差的（后来，周恩来代表中央来检查工作，才把这一偏差加以纠正）。不过在纠偏以前，知识分子初到皖南压力还是很大的。比如聂绀弩就受到了歧视和批判。当皖南举行鲁迅逝世三周年纪念会时，先由聂绀弩演讲。聂说："在抗日的新形势下，阿Q倒下去了。"接着就由那位学运领袖（这时他在新四军政治部有一定重要的职务）上台发表讲话。他针对聂绀弩的话说："阿Q倒下了，聂绀弩站起来了。"当时这种歧视知识分子的例子很多，辛劳、骆宾基都有过类似的遭遇。淡秋对这些事看不惯，虽然新四军的领导对他耐心地做了工作，他还是固执己见要求调回上海，这对淡秋今后的政治命运有着很大的影响。他是很早参加革命的党员，做了很多的工作，可他始终没有政治化，对个人在政治上的升降沉浮并不在意。抗战后，组织上派他在《时代日报》工作，天天值夜班，白天又睡不好觉，很辛苦。但他工作得很认真，一句怨言也没有。解放后，以他的资历和能力，本可以担负一些重要的工作，但组织上只派他在《解放日报》做一名普通编辑，他欣然接受了，没有任何不满。在《解放日报》工作了两三年后，负责意识形态工作的胡乔木发现了他，立即把他调到《人民日报》任副总编，负责文艺部门工作。他和胡乔木于抗战前就相识，他们曾在社联一起工作过。胡乔木知道他的革命经历，也了解他的工作能力，所以很快把他调到了《人民日报》副总编的岗位上来。这时《人民日报》的社址在王府井大街，我到北京开会时曾去看他，他的办公室是一间兼作卧室的狭窄的小房间，摆了几件简陋的旧家具，几乎把房间挤满。淡秋就在这样的环境中乐而不疲的工作，哪里像一个副部级的领导。他还像平时那样，没有架子，随便说笑，平等待人，这给我留下极深的印象。过去在上海从事地下工作的同志，虽也有一些例外，大多都像他一样，保持了这种朴素的作风。但是后来这种作风就很难看到了。那时，淡秋对胡乔木很敬重。有一次他笑着批评我说："你讲这些话，要是让乔木听见了，他一定会批评你的。"

反胡风斗争，我被卷入，受到隔离审查，两年后被释放回家，当时和一切朋友都断绝了来往。可是张可拿出两封朋友的信给我看，一封是姜椿芳写来的，另一封就是淡秋写来的。这两封长信都是在我被隔离的时候写给张可的。当时我被定为贱民，处于政治最底层，谁也不敢理我，甚至过去的朋友在路上相遇，也都掉头而去。可是老姜、老林并没有因为我成为"反革命"而对我失去信任，他们毫不顾忌写这样的信会担待怎样的风险，仍以兄弟般的感情，对我的不幸表示关怀，对张可表示慰问。在严冬中送来的这种温暖，使我对生活感到绝望的心，重新闪现出光亮。可是，由于当时的环境，我不愿意牵连关爱我的人。我狠了狠心，就把这两封珍贵的来信给烧了，并且跟张可说不要回信，以防带累他们。

我和淡秋重新相聚已是二十多年以后了。那时我已年逾六十，而淡秋更是垂垂老矣。他是到上海来治疗眼病的。后来，我到杭州去拜访他，他是那样的高兴，拉住我不放："今天晚上你就住在这里，我们抵足而眠，痛谈一夜。"虽然我并没在他家留宿，可是那夜，我直到深夜才离去。从这次谈话中我知道他在反右运动中也遭不幸。虽然没有被戴上帽子，可是被赶出了《人民日报》，降了级，下放到杭州。他说在鸣放期间，胡乔木开列了名单，要他去组稿，让这些人去鸣放。反右开始，风云急转，他受到了批判。我问他是怎么挨整的，他说胡乔木不承认鸣放期间是他自己指定淡秋向那些人组稿的。淡秋又说幸亏邓拓保了他，才没有戴上右派帽子。这次淡秋和我说起胡乔木，和他五十年代初在《人民日报》工作时完全不同了。淡秋去世后，唐康曾把这情况写进她的回忆文章中。

我曾经在一篇文章中说，我是吸吮抗战初期上海地下党文委乳汁长大成人的，他们对我的思想和人格成长，曾起过重大的影响。我所说的地下党文委不是一个笼统抽象的概念，而是由许多有血有肉、有思想、有感情、有个性的人组成的，而淡秋就是其中的一个。

二〇〇三年
据一九八一年十二月初稿改定

附记：刚刚改好《怀念林淡秋》文章的第二天，就收到淡秋夫人唐康的来信，算起时间来，可说是一种巧合。好像心灵真是可以相通的，在我写这篇《记林淡秋》时，也正是唐康写这信给我的时候。我愿意把这事留作纪念，故将唐康的信附在下面。

附：

唐康来信

王元化同志：

我数月前知道你身体欠安，心中很是思念，很想与你谈谈心里话。但是，路远，身体差，不能如愿。提笔给你写信吧，思绪千万，从何说起呢？没法提笔。再不写信，我以后视力差了，手也抖了，更难啦。

你与淡秋的情谊之深，我受到你全家人的关怀难以忘却。

三十年代淡秋住在四四二号，你来看他。你身穿一套中式绸衣裤，一件银灰色绸长袍，谈得哈哈大笑，将长袍挂在门后，一挂就是一个多月。当时你十八岁，是淡秋朋友中最年轻的一个，我是小保姆，比你小一岁。我问这位少爷怎么不取回自己的衣服？淡秋笑答："他是个小孩子。"后来淡秋将我送到许广平先生办的中华女子中学附小读书。淡秋和我结婚住在建国西路，你与蒋天佐是我们家的常客。你去皖南之后，大约是一位同志出了问题，你母亲很急。因此，淡秋专写一篇文章题为《家》。文中叙了你母与你的母子情，你追求真理爱国之情很深，你母亲爱儿子之情也很深！

淡秋去皖南，你特约我和淡秋去普希金纪念碑前留影。

四十年代上半期你在上海做地下工作，淡秋隐住在上海做盐商经理，你们见面叙说抗战的艰苦岁月。我因产后病从崇明岛来到你家，由你母亲带我去看了妇科病。后不久，我又住在你家等待返回苏中根据地。你将床让给我和女儿睡，你睡在地板上。还有淡秋从皖南回到上海，我们夫妇立个家，一无所有。你从家中搬了床、桌子、椅子等等。你与淡秋是一对亲兄弟，坐在床上谈编《奔流》杂志，谈写小说，说抗战胜利那天想吃的东西……

解放战争时期，你与天佐又是我们家的常客，你们谈理论、谈形势，甚至谈你与张可结婚仪式上你不得不穿礼服，"他们要把我打扮成小丑啊！"你说得是多么兴奋！

全国解放又是你与淡秋南北分离。反胡风你被隔离关了起来，张可同志，她作为你的爱妻，她，不但人美，心灵更美。她给淡秋来信求助。信中提出元化可以承受任何处分，就是不要开除他的党籍。她对党是多么信任（就像淡秋在"文革"中说的"党不要我，我离不开党！"）。其实从那个时期开始淡秋也"难做人，做人难了"。

"十年"之后，你到火车站接淡秋，你满嘴是假牙，淡秋有点不认识你了！

八十年代初，你在政治上恢复了"青春"，淡秋撑着病体急急与你见面半小时。杭州饭店的一别，却成你们这对难兄难弟的永别。

杭大百年大庆，校领导对你这位赫赫有名的大历史文学家亲自迎接。你到本校图书馆参观古籍书库，跟随你有一个队伍，是敬佩你也是保护你。我的小女儿崇煌是修补古书的"专业户"，写过不少有关这方面的论文。她亲眼见到父亲的挚友，在你走进书库之后，白衬衫扣子不扣，露出了汗衫，一站就是半小时，聚精会神地翻阅一本古籍作品。你的生活作风仍然是那么朴实，而学习精神却是令人敬佩！

杭大中文系一位退休教授将你的画传翻阅得封面已破损不堪了。我在医院读《陈修良与沙文汉》一书，读者都说你为该书写的序很好，内容朴实。

原杭大金副校长告诉我，杭大有一王姓教师去上海见到你，说你精神好，我听了很高兴。

回想八十年代初陈梦熊同志收集"上海孤岛"时期的史料，淡秋问他"王元化怎么样了？"陈取出一只录音机，淡秋对着机子大声说："小孩子王元化，你好吗？"

陈再重放时，原来是一只坏了的录音机，他们两人都很失望！你在上海当然也听不到淡秋呼喊你的声音了。你的父亲在清华执教桃李满天下。我的孙女现在是清华大学法律系的研究生。我的外孙在人民大学哲学系念书，用两年多编了个剧本得了一个文学奖，得了奖金三千元。他说："外公爱好文学的灵气留给了我。"

我认为你与淡秋都是不说空话，不说假话，做实事的人，你们也为此吃了不少苦头。现在，科学发达，医术水平高，加上你的乐观精神，我遥祝你康安！张可同志我也很想念她，只能祝她平静地生活下去。

我在医院治骨质疏松症。旧房改造，我搬到市社会福利中心，三年后返回原处住新房，顺告。

握手，夏安！

唐康于浙江医院

二〇〇三年七月八日

（《人物小记》，东方出版中心 2008 年 1 月）①

---

① 亦见《人物·书话·纪事》，人民文学出版社 2005 年、《王元化集》卷七，湖北教育出版社 2007 年 10 月。

悼念慎之同志

四月十七日下午,《读书》杂志的吴彬同志通过 Email 请纪霖带口信给我,告诉我慎之同志病危的消息,我很吃惊。前年他到上海来开会,在女儿和学勤的陪同下,还来看过我。我们谈了很久,都很高兴。我还劝他注意身体,因为他在德国时曾中过风。这次见面学勤还当场录了像。没有想到,这竟然成为了我们最后的诀别。

四月二十二日,噩耗传来,当天我请纪霖通过吴彬向慎之家属转达了我的悲痛和吊唁。我和慎之虽然相识较晚,但从朋友那里听到他的为人和过去的遭遇,我对他是深感同情和尊重的。虽然我们在一些观点上(如对传统文化和"五四"运动)存在着分歧,但在总的方向和追求自由民主的立场上,是完全一致的。这两年来,我读过他发表的一些文章,曾与几位朋友谈过,我感到我们的观点渐渐趋向一致。我怀着期待,希望在更多问题上我们能够增进更深的了解。如今,噩耗传来,使我不禁感到若有所失。我的年龄比他大,没有想到他竟会先我而去,我没有在他生前把我的一些想法向他倾吐,这是我深深引为遗憾的。关于我与慎之的关系，外界流传着一些不确切的说法，今天趁我对他的逝世表示哀痛的时候，我愿向朋友们作一内心告白。

(《怀念李慎之》，2003年5月)①

---

① 李慎之（1923—2003）。本文录自《怀念李慎之》，2003年5月，第51页。该书末页黑体字说明："本书由李慎之生前友好自愿捐资印制，谨作纪念，概不出售。"

《适夷十封信》跋

二〇〇二年《新文学史料》为了纪念适夷逝世周年，特辟专栏，嘱我撰文纪念，那时，我因颈椎病，不便书写，就检出以上十封信交给编者发表。我想，这些信比我撰写的文章更能显示出适夷的性格、为人和思想。今天适夷的小女儿楼遂携李浩和晓芳同来，谈起上海鲁迅纪念馆和人民文学出版社共同编辑出版《楼适夷同志纪念文集》的事。我视力极弱，读写俱废，都要靠别人诵读或代笔。我很想写一篇纪念这位老友的文章，但是力不从心，只能遵照编者的意思，写几句跋语附于信末，以表示对他的怀念。

这些信都是适夷十多年前写给我的，我以前也读过多次，这次楼遂再念给我听，使我感到仍和初次阅读这些信时一样，如对故人，如闻謦欬，真是不胜感慨系之。自然这十封信不足以显示他的全貌。但是，听着楼遂诵读，似乎就感到了适夷那颗赤子般真率的心仍在跳动。我和他相交半个世纪以上。他是性情中人，敢说，敢笑，敢怒，敢骂。他也会和朋友争吵，吵起来像孩子般任性、冲动、赌气，但要不了多久，一切都风平浪静，和好如初了。在他的头脑中，再也不留下任何芥蒂，似乎从来未发生过这事一样。他在三十年代初，左翼文学初创时，就已参加文艺活动。他也像那时代许多人一样，难免在情绪上存留着文坛上的一些恩恩怨怨。但是不同的是，他不是从个人的利害、一己的好恶出发，而是从是非、从道义上去批评某人对某人的不公，某人的行事作风有悖为人处世之道。他的看法不一定正确，但他的态度则是本之公心。所以他没有纠缠于过去恩怨之中的那种胸襟狭窄的宗派情绪。这甚至是很多作出过贡献的三十年代文学家也难免的。适夷就是这样一个可爱的人，一个使我难以忘怀的人。他像兄长般对我倍加爱护，这种情谊数十年不变。在这半个多世纪中，我们经过了无限的风雨，每个人都有着坎坷的经历，但是能像他那样未改初衷，始终保持原来的真率性格，不为威武所屈，不为富贵所淫的人是并不太多的。我曾说我和许多老友的交谊经历数十年，大多都仍长期保持下去，可是和一些新交的青年朋友，却很难做到这样。

我和适夷的通信大约有三四十封，我写给他的现仍保存的不多，已全部收在《清园书简》中。至于适夷给我的这十封信，是在三十多封中选出来的，现在发表时，有少数地方我作了些必要的节略，但未伤筋动骨。而他给我的原信现都保存在上海档案馆内，将来读者可以去检索。

（本文经李浩笔录）

二〇〇五年三月十二日①

---

① 参见《王元化集》卷七，湖北教育出版社 2007 年 10 月。

谈鲁迅思想的曲折历程

从《二心集》开始,鲁迅虔诚地接受了被他认作是党的理论家如瞿秋白等的影响。这一时期,他的不少文字带有特定意义上的遵命文学色彩。例如,他对"第三种人"的批判,对文艺自由的论争,对阶级性的分析以及对大众语和汉字拉丁化的意见等等,都留下了这样的痕迹。

现试举另一例。早期,鲁迅在一九〇七年写的《文化偏至论》中说"布鲁多既杀该撒,昭告市人,其词秩然有条,名分大义,炳如观火;而众之受感,乃不如安东尼指血衣之数言。于是方群推为爱国之伟人,忽见逐于域外。夫誉之者众数也,逐之者又众数也,一瞬息中,变易反复,其无特操不俟言;即观现象,已足知不祥之消息矣"。这分明是排众数的主张。但是,他在一九三四年写的《又是"莎士比亚"》和《"以眼还眼"》,对杜衡援引莎剧《裘力斯·恺撒》所描写的这同一历史事件,却作了完全不同的评价:"我就疑心罗马恐怕也曾有过有理性,有明确的利害观念,感情并不被几个煽动家所控制所操纵的群众,但是被驱散,被压制,被杀戮了。莎士比亚似乎没有调查,或者没有想到,但也许是故意抹杀的……"布鲁斯特(布鲁多)不仅在文艺复兴时代,而且也在启蒙运动时代,都被当做推翻专制暴君的英雄加以歌颂。鲁迅在早期也是持这种观点,可是后来他不再提了。上面那些为群众辩护的话,显然是牵强的。它使人感觉到鲁迅担心如果不作一些肯定的评价，会使人丧失对群众的信心，其实这是多余的。在罗马以后十几个世纪，俄国思想家车尔尼雪夫斯基曾这样说到专制时代的俄罗斯："可怜的民族，奴隶的民族，上上下下都是奴隶。"列宁评论这段话说："公开的和暗藏的俄罗斯奴隶是不喜欢回忆这些话的。然而我们却认为这是本着对祖国真正热爱所说的话，是因感慨大俄罗斯民众中间缺少革命性而吐露的爱国热情的话。"就是按照马克思主义的观点也并不一定主张讳言群众的落后性，或者甚而把群众加以理想化。

在这几年中，纵使从鲁迅身上也可以看出当时的某些思想倾向的影响。早年，他经常提到的个性、人道、人的觉醒……在他的文字中消失了。直到他逝世前，才开始超脱左的思潮，显示了不同于《二心集》以来的那种局限性，表现了精神上新的升华。他最后发表的那些文章：《我的第一个师父》《女吊》《死》《凯绥·珂勒惠支版画选集序言》等，写得既沉郁又隽永。

一九八八年

(《人物·书话·纪事》，人民文学出版社 2005 年)[1]

---

[1] 亦见《王元化集》卷七，湖北教育出版社 2007 年 10 月。

纪念与超越[1]

当我们回顾即将逝去的二十世纪的时候，不得不想到在文化界、思想界曾经发生过深远影响的一些人物。鲁迅的名字是和二十世纪的中国紧密相连的。今天如果还是对鲁迅仅仅讲一些在感情上颂赞或崇拜的话，已经没有太大意义了。鲁迅的历史地位已经确定，他的影响也仍在一代一代传下去。

本世纪几代知识分子的向往与追求，彷徨与探索，挣扎与努力，取得的成就和留下的遗憾……都在鲁迅身上有着不同程度的反映。他成为凝聚了这个世纪的炽热激情的一个缩影。今天我们应该怎样来评估这样一段历史，这是一个十分重要的问题。只有经过正确的估价，我们才能从过去的文化资源中提炼出最精粹的部分。这需要更理性更深入地去进行思考——不仅针对鲁迅个人，而且还应该针对作为鲁迅思想背景的"五四"新文化运动本身。如果我们面对的是一个运动、一个时代，那么在评估鲁迅的历史功过的时候，就不应该将怀着恶意的动机用寻垢索瘢的手段去诬蔑诋毁和对历史负责作实事求是的回顾与总结混为一谈。

---

[1] （原注）本文据一九九六年二月二日在上海鲁迅纪念馆来访者笔录作者当时的谈话整理而成。

鲁迅喜欢过日本的白桦派。他很赞赏有岛武郎对幼小者所说的话："毫不客气地拿我做一个踏脚，超越了我，向更高更远的地方走去"。（大意）今天看来，这几句话仍旧很有意义。鲁迅正是抱着这样的态度，希望他的后辈跨越他前进。他的好的地方，我们当然要继承。他受到时代等等多方面影响所显露出来的局限和缺陷，我们也不要回避。我们应当超越过去，向着更有人性的境地走去，这才符合鲁迅生前所愿望的。

做一个更完满的人，能够为人类带来更多幸福的人，从这个角度来纪念鲁迅，我们就不会仅仅停留在对他的颂赞和崇拜上了。自然这并不是说，今天就无须对他表示尊重和敬意。我们虽然指出鲁迅也有缺陷，也有不足的地方，但这并不意味着可以后来居上，去嘲笑那些在崎岖的人生道路上披荆斩棘艰苦备尝的先驱者。须知如果我们能够少走一些弯路，避免一些挫折，多取得一些成就，那都是前人以血汗代价换取来的。有了他们的失误，才使我们变得聪明一些。鲁迅也是这样一位先驱者。

一九九六年

（《清园近思录》，中国社会科学出版社1998年1月版）[①]

[①] 亦见《王元化集》卷七，湖北教育出版社2007年10月。

第七辑　有关上海文化发展的意见

有关上海文化发展的意见

自清末起上海就已成为全国的文化中心。辛亥革命前许多鼓吹革命的报刊是在上海出版的。辛亥革命后上海的文化发展更有一日千里之势。当时,上海是人文荟萃之地。上海的新闻业居全国之冠,如《申报》历史悠久,影响最大。书籍出版方面,商务与中华两家,力量雄厚,统领全面。电影业不仅以上海为摇篮,而且长期以来成为全国仅有的摄制基地。上海的剧场影院林立,各地无法与之匹敌。进步文化社团也几乎全部集中在上海。上海作为全国文化中心,体现了我国文化事业的脉搏跳动。

我在这块土地上生活工作了五十年,可以算是半个上海人了。昔日盛况未免引起人们的思古幽情。不过,我认为对于上海作为文化中心的优势地位的衰落,也应作出冷静的判断。过去上海成为全国文化中心,主要原因有三:第一,上海开埠最早,对外接触频繁,是内地与海外往来的枢纽,从而,上海也就成了吸收外来文化的活跃地区。新思想新事物源源而至,这在突破封建传统方面起了一定作用。第二,上海是全国最大的工业城市,有一支工程技术的大军。金融集中,工厂密集,技术先进,这都为发展文化事业提供了优良的条件。第三,解放前,尤其是抗战前,上海地位特殊。坏的方面是它成为罪恶渊薮。但这种特殊政治地位又使它在各种反动统治者的错综复杂矛盾中留下种种缝隙,使进步文化力量可以利用矛盾,从而有了回旋余地。

目前,上述三个条件已经或正在变化。全国涌现出大批对外开放的城市和地区。建国后定都北京,使这座本来已经变得沉寂的文化古城重新焕发青春,显示了旺盛的生命力。高等学府、高级研究机构、全国性的文化单位与团体汇集京华,吸引了各地的文化精英,人才之多、设备之优,上海难以抗衡。由于各方面水平的提高,其他一些大城市的文化事业也取得长足进步,正在蒸蒸日上。上海日渐失去它的文化优势,正是它昔日所处的畸形地位的终结。上海人是否因此就只有眼睁睁地看着自己优势的丧失而毫无作为了呢?倘以为大势已去,抱着随遇而安的态度,那么上海还要在滑坡路上继续滑下去。上海人应努力争取把上海建成全国文化中心的一个重要基地。建国后,上海被称为全国的半壁江山,不是无因的。上海有过去作为全国文化中心的传统,积累了不少经验,基础好,底子并不薄,有潜力可挖。这是其他城市所没有的。这里且举一例。迄今外地演出团体仍如二三十年代北京艺人一样,以来沪演出作为建立声誉确定自己地位的重要途径。首都以外的其他城市并无此殊荣。迄今上海仍旧人才济济,是藏龙卧虎之地,不但有一批蜚声海内外的专家,还有不少人才如珍宝埋于地下。可惜前者往往反不为本地所知,后者更是如居暗室。如何发掘人才使人尽其才,才尽其用,以免盲目外流,这就需要有上海的伯乐。

今天如何发展上海的文化建设,这是一个应展开广泛讨论的课题。前些时偶尔也听到一些意见,大多是从吸引国外旅游者角度提出的。上海不能以古迹取胜。豫园、龙华、玉佛寺岂是长城、故宫、兵马俑、敦煌石窟的对手?上海更没有什么景观。外滩、南京路、黄浦江怎能与苏州园林、杭州西湖及无锡、南京、镇江、扬州等地名胜相比。因此对旅游者说来,上海只能成为旅客观赏它周围城市的名胜之后，用来作为歇脚的中转站。于是由此提出的对策，乃有大观园及锦江乐园之兴建。我认为，如果把大量拨款用于此途并不是上策（顺带说一下，据说对大观园的反应及其效益均不见佳）。因为在景观古迹方面，上海都居劣势。审时度势，只有取长补短才是发展上海文化的正轨。我认为，今天应把上海作为文化交流的一个窗口。

这两年上海有种说法，就是让世界了解上海。这提法很好，我想再补充一下，用来阐明我提出的把上海作为文化交流的一个窗口的倡议。所谓交流，自然是双向的。所谓窗口，指的是展示。上海一方面要成为迅速引进国外文化信息与文化成果的中心之一。上海拥有这方面人才，通晓中外文化各领域的专家也较多，可以担当此任。另一方面，上海又要成为向外传播中国的文化信息与文化成果的中心之一。作为窗口，不仅要让世界了解上海，也要通过上海来了解中国文化。因此，在文化设施方面应把钱用在建设现代化的艺术中心、博物馆、图书馆、大剧场、音乐厅、美术馆之类上。自然，这需要大量资金，不是容易办到的事，但作为百年大计仍需一步步去做，可采取分批分段进行的长期规划。有了这些文化设施以及其中展出的文化活动，既可以使海外了解中国文化，又可刺激上海本身的文化水平提高。这里且举一例，上海可与全国各地具有国家水平及不同类型的艺术表演团体签约，让它们轮番来沪演出，使观众看了这些演出可以了解中国艺术的概貌，不必再去各地观摩。这一点除首都外，只有上海容易做到，上海四周的苏、杭、锡等地是做不到的。再如，上海博物馆及其他展览馆，应从历史的、文化的、民俗的、工艺的等等方面，选择各种饶有兴味的题目，如文字、器物、服饰、印刷等等，作系列性的展出，使观众看后可对具有五千年的中国文明史得一大概轮廓。凡此种种都有广阔天地，应展开讨论，拟出完美的方案。

上海的文化建设是大家的事，不能由少数人包办，闭门造车。大家的事应由大家办，困难自然是有的，但成败全在自己争不争气。我们应有紧迫感和危机感，这不仅不会使人沮丧，反而可以增添我们的韧性和毅力，促使我们少说大话，少说空话，养成埋头苦干的求实精神。发展上海文化的希望就在这里。

一九八七年

附：

有关发展上海文化事业建议书

一九八六年十月我向上海市委提出了发展上海文化事业的建议，现摘要如下：

一、扬长避短、发挥优势

上海在二三十年代所居的文化中心地位，今天已不复存在，这并不令人奇怪。但是，上海不能坐视过去这种文化地位的丧失。今天的上海，仍有其突出的长处。一是有对外开放的历史传统。开埠多年，伴随商品经济发展的同时，比较容易接受外来的新思想，新文化。二是集中了一大批人才，文化方面的人才在全国依然占有地位。上海也有短处，即历史较短（此说与现在较流行说法不同，容以后再论），没有比外地更吸引人的名胜古迹和自然景观。有鉴于此，上海发展文化事业，一定要扬长避短，充分发挥本身的优势。可以着重考虑把上海建设成一个对外文化交流的窗口。要建成全国第一流的艺术中心、图书馆、博物馆、美术馆、大剧场、音乐厅。即使一下子搞不成，这个方向一定要明确。要让外宾来过上海，就可对中国文化的过去和现在获得比较全面、集中的了解。现在建大观园、游乐场的做法，从对外文化交流的角度看，是不足取的，即使对上海居民也缺乏吸引力。

二、政策上要有所保证

中央已原则批准了上海的文化发展战略,接下来,上海要制定若干促进本市文化发展的具体政策。例如,对某些文化单位实行减免税,放宽出国进行文化交流的审批权,采取鼓励好作品的措施等。文化单位,以后主要看怎样做、做什么,如社科院对外提供信息、业务咨询,文艺团体对外提供艺术辅导等等,都应鼓励。但我不赞成大家都来经商,假如大学教授也放下学术活动去做生意,对国家是否划得来,对教育和学术是否有妨害,就很值得研究。

三、尽快成立一个文化发展基金会

发展文化事业,需要一定的物质基础和财政支持。但也不能只寄希望于政府拨款。尽快成立文化发展基金会,是解决文化资金短缺的可行途径之一。筹集资金的来源,其一,可利用上海文化界在海外的影响力,争取侨胞等的捐助。前年我在广东顺德见到华侨捐赠的一所医院,比上海的市级医院还要好。上海在海外的影响自然远非一个县所能比拟。其二,大力发展商业性的演出、展销,如杂技、书画、文物等在外都很受欢迎,可从中提取一定比例的外汇用作文化基金。其三,加强与国内企业界的合作,使企业给予文化事业一定支持,而文化单位也给企业提供文化上的辅助(但这并不是用广告文学办法并据报酬的多寡来为企业家树碑立传,要杜绝买卖声誉的庸俗作风)。其四,对某些赢利的文化单位减免税收,将一部分余利转化为文化基金,如何使用它要由专家小组审定。贴补质量高而收利少的文化活动不能责以抽肥补瘦或鞭打快牛。要克服条条所有制的本位观念。

四、统筹考虑,抓好文化体制改革

文化体制改革要从调查研究入手,进行可行性的论证。哪些要改和怎样改,须从整体上统筹考虑,切忌凭感想办事,一哄而上。这在上海文化单位是有经验教训的。某一单位迫不及待地成立了这个中心那个中心,不到一年又一个一个都垮掉了。我们经不起这种折腾。没有经过调查研究和科学论证的,不能叫做改革。文化体制改革首先需要解决的是消肿问题。上海经过"四人帮"时期的"掺沙子"和退休由子女顶替之风后,人浮于事者,在文化单位及团体中一般是二分之一光景,而且多出来的都是吃大锅饭、不称职的冗员,如何消肿是个大问题。如不解决,无论怎样改革都无济于事。前些时据说某省消肿有了办法,并受到表扬,宣传了一阵。可是听这个省来的同志说,原来是用摊派的办法将多余人员硬转给兄弟单位,叫大家平均分担。这种挖东墙补西墙的办法,实际上不能算是消肿,更不值得表扬。真正做到消肿恐不是哪个部门单独可以解决,而需要文化和各有关部门协作解决。

(《文化发展八议》,湖南人民出版社1988年10月)①

---

① 《文化发展八议》,湖南人民出版社1988年,为"社会主义初级阶段理论探索丛书"之一。该文亦见《王元化集》卷七,湖北教育出版社2007年10月。

文化发展战略是项系统工程①

文化发展战略是一项系统工程，它有三个层次组成。

第一个层次是文化的设施。

目前，我国的文化设施非常落后。就拿上海来说，上海博物馆址是原中汇银行，馆中的采光及其他条件都很差。上海的文化广场是由原跑狗场改建成的，与现在国外的艺术中心水平差距极大。我们的图书馆是利用原跑马厅的建筑。② 除此之外，我们缺少适合现在演出条件的新型话剧场、歌剧场、音乐厅、美术馆等等。这种落后状况，已经影响到大型的、高质量的文艺演出。解放以来，由于第三产业的萎缩，文化设施的数量也大大减少。以剧场为例，解放初期上海有剧场一百多个，而到一九八三年只剩下三十八个。再如上海电影制片厂的摄影棚是全国电影厂中最少的。上海广播电台、电视台覆盖面和别的省份比较也是很小的。此外，在出版业方面，排字、印刷缺乏新设备、新工艺，出版周期之长简直令人不能忍受。上海以前所具有的优势地位正在削弱和丧失。

---

① （原注）本文系根据作者在上海文化发展战略研讨会上的发言整理而成。

② （原注）现已决定在淮海中路重建新馆，但据说新馆的设计图有人主张仍要在高楼顶上保持跑马厅的钟楼标志，这是令人感到奇怪的。

文化设施的落后现状，是有目共睹的。现在有人提出几种解决的办法：一是由政府增加拨款；二是民间集资，成立文化发展基金会；三是采取"以文养文"等。我认为，文化发展应三管齐下，国家在拨款上也需要给予照顾。目前，上海文化建设投资在整个国民经济建设投资中所占比重太低。"六五"前四年，上海国民经济建设固定资产投资为235.4亿元，文化建设投资只有1亿元，比重仅为0.4%。这个比重，世所罕见。现在，有人提出文化发展应纳入有计划的商品经济轨道。我觉得文化产品有商品经济属性，但又不同于一般商品，因为文化有其自身的发展规律和特点，不能一律相绳，这个问题要好好研究。譬如，学术专著看的人少，卖不到大价钱，但不出不行，那就可能要赔钱；又如高档艺术表演，也无法赚到很多的钱，国外这类演出团体也靠国家或基金会补贴。所以，完全以商品经济渠道来解决资金，看来是有问题的。我建议中央能把上海作为文化改革的试点地区，希望中央放手让上海搞成"文化特区"，给点政策，拨点款。外汇留成比例问题也须妥善解决。"以文养文"的说法可以提，但是，文化产品毕竟是精神产品，不同于物质产品，不同于一般的商品生产。同时更不能使文化工作者放弃专业，把精力放在以副补主上，一窝蜂地号召人人去做商人。"以文养文"应同自己的业务挂钩，不要把自己的专业挤掉了。

高质量的精神产品是社会必需的，即使暂时赔钱，也要坚持生产，赔的那部分可以从总的上缴利润中抽一部分来补足。

第二个层次是文化的组织或机构。

这个层次的情况比较复杂。我认为，要解决好这个问题，当以体制改革为先。旧体制已经成为文化发展的障碍，已影响到人民群众的精神生活。

我们需要进行改革的体制主要是建国初期在一边倒的思想指导下，照抄过来的苏联模式。在我国革命史上，硬搬苏联模式，吃过大亏。遵义会议前在"左"倾机会主义路线下照抄十月革命的城市起义经验,使白区的党的力量损失殆尽。后来清算了这种做法,提出马克思主义和中国革命实际相结合的正确路线,才在抗日战争、解放战争中取得一系列的胜利,建立了新中国。可是仅仅十几年功夫,在建国后的过渡时期以及社会主义建设时期,竟忘记以前的经验教训,又提出了一边倒,仍照搬苏联模式。根据这些经验所确定的体制,今天已成了阻碍现代化建设,必须加以改革的对象。自然还有在长期武装斗争、实行军事共产主义时一些在彼时彼地是需要的而在今天却是过时的那些因素,如平均主义的供给制,大锅饭等。

苏联模式的弊端是什么?第一,是以行政命令进行文化领导的体制。在专业机构上设置行政管理机构,这使得专业人员无法按专业需要和专业特点进行工作,而必须受命于并非从事专业工作的行政命令的领导,从而往往产生外行领导内行、瞎指挥种种扯皮现象。前年上海文化部门的一位领导提出了创作的四个规范化,说什么主题规范化、题材规范化、语言规范化、风格规范化,就是很突出的例子。同时,不从事专业却指挥专业工作的行政部门,机构臃肿,成为庞大的官僚机器。而一些文化艺术部门也由于体制不完善,往往沾染了官气。第二,不适应或甚至违反文化发展规律。如那时在教育方面的院系调整,砍掉了大批具有悠久历史、闻名海内外的名牌大学,不仅影响教育本身,在政治方面也造成很大损失。同时又将综合大学硬拆散而向专业化方向调整。这都不利于教育本身的各学科的交叉以及培养知识全面的人才。在文化方面,如把出版工作的编辑、印刷、发行切开,成为三个独立环节,由上级行政领导部门进行计划调节。形式上看这似乎是计划性很强的机制,实际却成为最大的盲目性,造成编书难、印书难、卖书难、买书难这种家家有本难念的经的最大困境,今天它的缺点已暴露无遗,造成再不改日子就混不下去,有用的书出不来的情况了。这种产销脱节的情况不独出版部门为然，其他如电影等部门也莫不如此。这基本上是按苏联计划经济模式而建立的，今天都需要进行改革。第三，高度集中，形成垄断。如出版方面只有新华书店一家发行，电影拷贝也是由电影发行公司独家经销，这一方面形成了产销脱节，另一方面由于缺乏竞争，而形成效率低、机构臃肿的官商。有人说垄断就意味着停滞，这是对的。此外，高度集中的弊病还在其他方面显示出来。中国这样大，要按照高度集中的体制，事事都要由中央机构来统，这就形成了一刀切，不能使地方因地制宜，发挥自己的积极性。这里且举一例。现在对外交流日益频繁，艺术团体的出访演出，尽管是由当事双方洽谈邀请，可是审批权却要由文化部来掌握。上级部门由于情况了解不够清楚，同时又要照顾全国各地的平衡，往往以甲代乙，以丙代丁，对方要的未派出去，派出去的恰恰是对方不愿接受的。这种综合平衡也可以说是一种平均主义、吃大锅饭的表现，它违反奖优汰劣的原则。中央机构一旦不在大政方针方面进行领导，而是从高度集中出发，事必躬亲，管得细，抓得紧，不论出于怎样的良好动机，结果势必把地方的积极性都卡死了。同时又由于不论什么都抓，过于集中，结果又往往造成反常的分散现象。

总的说来，我们今天必须加以改革的文化体制，是以行政命令进行领导、高度集中、按照计划运行的体制。根据建国以来的经验，其弊端突出表现在"四个一"上：一言堂、一边倒、一刀切、一窝蜂。迄今我们尚未作出应有的总结，以汲取经验教训。我们的文化体制改革应有组织、有步骤地进行，而不能事起仓促，率尔决定，莽撞行事。我认为应有四方面准备：一、对旧体制的建立经过、存在问题等进行调查研究。二、参照国外不同体制的特点及演变沿革，作比较性的探讨。三、通过专家与群众、业务工作者与行政管理者结合起来的办法，进行不同形式的座谈和评议。四、提出若干不同改革设想及改革方案，进行可行性的论证。十三大后，改革已成为全国中心任务，但如何行动起来我们尚未考虑充分。如果不把它当做系统工程科学地来进行，而是草率从事，或用一刀切、一窝蜂的办法匆匆上马，那不仅无益于改革，且将带来许多不应有的损失。

第三个层次是最深的层次，即构成某种文化类型的内在因素，如人们的思想、观念、心理等等。

我觉得，对中国传统文化的含义要好好加以研究。一般是把现代以前的称传统文化，而不包括"五四"新文化和马克思主义的传播。历史上每一次思想解放的浪潮掀起之时，总要对传统文化进行反思，进行突破。随着社会主义现代化建设的发展，如何看待传统文化的问题又摆到我们的面前。所谓中国特色的文化，就要从传统文化中去研究。我认为传统文化的构成因素：一是不同文化类型在创造力上所表现的不同特点。二是形成某一类型文化传统的心理素质。三是它的思维方式、抒情方式与行为方式。四是最根本的价值观念。这四种构成因素积淀在现代人们的社会心理的深层，它比某种哲学观点具有更大的稳定性、持久性、连续性。我们要从这一更高层次来把握和分析传统的心理素质、创造力特点、价值观念和思维方式，并根据现代化需要，作出科学的剖析。传统的东西不能简单地理解为全好或全坏。它既不可以任意取舍，也不是无法摆脱。这个复杂问题，应认真进行探讨。每个民族都用自己的文化特点丰富世界文化之林。对于外来文化，我们民族向有吸收、消化的能力。譬如佛教，从汉末开始传入中国，后来逐渐被中国文化所融合所改造，成为中国式的佛教，如天台宗，华严宗等，它们已不同于印度原来的佛教，而是具有民族特色的东西了。这既是一个学术问题，同时也是一个极有现实意义的问题。晚清洋务派鼓吹"中学为体，西学为用"，那个历史过程应当加以总结。体用不可分割，较远的如魏晋玄学时代，这是我国最早提出体用概念的时代，就已经认为即体即用，体用一如，体和用是不可分割的。较近的如严复也认为把体用或道器分割开来是不对的，他首先看到洋务派只要学国外的坚甲利兵、声光化电，以孔孟之道当做恒久不变的至道，而针锋相对地开始介绍了西方新思想。如他译述的《天演论》，对"五四"一代人仍具有强大影响。这些经验都值得总结。

文化发展战略的这三个层次，尽管有虚实之分、深浅之别，但它们之间是相互作用、相互影响的，各自的功能和条件就各个子系统来说也会互相转化的。在构思文化发展战略这项系统工程时，应该认真考虑各个不同层次之间的互相作用和影响。

这几年来，上海市组织各方面的力量进行文化发展战略研讨活动，很有意义。我建议，有关部门应将研讨会上大家提出的很有价值的意见和建议汇集成纪要，呈报中央参考。并希望中央能把上海作为在一定限度内文化体制改革的试点，放宽政策，以积累文化建设的经验。

一九八六年

(《文化发展八议》，湖南人民出版社 1988 年 10 月)[①]

---

① 该文收入《王元化集》卷七。标题为"文化结构的三个层次"。

哲学社会科学规划的制定

上海市哲学社会科学规划会议是上海理论界的一次重要会议,哲学社会科学战线上的许多专家、学者都来参加了。大家共同商讨、制定上海市的哲学社会科学"六五"规划。开这样的会,在上海来说,历史上还是第一次。这次会议,对推动上海的哲学社会科学工作者研究社会主义现代化建设的理论问题和实践问题,促进哲学社会科学事业的健康发展,对哲学社会科学队伍的建设,培养哲学社会科学的人才,都将起着重要的作用。

上海理论界从粉碎江青反革命集团以来,特别是党的十一届三中全会以来,坚决冲破了长期存在的教条主义和个人崇拜的严重束缚。"四人帮"一粉碎,史学界遥遥领先,首先批判了评法批儒的反动观点。接着理论界在各个领域都批判了"阶级斗争工具说"。还有,全国所展开的真理标准问题的讨论,更是值得大书特书的壮举。上海当时由于在指导思想上还受着"两个凡是"的严重束缚,起步晚一些,但是理论工作者和广大干部群众是拥护这一讨论的,虽然在当时条件下险阻重重,但追求真理的热情,使他们无所畏惧,高举马克思主义的伟大战旗,顶着压力,冲破障碍,使中央的声音传播开来,充分显示了上海理论工作者的勇气。三中全会提出的实事求是精神改变了我们理论界的面貌,对我们理论界起着拨乱反正的巨大作用。有人把它说成是我国的第三次思想解放运动,我同意这说法。这使我们的理论工作摆脱了用引证代替论证的教条主义倾向，打开了许多过去不敢涉足的所谓禁区，恢复和出现了过去所没有的学科（比如社会学、遗传学、人口学、优生学、心理学等等）。在这场思想解放中，我们正如十八世纪启蒙学者一样，不承认任何外界的权威，一切都必须在理性的法庭面前为自己的存在作辩护或者放弃存在的权利。不过我们和启蒙学派不同，我们以马克思主义为指导，把一切放在实践的法庭上进行严格的检验，而不是像启蒙学家那样把思维着的知性作为衡量一切的尺度。我认为三中全会所具有的划时代的意义将永垂史册，并且随着历史的进展越来越显出它的光辉。它对我们这代理论工作者的解放作用，正如马克思和恩格斯说当他们读了最初突破思辨哲学专横统治的一部唯物主义著作时那样，只有亲身感受过的人才可以理解到那种巨大的解放力和因此所引起的无比欢欣鼓舞。正是由于在党的三中全会正确路线指引下，在这短短的几年中，上海的理论界做了很多工作，取得了可喜的成绩。这次规划会议的筹备会对上海理论界的工作曾做了中肯的评价，"上海哲学社会科学研究工作有相当力量，有相当水平，也做了大量工作，起了相当的作用"。我赞成这样的估价。

我们党一贯重视哲学社会科学事业的发展。粉碎"四人帮"以后，上海很快就恢复了社会科学院，高等院校也恢复和新建了一批研究所、研究室，许多实际工作部门也设置了有关的研究机构。据不完全统计，目前全市已有七十三个哲学社会科学方面的研究机构。但是，我们哲学社会科学工作的状况，还远不能适应社会主义现代化建设的需要。我国哲学社会科学事业今后必须有一个大的发展，没有哲学社会科学的发展，要开创社会主义现代化建设事业的新局面是不可能的。我们要看到自己肩负的任务是光荣的，又是艰巨的。

在全面开创社会主义现代化建设的新局面中，党的十一大提出要在建设社会主义物质文明的同时，建设社会主义精神文明，发展社会主义民主和加强社会主义法制。为此，我们要坚决贯彻推动学术前进的"双百"方针。我们面临着一系列新的理论问题和实际问题，这就要求我们全体哲学社会科学工作者，振奋精神，同心同德，刻苦钻研，把马克思主义的普遍真理同我国具体实际结合起来，努力探索社会主义建设过程中各方面的客观规律，为建设具有中国特色的社会主义作出自己的贡献。

过去，我也做过一些科研工作，我想趁此机会，就哲学、社会科学领域内的科研工作本身问题提出几点意见，供各位参考。

一　理论联系实际问题

在"四人帮"横行时期，实用主义猖獗，当时林彪提出什么"立竿见影""急用先学"等实用主义口号。因此对基础理论全盘否定。当时周培源同志就提出在自然科学中只搞应用科学，否定基础理论会造成不良后果。但是这个切中时弊的正确意见，受到了"四人帮"的打击。粉碎"四人帮"后有所扭转，但问题没有真正解决。有些人用一种急功近利观点指责基础理论的研究是脱离实际。我觉得这一错误急待纠正。理论联系实际是马克思主义精髓，这是谁也不能否认的。中国革命成功的关键就在于把马克思主义普遍真理和中国革命实际相结合，目前我国的"四化"建设也必须遵照小平同志所指出的走中国自己的道路。这就是必须从我国的实际出发，建立具有中国特点的革命理论，解决中国实际问题，但是我们必须防止并纠正把理论联系实际作简单化、庸俗化的理解。例如上面否定基础理论研究就是一个例子。我觉得我们应当把基础理论和应用学科看作水涨船高的关系，倘使在基础理论十分落后的情况下，应用科学也不会有突出的成果和表现。我们现在有些基础理论水平还不高，比如我们还缺乏有分量的思想史；有些基础理论还有空白点，解放后我们还没有出版过一部中国文化史；此外如社会学、心理学以至文、史、哲、经、法、社各方面都缺乏有分量、写得十分扎实的基础读本,这样就使我们失去了坚实的立足基地,以此为依据来从事某些和实际有着密切联系的问题研究。我认为基础理论等于是我们的基本功,基本功不扎实,不深厚,应用学科就会变得空疏浮浅。我在这里要特别说明一下,我们的基础理论主要指的是马克思列宁主义、毛泽东思想科学理论,当然马克思主义不是基础理论的全部内容,后者要广泛得多。过去黑格尔说哲学是思想的思想,我认为,我们应当把马克思主义科学理论视为思想的思想。哲学社会科学都离不开马克思主义科学理论,自然这不是用贴标签的办法在社会科学每门学科上去生搬硬套,而是要像小平同志讲的全面地准确地运用马克思主义的立场、观点、方法去剖析我们所研究的具有应用价值的实际问题。用马克思主义科学理论和我们所探讨的实际问题结合起来进行研究,这就是遵循着我们党的优良传统,发展马克思主义,走中国自己的道路,建立具有中国民族特点的马克思主义的哲学社会科学理论。

二 哲学社会科学的研究应把规律探讨作为一项重要任务

去年我曾参加联合国教科文组织委托我国的科研机构所召开的关于编写中国文化史的会议。会议主持人介绍了国外编写文化史的经验,说有两派,一派主张采用描述法,另一派主张采用评价法。当时我说我们不一定照抄西方方法,我们在这方面正可发挥我们的优势。历史唯物主义和辩证唯物主义给我们提供了精辟的,深刻的科学观点方法。比如关于规律的探讨就是一个重要内容。毛主席不仅提出了从经验上升到理论的问题,也提出了理论的关键就是找出带有规律性的东西。过去,我们搞唯意志论(去年我在外省一个农村还看到"人有多大胆,地有多大产"之类的标语),吃足了主观主义的亏;在那种情况下连规律也不能谈,所以很少有研究规律的专著,近年这方面的书多起来了,这是很重要的,认识了规律,就由必然王国进入了自由王国，而不是以自己的意志为转移，靠主观任意性去办事。许多令人敬佩的老一代党内专家，在十年浩劫最艰苦的环境中也都在考虑这个问题。比如逝世不久的孙冶方同志关在狱中，在无片纸只字及笔墨纸张的情况下，打了几十次腹稿，终于完成了社会主义经济理论若干问题一书，其中就提出了极有价值的我国发展社会主义经济的规律问题。再有在十年浩劫中不幸逝世的老一辈专家华岗同志也写了论规律的专著。他们都是在痛定思痛的沉思中考虑到研究规律的重要。哲学社会科学取得成绩的标志，不在量的多少，而在质的高低，往往一本写得扎实、分量重的著作可以一当十，甚至以一当百。而质量高低的标志之一就要看它是否找出带有规律性的东西。目前，我们在规律的研究方面有所进展，但还很不够，许多根本性问题，还少有人涉及，比如关于规律的内涵，不少人的理解还很狭窄。过去一般常用的、尤金等编写的哲学辞典，对规律的定义是简单化的。这本书认为规律只是有关事物的内部联系（或必然联系）。其实，事物的规律是多方面的，事物发生、发展、运动、过程、内部关系、外部关系等等都是带有规律性的，要进入认识的自由王国就必须去探索这些东西。这里我还想随手举出几个有关规律的问题。比如规律一般都说成是普遍性的，但这普遍性是有等级的。马克思和恩格斯继承了黑格尔的普遍的、特殊的、个别的三范畴，《资本论》就曾经充分地运用了 EBA 等公式。① 毛主席也沿用了这三个范畴，在中国革命战争的战略问题中，他曾以这三范畴去分析三种不同等级的规律，例如战争的规律，这是最普遍的规律；革命战争的规律，这是特殊性的规律；中国革命战争的规律，这是个别的规律。从这里我们就可以明显地看到理论联系实际和基础知识与应用学科的关系。如果我们的研究只停留在

---

① （原注）参见列宁《哲学笔记》：黑格尔对推理的分析（E—B—A，即单一、特殊、普遍，B—E—A 等等），令人想起马克思曾在《资本论》第一章模仿黑格尔。

普遍规律上而不研究特殊的个别的规律，那就会形成理论脱离实际的情况，反过来，如果我们的研究不能对普遍规律进行扎扎实实的研究，那就不能深入地去揭示特殊的个别的规律。我觉得在哲学社会科学各个领域内都应上升到规律性的研究，虽然这不是容易做到的，但要争取。同时，另一方面也需要有关于规律本身研究的专论。例如关于马克思提出的由抽象上升到具体的理论，历史和规律的一致性理论，否定与否定的规律等等，这些重要问题过去谈得很少，或根本不谈，我认为值得我们进一步深入地去探讨。

三　科研方法问题

科研工作离不开方法。科研方法直接影响到科研成果的质量，可是长期以来这个问题并没有引起应有的重视，目前很少看到讨论科研方法的文章和专著，例如关于历史研究方法，我目前所看到的还只是近半个世纪前出版的梁启超的《中国历史研究法》。这本书很陈旧，严格说来，不能称为历史研究法，只是涉及史料的搜集与鉴别几个简单问题。由于科研方法不被重视，影响到我们科研工作的质量。目前我们的科研分工分得很细，我曾经说过，分工细是必要的，可以向专的方向发展，使各个专题研究得深、研究得透，避免粗枝大叶的作风。但是另一方面只注意分工细也有毛病，那就是各守各位，画地为牢，为各自所选择的专题所拘囿。这种河水不犯井水的办法，势必造成隔行如隔山的很大局限性。结果是研究中国的对外国的置之不顾，研究古代的对现代的茫然无知。每个学科分成若干目，再从若干目分成若干范围极窄的专题，一个萝卜一个坑，研究者各守自己的领地，只盯住自己的专题，决不越出雷池一步，不放开眼界，去关心一下自己那个小天地以外的广大世间。这种情况倘不急速扭转，将会使我们的研究者成为恩格斯所说的"分工的奴隶"。我很怀疑这种分工细到这种地步彼此孤立起来的研究方法，到底会出怎样的成品，会有怎样的功效？研究者自然应根据分工不同，各有重点，但是另一方面也必须从拘于一隅的狭窄范围走出来，就力之所及，争取做到博一点，至少对于和自己研究的专题有着密切关联的学科，也花工夫去钻一下，这不仅有好处，也是必要的。据说杨振宁就经常定期邀集一些与他研究并无直接关系的专家互通声气，交流经验。这是值得采取的。目前国外的科研工作早已迈进综合研究时代，通过科学杂交出现了许多前所未有的边缘科学或跨界学科，不仅开拓了广大的科研领域，并且取得了惊人的飞跃和突破。我们如果仍旧抱残守阙、故步自封，那将大大地陷于落后状态。近年来，我们理论界重新注意到综合研究是科研工作的必然趋势，并提出了社会科学与自然科学的交叉。这都是很好的开端。听说我们派往国外进修的教师或研究生，学理工方面的一般成绩都不错。国外学者批评我们研究生写的论文有内容，有创见，有水平，但不注意文体，文字没有风格，只是交代内容。至于在社会科学方面的进修生，有不少人往往跟不上，被刷下来，主要原因是知识面太窄，对自然科学几乎一窍不通。可是国外早已创立了社会科学与自然科学交叉的新学科，比如经济控制论等。我认为直到目前我们对于综合研究法还不够重视，这将使我们落后于当前科研工作的趋势和潮流。因此，我在这里提出来，请大家注意一下这个问题。

（《文化发展八议》，湖南人民出版社 1988 年 10 月）

文化交流和古籍整理

一

　　文化研究应当避免一哄而起，而应成为持续的工作，以实现我们学术研究中的两项迫切任务，这就是填空与追踪。

　　填空指的是填补空白。由于长期"极左"思想的影响，我国学术界的许多领域的研究，都程度不同地出现了空白，我们今天就面临着重建曾经是空白或一度中断的学科的迫切任务。

　　所谓追踪，就是跟上世界学术研究的发展速度。由于长期处在闭关锁国的状态下，我们对世界学术研究的进展很隔阂。就在我们"文化大革命"搞得起劲的时候，国外以科学技术领先而带动了各方面学术研究的革命性进展，大大加速了知识更新，因此，当我们开始实行对外开放以后，突然发现我国的学术研究已经大大落后了，与世界先进水平之间的差距不是几年，而是几十年。因此，对于当代世界先进的学术研究速度，必须全力追踪。文化的研究，既是这样一项填空的任务，又是一项追踪的任务。

　　为什么我们的文化研究会中断三十多年呢？主要是在文化研究的认识上长期存在着一种片面理解。我们过去简单地认为，一定的文化是一定的政治经济的反映。不错，文化确实是与政治经济密切关联的，但这绝不是一种直线式的简单的对应关系，而是一种十分复杂的相互交错相互影响的辩证关系。然而，过去我们以为只要从事政治经济规律的研究，就足以说明文化，这样就把对文化自身发展规律的研究取消了。

但是这并不是马克思主义的观点。马克思认为经济的发展和文化的发展是不平衡的，它们之间并不是一种直线式的单向的决定关系，并不是经济政治一变化，文化也就马上随之发生变化；社会向前发展，文化也就必然同步向前发展。假如是这样的变化，那么我们现在的文艺作品，应该远远超过希腊和文艺复兴时期以及超过我们的屈原、李白、杜甫才对。但是，后面这些艺术，在今天仍有吸引人的魅力，甚至有些是今天文学艺术家所创造不出来的。文化本身的发展，有它不同于政治经济的独特性，这种独特的规律性是政治经济规律所无法替代的。那种仅仅由于文化与政治经济有密切联系就随意取消文化研究的做法，以为从事文化特殊发展规律的研究就是资产阶级唯心主义的"极左"思潮，是成为三十多年来文化研究中断的直接原因。

文化研究与四化建设是有密切关系。我认为，讲开放、讲改革，除了在经济上要引进先进技术之外，在文化方面也有开放和交流的问题。我们可以从文化史的研究，总结出很多有意义的经验。当西方用枪炮打破了我们的海禁，迫使我们开放门户时，激起了我们富国强兵争取民族生存的强烈要求。这时，有人提出中学为体、西学为用的观点，但这种观点与我们今天讲的走中国自己的道路、具有中国自己的特色是两回事，因为这种把体用分割开来的实质，是为了不要动摇封建社会的根本。所谓中体西用和器可变道不可变的观念，那时，曾受到严复的批评，他认为拒绝接受西方文化思潮是错误的。他曾说这就如同要马之体去为牛之用一样。但是，这种中体西用的思想，在今天不是完全销声匿迹，甚至还有人用它来顶替走中国道路的理论。维新时代认为坚兵利甲可以引进，科学技术可以学来，而三纲五常、政教伦理却不可废，仍要维持。今天也有一种类似看法，就是认为西方的科学技术可以引进，而文化思想则会污染思想。这样做行不行得通呢？事实上，科学技术是整个知识结构的一部分，它和其他部分是有机地联系在一起的，不能任意割取。

既然学习西方的先进技术，就不能不学习了解西方的知识结构整体，那么，如何学习和吸收外来文化呢？在这一点上，文化史上也有值得总结的历史经验。

在我国历史上，曾经有一次大规模的外来文化输入，这就是东汉后期一直到隋唐时期的佛学传入东土。这第一次文化交流就碰到了一个汉化问题。玄奘从印度取经回来，他花了很大的力量译经，译得很忠实。但是，他所译的慈恩宗很快就失传了。后来流行的禅宗、华严宗、天台宗，则完全是中国化的佛教。这一历史事实说明外来文化要经过汉化才能存在。日本也有这个问题，他们叫做"和魂汉才"，后来变成"和魂洋才"。我们今天建设现代化，建设有中国特色的现代化，要与中国实际相结合，这点很重要。马克思主义怎样才能发展？就是和中国实际相结合，只有联系中国具体实际，才有一国两制，才有社会主义的商品经济。

但是，中国化并不等于用自己固有的传统文化去兼并外来文化。佛学开始传入时，早期翻译佛经，就是用这种汉化的办法，即用儒家经典或老庄著作进行比附，这种办法称为格义。后来到了道安时，他严禁自己的弟子使用格义，即以外书比附内典，从此才开始认真地按其本来面目翻译佛经，从而还原了佛经的真面目。

根据这一历史经验，我们可以认识到要吸收外来文化，首先需清楚地了解它的真正面目。只有忠实地了解了外来文化真正面目后，才谈得上吸收、消化，融为中国自己的东西。"五四"以后，我们介绍西方文化也有同样的问题。当时鲁迅曾批评了赵景深"顺而不信"的理论。他说他不赞成日本翻译家上田进把外国东西归化为本国东西的理论，而主张翻译应尽量保存洋气。鲁迅十分形象地把这种归化翻译理论比作是好像嫌洋人的眼珠是蓝的就把它挖掉，嫌洋人的鼻子高就把它削平。他说他是不赞成这种削鼻挖眼的办法的。我觉得我们吸收外来文化也是同样不能削鼻挖眼，或使用过去的格义。吸收、消化、融为中国自己的血肉，这是一个长期的自然过程。

过去莎士比亚的戏剧很少在中国上演。最近举行了莎士比亚戏剧节，这自然是件好事。但是在筹备过程中，不少人提出要用中国戏曲的形式，我提出不同意见，遭到了主持人的强烈反对。现在用戏曲演出的莎剧，据说在莎士比亚本土也博得了称赞。但是，我仍认为莎士比亚戏剧开始在中国演出，要严格采用道安废弃格义和鲁迅所主张的保存洋气，而不能采用削鼻挖眼的办法。外国人对于用戏曲方式演出莎剧表示称赞，或是出于猎奇，或是出于要看中国是怎样理解莎士比亚。但我们的立场不同，我们并不想知道中国戏剧家怎样使莎士比亚归化，而是要理解莎士比亚真面目究竟是怎样的。如果一个从来没有看过莎士比亚戏剧的观众，看了用中国戏剧形式归化的莎士比亚之后说："原来莎士比亚戏剧和我们黄梅戏（或越剧或昆曲）是一样的！"那么这并不意味介绍莎士比亚的成功，而只能说是失败！

文化研究也是如此，我们只有首先引进外来文化，忠实介绍外来文化，彻底了解外来文化，然后才能把它吸收，消化，融入中国文化里面，变成自己的血肉。

二

今天的文化交流侧重于向内引进西方的先进科学文化是无可非议的。因为从近代开始，我们的文化落后了，这是不容讳言的。但是在此同时，如果不兼顾向外传播，让世界了解中国，让中国文化跻身于世界文化之林，取得应有的地位，那恐怕是一种片面的偏向。

除少数特殊学科外，一般说来，国外对我们的学术研究还很少，我总感到在文化交流方面，从外面引进来的多，介绍出去的少。近年我访问过一些国家，比如墨西哥，我和他们的文化界人士接触，发现他们一方面异口同声地强调中国文化和玛雅文化有着血缘关系，从而对墨西哥文化起过重大影响，但是，在先秦学术中，除了一部《周易》译成西班牙语，为他们所瞩目外，他们对其余儒墨道法等等则全都茫然。他们不知有屈原、李白、杜甫；不知有红楼、三国、水浒；也不知道鲁迅及其《阿Q正传》。但是，自从六十年代拉美文学爆炸后，拉美文学源源进入中国，今天的不少中学生都读过《百年孤独》，更不用说《卞卡》《诽谤》这类通俗的电视连续片的广泛影响了。一般说来，国外大多只是从香港方面了解中国文化，而我们的传播工作则做得很差。仅以出版物来说，发行渠道不通畅、体制不健全，首先是最大障碍。其次，介绍出去的读物选择不精、译文不佳、装帧粗糙、简体字的不适应国外读者，都成了难以推广的原因。

我国对自己悠久灿烂的文化，迄未对外作过较全面、较系统的介绍。今天国外谈到东方文化，目光首在日本。事实上，日本文化纵使不全是源于中国，至少也受到中国文化极大影响，这一点也包括日本近代文化在内。例如，在明治维新前后，日本还有"和魂汉才"的说法，就是明证。可是以后这一说法逐渐为"和魂洋才"所代替了，国外在谈到绘画、书法，文学的时候，都往往重日轻中，今年我曾和联合国教科文组织编纂一套浩繁的国际性巨著《人类科学和文化发展史》第六卷的托多洛夫谈到这部书中的一些问题，在谈到有关十九世纪东方文化时，他首先考虑到的是日本学者，而不是当时具有比日本文化影响更大的中国和印度。这都说明了在文化交流方面中国向外传播的工作做得很不够。我个人是研究中国古代文论的。有的国外汉学家，只承认中国古代的诗歌、戏曲、小说，而不承认中国古代的文论，认为在这方面是不足取、不足道的。殊不知中国古代文论自有别具一格的特点，其水平往往凌驾同时代西方文论之上，由于向外传播不足，因此在我们的文化交流中形成单向的引进，这似乎是在制定文化发展战略时值得考虑的问题。

三

上海应是全国文化发展的一个中心。上海人才比较多，在古籍整理出版上，上海也应该是一个中心。实际上也是这样的情况。一九八四年全国整理出版古籍479种，上海有96种，差不多占1/5还要多一点；影印书48种，占全国首位。影印书中有一些颇有价值的文献，比如《林则徐书札手稿》《日知录集释》《古本戏曲丛刊》、元至正刻本《文心雕龙》《徐光启著译集》《金刚经》等。上海古籍整理出版规划小组第一次会议是在一九八三年二月召开的。由于同志们的努力，制订出了规划，又作了修订，这是在全国古籍整理出版规划的基础上制订的，共有2265种。其他还有一些大项目，比如《稿本丛刊》《海外古籍丛刊》《新编四部备要》《新编丛书集成》《四库珍本丛书》等，虽然未列入九年规划内，但要订出计划，准备工作要做起来。

我们这个小组不是一个行政机构，也没有什么编制，以上海古籍出版社作为办事机构。我们小组的任务，就是作些协调的工作，调查研究，信息的沟通，纵横的联系。李一氓同志来上海时说："我这里是古籍整理出版的统计局。"我们这个小组恐怕也是这么个情况。碰到有矛盾的事情、问题，请大家来，召开一些会议，通过民主协商来解决。

古籍整理人才的培养是个很重要的问题。三中全会以后，党中央、市委都很重视，原来几乎濒临后继无人，现在各大学培养了一批研究生，但还很不够，需要注意。谁来注意？各单位，各大学。作为总的规划，我们很难作具体部署，也还是做协调的工作，纵横联系的工作，向上反映，向其他单位呼吁。古籍图书的装修人才也要注意。但是我们规划小组很难担负起这个任务，我们应该关心、推动、促进这方面的工作。

以上说的，是我们这个小组的性质、任务。下面，我对古籍整理谈些具体的看法。

古籍整理有今译、校勘、注释等不同方式。我认为，在今天，今译是需要的，但是如果漫无限制地搞今译，把主要的精力放在今译上，未必妥当。有的书要今译，有的书不需要今译。无论从保存、流通古籍，还是供研究者需要来看，影印是最重的项目。过去《四部丛刊》《四部备要》对于研究古籍起了很大的作用。经过"文化大革命"，图书遭到损失，很多老专家的书都已残缺不全了。大凡在改革的时候，需要对传统的东西进行反思，进行再估价。我觉得，这并不是复古倒退。比如文艺复兴时候，是改革兴盛时期，也是恢复古代希腊、罗马文化传统高潮的时候。启蒙运动时也是如此。现在国内外有一些研究中国文化传统的学者，把题目做在中国文化传统与四个现代化建设的关系上面。我觉得这不是学究式的讨论，也不是抽象的讨论，这个问题确实非常重要。我们中国要走自己的道路，要有自己的民族特色，民族特色从哪里来？我们应该从传统文化里去研究、借鉴。如果我们把反映中国传统文化的古籍大量印出来，不仅在学术上有意义，就是对建设四个现代化也有密切关系，真正做到了"古为今用"。影印书不一定都用线装、精装，也应该印一些平装的，普及的，供大学生研究生阅读。

一氓同志说，他很赞成谭其骧教授提出来的编印索引的建议。这个问题很重要，我们要切实规划起来，日本人在这方面做得很多，要研究谁，就先做索引。由此扩而大之，我们可以多印一些工具书。现在有的大学生对工具书的知识很少，不大会运用，当然我们出版的也不很多。我觉得这方面工作很值得我们注意。

（《文化发展八议》，湖南人民出版社1988年10月）

《文化发展八议》后记

一九八三年我被调去从事思想政治工作,约有两年光景。我在这个工作岗位上,一天三班,不得不放弃了原来的专业。由于工作需要,我对一些文化机构做了一点调查研究,有时还要对迎面而来的某些问题发表自己的看法。这期间,就自己亲身接触来说,我深深感到在这些部门工作的同志,上上下下,全都站在第一线,为各种事务性的问题所缠绕,忙于应付,打被动仗,而无法静下来对本职工作中的大事要事进行仔细调查和认真思考,以致胸无全局,眼无远景。在决定方案和制定规划这类重要事件上,也往往只靠常识,凭汇报传闻,即兴式地拍板定局。这不能怪谁,而是被传统的工作机制和方式所决定的。对于这种机构臃肿效率低下的体制,倘不加以改革,将会对工作造成多少损失!我由于能力所限,可能比别人做得更差。本集所收的几篇文字是我在这段时间内应命而写的急就章和在一些会议上所作的发言纪录稿。尽管现在汇编成集时,我又重新作了修订,但由于上面所说的那些原因,其中所议仍觉肤浅。如有所得也仅仅是从实际经验和感受中酝酿出来的某些点滴看法而已。

今夏湖南人民出版社几位编辑,来沪为《社会主义初级阶段理论探索丛书》组稿。他们知道我曾就上海文化发展战略问题发表过意见，并写过几篇文章，嘱我再写几篇编为一集，列入丛书出版。这就是这本小册子《文化发展八议》的由来。我对社会主义初级阶段理论学习得不好，思考也不够。这一问题在理论中应算作新事物，要作系统的阐发，还有待改革实践继续深入，提供更多经验。当前能做的只是集腋成裘的准备工作。我想，如果各条战线的实际工作者和理论工作者，把改革中的经验上升为理论，以探索社会主义初级阶段的特征与规律，或许不失为一种办法。有了这种设想使我增添了编集的勇气。我希望读者从上述这种角度来看待这本小册子，庶几不致和自己的期望有过多的差距。

这里编入的各文，有发表过的，也有从未发表过的。第一篇《文化发展战略是项系统工程》（原题为《关于上海文化发展的若干问题》），曾在报刊上披载，并被编进几本专辑。前些天听《上海研究论丛》副主编吴云溥同志说，有几个地区曾把这篇载入该刊第一期的文章复制出来，作为研讨文化发展的资料散发给有关同志。第四篇《思想政治工作的改革》（原题《思想政治工作也要改革》）发表后，曾被许多报刊（甚至包括我的家乡湖北江陵）转载。第六篇《哲学社会科学的规划制定》（原题《在上海市哲学社会科学规划会议上的讲话》）也被转载多次，反响相当强烈，据说至今上海一些研究机构在讨论科研问题时还常提起。它们所以得到较大反响，是因为迄今还缺少这类性质的文章。实际工作者往往不大动笔，理论工作者又往往缺乏实际经验。于是我那几篇拙作就成为填空补阙的东西了。

本集所议多从上海情况出发，上海是全国的一部分，有它自己的特点，也有和全国一致的共性。《资本论》以英国为例证，因为对于资本的诞生与发展来说，英国具有典型意义，所以可以由个别见一般。我们的传统工作方法中，也有解剖麻雀的办法。长期以来，上海曾是全国的文化中心，目前也还是全国的半壁江山，因而也具有某种典型意义。

抗战爆发后我一直定居上海。从一九三八年初起，我就在隶属江苏省委的文委领导下从事文化工作，迄今已有半个多世纪，我始终没有离开文化工作的岗位。地下工作时期一起工作过的战友已多凋零。如沙文汉、孙冶方、戴平万、林淡秋、王任叔、姜椿芳、顾准、姚溱、钟望扬、蒋天佐、辛劳、林珏、肖岱、满涛、赵扬等同志，均已先后作古。尚在的几位如黄明、于伶、陈虞孙等也都年老体衰，有的还卧病在床。我想在此对他们表示感谢，因为我学会做一些文化工作得到过他们的帮助。我谨以这本小书献给他们作为纪念。迄今我只写了一篇回忆录《从〈展望〉到〈地下文萃〉》，现附于卷末。我也看到一些内部材料，但谈上海地下文化工作的不多，有的因执笔者不是当事人，事实难免出入。有的记忆力很差，又不去回忆事实，仅凭推理下判断，往往背离真相。如果读者愿找可信的史料，我愿推荐一九八二年《上海师范学院学报》第三期刊载的黄明《上海沦陷前后地下党的文艺工作》一文。黄明是当时文委书记。一九八一年他为撰写此文专程来沪，邀集当时同志座谈多次，并个别采访多人，还翻阅了当时大量资料，是一篇可信的实录（虽然也有个别同志当时并不在上海，却断言它在主要问题上不符事实，但我和其他当事人愿在此郑重声明：它的真实性是毫无疑问的）。为什么我把这篇和目前文化发展似乎无关的文章附在最后呢？我可以用我在本书第三篇《文化经济与管理政策》中所提的文化调研程序的四个方面的话来回答，即"对上海文化领域的演化脉络与存在问题进行调查研究"。知道过去是为了现在和将来。自然我所提供给读者的，距离这要求太远了，只能象征性地聊备一格罢了。

本集提供给读者的是一鳞半爪。不少问题未涉及，已涉及的还待进一步深化，比如第一篇所谈的三个层次，其中最后一个层次本身，也还可以作为子系统再分层次。我认为至少可分为高低两个层次。这就是过去所说的提高与普及，今天所说的大众文化（我以为用通俗性文化更妥）和严肃性文化。前者指的是娱乐性的消费性的通俗读物或艺术表演，后者指的是有质量的严肃性读物或高水平的艺术表演。目前前者正在挤走后者，有质量的学术著作越来越难以出版，有质量的艺术表演越来越被娱乐性的东西所替代，这已成了电影制片厂和剧团编导摆脱不掉的苦恼。我认为文化艺术有商品属性，但又不能以一般商品经济规律去对待，它有自己的特性和自己的发展规律。票房价值不能完全决定文化艺术的优劣和高下（我甚至还要说连评奖也一样，此事容将来再论）。我觉得，我们很少考虑文化成果中这两个层次的关系。前不久《文汇报》载京中来讯，有位主管电视电影的领导提出要以娱乐性的通俗文化为主体，并附加给它以类似曲高和众的性质。对于后者，用意是好的。倘能曲高和众自然最理想，无奈这种情况不多见，只是少数例外。在相当长时间内通俗文化和严肃文化的界线是无法泯灭的。对于前者，即以娱乐性的通俗文化为主体，如果从量来说尚可，从质来说则大谬不然了。过去还说普及需要提高的指导。难道低层次和高层次之间就没有这类关系么？学者、教授、思想家在票房价值上远远不及一位歌星或演员。但是应该看到我们社会所形成的文化水平和文化素质应以前者为导向，由此构成一种文化的生态环境。歌星或演员在这种文化生态环境中成长起来，才可能形成一种不是趋时媚俗的健康的文化倾向。如果不去认识文化水平和文化素质的重要性并加以扶植，通俗文化不但不能达到曲高和众，恐怕连健康的作品也都没有了。道理很简单，文化的生态环境被破坏了。我是不赞成身后哀荣的，但我参加几位已故一二级教授追悼会时感到的冷清寂寞使我深觉悲哀。因为追悼会也可以反映出一种价值标准，从这里我发现这些一二级教授的社会价值以至文化价值远远不及略有名气的演员，这是不正常的现象。我觉得,怎样估价文化上的贡献,现在是真得好好研究一下了。

我希望我们都能保持独立见解,"为学不作媚时语"。无论是搞艺术、搞理论、搞事业、搞行政的,都要有独立人格,不媚权势,不媚平庸的多数,也不趋附自己并不赞成的一时潮流。

一九八八年八月秋老虎肆虐之时记

(《文化发展八议》,湖南人民出版社 1988 年 10 月)①

---

① 该文收入《王元化集》卷七,湖北教育出版社 2007 年 10 月。

《新启蒙》编后

《新启蒙》第一辑编后

我们编印这本小小丛刊，没有堂皇的目标，也没有宏伟的抱负，只是希望在当前娱乐性消费性的读物正在迅速挤走有质量的严肃性读物的时候，为活跃学术空气，推进理论进展，做些工作。我们将尽力把丛刊办成有自己特色的读物，以打破目前大多数刊物彼此相仿而无独特个性的格局。所以我们不打算兼收并蓄，而要选载表现丛刊个性的文章。

理论的生命在于勇敢和真诚，不屈服于权势，不媚时阿世。这里发表的文章不一定有怎样高的水平，但我们力求学得认真，有心得，有创见，有新境界的开拓和探索，坚决摈弃一切空话，假话、大话。我们在探索过程中也会出现错误，但这是能力所限，而不是出于学术探索以外的动机，或违反自己的学术良心。

读者朋友们，让我们携起手来。认识需要过程，你们一旦对丛刊有所了解，我们相信，你们会给我们支持的。

丛刊虽不定期，但基本上每月一本。

一九八八年十月二日编者记于深夜

《新启蒙》第二辑编后

为了缩短印刷周期，《新启蒙论丛》第一本尚未问世，第二本《危机与改革》又要送到出版社去付排了。现在我们正急切地等待读者读了第一本《时代与选择》后的反应。

我们的《论丛》是得到撰稿者、出版社、发行机构和热心的朋友多方面的支持与协助才得以出版的。第一本发刊前，不少报刊刊载了《新启蒙论丛》即将出版的消息。我们没有钱去登广告，更不懂交际术去拉关系，一些报刊完全是鉴于我们希望为文化事业做点有益的工作的愚忱，义务地发表了我们送去的出版简讯。这种道义上的支持，使我们了解这是在默默地鼓舞着我们。更令我们感动的是，各地读者见到报上发表的消息后，纷纷给出版社去函，询问订购办法。在第一本未出刊前，出版社就已收到近百封来信，其中有文化教育工作者、青年学生、机关干部，还有占总数近三分之一的工人来函。这种情况多少出乎我们的意外，使我们兴奋，也使我们思考。长期以来，由于出版体制的不健全，在所谓计划经济的指导下所采取的出版体制的盲目性，以及某些出版社领导在制定选题计划时以票房价值为准则的盲目性，使得切切实实进行理论探讨的读物被视为无人问津的赔钱货。倘撇开大环境不论，我们读书界的行情就是由这两种盲目性所形成的。但是从上面提到的信件来看，读者并不像某些也是文化人的出版社头头那样趣味粗俗，知识浅陋。他们爱真理，有求知欲。这里，我们要向这些不相识的朋友们致敬，请你们继续支持我们，督促我们，因为没有监督就不能算是真正的帮助。

我们不想按照一般通例，对《论丛》的作者标出头衔，更不愿做任何溢美的介绍。文章发表后，就应当让它们自己去说话。它们是属于公众的，只有公众自己去评判才是中肯的。不过，这里我们也要破例介绍一下本期的一位作者顾准。他这篇文章和他尚未发表的大量文章，都写于"文革"时期。严格说来，它们不是准备发表（因为当时没有这样的条件）的文章，而是和他弟弟陈敏之的通信。顾准很早参加革命，但命运多蹇，在流离颠沛的黯淡生活中度过了二十多年的悲惨生涯，于"文革"中身故。编者曾读了他的大量遗稿，对他十多年前处于封闭环境中所写的这些有见解的文章，不得不感到惊讶和赞佩。尤其在一系列论述民主问题的文章中的某些观点，今天看来仍堪称为先进的卓识。我曾听到一位朋友感叹我国知识分子不像苏联知识分子那样，纵使在斯大林清洗时代，仍坚持写作，弦歌不辍，敢为历史作证。但是我认为坚贞敢言之士和孱弱懦怯之辈到处都有。像顾准这样的人不会是孤立现象，我们相信将来还会有更多的动人事例呈现于世。我们也希望从尘封中能够发掘出更多闪烁着光辉的文字，如果编者能把它们公之于众，和读者共享阅读它们的愉快，那将会使我们感到荣幸。

一九八八年十一月四日编者写于深夜

《新启蒙》第三辑编后

由于出版体制对出版周期的影响，《新启蒙论丛》第一本《时代与选择》尚未出售，第三本《论异化概念》又要付排了。我们还不知道读者对于《论丛》的反应，正迫切等待着听到读者的声音。上海有几家报馆编辑告诉我们，他们发出简讯后，收到不少读者来信，询问《论丛》在何处出售。这是我们的疏忽，现在顺便说明，《论丛》由各地新华书店出售，在上海东方图书公司发行。读者倘买不到，请向上海东方图书公司接洽（公司地址是上海河南北路二八七号）。我们做编辑工作的也希望知道读者对于《论丛》的批评，以便改进工作。来信请寄：上海新村路三四五弄四号二〇一室王大象收。我们看了《论丛》第一本的样书，已经发现一些缺点。《论丛》的编辑和出版分在两地，由于出书周期（每月一本）所限，编者无法看校样，自然也就无法改正由于误植而出现的错字。例如第一本中《为五四精神一辩》排错的地方不下十余处之多（此文《人民日报》十一月二十八日摘要发表时，已将错字改正，但也有一二处新的错字出现），这是亟待改进的。在版式方面也需要调整，尽量使之大方美观。

  关于第三本的内容，编者不拟多说，只想告诉读者韦政通教授是台湾学者。他这篇《当代新儒家心态》很值得参考。迄今为止，我们介绍了不少倡导或赞扬新儒学和儒学第三期复兴的海外文章，哪怕对那些说过多遍的观点也不惮辞费，一再披载，至于相反意见，却几乎没有见到。这现象只能说是几千年来始终未尝稍歇的一窝蜂学风。我们做什么事，太喜欢看行情望风向，缺乏的恰恰是认真调查研究和科学的预见。我们也太喜欢逐新猎奇，缺乏的恰恰是刻苦钻研和脚踏实地的求实态度。豪言壮语、说大话、吹牛皮、讳言缺点，已蔚然成风，原有国民性的痼疾增加了新病症。《论丛》同仁将警惕自己，避免陷入这种虚浮作风。

  出版界传来的消息说，理论读物有逐渐回升之势。我们不能判断这种说法是否可靠。不过，我们相信不盲目、不跟着起哄、有见识、有求知欲的读者，纵使在"读书无用论"再一次泛滥的今天，也还是有的。如果写书的编书的，都像前人诗中说的"癫狂柳絮随风舞，轻薄桃花逐水流"，随大流，那将是可悲的。

  这几天北京人民艺术剧院正在上海演出他们的优秀剧目。这些艺术珍品风靡全市，呈现了罕见的盛况。五块钱一张票，一抢而空，据说黑市价高达三十元。观众的热烈纠正了所谓"话剧没人看"的偏见。事实证明，问题在于戏好戏坏，好戏总是拥有观众的。听说，有几位特地从国外赶来看戏的日本文化界人士，对观众的强烈反应深有所感。他们说剧场的气氛使他们感受到一种"观众的饥渴"。他们倒是能够明白观众是需要优秀的精神食粮的。这不禁令人感叹，我们有些出版工作者对于读者的理解，远远不及外邦人。自然，只根据书名新颖不新颖去买书，别人说好也跟着瞎哄，认为文集不如专著，理论不如小说，小说中最好的是武侠故事……这样的读者也有，但是出版工作者是不是只有顺应这部分读者的胃口，顺水推舟，还是应该动一动脑筋，扭转局面，把这部分读者争取过来呢？目前，文化事业正面临严峻局面，关心文化素质和文化水平的滑坡是大家的事。读者朋友，让我们携起手来，发放我们的一分光和一分热吧。

一九八八年十二月六日寒夜

《新启蒙》第四辑编后

这一辑发表了若干朋友联合署名的悼念黎澍同志的文字。黎澍同志是《新启蒙论丛》的编委，对《论丛》是很热心支持的。悼念文字中提到他在临终前还在撰写的纪念"五四"的文章，就是他准备给《新启蒙》的。文章三易其稿，尚未完成，作者由于过分劳累，突然发病，终于不起。这使我们的心情格外沉重和难过。我们将在第六辑（纪念"五四"专辑）中发表黎澍同志这篇遗著，请读者注意。

最近我们在北京举行了一次《新启蒙论丛》发行会议，参加的有上百名理论界、文艺界、新闻界人士，气氛很热烈。大家对我们这套小小的《论丛》如此关心和支持，使我们很感动。不少朋友询问我们有什么困难。我们现在面临的主要困难在发行方面。第一辑印了两万册，第二辑却降到一万册了。我们仔细分析了情况，认为这绝不是由于感兴趣的读者不多，而是由于发行渠道不畅通。为此我们吁请各位读者帮助我们。当然，我们也会尽力使读者能及时读到此书。目前我们正设法在全国各地广建网点，读者们如果在本地买不到此书，可向湖南教育出版社邮购，邮资免收。顺告一下，前三辑定价均为一元二角。

一九八九年二月二日

《新启蒙》第五辑编后

我们这个小小的论丛诞生不久，只是一棵刚出土的幼芽，却受到许多热心朋友的重视和支持，这是使我们既感激又惭愧的。但也引起有的人的疑虑："他们要干什么？"其实，我们的宗旨就是《论丛》的名字：新启蒙，或曰新的启蒙运动。启蒙运动也就是思想解放运动，民主、科学、人道、法治、改革、开放、现代化，这些都是和启蒙相联系的。难道这有什么可怕吗？

中国的改革现在面临一个关键时刻，我们坚决反对那种埋怨改革搞"坏"了，想走回头路的观点。改革中遇到这样那样的问题是不奇怪的，笔直的改革道路是没有的。改革中出现的问题，只有在进一步改革中解决。改革的力量应当受到保护。以任何借口来掀起改革回潮都是错误的。

改革是全方位的：经济改革、政治改革，还有观念改革。观念改革就是观念更新，就是思想解放，就是文化启蒙。我们的力量尽管微薄，但也要尽全力来从这一方面作出贡献。

一九八九年三月三日

《新启蒙》第六辑编后

这一本丛刊原打算在"五四"出版，但拖到现在才和读者见面。

这不怪出版社，也不怪发行机构，编者只有感叹现在办事之难。已出丛刊文字俱在，但还是引起许多以耳代目的责难。编者不得不放下编辑工作，忙于去打本不需要打的交道。两月多时间，身心俱疲，遑论其他？现在总算可以重理正业，但计划打乱，出版拖延，这是要向读者告罪的。

我们敬爱的耀邦同志离开了我们，编者当天得讯即拍去一电，以表哀思。编者本想约些悼念耀邦的文字，但丛刊已发至第六本，等到印出来，恐怕在下半年了，所以这里想以编者当天拍去的唁电，作为丛刊对他的纪念。电报是拍给德平同志的。其文如下："惊悉敬爱的耀邦同志逝世，这是国家和党的沉重损失，每个正直的人都深深感到悲痛。我相信：历史总是公正地揭示真相，人民会正确地评价耀邦同志的一生。耀邦同志的光辉形象将成为指引我们不畏艰险，奋勇前进的旗帜。耀邦同志的人格力量永垂不朽！"这篇电报曾在报上披载，但发表时有些节略。现在发表的是当时拍去的电报全文。在四月中旬，编者为《新启蒙》问题答记者问，其中说明了丛刊的宗旨和命名"新启蒙"的由来。这种申辩不是要扩大新启蒙的影响，而是为了以释"群"疑。

一九八九年五月二日编者于沪上清园

（《集外旧文钞》，上海文艺出版社2002年1月版）①

---

① 亦见《王元化集》卷七，湖北教育出版社2007年10月。

关于文化问题答《海上文坛》记者问

问：听说您这些年一直致力于中国近现代思想史的研究。对不起，我想打断您的思路，请您谈谈对海派文化的看法。

答：海派文化一说是在三十年代提出的，当时鲁迅谈到这个问题：京派是官的帮闲，海派则是商的帮闲。可见鲁迅对海派文化带有一种贬义。八十年代中期，学术界又重新开始讨论海派文化问题，到目前为止，已有过好多次颇具规模的研讨，还出现了所谓海派文化的热潮。我个人对此一直兴趣不大。海派文化的特点是什么，现在提倡海派文化对我们究竟有什么好处，似乎还没有人想弄清楚。多数人只是为了赶时髦，也不太清楚。我对京派、海派问题只能谈一点粗浅的看法。所谓京派与海派之分在京剧方面确是有迹可寻的。京派演出的是传统的折子戏。海派则多演新编或改良的连台本戏，采用机关布景，在服装道具方面也往往加以改良，以趋新潮（例如"敌伪"时期，《大劈棺》《纺棉花》之类的玩笑戏盛行，出现了"劈纺旦"的女明星，她们在衣服以致鞋上都装了小电灯泡，以炫耀新奇）。革新并不是坏事，但由于有些海派京戏为了迎合观众，甚至不惜流于低级趣味，以致被讥为洒狗血，卖噱头。也有人以此为准，把文学方面出现趋新猎奇与自我炒作等等倾向称为海派作风。作为一个理论工作者，我很赞成韦伯提出的责任伦理和意图伦理这一对范畴。我觉得中国的理论工作者和知识分子中多数人往往偏于意图伦理，而忽略了责任伦理，很少考虑到自己的意见和态度可能造成的后果，如我们往往只停留在意图伦理的层面，而不是建立在理性地分析自己行为所造成的后果的考虑上。不少人都在哄谈海派文化，如果有一些知识分子的责任感，那就应该认真考虑一下这个问题，而不能为了好玩或赶时髦就跟着起哄。

问：随着改革开放的深入，计划经济向市场经济的转轨，文化却面临着严峻的挑战，您对我们今天的文化现状有何看法？

答：经济模式的改变，会给我们的文化带来影响。当然，由于我们的改革重点在经济，至于体制改革还未提上议程，而文化方面相应的改革（如行政化垄断性的机构体制），就更谈不到了。不过尽管障碍重重，但文化领域里的变化仍旧与市场经济的出台是息息相通的。例如过去我们的文化是在集中控制的机制下运作的，而将来的文化生活会自由宽松一些。现在出版界、图书市场开始出现了变化的征兆，电台、电视台也开始有了竞争的机制，民众的需求得到了一定程度的满足。我们不能说文化方面出现的一切新的现象、新的问题都是积极的、正面的，它的负面影响也是客观存在的，但这不是由市场经济本身所造成的。

问：通俗文学的兴盛也是商品经济的发展所带来的文学现象，我想请您进一步谈谈对通俗文学的看法。

答：我想大致可作这样的一个划分：一、精英文化；二、大众文化；三、通俗文化。这里我想对大众文化和通俗文化简单地作个界定：大众文化是指在民间、大众中产生的一些艺术样式。通俗文化则是由文人创作的、符合大众欣赏趣味的艺术品，如影视剧、通俗小说等。我不赞成把精英文化与大众文化、通俗文化割裂开来，似乎它们之间有一道天然的鸿沟。而事实恰恰相反。从中国文学史来看，唐代变文、宋元话本、明清小说，以及戏曲、竹枝词等在当时都是通俗的、市井的，而不是处于文学殿堂中的正宗地位。到了现在，一些文学史家或历史学家还通过它们来认识和说明当时的世态人情。外国文学史中，莎士比亚戏剧在当时也是大众文化，曾被晚于他近两个世纪的伏尔泰称为"一个喝醉酒的野蛮人"。由此可见，精英文化、大众文化和通俗文化并没有天壤之别，是可能随着社会历史的变迁相互转化的。我们不应看不起大众文化、通俗文化，以为总是由精英文化来领导大众文化，其实精英文化也往往从大众文化中汲取养料。

今天随着商品大潮的到来，商品市场出现了一些伪劣商品。最近有人让我读一读《废都》这本书。有人说它是在模仿《金瓶梅》，倘真是如此，那也是拙劣的模仿。因为《金瓶梅》无论是描写市井生活，或在驾驭艺术语言上，都有很高的艺术成就，这本书却难以望其项背。

一九九三年

（《集外旧文钞》，上海文艺出版社 2002 年 1 月版）①

---

① 该文收入《王元化集》卷七，湖北教育出版社 2007 年 10 月。

《学术集林》编后记[①]

《学术集林》第一卷编后记

刊印这样一本文丛是编者多年未能实现的愿望,现在由于得到上海远东出版社的支持,终于和读者见面了。读者读了这一卷,就可以知道《学术集林》大概是颇不合时尚的读物。我们不想遵循目前流传起来的说法,把学术和思想截然分开。《学术集林》发表的文字,希望多一些有思想的学术和有学术的思想。倘不是在非常时期,知识分子毕竟应在知识领域中发挥作用,而不应抛弃自己的本来职责。记得少年时读到鲁迅在抗战前夕所写的一篇文章,他说他所能做的仍是运用手中那支笔,这笔是五分钱买来的,名字叫做"金不

[①] 《学术集林》为王元化主编的高端学术系列文丛,自1994年8月由上海远东出版社印行第一卷起,至2000年4月的近六年期间,先后出版十七卷,每卷20余万字。编委成员包括:王元化、史华慈、任继愈、朱维铮、余英时、李慎之、李学勤、杜维明、汪荣祖、林毓生、周一良、周策纵、胡道静、施蛰存、马悦然、许倬云、张光直、张灏、汤一介、裘锡圭、潘重规、刘述先、兴膳宏、钱仲联、萧萐夫、饶宗颐、罗多弼、庞朴等。编辑助理有徐文堪、傅杰、钱文忠等,学术联系人(含海外学者)有邵东方、陈宁、费乐仁、樊克政等。其中第一至第十五卷的各卷皆有王元化所写编后记。这里选录的是第一、二、三、六、十五卷的五篇编后记。——编者

换"。这句话很能代表编者今天的心情。我们只是想做一些我们认为有意义而别人没有做的事。当我们向相识的或不相识的朋友们约稿时，出乎意外，海内外都寄来佳作，以致第一卷交出版社发排时，发现大大超过了原定字数，不得不抽下好几篇，留待日后披载，这是要请作者原谅的。《学术集林》文丛一年出四卷，每卷二十余万字。在本年内，除刊行这第一卷外，估计第四季度，可再出一卷。第二卷有：沈曾植未刊遗文（附钱仲联序和注释），陈寅恪的《弘明集》批注（附章培恒说明），马一浮与熊十力、梁漱溟、钱穆论学书札，邓之诚日记杂抄（附王锺翰说明），高明《略谈古代陶器符号、陶器图像和陶器文字》，庞朴《原象》，朱季海《王仲任尚书说》，兴膳宏《〈文镜秘府论〉〈文笔眼心抄〉解说》、余英时《〈钱穆与中国文化〉序》等（余不备载）。

除《学术集林》文丛外，编者同时还编有《学术集林丛书》，也在上海远东出版社出版。第一辑四种：熊十力《存斋随笔》、余英时《钱穆与中国文化》、徐梵澄《陆王学述》《殷海光·林毓生书信录》。以上各书可望于本年第四季度内出齐。

一九九四年七月十日夜写于清园

《学术集林》第二卷编后记

《学术集林》文丛卷一原定八月出版，由于排印过程中一再返工，每次校好的校样退厂，下一次打出的新样，不仅旧错并未全部改正，而且又增添了新错，一直拖了两个多月不能对红。直到十月下旬才勉强付印，但结果仍不能差强人意，实在愧对作者和读者。

书中错字大抵出在由简改繁的问题上。我们的汉字简化方案，似乎未顾及汉字是诉诸目治的义符文字特点，而照音符文字的规律制定，往往用同音假借办法，使一字兼该形义互异的许多同音字。

此外再加上现在激光照排的电脑软件,又多是对汉字汉语钻研未精的技术人员所编制,其办法不免简单到将笔画多的一律归为繁体,笔画少的一律归为简体,按照这一原则进行由简到繁的字体转换。于是皇后变成了"皇後",诗云变成了"诗雲",干扰变成了"幹擾",征服变成了"徵服",五斗米变成了"五鬥米"……这种令人啼笑皆非的事,真是不一而足。现在的出版物几乎普遍都有连篇累牍的错别字,已是虱多不痒,见怪不怪了。故有人把这叫做"无错不成书"。海外华文读物,虽无繁简之分,但也难逃此弊。两年多前,编者做客香港,一个多月读报所见,也时时发现不知是写错还是误植的字。这虽是小事,但要求得改进,却非个人力量可办。

在编两套书的过程中,特别是丛书,使编者感到现在办一件事真是困难。属于编务范围内,甚至包括上述排印问题,虽琐细或麻烦,尚犹有可说。最头痛的是要花费大量精力,去排除本不应有的无谓干扰。编者已不年轻,以现在的年纪和身体来说,就成为超重的负荷了。

文丛卷一披载了一些考据文字。关于这方面问题,编者曾在即将出版的论学集中,写下了这样一段话,现摘录如下:"过去我所深信的所谓逻辑和历史的一致性的说法,其实只是理性主义的过分自信。在历史的进程中,虽然也可以发现某些规律性,但历史和逻辑毕竟不是同一的。逻辑推理不能代替对历史的实际考察。清人钱大昕说训诂考据乃'义理所由出',即阐明此义。可是长期以来,只有观点才被认为是重要的,训诂考据则多遭藐视。据说有位论者准备撰写批《四书》中儒家思想的文章,竟以为不必去读原著,只要请人把《四书》中的观点罗列出来,供他使用就行了。不必讳言,过去不少训诂考据文章,往往流于琐碎,有的甚至变成了文字游戏。但不能因此断言考据训诂是无用的。正如不能有大量假大空的理论文章,就断言观点义理是无用的一样。我不同意把观点义理置于考据训诂之上,做出高低上下之分。这个问题不能抽象对待。对于庄稼来说，下雨好还是晴天好，要根据具体情况才能判定。观点重要还是考据重要？也是同样性质问题。马克思曾嘲笑莎剧《科里奥兰纳斯》（*Coriolanus*）中的美尼涅斯·哀格利巴荒唐地把人比作身体的一个断片，由一个个体供给所有其他个体以营养。他认为各司不同职能的人像珊瑚一样，每个个体都供给全体以养料。我觉得学术工作所采取的不同研究手段，其作用虽有大小，但也应作同样理解。庄生所谓泰山非大，秋毫非小，也就是阐明万物并育互不相害之理。这句话隐隐含有平等与自由的意蕴。"文丛刊载一些考据文字，曾有人目为"回瞻"倾向，不知上面这段话可以作为这个问题的答辩否？

文丛卷三将于明年一季度出版，内容有梁启超《致王国维札》、李济未刊遗文、徐森玉所录未详作者的《唯识浅说》《上古之开化》，吕思勉遗稿《古文观止评讲》、任铭善《大戴礼记小识》、饶宗颐《江西新淦商代遗物有关地理考证》、沈曾植未刊遗文续篇、王蘧常自传等。末了顺便说一下，文丛卷一出版后，不少相识或不相识读者来函或以电话告知难以购得。今后读者欲购文丛，可直接函告上海远东出版社邮购。

一九九四年十一月十二日于沪上清园

《学术集林》第三卷编后记

《学术集林》文丛卷三也同前两卷一样，照规定时间交出版社付印，希望能如期出版。从事文丛编辑工作的只有两三个人，可是要做的事确实不少，包括筹划每卷内容、联系组稿对象、审读来稿、编排与版式，以至决定封面设计方案和协助做一些校对工作等等。编卷二时，只有我和傅杰，现在增加了徐文堪。我很高兴多了一位帮手，因为徐先生的学识是我钦佩的，而他的严谨的工作态度，更使文丛的质量增添了可靠的保证。

从这一卷开始，还约请了几位热心的友人，作为文丛的特约学术联系人，名单已刊在卷前。我们想请他们经常关心文丛，提出宝贵意见，并帮助我们联系作者，组织稿件。文丛虽然还刚刚出到第三卷，但已得到不少海内外学者的关注和奖掖，先后收到了季羡林、钱仲联、张树年、方龄贵、张永言、蔡鸿生、李学勤、潘重规、饶宗颐、杜维明、林毓生、张隆溪等各位先生的来信，或提出意见，或给予鼓励。我们谨向给予我们支持的诸位先生致以衷心的谢忱，并望今后源源赐稿赐教。

笔者在编书过程中，时常引发了一些想法。在卷二编后记中，我曾谈到观点和考据问题。这一次我想从写给友人的信中，摘出有关基础理论和应用问题的几段话，供读者参考。信里说：

……基础理论和应用学科形成了一种水涨船高的关系。十多年前我就提出了这一看法，但遭到一些人的反对。他们认为这是一种理论脱离实际的倾向，不讲实用的理论只是抽象的玄谈和学究的把戏。现在有的研究院、研究所不从学术本身去考虑问题，而是按照这种实用观点来规划研究方向和制定科研项目，以致完全成了为行政和企业出谋划策的附庸机构。这种情况是由来已久的。"文革"时，周培源等要求重视基础理论，曾遭到强烈抨击。那时张春桥正在宣扬"一块石头砸开了哲学的大门"。他还把一位农村大娘顾阿桃用少数文字夹杂着圈圈与图像写成的学习材料，吹捧为活学活用的典范。专讲实用而忽视基础理论的观点，至今仍在支配着一些人的头脑，其后果令人堪忧。近几年来大学的历史系和哲学系，已很少有人问津，报考者寥寥。各校招生多不满额，不得不降低录取分数线。这两个系出来的毕业生，到了社会上则很难找到适当的工作。人文学科已陷入困境，而人文精神的衰落终将导致一个民族的文化水平和精神素质的下降。

……《雨僧日记》曾记陈寅恪对中国学术的看法："中国古人惟重实用，不究虚理，其长处短处均在此。长处乃擅长政治及实践伦理学，短处则是对实事之利害得失观察过明，而乏精深远大之思。"（大意）寅恪认为昔时士子群习八股，以求功名。今之留学士皆学工程实业，不肯用力于学问，探索天理人事之精深博奥。不知实业以科学为根本，倘不揣其本，而治其末，充其量只能成为下等之工匠，一旦境过学理略有变迁，则其技不复能用，所谓最实用者，乃适成最不适用。寅恪在阐明基础与实用关系时，简明扼要地揭示了专趋实用而乏远虑之弊。上面摘引的《雨僧日记》写于一九一九年，距今已七十余年矣，呜呼，今天还需要重复同样的话，真是令人感到悲哀。

……也是在本世纪早期，国内报刊上出现了对"杀戮现在"的谴责。珍惜现在，关怀现在，自然是应该的。但是，如果不去考虑现在是过去的延续，或者，只想从现在去猎取，而不去考虑专趋实用的急功近利对于将来的影响，那么为了现在也同样会成为将来的杀戮者。美索不达米亚、希腊、小亚细亚一带居民，想要扩大耕地，砍光了森林，虽然当时收到了效益，可是失去了森林，也就失去了积聚和贮存水分的中心，以致使这些地方后来成了不毛之地。《自然辩证法》一书中提到的这件事，正可以作为急功近利的实用观点往往会形成短期性行为的例证。

笔者昨夜撰写本文未竟，今天早上起床未久，突得杜联王君打来电话，通知说冯契先生于三月初一零时逝世。噩耗传来，甚为震惊。冯契先生是文丛的编委之一，我们对他的逝世致以沉痛的哀悼。

这里谨向读者预告文丛卷四的要目如下：马一浮《希言》、李济《战后在日所见中国古物报告书》、徐森玉手录《唯识浅说》、胡玉缙《许顾经籍题跋经部之一》、钱振伦《〈示朴齐骈体文〉未刊集外文》、杜维明《文化中国与儒家传统》、李学勤《〈史记晋世家〉与新出金文》、唐长孺《〈兵车行〉写作年代质疑》、荣新江《俄藏敦煌西域文献纪略》、谭其骧《关于边疆地图》（遗文三篇）等二十余篇。

文丛出版后，不少读者不易购得，曾来函或转托友人询问何处可以买到。除请出版社健全发行渠道外，亦可直接向上海远东出版社发行部购买。地址如下：一、复兴中路597号（邮政编码200020），二、陕西南路221号（邮政编码200020）。负责人王锡琪，朱敬炜。

承李学勤、裘锡圭先生指出，《学术集林·卷一》《章太炎遗嘱》释文中的"虎錝"，（作者原文如此）（页二十）系"虎錞"之误，特此更正。

一九九五年三月五日写于灯下

《学术集林》第六卷编后记

《学术集林》文丛原来准备一年出四本。由于卷四印刷周期延迟，卷五于十月底校毕。这一本卷六也已发排，希望赶在年内出版。

目前学术界对于两个问题讨论得颇多。一个是所谓学术规范化问题，另一个则是思想与学术关系问题。我们想请文丛编委汤一介教授专就这方面问题写一篇文章。现汤先生在国外讲学，正在和他联系，希望此事能够办成。笔者在文丛卷五后记中曾简略涉及思想与学术难以截然分开的看法。但这并不是说学术应为学术以外的目的服务，而是指学人从事学术工作是被一定的思想所推动。有人不赞成这种说法，甚至连"文王拘而演《周易》，孔子厄而著《春秋》，左丘失明厥有《国语》，屈原放逐乃赋《离骚》……"这样的事实也不承认，但是却举王国维、陈寅恪等为例。其实王陈的学术研究，恰恰说明笔者的上述观点。他们绝不是对现实无动于衷的，这有他们的大量诗文可证。

文丛的另一位编委施蛰存先生最近给编者寄来一封信，内称：

"承惠《学术集林》第四卷，已拜读一过，甚好，现在应该有这样一种读物。不过，此卷似乎编得太硬，以后希望每辑中，文史哲的篇幅分配可均匀一些。英文目录，大有问题，从下期起，不必有此一疥了。……"施先生已年逾九旬，身体也不太好，仍关心文丛，使编者十分感动。他提出文丛的篇幅分配在文史哲方面可均匀一些的意见是值得注意的，今后当设法改进。关于英文目录问题，正在从多方面进行考虑。到目前为止，文丛已聘请了多位学术界前辈和卓有成就的学者担任编委。我们衷心希望各位编委关心文丛，提出意见，并源源赐稿。

最近，编者应加拿大《文化中国》杂志之邀，寄去一篇笔谈，现摘录如下：

……近年乘多次参加海外举办的中国文化研讨会的机会，我已将自己的一些感想分别写进几篇文章中，这里附上我写给友人张隆溪先生的一封信，是我对中西文化交流的一点看法。我觉得在交流中，尊重并理解对方的不同文化传统和文化背景是十分必要的。至于中国需要引进并研究西方文化成果，以补自己之缺，早已成为有识之士的共识，不再是需要大声疾呼引起注意的问题了。

研究中国文化不能以西学为坐标，但必须以西学为参照系。中国文化不是一个封闭系统。不同的文化是应该互相开放，互相影响，互相吸取的。我不赞成所谓万物皆备于我的返本论。尤其当有些人假借东方主义的理论，只承认文化传统的特性，不承认各个民族由人类共性所形成的相等的价值准则，因而拒绝遵守国际公法和人性原则的时候，这个问题就更为突出了。今天不应该再出现清军在常胜军协助下攻破太平军据守的苏州城，因杀降而遭到戈登将军责问时，以"国情不同"为借口来搪塞的荒唐事了。我愿再一次援引拙著《清园夜读》后记中所揭示的那种诡辩术以为殷鉴。这些诡辩者只要对自己有利，可以根据不同时期的不同需要，出尔反尔，不惜把惠施说的万物毕同毕异分割开来：时而只承认万物皆同，时而又因碰到相反情况而只承认万物毕异。上述以国情为借口而藐视普遍人性的诡辩即其一例。

研究中国文化，现在更需要的是多做些切实的工作。自从自由、民主、人权等等名词由西方传入中国以来，人们都会说，可是却很少有深入的钻研，结果在人们头脑中只剩下一个朦胧的概念。就以民主作为一种政治学说来说，它的起源和发展流变，它在英美经验主义和大陆理性主义的不同思潮中形成怎样的学说和流派，以及当它传入中国以后，我国思想家对它作过怎样的诠释与发挥……这些问题都是建立现代民主社会、民主体制所必须弄清楚的。可是迄今很少有人关心这类问题，以至于援引孟子"黎民不饥不寒"说民主就在于吃饱饭的言论，竟很少听到反驳的声音。似乎很多人都把注意力放在从宏观去开发海外流行的观点和问题上去了。记得小时候一位学圣品人（基督教牧师）的长辈对我说《圣经》上说的"你要做世上的盐"，比"你要做世上的光"更好，因为光还为自己留下了形迹，而盐却将自己消融到人们的幸福中去。作为中国的一个学人，我佩服那些争做中国文化建设之光的人，但我更愿意去赞美那些甘为中国文化建设之盐的人。无私的精神总是值得尊敬的。

现将下卷要目预告如下：缪荃孙《致柳诒徵札》、王欣夫《蛾术轩书跋》、周策纵《认知·评估·再充》、余英时《文化危机与民族认同》、王利器《水浒全传注序》、刘迎胜《古代中原与内陆亚洲地区的语言交往》、李天纲《从新出史料看"中国礼仪之争"及其意义》等。

一九九五年十月二十四日

《学术集林》第十五卷编后记

《学术集林》已出满十五卷了，在时间上已有四年多，编辑这套读物只是希望做点填空补阙的工作，并没有什么宏伟目标，更谈不上企图提倡什么思潮。大陆的理论界最近掀起一股激进与酷评之风，有些人喜欢采取概括的说法在理论架构上创造新说，什么八十年代是启蒙，九十年代是反思。同时又不愿花一点力气找些材料来看看，就断然判定研究传统文化就是"从启蒙到国学"。

笔者不能由于编辑这套文丛就与启蒙工作告别。最近我将这几年所写的有关卢梭《社会契约论》的文章编在一起，交给一本在日本即将出版的刊物。这三篇文章都涉及启蒙问题，而且我认为对我国的启蒙是相当重要的问题，虽然怀有激进情绪的人认为它并不值得一顾。现将我为这三篇文字所写的前言披载如下，供读者参考。

这里发表的三篇有关《社会契约论》的文章，是我于九十年代初开始反思的问题之一。这三篇文章都涉及卢梭的公意说，也是关系到我国政治生活的一个相当重要的问题。由于这三篇文章彼此关联，而发表的地方不同，时间有先后，所以现在把它们汇编在一起，以便读者可以省去检索之劳。第一篇《与友人谈公意书》撰于一九九二年，也是一九九三年我在斯德哥尔摩举行的文化研讨会上宣读的论文，后又译成英文发表在 *The Stockholm Journal of East Asian Studies*。第二篇《〈清园近思录〉后记》撰于一九九七年。第三篇《与友人谈社约论书》，撰于一九九八年，先发表于《文汇读书周报》，后刊载于《开放时代》。

这三篇文章都和我反思激进主义有些关联。九十年代初，为了探讨"极左"思想根源，我思索过近代史上由于改革一再失败所形成的一种急躁心态；同时也读了一些我国早期的谈论无政府主义的文献，企图由此去了解本世纪最早输入的革命理论对于中同知识分子的影响。这并不仅是为了学理上的研讨，更是企望借此找到理解现实的一点历史线索。有人说九十年代批判激进主义思想是由海外一篇文章引起的，这太简单化，也不符合事实。老实说，促使我对激进主义进行思考的，却是一位青年学者研究罗伯斯庇尔的著作。这本书中揭示的公意说，使我惊讶地发现，卢梭的公意概念和我们的人民概念竟是如此相似。我由此将卢梭的公意、众意、私意和黑格尔总念论中的普遍、特殊、个别三范畴作了比较，发现卢梭以集体的公意消灭个人的私意，正如黑格尔将个别和特殊消融在普遍中一样。我撰写了第一篇《与友人谈公意书》后，由于自己未能作更进一步探讨，很期望那位年富力强、从事政治学研究的友人，继续发表这方面的文章。这个问题对于我国的政治生活太重要了。可是他的研究兴趣却转移到了别的方面。由我来填补这个空缺，去做我不胜任的工作，完全是友人吴江促成的。

近代启蒙思想并不限于卢梭的一家之言，法国的百科全书派就和卢梭有着分歧，而英国经验主义的启蒙思想则更是不同于卢梭的社会契约论。可是长期以来，我们的民主概念大多仅仅来自"卢梭——法国大革命——巴黎公社——十月革命"这样一条线索。从而断定启蒙只是意味着部分到整体的破坏和"对传统文化——社会结构的彻底性颠覆"，而不知道除此以外还有其他的启蒙思想，其他的民主观念，其他的国家学说了。以我本人来说，直到九十年代以前，对于"五四"时代所揭橥的民主大旗的理解，仍是褊狭的。以上三篇文字是我企图在这个问题上跳出思想藩篱的一点尝试，并以它作为引玉之砖，来引起人们对这个问题作更深入的思考。

最后谨将文丛卷十六的要目预告如下：《吕思勉手札》，邓之诚《五石斋日记》，李庆《在日本新发现的王国维词曲研究资料》，葛兆光《"天下""中国"与"四夷"》，杨启樵《雍正继统新探》，周振鹤《〈圣谕〉〈圣谕广训〉及其相关的文化现象》，王小甫《试论北齐之亡》，鲁国尧《〈徽州方言研究〉序》等。

一九九八年十一月八日
记于在瑞金医院体检时

（《清园近思录》，中国社会科学出版社1998年1月版）①

---

① 《清园近思录》录有《学术集林》第1编至第10编的后记，《王元化集》卷七收录第1编至第15编的15篇后记。——编者

邂逅草书话

近日整理日记、旧稿，清出了三篇书话，其写作相距约一个甲子，但三篇所谈内容竟十分相近。我以为这些文字在当前尚不无现实意义，但这只是一种巧合。现将这三篇书话汇编在一起，题名"邂逅草书话"取其不期而遇之意。

二〇〇〇年三月

一、谈诙谐

年轻时读鲁迅《新文学大系小说二集序》，其中有评王鲁彦作品的一段话："秋天的雨，'无心'的人，和人间社会是不会有情愫的。要说冷静，这才真是冷静，这才能和'托尔斯小'的无抵抗主义一同抹杀'牛克斯'的斗争说；和'达我文'的进化论一并嘲弄'克鲁屁特金'的互助论。对专制不平，但又向自由冷笑。作者是往往以诙谐之笔出之的，但也因为太冷静了，就又往往化为冷话，失掉了人间的诙谐。"

初读这段话不懂是什么意思。再读几遍，有些明白了。所谓"对专制不平，但又向自由冷笑"，这是指一种"太冷静了"，"没有心的参与"（即文中说的"无心的人"）的诙谐。今天文艺界正在风行的调侃之类,不是也有些类似么?理想、崇高、道德、真善美……统统滚他妈的蛋!这个世界上再没有什么值得尊重和倾心的东西,让每个人头上都抹上一点粪吧。我以为鲁迅那些话是对这种极端虚无态度的批评。可是为什么托尔斯泰变成了托尔斯小,马克思变成了牛克斯,达尔文变成了达我文,克鲁泡特金变成了克鲁屁特金呢?究竟何所据而云?

  日前杨扬来访,他正在编王鲁彦文集。我问他王鲁彦是否曾说过"托尔斯小"一类的话。他回答说,记忆中无此印象。我请他回去帮忙查查看。不久,他打电话来说,在王鲁彦一篇小说《柚子》里果然查到了。这篇小说是写作者和他的友人T君在街上去看杀头,在慌忙中,T君撞倒一个行人。作者就这件事说:"撞倒一两个人有什么要紧呢?况且人家的头要被割掉,你们跌一跤又算什么?托尔斯小先生说过:'自由之代价,血与泪也。'那么我们为要得到在这许多人马中行走的自由,只好请你们出一点血与泪的代价了。"从这段话来看,作者"对专制不平,但又对自由冷笑"是明显的。

  王鲁彦把几个伟大人物的名字更改了,其意若谓:你们不是说托尔斯泰伟大吗?我偏说他"小",所以叫他托尔斯小。以此类推,"我"者"尔"之反,一字之易,使达尔文心里根本没有了"你",只剩下一个"我"字。而"牛克斯"乃对马克思之蔑称,"什么马克思牛克斯"在当时早成为某些人的口头禅。至于"克鲁屁特金"则更是露骨的詈骂了。①

摘自一九九八年三月二日日记

---

  ①　(原注)本文在《文汇读书周报》发表后,得梦熊来信,说《鲁迅全集》中已将王鲁彦那些话的出处全部注释明白。当时未查到,现将末一段作了修订。

二、《幻洲》记略

八十年代开始，调侃之风盛行，痞子文学兴起，许多人以为这是新近才出现的事。其实早在二十年代就有所谓"新流氓主义"了。我曾问过一些在大学教现代文学的老师，他们之中已经很少有人知道这桩公案。一九二六年，创造社出版了一本小型刊物，名叫《幻洲》。六十四开本，横排，半月一期，每期约两万字上下。编者以亚灵笔名，发表了谈新流氓主义的长篇论文，自第一期至第六期连载了五次（第五期未载）。这自然是一本左派杂志，它反对正人君子，也反对绅士学者。为什么提倡"新流氓主义"呢？作者开宗明义说："生在这种世界，尤其不幸生在大好江山的中国，只有实行新流氓ism（主义），方能挽狂澜于既倒。"作者列举了当时一些被他称为"不堪入目的言行"，其中有这样一些议论："提倡中学生读经""讲新文学先得研究六朝文""内除共产外抗苏俄""冒无政府主义招牌当总司令走狗""瞎吹共产主义希图骗几片卢布""冒圣人之名跪奏废帝复辟""追随亡国诗人身旁大吹'诗哲法螺'""提倡艺术要民众化却没有找着民众""高喊女子解放而自己老婆还是野鸡化"等等。作者举出这些议论后愤愤地骂道："我入他妈的，诸如此类的正人君子绅士学者才是祸国殃民的罪魁。"于是作者号召："凡是感到被束缚、被压迫、被愚弄、被欺侮的青年，假如要反抗一切，非信仰新流氓ism不行。新流氓主义没有口号、没有信条，最重要的就是自己认为不满意的就奋力反抗，譬如你不赞成我的新流氓主义，你立刻反驳我，打倒我，高喊'反对新流氓主义'；你果有这种精神，我也就乐不可支了！因为这种精神才是新流氓ism信徒的精神！"作者特别辟一章叫《骂人章》，说明为什么要骂的道理："骂是争斗的开始，人类生存最后的意识，也不过是争斗，所以我们并不认为争斗的开始——骂，是有伤道德。"怕骂是因为"被传统观念支配，脑筋上还有'恕道'这个东西"。

《幻洲》也确实刊载了不少骂人文章，创刊号上裴华女士一马当先，骂刘复说："我要骂他多时了，不骂出来，闷在肚子里实在难过，管他妈的，冒个万死，碰碰刘博士的钉子吧。"她认为刘复用"纸捻装"装订《扬鞭集》是"提倡疑古玄同主张'扔在臭毛厕里去'的线装书"，"唉！洋翰林（你家的放屁逻辑家大白称你的）而复古，岂不怪哉！装订虽是小事，但照'因小而见其大'的定律算起来，刘博士复古的嫌疑是证实了"。这一期还有养慎骂张伯苓校长"为学生看（性史）而整饬学风"的；泼皮骂陈望道因演讲男女平等而没有提经济独立是"冒牌的运动家"，是"丑表功"的。下面一期，有盯梢响应裴华女士，由刘复骂到《志摩的诗》，再骂到"继之而起"的俞平伯的《忆》和滕固的《迷宫》的。此外还有长虹的《蒋光赤休要臭得意》、泼皮《程砚秋的戏与朱湘的诗》等等。两本《幻洲》骂了这许多人，其声势之猛真使人感到有些所向披靡的样子。

除骂之外还有"实力"对付的办法。"关于似新而旧，似是而非；怕干脆而爱妥协；爱虚伪而冒真实；已老而假充年少……的一类，我们是预备用实力的争斗制服他们，在没有拿出争斗实力以前，也是先用骂来做导火线。"《幻洲》的骂人文章还有一些是没有点名的，这方面涉及的面就更广了。

读了《幻洲》，我不禁想现代中国文化中，何以先后出现了新流氓主义和痞子文学？两者之间有何渊源？它与中国长期存在的帮会传统有无关系？这些都是值得研究的问题。其实"流氓气""痞子气"，不是新流氓主义或痞子文学所专有的，它的幽灵也常常从其他方面显现出来。可惜没有人去研究这一有关现代中国作家学人的文化精神和文化素质问题。鲁迅不仅批评了创造社的"流氓加才子"气，晚年在答徐懋庸那篇文章里还谈到当时文坛的某种类型人物。他用了一个不大被人注意的用语"破落户的飘零子弟"去称呼他们。

那时我不懂这称呼是什么意思，也未予探究，但现在却觉得是很值得玩味的。最近读杜亚泉文章，发现他分析游民文化的特征，颇可以用来说明"破落户的飘零子弟"身上的那种"流氓气"与"痞子气"。杜亚泉指出知识阶级缺乏独立思想，适与贵族同化，穷与游民为伍，遂形成了一种游民文化。这种人有两面性。一面夸大骄慢，凡事皆出于武断，喜压制，好自矜贵，视当世人皆贱，若不屑与之齿者；另一面则是轻佻浮躁，凡事皆倾向于过激，喜破坏，常怀愤恨，视当世人皆恶，几无一不可杀者。我觉得这些话正可以用来作为"流氓气"和"痞子气"的最恰的解释。八十年代初，我撰写《让酷评的幽灵永不再现》，可是到了九十年代后期，酷评不但死灰复燃，且有变本加厉之势。不过这时的酷评已不是造反派的大批判，而是以"进步勇士"的面目出现了。

摘自一九九九年五月十日日记

三、《九尾龟》

我不是老上海，不大清楚上海滩上的流氓活动。我只知道北方有个帮会叫"在家里"，或者是这个"礼"字。

我在北平育英中学读书的时候，一个绰号叫做"老陕"的地理教员——细长的身材，冬瓜一般光滑的和尚头，陕西口音——上课常常迟到，来了之后，一定要把他的毡帽翻过来，像脸盆一样摆在课桌上，脱下的手套也一定要放进帽子里面。他除了死背书本以外，常问两个问题："××人口扰（若）干哪……？""××出产怎样哪……？"尾音拖得很长，像念诗一样，但他的奇怪举止并未引起同学的哄笑。我问老同学，才知道"老陕"就是"在家里"，他把手套摆在朝天的帽口里的习惯，原来就是"在家里"应遵守的一种规矩。

"在家里"虽然也是依势混一口饭吃，但是却没有流氓那样专横跋扈。只要你不去惹他，他也不会睬你。我真正懂得了流氓的利害是到上海之后的事了。

　　一到上海，就有长辈告诫我：如果遇见了歪戴帽子，鼓起眼珠，捋拳掳袖的汉子，就要赶快避开，千万不可和他们争长论短。后来，我的经验逐渐增多，才知道流氓是无孔不入的。他们从四面八方把你包围，使你躲不胜躲，防不胜防。报上的新闻社会版，几乎每天都有这种记载。例如要是看见广告上说："麻将牌每副一元，寄费在内。"你寄了一块钱去，可是收到的却是不值两角钱的纸牌，你上当了，他在背后还会骂你"阿木林掮木梢"，这就是流氓手段之一。插金带银的妇人走在马路上，迎面来了一个陌生人，突然噼啪两声，请她吃了两记耳光，口里还要骂她偷汉，于是抢了银钱首饰扬长而去。这也是流氓手段"装笋头"。大而言之，还有什么"仙人跳""放白鸽"等等，举不胜举。小而言之，我们常常可以在马路上见到故意打翻担子求乞的，叫做"放生意"；摆一个象棋摊子和人赌赛骗钱的叫做"翻戏"；真是五花八门，应有尽有，连乞丐都有流氓的骗术：用蜡烛油、煤烟、豆腐、猪血涂在腿上，假作脓血溃烂，你如果不细察决不会怀疑他是假装的。不过，流氓虽然无恶不作，但他们还不会说自己是什么"公理声辩者"，到底还没有流氓文学家的脸皮来得厚。

　　你如果一不小心得罪了流氓，那么他们就一定要寻衅报复，办法有软硬两种。硬的有："吃卫生丸"（用手枪狙击）、"开山王斧"（用利斧劈）、"驼石碑"（沉入于河）、"背娘舅"（用绳勒毙）、"借腿"（用木棒打断人腿）、"种荷花"（溺人于河）。这末一项，我有一次在马路上就听见一个人对他的敌手说过：

　　"侬勿要神气活现，留心老子种侬的荷花！"

　　其实声明要种别人荷花的，未必就真的实行，因为真的要种别人荷花一定不肯预先通知对手的。所以我们在马路上遇见了指手划脚大喊大叫的人尽可放心，遇见了闷声不响胸有成竹的人反倒要提防一二。

至于软的手段有："洒香水"（以镪水浇人头面）、"拍粉"（以生石灰迷人眼睛）、"摆堆老"（以荷叶裹秽向人头上抛掷）；前些天报上就登着一位妇女被人"洒香水"的新闻。这些都是上海的特产，北方大概是没有的，只在"九一八"之后，有一个时期，北平出现了一群洋场恶少，出于私欲用镪水洒在别人的西装上，还说这是为了爱国，可是没有多久，这群"爱国的恶少"也不知去向了。

"洒香水"是要损伤仇人的脸面，"拍粉"是要迷瞎仇人的眼睛，这些手段我们是可以明白的。最使我觉得特别的是"摆堆老"。据说人头着粪至少要交噩运三年。为什么人头着粪就要交噩运呢？我至今还不明白，流氓寻衅报复的手段，或硬，或软，或阴险，或毒辣；虽然可鄙，但是最恶劣的还是"摆堆老"，他老远的站着，手里拿的不是刀枪，却是一包粪便，不等你看清他的面目，他就把手里的东西向你抛来，击中了，虽不会致命，但是要大大吃亏。所以我奉劝大家遇见专爱"摆堆老"的流氓，只有不去理他。"粪帚文人令勇士退避"，你如果去和他们打笔墨官司，是永远打不清的。

就我所看到的来说，用图画和文字勾画流氓嘴脸的作品似乎还很少。据说清末吴友如画"流氓拆梢"之类是享有盛名的，他主编的《点石斋画报》就勾画出了不少流氓的嘴脸，可是我连后来翻印的《吴友如墨宝》都没有见到。不过我以为许晓霞、汪仲贤在《社会日报》上合作的《上海俗语图说》是聊备一格的。也许《上海俗语图说》不及《吴友如墨宝》那样古雅，可是内容却复杂得多了，光是与流氓有关的图画就不下百余幅，占全书的一大半，其中所画的流氓骗术有些在吴友如活着的时候还没有出现呢。

几乎与吴友如同时出现了一本描写流氓的小说，这就是《九尾龟》。《九尾龟》中的章秋谷可以算现在流氓的鼻祖了。据苕狂在《九尾龟》一文中说：

本书主人公，夫人而知是章秋谷，也夫人而知是著者自况；可是在相貌方面，未免写得不忠实一些，凡与著者认识的，都觉得这笔下产生的章秋谷，要比张春帆本人漂亮多了。

章秋谷是"胸罗星斗，倚马万言"的才子，才子不但要有"海阔天空，山高月朗"的胸襟，"蛟龙得雨，鹰隼盘空"的意气，并且还一定得有一张漂亮的面孔，否则佳人不会垂怜。可是千金小姐大家闺秀是不容易到手的，只好以妓女来代替了。这风气在当时很盛行，直到"五四"运动爆发，仍旧没有革除干净。新文艺运动健将刘半农被《新青年》编辑请到北京之后，几乎有一年多，仍有上海带来的"红袖添香夜读书"想法，后来好容易才给《新青年》同仁骂掉了。

章秋谷是地主的子弟，家里很有几个钱，所以才能够作着才子佳人的美梦。现在的才子是没有那样幸运了，经济上就远远比不上。因此漂亮的阔小姐偏偏垂爱卖文为活的穷学生一类的"新才子佳人"小说出现了。以前是才子嫖佳人，现在只好掉过头来，阔小姐怜爱穷学生的事一时成为美谈。倘若不信，请你拜读一下沈天鹤先生"保留电影摄制权"的《江秋白》就可以知道。这些梦想阔小姐的没落才子使人不禁想到《九尾龟》里那个倒霉的牛幼康，他们倒是有些相像的。

章秋谷虽然有钱，可是他深信"只有妓女负心，不见客人薄幸"。自拟为贾宝玉，把妓女当做林妹妹的呆头呆脑的痴想，他是没有了。他渐渐知道了制伏妓女的方法，懂得了占便宜的门槛，因此他就成了流氓才子。"摆堆老"的流氓可能被捉去坐牢，"种荷花"的流氓可能捉去偿命，唯有流氓才子深通法律，他们欺压的是弱小，所以永远可以无往而不利。而且章秋谷还会运用"扬之可以使上天，抑之可以使入地"这种中国祖传的秘方，要别人帮助就主张互助论，要占别人便宜就主张生存竞争，要别人退让就主张托尔斯泰主义……

　　流氓吊膀子，章秋谷要打散，以为："引诱良家妇女真是死有余辜！"（四十八回）可是他自己却用尽心机，买通内线，作好圈套来勾引良家妇女，对方不答应，他居然还会吐出一口带着血丝的痰来。（一百十一回）其实所有的流氓才子差不多都会这一手，例如在强词夺理的时候，也会挤出一二滴眼泪来，仿佛他的赤诚可以感动天地似的。可是我却非常讨厌这种咯血含泪的批评。……（下略）①

（《九十年代反思录》，上海古籍出版社2000年12月）②

---

　　① （原注）本篇摘自1941年孤岛时期出版的《万人小说》，篇名为《〈九尾龟〉中的男性》。当时作者用的笔名是禹鼎。

　　② 《〈幻洲〉记略》篇亦见《王元化集》卷七，湖北教育出版社2007年；《九尾龟》篇亦见《集外旧文钞》，上海文艺出版社2001年1月及《王元化集》卷一，湖北教育出版社2007年10月。

第八辑　学者与思想

记熊十力

直到最近才从报上看到十力先生是在一九六八年五月二十四日逝世的。报上发表的悼词说："熊先生长期从事学术研究，在研究中国儒家学术思想上自成一派，是国内外知名学者。"

我认识十力先生在六十年代初。他自称，他在晚年已由佛入儒，对于阳明、船山二王之学，最为服膺。那时他的身体已很虚弱，他在写给我的一首诗中曾说到自己"衰来停著述，只此不无憾"。其实当时他并未停止写作。我每次去看他，都在他的书桌上见到一沓沓经过大量涂抹删改的稿纸。这就是后来由中国科学院影印出版的《乾坤衍》。在我认识他以前，我还在新华书店科技门市部见到正在发售他的另一部著作《原儒》。这两部书都是研究儒学的。他的佛学著作是早年写的，解放后似乎并未重印过。大概追悼会的悼词就是根据这一情况才对他的儒学作了评价，而对他的佛学却未置一词。可是，依我的浅见，在十力先生毕生的学术研究中，佛学亦应占一重要地位。他可以算得上是"五四"后老一代佛学专家中屈指可数的几位代表人物之一。他和汤用彤先生交谊颇厚，两人都以佛学名家。汤著《汉魏两晋南北朝佛教史》曾引十力先生就鸠摩罗什赠慧远偈语所作的诠释。我不知道此文见于十力先生何书，曾请问过他。据他说，这段文字不是引自他的著作，而是应汤先生所请托，为汤先生所写的。从这件事来看，可见汤先生对他的佛学造诣是很器重的。

现在我手边还保留着十力先生送我的一部《佛家名相通释》。这部书于一九三七年初由北京大学刊印发行。看看书名就可以知道这是一部类似佛学辞典的著作。序言中说明是应几位学生的建议，要他撰述一部疏释名相、提挈纲领的佛学入门书，以便使"玄关有钥，而智炬增明"。十力先生宗主唯识，在治学上力求成一家之言，著有《新唯识论》《破〈破新唯识论〉》等。这两部书为了创新，往往不免对佛家经论的原来面目涂上一层主观色彩，曾引起一些非议。关于这些问题，我由于浅陋，没有置喙的余地。这里不准备探讨佛学问题，只想就《佛家名相通释》的《撰述大意》引申开去，谈谈自己的一些感想。

这篇《撰述大意》曾批评了坊间作为初学津梁的《唯识开蒙》《法相纲要》之类的著作。他认为这类著作只是粗列若干条目，杂取经论疏记的陈言，割裂其词，分缀单条，读者纵然反复览观，终无一径可通。而作者撰《佛家名相通释》却着重于阐发佛学的体系，探究其间的有机关联。所谓"名相为经，众义为纬，纯本哲学之观点，力避空想之浮词"。其特点在于把分析与综合统一起来，"必于千条万绪中综会，而寻其统系，得其通理"。这种编纂辞书的方法是很有见地的。作者这部《通释》颇近似今天的百科全书或大事典，既易于寻检，具有工具书的便利，使读者可以迅速查考某一名词的简要解说，同时又可作为读者对佛学研究的入门向导，兼有教科书的作用。《通释》在分释各名相条目时，从佛学的整体性与连贯性出发，殚其统系，明其脉络。这样，就可以使读者对这一学科得到完整的系统的初步知识。此外，书中还在适当处列举了有关书目，予以钩玄提要的说明，写来似乎漫不经心，实际上却有助于引发读者作更深入研究的兴趣。如果把《通释》作为一般辞书看待，我觉得上述这种编纂方法是很值得注意的。今天各国百科全书在工具性和教育性的矛盾统一问题上，尚未能彻底解决。从工具性来说，要求便于检索。从教育性来说，要求知识的系统化。实际做起来，却往往顾此失彼。《英百科》十五版在这方面号称具有革命意义，然而《英百科》十五版采用《简编》《详编》并附一《知识纲要》，以求两者兼顾，事实上仍旧是一种折中办法。《通释》只能算是专业性的百科全书，规模较小，但在编纂方法上，就其完整周密来说，颇多可采之处，足资编纂百科全书的参考。

《撰述大意》还有一段文字谈到研究佛学的意义，也值得重视。作者提出今日治哲学者，于中国、印度、西洋三方面必不可偏废。作者认为"佛家之于内心之照察，与人生之体验，宇宙之解析，真理之照会，皆有其独到处。即其注重逻辑之精神，于中土所偏，尤堪匡救"。这段话也许说得过火了一点。事实上，自先秦起，我国古代就已涌现出大批名辩思想家，如邓析，宋钘、尹文、彭蒙，慎到、尸佼、兒说、田巴、惠施、公孙龙，至《墨辩》更为发扬光大，不能说我国没有逻辑学的传统。黑格尔《哲学史讲演录》独标中国史学，而认为中国古代哲学则不免粗疏浅陋。这不是公允的意见。不过，我们也应该承认，自佛法东来，印度梵典的重逻辑精神，特别是在理论的体系化或系统化方面，确实对我国文化产生了巨大影响。这里可举一例说明。六朝前，我国的理论著作只有散篇，没有一部系统严密的专著，直到刘勰《文心雕龙》问世，才出现了第一部有着完整体系的理论著作，从而章学诚称之为"勒为成书之初祖"。刘勰精于佛法，在重逻辑精神上不能不说是受到梵典的一定影响。目前我们出版的文学史还很少涉及中外文化交流这一领域。甚至缩小一点范围来讲，连佛书流入中土后所形成译业宏富的翻译文学，至今也很少有人注意。就这一点来说，《撰述大意》提出的主张颇有可取之处。

《撰述大意》又论到佛学的特点。作者以为："以今哲学上术语言之，不妨说为心理主义。所谓心理主义，非谓是心理学，乃谓其哲学从心理学出发故。"接着，作者从宇宙论、人生论、本性论、认识论四个方面加以剖析，并作结语说："吾以为言哲学者，果欲离戏论而得真理，则佛家在认识论上，尽有特别贡献。"尽管十力先生始终未能摆脱唯心主义的局限，有时甚至流入神秘主义，但他融会古今，力图用哲学观点来整理佛学的玄奥，使之明白易晓，却是应该予以首肯的。作者申明自己整理佛学所遵守的原则是："根底无易其固，而裁断必出于己"。这句话很重要。今天我们以马克思主义观点剖析佛学，一方面应切忌简单化的一笔抹杀，单是斥责它的迷信虚妄蠹国殃民，从而把历史上出现的这一有着深远影响的学说或思潮看成一无所是全盘错误的陈迹。另一方面也应切忌简单化的生吞活剥，没有切实理会其来历，便望文生解，逞臆妄说，只是在行文中徒有其表地点缀着一些新名词、新术语，而对于探究佛书的真面目却毫无裨益。《撰述大意》提出读佛书有四要，即分析与综会、踏实与凌空这两组矛盾的辩证统一。作者感叹地说："吾常求此于人，杳然无遇，慨此甘露，知饮者希，孤怀寂寥，谁与为论？"这是四十多年前的议论，今天看来对我们在治学方面不仅有参考价值，而且仍起着劝惩作用。

我觉得《撰述大意》写得最好的地方也就在于谈读书。自然作者是就读佛书而言，但也可以推之适用于读一切书之法。这里且撮录两条如下：

> 凡读书，不可求快，而读佛家书，尤须沉潜往复，从容含玩，否则必难悟入。吾常言，学人所以少深造者，即由读书喜为涉猎，不务精探之故。

贪多求快几乎为读书界的通病，甚至不少从事研究工作的人也难免此弊。我接触过一些青年，大抵平时并不精研原典，一旦提笔作文，就临时抱佛脚，仓促翻阅经典著作，不顾时间、地点、条件，也不问上下文的文义，各取所需，为我所用。倘要扭转此种不良学风，首在改变不求甚解、囫囵吞枣的读书习惯。作者所谓"沉潜往复，从容含玩"这八个字正可作为读书的良箴。

《撰述大意》的另一条就是谈到精读的方法：

> 每读一次，于所未详，必谨缺疑，而无放失。缺疑者，其疑问常在心头，故乃触处求解。若所不知，即便放失，则终其身为盲人矣。

能不能做到"必谨缺疑，而无放失"，这是在读书上知难而退还是知难而进的分界线。读书可以作为一种消遣，但目的还在学习。作为专业学习对象的精读书，都应一遍又一遍地读下去，否则就不能吃透其中容易一眼滑过的重要内容。精读之要，首在"必谨缺疑"，使读不懂、吃不透的疑问常在心头。而解决疑难的办法即在"触处求解"。这四个字说的不仅是反复思量，查阅有关参考书，并且也包括把问题和实际联系起来去追究，去推敲，以便使书中窒碍皆去，脱尔神解。

以上是我读了《撰述大意》的一点体会。十力先生赠我《佛家名相通释》，希望我由此入门，进一步深造。可是说来惭愧，我因诸事纷扰，加以心粗气浮，始终未能登堂入室。那时，他还用通信方式和我讨论佛学问题，几年下来，他寄我的信积有一大沓。可是这些信在"四人帮"横行猖獗之际大都被销毁了。现在只剩下一张明信片，由于夹在书中，竟然漏网，得以幸存，成了他留给我的唯一纪念。

一九七九年五月十二日

（《人物·书话·纪事》，人民文学出版社2005年）①

---

① 亦见《王元化集》卷七，湖北教育出版社2007年10月。又，《人物小记》，东方出版中心2008年1月，录有《记熊十力小集》一文，该文还摘录了1992年《〈思辨发微〉序》、1992年日记、1994年《〈思辨随笔〉序》、1994年《孤往精神》、1994年《十力语要》等篇的相关内容。

再记熊十力

我于一九七九年始悉十力先生在一九六八年五月二十四日逝世，当即撰写一文，并将过去十力先生惠我的一封短简复制，投寄香港《大公报》。这篇文章过于简略，现在补述一些前文没有述及的内容，以供参考。

一九六二年秋，我持韦卓民先生介绍信，往淮海中路二〇六八号拜见十力先生。去前，卓民先生嘱告："近年来，十力先生谢客来访，他脾气古怪，不知见不见你。"当我走上公寓西侧一座黄色小楼，在十力先生门上看到贴着一张信笺，纸已褪色，字墨尚浓。大意说，本人年老体衰，身体不好，请勿来访。其中说到自己的身体情况十分具体，记得有面赤、气亏、虚火上延之类的话。我怀着惴惴不安的心情敲了几下门，开门的是一位六十上下的人。这就是当时正为十力先生誊写《乾坤衍》的丰先生。他把我延至客厅，即持介绍信入里间。等候了二三分钟，十力先生从隔壁走来。他的身材瘦弱，精神矍铄，双目奕奕有神，留有胡须，已全白，未蓄发，平顶头，穿的是老式裤褂。我表示了仰慕之意，他询问我在何处工作，读什么书等等。这天他的心情很好。他的态度柔和，言谈也极儒雅，声调甚至近于细弱。当时我几乎与人断绝往来，我的处境使我变得很孤独。我觉得他具有理解别人的力量，他的眼光似乎默默地含有对被侮辱、被损害者的同情，这使我一见到他就从自己内心深处产生了一种亲和力。这种感觉似乎来得突兀，但我相信它。在我们往来的近三年内，我从未谈过自己的遭遇，他也从未询问过。直到他去世十多年后，我才从他的哲嗣世菩夫妇那里得悉，十力先生对我的坎坷经历和当时的处境十分清楚，并且曾为之唏嘘。我是从我个人接触来谈自己的感受，我并不想以此推翻别人的另一种说法，如说他性格怪僻，脾气不好等等。平心生前就向我提到一些事，我想他说的是事实。十力先生自己也向我讲过他在四川复性书院讲学时和马一浮发生的一次争吵，尽管他们是相契的朋友，马一浮还曾以蠲叟别号为他所撰的《佛家名相通释》署签，为《新唯识论》写序。十力先生师友弟子多称他性格狂放，意气自雄，认为他具有一种慑服人的气概。他在自己著作上署名黄冈熊十力造，颇引起一些议论，因为在印度只有被尊为菩萨的人才可以用这说法，据传他也曾经自称熊十力菩萨。他在论学时往往意气风发，情不自禁。有一次他与张东荪论学，谈得兴起，一掌拍在张的肩上，张逡巡后退。诸如此类传说，不一而足，使他在人心目中成为一个放达不拘的古怪人物。但他也有亲切柔和、平易近人的一面，大概由于太平凡吧，很少为人述及。我以为不揭示这方面，就难以显示他的完整人格。

经十力先生允诺后，我几乎每周走访一次。他身上有些神秘的东西。他在著作中曾记述，民国六年，他自武昌赴荆襄，参与守军独立。事败，辗转军中，七年入粤。一日午睡，忽梦他的五弟继刚陈尸在床，他不禁抚遗体痛哭，醒而泪痕犹湿。后离军返乡，始知五弟确已去世。他认为梦是预兆休咎的，不能尽以变态心理去说明。我探访他不久，有一次，他很认真地给我看相，可能他把这当做识人的一种方法。我觉得他的神秘主义是和儒家思想有距离的。我曾向他请教佛学，这时他已由佛入儒。在他起居室内，有三幅大字书写的君师帖。一居中，从墙头直贴到天花板上，上书孔子之位。一在右，也从墙头往下贴，上书阳明先生。一在左，也从墙头往下贴，上书船山先生。他听我要学佛学后说："你学佛学做什么？现在没有人学这个了。"据我当时理解，他并不是菲薄佛学，而是对我这种学不干时的态度有所感慨。但他是随和的，同意我向他请教，并约定用通信方式笔谈。不久，他惠赠我战前由北大出版的《佛家名相通释》上、下两册，书已陈旧，上面还有他用朱笔写的"仲光读本"四字。书中有两处眉批，大概是他准备增订的地方。现抄录如下：

> 上卷六十四页反面"无为法"，引《大智度论》，上有墨批："无为相者，无相之相，此实无形无象，虽现为有为，而不可谓无为之相，即是有为。譬如水成冰，冰相坚固，不可说水相即是冰。"
>
> 上卷七十六页"四谛"条，释"集谛"义原注"三界"一段文字，末句"一切烦恼及业，能为感苦之因，故说名集"。以朱笔加重点线，并于上端朱批："感括一切苦果。"

书中另有一笺，墨笔书写，大概是作为以后改订之用：

> 第八行，至第九行。"法相是无著学，唯识是世亲学"二句，今改云：法相广博，盖自无著开基。（法相学，广分别一切法。平列而谈，无著是其开宗大哲也。其根本大典曰瑜伽师地论，亦称大论。）唯识谨严，独幸世亲克荷。（世亲初治小乘学，后承其兄无著之教，舍小入大，著百法，成唯等论，以一切法摄归唯识。法相之学，至是而系统谨严，是克担荷无著之业也。宜黄欧阳大师，以法相、唯识分为二宗，余未敢从，说见《新唯识论》附录。）

读了《佛家名相通释》，使我深受教益。诚如先生在志其缘起的序中所云："疏释名相，提挈纲领，使玄关有钥，而智炬增明。"我对先生近于魏晋风骨、清新洒脱、机应自然的文字风格尤为服膺，书中警句至今尚可背诵。我曾向十力先生谈到自己的读后心得，认为书中所揭示的分析与综会、踏实与凌空四者兼顾而不可偏废，诚为读书要诠。我向他背诵了书中的话："吾常求此于人，杳然无遇，慨此甘露，知饮者希，孤怀寥寂，谁与为论。"十力先生听我说着，不禁颔首微笑，表示了他的高兴。十力先生曾向我讲述他治佛学的艰苦，面对浩如烟海的内典，茫然无所措手足。曾有一个时期，他埋头在明人的疏记中，废寝忘食，而所获甚微。他说这些话无非鼓励我勤奋好学，但我由于怠情荒疏，终未入门，深感愧疚。

十力先生学宗二王，现被尊为新儒学开宗大师。但他并不只重义理，而是兼综踏实与凌空二义。据先生所下定义，所谓踏实者，乃"必将论主之经验与思路，在自家脑盖演过一番，始能一一得其实解。若只随文生解，不曾切实理会其来历，是则浮泛不实，为学大忌"。所谓凌空者，乃"掷下书无佛说，无世间种种说，亦无己意可说。其惟于一切相，都无取著，脱尔神解，机应自然，心无所得，而真理昭然现前"。这见解倘加细玩，必得读书之要领。我觉得，十力先生在治学方面所揭橥的原则"根底无易其固，而裁断必出于己"，最为精审。我自向先生请教以来，对此宗旨拳拳服膺，力求贯彻于自己治学中。自然能否达到是另一问题，不过在我至少是虽不能至，心向往之。十力先生治学似较偏重颖脱超越一路，而对某些小节则不大注意。我曾向他请教禅法中的四等义，他可能年老记忆衰退，一时未能答对。在考据训诂方面，十力先生常遭非议，人说他辨真伪多出臆断，任意改变古训，增字解经。这些评骘出自对他诚服崇敬的同辈或友人，不能说没有一些道理。他重六经注我、离识无境之义，于现代诠释学或有某种暗合，可能会受到赞扬。但我以为训解前人著作，应依原本揭其底蕴，得其旨要，而不可强古人以从己意，用引申义来代替。我并不反对注释者根据自己的时代经验以今度古，作出价值判断。这在阐述古人著作时，甚至是不可或缺的。但原文的底蕴与注释者所揭示的意蕴，二者不可混淆。余英时先生曾以 meaning 与 significance 说明其间区别，是十分确切的。我觉得十力先生所立的原则，即"根底无易其固，而裁断必出于己"，是精辟的，可惜他在实践方面未能贯彻始终。不过，他对佛书的领悟，确有十分出色的地方，往往迥拔群伦，自成一家之言。他用心理主义去阐释法相宗，就是一例。他所谓心理主义并不就是心理学，乃是说其哲学是从心理学出发。他从宇宙论（三界唯心，万法唯识）、人生论（以此心舍染得净，转识成智，离苦得乐）、本体论（即心是涅槃）、认识论（自心起执相貌，故初假寻思，而终于心行路绝，由慧解析，知其无实，渐入观行，冥契真理）去阐释佛法。这些阐发给我极大启迪。他不是偏于一隅的专家，而是博学多闻的学者。他的兴趣在多方面，自称其学为六通之辟，其运无所不在，如西谚所谓博识专精（We have to know everything about something and something about everything）。有一次，他突然向我谈起西方科学界的原子理论问题，他以为我正当壮年一定在这方面有些常识，孰知我茫然不能措一词，深感惶恐。他不使我难堪，很快转变了话题。他在早期就提出过治哲学者于中国、印度、西洋三方面不可偏废的主张。这是很有见地的。他认为佛家于内心之照察、人生之体验、宇宙之解析、真理之证会，皆有其特殊独到处。即其注重逻辑之精神，于中土所偏，尤堪匡救。这些简明扼要的话，真是说得十分中肯，迄今仍成为我的良箴。在我和他来往中，我仅向他请教佛学，几乎很少涉及先生当时所服膺的二王之学。在这方面，我没有好好钻研，不敢妄议。我只能谈谈自己的一些粗浅的看法。

十力先生早岁忿詈孔子，中期疑佛，最后归宗大易。他曾对龙树的大雄大勇、无所不破的精神深表敬服。由佛入儒后，一反以往，以大易立人极之旨对此加以批驳。他恪遵"天行健，君子以自强不息"之义，演大易翕辟成变之论，从而构成一完整的思想体系。我以为，不论他的哲学经过怎样的发展与变化，其核心仍在本心这一概念。有的学者认为，十力先生的体用论出，乃一大转变。由于他的体用论有摄体归用、万物真实之旨，于是说他"接近于唯物论"。

但是，细察十力先生本心说之根底，则不得不承认贺麟辨析明心章之明澈。贺评见于一九四七年，至今读来，仍觉深邃有据。十力先生所谓本心，即仁，即生生不息、凝成众物而不物化、新新不已的"绝对本体"。这个刚健的本体（或本心）之显现，如贺氏所说：

> 有其摄聚而成形象的动势，名曰翕；有其刚健而不物化的势用，名曰辟。所谓心物即是辟翕两种势力或过程。

一辟一翕，恒转不已。心与物交参互涵，不可分而为二，而是一个整体的相反相成的两个方面。十力先生既不承认唯物论，也不承认唯心论。贺氏称他为泛心论者，庶几近之。他认为有物即有心，纵使在洪荒时代，心的势用即随物而潜在。体用一如，心物不二，这就是十力先生哲学的真谛。他不墨守二王之学，而有所发展。他参照柏格森的生命哲学，而有所批判。他的哲学是称得上为一家之言的。以上理解不知是否恰当，我以为这方面的研究尚待深入。

十力先生自居儒家，他像宋明儒者一样，泛滥于佛老，返求于六经。他自称其学为玄学，这并非一时兴到之语。十力先生七十寿辰时，马一浮赠诗有"萧山孤寺忆谈玄"之语。直到暮年，他对庄子兴趣未减。他给我来信时皆书斋名漆园，或漆园老人。他这样偏爱庄子，我想可借用他论张江陵的"以出世态度做入世学问"一句话来阐明。他虽然最不喜六朝清谈名士，但从生活上来看，我觉得他颇有魏晋人的通脱旷达风度。有一次，我去访问他，他正在沐浴，我坐在外间，可是他要我进去，他就赤身坐在澡盆里和我谈话。他不是性格深沉内向的人。他的感情丰富，面部常有感情流露，没有儒者那种居恭色庄的修身涵养。卓民先生说，这次沪上相会，一见面他就号啕大哭，使卓民先生深觉不安。最后几年，他无论在生理上还是在心理上，都经受着老年人才有的痛苦折磨。他和我谈到自己的消化不良，常常便秘，成为他天天发愁的事。他未装义齿，无法咀嚼，由丰先生为他煮一点烂面软饭，生活上照料得并不好。他向我说，离京前原想入川，可是董老劝他说："年老了，还是和儿子住在一起好。"所以他到上海来了。世菩、承厚贤伉俪住处并不宽敞，条件也差。十力先生为了坚持写作，住在淮海中路寓所，有五间房屋，可是亲人都有工作，不能来照料了。我是在"文革"风暴前夕，最后见到他的。"文革"开始，就此音讯隔绝。一九七九年底我才平反，听到他的去世消息，已经是他离开这个世界十一年了。

一九九一年八月十八日

(《人物·书话·纪事》，人民文学出版社2005年)①

---

① 亦见《王元化集》卷七，湖北教育出版社2007年10月。

记韦卓民

卓民先生逝世已有四年多了。他是我父亲的同窗好友。少年时父亲曾以卓民先生手不释卷的好学精神勉励我勤奋读书。他说卓民先生每逢假期都定下阅读计划，读书之多令他敬佩。三十年代初，卓民先生在武昌华中大学主持校政，那时我刚进中学，适值长城抗战，北平谣诼纷传，局势日紧，我们举家南下暂避。整整一个暑假就寄居在武昌华中大学校舍中，这时我第一次见到卓民先生。当时他曾利用余暇授我们几个孩子《大学》和《中庸》。暑假后，北方局势暂告缓和，我们全家回到北平。从此一别，就是三十多年。六十年代初期，卓民先生利用暑假来沪探访亲友，重新见面时我已进入中年。那时我对黑格尔哲学兴趣正浓，提出要向他请教，他慨然应允，并约定通信讨论。他回武汉不久就按约定开始实行了。我们大约十天就通一次信，书札来往颇为频繁，十年浩劫曾中断，并将那些信件全部销毁。直到一九七三年才又继续通信，这次我把信设法保存下来。我从中选出几封信以《关于黑格尔〈小逻辑〉一书的通信》为题，发表在《上海师范学院学报》上，以表示哀悼。

卓民先生素重康德。解放后，他的近三百万字的译著，其中有关康德的研究占据了绝大的比重。他翻译的康德著作，不仅数量最多，而且在质量上也堪称上乘。比如《判断力批判》上卷原是由别人译述的，后来商务改请他续译下卷，就因为编者认为他更能胜任的缘故。他早年留学美国，在哈佛获硕士学位。后又留英，在霍布豪斯门下就读。其时他还遍历欧洲几家著名大学深造，达数年之久，得博士学位。他不仅精通英、法、德、俄诸语种，也精于拉丁文。他不是那种偏执一隅之解的学者，把自己的研究拘囿在狭窄的范围内。他学贯中西，深知融会古今、触类旁通的重要。他生前和我谈话时，说起他留学英国时，曾打算钻研佛学，曾向一位年老的英国女专家请教。当他得知欲通佛学，须懂巴利文，而学会这门古文字又非三五年不可，才废然而止。尽管如此，他还是读了不少汉译梵典，并与我国佛学专家结交。我认识熊十力先生并向之请教，就是经卓民先生介绍的。卓民先生也精于黑格尔哲学，晚年撰《黑格尔〈小逻辑〉评注》，此书包括部分重译、注释、评论，约七十五万言。逝世前已至少完成三十余万字，恐怕未能完稿。他逝世后，我曾向翰伯呼吁，收集遗稿付印出版，以嘉惠后学，深望此事得以实现。我和卓民先生通信中，曾就《小逻辑》中的一些领会和疑难，有时也提出一些不同看法请他指正。他的复信不仅对此书的体系、用语、体例以及读法和参阅有关资料提出了有益的指导，而且也时或评论其中利弊，耐人寻思。因此，我觉得发表这些信对于和我一样喜读《小逻辑》的读者可能不无帮助。

从这些信中，可以使我们看到老一辈研究工作者那种一丝不苟的治学态度。卓民先生在答复我的信时，为了一段话，甚或一个术语，往往要查阅各种版本。倘手边无书，没有查到，即在信中言明，而不肯含糊敷衍过去。他对黑格尔的用语大多几经推敲，决不望文生解，真可说是"一名之立，旬日踟蹰"。这种功夫是今天有些人不屑一顾，并轻视地加以"死抠字眼"的恶谥的。因此，在一些理论性文章中遂造成不求甚解，以讹传讹、概念混乱的种种弊端。由于这些通信是我们之间的私人信札，卓民先生对黑格尔以及国内某些哲学家的评语，未遑斟酌用字的轻重，也许未免有欠妥处（后者已于发表时删去。在一封未发表的信中，他曾谈到我国思想史方面的贫乏，勉励我说"世兄其与我努力共勉之"的话，至今仍时时促我勤奋，使我对自己的怠惰荒疏感到了内心的疚责）。他在信中提出的亚里士多德的三段论式的产生背景，以及中世纪将其普遍化，以致黑格尔对它进行批判时，由于没有究明原委，终未切中肯綮，这些意见颇值得注意并加以进一步探讨。卓民先生不是孤立地去评价某一观点，而是追源溯流，以明其脉络，殚其统系。这种方法，尤足珍视。例如他对黑格尔《小逻辑》中的推理理论，就是上溯亚里士多德以来的传统形式逻辑，下及以后发展起来的关系逻辑，从推理理论的流变及其史的发展，把黑格尔的观点放在适当的地位，进行评价。这也是值得注意并可资借鉴的。

说来惭愧，卓民先生屡次来信嘱我钻研关系逻辑，但由于当时疏懒和多病，未能抓紧学习，终未入门。如今事冗体衰，更谈不到存此奢想了。辜负了先生生前的殷切期望，这使我深感歉疚。卓民先生指导后学是不辞劳苦、不怕厌烦的。他给我的复信往往多至十纸以上，且正反两面书写，字体端正，笔画清晰，几乎从无圈改涂抹之处。当时他已年近九十高龄，除了学校交托的任务，始终在从事写、读、译、著工作，从不中辍。他把工作安排得井井有条，可以说没有虚掷寸阴。有一次，接到他的复信较迟，读了他的信，才知道他有好几天发高热，卧床疗养多日。这封信是他起床不久，就连忙作复的。我一边读信，一边感动不已。对照前辈，我愧然觉得自己不能严于律己，以致虚度了许多本可利用来学习的大好光阴。如今愧恨无及，谨书以自劾，以勉来者。

我以上面简短的话附于卓民先生的通信后，一方面作为对他的纪念，另一方面也把他那严肃认真、一丝不苟的治学态度和诲人不倦、勉励后学的精神记录下来，作为我们这一代的学习榜样。我所接触到的老一辈研究者大都具有为我辈所不及的这种长处。他们身上的这些优点是应该一代代传下去的。让我们黾勉以赴，奋发自强，把这种研究工作者应有的可贵品质发扬光大吧。

一九八一年二月二十五日记于上海

（《人物小记》，东方出版中心 2008 年 1 月）[①]

[①] 亦见《人物·书话·纪事》，人民文学出版社 2005 年及《王元化集》卷七，湖北教育出版社 2007 年 10 月。

记郑桐荪

一次在谭其骧家谈天，谭出示所藏郑桐荪纪念册。谭与郑桐荪（之藩）是亲戚。郑先生为父执辈，住在清华园西院。那时郑桐荪和熊庆来是清华大学的数学教授。华罗庚年轻时学历资历不足，经熊、郑二先生力荐，被破格提拔到大学教书。当时学界有影响的前辈，几乎无不爱才若渴，常常无私地提携后进。

郑先生是科学家，听父亲说，他在业余的时间研究清史，造诣甚深，常常有人前去论学。这和今天一些科学家只知自己的专业，很少过问文史哲的情况完全不同。一位在北方某大学任教的朋友告诉我，他们那里虽然已经恢复了文学院，可是那位学理工出身的校长，对于人文学科一窍不通。他不明白学文史哲有什么用。据说，他曾说学文学的也许还可以做做宣传工作或者文秘工作，但学历史、哲学有什么用呢？

今天像郑桐荪那样文理兼通的科学家愈来愈少了。许多只懂自己专业的科学家在大学掌校，大学的文科也就办得奄奄无声息。他们不知道人文精神的失落，终将导致人民素质愈来愈低。

我和谭其骧说起童年时，我的父母和郑先生夫妇是很好的朋友，两家时相往来。郑先生的儿子士京比我略小，常在一起玩。他的身体孱弱，人也很文静。可是士京的姐姐士宁却像男孩子一样顽皮。她和我的两个姐姐是朋友。听二姐元美说，有一天一位外国教授去清华园访问郑先生,刚在沙发上坐下,士宁跑进来对这位客人的高大鼻子感到了兴趣,嘴里说:"真有意思!"就爬到客人身上在他的鼻子上捏了一把。郑先生事后只是说了她几句,并没有严责。他们家就充沛着这样一种平和的气氛。郑士宁后来成为数学家陈省身教授的夫人,如今不知她情况如何。

一九九〇年

补记:

近读姚昆田所赠《南社人物传》,始知郑先生曾加入南社,是南社中俊彦人物。柳亚子常和他赋诗酬和,称郑的文学修养为他"所不逮"。柳亚子还在诗中说:"艺苑真同畏友看。"对郑推崇如此。

二〇〇三年

(《人物·书话·纪事》,人民文学出版社 2005 年)[1]

---

[1] 亦见《王元化集》卷七,湖北教育出版社 2007 年 10 月。

记林毓生

海湾战争时,我去夏威夷参加中国文化讨论会的第二天,林毓生也来了。我们见面后,他就约定当晚到我房间来看我。这天晚上我们的交谈持续了四个多小时,直到深夜十二时以后才散。他不是一个能言善辩的人,说话甚至时时会口吃。我逐渐了解到,他讲话的时候,对于遣词用语是非常顶真的。但这并不是为了语惊四座,扬才耀己,也不是为了刻意雕饰,炫人耳目。他是平实的。了解他的人可以懂得,这是由于长期从事理论工作所养成的习惯。加上他那毫不苟且的认真性格,使他在讲话的时候,唯恐词不达意,尽量想说得最准确、最完善,因此他无论在与人谈话或在会上发言,有时都会讲到一半突然而止,口中喃喃,似乎在与自己商量,斟酌如何表达。每逢出现了这种情况,会场上总会有人发出笑声,但是他全不在意,下次仍然一样。后来我们接触多了,我发现这种认真精神在他修改自己文章时更为显著。经过催促,文章交来了,于是修改的漫长历程开始,他的传真一个个发来,约他稿子的刊物编者开玩笑说,他的传真永远是逗号,而没有打上句号的时候。他的认真被有些人视为"迂",但我不这样看,因为我也有同样的性格,虽然在程度上我是比不上他的。我们在夏威夷最初见面的长谈中,他向我谈到台湾问题。他的谈话使我感觉到，他不是关在书斋里啃书本的学究，而是一个关心世事和人类命运的知识分子。他小时随着双亲到台湾落户，对台湾有着深厚的感情（后来我听王蒙说，他在北平上小学时，林毓生也在北平，上同一个学校，而且两人都常被老师所称赞）。他关心台湾的民主进程，他是以一个超党派偏见的学者来谈论这一切的。他还谈到他到美国后和台湾一位青年学人的交往，当这位青年学者由于在台湾争取民主而被关进监狱时，他想方设法去救援，按时探监，送去书报，并共同学习讨论问题，长期不懈。

这些经历都使我产生了深厚的兴趣。我陡然对他萌生了好感，我不知道这是不是由于他在谈论中，所显示的那种出于自然的对人平等的态度，这是许多人不容易做到的。因为那些人往往不自觉地流露出一种使人慑服，对人考量，或向人炫耀的居高临下的态度。他是质朴的，在他的身上你不可能找到任何矫揉造作的痕迹。人类的感情是微妙的，你对一个人的好感，往往不是对这个人经过了审慎的衡量或理性的分析，而是凭借着他所说的某些具有个性特征的话语，或在他脸上流露出来的某种情绪。它们好像是他的心灵窗口，把他的内心和人格全部呈现在你的面前，而这一切又多半是在你还来不及思考的一瞬间发生的。那天他坐在我的房间内，夏威夷的夜晚仍旧炎热，虽然是冬天，却还开着电扇。凉风阵阵吹到身上，我们谈得很高兴，忘记了一天的劳累。他谈到了自己的师承，谈到了他的老师海耶克，谈到了他的自由主义的信仰，他认为自由并不废弃纪律。他很注重躬行践履，使自己的行为符合自由主义思想原则。后来有一次，我和他在一个大厅中听演讲，我觉得演讲内容空洞，就约他一同出去在哈佛校园散步。没料到竟遭拒绝，他认为这样做不好，他在这方面也是极其认真的，虽然我知道他对这类演讲也不会感兴趣。他作为一个自由主义者，决不像我们这里的那些人一样，抢旗帜，立山头，拉帮结派，在行为上和自由主义背道而驰。他把自由主义原则贯串在自己的行动里，这是他值得敬重处。

一九九一年

（《人物·书话·纪事》，人民文学出版社2005年）①

---

① 亦见《王元化集》卷七，湖北教育出版社2007年10月。

谈汤用彤

一九九三年将是汤用彤先生的百年诞辰，北大准备汇编纪念文集，先生哲嗣一介教授嘱我写稿，这是义不容辞的。我寄去了一篇考释旧作，以表示对这位前辈的敬仰。

用彤先生是我省先贤。一九一一年，他和先父同时进清华学堂共事，应该说是我的父执辈。我虽然没有机缘拜识用彤先生，并亲聆他的教诲，但用彤先生的著作，却一直是我作为指导自己治学道路的良箴。六十年代初，我撰《文心雕龙笺释》时，曾向熊十力先生请教佛学，但使我更获裨益的却是用彤先生的两本著作：《汉魏两晋南北朝佛教史》与《魏晋玄学论稿》。拙著中所述魏晋玄风与般若性空之学的关系，悉本汤说。十力先生自开户牖，多一家之言，长于启迪思想。用彤先生则偏重于史实的开发与剖析，有助于理解当时的思想源流和各家各说之间的错综复杂关系。正由于这缘故，我在书中每每征引用彤先生的说法。

用彤先生治学谨严，令人敬服。这里仅举一两件人所未道的小事，以窥其学。他学兼中外，通梵文、巴利文，在印度文化方面有精深的素养。他早岁留学美国，曾钻研西方哲学，于英国经验主义与欧洲大陆理性主义，尤役心力。归国后，在中央大学等校哲学系任教时，主讲西方哲学，并撰有《叔本华之天才主义》《亚里士多德哲学大纲》《希腊之宗教》等。他尝言，学中国哲学史不可不懂外国哲学史。门弟子说，他讲课常以西方与印度哲学为参照来讲中国哲学。如以斯宾诺莎的上帝观念来对照王弼的贵无论，以莱布尼兹的预定和谐说来对照嵇康的声无哀乐论，以休谟对经验的分析来对照郭象的破离用之体，想来这些讲课一定是精美纷纶。更值得注意的是，用彤先生采用中外哲学对释方法，并不是把两者引为同类，加以比附。他熟知魏晋传译佛经，道安废止格义不用，而独许慧远引庄子难实相义的故事。他在《魏晋玄学论稿》中谈到王何、阮嵇、向郭诸人时，绝无一字一句涉及西方哲学。他所具有的深厚的西方哲学功底，倘不细察，是无法从字里行间寻找到蛛丝马迹的，如撒盐水中，化影响于无形，不露任何痕迹。正像陆游诗中所云"功夫深处却平夷"。就这一点来说，我觉得他的史著和胡适的《中国哲学史大纲》是显然不同的。这种分歧，追其根源，可以从两人对中国文化如何吸收西学的看法方面去究其底蕴。用彤先生很早就倡中外文化融贯说，主张将西学化于中国文化中，这不仅是一种理论，而且他还把这理论严格地贯彻到撰写学术著作的实践里。中西文化融贯说非用彤先生一家之言，他同时代的陈寅恪亦与汤说并同。但与他们交往颇密的友辈如吴宓的看法就有些两样。我认为这种融贯论不应像当时或后来某些论者那样，用维新时期的中体西用说去妄加穿凿，强行归类。这是一个很值得研究的问题，不宜简单化对待。比如陈寅恪说，中国之哲学美术，远不如希腊，不特科学为逊泰西也。这类话就是主张中体西用的维新派绝不会说的。

　　用彤先生性格谦和柔顺，甚至给人一种谨言慎行、口不臧否人物的印象。据同辈回忆，早年在美国，后来在北平，几次至友相聚论学，发生剧烈争论，他很少介入，总是保持一种默默不语的态度。但这只是他为人的一个方面。另一方面，我觉得他在治学上却显示了中国知识分子的坚韧。据传，抗战胜利那年，他对毕业的学生讲话，曾勉励他们不要去做"学得文武艺，卖与帝王家"那种人。在运动频仍、政治风暴逼人而来的岁月，他仍本着老一代优秀学者在治学上不容宗教政见杂入而只问是非真伪的独立精神。我的这一说法也许不易为人接受，因为用彤先生从未发表过语惊四座的言论，相反，在他后来重印的著作序跋中，几乎毫无例外地都用当时观点对自己的旧作进行了严格的自我批判。表面看来，这似乎与那些趋附时潮者无异。但是值得注意的是，他绝不像他们那样曲学阿世，按照最高意旨，删削旧作，加进连自己也不太懂的概念，甚至等而下之，不惜随时改变自己的看法。这种现象在"文革"评法批儒时表现得最为明显。在对待自己旧作的态度上，用彤先生完全两样，当他的新的认识还没有成熟到可以据以修订旧作的时候，他决不妄作修订。他的旧作都是照老样子重印，从而没有留下那种使人使己事后都会感到愧疚的笔墨。我觉得这并不是一件小事，而是需要有一定心理准备的。用彤先生倘没有学术上的独立精神，是不会这样做的。

我就用彤先生治学态度提出上述一些管窥蠡测的浅见，供读者参考，倘能见微知著，一隅三反，由此引发出更深的高论，那将是本篇小文的意外收获了。

一九九二年七月七日

（《人物·书话·纪事》，人民文学出版社2005年）[①]

[①] 亦见《王元化集》卷七，湖北教育出版社2007年10月。

谈杨遇夫

杨遇夫（树达）于五十年代初撰《积微翁回忆录》。书无凡例，我只知它是以原始日记为底本，再加以增删润色而成。《回忆录》中有一些避讳，如称某为妄人，未书其名字，犹《越缦堂日记》之于赵之谦。又对某些人只胪列其著作名称，而隐去姓氏，如《观古堂文钞》《说文籀文考证》略去著者叶德辉名字即此类。再如，作者将解放前与解放后的书籍出版审读机构，统称之为编译局，显然是用代称。这些地方并非出于粗疏草率，读者倘能细审，就不难踪迹作者的用心所在。这本《回忆录》看来似乎平板朴拙，文字缺乏雕缛成体的华彩，但只要从容含玩，潜心冥会，则必有所获。

遇夫先生承清代朴学传统，师法高邮王氏，为现代小学大师，专精汉学。陈寅恪称他为汉事专家，举世无两。戊戌前入湖南时务学堂，后留学日本，通英、日两种文字，受欧洲语源学（etymology）的影响。在语言学研究上学兼中外，多从语源追溯字义之始。从学术渊源上来说，他属于清代学术中的皖派。这派由江永、戴震开基；程瑶田、王念孙、段玉裁、孔广森继之。俞樾私淑高邮王氏，太炎亦属此一学派。皖派主张实事求是，具有解放精神，故能发展。与皖派相对应的是吴派，这派大师惠栋信而好古，偏于墨守。其弟子江声、余萧客等更流于抱残守缺。《回忆录》中尊太炎，而对黄侃颇有微词，人多以为这是出于个人恩怨，其实究其根，乃在学术观点上的分歧。《回忆录》说：

> 季刚（黄侃）受学太炎，应主实事求是；乃其治学力主保守，逆转为东吴惠氏之信而好古。读《诗》必守毛、郑，治《左氏春秋》必守杜征南，治小学必守许氏。于高邮之经学，不论今古文家法唯是之从者，则力诋之……

这里所说的不论今古唯是之从，正是皖派实事求是精神的一种体现。在学术中，这种治学态度具有一种解放精神。遇夫有《温故知新说》，大意谓温故而不能知新者，其人必庸；不温故而欲知新者，其人必妄。他在《回忆录》中明言，前者为黄侃，后者指胡适。他曾撰文驳胡适《吾我篇》，以为胡是用西方文法强套中国文法。

毋庸讳言，《回忆录》中偶或也流露出一些自负的口吻。但这绝不是毫无自知之明的轻薄妄语。他注疏经籍，考释文字，每当有所发现，往往难以隐藏像庖丁解牛后的那种踌躇满志之情。治学者都会理解这种创作激情迸发时刻所带来的喜悦。这种感情虽稚气却优美，像孩子般的天真无邪。博学知服，虚己从善，是老一辈学者的懿德。他们也尊重别人身上的这种品质。《回忆录》中曾记他与胡适辩论《诗经》中"于以"二字的训诂，一九二二年九月二十三日记曰："胡君闻义则服之美，世所罕见。而辩论之有益，于此大可见矣。"《回忆录》又记，他将自己所撰《释醇篇》等三文寄太炎。一九三三年四月七日记曰："按《释醇》乃于（太炎）先生《文始》之说献疑，先生不以为侮。《古有上声说》乃纠黄季刚，季刚固先生尊弟子也。先生颇以余说为是。于此知先生胸中只有真理，绝无人我之见存。"他对太炎的尊重，对王国维的敬服，对陈寅恪的真挚友情，往往情见乎辞，溢于言表。其中对王国维尤为推重。他读《观堂集林》后，曾有这样的记述："胜义披纷，令人惊倒。静安长处，在能于平板无味事实罗列中得其条理。故说来躁释矜平，毫不着力。前儒高邮王氏有此气象，他人无有也。"他称王国维校理卜辞，"功力绝深，每下一义，泰山不移"。他把陈寅恪称为畏友，这可以举他的"朋友独畏陈夫子"这首诗为例。其中援引故事称："攻金敢望追荀羕，请序犹思效懋堂。"前句自注云："彝铭考释近代孙仲容（诒让）最精。章太炎先生亡命东京时，仲容与通书，自署荀羕。"后者指他的《积微居小学金石论丛续稿》请寅恪作序。注云："段氏为《说文注》，请王怀祖（念孙）叙之，余愧学不逮段，而君则今之怀祖也。"文字间流露友情，也流露了敬重。遇夫对后辈也是虚心从善的，后辈弟子在考释上有新说创见，他也采录至书中，加以表彰（如对周秉钧、郭晋稀等）。

遇夫于抄袭之风最所痛恨，尝云"剿说为大不德"。他曾撰《汉书所据史料考》，揭班固《叙论》不载其父（班彪）续《史记》六十五篇事。又揭颜师古左袒班固，说他和班固一样将其叔父（游秦）之说攘为己有。他对班、颜两大家也不客气，责他们是"遗亲攘美""攘善盗名"，这是十分严厉的。在这个问题上，他绝不苟且，认为哪说在前，哪说在后，自己所据，取自何人，皆需一一注明。他自己则恪守这一原则，一旦发现雷同他人，必将己稿删汰，或加说明。《回忆录》中多此类记载。一九三六年五月二十七日记："'叨憪'读'饕餮'，王静安先有此义，见刘盼遂记。因此余遂削去'叨憪'解一文。"一九三七年四月十九日记："读陈昌齐《淮南子正误》。余前校糟柔读酉矛，陈已先言之矣。"一九四〇年七月十八日记："阅《说文释例》。谓丹为彤之古文，已先我言之。"一九四七年二月二十六日记："阅《刘申叔遗书》。太炎云，己即跽字，先余言之。"《回忆录》中还记载了他请沈兼士为《小学金石论丛》写序，序中纠正了他的某些观点，他虚心地认为"说颇当"，欣然接受。这种虚己服善的态度，现在似乎渐渐消失了。但我认为，学术发展是靠这种优良的学风来促进的。

遇夫六十初度，朋辈赋诗祝寿。刘天隐寄来寿诗有这样两句："学津还溯周秦上，风度平居魏晋间"。当时正是抗战时期，他过着流离颠沛的困苦生活,住在湖南乡下,物价奇腾,饥肠无米,子女失学。他的诗中有"荒山忍饥写图经""却愁乳燕不起飞"等句,可作为他当时生活的写照。在这种艰难处境中,他的好学不倦精神是令人敬佩的。王啸苏曾撰文记述当时情况:"抗战时任教辰溪,寇机屡至,湖大且被炸甚剧。吾二人同寓马溪,避机入洞中,先生仍手不释卷,虽有轰轰之声,亦若为不闻者。"考其本人记述,在《回忆录》中差不多天天都有读书的记述,纵使在舟中、车上,亦是如此。《回忆录》中时有"夜中寐觉,忽得一义,晨起疾书之""今在枕上姑得此义,疾起书之""秉烛书之"之类记载。当时学人以多读互励。如一九三四年一月二十九日记陈寅恪来书云:"公去年休假半年,乃能读书。弟则一事未作,愧羡愧羡!"一九四三年四月二十九日记:"沈兼士由重庆来书,告已微服入川,索余近来文字。行装甫卸,即通书求益,兼士好学之笃,令人惊叹。"他们都专心致志,肆力于学,而很少有别的要求,这大概就是刘天隐所谓魏晋人的淡泊风骨罢。《回忆录》中有一段记述是十分感人的。一九四六年十二月二十四日记:"杨(德昭)著《尚书覈诂》,颇为王静安所称赞。时(清华国学研究院)同学数十人,王以杨为首选。近年颓放,酷嗜雀牌,学遂不进。社会无学术环境,诱导之者皆恶事,致令优秀之士不能有大成就而死,个人与社会当分负其责者也。"遇夫治学为人,我觉得陈寅恪为他撰写的《积微居小学金石论丛续稿序》说得最是中肯:"百年以来,洞庭衡岳之区,其才智之士多以功名著闻于世。先生……讲授于南北诸学校,寂寞勤苦,逾三十年……著书高数尺,传诵于海内外学术之林,始终未尝一藉时会毫末之助,自至于立言不朽之域……孰得孰失,天下后世当有能辨之者。"抗战时遇夫困顿乡间,曾自撰《像赞》:"身居环堵之室,而心会乎先民制作之精;蔬食布衣,而时为明日之无有兢兢。智乎愚乎!将以俟夫天下后世之公评。"我认为这几句话颇写出了他自己的胸襟怀抱。直到晚年,他仍坚守学术独立立场。陈援庵在信中嘱他不要法高邮,而法韶山。他不为所动,亦未复信,却将此事函告至友陈寅恪。寅恪复书语多讥讪(信中说:"援老所言,殆以丰沛耆老、南阳近亲目公,其意甚厚。弟生于长沙通泰街周达武故宅,其地风水亦不恶,惜艺耘主人未知之耳,一笑。")。当时正是阿谀奉承风行的年代。(这里可举一个例子:解放后,毛泽东《清平乐·蒋桂战争》墨迹在报上披载后,立即出现了这样的颂词:"主席并无心成为诗家或词家,但他的诗词却成了诗词的顶峰。主席更无心成为书家,但他的墨迹却成了书法的顶峰。例如这首《清平乐》的墨迹而论,'黄梁'写作'黄粱',无心中把粱字简化了。龙岩多写了一个龙字。'分田分地真忙'下没有句点。这就是随意挥洒的证据。然而这幅字写得多么生动、多么潇洒、多么磊落!每一个字和整个篇幅都充满着豪放不羁的革命气韵。在这里给我们从事文学艺术工作的人,乃至从事任何工作的人,一个深刻的启示。那就是人的因素第一、政治工作第一、思想工作第一、抓活的思想第一,'四个第一'的原则,极其灵活地、极其具体地呈现在了我们的眼前。"——郭沫若:《红旗跃过汀江》)。陈、杨一反时流,可以说是为数不多为中国文化默默工作的学者。

我和遇夫先生没有交往,解放前我在北平教书时,曾用过遇夫先生在商务出版收入"大学丛书"的《高等国文法》,只此而已。我撰写此文除了对他表示敬仰外,也由于我感到他的治学精神在今天实有介绍的必要。

一九九二年七月三十日(次年文末略作增补)

(《人物小记》,东方出版中心2008年1月)①

---

① 亦见《人物·书话·纪事》,人民文学出版社2005年、《王元化集》卷七,湖北教育出版社2007年10月。

读樊著龚自珍考

本书是作者多年来所写的龚自珍生平与诗文的考证结集，内容涉及龚自珍的家世、事迹、交游、诗文系年、文集版本、著作目录等。作者用力甚勤，汇集了大量资料，探赜索隐，曲察旁征，足以正传说之伪讹，纠俗见之谬误。这是近年不可多见的一本著作。作者樊克政专攻中国近代思想史，是一位中年学者。他为本书取名《龚自珍生平与诗文新探》。书中所收全是考证文字，与时下重观点轻考证的风习迥异，他可以说是不随波逐流的少数学人中的一个。很早以来，在国学研究领域内，讲究功夫已被视为已陈刍狗。所谓功夫指的是清人在考据、训诂、校勘、版本、辑佚等方面所做的细致工作。这种学问如龚自珍所说，必须求之必劬，因为不劬则粗；获之必创，因为不创则剿；证之必广，因为不广则不信；说之必涩，因为不涩则不忠。所以不可病迂，不可病琐。"五四"以后，胡适倡导整理国故。他自称具有考据癖，人多说他继承了乾嘉学派。其实，他是反对讲究功夫的。他在逝世前不久口述的自传中，曾明白说到这一点。他认为只在细枝末节上用功夫是清人治学之病。此说风行后，违反胡适本人的愿望，遂开后世轻视考证之风。解放后，大陆以论代史，臆说妄断取代了认真的考证，逐渐形成一种议论愈多内容则愈是空疏的文风。史学家贵在有识，这是谁也不会反对的。但是，观点必须建立在实证上，历史事实是不能靠逻辑推理去演绎的。

本书不尚空论，而重实证。书中的考证也许会被视为支离烦琐，但我以为对龚自珍研究却是不可少的。

关于龚自珍家世

早出的吴昌绶《定盦先生年谱》和近出的郭延礼《龚自珍年谱》，都对龚自珍家世作过全面考述。樊著则对吴郭二谱做了大量补充。如指出龚氏先世随宋南渡，不是开始就定居杭州，而是先居山阴，后迁杭州，著籍仁和。又如，从顺数与逆数计算，对吴郭二谱关于龚煜这个人物的介绍提出质疑。并定龚自珍五代世系为：高祖茂城——曾祖斌——祖敬身（本生祖禔身）——父丽正——自珍。再如，据余集《龚吟朧传》考明龚禔身和杭大宗的关系。余传称："杭堇甫先生自岭南返，掌教邗江安定书院，君从之游，邗上诸名士若沈沃田、蒋春农、金棕亭、江云溪辈皆相与题襟，即席发藻，联吟于红桥碧浪之间，由是诗益工，名益振。"（按：吟朧为龚禔身号，堇甫为杭大宗号。）龚自珍曾撰文记述杭大宗文字狱案。过去，我撰《龚自珍思想笔谈》论及此事，当时未见余传，不知龚禔身曾问学杭大宗，故未从龚自珍家世方面去考虑他撰写此文的背景。樊著这一补充是很重要的。

这篇考述更值得注意的是考明龚氏家族多有从商经历。樊著的考证极为详赡，现将有关方面加以整理，缕述如下。

一、龚煜——据龚鉴《龚氏三世家传》所述，自龚绍祖到龚以庭（煜父）五代中，仅龚凤一人入仕，而"旦旦公长于经济，不仅以文藻显。"［按：五代指六世祖以庭、七世祖九叙、八世祖凤、九世祖大贵、十世祖绍祖。龚氏世系可追湖到十一世祖潮。又，旦旦公系鉴对以庭的称呼］

二、龚茂城——全祖望《龚丈省斋圹志铭》："叔父七岁而孤,吴回为虐,荡吾家。世父与吾父皆出游,以希一遇。叔父始弃书卷,习计然策。……盖叔父自六十以前,凡三致千金,陶朱公不足多也。"[按:上文系全祖望引龚鉴语。龚鉴称茂城为叔父。吴郭二谱未记上述内容,只称茂城为太学生。]

三、龚方至——龚斌《述先示后家言》:"……又数年,家益落,大先伯依人习幕,二先伯亦弃儒就贾。……又数年,先君子稍长,亦于孙氏亲串家习生计。……又数年,二先伯与先君子共谋立生计。……乃不五六年而赢余已千数百金矣。"[按:龚斌称茂城为先君子,称茂城兄方至为二伯。]

四、龚斌——段玉裁《仁和龚氏南高峰四世墓碑》:"(公)学亚明水(龚鉴)而亦不售,乃隐于计然之策。有汪比部委以白金巨万,恣其出入,十余年而无毫厘失误。"又,龚斌于《述先示后家言》中自述:"……明年二十有一集亲友子弟十数人为童子师,岁入二十余金补苴之。……子女渐长,昏嫁及时,家无余资,……于是癸酉乡试后就生计,实平生所未尝试者,志气专一,兢如驾轻就熟,而获利颇数倍于舌耕。"[按:吴郭二谱未记上述内容,只说他是邑增生,累封朝议大夫。]

五、龚治身——龚斌《述先示后家言》说他也是"弃儒就贾"[按:治身为龚斌的第五子,原名献身。]

按照传统观念,经商是贱事。但袭氏族人却直书其事。全祖望和段玉裁与龚氏或亲或友,他们也不为之讳。这反映了当时社会已在逐渐变化的风习。樊著此篇注释共一百四十条,其中引用了不少龚氏家乘、家传、圹志铭、神道碑铭等,义证详博,发前人所未发。研究工作取决于资料的掌握。有些别人所未发现或没有注意到的资料,往往为研究者提供新的内容或新的方面。在这类家乘家传资料中往往可以找到当时社会的世情民隐,从而发现当时社会发展趋向的一些线索。这在正史里常常是难以找到的。海外学者对我国族谱早已开始研究并加以收藏，认为这是有关民族史和文明史的重要记录。据传美国哥伦比亚大学中文馆收藏族谱最丰，甚至超过国内现有著录的族谱的总和。这类性质资料，值得重视的原因，就在于家族是构成中国社会的细胞，家庭成员的人格与思想的成长很少不受其影响。参照以上有关龚氏家世的考述，回过头来再细细玩味龚自珍于嘉庆二十三年应浙江乡试文中说的这句话，"未富而讳言利是为迂图"，就不难发现这类有悖传统义利之辨的看法，是和他的家世有着一定的联系的。这是一种新思潮，隐隐预示着一个新的历史时期即将来临。

治释典辨

龚自珍思想杂有释家思想。他何时开始学佛？这是研究他思想发展的一个问题。钱穆《中国近三百年学术史》称：龚自珍在道光四年始治佛典。依据有二。一、《己亥杂诗》第一四一首自注："江铁君沅是余学佛第一导师。"二、道光四年同江沅一起助刊《圆觉经略疏》。樊著不同意钱说，采取了逐年推考的笺诗注史办法加以反驳。樊著对龚自珍谈佛诗文的考证，倘加以梳理，可得如下程序。

（道光三年）《小奢摩词选》中《齐天乐》小序："予幼信转轮，长窥大乘。"该词云："翻遍华严，忏卿文字苦。"词末自注："华严疏钞云：'梦有六种境界。'"又，《长相思》小序："同年生冯晋渔少具慧眼而不信经典，与予异也。"该词云："同礼心经同听钟，忏愁休更慵。"［按：《小奢摩词选》系于癸未（道光三年）六月付梓。上引两首词写作时间不晚于此时。］

（道光二年）《致邓守之书》："终日坐佛香缭绕中，翻经写字。"

（道光元年）《能令公少年行（有序）》自述："逃禅一意皈宗风，惜哉幽情丽想销难空。"［按：逃禅意为参禅学佛。］

（嘉庆二十五年）《观心》《又忏心一首》《寒夜读归珊夫人赠诗……》《才尽》《戒诗五章》等诗中有大量佛家语如："观心""劫火""狂慧""心荡""戒体""天花""善知识""因地""世法""三藏""三涂""古佛""天龙""波旬""尸罗"等。（按：樊著引《戒诗五章》第五首"我有第一谛，不落文字中"，称龚自珍戒诗是受到禅宗南宗不立文字的影响。这一说法值得注意。）

（嘉庆二十四年）顾广圻《浪淘沙》小序："为龚定盦赋叶小鸾眉子研，定盦时方谈佛也。"该词下阕："居士借经龛，位置偏谙。"（居士亦指龚自珍。）

（嘉庆十八年）《露华》："空空妙手亲按，是金粟如来，好相曾观。祇树天花，一种庄严谁见？想因特地拈花，悟出真如不染。维摩室，茶瓯经卷且伴。"（按：此词系咏佛手。金粟如来即维摩诘。祇树见"祇树给孤独园"。）

考证诗文系年是一项十分繁复的工作，倘非心细如发，是不容易办到的。樊著就龚自珍与江沅结识的时间及来往的经过，作了认真的审理。龚自珍《与江居士笺》有"重到京师又三年"句，论者以为二人分别三年，于是上溯三年为庚辰，遂断定龚自珍于嘉庆二十五年（庚辰）在吴门与江沅结识并执佛弟子礼。同时，还举《全集》本定为庚辰作的《驿鼓三首》"一卷金经香一炷，忏君自忏法无边"作为佐证。樊著细辨此说，认为不可凭信。他指出，从此笺只能得知龚江结识在"重到京师又三年"以前，而不能据以判定二人就在庚辰这一年结识。又指出，《驿鼓三首》系宣统二年由邓实编入《龚定盦别集诗词定本集外未刻诗词》中的《集外未刻诗》中，此诗系于己卯年（嘉庆二十四年）。诗题下龚橙注曰："此似庚辰作，橙注。"《龚自珍全集》收入此诗时，删去橙注，迳定为庚辰作。这自然是不可靠的。上面所述只是樊著在考证诗文系年问题中的一例。樊著每定一案几乎都不得不经过迂回曲折过程，作审慎衡量。这就是前面所说的功夫，没有这样的功夫也就很难会有坚实可靠的考证。樊著考证龚自珍何时治释典，其意义在于从时间上阐明他与佛学有着比一般说法更密切的关系。这样可以使我们对他的思想进行比较精确的探讨，避免粗枝大叶草率从事的作风。例如通常多把龚自珍视为经世致用的今文派思想家。而对佛学在他思想中的作用却注意不够。这些问题是值得认真再估价的。……①

一九九三年壬申腊尾于南粤小镇

（《清园夜读》，海天出版社 1993 年 10 月）②

---

① 本文为节录。后面另有"驳己亥出都仓皇可疑说""《学隶图跋》钩沉""与曹籀的关系"三节。——编者

② 亦见《清园论学集》，上海古籍出版社 1994 年 12 月。

谈胡适小集

蔡元培曾称胡适家学渊源，为绩溪胡氏（胡培翚）之后。胡适后来更正了这一说法。不过，胡适少时在家乡亲友熏陶下，也确实受到他后来在口述自传中所说的"我国十九世纪一些高等学府的治学精神"的影响，这是指由当时龙门书院山长扬州著名经师刘熙载和南菁书院山长名儒黄以周等所传播的学术空气。胡适在口述自传中，特别提到龙门书院所刊印的朱熹、张载等人的语录。他对张载说的"为学要不疑处有疑"这句话留下了深刻印象（按：唐德刚在《胡适口述自传》注中怀疑此语非张载所说。查张载《经学理窟·义理》有云："观书者释己之疑，明至之未达，每见每知所益，则学进矣，于不疑处有疑，方是进矣。"胡适所记不误）。胡适对作为自己治学要旨的这个"疑"字，曾多次阐释过它的来历，但说法不一。有时他说自己也说不出他的存疑治学方法是从哪里来的。言下的意思似乎是经过长期琢磨，逐渐发展出来的。这可以解释为他受到多方面的影响，而不是承袭一家之言。但有时从他的话又可理解作，他终身谨守的治学方法，是他在哥伦比亚大学读书时，翻阅《大英百科全书》偶然发现的（参见胡传唐注）。可是在另一处地方，他又明确宣告，在治学方法上使他深深得益的是杜威说的"系统的思想和批判的法则都是在怀疑状态下产生的"。还有比这更明确的表白："近几十年来，我总欢喜把科学法则说成是'大胆的假设，小心的求证'。我一直承认我对一切科学研究法则中所共有的重要程序的理解，是得力于杜威的教导。"至于"拿证据来"这一原则，也不是承继传统、来自乾嘉学派，而是源于当时美国盛行的科学实验室精神。胡适说这句话是赫胥黎说的。

《胡适口述自传》第六章唐注一称："治近代学术史的人，每把胡适列入古文家。胡先生向我说，他绝不承认这顶帽子。"他认为自己搞的是科学方法，而"马融、郑玄懂得什么科学"？胡适对宋儒的评价也不高，他认为"宋儒讲格物全不重假设"，而只是有一些归纳的精神。他把朱子说的格物真积力久可以"一旦豁然贯通"，看做是"追求绝对的智慧"，是反科学的。把小程子说的"道着用便不是"，解释为"绝对非功用说"，是不可为训的。他对清代学术则相当尊重，曾特别称道顾亭林、钱大昕、戴震、阎百诗、高邮王氏父子等的考据训诂之学，并把清人所用的例证通则附会为大胆的假设。他说，他对中西校勘学的殊途同归的研究方法，颇感惊异。但是，同时他又认为西方的方法，"远比中国同类的方法更彻底、更科学化"。因为清人只有两部《皇清经解》作为治学的成绩，这跟三百年来西方科学的成绩比起来，"相差不可以道里计"了。胡适在这里作了一个不可比的比较。清代没有诞生近代自然科学是事实，但这属于另一问题，倘责之上述那些清代考据学者则是失于一偏的。

胡适在口述自传中直言不隐地承认，他于一九一六年写的《论训诂之学》，是约翰·浦斯洛（John P.Poslgate）教授为大英百科全书十一版写的有关版本学 Lextual Criticism 一文的节译。他还说，他于一九一七年撰写的博士论文，"所用的方法和主要出发点，是与传统的中国学术截然不同的"。这些都可证明胡适受到我国传统治学方法影响并不很深。他对北宋的批评方法和清代的考据训诂之学采取了一定的赞赏态度，是由于他发现它们和他信守的西方治学精神与治学方法有契合之处，以后者为依据去衡量前者的结果。胡适似乎很少对中国传统学术与西方不同的、其本身独具的价值与特点，给予肯定的评价。这里可以举一个例子。胡适是现代新红学的开宗大师。他在《红楼梦》研究上所作出的贡献是不容抹杀的。可是他对《红楼梦》本身的评价却很低。根据《胡适口述自传》第十一章唐注五的记述，胡适说："《红楼梦》不是一部好小说，因为它没有一个 plot（故事情节）。"而推动他从事研究这本书的原因，据他本人说只是为了试试运用实验主义的治学方法。一九六〇年，他在致苏雪林信中说："我写了几十万字考证《红楼梦》，差不多没有说一句赞颂《红楼梦》的话。"他认为，"在见解上，《红楼梦》比不上《儒林外史》；在文学技术上，《红楼梦》比不上《海上花列传》……"胡适这样说是文学趣味问题，但正是由 plot 这一不高明的文学批评标准所形成的文学鉴赏力，才会有这样的文学趣味。

一九九三年

二

胡适在口述自传中对清代学术作了总结，指出有三大成就（整理古籍、训诂、考古），也有三大缺点：一是清人大都摆脱不了儒家一尊的成见，所以研究的范围大受限制。一是清人除了用经书、史书、子书作训诂和音韵的比较研究外，就再没有其他参考比较的材料。上述两种情况确实存在，虽然他并没有提到形成这情况的历史原因，而只是常识性的泛泛而论。至于他说的另一种缺点，则是可以讨论的。即他认为清代学者太重功力，而忽视了理解。胡适曾撰文论述清代学术，推重清人的重证据精神。顾亭林以一百六十个证据证明"服"字古音读作"逼"，阎百诗以三十多年工夫考明《尚书》中的古文为伪作，钱大昕据数十例考定古无轻唇音及舌头舌上之分，高邮王氏以二十六例释"焉"字之通则……胡适对这一类治学工夫，都曾倍加称颂。表面看来似与口述自传批评功力之说相悖，但并不矛盾。因为这符合他的"拿证据来"的原则，但清人治学偏重归纳法，其弊端如胡适所云，"决不能把同类的例都收集齐了，然后下一个大断案"，因此必须以演绎法与之相济。胡适心目中的演绎法，即他说的"寻得几条少数同类的例时，我们的心里就起了一种假设的通则"。这假设的通则不是别的，正是他倡导的"大胆的假设"。所谓大胆的假设，用他的说法，乃是一种"艺术"，一种"想象的功能"。

胡适在日记中记他于一九三七年初与汤用彤所作的一次谈话。日记中说，汤对胡自认胆小，说只能作小心的求证，不能作大胆的假设。胡适说这是"谦词"。依我看，这未必是谦词，而是老实话。这表明两人在治学方法上存在分歧。胡适在日记中也承认"锡予的书极小心，处处注重证据，无证之说虽有理亦不敢用"。凡读过汤著的人都会有同样的感受。汤著《汉魏两晋南北朝佛教史》《魏晋玄学论稿》等，迄今仍被人认真阅读，并往往加以征引。而胡适的《中国哲学史大纲》之类，已被后出的著作所取代了。这也多多少少说明两人治学方法之间的短长所在。

一九九三年

三

近日检出胡适《什么是文学》一文。此文作于一九二〇年十月，次年收入亚东版《胡适文存》，一九二五年又收入文明版的《胡适白话文钞》，一九三五年再收入希望版《胡适论说文选》，最后收入《新文学大系》中的《建设理论集》。可见他是把这篇文章当做他一贯倡导的文学主张。文章说："文学有三个要件：第一要明白清楚，第二要有力能动人，第三要美。"胡适把明白清楚作为第一要义，从这一原则出发，他反对文章用典，无论古典今典，他都反对，因此他在评骘陈寅恪的时候，认为陈的文章写得不好。既然提倡明白清楚，要求文章使读者可以一览便知，因此也就谈不到含蓄与蕴藉了。胡适在别处又提出："有什么话，说什么话，话怎么说，就怎么说。"因此就出现了胡适嫌"丁文江传"的书名不好，改用"丁文江的传记"来取代这样的事。照他看，只有后者才是合于口语的白话文。但是我感到奇怪，难道"丁文江传"就叫人不懂了么？后来瞿秋白提倡大众语，把白话文也当做非驴非马的"骡子文学"。这是更激进的主张，但在根底里仍不脱主张言文一致的窠臼，只不过是将言文一致更推到极端，要求达到言文同一罢了。我于战前在北平读中学时，曾参加校中同学组织的新文字研究会。那时新文字运动就在大力贯彻废汉字，用拉丁拼音，采取方言等主张。我还记得有人提出倘用拉丁拼音写上海人说的"回到屋里厢去"，岂不会被外地人误会成"回到窝里去了"吗？当时这类问题有很多，争得很厉害，甚至鲁迅都出来为新文字讲了话，但是终于这条路并没有走通。

一九九八年

（《人物小记》，东方出版中心 2008 年 1 月）①

---

① 《人物·书话·纪事》，人民文学出版社 2005 年，"谈胡适之学"内容同上文第一则。《王元化集》卷七另有"《胡适的日记》"，所记同"胡适与京剧偶记"。

谈胡适自传唐注

胡适于一九六二年在台湾逝世,据传为他送葬的人近三十万,其中还有一些不相识的劳动者。去年是胡适的百年冥诞,情况却显得十分冷落了,虽然报刊上也发表了一些纪念文字,但多半是应景之作。几篇比较有分量的,对他的评价并不高。早在一九七九年,唐德刚就说过:"左右两派学人,今日对他也还是毁多誉少,虽然中间派的少数同文仍然认为他是一位圣者。"唐先生与胡适关系很深。五十年代初,胡适滞留美国,蛰居纽约,在普林斯顿大学葛斯德东方图书馆任职,过着寂寞的生活,唐先生是当时经常接触胡适的少数留美学人中的一个。胡适晚年离美去台前,唐氏是《胡适口述自传》的记录者和整理者,又是翻译者和注释者。这本《胡适自传》和唐氏为《自传》所写的《序言》,共数十万言。后者因篇幅过长,改为《胡适杂忆》单独出版。这两本书在识见上、在资料上都堪称研究胡适的力作。我撰本文时客居南粤小镇,只带来《口述自传》,现在就来谈谈传中的唐注。

一九八八年唐先生来上海,我有幸得到识荆的机会。印象中的唐先生是一位态度和蔼、不喜表露自己的谦谦君子。后来读了上述两本书后,始发现他富于风趣,善于辞令,文笔幽默、诙谐、机智,并不像想象中那么不苟言笑。他的文章有一种独特风格,夹叙夹议,充满比兴;成语、俚语,直至古奥典故,随手拈来,涉笔成趣;警句、格言、反讽、隐喻、俏皮话，层出不穷，使人眼花缭乱，应接不暇。我不知道唐先生是钟爱明人小品的洒脱，还是倾心性灵派的飘逸？这样的文章自从幽默大师林语堂主编的《论语》停办以来，不复重见，真可说是久违了。据说，有人读《胡适口述自传》，先读唐注，再读胡传本文。唐注确给这本《自传》增色不少。它不仅阐释资料来源，注明出处，而且往往对胡适及其思想加以评骘，议论风生。有的注释下笔数百言，长者达数千言。唐氏称这本《口述自传》为胡适学案，并不是过分的说法。

唐氏并不以尊胡适为师长，就讳言其功，或讳言其过。好处说好，坏要说坏，一秉大公，将学术真理与师弟恩泽之间的关系，处理得不偏不倚。这种态度使唐注对胡适的批评往往不乏中肯之见。这里且不说海外议论得十分热烈的问题（因为这些毕竟是细节），如胡适的学位、恋爱、婚姻等，唐注所述都是有根据、有见解、切近事实的。值得重视的是唐氏对胡适在新文化运动中的地位与贡献所作的评价。他认为胡适在文化史上的贡献，不是因为他的实验主义，而是他对白话诗文的倡导与试作。唐氏不赞成某些评论者抹杀胡适披荆斩棘之功，把他压低，置于陈独秀、钱玄同之下。当胡适口述有关这一问题的章节时，唐氏曾劝胡适把他那"八不主义"的文学观作一检讨，有价值的引申之，渐失时效的修正之，错误的则拔其根扬弃之。这本是良好的建议，可惜胡适没有采纳，仍重复三十多年前的"逼上梁山"那套陈旧议论。他始终坚持用活文学与死文学、上层文学与下层文学之类简单机械的说法，来区分白话与文言的性质。唐注认为在白话文发难时期，用"半死文学""全死文学"的名称尚不失为一种号召的手段，但毕竟这些说法很不准确。语文不一致是不能判为半死或全死的文学的，因为任何初民的语言和文学都不能是一致的。在语言变革的历史中，我国文字的文白嬗递不能用英国从拉丁经过乔叟、莎士比亚时代演变为现代英语这一经历来比附。今天说我国文言如其他民族已经死亡的古文字一样，是不符合实际的。唐氏认为，我国文言文是一种一脉相承、本国本土产生的应用文字，它和语体文有血肉难分的关系，而不像希腊文、拉丁文那种"全死的外国文字"。他提出，两千五百年前孔夫子说的"老而不死是为贼"，现在不是还用来骂那些该死不死的老头子么？一千多年来雅俗共赏的唐诗、宋词，什么"床前明月光""清明时节雨纷纷""车如流水马如龙"……他问："你说它是文言，还是白话呢？"他还作出这样的论证：《三国演义》《东周列国志》《聊斋志异》这些用浅显文言写的小说，成为他那时中学生普遍阅读的畅销书，这至少可以证明文言并未全死。

唐注认为胡适把中国文学史当做是一部中国文学工具变迁史，只看到形式而不管内容是不妥的。他说，传统是规范个体社会行为最强的约束力，而并不像某些海外学者那样，把传统当做不容批评者置喙的神圣领地。他说孙中山和胡适驾凌在一般中国知识分子之上，是具有突破传统精神的现代文化领袖。在这个问题上，我要承认我对他曾有误解。由于他用抽象概括化办法，根据"感情用事"这一点，将"五四"和"文革"等量齐观；而我也同样用抽象概括化办法，根据这一点，将他和那些全盘否定"五四"的传统卫士相提并论。作为教训，针对现在尚在通行的这种抽象概括化办法，我觉得海外一位学者说的"个别问题要作个别不同的对待"，应该作为我和与我犯了同样错误的人的殷鉴。唐氏说他信守《胡适口述传》前六十年提出的原则，即：检讨输入的学理，重行估定固有文明的价值，来创造一个真正融会中西之长的新文明。道理是不错的，但是怎样才能兼采中西之长呢？这是近百年来一直使人困惑不决的问题。唐氏似乎也还没有找到答案，而只能说这新文明绝不是像贝聿铭所嘲笑的穿西装戴瓜皮帽的唐人街建筑或穿人民装佩尚方宝剑的古怪制度。在这方面，他还说出了一些值得我们警醒的话，比如他说那些主张采取精华清除糟粕的人，并没有受过鉴赏家的训练，结果使文化遗产玉石俱焚之后，却把个最大的糟粕——作为万恶之源的帝王专制保留下来了。读唐注至此，不禁令人称快。这种议论倘不具有深切了解是说不出来的。

《胡适口述自传》用了整整一章来阐述"五四"运动是一场不幸的政治干扰。唐注反对这种说法。他认为一个新文化运动的后果，必然是一个新的政治运动，而新文化运动则是中国现代化进程中的一个阶段，他与胡适那种对群众运动的褊狭见解存在着分歧。一九一五年当日本向北洋政府提出"二十一条"引起中国学生抗日情绪高涨的时候，青年胡适用英文发表了一篇《致留美学界公函》。唐注对这封"冷静到毫无火气"的公开信深致不满，提出这样的诘难："一个国家如果在像'二十一条要求'那种可耻的紧急情况下，她的青年学生还能'安心读书'，无动于衷，那个国家还有希望吗?"胡适这种态度是一贯的，直到晚年始终未变。对于这个问题，遗憾的是，唐注没有作出进一步较深的探讨。

据传有一次一位大陆学人访美，和一位美籍学者作了有关胡适的对话。大陆学人说，胡适在学术上有贡献，在政治上很差。美籍学者说，我的看法相反，他在政治上很好，在学术上很差。在这里我不想评估谁说得对谁说得不对。依我看，胡适的一生是贯彻了他的自由主义的立场和信念的。虽然胡适的自由主义思想被他的后辈——包括唐氏在内指为空疏浅薄（唐注曾用胡适终身所信奉的老师杜威晚年所开创的行为科学理论，批评胡适的自由观念是直觉上的、只有孤立价值的"自由"），但是你可以不同意他的观点，甚至对它表示反感，你却不能指摘他违反自己的信念，或者去做自己信念以外良心所不容许去做的事。他晚年当雷震因《自由中国》事件下狱在监中过六十五岁生日的时候，他抄录了杨万里的《桂源铺》"万山不许一溪奔，拦得溪声日夜喧。到得前头山脚尽，堂堂溪水出前村"赠送老友。我初读此事的报道是十分感动的。这说明胡适不是一个冷血的人。他历次所办的刊物，多遭到官方压制；他虽然性情温和，却有坚定的操守，他宣称生平不知趋附时髦，或躲避危险，由此可见他也有不畏强御这一面。持平而论，这些事使我们不管感动也好，或者因为读到《致留美学界公函》以及"八一三"前他对汪精卫抗战必败的和平论发出共鸣使我们感到气愤也好，他都是从自己的信念出发，并没有掺杂个人的利害打算，背弃自己立下的"不降志、不辱身"的志愿。我们在评价他的政治观点的时候，不能不考虑这一点。唐注没有对上述这些问题加以申论也就未能对胡适的自由主义作出较为全面的评介。以他对胡适了解的深切，本可做到这一点的。因此我读他的注释时不免感到有所不足。

唐注在行文上每多闲情逸出、离题旁涉之笔。从好的方面来说，其中不乏精辟之见。如论东西逻辑学发展的差异，认为在于两方对法的观念理解不同所致。他说从希腊、罗马到今日欧美各国因尊法而重逻辑，但传统中国最瞧不起写蓝格子的绍兴师爷，而是讲究为政以德，以五经断狱，断得好则天理、国法、人情、良心俱在其中。再如谈他自己在大学读书时对"县"字的训释，驳段氏县训为悬，作"县悬于郡"之解，而改训为"悬而未决"。诸如此类皆是。从不好的方面来说，唐注行文方式不仅往往流于枝蔓，而且由于兴之所至，下笔不可自休。这种情况正如唐氏老友周策纵先生《胡适杂忆序》中委婉点出的，"有时也许会痛快淋漓到不能自拔"的地步，因而也就自然而然地会产生周氏戏称之为《论衡》中所说的"艺增"。这里也可以举几个例子来说明。如胡适听从杨景苏劝告攻读汉学，唐注就此事洋洋洒洒作了不少题外发言，但仍嫌不足，笔锋一转，又扯到清初政治上去。唐注说康、雍、乾三朝为"开明专制"，这已与下文提到文字狱之说相扞格；但犹不知止，接下去更说什么三代以下无欺盛，物阜民丰，简直是亘古所未有。称颂到此等程度，岂非过甚？又如胡传第一章述其家世与籍贯，这本来平平常常，看不出有什么严重问题，但唐忽大发议论，说胡先生毕竟是科举时代出生的，"正如吉川幸次郎所说的'生当太后垂帘日'，所以他头脑里仍然装满了科举时代的许多旧观念。在那个'太后垂帘'的宗法社会里,由于'籍贯'对一个士子的'出身'有极重要的影响,所以'读书人'一碰头便要叙乡里、攀宗亲、谈祖籍,尽管有些'祖籍'他们连做梦也没有去过……"(下面还有不少,不再赘引)。我曾反复细读原文,实在和此处注文无法沟通,联不到一起。再如唐氏为胡适在演讲中劝告青年读书治学,要按照自己兴趣,不要管别人的意见。这也很平常。但唐注又发挥了一套"头脑里始终未能摆脱科举时代的旧观念。受教育的人一定要出人头地,一定要锥处囊中。他们不甘心做个普通人。……为什么一定要出人头地'不超人,毋宁死'呢?"等等。这些道理都对。可是它们突如其来,又是传文与注文针锋不接。人们很难搞懂,为什么劝人按自己志愿选择学习课题,就是科举时代一定要出人头地的旧观念?固然,《春秋》责备贤者,大义所在,但这样不厌其烦求全责备,也未免过于苛细了。

由于唐氏贬责乾嘉学派,斥考据训诂为"倒字纸篓",所以对胡适晚年做《水经注》考证平反戴震抄袭之"冤案"深表扼腕,以为这是玩物丧志,浪费光阴。唐氏说胡适倘摒弃这些劳什子,追上时代潮流,用新兴的社会科学为自己补课,对三千年中国的历史作出总结,抽出新的东方法则,引导我们的古老社会走向现代化的将来,才是康庄坦途。唐氏用意是好的,但他这层意思不免数失:一失之于对胡适要求过高,似乎他只有做一个以揽辔澄清天下为己任的中国现代文化领袖,才不负自己的历史使命。这个要求,任何一个知识分子都未免会感到负担过重。因为他不能自由选择研究的课题,自己决定自己干什么,而必须为某种伟大目标去"赶任务"。二失之于对中国现代化建设看得太狭隘了。这不是靠一些出人头地的领袖可以完成的。唐注所提出的文化重建,是多层次、多方面的,要靠合力来完成,既不能取一点去其余,也不能急用先学,要求立竿见影。什么重要,什么不重要,不要率尔判定。三失之于把传统中具有千余年的考据训诂之学,一笔勾销,视为不合潮流的"倒字纸篓",毫无是处,故毫无用处。这未免既简单又粗暴。事实上我们对这份遗产还未认真进行总结。四失之于把胡适看成是乾嘉学派的传人,以为他的西学根基浅,受到的影响小,脑子里装的还是旧传统那一套。这一点我和唐先生看法相反(这个问题太大,请详拙文《胡传的治学方法与国学研究》)。这里只能再引吴稚晖对《中国哲学史大纲》三分中国七分西洋的批评,我觉得不仅这一部书,整个胡适思想都可以用这个三七开去评价。唐注的长处短处往往渗透在一起。言其长并非掩其短,言其短也并非掩其长,这里为了阐述清楚,才将其长短分开来说明。

最后,胡传唐注中有一二处可能是笔误,或未核对明白,这里也顺便提出。一处是胡传第三章谈到学习德语时提到德国诗人Schiller的名字,唐注释为雪莱,当是席勒之误。另一处是胡传第五章唐注纠正传文说中共无高教部,这是不对的,五十年代国务院、大行政区及各省均有高教部或高教处之设。

一九九三年三月于南粤小镇

(《人物·书话·纪事》,人民文学出版社2005年)①

---

① 亦见《王元化集》卷七,湖北教育出版社2007年10月。

悼 冯 契

三月一日上午,起床不久,得到社联打来的电话,通知说冯契先生于今天凌晨去世了。噩耗来得这样突然,使我震惊。去年庆祝冯先生八十华诞,似乎还是不久前的事。十一月底,杜维明教授来沪,在文艺会堂座谈,他还特地从华东师大赶来,大家谈得很高兴,临别时还在一起拍了照片。现在照片还没来得及寄出,而他却已遽然作古。没有想到,这次会面竟成永诀。我一直以为他身体健康,有的是时间可以和他深谈。谁想不幸的消息来得这样意外,一切都不可能了。

冯契长我五岁。战前,我们都在北平读书,都参加过"一二·九"抗日救亡运动。那时他在大学,我还是一个中学生。战后,一九四八年我被派去编展望周刊,冯契是撰稿人。由于地下环境,我只能深居简出,所以又失去结识他的机会。粉碎"四人帮"后,我受聘去华东师大中文系兼课,他在哲学系,仍未见面。我和他虽然相识很晚,可是我拜读过他的大作,被他的道德学问所吸引。一九八八年,在他带动下,上海成立了中西哲学和文化研究中心,他被推为会长,但他却执意要我担任名誉会长。我推辞不掉,这使我感到惭愧,因为无论从学问资历各方面来说,我都是晚辈。但他总是厚人薄己,对于名利地位从不放在心上。

冯契治学严谨,学识渊博。早年,他曾将认识分为三层,即以我观之的意见、以物观之的知识、以道观之的智慧。冯契终其一生都是一位智慧的探索者。读冯契文章，不得不惊叹他的头脑睿智，思想清明。后来我和他见面多了，更觉得他是一位极其淳朴、温静、谦和的人。他与人相处，毫无高深莫测的哲学家的架子，更没有一副自命不凡的姿态。现在有些学者喜欢故作高深，雕琢矫饰，炫人耳目。冯契和这种人两样，他最不喜欢玩弄辞藻，卖弄才情，而是处处显示其自然本色，可以说和时流的作风恰恰相反。在单纯中蕴含着深刻，朴素中寄寓着睿智。冯契的为文正如他的为人，他的为文和他的为人是一以贯之的。我以为如果要学习他，就需要像他那样去参悟人生的真谛，也需要像他那样拥有宽广的胸襟怀抱。

一九九五年三月四日

（《清园近思录》，中国社会科学出版社1998年1月）①

---

① 亦见《人物·书话·纪事》，人民文学出版社2005年、《王元化集》卷七，湖北教育出版社2007年10月，标题为"记冯契"。

记谭其骧①

我结识季龙先生是在他晚年病残以后，虽然我们之间的往来并不太多，但他在为人和治学方面所显示出来的那种朴实平夷的风仪，却给我留下了极为深刻的印象。至今每一念及，他的音容举止仍生动地展现在我的眼前。

我对季龙先生精研数十年的历史地理学所知有限，不敢妄议。但有些事很少为人涉及，我觉得还是应该说一说。他像以前具有独立人格的中国知识分子一样，浸染着忧患意识的传统精神。自然，他决不会赞成将学术作为意图伦理的工具。他从事纯科学性的历史地理学的研究，并不像现在有人所主张的那样，将学术与思想截然分开。他并不能忘情人间疾苦。这里可以举几个例子。如在唯意识论猖獗，大批树木被砍伐去炼钢的"大跃进"年代，他撰写了论黄河安流的文章，指出黄河的决徙，病源在于植被遭到破坏，从而形成了严重的水土流失。这并不是企图用历史去影射现代，而是由于他对历史的关怀和对现代的关怀，多多少少是有一定关联的。听说他撰写此文前，在复旦做过同一问题的报告。他曾这样说，当时砍伐树木开辟耕地是盲目的，如今已具有充分的科学知识，再重蹈覆

---

① （原注）此文为一九九六年二月二十五日在纪念谭其骧八十五冥诞学术讨论会上的发言。

辙，那就是严重的过失了。大概基于这种认识罢，季龙先生曾说："这篇文章才称得上是历史地理学的研究论文。"再如在学术界某些权威趋承上意，敲响了替曹操、殷纣王、秦始皇、隋炀帝翻案的锣鼓的时候，他毫无顾忌站出来与之商榷。他对曹操作了实事求是的分析，认为其功过各半。但称曹操的忌刻残忍实在是不可饶恕的。他在这方面提出了一个为当时许多自称为唯物主义者所忽略的问题，甚至直到今日这也还是值得探讨的问题。季龙先生以自己家乡嘉兴古称命名的《长水集》，收录不少足以发人深省的文章，需要我们去领悟其中的寄意。

季龙先生是一位正直的知识分子，性格狷介，对曲学阿世之风，最所痛恨。治学如此，为人亦如此。他在治学上，从不放弃科学的严肃性去媚时取宠。哪怕面对权势，也敢于犯颜争辩。据我所知，在厘定我国疆界问题上，在确定上海成陆问题上，他都不屈服于政治权势，而坚持真理。在为人方面，我曾亲眼目睹他对一位来访的被他鄙弃为人的大人物，毫不假以颜色。季龙先生真可以称得上是一位其直如矢的人。

季龙先生的学问是不容易学到的，他的为人更是不容易学到的。但是我们也只有努力，去学他的学问，去学他的人格，才可能为中国的文化建设做一点有益的事。

一九九六年二月二十五日

（《人物·书话·纪事》，人民文学出版社2005年）①

---

① 亦见《王元化集》卷七，湖北教育出版社2007年10月。

贺麟《文化与人生》

贺麟著《文化与人生》于一九四七年由商务印书馆出版。建国后，经作者增订，于一九八八年刊行了新的第一版。我读的是今年第二次印刷的再版本。书中所收各文可分建国前与建国后两部分。贺麟先生翻译的德国古典哲学，我是认真读过的。他的译笔忠实明晰，为同类其他译本所不及。但他本人的论著，尤其是抗战期间所写的论述传统文化的文章，我读得很少。这本书中关于传统道德、五伦观念、法治类型、诸葛亮与道家、读书方法与思想方法等文，都给我很大启迪。去年参加温哥华之会与杜维明旅舍相聚，曾就传统道德中的三纲五常问题谈至深夜。如果我早读到这本书所收一九四〇年发表的《五伦观念的新检讨》一文，我们就会将它作为话题了。贺书所阐明的儒家等差之爱与墨家兼爱的区别，以及五伦与三纲之不可分割，都是很有见地的。书中还收有谈诸葛亮的文章，其中提及战时王芸生于《大公报》发表《论诸葛亮》上、中、下三篇。王芸生批评诸葛亮有两点：一、袭取王船山责先主君臣"勤于耕战，察于名法，而于长养人才，涵育熏陶之道，未之讲也"之说，认为诸葛亮"养才用才皆嫌不足"。二、亦是片面采取王船山之说，援陈寿所谓"应变将略非其所长"，断言诸葛亮伐魏时军略有错误。贺文对于这两点未加深论，但对王芸生意图推翻宋儒称"诸葛孔明有儒者气象"的旧案而将他归为"法道合抱"的学养，则加以辩驳。贺文在不满四千言的篇幅中，以充分的史实和明澈的论据，提出了自己的不同见解，令人折服。王芸生称孔明的"淡泊明志，宁静致远"与老子的"知虚守静，知黑守白"相一致。贺文认为以此作为"法道合抱"说的根据，是难以成立的。因为"淡泊宁静之教不仅道出了儒道两家的共同点，且亦道出了千古学人应有态度，所谓'平淡的生活与高远的思想'（Plain living and high thinking），实中外学人应有之风致"。

贺著另有《法治的类型》一文，曾区分法治有三：第一种为申韩式的法治，亦即基于功利的法治。简言之，这种法治乃急近功、贪速利，以人民为实现功利政府的工具，以法律为贯彻武士征服或强权统治的手段，以奖赏为引诱人图功的甘饵，以刑罚为压迫人就范的利器。第二种为诸葛式的法治，或基于道德的法治。第三种为近代民主式的法治，亦即基于学术的法治。这里想对作者所说的诸葛式的法治谈一些想法。史称诸葛武侯治蜀以严，贺文解释这个"严"字说："所谓'严'并不是苛虐残酷的意思，乃含有严立法度，整饬纪纲的意思。父教子以严，上治下以严，严即表示执法令者对遵法令者有一种亲属的关切，故欲施以严格的教育与训练。"贺文称所谓"陟罚臧否，不宜异同。若有作奸犯科，及为忠善者，宜付有司，论其刑赏，以昭陛下平明之治。不宜偏私，使内外异法也"这几句话既提出严纪律，信赏罚，兼有申韩之长，又提出要不偏私，以求达到公平开明的政治，乃是代表道德的法治最精要的宣言。至于挥泪斩马谡一事，更说明诸葛对行军的法令、朋友的情谊双方顾全，而与残酷不近人情的申韩式的法治迥不相同。陈寿说诸葛的法治特点在于"刑政虽峻而无怨，以其用心平而劝诫明也"，确是中肯之论。诸葛以宁静淡泊自守，"苟全性命于乱世，不求闻达于诸侯"，这种风度与历史上那些以才智干君王猎求富贵的名法之士，大相径庭。宋儒说他有儒者气度，观此益信。贺文说这种类型的法治颇似近世西洋政治思想家所倡导的"仁惠的干涉或开明的专制"。关于后者，贺文未说明是哪些政治思想家，但就文中重点阐述的所谓"人民公意"来看，可以推知乃隐隐指的是卢梭的社会契约论。公意说正是卢梭社会契约论的核心。根据这种说法，作为全体人民意见杂凑的众意，往往意见浮嚣，矛盾错误，拘近习，无远图，而只有出于杰出政治人物的远见卓识，才能把握为人民真正幸福打算应当如此的理想意志，这就是公意。（请参见拙著《清园夜读》所收《谈公意及其他》一文。）值得注意的是作者未将公意论归入他划为第三种类型的近代民主式的法治，而说它"应属于诸葛式的法治类型"，这一点颇耐人寻味。作者称这种道德的法治实行的条件之一，是需要"政府贤明，有德高望重识远谋深的政治领袖，以执行教育、训练、组织民众之责"。这也确实和公意说相契。不过，这段文字还包括更深一层的含义，就是道德的说法应该向民主式的法治过渡，才是发展的正途。贺文的特点，重在蕴藉，而不事雕饰，深意往往出于微言，书中各篇，率多类此。

一九九六年十月二十三日

（《人物小记》，东方出版中心 2008 年 1 月）①

---

① 亦见《人物·书话·纪事》，人民文学出版社 2005 年。

陈澧《东塾读书记》

陈澧（兰甫）、朱一新（鼎甫）不为治近代史者所注意，但他们对乾嘉以后的学风影响甚大。陈澧生于嘉庆（庚午）十五年（一八一〇），朱一新生于道光（丙午）二十六年（一八四六）。陈长朱三十六岁。二人均对乾嘉后期学风加以抨击。他们在治学上不立门户，调和汉宋。二人著作解放后长期未刊行，直到九十年代始得重排刊印。

东塾是早期评论汉学流弊的学者。钱穆《中国近三百年学术史》说《读书记》的批评"大率引而不发，婉约其辞"。钱书又称，一九三一年，广东岭南大学从东莞邓氏家藏购得《东塾遗稿钞本》六百余小册。此稿迄未刊行，仅见于钱书之援引及考论。东塾在经学方面并没有太大的贡献，但其中有关治学精神、治学态度、治学方法的论述却是不容忽视的。这些方面直接关系到学术的盛衰，可供研究近现代之学术流变及发展者参考。《读书记》自称其书是拟《日知录》而撰。《日知录》上帙经学，中帙治法，下帙传闻。《读书记》舍传闻与治法，但论学术。东塾说书中不谈治法，"非无意于天下事也，以为政治由于人才，人才由于学术。吾之书专明学术。幸而传于世，庶几读书明理之人多，其出而从政者，必有济于天下，此其效在数十年之后也"。这里需要补充的是，其实学术还不仅为政治培育人才，更为重要的是它能够转移社会风气，提高人的文化水平，影响人的素质。学术上的虚骄浮夸陋习，往往会形成社会上的弄虚作假之风。自然这种影响正像文化人类学者所指示，是通过一些中介的媒体发生作用的。学术的社会效应不是直接的，而是间接的；不是快速的，而是迟缓的。正如东塾所说，"其效往往在数十年之后也"。由于社会效应的间接与迟缓，故这类学者往往被急功近利者讥为迂腐。

二〇〇三年（改旧稿）

（《人物·书话·纪事》，人民文学出版社 2005 年）①

---

① 亦见《王元化集》卷七，湖北教育出版社 2007 年 10 月。

第九辑 "走自己的路"

自 述

学不干时身更贵,

书期供用老弥勤。

——公严先生诗句

  我从一九三八年开始写作,到目前已有五十六年了。但认真算起来,我从事研究和写作的时间并不多。生活环境的变化使我有好几次不得不放下笔来。一九四一年太平洋战争爆发到一九四九年,我只写了几篇短文。一九五五年反胡风到一九七九年末平反,在这二十多年中,由于偶然的机缘,我才鼓起勇气记下当时的感受。我并不奢望这些文字将来可以发表,只是为了排遣生活的空虚,想在流逝的岁月中留下一点痕迹。这期间我两次患病,一次在三年灾害时期,因营养不良得了肝炎。一次在"文革"前两年,正是我写作《文心雕龙创作论》进入高潮的时候,突然少年时期所患的视网膜静脉周围炎(眼底回血管出血症)复发了。一天早上醒来,我的右眼一片黑暗,完全看不见了。我对这意外的打击感到恐惧。那时写作是我的唯一寄托,我不能想象眼睛完了我将怎么办。在这愁苦的日子里,我的亲人为我去找上海最好的眼科医生。我接受了何章岑医生直接在我眼球上的注射,每周一次,一共打了九针。由于疗效不大,剩下的一针就停止不打了。当我从消沉中渐渐振作起来,我还不能使用目力，只有请求父亲帮助。那时他已八十出头了，早已从北方交通大学退休回来，和母亲住在一起。每天他步行到我家，以极大耐心为我阅读资料，作我口述的笔录。现在我还保存着他为我誊写的八大本手稿。我的眼病刚刚有所好转，持续十年之久的"文革"开始了。

我生活在一个动荡的时代，青少年时期是在战争烽火中度过的，接踵而来的则是运动频仍的严酷岁月。从事研究工作，需要摆脱世事的困扰，无拘无束地进行潜心思考。黑格尔于一八一八年荣膺柏林大学的讲席，他一登上讲台就在开讲词中说："世界精神太忙碌于现实，太驰骛于外界，而不遑回到内心，转回自身，以徜徉自怡于自己原有的家园中。现在现实潮流的重负已渐减轻，使得几乎已经很消沉的哲学也许可以重新发出它的呼声。"（大意）黑格尔说的使精神返回自身那种内心的宁静，不是生活在动荡环境中的人所能享有的。但是从另一方面说，艰难岁月也使人有可能将环境施加在自己身上的痛楚，转化为平时所不容易获得的洞察力。没有经受这种痛苦，没有经受环境施加给人的无从逃避的刺激，就不可能产生这种深沉的思考。这是在远离尘寰的书斋中苦思冥想所不能得到的。大概神秘主义者雅科布·伯麦（Jakob Böhme）把"苦闷"（qual）作为能动的本原就含有这种意思吧。为什么有不少人一旦离开养育他的土地，在尚不熟悉的新生活中过着很少变化的平静日子，思想反而逐渐枯窘起来呢？恐怕那些曾经使他感到不安的刺激因素的全然消失，也是其中一个重要的原因。我们应该把环境施加给我们的影响，作为我们丧失宁静生活的某种补偿，虽然这并不是我们所追求、所愿意的。相反，我们却要为命运所作的这种安排付出重大的代价。

忧患意识长期以来促成中国知识分子的思想升华。太史公所谓"西伯拘而演《周易》，孔子厄而著《春秋》，屈原放逐乃赋《离骚》，左丘失明厥有《国语》……"可以说是对一部中国思想史所作的钩玄提要的说明。我以为不能单单列举"五四"时代那些把学术当成实现某种意图工具的学人，作为维持"救亡压启蒙"这一观点正确性的唯一依据。我们应该从他们的思想本身去找寻问题的答案，纵使当时没有救亡的压力，他们也不会做出其他的选择。直到今天还有人把这一时期和他们不同的另一些人，如王国维、陈寅恪等，看作只是一些从事纯学术研究的冬烘学者，殊不知他们对独立思想和自由精神的追求，并不比前面所说的那些人逊色。他们以为学术而学术的观点，弘扬传统，重建中国文化，未始不含有救亡图存的动机，但这并没有损害他们的学术研究。

一位友人曾从我的书中摘出这样一些句子："人的尊严愈是遭到凌辱，人的人格意识就愈会变得坚强起来。这是施加暴虐的人所不能理解的。"——"心灵的相契有时比观点上的分歧更为重要。"——"思想是古怪的东西。思想不能强迫别人接受，思想也不是暴力可以摧毁的。"……他认为这些见解不是来源于读书，而是直接来自阅历。这话是不错的。生活经历激发了思考。这些年我所写的谈龚自珍、谈韩非、谈公意、谈激进主义、谈杜亚泉，以及对于黑格尔、对于"五四"等等的反思，也都是在同样情况下进行的理论探讨。在历史和现在的关系这个问题上，我觉得克罗齐（Bendetto Croce）说的"史家对已往史实的兴趣永远是和他对当前生活的兴趣连成一体"这句话最为透彻。但它也包含了一条界线，史家一旦越出这条界限，把对当前生活的关怀变成用历史去影射现在，那么也就使历史失去了它的独立自主性。这种现代关怀是隐含在历史研究之中的，史家本人往往是不自觉的、无意识的。

我的早期文字，在一九四五年编第一本集子时，大部分就未收入。这些文字多半是抄袭苏联的理论模式，很少有自己的看法和感受。我从这种模仿中挣扎出来，已是孤岛时期结束以后。日伪直接统治下的上海成了一个恐怖世界，我的许多藏书都自行销毁了，自然更谈不到发表文章。但幽居生活却使我可以沉静地思考。我对教条主义感到了厌倦。浸透着人文主义精神的西方十九世纪文学，几乎成了我当时的唯一读物，引发了我的浓厚兴趣。也许这是由于小时在家庭受到邻人爱的基督教义的影响，使我对这些文学作品产生一种认同感吧。抗战初，我结识了满涛，他刚从美国经欧洲返国。由于共同的爱好，他成了我最好的朋友。我们都是鲁迅的崇拜者，喜欢他的小说的沉郁，也欣赏他的杂文的犀利。我们对鲁迅精神作了自以为深刻其实不无偏差的理解，以为在论战中愈是写得刻骨镂心、淋漓尽致，也就愈是好文章。偏激情绪对于未经世事磨炼、思想不够成熟、血气方刚的青年来说，并不是什么好的征兆。一九五五年，我受到胡风案件的株连，引发心灵上的大震荡，接着陷入一场精神危机之中。在隔离审查的最后一年，我被允许阅读书籍。这时我完全被黑格尔哲学所吸引。我认真地读了可能找到的他的著作，其中《小逻辑》《美学》《哲学史讲演录》三种，成了我十分喜爱的书。仅仅《小逻辑》这部著作，我就读过四次，每次不止读一遍，现还保留两次写的笔记，共有十来本练习簿。我沉潜于思辨的海洋，不再像过去那样迷恋于令人心醉的激情世界了。

　　这以后有许多年，我只读那些不容易读懂的书，以为只有这种著作才蕴含深刻的哲理。幸而那时以艰深文浅陋的赝鼎之作，尚不像今天这样弥漫于理论界，而我对它们也有了一定的识别能力。我深深服膺德国古典哲学自康德以来所倡导的批判精神。这里说的批判精神，就是对过去各个哲学范畴重新衡量与估价，也就是对那些未经过追究的范畴进行考核，探讨这些范畴在什么限度内具有价值与效用。批判是不接受未经考察过的前提的。它具有反对盲从、反对迷信、提倡独立思考的意义。十七、十八世纪的启蒙学者开启了批判精神的先河。他们不承认任何外界权威，不管这权威是宗教、自然观、社会、国家制度，一切都必须在理性的法庭面前为自己的存在作辩护。这种批判精神给予了我很大的影响。直到这两年，当我对黑格尔哲学进行反思时，我还是以它去清理由惰性和习惯所形成的偏见和谬误。这不仅限于对黑格尔本身的再认识，而且也是对"五四"以来在进化论思潮下所形成的新与旧、激进与保守、进步与反动等等既定观念的重新估价。这些观念至今仍作为知人论事的标准，牢牢支配着思想界，成了遮蔽历史真相难以破除的偏见。

我感到，自己没有充分掌握材料并对材料作出仔细的鉴别和考察，是造成误差的原因之一。这就很自然地联系传统的训诂考据问题上去。这方面的思考使我发觉，过去所深信的所谓逻辑和历史一致性的说法其实只是理性主义的过分自信。在历史的进程中虽然也可以发现某种规律性，但历史和逻辑毕竟不是同一的。逻辑推理不能代替对历史的实际考察，史家的史识必须建立在对历史事实的实证上。清人钱大昕说训诂考据乃"义理所由出"，也就是阐明此义。可是长期以来，只有观点才是最重要的这种看法始终占据上风，而训诂考据则多遭藐视。据说一位论者准备批《四书》中的儒家思想，竟以为用不着去读原著，只要请人把《四书》中的有关观点罗列出来供他使用就行了。这可以作为上述那种看法的一个实际例子。不必讳言，过去不少训诂考据文章，往往流于琐碎，有的甚至变成了言不及义的文字游戏。但不能因此断言训诂考据是无用的，正如不能因为曾出现过大量"假、大、空"的理论，就断言观点义理是无用的一样。我不同意把观点义理置于训诂考据之上，作出高低上下之分。这个问题不能抽象对待。对于庄稼来说，下雨好还是晴天好？要根据具体情况才能判定。对于研究工作来说，观点重要还是考据重要？也属于同类性质的问题。马克思曾经嘲笑莎剧《科里奥兰纳斯》（*Coriolanus*）中的美尼涅斯·哀格利巴（Menenius Agrippa）荒唐地把人比作他自己身体的一个断片，由一个个体供给其他所有个体以营养。他认为各司不同职能的人是像珊瑚一样，每个个体都供给全体以养料。我觉得，学术工作所采取的各种研究手段，其作用虽有大小，但也应作同样的理解。庄生所谓"泰山非大，秋毫非小"，也即阐明万物并育而不相害之理。这句话隐隐含有平等与自由的意蕴，是值得细细玩味的。

一九九四年八月记于沪上清园

（《沉思与反思》，上海辞书出版社 2007 年 6 月）[①]

[①] 亦见《清园论学集》序，上海古籍出版社 1994 年 12 月、《王元化集》卷六，湖北教育出版社 2007 年 10 月。

重返清华园

三月十七日

三月十二日偕许纪霖飞京，中央电视台《读书时间》朱正琳与李潘到机场来接，下榻于梅地亚。因无硬板床，将铺搭在地板上。晚上难以入寝，服氟基安定始勉强入睡。次日，朱正琳、李潘和纪霖陪我去清华拍外景。清华文学院教授葛兆光接待全程陪同。我和他还是第一次会见，我以前读过他的书，他是一位治学勤勉的中年学者。我们到校门时，天色朦胧，不久就有疏落的雨丝飘下，我和葛兆光谈到小时住南院，但他已不知清华还有一个南院。好在我还有印象。

清华园大门外，有一条河流，上面架着一座石桥，对面就是通向南院的道路。那里还是七十多年前的老样子。只是小河的河床似乎更向下深陷了。校园大门外停着的人力车，现在已看不见了。进了南院的西门，一切如昔，只是显得更为破旧。葛兆光告诉我说，清华的旧建筑都已拆掉重建，唯一没有改建的就是这块地方。不过，他已经不知道二十年代清华国学院的四导师，除梁启超住在城里外，王国维、赵元任、陈寅恪都曾住过南院。南院是方型，由两种不同样式的房屋构成，北面东面是西式房屋，南面西面是中式房屋，中间有一广场，我们小时就在这片场地上玩耍。那时觉得十分宽阔的天地，现在不仅显得狭小，而且是蔓草丛生了。我告诉葛兆光北面洋房第一号住的是赵元任家，二号是陈寅恪家，西面一排中式平房中，有一家我记不得是几号了，是王国维家（现在一些传记文章都说王国维住西院，是误记）。现在清华已经无人知道这些应该珍视的故居了。我请和我们一起来的电视台摄影记者把这些值得纪念的地方拍摄下来，我担心这些陈旧的房屋也许不久将被拆除。

我们转向西面平房，走进一间门前有台阶的房屋，这里已改作退休职工活动室。五年前北图副馆长唐绍明来沪参加上图新址奠基典礼时与我相遇，他告诉我，他的父亲唐篸芳先生已九十多了，仍健在，现住在清华南院十四号，即我家过去住过的房子。这次我向活动室的几位退休老人打听唐先生，他们说唐先生已于去年去世了。前年我来京去北图，想约绍明同去清华拜望唐老，绍明因公务繁忙未果。除了唐老，清华恐怕再无人知道七十年前的往事了。我小时在南院广场一起玩耍的友伴，有马约翰先生家的启华、启伟、佩伦，李广诚先生家的增德、华妹，梅贻琦先生家的祖彬、祖彤，赵元任先生家的如兰、新那（这是后来的名字，那时如兰叫 ARIS，新那叫 NOVA），虞振镛先生家的佩曹、佩兰，杨光弼先生家的大田、二田（这是小名，我一直不知道他们的学名叫什么）。以上都是住在南院的。还有住在北院的王文显先生家的碧仙、碧云和几位外国教授的孩子，也有时到南院来和我们一起玩。其中我只记得美瑞和玉瑞。这是一对美国姐妹，她们有时也来我们家，喜欢吃我们家的中国饭菜，而我和三姐有时也到北院她们家玩，去喝她们家新挤出来的羊奶。我们这些清华园的孩子们在南园广场上顽皮嬉戏，那是多么无忧无虑的快乐日子啊！现在许多儿时的友伴已消息全无，不知他们是否还在人间？如果他们还健在，祝福他们，愿他们幸福，而对于那些已故的亡灵，我也默默祈求，愿他们在大地之母的怀抱里安息。

三月十八日（续前）

儿时我在南院住十四号，是南面一座三合院的中式平房。电视台摄影记者要拍我儿时的故居。我们一行找到了这里，请求现在的屋主人准许我们进去看看。来开门的是一位身穿旧警服的上年纪的人，他不修边幅，衣服久未洗涤，看来有些潦倒。我们说明来意，李潘指着我说，老先生姓王。这位身穿旧警服的老人马上问，是不是王国维的后代？他说，一两年前有王家后人来访过。接着他告诉我们，他是一九三一年生在这里的，又问我知不知道全家？我说知道。全绍文、全绍武当时在北京颇有名望，是我的父执辈。抗战上海沦陷时期，我通过母亲向全绍武商量，他曾将他的华亭路住房让出一间给我住。后来地下党文委将此地作为机关。全绍武虽多少有所觉察，但他对我们采取同情态度，从未有什么不满表示。我们在敌伪统治时期得以平安度过，是要感谢他那所豪华住宅所起的荫蔽作用。两位全先生都是很富有也很有地位的金融界和企业界人士，为什么这位穿警服的老人如此潦倒呢？他父亲是全绍志。这个名字我没有听说过，也许是两位全先生的堂兄弟吧。眼下这座房屋已破旧不堪。院子中间，还砌起一道墙将整幢房子隔开，更添加了一种败落景象。走进几间破旧肮脏的房间，里面光线暗淡，地上堆满垃圾。我不知道这些垃圾是做什么用的。主人的身份和他的职业是什么，也都使我难以揣摸。这里的一切都显得灰暗阴沉，已和我儿时的印象面目全非。不过，我们来访时，却发生过一件令人忍俊不禁的小插曲。这就是我和房主人的一场对话。

我问他："您知道唐篑芳先生吗？他住过这儿。"

他回答得很干脆："没有，唐篑芳是住西院。"

我坚持："不，唐篑芳是住南院。"

他更坚持："不，不，是住西院。"

我再坚持："不，是住南院。我以前在南院住过。"

他毫不犹豫地再否定我的说法:"不,我知道。我三十年代初生在这儿的。"

我也当仁不让:"我是二十年代初生在这儿的。"

我们两人顶牛顶到这一步,使得同来的人都笑了。李潘更是笑得头直往后仰,她把这场辩论称为"较劲",她说:"王老跟他较劲,真有意思。"这就是我七十多年来第一次返回儿时故居的情况,凭吊儿时生活的旧地,并没有引起惆怅,却出现了这场小小的喜剧,这真是没有想到的。

三月十九日(续前)

从南院出来,折返石桥,进了清华园的大门。原来紧挨着大门的西面是警卫室,东面有一条小径,通往售品所,那是我们孩子最熟悉也最喜欢的地方,因为只有在这里才可以吃到冰激凌。大门里有一条笔直的大道,小时觉得这条大道又宽又长,似乎没有尽头,给人以清洁整齐的印象。最使我难忘的是在大道左右两旁,各有一株三四个人才能合抱的千年老树,巍然屹立,气象非凡,看到它们,使人产生一种庄严雄伟之感。可惜不知什么时候,它们已经消失了。抗战胜利后,我到北方交大教书,曾几次来清华看望在那里教书的友人吴征镒,那时这几株大树就不存在了,为此我曾唏嘘不已。

一起来的摄像记者,选出一些校园地点来摄像,其中有从前清华学堂的中等科和高等科,这是建成大学以前学生就读的地方。还有一处是当时最具规模的图书馆。图书馆有一层是铺的玻璃地板,二十年代这是使人叹为观止的建筑。再有一处是由回廊连成一体的工字厅,这是一些大大小小气魄宏伟的典雅厅堂,最后一进背靠小丘环绕的荷花池,大厅里面陈设着各种瓷器古玩,两厢各有一间可供人留宿的房间。小时一位在清华读书的大表哥曾带我在这里住过一夜，相传工字厅闹鬼，那天晚上我怕得要死，把头蒙在被里才睡着。这次旧地重游，工字厅因年久失修而显得十分破旧了。后面那一排大厅现在是校领导的办公重地，我们不便闯入干扰，只在后面的荷花池边的小道上绕行一周。这里是我童年常来游玩之地，我还记得这些道旁的小丘陵和不远小山上的钟亭。那时，悠扬的钟声为清华人报时，晚上最后一遍钟声敲响，那是熄灯信号，清华园的电厂供电到此为止，所有电灯马上就要熄灭了。父亲每天在熄灯前就将擦得锃亮的煤油灯罩预备好。油灯发出昏黄的微光代替了雪亮的电灯，孩子们发现夜晚正降临，睡觉的时候到了。

离荷花池不远就是朱自清先生写过荷塘月色的所在地，小时候还不知道有这篇名著，也不懂得恬静幽美，只是觉得太静谧、太寂寞了。接着我们再去体育馆，体育馆不远是医务处，现在已改建，不知作什么用了。在体育馆前有一大片敞地辟为体育场，四周有跑道，中间是足球场。清华园的孩子常常来看球赛。小时候记忆最深的是赛棒球，清华的棒球队穿着镶着紫色条纹的白色运动服，戴着有紫色帽檐的白棒球帽。白和紫两色是清华校徽的颜色，队员个个雄赳赳气昂昂。马约翰先生还让他的两个孩子启华、启伟，穿同样的队服，排在前面出场。我们真是羡慕极了。比赛时，孩子们拼足力气为清华校队助威呐喊。清华重视体育，无形中对我们也发生了影响，后来，我和几个姐姐上了中学，都积极参加体育活动，还被选入校队，恐怕与儿时的熏陶不无关系。不过，清华给我最大的教益还是大学的学术气氛，自然我那时对此一无所知。经过耳濡目染，顶多只能领会一点读书的重要和乐趣。当我们一行走到王国维纪念碑前，李潘突然提出这个问题的时候，我就这样作了回答。不过现在想来，我觉得我们千万不要看轻儿童时代所受到的熏陶和影响。有人说，人的一生都被童年时期所决定，这似乎有一定的道理。童年时代所获取的印象像一粒种子埋藏在儿童的心田，慢慢地发挥着它的潜在功能。这些不知不觉的思想熏陶和影响，原来是极其简单粗糙的，随着时间的推移，在一定的气候土壤的培育下，逐渐地萌动、变化、发展、壮大。

一九九七年①

（《清园自述》，广西师范大学出版社2001年）②

---

① （原注）"录自一九九七年日记"。
② 亦见《九十年代日记》，浙江人民出版社2001年、《王元化集》卷八，湖北教育出版社2007年10月。

寻根江陵

九月二十三日

晴。按事先约定，今日偕清姐同去江陵。上午五时起床。六时乘小吴车去机场。七时二十分准时起飞。八时四十分抵武昌，庐音、嘉年及江陵萧旭副县长、刘耕伐局长来接。下榻珞珈山宾馆。下午三时去武大宿舍探望舅母许海兰。舅母已九十又三，仍健。她与舅父结婚后，来华已久，能说一口湖北话，但此次见面只用英语谈话，而头脑亦不如上次见面时清晰。舅母住庐音家中，我们去时，庐音与车锐、稀恩与秉兰、嘉年与王仁卉及第三代桂钢、车音及嘉年之女均在，济济一堂，十分热闹。第三代中除车音外，其他尚初次见面。我和他们都谈了话，直到九时始尽兴返珞珈山宾馆。

九月二十四日

晴。江陵开来两部小车供我们乘用。早上七时许起程，自汉阳上高速公路，入荆州地区。经仙桃、潜山、丫角，其中有一处地名爹山（爹读若渣，裂开也。小时候家里人称布鞋裂开即云爹开）。高速公路长一百五十多公里，可惜只有中间一段，再前进仍转入普通公路。据云二年后高速公路可直达宜昌。抵江陵下榻县招待所。黄发恭县长、萧旭副县长等已在招待所迎候。中午萧副县长等设宴招待,晚则由余世先副书记招待晚餐。饭后,黄、吴县长来访。江陵乃祖辈生养之地。我在北京长大,从未到过祖籍,此次来到故土,不免思绪起伏,深夜仍难以入寐。甫入睡即醒转。前些时为撰写《杜集序》夜夜服安眠药未断。今夜睁眼躺在床上,又有蚊虫来扰,只得起床开空调以驱蚊。

九月二十五日

晴。早黄县长在会议室讲述江陵建设情况,萧、吴、余、刘诸位亦在座。闲谈中,有人说到江陵干部不会宣传,附近有些县在这方面比较擅长,所以江陵从未被评上模范县或先进县。但有一年闹饥荒,独江陵无粮荒,附近被称为先进县的乡民纷纷来到江陵就食。下午吴、余二位副县长陪同去江陵图书馆参观。门前"江陵图书馆"五个字为我所书写。我捐赠图书馆的书已近三千部,在馆内专辟一室存放。晚,武汉中南民族学院中文系李建中、荆州师专中文系白少玉及地方志编辑部一同志来访。

九月二十六日

晴。上午李家栋副书记偕经委陈主任陪同参观果糖浆厂、纺织厂、马河水厂等处。谈到荆州的纺织工业,想起母亲常夸荆州缎如何精良,小时候我们家所用的被窝就是以荆州缎作为被面。母亲也常常讲起荆州妇女多在纺织厂做工,可见清末这一带纺织工业已很发达。马河水厂是江陵引为骄傲的地方,占地颇大。江陵人把水厂建成像一座园林,花草树木,琳琅满目,身入其境,不知这座花园中竟隐藏着一个自来水厂。午后,参观博物馆,博物馆是宫殿式建筑,覆盖着蓝色琉璃瓦屋顶、灰白色的西式房屋,颇像我小时在北京所见到的燕京大学的建筑格式。原来馆藏的吴王戈、越王剑已调京,没有见到。馆中有一具西汉出土的男尸,密封于地下用水泥制成的墓穴中,上覆以厚玻璃砖露出地面,可供人参观。据说尸身出土时尚有弹性，但因浸泡在红色药液中过久，毛发皆落。讲解员告诉我们，这具男尸比马王堆出土的那具女尸要早一百多年。博物馆中还有一项名贵的陈列品，也是极罕见的，这就是薄如蝉翼的丝织品残片，为春秋战国时代的产物。现代纺织工艺已无法制成这样又轻又薄的丝绸。讲解员最后把我们引进博物馆的一个小礼堂去看楚乐表演。幕拉开后，台上穿着楚国服装的十来个演员分掌自己的乐器，编钟、凤鼓等等，一起演奏起来。我不懂音律，很难说出这些拟作的楚乐有多少成分保持了原来面目。楚乐奏罢，忽然演奏了一首外国歌曲 Long Long Ago。在这场合演奏一首洋歌，我实在感到有些惊讶。我把自己的想法告诉了县领导，认为在楚乐中夹杂洋歌不妥。但博物馆归地区管，也许县里说不上话。

九月二十七日

晴。到江陵后我仍按平日习惯早起作户外散步。上午参观八岭山墓葬群。先到了辽简王墓，地处荒山中，规模甚大。辽简王为明永乐弟，名朱植。墓地甬道直通停棺处，棺椁仍在，朱植大概在此地被封王，其历史不详，一时难寻史书核查。楚国建都于郢达四百余年，江陵即郢故地，名纪南城。在墓葬群不远有纪南城故址石碑，碑文为郭沫若书写。这个昔日的城廓，今已成为桑田。田野中隆起一道土坡，陪同者指给我们看说，这就是郢都城垣遗址。八岭山墓葬群建有高数层的木架瞭望台，登上眺望，大小坟墓连绵不绝，尽收眼底。陪同参观的萧副县长指着不远地方的一个直径约三四丈、上面长着青草的土丘说，这就是楚庄王之墓。据说有三十多个楚王埋葬在此，其中庄王墓最大，他是春秋五霸之一。楚国在他那时候也最强盛。此地既是楚国的陵园，地下埋藏的文物一定非常丰富。县里的领导曾向我说，发掘出来的楚国漆器几乎可堆积成山。他们曾向中央有关部门请示，要求将多余漆器出口，换取外汇搞建设，但没有被批准。这么多出土的漆器由于无法好好保存，不少已在腐烂。中国的确是一个文物大国，地下埋藏极丰，掘地即可见宝。仅以出土的汉简而论，许多地方博物馆也像荆州博物馆一样，面临无法保存的困难。汉简如龟甲、钟鼎、帛书这些出土文物一样，是中国文化的重大财富，可补文献之缺，可订史书之讹。由于各地博物馆多采取地方保护政策，不愿外人插手整理，而仅靠本身十分有限的力量，又无法做成。于是大批汉简堆放在那里（有的甚至是泥地上），任其慢慢腐烂。这真是中华文化的损失。听说，政府对地下发掘渐采保护政策，这在无可奈何中尚不失为一种好办法，因为埋在地下还不致腐烂。江陵县领导说，政府对于楚墓群也作出了同样暂不发掘的决定。但还有一种隐患，也不得不防。最近听说国内盗墓者正纷纷南下，他们有优良的装备和技术，而墓葬群面积广阔，倘只派一两个警卫防范，恐怕无济于事，我把我的杞忧告诉了江陵县领导。上午参观毕，回招待所后，为索字者题词，书条幅二十余幅，倦甚。晚餐萧副县长做东，餐名"百饺宴"。回到住地，蒋经韬携妻女已等候多时，但时间太晚，稍坐即辞去。

九月二十八日

阴雨。早驱车出城门，在长堤行驶，长堤的一边，江水浩渺，甚为壮观。途经芦花荡，即三国故事中张飞拒周瑜处。京剧有一出戏名《芦花荡》，即以此为题材。但此地并无芦苇，与一般江岸无别。它是那样平凡，很难想象这里曾演出过这样一出热闹戏剧。小时听父亲说，家乡一带留下不少三国故事的遗迹，什么"张飞过河一拳一脚"，什么"咬草崖"等等。前者说的是张飞有急事要过江，受阻过不去，一怒之下，在一块巨石上打了一拳，留下一个比常人拳头大数倍的拳头凹痕，又踢了一脚，留下一个比常人脚大数倍的脚印。"咬草崖"也是一种传说，相传关云长一次骑着他那赤兔马，翻越一座十分险要的山岭，行至悬崖峭壁，无路可走，马只有咬着青草向上攀登。所以至今那里生长的草，还是没有草尖的。儿时听了这些带有传奇性的故事，真是不禁神往。可是我询问陪同参观的家乡人，他们已不知道这些故事了。以《楚辞》为代表的楚文化和以《诗经》为代表的中原文化，由于地域不同，形成了南北的差异。上述那些儿时听到的故事，就充分显示了南方的浪漫色彩，它们和北方的写实风格是截然异趣的。

我们一行离开了芦花荡，又到荆江分洪处略事逗留，再驱车前往沙市。沙市是被评定为全国四个卫生城市之一。这里确实给人以清洁、整齐、有序的印象。街道宽敞，房屋栉比鳞次，错落有致，不像有的城市那样凌乱、拥挤、嘈杂。以前我虽然从未到过这个城市，但听母亲的讲述，在脑海中留下了深刻的印象。母亲在这里度过了她的青春年华，她向我们谈到家乡的人情风物至今仍历历如绘。这里的民风淳厚，家乡菜又是那样美味可口。母亲经常向我们诉说的是，做牧师的外祖父和他的圣公会教堂，以及寄居他家的那些师爷们。外祖父的两个妹妹，一个嫁出去了，因丈夫不良而忍受着无限的折磨。另一个则是心肠柔软，极富同情心，往往倾自己所有，甚至不惜脱下陪嫁的手上金镯去周济穷人。她一见到别人受苦受难就忍不住流泪，以至终于哭瞎了双眼。还有邻居家的那个可怜的养女，每天天不亮就拎着饭篮，里面盛有粗粝的饭菜，摸黑赶到纺织厂去上班，她因害眼病，眼边一圈全烂了……这些故事在我们的幼小心灵里，曾激起了不少感情的波澜……现在已无法去追寻那些如梦的前尘往事了。

但我和清姐还是想去找寻外祖父的坟墓，抗战前母亲曾只身来到沙市，去外祖父坟上扫墓，还带回一张她在坟前十字架下拍摄的相片。母亲扫墓已是多年前的事了。桂家后代，已无人留在沙市，墓地恐怕是已影踪全无。但我们还不能完全打消寻根的愿望，我们再向陪同者提出去寻觅外祖父传教的那座圣公会教堂。它已有百年以上的历史了。如今圣公会在中国不复存在，各派教会已成为三自爱国一个组织了。但我们在沙市终于还是找到了一座教堂，其中有几位年老的教友。可惜他们都说不知道光绪年间沙市曾经有个圣公会的教堂。

我们从教堂出来，经过中山公园，公园的幽静很吸引人。我提出进去走走。那里有一个美丽的湖泊，游人稀少。我们没有想到在公园里竟然看到了楚国大夫孙叔敖的坟墓。孙叔敖也是我儿时从父母那里常常听到讲说的人物。据说他年轻时，在野外看见了一条双头蛇，相传看见双头蛇者不祥，孙叔敖为了不使别人再看到这条双头蛇，就把它打死了。这个故事很平凡，但我至今还记得。充斥在中国儿童生活中的诸如此类的大量民间故事，对他们一生都会发生潜移默化的作用。文化传统往往就是通过这样的渠道深入人的心灵，形成了他们的人格，甚至铸造了一个民族的文化素质。

回来略事休息，午后随萧旭副县长去参观碑苑、盆景苑、书画苑及荆州古城垣。由于参观的地方多，时间少，前面几处走马看花，匆匆一览而过。但荆州古城垣却得仔细观赏。这座古城以三国的传说最多。如"刘备借荆州""关云长大意失荆州"等等。到了清代，荆州驻扎有满洲旗兵，把城区划出一块地方作为满城。荆州是南方保持最完整的城垣。不过现在的荆州城是明代重新修建过的。我们从城垣马道走上城楼，围绕在城垣外面的护城河呈现在我们的眼前，似乎提醒我们，以前的荆州城就是这个样子。但是时间已晚，不能做过多的逗留。我们匆匆从城垣下来，赶到附近的张居正故居，希望也去看几眼。现在故居只留有外面临街的一小部分，里面已拆毁改建，成了居民住所。我们进去，见有一个妇女正在狭小的屋中洗涤衣物。从那里出来，已是日暮关山，夜晚开始降临大地了。

九月二十九日

晴。早上至江陵图书馆参加座谈会。这是按照我的意思安排的。来江陵前我提出几件事：不要惊动地区领导，不作专题报告，愿和图书馆读者以及江陵文化界人士接触，但人数不要太多。在座谈会上我作了简单的发言，接着读者提问。会后与荆州师专李德尧、刘汉民、白少玉副教授合影。李德尧在谈话中谈到我关于由抽象上升到具体和知性不能掌握美的观点，他对我的文章似乎很熟悉。谈话之后，荆州电视台来采访。

九月三十日

晴。早在楚风过早（家乡话称用早餐为过早）。这是陪同者应我和清姐的要求，特地选这家保持传统风味的小店来用早餐的。小时听说有一种"汽水粑粑"，我们很想尝尝是什么味道。一到楚风我们就叫了这种点心。等拿到我们面前，一看并不特别，吃起来也很平常。

七时半乘县里小车出发。由江陵至宜昌的高速公路正在修建尚未通车，汽车驶在即将废弃的旧公路上，颠簸难行是可以想见的。我们情愿吃这份苦，因为沿途有许多三国古迹。汽车首先开到玉泉寺停了下来。这里是三国故事中关公被害显灵喊着"还我头来"的地方。玉泉寺与普通寺庙无异。但庙外有几处珍珠泉，倚着石桥的栏杆可见一串一串细小如珠的泉水从下面涌出。汽车再往前行驶，抵达一个小镇，行人和各种车辆在并不宽敞的街道上熙来攘往，两旁商店很多，十分繁华。陪同者说，这就是赵子龙鏖战曹兵、只身救阿斗的长坂坡。我们不能想象当年的长坂坡竟会是这样。这里除了在稠密市井的一小块空地上，高耸着一尊赵云戎装乘马的石刻雕像外，一点也看不到曾经作为古城的痕迹。那尊石刻雕像完全是照戏台上的赵云仿制的。雕像座下没有一点空隙，小贩在这里摆的摊子杂乱无章，紧紧挨着的是过往车辆的停车场。

中午十二时左右，我们的车到达宜昌。经过附近的三游洞时，由于长途跋涉，大家均感到困顿，希望早一点找个地方休息，都不想进去浏览了。宜昌是个大地方，街道宽阔，房屋整齐。解放后此地曾有作为省会的动议。进入市区后，由宜昌市接待办招待午餐。饭后又招待我们到附近一家宾馆休息。下午四时半上船。这是一艘在长江行驶的小轮船。可在船上观看三峡。我们准备在四川境内巫山下船，去浏览小三峡，一天后再由那里乘江轮折返。我还没有入过川，这次总算是进入四川境内。我们买的是三等舱，六人一间，恰巧我们一行六个人，在船舱内可以随意安排。船驶离宜昌码头，两岸没有什么风景可看，进入舱内聊天，天色渐渐暗下来。吃了带来的干粮，估计要到半夜才可驶过三峡，只有等回来时，再看三峡的风景了。上床不能成寐，服安眠药后，开始还听到轮机隆隆声，江水汩汩声，但不久眼睛渐渐蒙眬起来……

十月一日

晴。早上五时船靠码头。巫山是一个临江的小山城。下船上岸要爬上高达数丈的陡峭山坡。江南有很多这样的山城。记得抗战初，我从温州到金华，由于公路被破坏，乘民船在瓯江溯江而上。船抵青田过夜。青田就是这样一座临江的小山城，同样建在半山腰，下船也是要爬上一段长长的石阶通道，半途还要经过一座用石块垒成的门洞。门洞上面，有一块空地，像座平台，坐在那里可以眺望四周的风景。这座只有百十来户人家的小山城，被气势宏伟的崇山峻岭所环抱，瓯江的清丽江水在下面平静舒缓地流着。太阳落山后，天空的晚霞渐渐转暗，巍峨的群山笼罩在一片绛紫色的暮霭中。青田的美丽令人陶醉。这是将近六十年前的事了。我不知道过去的巫山是否也像青田一样，曾经包围在那种纯朴无华的古老气氛中，现在我所看见的这座山城却正匆匆忙忙地准备向现代化大都市的模式挺进。它并不具备建成大都市的条件，所以显得有些不伦不类。也许这也是一种在发展中的进步吧，不过令人感到若有所失，因为在这偏僻的山区，本来所具有的那种大自然的迷人魅力，也就随之消失殆尽了。

我们在巫山找到一家旅馆，开好房间，把随身带来的简便行李撂在房内，就又赶到江边码头，去寻找浏览小三峡的游艇。江边麇集着十来艘游艇，在等候客人，每艘游艇可载二十几个游客。它们的外形虽然并不好看，但都装有马达，舱位也干净舒适，不仅周围有明亮的玻璃窗，连顶篷也可以随意打开，以便游人仰观上方的景色。人称小三峡胜于大三峡，这话不是虚谈。我们是先游览了小三峡，后来才游览大三峡的。相比之下，我对大三峡的兴趣就不那么浓厚了。小三峡有清澈见底的浅滩，也有江流湍急的险滩。到了险滩，游艇上的游客被喊下船，要走一段旱路。船上的马达关闭，几名水手撑船前进。小三峡最诱人的地方，还是两岸高插入云的峭壁。山峦起伏，千姿百态，显示了造化的神妙。前人根据它们的形状，取了许多动人的名字，但我只知道小三峡的名称是：龙门峡、巴雾峡、滴翠峡。如果问小三峡哪里最美丽？我说不上来，因为我觉得各有各的好处。在小三峡沿岸峭壁上，可以见到巴人放在岩穴中的悬棺。在这样笔直挺立的峭壁中间，上不能下，下也不能上，如何把棺木放置在地势险峻的壁穴内，这是不可思议的，可是几千年前的巴人居然做到了。先民的智慧是惊人的。抗战胜利后，我在国立北平铁道管理学院任教时，常常和在清华任教的吴征镒、季镇淮、范宁，北大的田方僧以及和我同校的徐大德等一起到郊外游玩。记得有一次我们同游颐和园，当时一位在清华土木工程系任教的杨君也和我们在一起。他讲到颐和园铜亭的铸造之妙，又说排云殿由山下向上垒起的巨大石块，在当时用了什么工艺技术，至今还不明白。但这些比起巴人的悬棺和几千年前在峭壁上建成的栈道来，还不算是最能使人称绝的巧夺天工。栈道今已荡然无存了。在峭壁的中间留下了一个个方形孔穴，每个孔穴之间相距约丈许，方孔是在坚硬的岩石上凿成，四边如刀切过般地整齐，孔内可插入碗口粗的枕木，以作为栈道的支撑。这些栈道的建成时期比较晚，大约是在宋代，建筑目的是用来运送粮食。后来我们在小三峡旅游区的尽头，看见了利用原有方孔重新修建起来的模拟栈道。模拟栈道用现代水泥材料来代替昔日的木质结构，十分牢固，可供游人上去行走。我登上栈道，俯视峭壁下面滚滚的江流，如临深渊，不禁头昏目眩。遥想当年无数民夫就在这样艰险难行的栈道上背着粮食，一步一步前进，不知要走到何时才能到达目的地。我们在此逗留了一些时候，拍摄了几张照片作为纪念，即乘原来的游艇折返。到了旅舍匆匆用过晚餐，就倒头去睡，实在玩得太累了。

十月二日

多云。昨日游览倦甚，早上充分休息，午后离开巫山。我们搭乘的江轮于一时四十分开船，在船上进方便面作为午餐。饭后在房舱内休息。下午走到甲板上观赏风景。船上邂逅一位宜昌的基层公安干部。他是一位很愿与人交际的青年。我们渐渐攀谈起来，他在这一带工作，深知山民的困苦。船向前驶，经过一座荒凉山峦，他指着山峦高处一间简陋的破房对我说，那里曾居住一个贫穷的老妪，只身一人，无人相伴。虽然已经年迈，但为了饮水，天天仍得下山去挑水，后来实在挑不动了，她就吊死在那间屋里。这些贫困地区的人民生活就是如此悲惨。

船驶近宜昌，眼看就要抵达，可是在葛洲坝不知何故停留了约两个小时。一到宜昌，我们来时乘坐的小汽车已经等候在那里。为了赶时间，我们不再逗留，马上上车赶回江陵。在回来的路上遇见一桩很不愉快的事。我们的汽车在崎岖不平的旧公路上，尽量加快速度。天色渐渐暗下来，行至枝山近郊，汽车驶上一条新修的公路，半途碰到路当中树立一块不准通行的指示路标，我们的车只得折返，仍旧走上那条已经败坏的旧公路。车没有开多远，见到前面路边影影绰绰聚有一些人，在静静的夜里高声鼓噪。开头我们听不清他们在喊什么，驶到近处才听清楚，原来是要我们的车停下来。但车行太快，一时刹车不及。突然那群人向我们抛出一块上面钉有长钉的木板。我们的车从上面滚过,一下子两个车轮一起放炮,瘪了下来。驾驶员和陪同者下来前去交涉。原来这是枝山县城建局在此设立路卡,敛收过往车辆的钱财。他们一无标志,二无制服,不知根据哪条法律,在此征收过路钱,这群人中散发着酒气,个个摩拳撸袖,气势汹汹,宛如凶神恶煞一般。我下车与之理论,他们口出不逊,几欲动武,陪同者把我扶回车上。交涉一无结果,只得自认晦气,驾驶员把扎破的车胎换上备用胎,重新上路。我们白白在此耗去了很多时间,到江陵已是半夜了。

一九九三年①

(《清园自述》,广西师范大学出版社2001年)②

---

① (原注)录自一九九三年日记。
② 亦见《九十年代日记》,浙江人民出版社2001年、《王元化集》卷八,湖北教育出版社2007年10月。

走自己的路[1]

我的多年的劳作今天得到了认同并受到了奖励,我自然是高兴的。但同时我又感到了惭愧,因为我做得很有限。

理论写作的道路是一条崎岖不平的道路。在这条道路上,我曾经屡遭挫折,有过不少的失误。虽然我也走过弯路,也跌倒过,但在艰难险阻面前,我仍旧在思考,在探索、在追求,而没有丧失一个中国知识分子所应有的良知和勇气。

一千多年前一位外国的高僧来到中土,他以宗教的虔诚传译佛典,自称未作妄语,死后舌不焦烂。我觉得这种对待自己事业的精神,至今仍值得效法。我希望自己一本初衷,始终能够遵照一位哲人在他那部伟大著作的序言中所说的话去做。那就是——

任何科学批评的意见我都是欢迎的。而对于我从来就不让步的所谓舆论偏见,我仍然遵守伟大的佛罗伦萨诗人的格言:走你的路,让人去说话!

一九九八年四月

(《集外旧文钞》,上海文艺出版社2001年)[2]

---

[1] (原注)本文是我于一九九八年四月在获得上海文学艺术杰出贡献奖的大会上所作的答辞。

[2] 亦见《王元化集》卷七,湖北教育出版社2007年10月。

"以我为例"[①]

——《清园书简》后记

本书所收四百多封信是湖北教育出版社以极大毅力和辛劳，经过了两年多时间所征集到的。这样的成果，完全出乎我的意料，我很感谢那些将我的信保存完好，并同意把它们交给出版社去刊行的友人。二十多年来，我给友人所写的信不止这些，估计起来要比这里发表的多三倍以上。我所遗失的信件中，有一批是一九四六年秋至一九四八年夏，在我离开上海去北平国立铁道管理学院教书期间和张可的通信。我们结婚后，曾将这些信装订成册，一自保存着，可是一九五五年反胡风斗争时被抄走了。起先单位还有人看到过这些信，后来就不知流落何处了。还有一批是我在北平时写给满涛的信，也同样不知下落了。失去这些我珍藏的纪念物，是我至今觉得遗憾的。

我收到征集的信件后所进行的操作过程是极其琐碎繁复的。首先，需将原信复制一份交档案馆保存，另一份则由我来整理。在整理过程中也像整理《九十年代日记》样，不作观点更改，信中有涉及某些个人隐私今天尚不宜公开的，就作些文字上的整理。好在这

[①]《清园近作集》，文汇出版社 2004 年，节录该文另加标题为"以我为例"。本篇标题据此——编者

些原信已全部交上海档案馆保存，可供研究者将来查阅。在全部整理过程中，我个人实在无力担当这样繁杂琐细的工作，幸得古籍小组吴曼青协助。经她与杰申排字印刷公司商定，采用流水作业方法，收到一些就整理一些，无须等待全部稿件"定、清、齐"后发排，这使我减少了不少麻烦和劳累。这两年来我在这项工作中所花的时间和精力，甚至比写作一部新著作还要多。所以当今天全书告成之际，我特别有一种轻松之感。

这些信中最早的一封写于一九三九年，发表在当年的《抗战文艺》上，最近经一位从事资料搜集的友人复制给我。收入本书的一九四五年通信，则是写给当时我教过的一个学生吴步鼎的，次年他就病故了，一直由深爱他的弟弟步鼐将这些信珍藏着，历经数十年岁月风霜，它们都没有失落。九十年代初，步鼐把信交给了我。最近原《文汇读书周报》编辑何倩把它们发表在一本新办的丛刊上，她还写了一篇很好的说明文章附在信末。此外，本书所收则大多是"文革"后写给友人的信。在整理这些信件时，重读它们，真是百感交集。这里有一时的兴奋、幼稚的向往和不切实际的幻想；也有遭遇到挫折和受到打击后的灰心、失望和愤懑……它们把我那时所感所想全都显露出来。自然这些信中还有许多难忘的往事和至今令我怀念不已的友情。不少的友人如今已不在这个世间了，但是他们所给予我的关爱，使我在心情郁闷的苦难岁月中，不致沉沦下去，而有勇气重新在生活道路上跋涉前进，这是我至今难忘的。

最近，我读了本杰明·史华慈教授逝世后所留下的论千禧年主义的遗笔。他谈到开始席卷一切的物质主义和消费主义将造成人类精神世界的空虚。另一位美国政治学家罗伯特·莱恩（Robert E. Lane）教授也同样谈到相似观点，认为即将向全球蔓延的物质主义和消费主义，将使人间的亲情和友情荡然无存，这两篇文章引起了我的深思，使我想起过去读过的莱蒙托夫长诗《恶魔》中的两句话：

> 在你所俯视的大地上，
>
> 没有真正的欢乐，也没有真正的痛苦……

初读这些诗句时，我还是个不谙世事的青年，它曾使我毛骨悚然，心想这样的世界是不可思议的，也是不可能发生的。但是，发端于美国的物质主义与消费主义正在向全球泛滥的前景，却是一个告诫：当时我认为不可思议的事，是可能发生并变成现实的。

通过这些信，我回顾了自己的交往，我在早年所结识的友人不管经历了多少漫长的岁月，也不管我和他们之间发生过什么样的风波，我们的友情始终历久不变。可是后来所结识的一些新朋友，他们的年龄越来越轻，而我们的交往也越来越短促。我不知道这是不是因为莱恩教授所说的，在物质主义和消费主义的潮流主宰下，亲情和友情会越来越稀薄的缘故。我是一个受过去人文精神浸染的人，并不像当今有些人那样把突飞猛进的新科技和新经济所产生的一切，全都当做不容置疑的"现代化"美景来加以赞赏。这就使我在一些价值观念、道德理想，为人处世所遵守的准则等等方面与追踪时代潮流的青年朋友有了分歧，因而我们之间的交往也就不可能维持长久。

我曾说，我的《九十年代日记》记录了我的反思历程。这本书信集则大多是从"文革"后七十年代开始，跨越了二十多年，直到二十一世纪初为止。在这二十多年中，我的思想是庞杂的，有着不少变化。"文革"刚刚结束后，我是轻信的。我固然并不赞成不惜以最坏的想法去猜度别人，但是轻信也不好。在"文革"结束后，我对于那时的局势感到多么欢欣鼓舞，对于所接触的一些人物是怀着多少的信赖，仅仅根据立场一致，并未深究别人向我宣告的一切究竟是怎么一回事，就全盘接受下来，这种轻信的性格，随随便便向人推心置腹的习惯，使我多次碰壁，直到九十年代反思中我才有所醒悟。

在早期一些书信中也显示出，那时我对许多长期留传下来的既定观念的盲从盲信。这几乎是我们思想界许多人共有的现象。我们对待一些重大问题，往往未经自己独立思想的审核，就将那些留传下来的既定观念作为唯一的依据。它们盘踞在我们的心头，成为一条颠扑不破的思想"底线"，这条思想"底线"一旦受到冒犯，我们就会热血沸腾，义愤填膺，像保卫真理一样，去痛斥那些不再对它毕恭毕敬的人。过去我对"五四"的态度就是如此。八十年代我写了一篇为"五四"一辩的文章（题名《传统与反传统》），这篇文章有我自己的思考和分析，但在一些基本观念上，如对反传统，对激进态度这类问题，都以早已盘踞头脑中的既定观念为立论根据。九十年代我进行了反思，摆脱了过去连自己也未自觉的思想依傍，纠正了以前的偏差，又写了一篇对"五四"再认识的文章。这篇文章引起了和我过去对待别人一样的那种强烈的情绪反拨。因此我在相反的两种情境下，对长期支配人们头脑的既定观念都有所感受。我认为由此所产生的理解，会比只有单方面感受的人深切一些。这种既定观念是我们思想领域中十分值得重视的问题。比如：它是怎样形成的？怎样根深蒂固地扎根在人们头脑深处？人们为什么竟然会不知不觉把它当做真理去捍卫，而一定要去扑灭那些敢于向它挑战的人？……这些问题迄今并未引起人们关注。我想这本书信集或许可以作为一种"以我为例"的资料供读者去剖析。如果有人愿意这样做，那么我觉得两年来我所付出的辛劳将是值得的。

（本文由我口述，吴曼青笔录）

二〇〇二年十月五日于瑞金医院

（《清园书简》，湖北教育出版社2003年）①

---

① 参见《清园近作集》，文汇出版社2004年版所收"以我为例"篇与《王元化集》卷九，湖北教育出版社2007年10月。

我的三次反思

在我从事写作的六十余年中，我的思想有过三次较大的变化。这三次思想变化都来自我的反思。我是在严格意义上使用"反思"一词的，即指对自己的思想进行反省和检讨。我可以把这三次反思简述如下。第一次发生在抗战时期一九四〇年前后，那时我入党不久，受到了由日文转译过来的苏联文艺理论影响。举例来说，一九三九年我写的《鲁迅与尼采》一文，发表后有较大影响（甚至至今还有人提到它）。但我坦率地说，那时我并没读过多少尼采著作，我的许多看法大多袭自苏联一本论尼采的著作。就在这篇文章发表后不久，大后方传来了一股学习古典名著的热潮，孤岛也受到了影响。阅读名作，座谈心得，一时蔚然成风。我在读中学时热爱鲁迅，这使我的思想有了一点基础，所以在四十年代读名著的诱发下，很快就识别了自己身上那种为了要显得激进所形成的左的教条倾向。还要补充说，当时一些朋友，特别是满涛，对我这次反思起过很大作用。我们两人常为一些文艺问题争得面红耳赤。他曾发表文章，批评我的机械论，指出我在艺术与政治的观点上，以及从藏原惟人那里转借来的所谓艺术价值和社会价值双重标准等是错误的。这些争辩十分激烈，但并不影响我们的友情。不过，我纵然明白了自己思想中的问题，倘要克服，却并不是一件容易的事。直到沦陷区时代即将结束，时间已过去了三四年，我才取得一些进展。当我把我写的一篇小说《舅爷爷》和评论曹禺改编《家》的文章给一位朋友看时，这位朋友禁不住说："真的脱胎换骨了。"这时我也成为满涛所喜爱的契诃夫作品的爱好者，我们在文艺思想上则主张回到马恩的原初理论上去。

我的第二次反思发生在一九五五年我因受到胡风案牵连被隔离审查时期。对这场政治风暴，我毫不理解，更无法防卫。它使我感到了大震荡。后来我在一篇回忆文章中说："这是一场灵魂的拷问。过去长期被我信奉为美好的神圣的东西，转瞬之间轰毁，变得空荡荡了。我感到恐惧，整个心灵为之震颤不已。我好像被抛弃在茫茫的荒野，惶惶无主。"这是我一生所感到的最可怕的时候。多年以后，我用精神危机来概括这场经历。在这场危机中，已形成的价值观念和伦理观念都需要重新去再认识、再估价。这就是我在隔离审查时期发生反思的由来。

经过一年来的审讯和内查外调，问题清楚了，我没有什么历史问题和政治问题，但由于我不承认胡风是反革命，组织上说我对抗审查，所以不放我出去，继续关在隔离室内，要我转变立场，端正态度。这样拖下去，我真不知道要伊于胡底？幸而我一再提出的读书要求，终于被批准了。隔离室监管人员同意代我去家中取书或代我去买书。不久，我就定下一个作息时间表，有计划地去读书。我的读书生活，就像军营生活那样机械刻板，严格按照计划进行。这样读书的最大好处，就是使我没有浪费分秒的光阴。现在回顾起来，在我一生中还从来没有像这样思想集中、专心致志地去读书过。这样坚持不懈地钻研，锲而不舍地全神投入，自然会从读书中获取回报。我开头读的是《毛选》，我发现《实践论》主要是阐发列宁的《唯物主义与经验批判主义》的思想精要，而《矛盾论》则是阐发列宁《哲学笔记》中《谈谈辩证法》的精要，自然其中也夹杂不少斯大林时期苏联哲学理论的观点。这以后，我再去读列宁的两本原著。读完我更进一步去探索马恩哲学的思想世界，几乎把马恩的哲学著作读遍了。当这一切进行完毕，我把我的全部攻读集中在三位大家身上：马克思《资本论》（第一卷）、黑格尔《小逻辑》《莎士比亚戏剧集》。有关前两种，我写了数十本笔记。这些笔记现分别藏在上海档案馆和上海图书馆内。

　　这次读书的重点主要在哲学方面，这是我过去没有涉足的领域。哲学对我一九五六年的反思是有重大意义的。那时反思的重要成果可归纳如下：认识到感性——理性的认识论是不充分的，必须补入知性阶段。——认识到"抓要害"（是从抓主要矛盾和矛盾的主要方面衍化出来的）是一种片面的知性分析方法（在认识过程中，知性是理性认识的一个环节，或照黑格尔的说法是认识的一"时段"，知性的功能决不可少，但一旦把知性的功能和知性的方法加以绝对化、片面化，并取代辩证的理性，就陷入了简单的形而上学）。——认识到断言只有阶级的人性而没有一般人性的存在，是违反马克思论人性观点的。马克思认为人身上存在着"不同历史时期变化了的人性"，也同时存在着"人的一般本性"。——认识到凡人的思想莫不打上阶级的烙印这一命题，正如否定一般人性存在的观点一样。《资本论》所提到的那些工厂视察员和公共卫生报告医师，就是不受资产阶级思想局限的。《自然辩证法导言》所提到的那些文艺复兴时期的巨匠也是不受阶级局限的。《资本论》还说"超利害关系的研究"和"无拘无束的研究"是存在的，只是在庸俗经济学出现后才消失。这种研究，也是没有阶级烙印的。——认识到《政治经济学批判导言》提出的"由抽象上升到具体"这一命题，并不是如过去理论界所认同的是指由"研究方法"到"说明方法"，而是表达了感性——知性——理性的过程。——认识到我们跟随苏联的理论界批判德波林的差异说，断言差异就是矛盾，这也是有问题的。因为不承认非矛盾性的差异存在，抹杀了多样性的统一，必将导致斗争性的绝对化。——认识到《唯批》将政治概念引进哲学，认为哲学也有党派性，也有路线斗争，并断言从希腊罗马开始就存在着唯物主义与唯心主义两条路线斗争。可是《唯批》作者后来写《哲学笔记》接触同一问题时，就不同于上述观点了。但我们理论界仍将前者奉为圭臬，作为必须严格遵守的经典原则。——认识到在反胡风斗争中对"人格力量""人的尊严""艺术良心"等等进行批判是一种"极左"思潮，与马恩的观点并不相侔，甚至与列宁斯大林的观点也不同。……

以上是我在这次反思中所得的结果，我把它们都写在当时的笔记中，等到将它们整理成文，已是在二十多年以后，我经过平反可以发表文章的时候了。这些有关文字虽然都在文末注明的是写作时的日期，但实际上其中的观点早已萌生在一九五六年的反思中。过去那些灌输在头脑中的既定观念，在不得不遵守体制所规定的政治立场和思想路向的时代，虽然也产生某些质疑，但我没有力量去揭示它们的错误，如今我在自己精神危机的时刻顾忌皆去，解决了这些思想问题，真使我感到是一场大的解放。我万万没有想到在我丧失身体自由的环境中，却享受到了思想自由的大欢乐。

第三次反思也是发生在一次大的政治风波以后，这次反思时间比较长，跨越了整个九十年代。这一次促使我反思的原因，是我在痛定思痛之后要探寻：为什么左的思潮在中国的影响这样源远流长，在许多人头脑中这样根深蒂固？我发现，这种"极左"思潮体现在二十世纪初从西方所传入的无政府主义思潮中。这是一种激进主义。激进主义当时在中国盛行，有其政治原因。中国社会环境太黑暗，改革运动一次又一次失败，使人们容易产生一种急躁的情绪。另一方面，封建社会的解体，西学的输入，传统文化面临了前所未有的考验和挑战，在中西文化的关系问题上往往出现了一些趋向极端的偏颇看法。一九一九年在《新青年》与《东方杂志》之间所爆发的那场中西文化问题论战就透露了个中消息。激烈的反传统虽然并不是萌生于"五四"时代，它早在明末何心隐、李贽等人身上就已露出端倪了。但那时断断续续出现的反传统倾向还不足以形成一种时代风习,像"五四"那样对当时和后来发生巨大的影响。因而我的反思由激进主义而进入到对"五四"的思考。我尝言,我是在"五四"的精神氛围和思想影响下长大成人的。我生下的那年,北洋政府教育部就颁布了中小学应一律使用国语读本的命令。我一直认为"五四"的反传统和倡导西化是天经地义的。直到八十年代下半期,我编《新启蒙》和写《传统与反传统》一文时,都是秉承了这样的思路。那时我虽然也有一些独立思想,但在"五四"的问题上,仍像今天许多人一样,认为这是一条必须坚守的底线:"五四"思想必须全盘继承。

上述看法的改变是由我被朋友嘱托写一篇《杜亚泉文集序》所引起的。这时我发现,过去我对"五四"的认识是基于长期所吸取的大量既定观念上的,这些既定观念已被我当做不可动摇的信念,深深扎根在我的头脑中。过去所读到的那些资料的汇编,理论的诠释以及史的著述等等,几乎都是在这些既定观念的导引下编写而成的。所以我以前所看到的资料只限于被既定观念所认定是改革、进步、革命的一方,而被判定为落后、保守、反动的一方则多被刊落,纵使少量收录,也往往加以主观上的取舍和判定,所以不能使人看到历史事实的全貌和真相。当我着手要写有关杜亚泉的文章时,我用了半年多的时间,去阅读过去资料汇编等所没有收录的第一手资料。经过阅读和思考,我认为"五四"精神当然要继承,但"五四"的一些缺陷(如意图伦理、功利主义、激进情绪、庸俗进化观点等)是不应该继承的。我们要继承的是它好的方面。可是这样简明的道理竟不被一些人理解,有的甚至意气用事。那些号称坚持"继承五四"的人以为通过诅咒和谩骂就可以将我击倒。但辩论靠的是真理,而不是权谋与蛮横。过去钱宾四论清代学术风气称,当时学人中的深识之士如实斋、东塾等,有意于挽风气贬流俗,所以不愿显为诤驳,以开门户意气之争。他们只求"自出其学业立意之大,与一世以共见，而祈收默运潜移之效"。我认为这是值得我们学习的。①

一九五六年我在隔离时期，黑格尔哲学曾经把我从精神危机中拯救出来。那时我多少次从他所说的"人的精神的伟大力量是不可以低估和小视的"那段话里获取了力量，但九十年代我对黑格尔哲学作了再认识再估价。首先是关于规律问题。过去我一直认为规律的存在是不言自明的，而理论的工作就在于探寻规律也是不容置疑的。七十年代我出版了《文心雕龙创作论》，这本书的重点就在于阐发文学的规律性。现在，我的看法改变了。我认为事物虽有一定的运动过程、因果关系，但如果以为一切事物都具有规律性，那就成问题了。我对黑格尔哲学中所阐发的规律性的质疑，就写在九十年代初刊行的《文心雕龙讲疏》序中。实际上，我们在宇宙万物中所认识的规律性是微乎其微的。不错，在人类继续发展和知识不断累积的情况下，人可能掌握更多的规律。但宇宙万物是不是都具有规律性，这是非常值得重视的问题。在当今科学家中，甚至可以说在整个知识界，我最钦佩的人是爱因斯坦，但我不能苟同他所说的"上帝不掷骰子"这句话。我认为量子力学所提出的测不准原理是值得考虑的。尽管我对自然科学没有什么知识，但我发现测不准原理在其他领域内也同样适用（比如社会科学、艺术创造某些方面等等领域）。由此我更进一步思考了黑格尔哲学中著名的总念三范畴论和历史与逻辑的一致性的命题，这是我曾经多么赞赏的理论啊！可是，过去那么引起我喜悦之情的信念动摇了，破灭了。特别是当我对卢梭的《社约论》作比较深入的探索时，我发现卢梭的"公意"和黑格尔的"普遍性"，竟是这样的不谋而合。我回过头去再去查阅黑格尔的《小逻辑》，发现《小逻辑》在阐释普遍、特殊、个体三环节

---

① 末句"我认为这是值得我们学习的"，《思辨录》与《沉思与反思》的该文中为："今之学人相反，多喜酷评，以詈骂为高。这是令人叹息的。"

关系时，就援引《社约论》的"公意""众意""私意"三范畴作为例证，并直截了当地指出"公意才是意志的总念"。黑格尔的三范畴和卢梭的三范畴都认为普遍性可以一举将特殊性、个体性囊括在自身之内。这样就将普遍性（公意）、特殊性（众意）、个体性（私意）视为同一的了。而囊括了特殊性和个体性于自身之内的普遍性以外，哪里还存在独立自在的个性呢？但我们必须承认，独立自在的个性，有些方面是不可能被普遍性所涵盖，或统摄于其自身之内的。我从黑格尔那里发现了这种同一哲学，再从他的前辈卢梭那里认识到这种同一哲学运用在国家学说中的危险性，这是我在第三次反思中一个重要的收获。当时我并没有借助别人的看法，我不知道海外的有关著作是否谈过这些问题，那时我的身体虽然比现在要好，但已没有力量旁骛了。我读书的习惯是精读，不善于从涉猎中获取知识。因此，我读的书并不多，上面这些看法仅仅是出于个人的思考。这一点张汝伦教授在他的一篇评论我的文章中曾经敏锐地揭示过，他说对了。

最后，我必须说，在这次反思中，我取得的另一个重要成果，就是我对于个人的力量、理性的力量取得了新的认识。过去我一直认为，人的力量，理性的力量是可以扫除一切迷妄，无坚不摧的。自从文艺复兴以来，人类从黑暗中世纪的昏睡中觉醒，认识到人的精神和理性是一种伟大的力量。确实，从那个时代开始，人的力量和理性力量曾经在历史上起过巨大的进步作用。启蒙时代的一些重要学说，更将这种思想发扬光大，形成了一种普遍信念。但是，在这次反思中我逐渐感觉到，过去的看法也有它的缺陷。把人的精神力量和理性力量作为信念的人，往往会产生一种偏颇。认为人能认识一切，可以达到终极真理，但他们往往并不理解怀疑的意义，不能像古代哲人苏格拉底所说的"我知我之不知"，或像我国孔子说的"知之为知之，不知为不知，是知也"。所以，一旦自以为掌握了真理，就成了独断论者，认为反对自己的人，就是反对真理的异端，于是就将这种人视为敌人。结果只能是:不把他们消灭,就将他们改造成符合自己观念的那样的人。由此我回想到过去,我初读哲学时,当时我所赞成的"反映论",未必比它所反对的认为认识是"近似的"象形文字论,具有更多的真理性。

二〇〇四年元月十八日

(《王元化集》总序,湖北教育出版社 2007 年 10 月版)①

---

① 亦见《思辨录》序,上海古籍出版社 2004 年版、《沉思与反思》,上海辞书出版社 2007 年 6 月。

《清园近作集》序

本书文字大多都写在进入新世纪之后，也是第一次汇编成集。

随着千禧年的来临，我也迈入了老耄之年。满八十岁的时候，我觉得自己的身体变化不大，还和从前一样，可以快步地行走，甚至还可以和年轻的朋友一起爬山。谁知一年不到，衰老就出现了。最初是过敏性皮炎，接着颈椎狭窄、老慢支、哮喘，以及前列腺病等接踵而来。记得年轻时从十力先生问学，他赠诗中有云"衰来停著述，祇此不无憾"。那时我不能领会。现在自己也进入老年，才深深感到十力先生诗句中说的那种遗憾实是一大苦恼。

人的一生真是时间苦短。当我开始懂事时，正是国家危难之秋。这十多年就在战争的烽火中度过。解放后，又是陷入了频仍的政治运动。等到我得以平反，转眼已是二十多年过去了。我真正能从事自己所向往的工作，只有短短的十几年。九十年代一过，已没有精力去做自己想做的工作了。因此，现在能够奉献给读者的未收集的新作，只是这样一本薄薄的著作。

我是一个过渡时代的人物，自知不可能作出什么丰功伟业。但我仍黾勉以赴是为了什么呢？我记得一位前哲作过这样的警示，不要"像白蚁一样一路吃过去，留下来的只是一排粪"。人的生命只有一次，每个人活在这个世上，都应做一点自己应该做的事，哪怕只是一点极微末的贡献也不要紧，只要是真诚地去做，锲而不舍地去做就行了。一个知识人主要应该在自己的知识领域内发挥作用,倘使知识者不做自己应该做的事,那么,这方面的事谁去做呢?这并不是说因此就不去关怀人间事。鲁迅在抗战前夕说过,他能做的仍是运用自己手中这支笔,它是五分钱买来的,名字叫做"金不换",自然他也说过,当需要拿起别的武器时,他也会拿起别的武器。我一直以这话作为自己所信奉的良箴。

本书所发表的几篇对话录,其中一篇的对话者对我说:"可见先生身上十九世纪文化精神的熏习极深。我大胆地说一句,先生晚近的精神气质上恐怕更多会向"五四"前一辈人……那时想的是如何昌明旧学,融化新知。想的是东海西海,心理攸同。"五四"以后就不是那样了。"从本书目录可看出,有好几篇是涉及道德和传统的问题。其实这倒不是因为我近年来对这方面问题特别感兴趣。倘深一层去看,我所关怀的是人文精神的急剧衰落,本书以《人文精神与二十一世纪的对话》置于卷首,笼罩其余各篇,命意即在此。我在学术研究方面大多是从中国文化建设方面来考虑的。比如前些年,我写杜亚泉与东西方文化论战就是出于思想史方面的思考。我认为我在这篇文章中所揭示的那些问题,正是长期来被我们现代史研究者所忽略、所误读的。又如,我对卢梭社会契约论的剖析,也是针对我们长期以来只从一条路线,即社会契约论——法国大革命——巴黎公社——十月革命,去理解西方启蒙学派的国家学说与民主理论,而对英国的经验主义、苏格兰的启蒙学派有关这方面的论述,则所知甚少,以致我们所形成的国家观念和民主观念,是极为片面的、偏狭的。再如,我写京剧与传统文化问题,也同样是出于我感到有一种需要,来阐明中国文化的特点,也同样是出于我对中国文化建设的考虑,而并非由于个人兴趣和爱好。这种治学态度,出于怎样一种思想呢?我认为学术思想的价值,只存在于学术思想本身之中,学术研究必须提供充分的论据,进行有说服力的论证,作出科学性的论断;而不能以游离学术之外的意图(哪怕是最美好的)、口号（哪怕是最革命的）、立场（哪怕是最先进的）这些东西来顶替充数。因此，我反对学术应依附于某种力量，或应为某种意识形态服务这类长期以来支配学术界的主流观念。我认为学术是有其独立自主性的，是有其自身价值的。

十多年前我曾提出"有学术的思想和有思想的学术"。但是，这一观点并不被完全理解，有人以为我只埋头学术，也有人相反以为我在学术研究上不够专纯。无论是持前种或后种意见，都是同样的不同意学术的价值可以涵有政治的和社会的因素在内。我觉得上面说的两种观点，颇类似过去艺术论中所出现过的两重价值论或两元标准说。三十年代初，日共理论家藏原惟人曾提出：一件艺术作品可区分社会价值和艺术价值互相分离的两个方面。藏原这种观点是来源于苏联的拉普派，而拉普派据说又是根据普列汉诺夫的一种说法，即艺术作品中含有"社会等价物"。后来，我们这里提出的政治标准和艺术标准，亦与此说类似。我认为，目前对学术价值的认识偏差，大抵是延续了艺术作品的两重价值或两元标准的理论。记得四十年代在讨论艺术标准时，故友陈守梅因不赞成政治标准第一艺术标准第二的说法，曾提出"艺术即政治"。这句话虽然说得笼统，但意思并不错。一篇艺术作品，它的思想力量，必须从艺术作品本身表现出来，而不能是外加给它的。所谓"外加"指作者离开艺术作品本身的特性去宣讲说教，比如作者借作品中的人物去说作者自己要说的话，而不是人物可能说的话等等。从事学术课题的研究是很复杂的，往往有学术方面的思考，也有思想方面的思考；有历史方面的思考，也有当代方面的思考；有文化方面的思考，也有政治方面的思考等。这些错综复杂的因素，交织在研究者的头脑中。在从事不同课题的研究时，有时会从这一方面出发，连及到其他方面；有时也可能从那一方面出发，连及到其他方面。不论怎样千变万化，归根到底都是从学术本身引发出来的，而不是外加给学术的。正如上述文艺创作的情况一样。学术研究倘使没有充分的论据，没有具有说服力的论证，就不能作出科学性的论断，只能说是研究者的个人独断或绝对命令。

友人林同奇说过一句令人叹息的话："熟悉学术界争论的人都很容易发现争论双方往往得费很多口舌，来澄清对方对自己的误解。"我虽然多次不幸地陷入这种苦恼的境地，但我希望这本书的命运好一些，能得到读者怀着同情的理解，果然如此我将会感到十分欣慰。（本文由蓝云笔录我的口授，谨此致谢）

二〇〇四年五月

（《清园近作集》，文汇出版社2004年）

当代中国思想家文库编辑委员会

总 策 划：葛海彦

主　　编：俞可平

执行主编：邢艳琦、贾宇琰

编　　委：范世涛、刘英、邓彤、王青、张馨文

当代中国思想家文库

Contempory Chinese Thinkers' Series

王元化文稿

下／思辨卷

中央编译出版社
Central Compilation & Translation Press

目 录

第一辑 艺文鉴识（上）（§1—39） ·················· 001

鲁迅和他先辈的不同（1939）；鲁迅与尼采的不同（1939）；明末将卒骄横（1940）；文章繁简（1940）；金圣叹示释弓（1940）；金批《水浒传》（1940）；金圣叹之死（1946）；"世事洞明皆学问"？（1946）；杨修之死（1946）；汉剧《宇宙锋》（1953）；川剧《帝王珠》（1954）；秦腔《赵氏孤儿》（1959）；早期讽刺文（1976）；文如钩锁 义若连环（1976）；书狱妙喻（1978）；答《电影艺术》记者问（1982）；《文心雕龙今译选》跋（1983）；《文心识隅集》序（1986）；狗儿爷与农民意识（1986）；《芙蓉镇》的不足（1987）；《文心雕龙研究》序（1988）；《敦煌遗书文心雕龙残卷集校》序（1988）；《文艺心理阐释》序（1988）；《青松红杏图》（1992）；博士论文评语（1994）；观摄影展小记（1994）；艺术的快与慢（1995）；古文朗诵（1996）；修辞例一（1996）；修辞例二（1997）；读书三得（1997）；京丑戏（1998）；观潘天寿画

(1999);陆游诗中拈出的"平夷"(1999);《文心雕龙集校合编》序(2000);阿Q的美德(1992);鲁迅与《文心雕龙》(2004);谈《四代篇》(2005);续谈《怪虎豹》(2005)。

第二辑 艺文鉴识(下)(§40—74) ……………… 055

谈卓别林(1943);《约翰·克利斯朵夫》(1945);《人鼠之间》(1946);再谈卓别林(1946);谈果戈理(1946);谈陀思妥耶夫斯基(1946);在孤独中工作(1950);斯坦尼不懂契诃夫(1950);批评家对《海鸥》的攻击(1950);生活吸干了他的生命(1950);庸俗胜利了(1950);契诃夫的"小笑话"(1950);车尔尼雪夫斯基与《同时代人》(1952);毅然走着相反道路的果戈理(1952);狂暴的维萨里昂(1952);他从不掩饰自己的见解(1952);"契诃夫不叫人恐怖,人反而恐怖"(1952);哈姆雷特的犹豫(1953);圣像艺术(1953);别林斯基论莎士比亚(1960);以翻译入文学史(1962);席勒格的讥讽说(1962);塞缪尔·约翰逊的"褒贬格"(1962);谈史密斯《莎士比亚评论集》序(1962);泰纳(1962);柯勒律治谈《理查二世》(1964);摆脱阶级观点局限(1964);巴尔扎克的小说情节(1976);黑格尔论莎剧的偏见(1980);莎剧不能上演说(1988);伊利萨白时代的舞台(1995);莱渥夫是怎样一个人(1997);《莎剧解读》的回应(1998);《俄国作家论莎士比亚辑录》辑录后记(1998);《新约》(1999)。

第三辑 美学辨析(§75—114) ……………… 105

鲁迅、达尔文与马克思(1939);极目苍凉话雄关(1947);恩格斯批判了机械论(1950);美在生命(1959);创作的直接性(1962);艺术形象(1964);谈诠释(1964);风格与作风

（1964）；矫揉造作的作风（1964）；观念性的统一（1977）；美的理念辨析（1977）；破艺术清洗论（1977）；陆机的感兴说（1977）；艺术思维过程（1978）；诗与人为一说（1978）；善入善出（1978）；两种表象（1978）；形象思维中的个别与一般（1978）；破创作过程分段进行论（1979）；驳形象化说（1979）；知·好·乐（1979）；有生命力的文学是站着的文学（1980）；"不受资产阶级观点局限的人"（1980）；研究方法与说明方法（1981）；形象思维和理论思维（1981）；新形式（1982）；忒尔西忒斯式的酷评（1982）；文艺理论体系问题（1982）；写真实的厄运（1987）；说真诚（1988）；对观众的虚伪服从（1988）；写意传统（1988）；情况——情境——情节（1988）；整体与部分和部分与部分（1988）；生气灌注（1988）；说主题（1994）；比兴之义（1995）；观赏的独立性与投入性（1995）；路线斗争式的论辩（1997）；趣味不会平等，艺术不会统一（1998）；中国艺术与西方的不同（2002）。

第四辑　名学思辨（§115—153） ………… 169

《中国通史简编》的误译（1960）；《灭惑论》与梁武帝之学（1961）；王弼何晏《论语注》（1961）；三教同源说（1961）；玄佛并用（1961）；玄学解《易》与汉儒《易》学异旨（1961）；释自然（1961）；释虚静（1961）；三才说（1962）；达名·类名·私名（1962）；《墨辨》与《荀子》的认识分类（1962）；专门名词（1962）；三教治道说（1962）；梁代玄风复阐（1962）；释慧琳《白黑论》（1962）；魏晋意象言之辨（1962）；《灭惑论》与刘勰（1964）；"前识"（1975）；对任继愈道与理说献疑（1975）；选言判断（1976）；韩非解老（1976）；矛盾论与治不逾官说（1976）；费希特的自我意识（1976）；黑格尔

体系（1976）；黑格尔的体系思考（1976）；逻辑连锁（1976）；由抽象上升到具体（1977）；钟会四本论（1977）；直接判断中的主谓关系（1979）；氢氧碳不等于肉（1980）；原则与原则的运用（1982）；嚼饭与人　徒增呕秽（1982）；早期传入的因明学（1983）；译经理论（1983）；玄学再估价（1983）；康德的百圆之喻（1991）；"具体普遍性"质疑（1996）；《矛盾论》为何批德波林（1999）；佛学影响了中国文化（1999）。

第五辑　文史考释（§154—187） ………………… 217

刘勰依古文说解《易》（1960）；南朝的士族与庶族（1960）；奉朝请（1960）；佛窟寺为梁徐庆造（1960）；刘勰世系（1962）；文质概念引入文学始于佛经传译（1963）；释物（1976）；才性与才气（1977）；《〈卜千秋墓壁画〉试探》（1977）；《刘岱墓志》（1978）；答《中华文史论丛》编辑部审读意见（1978）；六诗与六义（1978）；《孔疏》破《郑笺》（1978）；"回到乾嘉学派"（1982）；释宰（1982）；释"文成规矩，思合契符"（1982）；刘勰卒年（1986）；释"道"与"德"（1988）；僧、众也（1990）；扶桑不是日本的旧称（1990）；扶桑为东方理想国说（1990）；三星堆出土的"神树"（1990）；印第安人的亚裔祖先（1990）；《"子见南子"与前人注疏》小引（1991）；考证孔子未见南子或南子不是卫夫人（1991）；子见南子的行为准则（1991）；子见南子合于礼说（1991）；释孔子矢词（1991）；孔子最早的神圣化（1991）；释"原壤夷俟"（1991）；崔述先被日本重视（1992）；驳己亥出都仓皇可疑说（1993）；《学隶图跋》钩沉（1993）；《死海卷》（1995）。

第六辑　近现代掌故（§188—232） ………………………… 271

谭嗣同的性格（1946）；袁世凯的"忌讳"（1946）；嘉道两朝士气衰颓（1975）；鸦片战争时的抗英人物（1976）；龚自珍与法家（1976）；《京师乐籍说》（1976）；"情"和"自我"（1976）；从宥情到尊情（1977）；横以孤（1978）；鲁迅与太炎（1981）；鲁迅与周作人（1981）；《鲁迅传》与传记文学（1981）；鲁迅研究和利用科研成果（1981）；龚自珍生平行事（1986）；"以理杀人"（1987）；不拘一格降人才（1987）；"蛆虫儒"与"蛆虫僧"（1987）；说掌故（1991）；曾国藩著"挺经"（1992）；宦术（1992）；李鸿章办外交（1992）；伪造合影（1992）；刚毅识杨金龙（1992）；司官护法（1992）；水晶灯笼（1992）；周汉其人（1992）；沈荩之死（1992）；甲午辑奸（1992）；屈大均葬衣冠（1992）；吴汝纶论中西医优劣（1992）；跪拜礼（1992）；祀天敬孔（1992）；再谈鲁迅与太炎（1992）；胡适论清学（1993）；《纵难送曹生》（1993）；"破落户飘零子弟"（1994）；高阳谈张之洞（1994）；日知会（1996）；谈太平天国（1996）；说无政府主义（1996）；再说无政府主义（1996）；太虚法师（1996）；刘师培一鞭先着（1996）；《衡报》（1996）；戊戌变法之前、之外、之后（1998）。

第七辑　传统与反思（§233—278） ………………………… 331

韩非并不集法家大成（1976）；无辩（1976）；曲笔构陷（1981）；文化传统构成四要素（1986）；声一无听　物一无文（1986）；尚同（1986）；"一切都不会白白过去"（1987）；摆脱依附，找回自我（1987）；"文革"批孔（1988）；青年毛泽东对传统文化的重视（1988）；颜习斋对毛泽东的影响（1988）；

知识结构的整体（1988）；抽象继承法（1988）；中国农民特殊论（1989）；体改与启蒙（1989）；毛泽东思想的三个来源（1991）；中体西用（1993）；再谈"五四"（1993）；说反思（1994）；"五四"所倡导的基本精神（1993）；封建文化析（1995）；大传统与小传统（1995）；为什么岳飞、文天祥仍会使我们感动（1995）；"你要做世上的盐"（1995）；说现在（1995）；说恶（1997）；为什么重视对于"五四"的反思？（1997）；"五四"并没有反封建口号（1998）；"五四"反儒不反法（1998）；扭曲的启蒙心态（1998）；大独与大群（1998）；思想与学术（1999）；什么是"五四"精神（1999）；说"激进"（1999）；"五四"好就好在没有学术吗（1999）；继承"五四"与反思"五四"（1999）；思维模式（1999）；说新解（1999）；比附举例（1999）；《九十年代日记》后记（2001）；忠孝的价值（2002）；"己所不欲，勿施于人"（2002）；现代化背后都有价值观（2002）；制度背后有尚贤的理念（2002）；谈佛学书店（2005）；陈寅恪说我国道德伦理之本（2005）。

第八辑　学术文化批评（§279—319） ························· 387

现实主义的批评（1941）；谈上海俗语（1946）；学术良心（1982）；需要纠正的一种学风（1982）；关于人的个性问题答问（1987）；谈学术空气（1988）；理论准备不足（1989）；谈谈通俗文化（1989）；精神产品的效益（1990）；普及和提高两个层次（1992）；不能工农兵学商一锅煮（1992）；虚己服善（1992）；人格力量和艺术良心（1992）；文化问题不容忽视（1993）；"只好以腐败为代价"（1993）；人的素质（1993）；谈浮躁（1993）；《古文字诂林》（1993）；孤往精神（1994）；《十力语要》（1994）；学术压思想？（1994）；无错不成书

(1994);"文化搭台,经济唱戏"?(1994);企业家应具有什么样的商业意识(1994);嘲笑理想的风气(1994);"知识之败"与"品节之败"(1994);三个P(1995);说辩(1995);人人为我、我为人人(1995);《腐败:权力与金钱的交换》(1995);古典精神哪里去了(1996);自私与自利(1997);人文精神与科学家(1997);"学术中心何处寻?"(1997);苏联解体以后的异议者(1998);不是把启蒙当做空洞的口号(1999);一点声明(2000);纠正个人主义偏执于极端的发展(2002);市场经济当中商标式的东西(2004);杂感(2005);勿伤大雅(2007)。

第九辑　书简(37通)(§320—356) ·········· 441

致《抗战文艺》编者(1939);致陈冰夷、袁佩兰(1978);致樊克政(1979);致楼适夷(1980);致冈村繁(1982);致蒋天佐(1983);致张光年(1983);致蒋天佐(1983);致兴膳宏(1983);致姜椿芳(1984);致李锐(1985);致孙颙(1986);致屠善澄、桂湘云(1986);致何满子(1987);致林焕平(1987);致蒋述卓(1988);致林焕平(1988);致龚育之(1989);致吴琦幸(1989);致邵燕祥(1991);致周贤能(1991);致张万馥、温流(1992);致张少康(1993);致邵东方(1993);致林同奇(1994);致邵东方(1994);致魏承思(1994);致刘马秋雯(1995);致陈平原(1996);致陈礼荣(1998);致龚兴瀚(1998);致丁法章(2000);致吴敬琏(2000);致施亚西(2001);致郭齐勇(2001);致张汝伦(2002);致王春瑜(2002)。

附：王元化历年出版物 ………………………………………… 487

后　记 …………………………………………………………… 491

第一辑　艺文鉴识（上）*

---

* 小标题以"§~"的方式标示序数，是借鉴了黑格尔《小逻辑》中的标号方式。
(见贺麟译商务印书馆 1986 年版)

§1

鲁迅和他先辈的不同（1939）（《鲁迅与尼采》节录，《王元化集》卷一）

鲁迅嘲笑"中学为体，西学为用"的维新运动，他认为"康有为借重皇帝的虚名"是中国一贯的中庸态度，这和"不薄今人爱古人"的思想同样是可笑的。

继维新运动后的辛亥革命依旧没有解决反封建的任务。从鲁迅的《阿Q正传》里可以反映出当时的情形：

> 据传来的消息，知道革命党虽然进了城，倒还没有什么大异样。知县大老爷还是原官，不过改称了什么，而且举人老爷也作了什么官，带兵的也还是先前的老把总。

这是辛亥革命同封建势力勾结的一般情形。革命的不彻底，使得鲁迅又经历了一次血的教训。鲁迅反封建的思想是从无数次这种惨痛的经验中生长起来的。鲁迅在《热风》里曾经批判与封建制度妥协的维新运动，他说得非常正确：

> 维新以后，中国富强了，用这学来的新，打出外来的新，关上大门，再来守旧。
>
> 可惜维新单是皮毛，关门也不过一梦。……要新本领旧思想的新人物，驮了旧本领旧思想的旧人物，请他发挥多年经验的老本领。一言以蔽之：前几年谓之"中学为体，西学为用"，这几年谓之"因时制宜，折中至当"。

鲁迅指出这些改良主义者的目的,还是在守旧,搬来新的不过是要"打出外来的新"而已,但结果"维新"和"关门"不过只是一"梦"。鲁迅从这些教训里认出了"中国的旧道德与新道德恰恰相反",因此他大声疾呼道:"旧偶像愈摧破,人类便愈进步。"当鲁迅一出现在我们面前的时候,他并不是与封建主义妥协的二元论者,同时他更知道了,单单改良皮毛不过只是白白牺牲而已。仅是这一点就在鲁迅和他的先辈之间划出了一道鸿沟。

§2

鲁迅与尼采的不同(1939)(《鲁迅与尼采》节录,《王元化集》卷一)

一般人的意见常常把"个性解放"当做鲁迅与尼采的共同点,巴人先生就是从这个命题出发的,他以为鲁迅与尼采思想的血缘关系,就在于两人都是"以个性主义的思想为根基的"。鲁迅与尼采虽都主张"个性主义",但是却反映着两种不同的社会关系。尼采对于"个性解放"问题仍是站在人类不平等的学说上,他把个性与集体对立起来,他的个性崇拜是排斥一切有组织的社会性的,这正如柯根所说,尼采反对群众,是"利于贵族的个性的反动"的。因此,由这里尼采产生了"超人"的学说。然而,鲁迅在《热风》里就已经指出过:"尼采式的超人"是"有些渺茫"的。我们应该特别注意在当时法西斯主义还没有出现,因此使得尼采哲学的反动因素没有完全暴露出来,同时东方的科学的社会主义理论还十分幼弱。

鲁迅并没有叫人走尼采的"超人"的路,而且他还用这来警戒青年,当时鲁迅除了拿尼采哲学作为反偶像的工具外,是没有旁的企图了。我们可以看到,鲁迅在他初期的全部著作里,除了反偶像的地方之外是没有提到过尼采的,鲁迅始终没有承认他受了尼采的很大影响。

鲁迅在当时不但不将个性同集体对立，并且还把自己的爱憎和群众的利害统一起来。我们看他在下面这段话与尼采的赤裸裸的利己主义精神有着怎样的不同：

> 我们追悼了过去的人，还要发愿：要自己和别人，都纯洁聪明勇猛向上。要除去虚伪的脸谱。要除去世上害己害人的昏迷和残暴。
>
> 我们追悼了过去的人，还要发愿：要除去于人生毫无意义的苦痛。要除去制造并赏玩别人苦痛的昏迷和强暴。

这种充满热情的喊叫，就是现在还令我们感动的。鲁迅不但要解放"自己"，而且还要解放"别人"，他对于制造人类痛苦的强暴提出了愤怒的抗议，鲁迅所要求的是"人类的共同幸福"。他的这种精神充分表现在妇女问题的见解上，他对于企图把错误归罪到妇女身上的道学先生，痛斥道：

> 不节烈的女子如何害了国家？照现在的情形，"国将不国"，自不消说……但此等现象，只是不讲新道德新学问的缘故……况且政界军界学界商界等等里面全是男人，并无不节烈的女子夹杂在内。

鲁迅在自己的小说里，也曾经几次地表现出对于奴役妇女的缠足风习，感到很大的憎恶。他在当时是一个主张妇女解放的先驱，是毫无疑问的。但是尼采对于妇女的观念正是鲁迅所痛恨的——"你使妇人服从，不要忘记鞭笞"。尼采对于妇女争取平等的地位加以很大的不满，他认为这是两性问题的"污点"，其实"妇人的最高任务是外观和美貌"，"是产生健全的小孩"，除此之外，什么都没有了。在贵族主义的尼采看来，和女人怎能讲平等呢？

§3

明末将卒骄横（1940）（《思辨录》第211条）

我相信明末官兵压榨自己的同胞并不比清兵逊色，也是受了《扬州十日记》的影响。兵临城下，史可法的将卒还要敲诈平民，纵欢取乐，如果没有身历其境的人，恐怕很难描出这样一幅图画来罢：

> 己酉夏四月十四日，督镇史可法从白洋河失守，踉跄奔扬州，坚闭城以御敌，至廿四日未破。城前禁门之内，各有兵守，予宅西城，杨姓将守焉。吏卒棋置，予宅寓二卒，左右舍亦然，践踏无所不至，供给日费钱千余。……主者喜音律，善琵琶，思得名妓以娱军暇。是夕，邀予饮，满拟纵欢，忽督镇以寸纸至，主者览之色变，遽登城，予众亦散去。

当我读完了这段话后，不禁打了个寒噤，暗想：清兵是异族，抢、烧、奸、杀犹有可说，怎么史可法的部下对于同是同胞的扬州人也要"践踏无所不至"呢？王秀楚是明末遗民，抱了憎恶清朝的民族思想，愤而著《扬州十日记》，所以他对于明末官兵的专横跋扈大抵是略而不述的，可是由此一端，其余也可想见了。

§4

文章繁简（1940）（《思辨录》第370条）

文章的繁简问题，在修辞学上争论已久，不久以前有些依附汪伪的文学家故意以"新文艺腔"的大帽子来抹杀许多优秀的作品，甚至举出鲁迅在《秋夜》中"一株是枣树，还有一株也是枣树"的例子，作为用语累赘的代表。比起这些专门在字数多寡上翻筋斗的低能批评家，金圣叹的确高明得多。他在几百年前，就已直截了当地说："文章有极省法和极不省法。"他提出了文章的层次问题，说明有些文章从字面上看，虽似"极不省"，但为了传达作者的感觉的层次，其实还是"极省"的。

《水浒》第八回《花和尚大闹野猪林》，描写鲁智深搭救林冲，分四段来叙述：一、先飞出禅杖，二、跳出胖大和尚，三、再详其皂布直裰与禅杖戒刀，四、始知其为智深。金圣叹说这完全是"公人惊心骇目中所见"，所以才历历如真，倘劈头就说明是智深，虽可以省掉不少字句，但是反而减少了真实性。这可说是一篇很好的文章繁简论。

§5

金圣叹示释弓（1940）（《思辨录》第369条）

《水浒》卷首，有金圣叹写的三篇序文，其中"序三"是写给他儿子释弓读的。他对释弓说：

> 人生十岁，耳目渐吐，如日在东，光明发挥。如此书（指《水浒》——引者），吾即欲禁汝不见，亦岂可得？今知不可相禁，而反出其旧所批释，脱然授之于手也。

金圣叹比当时统治者高明得多。天下的禁书，无论文网如何森严，钳制怎样厉害，"即欲禁亦岂可得"？明知"不可相禁"，反脱然授之于手，这种胸襟是不容易见到的。

金圣叹批评迂腐短见的"今世之父兄"说：

> 吾每见今世之父兄，类不许其子弟读一切书，亦未尝引之见于一切大人先生，此皆大错。

金圣叹不满"今世之父兄"的办法,他觉得去禁止"不可禁"的书,再没有比这更愚蠢更笨拙的事。尽管金圣叹批《水浒》时流露出不少偏见,也说了不少昏话,但他对于禁书的见解,不仅高出迂腐短见的"今世之父兄",也高出当时许多统治者。

§6

金批《水浒传》(1940)(节录《王元化集》卷一)

金圣叹分析《水浒》的"开书",道人所未道,也是颇有见地的。《水浒》既然要写一百八人,为什么开书弃重就轻反而去写一个高俅?这是为别人所忽视的问题,但也正是《水浒》全书的关键所在。金圣叹的批释仅寥寥数语便道破其中秘密:"开书未写一百八人,而先写高俅者,盖不写高俅,便写一百八人,则是乱自下生也。不写一百八人,先写高俅,则是乱自上作也。"金圣叹说明"乱"不生于下而生于上,的确看出了"官逼民反"的原意。

不过,金圣叹在批评方面的革新有时仍不免带有着八股选家的流毒。鲁迅说:"经他一批,原作的诚实之处,往往化为笑谈,布局行文,也都被硬拖到八股的做法上。"这确是很公允的论断。最明显的例子,在他批释的《水浒》中就可以找到很多。例如他在《读第五才子书法》中竭力渲染、加以推荐的什么"正犯法""草蛇灰线法"等等,一大半都是牵强附会,用自己眼光去穿凿原作的结果。其实原作并不是如他所说有什么含蓄在内的。

《水浒》中诚然有许多重复正犯的地方,如潘金莲偷汉又有潘巧云偷汉,武松打虎后又有李逵杀虎,朱仝、雷横私放晁盖后又有朱仝、雷横私放宋江……这些重复,据我推测,大概是"水浒故事"由口口相传到写成定本,其间隔了不少的年代,也许重复的情节正是从一个"母体故事"枝生传衍开去的"子体故事",经过了传述人有意无意地修改变迁,于是就变成《水浒》中许多所谓"正犯"

的场面。金圣叹不察，竟大惊小怪起来，夸说施耐庵"浑身都是方法"。他这样望文生义的穿凿不是中了八股流毒是什么？明清之际的士大夫往往要以时文眼光去看古文，闹出许多笑话，为有识者所讥笑。① 不想金圣叹竟以时文眼光去看小说，这更是愚不可及的事。

我记得，小时读韩愈的《祭十二郎文》，一位老先生读到末尾，就摇头晃脑地吟哦起来。他露出大有发现似的得意的神色说，韩愈在末段反反复复用一个"不"② 字，用得好极。金圣叹说《水浒》中景阳冈一段勤叙许多"哨棒"字，紫石街一段连写若干"帘"字，"骤看之，有如无物，及至细寻，其中便有一条线索，拽之通体俱动"。他还故弄玄虚，说这是什么"草蛇灰线法"。金圣叹不知不觉地自缚于八股的狭窄眼光中，他的这种高论和那位老先生的说法，真可以互相媲美了。

§7

金圣叹之死（1946）（《王元化集》卷一）

清朝的文字狱，死的人很多，死得冤枉的不少，金圣叹即是其中的一个。

关于金圣叹之死，有种种的传闻，至今流传民间的有两种说法。一种是说他晚上跑到弄堂去小便，犯了宵禁，被捉去砍头的。相传他临死前，还大作其幽默文章。有的说他留给儿子的遗嘱是这样一句话："花生米和豆腐干同吃，有火腿味道。"有的说他作了一首绝笔诗："衙鼓催人急，西山日已斜。黄泉无旅店，今夜宿谁家？"而且在临刑前还从容不迫地说："杀头有如风吹帽。"

---

① （原注）章实斋的《古文十弊》中曾指出过这种风气。
② （原注）韩愈的《祭十二郎文》末段："呜呼！汝病吾不知时，汝殁吾不知日。生不能相养以共居，殁不能抚汝以尽哀。敛不凭其棺，窆不临其穴……"

倘使传闻真实的话，那么金圣叹真是幽默得可以，算得上是一个死抱住幽默不放的人物了。

不过我对于这类传说多少有点怀疑。我不相信幽默会有这么大的力量。平时闲得无聊，来一套插科打诨是不成问题的。一旦大难临头，到了生死攸关之际，谁还有这种闲情逸致去幽默一下呢？无论多么有本事的幽默大师，恐怕这时怎么也幽默不起来了。残酷的生活是幽默的对头。什么人在面临死亡的时候，还有勇气把自己的生命作为逗乐的笑谈呢？能够做到这一步，才能算是真正的幽默大师。

根据较为可靠的记载说，金圣叹是死于抗粮哭庙案。这种说法，大约是真实的。抗粮哭庙案，在当时牵累的人很多，照金圣叹的脾气看来，他也是其中牺牲者之一，这是大有可能的。平常的人往往一提到金圣叹，就把他看做幽默巨匠，一言一行无不幽默。殊不知他其实是一个卫道者，这只要看他批《水浒》的时候，诬蔑水泊、咒骂宋江就可以知道。他在评论《水浒》时，时常显露出一位冬烘先生的面目，幽默不过是他的一层外衣而已。

金圣叹犯宵禁而被杀头的说法，何以会这样广为流传？这恐怕是中国人的一种坏脾气，喜欢将严肃化为笑谈，使各种人脸上变成同一模式。于是幽默的人，不管处于何时何地，命运是喜是悲，全都无一不幽默了。

§8

"世事洞明皆学问"？（1946）（《王元化集》卷一"林黛玉与黄慧如"篇）

过去有人把林黛玉与黄慧如相提并论，说她们都是恋爱至上主义者。这一比，实在不伦不类。

小时候读《红楼梦》，读到"林黛玉焚稿断痴情"，曾不禁为她的至情所感动。后来，年龄渐长，看法不同，再读一遍《红楼梦》，许多过去使我感动的地方，反而变得平淡无奇了，可是独独对于林黛玉的偏爱，始终无二。我并不像那些多情善感的人一样，也陷入宝哥哥林妹妹的缠绵悱恻的爱情纠葛之中，我喜欢林黛玉主要还是她的性格。大观园中这么多的女性，要说聪明属她顶聪明，要说傻也属她顶傻。别人活在这个大家庭中早已练就八面玲珑的本领，可是林黛玉性格上的棱角始终没有被磨掉。和她相对应的是薛宝钗。有一次，贾母看戏，叫林、薛二人点戏，林黛玉只凭自己的口味点，而薛宝钗善于察言观色，按照贾母的口味点。她们对于宝玉的功名前程的看法也是两样的。《红楼梦》有一副对联"世事洞明皆学问；人情练达即文章"，至今还有人把它作为为人治学的良箴。可是贾宝玉对这两句话是反感的。它表明贾宝玉不愿做一个和光同尘处世精明的人物，他对艺术、对学问，以至对做人的标准，是超越世俗的。在这一点上，林、薛二人对于贾宝玉的态度有着很大的分歧。薛劝宝玉去读八股，像别人一样去求功名富贵。林却反对宝玉读这类圣贤书。相反，她像贾宝玉一样，禁不住要尝禁果——看那些被称为"闲书小说"一类的著作。做人方面林不及薛世故。性格方面，薛却不及林真诚。用世俗的尺度去衡量，林不及薛。但是正是因为这一点，我才对林黛玉有所偏爱。

过去读《红楼梦》的人，往往有"林薛优劣论"之争，甚至有人为之挥动老拳。其实主要关键是看你站在什么立场上。如果觉得世俗社会的礼法是天经地义的，自然会舍林而取薛了。

我不想替林黛玉辩护，照时髦的办法把她拔高化为女英雄或革命家。我只是想就事论事，根据她的时代，还她一个真实。抹杀或夸大都是不应该的。

林黛玉也许可以算是恋爱至上主义者罢。但是把黄慧如和她同列，归于一类，这种鱼目混珠的说法却是歪曲事实的妄说。林黛玉的恋爱至上，在她的时代和她的处境下，是值得同情的。至于黄慧如呢？无论她"至上"也罢，"至下"也罢，人们对她都难以引起共鸣。

§9

杨修之死（1946）（《王元化集》卷一）

三国曹操帐下，谋士很多，杨修就是其中的一个。杨修天资聪慧，有过人之才，但是，结果反害在自己的聪明手里，这实在是一件奇怪的事。

据说曹操有一次得到远地送来的一盒酥，就在这盒酥的盖子上，写了"一合酥"三个大字，令众人传观，大家都不解曹操的用意何在。递到杨修的手里时，他不客气地掀开盖了吃了一大口。别人为他的举动所惊，可是他不慌不忙，解释说："这是丞相的意思，因为'一合酥'岂不是一人吃一口酥吗？"又有一次，曹操作战不利，进退维谷，深夜坐在帐中，恰巧厨子端进一盘鸡来。曹操拿着鸡肋，反复地说"鸡肋"两字。这话传到杨修的耳里，杨修就叫大家卷铺盖，说丞相有收兵之意了。果然到了第二天，曹操下令退兵，但是看到兵士的行装早已整理齐备，问大家这是怎么一回事。有人告诉曹操说，杨修昨天就已预言过了。因此曹操更忌杨修，已有杀害他的意思了。果然杨修后来就因此而丧生。

杨修依附曹操，结果反死在曹操的手里，这的确是一件古怪的事。其原因我想大概是在统治者的用人政策罢。做帮忙的谋士的确很难，傻瓜不行，聪明人也不行。倘使聪明得过分，主子的一言一行，他肚里全都雪亮还不打紧，但千万别说出来，一说出来，就有杀身之祸了。因为统治者以未兆为朕。他的心思，别人不知道不行，知道得太清楚、太透彻也不行。不清楚不能为他办事，太清楚又会把他的底细完全看穿，这也同样会误事。列子曰："察见渊鱼者不祥。"

§ 10

汉剧《宇宙锋》（1953）（《思辨录》第 363 条）

当你看完了这出戏以后，难道你没有被那个善良的、充满智慧的、在柔和里闪耀着刚毅性格的女性形象赵燕容所吸引么？难道你没有被那种封建势力重重压迫下的中国妇女的苦难命运，以及她们向着强权和暴力大胆挑战的壮烈精神鼓舞起来么？

在《灯下修本》一场戏里，陈伯华很真实的表现了赵燕容的复杂心理过程。试想象她这样一个只读"诗书经传"、身居深闺的女性，一旦发现父亲利禄熏心，不惜谋死女婿一家这种卑劣性格，将是受到怎样残酷的打击！这还不够，无耻的父亲又马上要把女儿作为自己进身之阶，献给皇帝去做妃子了。封建社会视为神圣不可侵犯的人伦观念（对父亲的孝道），在赵燕容的眼前，像一座山似的崩溃下来。由于她的坚贞和倔强，要争取做人的权利，就得向父亲作反抗。在慌乱和紧张中她首先想到的是出走，可是被父亲的严厉的责骂："大胆，儿敢违抗圣旨不成！"这句话提醒了。走不成，又不能屈服，终于听从了哑乳娘的指点，用装疯来抵抗。这场装疯的戏是极难表演的，因为在这同一个"疯"的动作里，至少就要做到包含着下面几种成分：在她自己是装疯，又需要是唯恐不像真疯的装疯，在老奸巨猾的父亲看来是似真疯又似假疯，至于观众，则这几种成分都应该能够清楚地看到。

不过，这还不是这场戏的重要部分。要紧的是表达赵燕容的复杂的心理过程。她既然要用装疯来反抗父亲，那么装疯就要装得像，这就必须破釜沉舟，一步紧一步，用奇特的举动，突兀的言语，做自己一向不敢做的事，说自己一向不敢说的话，才能骗过狡诈的父亲。这结果就是把父亲当做自己的儿子和丈夫。虽然她已经看穿了父亲的无耻，引起了强烈的憎恨，企图向他做决绝的反叛，但是她终究是在旧礼教之下长大的，用陈伯华的说法，她"认为这样做是一种罪过"。恨父亲，苦自己，这种复杂的感情，使她不得不一次又一次地把痛苦抑制下去，不得不一次又一次地鼓起勇气来。所以她在反抗父亲的同时，也得反抗自己的软弱、犹豫，以及一时还不容易否定掉的对父亲的孝道观念的残余。因此，在她行动之前就有：犹豫、挣扎以至鼓足了勇气下决心的种种感情，在她行动以后就有：内疚、痛苦以至刚刚卸下重担似的疲乏的种种感情……

在《金殿装疯》的一场戏里，赵燕容由向父亲的反抗，转换到向皇帝的反抗。这是生死存亡的斗争，较之前一场，是更尖锐、更激烈的冲突。她必须有不怕死的决心，但又必须有顽强的生的意志。不怕死而不是找死，争取活而不是苟活。从这个前提出发，这场戏就很难做。走上金殿，她必须表现出：面对着这种从未见过的戒备森严威风凛凛的大场面时，初上阵的紧张情绪，以及迅速镇定下来，好把装疯装到底的决心。她必须表现出：不断地观察、揣摩秦二世的态度，以修正、加强自己的应对方法，以及在这中间流露出随机应变的智慧。她必须表现出：对于自己与丈夫的仇人秦二世的无比愤怒，准备和他决一死战，要痛骂他，可是又必须是疯人的骂，而不能是常人的骂……

可能会有这样的疑问：为什么要选择赵燕容这样一个人物来表现反抗精神呢？难道没有比她更坚强的人物了么？就反抗这一点来看，难道她是典型的么？比赵燕容更坚强的人物当然是有的。赵燕容的反抗，虽然是比较曲折、隐晦地反映了人民对封建统治者的反抗，可是它还是具有典型意义的。尽管它的"声调"不一定是典型的，可是它的"音乐"——赵燕容的反抗精神却是更加突出地显露出来。梅兰芳关于《宇宙锋》有一段话说："这位编剧者的苦心结撰，假设了赵女这样一个女子来反映古代的贵族家庭里的女性遭受残害压迫的情况，比描写一段同样事实而发生在贫苦家庭中的，那暴露的力量，似乎来得更大些。"这是相当有理由的。

§11

川剧《帝王珠》（1954）（《思辨录》第364条）

这出戏又名《元朝乱》或《铁龙山》。这次演出的只是其中一折。这出戏的来源和出处，现在已不可考。它绝非根据《元史》是明显的。在川剧中，这是一出"江湖戏"，意即过去每个戏班都能演唱的大路戏。戏的情节是描写元朝宫廷的内部纠葛和冲突。一方面是元英宗之妃杜后，私通朝中重镇——自己的表兄蔡宗华，阴谋毒死英宗，企图再杀两个皇子以篡夺王位；一方面是长子铁木耳，遭晚母杜后陷害被贬铁龙山，听到了父亲被害和两个兄弟又将问斩的消息，赶下山来，劫了法场，救出自己的亲兄弟彝留和杜后之子朔源，杀了杜后和蔡宗华，报了父仇。这样的情节，在别的戏中，的确是很少看到的。

演出的这一折戏大概是全剧的高潮，杜后一上场就集中表现了极复杂的人与人之间的各种矛盾关系，给观众带来一种紧张的气氛。用张德成先生的说法，这场戏是"冤家碰头"。

以杜后为中心，铁木耳对她有被贬的前恨以及后来杀父的血海深仇。但是铁木耳对她又不能施行简单的报复，不仅因为一个是母后，一个是千岁，都有着帝王家的身份，而且也受了人伦观念的束缚，存在着怕人指摘的顾虑。另一个矛盾是铁木耳手下大将牛乃成和杜后的关系，因为杜后曾把他的状元勾掉，断送了他的功名。他怀恨在心，难忘前嫌，早存报复之念，这次随铁木耳下山，完全是抱着痛快泄愤的心理。一见面时，他就流露了占上风、操胜算、冷眼旁观的得意神气。还有一个矛盾是杜后与二千岁彝留、三千岁朔源的关系。彝留不是杜后亲生子，且为老王宠爱，亲授国玺，准备把皇位传给他。杜后对他自然有切肤之恨，因为他是实现她阴谋的最大的绊脚石，势在必除。但是彝留性格懦弱，并充满了伦理观念，始终把杜后当母后看待。他面临着自己的哥哥和自己的晚母的尖锐冲突,所感到的不是复仇的快意,而是震惊失措,找不到出路,在缄默的背后隐藏着极其复杂的心境,陷入惶惑和苦恼。至于三千岁朔源是杜后的亲生子,但是他把杜后和铁木耳一律看待,谁能够满足他那低级的本能和幼稚的愿望他就倒向谁。所以,他可以听从杜后和蔡宗华指示,在药酒中下毒谋死父王,他也可以在母亲仇人面前揭露母亲私通的丑事,使他们获得人证,把自己变成母亲的刽子手。

这出戏在处理三个皇子时,是赋予了三种不同的性格。一个是"躁",一个是"弱",一个是"浮"。铁木耳回宫见到杜后以后,所以没有马上动手,是由于他存在怕人指摘的顾虑。他几次都几乎沉不住气,准备拔剑杀杜后。至于他无法抑制自己的怒气,在槐树上砍了三刀来发泄,就更明显地说明了成为他性格特点的这个"躁"字。

杜后一出场,就给人一种剑拔弩张的紧张气氛,因为这时她处于情急的局势,感情不得不冲动,神经不得不紧张,这是一个箭上弦、刀出鞘的场面,四面都是仇人,到处都伏着危机,她的"谋已败,爱已失,丑已露"。处在这样的境地,她自然表现出沸腾的感情,突兀的举动,激烈的言语。她是全场人物的矛盾焦点。照理说,铁木耳下山劫了法场,救出兄弟,捉住蔡宗华四粉面,率领人马回到朝廷,这已是结局了。正像走棋,到了这时,胜败已分,大局已定。但全剧的高潮,却在后面的杜后上场才真正开始。杜后一出现,就已经立于必败之地,但在她出场的短短时间内,表现了相当复杂的心理过程。开头她惊慌失措,以急促的步子闯进宫来,见了铁木耳,两人之间就爆发了针锋相对的问答。这是互不相让的唇枪舌剑,都想压制对方,因此也都用了急促的口吻。从这里开始,形势就一步紧一步,矛盾就愈来愈尖锐。杜后原来还想用老王赐她的金马鞭来镇压,作孤注一掷的困兽之斗,但众人对她已毫无尊敬之心,连成为朝廷大法的金马鞭也没有一点作用了。接着，铁木耳从朔源口里拿到证据，命令将蔡宗华推出问斩。这时，杜后已是怒气填膺，到了爆炸的地步。她去抓铁木耳的领口，一方面有这样的唱词："是好的把娘来杀了。"一方面用"碰攒头"的身段，表示她遭受了重重的打击，快要急疯了的心理状态。待到三军鼓噪起来，甚至连被她鄙视的牛乃成都直斥她为贱人，使她感到最大的羞辱。但是这是一刹那的感情，接着是尖锐的转折，形势急转直下。她完全豁了出去，扯破脸不要：别人笑，她也笑，别人说她卖妖娆，她就卖妖娆；采取了放泼耍赖的手段。她究竟是母后的身份，在她的放泼耍赖之中，含有莫大的恨意。这使铁木耳也感到了棘手，终于暗示牛乃成把杜后杀死了。全剧就在这里结束。

这出戏是描写宫廷内部的纠葛与冲突的。很明显，这出戏的编写者对于杜后、朔源以及蔡宗华四粉面，并不寄予同情。另一方面，我觉得就是对于铁木耳，也不是采取了肯定的态度。据扮演的曾荣华告诉我，《帝王珠》的原本，是把铁木耳与杜后之间写成有过暧昧关系的，但后来的演出把这一情节删除了。我觉得这一改变是很值得研究的。如果铁木耳与杜后之间是发生过暧昧关系的，那么就不仅仅给观众看到他的报父仇、除奸佞、扶王室这一面，并且也会通过这些冠冕堂皇的举动，看到他的性格中还潜伏着阴鸷狠毒的若干成分。正由于没有一个值得赞扬的人物，才赋予《帝王珠》这出戏以一定的特点。

§12

秦腔《赵氏孤儿》（1959）（《思辨录》第365条）

陕西省戏曲演出团演出的《赵氏孤儿》是根据秦腔旧本改编的，其中特别突出了程婴这个人物。

杀身成仁，舍生取义，已经令人可歌可泣。可是在这出戏里并不以此作为悲壮的极致。所经历的磨难比杀身舍命还要可怕,他所表现的勇气也比杀身舍命还要坚强。这一点,司马迁在《史记》中为程婴作传时已有所阐发。程婴向屠岸贾伪装"出首"这场戏,真是使人为之情绪激荡。为了坚毅地完成自己所负的庄严使命,他必须在仇人面前俯首帖耳,忍受难以忍受的屈辱。这还不够,他偏偏在公堂上碰见了同谋救孤的卜凤。在这种场合下,他的忍辱含垢的图谋,他的舍子救孤的隐痛,怎么能够让卜凤明白?而他又是多么希望卜凤能够理解他!这时,他需要以多大的刚毅来忍受卜凤的鄙视?这里还不仅是他痛惜自己在卜凤眼中变成了卖身投靠的无耻小人的问题,他不得不想到:卜凤用了这么多心血,忍受了这么多的苦难,眼看就要就义,可是突然发现功亏一篑,一切全白费了,她能死而瞑目吗?卜凤扑过去在他手臂上狠狠地咬了一口,更把这种强烈的情绪推到了高峰。观众看到这里,心上真像压有千钧之力。

"会见魏绛"更是一场令人为之动容、为之心摇的戏。这时,程婴已是须发皓白的老人了。可是他的眉宇之间所流露出来的忠心不泯浩气长存的英雄气概,却是使人爱、使人敬的。这两个老英雄的会见已经预示光明在望、暴风雨将临的前奏。十五年来忍辱含垢的苦难岁月就要结束了。忠良吐气巨憝落网的一天就要到来了。可是最后的胜利还要经过一些曲折的历程才能达到。开头的时候,这场千钧系于一发的会见,对于程婴来说,并不是完全有把握的。他能否实现多年来一直肩负着的历史使命,全在于窥探魏绛是否仍有昔日的忠良初衷。另一方面,魏绛自然是鄙视他、痛恨他的。当程婴离开了朝夕与共的黑暗的屠府地狱,一旦见到了魏绛这样一位值得尊敬的人物的时候,他的心情真像拨云见日一般轻快、舒畅。可是魏绛挖苦他是屠府的得意门客,假意和他周旋之后,他不得不收敛了内心的欢乐,静观魏绛的动态。接着,更进一步,魏绛刻毒地要他卖官鬻爵,向屠岸贾说项。正当他来不及辨别真伪而感到惶惑的时候,魏绛突然一翻脸,叫家人出来把他按倒在地重重地责打。这一场"责打"真可以说是精心之作。观众到了这时不得不把自己的感情交出来,听凭剧情的摆布。尤其是责打结束,苍苍年迈的程婴趴在地上,昂起了头,从内心深处迸发出几声软弱而又欢畅的"笑"来,真可以撼天地、泣鬼神。在这动人心魄感人肺腑的笑声中间,我们的眼前出现了一个光辉的英雄形象。他为了拯救忠良,惩罚奸佞,竟达到了这样一种忘我之境。对于他来说,一切精神上的磨难和肉体上的苦楚全是渺小的,只有正义的事业是伟大的!

§13

早期讽刺文(1976)(《思辨录》第97条)

龚自珍给我们留下的遗产是他的批判性的寓言,它们一直保存着生命和活力。这些寓言的最大特色就是讽刺。在浸透着温柔敦厚诗教传统的封建社会里,讽刺是受到很大歧视的。所谓哀而不伤,怨而不怒,是必须遵守的界限。而且,讽刺也的确惹人反感。瘢夷者恶燧镜,伛曲者恶绠绳,暴露真相的讽刺家往往会招来社会的不满。他在青年时代曾把自己写的诗文就教于前辈王芑孙。王芑孙读了他的作品,写信给他说:"诗中伤时之语,骂座之言,涉目皆是,甚至上关朝廷,下及冠盖,口不择言,动与世忤",劝他"修身慎言,远罪寡过"。王芑孙是过来人,亲身领受过清统治者严密苛细的文化统制政策,深知其中甘苦,所以把自己的沉痛经验告诉他说:"海内高谈之士如仲瞿(王昙)、子居(恽敬)皆颠沛以死。仆素卑近,未至如仲瞿、子居之惊世骇俗,已不为一世所取,坐老荒江老屋中。足下不可不鉴戒,而又纵其心以驾于仲瞿、子居之上乎?"他的外祖父段玉裁对他近于溺爱。他青年时作《明良论》,这位驰名当代的小学大师曾加墨矜宠,甚至在他的文章后面作了这样的批语:"吾且耄,犹见此才而死,吾不恨矣!"可见段玉裁当时还是个思想开明的人物(段玉裁可能受到戴震的影响。戴震曾倡"理不出于欲"说，认为"遏欲之害甚于防川"，抨击了理学的"无欲""絜欲"的禁欲主义，积极主张"君子之治天下也，使人各得其情，各遂其欲"，直斥宋儒理学"不知情之至纤微无憾是为理，而其所谓理者，同于酷吏之所谓法。酷吏以法杀人，后儒以理杀人"。段玉裁从戴震那里继承了考据之学，可能在一定程度上也接受了戴震这种思想）。但是，另一方面，段玉裁也为他担心，引万季埜戒方灵皋之言曰："勿读无益之书，勿作无用之文。"嘱告他："努力为名儒，为名臣，勿愿为名士。"虽然他不断地受到亲长、前辈、友人的劝告，虽然他也经过了几度彷徨，他却没有放弃他的写作初衷。他不是昧于世情，逞性孤行的人。他熟悉掌故，懂得文字狱的厉害。（参阅他在当时环境压力下利用最大限度所写的《杭大宗逸事状》。杭大宗即鲁迅称为"认真的考据学者"的杭世骏。乾隆八年，杭世骏在殿试对策中提出"朝廷用人宜泯满汉之见"，几遭大祸，后总算侥幸，赦归故里。杭世骏是杭州人，龚自珍也是杭州人。当时浙江为人文渊薮，杭州人多成文字狱的牺牲者。雍正初发生的汪景祺案和查嗣庭案，曾震动全国。雍正七年上谕曾云："朕向来谓浙江风俗浇漓，人怀不逞。如汪景祺、查嗣庭之流，皆谤讪悖逆。甚至民间氓庶，亦喜造言生事，皆吕留良之遗害也。"龚自珍在国史馆任职，可以见到累朝朱签及丝纶簿，对于这些情况一定是清楚的。）所以，他那些讽刺诗文采取了寓言的形式，尽量自藏锋芒，故作隐语，读起来往往令人觉得晦涩，难以索解。这也是人们称他"文词俶诡连犿"的原因。

§14

文如钩锁　义若连环（1976）（《思辨录》第99条）

梁启超《中国近三百年学术史》把龚自珍划为阳湖派，又说阳湖派是"从桐城派转手加以解放"而形成的。这里对于阳湖派与桐城派的渊源关系说得很清楚，二者小异而大同。桐城派宗主唐宋，专用散文。阳湖派泛滥百家，骈散兼赅，但仍跳不出考据、义理、辞章合一的窠臼。所以论者多称后者为前者的"旁枝"。不过，梁启超把龚自珍划为阳湖派是不正确的。《龚自珍全集》中有一篇文章题名《识某大令集尾》。龚橙注云："大令为恽敬。"恽敬是阳湖派开派的代表人物之一。这篇文章对恽敬作了犀利深刻的批判，是一篇写得十分出色的文学批评，像剥笋一样，层层深入，文如钩锁，义若连环。这篇批评一步进一步地揭开这位古文家装饰在自己身上借以炫耀的华彩，使他露出灵魂深处的自负、枯窘、空疏。它开头指出："大令为儒，非能躬行实践，平易质直也。以文章议论笼罩从游士，士慑然。"接着，细致地剖析了这位援引肤末、大言自壮的古文家怎样用种种漂亮借口自圆其说，虽议论日益高超，而思想却越来越混乱：

> 聪明旁溢，姑读佛书，以炫博览。于是假三藏之汪洋恣肆，以沛其文章，文章益自喜。此其第一重心。然而渐闻佛氏之精微，似不尽乎此，恧焉，怯焉，退焉，阻焉，悔焉。此其第二重心。名渐成，齿渐高，从游之士之貌而言儒与貌而言佛者，益附之矣。则益傲慢告人曰："佛未可厚非。"若以佛氏蒙其鉴赏者然，若以其赞佛为佛教增重者然。此其第三重心。有聊窃其（指佛书——引者）旁文剩义，以诂儒书，颇有合者。于是谤儒之平易质直，躬行实践者，曰："聪明莫我及。"又深没其语言文字，讳其所自出，以求他年孔庑之特豚。此其第四重心。如之何而可以讳之也？莫如反攻之，乃猖狂而谤佛。其谤佛也，无以自解其读佛也，于是效宋明诸儒之言曰："不入虎穴，焉得虎子，我昔者读佛，正为今昔之辟佛。"于是并其少年之初心而自诬自谤。此其第五重心。见儒之魁硕而尊严者，则悍而谢之曰："我之始大不正，不敢卒讳。"与前说又歧异。所遇强弱异，

故卑元异。然而又谤儒书，所谤何等也？孔子、孟子之言穷理尽性以至于命之事，《易》《诗》《书》《中庸》之精微，凡与佛似，则谤之曰："儒之言绝不近佛，儒自儒，佛自佛。"如此立言，庶几深没其迹矣。此其第六重心。儒之平易者受谤，儒之精微者又受谤，读儒谤儒，读佛谤佛，两不见收，复载无可容，其军败，其居失，其口咿嚘（小儿语声——引者），其神沮丧，其名不立，其踝旁皇，如婴儿之号于路，丐夫之僵于野。老矣，理故业，仍以文章家自遁。遁之何如？东一鳞焉，西一爪焉，使后世求之而皆在，或皆不在。此其第七重心。或告之曰："文章虽小道，达可矣，立其诚可矣。"又告之曰："孔子之听讼，无情者不得尽其辞。今子之情何如？"又不应。乃言曰："我优也，言无邮。"（邮，过也——引者）竟效优施之言，以迄于今死。

这篇批评值得注意的地方是它为我们勾画了当时一个古文家的真实面目，他的曲折微妙的心理活动，栩栩如生，活跃纸上，简直可入《儒林外史》。就写法来说，这篇批评也是值得我们注意的。

§15

书狱妙喻（1978）（《思辨录》第100条）

龚自珍在《乙丙之际塾议三》中以书狱（办案人写案情）为喻，说："古之书狱也以狱，今之书狱也不以狱。"书狱以狱，是按照狱讼的实际情况去写案情。根据这一原则，他尖锐地抨击了搬弄套语肤词的八股文风。他说："今之书狱也不以狱"，"狱之崖皆同也，始狡不服皆同也，比其服皆同也。东西南北，男女之口吻神态皆同也。狱者之家，户牖床几器物之位皆同也。"他感慨地指出，当时只有这种书狱不以狱千篇一律的刻板文章才能生存。相反，倘

"视狱自书狱，则府必驳之，府从则司必驳之，司从则部必驳之"。总之，直书事实的文章在当时是没有生路的。他说这批书狱不以狱的人在当时社会上垄断言路，势力强大："豺踞而鸮视，蔓引而蝇孳。"他说他们"非优非剧"——不是优伶演戏粉墨登场，"非醒非疟"——不是醉酒患病神志不清，"非鞭非箠"——不是受到鞭打不得不做，"非符非约"——不是受到契约的约束身不由己；那么，为什么要写出这种言不由衷、弄虚作假的文章来呢？

§16

答《电影艺术》记者问（1982）（《王元化集》卷二节录）

问：去年《文汇报》曾发表过一篇冰心、柯灵和您关于《阿信》的三人谈，这篇报道很短，您好像没有谈完自己的意见，现在希望您再多谈几句。目前这类电视剧经常播放，您怎么看？

答：我对这类电视剧不太感兴趣。在那篇三人谈中，我当时确实没有把意见说透。

有人说日本是儒家资本主义，我们对这一问题似乎没有进行认真的探讨。十九世纪六十年代日本的明治维新成功了。中国在十九世纪也有戊戌变法，但失败了。一八四〇年鸦片战争以后，林则徐、魏源等人就开始介绍西学，是西学东渐的滥觞。林则徐在对外作战中感到有了解对方情况的必要，主持编纂了《中西纪事》《四洲志》《华事夷言》等。魏源继承了林则徐的未竟事业，根据《四洲志》编著了《海国图志》。这部书和较早徐光启译的《几何原本》一样，对日本明治维新起过一定的影响。

中国的革新运动总是失败，"中体西用"的说法在当时就被有识之士所批评。记得大概是严复曾说过，马之体如何为牛之用？知识结构是有机的整体，而不是不同成分的拼凑与混合，取舍时要作为完整的系统来考虑，而不能任意割裂取舍。明治维新时，日本也有所谓"和魂洋才"的说法。有人认为，日本按照这一模式建设成被今天一些理论家所说的儒家资本主义，而且成功了。这究竟是怎么回事？很值得研究。日本在现代化过程中吸取了传统因素，是不可否认的。这些因素是什么，它们对日本的现代化是利是弊，都还需要去研究。西方社会已进入后现代，西方一些学者所困惑的恰好是我们所要求的民主和科学。那里的重要问题是怎样维系社会平衡。西方一些学者认为个人自由太多了，应该加以节制，使个人与集体统一起来。西方现在也在研究日本，特别是日本的经济管理。在日本，不管是白领工人，还是蓝领工人，对厂、公司都有很深感情，有些甚至为了公司的利益情愿放弃自己的某些利益。西方人对此很不理解。日本和西方都是发达国家，日本可以做到这一步，西方却做不到。这是由于文化传统不同，因为日本的文化传统和西方文化传统，是不相同的两种类型。在日本的文化传统中，有很多因素受到中国文化的影响，也是因为中日两国文化的类型相近。

日本实现现代化的方式到底是好是坏，值不值得我们效法，还需要作认真思考，因为一件事情带来的后果往往不是马上就可以弄清楚的。比如人类和自然的关系，从上古时代奴从自然，进而适应自然，一直发展到现今的征服自然，固然是一大进步，但是也应该注意到在人类征服自然的同时，自然也对人类进行了报复和惩罚。生态平衡被破坏了，环境形成了严重的污染，因此不能把实践检验真理变成一种急功近利的追求。从短时期来看是有利的，而从长远来看未必有利，甚至可能是灾害，这种情况在历史上可以举出很多例子。

问：在日本，雇佣与被雇佣的关系的确是充满人情味的。日本的大型工商企业大都是在欧美资本主义制度的基础上形成和发展的，基本上是受欧美资本主义的影响，但是这种企业组织中渗透了相当多的传统文化观念，他们对孝道的宣扬直接反映到了日本人对自己企业的忠诚态度上。企业也像大家庭般地照顾自己的雇员。

答：日本的企业组织的确是以公司和厂为家，把所有的成员拴得很紧。但是，现在已经不那么有人情味了。几年前，我在日本，就有老一辈的人向我流露了他们的担心。他们说，他们自己是在动荡中走过来的，在艰难中创业，深知今天的生活来之不易。但今天的青年人就不像他们一样，不再那样刻苦、那样以厂为家了。

问：传统文化对今天日本青年的影响是不是也在逐渐削弱？

答：是的。我们应该在这背景上去认识他们的艺术。他们的艺术是蕴含了某些社会学的因素，这就是在维系着社会平衡或者说是以维系社会平衡为出发点。这几年我们放映的那些电视剧，乍看起来似乎很有人情味，充满人道主义和人性论的色彩，实际上，他们在人性论和人道主义的表皮下利用过去的文化传统来维护他们社会的平衡和稳定。顺便提一下，台湾有些学者提出"新儒学"来反对西方物质主义的膨胀，希望通过儒学的改造来为世界的精神危机找寻出路。早在《阿信》播放时，我就感到其中若隐若现地含有一种儒家资本主义倾向。从阿信的善良所表现出的那种逆来顺受的忍从、那种苦行僧式的刻苦节俭，不能不说包含了一种传统的观念。这种传统观念是以儒家的道德理想为规范的。是不是可以说，他们的电视剧所着力表现的恰恰是他们在今天生活中所渴望的？

问：这个问题恐怕在《阿信》《血疑》等电视剧中都存在，但我们没有看出来。这是艺术的"创造性的干预"。

答：他们在这方面做得很巧妙，不像我们某些作品往往做得十分笨拙，用耳提面命的办法生硬灌输。《阿信》的内在意蕴，在我们观赏时不大容易觉察出来，不管它的编导是有意识还是无意识，它反映的思想确是这样。

§17

《文心雕龙今译选》跋（1983）（《集外旧文钞》《王元化集》卷七）

……上面是光年同志赠我的《文心雕龙》今译选。六十年代初，他主持《文艺报》工作时，曾在编辑部讲解《文心雕龙》，并利用余暇选译了十余篇。他自称他的译文为"白话骈体文"，这表示他的翻译除了要求保持原作的神韵、风格外，还要求照顾语言、音节的形式特点。多数读者大概只知道光年同志是诗人、理论家，而不知他少年时曾攻文选学，于《文心雕龙》的钻研尤役心力。他的今译，笔势酣畅，传神达旨，在目前各译本中，可谓独树一帜。本刊编者见到此稿要我向光年同志征得同意先发表六篇。光年同志慨然允诺，但嘱我略赘数语以说明此稿的译出年代和经过。

§18

《文心识隅集》序（1986）（《集外旧文钞》《王元化集》卷七）

庆甲去世已经一年多了。他生前曾将自己的文章编在一起，还拟了一个书名，叫做《文心识隅集》，准备将来再集若干篇，整理出版。今年上半年，运熙同志将庆甲遗稿编好，嘱我写序，我没有推谢，一口答应下来。为了纪念亡友，我觉得这是义不容辞的。可是时光很快过去了，我却迟迟没有动手，每一念及，真是如芒在背。一年多来，我被各种琐事干扰，几无暇时，读写俱废，深以为苦。这主要得怪自己不会安排生活应付世事，以致陷于无事忙的窘境。现在已届岁末，又要出门，不能再拖，只得把序言赶写出来。这样草草从事，不能按照原来愿望，很觉愧然。只得默默地向庆甲亡灵致歉。

记得庆甲在病中就时时以整理自己的文稿为念。他曾向我说过，正打算写一系列文章，在拟写的文章中，有的材料已搜集好，有的构思也已成熟，只待动笔了。那时他不知道自己患了癌症，医生和我们都瞒着他。入院初期，他还以为自己不日可愈。待到他由长海医院转入曙光医院，改由中医治疗时，他才感到病情严重。仅仅一个月左右，我再去探病，不禁为他的突然消瘦吃惊。他的神情沮丧，不像从前那样时时发出爽朗的笑声了。但他仍不能忘怀他的研究工作，向我叙说了自己的愿望。他于五十年代末在复旦大学毕业后，就在系里担任了总支工作，连教学也不得不放弃了。直到近几年才能专心读写，可是不料患此绝症。我一边听他说着，一边感到我的心渐渐沉重起来，可是又无话安慰他，只有默默相对。

我认识庆甲是近几年事。我在复旦兼课时，庆甲尚未入校。庆甲到复旦时，我被卷入所谓"胡风案件"，和外界断绝了来往。这样一拖就是二十多年。我们相交时间虽然不长，但可以说是谈得来的朋友，不仅研究方向相同，而且许多看法也相近。一九七八年发表的旧作《灭惑论与刘勰前后期思想变化》，提出《灭惑论》成于梁，是刘勰入仕以后之作。此说得到庆甲的呼应。他先后写了《刘勰灭惑论撰年考辨》与《〈关于灭惑论撰年与诸家商兑〉之商兑》。这两篇论文在国内《文心雕龙》研究方面很有影响，堪称力作。我读后曾在自己的文章中说："再如考定《灭惑论》撰于梁时并由此划分刘勰的前后期思想，这一论证虽至今尚存分歧，但也得到较多人的肯定，如李庆甲、李森同志等均基本赞同拙说，并对我的一些论据加以补充，做出了比我更精确的论证。"这种例子还有一些，不再赘举。庆甲治学谨严，每撰一文，用力甚勤，从不敷衍成篇。我不能在这里对庆甲的论文集作出详细的论述，只有俟诸他日，待我细读全书之后，再谈出我的读后感。不过，我相信读者是会对庆甲的劳绩作出公允的评价的。

庆甲逝世后,他的夫人刘琦同志曾来看望过我,也以出版庆甲遗作相嘱。我希望出版社早日将此书付梓问世。

最后我想借此机会说明一件事,即一九八四年在上海龙柏饭店举行的中日学者《文心雕龙》研讨会的前夕,由上海古籍出版社影印出版的《文心雕龙》元至正刻本一定要我写篇序,当时实在抽不出时间,只有请庆甲代劳。这是迄今唯一由别人代笔的文字。一方面由此可见我们的友情,另一方面我也想趁此机会说明此文亦应算作庆甲的成果。

§19

狗儿爷与农民意识（1986）（《思辨录》第305条）

我只想从表现农民观念这一点上来谈谈《狗儿爷涅槃》。中国以农立国,至今农民仍占人口绝大多数,无论是经济生活中或意识形态中的农民问题,始终是最值得重视的问题。六十年代初在一个短暂的思想活跃时期,史学界曾探讨了历史上的农民战争性质问题,当时已有人提出农民不代表进步的生产力,所以他们反压迫、反剥削而不反封建。相反,封建社会的长期停滞,封建意识的不断浸染,自然经济的封闭性,都使得反对封建压迫的农民阶级不能形成新的思想体系而产生了以农民意识为特征的封建主义思想。历史上屡仆屡继的农民战争只成了同义反复的改朝换代,而并没促进社会性质的改变,就是由于上面的原因。六十年代这次讨论所得出的这些结论,倘推论下去,就会证明在教条主义猖獗时期出现的从苦大仇深或从被压迫、被剥削的程度深浅这类标准去衡量革命性的强弱,其实是一种似是而非的理论。在这种错误理论的影响下,曾经出现多少出于良好动机却又枉费心血的文艺作品。

阿Q、闰土这些艺术形象所蕴含的现实意义固然至今毫不减色,但却只是表现了我们农民的一个侧面。文学创造的多样性应当是无限大。我毫不菲薄那些沿着鲁迅写农民的路子再加以引申、发挥和进一步创造的作家，他们笔下的人物使我们从现代衣冠下发现了似是陌生的相识者，从而认识这些人物在新时代、新环境下以新的方式重演故伎。但是具有最广阔概括性的典型，也不可能是唯一仅有的典型。除此之外，还有许多其他侧面有待我们去发掘、去创造出新的典型来。我认为《狗儿爷涅槃》就是这样一部有所突破的作品。狗儿爷是与阿Q、闰土全然不同的人物。但这并不意味前者推翻了后者，而是补充了后者所没有表现的另一侧面。我觉得《狗儿爷涅槃》最为突出的特点就是作者写出了我在上面说过的一个具有强烈反压迫、反剥削意识的农民在自己的思想深处并没有逃脱浓厚的封建主义的束缚。狗儿爷的最高人生追求就是像他痛恨的地主一样拥有更多的土地和房屋。从这个角度去理解他的革命性与保守性的奇妙结合和进步与反动立场的转换，以及他所憎恶、所反抗的封建幽灵竟然钻进自己的躯体而变成支配他本人思想的主宰这种奇异的悲剧，就可以迎刃而解变得清晰易晓了。

§20

《芙蓉镇》的不足（1987）（《思辨录》第306条）

我很赞佩谢晋把表现十年浩劫的《芙蓉镇》搬上银幕的胆识。他那严肃认真工作的态度应该赢得人们的尊敬。但我也愿把他作为一位可以交换意见的朋友，提一提我对他导演的这部片子所感到的不足之处。

我觉得那些使人憎恶的造反派是被作为传统的所谓反面人物来处理的。一旦诗人的愤怒偏离了生活的河床，无边无际地蔓延开来，就会失去明智的头脑、清晰的目光和自制的能力。我对于这部经过导演精心摄制的作品感到不满足，主要是因为它并没有揭示"文革"

运动整个民族灾难的内在深层意义。造反派的横行霸道，肉体上的摧残，人格上的凌辱，自然都是事实。但仅仅表现这些，还是表面现象。这场浩劫在于煽起了人类的恶劣情欲，使它们像病菌一样侵入人们的躯体。这些毒菌咬噬着原本健康的血肉，使人形销骨枯，变成可怕的畸形。这一切是在人的精神领域内进行的，所以实质上也就是对于人性的扭曲，使人经历毛骨悚然的自我异化。我感到惋惜的是我们的导演似乎把自己的注意力主要放到外在方面，意图使观众触目惊心，或者是以相当陈旧的手法，由作者直接去宣泄去说教，以取得解恨泄愤之效。这恐怕就是这部片子不能摆脱好人坏人模式的一个重要原因。我申明过，我并不是说天下不分好人坏人。黑格尔曾经有个重要的美学原理，就是每一个人都有可辩护的理由。纵使是《奥赛罗》中的坏蛋埃古，尽管他那作恶的动机是那样扑朔迷离，令人难以索解，但他也绝不是单纯地为恶而恶。作恶可以是由于天性，但把天性作为作恶的唯一原因，那就太简单了。不要把坏人作为抽象道德的象征，或简化为烘托美德的陪衬。他同样是有血有肉的人，虽然他玷污了人这个称号。每一个人的所作所为都有许多有待我们去分析的原因和理由。我们的影片在处理人物时，作者的意图太鲜明、太直露。

§21

《文心雕龙研究》序（1988）（《集外旧文钞》《王元化集》卷七）

牟世金同志的新作《文心雕龙研究》即将问世，嘱我写几句话作为序言。我虽然应承下来，但是一提起笔却又不免有些踌躇。我感到自己不像世金同志那样专心致志，研究《文心雕龙》的专著和论文不及他读得多，恐难以提供值得参考的意见。他为了总结前人与当代学人的经验，写出了《龙学七十年概观》《刘勰年谱汇考》

《日本研究文心雕龙一瞥》《台湾文心雕龙研究鸟瞰》等著作。他在搜集资料上，用力甚勤，继承了清人不病琐、获之创的求实学风，绝不贪图省力，以第二手资料充数。世金同志即将问世的这部书，就是在这个基础上对《文心雕龙》所作的再认识再估价。我认为这对研究工作中那种轻视掌握资料的风习是具有针砭作用的。长期以来，总是把理论脱离实际的倾向归咎于对应用学科的重视不够，我并不以这种说法为然。应用学科与基础学科紧密相关、同步消长，如果把它们割开，看不出前者的发展有赖于后者的深化，其间形成一种水涨船高的关系，只求拔苗助长之效，那倒是必须警惕的。我认为，在科研方面不从实际出发，轻视乃至抹杀掌握资料的必要，才是理论脱离实际的根源。

六十年代初，世金同志和他的老师陆侃如先生合译的《文心雕龙选译》出版了。陆先生去世后，世金同志独自完成了这部书的全部注译工作，这是我国第一部全译本，较以前的选译本在质量上提高了很多。这些年，他还陆续出版了好几本研究《文心雕龙》的专著。世金同志对于《文心雕龙》怀有深厚的感情，他的研究工作数十年如一日，从未中辍，这种孜孜不倦的钻研精神，使我感到钦佩，也使我感到愧然。因为我的兴趣时常转移，不能专心致力于同一课题，作长时期的探讨。我尝戏言，世金同志可以说得上是《文心雕龙》的功臣。这一点，有他的大量论著可以为证。他也是全国《文心雕龙》学会的倡议筹建者，学会的繁杂事务几乎都是由他承担起来的，因此学会倘在学术界有所贡献，首先得归功于他。

我时常听到一些同志说，研究《文心雕龙》的文章已经很多，似乎再没有什么新意可写了。我同意世金同志的学无止境的说法。自然，剿袭成说是不好的，逐新猎奇也同样不可取，后种倾向往往是前种倾向的反拨。尽管两者似乎各趋一端，但究其实际，它们的弊病却同在止于浅尝不务深探，不肯做切实刻苦的研究工作。

近年来，千篇一律的文风渐渐敛迹之后，又冒出了另一种故作惊人之笔的骇世之文，这也就是我曾经说过的那种意在求胜的商榷文章和惊听回视的翻案文章。这类文章并不比人云亦云的文章可以为理论研究多增添一点新因素。世金同志这部书毫无哗众取宠之心，也许会被认为过于质朴，但这也是它的长处。因为从这种质朴中同样可以看到一种实事求是的治学态度，既不刻意求新，也不苟同于人。他所说的"有人异于我，也有我异于人"，大概就是为了说明这一点吧。他力图揭示原著的本来意蕴，而绝不望文生解，穿凿附会。书中那些看来平淡无奇的文字，都蕴涵着作者的反复思考，慎重衡量，其立论之严谨，断案之精审，我想细心的读者是可以体察到作者用心的。

我和世金同志是通过《文心雕龙》结成文字之交。七十年代末拙著《文心雕龙创作论》出版后，他是最早在文章中给我鼓励和奖饰的不相识者。虽然我在书中曾对他的《选译》释自然之道提出异议，他不仅毫不介意，而且欣然接受了我的意见。当我发表释"拟容取心"说遭到不少指摘时，他也首先出来辩明曲直表示赞同。那时我们不但不认识，而且我也未平反。他这种不以政治歧视来对待学术问题，至今仍使我感念。自然，世金同志也曾在文章中对我的某些观点表示异议，提出不同看法，其中不乏真知灼见，给我启发，令人折服。我想人生中的友谊以文字之交最为纯朴，我和世金从未互相馈赠，也从未一起吃喝。我们见面和通信，谈的是学问或学会的事，除此之外，彼此均无所求，甚至连私人生活也从未涉及，这在一般朋友交往中恐怕是很少的。由于世金同志的缘故，我还和不少《文心雕龙》研究者也结下了这样的友情，这都给我欣慰，为我所珍视。最近听说世金同志患了癌症，又听说经过手术治疗已渐痊愈，让我衷心祝祷世金同志完全康复。

§ 22

《敦煌遗书文心雕龙残卷集校》序（1988）（《清园夜读》；《王元化集》卷四）

一九八四年上海举行中日学者《文心雕龙》讨论会时，印行了《文心雕龙》元至正刻本。当时承担影印工作的上海古籍出版社，原拟将《文心雕龙》敦煌残卷本一并刊行。但由于北京图书馆所藏斯"五四"七八号缩微影片，整整脱漏一叶，长期未能补入，因而影印工作也就搁置下来。中日学者会议期间，我和与会的户田浩晓教授①谈及此事。承他盛情，在他回国后不久，即将自己所藏北京图书馆脱漏的那一叶惠寄给我，从而补足敦煌残卷本的全文。

去岁，又承香港杨克平先生、潘锦女士②将潘重规先生所刊《唐写文心雕龙残本合校》见赠。这个复印件的长处，不仅有潘重规先生的校勘记，还将原缩微影片加以处理，去垢除瘢，印刷精美，字迹清晰。以上这些馈赠给我的文献资料，我不敢自秘，遂请托林其锬陈凤金贤伉俪整理出版，以供学人研究之用。这就是这部《敦煌遗书文心雕龙残卷集校》出版的缘由。我希望这部书能在今年十一月广州举行《文心雕龙》国际研讨会时得以问世。

其锬凤金伉俪愿意承担为许多人不屑一顾的所谓"扫叶拂尘"的校勘工作，在今天不能不说是难能可贵的。校勘考据之学可以说是研究古代文献必不可少的基本功。如果不从此入手，那就不能辨别书中的讹舛衍脱，从而也就谈不到作精确的文字训诂与惬

---

① （原注）户田浩晓先生是日本前立正大学教授，《文心雕龙》三种日文译本的译者之一。

② （原注）潘锦与杨克平是潘重规先生之女与女婿。

恰的义理阐发。现在影印的这部文心雕龙敦煌残卷在这方面具有重要意义。赵万里曾说，倘据以校嘉靖本，其胜处殆不可胜数。又说，残卷之文与《太平御览》所引及黄叔琳本辄合，而黄本妄订臆改之处，亦可得以取正。户田浩晓教授称《敦煌残卷》有六善：一曰可纠形似之讹，二曰可改音近之误，三曰可正语序之倒错，四曰可补脱文，五曰可去衍文，六曰可正记事内容。不过，大英博物馆所藏《文心雕龙》残卷原件，由于年久霉变，水渍斑驳，字迹漫漶，殊难审理。而由此制成的缩微复印件，自然也就更为模糊，难以辨认。以致过去校勘者，虽同据唐本，而文字互异，歧义迭出，甚且怀疑残卷或另有异本并存。而自潘本刊出后，这些窒碍和疑难也就一扫而空了。

本书校者就是在这个基础上将残卷影印出来的。过去，《文心雕龙》一书向以明代刻本为多，时代也最早。四年前，影印元至正刻本，学人称善。现在得海内外学者之助，《敦煌残卷本》又将问世，宿愿得偿，感到欣慰的恐非我和校者几个人而已。

本书将《影宋刻本太平御览引文心雕龙辑校》附于书末，这也具有一定意义。辑校取《太平御览》引文共四十三则，九千八百八字，占《文心雕龙》全书四分之一强。有了辑校，就填补了《文心雕龙》版本上所缺的环节，使之上承唐卷，下接元本。并且除可供版本研究外，还有检索之便，而省查找之烦。本集校广采各家之说，加以比勘。校者用力勤，用心细，时获创见。自然这也是在前人成果的基础上取得的收获。所谓后来居上，大概就是指后学只要治学严谨，肯下功夫，就可在总结前人经验上利用以前尚不具备的条件在学术长河中增添新的因素。就这种意义来说，本书的校勘可谓集大成之作。

§ 23

《文艺心理阐释》序（1988）（《集外旧文钞》，《王元化集》卷七）

枢元同志嘱我为他的书写序，拖延已久，深感歉疚。有一阵我身体不大好，容易疲劳，也就变得疏懒了，但主要还是由于我这方面知识不够，提不出可供参考的意见。我知道枢元并不需要别人谈一些溢美的话，他的研究成果本身就是最好的见证，比任何奖饰都更能使读者信服。前人所谓"褒贬任声，抑扬过实"那种不良风习，是我们两人共同反感的，这也是我才敢于为枢元的书作序的一个原因。二十年代末至三十年代中期，像《古史辨》这样的刊物，也有一种科学的、坦率的、平等的讨论气氛。年轻的对年长的，无名的对知名的，都可以开门见山，毫无顾忌，有什么说什么。既没有自尊心受伤的怨恨，也没有趾高气扬的自负。大家都从探求真理出发，而不斤斤于个人的得失成败。这种有容人容物之量的学术民主空气和不虚美不掩恶的实事求是精神，令人神往。也许我们可以把它叫做艺术的公正吧。这是我和枢元互相期待并共同期待于文艺界的。

我和枢元的初识是八十年代初在广州举行的全国高校文艺理论研究的年会上。他那北方人特有的质朴和淳厚使我一见就感到这是可以坦率交谈的同志。当时谈了些什么事后已经忘记。可是枢元却记得，他说我曾建议他从事文艺心理学的研究，后来他还认真地把这事写在一篇文章中。这使我多少有些惭愧。当时我们国家正从闭关锁国状态中解放出来，"两个凡是"被批判，实践检验真理的标准才被确认。在此以前我们对于西方文化中的现代思潮采取了排拒态度，从而形成学术上的许多空白点。我建议枢元从事文艺心理学的研究，正是因为我感到文艺界在这方面十分贫乏，只有三十年代出版的朱光潜著《文艺心理学》是独一无二的著作,从而急需在这方面填空追踪。我认为这一学科有研究的必要,并非出于逐新猎奇,而是由于照我看来,文学创作过程就是作家的心理活动过程,如果不揭示创作过程中的心理活动,就永远无法揭示文学创作的秘密,从而就会导致有害于创作的多种机械论继续在文艺领域内驰骋。现在看来这一点粗浅的理解也许早不足道,但我认为任何新领域的开辟都是为了理论前进,而不应陷于卖弄炫耀竞新争奇的花架子中。那次广州会议正在探讨作为大学文科教材的文艺学问题。这门基础学课,可以说三十年来一贯制,始终按照固定模式去编写,没有任何进展,更谈不到突破。范畴的贫乏,观念的僵硬,内容的简单,令人再难容忍。高校教学的墨守成规之风是众所周知的。因此,那时读了枢元交我看的一篇从心理学角度来阐发文学现象的文章,就特别感到清新可喜。

在开放和改革以前,有很长一段时间,我们所能读到的现代著作,只有苏联的论著。据我所知,苏联理论界在心理学方面常常援引文艺作品为例,相反,在文艺理论方面却极少涉及心理学。唯一例外,只有斯坦尼斯拉夫斯基的戏剧体系。它被人注目,不仅由于它比较开放,吸取了西方的成果,也由于它引进了心理学来阐发艺术的创造活动。他并不是以巴甫洛夫心理学作为唯一依据,例如第一自我与第二自我说即来自法国老柯克兰的观点。为了作一点类似的尝试,七十年代后期,我在写《文心雕龙创作论》的附录时,曾从心理学角度探讨了创作行为的自觉性和不自觉性,当时曾发表在复刊不久的《上海文学》上。不久这个问题就引起了热烈讨论。我的那篇是最早的一篇,虽然当时综述讨论经过的文章并未把它列入。我谈起这件事是想说明,建议枢元研究文艺心理学正是由于我自己也想在这方面作些探索。

说来惭愧,我往往想得多,做得少,从那次在广州和枢元谈话以来,尤其是这四五年间,西方心理学各流派大量传入。我从岗位退下后,多次想为自己的荒疏补课,但要看的书太多,心理学著作被搁置下来。可是枢元的治学态度是严肃认真的。从那以后,仅仅在几年之中,他读了大量的心理学评著,刻苦钻研,写出了好几本书,成为新时期中第一代研究文艺心理学的理论家。他的成就已得到公认,无须再来赘述。现在他的新书《文艺心理阐释》(上海文艺出版社编辑出版的"文艺探索书系"的一种)就要出版,虽然我提不出中肯的意见,但对于他的成就是由衷感到高兴的。

§24

《青松红杏图》(1992)(《王元化集》卷七)

汪荣祖《史家陈寅恪传》第十一章《流寓岭南》,录寅恪绝句二首。

> 回首燕都掌故花,花开花落隔天涯。
> 天涯不是无归意,争奈归期抵死赊。
> 红杏青松画已陈,兴亡遗恨尚如新!
> 山河又送春归去,肠断看花旧日人。

寅恪诗颇似乃父,戒俗戒熟,体近生涩。传记作者只说寅恪怀念燕京花事,而未详青松红杏图掌故。《湘绮楼日记》曾记:"至崇效寺看红杏青松长卷。国初诸人乃近年故人皆有题记,翁覃谿八十四岁题字,余八十三,欣然继之,字更小于覃谿,亦雅于覃谿也。"所述亦过于简略。抗战后,我曾随先父偕公晋严夫子出宣武门,游崇效寺,得见此图。图为寺所藏,裱成长卷。住持云庵称,作画者为明末武将,国破后出家。图中绘一僧人、一童子、一苍松、一红杏,以寄抗清忠奸不两立之志。寅恪诗中所谓兴亡遗恨大概即指此。图后,自清初以来几乎所有名家都留下了题跋。曾国藩有一首七律,我现已不能背诵，只记得大意是以红杏今已花繁满枝来歌颂清廷。当时殊感气愤，曾作七绝一首以刺之：

青松红杏两相持，公意渊深耐细思。
权贵不解孤臣恨，千秋宝卷染瑕疵。

此事距今已四十余年。当时进入崇效寺后，曾在寺院藤萝架下饮茶，还吃了寺里特制的藤萝花饼。时值初春，在幽静环境中，顿觉尘嚣尽去，颇感心旷神怡。明清之际，崇效寺是赏花胜地。寅恪诗中所谓"燕都掌故花"，即指寺中的牡丹，据说其中深紫色三株（名黑牡丹）是由明代一直培养至今的。解放后，我没有再去崇效寺，而青松红杏图长卷则不知流落何处。

上文写毕，偶阅《邵子湘等书劄》，作者徐一士称，彼曾得一抄本，不知出谁氏手，系选抄各家致宋荦书牍。内有盘山拙庵禅师所作三则。拙庵禅师又名智朴。这使我忆起，智朴即青松红杏图作者。智朴书中云："朴每坐山崖，看红杏百千树，疏密横斜，累累欲绽，竟不知人间为何如耳。"另一函则称："昨承竹垞作八分书卷子，并集唐句见贻，敢请先生跋一言，携之北上，留镇山门，倘不吝，即示下也。"我在青松红杏图题跋中见到朱彝尊的墨迹，是否还有宋牧仲的则记不起来了。

§25

博士论文评语（1994）（《王元化集》卷七）

作者以女性词人为观照中心，为唐代至近代女词人作史立传，表彰其丰富的情意内容与多姿的词境创造。作者写法兼综史、论、评三方面。论文有独到之见，而无肤廓隔碍之病。吸收传统词学词话之精髓，亦偶及西典，皆非眼中之金屑，而如水中着盐，趣味隽永。文笔清新，格调高雅，尤以艺术鉴赏力见长。娓娓道来，无理障，无文字障，其才学多臻妙境。作者论徐灿词，述其幽咽词气，称《永遇乐·舟中感旧》写诸般思绪，无限情意，逡巡未出，边提边顿，而不一泄如注，因而词中表现诸种忧患感、缺憾感，形成一种说而未尽之回吞，更使人有想象与反思之余味。至于述其幽深之语境，则称《水龙吟·次素庵韵感旧》，似解脱而实悲凉；称《念奴娇·初冬》于清冷意象中可寻撷词人之义脉流动；称《捣练子·春怨》凡浸染沉痛感之处，宛如篇中之情，将难以表达之忧伤与凄怆蓄盛其中；称《蝶恋花》中层层翻折……皆鞭辟入里，妙入微芒，足以显示学养之深厚与趣味之纯正。关于风格方面之表述，则尤为精美。论文不足处：一、述顾贞立睥睨平庸，改新词境之劲爽词风，不免较为空泛。二、尚需注意补充考据实证。三、论柳如是一节有数处可酌。①

§26

观摄影展小记（1994）（《清园近思录》）

芜生此次回国在京沪两地展出的《黄山神韵》是他近年来的集大成之作。黄山早已是中国艺术家竞相采撷灵感的资源，其景观如奇松怪石等，在一些镜头下，已流入俗滥。芜生则自有独立的艺术见解，不依傍，不仿效，匠心独运，力求通过大自然来抒发自己的怀抱。他想在摄影中创造一种艺术语言，使表现自然山川的作品，蕴涵着作者本人的自然观、人生理想和艺术追求。自然这并不是一件容易的事，他不像画家可以通过画笔自由挥洒，摄影全凭机械操

---

① （原注）一九九四年五月苏州大学钱仲联先生指导的研究生邓红梅举行博士论文答辩，我应邀参加。下面是我对邓红梅的论文所写的评语。这篇论文篇幅过长，仅以其中清代词坛部分提供审评。

作，要克服这种困难，就得探索一条与画家不同的道路，芜生利用现代先进的摄影技术，把中国的写意传统引进摄影艺术中。《黄山神韵》的气派风格，颇近似米虎儿的水墨山水。摄影中的山峦，或矗立或起伏，如焦墨点染，凝敛厚重。而浓淡相间的流动云雾，或松柔轻盈，给人一种生动活跃的韵律感。笪重光论恽寿平水墨山水称："石分三面，墨含五色。"《黄山神韵》亦曲尽其妙。倘细加赏玩，我们就可以从作者在变幻的景色中所捕获的那一瞬间，去领悟他在艺术构思时所孕育的内在涵意。作者是深深向往于中国写意传统的艺术魅力的。肇始于先秦而衍至清代的比兴说，构成了中国写意传统的基本特征，它与西方自亚里士多德以来的仿真写实的传统是各异其趣的。在处理自然题材时，写意传统首先在情景双会，物我交融。刘勰对于此种精神境界最有解悟，《物色篇》赞中曰："目既往返，心亦吐纳，情往似赠，兴来如答。"即阐明此旨。在历代，比兴说都被广泛地讨论与应用，想象功能常被视为艺术创造的灵魂。中国写意艺术，多讲虚实之用，用虚拟之法，从静态中求动，从神似中求真、求美，这大概是中国艺术所共有的一个特点。①

§ 27

艺术的快与慢（1995）（《思辨录》第 360 条）

力主京剧现代化的人声称京剧节奏过于缓慢，已不适应今天时代的要求。许多人附和此说，成了责难京剧的一种口实。但我认为节奏的快慢，有两种不同情况，必须加以区别。一种指作品从内容到表现，究竟是拖泥带水，枝蔓芜杂，充斥附赘悬疣，还是简洁明快，该压缩的就压缩，该省略的就省略，没有浪费的笔墨，多余的

---

① （原注）一九九四年年初汪芜生在上海美术馆举行了《黄山神韵》艺术摄影展。我被邀去展览会致开幕词。本文是展览会结束后我根据开幕词大意所撰写的小文。

蛇足。后者就是一些外国戏剧家称赞中国京剧是以秒针来计算，而他们自己的戏剧则迟缓拖沓的缘由。还有一种快与慢的观念与此完全不同。它是要求艺术作品能够一看便知，一览便晓，即用所谓"嚼烂了喂"的办法。或者去满足一种非刺激就不能接受的口味，作品中的颜色非大红大紫不可，作品中的声音非大喊大叫不可，作品中的情节非大死大活不可。但是，须知艺术作品倘使不再具有含蓄的功能，不再蕴藉更多的情愫和内容，不再通过这些手段去唤起读者的想象活动，那么，就会造成读者的想象惰性，使观众的艺术鉴赏力逐渐丧失。艺术并不是为了让观众的想象萎缩、退化，相反，而是要使他们的想象活跃起来。就这后面一种节奏快慢的观点来说，我同意友人毓生说的，艺术的欣赏与接受不能比"快"，而是要比"慢"。

§28

古文朗诵（1996）（《思辨录》第371条）

朱东润自传《我的十八年》（《国学之声》摘刊）有一节提及唐文治在南洋公学教授古文："老师的讲法很别致，他从来没有给我们作字句的解释，也从来没有说这篇文章好在哪里，为什么要读。他只是慷慨激昂地或是低回婉转地读几遍，然后领着我们共同诵读。他这才在教室里打转转，听着我们朗诵。有时他会搬过一张凳子，坐在你身边，说着：'老弟，我们一道读啊。'虽然带着太仓腔，但在抑扬顿挫中，你会领会到句号、分号、逗点、顿点，连带惊叹号、疑问号。后来我在英国，看到他们十七世纪的黑字本①，也和我国旧时出版的书籍一样，没有标点，而在善于朗诵的读者口中，同样听到这些符号。这才明白符号只是一种指示，指导我们怎样去诵读，

---

① （原注）英国早时也有不用标点符号的文字，同样是靠朗诵来分句读，这种不用标点符号印成的书籍称黑字本。

倘使我们不会去诵读，那么这些符号的意义会丧失的。"（案：郭绍虞在论语文的文章中，也曾谈到同样的意思。他说中国的古文虽无标点，但朗诵起来，可以读出句逗。）昨日复旦为朱先生百年冥诞举行研讨会，未赴会，书一条幅祝贺。今天傅杰来谈到复旦有人说朱东润生前对《柳如是别传》有批评，大意说陈寅恪为何不写陈子龙等，而作柳如是别传，有何意义云云。

§29

修辞例一（1996）（《思辨录》第373条）

我没有钻研过修辞学，但写作时为了达意的准确，也常常对自己的文字进行修改。有时也把修改的经过记录下来，例如《记辛劳》一文，其中倒第二段最后一句，曾修改数次。记忆所及，大致如下：

（初稿）：我不知道为什么老天爱才和忌才总是纠缠在一起？

（其后）：我不知道这究竟是天地爱才，还是天地忌才？

（接着当天夜里醒来时，念及此句仍觉不妥，遂改成）：我不知道这究竟是天地爱才，还是天地忌才？为什么命运要将众多的苦恼降在这样一个才气横溢的人的身上？

（过后再读全文，读至此句仍未惬于心，再改成）：我不知道这是天地爱才，还是天地忌才？既然这个人被赋予了大量的才华，为什么又偏偏要将众多的苦恼降在他的身上？

（再读仍觉未畅己意，至今天清晨，卧床未起时，伏枕再改成现在的句子）：这究竟是天地爱才，还是天地忌才？既然赋予这个人以过人的才华，为什么又偏偏要将众多的不幸降在他的头上？

§30

修辞例二（1997）（《思辨录》第 374 条）

余秋雨所撰《长者》，嘱我修订。我向他说，我的修改只限于涉及和我本人言行部分（例如，后经我改动的有秋雨记张可嘱他学英文的谈话中，用了"必须""应该"字样。我说据我所知，她从未用过这种社论式的命令词）。文中所记我对张可的评语是经过我反复修改过的。

秋雨记我所述原文：

> 张可心中无恨。从不相信斗争哲学，只散布善良、和谐、温柔、宽恕。跟我受了几十年的苦，从未流露出一点一滴的抱怨。像我们这种敏感的文化人，只要有一个眼色中稍稍有点不耐烦，也能立即感到，刻下深深的伤痕，但在她的眼睛里从来没有出现过这样的眼色。

我最初改在原稿上：

> 张可心中似乎从来没有仇恨。我没有一次看见过她以疾言厉色的态度对人，也没有一次听见过她用一个重字眼说话，总是那样善良、柔和，待人总是那样宽厚。几十年来，我的坎坷生活给她带来无穷伤害，而她从未流露出丝毫的不满与抱怨。知识分子是很敏感的，只要一个眼神稍有表露，就能立即感到，但在她的眼睛里，从来没有出现过这样的眼色。

我最后改定：

> 张可心里似乎不懂得恨。我没有一次看见过她以疾颜厉色的态度待人，也没有一次听见过她用强烈的字眼说话，总

是那样温良、谦和、宽厚。从反胡风到她得病前的二十三年漫长岁月里，我的坎坷命运给她带来无穷伤害，她都默默地忍受了。人受过屈辱后会变得敏感，对于任何一个不易觉察的埋怨眼神，一种稍稍表示不满的脸色，都会感应到。但她始终没有这种情绪的流露。这不是任何因丈夫牵连而遭受磨难的妻子都能做到的，因为她无法依靠思想和意志的力量来强制自然迸发的感情，只有听凭善良天性的指引才能臻于这种超凡绝尘之境。

§31

读书三得（1997）（《思辨录》第368条）

王思任论《牡丹亭》："无不从筋节窍髓以探其生动之微。"

辛弃疾《丑奴儿·书博山道中壁》："少年不识愁滋味，爱上层楼，爱上层楼，为赋新词强说愁。而今识尽愁滋味，欲说还休，欲说还休，却道天凉好个秋。"

张岱（书信）："布帛菽粟之中，自有许多滋味，咀嚼不尽。"

近日读书，得上述三条，细辨其味，皆深得文理。不知从什么时候起，读书或欣赏艺术作品，皆以节奏快为标榜，认为不如此不足以符合现代潮流。传统京戏受到排斥，归咎于节奏太慢就是一例。不仅戏改者如此，就连我的一位年长的经济学家友人也唯恐落后，说他不喜欢传统京剧就因为节奏太慢了。殊不知读书和艺术欣赏恰恰切忌十力老人说的"贪多求快"四字。在作品中以感官刺激去对付那些神经已变得麻木的读者与观众，这类作品是不需要任何含蓄与蕴藉的，但艺术也就死了。

§ 32

京丑戏（1998）（《思辨录》第 361 条）

儿时看过两出京戏，颇能刻画世态。一出是《打棍出箱》，说的是两个流落为小偷的公差（丑扮），黑夜来至荒郊，见一口大箱子弃置道旁。二人大喜，以为发财机会到了。为了不致因争抢伤了和气，于是约定只许背向箱子各站一头去摸，谁摸着什么就是什么。结果甲摸得元宝，乙摸得破鞋。乙不依，于是二人调换位置，再去摸，结果仍是甲摸到好的。乙摸到坏的。以后屡次调换，结果都是同样。这使我想到理论上的辩论也会有同样情况，在有些能言善辩者的逻辑下，无论他怎样调换位置，你总归是倒霉者。

另一出戏是《老黄请医》，小时曾见在吉祥戏园演过，以后就再没有看过这出戏了。前两年托思再向老先生借得此剧抄本。这出戏由两位丑角扮演，说的是老黄为相公娘子去请医，请得医生刘高手，闹出不少笑话。刘高手看好病要从老黄身上取"药剂子"。先摸一下的头，老黄问"这是什么?"答："龟头"。又拔下老黄的几根胡须，说这是"菟丝。"再抓一下老黄的手，说这是"鸡爪黄连"。……取完了老黄的药材，再取自己的。也是先摸一下自己的头，老黄说："龟头。"刘高手答："鹿茸。"又碰了一下自己的胡子，老黄说："菟丝。"答："龙须。"再同样抓一下自己的手，老黄说："鸡爪黄连。"答："佛手。"最后向茶盅里吐了一口痰，老黄问："怎么吐痰?"刘高手答："啊，冰片。"过了半晌，老黄这才转过弯来："哦，原来到你这儿全变了。"

§ 33

观潘天寿画（1999）（《思辨录》第 367 条）

过去父亲收藏有齐白石的不少画，还收藏有陈半丁、陈师曾、王梦白、姚茫父等画家的画，就是没有潘天寿的。我知道潘天寿还是六十年代的事，那时北京为他开了画展，报上有介绍，也刊出他作品的版图，但我并没留下什么印象。大概潘的画都是巨幅，缩小制图在报上刊出，就看不出什么好处了。

这次我在杭州潘天寿纪念馆最先看到的是一张《伍子胥行乞图》，画幅两尺不到，上有自题七律一首，诗句涩拗，但意境深邃，可惜现已不能背诵了。画中伍子胥撑着一根竹杖，从背影看，衣着褴褛，潦倒不堪，已到了穷途末路。但他那回眸一望，在如炬目光中，显示了一种不降志不辱身的尊严，说明他绝不是一般的乞丐。我国曾有"画龙点睛"的传说，我觉得潘天寿作画最擅长的是画眼睛。不但画人的眼睛，就是画飞禽走兽的眼睛，也无不栩栩如生，性格突出。潘天寿喜画鹰，他所画的猛禽，就依仗它那双眼所显示的威武，才使整幅画显得神完气足。他画鱼、画蛙、画猫这类小动物也不是把它们作为玩物看待。在鱼眼、蛙眼、猫眼中都有一种桀骜不驯的神情，似乎画家把自己身上那种玩世不恭的倔强脾气，移到作品中去了。看了潘天寿的画，我觉得他确实具有齐白石所没有的特点。齐的画光致圆熟，就像人的头发，梳得光亮，没有一根跳丝。而潘的画却没有这么光致，有时甚至会显得硬涩，如那幅《伍子胥行乞图》，人物身体的比例并不准确，有人会认为不大合理。但一旦进入这幅画的境界，就被生动的气韵占据了。齐画容易被观众喜爱、接受，潘画则不然，不过自有一种书卷气、一种刚劲的风骨。

§34

陆游诗中拈出的"平夷"（1999）（《九十年代反思录》《〈顾准传〉序》节录）

传记不大适宜过多地去写思想问题，因为理论分析不适合这一体裁。但你的书并不放弃这方面,你对顾准思想的介绍是比较全面的。这几年谈论顾准的文章多起来,有些论者本来是可以写出一点研究心得的,但他们放弃这样做,不切切实实讨论问题,而只谈主义,将顾准当做一面旗帜,把它抢过来,忙于给顾准定性,讲些人人早已知道的道理,断言他是什么什么主义,还吹嘘这就是对顾准思想最深刻的理解。读了这些文字真使人感到悲哀。我不懂,这些人并不缺乏才华,过去也写过一些好文章,为什么白白浪费时间,虚掷自己的可贵精力。其实顾准所写的有关民主的文章是很值得讨论的。我所指的是这几篇:《直接民主与"议会清谈馆"》《民主与终极目的》《科学与民主》等。前几年北京三联寄给我一本《公共论坛》,这本丛刊并不以顾准为标榜,却切切实实地讨论了这些问题,谈得也很深入。我虽然并不认识这些人,但觉得他们倒是理解顾准精神和顾准思想的。你不是从事理论研究的,不应该对你苛求。纵然如此,我认为你书中在这方面所做的工作,还是有价值的。我并不是说你有什么了不得的思想,而是赞赏你的勤奋和认真。在阐述顾准某一观点时,你将来龙去脉都仔细地考虑到,为此你阅读了大量有关资料。你的书对于一般不是从事理论研究的读者大有裨益,可以使他们逐渐去领悟顾准的思想。比如顾准书中所谈的古希腊斯巴达精神问题,对于大陆的读者就具有启迪作用。我们一直赞扬斯巴达的集体主义精神。小时候我曾读过鲁迅的早期论文《斯巴达之魂》,这篇文章写得热情洋溢,令人神往。在原苏联,斯巴达的名字也成为光荣的称号,甚至有的足球队也以他命名。而你根据顾准的论断,阐述了斯巴达如何从集体主义陷入了专制主义,这些地方都做得很好,就是对于今天大陆读者来说,仍具有一定的针对性,这才是踏踏实实的启蒙工作,而不是把启蒙当做空洞的口号。

  关于你这本书,我要说的就是这些了。末了我要说几句无关宏旨但也想顺便提一提的事。我不大欣赏你为这本书所取的名字,但你似乎特别偏爱,并说书店编辑也选择了它,我就不再提什么意见了。这是风格作风问题,各人各有所好,而不可勉强,大概你爱好带点辣味的东西,而我却很喜欢陆游诗中拈出的"平夷"二字。

§35

《文心雕龙集校合编》序（2000）（华东师范大学出版社 2011 年）

一九八四年上海举行中日学者《文心雕龙》研讨会,印行了《文心雕龙》元至正刻本。承担影印工作的上海古籍出版社,拟将《文心雕龙》敦煌残卷本一并刊行,但由于北京图书馆所藏斯"五四"七八号微缩影片脱落一叶,长期未能补入,因而影印工作也就搁置下来。会议期间,我和与会的户田浩晓教授谈及此事。承他盛情,回国后不久,即将自己所藏北京图书馆脱漏的那一叶惠寄给我,从而补足敦煌残卷本的全文。越二年,又承潘重规先生将其所刊《唐写文心雕龙残本合校》见赠。尔后,上海社会科学院王志平研究员应牛津大学之邀请访问伦敦,又从大英博物馆摄回了原件微缩影本。以上馈赠给我的文献资料,不敢自秘,遂请托林其锬、陈凤金贤伉俪整理出版,以供学人研究之用。这就是这部合编出版的缘由。

其锬、凤金伉俪愿意承担为许多人不屑一顾的"扫叶拂尘"的校勘工作,在今天不能不说是难能可贵的。校勘考据之学可以说是研究古代文献必不可少的基本功,如果不从此入手,那就不能辨别书中的讹舛衍脱,从而也就谈不到作精确的文字训诂与惬恰的义理阐发。现在影印的这部《文心雕龙》敦煌残卷在这方面具有重要意义。赵万里曾说,倘据以校嘉靖本,其胜处殆不可胜数。又说,残卷本之文与《太平御览》所引及黄叔琳本辄合,而黄本妄订臆改处,亦可得以取正。户田浩晓教授称敦煌残有六善:一曰可纠形似之讹,二曰可改引近之误,三曰可正语序之倒错,四曰可补脱文,五曰可去衍文，六日可订正纪事内容。不过，北图所有的大英博物馆藏《文心雕龙》残卷影件，由于字迹漫漶，殊难审理，以致过去校勘者，文字互异，歧义迭出，如今有了经过以新技术处理的影印本，这个窒碍和疑难也就一扫而空了。

本书校者就是在这个基础上将残卷影印出来的。过去，现存《文心雕龙》一书人多以为明代刻本最多，时代也最早。一九八四年影印元至正刻本，学人称善。现在得海内外学者之助，敦煌残卷本又问世，宿愿得偿，倍感欣慰的恐非我和校者几个人而已。

宋人于《文心雕龙》著录、品评、采摭、引证、考订诸方面均有建树。据郑樵《通志·艺文略》等著录可以推知：宋椠《文心雕龙》不止一种，但均已亡佚，今传宋椠书籍中仅存《太平御览》所采《文心雕龙》之摘句，从中尚可窥见当时流传《文心雕龙》版本之一斑。本书《宋本〈太平御览〉引〈文心雕龙〉辑校》也具有一定意义。辑校《太平御览》引文共四十三则，九千八百余字，占《文心雕龙》全书四分之一强。有此辑录，就填补了《文心雕龙》版本上所缺的环节，使之上承唐卷，下接元本。并且除可供版本的研究外，还有检索之便，而省查找之烦。

上图馆藏元至正乙未刊本《文心雕龙》是迄今发现的《文心雕龙》最早刊刻的孤本。此本为明、清诸多版本的祖本。此本有四分之三异文较养素堂本为优，其中半数与唐写本同，而唐写本之误亦多加以改正，此一刻本在校定《文心雕龙》原文方面所具有的资料价值弥足珍贵。但是此本流传既久，文多漫漶，仅《序志》一篇其脱文及难辨之处达四百九十余字。《元至正刊本文心雕龙集校》对此本作了全面校理，为厘定《文心雕龙》原文，供研究者的参证也具有重要意义。

本书集校各家之说，一一加以比勘。校者用力勤，用心细，时获创见。自然这也是在前人成果的基础上取得的收获。所谓后来居上，大概就是指后学只要治学严谨，肯下功夫，就可在总结前人经验上利用以前尚不具备的条件在学术长河中增添新的因索。就这种意义来说，本书的校勘可谓集大成之作。

唐写本、宋《御览》元刊本《文心雕龙集校合编》是集校者十多年校理《文心雕龙》劳作的成果，今在美国"张敬国学基金"等的资助下在台湾出版，是一件颇有意义的事。本书不仅有诸本的原文和校文，而且将原件全部影印，这也具有文献价值。本书附有《宋本〈太平御览〉引〈文心雕龙〉索引》和《唐写本、宋〈御览〉、元刊本〈文心雕龙〉异文对照表》，更为研究者提供了很大的方便。《文心雕龙集校合编》的出版，体现了海内外《文心雕龙》学界的协作和对弘扬中华文化的努力，这都是值得发扬的。

§36

阿Q的美德（1992）（《王元化集》卷八）

最近令人感受到最可怕的事，莫过于各行各业的人都对自己的工作毫无感情，采取了马马虎虎敷衍塞责的态度。我不知道这是不是即上海人的流行说法"淘糨糊"。这比怠工还要坏。倘若国民素质不思改变，长此下去是十分危险的。我曾向人提到阿Q身上固然有许多劣根性，但他性格中也有一些质朴的成分，和劣根性夹杂在一起。当他被枪毙的时候，他的冥顽无知，糊涂愚蠢，不禁使人产生一种在悲哀中混合着愤怒的感情。但当法官责令他在判决书上画押的时候，他很想把圈画圆，可是手一抖画成瓜子形了，为此他感到了遗憾。我每逢读《阿Q正传》读到此处都改变了自己对他只是谴责的态度，因为人类渴仰完全的潜能并未在他身上泯灭。不管它是多么微弱，也不管它含蕴在多么可笑甚至是愚蠢的形式之中。可是这种萌于人性的美德在许多现代人身上找不到了。这才是最大的悲哀。

§37

鲁迅与《文心雕龙》（2004）（《王元化集》卷六 "和鲁迅研究者谈话" 节录）

鲁迅对中国传统文化具有很深的见识力。我喜欢《文心雕龙》跟鲁迅对刘勰这部书的推崇是有关系的，鲁迅书中有五处论述到《文心雕龙》，都是极其精辟的。比如，《文心雕龙·辨骚篇》有"才高者菀其鸿裁，中巧者猎其艳词，吟讽者衔其山川，童蒙者拾其香草"四语，鲁迅说刘勰在这里所要阐述的是那些《离骚》的模仿者，"皆着意外形，不涉内质，孤伟自死，社会依然，四语之中，含深哀焉"，鲁迅用短短数语就道出了其中的深沉含义。他说刘勰这四句话，隐喻着深深的悲哀：那些模仿者没有一个人看出屈原的深刻思想。他们不知屈原的成就不仅在文学上显示出华彩，而且更重要的是对社会所发出的正义呼号。我原来是读过《文心雕龙》的，当时就看不出这里面有这么沉痛的意思。读了鲁迅的简短评语后，再读《文心雕龙》就有深层体会了。此外，《文心雕龙》另一篇文章《程器篇》中说"将相以位隆特达，文士以职卑多诮，此江河所以腾涌，涓流所以寸折者也。名之抑扬，既其然矣，位之通塞，亦有已焉"，鲁迅对此评价说"东方恶习，尽此数言"。从这里我们可以看到鲁迅对中国文化有极其精深的见识。现在为什么不在这领域进行很好的开拓呢？

§38

谈《四代篇》（2005）（《王元化集》卷七）

最近整理旧稿，请人读了我在一九七七年写的《龚自珍思想笔谈》。这篇文章谈到龚自珍在《语录》中所引《四代篇》。《四代篇》

载于《大戴礼记》。《语录》前有一段作者写的序论式的文字，这篇序论虽简单，但包括了考证、诠释和对大小戴《礼记》的评价："二戴之记，皆七十子以后，逮乎炎汉之儒所为，源远而流分，故多支离猥陋之辞，或庸浅无味，敷衍成篇。盖杂家喜依托黄帝，而儒家喜依托孔子，周末汉初，习尚类然。"序论又说："合两戴所记，淘之澄之，孔子之言必居十之四，究贤于杂家之托三皇也。"照龚自珍看来，二戴之书虽多伪托之语，但也传下了一些真正是孔子的话。我想《语录》中所引《四代篇》中的那段话，也就是经过他淘之澄之，被认为确属孔子本人之语的。

郑玄为《小戴礼记》作注，立于学官，载入十三经，故为世所重。但是，龚自珍对大戴小戴作了这样的评语："大戴实于小戴无大优劣，一则立于学官，一则退于百家，何有幸有不幸欤？"龚自珍的这种看法是比较公允的。至于《四代篇》所谓的"四代"何所指，《小戴礼记》多涉及四代之名，其《学记篇》有云："三王四代唯其师。"郑玄注曰："四代，虞夏殷周。"自然，这里所说的虞指的是虞舜的虞。故虞、夏、殷、周合称四代。

我很喜欢龚自珍所援引的《四代篇》那段话，现摘录如下："子曰：平原大薮，瞻其草之高丰茂者，必有怪鸟兽居之。高山多林，必有怪虎豹蕃孕焉。深渊大川，必有蛟龙焉。民亦如此。君察之，此可见器见才焉。"

倘这段话确是孔子本人之语，那么我们就会看到，孔子的思想性格是复杂的，而不像惯常所想的那样，总是居庄色恭道貌岸然，有时他也喜欢并非循规蹈矩的原始野性。龚自珍在《语录》中摘引了这段话之后，紧接着加按语说："孔子观人如此，今之观人者，喜平原无草木者，见虎豹则却走矣。"这按语说得极好，寄寓遥深，我初读后就一直深印在脑海中。龚自珍生活在清代的衰世，面临一个即将到来的新旧交替时代。他感到时代的脉搏在激烈地跳动，渴望看到坚强的性格，充沛的精力，巨大的气魄。可是，他的四周只有不足道的侏儒：庸俗、卑吝、猥琐。因此，他感叹，他那个时代缺乏才相、才史，甚至等而下之连才驵、才盗也没有。

龚自珍释孔子观人的话，对我们今天在叙用人才，看人论事时都还适用。我们对于"平原大薮"中的"怪鸟兽"，"高山多林"中的"怪虎豹"，"深渊大川"中的"蛟龙"，是不是同样"见而却走"呢？是不是也像龚自珍所感叹的那样，只喜欢围在自己四周不足道的庸俗、卑吝、猥琐的侏儒呢？这恐怕将是对一个人能否见器见才的重大考验。①

§39

续谈《怪虎豹》（2005）（《王元化集》卷七）

龚自珍论孔子观人提及"怪虎豹"的话，使我想起鲁迅也有类似的看法。一九三六年，鲁迅去世前不久，《作家》上刊出了他的一篇《半夏小集》，后来收入《且介亭杂文末编》。这篇文章包括几则各自独立的短文，其中有一则谈到，庄子认为他死后身体可以随便处置，"在上为鸟鸢食，在下为蝼蚁食"，结果都一样。但是鲁迅不同意这种看法，他说："假使我的血肉该喂动物，我情愿喂狮虎鹰隼，却一点也不给癞皮狗吃。养肥了狮虎鹰隼，它们在天空、岩角、大漠、丛莽是伟美的壮观，捕来放在动物园里，打死制成标本，也令人看了神往，消去鄙吝的心。但养一群癞皮狗，只会乱钻、乱叫，可多么讨厌！"

当时我看不懂这段话的意思是什么。过了些时候，明白一点了。我记得鲁迅在他的早期著作中曾说过，他的身上背负着两个古老的鬼魂，一个是韩非的峻急，一个是庄周的随便。《半夏小集》所引用的庄子的话就是一种随便的态度。由此推想，鲁迅这则短文大概是要表明摆脱早年背在他身上的庄周的鬼魂罢。但这样解释，毕竟未

---

① （原注）本文由本人口授，蓝云笔录。

明根本，意犹未惬。直到最近在写《谈四代篇》时，才忽然想到鲁迅赞美"在天空、岩角、大漠、丛莽"出现的狮虎鹰隼，岂不正像龚自珍赞美高山多林中的"怪虎豹"？鲁迅憎恶"只会乱钻、乱叫的癫皮狗"，岂不正像龚自珍憎恶那批"庸俗、卑吝、猥琐的侏儒"？这种胸襟、这种思想，不也同样表明，在一个风雨飘摇动荡不安的时代，对于一种坚强的性格、充沛的精力、巨大的气魄的期待或向往？鲁迅写下这段文字的时候，正是日寇蠢蠢欲动、国家面临存亡之秋，他的忧思掺和着时代的声音、社会的呼喊，凝聚成一片。这段话是怀着沉痛的心情写下来的。

鲁迅在他的文章中似乎从来没有提到过龚自珍，可能这也是由于他在国学上受到章太炎的影响。章太炎因站在古文学的立场上，对今文学或偏于今文学的人，多抱异见。他曾自称每与梁启超、麦孟华论及学术辄如冰炭。对于在他以前的龚自珍，章太炎更是不客气地斥为："欲以前汉经术，助其文采，不素习绳墨，故所论支离自陷，往往如谵语。"我曾撰文论证鲁迅对顾颉刚所谓鲧是一条鱼、禹是一条虫的批判，以及对法家和秦始皇的看法，都是和章太炎的观点相同或相近的。

不过，尽管学派上有分歧，但有时也会在文风上和某些观点上趋于一致。我国传统向重温柔敦厚的诗教，文学中的讽刺笔法甚为罕见。龚自珍可谓我国最早的讽刺文学家之一，而章太炎也是著名的讽刺文学家，喜爱讽刺这一点两人并无二致。我每读龚自珍那些思想深邃的系列讽刺文《明良论》《乙丙之际塾议》《古史钩沉沦》，总是感到激动，深为叹服，同时也不禁奇怪何以太炎对龚自珍竟有如此苛刻的评语。学派分歧，有时并不能妨碍对时代的感应和对社会的洞察可能得出同样的结果。自然，这种感应必须是敏锐的，这种洞察必须是深刻的。①

---

① （原注）本文由本人口授，蓝云笔录。

第二辑　艺文鉴识（下）

§ 40

谈卓别林（1943）（《思辨录》第 355 条）

卓别林的可爱处，不是他的八字脚、小胡子，反之，倒是他的不可笑的一面。

一个伟大的讽刺家，所以伟大，也都因为他们有不可笑的一面。在笑中止步，只是滑稽，不是讽刺。读过果戈理的小说，能够懂得他的"含泪微笑"，才能够真正懂得他的讽刺的价值。

不过，果戈理和卓别林又不完全相同，果戈理是要在不可笑中挖出可笑来。罗士特莱夫叫乞乞科夫摸摸狗的鼻头，乞乞科夫一面摸一面说："不是平常的鼻子！"这种交际术，世人不觉得可笑，但是果戈理说他可笑。糖人一样甜的马尼罗夫，世人也不觉得可笑，但是果戈理说他可笑。在平常人所谓合理、崇高、美丽中发现了荒谬、卑鄙、无聊……这就是果戈理的讽刺。

卓别林和果戈理相反，他要在可笑中挖出不可笑。见了人不分贫富一律脱帽行礼，别人说这是愚蠢，卓别林却说是真诚。只懂得爱，爱自然、爱动物、爱人类、爱流浪，不打他的人他都爱，打过了他的人他还是爱，别人说这是傻，卓别林却说这是崇高。用丑代表美，用笑代表泪，用蠢代表真，用傻代表爱，这是卓别林对于世界无可奈何的讽刺。人间没有绝对真、绝对爱、绝对善，即使有，也只能在一个丑角身上看到。卓别林的悲哀就在这里，所以他说：

> 我把这可怜的小流浪人，这怯弱、不安、挨饿的生物诞生到世上来的时候，原想由他造成一部悲惨的哲学。

踢开功利的算盘，撕下虚伪的面目，才能懂得卓别林的伟大。世故，伶俐，圆滑如珠，到处滚来滚去的聪明人，只有把卓别林当做一个滑稽的小丑，加以无情的讪笑、玩弄甚至迫害。卓别林固然不幸，我们也同样不幸，因为产生这种丑角的世界是悲哀的。幸福的世界，就绝不会有卓别林似的丑角，也绝不会有嘲笑卓别林的聪明人。

§41

《约翰·克利斯朵夫》（1945）（《思辨录》第352条）

……我第一次读到这本书是在四年前。那时的情形我记得很清楚，我一早就起来躲在阴暗的小楼里读着这本英雄的传记，窗外可以看见低沉的灰色云块，天气是寒冷的，但是我忘记了手脚已经冻得麻木，在我眼前展开了一个清明的、温暖的世界，我跟随克利斯朵夫去经历壮阔的战斗，同他一起去翻越崎岖的、艰苦的人生的山脉，我把他当做像普洛米修斯从天上窃取了火来照耀这个黑暗的世间一样的神明。他行动之前并没有预先看到了成功的希望，等有了成功的保障之后再来动手。他不是为了成功，而是为了信仰才去战斗。当我读到这个不谙世故的大孩子用了拙劣的措辞批评狭窄的小城，批评积满了油垢的艺术界，批评盲目庸俗的小市民，而遭受了残酷的嘲笑和玩弄的时候，我为他的不幸的遭遇流下了同情的眼泪。这时他所有的朋友都不见了，最后一股刚强清明的友谊，曾经在艰难时期帮助过他而他此刻极需要的亲爱的高脱弗烈特舅舅，也死掉了，永远不回来了。包围他的只是含有敌意的眼光，这些人希望他陷落下去，变成和他们一样的平庸。可是克利斯朵夫问答道：

他们爱把我怎样说、怎样写、怎样想，都由他们罢，他们总不能阻止我保持我的本来面目。他们的艺术、思想与我有什么相干！我统统否认！

这种英雄的心使我得到多少鼓舞啊！那时，上海正统治在敌人手掌下，戒严、封锁、屈辱、思想的压迫使许多人陷入极端的沮丧中。可是当我认识了克利斯朵夫的艰苦的经历之后，我看到他处于这样不幸的境遇中仍旧毫不动摇地趱奔他的途程，始终不放松他的远大的理想，什么都不能阻挠他的果敢的毅力。"在这种榜样之前，谁还有抱怨的权利？"比起他的痛苦，那些小小的苦恼又算得了什么？我相信，克利斯朵夫不但给予了我一个人对于生活的信心，别的青年人得到他那巨人似的手臂的援助，才不致沉沦下去的一定还有很多。凡读了这本书的人就永远不能把克利斯朵夫的影子从心里抹去。当你在真诚和虚伪之间动摇的时候，当你对人生、对艺术的信仰的火焰快要熄灭的时候，当你四面碰壁、心灰意懒、预备向世俗的谎言妥协的时候；你就会自然而然地想到克利斯朵夫，他的影子在你的心里也就显得更光辉、更清楚、更生动……

§42

《人鼠之间》（1946）（《思辨录》第 354 条）

《人鼠之间》是斯坦倍克写的一部小说，好莱坞曾将它拍摄成影片。四五年前我看过这部片子，至今仍留下了深深的印象。

在斯坦倍克的小说中，《人鼠之间》是我最喜欢的一本。这本书在国外批评家中间，流行一种说法，认为它是一本难懂的古怪著作。其实，认为它难懂或古怪，正因为他们是批评家的缘故。这只能怪他们没有用朴素的眼光去感受。

如果读者的头脑被机械的教条束缚了，心灵被抽象的封条封闭了，感情也就会随之变得冷淡、枯萎，那么他无论去读什么作品，都会一无所获。一部用至情写下的好作品，你不能用冷静的头脑去读，而是要用热烈的心灵去拥抱，你必须把自己融化到作品的境界里面去，读《人鼠之间》就应该如此。

倘使你是一个吃得太饱、闷得发慌的读者，那么那些流行的侦探小说可以使你排遣一些无聊。它里面有命案，有杀人越货，有血肉横飞的搏斗。但是你如果要在《人鼠之间》找出同样的东西来，你会失望了。《人鼠之间》虽然也有一条命案的线索（李奈无意中伤害了顾利的老婆），但作者并没有在这条线索上浪费笔墨，他只是把这条线索作为衬托人物的背景。

读了《人鼠之间》，我有一种印象，觉得其中的李奈很像雨果《钟楼怪人》中的主角。但是斯坦倍克却没有雨果那种罗曼蒂克色彩。他的人物更平凡，更朴素，更真切。李奈这个大汉，有着巨人一般的体魄，粗野，鲁莽，然而在这粗糙的灵魂中，却藏着一颗赤子之心。他一切都记不住，只记得可贵的友谊。和他有着利害关系的经验他全忘了，但他却忘不了他的好友佐治随便说出来的一句话。他爱朋友，爱老鼠、兔子、小狗……一切弱小柔软的造物他都爱。他是这样幼稚，这样不懂人情世故。他的死，他的悲剧说明了什么？他是一个好人，一个纯洁的人，一个不失童心的人。这样一个人活在这样的社会上，是命定只会是这样的。

§43

再谈卓别林（1946）（《思辨录》第356条）

抗战以来，卓别林的影片几乎没有在上海租界放映过。宣传已久的《大独裁者》，竟没有公演的机会。胜利后，场面伟大、内容香艳的影片纷纷涌入。单以《出水芙蓉》一片来说，演期之久，看客之多，实在是盛况空前，甚至有些军警为了看白戏，还和院方发生冲突。至于想看好片子的影迷，期待已久的几张影片，如卓别林的

《大独裁者》，保罗穆尼主演的《左拉传》《巴士德传》和《人海冤魂》（据英国作家詹姆斯·希尔顿小说 We are not alone 改编）等，至今还毫无消息。

前些天金都剧场放映卓别林的旧片。这些片子多半于十余年前摄制，记得其中有几部是儿时在北平看过的。那时我家在清华园，清华大礼堂每周末放映一次电影。每次演电影我总是早去入场。在黑黝黝的大厅中，电影开场了，银幕上映出一个流浪的小人物，他那圆形的小礼帽，褴褛的破西装，嘴上一撇小胡子，手里执着一根瘦伶伶的手杖，八字脚……这些全是我熟悉的、喜欢的。一看到他，我就知道这是卓别林。现在回忆起来，儿时看过的片子大多已经模糊了，独有卓别林在我的脑海中留下了难以忘怀的印象。他给我带来的，有笑，有泪，有讽刺，有温暖……看完电影回来，在黑夜中走在碎石子的小径上，路旁树丛隐没在黑影中。我心中充满了同情，充满了爱……它们使你感到有一股暖流从胸中升起，不再感觉到夜晚的寒冷。

请你想想这样几幅图画：一个新兴城市的市长，在为一个名人的铜像举行揭幕礼。他发表了一大串演说，赞美这个城市清洁卫生，没有失业和乞丐，但是幕一拉开来，卓别林蜷伏在这个名人铜像的脚下。这是多么深刻的一幅讽刺画，比用语言表现得更强烈。另一张片子，描写一个流浪汉在无可奈何的情况下，收留了一个被社会唾弃的私生子。他们无法谋生，于是想出了一个糊口的办法：儿子先用石块把人家的玻璃窗敲破，然后逃之夭夭。恰巧这时父亲背着玻璃踱过来，叫喊修玻璃窗。这是无言的展示，把当时资本社会的矛盾揭开了。又一张片子中讲到，一对因奇怪的原因结合在一起的朋友，一个是富翁，一个是瘪三。富翁只在吃醉酒时才把瘪三当朋友。他们一块玩乐，一块饮酒，一块倾诉衷肠，互相慰抚彼此的痛苦，甚至企图一块自杀。但是第二天两人酒醒之后，瘪三去找富翁，富翁根本不认得他了，因此闹了许多笑话。从这幅图画中我们可以看到阶级、利害、地位种种偏见像厚厚的油腻一样把人类的本性糊住了。

果戈理说过一句话:"讽刺绝不是游戏场的小丑,站在高台上搔痒,来逗引吃饱的观众发笑。"(大意)倘使说卓别林的笑也是"含泪的微笑",我想这话是不夸张的。他曾经解释自己的装扮:"胡子表示骄傲,破靴表示世界的烦恼。"他企图在这个小人物的身上,把人类共有的许多缺点与美德一股脑地表达出来。

这次放映的旧片,似乎只是卓别林早期的片子,上面我说的是后来他在更成熟的影片中所表现的内容。记得厨川白村曾说卓别林的艺术是低级的庸俗的,即指他在早期拍摄的影片而言。正因为如此,我对于他后来的进步,变得深刻,更觉钦佩。

§44

谈果戈理(1946)(《王元化集》卷一)

果戈理的思想是"反动的"么?果戈理是"地主阶级的代言人"么?那些在地狱里挣扎着的"死魂灵":乞乞科夫、玛尼罗夫、罗士特来夫、梭巴开维支……存在着果戈理自己的形貌和声音么?这些问题我不清楚。不过,我相信倘使果戈理没有以他那纯正的严肃的文学口味和向当时庸俗的腐败的文学潮流挑战的勇气,没有从小地主的自私、褊狭、琐碎中解放出来的清晰目光,没有对人生抱着崇高的理想,那么他就写不出《死魂灵》!看不到"糖一样甜蜜"的玛尼罗夫的背后躲藏着怎样可怕的悲剧!同时,也不会对于为所有的"死魂灵"享受着、咀嚼着的生活有所反抗!

果戈理的作品不是反映星光的玻璃,而是显出微生物蠕动的玻璃。你只要看看那本果戈理笑得最辛辣的《死魂灵》,你就会知道他对于无聊的、庸俗的、残酷的生活,发出了多么悲壮的袭击。你只要看看那篇果戈理笑得最温柔的《旧式的地主》,你就会知道他是多么向往于那种善良的、纯朴的灵魂，同时又是多么强烈地鞭挞了埋藏在尘封里的灰色人物！这种作品难道是一个没有爱、没有感情，只是冷眼旁观，或者违背自己良心的作者所能写得出来的么？

果戈理在《死魂灵》中说道：

> 我要和我的主角携着手，长久地向前走，在全世界，由分明的笑和谁也不知道的不分明的泪，来历览一切壮大活动的人生。

果戈理是有意识地要以他的作品和当时俄国那些无聊的作品站在相反的方向。他不顾批评界的诽谤，不顾读书界习惯了的口味，抛弃了认为文学是"被装饰了的自然"的陈词滥调，把"下贱的人物"带进文学里。他的《外套》是承继了普希金的《驿站长》的传统，而且把它确定了，发扬了。克鲁泡特金甚至带着夸张的口吻说："自从果戈理以来，每一个俄罗斯的小说家，都可以适合地说是在重复着这部《外套》。"

果戈理最容易引人注目的特点，就是"笑"。他的笑是"含泪的微笑"，而不是小丑搔痒一类的噱头。一旦领会了果戈理的"笑"之后，你就不会再要去欣赏那种浅薄的幽默，你就会觉得被人捧得上天的那些"讽刺名剧""讽刺名诗"不过是像顽皮的小孩子在别人背上画乌龟一样胡闹与可笑！你会觉得真正的讽刺和说几句俏皮话、揭发私敌的一点隐私，是有天渊之别的。

有人说，果戈理的作品，只有笑声在响动时才成功，笑声消失了，跟着也就是失败。的确，我们读他的《塔拉斯·布尔巴》，开头一看到父子以相打作为见面礼时，我们是被抓住的。但是底下，果戈理描写安德莱的恋爱，刻意地要抒情、要美化，人物就变成剪贴的纸人一样呆板了。

还要补充说：果戈理的作品，只有笑得愈认真，愈严肃，才愈深刻，愈伟大。《钦差大臣》是果戈理的名著之一，深刻地揭露了官僚社会的丑恶和腐败，但就我个人的印象说来，觉得其中被人称颂的读信的一场，听壁角的一场，似乎过于夸大，追求趣味性，这也许是他还多少受了当时的戏剧界的风气的影响罢！

§45

谈陀思妥耶夫斯基（1946）（《王元化集》卷一）

高尔基说陀思妥耶夫斯基是"充满了毒素的天才"。鲁迅也说陀思妥耶夫斯基是他"尊敬而不能爱的作家"。关于陀思妥耶夫斯基的思想，像《卡拉马佐夫兄弟》中所蕴涵的复杂而带有宗教意味的斯拉夫神秘思想，我不大懂，不能说什么；可是他的《穷人》《被侮辱与被损害的》这些作品，曾经使我激动，是我喜欢的、爱读的。

我所读到的那些古典名著，有两种不同的创作态度。一种是作者在写作前就已经有的一个固定意图，一个事先拟好的计划。我们在读时，可以清清楚楚地看到艺术家刻意创造的斧凿痕迹。可是另一种像《穷人》这类作品就不同了。我们从中所看到的不是一个在精心制造艺术的作家，而是和我们一样身上没有任何标记的人。他们因为爱，因为痛苦，因为生活的压迫，在倾诉，在呐喊。这种作品不是像我们有些作者一样，临时跑到妓院中去体验，或者跑到交易所去观察、收集一些材料，就可以写得成功的。也不是生吞活剥几本政治经济学的书就可以写得成功的。他们需要具有拥抱人生的伟大胸怀。艺术作品是不能弄虚作假的，那里是任何人都无从遁形的所在。

陀思妥耶夫斯基的小说，现在已拥有广大的读者群。许多人喜欢陀思妥耶夫斯基的作品，只是喜欢它的曲折的情节，喜欢它突兀的笔法，喜欢它那带有精神分析学味道的心理描写。这可以《罪与罚》为例。其中拉斯诃涅考夫谋杀那个放高利贷的老太婆一场，是最被人称颂的。据说美国读者最喜欢的俄罗斯作家，是陀思妥耶夫斯基。最近我见到美国大学用的一本文学教科书，就特地选出上述的那一节作为学生研读的范本。如果你喜欢陀思妥耶夫斯基式的心理分析，你可以从这一节里得到满足。曲折的情节，突兀的笔法，使我们如过三峡，沿途风光变化无穷，各种意想不到的景色一一展现眼前。你读它的时候，随着拉斯诃涅考夫的经历，一时紧张，一时萌生了希望，一时又突然陷入了大恐怖。你还可以从拉斯诃涅考夫身上看到各种心理活动的因素，宛如去翻阅一部精神分析学，从而对作者的渊博和深刻发出惊叹。然而我总觉得这似乎并不是文学的正路。因为这样写太追求艺术效果了，太想要通过种种手法去抓住读者了。

真正吸引人的文学作品应该是人物，而不是弃人物于不顾而去依靠其他什么东西。许多人认为陀思妥耶夫斯基的缺点，是他语言拖沓芜杂，形象不够完整，以及行文中时时夹杂着不必要的冗长而枯燥的叙述。其实这些缺陷还不足以掩盖其作品的价值。他的真正缺陷恰恰是在于他打算打动读者，着力去安排情节，卖弄心理分析，以致把本来应该用在需要的地方的才能，过多地消耗在这些方面了。

写实主义这一词语，目前被很多人误解作原封不动地去描写真实细节。要写一个人，就得把他的每根头发都写到。要表现上海的生活，就得把上海的弄堂房子，娘姨买小菜、车夫讲价钱，一股脑儿搬上舞台。自然用这样的眼光来看《穷人》，会觉得他不是写实的。陀思妥耶夫斯基自己曾说，他是"在高的意义上的写实主义者"，真正的画家懂得"谨发而易貌"，真正的音乐家懂得乐曲是不应表现完全和自然一样的马蹄奔跑声、虫鸣鸟叫声。同样，真正的文学家也绝不会认为琐碎的自然描写就是写实主义。陀思妥耶夫斯基所谓"在高的意义上的写实主义"，我想也应该作这样的理解。

§46

在孤独中工作（1950）（《思辨录》第350条）

罗兰的青年时代完全牺牲在枯燥乏味的考试上，为了不负家庭亲人的期望，他一步步地通过高等师范学校、学士、研究生……的考试。正当这一切最繁重的工作都做完了、上流社会的大门为他洞开的时候，他却不愿跨进去，而宁肯挑选一条艰苦的道路。甚至连深爱他的老师迦勃里尔·蒙诺也认为他放弃即将获得酬报的教书生活是一种"轻率的举措"。但是他早已决定了永远不做一个"只求成功，企图通过最稳当又最方便的捷径来达到目的的人"。

这样一个默默无闻的青年人，竟准备向整个堕落的文学潮流挑战，自然这不是一件容易的事。敌人的力量是这么强大：占据了全部的出版物，垄断了所有的剧场，阻断了他和读者的一切交通。他的经济又是经常受着威胁，没有一个有力量的朋友。在新闻界、出版界、剧场方面得不到丝毫的同情。虽然他写了一打的剧本，而其中八本竟未能印行，上演的只是少数几个，而且没有演过几晚的，大多只演一次便无声无息地埋没了，除了他那信任的朋友玛尔维达推崇过这些剧本以外，谁也没有提到过一个字。他和几个朋友自己掏腰包办了一个刊物，不登广告，也不领取一文稿费，默默地支持了十五年之久。他预备写出一系列的如历史铜像的英雄传记。就在他们的刊物上发表的《贝多芬传》以及其他几本传记，也被人当做废纸似的忽视了。甚至当他发表了八卷《约翰·克利斯朵夫》以后，他还是默默无闻，没有回声，也没有响应。虽然有好几次，只要他表示妥协就可以得到声名，但他都毫不犹豫地傲然地拒绝了。等到《约翰·克利斯朵夫》的《节场》那一卷发表了以后，他从此永远失掉了巴黎出版界对他的善意。

十年、十五年、二十年……他一直在孤独和寂寞中工作着。他在《约翰·克利斯朵夫》中写下的这句话:"他的目的不是成功,是信仰!"为了信仰就不怕失败、不怕受伤,为了洗清积满油垢的艺术界就不怕被冷淡、被打击、被围剿。

他说:"世上不是稀稀落落有几颗石子,人类的元气真要丧尽了。"正是他才在巴黎的艺术"节场"中坚持了光明和进步。

§47

斯坦尼不懂契诃夫(1950)(《思辨录》第340条)

刚开始读契诃夫剧本的时候,也许会感到枯燥、沉闷和疲倦。这几乎是许多人的共同感觉。斯坦尼斯拉夫斯基也这样承认,他讲到初读《海鸥》时说:

> 我一点也不懂得那剧本,只有在工作的时候,在潜移默化之间,我才熟悉了它,不自觉地爱上了它。

在《我的艺术生活》中,他也讲到当丹钦柯起初向他解释作品的"迷人处"时,他很喜欢这剧本,可是只要等他拿着书和脚本一个人留下来的时候,他又重新觉得枯燥起来。这个原因并不难找出,因为契诃夫的剧本不是那些在"舞台上所熟见的"戏剧,而是在"现实生活中所熟见的"戏剧。即使在艺术剧院成立以后,斯坦尼斯拉夫斯基仍旧不能完全按着内在的需要而运用他所特别丰富的外在颜色。在导演艺术剧院第一个节目《沙皇费阿多》的时候,斯坦尼斯拉夫斯基仍旧喜欢他常常说的"新奇",用他所发现的动作、服装和惊人的装置来吸引观众的兴趣。一旦从这种颜色、心像、呼喊等等悦目的堆砌转而必须去面对契诃夫笔下的日常现实生活,就宛如走入"一个相对的无人世界"。斯坦尼斯拉夫斯基并不讳言,即使他接受了契诃夫的剧本以后,他还没有完全摆脱掉过去吸引他的戏剧性，他说他在导演的时候，为了"帮助演员，唤起他们情绪的记忆……惯于滥用光与听觉的舞台手段"。正是这缘故，他才在《万尼亚舅舅》中使用过分的蟋蟀鸣叫的效果，他才把特利果林想象成与契诃夫后来所说的"花格裤、破洞鞋、臭雪茄"完全相反的风流倜傥的花花公子。照当时斯坦尼斯拉夫斯基的看法，少女尼娜所爱的只能是这样一个漂亮人物，而旧型剧院舞台上出现的爱人情侣也正是这样一个个漂亮人物，可是这又如何能够表现"海鸥"一样天真无瑕的尼娜爱的不是特利果林，只是她自己处女的幻梦——她只是被天才、荣誉、作家、舞台的"湖水"所迷住？又如何能够表现受伤的"海鸥"的真正的悲剧？这距离真实的人生又是多么辽远？同样的理由，斯坦尼斯拉夫斯基不能理解《万尼亚舅舅》最动人的末一幕，万尼亚哭了起来，那个医生亚斯特罗夫怎么竟能够在这样悲剧性的场合，毫无心肝地吹着哨，而这个医生还是作者笔下赋以深切同情的人物？导演辛辛苦苦培植起来的那种浓厚的悲剧性的气氛，岂不是被这口哨一下子破坏得干干净净？不错，旧型剧院的舞台上是永远不会容许它发生的。可是我们再想想契诃夫在他书简中说的这句话："长久在心上拖着伤痛的人类，常常是只吹口哨的……"那么，这不是我们在生活中所熟见的么？斯坦尼斯拉夫斯基后来终于同意了契诃夫的意见，到底明白了契诃夫关于不要任何声音效果"或者一只蟋蟀"这种善意的讽喻。

§48

批评家对《海鸥》的攻击（1950）（《思辨录》第 341 条）

许多批评家早就对契诃夫下了盖棺论定式的结论。当时攻击契诃夫最烈的是"操着有创造性的新型文艺的缰绳"的著名理论家米哈伊洛夫斯基，他不断地强调说，契诃夫是一个没有思想的作家。他的意见几乎获得了一致的响应。另一批评家基契耶夫发出了更古怪的论调，他指责《伊凡诺夫》，竟用尽一切辩辞来证明契诃夫因为是个医生，所以不能作诗人。等到彼得堡那次《海鸥》公演惨遭失败的消息传开以后，那些批评家好像比赛毒舌似地纷纷叫喊着："……那时就好像有一百只蜜蜂、黄蜂和雄蜂，充满了剧场的空气。"——"个个人脸上都羞得通红。"——"无论是思想、文学，或舞台技术，从哪一方面看，契诃夫的这出戏，也都不能说是坏，只是绝对无意识而已。"——"这出戏是坏到无可再坏了。"——"这出戏给人一个压倒一切的印象，就是：它既不是一出严肃戏，也不是一出喜剧。"——"这不是《海鸥》，只是一个野狐禅。"……

他们众口一词地断定契诃夫的戏剧是完全失败了，而主要的责难除了思想问题以外，几乎多半是针对契诃夫缺乏所谓"戏剧性"。照这些人看来，"戏剧性"就是他们已经习惯了的那些：紧凑的剧情、紧张的高潮、适当的悬置、巧妙的穿插……换句话说，就是一个精巧的工匠无不具备的那种"技巧"，而这个"技巧"是被那些贫血的作者借来当做孔雀尾巴似地装饰在作品之中的。

§49

生活吸干了他的生命（1950）（《思辨录》第343条）

我很喜欢《万尼亚舅舅》这个剧本。万尼亚一出场就神经质地抱怨着，如同哈姆雷特一样，他几乎总是说着带刺的反话，接着又并非真正恋爱地追求别人的妻子，最后甚至要用手枪打死一位大学教授——"一个领有证书的人物"（这是引用皇家剧院检查剧本的一位官员的话，《万尼亚舅舅》未能在皇家剧院演出就是由于这个缘故）……这是怎么一种人？怎么一种性格？当我们在第一幕看到大家坐在花园里用茶，空气充满了和平与恬静，有人赞美着天气的优美，这时万尼亚突然说：

让人上吊的好天气!

在这种情形下,要把作者对于万尼亚的同情,清清楚楚地找出来是可能的吗?同样的,这剧本中的那个大学教授,他有相当的智慧,受过良好的教养,他喜欢谈论人生的哲学,对人的态度也可以说相当坦白,万尼亚的母亲简直把他当做"英雄"似地崇拜着。在第三幕中,他把大家集拢来,声明他要卖掉他的前妻——万尼亚的姐姐——的田庄。这田庄是万尼亚充满了珍贵的回忆的地方,又是他埋葬了自己的一生的地方……可是教授说明他卖田庄的理由道:

我生来就不适合乡村……

一句话就把这位教授的面具揭开了,你越听下去,你就越明白这是一个渺小的、狭窄的、自私的人物。

倘使你明白了万尼亚的那个时代,他的死气沉沉的、灰色的生活环境,他的枯燥、简单而又可怕的生活历史……那么你就会自然而然地从万尼亚的抱怨、妒忌、怀恨、争吵、反话……这些支离破碎的言语和行动的后面,发现他的真诚、善良、充沛着无处可使的生命力,以及如何在"广袤而杂乱的俄国的穷乡僻壤悄悄地腐蚀了一生"。枯燥、庸俗、可怕的生活环境,吸干了他的生命,使他变得暴躁、乖戾、怀恨、妒忌……

在最后一幕,那些无止境的、无聊的争吵已经过去了,老教授赛布雅可夫和他的年轻的妻子叶琳娜离开了,万尼亚舅舅他们似乎恢复了过去的生活,在安静的夜晚工作着,笔在纸上沙沙地写着,蟋蟀唧唧地叫着,温暖、舒适。表面上看,这一切是多么平静!这时,阿斯特罗夫医生走到地图前面:

我看,这会儿在非洲那种地方一定还是热得怕人罢?

马雅可夫斯基曾说过，别的剧作家需要用自杀去解释的东西，契诃夫仅仅用这一句话把它表现出来了。

§50

庸俗胜利了（1950）（《思辨录》第345条）

契诃夫在《三姊妹》中，写出了庸俗和虚伪的胜利。娜塔霞和三姊妹的哥哥安德烈结了婚以后，闯进她们的家庭，一步一步地变成家庭的主人。契诃夫没有把娜塔霞写成一个天生的邪恶的性格。这完全是一个有血有肉的人物。可是你愈看下去，就愈感到她的庸俗、虚伪、自私。她的感情愈真实，你就感到她愈可厌。对于孩子的母爱，应该是动人的、使人感动的。可是当娜塔霞向人夸奖自己的孩子时说："这真不是一般的小婴儿！""真是一个可爱的小宝贝！"你不由得要从心坎里感到厌恶，觉得她的生活的天地是狭窄的，只关心自己的态度是庸俗的。后来，你看到她为了自己的孩子的缘故，竟要伊琳娜让出房间，搬去和俄尔迦一起住，并且禁止假面舞会的举行，粗暴地夺去别人的欢乐，这时，你就会发现她的母爱原来是损害别人的最卑鄙的自私自利。

高尔基在回忆契诃夫的时候说过："庸俗是他的仇敌；他能够随处发现'庸俗'的霉臭，就是在那些第一眼看来好像是很舒服，并且甚至光辉灿烂的地方，他也能够找出那霉臭来。"娜塔霞的恋爱，她对自己孩子的真情的喜爱，她的管理家务的老练精干，甚至她在腰上束着的有光的绿色带子……都使人闻到庸俗的霉臭。契诃夫之所以有这种"随地发现和暴露'庸俗'的技巧，是只有那些对人生有高的要求的人才能够有的，而且也只能够由那种想看见人成为单纯、美丽、和谐的热烈的愿望产生。在他的身上，'庸俗'遇到了一个严厉而公正的裁判官"。

《三姊妹》的结尾，庸俗和虚伪战胜了，娜塔霞像黑影一样遮没了一切。在娜塔霞的努力下,哥哥安德烈更变得懒惰、麻木、阴郁,他放弃了做一名学者的念头,甚至安心在妻子的情夫名下做一个地方自治会的会员,不准手下人叫他的名字,要叫他"大人"。大姐俄尔迦亲眼看到妹妹们的生活被破坏,但她没有办法伸出援助的手来,"她的胸怀里面连一个抗议庸俗的有生气、有力量的字都没有"。她只有哭泣。当娜塔霞吼骂老奶妈,叫老奶妈滚出去时,她只能说:"你刚才待奶妈这么鲁莽……对不起,我实在看不惯……我眼里都发黑了……""亲爱的,你要懂得……我们也许受的奇怪的教育;我真受不了。这样的待人我真难受,我要病了……我真绝望!"第二个姊妹玛霞,从表面上看似乎有着怪僻、无恒、刻薄的性格,但这是不幸的生活给她的。实际上,她善良,洋溢着热情,有着天真的崇高的梦想。她和魏尔希宁的恋爱,完全不是一个军官钟情有夫之妇的缠绵的俗套恋爱故事。他们分别的时候,玛霞一个人孤单单地留下来,站在篱垣旁边,正在开拔的军队的军乐声还可以隐约听见,一阵痛哭窒息了她。她不由自主地唱着"海湾里有棵碧绿的橡树"……她充满"生活的渴望和对生活的怨恨"。那个最小的姊妹伊琳娜,在最后更是陷入不幸之中,她是违背了自己的意愿去嫁给男爵屠寻巴赫的,因为这是唯一的办法,至少男爵并不坏,无论如何将来的生活要比眼前有希望。可是连这个也被剥夺去,男爵在决斗中被打死了。

在这样的生活里,娜塔霞征服了一切。庸俗和虚伪战胜了!

§51

契诃夫的"小笑话"(1950)(《思辨录》第 346 条)

契诃夫笔下的许多人物都是我们所熟识的:死去了儿子,找不到人倾吐衷曲,只有和自己的小马去谈心的贫穷的老车夫姚纳(《苦恼》);思想僵化,以机械死板的规律,去限制并妨碍所有人的普利希别夫（《下士普利希别夫》）；照例在打输了牌或闹过酒之后，就要痛骂妻子儿女的家庭暴君日林（《家长》）；发现小时同学做了枢密顾问官，就马上改变口吻，脸上现出一副谄媚的、叫人恶心的恭恭敬敬神气的波尔菲里（《胖子和瘦子》）……这些人物好像生活在我们周围。我们似乎随时随地都可以碰到他们。

　　契诃夫使我们觉得接近，不仅是由于他在作品里所表现的俄国社会和我们的社会有着类似之处，而且也是由于他在作品中所显示出来的对生活的"高度看法"；用这看法"照亮了它的倦态、它的愚蠢、它的挣扎、它整个的混乱……"

　　"笑"是契诃夫作品的特点。从开始以契洪特的笔名发表"小笑话"的时代起，他就运用"笑"这个武器，向专制主义战斗。直到他临死以前所写的最后的一个剧本《樱桃园》，始终没有改变。别人把这出戏当做"悲剧"看待，他不承认，并且认真地称它为"通俗笑剧"。

§52

车尔尼雪夫斯基与《同时代人》（1952）（《思辨录》第246条）

　　他是在上世纪五十年代开始文学活动的。这时，俄罗斯的经济发展和政治发展正面临着剧烈危机，农奴制经济在动摇，农民反对农奴制压迫的斗争在日趋活跃，同时西欧的革命也带来了巨大影响。连尼古拉一世本人都宣称：革命正疯狂地以它的目光注视着神圣的俄罗斯。由于他震慑于革命的事变，就以残酷的手段来镇压、迫害作为当时俄国解放运动主力的平民知识分子。

　　这是一个"检查恐怖的时代"：关于别林斯基和赫尔岑的文章不准发表了，甚至连他们的名字也不准提到了。屠格涅夫因为写了一篇悼念果戈理的文章而被逐出彼得堡。萨尔蒂可夫—谢德林因为写了中篇小说《纷乱的事件》而受到流放处分，奥斯特洛夫斯基因为写了喜剧《自家人好算账》而受到警察的监视……对文学活动的迫害一连串地出现了。

一八五三年，车尔尼雪夫斯基参加了《同时代人》的编辑工作。很快的他就成为这个杂志的思想上的领导者，使它成为宣传革命民主主义的机关刊物，成为反对专制政治和农奴制度的论坛。一开始，车尔尼雪夫斯基就知道这是一场艰苦的战斗，他准备为此付出代价。他在给自己的未婚妻的信中说：

> 从我这方面来说，把另一个人的生活同我自己的生活结合在一块是卑劣的，可鄙的，因为我不敢确信我能否长久地享受生活与自由。我既然有着这样一种思想倾向，我就应当时时刻刻等待着宪兵出现，把我押送到彼得堡，关进要塞里面，上帝才知道关多少时候。我在这里所做的事情使我很有被判苦役的危险……

六十年代初期是《同时代人》的收获时期，也是遭到严重迫害的艰苦时期。车尔尼雪夫斯基被说成是"一个吞噬一切的怪物，一个类似马拉或者几乎是彼得堡的纵火者那样的人"。造谣、诽谤、告密……接着来的是沙皇政府的加紧的迫害和摧残：杂志屡次受到当局的警告，随时都有被罚停刊的可能。在不到一个月的时间内，两位经常给杂志撰稿的作家被逮捕了。就在这一年内，车尔尼雪夫斯基的战友杜勃罗留波夫逝世了。第二年（一八六二）沙皇政府逮捕了车尔尼雪夫斯基，没有找到任何的法律根据，就对他作了荒谬的判决。他在被捕以后，受到了粗暴的侮辱，被判处了七年多的苦役，囚禁了二十年以上，而且其中有十一年都是被监禁在可怕的维留依斯克的狱中，这是被称为"世界的边缘"的北方的一个地名，那里是"凄凉、冰天雪地、有八个月长的残酷的冬天统治着的不毛之地"。

苦役、精神上的凌辱、长期的监禁……都没有摧毁他的信念。沙皇政府要他提出呈请赦免的请求书，他断然回答："我认为我的流放是因为我的脑袋和宪兵长官苏伐洛夫的脑袋的构造不同，难道这也能请求赦免吗？……我肯定地拒绝提出请求。"

§53

毅然走着相反道路的果戈理（1952）（《思辨录》第242条）

文学园地是这样荒凉，仿佛活动和生命已经结束了，武器的铿锵声已经完全安静下来了。文学表现得没有性格，对社会没有力量，也没有影响。文学意见是这样脆弱和动摇，文学问题是这样暧昧和费解。阴沉和僵死的气息笼罩了一切……

在卑微的琐事的格斗中文学变得虚浮、堕落……

——涅克拉索夫

用嘈杂的喧嚷叫嚣遮没了一切的是些什么人？就是那批文学告密者，宣称自己的"一只小指头比所有的文学家的脑袋有着更多的智慧"的布尔加林之流；就是那批辞藻玩弄者，大言不惭地把自己拟为"俄国的巴尔扎克"，说自己的作品"给俄国文学打开了民族性的门"的马尔林斯基之流。泛滥在读书界的是什么作品？就是那些盲目模仿外国、贩卖廉价的"理想"、刻画的人物都是从一个模子里铸出来的同胞兄弟似的作品。这些作品装腔作势地卖弄着机智，宣扬着廉俗的道德教诲，修饰着像客厅地板一样光滑的文体，为了强求意义才用思想去凑合语言……

这时，毅然走着相反的道路的果戈理的作品，怎么能够不被看做异端？要肯定果戈理的价值，就等于有意地去冒犯当时的权威，反抗当时的潮流。

以一个平民的身份出现在俄国解放运动第一阶段"贵族时期"的别林斯基，在围绕果戈理的战斗中，为树立"自然派"的大旗，他打了多少硬仗！

§54

狂暴的维萨里昂（1952）（《思辨录》第244条）

倘用他自己的话来说，他就是这样一种人："摒弃自己，克制利己主义，把自私的我踩在脚下，为别人的幸福而生存，为同胞、祖国的利益，为人类的利益牺牲一切，爱真理和善良不是为了求得酬报，而是为了真理和善良的本身，背起沉重的十字架，受尽苦难……"

倘用他自己的话来说，他就是这样一种文学工作者："忘我地创造，不求酬报地劳作，打开同胞的心灵，使之吸收善良和真实的印象，揭露罪恶和无知，忍受恶人的迫害，吞吃眼泪浸湿的面包……"

在问题涉及真理，涉及艺术的利益的时候，别林斯基是严格的。但是，他的严格并不像某些评论者俨然以教导者自居，喜欢挑剔，冷酷无情。他对待自己也是毫不宽容的。他说他"赋有着向前进，像对待别人的过错那样直率地把自己的错误和谬论揭发出来的本领"。他不是那种天塌下来也不管，只要自己的自尊心受到一点损伤，就马上跳起来的人。他以为"自尊心受到凌辱，还可以忍受，如果问题仅仅在此，我还有默尔而息的雅量；可是真理和人的尊严遭受凌辱，是不能够忍受的；在宗教的荫庇和鞭笞的保护下，把谎言和不义当做真理和美德来宣扬，是不能够缄默的"。

"狂暴的维萨里昂！"朋友们这样叫他。他对待敌人，是无情的。他不畏强暴，蔑视权势，一个也不宽恕。这使他直到今天还在我们心目中留下不可磨灭的印象，只要想到他，就会赶走犹豫，驱除柔弱，勇气从心里升上来。

那时，莫斯科和彼得堡的青年人，总是从每月二十五日起，就紧张地等待着他主编的《祖国纪事》的出版，互相探问：

"有别林斯基的文章么？"

"有的!"

于是厚厚一本杂志,从一个人抢到另一个人手里,被狂热地吞读下去。

§55

他从不掩饰自己的见解(1952)(《思辨录》第245条)

别林斯基说:

> 难道对智的生活处之淡然的人,能够懂得,一个人可以把真理看得比礼貌更重要,为了爱真理,情愿受到敌视和迫害吗?呵,他们永远不会懂得,这是多么愉快,多么痛快的事:告诉一个不穿制服的退伍天才,他幼稚得以伟大自命,是可笑亦复可怜的,让他认识到,他享到盛名,不是由于他自己,而是大声叫嚣的评论家所造成的;告诉一位宿将,他是由于旧时的记忆或者旧时的习惯,才维持威望于不堕;给一个文学教师证明,他目光近视,落在时代后面,他必须再从字母学起;告诉一个天知道打哪儿钻出来的怪物、老狐狸和维克多,一个文学贩子,他侮辱了他所从事的文学和信赖他的善良的人们,告诉他,他嘲弄了神圣的真理和神圣的知识,使他的名字蒙受耻辱,剥掉他的假面具,纵然是男爵的也罢,叫他赤裸裸地站在世人面前……

他始终怀抱着坚贞的理想和不疲的追求,直率而大胆地阐发真理,毫无掩饰地表示自己的意见。他憎恨那种被他叫做"躲闪"的批评,而以"直率"的批评和它对立。

§56

"契诃夫不叫人恐怖，人反而恐怖"（1952）（《思辨录》第344条）

契诃夫所写的《姚尼奇》，是表现一个人如何陷在庸俗泥沼中的真实而又可怕的历史。

契诃夫曾经说过："俄国人是多奇怪的东西！他跟一个筛子一样，什么东西都留不住。年轻的时候，他贪馋得不得了，只要是他碰到的东西，他都抓来填塞他的心灵；过了三十岁以后，这一切都完了，就只剩下一种淡灰色的杂拌儿。"

姚尼奇就是这样一个典型人物。最初我们看到他的时候，他年轻、生动、有朝气，爱自己的工作。可是在那个沉闷和单调的城市里住了几年以后，他胖了，肥了，变得又肿又红，呼吸困难；而且有了一点一点不自觉的染上手的娱乐，就是每天晚上从口袋里掏出许多行医赚得的钞票。当他听到有房子出卖的时候，就毫无礼貌地去看那幢房子，穿过所有的房间，也不顾到那些惊奇地望着他，没有穿好衣服的女人和孩子，用手杖敲着所有的门，说："这是书房？这是卧房？那间是什么？"看病的时候，他也曾常常用手杖敲打地板喊："我问你什么就回答什么！别多开口！"

专制统治下死气沉沉的灰色的小市民生活，使他完全变了一个人。开头的时候，姚尼奇也想接近人，找人谈话，可是经验一点点地告诉他，只能跟那些人在一起打牌或者吃一顿。如果跟他们谈到些什么不能吃用的东西，他们立刻就会哑口无言，或者发出愚蠢恶劣的议论，使你只能挥挥手，离开他们远远的。哪怕跟他们之中最有思想的人，只要说，"人类往前迈进，再过下去，就会用不着护照和死刑"，这时那位居民就会斜着眼睛，满怀猜疑地瞪他，问道："你是说，那时候大家可以随心所欲地在街上杀人吗？"

在这城市里，被称为最有才能的土尔金一家人，是吸引过姚尼奇的。可是，几年以后，姚尼奇再去拜访他们，发现什么也没有改变，母亲薇拉·约西福夫娜还是在向客人朗诵她自己所作的小说，女儿柯蒂克还是弹奏她的大钢琴，父亲伊凡·彼得罗维奇还是用说不完的俏皮话卖弄他的机智。甚至临别时，伊凡·彼得罗维奇也仍旧对柏娃说："柏娃，表演一个罢！"不过，这时柏娃已经不是一个腮帮鼓起的十四岁的孩子，而是一个长着胡子的年轻人了。姚尼奇看到他还像从前一样，摆好姿势，一只手往上举着，用悲剧的声调说："给我死去，不幸的女人！"这个表演现在只有使姚尼奇生气。他发现曾经被自己欣赏过的这一家人，原来竟是这样浅薄和空虚。

这是一个平凡人的生活历史。描写苍蝇、毒蛇，并不可怕，像姚尼奇所过的生活，才真是令人毛骨悚然。

有人说："安特莱夫叫人恐怖，人不恐怖；契诃夫不叫人恐怖，人反而恐怖。"他深刻地洞察了当时专制社会，通过人人熟悉的平凡的日常生活，揭露了那个畸形社会的矛盾、不合理和无法医治的病症。不理解他的人，以为他的心里藏着可怕的冰块，说他是"用冷血偶然写些事物"，说他是"不可救药的悲观主义者"。但世人知道的他并不是真正的他。

他说："人要活得正派，活得像一个人，就得工作。带着爱和信念去工作。"他又说，可是人们并不这样做，而是拼命地吃喝，喜欢白天睡觉，闭上眼睛就打鼾，简直像狗似的，挨了打就轻轻地叫几声躲到自己的窝里去，得到爱抚就仰面躺在地上，四脚朝天，摇着尾巴……他指出这是可怕的，叫人感到战栗。

§57

哈姆雷特的犹豫（1953）（《思辨录》第325条）

歌德在《威廉·麦斯脱的学习时代》中援引哈姆雷特的一句话：

"这是一个颠倒混乱的时代,唉,倒霉的我却要负起重整乾坤的责任",以为这是理解哈姆雷特行动犹豫迟缓的关键。歌德说:"莎士比亚是要表现一个伟大的事业承担在一个不能胜任的人的身上的结果。在我看来,全剧似乎都是由这种看法构成的。就像一棵橡树种在一个贵重的花盆里,而这花盆只能种植可爱的花卉,树根生长,花盆便破碎了。"哈姆雷特所经历的剧变是他毫无准备也无法承受的。突然间,他的父亲被叔父杀害了,母亲嫁给篡夺王位的叔父。过去在他看来显得那样神圣、可爱、纯洁的东西,一下子变得虚伪、阴暗、险恶……他的周围伏着可怕的杀机,处处都要提防脚下的陷阱。在吹笛子这场戏里,当他的两个友人罗森克兰滋与基腾史登奉命打探他的内心隐秘时,他激愤地对这两个叛变他的朋友说:"哼!你把我看成了什么东西?你会玩弄我,你自以为摸得到我的心窍;你想要探出我的内心秘密;你会从我的最低音试到我的最高音;可是在这支小小的乐器之中,藏着绝妙的音乐,你却不会使它发出声音来。哼,你以为玩弄我比玩弄一枝笛子容易吗?无论你把我叫做什么乐器,我是不让你把我玩弄的。"哈姆雷特在人格尊严受到凌辱时,说出了多么深刻的思想。他并不像世人所说,是一个迟疑不决、优柔寡断的怯懦者。他行动犹豫是因为骤然之间,他经历了一场难以承受的剧变。正如海涅说的,堂吉诃德把风车当做巨人,把娼妓当做贵妇,把傀儡戏当做宫廷典礼;而哈姆雷特却相反,他从巨人身上看出了风车,从贵妇身上看出了娼妓,从宫廷典礼看出了傀儡戏。这使他经历了一场可怕的精神危机,在这场精神危机中,他一下子由幼童变成了成人。

§58

圣像艺术(1953)(《思辨录》第358条)

记得去年国外有个艺术工作团到上海,这个团的一位代表在一次报告中说，我们与文艺复兴时代意大利的艺术家，相隔约有五个世纪了，但我们认为他们所创作的那些优秀的艺术品，对我们仍旧有重大的意义。他们画了一些圣像，难道圣像对我们还有什么意义么？不是这些圣像对我们有意义，而是他们通过这种形式，真切地反映了周围的现实。接着他举出米盖朗琪罗的《大卫》的塑像做例子，他说，《圣经》的内容只是促成艺术家创作的动机，主要的是塑像中所表现的兴奋情绪、战斗的决心、胜利的信念，这是当时时代精神的表现。这样的艺术品是有着永远的意义的，时间不能洗刷它们。这些作品虽然是从宗教故事中取材，却不像当时多数宣传宗教的作品一样，限制在宗教宣传的狭隘的圈子里，到今天已经完全泯没，变成了化石和僵尸。

§ 59

别林斯基论莎士比亚（1960）(《王元化集》卷三《俄国作家论莎士比亚辑录》)

现实诗歌中的构思的朴素是真实的诗的、真实而又成熟的才能的最可信的征兆之一。拿莎士比亚的任何一幕戏剧，例如拿他的《雅典的泰门》来看吧：这个剧本是这样朴素、简单、缺少事件的纠葛，我们简直无法复述它的内容。人们欺骗了一个热爱人类的人，侮辱了他的神圣的感情，剥夺了他对人类尊严的信心，于是这人就憎恨起人来了，诅咒起他们来了：这便是一切，再没有别的什么。怎么样？根据我的话，你能对这位伟大天才的伟大作品构成什么理解吗？呵，一定什么都不会有！因为这概念太平常，太为大家所熟知，从索福克勒斯的菲洛克特被乌里斯所欺而诅咒人类起，以迄于季洪·米黑维奇被淫妇和坏亲戚所欺骗为止，在几千篇好的和坏的作品中，都早已被用滥了。可是用以表现这概念的形式，剧本的内容和细节怎样呢？细节是这样的琐屑、无聊，同时又为大家所熟知，如果我把它们复述出来，是会把你气闷死的。然而，在莎士比亚写来，这些细节却是这样隽永有味，会使你爱不忍释；这些细节的琐屑和无聊准备着可怕的灾变，会使你毛骨悚然，——森林中的一场戏，泰门在疯狂的诅咒中，在辛辣的刻毒的讽刺中，带着凝聚的平静的忧愤，来跟人类算账。再则，怎么给你形容一个自愿的人间零余者的噩讯在灵魂里所唤起的感觉呢！这一切可怕的纵然不流血的悲剧，甚至在朴素和平静中也是可怕的悲剧，是用愚蠢的喜剧、可厌的图画构成的：描写怎样把主人公吃光，帮他把家产败完，然后忘掉他。这些人是：

> 耻于爱情，赶走思想，
> 出卖自己的意志，
> 在偶像面前低头，
> 祈求金钱和锁链。（引普希金《茨冈》）

这便是伟大诗人所创造的生活，或者更确切点说，生活的原型，这儿没有效果，没有场面，没有戏剧性的虚饰，一切都是朴素而平凡的，像一个农夫所过的日子一样，平时吃饭，睡觉，耕地，节日是吃饭，喝酒，喝得烂醉。可是，现实诗歌的任务，就是从生活的散文中抽出生活的诗，用这生活的真实的描绘来震撼灵魂。

——摘自《论俄国中篇小说与果戈理君的中篇小说》（1835）

悲剧表现的不仅是生活的肯定，并且也是生活的否定，——但须是悲剧性格的否定。我们指的是只有强大和深刻的灵魂才能够有的那些可怕的脱离正轨的偏差。莎士比亚的麦克佩斯是个坏蛋，但却是一个拥有强大而深刻的灵魂的坏蛋，因此，代替憎恶，他唤起同情；你会看出他是这样一个人，同样地包含着胜利和失败的可能性，如果走另外一个方向，就会变成另外一个人。可是有一种似乎天生的坏蛋，用廖特歇尔的话说，是人类天性的魔鬼：麦克佩斯夫人便是这样的人,她把匕首交给丈夫,用毫无人性和毫不手软的撒旦式的壮伟,压倒人性和柔弱法则的恶魔的胜利,毅然作恶的地狱样的冷血,来坚定并鼓励了他。可是,这种撒旦式的灵魂,对于女性机体的柔弱盛器是太不适合的,在用理智的混乱解决了心灵的疯狂之后,重荷把她压溃了,同时,麦克佩斯却像伟大的人物一样,去迎接死亡,这样就使那些把他的失败引为道德精神的胜利的读者对他同情起来。一般地说,人类天性的恶魔在我们灵魂里更多的是唤起悲剧的恐惧,却不是人性的同情:只有它们的灭亡,才能够使我们与之和解。在它们里面,有着自己的无限性、伟大性,因为任何无限的灵魂力量,即使仅仅表现在恶里面,也还是带有伟大性的特色,但这伟大性纯粹是客观的,这特色使人不由自主地想去直观,正像不由自主地想看看大蛇和响尾蛇一样,但那是他们原来所不希望的。这样,悲剧的对象也可能是生活的否定方面,但这否定方面必须表现在力量和恐惧中,却不是在琐屑和哄笑中,——在巨大规模中,却不是在局限性中,——在激情中,却不是在小情欲中,——在犯罪中,却不是在小过失中,——在恶行中,却不是在欺诈中。

——摘自别林斯基《智慧的痛苦》(1840)[①]

§ 60

以翻译入文学史(1962)(《思辨录》第319条)

威廉·席勒格(A.W.Schlegel)(一七六七至一八四五)是德国的浪漫主义文学家,主要从事翻译和评论工作。他曾说,他对莎士比亚的钻研,"曾奉献了自己生命中的不少年代"。这不是虚言。仅就翻译作品这一方面来说,他就花费了十多年的心血,惨淡经营,

---

[①] 所辑为满涛的译文。(《莎剧解读》第396页,上海教育出版社1998年)

数易其稿，迄今仍可说是一部优秀的译述。由于这种辛勤的劳绩，他被载入文学史册。勃兰兑斯（G.W.C.Brandes）在《十九世纪文学主潮》中说：席勒格的翻译"可以被视为堪与莎士比亚比肩的德国诗人的作品"。这种说法也许不免有些过分，但席勒格的贡献确实是巨大的。在他以前，还没有人按字逐句地来翻译莎士比亚。他的翻译不仅忠实于原著精神，而且在诗体形式的推敲上也是字斟句酌，煞费苦心。文学史家说，自席勒格的翻译问世，中欧和北欧成千上万不懂英语的读者，才得以发现莎士比亚的才华，从而使这位伟大的英国诗人在自己的域外国度里"复活"了。

§ 61

席勒格的讥讽说（1962）（《思辨录》第 320 条）

席勒格在哲学思想上受到费希特和谢林的影响，他的理论有时带有浓厚的神秘色彩。例如他把莎士比亚说成是"半神""先知""高级守护精灵"等等，都使人有神秘惝恍的虚浮之感。在美学观点上，他和他的兄弟弗里德里希创"讥讽说"（ironic）。黑格尔在《美学》中曾对此说（《美学》朱光潜译本译作"滑稽说"）加以剖析和批判，读者可参阅。席勒格也运用了"讥讽说"去分析莎士比亚使悲剧性和喜剧性互相交叠的手法，以印证自己的观点。他说："人与人之间的关系都可以用一种讥讽的观点来加以考察，而并不混淆区别善与恶的永恒标志。"照他看来，莎士比亚也是按照这种原则来写作的。这种强古人以从己意的说法，显然是牵强附会的。莎士比亚打破古典主义的传统，使用了悲剧性与喜剧性交叠的手法，是一个值得探讨的问题，但绝不能说这是出于莎士比亚对人生采取了一种讥讽观点的缘故。不过，席勒格在评论莎士比亚时，也说出许多精辟的意见。他在《关于文学艺术的讲话》一书中说："人们反对莎士比亚的最大理由之一，就是认为他表现了使人厌恶的道德败坏来伤害我们的感情,毫不动心地把我们投入苦恼之中,甚至还展示了最不堪入目最令人反感的景象来折磨我们的意识。的确,他从来不用悦目的外表去遮盖粗野的血腥的情欲,从来不用虚伪伟大的外表去掩饰罪行和不义:在这一点上,无论从哪方面来说,他都是值得赞美的。"这些意见如果和黑格尔在同一问题上所显示的偏见比较一下,就可以看出席勒格对莎士比亚的理解有时是很有见地的。

§ 62

塞缪尔·约翰逊的"褒贬格"(1962)(《思辨录》第321条)

塞缪尔·约翰逊(Samuel Johnson)是英国十八世纪的著名学者,曾编注过《莎士比亚戏剧集》,他为这部戏剧集所写的《序言》已译成中文(见一九五八年第四期《文艺理论译丛》)。约翰逊的文艺理论与其说是"朴素的现实主义",倒不如说更接近于十七世纪以来盛行一时的古典主义。他主要是吸取了亚里士多德的"模拟说"和贺拉斯的"教益说",因此尽管他为莎士比亚不遵守"三一律"而辩护,尽管他也批判了伏尔泰贬斥莎士比亚的某些观点,可是实质上他像十七世纪法国古典主义派一样,是以理智为基础去衡量文艺作品的。唯一的区别只在于他不是那样呆板死硬地墨守古典主义派的陈规罢了。

虽然约翰逊对莎士比亚的评论也不无一些可取之处,但他的确存在着赫兹列特所指出的那种"时褒时贬"的古怪现象,他的论点缺乏逻辑的一贯性,常常互相矛盾,他所赞扬的东西往往会一变而为他所指斥的目标。例如,他在《序言》中说:莎士比亚的戏剧是"生活的镜子",写得那样自然,那样逼真,以致读了他笔下的那些场景,"连一个隐士也会对尘世间的事务作出判断,甚至一个修士也会预测到爱情怎样发展",而不像"其他剧作家只能用夸张的或涂黑的人物,用难以令人相信的和绝无仅有的美德或罪恶来吸引人们的注意，正如粗俗的神怪小说用巨人和侏儒来刺激读者的好奇心"。这似乎对莎士比亚给予了高度的赞美，可是，仅隔一二页，他就以教诲主义的面目来斥责莎士比亚"牺牲美德，迁就权宜，而不大考虑如何给读者以教导，因此他的写作似乎没有任何道德目的。他没有给善恶以公平合理的分布，也不随时注意使好人表示不赞成坏人"；甚至连莎士比亚的词句也是违反自然的，因为他"喜欢用过多的浮夸华丽的字眼和令人厌倦的迂回曲折的长句，本来应该用几句话把一个事件平易地说出来，他却费了许多话来说它，但仍没有把它说好"等等。这一类以己意要求前人的吹毛求疵的批评，只能说是夸大的、狭隘的、偏颇的。正像赫兹列特所说的，约翰逊不理解莎士比亚，因为他的理智根本无法掌握美。这种抑扬任声的文体，我姑以"褒贬格"名之。

§63

谈史密斯《莎士比亚评论集》序（1962）（《思辨录》第322条）

这篇文章评述了自一六二三年《莎士比亚戏剧集》第一对开本问世直至十九世纪中叶评论的发展历程，由于它所提供的资料具有一定的参考价值，所以我曾将全文译出。

关于作者尼古尔·史密斯（Nicole Smith），译者知道得很少，不能说出什么来。但就这篇文章来看，他显然是属于一种客观主义的批评。他竭力为德莱登（J.Dryden）和约翰逊这两位早期的评论家进行辩解，赞美之诚溢于言表，也许是怀着一种思古之幽情并慑于他们在英国所享有的盛名罢。但是最主要的是这两个人对莎士比亚的评论恰恰都是折中主义的。他们一方面套用古典派的陈规把莎士比亚说得一钱不值，一方面也许是不想违反公众的爱好把莎士比亚说得天花乱坠。我们实在不懂，莎士比亚如果真像德莱登所说的

"他时常是单调的，乏味的，他的喜剧的智慧陷入了生硬，他的豪言壮语陷入了夸大"，"他的才智比他的语言更为粗俗"，那么，这样一个拙劣的诗人还有什么可以值得我们赞赏的地方呢？可是史密斯却同意约翰逊对德莱登评论的评价，因为德莱登也说出一些谀美之词，于是它就成了"赞美的批评的典范"。并且，史密斯还以绅士的礼貌，用委婉的词句，含沙射影地指摘了赫兹列特（W.Hezlitt）对约翰逊的批判（见《莎士比亚戏剧人物论序言》），赫兹列特对约翰逊的批判虽然并不完全正确，但就基本倾向说是进步的，从而取代了体现十七、十八世纪陈腐理论的落后观点。史密斯看不出文学发展史上的新旧之争，他竟认为以柯勒律治、赫兹列特为代表的十九世纪英国莎士比亚的评论"是早期英国评论的自新的直接的发展"。这说明他的文学史的知识是可疑的。

照史密斯看来，只要说莎士比亚是一位自然的诗人就等于说出了真理。班·琼生是这样说的，德莱登、约翰逊是这样说的，柯勒律治、赫兹列特是这样说的，于是英国的评论从十六世纪开始直到十九世纪中叶一脉相承，形成了一种"自然的直接的发展"。史密斯忘记了把艺术当做生活的一面镜子这种观点最早是由莎士比亚本人提出来的（见哈姆雷特对伶人谈话的一场戏）。除了这种不应有的疏忽之外，史密斯还忽略了一个更严重的问题，就是古典主义、浪漫主义、现实主义赋予自然这个字的涵义是具有原则的差异的。如果把它们混淆起来，就等于取消这些流派的根本分歧了。

史密斯对于十九世纪赞美莎士比亚的评论颇多微词，他的贬责有一条是"偶像崇拜"。偶像崇拜往往产生于一种缺乏智虑明达的愚昧，一种幼稚无知的狂热，一种牺牲独立的奴从，自然是可厌的。但是史密斯把偶像崇拜用在莎士比亚身上并不恰当。是的，我们不应该像席勒格那样把莎士比亚说成是一个先知，或者像卡莱尔那样把莎士比亚说成是一个神人（见《英雄与英雄崇拜》）。不过，我们必须把对于杰出人物的崇敬之情和偶像崇拜严格地区分开来。整个十九世纪,除了少数例外,那些文学巨匠和伟大的批评家都对莎士比亚怀着应有的崇敬,如果用"偶像崇拜"去加以指责,那对他是不公正的。就以这一时期的英国评论家来说,也并不全都作出了夸大的溢美赞歌。例如柯勒律治就是一例,他在评论《李尔王》时就指出了这个剧本中的某些缺陷。他是以尊敬之情来指出这些缺陷的。尽管如此,照我们看来,他的评论较德莱登、约翰逊的过甚其词的时褒时贬是更接近于事实的。

史密斯在这篇文章中还竭力为英国的莎士比亚评论家吹嘘,一再强调英国的评论并未受到德国评论的影响。他似乎把影响简单地看成是抄袭或引申别人已经说过的话。但是影响的真实意义应该从文艺思潮上去理解。十八世纪末至十九世纪初浪漫主义思潮统治了西欧的文艺界,这种思潮在西欧各国之间彼此都有着互相影响的痕迹。无论是柯勒律治或是席勒格都卷入浪漫主义思潮中,正因为这个缘故,他们两个人各自独自思考的情况下得出了大致类似的看法。

就笔者的理解,关于英德两国在评论莎士比亚方面谁影响了谁的问题,应该认为是德国人领先的,因为歌德早在柯勒律治和席勒格之前就论述过《哈姆雷特》了,他是他们两人的先驱者。这里还没有把莱辛计算在内。就评论内容的深度来看,英国人也是远逊于德国人的。英国在十六、十七世纪之际出现了伟大的思想家培根、霍布斯等。但是在文艺理论方面,却显得贫乏而平庸。在评论方面只有一个柯勒律治的论文尚有可观,这实在令人为之感叹。

§64

泰纳(1962)(《思辨录》第 323 条)

黑格尔曾经说过:"法国人最不会了解莎士比亚,当他们修改莎士比亚的作品时,他们所删削去的正是我们德国人最爱好的部分。"泰纳(H.Taine)在《英国文学史》有关莎士比亚的章节中一开头也说:"我要论述的是一个为所有法国式的分析头脑和推理头脑所迷惑不解的非凡心灵。"这里指的是法国十七世纪的古典主义派。

统治了法国达两百年之久的古典主义派是以冷静的理智为基础的。古典主义派所谓的"纯正的鉴赏力"是非常狭隘的。他们认为艺术创作在意义和表现方式上都要做到符合规则和沿袭陈规,必须把现实生活刨平磨光,成为概念化的东西。他们使舞台上充塞着矫揉造作和豪言壮语。他们为艺术所规定的清规戒律,使莎士比亚成为不堪卒读的荒谬作品。伏尔泰就这样说过:莎士比亚是一个"喝醉了酒的野蛮人",而莎士比亚的作品只是"在粪便里夹杂着珍珠"。

泰纳的文章可以说是向古典主义派挑战的檄文。虽然他不是头一个起来背叛自己本国传统的艺术家,因为在他以前司汤达和巴尔扎克都以深刻的艺术鉴赏力表示了对于莎士比亚的推崇,可是在法国以反古典主义派的观点比较全面地来论述莎士比亚,毕竟还要算泰纳最早。

泰纳的艺术理论,以笔墨酣畅、风格华丽见称。他那流利的词句,如瓶泄水,使读者毫不疲倦地一口气读下去。在莎士比亚论中,他企图通过作品的分析,描绘出一幅作者的肖像,以显示作者的精神面貌。这种写评论的方法,可以说是另辟蹊径,别具一格。他在理论表述方式上也显示了强烈的艺术色彩。他的语言充满形象,采用了各种比喻,显得生动活泼,使读者产生一种具体感受,从而往往把读者不知不觉地引导到他的论据方面,自然而然地被他的观点所感染。

就思想体系来说,泰纳属于文化历史派。文化历史派是指十九世纪下半期受孔德实证主义影响的一些理论家。在法国有泰纳,在丹麦有勃兰兑斯(即《十九世纪文学主潮》的作者),在德国有谢莱尔(德国语言学家)。泰纳认为决定一部文学作品有三个最根本的因素:"种族、环境和时代。"其中作为"第一性因素"的"种族",

属于主观感觉的天赋、情欲、本能、直观、想象等性质,成为决定一切的"永恒的冲动"。这个"永恒的冲动"是形成历史发展的根本动力。他像孔德一样,把力学、生物学、社会学综合在一起,并且宣称科学的任务是描写人类的主观感觉。他在论述莎士比亚的时候,自然也不免流露了这种实证主义美学观点。例如他说:"人们把一切事物都涂上了自己的思想色彩,人们是按照自己的观念去形成世界的。"他认为莎士比亚本人身上的种种性格特点,都必然会在他笔下人物身上反射出来。他在反对古典主义派时所流露的直观主义,有其积极方面,也有其消极方面。

§65

柯勒律治谈《理查二世》(1964)(《思辨录》第 324 条)

柯勒律治(S.T.Coleridge)是个诗人,又是一个哲学家,他的评论显示了他的深思和诗人气质,但也多少带点神秘意味,这使他的文笔显得相当晦涩。在英国莎学研究著作中,我最喜欢的是柯勒律治的《关于莎士比亚演讲录》。虽然我读这书很吃力,因为其中夹杂着不少希腊文、拉丁文、苏格兰文;还有许多双关语、隐喻、省字符号。但耐心读下去,仍可发现其中闪烁着机智的光芒。我曾经尝试翻译这本书的《论〈理查二世〉》,终因困难,未能完稿。

柯勒律治在谈到《理查二世》这本剧本第一幕第四场时作了这样的分析:这一场有一道新的光芒照射到理查的性格上面,在这以前他一直显示了君王的华贵,可是这一场,当他一旦无拘无束的时候,他性格中的固有弱点马上显露出来了,这种弱点并不在于他缺乏个人的勇气,也不在于才能上存在某种缺陷,而是由于他具有一种脆弱气质,使他感到有依赖别人支持和信赖那批谁都知道的下流角色的需要。必须把理查的一切恶行看做是这种弱点的后果。他的隐瞒和狡诈，所有这些手段都完全是为了排除眼前的困难。他不是一个堕落的人，可是我们在他身上看到人们通常具有的那种诡辩。人们可以用这种诡辩欺骗自己的良心，为自己的过失进行辩解，同时在日后再重蹈覆辙。柯勒律治认为，莎士比亚以非常独特的方式再现了这种特性。他并没有把理查写成一个可爱的人以抵消他的过失，而是依靠的不应受到的折磨和逐渐露出使人同情的善良，毫无保留地把这些过失公开地全面地揭露出来。这所以可能，是由于理查的过失不是积极为恶，而是萌于他性格上的缺点。柯勒律治在谈到第二幕第二场时，对理查的性格作了补充说明。他认为莎士比亚并没有把理查写成一个粗鄙放荡的人，而是把他写成一个表面看来任性的人，一个脆弱的友情主义者，一个对自己所接近的人具有妇人般的爱心的人，一个误认那些被自己所爱的人也必然爱自己而感到喜悦的人。柯勒律治认为，莎士比亚总是尊重所有人的天性的产物；他从不以轻蔑的态度去阐述真实的（不管是多么难以说明的）人类的感情来玷污他的缪斯。

柯勒律治提到了这个剧本的另一个人物，他认为在莎士比亚作品中很少有其他人物比约克的性格写得更令人赞叹。约克的宗教的虔诚和他对君主愚昧所感到的深刻悲哀产生了剧烈的矛盾。他恪守着他的誓言和他的忠诚。观众可以看出他的老年的衰弱和环境的不可抗拒。他竭力要在抽象的忠心中得到慰藉，甚至不惜付出牺牲自己儿子的重大代价。这种偶发的软弱，跟理查不断增长的思想力和不断减少的行动力是平行的。

柯勒律治时或从一句台词中揭示出人物的心理和性格。当波林勃洛克击败理查，以胜利者的口吻说："贵爵，请你到那座古堡的顽强的墙壁之前……"柯勒律治言简意赅地指出："看：波林勃洛克在踌躇满志和必须做作之间的微妙的心理斗争。"这些都是十分深刻的。

我对柯勒律治没有什么研究，小时上英语课时，读过他的《古舟子咏》，其中若干警句，至今尚可背诵。后来读过他的几篇哲学性很强的论文，而读得较多的就是《关于莎士比亚演讲录》了。

§ 66

摆脱阶级观点局限（1964）（《思辨录》第 329 条）

莎士比亚笔下的一些英雄人物如亨利五世和《约翰王》中的庶子菲利浦，是体现了刚刚从封建社会母胎脱生出来的新兴资产阶级依附王权去消灭封建割据的观点。可是，莎士比亚在另一些剧作中却摆脱了这种阶级观点的局限。比如《李尔王》就存在这种情况。李尔让出王位之后，失去了君王的尊荣，降到底层。当他认识到并懂得了民间的疾苦，人的感情在他身上觉醒起来。他在大雨倾盆、狂风怒吼、雷电交加的旷野上所发出的那段关于"衣不蔽体的人们"的独白，曾被一位英国评论家（柯勒律治）说成是比大自然的暴风雨更为壮烈的心灵的暴风雨。我们可以把它看做是莎士比亚本人的动人心魄的内心表露。倘使莎士比亚对于资本主义原始积累时期的圈地运动的羊吃人的现象，和由此所造成的无家可归的流浪汉遭受统治阶级血腥立法的残酷迫害，不是抱着深恶痛绝的态度，他是写不出这场戏的。在同一剧作和另一剧作中，莎士比亚还如实地反映了出现在他那时代的另一类人物形象，他们泼辣、强悍、精力饱满，却又像魔鬼般的奸诈，像豺狼般的狠毒，这就是那些在资产阶级萌芽时期的最早野心家、冒险家爱特门、埃古之流。倘使莎士比亚不是对他们疾恶如仇，就不会像禹鼎铸奸般地把他们载入自己的戏剧史册，垂诸后世。对于莎士比亚这样的作家究竟应该怎样予以正确的评价？按照通常的说法，就是这些作家体现了人民的要求和愿望，他们的作品是具有人民性的。这样说往往被笼统地加以解释，成为一个模糊的概念。我们这里通常把文艺复兴说成是资产阶级上升时期，并认为在这样的时期，资产阶级和无产阶级的矛盾尚未激化，而且在反封建、反神权方面，资产阶级和劳动人民的基本利益是一致的。这就是资产阶级作家可以体现人民的要求和愿望，在作品中表现人民性的理由和根据。六十年代苏联出版的奥夫斯亚尼柯夫编撰的《简明美学辞典》仍沿袭这种说法。实质上，这种说法是以资产阶级在上升时期和劳动人民有着基本一致的利益为前提的，因此这可以被理解作资产阶级作家表现的人民性仍然是站在资产阶级立场上反映了资产阶级的观点，从而小心地回避了恩格斯指出的"无论如何都是不受资产阶级观点局限"的科学论断。为什么要采取这种遮遮掩掩的态度呢？我们应该理直气壮地承认这一真理：在某种情况下作家可以在一定程度上摆脱阶级的制约，不受阶级观点的局限。

§67

巴尔扎克的小说情节（1976）（《思辨录》第338条）

巴尔扎克的写作生涯不容许他从容不迫地精心撰构，他像一架写作机器，每天的工作时间都排得满满的，恐怕连构思都是匆忙的，赶时间的。

如果挑剔的话，他在小说中安排的某些情节，就不总是经得起细心读者认真推敲的。例如《邦斯舅舅》中，作者说，邦斯不知道自己收藏的古董在市场上的行价，因为他不上拍卖行。直到庭长太太带着女儿到他家里相亲那一天，他才从浪子勃罗纳那里发现自己的收藏原来是一大笔家财。这里有一个很大的破绽。在此以前，我们从小说中已经读到，邦斯在送给庭长夫人那柄华多绘的扇子时，曾经说出了一大批古董（瓷器、家具、绘画）的行价，甚至连古董商人都要向他求教。我们能想象邦斯天真到连自己的收藏家底的一个大概数目都不清楚吗？还有，邦斯给庭长女儿和勃罗纳做媒，开头是那样一帆风顺，可是眼看大功就要告成的时候，勃罗纳突然提出了独生女问题，于是一下子告吹了。这种急转直下的情节，虽然很能吸引读者，但也是不自然的，这是一般以出其不意取胜的情节小说的通病。不幸，巴尔扎克有时也采取了这种手法。这并不是说出人意料的情节都是坏的。戏剧情节的传奇性就是值得赞美的。在莎士比亚笔下，无论怎样突如其来的情节，都具有充分的说服力，是可信的。读莎士比亚的时候，自然而然地被情节所卷走，不感到它们的离奇曲折，只觉得惊心动魄。而一般情节小说，只是在挑动读者的好奇心，迫使读者只是想知道：下面会发生什么？结局会是怎样的……

§68

黑格尔论莎剧的偏见（1980）（《思辨录》第318条）

我们究竟应该怎样看待那些揭露丑恶或抉发弊端的作品？这类作品往往遭到人们的误解。但文学不应说谎，不应粉饰。刘勰在一千多年前就曾经批评过那些回避生活真实的玄言诗赋。他所说的："世极迍邅，而辞意夷泰"，就是对这类虚假作品的针砭。在我们的文艺界，歌颂和暴露向来是一个有争议的问题。我很怀疑文学作品能不能按照长期形成的习惯划分为歌颂文学和暴露文学，我更不能赞同把那些抉发弊端的作品看做是违反文学将人提高的使命的。我认为，这是一种误解。倘使追源溯流，应该说它根源于古老的美学偏见。黑格尔在《美学》的绪论中，曾指出西方惯用的几个美学名词（Asthetik 或者 Kallistik）都不能十分恰当地表现美学的内容。但是，他自己也没有摆脱上述那种偏见，对美作出精确的界说。他在《美学》中说："如果事物内在的概念和目的本身已经是虚妄的，原来内在的丑在它的外在的实在中也就更不能成为真正的美了。"由于强调理想美，他认为反面的、坏的、邪恶的力量不应作为不可少的反动作的根源，这种偏见使他对自己所崇敬的莎士比亚也作出了一些显然错误的审美判断。比如，他认为艺术不应引起罪恶和乖戾的印象，因而他对《雅典的泰门》和《李尔王》都不无微词，责备前者"没有合理的情志"，而后者则是"渲染罪恶"。他说："古代大诗人和艺术家从来不让我们引起罪恶和乖戾的印象，莎士比亚则不然，他在《李尔王》悲剧里却尽量渲染罪恶。"黑格尔偏爱古希腊艺术，将它标准化、偶像化。他的美的理想仍受到艺术只应表现美好事物的传统美学观念的束缚。正像车尔尼雪夫斯基所说的："把艺术作品必要属性的形式美和艺术的许多对象之一的美混淆起来了。"其实揭露黑暗与丑恶正需要作者的心的光明。果戈理曾经很机智地说明了这一点。有人问他作品中的肯定力量是什么的时候，他回答说："我的'笑'。"幸而黑格尔常常从抽象领域进入到现实世界，摆脱了他的思辨结构框架，这才使他对许多作品也包括莎士比亚剧作，作出了深刻精辟的分析。如果他僵硬地死守上述那个美学命题去评骘一切，那么，他那部具有卓识的《美学》就将成为令人无法卒读的著作了。

§69

莎剧不能上演说（1988）（《思辨录》第333条）

上世纪英国拥有一批表演莎剧的著名演员：加立克（Garrick）、肯布尔（Kemple）、铿（C.Kean）等人。他们享有盛誉，蜚声海外。令人感到遗憾的是表演艺术受到时空限制，除从当时看过戏的人所留下的印象和观感的记录去了解他们之外，别无办法。我曾在司汤达的《一个自我中心者的手记》中，读到他在伦敦看了铿表演后所发出的赞美。但是这毕竟不能替代自己观看演出的亲身感受。六十年代初，我偶尔发现加立克曾著有《戏剧杂谈》，曾辗转托人到图书馆去借，到国外去买，却始终未能觅得。直到今天这仍是我的一大遗憾。

却尔斯·兰姆（C.lamb）《关于莎士比亚悲剧上演问题》是一篇颇为奇特的论文。它一开头就使我惊讶地读到他对加立克的抨击。他说他在威士敏斯特寺院发现一座加立克的雕像。这座被兰姆称为光怪陆离的塑像和荒谬无稽的铭文，使他大为反感。他说："我虽然还不至于像某些外国天主教徒一样，把所有的演员都排斥在神圣的场所以外，可是我得承认，在这个使我们远隔尘世嚣扰的地方竟会发现一种剧场气氛，不能不使我为之不齿。"兰姆把作家的剧本和演员的表演看成是截然不同的性质。他感叹人们竟然丝毫不假思索地把创造诗的意象的能力，和把这些意象化为文字后再去朗诵它们的能力混为一谈。他认为，戏剧诗人所拥有的掌握人类心灵的本领，和演员用以娱乐观众耳目的低级技巧是毫不相干的两回事。我以为兰姆的这些意见是偏颇的。他所划定的作家和演员之间不可逾越的界线，严格说来并不存在。好的演员也应该像他说的作家那样去掌握人类的复杂微妙的心灵，并以精湛的演技把它表现出来。反过来，不好的作家也往往像他所说的娱人耳目的演员那样流于平庸和浅薄。兰姆的话说得太绝对了。接下去又提到观众。他认为观众从戏剧中所得到的一切愉快，只有依赖演员的表演。他以自己为例说："我不能这样忘恩负义地忘记了几年前我头一次看到的一个悲剧演出时所感到的高度满足。这次演出由两位大演员分饰剧中的主要角色。它似乎使得我们头脑中一直没有明确成形的想象具体化、现实化了。可是，为了这种幼稚的愉快和这种明确的意境，我们却付出了整整一生作为代价。那种新鲜感过去了，我们沉痛地发现我们只是把一个美妙的幻境贬低到物质化的标准。我们为了寻求一种不能实现的实体而放弃了梦幻。"我不能说这些针对这样的演员所作的指摘是否公正。不过，我觉得倘用来印证我们的某些表演艺术，我们就会发现，这些批评竟是如此切中肯綮，好像正是针对我们的剧场而发的。许多名著改编后演出的情况比兰姆说的远为严重。前两年哄起来的以传统戏曲形式表演莎剧不用多说了。最近上演的充满脂粉气的电视剧《红楼梦》与被改得面目全非的《长生殿》，都使我觉得应该重新考虑兰姆对于表演艺术的评价。他认为卓越的剧本不是为舞台而写的，只能供读者去阅读，这种看法我不能苟同。不过，他指出舞台演出损害原作的情况，却是相当普遍存在的。几年前我看了英国剧团演出的《哈姆雷特》，不禁产生了一种茫然若失的感觉，好像原著的形象从我心目中消失了。

§70

伊利萨白时代的舞台（1995）（《思辨录》第334条）

中国京剧的虚拟性程式化写意的表演体系和传统艺术理论的"以少总多，情貌无遗"原则密切相关。在西方戏剧中，莎士比亚时代的英国舞台（如寰球剧场）也类似京剧舞台，有着相当灵活性的舞台调度，同样没有三堵墙，没有布景。场景的转换，有时用一块写着国度或地区的牌子示意，有时用喇叭奏花腔，表示地点转换到宫廷，帝王将要出场，或将成为两军厮杀的战场；有时由一位类似报幕人的致词人登场，叙述两场之间经过了若干时间，或发生过什么重大事件……无论在场面的安排或时间的转换上都是灵活的，这也可以称作是一种自由时空。为什么英国时代这种自由度极大的舞台调度，后来在英国复辟王朝期间完全绝迹了呢？是被当时由意大利传来的透视布景镜框舞台的潮流所吞没？还是由于更深层的原因：模仿自然的写实传统没有给这种仅在一时一地出现的舞台风范提供可以进一步发展的自由天地？我没有研究西方演剧史，不敢置喙，我知道的是当西方的现代派艺术向传统挑战后，舞台上也出现了自由的时空。不过我并不认为在舞台调度上采取自由时空的西方现代派戏剧就一定胜过过去的现实主义戏剧。后者虽然在舞台调度上受着很多的限制，但它在其他方面也有它的长处。这就是《文赋》所说的"体有万殊，物无一量"。

§71

莱渥夫是怎样一个人（1997）（《思辨录》第348条）

五十年代初社会主义国家举办了世界文化名人纪念，那次所提出的文化名人中有契诃夫。我国由洪深撰写文章，通过新华社向国内外发布。洪文中提到契诃夫的早期多幕剧《伊凡诺夫》。当时读后使我诧异的是，洪深竟将剧中莱渥夫医生当做正面形象来加以歌赞。这个医生以正人君子自居，动辄教诲别人。正如剧中一个老人所说的："这位大夫先生心地狭窄，自以为了不起。他自以为是圣方济复生。谁要不像他那样嚷嚷，谁就是个浑蛋。至于他那吹毛求疵的脾气，简直更是惊人！如果一个农民还过得去，体体面面地生活，那么他一眼就会看出，那个农民是个贼或是个光棍。要是我穿了一件丝绒上衣，并且是我佣人给我穿上的，我就是个浑蛋，我的佣人就是我的奴隶了。像他那样的人，这个世界没有什么可以让他看着顺眼的。我简直有些怕他。老实说，他随时要侮辱别人，把别人当做恶棍，竟好像是出于一种责任心似的。"

这个医生还蛮横无理地对别人的私生活横加干预。他对伊凡诺夫并不理解，仅仅根据自己的主观臆测和几条道德原则，就裁决他的家务事。他多次无理责骂伊凡诺夫，伊凡诺夫最后终于忍不住对他说："您以为世界上再没有什么比了解我更容易的事情，是不是？（举出莱渥夫所说的那许多事实上并不存在的事）您就是这样认定的是不是？啊，这种想法，是多么简便哪！可是，您错了。大夫，在我们两人身上，每一个都有多少的弹簧，多少的轮子，多少的轮齿……咱们谁也别想只凭一二先入的印象或两三个外在的表征，就一口咬定那是怎么一回事。我不了解您，您也不能了解我。咱们谁也并不了解自己。一个人可能是一个第一流的大夫，但同时，却无妨是个极低能的人格批评家。除非您过分自信，您总得承认这个的。"

我实在不能明白，为什么洪深会把事情全弄拧了？那时候解放不久，正在加紧学习用阶级观点分析文学作品，难道剧中人物气壮山河的"正义"说教，使得一眼就可以辨清的是非也弄糊涂了？或者莱渥夫的道德教诲被当做了革命的大道理，以致使自己的头脑变得简单化了？像洪深这样的戏剧家本不该是这样的。但他的文章确实是这样写的，查查当时刊载新华社电文的《人民日报》就可以读到。

契诃夫的那支笔使我深深敬服。《伊凡诺夫》中夏伯斯基说的"自以为是圣方济复生"那种人，或伊凡诺夫说的那种泰山不移的"自信"，以为世上再没有比了解自己所批评的对象更容易的事了，只要凭一二先入的印象或两三个外在的表征，就一口咬定是那么一回事。照我看这简直可以移来作为当代大陆上出现的那些酷评家的惟妙惟肖的写照。

§72

《莎剧解读》的回应（1998）（《思辨录》第332条）

裘克安是研究英国文学的专家。老一代的英文专家如王文显、方重、孙大雨、孙毓秀、卞之琳等，均已先后谢世。裘是这方面仅存不多的前辈了。近得他来信，摘录如下：

> 多年没有联系了，你好！今天购得你和张可译的《莎剧解读》，首先读了序和跋，感到很亲切。我原来是读英国文学的，身不由己地搞了许多年的外交和外事翻译，八四年才回来搞莎士比亚。由于考虑到要还莎士比亚的本来面目（这也是你的主张），我主编了莎士比亚注释丛书（商务出版，你见过吗？），至今出了十九种，仍饶有兴趣地在继续进行着。欣赏和研究莎

士比亚，如果不能读原著，是极大憾事。退而求其次，才是读译文。（中略）请你代向张可同志致意，祝她安康！

你序言第十六页上"为什么上帝先要让人有了缺点，才使他成为人？"这句话原来不是疑问句，见 Antony and Cleopatra vi 引处。以后有空可以慢慢讨论一些有关莎士比亚的事。这次还不知这封信能否送达左右，因为听说你住在衡山饭店。（中略）下次我如果去上海，想来看望你。现在知音相聚的事太少了。

《莎剧解读》出版后，虽然反响很少，但使我和一些平时极少来往的朋友交通起来。裘克安、陆谷孙的来信就可作为此事的证明。还有谢希德，她虽未写信给我，但也和裘克安一样，很不赞成用戏曲表演方式去介绍莎士比亚的，因此在见面时特地表示对我意见的支持。我认识的人中只有张君川是例外。前几年在上海由他主持的莎剧学会上，我提出了上述意见就曾引起他的强烈反对。大概从莎剧的普及化方面，他考虑得太多了。裘克安信中提到我引用的那句话确实记错了。当时我未查原文只凭记忆写下来。现查出它的原文是这样的："A rarer spirit never/Did steer humanity; but you, gods, will give us/Some faults to make men." 说这话的人不是恺撒，而是阿格力巴（Agrippa）。引文虽然意思不错，但确不是疑问句。

§73

《俄国作家论莎士比亚辑录》辑录后记（1998）（《王元化集》卷三）

一九六三年北京中国人民大学编辑了《莎士比亚》一书。这部书分上中下三编共二册，未刊行，是油印本，印数不多，颇为罕见。"人大本"除包括我所辑录的几个作家外，还有屠格涅夫和托尔斯泰，由于是转抄的（见《文学理论译丛》第三册屠格涅夫《〈汉姆莱脱〉与〈堂·吉诃德〉》《纪念莎士比亚诞生三百周年》和《古典文艺理论译丛》第二册托尔斯泰《论莎士比亚及其戏剧》），所以这里不录。此外，"人大本"所辑录的别林斯基论莎士比亚共两大段，一段是摘自《别林斯基选集》（一九五八年人文版）中的《莎士比亚的剧本〈汉姆莱脱〉——莫恰洛夫扮演汉姆莱脱的角色》一文的片断，另一段是转抄《古典文艺理论译丛》第三册发表的《别林斯基论莎士比亚》全文，所以我也同样不再抄录了。我所辑录的别林斯基论莎士比亚，是从满涛译的《别林斯基选集》上下二册（时代版）中摘录下来的，这些片断是《古典文艺理论译丛》的《别林斯基论莎士比亚》一文中所没有摘录的。但是，我相信，把两者汇总在一起，也还不能窥见全貌，因为别林斯基全集尚未译出刊行，已出版的仅仅是关于果戈理评论方面和其他有限的几篇文章。

我们这样重视别林斯基论莎士比亚的原因，是由于他在俄罗斯作家关于莎士比亚的评论中占据着重要地位。在十九世纪评论家中，还没有一个人像他那样用现实主义观点对莎士比亚进行了多方面的探讨。尽管他没有写出研究莎士比亚的专著，而只有一篇评论《汉姆莱脱》的文章，并且这篇文章又是侧重于论述莫恰洛夫的表演艺术的，但是，由于他把莎士比亚作为"新艺术（即自然派）的肇始者"，因此，他在论述自然派的时候，总是要联系到莎士比亚上面去。这并不是离题旁涉，因为莎士比亚的作品显示着新艺术的黎明曙光。

按照一般说法，别林斯基是个黑格尔派，至少，他在早期是个彻头彻尾的黑格尔派。这种说法并不妥当。是的，别林斯基受到黑格尔不少影响，从黑格尔那里，他是把他的辩证法和客观唯心主义一并吸收过来的。例如，他通过《奥瑟罗》来论述创作构思过程的时候，就是套用黑格尔的理念自我发展的逻辑结构的。不过，总的来说，他算不上是纯粹的黑格尔派，他比那些黑格尔派（如车尔尼雪夫斯基所援引的费希尔之流）要伟大得多。他不仅具有独立思考的能力，并且他从现实出发，从俄罗斯的社会生活以及它所反映的文学现象出发，来构造自己的理论。他的自然派理论，吸取了黑格尔的某些合理因素，如写真实这一观点，在黑格尔美学中是以一种萌芽状态出现的，并且笼罩在黑格尔一再强调的"理想"的神秘气氛中；而别林斯基却是"理想化"的最严格的抨击者，他把写真实发展为系统的现实主义理论。为了奠定"自然派"的理论基础，他往往不由自主地背离了他所景仰的黑格尔，作出和他截然相反的结论。这从他们对于莎士比亚的评论中就可以得到证明。黑格尔偏爱希腊艺术，以希腊艺术为典范，从而不赞成艺术表现平凡的题材，他也不赞成莎士比亚《雅典的泰门》表现泰门那种强烈的愤世情操。再看看别林斯基怎样评述《雅典的泰门》的！他不仅打破那种按照希腊悲剧典范规定艺术应该表现什么样的情操的狭隘框框，并且认为《雅典的泰门》为表现平凡题材提供了一个典范。表现平凡的题材，用别林斯基的话来说，即表现"平凡的散文的生活"（在这一点上鲁迅和别林斯基是一致的，见鲁迅的《几乎近于无事的悲剧》），是别林斯基论"自然派"理论中的重要内容，如果抽掉这一点，那么我们真不知道别林斯基怎样肯定果戈理的基本素质，又怎样来为自然派奠定基础。别林斯基没有抄袭或模仿黑格尔的美学，他的观点常常站在相反的方面。我们怀疑，别林斯基在论述《麦克佩斯》中女巫的意义时，提示他所反对的第二种观点（见 PP.345-347）是不是针对了黑格尔。因为黑格尔在《美学》中正是把女巫当做麦克佩斯内心情欲的外在拟人化。可是别林斯基认为女巫就是女巫，是刚刚从中世纪粗野状态觉醒过来的那个世纪在莎士比亚作品上所留下来的烙印。虽然别林斯基的说法是不容忽略的，莎士比亚不能超越他的时代，可是，我们觉得黑格尔的观点似乎更能说明女巫在《麦克佩斯》中的作用。女巫出现的时候，麦克佩斯是和班戈在一起的，为什么班戈看不见女巫，单单麦克佩斯看见了女巫呢？黑格尔在论述希腊悲剧时，把神的出现作为人的一种情感的反射，他的论述是这样精辟透彻和具有说服力，至少还不能找出充分的理由去推翻它。文艺复兴时期是希腊艺术复苏时期，莎士比亚是不是也吸取了希腊艺术传统的某些成分呢？他对于他所写的神、鬼、巫、精灵等等是不是残存着迷信的痕迹固然应该加以探讨，但是他把它们运用在剧作中，使它们在剧作中发生什么作用更不容忽视。用黑格尔的解释是更能说明麦克佩斯这个人物的深刻性和复杂性的。

§74

《新约》（1999）（《思辨录》第357条）

　　如果说基督教对我有什么影响，那恐怕就是《新约》中的基督教精神吧。西方十九世纪的作品，大抵都浸染了这种精神。这些作品是我所喜爱的。我在一篇文章中回忆日伪统治时期曾说过："上海成了一个恐怖世界，我的许多藏书都自行销毁了，自然更谈不到发表文章。但幽居生活却使我可以沉静地思考。我对教条主义感到了厌倦。浸透着人文精神（或者说人性与人道精神）的西方十九世纪文学，几乎成了我当时的唯一读物，引发了我的浓厚兴趣。也许这是由于小时在家庭受到教义的影响，使我对这些文学作品产生一种认同感吧。"直到今天，西方十九世纪文学仍是我最喜爱的读物。解放后，我没有在文章中谈过苏联的作家和作品，因为引不起我的兴趣。我谈到过的是莎士比亚、费尔丁、狄更斯、白朗底姊妹、果戈理、陀思妥耶夫斯基、契诃夫、巴尔扎克、罗曼·罗兰等，自然还有许多我喜欢而没有在文章中涉及的作家，也大多是十九世纪浸染人道主义精神的作品。

第三辑　美学辨析

§75

鲁迅、达尔文与马克思（1939）（《鲁迅与尼采》节录,《王元化集》卷一）

秋白先生曾经说鲁迅是由进化论发展到阶级革命论的,(但是据说最近已有人反对这种意见,他们说,鲁迅一开始就是唯物论而不是进化论。)鲁迅自己在《三闲集》的序言里也说过同样的话:"我一向是相信进化论的,才以为将来胜于过去,青年必胜于老人。"又说:"我有一件事要感谢创造社的,是他们'挤'我看了几种科学底文艺论,明白了先前的文学史家们说了一大堆,还是纠缠不清的疑问。……以救正我……只信进化论的偏颇。"这很明显,鲁迅自己承认初期的思想是进化论。

但是我们从什么地方来更进一步地证明鲁迅自己的这个肯定呢?且看他在《坟》里说:

> 我现在心以为然的道理,极其简单。便是依据生物界的现象,一,要保存生命;二,要延续这生命;三,要发展这生命(就是进化)。生物都这样做,父亲也就是这样做。

鲁迅把"保存生命""延续生命""发展生命"当做人类的生存斗争的本能,这是进化论的看法。在人类分化成阶级对立的社会里,不像生物界的适应环境,它主要的是阶级斗争,因此并不是所有的青年都胜过老人,在同一青年的集团里也发生着进步和堕落的搏斗。

我们可以看到，鲁迅和达尔文在许多地方都很相同的，他们全是从精密的研究事实出发。达尔文在卑格尔号的航行上，花去了五年采集标本的功夫，他与晕船挣扎，仔细考察所得到的材料，结果他从那里面找到了真理。另一方面，鲁迅也说："凡有所说所写，只是就平日见闻的事理里面，取了一点心以为然的道理。"他所创造的伟大的艺术形象阿Q就是他仔细研究现实的成果。同时，他们都不是机械的自然主义者，他们都是将所有的现象联系起来观察的。海博尔在他的《达尔文传》里说："他（达尔文——引者注）用大批的证据去证明这种学说的正确，并研究这一类的单个的现象，将它们结合起来，比起他的一切先驱要深刻得多，坚固得多。"同样，鲁迅在中国文艺理论还十分贫乏的时候，对于典型的创造也说过这样的话："人物的模特儿也一样，没有专用过一个人，往往嘴在浙江，脸在北京，衣服在山西，是一个杂凑起来的角色。"把现象联系起来观察，推出事物的本质，这是鲁迅与达尔文的优秀的作风。

鲁迅对于人类的爱，大家是全知道的。但是达尔文也同样对人类怀着莫大的热爱，他在自己的日记上写道："我几乎不相信在蒙昧人和文明人之间有着怎样大的区别。"他对于奴隶制度充满了愤怒，他因为同情黑种人的命运，曾经和卑格尔号的船长发生冲突，几乎使他舍弃了他的旅行。他写给姐姐的信说："英国如为完全铲除奴隶状况的第一个欧洲民族，那它将有何等的荣耀呵！在我离开英格兰之前，有人对我说，如住在蓄养奴隶的国家中，我的意见将完全改变。我知道自己唯一改变之点是对于黑人品性的估价，已经晓得应当高得多。看见一个黑人而不加以友谊的态度对付他，是不可能的。"他更憎恶白种人对于土人的掠夺，他说："这种白人似乎以为此地是要遗留给他们的子孙的。"总之，从上面这些点看来，初期的鲁迅成为一个达尔文主义者不是偶然的。但鲁迅没有像有些人故意歪曲进化论，机械地把它引用到社会问题上来。

达尔文主义和马克思主义不是对立的，"这两个学说只是整个科学唯物论的两部分，彼此间有着逻辑的联系及内部的相互照应"（哥列夫）。达尔文所研究过的是以生物进化为对象，马克思所研究的是以人类进化为对象。达尔文从生物界各种现象的总合中得出结论：物种是变化的。这给当时的观念论者一个很大的打击。物种变化的原因是为了生存竞争，是生物界适应环境自然淘汰的结果。马克思在《资本论》中曾经从生物器官的改造上，讲到人类工艺学与自然工艺学的关系：

> 达尔文使我们注意自然的工艺史，那就是，注意动植物的器官，当做动植物为自身生活而用的生产工具是怎样形成的。

马克思与达尔文在研究人类工艺学和自然工艺学的时候，得到同样的结论，在方法论上他们也是相同的。恩格斯在马克思的墓前演说中，讲到他老友对于人类的伟大贡献时说："正如达尔文发现生物界的发展规律一样，马克思发现了人类历史的发展规律。"

这里，我们可以知道达尔文主义与马克思主义在实际上是研究工艺学的两方面。达尔文发现了自然工艺学的发展法则，而马克思发现了人类工艺学的发展的真理。

达尔文主义与马克思主义既然不是对立的，同时又是科学的唯物论的两面，因此秋白先生说鲁迅的初期思想是进化论，这显然并不是意味着与唯物论对立的。

§76

极目苍凉话雄关（1947）（《王元化集》卷一）

来到北平的人都想到居庸关去看看万里长城。笔者也早已存此想，这次趁春假之便，居庸关之行终于实现了。

居庸关确实是一道险要的关口。古时据此天险，以为抵御外族南侵的锁钥，所以居庸关面对塞外的城门口上，题有"北门锁钥"四个大字。记得长城抗战时，古北口、喜峰口相继失陷，居庸关随之失掉了它的重要性，不再被人看做战略上的天险了。可是到过居庸关的人，看到长城周围耸入云霄的群山，连绵起伏的峰峦，仍旧会惊叹它的雄伟与壮丽。

我们早上六时半乘火车由东站出发。车厢里早已挤满了穿着黑色制服的学生，每个人都带着干粮水瓶，有的还背着照相机。一面绸质的卷着的校旗斜倚在车厢的角落里。火车一开，这些学生马上欢呼起来，大家打开东西吃着。我和他们领队的教员通过姓名之后，知道他们是某校的中学生，也是到青龙桥去玩的。和这位教员在一起的还有一位铁路上的职员，做他们的义务向导。

火车驶出北平的城垣，眼前展现出一片黄色的平原。在晨曦中，远山若隐若现，一直伸展到天际。铁路附近的农田里，有几个农夫推着毛驴拉的犁耙在耕田。

我们去居庸关的头一天，据说火车上发生了一幕惨剧，有一个一中初一学生王玉楷，坐在车外铁梯的第二级，竟被路旁的碉堡带了下去，在车轮下碾死了。那位充当向导的铁路职员，一路上不断地向中学生发出警告，叫他们不要向窗外探出头去，尤其过山洞时，得把玻璃窗放下来。他说在三年前，有一列火车过山洞，正遇着大风，司机伙夫六七个人全在山洞中被闷死了。

这位铁路职员很健谈，他又告诉我们，由南口至八达岭的一段路基，是日本人重造的，比旧有路基高出地面一倍多，遇到山洪暴发，路轨也不致被冲毁。路基两旁全用大石块堆砌而成，十分牢固。向窗外望去，还可以发现旧路基的遗迹和已经废弃的洞口。这一段工程的确需要耗费大量的人力财力。铁路职工对日本人流露了一点钦佩之情。他是留用的敌伪时期的铁路员工，经过了种种变化，对铁路的兴衰史，一定满怀感慨。

火车渐渐地驶进青龙桥。这一带有不少古老的传说。据说杨六郎据关坚守与辽兵血战的战场就在此处。离铁道不远的山凹处，有一块一丈见方的石台，相传就是穆桂英的点将台。可惜火车很快驶过，不能仔细观赏。点将台前有一个洞口，山石上刻着杨六郎的石像，虽然历经风雨，石像仍旧完整如初。胖胖的脸膛，圆睁的双眼，三绺须，清晰可见。这尊石像有个名字，叫做"六郎影"。石像相当粗陋，只是取山上一块大石草草刻成，看样子大概是民间给杨六郎留下的纪念罢。附近还有一处古迹叫"弹琴峡"，当地人说此峡之名也是由杨六郎的故事而起的，不过我不清楚它的来源。听人说山泉从峡口流出来，淙淙作响，真和琴声有些相似。但车轮隆隆，车厢里学生又不住地大声谈笑，所以这"弹琴峡"的水声就无从领略了。从窗口向外眺望，的确看到一道溪流，阔尚不及三尺，水流极缓慢，何以会发出幽美的琴声？大概北方多平原而少河流，所以特别予以珍视。

　　由北平到青龙桥，沿途碉堡甚多。这条铁路倘被破坏，修复不容易，所以驻兵的实力据说是非常雄厚的。每到一站，就可以看到不少标语，最常见的是这样一条："扒路就是土匪！"距青龙桥越近，驻军的数目就越多，车站上常常有军队经过，背着新式的枪，拿着明晃晃的出鞘大刀，握着手榴弹，构成一幅杀气腾腾的景象，使得游览的人虽在游览时，也不忘战争。

　　火车将抵青龙桥的前二三站，那位铁道职员突然站起来，用慷慨激昂的声音说："诸位！前面还有一个东西可以看看，就是电线柱子上挂着一颗人头！"大家听到这话都惊讶了。学生们发出一阵骚动，争先恐后地挤到车门和窗口边，我也跟在他们后面，想看一看究竟。铁道职员用更高昂的声音继续说："这颗人头，就是不守纪律，破坏国家交通，被我们军队捉住，砍下头来示众的八路军！"

　　我挤在人群的后面向窗外看，电线杆一根根地向后面飞过去，可是八路军的人头始终未发现。铁道职员露出失望的样子。

　　到了青龙桥车站，我们夹杂在学生中间，从车门一跃而下。坐了五六个钟头的火车，大家都想吸一口新鲜空气。小车站在群山的环抱之中，蜿蜒的长城，像一条细细的带子，伏卧在山腰和峰峦之上。近处和远处遍地都是枯黄的败草，使人感到塞外的荒凉。

我们上了长城，直爬到最高的顶峰，登高俯览，八达岭的景色一一收入眼底。长城是关内关外的分界线，可是长城的两边并没有多大分别，全都是一样的崇山峻岭，连一间茅舍都看不到。居庸关城门口不远，有几个士兵在给一座新坟立碑。我们来时，那位铁路职员热心关照说，凡没有道路的地方，顶好都不要去。因为此地曾与八路军作战，敷有地雷，恐怕还有地雷没有发现扫除。远方士兵立坟造碑的地方，距长城有相当的距离，我们不熟路径，只好不去了。

长城是由巨大的石砖累砌而成，当时在寸步难行的险隘山巅来筑造这样雄伟的建筑物，实在是不可想象的事。现在，长城多已残破，有些地方甚至已经倒塌，引人生出一种世事沧桑之感。据守居庸关的是二零八师青年军。二零八师曾在缅甸作战，建立了赫赫战功。这次被派驻守此处，可见对这一地区的重视了。我们在长城上，随处都可以看到三五成群的士兵，背着枪散坐在城上歇息。据说游人平时不得随便登城，我们去的这一天，恰好有些学校已和北平行辕婉商，要求开放一日，因此我们也叨光上了长城。

由长城回车站时，沿途看见了不少乡民，摆着地摊，出售长城上的小古董，有银铸的人物马匹等，不过赝鼎者居多。为了此行留个纪念，笔者也买了一两件。

这次游览最使我触目惊心的，就是回车站途中，在山脚布满碎石子的路边发现了一具尸体。据说这是被俘的八路军的尸体。士兵把他杀害后，不愿埋葬，随便抛弃在此。笔者看到时，尸体只余一只左脚，大腿的肉已剥落，不知是否他死后又遭到肢解之刑，还是被野兽所啃食。小腿尚完好，膝盖处血肉狼藉，有几个苍蝇在上面吮着没有凝结的鲜血和腐肉，实在惨不忍睹。

我坐在车上，窗外暮色茫茫，笼罩在静静的田野上。居庸关很快地被火车扔在后面，群山的峰峦升起了白色的云雾。火车离北平越来越近了，我感到心上的沉重减轻了一些。

§76

恩格斯批判了机械论（1950）（《王元化集》卷二《重读〈约翰·克利斯朵夫〉》节录）

不容讳言，用今天的眼光来看，《约翰·克利斯朵夫》里面是存在着"过时的"或"过渡的"东西。凡读过这部小说的读者，大概都会留着克利斯朵夫"蔑视群众"的印象罢。但那时候，罗兰看不到昏睡的群众的革命性，这不是他的过错，而是他的不幸。

我们更应当明白，克利斯朵夫所憎恶的"群众"并不是觉醒的大众，正如易卜生所反对的"多数"，只是代表"中等资产阶级的小小世界"的"多数"，而不是觉醒的大众的多数一样。在这个问题上，恩格斯批判了爱伦斯德的机械论，因为爱伦斯德误把易卜生所反对的"多数"当做了劳动大众的缘故。克利斯朵夫憎恶的"群众"，只是那些浮沉在巴黎"节场"里的残渣，那些在小城市里用"人言可畏"作武器的小市民，那些在音乐厅或歌剧院里用贝多芬来消遣一两小时无聊光阴，并用恶毒的哄笑和倒彩来欺辱一个真诚的无名的音乐天才的听众……克利斯朵夫，这个刚强的艺术家为了反抗"时行的、病态的、空虚的艺术"，大胆地站起来向这批"群众"挑战，这在当时当地，还没有第二个人敢于这样做。因为那时候，倘用罗兰自己的话说，就是："数字——包括戏台下面看客底数字和卖座收入的数字——的宗教，在这商业化的民主国里控制了全部的艺术思想。批评家跟在作家后面，柔顺地宣言艺术品主要的功能是取悦大众。社会的欢迎是它的铁律；只要卖座不衰，就没有指摘的余地。所以他们努力预测娱乐交易所里的市价上落，在批评家的眼里窥探对于某部作品应该表示何种意见。于是所有的眼睛都相对瞧视；彼此只看见各人固有的犹豫心理。"

诚如罗兰说的："在这样怯弱的一个时代里，谁又有勇气来干呢？谁肯以责任之故使自己陷入地狱呢？"那么能够把这个追求真理坚持进步而作着自我牺牲的战斗的约翰·克利斯朵夫，看做是尼采式的超人或者是真正群众的轻蔑者么？如果能够这样，当时那些"数字宗教"的奴仆岂不都变成了真正接近群众的人物？

远在被目为"蔑视群众"的《约翰·克利斯朵夫》发表之前，罗兰就发起了"民众剧场"运动，企图把艺术交还给民众，要用民众的力量拯救艺术，并且宣言说：

> 爽直地说话！不加涂抹不加修饰地说话！为了被别人理解而说话！不是被一群精细的人理解；而是被千千万万人理解，被纯朴的人理解，被卑微的人理解……

倘说罗兰在《约翰·克利斯朵夫》里面"蔑视群众"，这是不理解在大众化问题上存在着平庸对原则的胜利和原则对平庸的胜利的区别，自然性对自觉性的胜利和自觉性对自然性的胜利的区别。罗兰反抗巴黎"节场"里面的"群众"，也正是为了要坚持这个原则性和自觉性的战斗！

§77

美在生命（1959）（《思辨录》第247条）

杜勃罗留波夫曾有一个有趣的比喻：

> 一个人对于眼前的一个美丽的女子，突然大发议论，说她的身躯并不像密罗斯的爱神那样，嘴的线条也不如麦第奇的爱神那样好，眼神并没有我们在拉斐尔画的圣母像上所能发现的

那种表情,以及诸如此类的话,你倒说说,对于这个人,该作如何想法?(《黑暗王国中的一线光明》)

美并不在于个别的轮廓和线条,而在面部的总的表情,在于面部所表现出来的"生命的意义"。尽管有人根据庸俗的技巧观点,来指摘许多好作品,没有他们所熟悉的那些绮丽的词句、曲折的情节、紧张的高潮、漂亮的结构……但这并不有损这些作品的真正价值。相反的,如果叫他们面临血肉的生活,把现实的真相表现出来,那么成了他们绊脚石的就是他们平时所炫耀的东西。他们把技巧当做一种脱离"生命意义"的刻板程式,墨守成规,闭眼不看新的活的美,闭眼不看生活的新进程,丧失了蓬勃的创造力,丧失了对于新事物的感觉,于是迟钝和麻痹也就凝固起来。

技巧不是从外面加上去的人工的手法。文学的技巧只有当它是和内容相应相成的活的表现能力或表现方法的时候才存在。因此它是平日积蓄起来的对于语言的感觉力和鉴别力,平日积蓄起来的对于形式的控制力和构成力,到了创作过程中间,就融进了作者向对象的拥合方法里面。

§78

创作的直接性(1962)(《思辨录》第 301 条)

"创作的直接性"就是指作家把认识生活方面的活跃想象力和艺术实践方面的敏锐表现力结合在一起,让它们在整个创作过程中间携手并进。这样,作家就会觉得完成作品所需要的技能是件轻而易举的事。他可以迫使那些最不驯服的材料听命就范。陆机在《文赋》中说:"沈辞弗悦,若游鱼唧钩而出重渊之深;浮藻联翩,若翰鸟缨缴而坠层云之峻",就是达到这种境界的生动写照。

一切创造性的想象活动,都是不能缺少这种创作的直接性的。

诗人在写作的时候，往往并没有通过自我分析去进行冷静的修辞，人工的雕琢，而一切生动的意象，美丽的词句，好像全都摇笔自来，不可自抑。历来，我国的文艺理论家对于这种存在于创作活动中的直接性或自然性，曾经时常加以论述。钟嵘："观古今胜语，多非补假，皆由直寻。"李渔："妙在水到渠成，天机自露。"章实斋："无心偶会，则收点金之功；有意更张，必多画墁之消。"这些话都是阐明作家在从事文学创作的时候，只有克服了人工补缀的方式，完全浸润在喜悦的激情里面，自然而然地抒怀命笔，才能写出成功的作品。所谓"直寻"，所谓"天机自露"，所谓"无心偶会"，也就是刘勰所说的"从容率情，优柔适会"的意思。上述说法正可用来作为《文心雕龙》"率志委和"说的最惬恰的注释。

过去的文艺理论家对于这种创作的直接性，往往用神秘的语言去加以说明，以至扑朔迷离，多有凌虚蹈空之弊。例如柏拉图的"灵感说"就是把它当做一种由"诗神凭附"所产生的"狂热状态"。不过如果我们撇开这些含混不当的说法，就可以发现，创作直接性是指平日的辛勤积累和创作的直接抒写结合在一起，从而使后者成为前者的自然产物。创作的直接性正是经历了极其复杂的间接历程才在创作活动中出现。它往往是沉潜反复的思索和长期生活经验的结果。黑格尔论述知识的直接性和间接性的关系说："许多真理我们深知是由复杂异常间接思索步骤所得到的结果，（可是它们）却毫不费力地直接呈现其自身于熟悉此种知识的人的心灵之前。"正是由于这个缘故，数学家可以不费思索地解决一道难题，音乐家可以运用自如地演奏一首乐曲，诗人可以得心应手地直抒胸臆。这种直接呈现出来的圆熟技能，都是经过了间接积累过程的。作家修养有赖于日积月累的培育和锻炼，必须使之融为自己的血肉。这样，在进入创作过程的时候，它们就会像子宫里的胎儿，种子中的植物一样，以一种必然获得实现的可能性呈现在作家的面前。所以我们可以说，作家在构思前或者构思中所进行的巨大分析工作是在他实现构思的写作时直接表现出来的。我们把这就叫做创作的直接性。

§79

艺术形象（1964）（《思辨录》第298条）

作家提供给读者的是可以感觉到的艺术形象，并不像科学家那样把自己从现实材料中抽象出来的概念或理论提供给读者。科学家提供给读者的是经过科学抽象出来的普遍性——也就是说，把特殊的个体的，统摄在这个以逻辑范畴表述出来的普遍性之中。而艺术家提供给读者的，则是经过艺术概括出来的个别性——也就是说，使特殊性和普遍性体现在这个以艺术形象表现出来的个别性之中。艺术以形象来表现思想感情，这是不言而喻的。在艺术作品中，思想感情凝聚在形象中。作家是用形象来说话，而不是借助理智来补充形象所没有完全说出来的东西，使思想感情游离于作为有机整体的艺术形象之外。不过，问题在于艺术作品所表现的思想感情本身究竟具有怎样特定的形态。在这方面，前人所提出的"情志"理论是值得我们去探索的。古希腊人早就提出这一概念（刘勰《文心雕龙》提出的情志则庶几乎近之），后来，黑格尔《美学》曾对它作出了精辟的论述。

§80

谈诠释（1964）（《思辨录》第253条）

六十年代撰《文心雕龙创作论》时，曾采用《释义》和《附录》分开的体例。后来书中有一《小引》对这种体例在诠释学上的意义作了简要说明。现将当时思考的内容简述如下：

拙著《释义》对原著的阐述，力求根底无易其固，而裁断必出于己。

我国古代文论具有自成系统的民族特色，忽视这种特殊性，用今天现有的理论去任意比附，就会造成生搬硬套的后果。在阐释原著时，首先需要以实事求是的态度揭示它的底蕴（meaning），弄清它的本来面目，并从前人或同时代人的理论中去追源溯流，进行历史的比较和考辨，探其渊源，明其脉络。另一方面，又需要以今天更发展了的文艺理论对它进行剖析，揭示其意蕴（significance）。正如《政治经济学批判导言》中所说的："人体解剖对猴体解剖是一把钥匙。低等动物身上表露的高等动物的征兆，反而只有在高等动物本身已被认识之后才能理解。"按照这一方法，除了把原著去和传统理论进行比较和考辨外，还需要把它和后来更发展了的理论进行比较和考辨。这种比较和考辨不可免地也包括了外国理论在内。但从事这项工作的时候，自然不能抹杀其间的历史差别性，而只应该是由此更深入地去探明原著的实质，更鲜明地去显示我国传统理论的民族风格。笔者在这方面根据自己的能力，或提出一些自己的看法，或只是提供一些资料，进行剖析，以供读者参考。现把它们放在拙著《释义》正文之后，作为附录。过去，阎若璩撰《古文尚书疏证》，于每篇正文之后，附有若干条札记，有人认为著书体例不严谨，但我以为这种办法也有可取之处，它的优点就是行文活泼，不受拘束，可以使作者的意见从多方面得到发挥。因此，笔者也采取了同样的方式。

笔者是掌握了清理和批判的原则对原著进行剖析的。不过在论述方面，《释义》的正文和附录各有其不同的重点。正文侧重于清理，因为正如前面所说，正文的任务是按照原著的本来面目忠实地揭示它的底蕴，这样就不宜在这个重点之外，另生枝节，干扰阐述的主要线索，分散读者的注意。所以《释义》就把批判划归附录，作为附录的重点之一。自然，就研究方面来说，清理和批判不能截然分割。只有经过了批判才能真正清理出原著的原来面目,同时也只有真正辨清了原著的原来面目之后,对它的批判才是中肯的。但是,在表述研究的成果时,仍不妨使正文和附录各有侧重的一面。不过,我们应该把正文所侧重的清理,理解作经过了批判的清理,把附录所侧重的批判,理解作经过了清理的批判。

§ 81

风格与作风(1964)(《思辨录》第 237 条)

在西方文论中,风格和作风是两个截然不同的概念,并不像我们现在的许多论文那样,不仅没有对这两个词加以严格的区别,甚至有时是在异词同义的情况下使用它们的。然而,在外国文论中,作风一词多半含有贬义。固然,作风也显示了作者的某种独创性,不过这只是一种坏的独创性。

歌德的风格论,是把"自然的单纯模仿"——"作风"——"风格"作为不同等级的艺术品来看待的。事实上,这一问题直接涉及美学的根本问题,即审美的主客关系问题。"自然的单纯模仿"偏重于单纯的客观性,这就是在审美主客关系上以物为主,以心服从于物,亦即以作为客体的自然对象为主,以作为主体的作家思想感情服从于客体。"作风"则相反而偏重于单纯的主观性,这在审美主客关系上是以心为主,用心去支配物,亦即以作为主体的作家思想感情去支配、驾驭、左右作为客体的自然对象。至于"风格"则是主客观的和谐一致,从而达到情景交融、物我双会之境。因此,歌德认为它是艺术所能企及的最高境界。歌德在他的文章中申明,他是"在善意和尊重的意义上使用作风这个词的"。但是他委婉地指出如果作风不能作为中介把主观性和客观性统一起来,那么这种作风就将变得浅薄和空疏。至于在其他一些外国文论中,作风却纯粹是一贬词。例如,黑格尔《美学》认为"作风只是艺术家的个别的因而也是偶然的特点，这些特点并不是主题本身及其理想的表现所要求的"。这种作风一旦发展到极端，就只是听任艺术家个人的、单纯的、狭隘的、主观性的摆布，就这种意义来说，"艺术家有了作风，就是拣取了一种最坏的东西"。因为这种"掌握题材和表现题材的特殊方式经过反复沿袭，变成普泛化了，成为艺术家的第二天性了，就有这样一种危险：作风愈特殊，它就愈退化为一种没有灵魂的因而是枯燥的重复和矫揉造作，再见不出艺术家的心情和灵感了"。显然，这种带有贬义的作风与真正意义上的风格是朱紫各别、泾渭殊途的。这里所谓的作风近似我国书法中、绘画中、音乐表演中所谓的"习气"。这种习气是不适宜于表现审美客体的，也不是作者创作个性合理的自然流露，而是脱离了艺术的内在要求，作者在表现手法上所形成的某种癖性，往往由于习惯成自然，不管场合，不问需要不需要或适当不适当，总是顽强地在作品中冒出头来，成为令人生厌的赘疣。

§82

矫揉造作的作风（1964）（《思辨录》第 238 条）

我们可以威克纳格（Wilhelm Wackernagel）和狄昆西（De Qincy）在他们的风格论中所涉及的两位希腊悲剧家为例。这就是阿里斯托芬（Aristophanes）在《蛙》中借埃斯库罗斯（Aischulos）和欧里庇得斯（Euripides）所作的互相指摘：埃斯库罗斯指斥欧里庇得斯总是喜欢在诗句中第五缀音后停顿，于是用开玩笑的办法在每行诗句停顿处，替欧里庇得斯加上一个子句："丢掉了个小油瓶！"以挖苦欧里庇得斯诗句的平板单调。另一方面，欧里庇得斯也指责埃斯库罗斯喜欢滥用大言壮语的叠句，他嘲笑了埃斯库罗斯在《密耳弥冬人》中总是毫无必要地在许多诗句后面插上一句："这打击！哎呀呀，怎么不来救呢？"以此来揭露埃斯库罗斯的矫揉造作。这两个例子使我们不禁感叹：这种带有贬义的作风纵使在艺术大师身上有时也在所难免。我觉得上述例子很可以作为殷鉴，帮助我们来区分什么是真正具有独创性的风格和什么是矫揉造作的作风（或我们所说的习气）。不幸，有时我们还不懂得这中间的差异，往往作出鱼目混珠式的审美判断。从某种意义上来说，进行文学风格论的探讨也正是为了提高我们的艺术鉴赏力，培养优美的审美趣味。

§83

观念性的统一（1977）（《思辨录》第230条）

在黑格尔《美学》中，屡次出现了"观念性的统一"这一用语。首先，我想对黑格尔这一术语简略地解释一下。所谓"观念性的统一"就是指事物的内在联系。说它是观念性的，并不是说这种统一只存在于主观意识中，这种由内在联系构成的统一就存在于事物本身里面，但由于它是内在的，所以不能凭借感官知觉到，而只能通过思考才能辨识出来。通过思考去认识这种观念性的统一，却是专属哲学的认识功能。在美的对象里，观念性的统一却必须从事物的外在现象中直接显现出来，呈现于感性观照。例如，人的身体和灵魂之间有着有机的关联，在平时，这种内在联系，还不能直接见出，只能通过思考去辨认，这就是观念性的统一。但是人一旦被某种感情所支配的时候，这种感情就从他的身体的各个部分充分地显现出来，从而这种观念性的统一就由本来内在的直接宣泄于外，变成可以感觉到的东西了。这就是美的对象所必须具有的特点。

黑格尔在这段话中运用了必然性和偶然性这对范畴，揭示了必然性和偶然性在美的对象里的辩证关系。在美的对象里，作为整体的观念性的统一直接从各部分中显现出来，这就使各部分之间由于内容的生气灌注而形成通体融贯的协调一致。各差异面协调一致的必然性，使各部分之间结成这样一种有机的关联，即有这一部分就必有那一部分的关系。自然生命有机体的各部分，就是按照这种方式构成的。在生物学中，达尔文把它定名为"生长相关律"。这一规律表明一个有机生物的个别部分的特定形态经常是和其他部门的某些形态相联系的，虽然在表面上它们似乎并没有任何关联（参阅《自然辩证法》论"生长相关律"）。在自然生命有机体中，各部分的形状，性能发生着相互影响（因此居维埃可以根据一枚牙齿的化石勾勒出一种早已灭绝的古动物的大致正确的全体图像）。无机物就不然。从矿物割取一部分下来，既不影响整体，也不影响部分。就部分来说，它们是同一矿物。就整体来说，并不引起质的改变，只引起量的改变。可是生命有机体并不如此。从人体割下一只手来，无论对部分或对整体都会引起质的变化。美的对象也像生命有机体一样。艺术形象的任何一部分的任意改动，就必然会影响其他部分以至整个作品的原有性质。这种整体与部分和部分与部分之间的有机关联，就是黑格尔所说的必然性。

§ 84

美的理念辨析（1977）（《思辨录》第 231 条）

照黑格尔看来，在美的对象中，概念和实在都必须是从事物本身发出来的。显然，这是从生命有机体的规律中概括出来的。在生命有机体中，概念和实在这两个差异面的统一，就是精神与肉体（黑格尔用的名称是"灵魂"与"身体"）的统一。精神与肉体都是生命所固有的。它们之间的关系是一种有机的内在联系。精神把生命灌注在肉体的各部分之中，这在感觉中就可以看出。人的感觉并不是单独地发生在身体上的某一部分，而是弥漫在全身，全身的各部分都在同时感到这感觉。但是在同一身体上并没有成千上万的感觉者，而只有一个感觉的主体。美的规律也是这样。在艺术作品中，内在意蕴和表现它的外在形象必须显现为完满的通体融贯。内容意蕴作为艺术生命的主体，把生气灌注到外在形象的各部分中去，使它们活起来。外在形象的各部分都弥漫同一内容意蕴灌注给它们的生命，而形成和谐一致的有机体。外在形象是从内在意蕴本身发展出来的，是内在意蕴实现自己的外在表现，而不能是拼凑一些外在材料，迫使这些材料勉强迁就本来不是它们所能实现的目的。因为那些拼凑起来的艺术形象的各部分对于外加给它们的抽象概念，处处都会表现一种抵制和反抗，从而造成形式和内容的分裂。

在美的对象里，作为整体的观念性的统一直接从各部分中显现出来，这就使各部分之间由于内容的生气灌注而形成通体融贯的协调一致。各差异面协调一致的必然性，使各部分之间结成这样一种有机关系，即：有这一部分就必有那一部分的关系。自然生命有机体的各部分就是按照这种方式构成的。在生物学中，把它定名为"生长相关律"。——这就是《自然辩证法》说的："一个有机生物的个别部分的特定形态经常是和其他部分的某些形态相关联的，虽然在表面上它们似乎并没有任何联系。"在自然生命有机体中，各部分的形状、性能发生着相互影响。无机物就不然。从矿物割取一部分下来，既不影响整体，也不影响部分。就割下来的那一部分来说，它仍是同一矿物。就被割去一部分的整体来说，也并不引起质的变化，而只引起量的变化。可是生命有机体并不如此。从人体割下一只手来，就再不是一只手了。艺术形象的任何部分的任意改动，就必然会影响其他部分以至整个作品的原有性质。这种整体与部分和部分与部分之间的有机联系，就是黑格尔所说的必然性。

在互相关联协调一致的生命有机体中，各部分又显示了它们各自所具有的独立自在面貌。例如，在人体上每个部分都不同，都显得是独立自在的。固然它们都为同一生命所统摄，都为同一生命而服务，但是它们不仅在形状上显出各自不同的独立自在的外貌，而且在为同一生命服务上也随形体构造不同而发挥不同的功效。它们各有专司，各管各的事，不能互相替代。黑格尔认为，生命的过程就是矛盾统一的过程,它表现在下述双重活动方面:"一方面继续不断地使有机体的各部分和各种定性的实在差异面得到感性存在,在这种感性存在中,每一方面都具有独立的存在和完备的特性;另一方面又继续不断地使这感性的存在不致僵化为独立自在的特殊部分,变成彼此对立、排外自禁的固定的差异面,而使它们可以见出观念性的统一。"在这种体现了生命过程双重活动的有机体中,各差异面保持了它们独立自在的面貌,而并不现出抽象的目的性。这就是说,某一部分的特殊性并不同时是另一部分的特性。任何部分并不因为另一部分具有某种形状也就具有那种形状。各部分的独立自在性显得是为它们本身的,而不是为了它们的统一体。虽然在各部分的独立自在性里可以见出一种内在的联系,但是这种经过生命灌注作用所产生的统一,不但不消除各部分的自身特殊性,反而把这些特性充分地表现出来。

因此,艺术作品的各部分、各细节不能是拼凑在一起的混合体。因为在混合体中,这一部分和那一部分之间并没有任何必然的联系,它们聚拢在一起只是由于偶然的机缘。同时,艺术作品的各部分、各细节也不能是限于形式方面的有规律的安排。因为在有规律的安排中,这一部分采用这个样式只是由于其他部分也采用这个样式。这样,各部分、各细节就会失去它们本身的特性,仅仅显出了外在的统一。相反,艺术作品的各部分、各细节一方面保持了各自独立的特性,另一方面又取得了内在的统一。它们不是由于偶然的机缘,而是由于内在的必然联系而融为一体。而艺术作品这种内在联系正是从具有各自独立特性的各部分、各细节直接显现出来的。

以上在《美的理念》中所揭示的艺术规律并不是先验地在自然美产生以前就已存在,尽管黑格尔本人是这样宣布的。事实上,他所揭示的美的规律是从自然生命有机体中概括出来的。离开了自然生命有机体又从哪里去寻找"美的理念"呢?就连黑格尔本人也不得不在《美学》中承认:"凡是唯心哲学(指黑格尔本人的哲学——引者）在心灵领域内要做的事，自然在作为生命时就已经在做。"因此他说："只有生命的东西才是理念，只有理念才是真实。"

§ 85

破艺术清洗论（1977）（《思辨录》第233条）

黑格尔在论述审美主客关系时，作出了"在概念与实在的统一里，概念仍是统治的因素"的结论。不过，在思辨的叙述中常常作出了把握事物本身真实的叙述，例如，他虽然把艺术美称作"理想"，但他却强烈地反对使艺术脱离现实的理想化倾向。他说："在艺术和诗里，从'理想'开始总是很靠不住的，因为艺术家创作所依靠的是生活的富裕，而不是抽象的普泛观念的富裕。在艺术里不像在哲学里，创造的材料不是思想，而是现实的外在形象。所以艺术家必须置身于这种材料里，跟它建立亲切的关系，他应该看得多，听得多，而且记得多。"不过，黑格尔由于以"美是理念在感性事物中的显现"这一原则所建立的美学体系的局限，他断言心灵和心灵所产生的艺术美高于自然。他认为只有心灵才是真实的，才是涵盖一切的，所以自然美只是心灵美的反映，而且自然美所反映的心灵美只是全然不完善的粗糙形态。由此，提出了他的艺术清洗的理论。他认为艺术要把被偶然性和外在形状所玷污了的事物还原到它和它的概念的和谐，就必须把现象中凡是不符合概念的东西一概抛开，只有通过这种"清洗"，才能把理想表现出来。黑格尔曾经把这种克服所谓自然缺陷的艺术清洗理论表述在下面的命题中，即：艺术创作应使"概念完全贯注到符合它的实在里"。对于黑格尔由绝对理念孕育出来的这种说法，费尔巴哈看出其中具有一种绝对化倾向，他在《黑格尔哲学批判》中说："认为类在一个个体中得到完满无遗的体现，乃是一件绝对的奇迹，乃是现实界一切规律和原则的勉强取消——实际上也就是世界的毁灭"。这个批判同样非常准确地击中了黑格尔追求绝对的倾向。因为黑格尔所说的"概念完全贯注到符合它的实在里",正是认为"类"可以在一个个体中得到绝对的实现。但是,"类"在个体中绝对地实现,这在现实世界中是不存在的,在艺术中则是荒谬的。

事实上,当黑格尔的辩证法使他从思辨结构中摆脱出来,作出了把握事物本身真实的叙述时,他也背叛了自己的理论原则。他在论述美的理想对现实的关系时,曾反对艺术家"从现实中的最好形式中,东挑一点,西挑一点,拼凑起来"的办法。他在《美学》和《小逻辑》中,都说过偶然性在艺术创作中是不可少的。他在论述人物性格时,曾反对法国古典主义剧作家使人物仅仅成为某种情志的抽象形式而消灭了人物的主体性,从而使艺术表现显得枯燥、贫乏。他说:"性格的特殊性中应该有一个主要方面作为统治的方面,但是尽管有这个定性,性格仍须同时保持生动性与完满性,使个别人物有余地可以向多方面流露他的性格,适应各种各样的情境,把一种本身发展完满的内心世界的丰富多彩性显现于丰富多彩的表现。"这类论述显然和他从艺术清洗理论提出的使"概念完全贯注到符合它的实在里"的命题异旨。可是这些地方往往为人所忽视,甚至把美学中的消极一面发展到极端,成为将所有的优点集中到一个人物身上来拔高形象就是创造艺术典型的准则。从这种追求理想完人的理论出发,以致连车尔尼雪夫斯基在《生活与美学》中所提出的正确命题:"茶素不是茶,酒精不是酒",也被视为对艺术美的贬低(朱光潜《西方美学史》)。

§86

陆机的感兴说(1977)(《思辨录》第 250 条)

陆机的感兴说在《文赋》篇末作了正面的阐发。他说:"若夫感应之会,通塞之纪,来不可遏,去不可止,藏若景灭,行犹响起。

方天机之骏利,夫何纷而不理?思风发于胸臆,言泉流于唇齿,纷葳蕤以馺遝,唯毫素之所拟,文徽徽以溢目,音泠泠而盈耳。及其六情底滞,志往神留,兀若枯木,豁若涸流,揽营魂以探赜,顿精爽而自求,理翳翳而愈伏,思轧轧其若抽。是故或竭情而多悔,或率意而寡尤。虽兹物之在我,非余力之所戮,故时抚空怀而自惋,吾未识夫开塞之所由也。"

这里用形象语言把感应之时,或通或塞的两种相反情况生动地描绘出来。这个描述是朴素的。陆机所说的"天机骏利"结果是落在构成意象和技巧表达的轻巧灵活。就构成意象方面来说,作家的想象活动,首先取决于他在外来的材料中所捕捉的对象是否真正具有艺术意义。如果这个对象和作家的爱憎血肉相连,而且又是他所熟悉的,可以从他的记忆中唤起丰富的联想,那么它就成为推动他的想象焕发起来的活力,使他轻而易举地去实现构思计划,这时他就会迸发出创作的激情来。但是在一般情况中,作家往往会被一些假象所蒙蔽,尽管他自以为是听凭自己的思想感情所指引,可是他的爱憎是浮面的、不坚实的,只是心血来潮的一时冲动,或者他所抓住的对象是没有艺术意义的,或者他并不真正熟悉这个对象,因而不能使它在自己心里变成有生命的东西,就像播种时撒下一颗不能发芽的种子一样。这时,纵使他殚精竭虑,把全部精力贯注到构思中去,他的思路仍旧不能活跃起来,而陷入"兀若枯木,豁若涸流"的呆滞状态。因此,作家是否抓住真正具有艺术意义的对象,使它在自己心里变成唤起想象的活力源泉,是决定作家在构成意象时感应开塞的根本原因。其次,就技巧表达方面来说,当作家创作激情迸发的时候,各种美妙的意象,生动的语言,全都自然而然地奔赴笔下,形成了陆机所说的"纷葳蕤以馺遝,唯毫素之所拟"的现象。这时,作家的主体好像反而成为传达客体内容的一种器官,似乎完全听从自己手中的笔所驱使。对于陆机不能解释的这种情况,我们可以试从艺术思维的特点来加以说明。通常有一种错误的看法,以为艺术的表现是把概念翻译成为形象。事实上恰恰相反，艺术表现是作家的一种直接需要，一种自然的推动力；形象的表现的方式应该正是作家的感受和知觉的方式。这些感受和知觉是作家长年累月大量积蓄在他的记忆之中的，因此当他一旦进入创作过程，它们就会不招自来，自然汇聚笔下。如果形象的表现的方式不是作家平时的感受和知觉的方式，那么，当他进入创作过程之后，他就不得不临时张罗，忙于不断地把概念翻译成形象，陷入那种枯燥的机械工作中，这是不会给他带来创作的喜悦的。这里，我们可以借用一位文学家说过的一句话："劳作开始也就是艺术停止的时候。"

§87

艺术思维过程（1978）（《思辨录》第260条）

有篇评论文章和我商榷，援引《神思篇》赞曰："神用象通，情变所孕。物以貌求，心以理应。刻镂声律，萌芽比兴。结虑司契，垂帷制胜。"我以为这篇赞是概括作为艺术想象活动"神思"的要旨，它一气贯串说明"结虑司契"的内容，而不能像那篇评论文章那样拦腰斩断，把"神用象通，情变所孕。物以貌求，心以理应"看做是"指作家认识、思考以至进行构思的思维过程"，而把"刻镂声律，萌芽比兴"看做在上述领域以外，"指的是用什么手法去表现在他头脑中业已构成的印象"。为什么呢？《比兴篇》赞中所谓"诗人比兴"的"拟容取心"，恰恰是《神思篇》赞中"物以貌求，心以理应"的呼应，两者异语同义，都是申明同一观点。为什么这同一观点在《神思篇》中是"指作家认识、思考以至进行构思的思维过程"，而在《比兴篇》中就不是"指作家认识、思考以至进行构思的思维过程"呢？这里顺便说一下，一般把塑造艺术形象的表现方法划在艺术思维之外，认为它只是把作家头脑中已有的映象表现出来的一种单纯技法这种观点，我以为并不正确。我觉得黑格尔在《美学》中所说的"形象的表现的方式正是他（艺术家）的感受和知觉的方式"，"艺术家这种构造形象的能力不仅是一种认识性的想象力、幻想力和感觉力，而且还是一种实践性的感觉力，即实际完成作品的能力。这两方面在真正的艺术家身上是结合在一起的"，"按照艺术的概念，这两方面——心里的构思与作品的完成（或传达）是携手并进的"，这些说法值得借鉴，至少比那种把塑造艺术形象的表现方法视为游离于艺术思维之外或之后的单纯技巧观点，是更正确一些的。

那篇评论文章根据"《比兴篇》没有和《神思篇》放在一起，而是和《丽辞篇》《夸饰篇》并列"来断定"在刘勰心目中，比兴也仅仅是一种手法"。这是由于没有辨析《文心雕龙》创作论的体例，所以才没有认识到《比兴篇》和《神思篇》之间的有机联系。《神思篇》是统摄创作论诸篇的纲领，这一点我曾列表示意，以说明"前者埋伏了预示了后者，后者则进一步说明了发挥了前者"。我认为《神思篇》"物以貌求，心以理应。刻镂声律，萌芽比兴"和《比兴篇》"诗人比兴，触物圆览。物虽胡越，合则肝胆。拟容取心，断辞必敢"，正是表明这种关系的明证。倘使我们只从创作论诸篇的并列方面去分析其间的关系，而看不到以《神思篇》为总纲以笼罩创作论其余诸篇的内在联系，那么就还不懂得刘勰的命意所在。刘勰以《神思篇》作为统摄创作论诸篇的总纲，正是体现了他把作为想象活动（神思）的艺术思维看做是贯串全部创作过程的观点，这是一种卓识。这里顺便说一下，创作活动始终是通过形象思维来实现的。它并不像有的文章所说那样，先把作为感性材料的表象抽象成为概念，再把这抽象概念通过艺术表现手法化为艺术形象，即所谓：表象——概念——表象（这个公式实际上是：表象——概念，概念——表象）这种"形象图解论"（抗战前有位日本作家企图按照这种"形象图解论"，把《资本论》改写成为一部小说，但是失败了）。艺术思维是以形象为材料，始终围绕着形象来进行。作家的理性认识是他剖析生活的指针,可以使他对于生活达到"理解之后的更深刻的感觉"。它作为一根引线错综交织在作家把握形象的过程中,形成逐步深化的运动。可是,照"形象图解论"看来,艺术思维并不是以它的特殊形态体现由感性到理性的认识规律,而是把它和理论思维一律相绳,其间差别仅仅在于后者只是实现表象——概念这一步就告结束,而前者却在这一步之后还有概念——表象这一过程。这样一来,试问还有什么形象思维(这是就思维这个词的本义来说的)?形象思维只剩下一个形象化的表现手法了。创作活动中自然存在着一个表现手法问题,表面看来,它似乎出现于创作过程的后一阶段,但实际上它也潜在于作家的整个构思活动中,和作家的构思活动有着千丝万缕的联系。认为形象的表现方式就是作家的感受和知觉的方式,构造形象既属于对生活的观察和感受的认识性范畴,又属于对生活的表现或传达的实践性范畴,从而要求作家使这两方面结合在一起,携手并进。我以为这个说法比较合理。因为"形象图解论"把作家创作活动的认识性和实践性分割开来,企图用形象化的表现手法去传达排除了生活感性形态的赤裸裸的概念,正是造成模式化的一个主要原因。

§ 88

诗与人为一说(1978)(《思辨录》第 268 条)

龚自珍在《书汤海秋诗集后》中倡"诗与人为一"说,对于完整地表达诗人个性作了钩玄提要的说明:"何以谓之完也?海秋心迹尽在是,所欲言者在是,所不欲言而卒不能不言在是,所不欲言而竟不言,于所不言求其言亦在是。要不肯捃摭他人之言以为己言,任举一篇,无论识与不识,曰:'此汤益阳之诗。'"只有在作品上鲜明地烙下自己性格的标记,才说得上是"完",只有做到"完"才说得上是"达"。值得注意的是龚自珍要求诗人去表现自己的深层意识和深层心理活动。他提醒我们要注意诗人所欲言者和所不欲言而卒不言者，以及所不欲言而竟不言的各种不同心理现象。他所说的于所不言求其言，已涉及诗人的下意识和潜意识问题，当时能有这种深层意识的发掘是难能可贵的。

§89

善入善出（1978）（《思辨录》第 269 条）

龚自珍《尊史篇》提出了"入"和"出"两个概念（他所说的史是一个极广泛的概念。《古史钩沉论二》："史之外无有语言焉；史之外无有文字焉；史之外无人伦品目焉。"可证）。"何者善入？天下山川形势，人心风气，土所宜，姓所贵，皆知之；国之祖宗之令，下逮吏胥之所守，皆知之。其于言礼、言兵、言政、言狱、言掌故、言文体、言人贤否，如其言家事，可谓入矣。"这是说，作者的知识面要广，对于描写的对象要钻进去，揣摩到家，使之烂熟于心，达到如数家珍的程度。这就是"善入"。"何者善出？天下山川形势，人心风气，土所宜，姓所贵，国之祖宗之令，下逮吏胥之所守，皆有联事焉，皆非所专官。其于言礼、言兵、言政、言狱、言掌故、言文体、言人贤否，如优人在堂下，号咷舞歌，哀乐万千，堂上观者，肃然踞坐，哂睐而指点焉，可谓出矣。"所谓"出"是指作者钻进了对象之后还要跳出来，表现自己对对象的态度、看法和评价。认为一个作者必须两者兼备。他说："不善入者，非实录，垣外之耳，乌能治堂中之优也耶？则史之言，必有余寱。不善出者，必无高情至论，优人哀乐万千，手口沸羹，彼岂复能自言其哀乐也耶？则史之言，必有余喘。"不善入就不能写实。不善出就不能表达个性，就没有高情至论，就会缺乏生动的气韵，只是刻板地描摹。总之，他是要求表现个性，但又要使个性渗透在描写对象中，千途万辙，莫不贯穿，达到心物交融的境界。

§ 90

两种表象（1978）（《思辨录》第 295 条）

作为政治经济学科学方法起点的感性认识是一种"混沌的关于整体的表象"，这和作为艺术思维起点的感性认识是现实生活的可感觉的具体形象有着显著的区别。虽然两者都属于感性范畴的表象，但是这两种表象的性质是各异其趣的。作为政治经济学科学方法的起点的表象，也是外界所给予的感性材料。不过这些外界感性材料所构成的表象往往采取了思想的形式。例如，马克思所说的"人口"这一"混沌的关于整体的表象"就是一个明显的例子。此外，我们还可以举出：愤怒、希望等等。这些表象都是我们感觉所熟悉的，但它们也都是以普遍的思想形式呈现出来的。至于文学艺术家从外界所摄取的表象，却并不采取这种普遍的思想形式。人物形象的表情、姿态、举止、谈吐……种种外在的特征，思想感情的复杂微妙的表达方式，以及他们的经历、遭遇、周围环境和别人接触时所产生的形体反应等等这类具体的细节，对于政治经济学家来说，都是无关宏旨的。他们无须详细记下这类凭借感觉形式出现的表象，多半只是勾勒出一个大概的轮廓，或者干脆用统计方式来表达。纵使在恩格斯所写的调查报告《英国工人状况》这种著作中，我们也很少发现这类表象的描述。可是，对于文学艺术家来说，这种凭借感觉形式出现的表象却正是不可少的，甚至往往是最重要的东西。我们必须区分以思想形式出现的表象和以感觉形式出现的表象的不同性质。目前在关于形象思维的讨论中，似乎还没有涉及这一点。倘使我们不去探讨两种不同表象的区别，而只是简单地用从感性到理性的认识共同规律笼统地把艺术和科学的思维活动一律相绳，那么就不可能对形象思维的探讨再深入一步。

§91

形象思维中的个别与一般（1978）（《思辨录》第299条）

艺术形象应该是具体的，科学概念也应该是具体的。科学家在作出抽象规定的思维进程中必须导致具体的再现，正像《政治经济学批判导言》所说的，是由抽象上升到具体的方法。不过，这里所说的具体是指通过逻辑范畴以概念形态所表述出来的具有许多规定和关系的综合。科学家把混沌的表象和直观加工，在抽出具体的一般概念之后，就排除了特殊个体的感性形态。而艺术家的想象活动，则以形象为材料，始终围绕着形象来进行。艺术作品所表现的一般须呈现于感性观照，因此，艺术家去揭示事物的本质，并不是把事物的现象形态抛弃掉，而是透过现象形态去显示它们的内在联系。不过，在艺术作品中所表现的现象形态已不同于原来生活中的现象形态，因为前者已经使直观中彼此相处、互相独立的杂多转化为具有内在联系的多样性统一。艺术形象保持了现实生活的细节真实性，典型性即由生活细节真实性中显现出来，变成可以直接感觉到的对象。在这里，由个别到一般，再由一般到个别，这两个认识过程不是并列的。作家的认识活动只能从作为个别感性事物的形象出发。在全部创作过程中，并不存在一个游离于形象之外从概念出发进行构思的阶段。因此，由一般到个别的认识功能，不是孤立地单独出现，而是渗透在由个别到一般的过程之中，它成为指导作家认识个别的引线或指针。对于由个别到一般，再由一般到个别这一认识规律，可以有两种不同的理解：一种理解是把它们截然分割为孤立排他的两个互不相干的独立过程。例如，所谓表象——概念——表象的公式，就是意味着在艺术创作过程中存在着一个摈弃形象的抽象思维阶段，而艺术创造就在于把经过抽象思维所获得的概念化为形象。这可以说是一种"形象图解论"，它是反对形象思维的。另一种理解则相反，认为由个别到一般，再由一般到个别，不是孤立排他的，而是互相联结、互相渗透的。后一种理解才是辩证的观点。

§ 92

破创作过程分段进行论（1979）（《思辨录》第 296 条）

在创造典型过程中，"把个别化理解为感性认识阶段，把概括化归入理性认识阶段"。这种话我并没有说过。我从那篇与我商榷的文章中才知道有这种提法。我认为把创造过程分为个别化和概括化的提法并不科学（直到最近读了叶纪彬《艺术创作规律论》，我才知道上述理论是李泽厚提出的。叶著第五章第一节中说："一九七八年以后，在形象思维讨论中，有的同志对李泽厚这一观点开始提出质疑。"文末注中即引我上述两句话。——一九八八年作者补记）。我在自己的文章中只是提出："由个别到一般，又由一般到个别，这两个互相联结的过程是不可分割的。作家的认识活动也同样是遵循这两个循环往复不断深化的过程来进行。"不过，那篇商榷文章既然提到感性认识和理性认识问题，这里我也想谈谈我自己的一点看法。我认为对个别事物的感性认识，并不是和理性认识不可分的。固然，对于任何具体事物的感性认识所构成的感觉或印象——比如，"这朵花是红的""这火炉是热的""这个球是圆的"等等都可构成"个别是一般"的直接判断形式。"这朵花"是个别的，"红"是一般的，因为红不仅仅适用于这朵花，还有许多别的花，别的东西也是红的，从而"红"成为一种共相。我们的感性认识所以能构成具有"个别是一般"的共相内容，是由于人类在儿童时期就已在头脑中形成了概念，它作为一根引线潜在于对个别事物的感性认识中。但是，尽管如此，我们仍旧把这种具有直接判断形式的感觉或印象叫做感性认识，而不能把它叫做理性认识。因为理性认识必须凭借思想的抽象作用，从感性事物䌷绎出其中的本质和各种属性间的内在联系。

可是在"这朵花是红的"这种可以构成直接判断形式的感觉里,"红"仍属一种可感觉的外在属性,这种外在属性无需通过思想的抽象作用,只要单凭知觉就足够了。因此,这里作为谓词的共相仍是感性的。其间的主词和谓词的关系并不是实在和概念的关系。而在理性认识的判断里,主谓关系则必须是实在和概念的关系。我们必须注意:具有个别是一般的认识内容是一回事,知道个别是一般的认识内容又是一回事。我们必须把两者加以严格的区别。前者属于感性认识,而后者才属于理性认识。

§93

驳形象化说(1979)(《思辨录》第 300 条)

一般把塑造艺术形象的表现方法往往划在形象思维之外,认为它只是把作家头脑中已有的映象表现出来的一种单纯技法这种观点,我以为并不正确(至于曾经一度流传的所谓把思想"化"为形象这种等而下之的理论,就更不用说了)。我觉得,黑格尔《美学》中虽然有时也流露了与上述错误观点类似的论述,但他是矛盾的。总的说来,黑格尔《美学》在这方面也曾经提出过十分精辟的正确观点。他说:"形象的表现的方式正是他(艺术家)的感受和知觉的方式","艺术家这种构造形象的能力,不仅是一种认识性的想象力、幻想力和感觉力,而且还是一种实践性的感觉力,即实际完成作品的能力。这两方面——心里的构思与作品的完成(或传达)是携手并进的"。这些说法纠正了那种把塑造艺术形象的表现方法视为游离于形象思维之外或之后的观点。我不得不承认,高尔基在一些文学理论中时或流露了这种观点。但是他自述创作经验却露出了这种观点的破绽。我还记得我在青年时急于想要悟出构造形象的奥秘所在,于是从写给青年写作者的文章中去找解答。一次我在他的一篇论文中读到他在写《奥古罗夫镇》这篇小说时的经验谈。他说,他曾经花了十来天工夫，苦思冥想如何用形象化的办法来为读者构成一幅奥古罗夫镇的图画，可是这种"形象化"的结果却是把奥古罗夫镇的形象变成掌中玩具，这使他感到很懊丧。我觉得这个例子足以说明把原本统一的东西，即形象的表现方式和作家平时对生活的感受和知觉的方式生硬地拆散开来所招致的失败。

§94

知·好·乐（1979）（《思辨录》第249条）

关于艺术欣赏与艺术创造，我们可借用孔子所说的"知之者不如好之者，好之者不如乐之者"的"乐"字来说明。作家对他所描写的对象，自然首先应当熟悉它，理解它，达到"知"的地步。但这还不够，必须进而爱好它，对它产生感情，从而达到"好"的地步。"好"比起"知"来是更高的境界，可是还不能到此停止，还应该更进一步达到"乐"的地步。所谓"乐"，也就是作家和他所描写的对象融为一体。他用不着去思量它，欣赏它，它自然而然地从他心中涌现出来，这就是我们所说的作家在写作过程中创作激情突然迸发那种最美妙的现象。

§95

有生命力的文学是站着的文学（1980）（《王元化集》卷二）

在文学史上，随着每个重大历史时期的递嬗，都经历了一场艺术形式的变革，尽管莎士比亚仍然像歌德所说的是一位不可企及的伟大作家，可是现在哪个剧作者还会用莎士比亚那种繁缛的充满隐喻和双关语的枝叶披纷的语言呢？今天的小说作者也不会再采用巴尔扎克按部就班去描写宅邸、陈设、人物、服饰、面貌那种整齐划一因而多少显得板滞的表现手法了，虽然巴尔扎克仍然为今天的不少作者所敬重。这并不奇怪，因为十九世纪作家所惯用的表现手法已经不能完全适应表现我们今天生活的气息、节奏、氛围和复杂多变的内容了。现实生活要求充分而完美地去表现它本身的新形式。

在最近一次座谈会上有两位作家的发言不约而同地说出了和我完全一致的信念："只有真的才是美的和善的。"我认为这一说法较之过去出现过的把真善美割裂，或者把真善美并列的观点是更合理的。表现手法毕竟不是文学的最根本问题。我同意另一位作家所发出的呼吁：面向严酷的生活，不要为了追求艺术上的声、光、色的美，而把文学注意力从我们还来不及思考和整理的重大生活问题引开去。不要把形式或表现手法在文学创作上的作用加以无节度地夸大，应该承认有不少杰出的作家是"不穿制服的将军"。他们并不特别关心形式和表现手法问题，殚精竭虑地在这方面反复推敲，下工夫去精雕细琢。他们在构思的时候，往往把全部精力倾注在人物性格和生活意义的思考上，而在表现这些内容的时候却漫不经心，匆忙落笔，只求达意就行了。这类作品是榛楛弗剪的深山大泽，而不是人工修饰的盆景。它们蕴含着内在美，可以用我国古代文学家陆机所说的"石蕴玉而山辉，水怀珠而川媚"去形容这类作品的内容意蕴所发挥的作用。尽管写出这类作品的作家没有穿上镶滚金边、威风显赫的元帅服，但任何人都会承认他们是文坛的宿将，征服人类心灵的大师。

"五四"以后，鲁迅首先在国外的艺术形式和表现手法引进到他那和我国传统作品截然异趣的新小说中来，从而开辟了我国新文学史的第一页。如果没有鲁迅筚路蓝缕、披荆斩棘之功，就不会使我们的小说如此顺利地出现今天这种局面。从国外引进新的表现手法这项工作并没有终结，仍应继续下去。我们早就形成故步自封的闭关锁国。其实早在解放初"一边倒"的情况下，西方就已成了一个未经探测像被魔法禁锢起来的世界。对于这片陌生的土地，我们虽然一无所知，却信心十倍地确认那里的一切，从社会、政治、经济、工业，直到科技、文化、道德、艺术等等，都是垂死的、腐朽的、行将崩溃的。可是当我们痛定思痛，懂得了必须总结过去的经验教训之后，通向西方的窗户终于打开了，我们像华盛顿·欧文笔下的里普·范·温克尔从一场大梦中醒来，惊讶地发现我们并没有看见事实的真相。过去那种深信不疑的确认，原来是经不起事实考验的主观独断。现在我们再向西方望过去，对那些五彩缤纷朱紫杂陈的奇景应接不暇，不免看得眼花缭乱，头晕目眩。于是在匆匆忙忙引进西方的科学技术、成套设备和文化艺术的同时，也涌进了贴上洋商标的盲公镜，已经过时的喇叭裤，走了样的开字头。面对这种从未碰到过的新形势下的新问题，如果有人主张重袭前清顽固派保存国粹的政策，或者干脆采用义和团扒铁路、砍电线杆那套蛮干办法，这是要坚决反对的。迷洋心理固然是值得关心和重视的社会问题，但是我们也不必感叹人心不古，世风日下。我们应认清这是历史对长期以来所形成的闭关锁国的无情惩罚，不必强制那些盲目迷洋的小青年改装易服，还我故衣冠。我们要学会循循善诱，相信他们一旦有了较高的文化素养，他们自会懂得怎样把自己打扮得更美一些。

应该承认，我们过去在写人的时候很少或根本不涉及下意识或其他复杂的心理因素。现实中的人的动作或反动作并不都是像有些小说中所写的那样是经过理性的审慎衡量的，他们往往凭着感情冲动或其他心理因素去行事。为了弥补这种缺陷，去借鉴现代西方的各种艺术流派是必要的。但是必须要有冷静的头脑去辨认、识别、取舍、融化。我不赞成像某些容易激动的外国人那样一窝蜂地搞什么"热"。西方一些作家所盛行的不断花样翻新的做法并不值得我们效法。是不是可以把那里文艺界不断出现的旋生旋灭的种种新异流派，看做是一种逐新猎奇的风习。要知道新的并不一定都是好的。

我愿再重述我的一位朋友说过的话，面向严酷的生活，不要借"艺术美"回避生活的尖锐矛盾。风中的物体会有各种各样的形态，站着的、摇摆的、倒伏的，但有生命力的文学从来都是迎着压力站着的文学！

§96

"不受资产阶级观点局限的人"（1980）（《王元化集》卷二"追求真理的热忱"节录）

我想谈谈怎样从文学的真实性和倾向性方面去看待文学史上那些杰出的作家。这是一个很复杂的问题，绝非三言两语可尽。我只想就其中关系比较重大的方面谈谈自己的想法。过去，我们只谈这些作家的阶级局限性，几乎已经题无剩义。但是，我觉得是不是也应该进一步探讨一下，在某种程度上他们也可以摆脱这种局限？我认为不能把阶级的局限认作是他们绝对不能逾越的鸿沟。恩格斯曾经概括了文艺复兴时期杰出人物的特点。他认为在那个人类前所未有的伟大变革的进步性运动中，顺应时代的需要出现了一批学识渊博、思想深刻、性格坚强的多才多艺的巨人。他说，这些"为现代资产阶级打下基础的人，无论如何，都是些不受资产阶级观点局限的人"。这清楚表明文艺复兴时期的那些杰出作家是摆脱了资产阶级观点制约的。例如，莎士比亚就是明显的例子。如果说，莎士比亚笔下的一些英雄人物如亨利五世和《约翰王》中的庶子菲利浦，还是体现了刚刚从中世纪社会母胎脱生出来的新兴资产阶级依附王权去消灭封建割据的观点，那么，莎士比亚在另一些剧作中却摆脱了这种阶级观点的局限。比如《李尔王》就存在这种情况。李尔让出王位之后，失去了君王的尊荣，降到底层。当他认识到并懂得了民间的疾苦，人的感情在他身上觉醒起来。他在大雨倾盆、狂风怒吼、雷电交加的旷野上所发出的那段关于"衣不蔽体的人们"的独白,曾被柯勒律治说成是比大自然的暴风雨更为壮烈的心灵的暴风雨。我们可以把它看做是莎士比亚本人的动人心魄的内心表露。倘使莎士比亚对于资本主义原始积累时期的圈地运动的羊吃人现象,和由此所造成的无家可归的流浪汉遭受统治者血腥立法的残酷迫害,不是抱着深恶痛绝的态度,他是写不出这场戏的。在同一剧作和另一剧作中,莎士比亚还如实地反映了出现在他那时代的另一类人物形象,他们泼辣、强悍、精力饱满,却又像魔鬼般的奸诈,像豺狼般的狠毒,这就是那些在资产阶级萌芽时期的最早野心家冒险家爱特门、埃古之流。倘使莎士比亚不是对他们疾恶如仇,就不会像禹鼎铸奸般地把他们载入自己的戏剧史册,垂诸后世。对于莎士比亚这样的作家究竟应该怎样予以正确的评价?按照通常的说法,就是这些作家体现了人民的要求和愿望,他们的作品是具有人民性的。这样说大体上是不错的。不过,人民性却往往被笼统地加以解释,成为一个模糊的概念。我们通常把文艺复兴说成是资产阶级上升时期,并认为在这样的时期,资产阶级和无产阶级的矛盾尚未激化,而且在反封建反神权方面,资产阶级和劳动人民的基本利益是一致的。这就是资产阶级作家可以体现人民的要求和愿望,在作品中表现人民性的理由和根据。六十年代苏联出版的奥夫斯亚尼柯夫编纂的《简明美学辞典》仍沿袭这种说法。实质上,这种说法是以资产阶级在上升时期和劳动人民有着基本一致的利益为前提的,因此这可以被理解作资产阶级作家表现的人民性仍然是站在资产阶级立场上反映了资产阶级的观点,从而小心地回避了恩格斯指出的"无论如何都是不受资产阶级观点局限"的科学论断。为什么要采取这种遮遮掩掩的态度呢?我们应该理直气壮地承认这一真理:在某种情况下作家可以在一定程度上摆脱阶级的制约,不受阶级观点的局限。

§97

研究方法与说明方法（1981）（《思辨录》第316条）

有人提到编写文学概论要采取归纳法。这大概是指从大量材料的剖析中得出原则，而不是相反，从定义出发再去找材料来证明先入为主的原则，即过去所谓"以论带史"的办法。过去所宣扬的那种以论带史的办法当然是不对的。但史学家（其他理论家也一样）如果在研究过程中掌握了充分的材料，从材料的剖析和探讨中构成了系统的观念；然后在表述过程中，再以这观念为指导去处理材料，那就不能对它加以指摘。这种从材料中绅绎出原则，再以原则为指导去处理材料，就是理论系统的构成过程。我们把这一过程的前一阶段称为"研究方法"，后一阶段称为"说明方法"。说明方法必须以研究方法为前提，并建立在研究方法的基础上。"说明的方法，在形式上当然要与研究的方法相区别。研究必须搜集丰富的材料，分析它的不同的发展形态，并探寻出这各种形态的内部联系。不先完成这种工作，便不能对于现实的运动有适当的说明。不过，这层一经做到，材料的生命一经观念地反映出来，看起来我们就好像是先验地处理一个结构了。"所以理论家是否占有充分材料，对材料的剖析是否全面，从材料中绅绎的原则是否正确是构成理论体系的先决条件。自然在以提炼出来的原则为指导去处理结构时也有一些问题值得注意，那就是一旦被处理的材料或新发现的材料和原则发生了矛盾，怎么办呢？这时就要对原则加以重新审定。假使原则并不是全面地概括了材料的内容，或有其他更严重的缺陷，那就要对原则进行修订或补充，甚至全部推翻，再从研究方面开始，这是建立理论体系应当注意的问题。

§98

形象思维和理论思维（1981）（《思辨录》第 297 条）

在形象思维的讨论中，有人说："形象思维就是逻辑思维，而逻辑思维就是知性的推理、判断等等。"这是否认形象思维的一种十分奇怪的理论。形象思维不能与理论思维混同起来。后者不能代替前者。科学家和艺术家是采用不同思维方式去进行活动的。有时它们甚至会发生互相干扰的情况。达尔文在他的《自传》中说，他在三十岁前读了许多诗。甚至当他做小学生的时候，他就非常喜欢莎士比亚的作品，特别是莎氏的历史剧。那时他还喜欢图画，更喜欢音乐。可是在他过了三十岁，成为一名科学家以后，却再不能耐心地读一行诗了。他曾尝试追回读莎士比亚时的乐趣，可是却感到了难忍的乏味。他对图画和音乐的兴趣也丧失了。他曾经感叹地说："这种高尚审美兴趣的奇妙而可悲的消失是最奇怪了。"他这样来解释这一情况："我的思想似乎变成了一种机器，只能从一大堆事实中研磨出一些一般的法则。"照我看来，这是由于达尔文专心致志于理论思维，仅仅习惯于这一种思维活动，在思维方式中单纯地向着一个方面发展了。因此他青少年时代所享有的高尚审美兴趣丧失了，这也就是说，形象思维的能力逐渐萎缩下来。请仔细地考虑一下，这个例子不是恰恰说明了形象思维和理论思维不能相等，而是两种性质完全不同的思维方式吗？至于说逻辑思维就是知性的推理、判断等等，我怎样来评论这种离奇的说法呢？这是任何具有理论初阶的人都可以指出它的谬误的。

§99

新形式（1982）（《思辨录》第 280 条）

在文学史上，随着每个重大历史时期的递嬗，都经历了一场艺术形式的变革。尽管莎士比亚仍然像歌德所说的是一位无人可以企及的伟大作家，可是现在哪个剧作者还会使用莎士比亚那种繁缛的充满隐喻和双关语的枝叶披纷的语言呢？这样做只有显得迂腐可笑。反过来，如果我们由于时间距离久远，已经不习惯莎士比亚在他那时代为当时所有剧作家所采用的那种语言表达方式，就断言他留给我们的凝聚着人类智慧精华的巨大遗产已经过时，于是掉首不顾，弃若敝屣，甚至以轻佻态度去任意加以贬抑，那也是愚不可及的。今天的小说作者也不会再采用巴尔扎克按部就班去描写宅邸、室内陈设、人物服饰和面貌那种近乎整齐划一因而多少显得板滞的表现手法了，虽然巴尔扎克仍然是今天不少作者的学习榜样。这并不奇怪，因为十九世纪作家所惯用的表现手法已经不能完全适应表现我们今天生活的气息、节奏、氛围和复杂多变的内容了。现实生活要求充分而完美地去表现它本身的新形式。

§ 100

忒尔西忒斯式的酷评（1982）（《思辨录》第 289 条）

> 请你们在公文上老老实实照我本来的样子叙述，不要徇情回护，也不要恶意构陷。
>
> ——奥瑟罗

我们对于这两年间涌现出来的一些不是按照通常习惯于把角色划分为好人和坏人的写法，而是表现生活真实的作品，并不是都能接受的，有时甚至还发出了不公平的责难。作家需要别人实事求是地正确理解他的作品。评论者纵使不能成为作者的知音，至少也要尽量去理解作者的创作甘苦，可是有的评论者往往把已经习惯了的审美趣味的惰性当做评价作品的唯一准则。如果一部作品出现的人物既不能简单地归为好人，也不能简单地归为坏人，却是像生活本身那样具有复杂的性格，而作者对这样的人物又不是简单地抑扬或作出一览便知的褒贬，而是同情中夹杂了批判的成分或批判中夹杂了同情的成分，那么这些评论家就不免对之瞠目结舌，不知所措。而比这更糟的是不屑理解就硬以已经定型的习惯标准率尔判定是非。我不知道评论者根据什么逻辑又有什么权力，可以把别人作品中的复杂的人物性格按照自己所熟习的非此即彼的分类法去任意归类，把作品中的复杂的思想感情强行纳入自己看人论事的简单划一的尺度去妄作解人，然后再把这种歪曲了原著精神实质纯属捕风捉影的主观独断当做铁证，从而义形于色地进行无的放矢的指摘？最近我读了一位批评家对《在社会档案里》的批评文章，我感到自己不能沉默，因为这类批评并不是孤立的现象。我在本文里不可能以更多的篇幅来评论这个作品的功过，我只是想顺便提一下，嬉笑怒骂虽然皆成文章，但是意在求胜却不是批评的应有态度。我不懂那篇评论文章为什么要运用比"一个阶级只有一个典型"更偏颇的理论，把作者写的在十年浩劫中一个紧跟林彪——用作者的话来说"倒下去的人越多，官做得越大"的部队坏干部，充当做人民解放军的全体，从而对作者大张挞伐，并加上了给"最可爱的人"抹黑，给老干部"挂走资派黑牌"等等吓人的罪名？过去一位外国戏剧家把我国京戏中武生背上的四面靠旗当做了四支军队，这虽然可笑，但是，鸣呼！他毕竟还没有把一个军人，哪怕他是军队的"大首长"，作为整个军队的化身！我不懂这篇评论为什么既然声明不敢说作者笔下的一个人物的思想就是作者的思想，可是紧接着笔锋一转，又以这个人物误入歧途的行为作为唯一的根据，去呵责作者本人竟"公然宣扬叛国无罪"？倘使把这种方法施诸于前人，像普希金和莱蒙托夫这样的作家也会遭到无妄之灾。评论者可以质问：奥涅金开枪打死了自己的朋友兰斯基，这是什么行为？毕巧林的故事冠以"当代英雄"的美名，这是什么思想？作者必须为自己笔下的人物负起道德上以至法律上的责任，因为作者并没有在自己人物身上粘贴区分善恶的显眼标签，为读者提供现成的褒贬答案。如果作家没有采取金圣叹评《水浒》那种眉批夹注的办法，对书中人物的每句话和每一行动都作出塾师批卷式的诸如"妙""丑""狠毒""可畏""绝倒"之类的按语，那就是作者没有表态，没有批判，没有站稳立场。我想，鲁迅所说的分明的是非与热烈的爱憎，和这种评论要求完全是风马牛不相及的两回事，那是需要具有思想力和艺术鉴赏力的评论者，以严肃认真的态度实事求是地深入到作品艺术形象的真实性中去探讨作家思想感情的复杂表现，然后作出中肯的审美判断的。十年浩劫遍及全国的大批判造就了一批比著名的忒耳西忒斯还要严厉、还要粗暴、横行阔步的酷评家。随着"四人帮"的覆灭，这种显赫一时的大批判再没有耀武扬威的余地了。但是余毒未清，大批判的病菌也会侵入我们自己的机体，这是需要我们警惕并加以克服的。但愿那种无限上纲、罗织罪名、打"语录"仗式的驳难攻击，永远消失不再重演罢。

§ 101

文艺理论体系问题① （1982）（节录，《王元化集》卷二）

关于文学理论或美学的体系，我觉得有两位理论家的论著值得我们参考和借鉴。一个是黑格尔的《美学》，一个是刘勰的《文心雕龙》。这两部著作都可以称得上具有自己理论体系的著作，所以我

---

① （原注）这是作者于一九八二年四月一日在广州召开的全国高校文艺理论研究会第四次年会上的发言纪要。本文作为单篇发表时，在全文前有一小段引言，现抄录如下："这次来开会没有准备发言，会议主持人临时给我出了一个题目，要我谈谈文艺理论的体系问题。我对这问题没有钻研过，只能简单地谈谈自己读文艺理论书时的一点体会，供大家参考。"

在这里简单谈谈自己的体会。我不是说我们的文学概论要抄袭这两个体系。照着葫芦去画瓢，硬搬过来的办法是要不得的。我不过是说我们可以把他们的体系进行总结，从中吸取经验教训。

先讲黑格尔美学体系。恩格斯曾说，黑格尔在体系上所花费的精力比他在其他方面进行的思考要多得多。但是他的体系有很大缺点，除了客观唯心主义所形成的头脚倒立的情况且不说外，就是刻板地甚至迂腐地要求整齐划一，常带有明显的人工强制性的痕迹。特别是他从一个概念向另一个概念过渡的时候，往往用了人工的强制手段，这就造成了黑格尔体系的晦涩难懂。黑格尔哲学其实并不难懂，难懂的只是他特有的名词术语，如果把它们搞清楚，就会发现他的表述是很清晰的，他的逻辑性是非常强的。我以为这和德国哲学自康德以来所倡导的批判精神有关。这里所说的批判，绝不能理解作大批判式的批判，而是指对于概念进行清理，筛汰其中模糊不清的杂质，使之通体透明、清晰、准确。黑格尔哲学的晦涩难解是在那种用人工强制手段的转折上、过渡上，当实际情况无法过渡的时候，他还是挖空心思硬要设法把它们纳入他的体系轨道。过去，我们往往强调必须打破黑格尔的体系，但是我们也应看到，他的体系中也不乏可资借鉴和参考的东西。例如黑格尔哲学、美学所体现的范畴之间的内在联系。他很看不起一部书各个章节之间毫无关联，只是把一堆问题杂凑在一起。他认为有价值的著作应该是一个有机整体，部分和部分之间以及部分与整体之间都是有机地结合在一起的。这一点虽然从表面看不出来，但其中确实蕴含着内在的联系。我是搞大百科全书的，新出的英国《大不列颠百科全书》十五版有一知识纲要，即企图阐述知识的体系。它画了一个圆，认为其中任何一个学科、任何一种知识彼此之间都有一种联系。现在有关知识分类和知识系统问题已成为一种专门学问。黑格尔很早就看到这一点。假如扫除了事物的彼此相外性，从表面看来似乎是一些偶然的现象中找出事物的必然联系，那就是说，我们发现了其中的规律，至少这是规律的重要内容之一。

此外，黑格尔的哲学也好，美学也好，都体现了逻辑的完整性和首尾一贯性。我们搞文艺理论的人往往对逻辑不够注意。苏联在斯大林时代也曾经反对过形式逻辑，甚至认为形式逻辑就是形而上学。这是很错误的一种观点。形式逻辑还是很重要的一门学科。一个人的思维假使没有逻辑性就容易产生混乱。当然，黑格尔认为逻辑发展过程只是理念的自我运动，这一点是不足为训的。我们要从黑格尔的颠倒地反映世界的形态中去剥取它的合理的内核。在黑格尔哲学、美学中，体现了一个由低级到高级、由萌芽状态向成熟状态发展的进程，形成了环环相扣的逻辑链锁，这是很重要的。假如没有逻辑发展的完整性和首尾一贯性，就构不成体系。即使有个体系，也是一个坏的体系。

黑格尔大约是最早提出历史与逻辑一致性的理论家。这一观点曾受到马克思和恩格斯的推重。① 所谓逻辑和历史的一致性，就是说人类的认识历程和逻辑的发展历程，彼此相符，都是由低级向高级、由萌芽状态向成熟状态不断向前推进。例如，以个人的进化来说，从最初的受精卵发展到胎儿，实际上正是重复了整个动物的生命史，即由单细胞生物发展成为高级动物（人）的历史。因此，研究儿童心理学的人，往往可以从不同年龄的儿童的认识过程（有人曾把这一过程分为特化阶段——泛化阶段——分化阶段——概括化阶段四个时期），来探讨早期人类的认识史。我们如果加强这方面的研究，不仅可以解决认识论（比如概念是如何形成的）问题，也可以解决美学（比如美感是如何形成的）问题。黑格尔不仅在《哲学史演讲录》中是按照逻辑和历史的一致性观点来构成全书的框架，就是在《逻辑学》和《美学》中也是按照这一观点来构成理论体系的。因

---

① （原注）后来我对这看法作了批判，见《清园近思录》中《关于斯城之会及其他答问》。

此，在黑格尔哲学、美学体系中一方面体现了部分与部分之间以及部分与整体之间的内在联系，另一方面也体现了由低级向高级，由萌芽状态向成熟状态合规律的发展过程。我认为，这两个特点很值得我们在编写文学概论时，作为参考和借鉴。

至于在我国古代文论中，我以为刘勰的《文心雕龙》的体系是特别值得重视的。《文心雕龙》是在体系上相当完整严密的一部著作，章学诚称它"勒为成书之初祖"即包括了这一点而言。我认为这部书在我国封建时期文学理论史中，不但前无古人，而且也后无来者。最近有人刻意贬低它，企图作惊听回视之论。翻案文章一旦走上意在求胜的道路，违反实事求是的精神，就没有什么价值了。试问：仅就系统的完整严密来说，在我国漫长的封建社会中有哪些文艺理论著作可与之比肩呢？甚至在整个中世纪的世界文学理论著作中可以成为它的对手的也寥寥无几。过去我的一位前辈曾发过这样的感叹："概此甘露，知饮者希。"幸而今天多数研究者是有眼力的，他们都对《文心雕龙》这部书作出了应有的公正评价。

§ 102

写真实的厄运（1987）（《思辨录》第310条）

写真实过去长期被当做心怀叵测去揭露丑恶的同义语而遭到厄难，今天又被当做机械的反映论而受到嘲笑。其实这不是一个复杂问题。真实不仅是发生过的，而且包括可能发生的；是现实，而不仅是存在。可以用写实的手法去表现，也可以用象征的以至荒诞的手法去表现。真实也不仅仅局限于物质世界，而且还包括精神世界的种种现象，它并不把人们头脑中出现的想象、幻想以至看来似乎是荒诞不经的意象和意念摈斥在外。真实既是审美客体的属性，也是审美主体的属性。后者就是许多作家一再说到的作家的真诚、说真话等等。这也就是说作家应当写自己的真情实感，写自己真切感受到的和体会到的东西，而不能在任何情况下去作违心之论，去撒谎。这样简单的道理本来是不言自明的，可是我们却需要大声疾呼，来为这样平凡的真理去说明，去申辩。我在一九八〇年写的《对文学与真实的思考》曾就这些问题作过阐释，也作过呼吁。七年多的时间过去了，我在一些会议和文章中，仍旧碰到七年多前的同样质疑和同样责问。最近我在一次会上提出撒谎还成什么文学的时候，有位作家理直气壮地回答，他写小说就是在编造谎言，他的理由是文学离不开幻想。这使我不得不感到惊讶。文学需要幻想这是一千多年前就已知道的文艺理论 ABC。其实不仅文学，纵使是科学也同样需要想象和幻想。在文学中，真实与想象、幻想不能隔离开来，这是一个常识问题。至于把想象、幻想和谎言等同起来，那恐怕就不仅是一个常识问题了。

§ 103

说真诚（1988）（《思辨录》第 306 条）

文学不能用真诚来概括，但文学一定要真诚。难道撒谎还是文学吗？有人反驳说，迷信也是真诚的，希特勒也自认是真诚的。所以不能说，凡真诚的作品都是好作品。我不同意这种驳诘。我认为真诚只有建立在人的自觉上面，建立在非异化的主体上面，建立在真正的人性上面。这才是它的本义。马克思说："专制制度必要具有兽性，并且和人性是不相容的。兽的关系只能靠兽性来维持。"人性如果异化为兽性，是谈不到什么真诚的。十九世纪英国艺术理论家曾经说过："少女为失去爱情而歌是感动人的，守财奴为失去金钱而歌就不会感动人了。"就因为后者的感情不是人性的感情，而是人性感情的异化。

在艺术鉴赏上，我爱好上世纪那些现实主义的好作品，但我主张艺术多元化。"声一无听，物一无文"，艺术的生命在于多样性。

长期以来，我们只有从苏联稗贩来的那种现实主义模式，其实这只能算作一种伪现实主义。教条主义猖獗时期，"现实主义广阔道路论"和"现实主义深化论"受到批判，使我们对于试图突破"极左"思潮而提出这些理论的论者深怀敬意。但不幸的是我们不得不承认，这些理论家并没有摆脱伪现实主义模式的拘囿。我们还没有现实主义。

§ 104

对观众的虚伪服从（1988）（《思辨录》第 313 条）

作为文艺节目的主持人自然应该尊重观众的选择，倾听观众的声音。但我觉得主持人应该有更多的审美知识，而不能像一般服务行业那样认为顾客就是主人。四年前上影厂纪念建厂三十五周年的时候，我曾经谈到娱乐片的问题。我是赞成拍摄娱乐片的，不过认为也要有选择地拍，并且不能冲垮质量高的艺术片。当时我引用了歌德的几句话："引起公众所愿意的感情，而不是使他们感到应有的感情，这是一种对公众的虚伪的服从。广大的观众应当受到尊敬，不能像小贩从孩子那里骗取钱财一样去对付他们。"我至今不明白这番话怎么会惹恼了当时在场的文化部电影局长，他回到北京就发文驳斥，说我反对拍娱乐片。这几年有种风气，谁要是不一窝蜂跟着叫，而且调门越叫越高，谁就是持不同"艺"见的人。我实在害怕并反感这种一窝蜂的风气，我希望我们都能保持独立见解，"为学不作媚时语"，不媚权势，不媚平庸的多数，也不趋附自己并不赞成的一时潮流。这样我们才会有健康的文化，真正的文化。

§ 105

写意传统（1988）（《思辨录》第 263 条）

不论把《文心雕龙》划归"言尽意"派，或相反划归"言不尽意"派，双方都把"言"与"意"的关系问题归结为语言与思想之间是否存在如范文澜《文心雕龙注》所说的"不可免的差殊"。因而，它们在立足点上倒是完全相同的。我认为，这是受到了"范注"的拘挛。"范注"大概是最早用"语言能不能表彰思想"来阐释言意之辨的。近来，我重新思考了这个问题。我觉得，"范注"对这个问题的解释有片面性。

《世说新语·文学篇》称，渡江之后，王丞相"止道声无哀乐、养生、言尽意三理"。言尽意是当时玄学家所说的三理之一。这个问题是由于对《易·系辞上传》"圣人立象以尽意，系辞焉以尽言"这句话所作的解释而引起的。何劭《荀粲传》称荀氏治《易》者颇多，均主旧学，而粲独标新义，提出"象外之意，系表之言，蕴而不出"之旨。玄宗代表人物王弼在《周易略例·明象篇》中亦称，"意以象尽，象以言著。故言者所以明象，得象而忘言，象者所以存意，得意而忘象"。荀王二人，无非是说，不可拘泥于文字的表面，而应探求其内在意蕴，以达到寻言以观象，寻象以观意。这对于纠正汉儒拘守于文字训诂及其末流的咬文嚼字之弊，可以说是一大解放。引申到文学中来，借以作为诱发想象活动的基因，就具有更重大的意义。从荀王二人的言意之辨来说，其实质，本不侧重（甚至没有涉及）"范注"所谓语言不能表彰思想或两者间存在不可免的差殊问题。玄学家和玄佛并用的名士名僧，确实有人提出所谓"心行路绝，言语道断"的说法，以揭示语言不能表彰思想的主张。并且还进一步认为所有的意识活动也都无法沟通，但这不能作为玄学三理之一言意之辨的完整解释。

刘勰把言意之辨引入文学领域，意义究竟何在？我觉得，这正如刘勰把文质概念引入文学领域一样。我们对这类问题的研究，既要探其渊源，找出它的根据；同时，又不可拘于本义，按照原来的意蕴照搬到另一个领域中去。过去由于拘挛于"范注"的训释来探讨《文心雕龙》中的言意问题，于是出现"言尽意"和"言不尽意"两种截然不同的看法。我曾经主张前说，并援《文心雕龙》"皎日嘒星，一言穷理，参差沃若，两字穷形"，"物沿耳目，辞令管其枢机，枢机方通，则物无隐貌"，"意授于思，言授于意，密则无际，疏则千里"等语作为证明。但这种看法，一直使我未能惬恰于心。因为《文心雕龙》还有另外一面，如其中所说的"思表纤旨，文外曲致，言所不追，笔固知止"，"言有尽而意无穷，晓会通也"等语，这些话又如何去解释呢？

近来，我有了一些和过去不同的看法。我认为，首先不应按照"范注"所谓语言是否能表彰思想或言意之间是否存在差殊去理解《文心雕龙》的言意之辨。那么，刘勰的言意之辨在于说明什么问题呢？依我看，他是企图阐明文学的写意性。写意性的特点就是以有限的笔墨去表现无限的意蕴。它可以说在形式上是相当于"言不尽意"的，在内容上则又相当于"言尽意"的。因为读者还是得从不尽意的言才能去领悟意蕴无限的内容。写意性是中国艺术的重要特点之一。中国绘画中有写意画，这是不用多加解释的。中国戏曲是以程式化为手段的虚拟性的写意型表演体系。中国的音乐舞蹈等也都带有写意性。伯牙操琴，子期从中听出了志在高山和志在流水，就是会意的结果，而会意则是欣赏写意艺术的必要途径。写意性建筑在想象的基础上。中国古代文论较之西方古代文论，是更早也更多地涉及了想象问题，这从借助于暗示、明喻、隐喻、联想等手段所形成的比兴理论在中国古代文论中特别发达就可证明。中国诗学中的比兴之义，贯串历代文论中，形成一种民族特色。比兴可以说是基于写意艺术而诞生的一种重要表现手法。《周礼》与《诗序》中的六诗或六义即比兴理论的滥觞，而比兴理论则具有与西方不同的特点。这是西方一些《文心雕龙》研究者所不理解的。最近法国汉学家弗朗索瓦·于连（Francoif Jullin）以欧洲直至十九世纪浪漫派产生才出现想象理论为准，来断言《神思篇》不涉及想象问题，就是一例（见其所著《想象的产生》，载一九八五年《远东与远西》第七期）。

§ 106

情况——情境——情节（1988）（《王元化集》卷六）

黑格尔的美学没有正面阐述艺术的创作过程，但他在《理想的定性》中详细地阐述了理念经过了怎样的自我发展过程而形成具体的艺术作品。他把这一过程也规定为三个步骤，即：情况—情境—情节。黑格尔认为情况即"一般世界情况"是人物动作（情节）及其性质的前提。他认为艺术的理想不能停滞在作为普泛概念的普遍性上，而必须转化为具有实体性内容的普遍力量。普遍性实现其自身于特殊的个体中，这就是理想的定性。这种实体性的普遍力量怎样才能成为可供感性观照的艺术作品呢？它必须实现自己，通过动作及一般运动和活动展示出来。这种动作或活动的场所或前提就是"情况"。他说：

> 情况只能形成个别形象表现的可能性，还不能形成个别形象表现本身。所以我们所看到的只是艺术中有生命的个别人物所借以出现的一般背景。（《美学·艺术美的理念或理想》）

黑格尔关于情况的论述是很晦涩的。他认为只有在古希腊史诗时代，具有实体性内容的普遍力量才完全体现在个人的活动中，从而显现了个体的独立自主性，而在现代的散文生活中，普遍性与个体性形成了分裂状态，个性只有在局限的狭窄范围内才显出自由自在。所以他认为古希腊史诗时代是体现艺术理想的楷模。不管黑格尔对于资本主义社会损害艺术作出了怎样有价值的论断，总的说来，他对情况的说明是从和谐宁静这种观点出发的，而并不把情况看做是矛盾的普遍性。这种错误应归咎于他的思辨结构，因为照他看来，情况在三个环节中尚处于最初的自在阶段，其发展尚未明显，其蕴涵尚未显露，因此还只是混沌的统一体。可是，事实上作为普遍性的情况只能形成个别形象表现的可能性，而不能成为激发人物动作的直接推动力，原因并不在于一般世界情况并不存在矛盾，而是在于这情况是最根本最普遍的矛盾。虽然每个社会成员都受到这同一普遍矛盾的影响和支配，但只有当它体现为特殊矛盾时，才能成为激发人物行动的直接因素。

由情况进入到"情境"，倘我们用科学的语言来表述，就是由矛盾的普遍性进入到矛盾的特殊性。矛盾的特殊性是被矛盾的普遍性所规定的。只有在情境中，才能把情况所规定的人物及其行动表现的可能性转化为现实性。黑格尔说：情境就是"情况的特殊性，这情况的定性使那种实体性的统一发生差异对立面和紧张，就是这种对立和紧张成为动作的推动力——这就是情境及其冲突"。在这里，黑格尔把情境作为混沌统一体发生差异对立面的结果是费解的。不过，他把情境作为情况的特殊性，把情境及其冲突作为个别人物动作的推动力，这种见解是深刻的。因为艺术创作如果只从一般世界情况去把握人物，而不从具体的情境去把握人物；只着眼矛盾的普遍性，而无视矛盾的特殊性，那么这往往是造成概念化倾向的根源之一。就人物性格表现来说，冲突只能发生在特殊性的规定情境之中。黑格尔说："发现情境是一项重要工作，对于艺术家也往往是件难事。"人物性格离开规定情境就不能得到表现。怎样选择适当的特定情境及其冲突恰到好处地来显示人物性格，使人认识到这是怎样一个人，的确是不容易的。情境克服了情况的普泛性，和人物的具体处境、生活、遭遇结合起来，成为激发人物行动的机缘和动力。所以，情境及其冲突对于人物来说，是使他不得不行动起来的必然趋势。在情况中，具体的特定的冲突尚未定型，情况只是冲突的基础和根据。在情境中，冲突的必然性变成了人物的内在要求，和他的心情紧密地结合在一起。

但是,情境只是激发人物行动起来的机缘和动力,情境本身还不是行动。发出行动的是人。动作的蓄谋、最后决定和实际完成都要依靠人来实现。在情境及其冲突的激发下,人究竟怎样行动起来?性格的差异往往在相同的情境中使他们发生千差万别的动作和反动作。在这里,人物的个性起着决定作用。所以,必须再由情境进入"情节"。情节即动作,是以人物性格为中心的。人物性格属于个体性范畴。按照黑格尔的说法,个体性就是"主体"和"基本","包含有种和类于其自身"(《小逻辑》第一百六十四节)。矛盾的个体性包含着矛盾的特殊性(种)和矛盾的普遍性(类)于自身之内。倘使把黑格尔这个说法加以阐发和引申,那就是人物一方面体现着作为社会关系总和的阶级属性,另一方面也体现着表现时代矛盾的特定冲突和纠纷。这两方面都要通过主体的动作或反动作显现出来。黑格尔把冲突激起人物行动起来的内在要求,借用古希腊人所说的 πάθοξ 一词来表达。大体说来,黑格尔用这个字以表明特定时代的具有普遍性的伦理观念,但这种观念在人物身上不是由理智,而是由渗透着理性内容的感情表现出来。关于 πάθοξ(《美学》朱光潜中译本译为"情致",也有人据此字的转译 Pathos 译为"激情"或"动情力",均不够妥帖。笔者觉得译作"情志"似较惬恰)这个概念作出了精辟的阐述,是值得我们注意的。黑格尔有时又把这个概念称为"神圣的东西""神的内容"或索性就是"神"。这些神秘说法往往使人感到扑朔迷离,难以索解。但细绎其旨,我们可以看出:这是黑格尔从他认作是艺术理想时代的希腊艺术中概括出来的。因为在古希腊艺术中,无论是雕刻、史诗或悲剧,神往往是主要的艺术表现内容。古希腊人正是用神来表现他们时代具有普遍性的伦理观念的。这样我们就不难理解黑格尔说的下面这段话:

无论把神们(按:这是指希腊诸神,黑格尔把这些神视为各种人格化的情志——引者）看成只是外在于人的力量，或是把他们看成只是内在于人的力量，都是既正确又错误的。因为神同时是这两种力量。（《美学·艺术美的理念或理想》）

表面看来，这似乎近于戏论。但是如果把它那披着神秘外衣的晦涩语言翻译出来，它的意蕴还是可以理解的。反映时代精神的具有普遍性的伦理观念，不是由个别人所形成，并不以他的意志为转移，所以对他来说是外在的。但是个别人不能脱离他的时代，他的性格被他那时代具有普遍性的伦理观念所浸染，形成他自己的情志，所以对他来说又是内在的。通过情志，黑格尔使人物性格和他的社会时代联系为一有机的整体。

以上我们综述了黑格尔论述艺术作品形成的三个环节的内容要旨。在综述过程中经过了清理，以便尽量使其合理的内容得到科学的表现。这里再总括地说明一下，贯串在黑格尔三个环节中的主线是理念的自我深化运动。按照他的思辨结构，艺术理想（理念）要实现自己，取得定性的存在，必须否定自身作为普泛概念的普遍性，转化为具有实体性的内容，这就是"情况"。情况发生了差异对立面，揭开了冲突和纠纷，从而否定了原来的混沌的统一，这就是"情境"。在情境中，作为主体的人物发出反应动作，使差异对立面的斗争得到解决，达到矛盾的消除，这就是"情节"（或动作）。不难看出，在这三个步骤中，每一步骤都是对前一步骤的否定，而每一否定都使艺术理想的自我深化运动前进一步，从而构成自在——自为——自在自为这样一个逻辑公式。黑格尔为了把艺术理想的自我深化运动纳入这个公式中，使用了思辨哲学的强制手段，因而使他在叙述每一环节的过渡时都是显得牵强的、晦涩的。可是，在黑格尔思辨结构的框架中蕴含着某些辩证观点，包含了某些非思辨的现实内容。最突出的一点，就是黑格尔始终从社会时代背景上来考察人物性格，把人物和环境联系在一起。

黑格尔在《小逻辑》中曾用一句概括的话说："一切事物都是一推论（或译推理）。"意思是指：任何事物都蕴含着普遍性、特殊性和个别性的辩证关系。他根据这一原理阐明了形成艺术作品的三个环节：情况（普遍性）、情境（特殊性）、情节（个别性）。对于黑格尔的这一理论，这里总括地说明以下几点：第一，黑格尔把这三个环节作为理念的自我深化运动。我们必须把被黑格尔倒置的关系颠倒过来，即把情况、情境和情节正确地理解作现实世界的普遍性矛盾、特殊性矛盾和个别性矛盾。第二，黑格尔美学的思辨结构采取强制手段，把这三个环节硬性规定作由情况到情境再到情节的刻板定程。但是，事实上作家进行创作并不一定依循这种先后次序。作家在酝酿构思的时候，可能以表现时代社会普遍矛盾的情况为起点，也可能以表现某一事件特殊矛盾的情境为起点，或者也可能以表现某种性格个别矛盾的情节（人物动作）为起点。恐怕后一种情形反而更符合大多数作家的创作经历。这一点，如果说像黑格尔这样思想严密的哲学家竟然未能察觉，显然是难以令人置信的。他所以没有顾到这样简单的事实，只能归咎于他固执地为了构成自己的体系的缘故。第三，我们应该承认，黑格尔提出的三个环节的辩证关系是艺术创作的一条重要原理。作家酝酿构思时以哪一个环节为起点，这要根据每个作家的具体情况来决定。但是有一点必须明确，作家无论以哪一个环节为起点，都必须以这个环节作为中介，来沟通其他两个环节。例如，倘他以表现时代社会普遍矛盾的情况为起点，那么他就必须以情况作为表现某一事件特殊矛盾的情境和表现某种性格个别矛盾的情节的中介，使三个环节融为有机的整体。如果以情境作为构思的起点，或者以情节作为构思的起点，也都同样必须以这个起点作为中介，来沟通其他两个环节，把三者融为有机的整体，从而使人物性格及其在特定生活环节中的遭遇，反映出整个时代精神和社会面貌。这样，作家在文学创作中才不致使人物和环境脱节，形成只是空泛地去表现时代的重大事件而把人物变成衰失个性的模糊影子，或者相反，只是孤立地从事性格分析而不能通过人物去表现社会的宏伟背景。

§107

整体与部分和部分与部分（1988）（《王元化集》卷六）

黑格尔的《美的理念》主要论述了整体与部分和部分与部分之间的必然性和偶然性关系。所谓"美的理念"正是从作为生命的自然美中才概括出来的，是他在《自然生命作为美》的部分中对生命有机体作了周密的研究之后所获得的成果。这些成果主要是把关于生命有机体的一些带有规律性的东西提炼出来，加以规范化，作为美的理念的内容。

在体现了生命过程双重活动的有机体中，各差异面保持了它们独立自在的面貌，而并不现出抽象的目的性。这就是说，某一部分的特性并不同时是另一部分的特性。任何部分并不因为另一部分具有某种形状也就具有那种形状。各部分的独立自在性显得是为它们本身的，而不是为了它们的统一体。虽然在各部分的独立自在性里可以见出一种内在的联系，但是这种经过生命灌注作用所产生的统一，不但不消除各部分的自身特性，反而把这些特性充分地表现出来。这就是黑格尔所说的必然性必须隐藏在不经意的偶然性的后面。

艺术作品的各部分、各细节不能是拼凑在一起的混合体。因为在混合体中，这一部分和那一部分之间并没有任何必然的联系，它们聚拢在一起只是由于偶然的机缘。同时，艺术作品的各部分、各细节也不能是限于形式方面的有规律的安排。因为在有规律的安排中，这一部分采用这个样式只是由于其他部分也采用这个样式的缘故。这样，各部分、各细节就会失去它们本身的特性，仅仅显出了外在的统一。相反，艺术作品的各部分、各细节一方面保持了各自独立的特性，另一方面又取得了内在的统一。它们不是由于偶然的机缘，而是由于内在的必然联系融为一体。而艺术作品这种内在的必然联系正是从具有各自独立特性的各部分、各细节直接显现出来的。

黑格尔关于美的理念的论述值得我们注意的地方，可以概括为以下几点：第一，黑格尔关于整体与部分和部分与部分之间的必然性和偶然性关系的论述，具有反形而上学观点的积极意义。形而上学观点使必然性和偶然性坚硬地对立起来，并且把必然性置于不堪容忍的专横统治地位。照形而上学观点看来，如果表现艺术作品由概念所规定的各部分协调一致的必然性，就不能容许各差异面的独立自在性。各部分不是为它们本身而存在，它们完全丧失了自己的独立地位和特性，只是单纯地为外加给它们的抽象概念服务。这样制造出来的艺术作品，其中的人物形象就变成了作家的思想的传声筒，而作品的细节也就变成了影射主题思想的象征或符号，从而作为生活现象形态的偶然性完全被放逐到艺术领域之外。第二，艺术创作一方面要把生活真实中各个分散现象间的内在联系这种必然性直接表现出来、呈现于感性观照，另一方面又必须保持生活现象形态中的偶然性，使两方面协调一致，这是艺术创作的真正困难所在。在成功的艺术作品中，生活的现象形态被保持下来了，但它们彼此分裂的片面性被克服了；偶然性的形式也被保持下来了，但必然性通过偶然性为自己开辟了道路。这里，黑格尔关于偶然性的论述，事实上也就反驳了他自己在《艺术美，或理想》第一部分中所提出的"清洗"理论。第三，不难看出，黑格尔在《美的理念》中所揭示的艺术规律并不是先验地在自然美产生以前就已存在，尽管黑格尔本人是这样宣布的。事实上，他所揭示的美的规律是从自然生命有机体中概括出来的。离开了自然生命有机体又从哪里去寻找美的理念呢？就连黑格尔本人也不得不在《美学》中承认："凡是唯心哲学（指黑格尔本人的哲学——引者）在心灵领域内要做的事，自然在作为生命时就已经在做。"因此他说："只有生命的东西才是理念，只有理念才是真实。"这里所说的生命，我们只要把它作为自然生命有机体看待，那么黑格尔的这句话就含有一定的合理因素。所以，所谓美的理念只能以自然生命有机体为基础，从中绅绎出美的规律。正如宗教幻想所造成的神物不过是人自己本身的幻想的反映，作为绝对存在的美的理念也不过是自然生命有机体本质的幻想的反映。

§ 108

生气灌注（1988）（《思辨录》第 251 条）

我们的文论，和我们的画论、乐论一样，都有一个相同的特点，它并不强调模拟自然，而是强调神韵。自然这并不是说我国传统画论只求神似，全不讲形似。比如，顾恺之曾强调传神的神似观点，但他也提出过颊上妙于添毫而不忽视细节上的形似。在《文心雕龙》中也有类似的议论，他曾说："谨发而易貌"，要求传神；可是同时他也提出"体物密附"不废形似的主张。称："汉代相人以筋骨，魏晋识见在神明。"可谓笃论。但是，他认为这是得意忘形或重神遗形的玄学理论在艺术上的反映，则不免失之偏颇。重神韵是要求艺术作品有一种生气灌注的内在精神。谢赫的《古画品录》标示六法，其中之一就是"气韵生动"。《文心雕龙》所提出的"以情志为神明"亦同此旨。照这种观点看来，艺术作品的内容意蕴和表现它的外在形象必须显现为完满的通体融贯。就如在有生命的机体内，脉管把血液输送到全身，或灵魂把生命灌注在躯体的各部分内一样。《文心雕龙》中所提到的"外文绮交，内义脉注"，"义脉不流，则遍枯文体"，即申明此义。后来，黑格尔《美学》也有"生气灌注"之论，似与我国古代文论、画论谙合。"生气灌注"是建筑在把艺术比喻为有生命的机体的理论基础上，在我国则更是由于把"气"的概念引进艺术理论的结果。过去，有人将气译作 quintessence（原质），似不妥切。拙著《文心雕龙若干范畴》英文稿，则从后来的译法，作 vital-energies（活力、生命）。"气"不是物质性的，也不是精神性的，而是近似 field（场）。"气"在中国文化史、科技史上均占有重要地位。美学中"生气灌注"的理论，多有阐发，而我们的文艺理论迄今未作深入探讨，这不能不说是件憾事。

§ 109

说主题（1994）（《思辨录》第 302 条）

作品中的主题，有时并不在于作者有意识地去表现什么观念。海涅说："一个天才的笔往往超过他暂时的目标以外。"海涅以《堂吉诃德》为例，说塞万提斯写这部小说时，只是要用它来代替当时教会对武侠小说的禁令，结果却超出原来意图，创造了一个伟大的艺术人物。老舍的情况也是一样。陈西禾和我谈话时，曾幽默地说道："老舍在解放后写的作品都表现了一个主题，这就是新社会比旧社会好。"不错，老舍的作品确是企图表现这一意图。但是，老舍作品中的思想绝不可以简单地用"新社会比旧社会好"这种观念来概括。为什么？因为作品的思想，并不在于作者要表现怎样的意图，而往往是不知不觉从作品流露出来的那些东西。例如，作者如何去对待他所要表现的生活，如何去对待他所要表现的那些人物。作者对生活对人物的态度和理解，是经过日积月累长期在生活实践中所形成的。所以要分析作品的思想，不是简单地根据作者的意图，而是要根据他在作品中自然而然流露出来对生活对人物的感情和态度才能加以掌握。

§ 110

比兴之义（1995）（《思辨录》第 261 条）

如果用最概括的说法来阐明东西方艺术的特点，那么，可以说西方艺术重在模仿自然，中国艺术则重在比兴。西方的模仿理论最早见于亚里士多德的《诗学》；中国的比兴理论最早见于《周礼》的六诗说和《诗大序》的六义说。六诗和六义都指的是诗有风、赋、比、兴、雅、颂六事。最初在《周礼》和《诗大序》中，这六事并不是如后来分为诗体（风、雅、颂）和诗法（赋、比、兴）两个方面。这种区分始于唐代，唐定《五经正义》，孔颖达作疏，开始将诗的六事作体用之分。在这以前，诗体、诗法是不分的，体即是用，用即是体。

至于将六诗说、六义说概括为"比兴"一词，是始于六朝时期的刘勰。刘勰撰《文心雕龙》，其创作论有《比兴篇》。中国艺术中的比兴之义，它所代表的艺术精神和艺术特征与西方是很不同的。这种不同主要表现在对待和处理心与物（审美主体与审美客体）的关系上。模仿说重自然，在艺术创造过程中，以物为主。而比兴之义表现自然时，可不受身观限制，不拘守自然原型，而取其神髓，借以唤起读者或观众的想象，去补充那些笔墨之外的空白。由于比兴之义诉诸联想，由此及彼，或由此物去认识彼物，故多采移位或变形之法。陆机《文赋》有离方遁圆之说，即阐明此旨。他的意思是说在艺术表现中，方者不可直呼为方，须离方去说方，圆者不可直呼为圆，须离圆去说圆。《文心雕龙》也有"思表纤旨，文外曲致，言所不追，笔固知止"的说法，意谓艺术有一种幽微奥秘难以言传的意蕴，不要用具有局限性的艺术表现使它凝固起来变成定势，而应为想象留出回旋的余地。诸如此类的意见在传统文论、画论、乐论中，有着大量的表述。如"言有尽而意无穷""意到笔不到"

"不似之似""手挥五弦，目送飞鸿""此时无声胜有声"等，都是阐发同样的观点。

记得抗战初一位已故友人陈西禾曾发表过一篇题为《空白艺术》的文章，也是阐发艺术创造中的笔墨之外的境界。可惜这篇写得十分精辟的文章没有得到应有的反响，今天几乎已经没有人知道这件事了。我们书法中有飞白，颇近此意。空白不是"无"，而是在艺术表现中有意留出一些余地，以唤起读者或观众的想象活动。齐白石画鱼虾没有画水，这就是空白艺术，观众可以从鱼虾的动态感应到它们在水中悠然嬉戏的情趣。京剧中开门没有门，上楼没有楼梯，骑马没有马，这些也是空白艺术。这种空白艺术在西方是罕见的。我只知道契诃夫在他的剧作中很喜欢运用停顿（pause），停顿近似空白艺术，但又不完全相同，似乎着重在节奏和氛围的处理上。至于英国导演彼得·布鲁克倡"空的空间"，那是现代派艺术兴起以后的事了。

§111

观赏的独立性与投入性（1995）（《思辨录》第262条）

《文心雕龙·物色篇》中有两句话，可以说是简明扼要地勾勒出了中国传统艺术观的基本特征，这就是："写气图貌，既随物以宛转；属彩附声，亦与心而徘徊。"这两句话互文足义。意思说，在写气图貌和属彩附声的创作过程中，一方面作为审美主体的心应随物以宛转，另一方面作为审美客体的物也要与心而徘徊。心既要以物为主，物也要以心为主，相互为用，而不存在一个压倒另一个，一个兼并另一个；或者一个屈服于另一个，一个溶解于另一个这类现象。在京剧表演或京剧欣赏中，演员或观众在进入角色后，不像西方戏剧所出现的那样，完全沉浸在角色里，而能保持其自我的独立自在性，其主要原因即在此。在西方戏剧观中，演员或观众的自我溶解在角色里，审美主客（或心与物）双方，不是相反相成，互补互助，有你也有我，而是呈现了有我则无你，有你则无我的非此即彼的逻辑。体现了A是A而不是非A的同一性。京剧或中国传统戏剧观则是两者并存，亦此亦彼，对立而统一，你中可以有我，我中亦可以有你。这与西方戏剧的审美主客关系是完全不同的。

西方有些美学家曾经感到这种主客同一的艺术观是有缺陷的。布洛曾创心理距离说。布莱希特提出了间离效应。一九三五年梅兰芳访苏时，布氏在苏联观看了梅剧团的演出。他的间离说来自京剧的启发。黄佐临生前曾称赞他思想敏锐，因为他并没有看到更多的京剧，就发现了京剧演员的表演不像西方那样沉没在角色里面，而一下子就抓住了这个特点。不过他的间离说在第一自我和第二自我的问题上，却和中国传统戏剧观存在着差异。他认为演员或观众对角色应采取一种理性的批判态度，而不可能在投入角色的同时仍保持观赏性格。他在这一点上仍未摆脱非此即彼的同一性逻辑。这与中国传统的和谐意识所持万物并育互不相害的基本精神仍是大相径庭的。

这里说一下，所谓传统乃就大体而言，而不可理解为它将规范一切文化现象，不然就变成一种僵硬的模式了。传统文化中可能有常例和变例，也可能出现一定程度上的突破和逆反，这往往是极其复杂的。在西方美学理论中我十分服膺黑格尔对于知性的有限智力和知性的有限意志的批判。所谓知性的有限智力是假定客观事物是独立自在的，而我们的认识只是被动地接受，从而取消了主体的自确定作用。知性的有限意志则是指主体力图在对象上实现自己的旨趣、目的与意图，而将客观事物当做服从自己意志的工具，从而牺牲了客观事物的独立自在性。倘用中国的传统说法，前者亦即以物为主，以心服从于物。后者亦即以心为主，以心去统制物。黑格尔对两种知性偏向的批判是十分接近中国传统文论中的心物交融说的。在这方面，我以为还是以《文心雕龙·物色篇》的阐述最为充分。纪昀推崇《物色篇》末的"赞"为全书各赞第一。赞中所说的"目既往还，心亦吐纳，情往似赠，兴来如答"四语，可以说是心物交融和谐默契的最高境界。在这种境界中，心和物有来有往，都承认对方的存在，都通过自己一方去丰富对方，提高对方。

§112

路线斗争式的论辩（1997）（《思辨录》第290条）

"五四"时期的文白之争，其性质是属于文化上的问题，可是参加这场论争的人，在辩论中丧失了冷静，上纲上线，把它变成了一场你死我活的斗争。辩论的双方都自以为掌握了绝对真理，所以意见不同的就是异端，就是敌人！这哪里还是什么学术民主自由讨论？我觉得这和后来路线斗争中所出现的"残酷斗争，无情打击"也有某种相似之处。政治上的路线斗争是十分残酷的。例如，一度被称为第十次路线斗争的对刘少奇的批判，纵使说这场斗争真正是关系到走什么道路及国家命运这样严重的大事，但为什么非得按照残酷的路线斗争的方式来解决？是不是舍此就没有其他办法了？有些国度发生了政治上的分歧，是通过更合理的民主方式去解决的。抗战初我到上海不久，读到友人林淡秋翻译的一部苏联电影剧本《列宁在一九一八》，其中记述高尔基和列宁的一场对话，高尔基认为斗争手段太残酷了，列宁开导他说："当两个人进行激烈拼搏的时候，你能说打出的哪一拳是对的，哪一拳是错的么？"（大意）当时我认为这话对极了。多年以后才发现这里面是有问题的。文化论争更不能用这种为达目的不择手段的办法，而必须遵守"游戏规则"，否则是谈不到学术民主和自由讨论的。唐弢的《鲁迅日文作品集序》，我没有读过，不知作于何时。但最近读了刘纳的一篇文章，其中说道："八十年代初，他（唐弢）在文章中引用了鲁迅极为愤激的言词：'我总要上下四方寻求，得到一种最黑最黑最黑的咒文，先来诅咒一切反对白话、妨害白话者。'（《朝花夕拾·二十四孝图》）唐先生在引证了这段话之后写道：'这种愤激的心情和语气，恐怕很难为今天的人们所理解的了。不过，我们如果回顾一下当时黑暗势力的浓厚，那些白话文反对者居心的毒辣，巧言令色，欺世盗名，用种种手段欺蒙社会舆论的事实，就会觉得鲁迅这样说并不过分。他是亲身经历了这场斗争的。'（《鲁迅日文作品集序》）未曾亲身经历当年白话文之争的唐先生也始终持守着保卫白话文的鲜明立场，他同样是把白话作为反封建反传统的铺垫。"仅就作者刘纳所引用的唐弢原话来看，我觉得那些说法是许多文学史家所习用的套语。倘真正将双方辩论的真实情况揭示出来，恐怕会发现唐弢的这些议论有刻意渲染的地方。

§113

趣味不会平等，艺术不会统一（1998）（《思辨录》第 288 条）

周作人于一九二〇年写的《中国戏剧的三条路》，纠正了他自己在前几年写的反旧剧的观点。这篇文章收入到他的《艺术生活》中，其中有几句话说："我相信趣味不会平等，艺术不能统一。使新剧去迎合群众与使旧剧来附和新潮，都是致命的方剂，走不通的死路。我们平常不承认什么正宗或统一，但是无形中总不免还有这样的思想，近来讲到文艺，必定反对贵族的而提倡平民的，便是一个明证。""五四"时期虽然倡导民主自由，但像这样具体体现在学术领域内的民主自由精神是不多见的。我甚至要说这可以称作是超脱"五四"时期的意图伦理的声音。文学史家不大注意当时人的反思精神。我不是从事这方面工作的，只觉得这项研究很有意义，值得有人去做。周作人由于他在抗战期间的投敌行为，至今为人所不齿。但我觉得反对他投敌，却不应该否定他在"五四"时期的历史。这和现在不少人绝口不提张爱玲在上海沦陷时期与敌伪的关系，而只是一味赞扬她的才华，都是不应有的偏颇。

§114

中国艺术与西方的不同（2002）（《传统资源：具体中的普遍性》节录，《王元化集》卷六）

问：现在学问往专家那里走，大家都不再讲文学与文化了。其实，文学艺术是民族文化的精神之花。从文学艺术去理解一个文化的特点，仍然不失为一条路径。那么，透过中国文艺来看，文化与思想的特点如何呢？

答：比如那篇谈京剧文章①讲到的虚拟性、程式化、写意型，这种表演体系，和西方的所谓体验派的表演体系，如斯坦尼斯拉夫斯基的，或所谓表现派的，如狄德罗的表演体系，或者布莱希特的，诉诸理性、排除感情因素、所谓"间离效果"的这种表演体系，都有很大的不同。这就是中国的戏剧在艺术的审美观的基础上与西方的不同。如那篇文章中讲到的，先秦时代有所谓六诗说（《周礼》）、六义说（《诗大序》）。比兴，确实是中国艺术的很大特点，可以说是中国一切文艺的基础。

问：近现代大诗家如马一浮、陈寅恪都很重视比兴。我教了十几年的诗学，也认为，如果要说一个中西诗学最大的区别，可能就是这个了。比兴消解了对列、超越了逻辑、突破了形式，甚至泯除了抒情与叙事的分界，等等，值得我们剖析它的文化思想内涵……

答：中国的艺术在审美的主客观关系上，与西方不同。它是主客观的和谐。如刘勰的"心物交融说"，心是审美主体，物是审美客体。这就是心物交融。物与心徘徊，心亦随物宛转。而在西方，比较强调"知性分析"，毛泽东的"一分为二"不是源自中国的传统。中国传统不是说主体绝对站在客体之外，形成主客对立，或认为不

---

① （原注）见《关于京剧与文化传统答问》，收入《九十年代反思录》。

是你消灭我就是我消灭你，它没有这种两极化的对立观念。所以中国只有"和而不同""群而不党"。这两句成语都说明，多元化是趋向一致的而不是同一的，是具有普遍意义的，但又保持了具体的差异性。刘勰的《文心雕龙》往往把对立的两个概念熔铸成一个词语作为篇名。情采、神思、体性等等，都是将两个概念（情和采，神和思，体和性）融合在一起。它们本是分解开来的，或甚至是对立的，但刘勰把这两个本是分开来的概念连缀成词，变成一个范畴来讲，而且讲得很精彩。"文革"时我写的《文心雕龙柬释》被抄走，当时我很害怕，因为我很担心我所称颂的刘勰的艺术和谐观会被当做反对"一分为二"的反动理论，这是我写《文心雕龙柬释》时没有意识到的。

问：龚自珍的"善入善出"，《文心雕龙创作论》时也谈到……

答：这在戏剧上也很重要。西方戏剧就是演员要完全进入角色。作家写对象就进入对象。据说巴尔扎克写羊，自己也就变成了羊。相传，一九一九年芝加哥演出《奥塞罗》，有个观众一枪将扮演埃古的演员击毙，这个观众完全进入了戏里，丧失了作为鉴赏者的独立性。再如莫斯科艺术剧院首场公演《海鸥》，大幕落下后，过了两三分钟，观众才从他们所进入的戏里回到现实世界，他们才鼓掌。因为观众跟剧中的人物同休戚、共命运，完全沉入到里边了。中国人看戏则不同，看很悲的戏，也能叫好、鼓掌，这就是龚自珍讲的"善入善出"。中国观众在投入剧中时，仍保持住作为观众的独立性，他鼓掌叫好时，并不是没有感情投入的纯客观评价。相反，他鼓掌时，正是他投入了戏中，感情迸发、情绪最激动的时候。观众在鉴赏艺术品时既须进入其中，又须出乎其外，这种出入现象是刹那刹那、更迭反复进行着的。

第四辑　名学思辨

§115

《中国通史简编》的误译（1960）（《思辨录》第 194 条）

范文澜《中国通史简编》据《魏书·李业兴传》介绍南北不同的学风说：

> 李业兴到梁朝聘问，梁武帝问他儒玄二学怎样贯通。李业兴答，我只学五经，不懂深义（指玄学）。梁武帝又问，太极有没有。李业兴答，我从来不习玄学，不知道太极有没有。李业兴答朱异问南郊，申明郑学，排斥王学。这一问答，可以说明南北学风的不同。

根据这里介绍的第二项问答来看，儒学是根本否认太极的。按太极一词，见于《易传》。《系辞上》曾明言"易有太极"。《周易》是儒家五经之一，照理崇尚汉儒的经学家是不会不承认《系辞上》这个说法的。事实上，李业兴也并没有否认太极的存在。《中国通史简编》所引《魏书·李业兴传》的那段话是把古汉语加以今译。它的原文如下：

> 衍又问《易》曰，太极是有无。业兴对，所传太极是有，素不玄学，何敢辄酬。

这里，《中国通史简编》显然有着误译。梁武帝学综内外，会通儒道佛三家，而以玄学为骨干。玄学乃本体论之学，从事于有无本末之辨。据玄学解《易》，他问"太极是有无"，并不是问太极有没有，而是问太极属于"有"的范畴，还是属于"无"的范畴。李业兴学宗汉儒，不懂玄学，所以不能回答这个问题。不过，儒学虽然不讲有无本末之辨，但和玄学比较之下，玄学"贵无"，儒学接近于"崇有"，因此李业兴又有"所传太极是有"的说法。从这里我们可以看出，儒玄二家都不否定太极的存在。它们的区别只是在于对太极有着不同的解释。

§116

《灭惑论》与梁武帝之学（1961）（《思辨录》第190条）

我国佛教思想，自汉魏以来，迭经变迁。汤用彤《汉魏两晋南北朝佛教史》称，初期佛教附于道术，小乘禅法流行。正始以后，玄风滥觞，禅法渐替，名士名僧由玄入佛，大乘般若性空之学乃附清谈以光大。宋齐两代，竞谈涅槃成实，群趋妙有之途，真空之论几乎渐息（《续僧传》曾记僧旻之言曰："宋世贵道生，顿悟以通经。齐时重僧柔，影毗昙以通论。"经谓涅槃，论即成实。成实乃小乘之学）。洎至梁陈，玄谈又盛，三论复兴，而与宋齐稍有差异（以上综述大意）。《佛教史》又论梁武帝之学云："梁武帝雅好玄学，亲讲老子，对于成实虽未闻其议，然其学初重涅槃，后尊般若，自注大品，躬常讲说。观其所言，于世人之轻疑般若，最所痛恨。"梁武帝于释教中特重般若与涅槃，这一点我们可以在文献中找到不少证据。梁法云《御讲般若经序》称般若乃"众圣之圆极，万法之本源"。萧子显《御讲摩诃般若经序》亦称般若为"法部之尊，圆圣之极"。《出三藏记集经序》卷八载梁武帝《注解大品序》自称："涅槃是显其果德，般若是明其因行。显果则以常住佛性为本，明因则以无生中道为宗。"梁武帝以涅槃般若该摄佛法，可见他尊崇二说之重。我们在《灭惑论》中也不难找到同一观点的痕迹。刘勰在辨佛道两家的正邪真伪时，亦并涅槃般若来代表佛法："且夫涅槃大品,宁比玄妙上清?"(《放光》与《道行》并称"大品"与"小品",两者同是《般若经》。)《灭惑论》是一篇论战文字,重点在破对手所提出的老子化胡之类的旧说,而对佛教义学殊少发挥。全文中正面阐发佛法的地方,除"至道宗极"一段文字外,还有下面一段文字也颇值得重视:"大乘圆极,穷理尽妙,故明二谛以遣有,辨三空以标无,四等弘其胜心,六度振其苦业。""大乘圆极"一语即指般若(此与《御讲般若经序》称般若为"众圣之圆极"或《御讲摩诃般若经序》称般若为"圆圣之极"根本无异)。文中遣有标无之旨,可以说是般若学的一个重要标志。正始以来,玄学家多从事于有无本末之辨,本无末有是玄学本体论立论的根本。道安时代,般若学有六家七宗,几乎都以本无为宗旨,所以后来论者称本无几为般若学之异名。《灭惑论》遣有标无,实即以玄学本末有无之辨,会通般若性空之谈。文中所用名相亦莫不与此有关。"大乘圆极"一段首称二谛,案二谛义乃三论之骨干。梁时三论复昌,二谛义随之而被重视。当时关于二谛义的讨论很多,《广弘明集》卷二十四载有《梁昭明太子解二谛义章》。梁时除重二谛义外,亦多称"三空""四等"二语。《全隋文》卷十一载江总《摄山栖霞寺碑》称:"梁武皇帝能行四等,善悟三空。""三空"系指我空、法空、我法俱空。善悟三空即言以般若之慧照见空理,而破我法诸执。梁武帝《摩诃般若忏文》云:"弟子颇学空无,深知虚假。王领四海,不以万乘为尊;摄受兆民,弥觉万几成累。每时丕显,嗟三有之洞然;终日乾乾,叹四生之俱溺。常愿以智慧(即般若——引者)灯,照朗世间;般若舟航,济度凡识。"(江总所谓"善悟三空",或系指此。)梁武帝的悟空之谈,用《灭惑论》的话来说,可以"辨三空以标无"一语尽之。两说繁简不同,而旨归无异。至于"四等"乃慈、悲、喜、舍四无量之异名,本属禅法。《续僧传·习禅篇论》曾明言梁武帝于禅定颇为重视,曾搜求学者,集于扬州。这一点,我们在《灭惑论》中同样可以找到反映。《灭惑论》谓"慧业始于禅观",似即会通般若与禅法而言。根据"大乘圆极"一段来看,"四等弘其胜心"一语似亦指通过慈、悲、喜、舍四无量之修炼,始可达到般若悟空之境。此与江总称梁武帝"善悟三空,能行四等"之语无不一一暗合。

§117

王弼何晏《论语注》(1961)(《思辨录》第 176 条)

王弼、何晏以老化孔在二人《论语注》中表现得最明显。皇侃《论语义疏》引王弼注"大哉尧之为君也"章云:"圣人有则天之德,所以称唯尧则之者,唯尧于时则全天之道也。荡荡,无形无名之称也。夫名所名者,生于善有所章,而惠有所存,善恶相须,而名分形焉。若夫大爱无私,惠将安在?至美无伦,名将何生?故则天成化,道同自然,不私其子而君其臣,凶者自罚,善者自功,功成而不立其誉,罚加而不任其行,百姓日用而不知所以然,夫又何可名也?"《疏》又引何晏注"瞻之在前,忽焉在后"云:"言忽恍不可为形象也。"注"畏大人"云:"大人即圣人与天地合德也。"注"毋我"云:"述古而不自作,处群萃而不自异,唯道是从,故不自有其身也。"注"志于道"云:"志,慕也,道不可体,故志之而已。"从上引注文可以看出王、何是多么牵强附会地用玄学加工过的老义去曲解孔义。《宗经篇》:"励德树声,莫不师圣,而建言修辞,鲜克宗经。"可以说是对这种倾向的委婉讽喻。

§118

三教同源说(1961)(《思辨录》第 183 条)

魏晋以来,儒释道三家存在着既吸取也排斥、既调和也斗争的复杂关系。最早的玄学就已有会通儒、道二家的倾向。正始玄风的代表人物，首推王弼、何晏，其学号称新义。王何二人以无为本，祖尚老庄，而不废儒书，仍以孔子为圣人，似于儒家十分尊重。但是，实际上他们却采取以老化孔的方式去调和孔老，以达到崇道卑儒的目的。王何之后，则有向秀、郭象。向郭二人亦称儒道双修。谢灵运《辨宗论》云："向子期以儒道为壹"，即指调和儒道两家而言。孔子贵名教，老庄崇自然，而向郭注庄发明内圣外王之旨，乃使名教与自然相通，似于二家无所偏重。但是，实际上他们仍以老庄为本，儒家为末。南朝玄风盛时，多认佛道儒诸家本源相同。《梁僧传》称慧远博综六经，尤喜老庄，其《法性论》曰："至极以不变为性，得性以体极为宗。"《弘明集》卷五载慧远《沙门不敬王者论》云："内外之进，可合而明。"慧远主张融合内外，似有百家同致之旨。但是，实际上他却是以佛教去兼并儒道。此外竺道生有"佛是一极"之说（《法华疏》），谢灵运亦有"宗极微妙，理归一极"之说（《辨宗论》）。以上种种说法，都可视为三教同源说的先河。范文澜《中国通史简编》谓三教同源说为梁武帝所创立。此说不知何本？但从当时留下的文献来看，似有一定根据。梁武帝于天监三年下舍事道法诏后，即于次年（《通史》误为同年）为孔子立庙，置五经博士。他曾著有《孔子正言》《老子讲疏》等属于儒道方面的著作二百余种。《广弘明集》卷三十九载梁武帝《会三教诗》，自述其学经过云"少时学周孔"，"中复观道书"，"晚年开释卷"。全诗主旨则在会通三教于一源："穷源无二圣，测善非三英。"这显然是揭橥三教同源说的明证。后来论者也往往把这一点视为梁代佛教思潮的一个特征。《广弘明集》卷十一载法琳《对傅奕废佛僧事》云："暨梁武之世，三教连衡，五乘并骛。"根据这些史料来看，梁武帝纵使不是三教同源说的创立者，至少也是这一学说的集大成人。他撷取了正始以来不断出现的同儒道、齐孔老的玄谈余绪，继承了释慧远以来所谓宗极是一的观点（梁释智藏《和梁武帝会三教诗》即有"究极本同伦"之语），从而完成了三教同源说的理论。

§119

玄佛并用（1961）（《思辨录》第184条）

宗极为玄佛并用的专名。《出三藏记集经序》卷十载《大智论钞序》称："夫宗极无为以设位。"此言宗极即是无为。实际上，宗极正是玄学家所说的本体。玄学类认本无而末有，故空无（《灭惑论》曰空玄）乃宇宙万有之本体（或言实体、实相）。本体无相，而为万有之源。本体不分无二，故又名为一极（或假《周易》用语称为太极）。据此一极义，虽万有纷纭，终不超出本体之外，因此，儒释道三教，就其终极而言，必归于一本。这就是三教同源说的理论根据。梁时重二谛义，亦与三教同源说具有密切关联。二谛即真谛（又称第一义谛）与俗谛（又称世谛）。引申在教义方面，佛是真谛，儒道等是俗谛。昭明太子和道俗讨论二谛义时曾提出"真俗一体"之旨。真俗既同是一体，则儒释道三教之本必然无二。现综述《解二谛义章》大意如下："真理寂然，本不浮幻，无起动相，自当只是一体。此体虚玄常寂，而凡夫惑识，横见起动，故复是一谛。凡夫见有，圣人见无。俗睹浮幻，真睹真寂。两见既分，故可立真俗二谛名。真俗凡圣所见不同，唯应有两，不得言一。若语相即，则不成异。真非去有而存空，俗亦不出真外。真即有是空，俗指空为有。凡夫于无称有，圣人即有辨无。有无相即，此谈一体。依法为谈，空有相即，不得言两。依人而语，两见既异，所以成二。"按照昭明的意思来说，宇宙有一个绝对虚玄常寂的精神实体，一切物质存在都是浮幻流动、刹那生灭的假象。只有圣人（佛）才能窥探这个真实实体，凡夫（儒道等）由于心积万有之惑，乃于此真实实体中横见浮幻。圣人凡夫所见结果虽异，而所见对象却属同一实体。圣人顺真而不逆俗，可以即有见空，从浮幻流动的现象界见到虚玄常寂的实体。凡夫却以有为空，把浮幻流动的现象界当做了真实实体看待。不过就本体论而言，空有相即，真俗不离，万有不超出实体之外。所以凡夫所见浮幻，并非于真实实体外另见一实体，实即于此真实实体惑见浮幻。从这一点来说，凡夫所见之有，即是圣人所见之无。显然，这可以说是在同异问题上所作的概念游戏。如果剥开昭明二谛义的神秘外衣来看，就只有两个主要方面。一方面是在真俗之间求同，即根据玄学本体论把真俗归为一体。玄学本体论本是一元唯心主义，从这个角度出发，世界一切现象都可以最终归结为绝对精神的表现和外化。另一方面是在真俗之间存异，即在各教教义上划出严格界线，分辨它们之间的内外、真伪、邪正，以定高下。表面看来，昭明的二谛义似乎是用佛教调和其他各教，但是实际上在求同的形式下却掩蔽着存异的实质，因为他所说的真俗一体只是纯粹的抽象，而他所说的真俗区别却具有现实意义。

§ 120

玄学解《易》与汉儒《易》学异旨（1961）（《思辨录》第185条）

玄学据本体论解《易》，认为太极是本、是体、是无。《周易正义》引何晏文曰："上篇（指《系辞上》——引者）明无，故曰《易》有太极，太极即无也。"韩康伯注"大衍之数"引王弼文曰："演天地之数，所赖者五十也。其用四十有九，则其一不用。不用而用以之通，非数而数以之成，斯《易》之太极也。四十有九，数之极也。夫无不可以无明，必因于有，故常于有物之极，而必明其所由之宗也。"何晏明言太极即无。王弼亦同此旨，并且通过有无本末之辨作了更充分的发挥。玄学类认本无而末有。本无是指宇宙的本体，代表一种绝对虚玄的精神。末有则是由这个绝对精神外化出来的现象界，它们刹那生灭，瞬息万变，是不真的东西。本无是宇宙的实相，又称为体。末有是宇宙的假象，又称为用。王弼释大衍义，以五十代表宇宙整体，而在此宇宙整体中，"其一不用"与"其用四十有九"之间的关系，亦即体用（或本末、有无）之间的关系。所谓"不用而用以之通，非数而数以之成，斯《易》之太极也"，这就是说，作为其一不用的太极为宇宙万有所由之宗极。万有不超出本体外，本体自身虽然非用非数，但万有却离不开它。有了宇宙本体，宇宙万有才成为"用"成为"数"。另一方面，本体是无，而无不可以无明，要认识无，必须因于有，只有通过宇宙万有，才能把握作为宇宙本体的无的存在。用玄学的术语来说，这就叫做体用一如，有无相即。在这里，王弼充分发挥了一种精雕细琢的唯心主义。他认为太极是天地万物赖以存在的绝对精神。这就是玄学对太极所作的解释。至于儒学则多以"元气"或"北辰"去解释太极，而与玄学异旨。汉儒《易》学的全貌今已不可考。唐定正义，《易》主王弼，郑学寖微。李鼎祚《周易集解》表彰汉学，辑虞翻、荀爽等三十余家遗文，保存了一些残缺不全的汉《易》古训。李道平为《周易集解》作《纂疏》，并采惠氏、张氏之说，通其滞碍，作了进一步的补充。从这些片段资料中，我们大体可以推知汉儒是据宇宙构成论解《易》的，他们大多认为太极是天地未分的混沌元气。刘歆《钟历书》曾明言"太极元气，函三为一"。郑玄注《乾凿度》"孔子曰《易》始于太极"，亦云："自气象未分之时，天地之所始也。"这是说太极为天地未分、万物未形的宇宙最初状态。马融曰："《易》有太极，谓北辰也。"虞翻曰："太极，太一也。分为天地，故生两仪。"马融、虞翻二人，一说太极是北辰，一说太极是太一，似有差异。然而，郑玄注《乾凿度》曰："太一者，北辰之神名也。"据此，太一亦即北辰，故马、虞二说相契。郑玄又引《星经》曰："太一，主气之神。"据此，北辰则又与元气之说可通。不论汉学或以元气解释太极，或以北辰解释太极，他们都是按照宇宙起源的假说，把太极规定作派生天地万物的起点。照他们看来，天地未分、万物未形之前，宇宙间只有元气存在。

§ 121

释自然（1961）（《思辨录》第 170 条）

在前人著述中，"自然"一词并不一定代表"自然界"，更不一定等于今天所说的"物质"。例如魏晋以来，玄学家就很喜欢用"自然"这个词。夏侯玄曰："天地以自然运，圣人以自然用。"何晏释曰："自然者，道也。道本无名。"（《无名论》）何晏又说："道之而无语，名之而无名，视之而无形，听之而无声，则道全焉。"（《道论》）所以，叫做"自然"的"道"就是无语、无名、无形、无声的本体，或更明白地说："无。"王弼也同样根据玄学本体论来解释"自然"："自然者，无称之言，穷极之辞也。"（《道德经注》）又说："自然，其端兆不可得而见也，其意趣不可得而睹也，无物可以易其言。"（同上）据此，玄学所谓"自然"即是不可认识的无（即作为宇宙本体的绝对精神）。刘勰的"自然之道"虽然并非按照玄学的解释，但也不是指物质自身运动的客观规律。

§ 122

释虚静（1961）（《思辨录》第 171 条）

先秦诸子提倡虚静说的，其实并不止于道家，除老庄外，尚有荀子。荀子在《解蔽篇》中提出"虚一而静"之术，用来作为以心知道的一种手段："人何以知道？曰：心。心何以知？曰：虚一而静。"

"虚一而静"一词虽然最早出于宋钘、尹文的著作，但是荀子却赋予了它新的涵义。《解蔽篇》明言"宋子蔽于欲而不知得"，足见荀子的"虚一而静"是不会毫无批判地套用被他视为蔽于一曲的宋、尹之学的。宋、尹学派创造了一套主观思维的认识过程，即所谓心治之术。他们提出"专于意，一于心"的主观认识论，反对掌握外界的一定现象，而把感觉或心官的感应活动限制在"自充自盈，自生自成"的范围内，从而作出了"无以物乱官，毋以官乱心"的命题。尽管荀子的解蔽可视为宋、尹的别宥的引申，可是事实上荀子却舍弃了宋妍、尹文通过"虚一而静"这个用语所表示的静以制动，静以养心，去知去欲，无求无藏的消极目的，而提出了截然相反的规定。什么是荀子所说的"虚一而静"呢？照他看来，虚的对面是臧；臧者，藏也，含有积藏之义。一的对面是异；异者，指心兼知也。静的对面是动；动者，指心自动运行也。从心的本性来说，它是有臧、异、动的特点的。也就是说，心往往积藏了许多固定看法，包含了许多纷杂不一的成分，并且又往往是不由自主地运行着的。倘要以心知道，那么就必须由臧而虚，由异而一，由动而静。心固然具有臧异而动的特点，但是未尝不能达到虚一而静的境界。要做到这一步，首先，"不以己所臧，害所将受"，这就是说，不以自己心中原来积存的固定看法去损害将要准备接受的东西。这就叫做虚。其次是"不以夫一害此一"。这就是说，不要以彼一事理去损害此一事理；或者更确切地说，不要用片面的观点去损害全面的观察。《解蔽篇》所举："墨子蔽于用而不知文"，"庄子蔽于天而不知人"，就是蔽于一曲的片面观点的例证。倘能克服这种片面观点，从一元论的立场把纷杂互异的万物统一起来观察，这就叫做一。最后是"不以梦剧乱知"。这里所说的梦，是指心的不由自主的运行，如人在梦中一样。一切凌乱杂念，下意识的心理活动均可归入梦的范畴。倘能克服这种现象，役心而不为心役，使思想集中起来，这就叫做静。荀子认为：虚则入——心能虚，才能摄取万物万理；一则尽——心能一，才能穷尽万物万理；静则察——心能静，才能明察万物万理。以上就是"虚一而静"的大概内容。

§123

三才说（1962）（《思辨录》第169条）

《系辞下》本有"三才之道"的说法。三才是指天道、地道、人道。孟康注《钟历书》"太极元气，函三为一"，谓三即三才，指天、地、人。郑玄释三才与两仪的关系说："太极函三为一，相并俱生。是太极生两仪，而三才已具矣。"何承天《达性论》亦云："夫两仪既位，帝王参之，宇中莫尊焉。天以阴阳分，地以刚柔用，人以仁义立。人非天地不生，天地非人不灵。三才同体，相须而成者。"显然，这些说法都是把三才和太极联系在一起。天、地、人三才同体，相并俱生之说是在我国传统思维模式"天人合一"说的文化背景上提出来的。三才说本身并没有什么价值，我曾向熊十力先生请教，他回信指出，此说"不涉理论之域"，意思是不值得研究。但问题不在它本身有没有价值，而在于对它的探讨是有助于我们进一步理解我国传统思想模式"天人合一"的特点。

§124

达名、类名、私名（1962）（《思辨录》第68条）

黑格尔逻辑学的三范畴论（即：普遍性、特殊性、个体性）曾博得很大声誉，常常为人所征引。其实，早在黑格尔之前，《墨辨》就同样提出过"达名""类名""私名"三个范畴。据《经说》的解释："名：'物'，达也。有实必待文多也，命之。'马'，类也。若实也者，必以是名也，命之。'臧'，私也。是名也，止于是实也。"

《墨辨》所谓"达名"是指普遍性范畴，即后来荀子在《正名篇》中说的"大共名",如"物"。"物"这个概念可统摄万有。"类名"是指特殊性的范畴。即荀子说的"大别名",如"马"。"马"这个概念以区别牛羊,但又赅括一切不同形态的马在内。"私名"指个体性范畴,即荀子说的"推而别之至于无别而后止",如"臧"。"臧"这个概念作为某一个体(人)的专名。《墨辩》提出了"辞以类行"的理论。荀子对于"类"的理论更多有发挥:《儒效篇》"举统类而应之",《子道篇》"言以类使",《非相篇》"以类度类","类不悖,虽久同理",《王制篇》"以类行杂,以一行万"。大体说来,荀子认为知类为立名之本,掌握了"类"的概念,就可以突破感性认识的局限,以近知远,以一知万。

§125

《墨辩》与《荀子》的认识分类(1962)（《思辨录》第172条）

史称荀子"推儒墨道德之行事兴坏"。荀子对儒墨显学都有所修正。后期墨学的主要著作《墨辩》（书名依晋鲁胜《墨辩注》）在认识论方面作出了具有科学性的阐发。《经上》与《经说上》第三至第六这四条是一组系统阐述认识论的理论。其中把认识作用分为"知材""虑求""知接""知明"四类,并直接把它们和"见物""接物""过物""论物"的物观对象相联系,说明思维活动必经此感知、虑知、觉知、理知的认识过程,然后才能界立出正确思维活动的逻辑形式（用汪奠基《中国逻辑史料分析》说）。虽然《墨辩》对于感知、虑知、觉知、理知的表述过于粗略而隐晦,但是我们在大体上还是可以辨认,它们作为一种萌芽状态的认识分类,已经初步接近于我们现在所说的感觉、知觉、表象和抽象思维这几个不同阶段的认识功能。荀子的认识论就是在前人基础上加以发展和改造而建立起来的。他提出了"缘天官"说,更强调地指出人的认识活动是通过目、耳、口、鼻、形体、心这几种器官来进行的。前五种属于感觉官能，心（应该说是大脑）代表思维活动的器官。荀子在《正名篇》中曾充分地阐述了他的"缘天官"的认识论："形、体、色、理，以目异。声、音、清、浊、调、竽、奇声，以耳异。甘、苦、咸、淡、辛、酸、奇味，以口异。香、臭、芬、郁、腥、臊、洒、酸、奇臭，以鼻异。疾、养、沧、热、滑、铍、轻、重，以形体异。说、故、喜、怒、哀、乐、爱、恶、欲，以心异。心有征知。征知，则缘耳而知声可也，缘目而知形可也，然而征知必将待天官之当簿其类，然后可也。"引文中所说的"异"是指别同异，亦即认识事物的特性。这里指明目、耳、口、鼻、形体所摄取的外物映象必须有待于心的征知才能构成认识的内容，而心的征知倘不通过目、耳、口、鼻、形体簿物（去接触客观世界）就无法发挥它的综合与分析、区别同异的作用。

§ 126

专门名词（1962）（《思辨录》第 188 条）

理论研究工作最大困难之一，就在于确定专门名词的特定涵义。同一个专门名词不仅在属于不同流派的思想家那里时常具有截然异趣的意蕴，甚至就是在同一作家笔下也往往会出现不同涵义。这种情况几乎为任何理论著作所难免。正如《资本论》中所说："把一个专门名词用在不同意义上是容易引起误会的，但没有一种科学能把这个缺陷完全免掉。把高级数学和低级数学比较看看。"（《资本论》本身就在不同场合用"必要劳动时间"一词来表示两种不同的意义。）在我国古代论著中，同语异义的专门名词更是屡见不鲜。碰到这种情况，我们只有随文抉择，才不致望文生义。佛学著作，名相纷繁，前人早称难读，原因在于它有一套自成体系的特殊用语。《灭惑论》正是这样一篇属于佛教义学的论文。在早期佛学著作中，

"道"或"佛道"是一个经过汉化的专门名词。佛教于汉代传入中国,最初附于道术,或被视为道术之一种。当时谈论佛法的人,多不谙梵文原本,对佛教义学钻研未精,以致无法表达佛家的特有术语,只有借助于我国固有的名词来代替。例如最早所出《四十二章经》即称佛教为"释道",学佛则曰"为道""行道""学道"。牟子《理惑论》较《四十二章经》晚出,载于《弘明集》全书之首,大概可以说是我国谈论佛理的第一篇文献,其中亦称释教为"佛道"。这个道字虽是袭用我国固有用语,但涵义殊旨,不能用传统概念去加以比附。丁福保《笺经杂记三》释《四十二章经》称:"所谓行道者,在佛之四周,绕佛向右行,行千百匝,为佛弟子之一种敬礼也。若作寻常行道解之则误矣。此外之道字,凡数十见,谓由涅槃路通至涅槃城,与寻常之道字不同。凡此种种,似非专名,最易误解。"此说颇有助于我们对佛道一词的理解。魏晋以来,佛书大量流入中土,译事方面有了长足的进步,原来由依附道术而形成的一些汉化佛学专门名词,逐渐改成梵语音译,还原了本来面目(如旧译"无为"后改译成"涅槃",旧译"除馑"后改译成"比丘",旧译"本无"后改译成"真如"等等)。《灭惑论》曰:"汉明之世,佛经始过(疑当做'通'),故汉译言,音字未正。浮音似佛,桑音似沙,声之误也。以图为屠,字之误也。罗什语通华戎,识兼音义,改正三豕,固其宜矣。"此言"佛图"为"浮屠"之正译,"沙门"为"桑门"之正译。刘勰生在佛教兴盛的南朝,当时不少重要梵典多已重译,所以他对于佛书传译中的音字问题甚为重视。所谓"梵言菩提,汉语曰道",不过是说明"菩提"这一梵语专名在早期佛学论著中往往用"道"字来代替。

§ 127

三教治道说(1962)(《思辨录》第189条)

自梁武帝建三教同源说的理论以来，后代论者大多继承了他的衣钵。最近在中国文化的讨论中，有不少文章时常涉及儒释道三教，把三教当做我国传统思想，并从积极方面去论述它的意义。儒释道在我国传统文化中，自然是占有重要的地位。但现代论者往往忽视三教在历代封建统治者心目中的作用。据清胡珽刊元刘谧《三教平心论》载，孤山圆法师称："三教如鼎，缺一不可。"孝宗皇帝称："以佛治心，以道治身，以儒治世。"无尽居士称："儒疗皮肤，道疗血脉，佛疗骨髓。"胡珽并于书前录雍正皇帝上谕："三教同出一源……洵可型方训俗，为致君泽民之大助。"以上诸例，说明了历代封建统治者综赅三教作为一种统治工具。

§128

梁代玄风复阐（1962）（《思辨录》第191条）

般若之学，本附玄学以光大。梁时般若复昌，亦不离玄风。《颜氏家训·勉学篇》论梁朝玄风云："洎乎梁代，兹风复阐，《庄》《老》《周易》，谓之三玄。武皇简文，躬自讲论。"《续僧传》记道宣论梁代佛法亦称："每日敷化，但竖玄章。"以上都是梁代重新恢复了正始玄风的明证。从这方面来看，《灭惑论》也留下了写于梁时的烙印。《灭惑论》带有玄佛并用的浓厚色彩，这是一览可知的。文中称佛教为"玄宗"，佛教之化则曰"玄化"。余如"空玄""玄智""妙本""宗极"之类，莫不属于玄佛并用的特殊用语。玄学贵虚无，在本体论上有本末（或言体用）之辨。本体虚无，超乎象外，在于有表，不可以形名得，引申在方法上则有言意之别。般若性空之谈由玄入佛，亦并取二说，因而"得意忘言"之义每每见于佛家谈空的著作之中。梁武帝《注解大品序》称："摩诃波罗密者，洞达无底，虚豁无边，心行处灭，言语道断；不可以术数求，不可以意识知；非三明所能照，非四辩所能论。"《摩诃般若忏文》亦云：

"妙道无相,至理绝言。"这些说法都是演述玄学"得意忘言"之义。刘勰《灭惑论》虽然没有这样淋漓尽致的表露,但是在指责《三破论》不原大理唯字是求的时候,不仅肯定了"得意忘言"之旨,而且也提出了"弃迹求心"的说法。所谓"至理绝言"或"弃迹求心"都是在言意之辨上主张言不尽意,认为名言是末有,是假象,而空无乃是本体,是实相,从而使方法上的言意之别与本体论上的体用之辨完全趋于一致。

§ 129

释慧琳《白黑论》(1962)(《思辨录》第 192 条)

刘宋时期,释慧琳著有《均圣论》(又名《白黑论》)。论名均圣,自然含有折中孔释的意思。文中称:"六度(即六波罗蜜——引者)与五教并行,信顺与慈悲齐立",所以有二教殊途同归之旨。但是慧琳通过黑学道士(佛)与白学先生(儒)的辩论,清楚地揭示了孔释之间的矛盾。黑曰:"周孔为教,正及一世。不照幽冥之途,弗及来生之化。视听之外,冥然不知。虽然虚心,未能虚世,不逮西域之深也。"白曰:"固能大其言矣。今效神光,无径寸之明;验灵变,罔纤介之异。幽冥之理,固不极于人世矣。周孔疑而不辨,释家辨而不实。"(综述大意)文中谓幽冥之理,周孔疑而不辨,释家辨而不实,颇有重儒抑佛的意味。《宋书》称《均圣论》行于世后,"旧僧谓其贬黜释氏,欲加摈斥",盖非无故。

§ 130

魏晋意象言之辨(1962)(《思辨录》第 182 条)

魏晋以来探讨名理的学者除欧阳建主张"名随物而迁,言因理而变，此犹声发响应，形存影附，不得相与为二"的"言尽意论"外（《世说》称：东晋王茂弘亦尝道之），其他玄学家大抵都从"体无"的唯心主义世界观出发，利用以儒合道的办法把儒经加以牵强附会的解释（《论语皇疏》引王弼以"修本废言"之旨去附会"子曰予欲无言"一语最为明显），以便抬出所谓"性与天道"的玄理从事于本末体用之辨，从而几乎毫无例外地属于言不尽意一派。因为言不尽意正是根据本无末有的玄学原则引申出来的必然结论。这里可以举出几个具有代表性的例子。

《魏书·荀彧传》注引何劭《荀粲传》称：

> 粲诸兄并以儒术论议，而粲独好言道，常以为子贡称夫子之言性与天道不可得闻，然则六籍虽存，固圣人之糠秕。粲兄俣（据百衲本）难曰："《易》亦云，圣人立象以尽意，系辞焉以尽言，则微言胡为不可得而闻见哉？"粲答曰："盖理之微者，非物象之所举也。今称立象以尽意，此非通于意外者也；系辞焉以尽言，此非言乎系表者也。斯则象外之意，系表之言，固蕴而不出矣。"

在这里，荀粲企图说明性道之学的"微理"是蕴而不出的象外之意、系表之言，因而无法用名言来诠释（按荀氏治《易》者颇多，均主旧学，本之汉儒。如荀爽、荀觊、荀崧、荀融等皆是。粲宗玄学，独标新义）。这种言不尽意的主张是十分露骨的。而当时名士，如欧阳坚石所言："通才达识，咸以为然。"玄宗代表人物王弼也提出过同样见解，不过采取了比较迂回曲折的说法。他在《周易略例·明象篇》中说：

> 意以象尽，象以言著。故言者所以明象，得象而忘言，象者所以存意，得意而忘象。犹蹄者所以在兔，得兔而忘蹄；筌者所以在鱼，得鱼而忘筌也。然则，言者象之蹄也；象者意之

筌也。是故存言者，非得象者也；存象者，非得意者也。象生于意，而存象焉，则所存者非其象也；言生于象，而存言焉，则所存者乃非其言也。

照王弼看来，言、象、意三者有联系又有区别。言生于象，象生于意，因此可以寻言以观象，寻象以观意。但这只是问题的一方面，另一方面，他又认为，言对于象或象对于意，只是一种为了认识上的方便而设立的"象征文字"式的符号（即所谓"重画"），而不是真实的反映，所以终于作出了"存象则所存者非其象，存言则所存者非其言"的说法。实质上这和荀粲的言不尽意论并无二致（有人以为王弼之说"介乎"言尽意与言不尽意两派之间，并非确论）。王弼的"寄言出意"之义与何晏"无名论"颇为类似，在当时留下了极大的影响。魏晋玄学家大抵都持此说。郭象注《庄子》称"要其会归，遗其所寄"，支遁通《逍遥游》云"庄子建言大道，寄旨鹏鷃"，都显示了承袭王说的痕迹。再如另一系玄学家嵇康著《声无哀乐论》明言"和声无象"，并谓"圣人识鉴不借言语"，亦与得意无言之旨合轨。

这种玄风自然也波及佛学方面。据《高僧传》载，晋释僧肇著《涅槃无名论》云："夫涅槃之为道也，寂寥虚旷，不可以形名得，不可以有心知，所以释迦掩室于摩羯，净名杜口于毗耶，须菩提唱无说以显道，释梵绝听而雨化。斯皆理为神御，故口为缄默。岂曰无辩？辩所不能言也。经曰：'真解脱者离于言数。'"宋释竺道生在回答王弘诸人问道时，更直接袭取了王弼的说法称："夫象以尽意，得意则象忘。言以诠理，入理则言息。若忘筌取鱼，始可以言道矣。"稍晚，梁释慧皎在《高僧传·义解论》中亦云："夫至理无言，玄致幽寂。幽寂故心行处断，无言故言语路绝。言语路绝，则有言伤其旨；心行处断，则作意失其真。所以净名杜口于方丈，释迦缄默于双树，将知理致渊寂，故为无言。但悠悠梦境，去理殊隔；

蠢蠢之徒，非教孰启？是以圣人资灵妙以应物，体冥寂以通神，借微言以津道，托形象以传真。故曰：兵者不祥之器，不获已而用之；言者不真之物，不获已而陈之。故始自鹿苑，以四谛为言初，终至鹤林，以三点为圆极。其间散说流文，数过八亿。象驮负而弗穷，龙宫溢而未尽。将令乘蹄以得兔，藉指以知月；知月则废指，得兔则忘蹄。经云：依义莫依语。此之谓也。"

上述种种说法显然都采用了大量玄学语言来给佛经经义作注。僧肇的"道不可以形名得"，竺道生的"执象迷理""彻悟言外"，慧皎的"言者不真之物"，都是认为语言与思想之间存在着不可免的差殊。他们都喜欢用玄学家常常援用的"得鱼忘筌，得兔忘蹄"的《庄子》典故，来宣扬所谓"理为神御"的神秘思想，可以说与玄学重道遗迹的见解如出一辙。这在当时玄佛合流、二方同趣的情况下，并不是什么奇怪的事。无论玄学家或佛学家，他们都是从"体无"出发的。他们以无为或空无作为绝对的本体，把无为或空无放在宇宙万有之上。形名既是有，自然是不真之物，从而也就不能反映寂寥虚旷、神秘难测的"道"或"理"了。

§ 131

《灭惑论》与刘勰（1964）（《王元化集》卷四《〈灭惑论〉与刘勰的前后思想变化》节录）

关于《灭惑论》的写作年代，至今说法不一，大多把它归为刘勰入仕以前所作。范文澜《文心雕龙注》称："假定刘勰自探研释典以至校定经藏撰成《三藏记》《法苑记》《世界记》《释迦谱》《弘明集》等书，费时十年，至齐明帝建武三、四年，诸功已毕，乃感梦而撰《文心雕龙》。"杨明照《梁书刘勰传笺注》并同此说。按照这一说法推断，《灭惑论》不仅属于刘勰的前期作品，而且还作于《文心雕龙》之前。但是我们只要考察一下刘勰襄佐僧祐撰成诸书的时期，就可以知道此说不确。《广弘明集》卷二十七载王曼颖与慧皎法师书，论历代佛法传布的情况，曾把僧祐著作归为梁代作品。王曼颖与僧祐为同时代人，他的话应当可信。《出三藏记》成于梁时似不难证明。《出三藏记》的《集名录序》和《集杂录序》都自称书中所录各文"发源有汉，迄于大梁"。这说明它不可能成于齐明帝建武年间。《弘明集》中亦多录梁天监年间事。梁武帝《立神明成佛义记并沈绩序注》（高丽本题名作大梁皇帝，当是僧祐原文，今本称武帝，系后人追改），以及在梁初引起剧烈斗争的神灭问题的辩论，都一一收入集内。这也同样说明《弘明集》成书时期必在入梁以后。自然《弘明集》的成书年代还不能用来证明《灭惑论》的写作年代，不过《弘明集》成书时期不在齐而在梁这一点一旦得到证实，就打破了《灭惑论》必定作于齐代的说法，而提供了它或作于梁代的可能性。据王利器《文心雕龙新书序录》称："《弘明集》卷八，采入彦和《灭惑论》，题名为东莞刘记室勰，这当是彦和的自述如此。"《序录》所引题名，未注明出处。查碛砂藏本《弘明集》题名为"东莞刘记室勰"，当系《序录》所本。根据这个题名，我们可以推知刘勰作《灭惑论》是在入梁以后担任记室的时候（因为称记室而不称舍人）。根据《梁书》本传的记载，刘勰曾两次担任记室之职。第一次，中军临川王宏引兼记室，"当始于天监三年正月以后……（至）天监七年十一月之前，仍任职萧宏府中"。第二次，除仁威南康王记室，"假定舍人作太末令至天监十一年左右，则除为萧绩记室之年必与之相继；迄迁步兵校尉时，约为六七年。任期固甚久也"。（两说悉采《本传笺注》增订稿。）倘使碛砂藏本的题名可信，那么《灭惑论》的写作年代就在刘勰任中军临川王萧宏记室时间之内。

从《灭惑论》的内容来看，亦多与梁时奉佛事有关。《灭惑论》是一篇站在佛教立场从事佛道之争、华夷之辨的论战文字。这类争论早在汉魏之际已经发生，本不始于梁时。不过，《灭惑论》所针对的具体对象却是《三破论》。《三破论》的作者和年代均不详，相传乃道士伪托南齐张融所作。南朝佛教至梁武帝时而全盛，当时奉佛派与反佛派之间曾经爆发过剧烈的斗争。其中最著名的是关于神灭问题的大辩论。此外，朝臣之中，郭祖深见佛教害政蠹俗，曾舆櫬上书，有封事二十九条。荀济亦上书武帝，排斥佛法。荀济书中就提到了《三破论》。《广弘明集》卷七载《辨惑篇第二》之三述荀济上梁武帝书云："（荀济）又引张融、范缜三破之论，乃云，融、缜立论，无能破之。"荀济称范缜亦有三破之论，疑系《神灭论》之误。范缜不信鬼神，学本汉儒，似不可能有推重道教的思想。至于所谓张融三破之论，则正是为刘勰所破。荀济上书年代已不可考，但在梁武帝时期则无疑问。按照荀济书中的说法，似乎至梁武帝时尚无人能破《三破论》。从这里我们至少可以得到一个证据：在梁武帝时反佛派曾利用《三破论》作为打击奉佛派的有力武器。在这种情况下，从奉佛派方面来说，反驳《三破论》就有了巨大的现实意义。梁武帝利用佛教作为统治手段，曾亲自发动过反神灭论的斗争。荀济援用《三破论》来排斥佛法，梁武帝自然也不会轻轻放过。《三破论》的宗旨在崇道反佛，与梁武帝舍道奉佛的立场恰好针锋相对。梁武帝本来世代信奉道教，可是登位后于天监三年四月八日，即集道俗二万人，于重云殿重阁手书《舍事道法诏》，声明改信佛教："弟子经迟迷荒，耽事老子，历叶相承，染此邪法，习因善发，弃迷知返。今舍旧医，归凭正觉（即'菩提'——引者），愿使未来世中，童男出家，广弘经教，化度含识（'人'的代词——引者），同共成佛。"又敕门下大经曰："道有九十六种，唯佛一道，是于正道，其余九十五种，名为邪道。朕舍邪外，以事正内诸佛如来。若有公卿，能入此誓者，可各发菩提心。"我们只要把荀济书和梁武帝诏作一比较，就不难看出，两者之间存在着严重抵触。显然，荀济援引崇道反佛的《三破论》和梁武帝誓言舍邪（道教）入正（佛教）的立场大相径庭。梁武帝明明断言："道有九十六种，唯佛一道，是于正道，其余九十五种，名为邪道。"可是荀济却在书中宣称："九十六道，此道（佛教——引者）最贪"。荀济这种态度，不容梁武帝置之不理。在这种情况下，自然会有人出来趋承最高统治者的意旨，攻击荀济和他用来作为排佛武器的《三破论》。看来刘勰的《灭惑论》很可能就是为此目的而作。我们在《灭惑论》里也同样发现有关九十六道的正邪真伪问题。《灭惑论》曰："九十六种俱号为道，听名则邪正莫辨，验法则真伪自分"。不用说，《灭惑论》也以佛教为正为真，其余则为邪为伪。这和梁武帝率道俗在重云殿所立的誓言并无二致。根据梁武帝"诏"、荀济"书"、刘勰"论"同对九十六道的正邪真伪的分辨这一条线索来看，是不是可以假定它们写作的先后次序为："诏"最早，"书"次之，"论"最后呢？或者，是不是至少可以看出三者都围绕同一个问题进行争论从而有着一定关联呢？

我认为《灭惑论》为迎合上意而作的可能性很大。《灭惑论》在佛教义学方面并没有什么独到的见解，其中许多说法都承袭旧作，雷同前说，很难据以分析刘勰的佛学思想。不过，倘细绎其旨，仍可在大体上窥其渊源所自。总括说来，《灭惑论》在佛学思想方面比较突出地表现了三个特点：一、文中多称涅槃般若，似于释典中特别重视涅槃、般若之学，而同时又不废禅法。二、文中处处流露了玄言之风，带有玄佛并用的浓厚色彩。三、文中凡论述儒释道三家关系时，悉本三教同源之说。这三个特点正与梁武帝的佛学思想宗旨同符，理趣合轨。

§ 132

"前识"（1975）（《思辨录》第 174 条）

所谓"前识"，照韩非的解释是"先物行，先理动"，即在事物事理发生之前的一种预见、想象或推理。他把这种先于事物事理的预见、想象或推理斥之为"忘（妄）意度"。表面看来，这似乎是强调实际经验的重要，实际上，认识如果根据直接经验去进行，而排斥"前识"，那么人类的一切劳动，从最复杂的到最简单的，都不存在了。因为，劳动的结果在劳动开始时，已经存在于劳动者的观念中，已经观念地存在了。如果人类认识只限于身观，没有预见、想象或推理，人就无法认识到事物的本质及其运动过程。《自然辩证法》说："单凭观察所得的经验，是绝不能充分证明必然性的。post hoc（在这以后）但不是 propter hoc（由于这）。这是如此正确，以致不能从太阳总是在早晨升起来推断明天会再升起，而且事实上我们今天已经知道，总会有太阳在早晨不升起的一天。"（重点为原文所有）可是，按照韩非的说法，这就是妄意度的"前识"。在事物事理实际发生之前，你怎么会知道？我们只能知道亲身所见到的东西，直接观察到的东西，经验已经证明的东西，除此之外，都是胡说八道。韩非这种排斥"前识"的身观论和他的实用主义是密切相关的。事物的真理只能从功用中去发现，当事物还没有显出它的功用的时候，真理也不存在了。用这种功利主义去治理国家改造自然，将会给人类带来极大恶果。历史可为殷鉴，美索不达米亚、希腊、小亚细亚一带居民，为了想得到耕地，把森林都砍光了。用功利的眼光看，这在扩大耕地面积方面是很有"效用"的。可是这些地方由于失去了森林，也就失去了积聚和贮存水分的中心，今天竟因此而成为一片荒芜不毛之地。这个历史事实无情地嘲笑了韩非所标榜的"参验之必"。

§133

对任继愈道与理说献疑（1975）（《思辨录》第177条）

司马迁把韩非之学归本黄老。其实，韩非在阐述老子哲学时是运用了他的君主本位思想的。他曾著有《解老》《喻老》二篇专论来阐发老子《道德经》的奥义。表面看来，韩非似乎全盘接受了老子学说以至术语，但一经他点染和引申，把老子对宇宙的朴素认识附会到他那带有浓厚实用色彩的政治理论上来，不仅全失《道德经》原旨，而且和老子的本义背驰。过去，曾有人对这一点作过详赡的说明，足资参证（参阅陈柱《老子韩氏说》）。

近来论者论述韩老关系，不别两者的同异，往往宣称韩非继承了老子的唯物主义思想。任继愈《中国哲学史》引《解老》二十五节的一句话："凡理者，方圆，短长，粗靡，坚脆之分也。"加以解释说：

> 道是自然界的根本规律，理是万物借以互相区别的特殊规律。特殊规律离开不了总的规律，总的规律寓于特殊规律之中。

这是沿袭黄侃"道，公相；理，私相"之说（参阅黄侃《文心雕龙札记》论述韩非思想部分）。事实上，"道"乃老子的本体论，韩非对老子的道和德的解释已离开老子原旨。我们只要把《解老》二十五节全文通读一遍，就可以发现从那里面并不能推出一般规律和特殊规律及其间辩证关系的结论。《解老篇》二十五节是这样说的：

> 凡理者，方圆，短长，粗靡，坚脆之分也。故理定而后可得道也。故定理有存亡，有死生，有盛衰。夫物之一存一亡，乍生乍死，初盛后衰者，不可谓常。……圣人观其玄虚，用其周行，强字之曰道，然而可论，故曰："道之可道，非常道也。"

《中国哲学史》以为《解老篇》所阐释的道不是"绝对观念"。但是，事实恰恰相反。照韩非看来，理是可变的。方圆，短长，粗靡，坚脆，存亡，盛衰都是相对待的；而一切有待的皆非道。道是无待的，换言之，就是绝对的常。常是永恒不变的，与天地同生，天地消灭仍不死不衰。常是没有变易，没有定理的。《解老篇》二十三节释道云："道者，万物之所然也，万理之所稽也。理者，成物之文也；道者，万物之所以成也。"又，《主道篇》云："道者，万物之始，是非之纪也。"由此看来，道就是万物的本体，这个本体正是无待的绝对观念。万物万理的变化就是这个永恒不变的道的显现。所以道和理的关系并不是什么一般与特殊的辩证关系，而是无待驭有待，不变驭万变。在韩非的本体论中，道是唯一的真宰，作为万理的个体本身是没有任何价值的。这种本体论，连客观唯心主义者黑格尔都曾经指出过它的虚妄。黑格尔在《哲学史演讲录》中讲到这种流行于古代东方的本体论的实质是在于只承认"那唯一自在的本体才是真实的，个体若与自在自为者（指本体——引者）对立，则本身既不能有任何价值，也无法获得任何价值。只有与这个本体合而为一，它才有真正的价值。但与本体合而为一时，个体就停止其为主体，而消逝于无意识之中了"。简单地说，这种本体论是把本体认作是存在于现实世界一切个别事物之外的绝对，这个作为绝对的本体不是从现实世界一切个别事物之中抽象出来的，它先于现实世界一切个别事物而存在。它的存在不依赖于现实世界一切个别事物，相反，现实世界一切个别事物的存在必须依赖它才能获准生存。这种如黑格尔说的使"个体停止其为主体"，即用共性去淹没个性，用同一性取消特殊性的本体论就是韩非的哲学思想基础。在这个基础上导致出他的君主本位主义的全部理论。

§ 134

选言判断（1976）（《思辨录》第 63 条）

评价韩非的论者往往强调韩非的矛盾论的重要意义。侯外庐《中国思想通史》称："由于调和矛盾的维新路线所遗留下来的氏族贵族与国民阶级之间的矛盾，到了战国末期已成了社会危机的枢纽。韩非坚持着国民阶级的同一律立场，洞察了历史所提出的现实的选言判断，在清算氏族制的斗争里，明确而径直地主张矛盾律的逻辑原理。"这里先要说明一下,《通史》用"国民阶级"来代替新兴地主阶级,可能是仿照资产阶级革命时期的第三等级。所谓"国民阶级",意思大概是指新兴地主与农民、手工业者等与奴隶主利益对抗的集团罢。我以为这一用语是值得研究的。至于《通史》所说的"选言判断",则并不妥帖。因为选言判断的公式是:甲是乙或是丙。按照这一公式,是依类在两种可能性中抉择一种。如"南美肺鱼不是鱼类,就是两栖类"。在这个选言判断中,南美肺鱼或是鱼类,或是两栖类,两者择其一。荀子所说的"类不两可"就带有这种选言判断的性质。这种类型的选言判断称为"不相容"的。还有一种"相容"的选言判断,如:"学习好是由于聪明,或是由于勤奋。"聪明和勤奋并不是相互排斥的,甚至两者可能同时在对象身上实现。不论相容的或不相容的选言判断,都不能用来作为构成韩非的矛盾之喻的思想基础。韩非的矛盾说虽然在形式上似乎与不相容的选言判断相应,但实质上却泾渭殊途。"无不陷之矛"与"莫能陷之盾",在这两种可能性中是没有一种可以实现的;而不相容的选言判断则在两种可能性中必然实现一种。所以,说韩非的矛盾论是反映当时历史的选言判断的逻辑原理,也就十分牵强了。

§ 135

韩非解老(1976)(《思辨录》第 173 条)

侯外庐《中国思想通史》也是不别韩老的同异,有时甚至直接把韩非解老的话作为老子本人学说内容来看待。"通史"在解释"德"这个概念时说:"'德'既是这样'覈理而普至'的东西,既然是'成物之文',那么它便相当于万物的规律性。"所谓"覈理而普至"一语,见于韩非的《扬权篇》:

> 夫道者弘大而无形,德者覈理而普至。至于群生,斟酌用

> 之，万物皆盛，而不与其宁。道者，下周于事，因稽而命，与时生死。参名异事，通一同情。故曰，道不同于万物，德不同于阴阳，衡不同于轻重，绳不同于出入，和不同于燥湿，君不同于群臣。凡此六者，道之出也。道无双，故曰一。是故明君贵独道之容。君臣不同道，下以名祷。君操其名，臣效其形，形名参同，上下和调也。

这里说的"道者弘大而无形，德者覈理而普至"，二句互文足义。老子把道说得很玄妙，韩非倘不用"覈理而普至"即"切合事理普遍存在"的"德"的定义去加以补充，就很难把它引申到他那君主本位主义的政治思想上来。但是一经补充之后，也就离开了老子的道德本义，由宇宙观而一变为霸术论。《扬权篇》这一节的要点，同样在于阐明他那套存在于现实世界一切个别事物之外的本体论：道不同于万物，故能生万物，德不同于阴阳，故能生阴阳，以见君主不同于群臣，故能治群臣。君主和臣民的关系，正如道和万物的关系一样：道是万物的主宰，所以君主也是臣民的主宰。"道无双，故曰一"，所以君主必须认清自己是独一无二的道的化身。"明君贵独道之容"，所以君主必须专断独揽天下的大权。于是作为老子的朴素的宇宙观的道德论，一到韩非手里，终于归结到君主本位主义上去了。那么，怎么能根据"覈理而普至"一句话来断定它是在阐明"万物的规律性"？试问：又怎么能运用这种规律性去说明事物的关系和运动呢？

§136

矛盾论与治不逾官说（1976）（《思辨录》第 175 条）

大概最早提出矛盾论的是韩非。韩非书中曾两用"鬻矛与盾"的故事，采取了同儒辩难的形式来阐发他那套君主独裁的专制主义思想。这里以《难一篇》为例，其中说到舜的几件事，侯外庐《通史》节略未引，但如果要全面分析韩非的矛盾说，是不能忽略过去的。现援引如下：

> 历山之农者侵畔，舜往耕焉，期年甽亩正。河滨之渔者争坻，舜往渔焉，期年而让长。东夷之陶者器苦窳，舜往陶焉，期年而器牢。仲尼叹曰："耕渔与陶，非舜官也，而舜往为之者，所以救败也。舜其信仁乎！乃躬藉处苦而民从之，故曰：圣人之德化乎！"或问儒者曰："方此时也，尧安在？"其人曰："尧为天子。"然则仲尼之圣尧奈何？圣人明察在上位，将使天下无奸也。今耕渔不争，陶器不窳，舜又何德而化？舜之救败也，则是尧有失也；贤舜则去尧之明察，圣尧则去舜之德化，不可两得也。

紧接下面才是《通史》所引用的"楚人有鬻矛与盾"那段话。通读全节，我们就会看到韩非的矛盾之喻是为了说明"贤舜则去尧之明察，圣尧则去舜之德化"的。为什么贤舜和圣尧竟是这样不可两誉的矛盾？不明白韩非君主本位思想，恐怕很难理解。君主是超逻辑、超批判的。世上只有圣主，而决无什么贤臣。韩非书中处处流露了这种观点："有功则君有其贤，有过则臣任其罪，故君不穷于名。""臣得行义则主失明。"（《主道》）"废常上贤则乱，舍法任智则危。"（《忠孝》）"毋弛而弓，一栖两雄……一家二贵，事乃无功，夫妻持政，子无适从。"（《扬权》）从这种君主本位出发，得出君臣不可两誉是自然的。韩非用不可两立的矛盾律去解决君臣之间的关系，是和他的治不逾官说有关的。耕渔与陶本非舜的官职，舜使耕渔不争，陶器不窳，这是越出了本分，多管闲事。不是你官职该管的，越职去管就是一种犯罪行为。君主畜臣，要你做什么就做什么，有功应当归于君主，有过则由臣下承担。《二柄篇》曾举出一则故事来说明治不逾官的道理："昔者韩昭侯醉而寝，典冠者见君之寒也,故加衣于君之上,觉寝而说,问左右曰:'谁加衣者?'左右对曰:'典冠。'君因兼罪典衣与典冠。其罪典衣,以为失其事也,其罪典冠,以为越其职也。"韩非很欣赏韩昭侯的圣明,他叙述了这个故事之后说:"故明主之畜臣,臣不得越官而有功,不得陈言而不当。越官则死,不当则罪……则群臣不得朋党相为矣。"这套理论又是从申不害那里继承来的。申不害就有"治不逾官"之说。从这种观点出发,舜去做他官职以外的耕渔与陶,自然是大逆不道了。有贤臣就没有圣君,有圣君就没有贤臣,贤臣圣君不可两誉,这就是君主本位主义的逻辑。就韩非的理论来说,虽然言之成理,但如果把它当做当时历史的"选言判断"的合理的反映,那就未免过于牵强了。

韩非毫无节度地滥用不可两立的矛盾律,不仅把它硬套在非对抗性的矛盾上,而且机械地把它扩大到去解决那些本来应该是辩证统一的关系上。例如,他认为情和貌或质和文这些形式和内容的关系,由于是对立面的关系,因此这些对立面的解决只能是一方消灭另一方,而不是在它们的和解里。凡是不同的就是相反的,两者之间,非此即彼,只能是绝对互相排斥的。这种形而上学的矛盾论,口头说说还不要紧,一旦付诸实践,就要产生极大恶果。在这一点上,我同意《通史》所说的:"秦代的焚《诗》《书》,废古语,和汉代的注《诗》《书》,尊经师,其形式虽相反,而其实质则相一致,都是把活的自由思想斩绝。"

§ 137

费希特的"自我意识"(1976)(《思辨录》第 146 条)

费希特的"自我意识"是他的浪漫主义唯心论的核心。对于费希特的"自我意识"在当时德国资产阶级革命时期所起的反封建作用,我们应给予适当的历史估价。费希特的"自我意识",并不是意味着用他的自我否定一切其他存在。我们只要引用他的一句概括的说法就可以说明这一点。他说："那普遍的世界思维在我里面思维着。"《神圣家族》一方面指出了费希特的自我意识是"形而上学地改了装的、脱离自然的精神",另一方面又充分估价了它在当时所起的作用:"德国的破坏性的批判,在以费尔巴哈为代表对现实的人进行考察以前,力图用自我意识的原则来铲除一切确定的和现存的东西。"稍后,《德国状况》又指出:"一七五〇年左右,德国所有的伟大思想家——诗人歌德和席勒、哲学家康德和费希特都诞生了;过了不到二十年,最近的一个伟大的德国形而上学家黑格尔诞生了。这个时代的每一部杰作都渗透了反抗当时整个德国社会的叛逆的精神"(两段引文中"形而上学"一词均指思辨哲学)。

§ 138

黑格尔体系(1976)(《思辨录》第 147 条)

黑格尔哲学具有一整套系统完备的体系,他的美学是这个庞大体系中的一个组成部分。黑格尔的哲学体系是理念的自我综合、自我发展、自我深化的运动过程。首先,以理念自身作为出发点,然后理念将自己外化,转化为自然界。理念由自在阶段发展为自为阶段后,再进一步返回自身,终于在人身上重新达到自我意识。在黑格尔哲学体系中,这三个发展过程就表现为"逻辑学""自然哲学""精神哲学"这三大部门。美学属于精神哲学的最初阶段。在美学体系中,首先是从"美的理念"出发,然后"美的理念"将自身外化为"自然美",由于"自然美"是有缺陷的,于是"美的理念"发展为自在自为阶段,成为"艺术美"。由此可见,黑格尔体系毫无例外地总是遵循正、反、合的否定之否定律,即:自在——自为——自在自为这三个环节构成的。绝对理念是构成他的整个体系的根本依据。黑格尔曾经花费很大力气用在体系的思考上。如果我们不能识破他的思辨结构的秘密，就很容易被他的体系所俘虏。

§ 139

黑格尔的体系思考（1976）（《思辨录》第 148 条）

黑格尔在体系上所花费的精力比他在其他方面进行的思考要多得多。但是他的体系有很大缺点，除了客观唯心主义所形成的头脚倒立的情况且不说外，就是刻板地甚至迂腐地要求整齐划一，常带有明显的人工强制性的痕迹。特别是他从一个概念向另一个概念过渡的时候，往往用了人工的强制手段，这就造成了体系的晦涩难懂。黑格尔哲学其实并不难懂，难懂的只是他特有的名词术语，如果把它们搞清楚，就会发现他的表述是很清晰的，他的逻辑性是非常强的。我以为这和德国哲学自康德以来所倡导的批判精神有关。这里所说的批判，绝不能理解作大批判式的批判，而是指对于概念进行清理，沙汰其中模糊不清的杂质，使之通体透明、清晰、准确，黑格尔哲学的晦涩难解是在那种用人工强制手段的转折上、过渡上，当实际情况无法过渡的时候，他还是挖空心思硬要把它们设法纳入他的体系轨道。过去，我们往往强调必须打破黑格尔的体系，但是我们也应看到，他的体系中也不乏可资借鉴和参考的东西。例如黑格尔哲学、美学所体现的范畴之间的内在联系。他很看不起一部书各个章节之间毫无关联，只是把一堆问题杂凑在一起。他认为有价值的著作应该是一个有机整体，部分和部分之间以及部分与整体之间都是有机地结合在一起的。

§ 140

逻辑链锁（1976）（《思辨录》第 150 条）

黑格尔的哲学也好，美学也好，都体现了逻辑的完整性和首尾一贯性。我们搞文艺理论的人往往对逻辑不够注意。苏联在斯大林时代也曾经反对过形式逻辑，甚至认为形式逻辑就是形而上学。这是很错误的一种观点。形式逻辑还是很重要的一门学科。一个人的思维假使没有逻辑性就容易产生混乱。当然，黑格尔的逻辑发展过程只是理念的自我运动，这一点是不足为训的。我们要从黑格尔的颠倒的反映世界的形态中去剥取它的合理的内核。在黑格尔哲学、美学中，体现了一个由低级到高级、由萌芽状态向成熟状态发展的进程，形成了环环相扣的逻辑链锁，这是很重要的。假如没有逻辑发展的完整性和首尾一贯性，就构不成体系。即使有个体系，也是一个坏的体系。

§141

由抽象上升到具体（1977）（《思辨录》第162条）

《政治经济学批判导言》中提出"由抽象上升到具体"的科学方法是方法论中的一个重要问题。六十年代前期，我国哲学界曾就这一问题展开讨论。当时有人认为这个提法很难纳入认识由感性到理性的共同规律，于是援引《资本论》第二版跋所提出的"研究方法"和"叙述方法"的区别来加以解释，认为"由抽象上升到具体"是指"叙述方法"。最近哲学界在有关分析和综合问题的讨论中，又重新涉及这个问题。有的文章仍沿袭此说。如一九七八年《文史哲》的一篇文章就曾经这样说："事实上，这个方法在这里仅仅是指叙述方法（重点系原文所加），而叙述方法是不能完全包括研究方法和认识方法的。"我以为，此说不能成立，是在于把"由抽象上升到具体"的科学方法排除在"研究方法"之外，认为它不属认识领域。"由抽象上升到具体"这一方法正是"掌握世界"的一种思维活动方式。诚然，政治经济学的方法不能以抽象为发端。相反，

《政治经济学批判导言》中曾明确地说,政治经济学的方法存在着"把直观和表象加工成概念这一过程"。不过,我以为政治经济学的科学方法是以它的特定形态来体现认识规律的。

《政治经济学批判导言》阐述政治经济学的科学方法的全部过程说:"如果我从人口着手,那么这就是一个混沌的关于整体的表象,经过更切近的规定之后,我就会在分析中达到越来越简单的概念,从表象中的具体达到越来越稀薄的抽象,直到我达到一些最简单的规定。于是行程又得从那里回过头来,直到我最后又回到人口,但是这回人口已不是一个混沌的关于整体的表象,而是一个具有许多规定和关系的丰富的总体了。"我们可以把这一过程概括为三个阶段:从混沌的关于整体的表象开始(感性的具体)——经过理智的区别作用作出抽象的规定(理智的抽象)——通过许多规定的综合而达到多样性的统一(理性的具体)。在这里,政治经济学的方法有两条道路:在第一条道路上,把完整的表象蒸发为抽象的规定。这是十七世纪古典经济学家所采取的知性分析方法。在第二条道路上,使抽象的规定在思维行程中导致具体的再现。《政治经济学批判导言》对于十七世纪古典经济学家的批判,实质上也就是辩证观点对于知性观点的批判。和启蒙学派有着密切关联的十七世纪古典经济学家,是以"思维着的悟性(知性)"作为衡量一切的尺度。他们像早期的英国唯物论者一样,坚执着理智的区别作用,从完整的表象中找出一些有决定意义的抽象的一般关系就停止下来,以为除此以外,"认识不能有更多的作为"(洛克)了。这种知性的分析方法正如在歌德《浮士德》第一部中所说的那样:"化学家所谓自然的化验,不过嘲笑自己,而不知其所以然。各部分很清楚地摆在他面前,可惜就只是没有精神的联系"。

但是,科学上的正确方法,不能停留在单纯的分析上,而必须由抽象上升导致具体的再现。这就需要由分析而进入综合。辩证方法并不排斥理智的区别作用,它囊括了理智的区别作用于自身之内。

知性方法由于坚执理性的区别作用，所以只知分析，而不知综合，只是从完整的表象中抽象出一些简单的要素，并且把这些要素孤立起来，当做"永恒的理性"所发现的真理原则，而不能找出这些要素之间的内部联系，进而使抽象的规定在思维行程中导致具体的再现。这最后一个步骤就是"由抽象上升到具体"的方法的要旨所在。

最后还要说明一下：作为政治经济学科学方法起点的感性认识是一种"混沌的关于整体的表象"，这和作为艺术思维起点的感性认识是现实生活的可感觉的具体形象有着显著的区别。虽然两者都属于感性范畴的表象，但是这两种表象的性质是各异其趣的。作为政治经济学科学方法起点的表象也是外界所给予的感性材料，不过这些外界感性材料所构成的表象往往采取了思想的形式。例如，上面提到的"人口"这一"混沌的关于整体的表象"就是一个显明的例子。此外，我们还可以举出：愤怒、希望等等。这些表象都是我们感觉所熟悉的，但它们也都是以普遍的思想形式呈现出来。

§ 142

钟会四本论（1977）（《思辨录》第181条）

《皋陶谟》就已谈到人的性行有九德，曰："宽而栗，柔而立，愿而恭，乱而敬，扰而毅，直而温，简而廉，刚而塞，强而义。"这九德是为了择人而官所提出来的。汉代选士，首为察举，鉴识人伦，考课核实，则有所谓"月中人物"，从性行方面进行人物的品评。到了魏晋，玄风昌炽，才性说成了风靡一时的论题。《世说新语·文学篇》称：钟会撰《四本论》。据刘孝标注，所谓"四本"是指当时论者可判分为才性同（傅嘏）、才性异（李丰）、才性离（王广）、才性合（钟会）四派。人在性行或才性上的差异必然会流露于语言文字之间，从而形成了一种因言观人之法。《易》称："将叛者其辞惭，中心疑者其辞枝，吉人之辞寡，躁人之辞多，诬善之人其辞游，失其守者其辞屈。"就是从修辞学的角度接触到语言风格问题。陆机《文赋》:"夸目者尚奢,惬意者贵当,言穷者无隘,论达者唯旷。"则更进一步把风格问题引进了文学理论。刘勰的才性说正是在前人所提供的资料上建立起来的。《才略篇》从史的角度论述九代作家的才性,可与《体性篇》相映发,其中曾引"皋陶六德"之说。《总术篇》称:"精者要约,匮者亦鲜;博者该赡,芜者亦繁;辩者昭晰,浅者亦露;奥者复隐,诡者亦曲(曲字从杨改)。"这可以说是《易》的修辞学风格论和《文赋》的艺术风格论的引申。至于《体性篇》的才性说就更显出和魏晋以来的《四本论》有着某种相似之处。钟会的《四本论》已亡佚,究竟包含怎样的具体内容,除《世说新语·文学篇》和刘孝标注留下一些片断资料外,现已无法详考。但就大体推之,《四本论》属玄学论题之一,当时有关才性的讨论,专在辨析才性的离合同异,它和玄学的本体论有着密切的联系。所谓"性言其质",似即以性为实、为体。所谓"才言其名",似即以才为名、为用。从《世说新语·文学篇》称傅嘏"善言虚胜"以及注引《傅子》"清理识要""原本精微"这些话来看,作为当时讨论才性离合同异的代表人物傅嘏,显然就是一位玄学家。

§ 143

直接判断中的主谓关系(1979)(《思辨录》第 163 条)

我认为把创造典型过程分为个别化和概括化的提法并不科学。我曾经说过:"由个别到一般,又由一般到个别,这两个互相联结的过程是不可分割的。作家的认识活动也同样是遵循这两个循环往复不断深化的过程来进行"。有人由个别和一般的问题涉及感性认识和理性认识问题,这里我也想谈谈我自己的一点看法。我认为,对个别事物的感性认识并不是和理性认识不可分的。同然,对于任何具体事物的感性认识所构成的感觉或印象——如:"这朵花是红的"

"这火炉是热的""这个球是圆的"等等都可以构成"个别是一般"的直接判断形式。"这朵花"是个别的,"红"是一般的,因为红不仅仅适用于这朵花,还有许多别的花,别的东西也是红的,从而"红"成为一种共相。我们的感性认识所以能构成具有"个别是一般"的共相内容,是由于人类在儿童时期就已在头脑中形成了概念,它作为一根本引线潜在于对个别事物的感性认识中。但是,尽管如此,我们仍旧把这种具有直接判断形式的感觉或印象叫做感性认识,而不能把它叫做理性认识。因为理性认识必须凭借思想的抽象作用,从感性事物中绁绎出其中的本质和各种属性间的内在联系。可是在"这朵花是红的"这种可以构成直接判断形式的感觉里,"红"仍属一种可感觉的外在属性,这种外在属性无需通过思想的抽象作用,只要单凭知觉就足够了。因此,这里作为谓词的共相仍是感性的。其间的主词和谓词的关系并不是实在和概念的关系。而在理性认识的判断里,主谓关系则必须是实在和概念的关系。我们必须注意:具有个别是一般的认识内容是一回事,知道个别是一般的认识内容又是一回事。我们必须把两者加以严格的区别。前者属于感性认识,而后者才属于理性认识。

[附记] 叶纪彬《艺术创作规律》引用这段话前面对于典型理论的批判,认为这是"一九七八年后,在形象思维讨论中对李泽厚这一观点开始提出质疑"(第三一五页)。这一点为许多人所忽视。

§144

氢氧碳不等于肉(1980)(《思辨录》第154条)

有些人不是把本质看做是某种现象的本质,而是加以扩大化,把它看做是属于更广范畴的共性或类。这就重复了费尔巴哈所批判的要求"类在一个个体中完满无遗地表现"的错误。比如过去曾经出现过的一个阶级只有一个典型的观点，正是反映了这种错误理论的最好例证。事实上，任何作为感性形态的"这一个"，都不能一劳永逸地体现作为类的全体代表的本质，正如历史长河的人类认识过程，绝不会在某一瞬间获得绝对真理，戛然中止，再不能前进一步一样，本质并不能一举囊括作为感性形态的"这一个"的现象整体，后者有些成分是本质所不能完全纳入的，因为本质是排除干扰经过净化的抽象。车尔尼雪夫斯基所提出的命题"茶素不是茶，酒精不是酒"，虽然曾受到朱光潜先生的指摘（见朱著《西方美学史》），但我始终相信它是真理。试问，茶素能代替茶，酒精能代替酒吗？在文学创作上，用写本质去代替写真实，那结果往往是以牺牲本质所不能包括的现象本身所固有的大量成分作为代价的。这个代价却未免太大了，它剥去了文学机体的血肉，使之变为只剩筋骨的干瘪躯壳。黑格尔说得好：化学家分析一块肉，指出这块肉是由氢、氧、碳等元素构成的，但这些抽象的元素不再是肉了。我们可以援此为例打个比喻，倘使有人请客吃饭，他端出来的不是一盆肉，而是氢、氧、碳等元素，并且说这就是本质的肉，是肉类的精华，比平常普通的肉更好，你将会怎样想法？不幸的是这种写本质的偏见竟如此难以消除，以致把几十个或上百个人的共同点抽象出来概括到一个人的身上，和后来发展到尽量把所有的优点或缺点集中到一个人身上的典型论，曾风靡一时，至今尚流传不息。由此所产生的悖然违反真实的作品，将会给读者留下怎样的印象？我想套句古话来回答：尧之善不若是之甚也，桀之恶不若是之甚也。作品不能使读者相信，还谈得上什么感染力？文学作品当然要表现生活的本质，但这并不意味着排斥生活的现象形态，经过作家提炼、加工、熔铸了的生活现象，可以像许多人喜欢讲的那样是容许变形的（变形只是艺术手法中的一种，不是唯一的），但不能放纵意志的任性、海阔天空、漫无边际。作家创作不能抛弃生活现象形态本身所具有的属性。在这样的情况下，透过现象显示本质是文学创作的真正困难所在，而作家就是要在这种困难条件下披荆斩棘，逞才效技，施展自己的本领。

§145

原则与原则的运用（1982）（《思辨录》第 167 条）

有些论者严格地要求原则必须渗透到每一个具体论点之中，以为这样才能称得上是组织靡密、系统完整之作。我认为这种看法过于呆板机械。事实上，恐怕很少有可以达到这样要求的理论。事实上理论著作经常会出现的原则和原则运用之间的差距。看来这大概是理论著作经常难免的。过去，关锋的《庄子内篇译释和批判》一书曾把庄子哲学思想的体系概括成为"有待——无己——无待"这样一个公式。这个公式是否概括得准确，这里且置而不论，我只是想说《庄子内篇译释和批判》一书中几乎把《庄子内篇》的每句话都和这一公式挂了钩，认为都体现了作为庄子哲学体系的"有待——无己——无待"原则；而为了这样来论证自己所绐绎出来的公式的正确性，有时甚至不惜削足适履，以至牵强附会。理论著作所要求的系统的完整性和严密性不应是这样的。前人说的"心总要术，当机立断""因时顺机，动不失正"这样灵活地运用原则来说明体系以及把体系贯彻到具体论点中去，才是正确的方法。

§146

嚼饭与人徒增呕秽（1982）（《思辨录》第 195 条）

过去，有些理论著作对佛学的论述有些简单化。范文澜《中国通史简编》认为佛学只是"迷信虚妄，蠹国殃民"，几乎一无是处。

我觉得对佛学不能一概否定，佛学的重逻辑精神很值得注意，其他方面也有可以吸收的成分。比如鲁迅翻印的《百喻经》和其他一些佛书，其中一些故事如"瞎子摸象"等等，今天已成了家喻户晓的格言。我们实际上已受到不少佛书的影响，甚至在生活用语中也可发现不少成语、词汇来自佛书。辩证法最早见于古希腊人和古代佛教徒的著作。魏晋时代有个著名僧人鸠摩罗什在传译佛典时说过一句话："嚼饭与人，徒增呕秽"，很足以发人深思。把嚼过的饭喂人，既不卫生，也不利于增强人的消化力。理论文字要通俗易懂，但也不能采取嚼烂了喂的办法，使人一览无余，从而造成思想上的惰性，只知就现成、图省力，这不是好办法。因为思想是不能由别人来代替的。我们要培养读者的思考能力。

§147

早期传入的因明学（1983）（《思辨录》第186条）

刘勰的《文心雕龙》体大虑周，组织靡密，形成完整的系统，有一个很严密的体系，以致被誉为"成书之初祖"。这跟他受到了因明学的影响，是很有密切关系的。这种影响不是直接的，而是间接的。简言之，就是他在方法论上受到了因明学的潜移默化的启示。随着《因明入正理论》输入中国，从而使因明学成为一个有着广泛影响的学问，那是在唐代。但是在南北朝的时候，因明学已经开始译成中文了。北魏孝文帝延兴三年（四七三），中国第一次翻译了一部因明学的著作，即三藏吉迦夜与昙曜所译的《方便心论》。这里我想订正一个我自己过去写的文章的错误。我说，刘勰当时看了两部有关因明学的著作，一部是《方便心论》，一部是龙树所造《回诤论》。据《出三藏记集》著录《方便心论》于北魏孝文帝（元宏）延兴二年（四七二）译出，当时刘勰尚幼，所以他可能看到这部书。但是《回诤论》是在东魏孝静帝（元善见）兴和三年（五四一）时才翻译过来。那时刘勰已殁。倘撇开这一点不谈,《方便心论》和《回诤论》应该说是我国最早传入的两部因明学著作。

§148

译经理论（1983）（《思辨录》第187条）

佛学于东汉末传入中土,到了魏晋南北朝的时候,形成鼎盛时期,如日中天。当时,名僧辈出,传译过来大量梵典。他们不但在传译佛书方面作出很大贡献,而且精于佛理,都是弘扬佛法的大师。鸠摩罗什、慧远、道安、僧肇等可说是其中佼佼者。这些名僧,都是很有学问的佛学家。由于传译佛经,当时有所谓译场,聚合了集体力量,运用靡密的组织来进行翻译。今天看来,当时翻译佛书的工作是以极其虔诚认真的态度进行的。相传鸠摩罗什曾于众人前发诚实誓,宣称:"若所传无谬,当使焚身之后,舌不焦烂。"后来在他圆寂后果然应验生前的誓语。自然这不过是一种传说,但多少透露了当时传译佛典的那种一丝不苟的严肃精神。由于要把佛经翻译好,在这时期翻译文学的理论也随之兴起,其中有很多的精辟看法。这里可举几个例子。当时的翻译理论谈到了翻译文字的文质问题。文质这两个概念最早是孔子所谈到的。但是孔子所谈的文质,只是从一种礼乐规范的意义上提出来的。当时佛经的传译者,把这个文质概念借用过来,加以发展,加以改变,把它运用到传译佛典的理论上去,使它成为翻译文学的重要论题之一。《梁僧传》及《出三藏记》多有这方面的记载。我认为,魏晋以来在文学领域所谈到的文质观点,恐怕同上面提到翻译文学里的文质议论是有一定的联系的。当时在翻译文学中,留下了一些很有见解的名言。如道安于《比丘大戒序》中所举"葡萄酒被水"之论,其意指传译佛书,但求便约不烦,倘为了追求通俗易晓滥加赘语,就好像葡萄酒里加进了清水一样,使它变得淡而寡味了。他说这种翻译是很不好的。鸠摩罗什也提出过一些很好的意见。比方，他曾有"嚼饭与人，徒增呕秽"之喻。此外，如道安的"五失本三不易"说，慧远的折中直译意译之说，僧佑的梵汉音义同异辨析。洎至隋唐，彦琮的八备说，玄奘的五不译说等等，都极一时之盛，蔚为大观。罗根泽《中国文学批评史》曾列专章论述，可参照。

§ 149

玄学再估价（1983）（《思辨录》第 180 条）

玄学被千余年之骂名。王弼、何晏以庄老释儒经，曾被斥为"其罪深于桀纣"。但事实上，魏晋南北朝时期，学术空气活跃，有一种可以比较自由进行探讨的环境，所以出现了各种不同的学说和思想流派。当时南北学风不同，北方重儒学，南方影响最大的是玄学。玄学的出现使得我国的思辨思维开始发达起来。过去我国的思辨思维是不发达的。黑格尔曾经把我国文化跟印度作过比较，他在《哲学史演讲录》里说，印度的史诗是非常发达的，但是他们的史学比较落后。几百年以前，他们的历史的记载就已纷乱不全。但是中国的史学，几千年来从未中辍，这几乎是一个奇迹。至于在哲学方面，他认为孔子学说只能算作一种道德箴言，严格地说来，不能称为是真正的哲学。当然黑格尔这些讲法，可能有些偏颇。他不谙汉语，在当时只是通过译本研究了孔子、老子和《周易》。事实上，中国先秦时代，就有不少名辩学家。从邓析子开始直到后期的墨学，具有较丰富的内容。后期墨学的名著，即《墨经》或依晋鲁胜之说称为《墨辩》，这部书可以说是先秦以来的名辩学家的集大成的一部书。但是先秦以后，儒学逐步占了上风，终于定于一尊，而名辩之学渐替。公孙龙、惠施等名辩学家多遭抨击，蒙恶谥，被称之为"饰人之心，易人之意"的诡辩术。后来更被认为以怪说绮辞，欺惑愚众，淆乱大道的邪说怪论。在这种情况下，名辩学说虽以光辉灿烂的耀目异彩开始，但不久就一蹶不振，由寖微而趋消亡了。

魏晋时代诸子又盛，应运而生的玄学家研究了本体论问题，研究了体用关系问题，进入了纯抽象的哲学领域。它使我们的哲学的视野扩大了，使我们的哲学的内容丰富了。它提出了一系列新的概念和新的范畴，也提出了许多哲学上的新问题。我们可以举当时的《周易注》为例。《周易》是儒家的五经之一。直到东汉，历来都是由儒家为之作注疏。如东汉的郑玄、马融，还有荀氏（崧等）诸人都是恪守儒学的立场来解《周易》的。当时江左一带所通行的是王弼的《周易注》。而北方，则用的是汉儒的《易注》。到了唐代，开始对玄学采取了严格的批判态度。当时排斥六朝文学，而揭橥恢复儒家道统的古文运动。儒者辟佛之论层出屡见。唐定《五经正义》，虽用的是汉儒的注疏，可是唯独对《周易》却仍旧使用了王弼的注释。汉学家的《易注》终于寖微，以至今天只剩下李鼎祚所辑的一些残篇断简了。这一点可以说明，尽管在强烈反对玄学的时期，仍有一些玄学著作，由于其本身的独特价值得以保存下来，而不能够完全加以抹杀掉的。

§150

康德的百元之喻（1991）（《思辨录》第161条）

德国古典哲学，康德、黑格尔等人著作，好作抽象思维，用语晦涩，号称难读。但其中亦有少数明白易晓部分，如黑格尔批评康德以一百元为例论证思与有两概念之殊异。

《小逻辑》第五十二节称："康德对于本体论证明的批评之所以如此无条件地受欢迎被接受，无疑地大半由于当他说明思与有的区别时，所举的一百元钱的例子。一百元钱就其在思想中言，无论是真实的，或仅是可能的，都同是抽象的概念。但就我的实际的经济状况言，真正一百元钱在钱袋中与可能的一百元钱在思想中，却有重大的区别。没有比类似这事更显明的，即我心中所想的或所表象的事物，绝不能因其被思想被表象便认为事实；思想、表象，甚或总念绝不能供给我以'有'或存在。姑且不说称类似一百元钱的东西为总念，难免贻用语粗野之讥；但凡彼不断地反复抨击那哲学的理念，认思与有不同的人，总应承认哲学家们绝不会完全不知道一百元现款与一百元钱的思想不相同这一回事，事实上还有比这种知识更粗浅的吗？"黑格尔在这段话下面举"上帝"这一概念，作为与一百元根本不同的对象，从而对康德进行了批评。这里不想涉及玄学的讨论，不再引述原文了。不管黑格尔与康德有什么差异，但二人均承认思想中的一百元与实有的一百元是两回事。但近年谈诠释学者，有某些人竟将客观存在与主观思维的界线抹去。

友人某海外学者以创造性诠释学去阐释老子，不承认老子一书有其客观内容，而以为它是随读者而异，与时代俱新。论者标榜超越，创建诠释过程中所谓"当谓"（即将原著应说而未说的话说出来）、"必谓"（即将原著在今天此时此地必须说出而当时未能说出的话说出来）两层次。且自称不如此即不能将古代思想著作"讲活""救活"。此类诠释，不尊重原著内容的客观性，而以主观意识加以比附，使原著面目全非，变成诠释者改造过的漫画。这可以套用前人的说法：诠释古书而古书亡。其思想根底即在于不承认事物的客观性。正如把思想中的一百元当做实有的一百元了。

§ 151

"具体普遍性"质疑（1996）（《思辨录》第 152 条）

黑格尔在《小逻辑》中论述了"抽象的普遍性"这一概念。所谓抽象的普遍性，就是排除了特殊性与个体性的普遍性，因此概括的外延愈大，它的内涵也就愈抽象愈空疏。与此相反，具体的（或总念的）普遍性却统摄了特殊性与个体性于自身之内。当时我对于黑格尔关于两种普遍性的划分十分钦服，认作是逻辑学中的一个重大揭示。长期以来我不止一次援用了这个说法。近几年我为了清理自己的思想，对黑格尔哲学进行了反思，这使我的看法有所改变。我认为黑格尔在总念的普遍性问题上，没有能够摆脱给他带来局限的同一哲学的影响。知性的普遍性固然不可取，但以为具体的（总念的）普遍性可以将特殊性与个体性一举包括在自身之内，却是一种空想。它在逻辑上虽然可能，但在事实上却做不到。黑格尔在《哲学史演讲录》中曾举出东方哲学的特点在于不承认与自在自为的本体对立的个体具有任何价值。他说，个体与本体合二为一时，它也就停止其为主体而消失了。我不懂黑格尔在论述具体的普遍性时为什么会作出与此相反的论断？这恐怕要归咎他刻意追求逻辑的彻底性的缘故吧。无论总念的（具体）普遍性如何优于知性的（抽象）普遍性，如果不承认它是不可能将特殊性与个体性一举囊括在自身之内这一事实，那么这样的思想就会给人类生活带来极大的灾难。卢梭在设想公意超越了私意和众意，从而可以通过它来体现全体公众的权利和利益的时候（这也是以为普遍的可以一举将特殊的和个体的统摄于自身之内），原来是想为人类建立一个理想的美好社会，可是没有料到竟流为乌托邦的空想，并且逐渐演变为独裁制度的依据。黑格尔在《小逻辑》中谈到普遍、特殊、个体三环节关系时，特别举卢梭《民约论》为例，说："任性荒诞不真的意志不是意志的总念，而卢梭所说的公意（黑格尔解释说它无须是全体人民的意志）才是意志的总念。"我们似可据此来考虑我们对于人民一词的理解，也可以对黑格尔所说的总念的（具体的）普遍性作出更充分的理解。

§152

《矛盾论》为何批德波林（1999）（《思辨录》第35条）

近从一份材料中看到，一九四一年九月延安召开的政治局扩大会议上，毛泽东批评了"苏维埃后期'左倾'机会主义路线"。博古在一片指责声中检讨，说自己"完全没有实际经验，在苏联学的是德波林主义的哲学教条"。王稼祥也检讨自己"实际工作经验很少，同样在莫斯科学习一些理论，虽也学了一些列宁、斯大林理论，但学得多的是德波林、布哈林的机械论，学了这些东西害多益少"。从此段记述才知道毛泽东在《矛盾论》中批判德波林是和当时斯大林整肃布哈林、德波林，把他们打成反革命有关。但毛反对德波林的差异性。认为只有矛盾而无差异的哲学观点，对于以后思想界发生了极为严重的影响后果，即提倡一分为二的斗争哲学，使合二而一成为反革命理论。从此哲学教科书中再也没有"多样性的统一"的观念，甚至连这一词语也绝迹了。取消了"多样性的统一"，也就取消了思想多元化，而使之定于一尊，实现舆论一律式的一元化统治。

再有一点也值得注意，一九四一年在延安正是批王明、博古等"言必称希腊"（指搬弄苏式马克思主义）的时候，许多人以为毛不再以苏式马克思主义为指导了。观以上所引《矛盾论》援斯大林批德波林，以及延安整风中博古等人在此问题上之检讨，则可知毛并非摆脱依傍，走自己的道路。他是灵活的。否则也难以解释，何以解放后他又重复提出以俄为师，学习苏联老大哥的口号。

§ 153

佛学影响了中国文化（1999）（《思辨录》第 193 条）

第一次传入中土的佛学对中国文化的影响是很大的（但过去却把它说成是蠹国殃民。如范文澜最初在《中国通史简编》中就持这种看法。现在人们不再这样看了）。第一，佛学丰富了我们原有的语汇，比如今天用的大众、平等这些常用词，都是来自佛书。还有许多成语如瞎子摸象、唾面自干，也是从佛经传入的，现已成为家喻户晓的典故了。佛经还使我们的文学艺术增添了一些新形式，唐代的变文就是其中一种。第二，佛经传入也带来了新的思想因素，比如沙门不敬王者，佛家的出家观念，不婚娶的教规等等，均对我国的传统观念冲击力甚大。至于在思想模式方面，首先就是思辨思维的引进。魏晋时代玄佛并用的学者提出所谓三理，及有无之辨、言意之辨、神形之辨等就是思辨的讨论，它使我们的思想领域扩展了，这种影响是不容抹杀的。第三，随着佛经传入也带来了因明学，即印度的逻辑学。古印度已有五明，因明为其中之一。因明原有五支论法，后改为宗因喻三支论法。我国先秦时期虽已有近于研究逻辑理论的名辨学家，但很快就衰落了。熊十力曾说印度文化的重逻辑精神"可纠中土之所偏"，这话很对。宋代儒学被称为新儒学，就因为它与原始儒学不同，融入了释道等思想成分，不仅使儒学获得新发展，也使宋代文化呈现了新局面。

第五辑　文史考释

§154

刘勰依古文说解《易》（1960）（《思辨录》第254条）

孔子作"十翼"——《原道篇》："疱牺画其始，仲尼翼其终。"《宗经篇》："夫子删述，而大宝咸耀，于是《易》张'十翼'。"孔子作"十翼"之说原出《史记》。《周易正义》云："郑学之徒，并依此说。"

文王作卦辞——《原道篇》："文王患忧，繇辞炳曜。"《周易正义》谓"郑学以为卦辞爻辞并为文王所作"。

《归藏》为《殷易》——《诸子篇》："《归藏》之经，大明迂怪，乃称羿毙十日，嫦娥奔月，殷汤（汤当做易）如兹，况诸子乎。"此言《归藏》为《殷易》。郑玄《易赞》云"夏曰《连山》，殷曰《归藏》，周曰《周易》"，当是刘勰所本。

此外，《原道篇》"日月叠璧，以垂丽天之象"，系引申郑玄注《系辞上》之文。郑注"在天成象"曰："日月星辰也。"（杨明照据《意林》引《论衡》文"天有日月星辰谓之文，地有山川陵谷谓之理"，称："刘勰把日月山川看作天地自然之文，可能受了王充的影响。"此说可备参考。）

《原道篇》："炎（炎帝即神农——引者）皞（太皞即伏羲——引者）遗事，纪在《三坟》。"此说见于孔安国《尚书传序》。皮锡瑞《经学历史》称，孔氏解《三坟》《五典》，本之郑氏。

在儒家经典的排列上，刘勰也依古文学家所规定的先后次序。从以上诸例可以看出刘勰基本上是依古文派之说去解经的。

[附记] 前人评论《文心雕龙》，几乎毫无例外地把它归入儒家之列。据我所见，仅李家瑞《停云阁诗话》持有异说。他以为刘勰"与如来释迦随行则可，何为其梦我孔子哉！"这种批评充满偏见，是不能成立的。刘勰撰《文心雕龙》正当玄佛盛行之际。《南史·儒林传》称："宋齐国学，时或开置，而劝课未博，建之不能十年，盖取文具而已。是时乡里莫或开馆，公卿罕通经术。朝廷大儒，独学而不肯养众；后生孤陋，拥经而无所讲习。"在这种情况下，刘勰撰《文心雕龙》采取儒学立场，表示了对于儒学的崇重。

§155

南朝的士族与庶族（1960）（《思辨录》第 204 条）

在南朝社会结构中，无论士族或庶族，都属于统治阶层（当时的下层民众是小农、佃客、奴隶、兵户、门生义故、手工业劳动者等）。但是由于南朝不仅承袭了魏文帝订立的九品中正门选制，而且逐渐形成了一种等级森严的门阀制度，因而使士族享有更大的特权。士庶区别是南朝社会等级编制的一个特点。这一点我们可以举《南史·王球传》来说明：

> 徐爰有宠于上，上尝命及殷景仁与之相知。球辞曰："士庶区别，国之章也，臣不敢奉诏。"上改容谢焉。

这里清楚地说明了士庶区别是国家的典章。当时士族多是占有大块土地和庄园的大地主，有的甚或领有部曲，拥兵自保。晋代魏改屯田制为占田制后，士族可以按照门阀高低，荫其亲属。这也就是说，通过租税和徭役对于被荫庇的族人和佃客进行残酷的剥削。他们的进身已无须中正的品评，问题全在区分血统，辨别姓望。在这种情况下，官有世胄，谱有世官，于是贾氏王氏的"谱学"成了专门名家的学问，用以确定士族的世系，以防冒滥。士族拥有政治上、经济上的特权，实际上成了当时改朝换代的幕后操纵者。至于庶族则多属中小地主阶级，对劳动民众来说，他们也是剥削者；但是在豪族右姓大量进行搜刮、土地急剧集中的时代，他们占有的土地时有被兼并的危险。在进身方面，他们由于门第低卑，更是受到了压抑，绝不能像士族那样平流进取坐至公卿。《晋书》载刘毅陈九品有八损疏，第一条就是"上品无寒门，下品无世族"，意思说庶族总是沦于卑位。左思在《咏史诗》中也发出了"世胄蹑高位，英俊沉下僚"的感叹。到了宋齐两朝，庶族进身的条件受到了更大的限制，《梁书·武帝纪》载齐时有"甲族以二十登仕，后门以过立试吏"的规定。当时，虽然也有一些庶族被服儒雅，侥幸升迁高位，但都遭到歧视和打击。《晋书》记张华庶族儒雅，声誉日隆，有台辅之望，而荀勖自以大族，恃帝深恩，憎疾之，每伺间隙，欲出外镇。《宋书》记蔡兴宗居高位，握重权，而王义恭诋其"起自庶族"。兴宗亦言："吾庶门平进，与主上甚疏，未容有患。"《南齐书》称陈显达自以人微位重，每迁官，常有畏惧之色。尝谓其子曰："麈尾扇是王谢家物，汝不须捉此自随。"这些事例充分说明士庶区别甚至并不因位之贵贱而有所改变。所谓"服冕之家，流品之人，视寒素之子，轻若仆隶，易如草芥，曾不以为之伍"（《文苑英华》引《寒素论》）。所以，无论从政治上或经济上来说，庶族都时常处于升降浮沉、动荡不定的地位。士族和庶族的不同身份以及由此形成的不同政治地位和社会地位，必然会经过间接折射反映到思想领域中来。

§156

奉朝请（1960）（《思辨录》第205条）

《文献通考》称："汉律：诸侯春朝天子曰朝，秋曰请。奉朝请，无员，本不为官。汉东京罢省三公、外戚、皇室、诸侯，多奉朝请。奉朝请者，奉朝会请召而已。"南朝时是否只有士族始得奉朝请，未可遽断。据《通考》称，宋武帝永初以来，就已经有"奉朝请选杂"的情况，至齐更是"人数猥积"，到了永明中，奉朝请"多至六百余人"。撇开这种情况不说，我们也不可依据刘勰以奉朝请入仕这一单文孤证来断定他必属士族。当时少数寒人或由于被服儒雅，或由于军功及其他种种特殊原因，亦可破例得入清选。前文所举张华、蔡兴宗、陈显达诸人，就都是以庶族致位通显。这里还可再举萧梁时代一个事例来说明。梁武帝时，中书通事舍人一职，曾先后由周舍、朱异二人担任。汝南周舍出身士族，朱异则为寒人。异尝言："我寒士也，遭逢以至今日，诸贵皆恃枯骨见轻，我下之则为蔑尤甚，我是以先之。"梁时统治者采取了拔擢寒人的政策，完全是由于政治上的需要。梁武帝于齐末上表陈："设官分职，唯才是务。若八元立年，居皂隶而见抑，四凶弱冠，处鼎族而宜甄，是则世禄之家，无意为善，布衣之士，肆意为恶，岂所以弘奖风流，希向后进。"即位后，又屡有求才之诏。八年五月诏曰："虽复牛监羊肆，寒品后门，并随才试吏，勿有遗隔。"正因为这缘故，《颜氏家训》才有"举世怨梁武父子爱小人而疏士大夫"之语。

§ 157

佛窟寺为梁徐庆造（1960）（《思辨录》第 207 条）

《续僧传·法融传》称："宋初刘司空在丹阳牛头山造佛窟寺，其家巨富，访写藏经书，用以永镇山寺，至贞观十九年全毁于火。"汤用彤《汉魏两晋南北朝佛教史》以为《续僧传》中的宋初刘司空"疑系刘穆之或刘秀之"。此说不可信。案刘穆之、刘秀之传中并无奉佛记载，而《佛窟寺经藏》一事，《祐录》亦未曾著录。我们知道，《祐录》系刘勰襄佐僧祐编定。倘佛窟寺果为穆之或秀之营造，则刘勰绝不会对于寺中的经藏茫然无知。为什么《祐录》著录了《大云邑经藏》《定林寺经藏》《建初寺经藏》等名目，独于《佛窟寺经藏》只字不提呢？这是很难解释的疑问。据宋张敦颐《六朝事迹编类》中《寺院门第十一》称，佛窟寺乃"梁天监中，司空徐庆造"。

§158

刘勰世系（1962）（《思辨录》第266条）

在刘氏世系中，史书为之立传的有穆之，穆之从兄子秀之，穆之曾孙祥和刘勰四人（其余诸人则附于各传内）。其中穆之秀之二人要算世系中最显赫的人物。据《宋书》记载，穆之是刘宋的开国元臣，出身军吏，因军功擢升为前军将军，义熙十三年卒，重赠侍中司徒，宋代晋后，进南康郡公，食邑三千户。秀之父仲道为穆之从兄，曾和穆之一起隶于宋高祖刘裕部下，克京城后补建武参军，事定为余姚令。秀之少孤贫，何承天雅相器重，以女妻之；元嘉十六年，迁建康令，除尚书中兵郎。他在益州刺史任上，以身率下，远近安悦。卒后，追赠侍中司空，并赠封邑千户。穆之秀之都被追赠，位列三公，食邑千户以上，自然应该归入官僚大地主阶级。可是，从他们的出身方面来看，我们并不能发现属于士族的任何痕迹。穆之是刘氏世系中最早显露头角的重要人物，然而史籍中却有着充分证据说明他是以寒人身份起家的。《宋书》记刘裕进为宋公后追赠穆之表说："故尚书左仆射前将军臣穆之，爰自布衣，协佐义始，内端谋猷，外勤庶政，密勿军国，心力俱尽。"（此表为傅亮代刘裕所作，亦载于《文选》，题为：《为宋公求加赠刘前军表》。）这里明白指出穆之出身于布衣庶族。《南史》也曾经说到穆之的少时情况，可与此互相参照："穆之少时家贫，诞节，嗜酒食，不修拘检，好往妻兄家乞食，多见辱，不以为耻。其妻江嗣女，甚明识，每禁不令往。江氏后有庆会，属令勿来，穆之犹往，食毕求槟榔，江氏兄弟戏之曰：'槟榔消食，君乃常饥，何忽须此？'妻复截发市肴馔，为其兄以饷穆之。"（此事亦见于宋之《续世说》）这段记载正和上表"爱自布衣"的说法相契。在当时朝代递嬗、政局变化的情势下，往往有一些寒人以军功而被拔擢高位，参与了最高统治集团。但是，他们并不因此就得列入士族。这里可举一个突出的事例。《南史》称："中书舍人纪僧真幸于武帝，稍历军校，容有士风，谓帝曰：'小人出自本县武吏，邀逢圣时，阶荣至此，为儿婚得荀昭光女，即时无复所须，唯就陛下乞作士大夫。'帝曰：'由江敩谢瀹，我不得措此意，可自诣之。'僧真承旨诣敩，登榻坐定，敩便命左右曰：'移吾床让客。'僧真丧气而退，告武帝曰：'士大夫故非天子所命。'"这个例子清楚说明身居高位的庶族乞作士大夫，连皇帝都爱莫能助。我们在《南史·刘祥传》里还可以找到有关穆之身世的一个旁证："祥少好文学，性韵刚疏，轻言肆行，不避高下。齐建元中，为正员郎。司徒褚彦回入朝，以腰扇障日，祥从侧过曰：'作如此举止，羞面见人，扇障何益？'彦回曰：'寒士不逊。'"刘祥是穆之曾孙，时隔四世，仍被士族人物呼为"寒士"，更足以说明刘氏始终未能列入士族。"寒士"亦庶族之通称。（《新唐书·柳冲传》称"魏氏立九品，置中正，尊世胄，卑寒士，权归右姓已"，即以寒士与世胄对举。）总之，细审刘穆之、刘秀之、刘祥三传的史实，刘氏出身布衣庶族，殆无疑义。

§159

文质概念引入文学始于佛经传译（1963）（《思辨录》第206条）

魏晋以来，佛书大量传入中土，译业宏富。当时名僧如鸠摩罗什、道安、僧叡、慧远诸人，都在经序中对翻译佛书问题进行了相当广泛的讨论。论题之一就是分辨文质之间的关系。这里由于篇幅所限，仅举以下数例。《梁僧传》记道安之言曰："支谦弃文存质，深得经意。"《出三藏记》卷八载道安《摩诃钵罗若波罗蜜经钞序》："昔来出经者，多嫌梵言方质，改适今俗，此所不取。何者？传梵为秦，以不闲方言，求知辞趣耳，何嫌文质？文质是时，幸勿易之，经之巧质，有自来矣，唯传事不尽，乃译人之咎耳。"《出三藏记》卷七载道安《合放光光赞随略解序》："光赞护公执胡本，聂承远笔受，言准天竺，事不加饰，悉则悉矣，而辞质胜文也。"《出三藏记》卷十载慧远《大智论钞序》："圣人以方设训，文质殊体。若以文应质，则疑者众。以质应文，则悦者寡，是以化行天竺，辞朴而义微，言近而旨远。义微则隐昧无象，旨远则幽绪莫寻。故令玩常训者，牵于近习，束名教者，惑于未闻。若开易进之路，则阶藉有由，晓渐悟之方，则始涉有津。远于是简繁理秽，以详其中，令文质有体，义无所越。"《出三藏记》卷七载《首楞严后记》（不详作者）："饰近俗，质近道。文质兼，唯圣有之耳。"僧祐《出三藏记》："方言殊音，文质以异，译梵为晋，出非一人。或善梵而质晋，或善晋而未备梵。众经浩然，难以折中。"

§160

释物（1976）（《思辨录》第258条）

范文澜的《文心雕龙注》释《神思篇》"神与物游"句，取黄侃之说，引《文心雕龙札记》云：

> 此言内心与外境相接也。内心与外境，非能一往相符会，当其窒塞，则耳目之近，神有不周；及其怡怿，则八极之外，理无不浃。然则以心求境，境足以役心；取境赴心，心难于照境。必令心境相得，见相交融，斯则成连所以移情，庖丁所以

满志也。

这里把物解释作"外境"是很明确的。可是,"范注"释《神思篇》下文"物沿耳目"句,却对物字作了截然不同的解释:"物,谓事也,理也。事理接于心,心出言辞以明之。"这就容易令人产生种种误解了。近来,有的文章一方面肯定《神思篇》"神与物游"的物就是"物沿耳目"的物,但另一方面,又从"范注""物沿耳目"之训,认为只有把物字解作"事也,理也"才是正确的。由于这篇文章忽略了"范注"解释《神思篇》两物字的歧义,它所作出的上述论断就形成了论证上的二律背反——如果要从"范注"之说,就不能断言"神与物游"的物亦即"物沿耳目"的物;如果要肯定"神与物游"的物亦即"物沿耳目"的物,就不能说"范注"物字之训是正确的。因为"范注"对同一《神思篇》两物字,一训为"外境",一训为"事也,理也",具有完全不同的涵义,是不可互通的。

事实上,把"物沿耳目"的物字训为"事也,理也",再进而概括为"事理",是失其本义的。只有感性事物(外境或自然)才能够被感觉器官(耳目)所摄取。至于"事理"则属抽象思维功能方面,绝不能由感官直接来捕捉。因此,把"物沿耳目"的物训为"事理",就等于说抽象的事理可以通过作为感官的耳目直接感觉到,这显然是不合理的。

"范注"把物字训为"事也,理也"本之段玉裁。段注《说文》于牛篆下云:

> 事也,理也。——事也者,谓能事其事也,牛任耕;理也者,谓其文理可分析也。庖丁解牛,依乎天理,批大郤,导大窾。牛、事、理三字,同在古音第一部。此与羊、祥也,马、怒也、武也一例。自浅人不知此义,乃改之云大牲也,牛、件也、件、事理也。与吴字下妄增之曰姓也,亦郡也,同一纰缪。
>
> (下略)

所谓"事也，理也"本来是"段注"牛字之训，今"范注"移作物字之训，是否可以成立？案物从牛，勿声。王国维《释物篇》曾据卜辞（引《戬寿堂所藏殷墟文字》第三页及《殷墟书契前编》卷四第五十四页，卜辞原文略）考定"物亦牛名"，是则牛可引申为物。"范注"以牛字之训来释物字是没有问题的。问题在于对"段注"所谓"事也，理也"究竟应作怎样的解释？根据"段注"本身来看，它是把理字当做"文理"来解释的。过去有人曾著《牛训理说》，即从此例，也把理字解作"文理"。既然理是文理之理，那么自属视而可见的感官对象，而和诉诸抽象思维的理字绝不可混为一谈。"范注"援"段注"之说，却又混淆了这种区别，反统而谓之曰"事理"，已属不伦。倘更进一步加以引申，把它附会为哲理或道理之类的理字，那就更是差之千里了。

是的，许氏《说文》牛有"事理"之训。其文于牛篆下曰："大牲也，牛、件也，件、事理也。（下略）"这或许也是"范注"一个根据罢。但前人对于此说，早疑其妄。就在上面所引"段注"那段话里，已经指出它的纰缪，斥为"浅人妄增"。王筠《句读》也说："'牛、件也，件、事理也。'二句支离，盖后增也。"又说："李时珍引曰：'牛、件也，牛为大牲，可以件分为事理也。'仍不可解。"白作霖《释说文牛马字义》亦云："事理之训，较武、怒尤为难憭。故后人于牛篆下增益尤甚。二徐本作'牛、大牲也，牛、件也，件、事理也'。锴曰：'若言一件二件，大则可分也。桂氏即援以解事理之义，如其说于许书本文嫌屡杂，于事理之义亦嫌迂曲。王氏筠驳之是也。"至于徐承庆《段注匡缪》，对于"段注"本身用事理二字分释，也不赞同，并力加批驳，谓其"杜撰成文，纽合附会"。这些说法都从根本上推翻了牛训理说。

那么，物字之训，究竟以何者为胜？笔者以为王国维之说较长。王氏《释物篇》云：

古者谓杂帛为物，盖由物本杂色牛之名，后推之以名杂帛。《诗·小雅》曰："三十维物，尔牲则具。"《传》云："异毛色者三十也。"实则"三十维物"与"三百维群，九十其犉"句法正同，谓杂色牛三十也。由杂色牛之名，因之以名杂帛，更因以名万有不齐之庶物，斯文字引申之通例矣。

王氏提出的杂帛之训，在先秦以来古籍中可以找到不少例证。如：《周礼·司常》"杂帛为物"。《仪礼·士丧礼》"为铭各以其物"并《仪礼·乡射礼》"旌各以其物"，《注》曰："杂帛为物，大夫所建也。"《释名·释兵》："杂帛为物，以杂色缀其边为燕尾，将帅所建，象物杂色也。"杂帛是最接近物字本义"杂色牛"的训释，由此再引申为万物之训。许氏《说文》牛字亦有万物之训，但王氏谓其"迂曲"。这是因为许氏《说文》兜了一个圈子，由"牛为大物，天地之数起于牵牛"，再归结到牛训万物上来，这种说法是缴绕难理的。王氏并不否认万物之训，他只是指出物的本义不是万物，而是杂色牛，推之以名杂帛，后更因以名万有不齐之庶物。因此，万物乃物字的引申义。王氏之说，义据甚明，可谓胜解。

§161

才性与才气（1977）（《思辨录》第259条）

《体性篇》才性说的内容包括了才、气、学、习四事，这与魏晋玄学家的才性说异趣。其间分歧就是刘勰把"气"这一概念引进了他的才性说中。《体性篇》除才性外，又用才气一词。这两种说法异语同义。篇中所谓："触类以推，表里必符，岂非自然之恒姿，才气之大略者！"此处"才气"一词正可视为"才性"的异名。《文心雕龙》书中往往论及才性或才情与气的关系。《乐府篇》称魏之三祖"气爽才丽"。《杂文篇》称宋玉《对问》"放怀寥廓，气实使之"。

《才略篇》评骘前修，或称"才颖"，或称"气盛"，或称"力缓"，或称"情高"，虽用字甚杂，但都可归入才性或才气的范围。所谓"嵇康师心以遣论，阮籍使气以命诗"，更是明显地运用才性或才气之说来阐明魏末晋初的文章风格。才性或才情是由气所决定的。《体性篇》"才力居中，肇自血气"，即申明此旨。从这里我们看到刘勰的才性说大抵是受到自然元气论的一定影响。王充《论衡》也是认为"人禀元气于天"，从而把气视为先天禀赋的基因，构成性格内容的根本要素。《论衡·无形篇》称："人禀气于天，气成而形立，则命相须，以至终死，形不可变化，年亦不可增加。"这是说体质的强弱取决于禀气之厚薄。元气不仅决定了人的体质，并且也决定了人的性情。《论衡·率性篇》："禀气有厚泊，故性有善恶。""人之善恶，共一元气，气有少多，故性有贤愚。"由于禀气不同，不但在善恶贤愚上显出了分歧，而且在性情作风上也表现了差异。《率性篇》所举"齐舒缓，秦慢易，楚促急，燕戆投"就是这方面的例证。

　　王充这种观点对于后来论者具有相当大的影响。魏任嘏作《道论》称："木气人勇，金气人刚，火气人强而燥，土气人智而宽，水气人急而贼。"（据《御览》引）刘劭《人物志》也是论述"人禀气生，性分各殊"之理。他在《九征篇》中说："夫容之动作，发乎心气。心气之征，则声变是也。夫气合成声，声应律吕，有和平之声，有清畅之声，有回衍之声。夫声畅于气，则实存貌色。"刘昞注《人物志》曰："心气于内，容见于外。"又曰："非气无以成声，声成则貌应。"曹丕则更进一步，开始把气这一概念引进了文学领域。他在《典论·论文》中说："文以气为主，气之清浊有体，不可力强而致。"论孔融，则说他"体气高妙"。论徐幹，则说他"时有齐气"。所谓"齐气"，亦即王充说的"齐舒缓"，在这里是指文章的气势所形成的风格特征。《典论·论文》所标示的"引气不同，巧拙有素，虽在父兄，不能以移子弟"，正是指明气是形成作家创作个性的基本元素。曹丕为了说清这一点，曾譬诸音乐。他认为尽管曲度虽均，节奏同检，但由于引气各殊，演奏者仍会表现出不同的风格来。这一看法很得到刘勰的赞赏，他在《总术篇》中说："魏文比篇章于音乐，盖有征矣。"后来，李卓吾也说"声色之来，发乎情性，由乎自然"。他在《读律肤说》中同样用音乐去说明创作个性所形成的不同风格："性格清澈者音调自然宣畅，性格舒徐者音调自然舒缓，旷达者自然浩荡，雄迈者自然壮烈，沉郁者自然悲酸，古怪者自然奇绝。有是格，便有是调，皆情性自然之谓也。"这种说法正可视为《体性篇》"各师成心，其异如面"，"吐纳英华，莫非情性"的进一步发挥。以上种种说法都是以音乐的格调来说明艺术风格。就作家的创作个性来说，"气"相当于气质，属于天资禀赋，不可力强而致。就作品的风格表现来说，"气"相当于气韵或语气，可以比之谓音乐中的格调音色。语气、格调或音色是作家的气质在创作对象上的情绪投影，它显示了作家观察生活时自然而然流露出来的为他个人所独有的特征。所以，我们可以说由作家创作个性所形成的个人风格体现了不同作家内在气质的差异性。

§162

《卜千秋墓壁画》试探（1977）（《文学沉思录》）

一九七七年《文物》第六期重点介绍了《卜千秋墓壁画》。洛阳博物馆、陈少丰、宫大中、孙作云诸同志所写的文章很扎实，但读后也有点不同意见。洛阳博物馆的发掘《简报》报告墓顶脊壁画由二十块空心砖砌成，各砖原有编号，由西依次往东（见附图：原件摹像）。这本来不成问题。可是《简报》却说："但从壁画内容看，其顺序是从东往西。"我觉得，这一说明是不正确的。因为墓砖编号并非颠倒顺序，从壁画内容看，正是应该由西往东。即从画有猪头方相氏的墓后壁开始，以画在墓前内壁上的仙人王子乔下的墓门方向为升仙出口处，与墓主的头向正符。全套壁画为一有机整体，即孙作云同志所指出的《升仙图》。这和马王堆一号墓非衣帛画主题不同。非衣帛画画的是墓主成仙以后居在仙壶中的仙人生活。这一壁画却画的是在成仙以前，即墓主刚死，正在升仙过程中。孙作云同志从氏族图腾的研究来考证西汉时代传说与神话的根源，颇多创见，但似乎还应进一步探讨。

照我的看法，升仙壁画上是以伏羲配太阳掌"阳"，以女娲配月亮掌"阴"。墓主夫妇画在伏羲像后，面向女娲，可以说是背阳向阴，表示已死，正在飞升。由墓主夫妇开始，以下其他神话动物，如：白虎、朱雀、枭羊、二龙，以至持节方士，莫不如此，也都是背阳向阴而动，由西往东。只有第五块砖上画的仙女相反，但一目了然，她是奉命来跪迎墓主夫妇，马上就要和他们一起飞回到女娲那里去。全套壁画到女娲为止，这里已是终点，所以她身后只有一团云气（见第二十砖）。我认为整套壁画并无暗示周而复始循环不已的含义，即像《简报》所说的那样，以"黄蛇"（见第一砖）潜水再出为前后的接合点。我认为从伏羲像到墓主夫妇像为一分界线，代表阴阳两界，反映了汉代盛行的阴阳五行观念。这一壁画上的伏羲与女娲未画在一起蛇身交缠，像在同时代或稍后时代图像上所常见的那样，而是分处东西两端，并各配以日月，这显然具有另外的意义。这意义是什么呢？我以为可援引郭沫若在一九七三年第一期《文物》上所发表的文章来说明。郭老在解释伏羲与女娲时说："有时候男女分掌日月，共理阴阳。"现在发掘的《卜千秋墓壁画》又一次以实物证明此说的正确。

关于《卜千秋墓壁画》第二砖上画的"日中有鸟"，《简报》未报告鸟作何色，只说内有"三足金鸟的太阳"。日中金鸟，或称"阳鸟"，此说见于鲁迅所辑《古小说钩沉》（最早为郭沫若所指出），现在很多人都这么说。不过，说这一壁画的鸟就是三足金鸟，我以为倘无充分根据，恐难成立。壁画上的日中鸟并无三足的特征，它和马王堆一号墓非衣帛画上的日中鸟形极近似，两者或同出一源。

非衣帛画上的日中鸟敛翅伫立，可以明显看到只有二足，与一九七二年《文物》第九期刊载的《旅顺博物馆图录》中画有三足的日中鸟的摹像绝不相类。可能陈少丰、宫大中二同志以为《卜千秋墓壁画》中的日中鸟就是那只三足金鸟的演化。但这只是悬揣，并不能用来作为证明。同期发表的孙作云同志的文章对此说似已怀疑，但孙文认为这只鸟是"乌鸦"，而乌鸦飞入日中，则是由于"以乌鸦为图腾的氏族又以太阳为图腾"的缘故。这说法似有一定理由，但还不能充分地说明壁画上那只鸟的形象。壁画上的那只鸟除了振翅而飞以外，还明显可以看到嘴里衔着一颗圆珠。这一点，我以为很值得注意。为什么要画一只嘴里含圆珠的鸟呢？很可能，这和有关刘邦的一些神话式的传说相关联。

《史记·高祖本纪》称，刘邦"父曰太公，母曰刘媪"。张守节《正义》引《帝王世纪》云，"汉昭灵帝后含始游洛地，有宝鸡衔赤珠出炫日，后吞之，生高祖。"又引《诗·含神雾》云："含始即昭灵后也。"这似乎较接近于壁画上日中鸟的图像。谶纬之书，多出于汉季①，其言荒诞，往往为人所轻。颜师古曾斥皇甫谧等，"妄引谶记，好奇骋博"，认为不足为训。但是，我以为如果剔除其中显然不可信的伪造部分，把它作为研究汉代的神话、传说与宗教信仰的资料，还是有重要价值的。自然，我们不能据此就率尔判定，壁画上

---

① （原注）刘勰《文心雕龙·正纬说》称纬学始于哀平。后人多从此说，但这种说法并不正确。《隋经籍志》曾著录谶十余家。隋禁之后，谶学永绝。胡应麟《四部正伪》据《隋志》判定"凡谶皆托古圣贤以名其书"。徐养原《纬侯不起于哀平》引刘熙《释名》称谶纬"同实异名，微存分别"，并引昔人之言曰："纬书起自前汉，去古未远。"刘师培著《谶纬论》，谓纬有五善，曰补史，曰考地，曰测天，曰考文，曰征礼，他在《国学发微》中则进一步引《史记》公孙技之受册书（《秦本纪》），陈宝之祠野鸡（《封神书》），认为古之图箓即后世之谶纬（儒）、符箓（道），并且断言纬学萌于周秦，盛于西汉，而哀平之间，谶学日炽。刘氏之说，义据甚明，足资参证。谶纬之书在西汉已很盛行，与当时人的思想信仰是有密切关系的。

的日中鸟就是"宝鸡衔赤珠出炫日"。壁画上的鸟所含的圆珠作何色,未见实物,不清楚。诚然,鸟和鸡的形象有区别,壁画上作鸟形,不是鸡形,似乎不可比附。但《帝王世纪》所谓"宝鸡"究作何形?是不是和《升天图》上的鸟形相近,或者是不是在流传过程中变了形?我未能考定,不敢臆断。不过,我以为"宝鸡衔赤珠出炫日"之说是一条重要线索,它比"三足金乌"和"乌鸦图腾"说法更接近于升仙壁画的原有图像。"三足金乌"说较牵强,"乌鸦图腾"说较渺茫。汉代人作壁画,与其说是取材远古,不如说是取材于当时流传的传说神话的可能性更大。

至于《卜千秋墓壁画》第一砖上画的"黄蛇"究竟有什么含义?我认为同样可能和刘邦的神话式的传说相关联。蛇成为神话动物,屡见于汉代图像中,已经有不少人指出过了。《卜千秋墓壁画》图板一彩图上尚可见到蛇是用朱红颜色绘成的。《史记·高祖本纪》记刘邦斩白蛇,为赤帝子,这是家喻户晓的故事。裴骃《集解》、司马贞《索隐》都广采诸说,详加论证,不备举。我以为升仙壁画第一砖所绘蛇的图像就是由赤帝子神话传说而来的。蛇绘成朱红色,正与"汉以火德"相印证。为什么把它画在第一砖上作为壁画的起点呢?这固然含有对刘邦的尊重的成分,但也不仅止于此。《正义》引《陈留风俗传》云:"沛公起兵野战,丧皇妣于黄乡,天下平定,使使者以梓宫招幽魂,于是丹蛇在水,自洒跃入梓宫",这是有关刘邦葬母的神话式的传说。自然,帝王葬母仪式,别人不得僭越。但这不是礼仪,而是传说流传为一种神话,大概代表一种吉祥,或更可能是升仙的一种必要过程。因此,洒跃出水的丹蛇,可以像伏羲、女娲、仙女、方士一样,允许具有一定身份的人画在墓壁上。

总之,用有关汉代流传的传说、神话等文献资料,包括谶纬之书,来分析《卜千秋墓壁画》,目前似乎还很少有人尝试,但我认为这也是探讨《卜千秋墓壁画》的一种办法,而且或许是较为可靠和更重要的一种办法。笔者对考古是外行，以上所作的只能算是门外试探而已。

§163

《刘岱墓志》（1978）（《思辨录》第265条）

一九六九年江苏句容出土了南齐《刘岱墓志》，未残损，碑文完整。现撮要录下：

> 高祖抚，字士安，彭城内史。曾祖爽，字子明，山阴令。祖仲道，字仲道，余姚令。父粹之，字季和，大中大夫。南徐州东莞郡莒县都乡长贵里刘岱，字子乔。君龆年歧嶷，弱岁明通，孝敬笃友，基性自然，识量淹济，道韵非假。山阴令，浒（淬）太守事，左迁，尚书札，白衣监余杭县。春秋五十有四，以永明五年太岁丁卯夏五月乙酉朔十六日庚子遘疾，终于县廨。粤其年秋九月癸未朔廿四日丙午，始建坟莹于扬州丹阳郡句容县南乡糜里龙窟山北。记亲铭德，藏之墓右，悠悠海岳，绵绵灵绪。或秦或梁，乍韦乍壮。渊懿继芳，世盛龟组。德方被今，道乃流古。积善宣言，仁寿茫昧。清风日往，英犹长晦。奠设徒陈，泉门幽暧。敢书景行，敬遗千载。

这一墓志可增订杨明照刘勰的世系表。在刘爽名上应增刘抚，在刘粹名下应增刘岱。刘抚当为东莞刘氏之远祖，而刘岱则为刘勰的堂叔。刘抚、刘岱，史书无传。刘抚距穆之、仲道已有三世，估计当为晋代人物。《晋书》于汉帝之后，多为之立传。如刘颂（《列传十六》）、刘乔（《列传六十一》）、刘琨（《列传三十三》）、刘隗（《列传三十九》）、刘超（《列传四十》）、刘兆（《列传六十一》）等。更值得注意的是《列传五十一》载："刘胤为汉齐悼惠王肥之后",但他的籍贯并非东莞莒县,而是东莱掖人。胤卒后,子赤松嗣,尚南平公主,位至黄门郎,义兴太守。从以上诸传中,都找不到有关刘抚的线索,这更使我觉得《宋书·刘穆之传》称他为"汉齐悼王肥之后"的说法是可疑的。

南齐《刘岱墓志》还有一点很值得注意,这就是它增加了颂功铭德的内容,这是东晋墓志所没有的。南齐《刘岱墓志》所出现的这一新的特点,正和刘勰《诔碑篇》"写实追虚,诔碑以立,铭德慕行,文采允立"之说相契。

[附记] 此文发表于一九七九年《中华文史论丛》第一辑。我在文中说可据《刘岱墓志》以增补杨明照所撰刘氏世系表,应加上刘抚、刘岱二人。同刊同期发表了杨明照增订过的《梁书刘勰传笺注》,"笺注"所附刘勰世系表仍与增订前各版一样。一九八二年底出版的杨明照《文心雕龙校注拾遗》将刘抚、刘岱名补入。

§164

答《中华文史论丛》编辑部审读意见(《王元化集》卷七)

编辑部寄来拙稿《龚自珍思想笔谈》一文的审读意见,对我很有启发,促我进一步思考。其中关于《与江居士笺》一条,所论甚是。我读龚集将文句抄录在手册上,引用此条时,未遑核对全文,有此疏忽,当为今后戒。其他一些枝节问题,我也斟酌作了修改。但有些意见,我有不同看法,故仍其旧,未作改动。

一、关于宣南诗社,"文革"前出的《历史研究》《厦大学报》未找到。但今年《西北大学学报》载吴调公论龚自珍文,曾读过。吴文与范、齐二人之说颇有出入,论点较新,但亦牵强,不足凭信。试举一例,如把宣南诗社赏花赓诗处,取《年谱》所记,定为"花之寺"。案此名是自珍戏拟，同时代人早讥其"堕蚪户铣豁、徐彦伯涩体之恶趣"。北京实无庙名花之寺者。其他类此者尚多。自然，范、齐之说亦多不确切，未可视为定谳。

二、关于王元凤条，我已照审读意见略作修改，使叙述层次清晰一些。不过关于自珍当时无米举炊事（以及审读意见十一条所提闻剥啄声问题），我是有根据的。文中括弧内"事见《潘阿细碣》"，内称："细（王妻）有钗，值十金，何（龚妻）贷之，籴米盐，久不偿，惭而怃。"可为证明。又，自珍与友人笺中，曾多次言及穷愁事。如："旧署已辞，新职未就，此身清暇，索逋者又暂相贳，无剥啄声。"又如："弟此节俗冗，焦头烂额，对月对酒皆不乐。樽前月下，尚有剥啄之声，如御十万敌，必须首先在家搪拒，竟无福来见颜色矣。"此类记述，都是龚居官时，笺中诗中时常叙及，当系实录。至于自珍辞官南下乞籴，仅其中一端耳。我不能苟同审读意见谓这些行为都是"打抽风"的说法。

三、关于桐城派、阳湖派，拙文限于体裁篇幅，未深论。所谓"考据、义理、词章合一"，虽系理论，实践未必实现，但毕竟是桐城、阳湖各家追求恪守的准则，成为此派的一种文学原则。拙文又指出它"偏重于做文之法，以词章为事"，这些说法非我创见，在一般我国文学批评史中几乎已成公论。表面看来，这种论断似乎只触及形式，但形式反映了内容。因此所谓"以词章为事"也是对内容的一种批判。自然，倘深论就嫌不够了。不过要详加胪述，行文势必过长。我不喜作简单结论式的评语，故仍旧未改。

四、《尊史篇》善入善出说，我参照审读意见将"包括"二字改为"适用于"。但我考虑的结果，仍用原来的论点。清人多持六经皆史之说。自珍更扩而大之，认为五经为史之大宗，诸子为史之小宗，且批评刘向仅以道家、术数家出于史官之说。他甚至把小说家列为"任教之史"。他所说的"史"的确是一个极广泛的概念，并非仅指"周史所掌"，限于一定历史时期的现象。文史自然有区别，但又相通。从广义的文学理论批评史的角度来说，五经、诸子、《史记》及前人的历史哲学著作中的某些论点，都可划入文论范畴。否则像《中国历代文论选》这样的总集就将要削去十之八九了。据此，我以为自珍的善入善出说自可适用于文。又，审读意见第八条提出"书狱"之例，这很明显地是以迂回曲折的笔法讥弹当时的文风的，这是不待多赘的。

五、关于"宥情——锄情——尊情"是否应改为"锄情——宥情——尊情"？我是据《宥情》和《长短言自序》两篇文字综核考订而得出前者判断的。《宥情篇》已明言宥情。《长短言自序》著于《宥情篇》十五年以后，文中称："十五年锄之而卒不克。"显然自宥情后，对情的问题，矛盾未消，仍想锄情，但锄之卒不克，而终于尊情。在这十五年间，自珍始终徘徊于宥情与锄情之间。这表明他的思想经过深刻矛盾，很能说明问题。倘改作"锄情——宥情——尊情"，表面看来，似乎如此才整齐有序，但不能说明他的思想矛盾，更不符合他自叙的实际情况。所以对拙文所引这段文字，不可从字面推求，而须考虑两文著作年代，并细审其中脉络，自当豁然可解。

六、张之洞诗"理乱寻源学术乖"，并非对张自己时代学风的否定理解，而确系针对自珍而发。张与自珍子龚橙为同时代人。"子劫"即指橙乘八国联军之乱，入圆明园掠取宝物事。这件事在当时哄传一时，章炳麟亦曾记入《訄书》中。

七、《古史钩沉论四》："上天有不专为其本朝而生是人者在。"是说"宾"不专为本朝效力（用现代话说即"驯服的御用工具"），而以澄清天下为己任（杨荣国断言自珍提倡"诵本朝之法，读本朝之书"，以凑合儒法斗争说，实为大谬）。自然这只是极朦胧的一种"反抗思想"，故拙文用"抵制"一词。请想：像章炳麟这样的反满骁将，最初尚有"客帝"之论（这和自珍的"宾"颇有类似之处）。后来，章炳麟从这种极朦胧的反抗思想萌芽蜕化出坚定的反满立场，就作了《客帝匡谬》，存以自劾。如果不简单地看问题，章后来的彻底反满正是和这种极朦胧因而极不彻底的反抗思想萌芽是有一定联系的。顺便一提，我是属于认为龚有反专制（具体对象不得不是当时统治者满清）思想萌芽一派的。这一思想萌芽在《尊隐篇》表露得很明白。

八、《平均篇》直至今天仍有人作过高评价，我是不同意的。审读意见提出"莫如使民不识知，则顺我也"，以为是自珍所批评的观点。这是把原文读错了。请细审自"龚子曰，可以虑矣！可以虑，可以更，不可以骤"，至"莫如使民不识知，则顺我也"一段文字。我想审稿者误读的原因可能在于把这段文字中的"君"误解作后世之君（实则这是指上文"唐虞之君"），又把这段文字中省去主语的"曰"误解作后世之君曰（实则这也是指"唐虞之君曰"）。如不作后面的正确的读法，那么这段文字就文法不通（此事详述太烦，但只要对这段文字细读便可理解）。因此，我以为断断不可把"莫如使民不识知，则顺我也"，理解作自珍所批评的东西。又，关于《农宗篇》和《平均论》一样都是以返古为本，只要读了两文，入目便了。倘再参照自珍的思想体系，则更无疑问。

§165

六诗与六义（1978）（《思辨录》第196条）

《周礼》春官大师"教六诗：曰风、曰赋、曰比、曰兴、曰雅、曰颂，以六德为之本，以六律为之音"。《诗序》亦云："故诗有六义焉：一曰风、二曰赋、三曰比、四曰兴、五曰雅、六曰颂。"《周礼》的六诗说和《诗序》的六义说究竟应该怎样来理解？是不是可以像一篇评论文章所说的那样，笼统地认为"历来解释这所谓六义的人，大抵都认为风雅颂是《诗经》的诗的分类，赋比兴是作诗的三种手法"呢？我认为是不可以的。就《周礼》和《诗序》本身来看，首先存在着一个排列的次序问题。如果说风雅颂是诗体的分类，赋比兴是诗法的分类，那么，《周礼》和《诗序》为什么不把它们按照风、雅、颂、赋、比、兴的先后次第编排在一起？只有这样才顺理成章。可是，无论《周礼》的六诗也好，或是《诗序》的六义也好，都是把赋比兴排在风和雅颂之间。这种排列法显然是一个不可忽视的问题。因此，汉人解释六诗或六义，都没有明确作出风雅颂是诗之体，赋比兴是诗之法的结论。他们对这个问题是采取了审慎的态度的。虽然他们也涉及诗的表现方法问题，但这是由于从诗体的探讨必然会涉及诗法的问题上去，所以他们往往从诗法的分类来说明诗体的分类。这种情况在《诗序》本身中就已见端倪。按照三体三用说的观点，"风"是诗体之一，而不是作诗的表现方法。可是《诗序》对"风"的解释说："上以风化下，下以风刺上，主文而谲谏，言之者无罪，闻之者足以戒，故曰风。"显然这是兼赅体法两方面而言。郑玄注六义不会不顾及这一点，他说："风言圣贤治道之遗化也。赋之言铺，直铺陈今之政教善恶。比见今之失，不敢斥言，取比类以言之。兴见今之美，嫌于媚谀，取善事以劝喻之也。雅正也，言今之正者以为后世法。颂之言诵，容也，诵以美之。"这里并没有在诗体诗法之间划出严格界限，指出其间有着体和用的区别。

那么，怎样来解释《诗经》中何以只有风雅颂三种诗体呢？对于这个问题，前人的解释不够明确。《孔疏》引"郑志张逸问：何诗近于比赋兴？答曰：比赋兴吴札观诗已不歌也。孔子录诗，已合于风雅颂中，难复摘别。篇中义多兴。"这种含糊的说法给后人留下了种种附会的可能。直到晚近章炳麟的《六诗说》出，才比较合理地解决了这个问题。按照章氏的说法，风、赋、比、兴、雅、颂都是诗体，但有入乐和不入乐之分。由于赋比兴三体，"不被管弦""不入声乐"，所以在孔子录诗时被删掉了。最近，郭绍虞《六义考辨》采章氏之说，加以取舍和发挥，认为："其入乐者则称为风，还有许多不入乐者则称为赋比兴。那么，赋比兴都可以说是民歌。由于民歌的数量太多，所以再用不同的手法，分为数类，那么列为风类之后也就很恰当，而《周礼》的六诗与《诗》的六义，也就可以统一起来了。"这种解释对于说明《周礼》的六诗之名和风、赋、比、兴、雅、颂的排列次序都是怡然理顺的。汉人对六诗或六义的理解尚未作出诗体诗法的区别。在诗体诗法上划出严格界限是后来的事，那就是唐人孔颖达的三体三用 说。

§ 166

《孔疏》破《郑笺》(1978)（《思辨录》第 197 条）

《孔疏》是在《郑笺》的基础上撰写成的，向来被认作是申明郑义的可靠资料。其实我们不必被前人所谓"疏不破注"的说法所束缚。孙诒让曾据《礼记正义》称"黄侃时乖郑义"，又据《左传正义》称"刘炫习杜义而攻杜氏"，认为六朝义疏家多破坏家法，逞臆妄说，而独于《孔疏》则未敢非议。他自己在解释《周礼》的六诗说时，也每有曲从《孔疏》之处。事实上，《孔疏》对于六义的说法，虽号称本之郑义，但往往疏不应注，语不衷本。《孔疏》创三体三用之说，谓"风雅颂者，诗篇之异体。赋比兴者，诗文之异辞耳。大小不同，而得并为六义者，赋比兴是诗之所用，风雅颂是诗之成形。用彼三事，成此三事，是故同称为义。非别有篇卷也"。这和郑玄对于六义的说法，不仅不能互相映发，而且可以说是以意增益之论。

《孔疏》之说，构画虽精，而其病亦在是。它所碰到的最大麻烦，就是六义的一曰风、二曰赋、三曰比、四曰兴、五曰雅、六曰颂的排列次序问题。《孔疏》对这个问题无法回避，只得强为之解云："风之所用，以赋比兴为之辞，故于风之下即次赋比兴，然后次以雅颂。雅颂亦以赋比兴为之。既见赋比兴于风之下，明雅颂亦同之。"表面看来，这似乎也言之成理，但用来诠释六义冠以数词的一曰风、二曰赋、三曰比、四曰兴、五曰雅、六曰颂，则未免过于牵强。倘使赋比兴既次于风下，同时又次于雅下，进而更次于颂下，那么，能够用一到六的数词去排列它们吗？《孔疏》在疏解"郑志张逸问"那段引文时，也是强前人以从己意。郑答赋比兴吴札观诗已不歌，多少意味着在此以前，赋比兴还是单独存在过的，只是录诗时才将它们合于风雅颂中。可是这段原文一经《孔疏》的疏解，就完全变了样："逸见风雅颂有分段，以为比赋兴亦有分段。谓有全篇为比，全篇为兴，欲郑指摘言之。郑以比赋兴者，直是文辞之异，非篇卷之别，故远言以从本来不别之意。言吴札观诗已不歌，明其先无别体，不可分也。原来合而不分，今日难复摘别也。"这分明是三体三用说的发挥，哪里还是疏解"郑志张逸问"的本义？这里且举章炳麟的《六诗说》为例。章氏在这篇文章中一开头就援引了"郑志张逸问"原文，可是他的解释恰恰与《孔疏》相反："此谓比赋兴各有篇什，自孔子淆杂第次，而毛公独旗表兴，其比赋俄空焉。圣者颠倒而乱形名，大师偏毂而失邻类，何其惛忘遂至于斯焉？"我以为所谓"比赋兴各有篇什"是切合"郑志问"本旨的。

§167

"回到乾嘉学派"（1982）（《思辨录》第213条）

近几年学术界已开始认识到清人的考据训诂之学的重要性。很难想象倘使抛弃前人在考据训诂方面做出的成果，我们在古籍研究方面将会碰到怎样的障碍。如果没有为数在千卷以上的《清经解》和《续清经解》以及《经籍纂诂》这样一些书籍，恐怕有大量的古籍直到今天我们还可能读不懂、读不通。最近有人甚至提出"回到乾嘉学派去"。确实，多年以来我们对乾嘉学派迄未作出应有的评价（我认为对乾嘉学派人物的思想上的评价尤为不足）。目前有些运用新的文学理论去研究古代文论的人，时常会有望文生义、生搬硬套的毛病，就是没有继承前人在考据训诂上的成果而发生的。但是，另一方面我认为我们的研究工作也不能止于乾嘉学派，那就是绝不逾越前人的考据训诂之学，甚至在治学方法上也亦步亦趋，墨守成规。前人批评李善注《文选》释事不释义，已经感到不去阐发内容底蕴、只在典章文物名词术语上作工夫是一种偏向。事实上，自清末以来，如王国维、梁启超等，他们一面吸取了前人考据训诂之学，一面也超越了前人的界线，在研究方法上开拓了新境界。

§168

释宰（1982）（《思辨录》第 256 条）

日本学者斯波六郎《文心雕龙札记》释《征圣篇》赞曰二句："妙极生知，睿哲唯宰"，曾提出这样的问题："'宰'究竟作动词，还是作名词性的动词呢？"接着斯波六郎自己回答道："我认为睿哲是指一般哲人，宰为'主''长'之意，是名词性动词，全句解作'孔子在哲人之中亦系登峰造极者'。"我认为这未免过于牵强。《札记》把睿哲解为孔子的代词，再把"宰"作为名词形容词，训为"主"或"长"以表示"登峰造极"之义，这不仅缺乏根据，而且也不符骈文对偶的体例。我以为下句"宰"字当与上句"知"字相对，都是名词，应解作"主宰"或"真宰"，代表心的意思。《情采篇》也有"真宰弗存，翩其反矣"的说法。《征圣篇》赞中的宰字本之荀子《正名篇》："心也者，道之工宰也。"陈奂曰："工宰者，工官也。官宰犹言主宰。"这是宰可作为心之代词的明证。我在拙著中曾阐发过《文心雕龙》在思想体系上与荀子有较密切的关系。如刘勰的心物交融说强调了物沿耳目的感官功能，与庄子的"以神遇而不以目视，官知止而神欲行"的主张相悖，而其主旨却符合荀子的"缘天官"说。上引《征圣篇》赞曰二句文意，我在拙著中曾作过这样的解释:"圣人所以睿哲是因为圣人之心合乎天地之心,而宇宙产生了充满智慧的圣人之心,实在有着极其神妙的道理。"只有这样解释,《征圣篇》赞曰末句"百年影徂,千载心在"才有了着落。

§169

释"文成规矩,思合契符"(1982)(《思辨录》第257条)

《征圣篇》赞曰:"文成规矩,思合符契。"日本学者斯波六郎《文心雕龙札记》释曰:"文成由规矩,思合有如符契。"所谓"文成由规矩",据《札记》的进一步解释是"把文章结构以规矩来衡量"。吉川幸次郎对这一句的解释亦大体相同,他解释为"表现形式合乎文章法则之意"。我认为以上二说,皆有悖原文本旨。刘勰论文固然肯定规矩的存在,但他又反对刻板的定程。《神思篇》:"规矩虚位,刻镂无形";《情采篇》:"为情造文";《通变篇》:"变文之术无方";《章句篇》:"随变适会,莫见定准";均可证。这些话都否定了按照一定规矩去作文的意思。据我看来,所谓"文成规矩",亦即后世所说的"文成法立,未尝有定格也,然无定之中有一定焉"。这可以作为"文成规矩"的比较惬恰的注释。至于第二句"思合符契",斯波六郎的解释是基本合乎原旨的,但是吉川幸次郎却认为不确,改释为"作为表现前提的思索与要点一致,并被紧紧地把握住"。我认为把"符契"训为"要点"是缺乏根据,也不足以尽原文之意的。从《文心雕龙》的体例来看,对偶句每每互文足义。比如《物色篇》:"随物宛转"即指心随物宛转,"与心徘徊"即指物与心而徘徊。"思合符契"中思与什么相合有如符契呢?我以为吉川幸次郎把文作为表现形式,把思作为表现前提的思想内容是有一定见解的。所谓"思合符契"即思与文相合有如符契。

§170

刘勰卒年（1986）（《思辨录》第267条）

这几年研究刘氏卒年，具有代表性的新说有二。一是杨明照据宋释志磐《佛祖统纪》，推断刘勰卒年"非大同四年即次年"（说详《文心雕龙校注拾遗》）。一是李庆甲据元释念常《佛祖历代通载》，推断刘勰卒于"中大通四年"（说详一九七八年《文学评论丛刊》第一辑《刘勰卒年考》）。后者大概是这几年重新考定刘勰卒年的最早说法。解放前出版的刘汝霖《东晋南北朝学术编年》一书早已涉及这一问题。上举李庆甲文中曾经提及此书。此书作者就是据宋释志磐《佛祖统纪》推断刘勰卒于大同四五年之际的。现引其文如下：

中大通三年辛亥（五三一）

梁太子统卒。（诏司徒左长史王筠为哀册文。）

大同四年戊午（五三八）

梁刘勰出家为僧。刘勰为文长于佛理，京师寺塔及名僧碑志，必请勰制文。有敕与慧震沙门于定林寺撰经，证功毕，遂求出家，先燔须发自誓，敕许之，乃于寺变服，改名惠地，未期而卒。文集行于世。

〔出处〕《佛祖统纪》卷第三十七，《梁书》五十《刘勰传》，《南史》七十二《列传》六十二《刘勰传》。

刘汝霖《东晋南北朝学术编年》注明刘勰卒年出处是引自《佛祖统纪》，但又据《南史》卷五十一《列传》第四十三《梁武帝诸子》所记昭明太子卒于中大通三年来订正《佛祖统纪》之误。《佛祖统纪》把昭明太子卒年中大通三年误为大同三年。此与祖琇《隆兴佛教编年通论》并同。后者曾被陈垣目为"编纂有法，叙论娴雅"（《中国佛教史籍概论》）之作。它是《佛祖统纪》等著作成书时的蓝本或参考资料。

"通论"把昭明太子一段文字置于大同元年《法师慧得》之后，虽未标明年号，但就此书体例来看，它所说的三年自然指的是大同三年。于是由此就产生了刘勰卒年的两种不同说法。刘汝霖《东晋南北朝学术编年》一方面据《南史》纠正了《佛祖统纪》记昭明太子卒年之误，另一方面又仍旧援引《佛祖统纪》推定刘勰卒于大同四年之说。杨明照《梁书刘勰传笺注》未遑细考，袭刘汝霖旧说。殊不知，这是忽视了一个不应忽视的要点，即《佛祖统纪》是把刘勰简历附于昭明太子事迹之后。因此订正了昭明太子的卒年，就必须同时订正刘勰事迹的系年，将两者都改作中大通年代才是。念常《佛祖历代通载》正是这样做的。《佛祖历代通载》据正史订正了昭明太子卒年，并将刘勰事迹附于其后，即中大通三年。李庆甲据此推断刘勰卒于中大通三四年，而以中大通四年可能性更大。我认为倘以宋、元释家的编年记载来推考刘勰卒年，当以李庆甲说较为合理。

不过，我以为据祖琇、志磐、本觉、念常、觉岸诸作来推断刘勰卒年并不是十分可靠的。第一，何以《梁书》《南史》等史籍都没有提到（或不能确定）刘勰的卒年，而事隔数百年之后，到了宋元之际，这个一向悬而不决的问题，竟突然迎刃而解了呢？解决这个问题的根据又是什么？上述佛家编年史书都没有提供任何有力证据，甚至连单文孤证或可供我们去按迹追寻的线索也没有。第二，不论是《佛祖统纪》或者是《佛祖历代通载》，虽然都是按编年体裁撰写的，可是这两部书都以刘勰事迹附于昭明太子事迹之后。同时，又都是以昭明太子事迹为主体，为了记叙昭明而兼及刘勰的。撰者涉及刘勰的原因是由于他"雅为太子所重"。例如"通载"就是将刘勰事迹附述于昭明事迹文末。这就很使人怀疑念常这样做究竟是认为刘勰逝于昭明太子卒后，还是出于行文的方便，而并不是严格地按照编年的顺序去兼述刘勰事迹？我认为，后者不是没有可能性的。

§171

释"道"与"德"（1988）（《思辨录》第255条）

为什么刘勰在论及"道"时首先提到"德"呢？（马王堆出土的帛书《道德经》也是将《德经》置于《道经》之前。似乎同样含有由德及道之意。）《原道篇》开宗明义提出："文之为德也大矣。"我认为，这与老子思想有密切关系。刘勰的"道"本之，可从下面二个方面来讲：一、老子认为"道"先天地生，为天下母，就是说"道"是天地万物的根源。这个"道"相当于《原道篇》中的"太极"。二、老子所说的"道"是与人工相对待的自然。"自然"并非指自然界，而是指自然而然的意思。刘勰说的"自然之道"，至今仍有人解释为物质，从而断言是唯物主义。这是牵强的说法。它实际上是与老子的自然观同义。老子说的与人工相对待的自然，并不等于是唯物的。它也可以是唯心的。老子的自然只是否定了神的主宰，但它也可以是心的主宰。《原道篇》所谓"自然之道"，实际上更侧重于老子的自然之义。三、老子认为"道"是"无为而无不为"的。无为是指它作为本体而言，无不为则是指这个本体又可以产生天地万物而言。《原道篇》称"人文之元，肇自太极"，并说日月、山川、动植之文（即天地人三才）皆来自"道"。这也与思想同旨合轨。

至于《原道篇》一开头所说的"文之为德也大矣"，其中涉及了"道"与"德"的关系。我认为刘勰所说的"道"与"德"的关系，也同样本之老子。韩非《解老篇》说："道者，万物之所然也，万理之所稽也。理者，成物之文也。故曰：道，理之者也。"冯友兰著《中国哲学史》对此曾作过一些解释。他说："各物皆有其所以生之理，而万物之所生的总根源就是道。""道"实际上就是本体，是万物（包括文）之所以生的本原。《管子·心术》曾这样说："德者，道之舍，物德也生。德者，得也。"我过去解释"文之为德也大矣"，就是用这个"得"字去训释"德"。所谓"德者道之舍"，意思是说"德"是"道"所寄寓的地方。"道"无形无名，在什么地方显示出来呢？只有通过万有显示出来。"德者，得也"，物之得以为物，就是这个"德"字的正解。我想，这样来解释"文之为德也大矣"就通了。再根据"道"与"德"的关系，文之得以为文，就因为它是从"道"中派生出来的。这样，《原道篇》未论"道"而先提及"德"，其间"道"与"德"的关系也就联系在一起了。

§172

僧、众也（1990）（《思辨录》第208条）

得叶笑雪函，信中有诠释"众"字资料。现摘要抄下：《法华玄赞》一曰："众者僧也。"为梵语僧伽（samgha）汉文意译。旧说四人以上为众，新说三人以上为众。《南海寄归传》三曰："凡有书疏往还，题曰求寂某乙，小苾刍某乙。"又曰："不可言僧某乙。僧是僧伽，同乎大众，宁容一己辄道四人，西方无此法也。"所谓"二众"，一道众，受具足戒和十戒者；一俗众，受五戒八戒者。佛经中又有"五众"，一比丘，受具足戒之男子。二比丘尼，受具足戒之女子。三式叉摩那，将受具足戒而学大法之女子。四沙弥，出家受十戒之男子。五沙弥尼，出家受十戒之女子。须注意一点，"五众"一词又为"五蕴"之异译（色、受、想、行、识，罗什前译作"五阴"，罗什时改译"五众"，但有时亦译"五阴"，并非一律。至玄奘始定译"五蕴"）。

§173

扶桑不是日本的旧称（1990）（《思辨录》第209条）

《辞海》"扶桑"条释文第三义说："按地在东海之外，相当于日本的方向，故相沿以为日本的代称。"扶桑是不是如《辞海》所说为"我国对日本的旧称"？虽然近代人们多习惯以扶桑为日本，但把它说成古已有之则不符合事实。

扶桑之名早见于《离骚》："饮余马于咸池兮，总余辔于扶桑。"王逸注："扶桑日所扶木也。"洪兴祖引《山海经》"黑齿之北，曰汤谷，有扶木，九日居下枝，一日居上枝，皆戴乌。"郭璞注："扶木即扶桑。"《说文》："扶桑神木，日所出。"以上诸说均以扶桑为神木，这是它的本义。扶桑为日出之所，并不是地名。不久前出版的姜亮夫撰《楚辞通故》，不把它列入"地部"，就是由于这个缘故。古代一直把扶桑当做神话中与太阳出所有关的树名。我国文化源于萨满（用张光直说）。萨满为通古斯语，乃巫师之称谓。依照通古斯语的解释，萨满意谓"激动不安或进入狂迷状态的舞蹈，含有占卜之义"。我们近几年开始调查研究的傩文化即保存了萨满文化的痕迹。萨满信仰天人相通，这也和我国文化传统中的天人合一思维模式相契。在萨满文化中，作为天人交通所凭借的手段，则是带有神话色彩的高山和大树。扶桑就是在这种背景上出现的神木。以扶桑为地名则是以后的引申义。由于扶桑为日出所，因而可以代表东方。张衡《两京赋》"日月于是乎出入，象扶桑于（与）蒙汜"。王充《论衡》"儒者论日，旦出扶桑，暮入细柳。扶桑，东方地"。陆机《日出东南隅行》"扶桑引朝晖，照此高台端"。左思《吴都赋》"行乎东极之外，经扶桑之中林"。钟嵘《诗品》"濯足扶桑"。以上这些诗文所说的扶桑和《离骚》一样，都是泛指东方。至于以扶桑为国名，始于唐姚思廉《梁书·东夷传》："扶桑国在昔未闻也。普通中有道人（即沙门——引者）称自彼而至。"此为《东夷传》小序之文。传文本身则与小序有异："齐永元元年，其国有沙门慧深来自荆州。"《南史·东夷传》（本之《梁书·东夷传》）所述扶桑国，就是《辞海》把扶桑说成是"我国对日本之旧称"的唯一根据。但只要读了《梁书》或《南史》中的《东夷传》便可以明白扶桑国并不是指日本，而是指日本以东的另一个国家。

《梁书·东夷传》说，扶桑国在大汉国东二万余里，大汉国又在文身国东五千余里，而文身国又在倭国东北七千余里。根据《梁书·东夷传》中的《倭国传》的说法，由倭国至扶桑国，"船行一年可至"。这里明明把倭国与扶桑国作为两个国家。并且其间相距如此遥远，如果承认倭国是日本的旧称而无误，怎么能把扶桑国也当做日本看待呢？据《三国志》卷三十《魏书·东夷传》载，倭人立国近三十，其中未见扶桑之名。

《辞海》把扶桑误为日本，则是由王维一首诗《送秘书晁监还日本国》所引出来的，诗中有"乡树（国）扶桑外，主人孤岛中"。诗本身未说扶桑就是日本。清赵殿成《笺注》引《海内十洲记》及《南史》来注释王维这首诗，也没有说扶桑就是日本。所以王维这首诗也是不足以作为证明的。

在我国用扶桑指日本始于近代，其证据除论者所举鲁迅和郭沫若的诗作外，再早还有黄遵宪和其他一些诗人的诗，如梁启超《二十世纪太平洋歌》"断发胡服走扶桑"，王国维《送日本狩野博士游欧洲》"幡然鼓棹来扶桑"，都以扶桑为日本。但值得注意的是康有为虽流亡日本多年，对扶桑的称谓却持审慎态度，他诗中未见用扶桑指称日本，一般多直用日本之名，或用蓬莱、富士等名称，似有意避开以扶桑作为日本的别称。

§174

扶桑为东方理想国说（1990）（《思辨录》第210条）

汤用彤晚年撰《关于慧深》，曾指出《高僧传·慧基传》《魏书·释老志》与《梁书·东夷传》，虽然都提到慧深这个名字，但"很难说同时同名就是一个人"，从而反驳了《燕山夜话》中关于慧深的说法。汤氏之说，义据甚明，足资参证。这篇文章并未参与扶桑是哪个国家的讨论，而只是指出《梁书·东夷传》中的矛盾及其不可信处。如：传文与小序述慧深到中国的年代不一；传文述慧深国籍疑莫能明；传文述罽宾五比丘流通佛法经象乃是袭用普遍流传的释迦憍陈如五比丘传法故事等等。《梁书·东夷传》既然存在这么多疑点，也就很难作为可信的史料了。

我初读《梁书·东夷传》，也曾怀疑传中所谓扶桑国是不是指墨西哥。我曾去过墨西哥访古，觉得传中所述某些情况与实地所见颇有近似处。我在墨西哥看到各处皆生木棉，疑即传文中所说的扶桑。墨西哥南方尤坦卡半岛为玛雅文化发源地，位居该地的美利达有一座博物馆，陈列有书于树皮上的玛雅文字（按：玛雅文字仅保存在三处，即德累斯顿博物馆、巴黎博物馆及马德里博物馆。此处当系仿制品）。与《梁书》扶桑国传文所云"有文字，以扶桑皮为纸"相类。我曾向友人植物分类学家吴征镒教授请教。他回信说："《梁书》扶桑传所载，扶桑'叶似桐'等语，殊不类今之木棉（攀枝花、英雄树、红棉，原产东南亚，bombox caiba）或爪哇木棉（caiba penlundra，原产中南美），二者均属木棉科。因未闻兹二者如传文说'初生如笋'，可供人'食之'。二者种子上绒毛可供填充，作絮作枕，但非如传文所谓'绩其皮为布'。传文所指当然也不是今中南美所产木本'棉花'（海岛棉与陆地棉）。棉属各种也不是如传文所说'绩其皮'的。可以断言，日本及附近岛屿决无类似'扶桑'植物。"

上信认为《梁书·扶桑传》所述以扶桑命名的植物，既不存在于日本，也不存在于墨西哥。据此，无论是把日本或墨西哥说成是"扶桑国"，就有了老大一个破绽了。细审《梁书·扶桑传》文，多荒诞不经之语。这一点汤用彤《关于慧深》一文已隐含有这种意见。其实，不止汤氏所述各点，这里还可以举出其他例证。如传文所述扶桑国东之女国，"女人胸前无乳，项后生毛，根白，毛中有汁，似乳子"之类，一览便知是虚妄无稽之谈。我认为说扶桑国是墨西哥也同样是于史无证的。

最近，晓光曾代我查访日本有关扶桑资料。他寄来一些辞书条文，其中最为详尽的是《日本历史大辞典》。现摘录这部辞典"扶桑国"条释文如下："扶桑国：古代中国人观念中的东方国名。扶桑一语见于屈原《离骚》及《吕氏春秋·为欲篇》《山海经》《淮南子》《梁书·东夷传》等书。日本则最早见于记元庆年间（八七七—八八四）历史的《日本书记》《三代实录》。中国书中释为东方日出处的扶桑一词，被古代日本人解释为意指日本。如《扶桑略记》《扶桑集》等书，皆以扶桑指谓日本。《下学集》：扶桑，日本总名也。此后，松下见林则认为是指比日本更广泛的东方地区。而平田笃胤《大扶桑国考》仍取日本说。至于荻生徂徕则认为兼指日本与东方。十八世纪中叶以后德国与法国的东洋学者也有所论及。明治时代，三宅米吉提出不同于松下见林之异说。洎至白鸟库吉始论定扶桑国乃是中国东方的幻想国度之名。此说遂被普遍认同。"

根据《日本历史大辞典》上述释文，我们可以得出这样几点认识：一、自古以来相沿以扶桑为日本的并不是中国人，而是日本人。这才是于史有证的。二、日本某些人以扶桑指日本，实乃以日出处自况，含有自大之意。如隋大业三年日本致隋炀帝国书就显示了这种心态。三、日本学人经反复探讨，认定扶桑乃是中国人的东方幻想国，并得到了普遍的承认。

比《日本历史大辞典》早出的《大汉和辞典》释扶桑及扶桑国则兼取东方国名及日本之说。但将东方国名置于日本之前，列为第一义，第二义始指日本。《大汉和辞典》第二义释文中引王冕的《送颐上人归日本诗》"上人住近扶桑国，我家亦在蓬莱丘"，是不能作为扶桑国是指日本的证据的。王冕诗中既谓"住近扶桑国",则日本非扶桑国可知。此与王维诗中所谓"乡树(国)扶桑外"及韦庄诗中所谓"家在扶桑东更东"是一样的。为什么把"近扶桑""扶桑外""扶桑东更东"都解释作就是扶桑呢?日本的《大汉和辞典》与我们的《辞海》错到一块去了。

§175

三星堆出土的"神树"(1990)(《思辨录》第218条)

晚报载李坚写的四川三星堆出土的"神树"的介绍文。文称:神树共有三棵,二大一小,最大的四米高,十多厘米粗。底座是圆盘形,三方各跪一小铜人。树干挺直,似竹而有节,采用分段铸造而成。上分桠枝,枝上有花及果,长叶。还有小鸟和各种神人奇兽、铃铛之类的挂件。小挂件上的串扣和套在枝条上的圆环,制作十分精美。这棵神树已残破尚未修复。据四川考古队胡昌钰的想法,这是鱼和凫两个部落的图腾。崇拜鱼的氐人由西北高地入川,而崇拜凫的是来自东方的夷人,夷人又同时崇拜太阳,神树当是若木,即扶桑。据扶桑一日在上九日在下的传说,修复神树时应分三层,每层三枝,每枝一鸟。这鸟就是凤凰鸟、太阳鸟,而神树顶端还应有一个鸟,十个鸟象征十个太阳,正应了夷人的图腾。神树还有一条龙(现正在修复中),残长二米,顺干而下。这条龙正是氐人的崇拜物。以上报导似说明了神树(扶桑)的早期信仰和萨满是有密切关联的。

§176

印第安人的亚裔祖先(1990)(《思辨录》第219条)

美国《洛杉矶时报》发表记者托马斯·莫夫的一篇文章，报导埃默里大学遗传学家道格拉斯·华莱士于七月二十三日接受采访时称：南北美洲的印第安人同出一源。他们是一万五千年到三万年前从亚洲越过白令海峡来到美洲大陆的。当地球气温变冷，海水被极地冰块阻隔不能外泄而下降时，就形成了白令陆地桥。印第安人的亚裔祖先就是通过远道白令陆地桥来到美洲云云。

以上这一说法和前两年我向谭其骧请教时他对我说的大致相同。我们谈到玛雅文化，他说玛雅人自然不像传说一样是从外星来的，而是从中国去的。但不在殷商时代，时间要早得多。他也提到通过白令海峡去的问题，不过没有提到白令陆地桥。华莱士认为南北美洲所有印第安人同源是通过研究粒线体遗传学而得出结论的。粒线体是存在于人体每一个细胞中能产生能量的组织，这种组织有一种独特的不同于细胞核中所包含的遗传信息。华莱士研究了三个相距遥远的美洲印第安人部落的血样，得出结论说，这三个部落都是一群为数不多（也许是四个）的妇女后代。这一新的证据有力地支持了少数有争议的语言学家，他们一直认为现存的六百种印第安语言可能同出一源。

§177

《子见南子》与前人注疏（1991）（《王元化集》卷六、《清园夜读》）

二十年代末，曲阜第二师范演出林语堂改编的独幕剧《子见南子》，被孔氏族人以"孔氏六十户"名义，向国民政府教育部呈控，山东省教育厅受理查办。被告二师校长宋还吾一再据理申辩，还是被撤职。鲁迅《集外集拾遗补编》曾辑录此案的资料。最近我从图书馆借来刊载此剧的《奔流》杂志，读后觉得这个剧本并没有侮圣的意思。尽管剧中孔子写得呆板，但作者怀有善意却是明显的。作者甚至过于拘泥于史料，连某些细节都取自前人著述。如南子所唱歌词，曾被"六十户"指斥为"丑态百出，亵渎备至，虽旧剧中之《大锯缸》《小寡妇上坟》，亦不是过"，但这唱词也非杜撰，而是取自《诗经·鄘风·桑中》。故宋还吾答辩书中有这样的讥讪语："原呈以《桑中》一篇比之《小寡妇上坟》《大锯缸》，是否孔氏庭训真义？"这场官司已过去六十多年了，但如何理解子见南子的问题至今仍值得讨论。

《论语》"子见南子"章是最难理解的。孔子被视为至圣先师，卫夫人南子又以淫行秽语闻名，孔子为什么去见这样一个人？这成了注疏家说不清的问题。赵翼《陔余丛考》就说过："《论语》惟'子见南子'一章最不可解。"他感到困惑的是：师弟之间相知有素，子路怎么会因为孔子有所相浼去见南子而感到不快呢？纵使因此而相疑，孔子又何必设誓作表白，说出类似儿女的诅咒？孔子的行为、子路的不悦、孔子的发誓、矢词的内容，处处使人费解。可是《论语》是可信的书，子见南子又是实有的事。历来注疏者碰到一连串棘手的问题，都想尽力作出合理的解释，使这件看来不合理的事变得合理起来。分析一下这种合理化的过程，可以辨识历来注疏的得失。胡适曾评崔述《考信录》为"先信而后考"。其实，注疏家往往难免此弊。后代儒生一旦以理想中的圣人为标准去诠释"子见南子"，无形之中就会使自己的考据训诂变成一种弥缝补漏的工作。这种情况有时连一些学养深邃的注疏者也在所难免。

§178

考证孔子未见南子或南子不是卫夫人（1991）（《王元化集》卷六、《清园夜读》）

未见南子说见于《孔丛子》记平原君和子高的谈话。平原君问子高，你先君真见过卫夫人南子吗？子高答云："先君在卫，卫君问军旅焉，拒而不答。问不已，摄驾而去。卫君请见犹不能终，何夫人之能觌乎？"子高引《卫灵公篇》推断孔子未见南子，理由似乎是充分的，逻辑上也是讲得通的。但事实不能仅靠推理来证明。子高用《卫灵公篇》的记述，来推翻《论语》中另一篇（《雍也》）的记述，这就形成了一种交互反证。因为持不同意见的人也可反过来，用后者推翻前者。汉人记载子见南子事颇多，如《史记·孔子世家》《家语》《法言》《淮南子》《盐铁论》《论衡》等，倘无力证是不能将这些著述中有关于子见南子的记载抹去的。

（化案：林剧细节多采自汉人记述。如《孔子世家》："南子使人谓孔子曰：'四方之君不辱，欲与寡君为兄弟者，必见寡小君。寡小君愿见。'孔子辞谢，不得已而见。孔子入门，北面稽首。夫人在絺帷中再拜，环佩玉声璆然。"《家语》："灵公与南子同载，孔子载副车，招摇过市。卫人歌之曰：'同车者色耶，从车者德耶。'"这些均为林剧照样录入。《家语》中的说法看来似乎有些过分，但严肃的考据学者也并不以为侮圣。阎若璩《四书释地》称："孔子去卫，为次乘也。"即本《家语》。至于《法言五百篇》直言圣人有诎："仲尼于南子，所不欲见也。于阳虎，所不欲敬也。见所不见，敬所不敬，不诎为何？"这种看法不仅为林剧所纳，而且也曾被前人注疏作为根据。）

子高之说无据可证，连《孔丛子》也不认同，故此说几无从者。考证南子不是卫夫人而是南蒯者则较多。《晋书·夏统传》有"子路见夏南，愤恚而慷忾"，为此说之发端。及至宋代，孙奕著《示儿篇》，则以南子为南蒯。其后，何孟春《余冬序》、陈绦《金垒子》、焦竑《焦氏笔乘》、顾起元《说略》、魏晋之《椒园文辑》等，皆宗其说。近人程树德《集释》反驳此说云："唯以《传》考之，昭公十二年蒯没，孔子年方二十有二，子路小孔子九岁，年方十三，于情事皆不可通矣。"这一反驳遂使南子为南蒯说难以成立。

§ 179

子见南子的行为准则（1991）（《思辨录》第 201 条）

孔子见南子的目的何在？为了达到这个目的而采取的手段又当怎样评价？旧注多以孔子见南子为的是行治道。何晏《论语集解》称："孔安国等以为南子者卫灵公夫人，淫乱，而灵公惑之。孔子见之者，欲因而说灵公使行治道。矢，誓也。子路不悦，故夫子誓之。行道既非妇人之事，而弟子不悦，与之祝誓，义可疑焉。"

案：《集解》这段话中"行道既非妇人之事"究竟是《集解》本身的意见，还是转述孔安国的意见？有二说。毛奇龄《论语·稽求篇》主后说。《稽求篇》称："孔安国以为此是疑文"即括后说之义。刘宝楠《正义》则主前说。刘氏据《释文》载《集解》本并引臧庸《拜经堂日记》，订正皇本、邢本之讹，认为"孔安国曰旧以南子者"当做"孔安国等以为南子者"。又称："孔安国等"则系"首举孔以该马（融）、郑（玄）、包（咸）、周（氏）诸儒之义。行道以下四句，乃何晏语。"刘氏之说，义据甚明。这里顺便说一下，王何以玄学家解孔，曾被儒家的极端派诋为"其罪深于桀纣"。但从何氏在《集解》中称"行道非妇人之事"认为其义可疑的话来看，他倒是十分尊重孔子的。

何晏虽对汉人旧注质疑，但他毕竟是魏晋时代人物。他的话说到适可而止，并无感情色彩。刘宝楠《论语正义》对旧说旧注的批判，却要严厉得多了。他对子见南子一章作了靡密的剖解。几乎不放过一字一义。首先，他说南子虽淫乱，却有知人之明，故于蘧伯玉、孔子皆特致敬。其次，他说子路不悦，是由于疑夫子见南子乃出于诎身行道，正犹孔子欲往应公山弗扰、佛肸之召，子路也同样感到不快一样。他认为这是无可指摘的，因为孔子说过，人而不仁，疾之已甚为乱。孟子也说过，仲尼不为已甚。"可知圣人达节，非俗情所能测"。这种说法虽较牵强，且把自己训解的（一般人也可以明白的）的话说成"非俗情所能测"，不仅多少有些夸大其词，也没有顾及将置子路于何地，但是总的来说，还不失为一种明达。最令人诧怪的是刘氏援引下列秦汉诸说，加以激烈的指摘。这些说法是：

《吕氏春秋·贵因篇》："孔子道弥子瑕见釐夫人，因也。"

> 案：刘氏称"釐夫人即南子"。《吕氏春秋》高诱注云：南子不得谥为釐，"此釐夫人未之闻"。梁玉绳曰："釐夫人虽他无所见，然春秋时，夫人别谥甚多，鲁文姜、穆姜皆淫佚而得美谥，南子谥釐，无足异也。"陈奇猷《校释》："梁玉绳谓釐为谥，是也，张云璈说同。"

《淮南子·泰族训》："孔子欲行王道，东西南北，七十说而无所偶，故因卫夫人弥子瑕而欲通其道。"

《盐铁论·论儒篇》："孔子适卫，因嬖臣弥子瑕以见卫夫人。"

刘氏对《正义》援引上述三条文字后，直斥之为"此皆当时所传陋说，以为诡道求仕。不经之谈，敢于侮圣矣"。刘氏训解多所发明，说明他是一位颇有识见的注疏家。他为孔子见南子，应公山弗扰、佛肸召欲往辩，说这是为了诎身行道，是堂堂正正的行为，无所不可。这是一般俗儒肤见之徒所不能道。但是最令人不可解的是，刘氏既怀此种胸襟，有此种见识，何以对上举秦汉三书之说，愤愤乃尔？难道上述三书不是同样在阐明诎身行道之义么？不是在阐明是为行道而去应弥子瑕么？见南子可，应公山弗扰、佛肸召欲往可，独独把弥子瑕划在界外，试问他和南子、公山弗扰、佛肸这些人在人格上、道德上，有何本质上的差异？我不知道刘氏是否怀着学术思想上的门户之见，才对异我者加上了这样一个重大罪名？"侮圣"

是越出学术之域的人身攻击，为历来气盛理穷者所惯用，今竟出于一位严肃注疏家之口，使人不得不为之扼腕。

§180

子见南子合于礼说（1991）（《思辨录》第202条）

《孔丛子》在记述平原君与子高的问答后说："古者大享，夫人与焉，于时礼仪虽废，犹有行之者。意卫君夫人享夫子，夫子亦弗获已矣。"此说构划虽善，但要证明子见南子合于古大享之礼，就需要说明大享之礼是怎样一种礼制？大夫见夫人是不是合于这种礼制？清钱坫《论语后录》援引《孔丛子》上面一段话后，案曰："此《孔丛子》之说，必有所据。"我对钱说颇感怀疑。《孔丛子》纵使不是伪书，确为孔鲋所撰，也不一定可靠。

朱子也主合于礼说。他的《四书集注》及《四书或问》都谈到这个问题。《集注》称："古者仕于其国，有见其小君之礼。"《或问》则称："《记》云：'阳侯杀缪侯而窃其夫人，故大飨废夫人之礼'，疑大夫见夫人之礼亦已久矣。灵公南子特举行耳。"这是企图为合于礼说找出根据所作的论证。不过，这里存在这样一个问题：凡合于礼的是不是都应该去做？阎若璩也主张合于礼说，但他未回答上面的问题，只是就事论事地说："见南子礼之所有，故可久则久；为次乘礼之所无，故可以速则速。"清人重朴学，宋人在诠释子见南子时则往往偏重于道德伦理的考虑。卫灵公无道，南子有淫行，圣人去见恶人行么？真德秀《四书集编》的回答是："居乱国见恶人，惟圣人可。盖圣人道大德宏，可以转乱而为治，化恶而为善。"这可以说为子见南子章作了进一步诠释。不过，我觉得真德秀的说法尚不及朱子《集注》周密。《集注》称："圣人道大德全，无可不可，其见恶人固谓在我有可见之礼，则彼不善，我何与焉？然此子路所能测哉？故重言以誓之，欲其姑信此而深思以得之也。"这样一说，把子见南子、子路不悦、孔子矢词全都串在一起讲通了。不过，这一切还得回到合于礼的问题上来。圣人道大德全，无可不可，只要合于礼，见的是不是恶人都无关紧要。但倘使不合于礼，那就是另一回事了。清代经师对于合不合于礼的问题重新作了讨论。毛奇龄《四书改错》力驳朱子之说，其词甚辩。他说："古并无仕于其国见其小君之礼，遍考诸《礼》文及汉晋唐诸儒言礼者，亦并无此说，惊怪甚久。及观《大全》载朱氏《或问》，竟自言是于礼无所见，则明白杜撰矣。"毛氏查考了《春秋》经与三传之文，指出《集注》以觐礼为见礼，以大夫之妇入觐为大夫入觐之误，并考明古时除交爵飨献之礼外，男女无相见礼，亦无觐礼。从而从根本上推翻了合于礼说。毛氏在结语中称："正以无典礼可以引据也，有则据礼以要之，子路夫子俱无辞矣。"这一驳诘确是一针见血。倘合于礼，试问：子路还有什么不悦？又何必作矢词？这里没有故弄玄虚说什么圣人言行难测，无可不可，而是采取一种比较实事求是的态度。

§181

释孔子矢词（1991）（《思辨录》第203条）

《论语》子见南子章孔子矢词："予所否者，天厌之！天厌之！"各家注疏，歧义最多。举其大端，可分二类。一训矢为誓，一训矢为陈。前者旧注，后乃新解。邢昺、蔡谟、司马贞、《解论语笔》（韩愈、李翱）、杨慎、毛奇龄等，皆为破旧注立新说者，认为矢当训陈。矢不当训誓而当训陈的理由，毛奇龄《论语·稽求篇》说得很明白："夫子矢之，旧多不解，孔安国亦以为此是疑文（按：当从臧庸《拜经堂日记》说，以孔子矢词为疑义者乃何晏，毛氏误）。即旧注解矢作誓，此必无之理。天下原无暗昧之事，况圣人所行，无不可以告人者，又况门弟子语，何所不易白，而必出于是。"这说法与赵翼在《陔余丛考》中的说法相契。但赵氏之说平易，毛氏则不免以推理作意度。赵翼引杨慎之说（"矢者，直告之也。否者，否塞也。谓子之道不行，乃矢弃之也"），谓"此说本《史记索隐》，其说似较胜"。这话说得很有分寸。赵氏接着还对杨说提出质疑。他认为杨氏称子路不悦，是因为"孔子既不仕卫，不当又见其小君"。这是一层意思。可是，杨氏又称，孔子直告子路的话却是"以否塞晓之者"。这又是一层意思，两层意思互不相关。所以赵氏认为杨氏的训释形成"针锋不接"的漏洞。赵翼提出他自己的修正意见说："窃意子路之不悦与'在陈愠见，君子亦有穷乎'之意正同，以为吾夫子不见用于世，至不得已作为此委曲迁就，以冀万一之遇，不觉愤悒佗傺，形于辞色。子乃直告之曰：予之否塞于遇，实是天弃之而无可为何矣。如此解似觉神气相贯。"我认为在训矢为陈诸家中，赵氏之说，当为胜解。不过，细审又总觉牵强。增字解经为注疏家之忌，但矢词所说的"予所否者"也实在过于简略，所以不独赵氏，前人注解此句也无不增字为训，因为不如此就无法讲通。

  案：此句之否字，古有以下诸训：孔安国："所不为求行治道者。"郑汝谐："予之所不可者。"栾肇："我之否屈。"韩李《笔解》："否当为否泰之否，言矢将厌此乱世而终岂泰吾道乎？"王充："予所鄙者。"毛奇龄据《孔子世家》以否字作不字解，"言我敢不见哉，不则天将厌弃我矣"。黄侃《疏》："若有不善之事，则天当厌塞我道也。"邢疏多本皇疏，独此条立异，改"不善之事"为"求行治道"。缪播："言体圣而不为圣者之事，天其厌塞此道耶。"李充："明圣人与天地同其否泰也。"王弼："我之所屈不用于世者，乃天命厌之。"韩李《笔解》："予道否不得行，汝不须不悦也。天将厌此乱世而终，岂泰吾道乎。"余不赘举。

这么多注疏家，其中包括最严谨的学者，都不得不增字为训，而歧义又是如此纷纭，我以为这是由于子路不悦的原因，对于当时传说并记述此事的人是清楚的，觉得不必缕列也可以明白，故省略掉了。可是这一省略却使下面矢词（"不"字下也是同样经过了省略）对后来的读者也就变得扑朔迷离，难以索解了。我觉得与其费功夫去猜测，不如照程氏《集释》所云"此等处止可阙疑"。不过，注疏者在文字训诂上作些实事求是的工作，还是可以使费解的原文透出一些消息的。主张矢训誓说者，在训诂上似有更多的根据。字书中，如《尔雅·释言》等多训矢为誓。阎若璩《四书释地三续》曾作了详细的考辨，举出《春秋》中记古人的大量誓词，都与朱子《集注》所举"所不与崔庆"同例，"皆有所字，足征其确"（如僖二十四年、文十三年、宣十七年、襄十九年、襄二十三年、襄二十五年、昭三十一年、定三年、定六年、哀十四年等）。阎氏又说，《集注》于"何以用所字未解，曰所指物之辞。余欲易此注曰：所指物之辞，凡誓辞皆有"。这就为朱子《集注》承袭旧注矢训誓说，提供了更多的根据，从而证明"予所否者"，正合古人誓词通例。"所不"既是誓词定式，则"否"就当做"不"，而不能作"否泰""否屈"之类的附会了。臧琳《经义杂记》也是认为"古人誓词多云'所不'"。他对孔子矢誓中的"否"当做"不"有这样的说明："太史公自言，弟子籍出孔子古文，则所采《论语》当是《古论》作'不'，或通借为'否'，郑康成、缪播训为不，与《世家》文合。"这些说法都是言而有征的。但孔子矢词中的"所不"究竟指什么，由于下有省文或阙文，却成千古疑义了。

§182

孔子最早的神圣化（1991）（《王元化集》卷七）

我认为《论语》有一种不大为人讲到的优点，即此书编者没有为尊者讳，纵使是一些攻击詈骂，也如实采录，而并不回避。例如，《论语·宪问》记微生亩、石门晨门、荷蒉者，《论语·微子》记楚狂接舆、长沮、桀溺、荷蓧丈人对孔子的讥嘲指责,如"为佞""鄙哉""德衰""四体不勤,五谷不分"等,都十分激烈,令受者难堪。但编者仍忠实地记录下来,无所掩饰。这是不大容易做到的。

我们从《论语》中固然读到了孔子正襟危坐所发挥的大道理,但有时也可以从孔子的某些言行,得窥其颜貌和心态。孔子一向被视为不苟言笑的圣人。他本人也常常宣扬做人要居恭色庄。《论语·尧曰》记孔子尊五美屏四恶,五美之一就是"君子正其衣冠,尊其瞻视,俨然人望而畏之"。可是《论语》中的孔子,并不总是这样道貌岸然。相反,他也是个有血有肉的人,也和常人一样,在失意时也会发感慨(如将"浮于海"或欲"居九夷")。在不满社会黑暗时,也禁不住要发泄愤懑(如称:"不有祝鮀之佞,而有宋朝之美,难免于今之世矣"),也有感伤(如对颜渊之死),也有发脾气的时候(如责宰我昼寝,责冉求附益季氏)。孔子身上这些富有人性的色彩,都被后世《论语》注疏者设法冲淡或掩盖了,从而孔子被尊崇为神化的至圣先师。

首先把孔子神圣化的是他的弟子。《论语·子张》记子贡的话说:"仲尼,日月也,无得而逾焉。"又说:"夫子之不可及也,犹天之不可阶而升也。"这种顶礼膜拜在孟子书中就更发扬光大了。孟子也像子贡一样称颂孔子"自生民以来,未有夫子也"。《孟子·公孙丑》还记载了宰我的赞词:"以予视于夫子,贤于尧舜远矣。"这可以说开启了后世尊孔的先河。宰我曾因昼寝而被孔子责为"朽木不可雕也",所以孟子在引述他的话前,特别加以声明说:"宰我、子贡、有若,智足以知圣人,污不至阿其所好。"意思说,不能因宰我有小污而废其言,否定他那知圣的智慧。《孟子·滕文公》记孔子殁,弟子守制三年后,将归,入揖于子贡,相向痛哭。子贡筑室于孔子冢上坛场,再独居三年后返。下面还记载了一件事值得注意。子夏、子张、子游见有若的相貌像孔子,他们由于思念孔子而不可复见，故欲尊有若以做圣人，行朝夕奉事之礼。子夏、子张、子游这样做，显然是要把孔子当做偶像来崇拜，可以说是到了迷信的地步。此事受到曾子的制止。曾子说，不可。孔子皓皓然清明不可尚；如江汉以濯之，达到至清不可污的地步；如秋阳以曝之，达到无明不可掩的地步。意思是说孔子已臻至清至明的完人，无人可比。实际上，曾子把孔子看得更神圣，以为有若仅仅貌似孔子，就以侍奉孔子之礼去侍奉他，乃是一种亵渎。

§ 183

释"原壤夷俟"（1991）（《王元化集》卷七）

《论语·宪问》："原壤夷俟。子曰：'幼而不孙悌，长而无述焉，老而不死是为贼。'以杖叩其胫。"原壤，人名。夷，蹲踞也。俟，待也。言原壤蹲踞以待孔子也。

孔子为什么要这样凶狠狠地去责骂原壤，还要用手杖叩其脚胫？难道仅仅因为原壤蹲踞，没有起身迎接他么？这是不是有些过分？过去《论语》注疏者为了不损害孔子形象，对这事作了种种解释。马融曰："原壤，鲁人，孔子故旧。"《魏书·李业兴传》引《论语》旧注亦称："原壤，孔子幼少之旧。"我认为这种说法较为平易，也较为可取。但这里没有说明孔子为什么要那样疾颜厉色地对待原壤。过去的注疏者总是以儒生理想中的圣人为标准，认为"圣人之或默或语无非教者"（李光地《论语劄记》）。这样就把孔子的一言一行全都化为天经地义的道德标准，他只有一本正经地宣讲大道理，而不能有和平凡人一样的言谈举止。抱着这样见解的儒生经师在为《论语》作注疏者，随时随地都要从孔子的话中找出按而不断、微言大义的根据。因此，关于原壤就有了种种不同的说法。皇侃《论语义疏》："原壤者，方外之圣人。"近人程树德《论语集释》驳之，称《皇疏》"囿于风气，不可为训"；认为"原壤盖习为吐故纳新之术者"。康有为《论语注》也说原壤为"有道之士,而放于礼教者",并且比之为希腊裸身处桶的芝诺内士。这些注疏者把原壤定为道家或术士,为的是使孔子责原壤既是堂堂正正的,又是合情合理的。这一点,黄式三《论语后案》说得最为明确:"养生家议儒者拘执礼法,迫情拂性,非延年之道,而自以旷达为养生,夫子言坏礼伤教,生不如死,责之深矣。此为养生家解惑,非谩骂故人也。"

朱熹《四书集注》更进一步提供了一个重要的材料:"原壤,孔子之故人。母死而歌,盖老氏之流,自放于礼法之外者。"这样一解释,固然使孔子责原壤有了更充足的理由,但却露出了不少破绽。孔子责原壤,责骂完了,还"以杖叩其胫"。这一动作只可能理解作责原壤倨傲,孔子质问他为何不站起来。倘孔子责原壤丧母而歌,那么再"以杖叩其胫",就变成多此一举了。朱子《论语或问》所引胡氏之言就提出了这样的问题:既然原壤丧母而歌,为什么孔子对此不置一词,"今乃责其夷俟,何舍重而责其轻?"这一问确实切中要害,不过,《或问》所记胡氏之言又自作辩解道:"盖数其母死而歌,则壤当绝;叩其箕踞之胫,则壤独故人耳。盛德中礼,见乎周旋,此亦可见。"意思说,孔子责夷俟之轻过,而放过母死而歌的重过,是由于念故人之情,不忍与之绝,完全出于一片苦心。读了以上的注疏,我总感到有些怀疑。母死而歌,不见于旧注,此说本于《礼记·檀弓》。朱子移来作为原壤夷俟章的注,可能是为了使孔子责原壤合理化。宋儒注经多有此习。如《诗经》中"关雎"一词,汉人注为"鸟鸷而有别也"。宋儒认为不能用来比喻夫妇之德,而改注为鸳鸯。《离骚》中"女嬃"一词,汉人注为"屈原之姊"。而宋人认为不尽深义,改注为"楚国贱妾之称,以比党人"。

我认为这些注疏未必都是言必有征的,不论是《或问》所谓"盛德中礼,见乎周旋",还是《后案》"为养生家解惑",都留下一个问题有待解决。原壤既是孔子故旧,何以责之如此之深?《论语》

所记古隐者楚狂接舆、石门晨门、荷蒉者、长沮、桀溺、荷蓧丈人之流，也都是放于礼教的。他们曾当着孔子弟子的面，对孔子进行了尖锐的嘲讽。为什么孔子并没有像对待原壤一样去对待他们，而只是对弟子说：这些人很果敢，对我不了解就加以指责（"果哉，末之难矣"）。或者：我和这些人道不合不相为谋，我不以我道易彼，亦不使彼道易我（"鸟兽不可以同群，吾非斯人之徒与而谁与？天下有道，丘不与易也"）。这些话充分显示了孔子的容人容物之量。孔子不好辩，也不像孟子那样对于异己思想取严峻排拒态度。《后案》与《或问》诸说，大抵是按照自己预定的模式去进行图解的。

不过，原壤夷俟章也确实有些蹊跷。据我浅见，也许正因为原壤是孔子的故旧，所以孔子才这样待他罢。如果我们不是认为孔子的一言一行都必须符合规范，而是认为孔子也是有七情六欲的人，那么，这个问题或许容易理解一些。我们在日常生活中有时会以轻言说重话，有时也会反过来，在严肃的形式中蕴涵着轻松的内容。是不是可以把原壤夷俟这一章用后者来理解？孔子并不是真正在生气、发怒、打人（这岂不比夷俟更不合于礼法？）。在生活中，我们有时也会以表面似乎十分严重的口吻或动作去对待自己极熟识的朋友。这只是在亲昵中含有微讽。如果孔子也是同样的话，那才能像黄氏《后案》所说："非谩骂故人也。"

§184

崔述先被日本重视（1992）（《思辨录》第214条）

崔述是先在东瀛受到注意的。明治三十六年（一九〇三），那珂通世校订《东壁遗书》，三宅米吉撰文，以崔述比配日本阐明古典的本居宣长，谓其所著《古事记传》一书，排中古儒佛之僻见，而崔氏《考信录》亦斥古来百家之异说曲解。三宅谓崔氏发挥古传之真面目，议论精确，超绝古今儒家者流，而清代学人不知重崔述之学，可知清代学界不及日本国学兴隆，其颓弊已久矣云云。日本推重崔述，可能给予胡适及古史辨派一定影响。早在胡适以前，光绪戊申年（一九〇八）《东方杂志》第六期载蛤笑《史论刍论》一文即称："天下学问之途，皆始以怀疑，而继以证实。"这可以说是"大胆的假设，小心的求证"之先声。

一九九二

§185

驳己亥出都仓皇可疑说（1993）（《思辨录》第90条）

龚自珍于道光十九年四月二十三日离京回乡，越二年，道光二十一年八月卒于江苏丹阳。这一辞官离京和暴卒丹阳事件，曾引起种种传说。民国初，裘毓麟《清代轶闻》、葛存虚《清代名人轶事》、柴萼《梵天庐丛录》等，都说龚自珍因贝勒奕绘寻仇威胁，故引疾归，而卒不免。李伯元《南亭四话》说亦类似。此说经孟森著《丁香花》一文反驳后，仍未消歇，只是将奕绘换作了另一个人。苏雪林《蠹鱼集》推测是奕绘之子。萧一山《清代通史》说亦类似。钱穆《中国近三百年学术史》引张尔田的话说："定盦出都，因得罪穆彰阿"，又说："定盦为粤鸦片案主战，故为穆彰阿所恶。"以上诸说都如钱说所云，己亥出都是"仓皇可疑"的。其依据则是《己亥杂诗》第四首龚自珍自注："予不携眷属仆从，雇两车，以一车自载，一车载文集百卷出都。"诸说据此以为己亥出都是仓皇间临时决定，否则为什么会不携眷属仆从只身一人出走呢？近年孙文光撰《龚自珍暴卒考》，援引上海图书馆藏陈元禄《羽琌遗事》抄本"以疾卒于客"的说法，证明龚自珍并非被害而死。但这一公案仍悬而未决。

樊著提出了一条新证据，这就是一九三一年中华书局影印的《龚定盦诗文真迹三种》。其中龚自珍手书的《双非双亦门颂》和

《重定双非双亦门颂》各有跋文，为《定盦全集》所未收。第一跋书有"道光十八年岁在戊戌夏四月，子贞仁兄翰林知余将戒整装出都"之语。据此可知何绍基（子贞）于道光十八年请龚自珍手书文稿，是由于得知他即将整装离京。再从跋文中"异时长林丰草间翘首北望"的话看来，则清楚表明其时龚自珍已准备辞官回乡了。由此可见己亥离京不过是偿其宿愿而已。但樊著并不以此为满足，还进一步本清人家法，效法顾亭林、钱大昕、王念孙诸人所采用的例证通则，来证明龚自珍早于道光十八年已存回乡之念。其梗概如下。

（道光十八年三月）龚自珍邀廖鹿柴、吴虹生、吴式芬、孔宪彝、蒋子潇、梁敬叔等崇孝寺看海棠，各人即席口占。孔宪彝诗："明年君踏浙西春，更念芳华生感触。（自注：定盦将归浙西。）"可证与会诸友均知龚自珍于当年将离京。吴式芬诗："良辰胜侣非易得，归程恐逐南飞鹄。（自注：时定盦将乞养南归。）"可知当年辞官南归是以乞养作为理由。

（道光十八年四月）《与吴虹生书》："榜信在迩，恐诸君（今日最热闹）不日风流云散，弟不知能随同乡下第人，执鞭镫而渡黄河否？"［按：榜信指会试发榜。清自乾隆十年起，一般于四月放榜。］可知龚自珍有四月夏离京的想法。

（道光十八年五月）《与吴式芬笺》："出此月则束装矣。"可知他曾定六月启程。［按：通过以上按月排比，可以看出龚自珍于道光十八年出都的打算越来越清楚、具体，而不是一时心血来潮的即兴想法。］

（道光十八年七月）《会稽茶》小序："明年不反棹浙江，有如此茶矣。"龚自珍未能于道光十八年出都，其原因虽不可考，但由此誓语，可知己亥出都是他在将近一年之前就已下了决心的。

樊著以力证驳钱说,令人不得不承认"仓皇可疑"说只是出于望文悬揣。治学断案如老吏折狱,信证据,而不信无证的推理。虽然推理于理可通,但往往与事实不符。考证不在于发挥主观创见与新解,而在于实事求是。

§186

《学隶图跋》钩沉(1993)(《思辨录》第91条)

此跋载于孔宪彝为亡妻朱屿所刻《小莲花室诗词遗稿》。《龚自珍全集》未收,佚文待访目未列入,所以不为人注意。但它是研究龚自珍的书法见解的唯一资料。

清代科举以书法取士,殿上三试皆遴楷法,以试卷楷书是否光致定优劣。道光九年,龚自珍中进士后,殿上三试,三不及格,不入翰林,考军机处不入直,均因书法而不入选。他曾愤而著《干禄新书》讽刺这种习俗。人多以为龚自珍轻视书法,其实这是误解。这篇《学隶图跋》就说明他对书法并不是采取轻视态度。

孔宪彝为龚自珍契友,与魏源、黄爵滋、包世臣、张际亮等均有交往。他也是一个有肝胆、有血性的人物。鸦片战争时,曾作《道旁》:"却出都门两日余,东南消息近如何?道旁一骑红尘过,可是将军破敌书?"林则徐被贬伊犁,又作《梦林少穆先生》以寄情怀:"诸葛真名士,崖州古大臣。艰危筹海国,辛苦驻河滨。负罪成孤窜,长城惜此身。须眉浑未识,入梦剧清真。"

学隶图是描绘朱屿临习隶书的一幅图画。此图有二幅,一为焦春绘,一为盛大士绘。樊著考定孔宪彝所收是第一幅,并考定龚自珍题跋的时间,上限为道光十七年十月,下限为道光十九年十月。跋文内容可综述为三点:一赞朱屿勤习汉代碑刻。[按:跋称朱屿隶书"法度敛而气势纵,盖神明于《礼器碑》而参与《史晨碑》者"。] 二勉朱屿临习周代鼎彝铭文。[按:跋称"曲阜祭器款识者皆周时古文大篆，为其拓而临之，审六书之源，以实应仲远之说，而汉世徒隶书又不足学也"。] 三对朱屿的楷书不赞一词。[按：跋只是一笔带过作一交代："今隶规矩翰苑……"今隶即楷书，规矩翰苑指摹习当时流行的馆阁体。] 龚自珍在书法上的革新思想和他在政治上的革新思想一样，都以返古为指归。乾隆时，郑燮、金农等参用隶笔，已有反馆阁体趋向。尔后，邓石如更是取法汉代碑额，独树一帜。至包世臣则大力倡导寓有汉隶笔法的北碑。《学隶图跋》所表现的思想倾向，正与当时书坛风气的转换相适应。

§187

《死海卷》（1995）（《思辨录》第 221 条）

我去加拿大时见到黄以诺夫妇，他们送了我两本书，一本是《死海卷》，另一本是《新旧约》注释本。《死海卷》是记述用希伯来文抄写的旧约圣经被发现的经过。这些写在羊皮纸上的钞本，于二十世纪四十年代被一个放羊的牧童，在死海旁的昆兰遗址附近的山洞中无意找到，《死海卷》就藏在洞内的一些陶罐中。这里地势险峻，本是人迹罕到之处，牧童为寻找丢失的羊只，攀登悬崖，冒险来此，才偶然发现的。这部旧约圣经钞本，据研究神学的专家考定，时间约在公元前二世纪，出于一些艾赛尼教派的文士之手。他们从犹太教分裂出来，居住在昆兰遗址的地方。这些钞本的卷数与今本旧约圣经的卷数吻合（仅少去一篇）。它在内容方面被人重视的原因，就在于它保存了后来被罗马教会判定为伪经及通称次经与注疏等部分。这些补史之阙的文字，给研究基督教神学和犹太人历史的学者，提供了丰富的资料，其意义直接关系到西方世界的文明内容。

第六辑　近现代掌故

§ 188

谭嗣同的性格（1946）（《王元化集》卷一）

晚清提倡变法维新的人物中，性格顶可爱的，就要算谭嗣同了。后人对他毁誉不一，有的说他鲁莽，有的说他过激，有的说他热情有余而理智不足，议论纷纭，莫衷一是。我们且撇开这些评论，不把他当做一个政治家，而作为一个普通的人来看，谭嗣同的确有他的天真处。

用政治家的眼光看来，谭嗣同过于坦率，没有腹藏，好像一个敞开的大门，一眼望去，就可以看出里面有些什么机关。戊戌政变失败，他多少要负一点责任：一错于看人不准，不应太相信袁世凯；再错于操之过急，只凭与袁一席话，就决定了有关存亡的大举。这些地方康、梁就比较老练，不像他那样缺乏政治手腕。但正因为如此，谭嗣同沾染的旧习惯、旧思想也少得多。他有一鼓作气勇往直前不畏任何艰险的精神，倘不早死，后来绝不致像康有为那样反而变成了进步的障碍的。这只要看他变法之志如此之坚定，就义之时如此之从容就可以断言。

戊戌政变事败泄后，谭嗣同可以逃，但他不逃，他不逃的原因并非对于皇帝的愚忠，而有更深刻的想法。他说：

> 各国变法无不流血，今中国之变法未闻有流血者，此国之不倡也。有之，请自嗣同始。

这一段慷慨激昂有声有色的话，自今日看来，虽时隔两个不同的时代，但是仍旧令我们感动。据说延安出版的《中国革命运动史》还把这段话摘引出来，大书而特书呢。

谭嗣同就义前，曾在狱壁题绝笔诗，诗云：

> 望门投止思张俭，忍死须臾待杜根。
> 我自横刀向天笑，去留肝胆两昆仑。

这诗气势磅礴，真可以动天地泣鬼神。抗战敌伪统治上海时期，我在储能中学教书，向学生讲述谭嗣同的故事，背诵这首诗，曾引起学生们强烈的反应，足见其感人力量之深。

谭嗣同除参加政治运动外，平日有闲即作诗。当时的著名诗人是黄遵宪，著有《人境庐诗草》。黄是诗界革命的前辈，曾以"吾手写吾口"作为写诗的原则，后为胡适等所称道。谭嗣同作诗却仍袭旧格律，并未受到他同时代的同志所影响。但今日观之，黄以电灯、轮船等新名词入诗，开后来白话文风气，成为新文学的先驱，其功固不可没，但我个人仍然爱好谭诗。

梁启超为谭嗣同所作的小传中说，谭少年丧母，备受"孤孽苦"。我想这和他以后的性格养成多少有点关系。刘禹锡诗说："千淘万漉虽辛苦，吹尽狂沙始到金。"历经磨难，往往锻炼了人的意志。

§189

袁世凯的"忌讳"（1946）（《王元化集》卷一）

清末民初，最会翻跟斗的人物就要算袁世凯了。他真有翻手为云覆手为雨的本领，一时主张维新，一时又主张守旧；一时提倡革命，一时又恢复帝制。吃过他的亏、上过他的当的人，真不知有多少。凡读过《百日政变记》的，就可以看出老袁那副老奸巨猾的面孔。这本纪事，是袁世凯自己写的，要知道老袁到底是怎样一个人，我觉得顶好看他自己笔下活画出来的嘴脸。《百日政变记》写得最精彩的是袁世凯和谭嗣同的一段对话。谭嗣同在光绪天津阅兵之前，深夜冒雨赶到袁世凯的私邸去商谈罢黜西后事。这时正是千钧一发的时刻，维新的成败在此一举。一方面谭嗣同推心置腹侃侃而谈，一方面袁世凯模棱两可虚与委蛇。一个是鲁莽的，豪爽的，热烈的；一个是练达的，阴险的，狡诈的。这一段记述真是有声有色，使两个不同的人物活跃纸上。袁世凯送走谭嗣同后，就跑到万寿山向西后去告密了，终果变法维新就被断送在他的手里。

老袁称帝时，盛况空前，老北京大概还记得热闹的情形。当时有两件事可以一提。一件是北京城里出现了一个乞丐，招摇过市，口里数着"来宝"，前面我已忘记，末两句是："一屁股坐上金銮殿，好像叫化子出大恭"，出大恭者，大便也，此暗射老袁称帝之不伦不类。第二件是，老袁登基之后，突下令将煤铺粉墙外面书写的"元煤"字样一律涂去，元宵店一律改称汤团店。凡是习惯太深，改口改不过来的人，就不免要受到连累。此令一下，最初大家成了哑口葫芦，弄得莫名其妙，唯恐一不小心讲错话。后来据懂得老袁脾气的人说，老袁极讲究忌讳，原来元、袁二字谐音，元煤者，袁没有也；元宵者，袁消灭也，都是不吉利的话。

老袁虽然变得这样神经过敏，禁令森严，可是结果皇帝没坐上多少天，仍旧完蛋大吉。讲忌讳不过给后人留下一个笑柄而已。

§190

嘉道两朝士气衰颓（1975）（《思辨录》第96条）

嘉道两朝，士气衰颓，浸成风俗。清统治者对汉族官员是不放心的，采取了严加控制的政策。龚自珍在《明良论四》中曾大胆揭露了这种"约束之、羁縻之"的苛细手段："朝廷一二品之大臣，朝见而免冠，夕见而免冠，议处察议之谕不绝于邸钞。部臣工于综核，吏部之议群臣，都察院之议吏部也，靡月不有。府州县官，左顾则罚俸至，右顾则降级至，左右顾则革职至，大抵逆臆于所未然，而又绝不斟画其所已然。"这结果就是造成一批批谨小慎微、因循苟且的庸人。《明良论二》说："今政要之官，知车马、服饰、言词捷给而已，外此非所知也。清暇之官，知作书法赓诗而已，外此非所问也。堂陛之言，探喜怒以为之节，蒙色笑获燕闲之赏，则扬扬然以喜，出夸其门生妻子。小不霁，则头抢地而出，别求夫可以受眷之法。"他们平时所关心的只是官场中的升降沉浮和个人得失，"以为苟安其位一日，则一日荣；疾病归田里，又以科名长其子孙，志愿毕矣。且愿其子孙世世以退缩为老成，国事我家何知焉？"这种萎靡风气反映到学术界来，就形成了龚自珍诗中所说的"文格渐卑庸福近"的局面。当时读书人墨守着髫年学艺皓首穷经的传统道路，循规蹈矩，从不敢逾越一步。清王朝经过了一百多年的禁锢思想的文化统治政策，一般读书人早就吓破了胆，不敢治史，尤不敢言近代事。有志气的只能埋首故纸堆中，从事于训诂考据之学。嘉道两朝承前代的余绪，学术界更显得死气沉沉，变成一潭死水。龚自珍的《咏史》诗就是当时这种情况的逼真写照：

> 金粉东南十五州，万重恩怨属名流。
> 牢盆狎客操全算，团扇才人踞上游。
> 避席畏闻文字狱，著书都为稻粱谋。
> 田横五百人安在，难道归来尽列侯？

龚自珍和他所结识的一些抗英派人物都是有胆识有魄力的人，自然看不起那批庸俗鄙吝的名流、才人、盐商、狎客。他们冲破了"万马齐喑"的局面，给学术界吹进了新鲜空气。他们反对抱残守阙，主张经世致用。他们具有多方面的学识，几乎个个都懂兵法、治河、农业。在他们之中，林则徐和魏源可以说是后来向西方寻找真理的先驱。林则徐主持编纂的《中西纪事》《四洲志》《华事夷言》以及魏源在《四洲志》基础上重新撰写的《海国图志》，是我国介绍西学的嚆矢。这几部书第一次为闭关自守的中国打开了西方世界的大门。《海国图志》甚至对日本明治维新也起过推波助澜的作用。

§ 191

鸦片战争时的抗英人物（1976）（《思辨录》第 82 条）

根据手边有关人物的传略、年谱、诗文集来看，鸦片战争前夕抗英派的人物是声气相通的。不仅龚自珍、林则徐、皇爵滋、魏源、张际亮、汤鹏等彼此过从甚密，早就结下深厚的友谊，就连传说因抗议遭戍而以尸谏的王鼎，也和他们有着密切的来往。王鼎当时是军机大臣，身居高位，但他并不像一般宰辅鄙视龚自珍这个内阁国史馆的小小校对官，而把他视为困厄下僚的清客。道光十年，王鼎邀龚自珍等饮宴，龚自珍在《饮王少宰定九丈宅，少宰命赋诗》中称王鼎"恢博不弃贱士议"，说他平易近人，不摆大官架子，并推崇王鼎是个有肝肠、有血性、耿直不阿、强项敢言的人物。诗中说："公之奏疏秘中禁，海内但见力力持朝纲。阅世虽深有血性，不使人世一物磨锋芒。迩来士气少凌替，毋乃大官表师空趋跄；委蛇貌托养元气，所惜内少肝与肠。杀人何必尽砒附？庸医至矣精消亡。公其整顿焕精彩，勿徒须鬓矜斑苍。"这绝不是一般诗人墨客在这类场合所写的敷衍门面酬酢之作。后来，林则徐因抗击英军为投降派所忌，被遣戍伊犁，王鼎为他力争是非，终以身殉，足证龚自珍诗中推重的那些话绝不是阿谀之词。

当时，这些抗英派人物在厉行禁烟抵抗侵略问题上找到了共同语言。他们都以救亡图存为己任，砥砺磋商，安危与共。龚自珍早就洞见英帝国主义的侵略面目。他在《阮尚书年谱第一序》中说：

"粤东互市，有大西洋，近惟英夷，实乃巨诈，拒之则叩关，狎之则蠹国。"这篇序文写在鸦片战争十七年前，可以说是有眼力的。在鸦片战争前夕，林则徐奉旨驰往广东查办海口事件，龚自珍作序赠行，劝林则徐"宜以重兵自随"，并且要求随林则徐南下，为禁烟效力。这件事没有成功。次年，龚自珍辞官回到家乡，感到战事迫在眉睫，渴望投身到这场反侵略的斗争中去。这种激切的心情，从他写的怀念林则徐的诗中生动地表现出来："故人横海拜将军，侧立南天未蕆勋。我有阴符三百字，蜡丸难寄惜雄文。"皇爵滋、魏源等人也都是禁烟的坚决倡导者。鸦片战争爆发，魏源投裕谦军营协助筹划浙江防务。裕谦战败自杀，魏源愤而著书。他写的《道光洋艘征抚记》是鸦片战争的实录，堪称信史。当时的抗英派，除林、黄、龚、魏外，还有姚莹。姚莹《东溟文后集》曾记述他在京师与龚自珍、魏源、张际亮、汤鹏等订交，作诗唱和，"慷慨激厉，凌轹一时"。鸦片战争时，姚莹任台湾道，曾大败侵台英舰，"毁其船，俘其人"。后来，他遭到和林则徐同样的命运，投降派诬他诳报军情，冒功欺罔；腐败的清政府将他逮问下刑部。在姚莹被逮由台押赴京师途中，张际亮正染疾在家，闻讯后，扶病陪送姚莹入都，义声动天下。他们都具有强烈的爱国心和正义感，而不顾个人的利害得失。林则徐奉旨禁烟时，已经预感到道光的翻覆无常和投降派的牵肘作梗，他是怀着决心担起艰难重任的。他在写给友人的信中说：去年赴粤，早知身蹈危机，入于坎窞，所以不敢稍迟者，冀为中原除此巨患，至于一身休咎，已置度外（据《溃痈流毒》所录大意）。金安清《林文忠公传》曾记林则徐出都前谒座师沈鼎甫说："苟利社稷，不敢竭股肱以为门墙辱。"言毕二人相顾涕下。龚自珍同样是个有血性的人。道光十六年，龚自珍的友人王元凤以陈州知府获谴，道光皇帝亲自派使鞫审，特旨革职，发往军台。龚自珍乞假五日，送之居庸关，逾八达岭而返，并在《说张家口》一文中，力白其冤。这时，龚自珍经常向人乞籴，几乎穷到无米举炊的地步，但他还是把王元凤的家属收留在自己家中（事见《潘阿细碣》）。这种伸张正义，不畏强暴的行为在当时是很难得的。

§192

龚自珍与法家（1976）（《思辨录》第88条）

自儒法斗争说起，有些论者硬把龚自珍穿上法家号衣，编进法家队伍。杨荣国《中国简明哲学史》称："显而易见，龚自珍的'更法'思想，是和儒家的复古守旧的政治思想路线对立的。'更法'是先秦法家商鞅的《商君书》的主要篇章，这说明了龚自珍是继承了法家变革的政治思想路线，具有鲜明的尊法反儒思想。"为了证明此说，杨氏又援《乙丙之际箸议第六》所云"一代之治即一代之学"为证，并加以解释说："一个时代的统治和一个时代的学术是统一的，以此批判把'圣人之学'作为万世不变的说教，提倡'诵本朝之法，读本朝之书'，效法'法家申氏（不害）、韩氏（非）'为当代立法。"事实上是这样吗？《龚自珍全集》无一字提到过效申韩之法。就连申韩的名字也仅仅一见于《乙丙之际箸议第六》，这段话原来是根据诸子出于王官之说来阐明各家渊源所自，原文如下："是故司徒之官之后为儒，史官之后为道家老子氏，清庙之官之后为墨翟氏，行人之官之后为纵横鬼谷子氏，礼官之后为名家邓析子氏、公孙龙氏，理官之后为法家申氏、韩氏。"这本来是袭用《汉书·艺文志》的旧说，几乎连文字也是完全相同的，可是《中国简明哲学史》却用来作为龚自珍效法法家"为当代立法"的根据。这样无中生有信笔捏造，说明在"四人帮"的"影射史学"猖獗横行之际，写历史比写神话更可以不顾事实，更可以驰骋荒诞无稽的想象力。

龚自珍也从未推崇过商鞅，更没有提到过《商君书》。《龚自珍全集》中仅在《地丁正名》一文里涉及商鞅。这篇文章谈到康熙蠲免地丁赋，革两千年之苛政，"其实如此，其名未改，邸钞、缙绅书，仍称地丁，是实后稷而名商鞅、汉武也。名当亟正者此也"（秦时已按人头赋税，名"头会箕敛"，云梦出土的《金布律》可证）。这里对商鞅并未赞许，且有贬义。至于对王安石，龚自珍确实比较赞成的。道光九年，他的廷试对策，大致祖王安石《上仁宗皇帝书》。他曾说"万言书实二言而已"，即："窃惟在位之人才不足，而无以称朝廷任使之意，朝廷所以任使天下之士者，或非其理，而士不得尽其才。"但他对王安石有褒也有贬。他在《保甲正名》中认为与其采用王安石的保甲法，不如采用《周礼》的五家相保法。他说："安石心三代之心，学三代之学，欲教训天下之人才，毕成三代之才者也。但其虑疏，其目疏，故集天下之口。"他认为人们讥议王安石是不对的，但是王安石之法"非古非今"，本身也有缺点。这一切说明他并不是什么"尊法反儒"的闯将。

§193

《京师乐籍说》（1976）（《思辨录》第98条）

龚自珍的《京师乐籍说》是一篇寓意深远的文章。它犀利地揭露了封建统治者钳塞天下游士之术："自非二帝三王之醇备，国家不能无私举动，无阴谋。霸天下之统，其得天下与守天下皆然。老子曰：'法令也者，将以愚民，非以明民。'孔子曰：'民可使由之，不可使知之。'齐民且然，士也者，又四民之聪明喜论议者也。身心闲暇，饱暖无为，则留心古今而好论议。留心古今而好论议，则于祖宗之立法，人主之举动措置，一代之所以为号令者，俱大不便。"于是乃有乐籍之设，以钳塞天下之游士，"使之耗其资财，则谋一身且不暇，无谋人国之心矣。使之耗其日力，则无暇日以读二帝三王之书，又不读史而不知古今矣。使之缠绵歌泣于床笫之间，耗其壮年之雄才伟略，则思乱之志息，而议论图度，上指天下画地之态益息矣。使之春晨秋夜为龚体辞赋、游戏不急之言，以耗其才华，则论议军国臧否政事之文章可以毋作矣。如此则民听壹，国事便，而士类之保全者亦众。"但是，这种约束羁縻的阴鸷之术能不能收到效果呢？他的回答是："曰：如是则唐宋明岂无豪杰论国是，掣肘国是，而自取戮者乎？曰：有之。人主之术，或售或不售，人主有苦心奇术，足以牢笼千百中材，而不尽售于一二豪杰，此亦霸者之恨也。吁！"这是一篇声讨封建统治的檄文，写得慷慨激昂，令人展卷方诵，血脉已张。清统治者为了扑灭汉族的民族意识，在文章中提到反满固然绝对不可，就是涉及金元也在严禁之列。所以这篇文章只举唐宋明，而把元剔除在外。清雍正朝虽有罢教坊乐户之谕，但只是装点门面，事实上娼妓仍存在。《平均篇》中就提到了当时有"女子鬻容之肆"。后来，曾国藩在破太平天国后，即下令盛奖勾栏，秦淮河上，笙歌彻旦，便是采取这种手法。了解了当时背景，再来读这篇文章，就不难领会它的迂回曲折笔法所隐喻的深意：说的虽是唐宋明的封建统治者，但也针对了清统治者在内；说的虽仅限于乐籍一事，但也使人一隅三反，由此推断封建统治者是怎样既阴鸷又卑怯地采取禁锢思想的愚民政策。因此它在一定意义上也是一篇寓言。读了这篇寓言后，回过头来再看看他那主张更法的经世致用的文章，什么"与其赠来者以劲改革，孰若自改革"，什么"莫如使民不识知则顺我也"，显得多么迂腐和保守！

§194

"情"和"自我"（1976）（《思辨录》第101条）

龚自珍的"自我"是具有反宋儒唯理主义的意义的。《大清实录》载：道光登位不久就竭力鼓吹"天地养万物，圣人养贤及万民"。龚自珍在这时写的《壬癸之际胎观第一》针锋相对地提出："天地人所造，众人自造，非圣人所造。……众人之宰，非道非极，自名曰我。"这里对理学进行了大胆的挑战，提出主宰人类的不是道，不是极（理念），而是自我（这篇文章还提到原始社会各氏族以动物名称命名的情况："众人也者骈化而群生，无独始者。有倮人已，有毛人，有羽人，有角人，有肖翘人。毛人、羽人、角人、肖翘人也者，人自所造，非圣造，非天地造。其匹也，杂不部居。倮人之不与毛、角者匹，其后政，非始政。"这些说明较《论衡》《吕氏春秋》《淮南子》《山海经》等有关原始社会各氏族的记载更进一步。它说明氏族社会的形成不是天地造，不是圣人造，而是众人自造，这是值得我们注意的）。他的反唯理主义的个性解放就是他所说的"情"。自从资产阶级思想萌芽后，反封建的思想家、艺术家往往是通过"情"这一概念来表示个性解放要求的。在他以前，也是再三突出"情"这个字。《红楼梦》所写的就是那些具有"情痴情种"的叛逆性格。曹雪芹甚至把《红楼梦》另名为《情僧录》，更可为证。龚自珍大声疾呼要摆脱一切束缚个性的枷锁。那篇传诵人口的《病梅馆记》是表现这种思想的力作。

§195

从宥情到尊情（1977）（《思辨录》第102条）

龚自珍著有《宥情》篇专门讨论"情"这个概念。文中举出甲、乙、丙、丁、戊五人相互辩难。甲提出"哀乐也沉沉然"的情究竟是怎么一回事？乙引许慎《说文》"情，人之阴气有欲者"而诃之。丙不同意乙的意见，引佛家之言："欲有三种，情欲为上"，肯定了情的价值。丁把情与欲加以区别，指出乙以情隶欲，无以正确对待哀乐之正而非欲者，故乙非是。又指出丙以欲隶情，将使万物有欲者皆混淆于情，从而使情成为秽墟，成为罪薮，故丙又非是。他认为应该析言之，区别对待情的问题。戊引佛书"纯想即飞，纯情即坠"，指出佛家对情并不是析言之，或贬或无贬，而是一概诃之，故不得言情。龚自珍对于以上五种意见虽未加评骘，但他认为这些意见都未得正理。他根据自己的切身体会，说情是一种阴气沉沉不知不觉袭上心来的东西，即使在"一切境未起时，一切哀乐未中时，一切语言未造时"，它也会出现。由于他说不出这种感受的所由来，他把它称为"心脉"或"心病"。他不顾世人对情怎样看法，"此方圣人（儒——引者）所诃欤？西方圣人（佛——引者）所诃欤？甲、乙、丙、丁、戊五氏者孰觉我欤？孰诃我欤？姑自宥之，以待夫复鞠之者，作《宥情》。"这里显示了他摆脱旧传统的新精神。他写了这篇《宥情》十五年后，在《长短言自序》中说："情之为物也，亦尝有意乎锄之矣。"但是，十五年来，"锄之而卒不克"，于是"反宥之，宥之不已，而反尊之"。"情"这个怪物一直追蹑着他，盘踞在他心里，他想要摆脱，却无法摆脱，他越来越感到它的力量，于是由宥情到锄情，由锄情而尊情。嘉道之际，他写了题名《又忏心一首》七律，诗中虽未拈出"情"字，却正说的是"情"：

  佛言劫火遇皆销，何物千年怒若潮？
  经济文章磨白昼，幽光狂慧复中宵。
  来何汹涌须挥剑，去尚缠绵可付箫。
  心药心灵总心病，寓言决欲就灯烧。

  这里重复了《宥情》篇中的"心病"这一用语。不过，我们可以进一步看到，他感到它的力量像千年怒潮一样汹涌澎湃，就是万物不可抵抗的劫火也不能摧毁它。他说它像黑夜中的幽光狂慧时时袭上心来，使他慷慨激昂，无法自抑。他把自己在它支配下写成的作品叫做"寓言"。由于他始终没有说清楚"情"是怎么回事，更加上他用了"心病""心脉""幽光""狂慧"一些惝恍的说法，所以直到后来，还有人说他"被变态的及狂放的心灵所支配"。其实，不纠缠在他的抽象术语中，他说的"情"还是可以理解的。龚自珍所说的"情"就是反封建束缚要求个性解放的"自我"。

§196

"横以孤"（1978）（《思辨录》第93条）

龚自珍冲决封建罗网的大声疾呼是使他遭到当时人非难的主要原因。不仅他的友人姚莹说他"言多奇僻"，就连他的知交魏源也写信给他进忠告："吾与足下相爱，不啻骨肉，常恨足下有不择言之病。夫促膝之谈，与广廷异，良友之诤，与酬酢异，若不择而施，则于明哲保身之义恐有悖，不但德性之疵而已，此须痛自惩创，不然结习非一日可改也。"这些话说得很恳切。唯其恳切，更说明了对他的知交是多么不理解。他竟把他那反映时代呼声的大胆思想说成是"不择言之病"，把他向封建社会挑战的勇敢精神说成是"德性之疵"。敌人的诽谤只有引起轻蔑，可是一位朋友出于善意的误解，将会使人感到多么沮丧和痛苦。今天我们可以公平地来评断魏源和他之间的这种分歧了。他死后，次年，他的儿子龚橙抱遗书至扬州就正于魏源。经魏源论定并校正章句违合，编成《定盦文集》。文集中有些诗文保存了原来的字句和魏源的校改。两者对勘，所改的大抵是磨去原文的锋芒。如《饮王少宰定九丈宅，少宰命赋诗》中"不使人世一物磨锋芒"，魏源改作"不使朝宁争锋芒"。原诗"毋乃大官表师空趋跄"，魏改作"如鱼逐队空趋跄"。原诗"所惜内少肝与肠"，魏改作"畴肯报国输肝肠"等等。经此一改，原作的机锋尽消。这可以作为我们研究两人思想分歧的佐证。魏源尚且如此，其他人不问可知。后来似乎只有程秉钊对他作出了中肯的评价："近数十年来，士大夫诵史鉴，考掌故，慷慨论天下事，其风气实定公开之。"可是这种人在当时毕竟是凤毛麟角。在涉及封建社会根本问题方面，他们那种异乎时流的新态度、新眼光、新思想是不容易被人接受的，因而他们是孤独的。龚自珍把他这种心情写在《纵难送曹生》中。这是一篇使人感到心灵震撼的悲壮文字。他假借"求三代之语言文章而欲知其法"来暗示自己向往的革新事业。他说：

> 天下范金、搏埴、削楮、揉革、造木几，必有伍。至于士也，求三代之语言文章而欲知其法，适野无党，入城无相，津无导，朝无诏。弗为之，其无督责也矣。为之，且左右顾视，踆踆而独往，其愀然悲也夫？其颓然退飞也夫？……其志力之横以孤也，有以异于曩之纵以孤者乎？（"横以孤"指在自己时代处境孤独，"纵以孤"指历史上处境孤独的先辈。——引者）

接着，他似乎在告诫自己，不要孤芳自赏，以为：

> 吾之志力，可以有金而淬之，范金者弗吾逮也，吾且大贤。吾有埴而方员之，有楮而缋之，有革而鞣之，有木几而雕镂削治之，愈密愈华愈贤，吾又大于贤。……夫横者孤矣，纵孤实难，纵者益孤，夫汝从而续之，不难其止。

读了这些话，不难看出那种视他为狂妄自大的成见是多么不符事实。

§ 197

鲁迅与太炎 (1981)（《思辨录》第105条）

鲁迅留学东京时曾师事章太炎，受到章太炎较深的影响。这种影响自然不仅是文字学，也不仅是排满思潮，而且还表现在学术思想方面。例如关于今古文学派的看法，对法家所采取的比较肯定的态度，以及对疑古派的反感，都留下这种影响痕迹。在近代思想史上，章太炎是推重讽刺文学的为数寥寥的思想家之一（此外是在他之前的龚自珍）。这里顺便说一下，鲁迅似乎从未提到龚自珍。首先，照理说，鲁迅和龚自珍有许多相通的地方，为什么对他没有只字涉及呢？这是我百思不得其解的。章太炎曾斥"欲以前汉经术，助其文采，不素习绳墨，故所论支离自陷，乃往往如谵语"。这是极不公允的，只能视为经学今古文之争的门户之见。我不能断定在对龚自珍的评价上，鲁迅是否受到了章太炎的影响。但是如何来解释这个问题呢？我希望有学力的研究者作出深入的探讨。章太炎曾在《訄书》中说："瘢夷者恶燧镜，伛曲者恶绠绳"，便是对于社会上反对揭示真相的讽刺文学的有力驳斥。可以看出鲁迅曾吸取了章太炎那种犀利的讽刺笔法。其次，章太炎继清代钱大昕、朱彝尊的余绪，破千年来的传统偏见，著《五朝学》，对魏晋时代文学作了再估价，恢复了它在学术史上的应有地位。在这一点上，鲁迅也很可能受到他的影响。鲁迅曾校《嵇康集》，写过《魏晋风度及文章与药及酒之关系》。他喜爱阮籍、嵇康等人的文章，一扫前人奉儒家为正宗、对玄学家和清谈家所采取的不屑一顾的成见，而肯定阮籍等人非汤武、薄周孔的反礼教的积极一面。他把魏晋时代称为文学的自觉时代。这一说法不仅中肯，而且具有卓识。他在涉及古代文论时，每每征引陆机、刘勰之说，并以新见解加以引申，不仅殚其底蕴，且发扬光大，使之至今仍具有生命力。例如，他对《文赋》中的"榛楛弗剪"这一论点的阐发就是明显的例子。笔者在拙著《文心雕龙创作论》中，曾五引鲁迅论《文心雕龙》之文，其见解之精辟，就是今天看起来也令人折服。例如，鲁迅引《程器篇》"人禀五材，修短殊用，自非上哲，难以求备，然将相以位隆特达，文士以职卑多诮，此江河所以腾涌，涓流所以寸折也"，加以按语说："东方恶习，尽此数言。"又引《辨骚篇》"才高者菀其鸿裁，中巧者猎其艳词，吟讽者衔其山川，童蒙者拾其香草"，加以按语说：此言后世模仿《离骚》者，"皆着意外形，不涉内质，孤伟自死，社会依然，四语之中，含深哀焉"。这类见人所未见的简短按语所包含的深刻内容足以耐人细思寻味。自然，以上这些观点并非来自章太炎，但章太炎的《五朝学》对魏晋时代文学所作的肯定评价，应该说对鲁迅是起了诱发作用。

§198

鲁迅与周作人（1981）（《思辨录》第109条）

我们需要从鲁迅作品中去探索其中所涉及的人名、书名、事件等和他在思想上的渊源关系。就是对于他并未正面涉及的，也要善于去分辨，去寻找其蛛丝马迹。例如，鲁迅晚年有些文章是以周作人为对象的。据我浅见，鲁迅的《喝茶》就是和周作人的《苦茶随笔》针锋相对的。这篇文章十分精辟地勾勒出在大动荡时代以周作人为代表的那种回避现实，不敢使自己的灵魂粗糙起来，却又变得具有病态的敏感、细腻，以致不能经受时代风暴考验的懦怯性格。再如，鲁迅在《"题未定"草》第九篇中引张岱《琅嬛文集》述明末东林党和非东林党中的君子与小人一段所发的议论，也是驳斥周作人的。两人同引这段话，却作出了截然不同的相反结论。这些地方都未有只字提及周作人，只有读了周作人文集后，进行比较，才可见出端倪。鲁迅和周作人的分歧代表同一时代两种思潮的争辩。如果有人写出这一对兄弟如何在早期重视手足之情，以后由于思想上的分歧而产生了矛盾，那将是一个有趣的题目。

§199

《鲁迅传》与传记文学（1981）（《思辨录》第111条）

解放后三十年过去了。我们已经积累了足够的资料，写出了许多回忆录、事迹考之类的专文或专著。在资料整理方面，如辑佚、校勘、疏证、注释、考据等等，更是做了大量工作。这都为写作

《鲁迅传》提供了有利条件。为什么新的《鲁迅传》偏偏姗姗来迟至今没有人写出来呢？原因恐怕是多方面的。我想其中相当重要的一个原因是和我们文学理论研究的现状有关。在我们文学理论研究领域内，直到目前为止还留下许多空白点，而传记文学这一课题似乎始终没有提到日程上来。在国外，传记文学早已成为专门名家的学问。且不说所谓"拿破仑学"的学者所写出的充塞各国图书馆内的为数众多的拿破仑传，仅以卓别林的传记来说，以我有限的见闻，就不下六七种之多。有卓别林本人写的自传，也有别人为他写的传记。而且写法不同，各有各的侧重面，各有各所选择的角度，很少雷同，都具有自身的特色，例如，二次大战前法国作家菲力普·苏卜根据卓别林在影片中所创造的那个流浪汉所写的《夏洛传》，就是通过卓别林的艺术创造来探讨他的内心世界。这在传记文学中别具一格，被称为"幻想人物传记"。如果我们把国外的各种传记的写法进行比较研究，是有助于丰富传记文学理论的。我国史学在世界素享盛誉。黑格尔曾经说，印度虽以史诗著称，但却是个史学很不发达的古国，在那里年代记载纷乱不全，使人茫然不可测知。他对中国两千年来从未中辍的史书，感到了惊讶并表示了赞美。我国古代史学家以编年体或纪传体来写历史。《史记》中的列传，既是历史，又可以说是早期的传记文学。我以为，对于我国史书中的传记文学更应加以总结，把总结的成果引进到我国传记文学的理论中来。

§200

鲁迅研究和利用科研成果（1981）（《王元化集》卷二）

科研工作有一个利用已有成果问题，这也是采用综合研究法经常碰到的问题。任何研究工作者都不可能靠一己的力量精通和自己研究专题有关的门门学科，他需要利用已有的科研成果，并以此为凭借，联系自己所要解决的问题，进一步钻研下去。这些科研成果越是成绩斐然,他的研究也就越能达到高水平。这种情况可以用俗话所说的"水涨船高"来做比喻。一个国家往往很难使某一学科单独地取得超越的惊人成就。为我国所发明并具有古老传统和积累了丰富临床经验的针灸,现在已发展为针刺麻醉。可是由于在有关机制研究方面(包括神经生理学、心理学、生物化学等的科研工作)跟不上,以致在针灸理论研究上就不能取得更大的进展。文学理论的研究往往不得不依靠史学、哲学、美学等已有的科研成果。倘使研究者选择的专题所涉及这些学科的有关问题,没有任何可资利用的成果,都得白手起家,从头做起,那会是一件令人感到苦恼的事。我想,这种苦恼是不少严肃认真的研究者深有感受的。不过,这里需要说明利用已有科研成果,不是就现成、图省力,更不是指那种转相抄袭的陋习。掠人之美据为己有的抄袭之风,似乎至今未引起广泛的注意,很少有人出来加以指摘。我们时或可以看到,有人提出一种新观点或新论据,于是群起袭用,既不注明出自何人何书,以没其首创之功,甚至剽用之后反对其中一二细节加以挑剔吹求,以抑人扬己。这种学风必须痛加惩创,杜绝流传。所谓利用已有科学成果,应该是在别人所达到的成就上,联系自己研究的课题,进一步做更刻苦更深入的钻研。要对别人的创见采取尊重态度。我们应该像马克思写《资本论》那样,对古往今来提出任何一种新见解的理论家,都在正文或脚注中一丝不苟地予以注明。我们必须培养这种学术道德风尚。

在鲁迅研究上利用已有科研成果问题,已经应该提到日程上来了。虽然目前可资利用的科研成果除资料性的外尚不太多,但毕竟不是没有。例如有些关于中国近代思想史的文章,对于研究鲁迅早期思想,就颇有参考和借鉴价值。自瞿秋白提出鲁迅是由进化论到阶级论的观点以来,近半个世纪过去了。但我们对于鲁迅早期的进化论的思想的研究,似乎一直踏步不前,没有多少进展,还留下许多有关问题需要解决。"五四"前后,进化论成为当时的进步思潮,而且各种流派的作家,从鲁迅直到胡适,大多卷入这个思潮中。为什么在"五四"时代,进化论成为当时新文化运动中的思想巨潮?那些受到进化论影响的思想家在吸取进化论观点上又有什么分歧?鲁迅的进化论思想和达尔文的《物种起源》有什么关系?和严复的《天演论》又有什么关系?这些问题都应该成为研究鲁迅早期思想的重点,可是目前尚缺乏深入的钻研。我觉得,鲁迅研究者很可以借助最近出版的李泽厚《中国近代思想史论》中的《论严复》一文来解决上面最后一个问题。鲁迅自称受到严复的《天演论》的影响,赞许严复的感觉敏锐,又说他不是翻译而是做了《天演论》。《论严复》一文论述了严复的思想渊源,指出《天演论》一书按语中多以斯宾塞的普遍进化观念来反驳赫胥黎的人性善的社会伦理学说,并且阐明了斯宾塞的社会达尔文主义理论何以在当时对中国进步思想界发生如此巨大的影响。自然,这些问题还要进一步深入探讨。社会达尔文主义就其本身来说是具有反动性的,但同时它也为一些进步作家所接受。因此,我们对斯宾塞的社会达尔文主义这一学说,还需要作出更深入更全面的评价。我以为,鲁迅研究者倘使沿着这条道路走下去,顺藤摸瓜,一步步深入,就会在鲁迅早期的进化论思想问题上有所突破,从而打破目前停滞不前的局面。希望史学界、哲学界在中国近代思想史上创造更丰硕的成果,以作为研究鲁迅早期思想的起飞跳板。

§ 201

龚自珍生平行事(1986)(《思辨录》第 89 条)

龚自珍的生平行事往往越出了当时读书人恪守的规范。他的同时代人曾描绘了他的肖像:"广额巉颐,戟髯炬目,故衣残履。"他做人不懂世故,说话不知顾虑,交游不问身份,他在《能令公少年行》中说:"十年不见王与公,亦不见九州名流一刺通,其南邻北舍谁与相过从？佝偻丈人石户农，欹崎楚客，窈窕吴侬，敲门借书者钓翁，探碑学拓者溪童。"诗前序曰："龚子自祷祈之所言也。"这还只是理想。道光七年，他写了《自春徂秋》的组诗，其中一首说："朝从屠沽游，夕拉驵卒饮。"这却是纪实。他确实常和社会底层的人来往。他的一位友人记载他"曾乘驴车独游丰台，于芍药深处藉地坐，拉一短衣人共饮"。道光十九年，他辞官南返，在归途中行抵淮浦，看到运河两岸有许多船夫拉纤过闸，运送粮船。他想到自己在京师也曾耗费官粮，颗颗捧米都沾染着人民的血汗。深夜，他坐在旅店里听到运河岸边的船夫号子声阵阵传来，心情激荡，他用旅店的鸡毛笔在账簿纸上写下自己的情怀："只筹一缆十夫多，细算千艘渡此河。我亦曾縻太仓粟，夜闻邪许泪滂沱！"他还写下一些诗：有的是记他的保姆金媪（《己亥杂诗》），有的是记他结识的侠士（《送刘三》），有的是记他童年的伴侣段叟——一位寄食他家穷途潦倒的远亲。他在《寒月吟》中倾吐了对这位孤独老人的眷念："我有生平交，外氏之懿亲。自我慈母死，谁馈此翁贫？江关断消息，生死知无因。八十罹饥寒，虽生犹僇民。昨梦来哑哑，心肝何真清？翁自须发白，我如髫卯淳。"这些小人物纯朴率真，他们的高尚品质远远胜过上流社会的达官贵人和追名逐利的名流学士。他说他们"愧杀读书人"。

他在与魏源笺中，对于那批浮在社会上层的渣滓，作了生动的刻画："居亭主犷犷嗜利，论事则好为狠刻以取胜，中实无主。野火之发，无司燧者，百里易灭也。某公端端，醉后见疏狂，殆真狂者。某君借疏狂以行其世故。某君效为呆稚以行其老诈。某一席之义前后不相属，能剿说而无线索贯之，虑不寿。朝士方贵，亦作牢骚言，政是酬应我曹耳。善忌人者术最多，品最杂；最工者，乃借风劝忠厚，以济锄而行伐，使受者伤心，而外不得直。骛名之士如某君，孤进宜悯谅也。某童子妍黠万状，志卖长者，奸而不雄，死而谥愍悼者哉！"这真是一竹篙打一船人。他情愿与屠沽游、驵卒饮，就是认清了这批道貌岸然的正人君子的真面目的缘故。在他的文章中也留下他在一定程度上向人民靠拢的痕迹。《说居庸关》记述了他在山径狭道上与骑骆驼的蒙古人相挝戏。《乙丙书》记述了他走向民间采访世情民隐的事例。他说："田夫、野老、驼卒之所习熟，今学士大夫谢之，以为不屑知，自珍获知之，而以为创闻。"这些都说明了他那"黔首本骨肉，天地本比邻"的胸襟怀抱。

他在被漠视、被曲解中度过了一生。贫穷成了他的伴侣。他家时有索逋者上门，几乎日闻剥啄声。他的官俸本来有限，辞官前又被罚俸，使他不得不南下乞籴。他在晚年借宴游以抒淹郁之抱，赋《寱词》三十余首，自称"醉梦时多醒时少"。他曾经感叹"一世人乐为乡愿，误指中行为狂狷"。他的心情是苦闷的，终于在寂寞中悒悒以殁。

§ 202

"以理杀人"（1987）（《思辨录》第 87 条）

过去戴震曾直斥后儒以理杀人，大声疾呼反对压制个性的"遏欲之害"，主张使人"各得其情，各遂其欲"。他并不是主张纵欲，而是反对禁欲。要使人各遂其欲，自然各种恶劣情欲也会趁机出现，对于这一点，他曾提出过一个很好的命题，这就是不能因为有恶劣的情欲而去谴责情欲本身，正如不能因为有恶劣的思想而去谴责思想本身一样。因此，不能为了要消除恶劣的思想就去禁锢思想，为了要消除恶劣的情欲就去禁锢情欲，这样，将会使天下之人"生道穷蹙"，产生一种对世事极端冷漠的态度。不过，戴震为情欲所作的合理辩护，并没有导致他更进一步去阐明欲和自我的关系。相反，他把欲和私严格区分开来，多少意味着他还没有完全摆脱传统的既定看法，而去对自我作认真的再估价。直到龚自珍才大胆提出"众人之宰，非道非极，自名曰我"。

§203

不拘一格降人才（1987）（《思辨录》第 94 条）

龚自珍在《古史钩沉论一》中说：

> 昔者霸天下之氏，称祖之庙，其力强，其志武，其聪明上，其财多，未尝不仇天下之士，去人之廉，以快号令，去人之耻，以嵩高其身；一人为刚，万夫为柔，以大便其有力强武，而胤孙乃不可长。

嘉道两朝正是取得恶果的时代。《乙丙之际箸议第九》就是描述这种"未雨之鸟戚于飘摇，痹痨之疾殆于痈疽，将萎之华惨于槁木"的衰世景象：

> 当彼其世也，而才士与才民出，则百不才督之缚之，以至于戮之。戮之非刀，非锯，非水火；文亦戮之，名亦戮之，声音笑貌亦戮之。……戮其能忧心，能愤心，能思虑心，能作为心，能有廉耻心，能无渣滓心。

在这种情况下，不仅不能产生才相、才史、才将、才士、才民、才工、才商，甚至也不会出现才偷、才驵、才盗。他宛如置身荒凉的墓地，怀着沉痛的心情，写下了那首"九州生气恃风雷"的著名诗篇。他感到时代脉搏在激烈地跳动，渴望看到坚强的性格，充沛的精力，巨大的气魄，可是他的四周只有不足道的侏儒：庸俗、卑吝、委琐。《全集》收有他的语录，其中一则记述他讲解《四代》篇："子曰：平原大薮，瞻其草之高丰茂者，必有怪鸟兽居之。……高山多林，必有怪虎豹蕃孕焉。深渊大川，必有蛟龙焉。民亦如之。君察之，此可见器见才焉。"他说："孔子观人如此，今之观人者，喜平原无草木者，见虎豹则却走矣。"大概这就是他由才相、才史一直连类及才驵、才盗的缘故吧。他的悲壮呼号："我劝天公重抖擞，不拘一格降人才"，就是反映了这种要求。

<h2 style="text-align:center">§204</h2>

"蛆虫儒"与"蛆虫僧"（1987）（《思辨录》第95条）

龚自珍喜好百家之言，并不独尊儒术，不守儒家绳墨，而更重要的是他的现实主义精神，使他尽量做到不囿于主观成见，不蔽于前人旧说。这方面大致是继承了戴震、段玉裁考据学的实事求是精神。段玉裁是他的外祖父，曾授他文字学；而段玉裁本人则是戴震弟子。《经韵楼娱亲雅言》曾引戴震一句名言："知十而非真知，不若知一之为真知也。"可见戴震是最讲求真实性的。在经籍诠释方面，他严守"传其信不传其疑"的原则。后人说他倘没有确凿的证据，"虽圣哲父师之言不信也"。龚自珍的治学方法，可从他写的《抱小》篇中窥见端倪：

> 学文之事，求之也必劬，获之也必创，证之也必广，说之也必涩。不敢病迂也，不敢病琐也。求之不劬则粗，获之不创则剿，证之不广则不信，说之不涩则不忠，病其迂与琐也则不成。

他说："儒但九流一"；对于儒家末流，他更加以尖刻的嘲讽："后代儒益尊，儒者颜益厚。"这正如他把佛家末流斥为"蛆虫僧"一样。按他在《正译第七》中引佛言："我如狮子王，一切无畏，畏狮子身自生蛆虫，食狮子肉。"把奔逐利禄以恫吓挟制较量罪福的禅师名为"蛆虫僧"；则那些"颜益厚"的儒家末流，正不妨目之为"蛆虫儒"。

§ 205

说掌故（1991）（《王元化集》卷七）

刚刚寄奉一信，翻书得黄宗羲事一条，摘钞供你为余姚地方写稿的参考。

此事见于胡思敬《国闻备乘》。胡为清遗老，张勋复辟曾授以都察院左副都御史，未就任，复辟已失败。《国闻备乘》有《三先生崇祀》一条，记顾亭林、黄宗羲、王夫之崇祀文庙经过。大意谓，光绪即位甫二年，郭嵩焘倡从祀之议。郭归自海外，称服西洋。礼部尚书徐相恶之，疑其一乡阿好，遂引曾国藩序文，本表章夫之之人以驳夫之（船山遗书为曾氏所刻，曾序中有"纯疵互见"之语）。郭嵩焘无以难之，从祀之议遂寝。光绪二十年，湖北学政孔祥霖上夫之书于朝，复申前请。礼臣再引《四库总目》议驳，言遗书杂儒佛老庄混为一途，又有《潇湘怨》等各体，事涉游戏，不得谓为无疵。《四库总目》为高宗（乾隆）钦定，胡思敬说礼臣这种手段是"借圣谟以箝群议"，以致使廷臣更无敢置喙者。至于顾黄崇祀之议，则自陈宝琛发之。是时朝臣分南北两党，北党主驳，以李鸿藻为首，孙毓汶、张之万、张佩纶等附之。南党主准，翁同龢为首，孙家鼐、孙诒经、汪鸿銮、李文田、朱一新等附之。主驳者谓顾黄二儒，生平著述仅托空言，不足当圣学传授道统之目。议上，祖阴等联名疏争，诏下廷臣再议。北党复推满大学士领衔，请仍照礼臣前议，其事遂寝。自科场废八股，改试策论，又废科举，改学堂，《日知录》《明夷待访录》《读通鉴论》三书盛行于世，主准者十居八九。惟礼部郎中吴国镛不好新说，以黄氏书驳杂，摘其可议者数条，上说贴于堂官。尚书溥良以为是，侍郎曾炘以为非。然部务当由尚书主政，遂拟稿准顾王而驳黄。通行六部九卿大臣诣内阁会衔，邮传部尚书陈璧先画诺，吏部尚书陆润庠、都察院左副都御史陈名侃继之。画未竟，而张之洞遣使持说贴至，大意言黄学与孟子相合，议驳非是。举座愕然，各逡巡遁去。次日邮传部咨行礼部，取消陈璧花押。润庠、名侃亦各行文取消。其畏惧政府如此。

　　以上摘录史料可补正史之未备。近来我对清代掌故颇感兴趣，曾请人找来近百种，于夜间枕上翻阅。并摘录若干则，写成《夜读钞》，发表在晚报上。清人掌故继前人笔记、野史之后，形成一具有特色的体裁，它较笔记或野史所接触的面更广，内容也更丰富。程秉钊称掌故之学创于龚自珍"近数十年来，士大夫诵史鉴，考掌故，慷慨论天下事，其风气实定公开之"。龚自珍所写的《杭大宗逸事状》就是他记述杭世骏文字狱的一篇掌故。今天倘有人将清代的掌故加以搜集整理，并进一步研究疏理，一定可以发掘出不少有意义的东西。就以上面摘钞的《国闻备乘》来说，在崇祀顾黄王这一事件上，可以看到当时一些朝臣身上所反映的思想倾向，他们议事的方法，以及顾黄王的历史地位是怎样逐渐确立起来的。这一则还不是突出的例子。我在读清人掌故中，了解了不少清代的政治、法律、文化、风土人情……这些事在掌故中是通过生动具体的描述呈现出来的，而一旦反映在正史中，就变成了抽象的概括了。

§ 206

曾国藩著"挺经"（1992）（《思辨录》第68条）

　　相传曾国藩自言欲著"挺经"，这恐怕不是空穴来风。国藩子颉刚，曾任驻英法公使。颉刚婿吴永，著有《庚子西狩丛谈》。其中记李鸿章对吴口述故事：

　　　　我老师（国藩）的秘传心法，有十八条"挺经"。这真是精通造化、守身用世的宝诀。我试讲一条与你听：一家子，有老翁请了贵客，要留他在家午餐。早间就吩咐儿子，前往市上备办肴蔬果品，日已过巳，尚未还家。老翁心慌意急，亲至村口看望，见离家不远，儿子挑着菜担，在水塍上与一个京货担子对着，彼此皆不肯让，就钉住不得过。老翁赶上前婉语曰："老哥，我家中有客，待此具餐。请你往水田稍避一步，待他过来，你老哥也可以过去，岂不两便么？"其人曰："你叫我下水，怎么他下不得呢？"老翁曰："他身子矮小，水田里恐怕担子浸着湿坏了食物；你老哥身子高长些，可以不至于沾水。因为这个理由，所以请你避让的。"其人曰："你这担内，不过是菜蔬果品，就是浸湿，也还可以将就用的；我担中都是京广贵货，万一着水，便是一文不值。这担子身份不同，安能叫我让避？"老翁见抵说不过，乃挺身就近曰："来来，然则如此办理：待我老头儿下了水田，你老哥将货担交付于（应为'与'——引者）我，我顶在头上，请你空身从我儿旁边盆过，再将担子奉还，何如？"当即俯身解袜脱履。其人见老翁如此，作意不过，曰："既老丈如此费事，我就下了水田，让尔担过去。"当即下田避让。他只挺了一挺，一场争竞就此消解。这就是"挺经"中开宗明义的第一条。

前人据此，称"挺经"之刚，具有将欲取之必姑与之之义。

§ 207

宦术（1992）（《思辨录》第69条）

曾国藩深于宦术，兼综儒法，以黄老之术行道，善用其刚，而以柔全之。他在排挤倾轧的宦海中，因势利导，左右逢源，以至功成名就善始善终，这不得不归功于他的老练持重，所以人称他有沉鸷之才。当他享盛名时，反而注意收敛，以避清廷忌汉人独专威柄。如他始终不肯拜受节制江浙四省、节制直鲁豫三省之命。同治九年，上谕又命他节制楚北,他再一次属疏力辞以避满大臣官文。这些地方足见其深沉老练。太平天国破后,清江宁知府徐宗瀛为理学名臣,拟禁阻秦淮画舫恢复旧观。曾国藩知道后以"养活细民"为由准其恢复。后人对此引为美谈,称赞他的胸襟和识见。其实这一举措别有深义,他这样做不过是延续采用了清朝一贯的统治政策,只要读了《京师乐籍说》即可明白。后世统治者佩服曾国藩,大抵是由于他把刚柔相济运用得十分贴切恰当的缘故。曾国藩喜网罗人才于幕中,其僚有三圣七贤之目。时人对这些人,曾以"此身终不动,只想见中堂"诟之。曾国藩用人之法,亦颇可观。《水窗春呓》记湘军与太平军战:

> ……势危甚。时李肃毅(鸿章)已回江西寓所,幕府仅一程尚斋,奄奄无气。时对予曰:"死在一堆如何?"众委员亦将行李置舟中,为逃避计。文正(国藩)一日忽传令曰:"贼势如此,有欲暂归者,支给三月薪水,事平仍来营,吾不介意。"众闻之感且愧,人心遂固。

这里所用擒纵之术与"挺经"契,虽柔实刚,较之那种缚而饲之的用人之法的确要高明多了。

§208

李鸿章办外交(1992)(《思辨录》第70条)

李鸿章是清末主持外交的重要人物。梁启超说他"接人常带傲慢轻侮之色。与外人交涉,尤轻侮之"。弱国无外交,这本是常理,今对外竟出以轻侮态度,似乎不可置信。但前人笔记中,多有此类记载。甲午之役,伍廷芳以议和随员赴日,日本首相伊藤博文向他谈起十年前奉使至天津订约事。伊藤说,李鸿章态度威严,有"追忆令人心悸"之语。此类传闻颇多,有人甚至大肆渲染李鸿章在签订战败的屈辱条约时,用这种对洋人的轻侮态度,取得了精神上的胜利。李岳瑞《春冰室野乘》云:

>……法使施阿兰狡甚,虽恭忠亲王亦苦之。公(李鸿章)与相见,方谈公事,骤然询问:"尔今年年几何矣?"外人最恶人询问年龄,然慑于公威望,不能不答。公掀髯笑曰:"然则是与吾第几孙同年。吾上年路出巴黎,曾与尔祖剧谈数日,尔知之乎?"施竟跼蹐而去,自是气焰稍杀矣。

这一记载虽然使人痛快,但似乎有些可疑。以年龄辈分压倒对手,只是我们的传统习俗,西方却并不管这一套。《庚子西狩丛谈》也说到总理各国事务衙门事:一日,华官与洋人议重大交涉。洋人态度嚣张,气势汹汹,而华官危坐祗听,始终只回答一二语,面赤骍颜汁,局促殆不可为地。俄顷中堂(李鸿章)入门,左右从者只二人,才入厅数步,即止不前。此时三洋人之态度,不知何故,立时收敛。一一趋就身畔,鞠躬握手,甚谨饬。中堂若为不经意者,举手一挥,似请其还坐,随即放言高论,口讲指画。两从人为其御珠松扣,逐件解脱。似从里面换一衷衣,又从容逐件穿上。公一面更衣,一面数说,而三洋人仰注视,如聆训示。喧主夺宾,顿时两方声势大变。《庚子西狩丛谈》本记吴永口述故事。这一则却是刘焜记他本人事。当时他到总署访友,亲眼见到这一场面。接着,他说:

>再观列坐诸公,则皆开颜喜笑,重负都释。予亦不觉为之大快,如酷暑内热,突投一服清凉散,胸间郁火,立刻消降。……吾友因为言中堂一到即更衣,我已见过两次,或者是外交一种作用,亦未可知。同人皆大笑之,谓如此则公真吃饭穿衣,浑身皆经济矣。语虽近谑,而推想亦不无理致。

清季外交不务实际，多舍本逐末，在许多琐细事上如礼节、称谓等问题上纠缠不休，甚至闹出笑话。据某笔记载，在民国初年，杭人黄保如司马，办理天津洋务局事务。一日，美领事招饮，仅请黄一人，领事夫人同坐。席将散，领事有公事先辞出，夫人留黄坐，黄虑遭物议，强辞而去。结果弄得不欢而散。曾纪泽（颉刚）于光绪初奉命使法。他偕夫人出国前，先郑重致书法国使馆，谓有"极重要之事，须与台端商量"。信中说："鄙人此次挈携妻子同行，拟请足下将鄙人之意，婉达于贵国仪礼大员之前，中国公使眷属，只可与西国女宾来往，不必与男客通拜，尤不肯与男宾通宴，即偶有公使至好朋友，可使妻子出见者，亦不过遥立一揖，不肯行握手之礼。"这是光绪初年的事。还是个开通而了解西方的外交官。

他在信中这样郑重其事地提出礼节问题，而其中所规定的礼数又是这样详细琐碎，这在外交史上可说是特殊国情。

§209

伪造合影（1992）（《思辨录》第73条）

张之洞、袁世凯、岑春煊均为晚清的封疆大吏，三人鼎峙，有赫赫之名。时论"南皮（张）屠财，项城（袁）屠民，西林（岑）屠官"，三屠之名流传中外。又谓"南皮有学无术，项城有术无学，西林不学无术"。岑春煊卒于一九三三年，晚年撰《乐斋随笔》，述其亲历之史实，自八国联军入侵，慈禧与光绪仓皇西逃，直至民国初，袁世凯篡窃国柄，以帝制自为，一一收录。其中亦夹杂若干身边之事，如处心积虑，时欲加害之类。下面二事虽琐细，但可见袁之狡诈狠毒。岑称，李鸿章在北洋，积存历年洋商所缴购买船械回扣，达数百万。李去北洋之日，移交后任，袁世凯据而有之，挥霍无度，并借以献媚宫廷，固结党援。袁与岑交恶，尝语其私人某曰："君等但知与西林（岑）为难，而不审要害所在，何能致人死命。"

某请其说，袁微哂曰："在报销耳。"另一事则较离奇："（袁）知东朝平生最恶康梁师弟，乃阴使人求余小照，与康所摄，合印一幀，若共立相语者然。所立地则上海时报馆前也。既成，密呈于孝钦，指为暗通党人图乱之证。深宫不审其诈，既见摄影，俨然信之不疑，惊愕至于泪下。亟谋所以处置者，枢臣固请如瞿相之例。"由于岑春煊在慈禧西走时护驾有功，结果未予深究，只是谕令"以久病未愈，准其开阙调理"。此事胡思敬《国闻备乘》亦有记述。胡称，照片乃是粤人蔡乃煌献给袁世凯的，袁交弈劻密呈太后，作为交通乱党之证。案当时照相馆已有将不同影片合而为一之术。据鲁迅称，咸丰时就已有照相馆，他在少年时曾见过照相馆陈列的二我图、求己图之类。这类照片即是将二张合一而成的。

[同年补记]本文发表后，傅杰抄来以下资料，现录于文末以备考。

刘成禺《洪宪纪事诗·本事簿注》卷二云："陈少白先生曰：岑春煊督粤，捕巨绅黎季裴、杨西岩等二十余人，有籍其家者。粤人悬赏十万金，谋能逐岑者酬之。少白手揭红标。知春煊与项城有隙，西后西幸，宠岑在袁上也。乃由粤人蔡乃煌谋于袁。又知西后痛恨康梁，乃赂照相师，将岑春煊、康有为、梁启超、麦孟华四像合制一片，广售京津，由蔡赍巨金谒袁，转李莲英，密上西后。西后阅之大怒，遂有调岑离粤之命。乃煌得上海道。少白获巨酬，以金办港省轮船公司，珠江码头划归陈有，其家今尚食之。出此奇计，少白得有陈平之目。"事出当事人自述，史家以为较《国闻备乘》之得于传闻者为可靠。同书其后又记："春煊知为相片所给，自赍巨金求计于莲英。莲英又以西后扮观音，自扮韦陀，同坐一龛，上相片于西后曰：'老佛爷何尝命奴才同照此像？足见民间伪造，藉观朝纲，从前岑春煊、康有为等照片，想亦类此。'西后对岑意解。"

§ 210

刚毅识杨金龙（1992）（《思辨录》第 74 条）

稍不如意辄加人以恶名，这是清末的一种陋习，前已述及，现再举另一个例子。某笔记称：

> 庚子夏，那拉后命义和团攻驻京各使馆，端王等字谕各直省大吏，先杀外人侨居内地者。岘庄（刘坤一）先奉旨而秘不宣，乃严檄水陆防营，保护外人，违者以军法从事。江苏提督杨金龙亦得密诏，复奉刚毅私书，嘱其驻师吴淞，专击列国兵舰商船及各教党，金龙立率所部移屯吴淞。岘庄闻之大怒，别饬俞统领持令箭往，谕之曰，杨金龙不遵令，可持其头来。杨始撤兵回防，乃大哭，复书刚毅云，刘坤一身任封疆，不保国而保外人，真汉奸也。刚毅持其书示其友人，皆赞叹以为忠臣语。

笔记又记，在此之前，刚毅奉西太后命，自江南搜刮归，西太后要他密保将才，刚毅奏曰："江南武员，唯有杨金龙，可称古之将才。"俗云什么样的人玩什么样的鸟，此亦一例。这里还需要提一下的是西太后问："能比何人？"刚毅答："可比古人黄天霸。"

§ 211

司官护法（1992）（《思辨录》第 75 条）

晚清朝政昏乱，官吏颠顸，但也还有一些司法官不畏强暴，敢于维护法律的尊严。王造《方家园杂咏纪事》称："光绪五年，慈禧遣阉人赴太平湖之旧醇王府，出午门。凡阉人出入例由旁门，不得由午门,值日护军依例阻之。阉持势用武,护军不让。阉归告慈禧,谓护军殴骂。时慈禧在病中,遣人请慈安太后临其宫,哭诉被人欺侮,谓不杀此护军则妹不愿复活。慈安怜而允之,立交刑部,并面谕兼南书房行走之刑部尚书潘祖荫,必拟以斩立决。祖荫到署传旨,讯得实情,护军无罪。秋审处坐办四员,提调四员,皆选自各司最精于法律者也,同谓交部则依法办。倘太后必欲杀之,则自杀之耳,本部不敢与闻。祖荫即以司官之言复奏。"(《一士谭荟》中《庚辰午门案》记此事与《方家园杂咏纪事》略有出入:"八月十二日,孝钦后命侍阉李三顺赍物出宫,致其妹醇王福晋,至午门,以未报敬事房知照门卫放行,护军照例诘阻。三顺不服,遂至争哄。"此记载可纠所述细节之误。)这个案子因拗不过慈禧的泼辣哭叫,捶床村骂,终于还是"曲法拟流"。但刑部秋审处的八位司官,敢于持法不阿,毕竟还是难能可贵的。当时刑署中对这八个人有"八大圣人"之称云云。

§212

水晶灯笼(1992)(《思辨录》第76条)

清末御史高树深知进言之难,稍一不慎,就可能获罪。他曾著《金銮琐记》,其中提到庚子时,直隶总督王文韶上疏,言不宜围攻使馆,篇末云:"如以臣为荒谬,臣亦不敢胶执己见。"其言一放即收,颇得进谏之妙。端王载漪初读王疏,以为当杀,等看到篇末语,遂不加罪。高树对此颇有感慨地说:"人谓相国(指王)不愧水晶灯笼之名。"并有诗以讽之:

　　表里玲珑似水晶,一篇疏谏矢忠贞。篇终转语能纾祸,福寿康强得令名。

高树讥弹王文韶是把他和抗争进攻使馆，沥言不宜开衅而遭诛戮的总理大臣许景澄、兵部侍郎徐用仪、太常寺卿袁昶相比较而言，我觉得高树的批评未免有些过头。批评时也应考虑到当时进言的难处，而不应要求人人都做批逆鳞的英雄。这里可以再举一例。庚子两宫西狩，张之洞欲请废大阿哥，得赴行在之召后，由豫入陕，行程愈近而心愈惧，筹思措词之难，夜不成寐。因为清律规定，臣下言及立太子，废太子，皆当大辟。一日至潼关，登山远眺，仍自己心口相商，推敲字句，心忽然开朗，口中自语曰："不如我们自己料理。"默自审谛，不误。是夕，始能睡熟。后来，到西安召对时，即以旅途熟思语对："闻洋人在上海已先议决，除杀端王外，尚有专条干涉大阿哥事。倘洋人提出，伤我中国体面太大，以臣愚见，不如我们先自己料理。"太后正在为自身安危担心，闻此连连点头。不数日，废溥儁之议遂定。我以为诸如此类推敲进言之法，似不应讥为水晶灯笼。只有窥伺上意，随声附和之徒，才可被以玲珑剔透之名。《金銮琐记》又记，在召对围攻使馆问题时，"兵部尚书裕德曰，奴才愿太后、皇上以天下国家为重。太后不理。三言之，仍不理。学士（朱祖谋）窃笑其言空洞无物，然不触犯天威即在此"。为了避祸作如此模棱语，自然可笑，但也只能说是胆小糊涂而已，至于水晶灯笼则应属于另一种类型。

§ 213

周汉其人（1992）（《思辨录》第 77 条）

光绪初，湖南风气尚闭塞，自陈宝箴诏授湖南巡抚，行新政后，一时人才济济，天下靡然景从，有人甚至比之于日本变法之诸藩。宝箴于三立文集中有《巡抚先府君行状》，曾记一事，为外间所罕闻：

> 先是府君锐兴庶务，竞自强，类为湘人耳目所未习，不便者遂附会构煽，疑谤渐兴。其士大夫各扶党挤排，假名义相胜，寻复有周汉事。周汉者，官至道员，宁乡人，积以张揭帖攻泰西教煽乱，为湖广总督落其职，而海内多奖谓忠义，尤为乡人所信重，至是复刊贴布乡县，府君方痛胶州事，传毁其帖，周汉殴传吏益横。府君乃排众议下之狱……世竟用此争齮龁府君矣。

这里记述陈宝箴在湖南推行改革遇到传统势力的阻挠是颇为生动的。像周汉这样自以为伸张正义的硬汉子，尤为惟妙惟肖，真有一种真理在握、睥睨群小的棍子气派。《行状》中所谓"揭帖"，亦称"白剳"，为当时士人刺议时政的方法，亦相当于今之贴大字报也。

§214

沈荩之死（1992）（《思辨录》第78条）

章太炎在上海狱中事，近来常常被人说起，而与太炎下狱同时，沈荩在北京被捕事，现在似乎很少为人提到了。太炎于狱中有怀沈荩诗：

> 不见沈生久，江湖知隐沦。
> 萧萧悲壮士，今在易中门。
> 螭魅羞争焰，文章总断魂。
> 中阴当待我，南北几新坟。

我在鲁迅文中初读此诗年方少，那时华北风云日紧，日寇蠢蠢欲动。太炎诗的雄沉悲壮，令我激越。光绪二十九年，沈荩遭吴式钊潜陷，被内务府郎中缉获入狱。次年，王照入狱，闻狱卒言沈荩就义经过。出狱后，王将其事写入《方家园杂咏纪事》诗末的杂记中：

> 夜半宫中传出一纸，天未明而沈已碎尸矣。其明年余入狱，所居即沈之屋，粉墙有黑紫晕迹，高至四五尺，沈血所溅也。狱卒言，夜半有官来，遵太后手谕就狱中杖毙，令狱吏以病死报。沈体极壮，群杖交下，遍身伤折，久不死。连击至两三点钟，气始绝云。余闻而惕息。

王照称，西太后开"破律乱法之端"，除杖毙沈荩以病死报外，还有曲法斩决午门护军一事。在此以前，清朝的司法对于皇帝也还是有独立性的。如同治十三年，甘肃乌鲁木齐提督成禄诬良为匪，屠数百人，被大吏奏劾，拿解入京。时盛传同治庇袒成禄，已谕末减。其实这事并不可靠，只是谣传。但是御史吴可读却信以为真，上疏忿争。疏中有"请斩成禄以谢某县之民，斩臣之头以谢成禄"等愤激语。同治暴怒，面谕刑部"必杀此獠"。清律，凡死刑须经刑部、都察院、大理寺三法司全堂画诺，缺一不可。在审吴可读案时，十三堂官都已画押，独大理寺汉少卿王家璧一人，认为"官例得闻风入奏，不应科以重罪"。案不能定。谕旨严摧，十三堂官与王争十余日，王卒不屈，乃改拟流宥，始画押。案子这样了结，同治虽然不快，但也无可奈何。此事亦见于《方家园杂咏纪事》。

§215

甲午缉奸（1992）（《思辨录》第81条）

鲁迅在《坟》里曾提到一种由来已久的陋习，即对对手加上种种恶谥，借以泄愤。"先前则有异端、妖人、奸党、逆徒等类名目，现在就可用国贼、汉奸、二毛子、洋狗或洋奴。"这是六十多年前的往事，当时情况，现在的人已不大了解。近读文廷式《闻尘偶记》，始得窥其一斑："甲午之役，有奏请缉奸细者，言其人住南城外羊肉胡同，谢姓。廷寄命给事中唐椿森缉之。唐至，饬兵役勿遽，先检其来往书札，则琉球遗臣求援于中朝者，流寓京师十二年矣，每岁皆有表文，而总督不为达。其旅费则琉球遗民倾助，流离琐尾，备极可怜。"这个被奏请缉拿的人，原来竟是一名求援中朝的琉球遗臣。缉捕者到他家时"方作函牍，冀中朝之大捷，而中山之复国也"。他不知自己已被当做奸细，还在希望中国在甲午战争中取胜。幸而缉奸的给事中唐椿森总算明白，没有鲁莽从事，以辣手为快，而据实奏闻，从而结束了这一几乎酿成的冤案。

§ 216

屈大均葬衣冠（1992）（《思辨录》第 83 条）

龚自珍《夜读番禺集，书其尾》是二首绝句：

灵均出高阳，万古两苗裔。
郁郁文词宗，芳馨闻上帝。

奇士不可杀，杀之成天神。
奇文不可读，读之伤天民。

诗及《番禺集》名，均为廋语，乃指屈大均及其所著诗。屈大均著作在清代是明令销毁的禁书，计有《翁山文外》《翁山易外》《翁山诗略》《翁山诗外》等十三种。在当时，某人一旦获罪，不但著作尽被禁毁，还要消灭他本人留下的一切痕迹。其性质之残暴、手段之苛细，乾隆在有清一代可谓居其冠。屈案原发生在雍正七年，但事隔数十年后，乾隆忽觉屈文中有雨花台葬衣冠事，乃疑屈有衣冠冢，于是大张旗鼓，谕两江总督高晋访查刨毁。清故宫存档有高晋摺，说明其始末。高晋先令江宁藩司闵鹗元，以购访碑版为名，传集乡绅，了解情况，再往雨花台周围覆勘，将所有坟冢碑记，逐一洗刷查验，但是并未查到屈大均衣冠碑冢。高晋却仍不放心，再去复查，又未查到。这个奏折极为烦琐芜杂，去何处查，用什么法查，都不惮辞费，一一写明。这位疆臣在乾隆面前战战兢兢，唯恐责他当差不力。奏折末尾还加了这样一段文字：

> 臣查逆犯屈大均，乃罪大恶极之人，其生前忽而为儒，忽而为道，忽而还俗，行踪诡秘，居心叵测，其死后尸骸，久经粤省刨出剉戮，乃于恶逆经过之地，辄敢虚营狡窟，冀附游魂，实属天理难容，神人共愤。此冢历今百有余年，查无踪迹，或被雷火轰击，铲削除根，或被犬豕蹂躏，灰飞影灭，甚或此等狡狯之徒，掉弄笔墨，伪饰虚词，均未可定。

这段话真是面面俱到，委婉之至。冢碑明明是没有的，但皇上要查，直说没有，岂不等于说他疑神疑鬼，患了过敏症？故说或是屈大均故弄玄虚，假设狡窟；或是原来存在，而遭天谴，以致踪迹荡然。给乾隆当差确实也不容易，这位皇帝是先定下框框，再叫臣子办事的。

§ 217

吴汝纶论中西医优劣（1992）（《思辨录》第 84 条）

有人曾以鲁迅不信中医，作为"五四"反传统的例证。其实反对中医，乃是晚清知识界一种思潮。早在"五四"前，桐城派后期大家吴汝纶就是一个激烈反对中医的人物。吴笃信西医，据说是受教于李鸿章的缘故。李曾戏称，笃信西医"可谓上智下移，余人（按：指信中医）皆下愚不移者也"。《一士类稿》有《吴汝纶论医》

一章。收有吴氏与友人书札，其中推重西医，排诋中医的言论甚多。现摘录数则如下。

《辛卯六月晦日答萧敬甫》："今西医盛行，理凿而法简捷，自非劳疾痼疾，决无延久不瘥之事。而朋好间至今仍多坚信中国含混医术，安其所习，毁所不见。宁为中医所误，不肯一试西医，殊可悼叹。"这里的说法尚较平和，但在别的信中，却激烈得多了。

《癸巳三月二十五日与吴季白函》毫不客气地称吴季白虽"文学精进，而医学近庸。……但守越人安越之见，不知近日五洲医药之盛。视我中国含混谬误之旧说，早已一钱不值"。

《丁酉二月十日答王合之》讨论中西医优劣，亦称："中医之不如西医，若贲育（按：指勇士壮夫）之与童子。"谓王合之评汉代张仲景所论三阳三阴，系强分名目，"最为卓识"，认为"六经之说（按：指张仲景《伤寒论》据《内经》之说演为六经分证）仲景前已有，仲景从旧而名之耳。其书见何病状与何方药，余不以六经为重，不问可也。西人之讥仲景，则五淋中（按：指石淋、气淋、膏淋、劳淋、血淋五种病名）所谓气淋者实无此病，又所谓气行脉外者实无此理，而走于支饮留饮等病，亦疑其未是。此殆亦仲景以前已有之常谈，未必仲景创为之也。盖自《史记·扁鹊仓公列传》已未尽得其实，况《千金》《外台》（按：医书名）乎？又况宋以后道听途说之书乎？故河间、丹溪、东垣、景岳（按：古代医家）诸书，尽可付之一炬"。

吴汝纶认为"西医精绝"，而中国医家"自古妄说"，从而对中医采取了全盘否定态度。这自然是偏激的。事实上，我国自汉代发展起来的医学，已形成当今世界医学中的一大体系，应进行科学的总结与探讨。不过对吴汝纶这种反中医思潮，也应就其时代背景揭示其在我国现代化过程中的历史意义。当时此种思想多受日本医学界影响。吴汝纶《壬寅六月十日与李亦元书》曾有这样的记述："前初见文部大臣菊池君，即劝兴医学。昨外务大臣小村君亦谆谆言医学为开化至要,且云他政均宜独立,唯医学则必取资西人,且与西人往来论医,彼此联络,新学因之进步,取效实大等语。是晚医学家开同仁会款待毓将军及弟等,长冈子爵、近卫公爵、石黑男爵皆有演说,皆望中国明习西医,意至恳至。"由此推想鲁迅在日本仙台习医,可能也受到当时此种空气影响,不知研究者对此是否作过探讨。

§218

跪拜礼(1992)(《思辨录》第85条)

清同治时,吴可读劾成禄一案,几酿大狱,前曾于另文中涉及。在这以前,吴可读尚有一疏,请免外国使臣行跪拜礼。这个问题成为清代外交上的一大问题。早在乾隆五十八年,英国正使马戛尔尼来华,要求通商。清廷责令他于船上插旗,上书英国进贡船。觐见时需循例叩头。陈康祺《郎潜纪闻》称,英使"自陈不习跪拜,强之,止屈一膝,及至殿上,不觉双跪俯伏"。当时还有大臣赋诗,说什么"一到殿廷齐膝地,天威能使万心降"。真是懿欤盛哉。可惜好景不长,到了同治年代,对外战争一败涂地,外国使节的跪拜问题成为另一种情况了。吴可读摺就充分反映了那种内心虚弱但又要强争面子的心理。这份奏折很长,开头大意说外国人无亲亲尊贤之义,不懂礼义廉耻为何物。引孟子的话说:"君子于禽兽何择?"我等何必去计较,不如暂行权宜之计,免其强行跪拜之礼,如此又岂为朝廷辱?折中最有趣的是下面几句话:"于许其进见时,不俟彼启齿,一并慨然许以代为奏请皇上,免其行吾中国跪拜礼,并不曾轻假彼以名器,亦不致稍示我以卑弱,岂不光明正大,夷夏凛然?"吴可读曾冒死愤谏请杀成禄,引起同治暴怒,几乎被杀头,可称得上是个敢批逆鳞的铮铮汉子。可是他的上一折竟是如此荒唐可笑,简直可采入"阿Q谱"。不过,从此以后,外国使节行跪拜问题,也就随着国势日蹙而烟消云散了。不出三十年，到了庚子之役，清廷割地赔款，遣醇王载沣赴德谢罪，这时跪拜问题又重新被提了出来。这回却是外国人欲以此礼强加于清朝大臣。当时载沣拍回的电报记载此事说："以跪礼我国万难应允，于德既无所取，更与两国体面大有相关，作为出自沣意，恳请宽免。"清朝的外交不是倨傲自大，就是屈卑乞怜，充分显示了朝廷之昏昏、士人之愦愦。这虽是琐事，但亦可供有心于社会心理学者参考。

§219

祀天敬孔 (1992)（《思辨录》第86条）

抗战前，故宫乐寿堂，陈列清代档案，其中有康熙时论西洋人谕旨一道，似是内阁所拟，经康熙朱笔批改。原件记康熙五十九年十一月十八日召见供职内廷的西洋人苏霖、白晋、巴多明、穆敬远、戴进贤等十八人，至乾清宫西暖阁，示以曲赐优容之意。其中谈到西洋的宗教与中国的祀天敬孔，涉及中西文化异同，颇值得注意。原件云："尔等所行之教，与中国毫无损益，即尔等去留，亦无关涉，因自多罗来时，误听教下阍当，不通文理，荒诞议论。若本人通中国文章道理，亦为可恕。伊不但不知文理，即目不识丁，如何轻论中国之义理是非。即如以天为物，不可敬天，譬如上表谢恩，以称皇帝陛下阶下等语，又如遇御座，无不趋跄起敬，总是敬君之心，随处皆然。若以陛下为阶下，座位为工匠所造，怠忽可乎？中国敬天，亦是此意。据尔集西洋人修道起意，原为以灵魂归依天主，可以苦持终身，为灵魂永远之事。中国供神主，乃是人子思念父母养育，譬如幼雏物类，其母若殒，亦必呼号数日者，思其亲也。况人为万物之灵，自然诚动于中，形于外也。即尔等修道之人，倘父母有变，亦自哀恸，倘置之不问，即不如物类矣，又何足较量中国敬孔子乎。圣人以五行百常之大道，群臣父子之大伦，垂教万世，使人知亲上敬长之大道，此至能先师之所应尊应敬也。尔西洋人，亦有圣人，因其行事可法，所以敬重。多罗、阎当等，知识甚浅，何足言天，何知尊圣。前多罗来，俱是听教下无赖妄说之小人，以致颠倒是非，坏尔等大事。"以上所摘录的康熙谕旨，是有关天主教传教史上的一件大事，天主教传入中国时，在祀天敬孔这两件事上，即有争论。龙华民等以为祀天敬孔是异端而不可行，利玛窦则以为非异端，两派讼于罗马教廷。一七○四年，教皇格勒门十一采择龙议，立禁约七条，并派主教多罗使中国，申明此旨。清廷则以不准传教抵制之。一七一五年后，教廷再派主教嘉乐使中国。康熙未见嘉乐前，特召在京西洋人，告以应付嘉乐之法。其内容即上引谕旨中的那些话。陈援庵对此事考证甚详。他疑此旨中有不可解者，可能笔意有伪误。但黄哲维辩云："当时满中书票拟之旨，大率如此，即康熙朱批，亦非尽通顺。所谓《东华录》清史，乃几经儒臣润色而成。若论此旨，正是初稿，且当时不以入史，故存其真也。"

§ 220

再谈鲁迅与太炎（1992）（《思辨录》第106条）

鲁迅说章太炎在革命史上的业绩比学术史上的要大。鲁迅和太炎在思想倾向上是很不同的。但是，如果不把学术上的承传当做简单的模仿或因袭，而视为潜移默化的汲取；那么，我认为鲁迅对国学的某些看法，在一定程度上是受到章太炎的影响的；不论这影响是自觉的，还是不自觉的。

蔡元培称鲁迅曾受清代学者的濡染，认为他杂集会稽故郡杂书，校《嵇康集》，辑谢承后汉书、古小说、唐宋传奇，编汉碑帖、六朝墓志目录、六朝造像目录等，全用清儒家法。鲁迅自称，他在写作上先受严复后受章太炎影响。我认为，鲁迅受太炎的影响，除早期文言文喜用古字和成为鲁迅文章特色的犀利笔法外，还有其他一些方面，现简述如下。

章太炎继顾炎武、钱大昕、朱彝尊的余绪，破千年来的偏见，对魏晋南北朝学术思想，作出再认识、再评价。他的《五朝学》可以说是一篇为魏晋玄学所作的有力辩词。文章以汉末与魏晋作对照，批驳后世所谓魏晋俗敝之说，用史实证明汉末淫僻之风远过魏晋。《五朝学》说："经莫穹乎礼乐，政莫要乎律令，技莫微乎算术，形莫急乎药石。五朝名士皆综之，其言循虚，其艺控实，故可贵也。"这是对于魏晋玄学的很高评价，发前人所未发。鲁迅早年校《嵇康集》，写小说《孤独者》魏连殳采用阮籍居丧故事，这些事本身就说明了他对魏晋玄学的态度。后来他撰《魏晋风度及文章与药及酒之关系》，就更说明了他对那个时代的学术思想的重视。这篇文章的着眼点与《五朝学》不同，但从学术渊源来看，仍可发现两者之间的某种关联。最为突出的是这两篇文章都提出了玄学和礼教的关系问题。应该说这一儒玄可通的观点滥觞于《五朝学》。按照以前的说法，两者是很难调和的。如王何解儒经就曾被儒家极端派斥为"罪深于桀纣"。太炎据史论玄学兴起之原因，认为当时倘徒陈礼教，不易以玄远，则不足以戒奢惩贪。这是史有明证的。可是后人不见汉末风气已坏至唐则尤甚这一事实，独斥魏晋，以致责盈于前，网疏于后，是极不公正的。《五朝学》称："五朝有玄学，知与恬交相养，而和理出其性，故骄淫息乎上，躁进弭乎下。"这也是说魏晋玄学实可纠汉末风气之弊。太炎指摘魏晋的，乃是自魏文定九品官人法以来所形成的士庶区别门阀制度，故他批评顾炎武所谓魏晋矜流品为善的说法为"粗识过差"。这些看法都与鲁迅相契合。

当时在古史研究中有疑古派，也有对疑古派表示质疑和不满的人，在这一问题上，也不难寻觅鲁迅与太炎的思想渊源。我认为鲁迅对顾颉刚的忿詈诋諆，不能仅归于性格作风。两人交恶除萌发于"以俟开审"之类的具体事件外，也夹杂着学术观点的分歧。后者往往是更主要的。鲁迅不止一次地讥讽了顾颉刚所谓大禹是一条虫的说法。这件事应该放在一定思想背景上来看。太炎少时师事俞樾，受全祖望、章学诚影响，后来成为经古文派的最后一位大师。他对于以今文疑群经最所痛恨。戊戌前一年，太炎致谭献信中，记述他与梁（启超）、麦（孟华）诸子相遇，"论及学术，辄如冰炭"。他在《汉学论》中称："清世言公羊已乱视听，今公羊之学虽废，其余毒遗（螫）犹在。人人以旧史为不足信，而国之史实蹶矣。"姜亮夫记太炎对他说过这样的话："宜守家法，不可自乱途辙，杂糅古今。"太炎其他弟子也发过这样的感慨："康南海《新学伪经考》出，则群经可读者鲜矣。崔适《史记探源》出，则史之可读者鲜矣。"孙思昉还记述了太炎曾指斥奇衺怪迂之谈，其中就有"斥神禹为虫鱼，以尧舜为虚造"，这与鲁迅之讥颉刚几乎完全一致（鲁迅在《理水》中亦嘲讽把禹当做虫把鲧当做鱼的说法）。顾颉刚主办的《古史辨》是疑古派的大本营，影响被及海内外达数十年。他以怀疑精神破经书之神化，其成就不容抹杀。顾称古史研究即在证伪与造伪之辨。这固然有一定道理，但往往流于为破伪而成新伪。疑古派固不可简单地说成就是今文派，但从基本上来看，仍可说倾向于今文。二十年代上半期，北京学界发生争论，有"某籍某系"之说，这一说法，实含有将鲁迅与太炎连在一起的寓意。因为当时北大中文系教师多浙籍，也多为太炎弟子。《古史辨》的疑古派多重宋学，与太炎尊汉学异。据钱穆回忆，顾颉刚在中山大学教书时，以讲授康有为今文学为中心。鲁迅则对宋代理学多所訾议，他的文章曾批评宋代业儒，在小说中曾为理学家取名为"道统"，为其子取名为"学程"。这篇题名《肥皂》的小说系描写一个人物想用肥皂洗净丐女，而作者命意却在洗去假道学的伪装。我认为凡此种种都给我们提供了线索，使我们可以从学术上去探究鲁迅与顾颉刚之争的思想背景。

太炎对秦代及其学术思想的评议，也与鲁迅有某种契合。太炎撰《秦献记》《秦政记》，为秦代申辩，称贾生过秦为"短识"。他认为秦皇微点，独在起阿房，以童男女三千资徐福渡海求仙诸事，而"其他无过"。太炎文录有《与王鹤亭书》，其中说："经术之用，不如法吏明矣。"鲁迅对秦代及其文化没有像上述这样肯定的评价，不过，他在早年所写的《文化偏至论》等文言文中，对"平等自由之念，社会民主之思"的指摘，与太炎的两记颇有相通处。《秦政记》称："古生民平其政者莫遂于秦"，两记并以此为主导思想去评骘秦代文化，鲁迅在《华德焚书异同论》中，为始皇叫屈，说他与攻陷亚历山德府的阿拉伯人、希特勒之流不可作同日语。认为后者也做不出始皇所做的书同文、车同轨的大业。秦代无文，鲁迅在《汉文学史纲要》为李斯独立一篇，称他尚有华辞，而在划一文字上则有殊勋。其第七篇合贾谊和晁错为一章。其中谈到《吊屈原赋》《鹏鸟赋》《治安策》，而未及《过秦论》，不知这是否受到章太炎所说的"短识"的影响？鲁迅曾明言，自己有庄周的"随便"与韩非的"峻急"。他说"背了这些古老的鬼魂，摆脱不开，时常感到使人气闷的沉重"。我认为从以上所揭示的一些资料，可以进一步发掘鲁迅与太炎在学术思想上的关系。

§221

胡适论清学（1993）（《思辨录》第 115 条）

胡适在口述自传中对清代学术作了总结，指出有三大成就（整理古籍、训诂、考古），也有三大缺点：一是清人大都摆脱不了儒家一尊的成见，所以研究的范围大受限制。一是清人除了用经书、史书、子书作训诂和音韵的比较研究外，就再没有其他参考比较的材料。上述两种情况确实存在，虽然他并没有提到形成这情况的历史原因，而只是常识性的泛泛而论。至于他说的另一种缺点，则是可以讨论的。即他认为清代学者太重功力，而忽视了理解。胡适曾撰文论述清代学术，推重清人的重证据精神。顾亭林以一百六十个证据证明"服"字古音读作"逼",阎百诗以三十多年工夫考明《尚书》中的古文为伪作,钱大昕据数十例考定古无轻唇音及舌头舌上之分,高邮王氏以二十六例释"焉"字之通则……胡适对这一类治学工夫,都曾倍加称颂。表面看来似与口述自传批评功力之说相悖,但并不矛盾。因为这符合他的"拿证据来"的原则,但清人治学偏重归纳法,其弊端如胡适所云,"绝不能把同类的例都收集齐了,然后下一个大断案",因此必须以演绎法与之相济。胡适心目中的演绎法,即他说的"寻得几条少数同类的例时,我们的心里就起了一种假设的通则"。这假设的通则不是别的,正是他倡导的"大胆的假设"。所谓大胆的假设,用他的说法,乃是一种"艺术",一种"想象的功能"。

胡适在日记中记他于一九三七年初与汤用彤所作的一次谈话。日记中说,汤对胡自认胆小,说只能作小心的求证,不能作大胆的假设。胡适说这是"谦词"。依我看,这未必是谦词,而是老实话。这表明两人在治学方法上存在分歧。胡适在日记中也承认"锡予的书极小心,处处注重证据,无证之说虽有理亦不敢用"。凡读过汤著的人都会有同样的感受。汤著《汉魏两晋南北朝佛教史》《魏晋玄学论稿》等,迄今仍被人认真阅读,并往往加以征引。而胡适的《中国哲学史大纲》之类,已被后出的著作所取代了。这也多多少少说明两人治学方法之间的短长所在。

§ 222

《纵难送曹生》(1993)(《思辨录》第 92 条)

龚自珍《纵难送曹生》是我最爱读的文章之一。数年前,我曾摘录其中一段话写入手卷请友人题词。这篇文章所说的曹生即曹籀。曹籀又名家驹、文昭,字葛民,又字竹书,号柳桥,又号台笠子、石屋子。生于嘉庆五年,卒于光绪初。同治三年所出《定盦文集》

三卷、《定盦续集》四卷、《定盦文集补》六卷，就是曹籀校订由吴煦出资付印的。他是一介贫士，靠卖文教授生徒糊口。生平致力于经学与小学，研治《穀梁春秋》达二十余年。著书甚多，有《穀梁春秋释例》《穀梁春秋传微》《尚书古文正义》《三家诗传诂》《说文古音表》等十余种。他与魏源、俞正燮、胡培翚、张维屏、陈沣、黄燮清、赵之谦等亦相过从，并于道光咸丰间，与戴煦、邹在衡等结为红亭诗社，互相唱酬。

《纵难送曹生》描写了当时追求文化真知的士人，在茫茫无助的环境中默默工作，得不到支持，也不被人理解。作者笔下流露出来的那种苍凉孤寂之感，具有一种震撼人心的力量。这篇文章是龚自珍为曹籀，也为他自己，倾吐积压在觉醒的中国知识分子内心深处的哀愁。如果龚自珍不是把曹籀视为知己，他是不会写出这篇《纵难送曹生》的。可是曹籀究竟是怎样一个人？很少人提到。他和龚自珍的关系如何？曾有过一些传说。谭献《复堂日记》载："孝拱言曹老人者，曾卖墨京师，为先君子食客，粗识字而已，谬托知交。"这里说的曹老人即曹籀。孝拱为龚自珍子，他的话有一定影响。但此说曾遭到吴庆坻的反驳。吴庆坻《蕉廊脞录》认为这"乃是文人相轻之习"。樊著为了澄清事实真相，首先考定龚自珍于道光四年与曹籀结识。[按：据曹籀《定盦文集题辞》："道光甲申之岁，余入市阅书，邂逅于僻巷，不及通姓名，瞠目视良久，若有心契者，执手谈文字甚欢，始与订交。"]再述往来经过：一、龚自珍结识曹籀时，不仅年长曹籀八岁，且已任内阁中书，并将自己著作编为十九卷，刊刻文集三卷、别集一卷。曹籀则是布衣寒士，尚无作品结集问世。但龚自珍对他毫不倨傲轻慢，而且友情甚笃，脱略行迹，亲往造访。二、龚自珍曾邀曹籀往游沪上，吟诗唱酬。曹籀诗中一再流露出对龚自珍有知遇之感，说明龚自珍对他是热诚相待的。[按：曹籀诗集《蝉蜕集》有多首述及此事。如道光五年夏，龚自珍邀曹籀及王应绶豫园赏月，曹籀诗有"海内论交晚，生平感遇深"，以寄深情。］三、道光十一年夏，曹籀借授徒曹艘之便，由津入都，与龚自珍重聚，二人论学极为相得。［按：曹籀《籀书文集续编》曾记他淹留龚自珍旅舍两月，谈论经学，至鼓四下不能睡。］四、龚自珍《大誓答问》是由曹籀带回杭州付印的。这是龚自珍生前所刊印的唯一一本经学专著。［按：曹籀《大誓问答后序》，称此著与诸家说不雷同，读后有与共信。］五、龚自珍已亥辞官回到杭州，与故乡诸友人重晤。他在诗中对曹籀表示了深厚情谊。［按：龚自珍《己亥杂诗》中谈及曹籀的诗有二首。其一："乡国论文集古观，幽人三五薜荔看。从知阆苑桃花色，不及溪松耐岁寒。"］樊著对龚曹二人的关系作了全面考察证明传说之妄，《复堂日记》所载之不实，是令人信服的。

§223

"破落户飘零子弟"（1994）（《思辨录》第108条）

鲁迅晚年答徐懋庸曾用了一个不大被人注意的用语"破落户飘零子弟"。这一说法很值得玩味，可惜他未深论，只是举出几个特点，如喜欢叽叽喳喳搬弄是非等等。后来我读杜亚泉论游民与游民文化的文章，杜指出过剩的劳动阶级与过剩的知识阶级结合在一起，就产生了游民文化。这种文化以尚游侠，喜豪放，不受约束，不计生计，嫉恶官吏，仇恨富豪为其特点。又说这种人有两面性：一面夸大骄慢，凡事皆出于武断，喜压制，好自矜贵，视当世人皆贱，若不屑与之齿者；另一面则是轻佻浮躁，凡事皆倾向于过激，喜破坏，常怀愤恨，视当世人皆恶，几无一不可杀者。我觉得这些话颇可用来作为"破落户飘零子弟"的注释。

§224

高阳谈张之洞（1994）（《思辨录》第72条）

读高阳著《清末四公子》。高阳熟悉晚清掌故，其所撰清宫小说，未见所长，而《清末四公子》一书，则颇具才识。陈佑铭在湖南巡抚任上行新政，湖南巡抚归两湖总督张之洞所辖，湖南新政得张之洞支持。书中记时务学堂事，述张之洞恳切告诫梁启超说，报上发表过激言论"若经言官指摘，恐有不测"，而报纸将"从此禁绝"。接着，作者论此事曰："平心而论，张不失为有心人，他的'中学为体，西学为用'的主张，折中古今新旧中外，不失为稳健的救时良策。因为体用之间亦不是纯然不变的：坚甲利兵，只是固为用；但对西学浸染渐深，悉其意蕴，如严复、辜鸿铭等人之书，得以大行，则科学精神能够根植，西学亦不至于为'用'，而为体的一部分了。无奈当时新学家操之过急，乃有戊戌政变的不幸结果。"高氏未将湖南新政与戊戌变法进行比较，只是点到为止，然其识见颇堪注目。

§225

日知会（1996）（《思辨录》第79条）

从杂物中拣出两张《圣公会报》，为一九三九年四月十五日出版的第二十七卷第八期，大约是母亲所存遗物。其中教讯栏中，有高荆记《黄吉亭会长升受圣职四十周年纪念感恩礼拜自述》一文，述及湖北沙市圣公会事。文云："庚子年德公使被杀，乱日扩大，祸益甚，国益危，试释其因，实属民智不开，庸人自扰。祥（黄吉亭自称）等组织日知会于府街，广集书报，任人披阅，开讲演以灌输新知识，大受学界欢迎。常闻人云：此乃中国第一阅书报处。"日知会是支持孙中山革命的进步团体，陆丹林《革命史谭》记其事颇详。儿时，父母亲在谈话中时时叙及黄吉亭、胡兰亭之名，惜有关事迹已无记忆。但父亲母亲在谈话中从未提及日知会，我对这一组织有所了解，还是读了陆丹林著作才知道的。

同文中又说："一九〇三年，祥在长沙设立日知会，大受湘学界之欢迎。除阅书报公开演讲外，每主日（即星期天）早礼拜，校长、教员及学生，受奉教礼者有之，受洗者有之，并乐捐款项，作耕地时之中用酒水等费。"长沙为陈宝箴在湖南推行新政之地。湖南新政即有开民智之举措，办有时务学堂和刊行《湘报》等等，故日知会的活动在此易被接受。本世纪初基督教与革命党人关系颇密切，但到了二十年代初，由美退还庚款兴办的清华大学即举行了全国规模的反基督教大会，当时陈独秀亦有反基督教的强烈言论出现。数年之间，发生如此变化，是何原因，颇值得研究。

[附] 陆丹林《革命史谭》记日知会事：

在鄂党人借圣公会开会欢迎，演说革命，空气紧张。被清吏张之洞、张彪们侦得，于十一月十一日派兵围圣公会，捕去刘家运、朱子龙、胡瑛、李亚东、殷子衡、吴贡三、李雨霖等多人，检出名册四大本，多属军学两界分子。余诚、冯牧民等幸得逃脱。

日知会在两湖的革命运动中，主干人物，除了教会牧师胡兰亭、黄吉亭之外，在湖北方面有曹亚伯、刘家运、冯牧民、张纯一、吴贡三、陆费逵、朱子龙、李亚东、殷子衡、余日章、梁钟汉等。湖南方面有：黄克强、刘揆一、禹之汉、易本义、胡瑛、宋教仁、陈天华等。他们对于革命运动，尽过很大功绩。

党人借教堂或教会学校做革命机关，有在长沙、武汉两处的圣公会，武昌的文化书院，上海的圣彼得堂。

§226

谈太平天国（1996）（《思辨录》第80条）

英人呤唎所撰《太平天国革命亲历记》一书记载并分析了当时英国的对华政策，其中颇多其他著作中所难见到的资料。至于有关太平天国本身的资料方面，就我所浏览的来说，早期简又文的一些著作，后来罗尔纲编定的大量资料，以及清方记载，特别是清军为了作战需要由张德坚编撰的《贼情汇纂》等等，都比呤唎这本书的内容要丰富。史学界曾出版了不少关于太平天国的著作，但是如果把近代史作为农民革命的太平天国运动，和现代中国革命史联系起来考察，就会发现不少使人感到饶有趣味的前后相续的现象。可惜这方面的工作迄今未引起人们重视。我印象中有这样几个例子：如基于平均主义思想，太平天国取类似张鲁五斗米教置义舍、义米肉办法，设男营女营圣库圣粮，以行供给制。又如太平军行军时，有类似"八项注意"的纪律规定（两者近似的程度令我为之惊讶）。此类史实倘加以深入探讨，对我们研究中国现代革命史将是大有裨益的。太平天国的失败自然应归之于内讧后领导层的腐化，但其采取的歧视知识分子（士人）的政策，也是造成后来失败的一个重要原因。如今所流传下来的清方记载，除官书文书外，均出于读书人之手，而他们所写的野史或笔记，几乎毫无例外地对太平军取反对态度。我以为造成这种情况的原因，是不能简单地用士人的反动阶级立场来说明的。范文澜近代史曾引曾国藩《讨粤匪檄》的一段话："粤匪焚郴州之学宫，毁宣圣之木主，十哲两庑，狼藉满地，所过州县，先毁庙宇，即忠臣义士如之凛凛，亦皆污其宫室，残其身首。"认为的"这一宣传是取得了胜利的"。但更重要的原因恐怕还在于对待士人的具体举措。我已记不得在哪一本清人笔记中读到，太平军将所俘士人，着青衣小帽，编入队末，令其抄写文书。据说这还是给予士人的优渥待遇。太平军不理解士人的价值并不奇怪。我们在"文革"中还可以听到"工人为你们造房子,农民为你们种粮食"之类的话,用以指责知识分子只会糟蹋粮食,对社会毫无贡献。这已是在太平天国以后一百多年了。

§ 227

说无政府主义（1996）（《思辨录》第 119 条）

最近我读了些有关无政府主义思想的资料。西方革命思潮最早进入中土的是无政府主义。这是在本世纪初开始的。大约在一九〇二年,马君武首先介绍了《俄罗斯大风潮》。由于中国革新运动屡遭失败,当时一些和平稳健人物,如蔡元培、马叙伦,甚至太虚和尚,也都浸染了这股无政府主义思潮。代表当时无政府主义思潮的主要人物刘师培于一九〇四年发表在《中国白话报》第六期的《论激烈的好处》一文说:"天下的事情,没有破坏,就没有建设。这平和党的人各事都要保全,这激烈派的人各事都要破坏。我明晓得这破坏的人断断不能建设；但是中国到了现在,政府既坏得不堪,十八省的山河都被异族占去了,中国的人民不实行革命,断断不能立国,就是破坏两字,也是断断不能免的了。"这段话颇能道出当时无政府主义者的思想情绪,如果用作对于激进主义一词的说明,倒是十分接近的。激进主义发生在"五四"以前,"五四"和"五四"以后的思想都或多或少受这一思潮的影响。"文革"时期的"造反有理""大乱才有大治""破字当头,立在其中""两个彻底决裂"等等,都是这股思潮愈演愈烈的余波。我的反思是想要发掘"极左"思想的根源,这和意图否定八十年代是不相干的。不过我对于所谓八十年代是重思想,九十年代是重学术,因而九十年代的反思,就形成了"学术出台,思想淡化",或今天更进一步的"学术压思想"诸如此类的意见,是不能同意的。我仍旧认为今天应该多一些有学术的思想和有思想的学术。如果有人反对，硬要将思想和学术截然分开，这是他的自由。我不想强人从己，也不想强己从人。我说的只是我以为然的道理，希望它或许对读者不无借鉴之处。

§ 228

再说无政府主义（1996）（《思辨录》第 120 条）

无政府主义在本世纪风行的另一个原因，在于它是最早传入我国的西方革命理论。无政府主义是一种激进主义。激进主义这一概念在许多人心目中并不一样，批评激进主义的人立场也不尽相同。我并不认为激进主义专属哪一党派，而是界定它为思想狂热，见解偏激，喜爱暴力，趋于极端的一种思潮。较远的例如无政府主义，较近的例如红卫兵的造反运动。关于前者我曾举出刘师培的理论。这不是孤立的，早期无政府主义者几乎都持类似看法。一九〇三年马叙伦发表在《政艺通报》上的《二十世纪新主义》，就提到无政府主义者的破坏宗旨。同年，杨笃生撰《湖南之湖南人》，第五篇以《破坏》为题，歌颂破坏精神说："非隆隆之炸弹，不足以惊起入梦之游魂；非霍霍之刀光，不足以刮其沁心之铜臭，呜呼！破坏之活剧，吾曹安得不一睹之？破坏之悬崖，吾曹安得不一临之？轰轰烈烈哉，破坏之前途也；葱葱茏茏哉，破坏之景象也。夷羊在牧，吾以破坏为威凤之翔于天；旱魃行灾，吾以破坏为神龙之行于海。"同年，自然生（张继）纂《无政府主义》，燕客在序中明白宣告："破坏不能与建设并行，现欲行大破坏，当专以破坏为脑。"文末大声疾呼："吾愿杀尽满洲人，杀尽亚洲特产之君王、杀尽政府官吏、杀尽财产家、杀尽资本家、杀尽孔孟之徒、杀尽结婚者。"这种荡涤一切的狂热，令人不能不想到半个多世纪后的"破四旧""大批判""造反有理""两个彻底决裂""破字当头，立在其中""大乱才有大治"等等造反口号与行动。其区别是前者处于被压迫地位，而后者是受到保护的。但就手段来说则两者完全一致。我为了究明成为长期顽症的"极左"思潮的历史根源,近两年读了一些有关无政府主义的著作。自然"极左"思潮的思想根源并不完全来自西方传入的激进主义,它也和中国历代的农民造反运动有着一定的关联。红卫兵运动的狂热性与冲动性,都可以在已往的太平天国或义和团等农民运动中找到类似的特征。

§229

太虚法师（1996）（《思辨录》第121条）

据太虚法师年谱载,他早年在思想上与严复、章太炎、梁启超、梁漱溟等都发生过某种瓜葛。他曾撰《整理僧伽制度论》,其中"论僧"部分与章太炎的建立宗教论同旨。在评论世学方面,则有《论陈独秀自杀论》《睐盦读书录》《论胡适之中国哲学史大纲上篇》《读梁漱溟君唯识学与佛学》《论梁漱溟东西文化及其哲学》《近代人生观的评判》等。所可惜者,年谱在这方面大多一笔带过,其中只有"大师不满胡适之进化论的历史观念,责其抹杀个人之才性,不明佛法之心性","梁漱溟时有《唯识述义》公世,右空宗而抑唯识,大师为论空与唯识,义本一致"等数条。年谱还记有游绍兴,盘桓二三月,曾撰文于绍兴公报,宣导立宪政治及普及教育等。此事亦见孙伏园著《鲁迅先生眼中的太虚》一文。关于太虚相信无政府主义,年谱于辛亥前一年（一九一○）条下有这样的记载:太虚"由君宪而国民革命,而社会革命,而无政府主义"。当时太虚曾为吕大任主编《良心月刊》,鼓吹无政府主义。并著《无神论》比较政治与宗教的进化历程:"政治界之进化,由酋长而君主,由君主而共和,由共和而无治（指无政府）。宗教界之进化,由多神而一神,由一神而（无神）尚圣,由尚圣而无教。"年谱称这一说法为"遮他边"。大概佛家因破人我诸执而成"日损之学"（用熊十力说）,

所以才可能接受行彻底破坏的无政府主义学说吧。但无论如何这总是证明了无政府主义在当时风行之广。"五四"时期胡适所记日记中称谈论无政府主义为当时的"时髦"风尚。但真正原因恐怕只能以中国百年来改革多遭挫折来说明。社会过于黑暗，使许多要改变现状的志士仁人，选择了采取暴力手段的无政府主义。当时接受无政府主义思潮的人还有不少性格和平受到传统文化熏陶很深的人物，如蔡元培、马叙伦、刘师培、吴稚晖等。

§230

刘师培一鞭先着（1996）（《思辨录》第122条）

一九〇七年，刘师培偕妻子何班（后更名震）东渡日本，先办《天义报》，遭查封后，又办《衡报》。这两个刊物是刘师培思想转向无政府主义时办的，但其中也留下不少有关我国早期社会主义思潮的重要文献。《天义报》第十六、十七、十八、十九共四期合刊上（一九〇八），载有刘师培的《〈共产党宣言〉序》。《衡报》最值得重视的文章是《论共产制易行于中国》。这里说的共产制，援引了苦鲁巴特金（今译克鲁泡特金）《面包掠取》第三章："详述无政府共产主义，最精之语则谓，由无政府而生共产制，由共产制而无政府。"作者认为这种共产制于中国古史"确然有征"，并举《礼记·祭法》篇的"共财"说、顾炎武释《礼记大传》的"合食通财"说、《汉书·食货志》的"计亩均收"说，以及《礼记·礼运》的"老有所终，壮有所用，幼有所长，鳏寡孤独废疾者皆有所养"等，谓"此即共产之确据"。然而最引起我注意的还是下面这段话："东汉之时，张鲁据汉中，诸祭酒各起义舍于路间亭传，悬置米肉以给行旅，食者量腹取足，此亦共产制之行于一方者。"把五斗米教张鲁所立之制视为共产制之先声，这令我不禁想起，五十年后，在北戴河讨论人民公社决议案时，曾附毛注《张鲁传》以供参考，毛注也是认为五斗米教的种种措施含有共产制的因素。如果上面那篇文章果为刘师培所撰，那么在这个问题上，他却是一鞭先着。

§231

《衡报》（1996）（《思辨录》第123条）

辛亥革命前，刘师培在日本所办《衡报》还有一篇文章《无政府革命与农民革命》也值得注意。文章一开头就断言："欲行无政府革命，必自农民革命始。"所谓农民革命，指的乃是"以抗税诸法反对政府与田主"。文章阐明革命必自农民始的理由有四：甲、中国大资本家以田主为多数。乙、中国人民以农民为多数。丙、中国政府的财政以地租为大宗，农民抗税，财政必定不支，则颠覆政府必易奏功。丁、财产共有制必以土地共有为始基，如农民实行土地共有，则一切财产均可易为共产制。作者接着分析了农民为什么可以投入革命的理由，除指出团结性等等以外，最值得注意的，是作者从历史上不断涌现的农民起义运动，来证明农民最具抵抗力（反抗性）。作者列举陈涉起于佣耕，刘秀起于力农。唐初刘黑闼起于漳南，所率都是农民；而西晋农民扰乱，也都是无食农民。明代邓茂士以佃农之微起兵闽省，而明末之乱也以无食农民占多数。近世蔓延北方被称为"捻匪"之众者，实如曾国藩之奏，"聚则为匪，散则为农"。晚清，北方及川、黔、湘、浙、粤各省会党，多事力农，反对差役，其殴官各巨案，鲜出于市民，而多行之于农村。更近发生镇江之闹漕，桐乡万顷湖之暴动，湖北之后湖，安徽之八都湖等等事件，都以农民反抗为主。作者在那时就提出当以农民为主力的革命理论，诚然是一鞭先着的。在刘文发表二十年后，中国的苏维埃土地革命起，也是以农民为主力军的。

三十多年前，笔者在上海古籍书店二楼旧书部，见有《刘申叔先生遗书》，问价超过百元，倘把书买回家去，则可堆满小半间房间，这不是我辈可以问津的。然而不仔细读他的书，就无法对其人其学作出公允的评价。刘师培仅仅活了三十多岁，他的一生极为复杂，其行径之曲折，往往令人诧异。如早期投书端方，晚年依靠袁世凯，这些失去操守的行为，一再受到人们的指摘，即使对他取同情态度的弟子亦不为之讳。黄季刚曾评曰："忧思伤其天年，流谤及于后世，贻人笑柄，至可痛惜！"但世人诋诃，多出于道德上的责备，殊少思想上的探索。其实从激进革命走向拥戴独裁，也不是没有思想上的线索可寻。这在中外近代史上是不乏先例的。所谓两极相反亦相通，我以为激进主义的趋向极端、崇尚暴力、蔑弃人道、反对民主可能就是两极相通的途径之一。

§ 232

戊戌变法之前、之外、之后（1998）（《思辨录》第 71 条）

一九九八年天则经济研究所邀我去京参加纪念戊戌变法百周年研讨会，我在会上的发言主要谈如下三点：

一、戊戌变法前——变法是在一定的改革思潮背景上发生的。乾嘉时期惠栋、戴震反对的禁欲絷欲之说，龚自珍提出的自我，和曹雪芹和洪昇所歌颂的爱情，邓石如反对馆阁体和郑板桥表现的不羁精神等等，都可视为体现个性解放和自我觉醒思潮的萌芽。

二、戊戌变法外——比戊戌政变略早出现的湖南新政，似乎至今没有引起多少人的重视，却是十分值得研究的课题。它与戊戌变法都是当时很有影响的改革运动，但两者本身却存在着区别。这一点陈寅恪早就指出过。戊戌变法是采取激进手段，把成败寄托在帝党与后党之争上面，以为帝党胜则改革成，这是一种由上而下的改革路线。湖南新政则相反，它所采取的是渐进手段。湖南新政的最大特点还不仅在于它继承了洋务运动未能完成的事业，也不仅在于它的开民智——办时务学堂以培养人才，办《湘报》作为新政的舆论，更重要的是在于公官权，即从基层入手推行地方自治。显然这一从基层入手的措施使它和戊戌变法分别开来。我有一种想法，尚不成熟，先提出供参考。据《散原精舍文集》，可以看到陈宝箴父子与郭嵩焘关系密切，感情笃深。文集目录后有用小字排印的附言，内称其先君三立壮岁时与筠仙（嵩焘）往复商榷诗文。文集中又载所撰《船山师友录叙》。文称，船山遗书"久而后显，越二百有余岁，乡人湘阴郭侍郎嵩焘，始尊信而笃好之，以为斯文之传，莫大乎是"。这几句话因船山而涉及，但亦可见其推崇之重。文集中的《郭侍郎荔湾话别图跋》，这本是为他在离开粤东前与友人王少鹤、丁禹生（日昌）、陈兰甫（澧）等十余人，同游潘氏海山仙馆名园图影所写的纪游小文，但也点出他"痛言古今之变，得失之宜……立自强之基，振兴变革"的胸襟怀抱。

郭嵩焘是早期变法维新思潮的代表人物，他的思想不仅远远超迈倡导洋务运动的前辈，就是同时期的维新人物也难以和他比量。光绪元年（一八七五）他于福建按察使任上所写的《条议海防事宜》，就已申言"西洋立国有本有末，其本在朝廷政教，其末在商贾"。商贾不是本，洋务派所向往的坚甲利兵、声光化电也不是本。当时能有此种议论是很有见地的，而尤其难得的是他在《条议》中还提出自己所倡导的"自治"观念。自然这时他对自治的认识还很朦胧。但他出使英国，一到那里就竭力搜索西方的政教知识。最初向井上馨、马格里等询问政治经济的著作，得知阿达格斯密斯（亚当·斯密）的《威罗士疴弗呢顺士》（Wealth of Nations，《国富论》），抟蔑儿（约翰·穆勒）的《播黎地加儿伊哥那密》（Political Economy，《政治经济学原理》）。他的《日记》中大量记载了参观访问活动。光绪三年二月三十日记："赴下议院听会议事件。"同年十一月十八日在日记中谈到英国的巴力门（Parliament，议会）和买阿尔（mayor，民选市长）："推原其立国本末，所以持久而国势益张者，则在巴力门议政院有维持国是之义，设买阿尔治民有顺从民愿之情。二者相持，是以君与民交相维系，迭盛迭衰，而立国千余年终以不敝。人才学问相承以起，而皆有以自效。此其立国之本也。"同年十二月十四日的日记也讲到英国的两党制："二百年前即设为朝党、野党，使各以所见相持争胜，而因济之以平。"十二月十九日记他和李凤苞议论英国政治，涉及制度与道德问题颇堪注目："西洋君德，视中国三代令主，无有能庶几者，即伊、周之相业，亦未有闻焉。而国政一公之臣民，其君不以为私。其择官治事，亦有阶级、资格，而所用必皆贤能，一与其臣民共之。朝廷之爱憎无所施，臣民一有不惬，即不得安其位。自始设议政院，即分同异二党，使各竭其志意，推究辩驳，以定是非，而秉政者亦于其间迭起以争胜。……朝廷又一公其政于臣民，直言极论，无所忌讳，庶人上书，皆与酬答。其风俗之成，酝酿固已久矣！"（以上引自钟叔河编郭嵩焘《伦敦与巴黎日记》）郭嵩焘对英国的民主政治是有较深理解的，在当时还没有人能望其项背，这大概与他亲自在英国作了考察有关。由于他与主持湖南新政的陈氏有着密切关系，我以为湖南新政的"开民智"（办学办报）、"公官权"（地方自治）大概都受到了他的（倘不是最主要，也是很大）影响。自然这还只是推理，倘要进一步证实，还需要做大量资料工作。尽管湖南新政不如戊戌变法像一场骤风暴雨那样激动人心，而只是像没有大的波澜起伏的平静河水向前缓缓流去，但是日本的维新人士却对它甚为推重，将它比作在日本维新时期的长门和萨摩两个藩。长期以来，我们对戊戌变法给予很多的注意，但对于当时和它采取不同方式（如果不遭意外也许可以获得成功）的湖南新政则几乎没有人关心也很少有人研究，这不能不说是一件憾事。

三、戊戌变法之后——对改革失败后所引起的义和团运动的再认识再估价，对康有为的批判。近代史只研究变法维新的思想家，而缺乏学术脉络的疏理，以致像陈澧、朱一新等的学术思想研究长期成为空白，这是亟待填补的，否则连变法维新思想都不可能得到完整的理解和认识。比如陈澧对治学精神、治学态度、治学方法的探讨，比如朱一新对康有为的批评，都是在研究维新思想时不可不注意的，但至今这些有关的著作，甚至连新排印的铅字本都没有，遑论其余？这也不能不说是一件憾事。

［附记］感谢天则经济研究所根据记录将我的发言整理成文。后来，《公共论丛》的编者王焱来信，也附来记录稿，向我征求意见准备发表。我因当时的发言太匆忙，不成熟，打算花一点时间，补充资料，重新整理，但始终未能如愿。这里所记是经过增订的，但和我想要写成的文章还是距离很远。

第七辑　传统与反思

§ 233

韩非并不集法家大成（1976）（《思辨录》第 61 条）

早期法家一断于法，韩非的学说却融会了法、术、势三个方面。但是今天论者反而据此称韩非是集法家大成的人物。这种说法究竟能不能成立，我以为不是没有讨论余地的。

在先秦时代，法、术、势是不能混为一谈的，尤其是法和术更有一定的严格区别，直到韩非才把它们杂糅在一起。但是，就连韩非本人也对法和术作了明确的区分。他把术放在法之前，对它们下过这样的定义：

> 术者，因任而授官，循名而责实，操生杀之柄，课群臣之能者也：此人主之所执也。法者，宪令著于官府，刑罚必于民心，赏存乎慎法，而罚加乎奸令者也：此臣之所师也。（《定法》）

法是成文的法律。至于术却要微妙得多了，这是一种极端诡秘的权术。韩非在《难三篇》中说："术者藏之胸中以偶众端而潜御群臣者也。故法莫如显，而术不欲见。"所谓"术不欲见"也就是后来赵高所说的"以未兆为朕"。术虽然是这样隐而不显的神秘东西，但并不是不可言说。韩非著书立说就是要在这个困难问题上做功夫。韩非不但用术去补充法，而且进一步把术和势联系起来。慎到是首先提出"势"这个概念的人，后来韩非就是从他那里袭用了这一术语，韩非说："国者君之车也，势者君之马也，无术以御之，身虽劳犹不免乱,有术以御之,身处佚乐之地,又致帝王之功也。"在韩非学说中,法、术、势这三个方面,术是居于中心的地位。一部《韩非子》主要谈的是术,而不是法。

司马迁称韩非"喜刑名法术之学",并且把韩非与申不害合传,这是有一定见解的。韩国本来就有重术的传统。申不害大概是最早倡导恃术治国的人,韩非对他评价很高,并且在文章中每多征引。虽然表面看来,韩非似乎站在不偏不倚的立场,对申、商都有批评,认为术和法不可偏废,不可一无。但是,他在立论上,仍是以术为主。正因为这缘故,司马迁才将申、韩合传,而在《李斯列传》中称:"明申、韩之术,而修商君之法。"虽然没有进一步作详细的论述,但是他把申、韩之术与商君之法作了一定区别,这是很必要的。然而,近来论者在评价韩非的时候,往往模糊了法和术的界线。

§234

无辩 (1976) (《思辨录》第 62 条)

韩非那套法、术、势所建立的太平盛世,是一个阴森森的社会。在这样的社会里,人民甚至不得互相往来,互相往来,就有朋比为奸犯上作乱的嫌疑。"欲为其国,必伐其聚,不伐其聚,彼将聚众。"(《扬权》)人民也不得随便讲话,争辩是非。因为明主之国自有法令在。法令条例就像海涅在《辩论》这首讽刺诗中所说的那个犹太拉比的圣书《钟托夫》一样,是至高无上的言行标准。"行不轨于法者必禁。"君主的话就是法令,该说的、该做的都写在法令上了。所以除了重复法令的话以外,愚者不敢言,智者不须言。(《问辩》:"愚者畏罪不敢言,智者无以讼。")韩非是主张"无辩"的,他用无辩来钳制口舌,禁锢思想,以为这样一来,就万喙息喙,天下太平了。可是他忘记了他的老师荀子这几句话:"故口可劫而使墨云,形可劫而使诎申,心不可劫使易意,是之则受,非之则辞。"在无辩的社会里，文学艺术自然也在排斥之列。不过，我们应当公平地说一句，韩非是很有艺术素养的。至今流传的"画鬼容易画人难"，就是从他那里传下来的，不过他说的是犬马，不是人："夫犬马人所知也，旦暮罄于前，不可类之，故难。鬼魅无形者，不罄于前，故易之也。"（《外储说左上》）他对音乐也很内行。《外储说右上》有一则谈到歌唱的理论："夫教歌者，使先呼而诎之，其声反清徵者乃教之。一曰：教歌者，先揆以法，疾呼中宫，徐呼中徵，疾不中宫，徐不中徵，不可谓教。"这些话需要具有一定艺术造诣才能说得出。但是韩非却是反对文学艺术的。大概这是由于他只讲"致霸王之功"，而反对"艳乎辩说文丽之声"，认为艺术和霸业是矛盾的缘故罢。

§ 235

曲笔构陷（1981）（《思辨录》第 39 条）

《文化偏至论》是鲁迅早期的文言之作，其中有一段话说：

> ……革命于是见于英，继起于美，复次则大起于法朗西，扫荡门第，平一尊卑，政治之权，主以百姓，平等自由之念，社会民主之思，弥漫于人心。流风至今，则凡社会政治经济上一切权利，义必悉公诸众人，而风俗习惯道德宗教趣味好尚言语暨其他为作，俱欲去上下贤不肖之闲，以大归乎无差别。同是者是，独是者非，以多数临天下而暴独特者，实十九世纪大潮之一派，且蔓衍入今而未有既者也。

这篇文章既名为"文化偏至"，显然对于外国传来的某些思潮有所批评。鲁迅所批评的偏至思潮是什么呢？就上下文串通来看并不难理解。文中所说的英美法革命，不言而喻，指的是资产阶级革命；

接下来所谓"平等自由之念,社会民主之思",也同样不言而喻,指的是宣扬自由平等的资产阶级民主思潮,只要略具常识就不会发生误解。但是,以棍子起家发迹的姚文元,竟望文生义,把其中的"社会民主"说成是"社会民主党",然后再以其含沙射影、曲笔构陷的惯技,把文中对社会民主的批评,说成是"资产阶级对无产阶级的诬蔑"。这个不学有术的家伙,一向拉大旗做虎皮,借鲁迅之名以行其陷害忠良之诈。但是,棍子毕竟不能代替真理,他终于不能自藏嘴脸,在这几句话里现出原形来了。以他为样板整整左右了一代文风的大批判,随着"四人帮"的覆灭而遭到人们的唾弃。可是当其猖獗横行之际,有谁敢冒大不韪指出他这种连起码常识都不懂的谬论呢?

§ 236

文化传统构成四要素(1986)(《思辨录》第3条)

为什么在建国三十多年中文化研究几乎是空白?原因是多方面的,其中有一个重要原因就是把这种研究看成是与马克思主义相对立的。目前人们逐步明白了这种看法是不对的,从而形成了近年来的研究文化热。但是我们的思想中还存在着一种因袭的陈旧观念,那就是认为,每个时代的文化都是当时的政治经济的反映;什么样的政治经济形态,就会产生什么样的文化。这个看法也不是完全不对,但我们绝不能把这一点作简单的理解。文化和经济发展是不平衡的,因而把政治经济和文化的关系作单纯直线的理解是错误的。我们应该认识到,文化具有相对的独立性,具有自身的发展规律,这不是政治经济的规律所能代替的。同样的社会形态在不同的民族那里出现了不同的文化类型,就足以说明这一点。在文化史上,有没有在不同的历史时期、不同的社会条件下,存在着一种共性的东西呢?应该说是有的。正如人性分为"人的一般本性"和"在不同历史时期变化了的人性"，而不能用共性寓于个性来取消共性。在我们的文化史中也像这里所说的"人的一般本性"一样，存在着一种共同的东西，即我们民族文化传统在不同的历史时期、不同的社会条件下具有某种共性。我们的文化研究，不仅要研究各个历史时期文化的不同特点，同时还应在历史长河中去探寻人们思想中所潜藏的文化传统的共性成分。

我认为，构成文化传统的因素大概有以下四个方面：（一）不同文化类型在创造力上表现的特点。（二）它的心理素质。（三）它所特有的思维方式、抒情方式和行为方式。（四）价值系统中的根本概念。

§237

声一无听　物一无文（1986）（《思辨录》第9条）

过去理论界对矛盾的理解受到苏联批判德波林的影响，认为差异就是矛盾，就是一分为二，而这样就产生了"与天奋斗，其乐无穷；与地奋斗，其乐无穷；与人奋斗，其乐无穷"的斗争哲学，所以"大跃进"时就提出了"征服地球""向地球开战"和"只要我们吼一吼，地球也要抖三抖"之类豪言壮语。其实人与自然的关系不是征服关系，人应把自己看做是自然本身的一分子，寻求相互适应的关系。以功利主义的态度盲目索取自然资源，将会破坏生态平衡，上述的那种斗争哲学用在自然上也是错误的。至于用于人类社会，发展到极端，以致像"文化大革命"那样，到处滥用，施之于广大人民，那后果就更严重，破坏性就更大了。其实世界是多样统一的。多样性不一定都构成矛盾，也可以是和谐的、统一的。我们古代有"声一无听，物一无文"的说法，这就叫做和而不同。我们要这样地认识社会结构的多层性和丰富性，才可能对客观实际作出科学的概括。

§ 238

尚同（1986）（《思辨录》第 60 条）

从先秦以来，尚同贵公的思想就占据着主导地位。《吕氏春秋》曾记载了一则故事，颇足以说明这种思想倾向："荆人有遗弓者不肯索，曰：荆人遗之，荆人得之，又何索焉？孔子闻之曰：去其荆而可矣。老聃闻之曰：去其人而可矣。故老聃则至公矣。"后人考据这段文字出于伊尹学派。伊尹为道家，主张无为，所以奉老子为至公，但并不否定孔子也是贵公的。先秦诸子学说各异，分歧很大，彼此驳难，争论不休，但大抵都倾向于强调同一性的本体论，而很少从另一侧面去考虑问题，只有杨朱学派是主张贵己为我的，可以说是一个例外。杨朱学派虽然曾经是一时的显学，但不久就遭到严厉的攻击，毕竟不能传世，直到后来一直留下了骂名。杨朱的著作很早就已亡佚，现存支离破碎的片言只字杂在别人书中。这可以作为一种反证，说明和贵公尚同持异议、站在相反方面的思想是很快就会被淘汰的。墨子也为孟子所拒，但他的学说仍大体保存下来，不似杨朱学说那样，由于资料阙漏，今天已很难辨清它的真实面目了。这大概是由于墨子也是主张尚同的缘故罢。

尚同贵公并非不可议。倘使一个社会没有共同服从的法规，共同遵守的公理，以至为公众利益而牺牲自己的美德，那么这个社会就将解体，这是自不待言的。但是问题却在于，强调同一性的本体论却往往陷于一偏，用共性去淹没个性，用同一性取消特殊性，那就是另一回事了。体现在这种本体论中的同一性这个范畴也不是具体的普遍性，而只是抽象的普遍性。作为先秦法家代表的韩非是最明显的例子。他从君主本位主义的立场去阐明所谓"弘大而无形"的道。他认为道不同于万物，故能生万物，德不同于阴阳，故能生阴阳，以见君主不同于群臣，故能治群臣。君主和臣民的关系，正如道和万物的关系一样：道是万物的主宰，所以君主也是臣民的主宰。"道无双，故曰一"，所以君主必须认清自己是独一无二的道的化身。"明君贵独到之容"，所以君主必须专断独揽天下的大权。照韩非看来，君主就是作为本体的道的体现。墨子尚同虽也主张兼爱，但他认为天子总天下之义，只有天子尚同于天，而在下者须皆同于上。上之所是，必皆是之；上之所非，必皆非之。这也同样是用共性来消融个性。儒家比较宽松，但以礼作为至上的绝对命令。道家崇自然，自然与人工相对，有摆脱礼教的一面，但也有与自然同化的一面。儒家主张克己复礼，以礼节情。道家主张至人无己，绝圣弃智。克己也好，无己也好，都有压抑个性或丧失个性的倾向。引申到后来，直到"文革"时的"斗私批修""狠斗私字一闪念"之类都在不同形态、不同程度上流露了同样思维模式的理论痕迹，也就是说在强调同一性的本体论上都具有某些类似之处。

§239

"一切都不会白白过去"（1997）（《思辨录》第42条）

现在有一种理论强调理性而反对情绪化。提倡理性并不错。一九七九年我在长期搁笔后为自己新出的一本书写的后记中曾这样说过："目前正在方兴未艾的思想解放运动是具有怎样巨大的力量，它给我的最大鼓舞，就是那标志着理性再觉醒的实事求是精神已经发出了新的呼声。"西方的启蒙运动在走出中世纪的黑暗时，正是把一切都放在理性的法庭上进行再认识、再估价的。我至今不能忘怀十年浩劫前夕，在那"山雨欲来风满楼"的寒夜里，灯下阅读《理性时代》时的内心激荡。我多么希望自己的祖国也会出现这样一个理性时代，摆脱长期以来在"极左"思潮下所形成的反理性的狂热和感情上的迷乱。可是，也许由于我长期从事文艺工作的缘故，我并不认为感情是不好的，更不能容忍否定感情的理智专横。感情是激发创造的动力，也往往成为导向理解的媒介。因为只有对某一对象发生血肉相关的感情，才更容易引起去理解这一对象的愿望，才更容易激发去理解这一对象的能力。所以我不能赞赏那种心如古井、超脱尘寰、不食人间烟火的隐逸高洁。至今我仍对鲁迅的《华盖集》序言深深感到共鸣。他说，虽然知道伟大人物能洞见三世，观照一切，历大苦恼，发大慈悲，离世间愈远，认识人间也愈深愈广，凡有言说也愈高愈大。但是，他说他只能像沾水小蜂在泥土上爬动，救小创伤还来不及，没有余暇去达到心开意豁，平正通达的境界。我以为思想家或作家的参与意识以及对时代的使命感和责任感并不意味着丧失了独立人格和独立见解，更不等于放弃或冲淡艺术性。近来出现一种反对参与意识，认为只有远离社会生活的态度才能够促使学术或艺术走上正轨的观点，这其实是一种矫枉过正的偏颇。

有人对样板戏产生了应有的义愤，这是可以理解的。相反，如果经历了那场浩劫而对样板戏竟引不起一点感情上的波澜，那才是怪事。据说，犹太王的戒指上刻有一句铭文："一切都会过去。"契诃夫小说中的一个人物却反其意说，他要在自己的戒指上也刻上一句铭文："一切都不会过去。"他认为，什么都不会毫无痕迹地淹灭；今天迈出的任何一步对于未来都会具有意义。是的，时间无法消灭过去。只有麻木的人才会遗忘。龚自珍作为我国近代史上最为敏感的思想家曾经说过："灭人之国必先去其史。"人类有历史就是使人不要忘记过去。

§ 240

摆脱依附，找回自我 (1987) (《思辨录》第 49 条)

我认为中国知识分子应摆脱长期以来的传统依附地位，找回自我，要有自己的独立人格，并由此形成独立意识和独立见解。尊重知识，尊重人才，首先就要注意这一点，再不能用"皮之不存，毛将焉附"的说法，把中国知识分子放在寄生或依附的地位。罗曼·罗兰在第一次世界大战期间，曾经超越混战，发表了精神独立宣言。后来又在答复苏联作家格拉特考夫的信中，宣称自己是一个个人主义者。可是谁都不会怀疑以个人主义自命的罗曼·罗兰其实是具有最强烈的爱人类、爱真理、爱进步的群体意识和社会责任感的。文艺工作者不能在艺术问题上盲目遵从任何个人的意见。

在"文化大革命"那场灾难里，最大的悲剧是扭曲人性，使人发生令人毛骨悚然的自我异化——一方面使少数人异化为神和先知，另一方面又使多数人异化为兽。人与人之间的正常关系：尊重、友爱、互助……没有了，只有猜忌、仇恨、伤害……既然成千上万的无辜者和革命者被打成反革命，那就需要通过斗争哲学，使人大胆怀疑，满眼都是敌情。样板戏就是以这种斗争哲学为基础的。

§241

"文革"批孔（1988）（《思辨录》第36条）

从表面看，"五四"打倒孔家店，"文革"批孔，两者似乎一脉相通。我最近读到海外学者的一篇文章，认为在今天谁推崇儒家或至少对于儒家的尊重多于批评，谁就是纠正"文革"批孔的错误。这种看法大概是由于对国内情况有些隔膜，他们不理解在过去一系列的政治运动中，思想批判只是达到政治目的的实用手段，只要略微了解诸如海瑞、《水浒》等等这些历史人物和历史故事在剧烈政治斗争中的浮沉荣辱就可以明白了。"文革"前海瑞是号召作家去写的清官楷模，但由于政治需要，一下子就成了为"文革"序幕祭旗的牺牲了。《评新编历史剧〈罢官〉》是真的批这个历史人物吗？不是。《水浒》这部小说曾被宣布包含了不少辩证法，新编京剧《三打祝家庄》也一再受到热烈的奖励，但是在"文革"中一下子变成了宣扬投降主义的反动著作。当时是真的批宋江吗？不是。它们都作为影射的符号,所谓"项庄舞剑,意在沛公",这些选来祭旗的历史人物和历史故事,只是为了达到某种政治目的的替罪羊。批孔也是一样,就在当时恐怕连不大识字的人也都明白批大儒、批魁儒究竟批的是谁。这也就是当时除了御用写作班子的少数笔杆子外,理论工作者(哪怕是一贯对儒家采取批判的人)都对这场闹剧采取了坚决抵制态度的缘故。如果不懂历次政治运动总要通过文艺批判来揭开序幕,如果不懂自有文字狱以来就已存在的所谓"影射"这两个字的妙用,那么只能说还不大了解国情。须知,"文革"期间,固然是把封资修一股脑儿作为批判的对象,可是,经历这场浩劫的过来人都可一眼看穿它的皮里阳秋,谁都知道"文革"是封建主义复辟。试问:当时被尊崇并凌驾在马克思主义之上的法家不是封建主义是什么?倘使知道"文革"期间连意大利电影导演安东尼奥尼都被当做外国的孔夫子去批,难道还能认真地——或者直白地说,迂腐地去把这场批判当做是真在反儒吗?

§242

青年毛泽东对传统文化的重视(1988)(《王元化集》卷六第336页)

毛泽东在"五四"早、中期固然赞赏胡适、陈独秀、吴虞、李大钊等,但并不主张废弃传统文化。早在湖南第一师范就读时,他就受到杨昌济的熏陶。"五四"前夕,一九一四年他在日记中写道:"仍抄曾文正公日记,欲在一月以内抄完,亦文正一书不完不看他书之意也。""五四"新文化运动开始,一九一七年,他仍自称"独服曾文正"。当时,他还往"船山学社"聆听学术报告。直至一九三七年,他成为党的领袖,在延安讲授哲学,还请边区外的同志为他收购自己收藏不全的《船山遗书》。在湖南就读时,曾多次偕蔡和森、萧子升、易礼容等出游北京、上海、山东等地,拜访孔孟故居,向陈独秀，胡适等求学问道。这期间，除醉心阅读《新青年》外，也钻研古籍，重点阅读的书有《近思录》《仁学》《资治通鉴》《读史方舆纪要》《昭明文选》《韩昌黎全集》等。一九二〇年他给周世钊的信中说："东方文明在世界文明内要占半壁的地位，然东方文明可以说就是中国文明"。这都说明"五四"时期青年毛泽东对传统文化的重视。

§243

颜习斋对毛泽东的影响（1988）（《王元化集》卷六第336页）

去年出版的汪澍白的《毛泽东思想与文化传统》，有一章曾根据毛泽东的《伦理学原理批语》等，从"本原论""格致说""知行观"三方面来阐述朱熹哲学对青年毛泽东的影响，足资研究者参考。我认为汪著提及颜习斋对毛泽东的影响是更值得注意的。颜习斋出生在北方一个小村落，他的生涯大多在家乡度过，他把读书比作"吞砒（霜）"，强调习行有用之学。所谓习行有用之学惟兵、农、礼乐三端。《年谱》记他对张文升说："如天不废予，将以七字富天下，垦荒、均田、兴水利；以六字强天下，人皆兵、官皆将，以九字安天下，举人才，正大经，兴礼乐。"颜习斋排斥读书强调实践，其说与宋明诸儒迥异，但仍是儒家的一个学派（侯外庐的《中国思想通史》称颜学不是儒学，而是墨学的复活。此说不确，盖墨子非攻，颜元却主张以军旅强天下）。故钱穆说他气魄之深沉，识解之毅决非南方学者梨洲、船山、亭林诸人所及，并谓其思想深层与王阳明有一定渊源，故称其"仍是宋明诸儒榘蠖"。

§244

知识结构的整体（1988）（《思辨录》第10条）

长期以来，批判继承的最简练的说法就是取其精华，去其糟粕。这个说法经过不断简化和滥用，已变成一种机械理论。照这种理论看来，知识结构只是各种不同成分的混合与拼凑，而不是有着内在联系的整体，各部分之间没有相互渗透和相互作用，没有完整的系统或体系，因而可以进行任意分割和任意取舍。但是，就知识结构的整体、系统或思想体系来说，却不容这样割裂。正是由于上述机械观点长期成为批判继承文化传统的准则，于是对古代某一思想家进行评价时，往往出现了不同观点的评论者从中各取所需，作片面的摘引，以证己说。这种摘句法可以导致截然不同的结论和截然不同的评价，形成此亦一是非、彼亦一是非的奇异局面。我们很少去把握古代思想家的思想体系，从各部分到整体，再从整体到各部分，进行见树又见林与见林又见树的科学剖析。六十年代初，理论界曾探讨了庄子哲学的思想体系。我觉得，不论这种探讨是否作出成绩，总比摘句法的引证要好。自然在探讨庄子哲学思想体系的时候，也出现了另一种倾向，即用"有待——无己——无待"的三段式硬去印证《庄子》各篇以至篇中的每句话，而忽视原则和原则运用之间、思想体系和具体观点之间的可能差距。从部分到整体，再从整体到部分，都应作细致的剖析，而不能采用简单印证的办法硬套。

就思想体系来说，我认为后一代对前一代的关系是一种否定的关系。但否定就是扬弃，而并不意味着后一代将前一代的思想成果彻底消灭，从而把全部思想史作为一系列错误的陈列所。前一代思想体系中积极的合理因素，被消融在后一代思想体系中，成为新的质料生成在后一代思想体系中。这是辩证法的常识，也是思想史的事实。但是，要真正吸取传统文化中的积极的合理因素，要真正把它们消融成为新体系中的质料，就得经过否定。正如淘金，就像刘禹锡诗中说的："千淘万漉虽辛苦，吹尽狂沙始到金。"批判得愈深，才愈能区别精华与糟粕，才愈能使传统中的合理的积极的因素获得新的生命。

§ 245

抽象继承法（1988）（《思辨录》第 11 条）

过去在讨论批判继承文化遗产时，冯友兰曾提出所谓"抽象继承法"。据我理解，所谓"抽象继承法"是从形式上借用前人的说法，舍弃特定时代所赋予的具体内容，即舍弃其本义，使它们带有一种比喻性质，在内容上具有新的涵义。我认为，"抽象继承法"并不是不可采用。在日常生活中，我们常常用这种借喻取譬的方式援引古人的名句。但是，这种"抽象继承法"却不能作为继承遗产的原则，运用到对某一学说或某一思想家的研究领域中来。这样势必会模糊原有对象的本来面目，甚至篡改了它的本义。

"抽象继承法"只能从前人那里取得思想资料。固然每个思想家都无法避免在前人所提供的思想资料的基础上，构筑自己的理论。不过，这只属于形式方面。继承文化遗产还有内容方面。舍弃了文化遗产的思想内容，仅仅借用作为思想资料的形式，是不能涵盖继承文化遗产的整体的。批判地继承这一提法至少还没有摈弃文化遗产的思想内容，就这一点来说，相比之下，"抽象继承法"比批判地继承反而后退了。自然，我们应该理解"抽象继承法"是在彻底否定文化遗产的"极左"思潮猖獗时期提出的，从而企图用这一提法为文化遗产争得一席之地。

"抽象继承法"援用前人的名言名句，舍其本义，具有借喻取譬性质，自然就不能涵盖文化传统内容的诸要素，如心理素质、思维方式、抒情方式、行为方式、价值系统等等。因而，用"抽象继承法"从文化遗产所能吸收到的东西将是极贫乏、极稀薄的抽象，尽管表面看来它似乎汲取了很多古人的成果。

§246

中国农民特殊论（1989）（《思辨录》第38条）

在民主革命时期，民主思想应当得到发扬的机会，当时也确实提出反封建的民主口号。但是民主运动主要体现在打土豪、分田地，以及后来通过土改所进行的所有制的变革方面。在思想领域内却没有进行比较彻底的民主洗礼。相反，由于农村包围城市，用毛泽东的话来说，革命力量是处于小资产阶级汪洋大海的包围之中。小资产阶级指的是农民。这个分析是清醒的。但是，和马克思恩格斯不同，我们有一种中国农民特殊论，认为中国农民从长期不断爆发的农民战争中形成了革命传统。到了近代中国沦为半殖民地半封建社会后，农民又成为各种矛盾的焦点，受到多重剥削与压迫，因此苦大仇深，革命性最坚强。这是事实。但是不能因此忽视：农民长期束缚于土地，眼界狭窄，易于保守，和进步的生产力绝缘所形成的落后性。从中国农民特殊论出发，又由于农民在革命中所居主力军的地位而往往偏于一面，不再注意他们的落后性，甚至把他们拔高成无产者，和工人阶级画等号。这曾经招来讥评，被称为"山头马克思主义"。这种批评是偏颇的，而针对这种批评的回答也同样是偏颇的。历史似乎开了一个玩笑，现实进程似乎证明了后者的正确性，于是人们对这个问题自然形成一种固定观念，不再去思考观念是否正确了。直到解放后华东大行政区所刊行的《共产党员课本》，第一章就开宗明义以"共产党是工人党还是农民党？"为标题。过去是以经过土改实现所有制改变作为反封建任务完成的标帜，但没有在思想领域对封建意识、小农思想和封建意识的关系，在马克思主义中国化过程中是否在某些方面夹杂着小农意识等等这类具有重大现实意义的问题，进行深入的研究和探讨。这对我们的改革成为一定的障碍。六十年代在短暂期间，出现过一段思想活跃的宽松时期，史学界曾对中国农民革命战争进行了讨论。当时就有人提出过农民战争反剥削反压迫而并不反封建。农民不代表新的生产力，也不能建立新的思想体系。因此，历史上屡次出现的农民革命战争的胜利都成为改朝换代的同义反复。事实上，农民思想中存在着长期作为统治思想的封建主义的残余。有着长期历史的儒家思想，经过多次演变和发展，是极为复杂的现象。孔子曾被讥为"四体不勤、五谷不分"，他也自称不如老农老圃，但是后来儒家也有浸染着浓厚农民意识的。比如颜元强调习行有用之学，就以农为主要内容。他以六字富天下：垦荒、均田、（兴）水利，三者均属农事。这类儒家思想至今仍有巨大影响。我以为在我们社会中还存在浓厚的小农意识。今天存在我们社会中的不是一般的封建主义，而正是这种以小农意识为形态的封建思想。今天还会出现家长制、一言堂、关系网、裙带风、大锅饭、等级的森严、个性的泯灭、独立人格的缺乏，我想就是由于这缘故。

§247

体改与启蒙（1989）（《思辨录》第19条）

　　自然，没有体制改革，现代化就会落空。但是，我认为值得注意的是在改革中不要见物不见人，忽视人的因素。今天的改革正是对于人的因素注意不够。目前，文化滑坡，教育经费短绌，水平下降，文盲数字惊人，文化领域中各个部门都面临日子不好过的严峻局面。如果人民文化水平很低，素质很差，没有起码的民主观念，又怎样去实现现代化呢？难道政治经济改革不需要人民的自觉参与和监督，只凭执政者由上而下的行政命令就可以完成吗？提出上述观点也许是警惕不要陷入用思维解决问题的"中国思维模式"。老实说，我怀疑中国是否有这种模式。向西方寻求真理的洋务运动和维新运动，他们所要求的主要是坚甲利兵，声光化电，而不是想用西方思想解决问题。鲁迅在辛亥前留学日本,他说当时留学生学理工、学商业、学军事,而偏重思想领域的学科则很少有人问津。像他一样企图用文学去改变人的精神面貌的几乎绝无仅有。他找到几位志同道合的朋友,出版书刊,不是夭折,就是卖不出去。这说明用思想解决问题在中国的命运是怎样的。我们是一个务实的民族,大多数人都把行放在知的前面,强调实践,不重视理论,改革中有一种说法,即经济上去了,思想也会随着发生变化,形成文化的繁荣,我们曾一再复述这种观点。事实上,经济上去了,思想未必上去的例子是不少的。有的国家因发现珍贵资源而富了起来,但文化仍处在落后状态。有的国家经济搞得很好,人民可以拿到高工资,但思想处于禁锢状态。但是我们所要建设的却是有高度文明和高度民主的现代化国家。

§ 248

毛泽东思想的三个来源(1991)(《思辨录》第 15 条)

过去我一直认为毛泽东主要只是吸取继承中国传统中的东西(在大陆学术界这种看法似乎至今仍占支配地位),其实这是很片面的。我重新探讨这一问题,发现他以前很注意苏联的理论概况以及由苏联理论家阐释的马克思主义著作。他读过不少这方面的书,比如在延安时期战前出版的里昂吉耶夫的经济学,亚历山大洛夫的哲学之类。延安整风时期刊印的"干部必读",大概是经他指定的书籍,而这些书也都是同类性质的。作为他的哲学奠基之作的两论《实践论》与《矛盾论》,是以列宁的《唯物主义与经验批判主义》《谈谈辩证法》以及斯大林的《历史唯物主义与辩证唯物主义》为依据。两论是毛泽东思想的根本,其他政治、经济、社会、文化等等学说均以此为基础。两论中虽然也偶或涉及中国传统观念(如知行的模式、老子语录、孙子及其他兵法家的警句,《水浒》中的三打祝家庄的故事等等），但这些都只是他所谓的"民族形式"，或用来说明原理，或作为例证而加以援引，并不是立论的根据。他在倡导人民公社时，想到的是《张鲁传》和巴黎公社，而人民公社的命名就是由仿效巴黎公社而来。列宁的《唯批》对他的影响特别大。苏共与中共都曾以这部书作为党校培训高级干部的教科书。解放后理论界长期以来用所谓哲学上唯物、唯心两条路线斗争模式来研究历史和历史人物，据以画线并判定高下，其根基即是来源于《唯批》。至于"造反有理"，虽然主要是总结了中国历史上的农民造反运动的经验，但也渗进了法国大革命的影响。一位友人曾对我说，他的思想主要来自传统，我认为并不这样简单。比如作为他思想中的一个重要部分"改造人性"，这是传统中没有的，而是很可能来自从苏联理论界传入的有关法国大革命雅各宾专政时期对卢梭理论的诠释和实践。再如斗争哲学也是他思想中的一个重要部分，孔老二没有这个东西，也许和反人性、反人道的法家传统可以沾上点边，但主要还是他对阶级学说的诠释和创造性的发展。他的思想渊源是错综复杂的，仅仅用传统去概括，就不免简单和片面了。其中有来自传统的（但需要对儒释道墨法种种传统加以分辨，更需要将大传统与小传统加以区分）；有来自苏联所介绍的马克思主义理论的；也有对传统和外来学说加以创造性发展的等等。对于上述三个方面，大陆学界只强调头一种，承认第三种，而忽视了第二种，这是一种简单的看法。

§ 249

中体西用（1993）（《思辨录》第 12 条）

我不同意把杜亚泉说成是一个"中体西用"论者。当然，对杜的研究才刚刚开了一个头，大量细致的工作有待进一步去做。我说的只是一家之言。我在那篇《杜亚泉文集序言》里确实有新的想法。

现在要借此机会来补充我在那篇文章中的未尽之义，这就是关于"中体西用"问题。我一向认为，"中体西用"的提出，是曾国藩、张之洞、李鸿章等面临西方船坚炮利，面临三千年未有之变局而刺激出来的一种民族忧患，因之有其时代的特殊背景，它不能涵盖后来思想家所提出的问题。比如陈寅恪即使说过"议论近于湘乡、南皮之间"，以及"中西体用相循诱"这样的话，但陈的时代已不同于曾、张、李的时代，他所面临的问题和曾、张、李在他们那个时代所认识到并企图加以解决的问题，已经很不相同了。陈寅恪提出上述说法，可能更多是针对当时成为主流的以西学为坐标的观点。他一再强调的"独立之思想，自由之精神"，以及"不自由，毋宁死耳"，固然也可以说含有中国传统士人的某些精神因子，但更基本的精神显然是来自西方的自由思想资源。这是我不能同意用"中体西用"去简单概括陈寅恪、杜亚泉这一批人物的原因。我在《文集序言》中，曾将当时的思想梳理为四派：（一）认为中西文化各有不同特点，持调和论（杜亚泉）。（二）认为中西文化绝无相同之处，西学为人类公有之文明（一九一八年《随感录一》），反对调和论（陈独秀）。（三）虽不排拒传统，但以西学为主体，强调两种文化之共性，不重视中国文化的特性和个性（胡适）。（四）与胡适相反，以中学为主体，亦强调两种文化之共性，也不主调和论（吴宓）。这种分法，不同于时下学界通行的"激进、自由、保守"三分法。因为这是在不同层面上所作的划分。

任何一个对中西文化有所了解的人，如果清醒地、理性地看中国文化问题，不能不说，在很多地方，中国传统的资源的确丰富，足以与西方相抗衡，如"道德主体""和谐意识"等等。在这些方面是可以以中学为主体的。但是，不能不说，另外也有很多地方，中国的传统资源又的确很贫乏，不可能成为重建中国文化的主体。我不赞成胡适说的什么中国早在几千年前就有了民主的观点。在这些传统资源十分贫乏的地方就不可能以"中学为体"。比如孟子讲的

"黎民不饥不寒"之类,难道可以作为人权和人道的根本理想么?再比如说在法律的领域内,传统资源主要是先秦的法家学说和历代律法,在这个方面讲"中体西用"能讲得通么?我曾在《清园夜读》后记中说过,我们在讲"同"讲"普遍性"时,就不讲"异",不讲"特殊性"。比如,过去在强调文化领域中政治挂帅时,就把文化的自身规律及其个性一笔勾销了。有时我们又只讲"异",只讲"特殊性",不讲"同",不讲"普遍性"。比如说当强调中国与西方的差异时,对于中外共同具有的价值观念和价值标准就绝口不提了。所以在这个问题上,我不大赞同有的学者在今天过于强调民族主义的观点。最近有人提出不能光从民族观点看问题,而且还应该有全球意识。我觉得这是很必要的。

§ 250

再谈"五四"(1993)(《思辨录》第 22 条)

我在论杜亚泉的文章中比较侧重于思考"五四"的另外一面,这是我过去没有接触过的,如"五四"中所出现的"意图伦理""功利主义"等等。关于"五四"自然应该作出全面评价。我那篇文章仅仅是对"五四"的一个侧面的反思,这确是我近来思想中的新的认识。但是,这并不是说我认为"五四"精神就不值得重视了。"五四"的个性解放精神、人道精神、独立精神、自由精神,都是极可贵的思想遗产,是我们应当坚守的文化信念。就学术争论这一方面而言,"五四"所倡导的基本精神,是理性、平等和自由。但在论争实践上所表现的非理性态度也是不可讳言的。比如陈独秀,虽然他不断大声疾呼地宣扬德赛二先生,但讨论起问题来有时却显得很专横,很不民主,如他宣告白话文讨论不容提出反对意见,在《泰戈尔与东方文明》一文中痛斥重视东方文明的人是"人妖"等等,都太霸气了。学衡派也有同样的情况,如骂对方吸收西方文化,是"齐人墦祭以骄其妾妇,而妾妇耻之"、"刘邕嗜疮痂"、"贺兰进明嗜狗粪",诸如此类,都是反理性的。我们应该反对谩骂的习气,反对意气用事。我认为"五四"时期胡适与李大钊关于"问题与主义"的争论就体现了一种理性精神,这一点连海外一位对"五四"持强烈批判态度的学者也是承认的。可惜这种精神后来丧失殆尽了。关于"五四"的精神遗产,可以说我们今天研究得还很不够。说好者只说其好,说坏者只言其坏,这实际上重复了"五四"时代绝对主义的偏向。

多年来,我一直赞同独立之思想、自由之精神的说法,并曾援用"为学不作媚时语"这样的格言。在杜亚泉研究中,我更有了一些体会,产生了一些新的想法。"五四"时代的思想大师,无不具此种精神。有的较多强调理性态度,有的则较多表现为启蒙思想,然而独立精神,则是他们那一代人所共有的精神气质。关于"潮流",我想应作具体分析。第一,"潮流"可以体现历史的发展趋势,反映人民的权利、愿望、要求等,也可以不体现这些东西,成为浮在历史表层的时尚。例如,忽然兴起一种什么"热",什么"运动"等就属此类。第二,一种思潮,即使它本身是属于上述第一种,但长江大河,泥沙俱下,潮流中所挟裹而来的糟粕却是应该加以警惕的。在这样的背景下,人们往往容易迷失自己,以为一切只有顺着潮流走,才是进步,才跟上了时代。第三,潮流汹涌而来的时候,有人如果乘机借势压人,甚至宣称"顺我者昌、逆我者亡",以否定、取消对手的不同意见,这不仅不公正、不正常,而且也将对文化的发展带来摧残的后果(顺便说一下,我在研究杜亚泉时也引发了这方面的思考。在那场论战进入高潮时,杜亚泉却忽然一下子消失了。就我所掌握的材料来推断,杜是被迫辞去《东方杂志》主编的职务而沉默下来的。我甚至有点怀疑,商务的主持人,在这个问题上起了一定的作用。这不仅有杜的家属给我提供的资料,并且也基于我对一些回忆文录所作的剖析。从商务当时的主持人方面来说,他们似乎已经产生了一种潮流滚滚而来不可抗拒的心理感受与压力)。我认为在潮流面前,要保持自己的独立思考,而不能采取趋附时髦或随波逐流的态度。胡适曾说他不趋附时髦,也不躲避危险,这句话很值得借鉴。

§ 251

说反思 (1994)（《思辨录》第 2 条）

我不知道是不是可以把反思说成是出于一种忧患意识,以一个知识分子的责任感,对过去的信念加以反省,以寻求真知。这种反省之所以发生是鉴于自己曾经那么真诚相信的信念,在历史的实践中已露出明显的破绽。我很喜欢车尔尼雪夫斯基论述黑格尔哲学的一段话:"真理——是思维的最高目的,寻觅真理去,因为幸福就在真理里面;不管它是什么样的真理,它是比一切不真实的东西更好的;思想家的第一个责任就是:不要在随便什么结果之前让步;他应当为了真理而牺牲他最心爱的意见。迷妄是一切毁灭的来源;真理是最高的幸福,也是一切其他幸福的来源。"这一段话是我长期以来深深服膺的。今天车尔尼雪夫斯基似乎已成为一个过时的人物,他的许多观念也不再能够使人信服,但是这并不等于他的书再也不值得一读,他的话再也没有一句可信。思想上固然也有新旧更迭,但这种更迭不像生活用品例如电灯代替油盏或汽车代替独轮车那样,旧的遭到淘汰就一去不复返了。有些古老的思想在今天仍有生命,有些已成过去的著作在今天仍不乏值得我们去玩味的吉光片羽。车尔尼雪夫斯基上面那段话,实际上正是对于自康德以来的德国古典哲学批判精神的写照。康德有三批判书,他的哲学本身就被人称为批判哲学（贺麟在早年翻译的《小逻辑》中译为"批导哲学"）。可是现在批判也成了一个贬义词了。我想这是出于对令人憎恶的"文革"大批判的联想。但德国古典哲学的批判精神和大批判除了名词相似之外,还有什么相同之处呢?奇怪的是研究德国古典哲学的学者中，居然也有人把批判一股脑儿地当做已成定论的坏字眼而加以唾弃了。

§252

"五四"所倡导的基本精神（1993）（《关于现代思想史答问》节录，《王元化集》卷六）

我在论杜亚泉的文章中比较侧重于思考"五四"的另外一面，这是我过去没有接触过的，如"五四"运动中所出现的"意图伦理""功利主义"等等。关于"五四"自然应该作出全面的、整体的评价。我那篇论杜亚泉的文章仅仅提出对"五四"的一个侧面的反思，这确是我近来思想中的新的认识。但是，这并不是说我认为"五四"精神就不值得重视了。"五四"的个性解放精神、民主精神、人道精神、独立精神、自由精神，都是极可贵的思想遗产，是我们应当坚守的文化信念。就学术争论这一方面而言，"五四"所倡导的基本精神，是理性的、平等的、自由的精神。但在论争实践上所表现的非理性态度也是不可讳言的。比如陈独秀，虽然他不断大声疾呼地宣扬德、赛二先生，但讨论起问题来有时却显得很专横，很不民主，如他宣告白话文讨论不容提出反对意见，在《泰戈尔与东方文明》一文中痛斥重视东方文明的人是"人妖"等等，都太霸气了。《学衡》派也有同样的情况，如吴宓骂对方吸收西方文化，是"齐人墦祭以骄其妾妇，而妾妇耻之"，"刘邕嗜疮痂"，"贺兰进明嗜狗粪"，诸如此类，都是反理性的。我们应该提倡在学术讨论中的理性精神，反对谩骂的习气和意气用事。我认为"五四"时期胡适与李大钊关于"问题与主义"的争论就体现了一种理性精神，这一点连海外一位对"五四"持强烈批判态度的学者也是承认的。关于"五四"的精神遗产，可以说我们今天研究得还很不够。说好者只说其好，说坏者只言其坏，这实际上重复了"五四"时代形式主义的偏向。

§253

封建文化析（1995）（《思辨录》第4条）

封建文化至少可区分为以封建时期高层文化（即精英文化或士绅文化）为内容的大传统和以封建时期低层文化（即民间文化）为内容的小传统两种形态（所谓大传统与小传统是用文化人类学的概念）。而作为小传统的民间文化中又可区分为一般的大众文化和具有特定意义的游民文化等等。在这样复杂的封建文化中，它所蕴含的封建毒素究竟是什么？存在于哪些方面？表现在什么地方？这是需要加以具体分析的。难道它们的区别只是"蓝色魔鬼和黄色魔鬼的区别"吗？不是这样简单的。如果不作具体的分析，不分青红皂白，将它们笼统地称之为封建妖孽，一律加以打倒，这种简单粗暴的做法，就会斫伤封建时期的全部文化遗产，也会损害中国文化建设的未来。由思想家等所创造的经史子集等等大传统是经过作为小传统的民间文化的渠道传至大众中去的。大传统不都是原封不动地传入民间，而往往经过小传统的过滤、取舍、增减、改造以至再创造等等有意或无意的加工过程。倘要区分封建文化的精华与糟粕，就需要具体分辨，仔细抉择，这样才不致将小传统加工过程中才产生出来的东西叫大传统负责（比如游民文化中的痞子气等等），或让大传统本身没有的据为己有（比如小传统中许多给大传统带来生气的民歌民谣等）。

§254

大传统与小传统（1995）（《思辨录》第5条）

研究中国文化传统经过了怎样的渠道走进民间社会，甚至深入到穷乡僻壤，使许多不识字的乡民也蒙受它的影响，这是一个值得探讨的问题。中国的传统思想自然是直接表现在儒释道墨法那些思想家、史家和文学家的著作里，而研究文化传统的学者也多半只探讨这些典籍。但是无论以前或现在，能阅读这些著作的人究竟有多少？大多数从来没有读过这些著作的人，为什么会受到它的影响呢？我小时在偏远的乡间曾见到不少的贞节牌坊，那些殉节的妇女大多并不识字，她们从哪里得到儒家的贞节观念并以它作为自己坚定不移的信念呢？这些问题不能不引起人们对文化传统问题的思考。我认为人类学者所提出的大传统和小传统理论对于解决上述问题是很有帮助的。大传统和小传统这一说法是五十年代芝加哥大学人类学教授芮斐德（Robert Redfield）首先提出来的。台湾李亦园教授是研究文化人类学的，对此曾有专文介绍，据他说所谓大传统是指上层士绅、知识分子所代表的文化（相当"五四"时期所说的贵族文化），这多半是经由思想家或宗教家反省深思所产生的精英文化（refined culture）。与此相对应所谓小传统，则是指一般社会大众，特别是乡民或俗民所代表的大众文化（相当"五四"时期所说的平民文化）。精英文化与大众文化也可称作高文化与低文化（high and low culture）。芮氏所用的后一称谓和我们过去所说的雅文化与俗文化，以及今天所说的高雅文化与大众文化是比较接近的。

从一九八六年起，我写了一系列探讨文化结构的文章，提出文化结构中的高层文化与大众文化所形成的这种关系："高层文化的社会效益必须置于文化结构各层面的相互作用中去考虑。例如，一部美学著作的读者对象，只限于一些专业工作者：教师、作家、编导、建筑师、美术家等。通过他们把其中的审美标准、审美趣味融进自己的作品里，再由这些作品把它传播到群众中去。在文化结构中，高层文化起着导向作用，它影响着整个民族的文化水平和文化素质。但大众文化和高层文化是发生着互补互动关系的。大众文化直接来自民间，具有民间的活力，也往往推动文化的发展。从文学史上可以看到唐宋的传奇、话本、变文，元明的戏剧，明清的小说以及历代的民歌民谣等等，都曾经对整个文化发生过巨大的影响。"这里没有涉及文化传统问题。但传统文化中的大传统与小传统的关系也是一样的。大传统即上面说的过去思想家所产生的高层文化或高雅文化，小传统即过去的民间文化，包括谣谚、格言、唱本、评书、传说、神话、小说、戏曲、宗教故事等。民间社会一代又一代，都是通过这个渠道承受了传统的影响。

民间社会是通过小传统去接受大传统的，因此不是直接，而是间接地吸取了大传统如经史中的观念以及历史记载等等。今天许多人的历史知识不是来自正史，而是来自广为流传的小说戏曲，甚至知识阶层中的许多人也不例外。清末王梦生撰《梨园佳话》称"二十四史忽化声能语，自声入而心通"，即明此义。大传统既然以小传统作为中介传播到民间去，因此它就不可能完全保存其原来面目，而是经过民间的筛选和转述。在这一过程中，不仅有取舍，也有引申、修订、加工和再创造。李亦园曾举小传统把儒者心目中的非人格化的天和俗世的皇帝融合在一起，转变为人格化的玉皇大帝。在大传统的宗教文化中，儒道释的源流派别是分辨得清楚的，但在民间祭典文化中就只有三教合一的民间信仰。小传统在民间信仰仪式（鸾堂等）中显示了对中国文字的尊重等等，都是说明这种情况。这是一项需要开发的极其细致的工作，有待今后的努力。

§255

为什么岳飞、文天祥仍会使我们感动（1995）（《思辨录》第8条"道德继承"）

谈到传统伦理道德时，必须注意将其根本精神或理念，与其由政治经济及社会制度所形成的派生条件严格地区别开来。不作这样的区分，任何道德继承都变成不必要的了。每一种道德伦理的根本精神，都是和当时由政治经济及社会制度所形成的派生条件混在一起的，或者也可以说，前者是体现在后者形态中的。倘使我们不坚持形式和内容是同一的僵硬观点，就应该承认它们两者是有区别的、可分的。冯友兰于六十年代出于担心要全盘否定道德继承性的考虑，提出了抽象继承法，就是依据上述可分性的原则。不过，他用了一个很容易引起误会的说法，以致遭到非难。可分与不可分这两种不同的观点，导致了道德可以继承与不可以继承的分歧。如果认为是不可分的，传统道德观念中的根本精神及其由当时社会制度所形成的派生条件是等同的，那么在古代一些杰出人物身上还有什么崇高精神、优秀品格、善良人性？任何一个人都不能完全超越他的时代，完全摆脱由当时社会制度所形成的派生条件。不能要求他们活在和我们一样的社会制度与社会意识中，从而在派生条件上具有和我们完全一样的道德观念。如果坚持思想的根本精神和当时的社会制度所形成的派生条件两者是不可分的，那么道德继承问题也就不存在了。

岳飞、文天祥的事迹今天仍会使我们感动，可是他们的社会意识是充满忠君色彩的。我们对于皇帝再也不会产生神圣的感情了，为什么还会被这些充满忠君感情的人物所打动呢？这并不是由于我们也像他们一样，对皇帝抱着同一神圣感情，而是从他们的忠君意识中领会到另一种崇高精神。我们是被它所打动的。这种崇高精神固然蕴涵在他们的忠君意识之中，可是我们却在无形之中把两者分离开来了。至于屈原就更是一个复杂人物，但是谁会因为他的忠君意识而否定他的坚贞而博大的情怀呢？王蒙曾说他每次读《红楼梦》，读到元妃省亲贾政启奏那一节，都不禁为之鼻酸，觉得"忠中有悲，忠中有情，这种中国式的忠的感情，真是令人歆歔感动"。可是使人感到遗憾的是，后来他却把《三国演义》看做是一部争龙椅的相砍书。似乎赵子龙除了为主子效力之外就不存在"忠中有悲，忠中有情"了，从而他似乎又不主张根本的思想精神和派生条件是可分的了。其实《三国演义》这部古典名著是蕴涵了多层面的。比如像诸葛亮这样一个人物，过去大多仅仅从"为政治服务"的角度去批判他，但我觉得郑振铎从智慧的角度去评估诸葛亮，也许是更妥切、更合理一些。

一九三五年，梅兰芳赴苏访问演出，当时也有一位苏联的艺术家认为京剧完全是供封建王公贵族玩赏的"雕琢品"，说这种戏剧是"为古代专制的封建道德做宣传的喉舌"。但是，艺术家奥布拉兹佐夫后来到中国进行考察之后，他有不同的看法，并作了十分中肯的评述："中国传统戏剧的剧本演出及服饰等，当然都反映了，也不可能不反映千百年来的封建制度，不过并不能因此就把这种戏剧看成仅仅是帝王和封建贵族的玩物，这是绝对不正确的。"什么原因呢？他举出的理由是："从来没有哪一个封建阶级或非封建阶级的贵族，哪一个特权阶级或特权阶层会需要两千个剧院。"他用戏剧在中国普及的程度来说明它的人民性。在当时的苏联，使用"人民性"这三个具有魔法性的字眼，是突破僵硬的教条，使艺术的生命不被机械论所扼杀的唯一办法。但我觉得还是用传统思想的根本精神及由社会制度附加给它的派生条件是可分的来对待道德继承问题，才更为合理。"五四"时代反封建的先驱人物是以非孝作为突破口的。但其中两位主要人物胡适与鲁迅，在实际生活中对于母亲的孝道行为却是十分感人的。是他们言行不一吗？不是的。他们都坚决反对封建制度附加给孝道精神的派生条件。即当时梁漱溟所谓"古代礼法，呆板教条，以致偏倚一方，黑暗冤抑，苦痛不少"等等。我们必须把他们奉行孝道的根本精神和他们反对的那些派生条件严格地区别开来。但倘硬说他们的孝道和传统的孝道毫不相干，那是牵强的，难以令人折服的。

§256

"你要做世上的盐"（1995）（《思辨录》第13条）

　　研究中国文化不能以西学为坐标，但必须以西学为参照系。中国文化不是一个封闭系统。不同的文化是应该互相开放，互相影响，互相吸收的。我不赞成所谓万物皆备于我的返本论。尤其当有些人假借东方主义的理论，只承认文化传统的特性，不承认各个民族由人类共性所形成的相等的价值准则，因而拒绝遵守国际公法和人性原则的时候，这个问题就更为突出了。今天不应该再出现清军在常胜军协助下攻破太平军据守的苏州城，因杀降而遭到戈登将军的责问时，以"国情不同"为借口来搪塞的荒唐事了。我愿再一次援引拙著《清园夜读》后记中所揭示的那种诡辩术以为殷鉴。这些诡辩者只要对自己有利，可以根据不同时期的不同需要，出尔反尔，不惜把惠施说的万物毕同毕异分割开来，时而只承认万物皆同，时而又因碰到相反情况而只承认万物毕异。上述以国情为借口而藐视共同人性原则的诡辩即其一例。

　　研究中国文化，现在更需要的是多做些切实的工作。自从自由、民主、人权等等名词由西方传入中国以来，人们都会说，可是却很少有深入的钻研，结果在人们头脑中只剩下一个朦胧的概念或几个口号。就以民主作为一种政治学说来说，它的起源和发展流变，它在英美经验主义和大陆理性主义的不同思潮中形成怎样不同的学说和流派，以及当它传入中国以后，我国思想家对它作过怎样的诠释与发挥……这些问题都是建立现代民主社会、民主体制所必须弄清楚的。可是迄今很少有人关心这类问题，以至于援引孟子"黎民不饥不寒"说民主就在于吃饱饭的言论，竟很少听到反驳的声音。似乎很多人都把注意力放在从宏观阐发海外流行的观点和问题上去了。记得小时候一位学圣品人（基督教牧师）的长辈冯传先姨父对我说，

《圣经》上说的"你要做世上的盐"比"你要做世上的光"更好，因为光还为自己留下了形迹，而盐却将自己消融到人们的幸福中去了。作为中国的一个学人，我佩服那些争做中国建设之光的人，但我更愿意去赞美那些甘为中国文化建设之盐的人。

§257

说现在（1995）（《思辨录》第25条）

"五四"时期强调"现在"与当时倡导的功利主义有关。那时的人说，没有"现在"就没有"将来"。对"现在"有意义才对"将来"有意义。所以杀戮了"现在"，也就杀戮了"将来"。但是，须知"现在"是"过去"的"现在"，没有"过去"也就没有"现在"。而"现在"的所作所为，其利弊也往往只有到了"将来"才会清楚，才可能验明。强调"现在"不能只为"现在"着想。也要为"将来"着想，考虑"现在"对"将来"的影响，这是一种责任感。不管过去，不问将来，只关心现在，只是功利主义的。更严重一些还会发展成为一种急功近利或只要达到目的可以不择手段的极端态度。

§258

说恶（1997）（《思辨录》第50条）

过去我深深服膺《费尔巴哈论》中谈到人性恶的观点。我曾在《韩非论稿》中，引用过这段话。但是现在我发生了疑问。《费尔巴哈论》认为自产生了阶级社会之后，恶一直是推动人类社会发展的杠杆，并说明所谓恶指的是贪欲和权势欲这两种恶的情欲。《费尔巴哈论》这一说法很不全面，尚不及戴东原所谓禁锢情欲将造成社会的冷漠来得深刻。推动社会发展不能限于贪欲和权势欲两种恶的情欲，也许这本书在批评史达克时所说的"追求真理的热忱"更是主要的方面。历史上许多科学家所作的伟大发现和发明，许多思想家所作的重大的理论贡献，许多政治家在危难关头力挽狂澜，使社会免除了破坏与毁灭……恐怕都是出于像"追求真理的热忱"这类善的动机或愿望，而不是出于掠取金钱的贪欲或攫夺权力的野心这类恶劣情欲。自然应该看到，在一定情况下，贪欲和权势欲也会促进社会发展，但是更应该看到，在大多情况下，贪欲和权势欲往往只会给社会带来破坏。

§259

为什么重视对于"五四"的反思？（1997）（全卷七，《清园近思录》后记节录）

这本《清园近思录》是从一九九三年下半年到目前所写文字的大部分，它们留下了近几年来我的思想痕迹。有朋友问我，为什么你这样重视对于"五四"的反思？我想在这里简略地谈谈我的一些想法。在二十世纪中，"五四"新文化运动是一股最具影响力的思潮，其覆盖面之广，持续时间之长，是这时期其他思潮不能比拟的。直到今天它仍在支配许多人的思想，甚至对一些和"五四"精神并不一致的人来说也是一样，尽管他们并不觉这一点。这里所说的影响不仅是指"五四"时期所提出的那些观点，比如个性解放、自由精神、独立意识、人性与人道、民主与科学等等。这些人已经脱离了"五四"的思想轨道。他们用群体意识来代替个性解放，用集中来代替民主，用暴力来代替人道。可是在思想方式和思维模式方面，他们和"五四"时期所盛行的意图伦理、激进情绪、功利主义、庸俗进化观，却是完全一致的。举例来说，本书所收《杜亚泉与东西文化问题论战》一文第四节所批评的"态度变了理性就变"，就是一种意图伦理。这是一九一九年蒋梦麟在《晨报》所发表的《新旧与调和》一文中提出来的。杜亚泉在《东方杂志》撰文反驳这种主张说:"以情感与意志为思想的原动力,先改变感情与意志,然后能发生新思想,是将人类的理性为情欲的奴隶。肯定了我喜欢什么,我要什么,然后想出道理来说明所以喜欢及要的缘故。此是西洋现代文明之病根。"在这场论争的二十多年以后,又重新出现了类似蒋梦麟说的以感情与意志为思想原动力的同样主张,这就是后来成为知识分子思想改造纲领的所谓改变立场的理论。这种理论可能和一九一九年发生的论战并没有任何瓜葛,但从思维模式方面来看,两者却是完全一样的。它也同样要求在认识过程中,首先必须端正态度改变立场,亦即首先应该确定爱什么、恨什么、拥护什么、反对什么,然后再去辨别是非。这是一个直接涉及生活的大问题,可是我们似乎还没有对它进行过探讨。按照认识事物的实际情况来看,恰恰应该是相反的。因为结论要从事实的分析中才能得出,正确立场要经过明辨是非的认识过程才能确立。已有的结论固然可以有助于去分析未经探讨的事实,但不能改变事实,而事实却可以改变过去所获得的结论。同样,原来的立场也必须继续不断地在明辨是非的过程中得到检验,才能证明它是正确的还是错误的。否则就会流入由意志代替真理的信仰主义,形成一种宗派意识。我深深感到,我们太重视立场,而没有想到首先应该考虑的不是立场,而是对真理本身的追求。长期以来我们都按照凡敌人赞成的就要反对或理解的要执行不理解的也要执行这样一种模式去办事,这已是十分普遍的现象了。

§260

"五四"并没有反封建口号(1998)(《思辨录》第26条)

"五四"时期只提出了反对旧传统、旧礼教、旧道德、旧文化。

把"五四"新文学定为反帝反封建的是毛泽东。他在《新民主主义论》中称"五四"是彻底地不妥协地反帝反封建。更早一些,在一九三五年"一二·九"学生运动时期,我从当时一本地下出版的小册子《西北印象记》中,读到了说中国是一个半殖民地半封建社会。当时中国学术界正经历了两场大论战:中国社会性质问题和中国革命性质问题这两场大论战。我还记得抗战前生活书店曾以这两场论战为书名出版了两本书。当时参加论战的人并未取得共识。一九三六年北平成立了民族解放先锋队,我记得在其讨论中国社会性质问题的时候,很多比我成熟、比我有理论修养的大学生,都认为中国社会是资本主义而不是封建主义。直到抗战后,情况才有所改变。一九三八年初我入党前组织上派人来找我谈话,考察我的历史和思想情况,其中一个问题就是对中国社会与革命性质的认识。如果我回答中国是资本主义社会是会被怀疑为托派的。中共判定中国是半封建社会是在大革命后中共六大会议上作出决定的。我考查了一九二八年在莫斯科举行的中共六大文献,发现反帝反封建最早是斯大林和布哈林提出的。据周恩来在六大会议上的发言,过去中共方面,并没有这种说法。关于中国革命的性质,只提出过"社会革命"或"工农民主革命",直到中共六大才正式提出中国革命是反帝反封建的资产阶级民主革命性质。从以上这些考辨可以看出,把当时只有反旧传统、旧礼教、旧道德、旧文化等等说法的"五四"规定为反封建是后来的事,但今天许多文章把反封建说成是"五四"时代就已经提出过的口号了。

§ 261

"五四"反儒不反法(1998)(《思辨录》第28条)

有一个问题至今还很难解释:为什么"五四"时期的一些代表人物多半激烈地反儒,而不反法。实际上儒家还有着民本主义思想和诛独夫的革命思想，可是法家却站在君主本位立场上，实行彻底的专制主义。"五四"时期反对旧道德旧伦理，而作为封建伦理观念集中表现的三纲，是法家最早提出来的。今天韩非在大陆仍被视为融法术势为一炉、集法家之大成的人物。秦王朝以法家学说来治国。二世而亡后，汉代总结了秦代覆灭的原因，采取了杂王霸政治，以后各朝大致沿袭此制。"五四"时期反儒，认为封建王朝是利用儒家来统治人民的，所以竭力攻击儒家。可是他们没有看到历代统治者所行的杂王霸政治乃是外儒而内法，儒不过是用来掩盖实际所行的法家残酷之术。但"五四"时代不但不反法，反而对法家加以讴歌，这是令人奇怪的。比如胡适在当时是代表自由主义思想的人物，他对待韩非的态度就是如此。胡适曾经批评黑格尔因为生在达尔文之前，所以不懂进化论。可是他在《中国哲学史大纲》中谈到韩非时，引《五蠹篇》中的几句话，竟说活在一两千年前的韩非是"一个极相信历史进化的人"。鲁迅也是一样，他曾自称受到传统的两种影响，一个是庄周的随便，另一个就是韩非的峻急。他对秦始皇的态度则是受了章太炎影响。三十年代希特勒在德国上台后，中日两国有些论者将希特勒的焚书比之秦始皇。鲁迅撰《华德焚书异同论》，说这种比喻不当，秦焚书而不焚医书、农书等，和希特勒焚书不同，和阿拉伯人焚毁亚历山大图书馆也不同。其实希特勒也不是什么书都焚的。章太炎著的《秦献记》《秦政记》等，对秦始皇取肯定态度。"文革"尊法批儒将这两篇文章重印作为学习资料。鲁迅著的《汉文学史纲要》在这方面也透露了一些消息。人称秦无文，鲁迅不同意此说，认为李斯为出巡作的碑铭就很好。他在书中将单列一章，给予很高规格。相形之下，书中将贾谊与晁错合为一章，就显得体例上有些畸轻畸重了。贾谊的历史地位和他在文化上作出的贡献都比李斯重要。他年轻夭折，是一位才华横溢的人物。他写的《过秦论》，是探讨秦王朝覆灭原因的。但章太炎不喜欢过秦，称这篇文章为"短识"。鲁迅《汉文学史纲要》认为贾谊则在晁错之下,因为前者不如后者"深识沉实"云云,意见大致与太炎同。

§ 262

扭曲的启蒙心态(1998)(《思辨录》第 31 条)

今天仍需继承"五四"的启蒙任务;但是"五四"以来(不是"五四"时才有)的启蒙心态,却需要克服。我所说的启蒙心态是指对于人的力量和理性的能力的过分信赖。人的觉醒,人的尊严,人的力量,使人类走出了黑暗的中世纪。但是一旦人把自己的力量和理性的能力视为万能,以为可以无坚不摧,不会受到任何局限,而将它绝对化起来,那就会产生意识形态化的启蒙心态。我生于一九二〇年,从小就受到了"五四"思潮的洗礼。我的科学信仰以及后来的政治信仰,使我亲身体验过这样一种意识形态化的启蒙心态。这和我所读过的那时被我奉为经典的书籍有关。它们使我相信人的知识可以达到全知全能,从而认定英国经验主义启蒙思想家是不能和欧洲大陆的理性主义启蒙思想家相比的,因为前者往往是不可知论者,有着怀疑主义倾向。所以,休谟、洛克比不上卢梭,而在德国古典哲学家中间,康德又比不上黑格尔。因为前者多了一份怀疑,少了一份信念。这就是所谓偏识。

不久前,我在《读书》杂志上读到张汝伦写的一篇纪念《天演论》发表百周年写的文章,发现其中有些看法似与我上述意见暗合,而且说得更为透彻。他说:承认人的精神能力的有限性,对于一个中国人来说是一种难得的思想品性。我们总希望自己能知道一切,重视断言和肯定,却未必能够理解怀疑的意义,不愿像苏格拉底那样说"我知我之不知"。相反,一旦认为绝对或终极真理可致,就会很容易宣称终极已经达到,那么剩下可做的事情当然不会是对真理的探索和追求,而是对异己的讨伐了(大意)。作者在另一地方说到这种人"往往自以为真理在握,或干脆是真理的代表,以真理自居,必不许反对意见有反驳余地,从而无形地限制了自由思想的空间,给专制主义预备了必要的精神土壤"。这些话说得多么好!舆论一律,压制不同意见,思想定罪,以至改造人性,改造思想,不都是这样发生的么?"五四"时期,陈独秀曾扬言白话文的问题不许讨论。我是拥护白话文,自己也是用白话文写作的,但我要问:"为什么不许讨论?"这难道和"五四"时期所倡导的学术民主是一致的么?真理不怕辩,自由讨论可以从传统的语言文字获得借鉴,在建立白话文和废除汉字(钱玄同甚至一度主张废汉语而用外语来代替),以及以后对大众语、拼音化、简体方案等等讨论都会有好处。我是把上述那种独断态度称作意识形态化的启蒙心态的。可惜,在当时倾向自由主义的胡适,也未能识别它的偏颇。后来他在日记中写道,陈独秀的不许讨论,使白话文的推行提早了十年。是的,陈的强制办法,使白话文的推行提早实现了。但这是一方面,另一方面似乎也应考虑一下,学术自由、学术民主的原则的放弃或斫伤,会带来什么后果?纵使从功利主义的角度来看,这种做法会不会有得有失,甚至是得不偿失呢?

§ 263

大独与大群 (1998)（《思辨录》第 104 条）

在访谈中,有人问我,鲁迅在思想上是反专制的,为什么在章太炎影响下接受秦始皇?我的意见是,应当把章太炎的思想当做当时的一种思潮来看。章太炎虽然肯定秦始皇,但他也是反对专制主义的。直到民国后他还以大勋章为扇坠,跑到总统府去诟骂袁世凯称帝。这事曾使鲁迅感动。在此之前,章发表过不少反专制的文章,我曾在文章中提到《訄书》的反专制统治之文,这些文章令人展卷方诵,血脉已张。但是他为什么又去赞扬秦始皇呢?

这种矛盾看来似乎是思想的任意倾斜，其实是有时代背景的。自清末，神州大地经三千年未有的奇劫巨变，到了生死存亡关头，救亡图存是这几代人所面临的重要问题。中国要御侮，要富强，首在精诚团结，克服所谓"一盘散沙"现象。柳诒徵在《学衡》上撰文称："爱国合群之名，洋溢人口，诚实者未尝不为所动。"即是指此。章太炎早年曾撰《明独》，阐明大独与大群的关系。他说："夫大独必群，不群非独也。"这里说的大独似乎个人独立。而大群则近乎今天所说的集体主义精神。可见在那时个体与群体是不矛盾的。"五四"前，卢梭思想已介绍到中土，卢梭的《社会契约论》对当时的改革思想、革命思想起了很大的作用。所谓"大群"，正是卢梭包括全民在内的集体，他像反对"众意"而主张"公意"，从而反对小团体、小宗派一样，他也反对亲缘宗族的所谓"小群"。这不仅是章太炎一个人的思想，康有为破九界倡大同说，谭嗣同申言"无对待"等等，莫不如此。孙中山也有同样主张，他曾说："中国人只有家族主义和宗族主义，没有国族主义。"后来毛泽东也认为族权宗祠以至家长的家族条规是束缚人民特别是农民的四大绳索之一。所以我以为这是当时的时代思潮，而它的产生是有具体历史背景的。过去我不理解"五四"时期为什么要主张非孝而反对家庭，我感到奇怪，"五四"时期主张非孝的人如胡适、鲁迅在行为上却是信守孝道的。中国旧社会的家庭，也并不都像"五四"时代所描写的那么黑暗可怕。那时只有梁漱溟对中国的家庭比较肯定，这几乎是唯一的例外。我觉得他所作出的好坏两方面分析，倒是实事求是的。近来我读了一些材料，再考虑这个问题感到可以理解了。用上面所援引的章太炎的说法，这个问题似乎不难解决。这就是他说的"大独必须大群，无大群即无大独"。这句话是直接指引到集体主义的。因为照章太炎来看，要实现大群，首先必须大独。所谓大独，即是从小团体、小宗派中解放出来，破除亲缘宗法的一切羁绊（当时所说的封建，并非指西方的封建概念,乃是指我们的宗法制度、宗法社会)。这恐怕是"五四"时期把非孝和反对家庭作为反封建的一个主要原因。至于为什么鲁迅既反专制,又赞成秦始皇的问题,我想,这是由于秦始皇在六国纷争后,终于完成了全国统一的大业。这在当时看来,对中国是最为重要的。鲁迅就曾对秦推行的书同文、车同轨,表示了赞许。我曾经用历史走错了房间来解释卢梭的社会契约论。一些倡导自由平等的人,往往会从他们以幻想绝对的集体主义为终极目标的主张中,导致专制主义。这是他们想不到并违反初衷的。

§264

思想与学术(1999)(《思辨录》第18条)

有人把八十年代称为启蒙的年代,而把九十年代称为反思的年代,并声称九十年代的反思是对八十年代的启蒙的反动,这很能眩人耳目,但我不喜欢这种概括法,因为它是以牺牲具体事实为代价的。我不懂为什么对"五四"重新评价就是对启蒙的全盘否定?倘使只承认启蒙的一种模式,不承认启蒙思潮的多样性,强人从己,把持不同意见的人一概视为是反对启蒙的,那也太霸道了。最近有人把启蒙只限定在"反叛、决裂、扫荡,是部分到整体的破坏",或者"对传统文化——社会结构的彻底性颠覆"(林贤治)这种激进主义的范围内,实际上是在把自己的观点定于一尊。学术和思想应是分不开的。我不认为学术和思想必将陷入非此即彼的矛盾中。思想可以提高学术,学术也可以深化思想。不可想象,没有以学术作为内容的思想,将成为怎样一种思想,而没有思想的学术,这种学术又有什么价值?思想和学术之间没有那种或是东风压倒西风,或是西风压倒东风的势不两立的关系。而且我也不相信思想竟如此脆弱,会被救亡所压倒,被学术所冲淡。

现在有一种看法，学术出台思想就淡化了，这是我不赞成的。我认为"五四"时代那些把学术当成实现某种意图工具的学人，不能作为例证，我们应该从他们的思想本身去找寻问题的答案，纵使当时没有救亡的压力，他们也不会做出其他的选择。直至今天还有人把这一时期和他们不同的另一些人，如王国维、陈寅恪等，看做只是一些从事纯学术研究的冬烘学者，殊不知他们对独立思想和自由精神的追求，并不比前面所说的那些人逊色。

我觉得研究中国文化，现在更需要的是多做些切实的工作。自从自由、民主、人权等等名词由西方传入中国以来，人们都会说，可是却很少有深入的钻研，结果在人们头脑中只剩下一些朦胧的概念。这是把学术排除在思想之外的结果。它带来的危害就是使思想变成一个简单的口号。

§265

什么是"五四"精神（1999）（《思辨录》第20条）

过去写"五四"思想史很少涉及"独立之精神，自由之思想"。这句话是在纪念碑铭中提出来的，很少被人注意，其实倒是表现"五四"文化精神的重要方面之一。王、陈等一向被视为旧营垒中人，被划在"五四"范围之外，我觉得这是一种偏颇。问题在于这句话是不是可以体现"五四"时期出现的一种具有时代特色的精神？它是不是具有相当的普遍性？如果不斤斤于用文白之争来概括"五四"，那么它是否在以不同形式写作的人物身上都同样存在？近年来这句话渐渐获得了许多人的认同，比较容易被理解了。倘以"独立精神，自由思想"这方面去衡量"五四"人物，那么褒贬的标准会有很大不同，一些被我们的教科书或思想史所赞扬的人物，将难以保持其荣誉和威名于不坠。自然一般所强调的民主与科学是重要的。但什么是民主和科学？那时只能说停滞在口号的层面上。这也是近八十年来民主和科学在中国一直不能实现的原因之一。此外，我认为"五四"时期提出的个性解放也是很重要的。因为中国传统中最大的问题就是压抑个性。

§ 266

说"激进"（1999）（《思辨录》第24条）

"时代潮流，滚滚向前，顺之者昌，逆之者亡"。这是一句名言，也常被人引用，但我不喜欢它那种带有威吓的口吻，况且潮流也不是都趋向光明和进步的。倘使任何一种潮流，不问正和反，是和非，由于害怕"逆之者亡"，就顺着它走；试问：你又如何保持你那不肯曲学阿世的独立人格和自由精神呢？激进主义不是"五四"时期才有的。一百多年来，中国的改革运动屡遭失败，这是激进主义在遍地疮痍的中国大地上得以扎根滋长的历史原因。环境过于黑暗，一些爱国志士认为，只有采取过激手段才能生效。陈独秀在《调和论与旧道德》中，曾有过一个比喻。他说："譬如货物买卖，讨价十元，还价三元，最后结果是五元。讨价若是五元，最后的结果，不过是二元五角。社会上的惰性作用也是如此。"鲁迅早年撰写随感录，也说过类似的话。他说要在一个黑屋开窗，必遭反对，但要说把整座屋子拆掉，那么也许可能开出一口窗子来（大意）。矫枉必须过正，越激烈越好，结果往往是以偏纠偏，为了克服这种错误而走到另一种错误上去了。本世纪初，无政府主义学说传入中国，当时的爱国志士对于无政府主义的激进思想莫不靡然景从，其原因即在此。这些人中间包括了一些传统素养深厚的人如刘师培，他在当时竟成了传播无政府主义的急先锋，先在日本办《天义报》，被查封后，再办《衡报》宣传无政府主义。还包括了出家修行的和尚太虚法师。年谱称一九一〇年，他的思想由君宪而国民革命，而社会革命而无政府主义。他还曾与办《良心月刊》，鼓吹无政府主义。当时连一些性情温和的人如蔡元培,也倾向于无政府主义的激进思想。胡适在日记中曾记述他在那时读到梁启超说的"破坏亦破坏,不破坏亦破坏"这种激愤的话后,深为感动。不过作为一个自由主义者,他很快地采取一种清醒的态度。也是在日记中记载了他曾劝告青年,在无政府主义蔚然成风时,不要去赶时髦。这是使人敬佩处。我最为服膺的是他对自己的为人说过这几句话:"不降志,不辱身,不追赶时髦,也不回避危险"。我觉得一个中国知识分子如果真能够做到这一步,也就无愧于自己的责任与使命了。无政府主义的激进思想也对"五四"人物发生了巨大影响。我认为,激进情绪是我们今天不应吸取的"五四"遗产的四个方面之一,因为它趋向极端,破坏力很大。比如,由于反对传统,而主张全盘西化。由于汉字难懂,而要求废除汉字;更激烈者,甚至主张连汉语也一并废掉,索性采用外语。由于反对旧礼教,而宣扬非孝。由于提倡平民文学,而反对贵族文学。

我所说的"五四"的激进情绪是有特定内涵的。一般将这个词限定在政治领域内,如某些国家曾有所谓"激进社会党"之类。但我不是把左的称为激进,右的称为保守。有些习惯称为极右的政党,如法西斯等,照我的说法也是激进的。因为我说的激进是指思想狂热,见解偏激,喜爱暴力,趋向极端。这也是就思维模式、思维方式而言的。有些人立场不同,观点两样,在道德品质上也截然相反,但在思维模式、思维方式、行为方式上,也可能是类似的,甚至是一样的。我反对对于那些因改革屡遭失败与社会过于黑暗而成为激进主义的革命者加以嘲讽,他们往往是很高尚的,他们为此付出的巨大牺牲也往往能够启迪后人。我尊敬他们,愿意像巴尔扎克在《一个无神论者的弥撒》中所写的主人公德斯普蓝医生一样,为那个和自己信仰相反的亡灵去祈祷去祝福。但我并不会因此改变我对激进主义的看法和态度。

§267

"五四"好就好在没有学术吗（1999）（《思辨录》第 27 条）

思想和学术是不可硬分开来的。谈论民主问题，如果不涉及社会，又离开历史过程中的教训，还成什么学术性的研究，岂不是变成了戏论？反过来，如果不吸取前人民主学说和理论研究的成果，难道每个问题都要单枪匹马、一个人从头做起吗？试问有这种可能吗？纵使是概念的探讨也是有针对性的，同样不能和社会无关，和历史教训无关。我曾说，不能将民主研究仅仅变成表态，变成一种只是代表自己意图伦理的空洞口号，就是指此而言。前几年理论界有学术出台，思想淡化的说法，我是不赞成这种说法的。我已写了不少文字，我不打算再重复那些意见。我只想补充说一下，我觉得我们太缺乏理论的钻研了，只满足一种朦胧的感受（即我说的，谈论了半天，还只停留在凭激情喊口号式的层面上）。我说的理论钻研，包括对前人学说和理论的探索，也包括对新问题的揭示和新的观点的提出；有对原理的思考，也有对现实政治生活的联系和检讨。我觉得"五四"后长期以来理论钻研上特别显得贫乏的，是对前人的学说和理论注意不够。不要说研究，就是介绍也很少。与民主问题关系密切的国家学说，过去我们往往只知道一家之言，这就是卢梭的社会契约论。我们不知道与他同时的法国百科全书派伏尔泰、狄德罗、达朗贝尔等的学说与他有什么不同，更不知道英国的经验主义，如洛克的政府论又和他有什么不同。至于在大陆尚未被介绍的苏格兰启蒙学派的理论是怎样，就更加茫茫然了。我们对这些一概不知不晓，只知道一种卢梭的民主学说，而且就是对这一种也还是一知半解，甚至连一知半解也谈不上。试问，以后要建设我们的民主，又用什么去建设呢？我曾戏言，如果给我们每人发一张纸，让大家写出你对民主概念会是怎样理解的？你认为应在中国建立怎样一个民主社会？我相信，收到的答案将是千奇百怪的。自然对民主可以有不同的理解，但在一般知识和重要原则上，应该具有一定常识，假使连这也没有，那么不仅可悲，而且也是一件使人不得不担忧的事了。在马克思诞辰一百周年所发表的那篇惹起一场风波的文章中，提出了"理论工作准备不足"，这是一句危言，但确实是根据过去的惨痛经验教训所提出的。对民主一知半解或茫茫然无所知，仅仅凭激情去喊口号，民主是无法建设起来的。但至今有人还一口咬定"五四"好就好在只有激情而无学术探讨。恕我直言，这是一种使真正的问题离坦途而入荆棘的舆论误导。

§ 268

继承"五四"与反思"五四"（1999）（《思辨录》第 30 条）

外来思想如果不和中国传统文化思想资源结合起来，就很难在中国文化土壤上扎根。这可以举佛学在中国的传播为例，最初传播佛法是依附道术，采取以外书比附内典的办法，用和佛经比较接近的术语来翻译佛经的专门名词，这就是所谓的"格义"。到了道安时期，认为"格义"于理多违，遂废止"格义"不用，而采取直译和音译，使佛经得以更准确地保持它的原来面目。这种求信求真的办法至玄奘时期可以说到了登峰造极的地步。值得注意的是，玄奘译出的佛典如法相唯识都是佛书中的精华，可是并未传播开来。广为流传的却是经过中国化了的佛典。直到宋代佛学才被中国文化所吸收。一种外来文化为本土文化所融化，往往是要经过漫长曲折过程的。这里面有许多经验教训值得我们去总结。佛学传入是我国第一次大规模吸收外来文化，而"五四"时期介绍西方近代文化思潮是我国第二次大规模吸收外来文化。前者历时千年，而后者倘从晚清算起仅百余年。我不认为"五四"时期对待西学的态度及吸收西学的方式都是天经地义不可更改的。那时以西学为坐标（不是为参照系）来衡量中国文化，是和国外那时盛行的西方文化中心论有着密切关系（"五四"时期陈独秀即称西学为"人类公有之文明"），"二战"后西方批判了西方文化中心论，而提出多元化的主张。其实就在"五四"的年代，西方有些人已经对中国的文化传统采取了尊重态度，比如那时来华讲学的罗素、杜威就是如此。有人提出继承"五四"，这自然是对的。可是他们把继承"五四"解释为完全按照"五四"一模一样走下去，而不许反思，不许扬弃"五四"的缺点和局限。我以为这种看法是不足为训的。

§269

思维模式（1999）（《思辨录》第32条）

把"五四"简单地比拟为"文革"是不对的。"五四"运动是被压迫者的运动，是向指挥刀进行反抗。"文革"反过来，是按指挥刀命令行事，打击的对象则是手无寸铁毫无反抗能力的被压迫者。"文革"虽然号称大民主，实际上却是御用的革命。难道这还不够清楚吗？最近我从《南方周末》上看到河南一个名为《大学生》的刊物，曾以"文革"为题，对当地的大学生进行测验调查。结果百分之八十的人不知"文革"为何物，有的甚至说希望再来一次让他们看看。倘"文革"作为禁区的情况再继续下去，恐怕不知道"五四"与"文革"区别的人，倒不是海外某些学人，而是我们自己的同胞了。朱元璋建立明朝后，不准史书记载元人的凶残，推行愚民政策，而其结果却并不见得好。那么"五四"与"文革"是否可以进行比较呢？我以为两者的运动性质截然不同而不容混淆，但作为一种思维模式或思维方式来看，却是可以比较的，甚至是有相同之处的。思维模式和思维方式，是比立场观点更具有稳定性和持久性的东西。它在相当长的时间内，不会随着时代的不同和社会条件的更易而变化，因此成为文化传统的一个重要基因。在一定的条件下，相同的思维模式和思维方式也会出现在立场观点完全相反的人身上，也就是说，有些人虽然立场观点迥然不同，但他们的思维模式和思维方式却是一模一样的。因为后者是一种抽象的传承，并不涉及立场观点的具体内容。八十年代中期，我在文章中揭示构成文化传统的四个要素以来，多年过去了，最近中国社科院《历史研究》副主编张亦工先生来信，也提到我对"五四"的意图伦理、激进情绪、功利主义、庸俗进化论这四个方面的"分析反省，发人深思"。这里说的这四个方面，我是把它们作为一种思维模式和思维方式看待的。进化论本是一种学说，具有特定的内涵，但我在这里所指的并不是一种理论，而是由它所引出的一种抽象化了的思维模式——即新的总比旧的好，所以说它是庸俗化了的进化论。

§270

说新解（1999）（《思辨录》第216条）

近日东方寄来汪荣祖撰《胡适与陈寅恪》一文。其中引寅恪审读报告论冯友兰哲学史之得失，实则涉及以西学为坐标之弊。汪文引寅恪审读报告中的这样一段话："今此书作者，取西洋哲学观念，以阐明紫阳之学，宜其成系统而多新解。然新儒家之产生，关于道教之方面，如新安之学说，其所受影响甚深且远，自来述之者，皆无惬意之作。近日常盘大定推论儒道之关系，所说甚繁，仍多未能解决之问题。盖道藏之秘籍，迄今无专治之人，两晋南北朝隋唐五代数百年间，道教变迁传衍之始末及其与儒佛二家互相关系之事实，尚有待于研究。"这段话案而不断，引而不发，倘不细心阅读，极易忽略其中深意。汪引上文后，阐明其旨说："明言新儒家的产生尚有待于研究，中国思想史中古一段尚多未解决的问题，则新解又如何落实；尚未落实，而遽以西洋哲学观念系统之，岂非诬甚？"

汪氏的阐释有需辩者，寅恪所谓新儒家乃指宋代之新儒学。今冯氏对于尚待研究的宋代新儒学之产生尚不明了，骤以西洋哲学观念加以阐明，岂非谬妄？寅恪以"宜其成系统而多新解"评之，实寓讥弹之意。意谓以西学阐中学，自然宜于构成一新系统新解释，奈其内容之虚妄何！

§271

比附举例（1999）（《思辨录》第217条）

胡适《中国哲学史大纲》上卷中多次提到"生物进化论"。如称："墨子以后便有许多人研究生物进化。"又引《庄子》："物之生也，若骤若驰，无动而不变，无时而不移。何为乎？何不为乎？夫固将自化。"胡适加以引申说："自化两字，是《庄子》生物进化论的大旨。"又引《寓言》："万物皆种也，以不同形相禅，始卒若环，莫得其伦，是谓天均。"胡再引申称："'万物皆种也，以不同形相禅'，这十一个字竟是一篇'物种由来'。"《大纲》上卷出版四十年后，胡适在《中国古代哲学史台北版自记》中作了自我批评："'庄子时代的生物进化论'是全书最脆弱的一章"，是"一个年轻人的谬妄议论，真是侮辱了《物种由来》那部不朽的大著作了"。《中国哲学史大纲》上卷引《荀子·天论》："大天而思之，孰与物畜而制之？从天而颂之，孰与制天命而用之？望时而待之，孰与应时而使之？"胡称此论为"要征服天行以为人用"。又说："这竟是培根的'戡天主义'（conquest of nature）了。"诸如此类以中学比附西学，在胡适这部书里，成为令人瞩目的现象。

§272

《九十年代日记》后记（2001）（《王元化集》卷八；《清园近

作集》谈谈我的日记)

  这部日记自一九九〇年起,至一九九九年止,前后共十年。其中一九九一年未记,以回忆录代替。

  我很羡慕别人在任何情况下都能够坚持记日记的本领,我没有这样的恒心,也缺乏这种毅力。过去我曾多次打算把日记记下去,可是每次都半途而废了。这里刊行的十年日记,虽然并不完整,但总算持续未辍,也许这和九十年代有关。对我来说,九十年代是颇为重要的十年。我在青年时期就开始写作了,但直到九十年代,才可以说真正进入了思想境界。朋友们认为我这么说似乎有些夸大,可这并不是张大其词。九十年代是我的反思时代,直到这时我才对于自己长期积累的思想观念,作了比较彻底的全面检讨。在四十年代和五十年代下半叶,我也有过几次反思,但时间没有持续多久,涉及的范围也没有这样宽广。到了九十年代,我才摆脱了依傍,抛弃了长期形成的既定观念,用自己的头脑去认识世界,考虑问题。所以我把九十年代视为自己思想开始成熟的时代,这大概是我在这十年能够把日记坚持记下去的原因。因为我当时想,倘要将所见所闻所感所思和自己思想的演变全都记录下来,恐怕再没有比记日记更简便的方法了。

  友人如兰告诉我,赵元任先生曾说过,日记有两种,一种是为自己记的,另一种是给别人看的。他认为他的日记是第一类,胡适的日记则是第二类。为自己记的日记,目的在于存以备考,只要自己看得懂,怎么写都行。最近商务准备出版《赵元任全集》,其中也包括他的日记。我不知道如兰和新那姊妹们,如何整理她们父亲的日记。听新那说,赵先生日记中,有时使用了五线谱以达意,有时是图像,有时是外文和方言,有时还夹杂着只有他本人才明白的符号。我的日记虽然不像赵先生日记那么复杂,但也不大容易让人能够看得明白。其中有缩写,有符号,还有许多没有背景交代只有自己才懂得的记述。自己写给自己看，自然不会有什么问题。但是，当我答应编辑朋友的要求，准备把它们出版问世公之于众，就成为大问题了。一旦刊行，就需要使上面说过的第一类日记变为第二类日记。这是一个大变化。最初我低估了这项工作的艰巨性。着手进行之后，才感到它的分量越来越重，而并不像原来所想象的那样简单，这是需要去做大量的工作的。譬如，原来那些缩写和符号，就需要翻译成可读的文字；原来没有记述下来的事件背景，就需要增补必要的说明。更煞费斟酌的是某些个人隐私和目前尚不宜公开的事件，在经过慎重的考虑和权衡后，我作了这样的处理：有的只能割爱，有的加以删削；但为了尽量存真，有时则需运用寓而不断或意在言外的笔法，委婉地点明。从开始着手进行，到这些工作全部完成，前后用去我两年多的时间。

这十年日记原来是分别写在不同的日记本上。大抵每年一本，也有几年写在一个大日记本上的。我在整理时自然不能在这些原始日记上进行修订，而是先把它们抄写在稿纸上再作增删。这些手抄的日记共三十余万言。由于上面的改动较大，为了排印方便，再请蓝云和晓光用电脑打印出来，经过校改输入光盘。这样我的日记就有三种不同的稿本：原始日记、抄改本、打印本。这里需要说明，整理时，我所作的修订，只限于将别人无法看懂的地方阐发清楚，而并没有用后来的思想去代替当时那些想法。这些新增的阐释或说明，我采用了按语的形式。而涉及后来的想法或交代事件的变化，则归入补记。这些按语和补记均经我标明，以与正文相区别。我想通过这种方式来尽量保持日记的原貌。可是尽管如此，还是不能做到和原始日记完全保持一致，特别在文字上、形式上，已有很大的差距了。为了弥补这一遗憾，我准备将这十年的原始日记，全部捐赠给上海档案馆，以备将来研究者可以互相参照。

这部日记取名为《九十年代日记》，它和去年出版的《九十代反思录》是姊妹篇。前者阐述了我在十年中的一些新的认识和新的思想。至于这些认识和思想是在怎样的背景下一步步形成的，读者或许可以从后者去发现它们的发展演变之迹。

§ 273

忠孝的价值（2002）　（《传统资源：具体中的普遍性》节录，《王元化集》卷六）

忠恕在中国，如仁，爱人，都是讲的关系网络，人与人怎么在社会里边存在。我们之间应该产生一个什么关系，是一种现世的真实性，这都是通过在互相的关系上来考虑。固然，愚忠愚孝不对。因为那是没有自主性原则的。但可以把忠孝的价值开发出来，将它的好的方面引申出来，作一个现代性的转化。我们中国文化中个人的权利问题谈得比较少，是从关系来肯定个人，但在关系里也可以保持一定的个人独立性。三纲五常不是如通常所想象的。三纲一词虽最早见于法家著作，但一般都以为是汉代儒家的发明，其实汉代儒家是法家化的了，所谓"汉家自有制度，以霸王道杂之"，外儒内法，以吏为师。公孙弘对武帝说过，要用驯服豺狼虎豹的办法去驯服臣民。

传统讲的清操亮节，不是完全在关系网络里做奴隶。不要以为中国整个封建社会就是做稳或未做稳奴隶的时代，这说法未免偏激。中国士人的反抗精神，还是有很多的。其中有像毛泽东所讲的"骂皇帝"那样的海瑞精神。毛把彭德怀也说成是那样的人。证明中国的伦理观念，并不是把一定的条件底下所形成的角色固定死。中国讲到人，都在关系网络、道义网络里去讲人和人之间的态度、道德、操守等等。这点比较好，不是定死在那里。当情况有所改变时，可以有另外一个态度出现。比如孟子讲的可以

"诛独夫"，君命可以"革"等等。你做一般的君主，尽你君王的责任，按照君王的道理去做的时候，他服从你。假使你违反了这些原则，那么他可以离去，甚而可以把你去掉。古时说"恒称其君之恶者为忠"。忠应该怎么理解？应有一种批评意识，有一种独立人格。这样一个政治文化的机制，才能够产生出像文天祥、岳飞、史可法这样一些人。

§274

"己所不欲，勿施于人"（2002）（《传统资源：具体中的普遍性》，《王元化集》卷六）

海外一位学者说过：统一在一起并不是说大家没有共同标准。如多元的各个民族，很多地方都可以提供出共同价值。如"己所不欲，勿施于人"就是一例。不能违反了人类共同的文明的标准，我认为我可以处理我的石油，为了某种需要就倒入海湾里去毒害生物，造成污染，这个不行，多元化不是这样。它虽有很多的标准，但必须是大家所认同的。在这个认同的观念里，我的文化资源开发出来之后，可以使共同的文化观念更充实，我的虽然跟你的不同，但都是要讲文明、讲自由、讲维护个人的权利、讲人类对于进步的信念，这是普遍的。经过中国文化的自觉的真实的认同，就不只是一个拿来西方的东西而已。

§275

现代化背后都有价值观（2002）（《传统资源：具体中的普遍性》，《王元化集》卷六）

假设把中国的传统和伦理观念，从个人的权利各方面开发出来之后，也许就可以既是多元的又是具有普遍意义的。正像现代化过程，跟遗产、传统有关系。西方为什么不同，就是跟它的文化资源不同。这种不同，并不是说他们彼此相反。英国可以有个女王在那里，是个现代化的国家。美国可以完全不要，是一个联邦制。德国又是一个十分看重理性与个人尊严。意大利又是十分看重地方文化。中国这么大，建设我们的民主社会，有的是可以利用的资源。现代化背后都有价值观。假设没有一种道德、意义、理念，在这样基础上，建立出来的会是什么一种制度？不可能嘛。我们现在以为只要有制度就完了，而没有从文化传统里面领悟到也有积极的、对自己的人格培养发生好的影响的东西。我们不能体会到这点。传统变成只是一种分析出来的东西，其实理解传统并不能简单依靠理性分析。理解民主社会也不是只有议会呀、选举呀等等，而将人的精神因素，观念、道德，这些东西都驱逐出去。实际上在任何一个体制里，它们都存在着。

今天要讲的是制度问题。第一，制度，只有立于意义世界的基础上，才能产生出来一种制度，不能说是我只要制度。前些年，一个作者写了一本书，取名为《道德理想主义的覆没》。当时我就提过意见，具有一定内涵的道德理想主义固然应该反对，但不能没有道德，也不能没有理想（什么样的道德是另一个问题）。以为没有道德就解决问题了，拎出一些什么制度就好了。不能这么简单。中国的资源里，我觉得在制度的背后有没有存在一些人文价值的东西，这值得好好考虑。

§276

制度背后有尚贤的理念（2002）（《传统资源：具体中的普遍

性》,《王元化集》卷六)

中国传统的选官制度、考试制度,有可以利用的资源。中国古代从先秦开始,在选官的理念上,就要求"选贤与能"。后来制度上将教育、实习、选举、考试这几方面结合起来。用人古代叫"衡鉴",衡是公正,鉴是清楚。西周的选士、汉代的察举、隋唐的考试,都是在选官制度上往客观化、公正化、理性化的路子上走。邓嗣禹在文章中说,西方的文官制度是从中国学过去的。这里有两点值得注意:一是理念(德才),二是配套的人才工程(从教育到考课)。其中尚贤的理念很重要,历代尽管都有糟蹋人才的暗主,但依然有直言极谏的真正忠臣,原因之一就是制度背后有尚贤的理念。只有法家不尚贤,所以韩非子说:"有功则君有其贤,有过则臣任其罪"。这是愚忠的根子。但是儒家的忠,是在下者的能"称君之恶";而尚贤,则是在上者的从谏如流。在国家有灾难危机的时候,皇帝要下罪己诏,要举贤、找出好的人来。好的人就是能"称君主恶",不然光说好的话,或都只是听话,怎么可以真的做事呢?现在干部的选拔我看仍然存在很大的问题。对我忠,称我意,我就把你提拔上来,中国现实的弊端多生在此。

§277

谈佛学书店(2005)(《王元化集》卷七)

与文忠谈到"文革"前上海玉佛寺旁有一家佛学书店,那时我常去那里买书。许多在外面买不到的有关佛学的书籍,多半在那里可以买到。例如,南北朝时期刘勰襄佐僧佑编纂的《出三藏记》,这是一部最早刊印的佛经书目,是研究魏晋时期佛学不可少的工具书。我那时正在研究《文心雕龙》,在佛学书店购得此书,喜出望外。此外,佛学书店出售的金陵刻经处所出的佛典甚多。书店还附带出售一些供佛、礼佛的用品,我曾经在那里买了几枚泡制过的菩提树叶作为书签。读书人都喜欢逛书店,我到那里去翻翻书也是一种享受。可是"文革"初,这家书店被红卫兵作为"破四旧"的对象加以焚毁,大火烧了三天三夜。从此以后,金陵刻经处所出佛书在上海再也无法觅得了。

我和文忠说,金陵刻经处所出佛书中有一种名曰合本,即将同一部佛经的不同译本汇为一编,装订成一册,是很有价值的。佛典传入中土,在前后数百年中经过了很大的变化。最初佛经的翻译采用的方法是所谓格义,即用外书比附内典的方法。佛书出自梵文,所用名相往往在汉字中找不到对应的词语。所以当时译者经常用与佛书名相较为相近的庄老术语代替。洎至道安,他极力主张传译佛典务求逼近原本真实,遂废格义不用,改用音译。于是,般若、涅槃等等梵音汉字出现了。最后,发展到佛经传译的登峰造极时代,玄奘大师所译诸经乃使佛经的译本臻于完善之境。金陵刻经处把这些不同时期、不同译法的译本汇为一编,这是很有意义的。我认为其价值不仅对校勘有用,而且为我们提供了一份可贵的研究资料,我们可以从这种合本去探讨佛经传入中土所经历的不同历程,并由此去研究中国文化是怎样吸收外来文化,以及怎样将外来文化融入自身之内的。这是一个重要的课题,而金陵刻经处所出的合本,恰恰就是这方面最好的资料。我问文忠,国外翻译史上有这样的做法没有?文忠说没有。我又向文忠建议:"可将合本问题列到你正在撰写的有关杨仁山的论文之中去。"文忠点头称善。

§278

陈寅恪说我国道德伦理之本(2005)(《王元化集》卷六《辨儒

法》节录）

三纲的理论最早虽发轫于法家，但秦亡后，汉行杂王霸政治，使儒家学说也蒙上了法家色彩。在董仲舒据阴阳五行之说提出三纲这一名称后，东汉儒者编纂的《白虎通义》所揭橥的三纲六纪，据陈寅恪先生说，乃我国道德伦理之本，可见其影响之深远。不过，《白虎通义》的三纲之说，虽袭用韩非《忠孝篇》所谓"臣事君，子事父，妻事夫"之义，但多少显示了儒法二家在合抱之中也仍存区别。《白虎通义》并不像韩非那样采取绝对君主本位、君主专制的立场，他在谈到君臣之义时曾说过这样的话："臣所以胜其君者何？此为无道之君也，故为众阴所会，犹纣王也。"同时，另一方面也可看出，《白虎通义》的三纲说，也并不为汉儒所一律恪守。尽管班固曾批评屈原"依彭咸之遗则，从子胥以自适"为不合经义，而是一种狷狭之志，但太史公、王逸、淮南诸家，以及直到清代的儒者，仍把子胥、屈原视为合于儒家道德理想的伟大人物看待。

第八辑　学术文化批评

§279

现实主义的批评（1941）（《向着真实》的《争取批评》节录）

现实主义的批评不但要对作品作出社会性的评价,还要对作品作出艺术评价,探讨作家的阶级意识如何表现在艺术形象里,研究作家的企图怎样反映在作品中间。现实主义的批评家在评价艺术品的时候,应该解答这些问题:作家的思想感情如何贯彻在作品所表现的形象里面?形象是不是完整?典型的意义是不是具备?反映的现实是不是真实?形式是不是适应于表现内容?语言和结构是不是有缺陷?艺术的效果怎样?对读者将发生怎样的影响?……

然而不幸,目前有些进步批评工作者只滞留在狭小的圈子里,好像把自己关在窄笼中,不是说什么意识前进,就是说什么思想正确,唯独不从艺术本身去进行探讨,这是庸俗社会学的变种。而一些作家呢?只要批评工作者企图冲出那束缚手脚障蔽耳目的狭笼,就加以抱怨,指摘他们要求过高,甚至怀疑是在"发泄私欲"。难道这情形要永远继续下去么?难道我们的文坛只许充塞着一些庸俗的批评?

固然批评的种类很多,有介绍式的、有读后感式的,但是这些都不能成为取消严正的批评的借口。目前我们正要通过严正的批评来提高读者的认识。但是,许多人以为目前正是"有胜于无"的时候,尤其在这种险恶的(孤岛——补注)环境下,严正的批评只有把我们的文艺运动的影响缩小:要知道烂苹果总比没有强啊!这种见解虽出于善意,但我却不能苟同。

如果一个革命队伍,要等到恶劣环境消灭了,理想社会实现了，才适于展开自我批判，我也是同样不敢苟同的。不错，敌人会利用我们的一切弱点来进攻，而严正的批评又的确会把我们文艺运动中的许多弱点暴露出来。但是任何事物都有利弊，问题在于取大而舍小。严正的批评的优点多呢？还是缺点多呢？我想伊里奇（列宁——补注）的话值得我们注意："自我批判虽然会使敌人洋洋得意，以为抓住了弱点，但是革命队伍绝不会被这区区针刺所惊动。"（大意）这话同样可以作为批评的借镜。我们情愿疮毒蔓延？还是情愿忍受暂时痛苦把疮毒挖掉？这个简单问题，不用什么考虑即可回答。批评家负起你们的时代使命来吧！为了使进步文艺运动更加壮大，正应该把自己阵营中的一切缺点清除干净。我们从来没有听说严正的批评当真会妨害文艺运动的前途，正相反，文艺运动不能蓬勃开展，倒往往是由于批评的落后。自满自足就是停止进步，文艺运动也不能逃出这个真理。

§ 280

谈上海俗语（1946）（《王元化集》卷一）

"他妈的"三个字早已成为国骂了。据说在别的国家找出同样的骂人话，简直不可能，只有帝俄时有一句和"他妈的"三字相近的俗语。鲁迅翻译《死魂灵》就碰到了这个字，参证英、德、日诸国《死魂灵》的译本，各国的译者对这个字都大感头痛，弄得莫名其妙，不知道究竟是个什么意思。有的把它翻成"我使用了你的母亲"，有的把它翻成"这匹母狗被我用过"，简直是翻得使人不知其"土地堂"。幸而鲁迅生于中国，随手拈来，原来就是"他妈的"三个字，既真实又传神，"信、达、雅"，三个条件都具备了。

一国的俗语土话和一国的风土人情大有关系。"他妈的"三字在中国和俄国找到同例，就因为中国的风土人情和俄国的风土人情大致相仿的缘故。从"他妈的"三字中，多少可以看出中国人民和帝俄人民的国民性来。

我住在上海已快近十年了，可是上海话仍旧不会讲。也许学方言的人总爱以骂人话入手罢。对于上海的骂人术语倒学会了几句。我觉得各地方言之中，没有第二个地方比上海人更爱嘲笑老实人了。老实人在上海简直成了一切刻毒的代名词。例如骂人就说"恶犬""阿木林""寿头""洋盘""曲辫子"之类，其中除了"洋盘"是骂带有洋味的人物之外，其余骂的都是老实的乡下佬。最显明的例莫如"曲辫子"，乡下人进城不久，反盘在头上的辫子放下来，结果变成一条弯曲的猪尾巴拖在脑后，这就是"曲辫子"的来历。对于"曲辫子"一流人，上海人极尽嘲骂玩弄之能事，不是叫他们"捐木梢"就是给他们"装榫头"。倘使"曲辫子"被玩弄得莫名其妙，禁不住问一声："为什么？"他们又要骂："不识相。"

从这些骂人话中，可以看出上海人崇拜的"英雄"是怎样一副嘴脸。不吃亏，看风转舵，给别人上一点小当，使出一些流氓手段，懂得这套"门槛"，就能够在上海立脚了。

§ 281

学术良心（1982）（《思辨录》第 271 条）

恩格斯曾经说："歌德像黑格尔一样，各在自己的领域内，都是真正奥林帕斯山上的宙斯，然而两人都未能完全免去德国庸人习气。"这句话如果作简单化的理解就会产生误会。我以为所谓庸人习气主要指的是政治态度方面，他们不像文艺复兴时期的巨人那样具有革命激情和坚强性格，用笔或兼用笔和剑投入那场人类前所未有的伟大的进步性变革之中。他们小心翼翼，不敢得罪或碰疼当时普鲁士的专制政府，甚至有时还表现了懦怯的态度。可是，在另一方面他们又都在自己领域内是真正的奥林帕斯山上的。这一点不可轻视，值得我们思考。我以为，他们在自己领域内作出了对人类的伟大贡献，不仅仅需要天赋、勤奋、毅力和学识，而且也需要追求真理的热忱和忠于科学、忠于艺术的优秀品质。这种品质同样值得推崇，并且和他们在政治态度上表现的庸人习气恰恰相反，形成奇异的鲜明对照。而事实却正是如此。我觉得在巴尔扎克、果戈理等等这些作家身上也都具有同样的情况，我们只要读读他们的传记就可以明白。例如，巴尔扎克年轻时为了献身文学，要用自己的笔去开拓拿破仑的剑所不曾达到的领域，甘愿清贫自守，住在拉丁区的阁楼，忍受饥寒的煎熬，而放弃家庭的接济和优裕的生活享受。他成名后，也曾经以艺术家的公正而为被漠视、受冷遇甚至连雨果也不理解而加以一笔抹杀的司汤达仗义执言。为此他宁可放下手边正在进行的主要工作，写出了《拜尔先生研究》。再像果戈理为了坚持他所开创的以自然派命名的现实主义创作道路，在当时充满陈腐偏见的文艺界，遭受多少责难和辱骂，但他毫不妥协，始终坚守自己的岗位。晚年，他虽然产生了思想危机，但终于从斯拉夫主义迷乱中挣扎出来，亲身焚毁了体现这种思想迷乱的《死魂灵》第二部手稿，而不愿背叛自己的艺术信念。这类可歌可泣的动人事迹，直到今天仍使我们深深感动。如果他们以庸人习气去对待自己所从事的文学事业，就会由奥林帕斯山上的宙斯一变为渺小的侏儒了。当马克思批评当时的庸俗经济学的时候，曾说："超利害关系的研究没有了，代替的东西是领津贴的论难攻击，无拘无束的科学研究没有了，代替的是辩护论（Apologotik）者的歪曲的良心和邪恶的意图。"这不是表明超利害关系无拘无束的科学研究是存在过的么？《资本论》所提到的那些工厂视察员和公共卫生报告医师也是这样的。他们恪尽职守，无党无私，毫无顾忌地秉笔直书，揭示劳动人民的悲惨处境，而并不计较个人得失，趋承上意，像从前诗人所说"癫狂柳絮随风舞，轻薄桃花逐水流"的风派人物那样随波逐流，趋炎附势。

§282

需要纠正的一种学风（1982）（《思辨录》第274条）

科研工作有一个利用已有成果问题，这也是采用综合研究法经常碰到的问题。任何研究工作者都不可能靠一己的力量精通和自己研究专题有关的每门学科，他需要利用已有的科研成果，并以此为凭借，联系自己所要解决的问题，进一步钻研下去。这些科研成果越是成绩斐然，他的研究也就越能达到高水平。这种情况可以用俗话所说的"水涨船高"来做比喻。一个国家往往很难使某一学科单独地取得超越的惊人成就。为我国所发明并具有古老传统和积累了丰富临床经验的针灸，现在已发展为针刺麻醉。可是由于在有关机制研究方面（包括神经生理学、心理学、生物化学等的科研工作）跟不上，以致在针灸理论研究上就不能取得更大的进展。文学理论的研究往往不得不依靠史学、哲学、美学等已有的科研成果。倘使研究者选择的专题所涉及这些学科的有关问题，没有任何可资利用的成果，都得白手起家，由自己从头做起，那会是一件令人感到苦恼的事。我想，这种苦恼是不少严肃认真的研究者深有感受的。不过，这里需要说明利用已有科研成果，不是就现成、图省力，更不是指那种转相抄袭的陋习。掠人之美据为己有的抄袭之风，似乎一直未引起广泛的注意，很少有人出来加以指摘。我们时或可以看到，有人提出一种新观点或新论据，于是群起袭用，既不注明出自何人何书，以没其首创之功，甚至剽用之后反对其中一二细节加以挑剔吹求，以抑人扬己。这种学风必须痛加惩创，杜绝流传。所谓利用已有科学成果，应该是在别人所达到的成就上，联系自己研究的课题，进一步做更刻苦更深入的钻研，对别人的创见则要采取尊重态度。

§283

关于人的个性问题答问①（1987）（《集外旧文钞》，《王元化集》卷七）

问：近年来，与相当多的学者的做法不同的是，您略去了对中华民族传统文化之结构与现象的论述，直接探究它形成的必然机制；也就是说，您试图找到那些对民族文化形成而言更具稳定性、连续性、永久性的东西，那些使一代代哲学依附其上的东西。对此，您有些什么见解呢？

答：我要寻找的是形成文化特点的某种根本性的因素，在时代不同、生产力发展水平不同、社会制度发生变化的情况下，这种因素仍持续发生影响。中国自有文明以来已历数千年，社会制度、思想观念已经有了很大改变，但这些因素本身仍以相仿的形态呈现出来。它们是什么呢？我认为，首先是这一民族在创造力上显示出来的特点：人类在他的生存环境中会遇到种种困难，他迎接挑战的方式、应付困境的对策，体现为一种创造力量。比如社会交往所需的语言文字的形成，在大体相同的社会发展阶段，由于不同民族因其创造力的不同就会出现不同的形态：有的文字是直写，有的则是横写；有的文字是从左到右，有的则是从右到左；有的文字是拼音，有的则是象形；等等。第二是民族心理素质的构成。第三是思维方式与行为方式。第四是表现为基本价值观念，比如中国人看任何事都带上伦理色彩：一首情诗、一阕山水词，都要从中寻出训喻。比如承认文学的独立性，而不是必须劝善惩恶、歌颂暴露等等。当然我也不主张文学回避社会矛盾。我只是要提出从古以来，我们文学

---

① （原注）本篇曾由戴晴同志发表在一九八七年十二月十一日《光明日报》上。这里笔者在文字上作了一些修改。

中的道德观念，直到现在的教诲主义，强调文学中必须以"政治挂帅"，都说明构成我们文化要素之一的价值观念是以伦理为中心，一直延续至今。

问：还有直观主义的认识方法与思维方法恐怕也延续下来了。

答：是的。思辨思维仅在魏晋玄学时期比较发达。这是由于东汉时佛学传入，受了佛书中的经论的影响，而佛家因明学的输入，使逻辑精神受到重视，从而南朝才开始出现一些有系统、成体系的著作。《墨辩》这本书自晋鲁胜为之作注后，亡逸千余年，至清代才发现它的残编断简，重新为学者所瞩目。"五四"时《墨辩》也成为当时学人章太炎、梁启超、胡适等所研究的题目。但因为从残篇中很难窥知全貌，所以这部书对当时社会思潮仍无多大影响。中国的思维方式是体知，重经验而不重理论，对许多事物的道理往往只可意会不可言传。《天工开物》中几乎不见准确的定量分析，有人认为这是体证方式，提出中国不吸收西方近代的东西也可以诞生近代科学，我对此是怀疑的。

问：对于狄德罗、歌德、巴尔扎克这些思想巨匠所表现出的对传统中国文化的倾心，您认为这里边猎奇的成分多，还是研究分析之后的结果？

答：热情的感受之中含有冷静的分析。我们自己并没有概括出中国传统文化中强调同一性而忽视特殊性这一突出的特点，倒是黑格尔在他的《哲学史讲演录》里提出：在中国认为自在的本体是真实的，与本体对立的个体无价值，也不能取得任何价值。只有与本体合二而一，即个体融化在本体之中才有价值。这就好像一滴水消失在大海中一样。与大海合二而一后，这滴水也就变成了无我，大海的存在就是它的存在。所以无主体性的个体，它自己也就等于不复存在了。统观儒、道、墨诸家，尽管各成体系，但在轻个性这一点上却大体一致的。

问：一直延续到二十世纪中期以后，"灵魂深处爆发革命"……

答：对个性的压制、压抑，只强调本体与同一性。情在中国不大被人瞧得起，更不必说欲。它们是属于个体性的东西，个性难以用观念规范制约，属于非理性范畴的东西，在传统中往往被轻视，甚至被摒斥。到了清代，戴震、曹雪芹、龚自珍，情才得到应有的重视。

问：秩序呢？它与个性的最大限度发挥是什么关系？

答：并不是说共性对个性的规范与制约可以不要，特别在由群体所构成的社会中。但数千年来只强调这点，看不到创造力其实蕴藏在构成群体的个体当中，就不对了。回顾人类发展的历史，在某个特定时期，当个性对共性有所突破，社会才进化。恰如鲁迅所讲，只因为终有一只站起来的猴子没有被咬死，地球上才出现了人类。在"文革"中曾经出现过的诸如"狠抓私字一闪念"，就是消灭个性的极端例证。

问：这里必然会引出这样一个问题：人的自由发展与生产力的解放的关系。

答：这个问题或许可以从反面看，即对人性的戕害首先造成创造力的斫伤。龚自珍就说过：庖丁之解牛，伯牙之操琴，羿之发羽，僚之弄丸，古之所谓神技也。如果限定庖丁不许多割一刀或少割一刀，伯牙只许志在高山而不许志在流水，羿射箭、僚弄丸只能东顾而不许西逐，那么四子皆病。这在文学艺术活动中更容易理解。屈原写《离骚》正因为"茫洋在前，顾忌皆去"。如果没有思想上完全的解放，不能表现完整的自我，将个性的独特之处展现出来，还有作品么？

问：当商品经济逐渐发达、横向联系逐渐扩大、政治经济文化大一统的局面逐渐演变为繁荣活跃生动的多阡陌、多层面的时候，人的真正意义的解放是不是也随之到来？

答：大趋势固然不可否认，但必须看到这不可能不是一个极其漫长而充满了冲突与挫折的过程。一言丧邦，一言兴邦，把意识形态对经济的反作用提得那么高，是不对的。但若文化意识架构不变，只着眼于经济，那经济搞不搞得成恐怕都有问题。这也是我为什么近年来一而再、再而三提出政治体制改革的原因。

§284

谈学术空气（1988）（《王元化集》卷六）

上海有一百多个文科学术团体，许多学会成立，选出了主席、理事、秘书长后，没有多少学术活动。学术不活跃，缺乏活动场所固然是原因之一，而体制方面也有问题。我们的文化体制是在解放后建立的，大抵以苏联的文化体制为模式。这种模式即以行政命令来进行文化领导。学术团体原应是民间性机构，但也往往染上这种作风，以致形成学会林立，主席、理事成堆，而学术活动却极为贫乏的畸形现象。

活跃学术空气，促进学术自由和学术民主有赖两个方面。首先是学术环境必须宽松。目前谈到改革时，提出思想解放，应鼓励探索，允许失误。科学家做实验往往要经过无数次失败，才取得最后的成功，为什么人文学科方面不允许失败呢？没有宽松的学术环境，没有自由讨论的风气，就谈不到学术民主。

现在学界中坦率、平等的对话和批评很难见到，捧场叫好之声不绝。过去乱批固然不好，今天一变为乱捧也不好。学术讨论中要有不同的意见、反对的意见才行。不能光要求别人对自己民主，而自己却不对别人民主。二十至三十年代，《古史辨》上发表了许多论辩文章，其中有许多是名不见经传的青年和誉满士林的学者进行论辩，那种坦率而平等的民主讨论学风至今令人神往。大家开门见山，有什么说什么，没什么顾忌，没有套话，也用不着先赞美几句以免伤了和气，大家都恪守摆事实讲道理的原则。前辈不以被直率指摘而恼火，青年也不以谩骂名人而高自标榜。双方是那样严肃认真，又是那样心平气和。但愿这种良好学风重见于今日。这首先需要在学术讨论时大家有容人容物之量和虚己服善之心。

我愿重复一遍,前年我在屯溪戴震纪念馆所见到的两句题词,那就是:"为学不作媚时语,独寻真知启后人。"指的是在治学上能够独寻真知而不媚时,不媚权势,不求媚于平庸的多数,也不趋附于自己并不以为然的一时潮流,必要时甘于寂寞,以坚持独立思考。

中国知识分子必须摆脱传统的依附地位,要有独立人格,由此才能产生独寻真知的独立意识和独立见解,才会有健康的文化,真正的文化。

§285

理论准备不足(1989)(《思辨录》第44条)

改革中"摸着石头过河"这句话,实际上是过去长期作为工作要诀的所谓"边学边干"这一公式的应用。我听到几位老同志说他们从未学过打仗,是在战争中学战争,结果打败了那些从高等军事学院毕业出来的将领所指挥的军队。如果把这种观点当做普遍适用的真理,就很不妥当。"文革"期间曾提出了"做什么学什么"的口号,甚至出现了"一块石头打开哲学大门"的笑话。早在四十年代,就因为说"下水并不等于游泳"而被目为反对实践而遭到批判。五十年代初主持上海宣传工作的彭柏山因为强调理论学习而受到权高位重的柯庆施的训斥与整肃。直到"四人帮"粉碎后,周扬还因为提出民主革命时期与社会主义建设时期理论准备不足而挨批。这些没有上书的历史足以证明上面的问题是多么严重。所谓"实践出真知"这句话由于一再滥用已变成排斥理论的实用主义的套话了。我感到改革中出现的问题,缺乏理论准备是一个因素。过去的"大跃进"用人民公社来提早实现共产主义是没有任何理论准备的(如果说有什么理论,那也只是最高当局在通过人民公社若干问题的决议时，把亲自作注的《张鲁传》印发给高层会议的参加者，指出张鲁所行的五斗米道"置义仓""置义米肉""不置长吏，皆以祭酒为治""各领部众，多者为治斗大祭酒"，体现了政教合一、劳武结合的原则）。没有经过事前的研究，科学的论证，可行性的探讨，专家与群众的评议，甚至放弃了典型试验由点到面的传统工作方法，而是取决于意志的绝对命令，由上至下去贯彻。有人反对，就以"气可鼓不可泄""打击群众积极性"等强词夺理的专横霸道去进行压制。这一经验值得记取。改革需要有理论的探讨，需要有人民的参与。

§ 286

谈谈通俗文化（1989）① （《王元化集》卷七）

前段时间有人提出"曲高和众"的口号，主张文化活动要以娱乐为主，我认为这是片面的。提高和普及或精英文化和大众文化不能合二为一，它们之间总有区别。文艺作品如果能够做到既曲高又和众，当然最理想，然而这样的作品为数很少。当前，各种形式的通俗文化大量存在，但体现一个国家文化水平的作品，往往并不是通俗文化和大众文化，而是起着文化导向作用的精英文化。一个学者、思想家或艺术家，其票房价值往往不如一个红歌星，但他们在整个文化中的影响和作用是不能以票房收入来衡量的。让严肃的、高层次的、学术性的作品不加区别地放在市场上竞争，是不公平的竞争。国外对高层文化，往往有基金会支持，有的还有国家补贴。

娱乐性的通俗文化伴随着市场经济一同出现了。对这一现象不要根据自己的好恶来发表意见。我对目前出现的某些歌舞是不喜欢

---

① （原注）本文系答广东《现代人报》记者问，这是根据刊登的新闻稿整理而成。

的。但从总的方面来看，我觉得要注意下面两方面：一方面，人们工作疲劳后，需要轻松一下，娱乐的文化可以提供这方面的需求。另一方面，作为低层文化的通俗文化，往往给高层文化注入生机，带来活力。所以通俗文化不仅可以满足人们的文化需要，同时对于一个国家的文化建设和发展，也是具有一定意义的。但是必须注意到，通俗性、娱乐性的文化只有在高层文化创造的文化空气、文化环境中生长，才会得到健康的发展。倘使有助于人们素质提高的高层次文化日趋萎缩、衰落，就会形成文化生态环境的破坏，结果整个文化素质低下，道德趣味败坏。只有造成高尚的文化空气，提高文化的素质，消遣性、娱乐性的文化才会有水涨船高之效。

我们往往用政治运动方法来代替教育，比如宣传讲文明、爱清洁、重公德等等，举行活动周、活动月，热火朝天，可是运动一过，事情就完了。开展这些活动，动员的人不少，花的钱不少，报上吹的不少。为什么不把这方面所花费的精力财力移到教育上？政府用在教育上的经费一直很少，处于低水平。有些国家很少搞什么运动，注意从小培养，长期教育。我们采取的办法只是贯彻"政治挂帅"，其效果是很差的。

§ 287

精神产品的效益① （1990）（《王元化集》卷七《关于文化建设的几点意见》节录）

在文化建设中，教育工作是根本。教育的影响是深远的，但又不是短期可以奏效的。它是有连续性的，一旦中断，将来再补救，就得付出比原来要多好几倍的代价。政治思想工作做得好，能起振聋发聩的作用，但毕竟不能代替教育本身的职能。我们不能用搞运

---

① （原注）这是在上海市委召开的座谈会上的发言摘要。

动的方式来解决只有发展教育才能解决的问题。这其中也包括爱清洁、讲礼貌、守秩序、重公德等生活习惯的培养。

文化工作的效益有它本身的特点，不能与物质生产的经验效益等量齐观。文化建设所产生的效益，某些方面在一定范围内具有商品的属性，但并不等同商品经济。精神产品的效益不能要求急功近利，它的效益主要表现在长远的、间接的影响和作用上。

文化体制改革，是搞好文化建设的关键一环。我们现在的体制大抵是五十年代借鉴苏联的格局而建立的。例如把所有专业性部门隶属于非专业的行政部门，用行政命令进行领导。再如，对精神产品实行产销脱钩，由与编写、出版都无关系的销售部门来决定一本书的命运，这就形成了编书难、出书难、买书难的怪现象。电影等其他文艺单位也是如此。我认为，倘一时不能改变这种体制，也应先进行治标式的补救。

文化建设是项系统工程，有三个层次：第一层次是文化设施，第二层次是文化机构或组织，第三层次是文化思想与心理。上面所说的问题既有属于第一层次的，也有属于第二层次的，但同时又反过来影响到第三层次文化思想与心理。文化建设既然具有系统工程性质，所以在处理这个问题时我们就应该心有全局、目有远景才对。

§ 288

普及和提高两个层次（1992）（《王元化集》卷七《关于当前文化工作问题答问》节录）

问：现在报上时常报道文化人下海的信息，你的看法怎样？

答：下海并不意味着都去经商，而是学会一些商业知识，了解一些文化市场的情况，从而以文化工作者的身份，在制定文化成品生产规划过程中发挥作用。在目前，明确社会主义商品经济条件下的文化成品性质问题，具有重大现实意义。可是，这问题迄今未引起注意。这说明我们的理论准备不足,工作做得很不够。只有弄清文化成品性质问题,才能制定出合理的文化发展方针,提出切实可行的措施方案。舍此之外,侈谈文化发展和文化繁荣,只不过是一句空话。

问:文化成品进入市场,就要受到市场供求关系制约,这样是不是应淘汰那些销量少的文化成品?

答:在这个问题上我们必须注意文化结构的多层次与多元化问题。抗战期间,延安的文艺工作明确提出了普及和提高两个层次,这是由文艺结构以及文艺发展规律所决定的,同时,它们也都体现了社会的需要,尽管后一种文化产品的社会需要不那么明显,不那么容易辨认。因为这种需要很难以市场供求关系来说明。文化成品在市场中流通,不考虑经济上的盈亏固然是不行的,但只考虑经济上的盈亏,只讲求市场意识,而不考虑社会效应,同样也是不行的。大多数国家都以法律来禁止有害公益的文化成品的泛滥。这些文化成品从经济效益来说,往往是很赚钱的。文化成品的盈亏问题应通过以书养书等措施来解决。不同层次的文化成品所体现的经济效益和社会效应,呈现出极其复杂、参差不齐的情况。一本高层次的学术著作是不能和一本大众化的通俗读物在市场上进行竞争的,但这并不意味着在文化价值上,前者低于后者。不同质的不可进行比较。高层次学术著作,只能与相同层次的进行竞争,这才符合竞争的公平原则。不同文化成品,由于它们的社会效应不同而有着极大区别。看不到这一点,就会产生错误。

问:能不能进一步把文化成品的不同社会效应说得更清楚一些?

答:一部分文化成品其社会效应是直接的、立见功效的、覆盖面是很普遍的(如通俗小说、娱乐性影视、流行歌舞等)。而另一部分文化成品其社会效应是间接的、较长时间才能见出功效的、覆盖面是很有限的(如专门学术著作、高层次的音乐与戏剧艺术等)。后者只能对专业工作者或少数读者、观众产生影响。一本美学著作读的人不可能是众多的。它的读者大抵是教师、作家、影视剧编导、建筑师、园林设计师、服装设计师等。美学著作所提供的观念和审美趣味正是通过这些专业工作者，才间接传播到广大群众中去。这种影响尽管是间接的，而且是通过一定中介来进行的，可是它在那些有关美的广泛领域内，却往往发生导向作用。就这一点来说，即在质的方面所起的影响来说，它反而比大众化通俗性读物的影响要深远。因为在正常情况下它的导向对社会的文化素质和文化水平起着决定作用。文化成品纳入商品经济轨道后，如果仅仅从经济效益去考虑，而不从社会效应以及文化成品不同层次所形成的不同社会效应去考虑，那就会给文化发展和文化繁荣带来极其严重的后果。

我希望我们要有远大眼光，不要陷入杀鸡取卵的短期性行为。高层次文化成品和大众化通俗性文化成品是不能在市场上竞争的，这在任何社会中都是如此。至于解决其间经济效益的差距，或可用类似以书养书、以副补主等办法来解决。还有些文化项目则需要采取前面说过的市场调节以外的手段：政府拨款、基金会赞助、大企业支持来保证，以防止它萎缩衰落、形成文化素质和文化水平下降的危机。

§ 289

不能工农兵学商一锅煮（1992）（《王元化集》卷七《关于当前文化工作问题答问》节录）

问：文化工作改革开放中的观念转变问题，你是怎样看的？

答：首先应纠正轻商思想。我国封建社会是重农抑商的。文化传统中的义利之辩，源远流长，影响很大。王夷甫口不言钱成为士人交口称誉的美谈。长期以来，商人在社会中处于十分低贱的地位。在某些朝代中，商人不能进入考场参加科举会试，不能穿士人的服装。这种轻商思想和"极左"思潮结合在一起，成了改革开放的大障碍。纠正这种有害于商品经济的思想观念，还要相当长的时间，这是不可放松的。但我们也要警惕矫枉过正的偏向。过正也是枉，以偏纠偏是不足取的。我们习惯于搞"四个一"：一窝蜂、一面倒、一言堂、一刀切，什么都以搞运动的人海战术方式一哄而上。这一点过去是有教训的。我们曾有过全民打麻雀、全民炼钢、全民作诗的事。今天如果也要全民经商，那是很不妥的。要尊重现代社会的分工原则，不能工农兵学商一锅煮，过去出现过的所谓亦工亦农亦兵亦学亦商的理论并不可取。医生看病开刀，教师教书编教材，这是社会分工，做好本职工作就是恪尽自己的职责，对社会做出贡献。不必要求医生每天用几个钟头放下听筒或手术刀，拿起算盘去做生意。也不必要求教师每天用几小时放下课本去摆地摊。医院学校的经费、员工教师的福利，除尽量改善本单位的经营管理以开源节流外，应通过政府拨款、基金会赞助、大企业支持这些渠道来解决。不要让他们放弃自己所长、也是社会需要的工作，去干他们所不擅长或根本不懂的事。我们的医生还很少，医生不专心看好病开好刀，病人怎么办？全民的卫生健康怎么办？我们的教师还很少，教师不专心教好书编好教材，学生怎么办？全民的文化素质和文化水平怎么办？这些都是摆在目前的重大问题。

§ 290

虚己服善（1992）（《思辨录》的《思辨发微》序节录）

书中收有一些辩难文字，不论对方是相识或不相识的，我们之间的争论，并不含有学术以外的动机。自然我也碰到过恶意的攻击，曲笔构陷，捏造罪名，但这已不属于理论研讨的范围。我感到庆幸的是，我的对方也往往持同样学术民主的立场，并不以我的驳诘为忤。我曾对《中国意识危机》的作者林毓生教授提过反对意见，在我们经过比较激烈的争论后，他成了我所敬重的朋友，虽然我们的意见并未达到一致。心灵的相契有时比观点上的分歧更为重要。我深深服膺十力先生所言：不萌自足之念和不挟标榜之私的学风。他曾特别揭出"虚己服善"这四个字，以为亭林、船山诸老遗范可师。十力先生的放达性格最易被人误解，以为他是那种意图一手推倒天下豪杰的妄自尊大者。可是读了上面那些话，谁还能这样去看待他呢？他是一个很会读书的人，常以自己的至情与作者精神相冥会。如他读庄，曾就《天下》所叙，称惠施应黄缭之间，遍及万物而不休，乃是一大科学家。他看出庄子描写惠子博学之神趣是极详尽、极生动的。又称，庄子责惠施的逐物之学，只在其不知反己，而并不在其所阐发的科学思想。这实是高远之见，为肤学者所不能道。我尤其赞赏他论庄惠关系的几句话："二人学术不同，卒成至友，博学知服，后人无此懿德也。"的确，学术界似乎尚缺乏这种气量与风度。我谨记这几句话，为的是鞭策自己不忘涤除逞强好胜之风。十力先生于一九五九年出版的《明心篇》，对孟子不无微词，曾遭非议，迄今未息。我不想为他的以大同反小康思想作辩解，但我认为他把孟子所主张的以圣王治天下称为"谬想"，是含有反对专制主义深意的。孟有胜于孔处，也有不及孔处。孔子有攻乎异端之说，但他毕竟主张和而不同，这就比孟子不息不著的激切说法显得宽容了。

§ 291

人格力量和艺术良心（1992）（《思辨录》的《思辨发微》序节录）

这里，我要订正本书中一个错误观点。过去我相信黑格尔说的人性恶要比人性善深刻得多，我对荀子的"善者伪也"作了肯定评价。可是近年来当我进行自我反思时，也对黑格尔作了再认识。我对他的上述说法感到怀疑。一九七六年我的《韩非论稿》，只说韩非继承了申商衣钵，发扬了韩国重术的传统，而认为他与荀子性恶论殊少关系。其实，他不过是把荀子的性恶论发展到极端罢了。荀子认为人性恶可以通过外在力量加以改造，可是韩非不这样看。从逻辑的彻底性来说，韩非是对的。种子可以长出植物，石头却长不出植物，倘使人性中没有潜在的善的基因，不管强制性的外在力量多大，化恶为善是不可能的。所以韩非认为只有利用人的利赏恶罚的自为心，才可令其听命就范。这种性恶论自然不会相信人、尊重人，因为照他们看，人是丑恶的，自私的，卑贱的。过去我只对韩非的法、术、势深感反感，一旦我弄清楚了性恶论的实质，我不禁对这种惨刻理论感到毛骨悚然。它给天下苍生带来多少苦难！我始终怀着人是神圣的信念。我相信罗曼·罗兰说的心的光明。我发现我国传统文化观念中也有几乎是同样的说法，这就是本心所具有的"明几"。《船山遗书》曾抨击王阳明的格物致知为"孤明"，意谓王阳明所说的良知只是空洞的知，而没有情和意的参与。这种批评是否中肯这里且不讨论。我觉得王船山认为知、情、意必须结合在一起的说法是十分重要的见解。过去中国知识分子大都把自己的人格力量和艺术良心渗透到治学中去。陈寅恪为王国维作纪念碑铭提到独立思想、自由精神就是一例。而陈寅恪本人则更多的具有这种精神。

§292

文化问题不容忽视（1993）（《王元化集》卷七）①

去年市场经济刚刚出台，社会上出现了一片下海声，好像谁不赞成下海谁就是反对改革。我很有些感触，当时曾为此发表一篇文章，但那篇文章言犹未尽。我赞成《文汇报》经常找些人来谈谈这些问题。我以为市场经济出台给文化带来的某些问题，实际上与市

---

① （原注）本文系据《文汇报》刊登的该报举办的座谈会上的发言记录整理而成。

场经济本身的不完备有关系。前段时间，为宣传某件事，由政府某部门负责人与某大企业总经理达成协议，一家报纸公然用特大黑体字作标题，说"一面有钱，一面有权，某某事必然成功"之类。话是实在的，确实反映了钱和权结合的现实，但市场经济的优越性如果说是通过权钱结合而取得的，那就很值得研究了。卖配额、批条子、开后门等等现象，是不是市场经济必然产物，在谈到市场经济时必须搞清楚。有人在香港《明报月刊》上发表文章说，搞现代化必须付出代价，这个代价就是腐败，减少腐败可能办到，取消腐败则不可能。编者说这是"精辟之见"。这种议论就是没有搞清楚上述问题。不能把某些国家搞现代化伴随着腐败看成规律，甚至当成规范。须知这些国家腐败成风，社会秩序紊乱，法制不行，就是在经济方面也不见起色，至今也没有完成现代化。在现代化建设方面搞得成功的国家，它们的市场经济是健全的，有完整的经济立法作为保障。中国要改革开放，要搞市场经济，这是毫无疑义的。但我认为这并不意味我们的社会就应该唯钱唯权。市场经济应该建立在公平的基础上，进行平等的竞争，社会生活应该是健康的、有道德的。对这些问题，我希望多作一些切实的研究，少发表结论性、概括性的空论。

我们过去的文化事业有两个特点：一是行政化，二是垄断性。市场经济将会冲破这两堵墙是大好事！过去这种体制来自模仿苏联。剧团、剧场之上一定要有个不编、不导、不演的行政机构文化局来管辖，由它来发号施令，剧团不能自己决定自己的命运。电影界、出版界也是如此。用行政机构管理业务机构，外行领导内行，不是从文化事业本身的特点出发，形成机构臃肿，互相扯皮。今天看来行政干预对文化事业是不利的，用行政命令来领导，这种日子随着市场经济的健康发展将越来越过不下去了。过去我们没有文化市场，如果要说有，那也只是由一家来垄断，并不能适应真正的供求关系，反映群众的文化要求。书籍发行只有新华书店一家。电影发行也只有一个影片发行公司。书籍和影片发行前须经繁复的征订手续,表面看来反映了市场需要,实际上这种计划经济却带有极大的盲目性。计划经济的垄断性也不可避免地和一切垄断行为一样造成停滞。这些体制现在已经开始有所突破,但仅仅是初步,而且往往是自发的。我们还没有对改革中的文化问题给以较多的关怀和注意。

§ 293

"只好以腐败为代价"(1993)(《思辨录》第 45 条)

《明报月刊》编者称该刊所载《解构与重建》一文论中国商品大潮和文化空间的拓展,对文人下海等问题都作出了"精辟的阐析"。编者所推荐的这篇文章大意说:"马克思早已提出商品是天生的平等派。市场本身永远倾向于摆脱任何人为的限制。在这个意义上,如果社会商业化的过程必然伴随着腐败,而商业化又是现代社会所不可缺少的,我们为了走向现代,也只好付出这个代价。其实这也是任何一个传统社会向现代社会转化的必然过程。问题是如何减少腐败,而不是消灭腐败。……许多人争相辞官,奔向'钱景广阔'的商海,半个世纪来党和政府一直去做却没有见效果的精兵简政,通过市场经济而一举实现了。商品大潮在制造腐败的同时,也可以洗涤腐败,这也是不争的事实。……现在把这方面的文化产品从政治的钳制下抢过来,还它商品的属性,这不是错位,而是复位。"就在此文披载得差不多的时候,吴敬琏等编写的《寻租——权钱的结合》出版了。这书与上文观点恰巧相反,认为商品经济是建立在平等竞争基础上的,腐败则违反了平等竞争的原则,而产生在寻租活动上(大意)。在这种钱权结合的情况下,不是"争相辞官",而是千方百计甚至以不正当手段去买官做。"二战"后发展中国家在现代化过程中出现的腐败(如经济学家指出的菲律宾的陷阱、拉美现象、印度病等等）都并不是市场经济的必然结果。有的发展中国家在建设现代化过程中，并没有这种弊端，比如新加坡的经济就没有腐败现象（虽然在其他方面这个国家也有许多可议的地方）。《明报月刊》及其所推许的那篇文章揭示了二事：一、大陆许多作家学人虽不懂经济，却以为只凭常识即可高谈阔论，逞臆乱说。二、有些港刊编辑则喜爱领异标新，在评选来稿时，凡调子新奇高大者，皆视为"精辟阐析"的好文章。

§ 294

人的素质（1993）（《思辨录》第 46 条）

我不认为人的素质问题应归结为所谓"国民劣根性"问题。人的素质与文化教育有着密切关联，但又不能仅仅归之于文化教育问题。不容讳言，文化滑坡，教育质量下降，文盲的大量存在，势必影响人的素质。文化教育有着不可推卸的责任。但还有一个问题却往往被大家所忽视，这就是公民意识问题。长期以来，由于公民权利没有受到应有的重视和维护，以致影响到每个公民对于自己应尽的责任和义务，采取了一种不关痛痒的冷漠态度。这是形成长期缺乏公民意识的主要原因。一个重公德，讲卫生，有礼貌的文明社会或文明城市，并不是单靠"五讲四美"的群众运动或制订类如吐痰罚款等措施所能建立起来的。这和当年墨索里尼采取棒喝团的办法没有什么两样。倘使每个公民没有出自内心的需要，认为讲公德是和自己的利益休戚相关，倘使没有这种公民意识的自觉，那么，无论依靠来自外面多么严厉的强制手段，也是无济于事的。在一个市民空间十分狭窄的社会里，每个人对社会只是处于一种被动状态，只有服从，而不会积极参与。没有自治的能力，对贪污腐败无法监督，对伪劣产品无处投诉，在这种情况下，他不可能对这样一个社会产生休戚相关，荣辱与共，血肉相连的感情，自然也就不会建立人人为我，我为人人的公民意识了。在这样一个社会里，每个人只会关心自己的小天地。由于一种反拨心理，甚至不惜以邻为壑，把一切公德置诸脑后，成为毫无群体意识的自私自利者。

§295

谈浮躁（1993）（《思辨录》第278条）

自从近代西方思潮传入我国以来，有许多概念，如民主、自由等等，人人都说，可是它们的确切涵义，却很少有深入的钻研，结果只剩下一个朦胧模糊的观念。就以民主作为一种政治学说来说，它的起源和发展，它在英国经验主义和大陆理性主义的不同思潮中形成怎样不同的学说，以及当它传入我国后，我国思想家有怎样的诠释和发挥？这些问题都是建立现代化民主体制所必须弄清楚的。可是迄今还很少有人关心这类问题。我觉得我们的学风还缺乏踏踏实实的精神，不务精深，而好趋新猎奇，满足于搞花架子，在文章中点缀一些转手贩来自己还未咀嚼消化的新学说新术语，借以炫耀。一些刊物，也往往喜欢发表这类文章。这几年一些有识之士，却对这种学风提出了批评。这里我想援引手边几本海外学者在他们的著作中发表的意见。一本是林毓生的《中国传统的创造性转化》。林教授是一位严谨的学者，他说中国知识分子常犯一些情绪不稳定的毛病，不是过分自谦自卑，就是心浮气躁狂妄自大。他说要了解另外一种文化是非常困难的事。把另外一种文化的一些东西当做口号是相当简单的。但口号式的了解并不是真正的了解。这种口号是很做作的，不自然的，反映我们内心问题的假权威。他举以前在台湾文学界流行的"现代主义"和"新批评"（New Criticism）为例，说随便把在外国环境中因特殊的背景与问题而发展出来的东西当做我们自己的权威，实在是没有根据的。这种办法的结果是：可怕的口号变成了权威，亦即把外国的一些观念从它们的历史的来源中切断，断章取义地变成了自己的口号的时候,自然就会犯形式主义的谬误(formatistic fallacy)。这些话虽然是针对台湾学术界的一些情况而发,却也切中我们这里的时弊。

此外,余英时的《中国文化与现代变迁》是最近出版的一本著作。余教授称他治中国思想史永远立足于中国传统及其原始典籍内部所呈现的脉络,而不是任何外来的"理论架构"。他认为,严格地说没有任何一种西方的理论或方法可以现成地套用在中国史的具体研究上面。余教授也批评了趋新猎奇的倾向。他说西方学术界号称日新月异,其实是异多于新。许多所谓新观念、新思想不过是变名词的把戏而已。西方学术界并没有一面倒的趋新的风气,一味趋新的人往往被同行看做是浅薄的表现。他提出今天的文化危机特别表现在知识分子的浮躁心理上,仰慕西方文化而不知西方文化的底蕴,憎恨传统文化而又不知中国传统为何物。海外学者的这些说法使我深深引为共鸣。我在一九八四年写的《各领风骚三五天》一篇短文中也提出过类似的意见。我觉得这已成了文化领域中一个不容忽视的问题,认识这个问题的重要,可以使学术界去掉浅薄、浮躁,建立踏踏实实的学风。去年哈佛大学举办的"文化中国"学术研讨会上,几位海外学人对国内一家颇有影响的刊物编者也提出,少登这类空文而多发表一些切实探讨中国文化的意见。

§ 296

《**古文字诂林**》(1993)(《王元化集》卷六《关于现代思想史答问》节录)

《古文字诂林》编纂是我最近所关心的一项工作,因为我认为这是传统文化研究必不可少的基础。丁福保的《说文解字诂林》是六十多年前的东西了。在那以后,大量的地下发掘,丰硕的研究成果,都需要以一种集大成的形式来加以总结,以便给传统文化研究者提供必要的工具。这方面需要大家做一点实实在在的事情。至于参加学术活动以及我个人近期的读书写作方向，如果说有一以贯之的线索，那就是近现代之交的思想与人物这一课题。这不仅仅是兴趣所在，而且我感到以往的研究对这一课题太不够重视了。有些人讲中国文学不知道陈寅恪，讲中国思想史不知道欧阳渐、沈曾植、熊十力、杜亚泉……即使讲也不过是重复教科书上那些肤词套语，谈不上真正的研究与探索。还有些人甚至认为，研究传统应把精力放在较早的历史时期，我不能同意这样的看法。近现代之交的那一代人，很值得我们好好去研究。他们是承前启后的一代人。他们对于国学的知解与学养，对新学的了解与融会，都非后人所能及。这一代人在思想文化上所做的深入细致的工作，即使在今天依然有重大的启示意义。譬如说"五四"前后那场关于东西方文化的论争，距现在已有七十多年了，但是我发现今天所争论的一些问题、所阐发的一些观点，在本世纪初就已经提出，当时对有些问题的理解甚至更深更透。

§297

孤往精神（1994）（《思辨录》第124条）

唯新唯洋是从的风气与四十年来教条主义的感染不无关系。教条主义与趋新猎奇之风看起来相反，实则相成。两者皆依傍权威，援经典以自重，而放弃自己独立见解。沿袭既久，惰性已成，个性日丧，创造力终于斫伤尽净。殆至无权威依傍时，则不能创一说立一论，沉迷其中，而不知自省。熊十力《尊闻录》批赶时髦者说："不知而信之，惊于其声誉，震于其权威，熔于社会上千百无知之徒辗转传说。天下唯浮慕之人最无力量，绝不肯求真知。"熊十力提倡一种"孤往"或"孤冷"精神。他说："凡有志根本学术者，当有孤往精神。""人谓我孤冷，吾以为不孤冷到极度，不堪与世和谐。"

又致徐复观书中称:"知识之败,慕浮名而不务潜修也。品节之败,慕虚荣而不甘枯淡也。"清自乾嘉后,陈澧、朱一新辈,曾着力阐述治学态度与治学精神,倡导一种优良学风,但均为人所忽略。当时学术界偏重政治之改革,无暇顾及学术自身问题。康梁严复诸人,变法维新之书,世相争阅。陈澧、朱一新之论虽精,但风尚所偏,终为所掩。殊不知学风影响世风,从而会对政治发生相当大的作用。学术思想和政治并不是无关的。

§ 298

《十力语要》(1994)(《思辨录》第 127 条)

《十力语要》说:"吾国人今日所急需要者,思想独立,学术独立,精神独立,依自不依他,高视阔步,而游乎广天博地之间,空诸依傍,自诚自明,以此自树,将为世界文化开发新生命,岂唯自救而已哉?""五四"时期,所倡导独立思想,自由精神,这一点似较简单地以西洋为师的主张为高。王国维、陈寅恪、熊十力等,皆主张空诸依傍、精神独立,决非泥古不化、墨守传统。观熊对传统文化之批判可知。又,熊十力于五十年代初《与友人论张江陵书》中称:"学术思想政府可以提倡一种主流,而不可阻遏学术界自由研究、独立创造之风气。否则,学术思想锢蔽,而政治社会制度何由发展日新?"熊老在五十年代有此等议论,足证翟志诚指摘熊十力解放后谄媚当道之说,实属诬枉。学术与政治关系问题,迄今仍在争议。我赞成熊老所谓学术衰敝将影响政治不振之说。《十力语要》有这样一段话:"哲学有国民性,诸子之绪,当发其微。若一意袭外人肤表,以乱吾之真,将使民性尽毁,渐无独立研究与自由发展之真精神,率一世之青年,以追随外人时下浅薄之风会。"此语发自半个多世纪以前,但今日此种风习依旧,此实可悲。熊十力又说:"东方文化其毒质至今已暴露殆尽,然其固有优质待发扬者,吾不忍不留意也。"这些话多为人所不知，以至他被目为一个只知歌颂传统的国粹派。

§299

学术压思想？（1994）（《思辨录》第276条）

最近有人将学术界一些人开始出现探讨学术的空气说成是学术出台思想淡化。其实完全用不着担心，这种学术空气还十分微薄，简直成不了什么气候。而且我敢预言在相当长的时期内，学术研究也不会成为可以和其他文化活动抗衡的力量。只要看看现在社会上流行的是些什么读物就可以明白。我们的文化研究有以西学为坐标的老传统，也有以论带史的新传统。前者主宰文化界已七十多年，后者也将近半个世纪。伴随着这股潮流而弥漫文化界的仍是"阶级斗争工具论"的变种和趋新猎奇的浮躁之风。要在这样的文化市场使学术挤走思想，恐怕无异梦想。我不认为学术和思想必将陷入非此即彼的矛盾中。思想可以提高学术，学术也可以充实思想。它们之间没有"不是东风压倒西风，便是西风压倒东风"那种势不两立的关系。而且我也不相信思想竟如此脆弱，会被救亡所压倒，被学术所冲淡。

§300

无错不成书（1994）（《思辨录》第372条）

现在书中错字实在太多，社会上已有"无错不成书"的谚语。《学术集林》文丛中有不少文章是探讨国学和传统文化的，所以用的是繁体。书中错字大抵出在由简改繁的问题上。我们的汉字简化方案，似乎未顾及汉字是诉诸目治的义符文字特点，而照音符文字的规律，用同音假借办法，使一字兼该形义互异的许多同音字。现在激光照排的电脑软件，又多系对汉字钻研未精的技术人员所编制，其办法简化到将笔画多的一律归为繁体，笔画少的一律归为简体，按照这一原则进行由简到繁的转换。于是皇后就成了"皇後"，诗云成了"诗雲"，干扰成了"乾擾"，征服成了"徵服"，五斗米成了"五鬥米"……这种令人啼笑皆非的事，真是不一而足。文丛付排校对花了几个月时间，但仍未纠正这些错误。不是没有校出，而是电脑软件有了问题（繁简体数目相等是一对一），改正很困难。这情况需要出版界以至全社会来关心。

§301

"文化搭台，经济唱戏"？（1994）① （《王元化集》卷七《对当前文化问题的五点答问》节录）

问：当前我国社会正经历着由原来的计划经济体制向市场经济体制的深刻转型，文化发展也相应地面临着一系列新情况和新问题。对此您是怎么看的？

答：现在，确实到了该对市场经济条件下文化发展问题作切切实实的分析和研究的时候了。一个时期以来，社会上有种说法，"文化搭台，经济唱戏"，不少地方争相搞各式各样的文化活动，看起来很热闹，但问题也不少。作为一个地方行政长官，为了把本地经济搞活，试图通过这一类方式吸引投资，这样的主观愿望是好的。但是，就我所知，有些地方搞的文化活动，往往是粗陋的，难免贻笑大方。例如，上海某大报刊登于头版头条的一则消息的大字标题是："淄博赶曲阜，管子斗孔子。"这是报道淄博在

---

① （原注）本文是作者答《探索与争鸣》记者徐中振问，《文汇报》曾摘要登载。这是根据摘要整理修订而成。

经济发展上要赶超曲阜的新闻。又如，陆诒生前收到台儿庄为庆祝台儿庄大捷五十周年纪念的请柬，但该市为了发展经济，竟同时修建成一条"中日友好大道"，他由于对此产生反感，拒不出席了。如果仅仅把文化事业作为吸引外资的手段，而不考虑文化本身的建设与发展，那么就成为问题了。文化建设有自己特定的内容和规律，需要认真去考虑。这种急功近利的观点，往往忽略了甚至无视文化是提高全民的精神素质的重要手段，会对社会形成深刻而长远的影响。

问：我国改革开放十多年来，已根本改变了"文革"时期"八亿人民八台戏"那种单调、沉闷的局面，文化事业出现了繁荣发展的新气象，特别是各种类型、各种样式的大众文化、通俗文化发展势头更为迅猛。人们对此褒贬不一，应该怎样认识和把握这种现象？

答：当前文化建设出现了多层次、多样化的格局，文化市场也开始初步形成。过去我们的文化事业有两个特点：一是行政化，二是垄断性。市场经济的发展最终将会改变上述格局！只有突破计划经济的模式，才能使文化市场具有发展的生机，当然建立健康的文化市场还需做大量的工作，例如制定经济法规、确立平等竞争的原则、保护消费者利益、禁绝伪劣商品、限制谋取暴利行为、建立现代商业意识等等，都是刻不容缓的任务。文化市场对我们是一个陌生的课题，谁也不是内行，需要不断学习和总结经验。在文化市场的发育过程中，大众文化、通俗文化的蓬勃兴起，其意义不可低估。大众文化、通俗文化的发展在一定限度内体现了人民的文化需求和文化权利。它在文化领域内，形成多元化和多层次的局面，从而给人民提供了选择的条件。眼下人们对一些娱乐性较强的文化成品和样式争议较多。我想，对于这一类文化需求要多作具体分析。那些诲淫诲盗的东西当然要取缔，这是维护社会道德、公共利益的基本要求，每个国家在这方面都不例外，但要采取科学的、审慎的态度，不能不分青红皂白，一概采用查禁手段。

对大众文化、通俗文化中某些低级的不健康的成分，不只是单纯的批评问题，而是要采取积极的态度，注意引导和提高。关于这一点，抗战时期老舍等人就做过一些很实在、很有意义的工作。文化工作者参与到大众文化、通俗文化里面去，创造出好的通俗作品来，这似乎至今还未引起注意。文化产品是多层次的，学术研究和高雅文艺不能一无例外地纳入市场机制。

§302

企业家应具有什么样的商业意识（1994）（《王元化集》卷七《对当前文化问题的五点答问》节录）

问：刚才提到，全社会都负有支持高雅文化的责任，近期我国一些企业也开始有所行动了，您能否就这方面的情况谈谈看法？

答：企业出资赞助高雅文化的举动应该提倡。当然，这里有一个经费使用和管理问题，以便使这些钱真正有利于推动文化事业发展。要防止搞形式主义。我认为对这个问题还应该想得深一点，即企业家应具有什么样的商业意识。这个问题值得好好研究。我们的企业家似乎还很少注意到这个问题。韦伯曾经说新教伦理对西方资本主义发展产生过巨大影响。我们现在有些企业家在支持文化事业方面大多仅仅从广告效应出发。现代的企业家，不应该是鼠目寸光，心胸狭隘，妄图一本万利的暴发户式的人物。这样的企业家没有长远观念，缺乏精神原则，赞助文化不过是图眼前之利的装饰。恶劣的商业意识必然导致诈骗行为盛行，假酒假药等伪劣商品泛滥。具有现代商业意识的企业家，应该能正确理解整个社会的文化水平和精神素质是和自己企业的经营发展休戚相关的。这种商业意识不仅有益于文化事业，也有益于自己的企业前途。具有远大眼光的企业家，不是只追求急功近利的。

§303

嘲笑理想的风气(1994)(《王元化集》卷七《对当前文化问题的五点答问》节录)

问:在近期的文化讨论中,不少人士呼吁,当前迫切需要建立和完善文化批评的健康机制,开展实事求是的建设性的文化批评,您对此是怎么看的?

答:我已多次提出,从事各行各业的人,包括文化工作者,都要有一种敬业精神,这对于文化批评乃至整个文化事业的发展来说,都是十分重要的,应该大力提倡。我曾说,阿Q在被枪毙前画押,手一抖画成瓜子形,他感到很遗憾。这虽然有愚昧的一面,但也有值得尊敬的一面。可敬的就是小说中写的"阿Q真能做"那种不肯马虎的认真态度。对文化发展中的种种问题要作切实的研究和探讨,要务实。现在有些人还是热衷于搞花架子。我认为要注意把学风搞好,要有勤勤恳恳、一丝不苟的态度,对一些复杂的文化现象作清醒的分析,不要急于下结论,不要感情用事,不要唯我独尊。前一阵子对"痞子文学"的评论很多,但没有人注意到二十年代创造社就提出过"新流氓主义"的口号,也没有人注意到鲁迅在一九三五年就曾经对调侃之风做过分析:"要说冷静,这才真是冷静,这才能够和'托尔斯小'的无抵抗主义一同抹杀'牛克斯'的斗争说;和'达我文'的进化说一并嘲弄'克鲁屁特金'的互助论;对专制不平,但又向自由冷笑。作者是往往想以诙谐之笔出之的,但也因为太冷静了,就又往往化为冷话,失掉了人间的诙谐。"(《且介亭杂文二集〈中国新文学大系〉小说二集序》)我实在找不到能像这段话一样揭示今天盛行的调侃亦即以前出现过的冷嘲的深刻的批评了。但是鲁迅的这段话似乎还没有被人重视过,被人援引过。要树立对生活、对社会的责任感。我觉得责任伦理很重要。在今天,不能抱一种什么都玩一玩的态度。这种玩世的态度一旦成为风气，将使人们失去道德感，失去理想，这是很危险的。现在社会上似乎流行嘲笑道德、嘲笑理想的风气，谁对此提出异议和批评，就会被认为太不新潮了、落伍了。甚至有些严肃认真的作者也未能免除此弊。最近我在报上看到有关市场经济下的道德的讨论。许多人都断言市场经济出台后，新道德就会随之形成。我觉得说这话是缺乏责任感的。我们理论界长期所形成的意图伦理，使我们在讨论文化问题之前先确定自己应该爱什么，恨什么，拥护什么，反对什么。立场决定了，凡是自己爱的、拥护的就要明白表示肯定。纵使有明显的缺点，也要以强词为之曲辩。试问这还有什么学术的公正和科学的态度？市场经济不是万能的，它创造不出一种新道德。鲁迅说他过去信奉进化论，认为新的必然胜过旧的，青年必然胜过老头子，直到接受了血的教训后，才纠正了这种偏颇。我们理论界直到今天仍有很多人持这种进化论的偏颇看法。他们以为市场经济一出现，新道德也就随之而来，过去的东西就可以全部被送进历史陈列馆，而美好的全新社会也就会自然而然地到来。这是一种乌托邦式的幻想。六十年代初，在短暂的思想活跃时期，曾展开过道德继承问题的讨论。就是在那时候，许多人仍旧认为道德是不能继承的。这种创新道德的观点，余绪未尽，一直流传到今天。不过，这个问题不是三言两语可以说尽的。我以为在市场经济条件下，倘若置过去的道德资源于不顾，幻想凭空创造出一种新道德，那不仅是不切实际的空想，而且也有碍市场经济本身向成熟健康的道路发展。

§304

"知识之败"与"品节之败"（1994）（《思辨录》的《思辨随笔》序节录）

近读《十力语要》，其中有些话虽针对当时，却也适用于今日。

如称:"知识之败,慕浮名而不务潜修。品节之败,慕虚荣而不甘枯淡。"这是指一些人对于未经深探的新学新说,徒惊于其声誉,震于其权威,炫于社会上千百无知者的辗转传说,遂沉迷其中。袭取外人的皮毛,其后果则是毁弃了自己的本性,从而渐渐失去了"独立研究与自由发展之精神"。

十力先生并不是一个食古不化的人。他早就说过东方文化其毒质至今已暴露殆尽。他所关怀的是发扬其中固有的优质。我觉得他对东方文化的认识,甚至比今天一些自命有思想的学者要清醒得多。近年来海峡彼岸一位论者曾对他痛加指摘,措词严厉,甚至夹杂着詈骂。斥他"既骄且吝,好名好胜而又目空四海,时时贪、痴、嗔三毒习气横发而又不知自检"。这使我想到本书所收《忒耳西忒斯式的酷评》一文中所举那种伎俩。我不知道论者是否把具有特色的大批判带到彼岸?十力先生不断修订自己的观点是出于追求真理的热忱,而不是趋承上意,取媚权势,凡熟悉他的人都对此有所理解。但这位论者却别出心裁,判定他于五十年代初删削《新论》,乃是迎合当局反宗教宣传。这真是惊听回视之论。其实,在此以前他早已由佛入儒。我以为他后来在《明心篇》中所说:"吾唯以真理为归,本不拘家派。但《新论》实从佛家演变出来。"这几句话道出了他在反思佛学时删削旧作的真正原因。可是论者的政治情结对十力先生于一九四九年在去留问题上的选择深表反感,以致耐不住呵责他在大陆的十八年是"虽生犹死",而所著"每一本新书都可以说是一种负积累,标志着他学术水平的倒退"。这还不够,论者同时还对他的为人也作了寻垢索瘢的挑剔。我不想对这些武断呆语进行辩解。据我所知刘述先先生和郭齐勇先生已对论者的考释作了辩证。好在十力先生所撰各书俱在,读者自可参考。倘有人对这些著作的得失成败不虚美不掩恶,作实事求是的探索,倒是大有裨益的。但这就需要躁释矜平,更不能狃于政治上的党派偏见妄生穿凿,厚诬前人。

§305

三个 P（1995）（《思辨录》第 52 条）

近读一位友人赠送的著作，内称西方把人的情欲概括为三个 P（即 power［权］，property［钱］，prestige［名］）。过去恩格斯把权势欲和贪欲作为人类的两种恶，认为在阶级社会中，这是推动历史发展的杠杆。过去我一直相信这话，但现在不相信恶可以推进人类的社会发展了。不过，权势欲和贪欲确是缠绕人类灵魂的两种恶。对中国知识分子来说，这两种坏的情欲，还不是人人都会毫无例外陷身其中的罗网。三个 P 中，最后一个 prestige 恐怕是最难渡过的关口。不少人对于权和钱的追求，并不怎么热衷，这大概是受到儒家思想影响的缘故吧。但在 prestige 问题上，就不能这么说了。我们从小就受到"扬名声显父母""君子疾没世而名不彰"等等这类格言的影响，所谓"圣人立教未尝恶人之好名也"。为了名而不敢去做坏事，这也是事实。保持自己名节是好的，但追求名声，却往往使人变得虚伪可憎。在过去的士大夫和今天的知识分子中间，都可以找到利欲熏心、追求功名的人。很多读书人直到今天还在热衷当官。虽然，从真正的荣誉来看这也并不一定光彩。鲁迅曾称他对于地位、名声都不要。可是胡适晚年谈到鲁迅的一些政治表态时，却说他除了认识的原因外，也含有追求名声的成分在内。我以为，鲁迅后来如果也能像他早期在《野草》中说的，"欲知本味，剖心自食"一样地去解剖自己，我们一定可以在中国杰出的知识分子灵魂中，看出最隐秘最不容易被人察觉的奥秘。至于胡适本人，他为了坚持自己的独立见解，不惜做出许多干犯众怒的事情（如批评学生反对"二十一条"的游行，反对将溥仪驱出清宫等等），似乎我行我素，不在乎世人的毁誉，但熟知他为人的学生却说他是很看重后世名的。从他记日记准备给别人看，写信留底稿这方面来说，固然是出于一种喜欢整齐有序和细心谨慎的性格，但也未始不是出于给人一种良好印象的想法。我在这个问题上一直是踌躇不决，难以作出最后的结论。对于这个 prestige 究竟应该采取什么态度？应该完全否定，还是也要考虑其复杂的道德后果？名声和荣誉又有着怎样的区别呢？

§ 306

说辩（1995）（《王元化集》卷七；亦见《清园近思录》）

我被邀请作为这次中央电视台和新加坡电视台联合创办的国际大专辩论会决赛的评委。会后我进行了如下的思考。

古希腊的苏格拉底，先秦时代的孟子，都有辩才。他们比一般辩者更加令人仰慕。因为他们不徒以口才取胜，以气势凌人，而是通过辩论，明辨是非，究明真理。这可以说是辩论中最好的一种。

古希腊的诡辩派和战国时代的纵横家，在学术思想史上具有一定地位。他们在逻辑上所建立的论证方式和反驳方式，自有其学术价值。但这些人中的一些诠才小慧之徒，逞其利口，炫人耳目，仅仅是为了以言词挫败敌手，或以游说打动当道，其人品学品自然不能与上述辩者作同日语。至于还有一些巧言令色的狡黠之辈，就更是等而下之了。

辩论也可以作为一种类似弈棋之类的智力练习或智力游戏。西方的学校或社团，往往举行两个人、两个组，或若干单位之间的辩论比赛。这种辩论会规定了一定的程序的规则，以便参赛者遵行。地处东南亚的新加坡也常常举行这样的辩论会，据说已有二十七年的历史了。这种智力交锋，由于有着严格的时间限制，参赛者必须做出迅速反应，以便找出对方破绽，进行反击。自己立论又须具有不易颠扑的充足理由，才不至于为对方所乘。而这一切都必须在间不容发的瞬间完成。这就使参赛者练就一种敏捷应变的机智，迅速做出反应的能力。

但是，辩论会只能作为一种智力练习和智力游戏，不可将其性质、功能、作用加以扩大。一旦越出这个范围，就会产生种种流弊。辩论会首先由抽签决定正反两方及其论题，其论证必须服从事先已经规定好的正面或反面的立场。先行的立场决定了在辩论中必须赞成什么，反对什么；提倡什么，排斥什么。事实上，这种辩论方式只是体现了一种韦伯所说的意图伦理。但是追求真知的认识过程恰恰与此相反：不是先有了结论，再去找论据来加以证明，而是从分析过程中做出判断，从论证过程中得出结论。在辩论会中，站在正反不同立场的两方是按照非此即彼的原则进行辩论的，可是事物的真理却往往是亦此亦彼，对立统一。但辩论会却不容许按照这一原则来进行辩论。参赛者的立场决定了他们只能否定对方，不能肯定对方。这就导致了在参赛者身上经常会出现一种逞强好胜意在求胜的作风。在辩论中，义正词严，理直气壮是好的，倘使义理两亏，还要摆出一副词严气壮的架势，那就成了意在求胜了。我个人觉得，这种意在求胜的作风是不好的。谈到治学，还是躁释矜平的态度为上。

§ 307

人人为我、我为人人（1995）（《王元化集》卷七《关于人的素质问题答问》节录）

问：刚才您谈到以后打算写的文章，以及进一步思考的问题。我想了解最近您关心的事情是什么？

答：最近大家都在关心人的素质。只要看看我们周围人们日常生活所涉及的一些公众领域，诸如社会服务问题、环境保护问题、公共道德问题，都说明了人的素质问题的严重性。例如敬业精神的缺乏、工作态度的粗劣、服务质量的低下、法规意识的薄弱、对人与人之间基本准则的漠视以及不讲公德、不讲卫生、不讲礼貌、争吵、打斗以及欺、瞒、骗、诈、钻空子、耍滑头的意识与行为大行其道等等。近来，报纸动员大家参与探讨这个问题，是很好的。几个月前，上海人大还在举行时，有的报纸竟报导说上海人的素质提高了。最近总算纠正了这种浮夸风。现在报上的舆论又一变为指摘人的素质不好，有的甚至义形于色，痛加指斥。但我觉得，提高人的素质，不能光靠义愤，而需要冷静的思考，作理性的研究。人的素质今天确实成了不容忽视的问题。

问：八十年代的某些情绪化宣泄依然存在，如"丑陋的中国人""酱缸文化""不可疗救的人种"，或者归之于市场经济打开了"潘多拉的盒子""世风日下"之类感叹，我常常也觉得这种文人式的文化批判无济于事。就拿公共道德来说，"你不愿意别人怎样对待你，你就不该怎样对待别人"，这一东西方共同承认的做人的基本准则，即所谓"黄金律"，我们究竟在什么地方遗失了？我们如何或通过什么渠道使之得到真正的尊重？这当中的核心的问题即人的权利问题，可以说应是匹夫有责，我们又如何对之真正负起责任来？

答：我不能同意把这个问题归结为所谓"国民的劣根性"。人的素质与文化有密切关系，但不可仅仅归之于文化问题。人的素质与教育有密切关系，但也不可仅仅归之于教育问题。毋庸讳言，文化滑坡，教育质量差，大量文盲的存在，势必影响人的素质下降，因而文化教育有着不可推卸的责任。这方面我谈过，很多人都谈过。但我觉得还有一个问题却往往是为大家所忽视的，这就是有关公民意识问题。长期以来，由于公民权利没有得到重视与维护，也就影响到每个社会公民对于自己应尽的责任和义务，采取一种漠不关心的态度。这就是长期以来造成公民意识缺乏的主要原因。须知一个重公德、有礼貌、讲卫生的社会或文明城市，并不单是通过宣扬"五讲四美"、搞群众运动、制定吐痰罚款等等措施所能建立起来的。

倘使每个公民没有出自内心的需要，并认为和自己利益休戚相关的公民意识的自觉，那么无论依靠来自外面的多么严厉的强制力景，也难以做到的。在一个没有市民社会空间，或这个空间十分狭窄的社会里，每个人对社会来说只是处于一种被动状态，只有服从，而不会有自爱、自尊的人格，不会有自觉的行为，也不会有自治、自律的能力。贪污腐败无法监督，买东西上当受骗无法投诉……在这种情况下，他不可能对这个社会产生休戚相关、荣辱与共、血肉相连的感情，从而就不会建立起人人为我、我为人人的公民意识了。在这样的社会里，每个人对社会都抱着一种极端冷漠的态度，只关心自己的小天地，成为毫无群体意识的利己主义者、毫无原则的功利主义者。

§ 308

《腐败：权力与金钱的交换》（1995）（《王元化集》卷七《关于人的素质问题答问》节录）

问：据我个人的了解，现代政治哲学中有关"权利"（rights）这一术语，主要有三种使用方式。一是描述一种制度安排，其中权益得到法律的保护，选择受到法律效力的保障，各种条件与机遇在有保障的基础上提供给个人。二是表达一种正当合理的要求，即上述制度安排应该建立，并得到维护和尊重。三是表达这个要求的一种特定的正当理由即一种基本的道德原则，该原则赋予诸如自爱、自尊、自主或道德力等某些基本的个人价值以重要意义。这在三年前出版的《布莱克维尔政治学百科全书》中"权利"一词条里，有经典的表述。你的"公民意识"一用语中所包括的权利概念，可以说融合了这三种基本用法。另外卢梭、康德以及当代的古典自由主义思想家哈耶克等都有有关权利与人的道德责任之间联系的重要表述。我赞成说康德的思想与中国传统的儒家思想有相当程度的可以融通之处。譬如，康德认为权利不仅可以是我们道德体系的主要原则，而且是道德思维和道德能动性的必要前提。这正是你刚才所说的"休戚相关"这一公民意识感觉的学理依据之一。依我个人之见，西方思想较多关注权利所体现并与自由相关联的价值的重要性，而中国传统思想则更多关注权利所体现的道德与人伦、与做人的基本准则相关联的价值的重要性；西方较多考虑法律权利（rights of law）的实践性，而中国则较多考虑道德权利（rights of morality）的理想性。您所思考的公民意识，其学理路径其实正关联着中西方思想的双重含义，在我看来，不仅仅是目前人的素质的讨论，从更广泛意义的文化问题上看也不失为一条有建设性的学术路径。

答：你这里所涉及的学理路径，值得做深入细致的探究。我们还不太善于吸取经济学方面的最新成果，因而议论往往不免流于空疏。譬如，这几年关于市场经济的讨论，大陆一些有影响的学人发表了这样那样的看法。有一些不免是想当然的说法。有一位说市场经济必然要带来不可避免的腐败；我们只能够在一定范围里缩小它带来的危害，而不能将它消灭。这样一种看法三年前曾在香港的《明报月刊》上发表，而该刊的总编潘耀明还曾推许为非常精辟的意见。另一位因市场经济出台后，出现了不少批评道德败坏、理想沦丧的议论，因而怀疑发表这些议论的人是不是都想退回到计划经济的老路上去。还有一位则认为吃饭问题是根本，只有经济问题解决了，社会道德问题才会自然而然好起来。持上述见解的人，有的是研究国学的，有的是搞文学的，也有的是从事哲学和文化研究的。我听到这些说法，提出了不同的看法，但是我只是从我们的市场经济的不健全、经济法规的不完整以及权钱结合所出现的诸如批条子、卖配额等来说明问题。直到最近，读了吴敬琏赠送给我的书以后，我才发现一些在文化领域纠缠不清的问题，经济学家已经作出了令人信服的说明。这本书是一些经济学家于一九八八年发表在《经济社会体制比较》的系列文章的合辑，其中最引起我注意的是关于海外学者所研究的二战后在发展中国家现代化过程中出现的一些问题。有些国家（如新加坡）工业化发展过程一开始就着重建立平等竞争的市场原则，同时采取了打击贪污腐败的司法、行政措施，因而市场化进行得顺利，行政机关也基本上做到为政清廉。而那些市场经济发展缓慢，旧的官僚特权和封建特权保留得愈多的国家（所谓"印度病""拉美现象"以及菲律宾的所谓"马科斯陷阱"等），腐败也就愈严重。这本书中吴敬琏的两篇文章介绍了海外学者（主要是美经济学家 A. Krueger）于七十年代就这个问题所提出的"寻租活动"（Rent-seeking activities）理论，认为某些进行市场化的国家的贪污腐败的根本问题，在于政府运用行政权力对企业的个人的经济活动进行干预和管制，以致妨碍了市场竞争的作用，从而给少数有特权进行不平等竞争的人，创造了凭借权力取得超额收入的机会。这里说的超额收入是一种非生产性的利润。以上我只是介绍了《腐败：权力与金钱的交换》一书中所谈的理论，我在这方面没有研究，所述大意是依吴说。读者倘要进一步理解这本书的内容，请读原著。我觉得我们如果多读一些经济学家对于市场经济问题的分析，大概可以使我们不致仅仅根据自己有限的常识去说一些想当然的话。

§309

古典精神哪里去了（1996）（《思辨录》第272条）

一个疑问一直盘踞在我的脑海，德国古典哲学所蕴含的深刻的睿智和追求真理的勇毅精神，在纳粹统治之下难道真的已经消亡殆尽无影无踪了吗？如果它们还存在，那么我们从哪里可以找寻它们的踪迹呢？季羡林留德十年日记，其中记载有关一些科学家的事件，使我找到了回答这个问题的启示。一件是德国医学泰斗微耳和

(Virehow）在一次口试中，把一盘猪肝摆在桌上，问学生是什么？学生瞠目结舌，半天说不出话来，结果口试落第。微耳和对这位学生说："一个医学工作者一定要实事求是，眼前看到什么，就说是什么，连这点本领和勇气都没有，怎么能当医生呢？"又一次，也是口试，微耳和指指自己的衣服问道："这是什么颜色？"学生端详一会，郑重答道："枢密顾问先生（对德国成就卓著的教授的一种荣誉称号），你的衣服曾经是褐色的。"微耳和大笑，立刻说："你及格了！"因为他不大注意穿着，一身衣服穿了十几年，原来的褐色变成黑色了。故事讲完之后，作者说："它告诉我们，德国教授是怎样处心积虑地培养学生实事求是不受任何外来干扰观察问题的能力。"另一件，作者记述了战时哥廷根受到轰炸的情景。一天英国飞机飞来，投下了气爆弹，全城玻璃大部分被气流摧毁了。轰炸后，作者听到街上到处都是居民清扫玻璃的哗啦哗啦声。远处有一个老头，手里没拿笤帚，弯腰屈背正在看什么。走近才认清，原来是蜚声海内外的流体力学权威普兰特尔（Prandtl）教授。作者向他道早安，他告诉作者，他正在看炸弹引起的气流是怎样摧毁操场周围的一段短墙的，这是在流体力学实验室里无法看到的。作者说他"面对这样一位抵死忠于科学的老教授，陡然一惊，立刻肃然起敬起来"。还有一件事是作者听说的，一天夜里，盟军飞机飞临南德慕尼黑城进行地毯式轰炸，全城到处起火，人们纷纷从楼上往地下室或防空洞逃避，然而有一个老头却急匆匆地从楼下往楼顶上跑。他是位要进行实地观察的地球物理学教授。全城震声冲天，头上飞机仍在盘旋，随时可能有炸弹掉在他的头上。然而他全然不顾，宁愿为科学而舍命。这两个在轰炸中发生的故事和作者在德国学的梵文、巴利文一样，深深印入他的脑海，永远无法抹去。这些故事也使我领悟到康德、费希特、黑格尔、费尔巴哈……他们那种把真理看做是人的最高幸福，那种忘我求真的精神，并没有随着上世纪结束而消逝，它们在这些科学家身上多少保存了下来。

§ 310

自私与自利（1997）（《思辨录》第 51 条）

友人寄来所作《市场经济的道德基础》，文中颇可采录：哈耶克在批判"自然道德"本能的、狭隘的道德规范时，强调了自私与自利的区别（参见《通向奴役之路》）。自私发自人的求生存的本能，它是所谓 ego，强调私己的生命和享乐，为了私己利益时刻准备侵犯他人权利，甚至可以把他人的生命作为谋取私利的手段。自利则是基于人的理性，它虽然强调自己的利益，但是从理性出发，特别是从"己所不欲，勿施于人"的道德律出发，时刻准备为了改善个人利益而与他人利益作某种妥协。自利的人维护自己和他人的产权，并准备为维护合作规则付出代价（按照佛格森 [Adam Ferguson] *A Thesis on the History of Civil Society* 的定义，只有自利的人才可以称作文明的人，而自私的人则仍停留在野蛮人的状态）。对自私的人而言，根本谈不上交换关系的建立。一群自私的人，只能在霍布斯（Thomas Hobbs）《利维坦》所说的"野蛮丛林"或"所有人对所有人的战争"中，很快地死去。为了避免这种命运，霍布斯提出"社会契约"和政府权威作为进入文明社会的手段。洛克继而提出民主政治的概念。西方启蒙思想的主要内容就是把互相尊重，由"生命、基本自由和财产权利"组成的产权，从其神学传统中理性化出来。

§ 311

人文精神与科学家（1997）（《思辨录》第 273 条）

爱因斯坦对从事应用科学的青年说："如果你们想使你们一生的工作有意义于人类，那么只懂得应用科学是不够的。关心人的本身，应当始终成为一切技术上奋斗的主要目标,关心怎样组织人的劳动和产品的分配这样一些尚未解决的重大问题,用以保证科学思想的成果造福人类,而不致成为祸害。在你们埋头于图表和方程式时,千万不要忘记这一点。"爱因斯坦是本世纪最为杰出的人物,他比一些著名的文学家、思想家,更多地体现了本世纪的人文精神,因为他有一颗博大而仁慈的心。二十世纪是一个在人文精神上显得苍白的世纪,有了像他这样的人,才使人不觉得寂寞。为什么这种精神没有更充分地体现在当代的科学家身上呢?我们这里的一些科学家,尽管被称为某些尖端科学之父,他们只懂得为政治服务,而并不真正懂得造福人类。比如在荒唐的"大跃进"年代,就有这样的人,宣称运用科技方法可使粮食达到亩产五万斤!和他们比较起来,倒是一些无名后辈,在痛定思痛后还清醒一点。顾准的女儿顾淑琳的事迹是颇为感人的。年轻时她盲目地相信组织,和父亲脱离了关系。真相大白之后,她读了父亲的遗稿,发现父亲的光辉人格,引用了爱因斯坦在悼念居里夫人时说过的那段话:"第一流人物对于时代和历史进程的意义,在其道德方面也许比单纯的才智成就方面还要大。即使是后者,他们取决于品格的程度,也远超过通常所认为的那样。"

§312

"学术中心何处寻?"(1997)(《思辨录》第376条)

汪丁丁《学术中心何处寻》一文称:"学生是否愿意把时间和金钱投入到关于基本问题的人力资本的积累中去,在经济学的框架里,这取决于激励机制所产生的成本与效益的比较。例如,香港大学生们,身边充斥着挣钱机会,几乎每个学生都有课余兼职,每月收入从几千到几万,看干的是什么工作了。除了考试时间,学生们大多不会安排课余时间阅读功课和研究问题。百分之九十以上的香港大学学生是在'混文凭',但求以最小成本得到一个关于'能力'的发信号权（signalling right）。香港是个商业化都市,这里中高收入的工作大多是商业性质的。对研究基本问题的属于'软'专业人才的需求,虽然有一些,但需求量很小,报酬也较低。所以从经济学角度看,很少会有学生选择纯学术和研究基本问题,以港大的经济学课程为例,注册学习金融和货币银行课程的学生,每年都在几百人以上。注册学习中国经济课程的也在三百人左右。但是选择博弈论或者比较经济体制课程的就只有几十人甚至十几人。到了选修经济思想史这门课程时,注册学生就常常只有两三个人甚至一个人了。"

深圳大学是按照香港模式建立起来的。我甚至有这样的隐忧,香港教育的今天恐怕将会成为中国教育的明天,而且是指前者的负面部分而言的。深大至今没有历史系。据说支援该校的北大教授曾一再呼吁深大应该成立历史系,但深圳市领导认为历史专业对深圳毫无用处,一旦成立,学生毕业出来连安插工作都会困难重重。故深大至今仍只有立收实效的应用学科。过去龚自珍曾说,灭人之国去人之史。如果自己先把自己的历史去掉了,那才真是可怕的事。深大的学生既忙于承包校中人员生活的生意,也就谈不到学业了。前几年报载教委负责人公开声称,应多办职业大学来代替综合大学,以便使学生专于一门应用技术。如此指导方针,不知中国教育将往何处去？

§313

苏联解体以后的异议者（1998）（《思辨录》第43条）

三月六日《济南日报》,副刊《随笔》上刊有董乐山写的《俄罗斯人文精神的失落》。文中说:"随着苏联的解体而来的是社会动乱,人欲横流,在汹涌的商业大潮冲击下,人人都向钱看,无人再顾及精神需求了。"接着举出一些著名人物：萨哈罗夫刚选进国家杜马就突发心脏病猝死于会场。索尔仁尼琴于一九九四年回国后，在电视台主持一个节目，一周一次发表对社会的看法，仅一年节目就被腰斩了。艺术家们感到被冷落。瓦里亚·诺夫德夫斯卡娅过去是个所谓异议分子，苏联解体后说："大多数异议分子对人民已经没有吸引力了。"剧作家埋怨当政者不再去请教他们。流亡德国的讽刺小说家弗拉基米尔·伏依诺维奇说："我们的影响是零。"生物学家科瓦廖夫（被认为继承萨哈罗夫的异议分子）曾被请去担任人权委员会主席，但这个机构只是一个"小摆设"，他为俄军摧毁了车臣一个小村庄提出抗议无效而辞职了。在俄罗斯，随着这些人作用的消失，他们的声音也喑哑了。

§314

不是把启蒙当做空洞的口号（1999）（《九十年代反思录》《〈顾准传〉序》节录）

传记不大适宜过多地去写思想问题，因为理论分析不适合这一体裁。但你的书并不放弃这方面，你对顾准思想的介绍是比较全面的。这几年谈论顾准的文章多起来，有些论者本来是可以写出一点研究心得的，但他们放弃这样做，不切切实实讨论问题，而只谈主义，将顾准当做一面旗子，把它抢过来，忙于给顾准定性，讲些人人早已知道的道理，断言他是什么什么主义，还吹嘘这就是对顾准思想最深刻的理解。读了这些文字真使人感到悲哀。我不懂，这些人并不缺乏才华，过去也写过一些好文章，为什么白白浪费时间，虚掷自己的可贵精力。其实顾准所写的有关民主的文章是很值得讨论的。我所指的是这几篇：《直接民主与"议会清谈馆"》《民主与终极目的》《科学与民主》等。前几年北京三联寄给我一本《公共论坛》，这本丛刊并不以顾准为标榜，却切切实实地讨论了这些问题，谈得也很深入。我虽然并不认识这些人，但觉得他们倒是理解顾准精神和顾准思想的。你不是从事理论研究的，不应该对你苛求。纵然如此，我认为你书中在这方面所做的工作，还是有价值的。我并不是说你有什么了不得的思想，而是赞赏你的勤奋和认真。在阐述顾准某一观点时，你将来龙去脉都仔细地考虑到，为此你阅读了大量有关资料。你的书对于一般不是从事理论研究的读者大有裨益，可以使他们逐渐去理解顾准的思想。比如顾准书中所谈的古希腊斯巴达精神问题，对于大陆的学者就有启迪作用。我们一直赞扬斯巴达的集体主义精神。小时候我曾读过鲁迅的早期论文《斯巴达之魂》，这篇文写得热情洋溢，令人神往。在原苏联，斯巴达的名字也成为光荣的称号，甚至有的足球队也以他命名。而你根据顾准的论断，阐述了斯巴达如何从集体主义陷入了专制主义，这些地方都做得很好，就是今天对于大陆读者来说，仍具有一定的针对性，这才是踏踏实实的启蒙工作，而不是把启蒙当做空洞的口号。

§315

一点声明（2000）（《王元化集》卷七）

十二月十六日《文汇读书周报》第五版《三味书林》发表浙江电视台关于《莎剧解读》一书对我的访谈录。其中第三项答问几乎全都是错误的。访谈记我答问说："这里边的《康姆来爵》是我译的。"我从未提过连我也不知道的这个名称，事实上它也根本不存在（我怀疑访谈整理者把我说的柯勒律治讹为这样一个古怪的名字了）。其实访谈整理者不必多花力气，只要翻一下《莎剧解读》，就可以知道"这里边"是怎么一回事了。《关于莎士比亚演讲录》是柯勒律治的一本名著，我在访谈中所说的"很难译"，"其中有不少希腊文、拉丁文、苏格兰文，以及省字符号等等"都是就这本书而言。

采访时我说得很明白，但不知什么缘故，访谈整理者不提柯勒律治和他的这本书，而使它和上文提到的席勒格（德国诗人与莎士比亚德文本译者）连起来，这就变得十分荒谬的了。据说，这篇访谈曾发表过。文字是何人整理？发在何处？我都不知道。事前未通知我，也未经我过目，而答问整理者对莎剧研究既无常识又不去查对资料，以致错误累累。此外，我想借此机会说明一下，关于我的访谈，类似情况很多，我无法一一更正。今后除我收入集内的答问或访谈外（凡经我核对的，我都在文末说明"经本人校订"字样），其余我不能保证其记录是否有误，并对它负责。

§316

纠正个人主义偏执于极端的发展（2002）（《传统资源：具体中的普遍性》节录，《王元化集》卷六）

儒家是把人与人的相处放在一个关系的网络去理解。我觉得这可以纠正个人主义偏执于极端的发展，那是从一种所谓希腊的目的论的观念而来的结果。自主性原则是现代启蒙的基本价值，但仍需要分疏。如果它强调只有个人是一个独断的价值源头，只能是自己根据自己、自己决定自己，反对有任何别人的批评和别的价值来源，这就有问题了。每一种的价值观念都成为一个分裂而自足的世界。发展到极端的时候，没有一个价值观能干涉我的价值观。是魔鬼、是神灵，都是个人自己的事。这在美国有。具体的表现就是麦克维尔（俄克拉荷马州爆炸案的主犯）。问题的关键就在于他是从极端个人主义来定是非。个人近乎等于上帝。他认为对的就是对的，他认为错的就是错，那么多人死了，等到他被逮捕判刑，到了自己最后的时刻，他只想歌唱《不屈》*，还是认为没有向被害家属道歉的必要。他认为他的选择完全是对的。他是英雄，庸众只是他的炮灰而已。

个人主义，后来成为美国社会的一个大问题。所以美国现在有一些人讲社群的学说，以求平衡，不主张太发展个人的一面。极端个人的取向，对社会就很危险。中国传统是不要过于作个人的意志的伸张。个人的价值判断，要考虑对方，是相对的，夫对妻，父对子，都要有一个相对的格局。中国为什么伦理特别发达，以及一直讲忠恕这个观念，都值得研究。

§317

市场经济当中商标式的东西（2004）（《答〈采风〉杂志记者问》，《王元化集》卷七）

问：现在好像有种现象，就是作家都纷纷涌入大学。究竟是作家主动还是学校主动，可能两者兼有。最近还见到一则新闻：香港无厘头动作明星周星驰被中国人民大学请去做客座教授。我不知道这样一来是教授变得更值钱了还是更不值钱了。

答：作家他是写书的，他并不一定会教书。当然这中间并不存在谁高谁低的问题。有些学校请名人当校长或者院长，其实名人根本不到位。那只是卖品牌，这是市场经济当中商标式的东西。可能说明我们的大学底气还不足。我觉得挂牌也是可以的，在国外也有这种在大学挂名的现象，但不叫院长，而是叫董事会董事长，你只要拿钱出来，挂个名无妨。金庸这么有钱，他拿个一千万两千万出来给学校，或者造个图书馆，或者设一笔奖学金，这都很好嘛。何必一定要做教授或者院长呢？包括还有许多作家也要去教书，我觉得也不必。在国外，院长、校长是非常重要的职位，而且在世界排名第几都是要有地位的。

问：作家教书名声很好的似乎不多，倒是经常听到某某作家在课堂上不善言辞不知所云。

答：我记得抗战前，周作人到燕京，他是教书的，本来就在北大教书的，可未必教得好呀。他这么有名，也很有学问，他去教中国散文，开头还是一门选修课，但来听课的人一个教室都坐不下，要在大的会议室里才能开课。一学期下来，只剩两个人。他怎么教呢？他来了之后，就是照本宣科从头到尾读一遍。他作为作家虽然很有名，但他未必教得好。我们现在往往把教授和作家混为一谈，好像教授都得写出若干作品。我很反对。我记得我小时候很好的那位老师，他反对写作品，说写什么作品啊，好好读书，好好教书。这是两码事。抗战后我在交大教过书，解放前的国立大学，没有什么著作的。那时我当然是小人物，做讲师，但那时很多教授也没有，我的老师汪公没有一本著作，但他是大学问家。我最近还问我的师哥，老师有过什么著作，他说大概有个什么荀子的讲义之类。人家做教授也不是很好吗？为什么教授非是个作家不可？这是两码事嘛。教育部规定，评教授一定要有多少著作，这是我切切以为不可的事情。

问：我认为大学的校长、院长、系主任等未必要由专家担任。专家当法人未必好。他一定要有管理才能，要很懂得学校教育的规律，还有人品要好。

答：杜亚泉在一九一九年《东方杂志》上就说，教育管理者不要去干涉教程，干预教授方法等，你就做好你的本分工作，比如后勤，以及各种支援，干预越少越好。这还是在"五四"运动的时候。

问：您在清华的时候，好像前面几届的校长之类没有一个是什么读书人，都是北洋政府调过来的官员，也干得挺好。

答：但是你晓得曹云祥他们都是有学问的，北洋政府的人比国民政府的人有学问，国民政府的人又比我们政府的人有学问。他们都是出洋的，得了博士学位，中英文都可以来，让他题字他就可以题字，让他对外演讲他就可以演讲，是不是啊？他们大多是外交部的，当初清华是叫做清华学堂，最早是叫清华留美学堂，当时只有中等科。高等科，那是一九一几年了。当时清华也有一个类似今天的教授评定的组织，你要聘请什么人，授予什么人什么职衔，都要经过那个教师代表会议的审议。

问：现在名人涌入大学或者说大学纷纷邀请名人，可能也是大学浮躁的一个缩影。自从有人提出教育产业化以后，此类现象愈演愈烈。

答：我曾经写过一篇文章叫做《教育的两次折腾》，一次是在一九五二年院系调整，像清华大学有这么好的国学传统，国学院那些导师在那里，居然要把它的文科都并到北大去。我的朋友王瑶临死前还跟我讲："我不是北大人，我是清华人。"当然不是说北大不好，清华有清华自己的衣钵，何必一合并都要搞成一律呢？其实，"以人为本"强调的是个性化，现在都搞成一样，强调产业化，一切推向市场。这对教育不是一件幸事。这是很多年前了，有关部门叫大学校长们开了一个会，说要搞教育产业化，要大学校长去自谋生路，各自去筹钱，会议上当场昏倒三个。我不是危言耸听，真是有这事情。

§318

杂感（2005）（《王元化集》卷七）

近来请人整理过去的剪报，发现两条颇为有趣的旧闻。一条是六七年前（具体日期当时未记下）《新民晚报》所刊载的一则消息。内称荷兰菲利浦公司在上海地铁做广告，广告的图像是一个人坐在我国长城的墙垛上，旁边有一行字，"让我们做得更好"。荷兰菲利浦公司在上海做广告都是用这句话。可是有一位先生看了认为是奇耻大辱，不禁义愤填膺，到处去告状。他提出的理由是长城为中国的象征，坐在长城的墙垛上就是对中国的侮辱。而那行文字"让我们做得更好"，就更不像话了。使人哭笑不得的是，这场官司告状人居然打赢了，荷兰菲利浦公司只得在地铁站撤销了这个广告。

读了这篇报道,我感到不可解。再一想,各种说法想法在头脑里打架了,现摘记录如下:"坐、做古通,做即坐也……"——"不对。做、坐二字不是同声假借……"——"我这是'今训'嘛!……"——"广告说'让我们做得更好',为什么'就更不像话了?'莫非你脑子有些病?想象力特强,才从'做'字生出不少遐想……"——"长城是世界七大奇迹之一,是我们的骄傲……"——"但鲁迅在他的一篇题为《长城》的文章中,对长城有相反的看法,认为长城象征封闭、与外隔绝,他不会是要侮辱自己的国家吧?……"

另一条是一九九八年一月《报刊文摘》转载《中国妇女报》的一则消息,发表了江苏泗阳县仓集镇政府王荣林的来信,信中说:"前几日在邻居家听他上小学三年级的孩子讲,他们班上的班长可'发'啦!原来学生的小头头们每天都有人送'礼',小到铅笔橡皮,大到手枪飞机之类的玩具,甚至隔三差五,还能到小卖部里吃'请',那些请客送礼的大多数是成绩较差,生性懒惰而家境较好的同学。班长'受贿'以后,当然会在检查作业布置劳动任务时,大开绿灯,甚至考试时都要'互相帮助'。据笔者进一步了解,此风不但在小学生中普遍存在,在中学生中间也很盛行。"

这则消息使我想起另一则也是报导小学生的消息,但当时未将报纸剪下来,只是在日记中提到过。我记得消息内容是说有些小学生也印名片,甚至名片上端还列有大队长、中队长之类的"职位"。当时新华总社内参部负责人曾要我谈谈最近的一些感想和意见,我把上述消息提供给他们后,这则消息在新华社内参上发表。乘这机会,我想向大家呼吁一下,关心关心我们的孩子。

§ 319

勿伤大雅(2007)(《〈人物小记〉小引》节录,东方出版中心 2008 年)

今年七八月在我住院期间，请朋友代我整理的文章分别发表在《文汇报》的《学林》和《笔会》上，前者题目是《王元化谈论语》，后者是《元化先生说三国》（正题是《勿伤大雅》）。我重新发表十多年前的旧作，并非为发表而发表，实在也含有针砭时弊之意。我请朋友代笔在《谈论语》文前的小引中说："现在有些做法，如媒体以娱乐文化的收视效益去取代经典本身的人文价值，只会对传统文化产生一种负面效果。也有些人虽然看到这种危害性，但并没有意识到探索经典是一种复杂的工作，如一位学者在批评于丹时就说《论语》是一部容易读的书，元化先生说他怀疑这位学者恐怕未必认真读过《论语》。他还看到有人写的一本浅析《论语》的书，借题发挥，引证了一些中外名人未必是名言的句子，拉扯成篇。他认为这也是一种值得注意的现象。"

在另一篇《说三国》里，鉴于现在出现一股詈骂诸葛亮之风，我就阐发了抗战时王芸生和贺麟以陈寿、王船山诸葛论为基点所展开的论争，以示前人持论之严谨、学风之正大。过去学人论赞诸葛亮之文多矣，文天祥就义前就曾以诸葛亮为楷模，称"或为出师表，鬼神泣壮烈"。在他以前，杜甫曾写了多首颂扬诸葛亮的诗。直到最近才发表的梁漱溟晚年回答艾恺问"最佩服什么人"时，回答是"诸葛亮"。现在那些妄图一手将传统推倒的人，使我不由得想起荀子所描述的麇集稷下的那些嬛薄少年，其无知与妄自尊大，真可谓蚍蜉撼大树，可笑不自量了。多年来学界趋新猎奇之风盛行，故有人将中国文化比为大染缸。我们对西学未真正学习，就拿来唬人，一二十年前西方解构主义大畅，柏拉图、亚里士多德一律均遭批判，传到我们这里，见而心喜，未得其皮毛，就拿来应用，号称"颠覆传统"。

《说三国》中代为整理拙文的友人问我看不看电视演讲，我看得不多，没有什么发言权，从我看过的少数几个来比较，我觉得钱文忠说玄奘还是不错的。一开始我也担心他为迁就媒体的娱乐性，会讲坏了，但一集集看下来，印象很好。他把玄奘身上那种坚韧不拔，怀抱使命感，不顾艰险，敢于迎接考验的精神，一步步发掘出来了，这是中国人的舍身求法的精神，是一种很宝贵的东西。大众文化是需要的，但要继承而不是破坏传统中的人文价值。我们不能为了消费，为了取媚观众，把已有的好东西全部牺牲掉。

第九辑 书简（37通）

§ 320

致《抗战文艺》编者（1939）① （《清园书简》，湖北教育出版社，2003年，第91页）

……

欣读来函，真使我高兴极了。

……兄的书评我已转给《文艺》的朋友们了，他们都十分喜欢。你们这样关怀我们的刊物，实使我们得到很大的鼓励！我们一定要努力来回答你们的殷望。

上海文艺运动现在正逐渐开展，最近有一个文艺丛刊出版，内容以小说、散文为主。编辑是陈望道、戴平万、邱韵铎等。另一个月刊，内容着重在报告和通讯方面。是林淡秋、柯灵、杨晋豪和我做编辑。希望你们能给予帮助和支持。我们希望以这个刊物来展开上海文艺通讯运动，这可以推动上海文艺大众化运动，因为根据《上海一日》出版的经验，可以看出上海有广大的文艺潜力，《文艺通讯》就想发掘这力量。这里还有一个文艺周刊，不定期出版，编者为郑振铎、王任叔等。此外还有一个通俗小册子的编辑会，由白兮等负责。

上面的情形，可以说是上海文艺的一般动态了。至于这些刊物的出版，是按照一定的计划来分配的。这里举行过一次鲁迅风论战的座谈会，由于多数人的要求，便经常举行，成为沦陷后上海文艺

---

① （原注）原信刊载于一九三九年二月八日重庆《抗战文艺》第三卷第九、十合刊。洛蚀文系作者当时的笔名。

界统一战线组织的前身。现在,虽存有许多缺点,然而总算用工作将大家结合在一起了。这个座谈会更产生了种种编辑会,像上面所举的一些刊物便是,工作颇有一些。自然,这仅限于一批进步文人的结合,还不够广泛,真正广大的文艺界并未紧密地联在一起,不过,我相信将来会有可能的。

《文艺》仍将继续,不过要改月刊了,这是由于经济的限制。《文艺新潮》你们看到没有?此外,《译报》将出十部翻译的报告文学作品,其中林淡秋译的《中国的新生》马上就要出版了。

总而言之,上海虽已沦为"孤岛",但上海文艺界是不"孤"的,情景已非兄在沪时可比。

……仍在剧团中生活。这里有一个戏剧学校,教员有尤兢、李健吾等,还不错。

…………

洛蚀文一九三九年寄于上海

§321

致陈冰夷、袁佩兰(1978)(《清园书简》第303—304页)

佩兰嫂①

你和冰夷兄打给津苹的唁电已收到。谢谢你们对我们的关怀。现作协和译文社已为满涛组成治丧小组,准备于下月十三日举行追悼大会。《讣告》即将发出。

冰夷兄大概已去广州。有件事因时间急迫,所以特写此信给你。我于本月中旬曾将一篇《再释〈比兴篇〉拟容取心说》稿子由挂号寄中国社会科学院交冰夷兄,准备请他转给文研所许觉民。不知此稿是否收到?冰夷兄是否放在家中?现我得北京来信,通知我周扬

---

① (原注)袁佩兰是陈冰夷夫人。

同志已将我于早些时的同一篇稿子直接转觉民（这篇稿子是初稿，我寄冰夷兄的稿子是修订稿）。如果《文学评论》准备发表，我希望按照我寄给冰夷兄的那篇修订稿发排。周扬同志转去的那篇初稿是没有修订过的。因此，只有麻烦你了。如果你可找出我寄冰夷兄的那篇稿子，是否可以劳神，请代为转交许觉民？不知你认识许觉民吗？我附上给许觉民一封信，请你把我稿子转去时，一并交给他，此事是否可行？得信后请即复。诸多费心，谢谢。祝好

王元化手上
一九七八年

碧清、张可嘱笔问好！

再者，如果找不到我寄冰夷兄的稿子，那么就不必将我写给许觉民同志的信交给他了。我当另行处理。

[附]

觉民同志

　　前将拙作《再释〈比兴篇〉拟容取心说》一稿寄周扬同志，顷得通知周已将稿转给您。这篇稿子我作了一些小修改，现请冰夷同志（或佩兰同志）将修改过的稿子转呈。如蒙采用，我希望按照这篇修改过的稿子发排。倘不拟发表，请将原稿赐还。诸多费神，谢谢。

　　此致

　　　　敬礼

王元化手上
十一月二十五日

§ 322

致樊克政（1979）（《清园书简》第 625—628 页）

克政兄

承惠寄七纸信，拜读之后，获益良多。您的严谨的治学态度，令人钦佩。您对拙作《龚自珍思想笔谈》所提意见，指出其中资料性的错误，尤为感谢。我将把您的意见视为对自己的勉励和鞭策。治史学，首在资料的准确性，而我却往往掉以轻心，不大注意。这一方面是由于我的散漫，只凭兴趣办事，对有兴趣的问题还肯钻研，因此有时尚有所获。但对某些我认为无关宏旨的问题（其实此为治史之大病），则懒于深究，随便放过，以致往往造成不少失误。我缺乏我国传统史学家那种认真精神。读来信后，真有振聋发聩之感，今后当痛自惩戒。不过，另一方面我也要向您说明一下，当时写作此文时，我尚未"解放"，与外界隔绝，手边连必须具备的资料亦告阙如。（例如承您热心开来的以前各家研究龚自珍的篇目，我可坦白相告，连一篇也未读过。）同时，也没可以请教或磋商的人。这也是形成拙文局限的一个原因。但我也不愿为自己护短，我有粗枝大叶的毛病，不肯勤收资料，借鉴别人的成果。虽然这也有不受别人意见束缚的好处，但弊病极大，有些问题别人已谈过，有些问题别人已解决，可是我却全然不知。这就更造成我的狭隘性。这次得到您的指正，我很希望今后和您能建立经常通信联系，不知以为如何？

我现已调至大百科上海分社，在文艺部工作。我们将来除编大百科全书外，还要编杂志，出丛书。今后还要请您为我们写稿。我虽搞文艺，似也兼顾社会科学。此间有识者多称人才集中于北京。上海除几位老先生有真才实学外，多徒具虚名，大学中五十多岁的教师已成骨干，有的且带研究生，但既无旧学根底，又无马列基础，全凭所谓"新观点"吃饭。拆穿来讲，这种"新观点"不过是几句口头禅，所谓"阶级分析"不过是贴标签，较之四十余年前盛行于苏联的庸俗社会学还要等而下之。有的甚至连文字关还未通过。所以我以前建议《中华文史论丛》多刊载老先生作品。现在发现在北京的中青年中（专指历史哲学方面而言），大有人才，肯钻研，功夫深。例如您交我转给《中华文史论丛》的文章，编辑部同志读后，都有同感。论丛过去刊载的多半是老年人的文章，像我年近六十者，已算是其中最年轻的了。这次刊载您的大作，可说是破天荒。我要告诉您，这绝不是看我的面子，编辑部取稿有标准，也较严格，确实因大作写得扎实才发表的。希望您今后不仅继续为论丛写稿，也要为大百科写稿。我想请您把龚自珍研究情况（有哪些问题？哪些问题已解决？哪些问题未解决？哪些尚未接触而应当接触？）以及海外（最近有人告诉我，台湾也有文章涉及宣南诗社，但此间找不到资料，据说北京是有的）种种情况汇总起来，加上自己的评述写成一文，这是大百科杂志所需要的。不知您愿尝试否？我进大百科后，希望您多多支持。这方面问题我以后还要和您通信，具体落实。也请您谈谈您的研究计划和设想。

  我虽一向搞文艺，但近年来很想搞点思想史方面的研究工作。除《龚自珍思想笔谈》外，尚有《韩非论稿》（三万字）一文。文中观点颇与众不同，我有些担心会被目为标新立异，故迟迟尚未发表。准备过一阵多方听取意见，修改后投寄史学杂志。此外，还拟订了十来个题目。但目前调至大百科，要搞行政工作，恐怕今后一时难以写作了。倘日后有机会，我仍想完成宿愿，写出若干篇，编成一集。《龚》文倘编入，我一定要说明是您帮助我订正了哪些资料性的错误。我想将来再把《韩》文寄奉征求意见。

  前几天我看了发表在九期上的拙文清样，同时也看了您的大作的清样，不过我的校阅不仔细，可能还有错误。两帧照片已制铜板刊在一页上，字迹尚清晰。据说明年元旦论丛九期即可发行。我想要来您的清样一份寄上，让您早日看到。

今后我来京的机会较多,届时当走访作促膝之谈。专此,不尽一一。即致

敬礼

元化手上

一九七九年十二月九日

§ 323

致楼适夷(1980)(《清园书简》第598—600页)

适夷兄

来信收到。此次在沪见面,能作促膝之谈,诚一快事。也许由于年龄和心境,越来越能体会老友的旧情可贵。兄已高龄,仍南北跋涉,体力壮健,头脑清楚,毫无衰老之态,使我为你高兴。望不要过于劳累,珍摄为祷。我较兄小十来岁,日渐衰弱,一两年来消瘦的情况,使许多友人为我操心,嘱我注意调理。唯工作繁忙,琐事丛集,整日打杂,眼下似尚难摆脱,颇以为苦。上周患感冒,未休息,现全身乏力,头脑晕眩,只得在家卧床静养。谅无大碍,请释远念。

津苹逝世,事出突然,噩耗传来,为之凄怆。她逝世前二日,我曾去探望,将兄眷顾之心向她转达,她颔首心领,甚表感激。当时医生并未料到她在世之日不多,只说病情较重,还需进一步确诊。此次与她见面,即成永诀。目前她的兄弟二人(写信给你的琪章是她大弟之女)正在与涛弟为遗产问题争执。事态有逐渐扩大之势。我已表示只关心一事,即满涛遗著的整理与出版,但钱财之类概由他们决定并处理。

我愿就来信所示,谈谈我的想法。我不愿卷入派性之争。这并不是没有是非观念,实在是因为过去的经验和目前的见闻,使我感到厌恶。我并不是把文艺上的问题一概归为闹派性。我将本着自己

的良心讲话。我知道这会使我陷于孤立，但扪心自问，既不夹杂个人打算，则对后果非所计也。现我在上海正处于这种境地，双方均视我为异己。但我一不要做官，二不要争名，只想说几句自以为然的话，于愿已足，因此，其余均置之不顾。

拙文已完稿，交《上海文学》，将于十二月份刊出，你见到，请指教。文中得罪了不少人，可能重蹈雪峰不讲策略之故辙，你只要一览便知。目前我还拟续写几篇，也许从此一发不可收拾。兄曾责我何以不写悼念满涛之回忆文，过去未解释。我打算一两年退休后，埋头写回忆录，怀念老友，也想对文艺上的一些是非秉笔直书，包括对自己也不容情，不姑息，不掩饰，希望留下一点信史，作为后人的借鉴。我整天打杂，《解放日报》文章未读过，至今不明内情。当去打听清楚，再奉闻。

祝好

化手上

一九八〇年十月二十九日

津苹追悼会，柱常兄已代你送了花圈。

§ 324

致冈村繁（1982）（《清园书简》第 31—32 页）

冈村繁先生

六月八日惠函敬悉。弟遵医嘱，于先生发函之日来安徽省黄山疗养院休养，为期两月，估计约于八月初返回上海。大札辗转递至此间，耗时多日，直至二十日始收到，故复信一再拖延，尚希见谅。

拙著承蒙先生奖饰，既感且愧。先生大札中所言种种，实属过谦。前函所云，敝国所出版《文献》杂志曾刊有《日本研究中国古代文论的概况》（八〇年第四辑），当时弟即将杂志买到拜读，获益良多，令人敬佩。先生大著《文心雕龙索引》，弟闻名已久，惜此间难以购得，迄今未能拜读，深觉遗憾。

贵国汉学家之贡献极大，在某些方面甚至超出敝国学人。惜由于过去两国未订交及其他种种原因，故对贵国汉学家贡献迄今未作出较详介绍。弟本两国文化交流之旨，愿略尽绵薄，故已将贵国学者吉川幸次郎、斯波六郎、林田慎之助、户田浩晓、兴膳宏、目加田诚诸位先生研究《文心雕龙》之论文，计十篇，约二十万言，请一位对中日两国文字均较精通且对《文心雕龙》亦有研究之彭君翻译出来（弟仅粗通英语，不谙日语）交山东齐鲁书社出版。后又受书社委托写一序言略作介绍。现趁在黄山休养机会，可以做些编纂及写序工作，拟于七月交稿。序言中拟提及先生某些意见，谅能俯允。此项工作，曾得兴膳宏先生大力支持，寄来材料多篇。今后亦望先生能将我国学者研究成果介绍贵国，以推进两国文化交流并有助于研究之提高，谅先生定愿担负此任，不胜翘盼之至。

弟曾接到非亚人文科学在日召开之会议邀请书，但因事冗，不克前来参加，今后甚愿到贵国一行，倘能如愿定趋前问候，并聆教诲。先生今年倘能到沪，望先给一便笺通知，以准备迎接。

匆此敬颂

时绥

王元化手上
一九八二年六月二十三日晚

又，请向户田浩晓、伊藤正文、兴膳宏、相浦杲诸位教授致候。

§325

致蒋天佐（1983）（《清园书简》第569—571页）

天佐同志

惠我六纸长函，一口气读完。对于你关心我们社会主义文学事业的耿耿忠诚之心，我感到钦佩。你的身体这样衰弱，仍在不断思考，不断奋笔疾书，对于我也是一个鞭策。我们如今已步入晚年，工作之日不多了，渴望把自己余生贡献出来，哪怕像萤火一样，发出一点微弱的光来，也是应该的。这种心情，大概是许多老同志共有的。让我们凭党性、原则、良心发出点声音来吧。七号文件谅已看到。我觉得你给党写的信，是一个党员关心党的事业，不可推卸的职责。我赞成你这样做。你的意见是中肯的，爱护党的。我在自己力之所及的范围内，也做了一些呼吁。我希望这三四年来文艺界取得的成绩可以巩固下来，并且大步地前进。我现在大百科，与文艺界接触不多，但据所知情况并不令人放心。但愿早日稳定下来，各种混乱思想得以澄清。

  我最近身体不好，春节后几乎天天去医院，现除萎缩性胃炎外，又查出十二指肠有毛病。春节前在家门口昏倒一次，故又需做脑电图之类，大概还要查十天左右，才可最后确诊，看看是否需动手术。

  我很感谢你对我的勉励，你指出拙文不是之处，确是我的缺点，那篇谈真实性倾向性的拙文原想写一封信给京中友人，提提自己观点，信未写完，他来沪，谈及此事，嘱我以文代信，就匆匆忙忙赶出来了。后被《上海文学》知道拿去发表出来。人称，会做文章的小题大做，不会做文章的大题小做。我恰恰犯了文家之忌。拙文只是把许多见解勾勒了一下，未说深说透，我自己也感到了。今年《文艺报》第一期有我一篇谈形式探索的拙文，第二期有在《天云山传奇》影片座谈发言的记录。不知见到否？这些东西也是挤出时间匆匆赶写的。其中未说清说透处一定也很多。你倘能经常对拙文提出直率批评，对我是极有帮助的。请你批评指正。寄奉拙著一本，这是"文革"前旧作。那时只能写些这类东西，望不吝赐教。

  请恕我不能在信中畅谈，这两天身体不好，以后再谈。最好将来有机会见面作促膝长谈。张可在恢复中，谢谢你对她的关心。她至今尚不能看书写字。

请你多多保重！

祝好

王元化

一九八三年二月十二日

§326

致张光年（1983）（《清园书简》第 420—421 页）

光年同志：

在津匆匆一别，去京后忙于定稿，未能趋前拜访，甚憾。临行前拟电话辞行，未接通。

在津所嘱之事，回沪后即询《上海文学》编辑部，是否有人组织或自写稿件批《文艺报》，去投《安徽文学》（或其他刊物）。我并将意见代达，我还表示我同意你顾全大局不可意气用事的忠告。据编辑部同志反映并无此事，他们感到诧异，不懂何以有此传闻。我说也许你们几位不了解，比如，是否有人会这样做。他们说对别人情况不了解。我请他们去了解一下看。

关于在津所传我的工作问题，我回来后向中央工作组与市委表态，觉得还是多搞点研究工作为好，希望组织上考虑不要用我之短（虽然我并无所长，但搞点研究，比较说来，还不是最短的短处）。故此事大约不致落在我头上。自然我也向组织提出建议、办法，并推荐人选。宣传部班子迟迟难产，至今未敲定。但无论如何不会拖延过久。

你的《文心今译》五篇，徐中玉同志本拟编入一本今译集内。后我向古籍一位同志提起，他们向徐取来拟先发表在《中华文史论丛》上，不知尊意如何？你原嘱我于稿末赘数言，说明此稿写作时期等情况，不知仍需要否？亦盼示知。

周扬同志报告昨日全文发表，不知读后有什么意见？北京反应如何（文艺界）？（乔木同志意见已悉。）希望这篇文章能活跃一些理论界空气。但我又有些担心，这次未将工作搞得好些，我不希望对周扬同志发生消极作用。

龙学会学刊拟请你题词，谅已得信。

匆匆不尽——。

敬礼

元化手上

一九八三年三月十八日

§ 327

致蒋天佐（1983）（《清园书简》第576—577页）

天佐同志

得信后，拖了很久，一直未复。原因是我于上月初患病，住进了医院。出院后，诸事待理。加以体力始终未完全恢复，因此老朋友处欠了不少信债，现正一一去写几个字打招呼，以表歉意。

两个月来，文艺情况变化颇大。我接触不多，但也许可能比你听到的多一点。你那篇评刘文，现在看来更难发出了。你所批评的那一套论调现正占上风。我们是从青少年时代在党的哺育下长大成人的，从未动摇过的，自信对文艺的一点理解和看法，完全是为了社会主义文学繁荣昌盛。但看来，今天是不大容易把自己的意见说出来而不遭到嗜"左"成癖者加以歪曲或攻击。因此我目前没写什么文字，同时身体不好，又需休息，暂时休养一下精神。适夷、老姜都和我谈到你。老楼说你身体不好，但仍关心文艺，看书写作十分勤奋，很钦佩云云。

匆匆祝好

化

一九八三年四月十五日

§328

致兴膳宏（1983）（《清园书简》第72—73页）

兴膳宏先生

先生自巴黎回国后三月初惠我大札已拜诵。大作两篇在敝国发表后，引起国内学者瞩目，并表钦佩。深感先生功底深厚，治学严谨。今后两国文化交流，特别是在互译古代文论研究成果方面，当以此为嚆矢。

弟之旧作（一写于一九四五，一写于一九五〇）已译成日文在贵国（大阪）研究罗曼·罗兰专刊上发表。此刊恐发行不广，不知先生见到否？倘有便一阅，尚乞指正。

敝国中国社会科学院与贵国学术振兴会协定，拟派一以研究《文心雕龙》为主代表团访问贵国。由弟担任团长，另偕两位教授及一名翻译同行。届时当拜会先生、冈村繁、户田浩晓诸位研究文心之专家教授。我们想首先到京都大学，请先生作为接待敝团的主人（自然一切当通过贵国学术振兴会）。顷闻先生九月有一国际会议，而我们拟于九月访日，不知先生何时得暇？请先生定一时间（无论在九月上、中、下旬或十月上旬均可），以便我们早日决定访日时间。此事谅能得到先生俯允，并盼及早赐复，以便双方议定访日时间。诸多费神，感激无量。

弟近有一拙作（近六年来所引各文之汇编）出版，当寄奉一册，请先生教正。

敝国文心雕龙学会已定于八月中在山东青岛（避暑胜地）召开。关于邀请国外学者正在洽商中，一旦得到批准，当发柬邀请尊驾莅临指教。

匆匆不尽——。即颂

时绥

王元化手上

一九八三年五月二十三日

§ 329

致姜椿芳（1984）（《清园书简》第 512—515 页）

椿芳兄长

大札收到。最近忙于筹备国庆，加上个人对照检查不可再拖，故较忙乱。

常平同志谅已返京，已将分社情况奉闻。他临行前邀新老班子会餐，我亦被邀请，算回娘家。社成立大会举行，本拟前来北京祝贺，但实在走不开，只能书面向各位致贺了。

来信嘱办之事，已交部内分管此事的部长，看样子一时不易解决。励康同志给我写的材料亦早已交去。当尽量催办。

望阳同志逝世，治丧委员会名单上未征及意见即将兄名列上，我想你会愿意这样做的。附上我在会上所作悼词一件（见附录），留为亡友的纪念。

下月兄来沪，当可面叙。不一一。问候大嫂和全家。

祝好

弟 化上

一九八四年九月二十日

[附]

悼 词

我们怀着沉痛的心情向亲爱的战友钟望阳同志的遗体告别。

钟望阳同志是在一九八四年八月二十四日下午一时三十二分逝世的。终年七十五岁。

钟望阳同志在青年时就参加了革命活动，一九三二年在上海参加了左联，一九三七年十一月加入了中国共产党。入党后，党分派他从事地下文化工作，一方面在《每日译报》担任编辑，一方面从事文学活动。他是一位著名的儿童文学家，他的优秀长篇童话《小癞痢》《新木偶奇遇记》是儿童们所喜爱的作品，曾在上海苏联电台作为连续广播的儿童节目。在这些童话中，钟望阳同志用自己的火热的心表达了对祖国的爱、对儿童的爱。这种真挚的情谊使他的作品在孩子们心中播下了抗日救国的火种。当时上海是座孤岛，政治环境险恶，经济条件艰苦。作为一名革命者不仅要不畏强暴，不怕牺牲，而且还要在日常的琐碎生活中经得起迎面袭来的种种折磨，受得住压在身上的重重苦难，才能向敌人进行坚忍不拔的韧性战斗。当时钟望阳同志工作繁重，生活清贫，他上有年老的父母，下有幼小的子女，三代人偏处一间斗室之内。他借教小学的微薄收入来养活一家人。为了谋求糊口之资，他几乎精疲力竭，但他不顾疲劳，始终坚持完成党交给他的工作。同志们都知道他生活困难，但从未听到他叫过一声苦。相反，他总是保持整洁的仪表，他的脸上总是露出他所特有的温良的微笑。

钟望阳同志在沦陷期被党派往解放区，直到解放战争结束，才重返上海，先后担任了上海市公安局党委副书记，上海市文化局副局长，上海音乐学院党委书记、副院长。"四人帮"粉碎后，担任了上海文联党组书记，以迄于今。

钟望阳同志无论在受到所谓"潘杨事件"株连时，或在十年浩劫中受到林彪、江青反革命集团迫害时，都表现了一个共产党人的优秀品质。他心地坦荡，正气凛然，始终怀着对党对人民的耿耿忠诚。他不是那种患得患失，见风转篷，左右摇摆的人。他的身体瘦弱，态度谦和，熟识他的人都知道，他从来没有和人争吵过，甚至从来没有粗声粗气说过一句话，总是那么心平气和，文质彬彬。但是，熟识他的人也全都知道，就在这个体态瘦弱的躯体内，却藏着一颗坚强不屈、是非分明、疾恶如仇的心。在重大问题上他绝不苟且，他总是坚定不移地按照党性原则和良知的指引办事。

钟望阳同志作为一名党员走完了他的革命途程。他的一生是平凡的，但是在这种平凡中却显示了一个革命战士的优秀品质。这种优秀品质值得我们尊重，值得我们学习。让他永远活在我们记忆中，成为鞭策我们前进的力量。

一九八四年九月四日

§ 330

致李锐（1985?）（《清园书简》第150—151页）

锐兄

早想写信给你，半月前腰疾复发，卧床多日，书写不便。今虽未痊，但已可活动，即奉此函。

上海情况堪忧，市宣迄无部长……下属各局则更有甚焉。如文化局争相率团出国，一可游山玩水，二可收入外汇（与其他非职业演出团出国不同）。又如电影局利用滥发内部电影片及资料片票子，建立关系户，厂长等可十分巧妙地为自己解决住房，所得住房即市委常委亦不可得。此外大多都不顾组织原则，不经一定组织程序，而拉帮结派，通过"小兄弟"解决一切。风气之敝，十余年来，无有今日之甚者。腐败情况，令人忧虑。主政者全陷被动，已无暇顾及思想战线。掌文教者，应付而已。工作能不管则不管，能推给下级则推给下级。在这种情况下，我觉得去谈话已毫无作用。报纸倘要报导弊端，据说须等问题解决后再可报导（倘永不解决则永不能报道矣)。

弟自少年时代入党,已逾半世纪,今为大局忧,为前途忧,如此悲观论调,恐令爱护我者感到遗憾也。

上次来信嘱我将去岁尾之拙文寄上,现遵嘱附奉。此文此信希转黎澍兄一阅,并望教正。

问候张大姐。

匆匆

祝好

王元化

(?年)二月十日

§331

致孙颙(1986)(《清园书简》第89页)

孙颙同志:

得来信未能及时作复,请原谅。

三十四年前上海文艺出版社的前身新文艺出版社经华东局宣传部批准成立。社长是刘雪苇同志,我是总编辑兼副社长。由于刘同时又任华东文化局(原华东文化部)局长,所以出版社的日常工作由我负责。那时我的年纪为三十一岁,可能比您现在还小一些。在新文艺只干了两年多,"五四"年底,我就调到文委去了。我对出版社的业务所知有限,而且又是建国初期出版工作草创时的经验,因此谈不出可供采纳的意见。我想,说说当时出版工作的一些基本情况以及亟待改革的方面,或许尚可聊备参考。

五三年,第一个五年计划开始,出版单位除制定选题计划,也进行了组织调整,那时正是按照"一边倒"的精神来办事的。这就是完全照搬苏联的做法。出版单位被限定在短期内实现编辑、印刷、发行三个环节分开来的建制。这种办法在三十多年中虽然一再证明是有弊端的，可是沿用未改。至今我们仍经常听到这三个环节互相埋怨和诉苦。编辑部门抱怨说，他们知道书的质量，可是不能决定印数。发行部门抱怨说，他们知道什么书好销什么书不好销，可是不能决定定价。至于在出书周期的长短问题上，在付印稿的定、清、齐问题上，出版社和印刷厂的矛盾更是层出不穷。读者说买书难，书店说卖书难。书作为一般商品上市销售，纵使是长线读物，倘在规定的短期内不能售罄，就要以积压论处，新书难买到，旧书更难买到。诸如此类的问题纷至沓来，积重难返，充分说明出版机构管理体制的改革已成为今天议事日程上极为紧迫的问题了。

您在今天主持一个出版社的工作，较之我当年碰到的问题复杂得多，也困难得多。您要把一个出版社的工作做好，不能置身于整个出版界之外，因为大局管小局。许多事就局部来说是难以措手的。但是，这也并不是说，作为一家出版社的负责人就完全无能为力了。事实上，做好做坏仍会得到截然相反的后果。我并不一概呵责娱乐性的读物，但必须是健康的娱乐性，这一点很重要。鲁迅曾经批评有人主张吃西瓜时应想到山河破碎，这种把一切硬联系到政治上的办法自然是幼稚可笑的。但是鲁迅认为一个战士在暑天吃了西瓜，精神一爽，也就可以更加奋勇地去杀敌。我认为健康的娱乐性的读物就具有类似的功效。两年前，我在上影三十周年纪念会上就根据这种看法提出我的见解，我说，健康的娱乐性的片子是需要的，可以使人在紧张工作后得到松弛，然后再精神饱满地投入到新的工作中去。但这类片子也不应泛滥成风，我们应该把更多的力量放到拍摄提高人的文化素质的片子上去。我引用了歌德的一段话说："引起公众所愿意的感情，而不是使他们感到应有的感情，这是一种对公众的虚伪的服从。……广大的观众应该受到尊敬，不能像小贩从孩子那里骗取钱财一样去对付他们。"不料一位负责电影工作的同志回到北京后说，上海的宣传部是反对娱乐片子的。这种指摘并没有使我改变原来的看法。我认为在出书问题上也是同样。精神产品当以提高人们的文化素质为首要任务。当然，出版社也不能不顾及经济效益，要出版一些销售广的大众化读物。但是，纵使是娱乐性的读物也需要对读者有益（在不同程度上），起着积极的作用。我知道这样做很难，但并不是不可能做到，这就要求出版社的同志们动脑筋，发挥创造性的才能。

匆匆已尽四纸，不知您对我的这些意见存什么看法？请指正。

不尽一一。

祝好

王元化
一九八六年二月二十七日

§ 332

致屠善澄、桂湘云（1986）（《清园书简》第552—553页）

善澄兄

湘云妹

手书奉悉。谢谢你们的关怀。读了湘云妹回忆母亲生前往事的文字，真是不胜感慨系之。我在母亲的哺育和爱护下，从小到大，达六十五年之久。除了最后一年母亲由于病痛和衰老，不再像平时那样和我谈心外，她一直是我的知音。"四人帮"粉碎后，我的平反，也得到母亲的帮助，她曾主动为我向周扬写信，此事直到她去世后我才知道。她不仅给我母爱，也给我极大的帮助和教导，所以她同时也是我的挚友。这种母子关系，在人间是极难碰到的。如今一旦诀别，真使人万分悲伤。湘云妹对她的怀念，我是完全可以理解的。

舅母暑假来京和你们团聚，不知逗留多久，可能七八月间我有机会来京，届时当趋前拜谒。见到玉成、声镛请代致意。匆此

祝好

元化、张可同上
一九八六年六月二十三日

§333

致何满子（1987）（《清园书简》第95页）

满子兄

　　十日信收到。卓兄事原来如此，真是令人浩叹。最近我不参加活动，也少写信。倘去信时，请代问候。值得担心的倒是他的健康状态，希望他珍摄，要查清是什么病。（抗战前我也患过眼底出血，病名为静脉周围炎。六十年代初，又复发，至今玻璃体浑浊。但一般眼底出血与我所患不同，往往由高血压之类血管病引起。）对于乘机倒算，不要动肝火。我们都是年近古稀的人，"七十老翁何所求？"所悲者，乃祖国之前途及少年时即已形成的信仰与理想耳。每念及此，辄悲从中来，索然而无生趣。但愿马克思早日召唤，了却此苦难的历程。现在我才了解少年时读契诃夫说的一些一时难以索解的警句（如："一个到了什么都不怕"，"瞎了眼也不怕"之类的悲观论调）。

　　耿兄返沪望来舍小叙，备晚餐小酌。

　　祝好

王元化
一九八七年四月十一日

§334

致林焕平（1987）（《清园书简》第396页）

焕平同志

　　七月二十二日手书奉悉。

两年多未见，时在念中。自今年二月由港转深圳转广州返沪后，不久即患病，至今始愈。

您的党龄工龄问题，拖延未解决，令人感喟。此间也有不少老同志为此事不得合理解决而苦恼。我曾为几位友人的事找人谈、写材料，向中央反映，仍未见效。大概主要关键有二：一是凡属地下团体，需列在中组部所颁发名单内，许多明明是这样团体，仅由于名单未列，而不算（左联是列入的）。另一是党龄工龄连续性问题。我不知广西对您的问题合理解决阻碍何在。前两年我曾向您说过，可代向李锐同志反映，那时他是中组部顾问。如今他已入顾委，大概顾问不当了，但我仍将尊函寄去（附件就不附去了）。

祝好

王元化

一九八七年七月二十七日

§ 335

致蒋述卓（1988）（《清园书简》第 578—579 页）

述卓兄

十五日来信读后有些怅然。主要觉得你的心情似乎不太好，有些不放心。对于暨大情况你过去似乎有些理解，且有贾益民在那里。大概这次去工作，情况有些两样。希望过一个时期，逐渐熟悉起来，也许会好些。目前各单位情况大概都差不多。希望你要妥善处理目前这种使人生厌的人际关系，冷静对待，尽量不使它干扰自己的情绪。你有一定行政能力，我相信你会处理好的。今后主要精力用在教读写方面，有了一定成绩，就可建立威信。而且我们的得失，不在世俗方面，而在学术成就方面。希望你一开始就这么干，使人也对你形成这种印象。将来我们见面时，我可抽出点时间听听你谈谈自己的处境、情况。我可向饶校长等进言，即向她谈谈我的意见。

你回去后，一家团聚，应感到高兴。请代我向你夫人致意，说我对中国女性的自我牺牲精神感到敬佩。三年来，她为你深造，一人担起家庭重担，连我也十分感动。请向她和孩子们问好。林老处也请问候。

这学期你筹备《文心》会议，我虽觉很好，但也知干这种事吃力不讨好。但我对你的为人是了解的，知道你不会计较。我任导师以来，觉得庆幸的是碰见你们几个青年。老实说，目前一些青年，我不大了解。但你们使我觉得可亲可信，这也是我的幸运。我已近古稀，一无所求，但愿中国多一些有志气有学问有人格的好青年，望勉之。

我和张可在酷暑中均粗安勿念。不一一。

祝好

化

一九八八年七月二十三日

§ 336

致林焕平（1988）（《清园书简》第 397—399 页）

焕平同志

七月二十一手书拜悉。惠我四纸长函，捧读再三，至感欣慰。惟信中未提贵体如何，殊以为念也。

述卓同志作风踏实，为人厚道，在今天中青年中颇为罕见。三年中，朝夕与共，彼此有较深理解。我希望他今后仍以治学为重。临别前，他向我索取赠言，并送来宣纸。拟候天气稍凉，为他书一条幅。内容集熊十力语：

> 沉潜往复，从容含玩。
> 谨存阙疑，触处求解。

勉其无忘治学也。

您被载入澳、英二种名人录，谨此祝贺。大概是由于您的推荐，我也收到同样两份来件，嘱填表格。因忙于琐务，未及填写，后又一再得函催索，英传记中心甚至三次来函，不知是否又有别人推荐？顷已填好寄去。

信中所说当前理论界情况，颇有同感。您长我许多。如此努力写作，是对我之鞭策也。我近来也写数文。第三季度拟将近年论文，汇编一集交出版社，这将是我的第五本论文集。又，湖南拟出一套社会主义初级阶段丛书，向我索稿，我拟将数年来在工作岗位上所写的实质性文章交去，题名拟取：《文化发展十论》[①]。

半月前上海大热，为数十年罕见。大伏后，由晴转阴，气温反而下降不少，使我在酷暑中舒了一口气。桂林如何？万望珍摄。

匆匆不尽一一。即致

敬礼

王元化
一九八八年八月七日

---

① （原注）出书时改为《文化发展八议》。

§337

致龚育之（1989）① （《清园书简》第 557—560 页）

育之同志

　　二月寄至上海市宣的信（并附复制件）今天始收到。现在通信传递不大正常，往往会拖很久。

　　谢谢你对拙文提的意见。《人民日报》所发拙文，原载拙著《文化发展八议》（《社会主义初级阶段》丛书之一）。此书是我根据在市宣工作岗位上所作的讲话之类整理而成，时间在一九八三年。我原无意出书，是在编者鼓励督促下汇编成集的，于去岁尾出版。《人民日报》编者摘出其中一节发表，事前我既不知情，事后也未得通知。我又未订《人民日报》，发表之后，过了很久，还是友人剪下给我的。你作了极为详赡的剖析，抄引不少资料，促我进一步思考，十分感谢。我要说的是，我并未把哲学与政治混为一谈，列宁说的党派性自然是指哲学上的党派性，而非布尔什维克与孟什维克那种党派性。他是从哲学自身出发，基本是指唯物唯心之间有党派性。我则认为马恩未这样提。列宁这样提是把政治上的党派性套用在哲学上了。（我在前几年曾撰文专论这一问题，收入即将出版的《传统

---

① （原注）这封一九八九年四月十二日写给龚育之的信是由我的一篇文章引起的。八十年代中期我在屯溪举行的中国文心雕龙学会的年会上作了一次演讲。演讲的内容涉及解放以来学术界在探讨文化问题时首先必须在唯物唯心问题上画线。其中涉及这种观点源于列宁的《唯物主义与经验批判主义》。当时安徽的一位记者将我的讲话发表在安徽的一家刊物上了。不久，上海《文汇报》作了转载。没有多时，《人民日报》也作了转载。（原文后收入《思辨随笔》，篇名为《哲学史上一种提法》。）此文经《人民日报》转载后，我收到龚育之寄我的信并附有他写的一篇商榷文章。他不同意我的观点，希望我将回答他的文章交他，由他转《人民日报》发表。当时我未写答辩文章。一九八九年龚将自己的文章收入集中，将集子寄赠给我。当时我写了这封回信。

与反传统》一书中，出版后当寄奉请正）。这是列宁早期的哲学观点，后来他在《哲学笔记》中等于在事实上订正了这一看法。如说"聪明的唯心主义比愚蠢的唯物主义是更接近聪明的唯物主义的"，就意味着放弃了哲学上唯物与唯心两条路线斗争说（即党派性）。你抄录列宁给高尔基的信也有同样意思，不知此信写于何时？看来和《哲学笔记》中的意见是一致的。我认为列宁本人的哲学理论也在发展，而并非原地不动。他未见到恩格斯的《自然辩证法》。写《唯批》时，列宁自称对哲学外行，他只是从政治意义上来对波格达诺夫等人观点提意见的。《唯物主义与经验批判主义》一书，战前早译出，那时的编者序言中曾引用了这类资料。我现在来不及查阅，但我记得大致是不差的。列宁到晚年喜读黑格尔，曾号召组织黑格尔之友的研究会之类。所以《读小逻辑笔记》中的不少意见均与《唯批》不同了。恕我直言，我认为《唯批》中有不少机械观点。过去苏联（后我们又照抄苏联）在高级党校中是以此书作为重要教材。其实马克思的《政治经济学批判序言、导言》，不仅比列宁的《唯物主义与经验批判主义》更值得作为高级党校的重要教材，甚至也比恩格斯的《费尔巴哈与德国古典哲学终结》也精辟得多。不过无论在苏联或在中国，对马克思的《政治经济学批判序言、导言》都并不重视。我这样推重马克思的这篇著作，主要是从哲学意义这一方面来说的。所谓哲学意义，自然是指其中所阐释的与哲学有关的原理，似也包括作者是运用怎样的哲学观点和方法来解决政治经济领域的具体问题。这方面从表面是看不出来的，而是需要读者自己去探讨、发现和研究。以上所述，质之高明，不知以为如何？

匆匆不一一。

祝好

王元化

一九八九年四月十二日

[附]

龚育之来函

元化同志

　　检出你四月给我的信,转寄还,因为你前信提到准备把它收入你的文集。

　　近日好吧!

　　敬礼!

龚育之
八月廿二日

§338

致吴琦幸（1989）（《清园书简》第116—117页）

琦幸兄

　　多次来信均已收到。建华离沪前来舍,我写了一便笺托她转你,谅已达览。虽未写信,但时时在念中。算算日期,你赴美已将近半年,而世事沧桑,变化极大。自你和晓光走后,顿觉冷清得多。现晓明每周末来舍便餐。我们也常谈到你们的情况。我一直说你的运气比晓光好,现在看来,由于日美两国文化背景与我国差距有大小,两国国情又不同,以及我在日美学界结识的学者有亲有疏之分,以致晓光在日本不似你在美孤独无助,有洋插队之苦。但也好,这可使你多些锻炼(消极因素中的一点积极因素)。看样子,晓明出国(联合培养恐即将改变)之望甚微。你和晓光都十分认真积极为他办,他很感激,我也感激,无奈力不从心,无法强求,只有放在心里,留心机会而已。你不要为此着急。困难我们懂得。

　　你的情况我是关切的。一、骨折复元否?在美生活紧张,经济拮据,但节俭中望注意应有营养与休息,望保重。二、学习方面,攻下英语关。在美专业高低还在其次，英语（倘有第二第三外语更佳）好坏决定一切。这你在出国前，我曾一再强调，现在你当有切身感受。请把精力放在攻英语上。三、建华和孩子（她叫什么）来团聚，见面否？念念。

现简单说说我的近况，可以粗安二字括之。我们二老已近古稀，只希望下一代在学业、工作上胜过我们，更重要的是希望比我们多些幸福，少些苦难。记得鲁迅晚年曾给一位青年写信说"人生实在痛苦"，诚哉斯言。但我衷心希望你们要比我们幸福一些。我们几人数载相从，也是一种缘分。我虚长几十岁，忝列老师之位，希望你在学术上有所成就（但不可以非学术手段求之），希望你做一个正直的具有丰富人性人情的人（我一生中——尤其在"文革"及运动中，经历太多的残暴、冷酷、兽性。因此，我希望你们一代不再有人格的侮辱，能保持自己的人的尊严）。也许是老了，絮絮叨叨，说了一些言不尽意的话。总之，我怀念你们，希望你们做好人，有好的成就和好的生活。向你祝福。

元化

一九八九年十月四日

§ 339

致邵燕祥（1991）（《清园书简》第255—256页）

燕祥同志

我二十三日由美返沪，张可则于前天由香港回到家里。家中久不住人，一切均待整理，生活很乱，我也很累。二月二十一日手书并惠我的三份剪报，都已收到。大作当即拜读。您的杂文已达四百余篇，字数约四五十万言，令人钦佩。我和您的看法一样，即知识分子主要在知识领域内工作，像鲁迅所说的他还是用它那支笔，这笔是五分钱买来的，名字叫"金不换"。

我此次去美参加中国文化的讨论是有心理准备的。大家生活环境不同，思想背景不同，因而在问题的选择、提出、解决……各方面都会有所不同。分歧最大的在对传统态度上。我去参加会议是想使美籍华裔学者多理解一点中国大陆上学者并不如他们所设想的那样古怪。我曾和我文章中的对手林毓生教授作了几次长谈，他人品不错，我们结下了不打不成交的友谊。我很想和您与若水好好谈谈我在这次会中的感受，比如什么知识分子边缘化，什么黑格尔的民间社会观念等等（黑现已成了红人，不再被视为"死狗"了）。

尔泰大约四五日后可望来沪小住，我为他做了安排。您和若水伉俪何时可望来沪？匆匆

祝好

化上

一九九一年三月五日

§340

致周贤能（1991）（《清园书简》第333页）

贤能同志

九月二日来信奉悉。另邮寄上《传统与反传统》一本，是我赠送您的。这次义卖，把书价增加，这办法我不大以为然。这种海派风气原盛行于画坛，如今波及读书界，殊出意料。我捐书参加义卖，原受上海作协所嘱，签了名，交出去，根本不知要待价而沽。您不写信来，我还一直不知要卖十元一本。您要的书，我手边没有。丛刊五、六册一直未出。《文化发展八议》已旧，不值得读。拙著可翻阅的尚有《思辨短简》《文学沉思录》《文心雕龙创作论》。这些书我只各保留一本，但头一种今年可能重印，届时您如需要，当寄奉。

匆匆不一一。

祝好

王元化

一九九一年九月八日

§ 341

致张万馥、温流（1992）（《清园书简》第 410—412 页）

中妹、流弟

一月十五函今天收到，路上走了八天，这要算快的了。前时北京有封信来，历时半月有余，较寄往国外的信件还要慢。此间是乡下，交通不便。斗门县城在井岸，只有私人经营小巴，收费贵，费时多（因要载满客人才开车，往往等候一或半小时），此外，代步的是单人驾驶的摩托车，太危险，老年尤为不宜。从珠海到这里确是不便，但我不愿通过关系去要车，所以迄今只去过珠海特区一次，小车往返，也要四个多小时。现当地政府正在由井岸建高速公路通往珠海，中间需经一大桥（此桥尚未修好，修好后据说比南浦大桥还要大，耗资二亿多，可望明年底通车）。桥修成了，去珠海只需半小时就可到达。所以现在我们在此，等于隐居僻壤，远离市嚣。这生活我却喜欢，似在国内尚无其他同样的地方。白藤湖原是个小渔村，现正在开发为游览区，按照城建计划，马路甚为宽阔。新建的房屋均系两层，无摩天大厦（我不喜欢住在鸽笼似的大厦中），房与房之间，铺设草地，种花木，近似我去过的比利时、荷兰的乡间，清洁工作也较好，地上常有清洁工人洒扫，人烟稀少。我们过着极有规律的生活，早晚散步二次（可有时只一次）。平时，就把精力用在读写上了。我这一生，总想在研究写作上多做一些，不是出于实际的目的，而是一种乐趣。过去太多时间虚掷了，生活乱哄哄也是造成这种情况的一个原因。来此后感到能够偿我宿愿，所以是十分愉快的。但这种情况只能享受两三个月而已。回去又要变得身不由己了。我很希望有一安身之所。在此我们可与承义每年在一起共度冬天。但没有经济条件，此一想法恐成难以实现的奢望。承义的性格不是做生意的，他继承了我们王家人的脾气和性格（我和他爷爷都不是经商的材料）。他的好处是未沾上港派恶习，没有做过那些胡来的事。我总记得中妹为我们父子感情的事啜泣。现在总算不像从前那样僵了。至于小哥、阿尊的事，说来话长。我一直没有说，但你们这样担心，只好说了。小哥是个好人，但他有一缺点：爱赌。大哥生前说过这一点，我还觉大哥夸张。事实的确如此。他把时间都用在跑马上了。他刚到香港还不错，有点钱，似他无兴趣去做别的。据说，前些时有人聘他去港任职（工资不错），但他不干。阿尊也跟着一起跑马，说可赚钱。我去年去港向阿尊劝告，但不能老向建侯提（他不喜欢这样，且说也无用）。我和姐姐也常常为此担忧。

祝好

问候小勤。这孩子是下一代中最争气的！

可、化同上

一九九二年一月二十二日

§ 342

致张少康（1993）（《清园书简》416—418 页）

少康同志

大札奉悉。此次文心年会，我不能到会，感到十分遗憾。我可能于五月底或六月初来京，逗留数日，再转程去瑞典，一则休息几天，以免连续奔波，二则可见见老朋友。到京后，当与您电话联系。

学会既挂在北大，当以北京为中心。学会人事，我仍认为您出任会长为宜。过去世金兄亦曾来函，推荐您。此事我已托中玉教授带来一公开信,在信中阐明我的建议,请学会同仁酌裁。王运熙先生身体不大好,且年龄较大,张先生远在云南,年龄也较大。所以还是以您为最适当。我曾和光年同志议过,他也是这意思。所以您不必推辞,还是挑起学会担子吧。光年同志为名誉会长,我认为也是非常合适的,他可能要推辞,但大会议决,也就无法推了。杨先生和我可列为顾问(顾问不必分总顾问),名字排在前面即可。詹先生等最好尊重他们本人意向。我意也任顾问为宜。即颂

教安

王元化

一九九三年四月三日晚

[附]

王元化致文心雕龙学会同仁函

(略)

§343

致邵东方(1993)(《清园书简》第232—234页)

东方兄

从瑞典回来后,连得数信,我仅仅回复两封短简,我一直想写得长一些,谈谈会议的感想,谈谈读了你最近寄来的复制件的读后感,可是这反而成了我没有及时写回信的缘故。这两天比较干扰少了,出访的劳累也恢复得差不多了。前两天成中英来此,到我家谈了两个多钟头。我原想托他将回信带你,但太匆忙,来不及写,连想托他带给你的书也忘了。

在斯德哥尔摩,乘船游览时,恰与余英时坐在一张桌边,作了比较长时间谈话,内容多系生活,少及学术。会议结束分手时,他送了一本近作给我:《中国文化与现代变迁》。这本书被参加会

的朱维铮借去，前天才还给我。连日夜间读了几遍，发现与近期拙著多有暗合者。这使我一方面对余著多了一些了解，一方面也对自己不能及时了解海外著述内容，以致有某些暗合观点，别人已先我而言尚不知道，颇感不安。你寄来汪荣祖论胡适文中，亦有这情况。我与汪文有暗合处，因根据共同的资料，往往在互不知晓情况下，分头作出观点相同或近似的论述，是可以理解的。而我和余文有暗合处，则是另一种情况。这是关于中西文化交融汇合的理解（包括对过去中体西用说、全盘西化说、中国文化本位说、西体中用说等等之批判）。自然在这方面也有从客观资料引申出观点的问题，但和上述情况有较大区别。后者不是从资料直接推出，而取决于作者的理解和认识，问题要复杂得多了。在海外华裔学人中（以几次会议所见者为限），我与余的观点较接近，大概是他对传统有较深素养，又是比较偏重于史的观点的缘故。至于杜，是以西学为坐标的。说到这里，我不得不感谢你经常留心海外披载各文，剪下或复制惠寄。这几乎成了我了解海外学术的重要渠道，希望今后仍源源不断给我这方面的支援和帮助。余著中《中国思想传统的现代诠释》一文，涉及沈曾植一段，虽仅寥寥数语，却极为重要。沈曾植为王国维、陈寅恪极为推重的学者。先师王瑗仲曾受业于沈。但长期以来，大陆几无人研究沈之学术（不知台湾及海外如何？）。倘兄能找到海外研究沈的著述，将情况惠示，则感甚。兄能分出一些时间，从事这项工作，则我觉得比研究崔述更为重要。谈到著述，我要告诉你，在瑞典开会时，见到大陆留在日本的原复旦古籍所的李庆（已去日五六年）。我托他找那珂通世资料，他寄来了一篇日文的（由我研究生译出，将发在《学术月刊》上），读后始知那珂通世为日本"东洋学"的创始人。但文章仅介绍性质，在学术上未深谈。译文发表后当寄奉一阅。关于瑞典会议情况，近有采访者来访，我谈了一些情况，将在杂志上披载，刊出后即寄呈，这里不赘了。你的工作如何？

甚为念念。望告。《集林》还未落实,但总要办成的。陈宁先生大作望寄下。匆匆

祝好

化

一九九三年七月二十八日

§ 344

致林同奇(1994)(《清园书简》第 345—346 页)

同奇兄

二十日手书并大作复制件,昨天收到。当时匆匆翻阅一通,尚待细读(我的英文程度不好)。现再奉上拙文两篇,请指正。其中一篇后记,是为新著《清园夜读》写的,此书将于第四季度出版,届时当寄呈。

你信中说的西方对大陆学术界评论(只有造反之声,而无学术思想),是极大偏见,殊不知大陆学人(这两字是在严格意义上说的),反不如海外学者那样嗜爱议政,而在治学上则是带有客观主义色彩的(纵使某些人在文章中也时而点缀一些与当前政治结合的术语,但这是环境使然,用此法者只是虚应故事,其致力所在,并不在此。但海外论者率难见此义,或以简单化态度视之)。兄在美不趋赴时流(大陆上一些人尚难免),力驳诸种谬见,澄清是非,还原大陆十年来学术成果之真面目,虽处于孤军奋战,亦所不辞,此等精神,此等胸襟,就弟所知,实属罕见,令人可敬可服。兄之工作是极有意义的。

来信所示,尤其是指出当代中国知识分子心灵中的三种文化力量的激荡,即:马克思主义——西方自由主义——中国传统文化的所谓"三角张力",诚为一针见血之论。不知此说别人是否言及?至少我,尚是第一次听到。兄在海外多年竟能把握大陆学人隐秘心声,

这不能不令我折服。你对刘晓波的批评，其实也是对以他为代表，某些内心骚动不安的狂热青年的批评，这一工作也很有意义。我认为王朔也可归入这一范围，尽管他们之间看法有差距，甚至很大。刘晓波我认识，为人不错，他的博士论文答辩是我主持的，为此我被报刊批评过，我以沉默应之。令我惶惑的是一位友人那时也写文章，将我与刘晓波同列，指为具有"破坏情绪"（见一九八九年六月七日《文艺报》）。对此我也同样以沉默应之。匆匆

握手

弟化上

一九九四年六月四日

§345

致邵东方（1994）（《清园书简》第241—244页）

东方兄

寄上《学术集林》简报（供报刊发消息用）和我的几篇文章，请正。如果新加坡报刊上可采用其中一二篇最好。我们在新加坡尚无朋友可以代做这方面的事。兄如不太忙，且有关系，有兴趣，是否可就简报改写一则消息交新加坡报刊（较有影响的）发表，以推广《学术集林》的影响。

你在《中国文化》上刊出的大作，我的研究生读后，认为功力甚深，极表赞佩。不知目前有何写作计划？也希望兄为《集林》撰稿。

十一月杭州之会，为期不远，把晤在即，届时可畅谈。

匆匆

祝好

王元化

一九九四年九月二日

[附]

《学术集林》简报

由王元化主编的《学术集林》文丛第一、二卷，年内将由上海远东出版社出版。

文丛以传统文化研究为主要内容，搜名宿之逸文，扬旧学之幽赜，除发表当代学者的研究论文、回忆资料外，每卷还辟专门篇幅，刊布近现代已故著名学者的遗稿。筹创以来，得到了海内外学人的多方支持。即将在文丛中陆续刊发的，有章念驰提供的章太炎遗嘱、钱仲联提供的沈曾植未刊遗文、章培恒提供的陈寅恪读《弘明集》札记、潘重规提供的黄侃遗文、王钟瀚提供的邓之诚《五石斋日记》选钞、黄永年笔录的吕思勉《古文观止》讲评、雪克整理的陈汉章《周礼孙疏校补》，以及梁启超遗札《致王国维》、马一浮遗札（致熊十力、梁漱溟、钱穆）、顾颉刚遗札（致傅斯年、王伯祥）、根据英文翻译的辜鸿铭《中国札记》等。这些近现代学术大师遗留的珍贵资料，具有很高的文献价值与学术价值。如章氏立于逝世前一年的遗嘱，大到立身处世原则，小到遗产分配问题，均有涉及，是研究章氏的重要材料，治近代史者虽有所闻，但皆不得其详，一些论著根据传闻有所述及，也都不尽准确，在时隔近六十年后首次刊布，并由章氏后人章念驰作了详尽的诠释说明。又如曾与章氏同学的前北大教授陈汉章，学贯四部，著作等身，张舜徽《清人文集别录》称："要之汉章治学，根柢经史，记诵淹博，年登耄耋，晚益宏通。闻其未刊之稿，至为繁富，均存浙江图书馆，未知何日能付刊行世耳。"《周礼孙疏校补》即陈氏晚年遗稿之一，全稿六万余言。对公认为《周礼》经典读本的孙诒让《周礼正义》逐条校补，匡其谬失，补其未备，足供治孙书的参考。再如被王国维推崇为"其视经史为独立之学，而益探其奥窔，拓其区宇，不让乾嘉诸先生；至于综览百家，旁及两氏，一以治经、史之法治之，则又为自来学者所未及"的杰出学者沈曾植，其遗文从《释易卦反覆相配》到《论读明史》，所涉广博，所见精深，多有为他人所不能道者。当代学者的研究论文，则有余英时的《论文化超越》、徐梵澄的《精神哲学》、高明的《略谈古代陶器符号、陶器图像和陶器文字》、李学勤的《商代通向东南亚的道路》、饶宗颐的《江西新淦商代遗物有关地理考证》、沈文倬的《试论宗周王官之学》、裘锡圭的《说"格物"——以先秦认识论的发展过程为背景》、庞朴的《原象》、周振鹤的《汉郡新考》、朱季海的《王仲任尚书说》、兴膳宏的《〈文镜秘府论〉〈文笔眼心钞〉解说》、朱维铮的《〈訄书〉发微》等。还将发表姜亮夫《忆清华国学研究院》等前辈学者的学术回忆录。文丛还设书评专栏，特约权威学者审评推荐高水准的学术新著，即将刊出的有张政烺的《评〈金文编订补〉》、周一良的《评〈入唐求法巡礼行记校注〉》、胡道静的《评〈中国农学史〉》等。

在文丛出版的同时，上海远东出版社还将出版《学术集林》丛书，首批包括熊十力《存斋随笔》、徐梵澄《陆王学述》、余英时《钱穆与中国文化》及《殷海光林毓生通信集》四种，亦均可在年内见书。

文丛今后计划每年出版四卷。

（傅杰）

§346

致魏承思（1994）（《清园书简》第642—643页）

承思兄

来信奉悉。

近日因忙乱，迟至今天始复，希能见谅。你寄来的《亚洲周刊》已收到。这一期还见到你的照片和对你的简介，好像你已由撰稿人变成了编辑。你们要办一个理论刊物很好，希望有自己特点，不要重复《二十一世纪》的模式，更不要像一般港刊只讲轰动效应。最好多做些踏踏实实的工作，不知以为如何。《学术集林》已出，拙著《思辨随笔》亦问世，当另邮寄奉。胡晓明已来港，他说要和你联系的。你要访问刘述先等，可由他绍介，你见到刘后，可说明我介绍你去拜望他的。不记得我的一本《清园夜读》送过你没有？如没有，盼告，当寄奉。此书如能在港出版，我可将内容调整，删去一些，再加进后来的一些新作，作为一本新书在港印行。你如有关系，不妨代为了解一下情况。匆匆

祝好

王元化
一九九四年十一月七日晚

§347

致刘马秋雯（1995）（《清园书简》第51页）

刘马秋雯夫人

夏威夷大学图书馆惠赐三书，均已拜领，乞代致谢。

现请东方先生转托友人带上新出拙著一种，请指正。

护封"临风挥翰"四字乃复制家藏闲章（冰铁刻，清末民初篆刻家有三铁之称：苦铁吴昌硕，瘦铁钱叔崖，冰铁王大炘），其意取自郑板桥题画竹石诗：

咬定青山不放松，

立根原在破岩中。

千磨万击还坚劲,

任尔东西南北风。

> 王元化
> 乙亥夏日于沪上清园

§348

致陈平原(1996)(《清园书简》第285—286页)

平原同志

四月十日手书奉悉。

已请文忠兄将拙文(《清园近思录》)打印,估计不日即可寄出。《学人》收到后,请示知,以免悬挂。(我现住友人处,友人电话〈略〉。本月二十二日将去南京。月底返沪,住回家中。)我希望能读此稿校样。又《近年反思答问》黄先生编入《文化保守主义》,本来我对拙文被人编辑是没有意见的,但不知编者是否把拙文作为"保守主义"?我不赞成激进主义,并不等于就是保守主义。如此集所收之文并不都作为保守主义代表,我是没有意见的。黄先生尚未来联系。上述意见不知可否代为转告,甚感甚感。

祝好

> 王元化
> 一九九六年四月十五日

§ 349

致陈礼荣（1998）(《清园书简》第 287—288 页)

礼荣同志

二月二十日手书奉悉。承告美鹏学校①事，并附来校舍模型图及新沙路小学 110 周年校庆纪念手册，感激无量。此事从未听先人说过，倘非您将本末见告，恐永不得知。今日将来信带给九三年伴我同来江陵的三姐桂碧清，又以长途电话告知在京的表妹桂湘云（去年亦到过江陵），她们听到后都很高兴。您要美鹏公的资料，我们当设法在家中查找（相片似有一二张），找到后当寄来。今日荆州计委熊自强同志来访，我请他带上近著三册［《清园近思录》《读黑格尔》（影印本）、《太平天国革命亲历记》，另有两本（《思辨随笔》《清园近思录》）赠送给您］。熊明日返荆州，倘得信尚未收到书，不妨拨一电话去询问。

不尽一一。即颂

编安

王元化

一九九八年二月二十八日

---

① （原注）美鹏学校是我外祖父桂美鹏，于清光绪年间，在家乡荆州所创办的分班授课的学堂。

§350

致龚兴瀚（1998）①（《清园书简》第556页）

心瀚同志

兹有一事奉恳。武汉市艺术研究所蒋锡武同志主编了一份内刊《艺坛》，内容是专门披载有关京剧研究的，时间已有数年之久。这份刊物是很有分量的。我认为在国内戏曲刊物中，堪称首屈一指。目前组织上决定停止内刊发行，这就使这份很好的刊物，将中止办下去了。许多京剧界有影响的老同志都认为可惜。为此，蒋锡武同志想申请刊号，公开发行。我为了积极支持此事，特专函给您，请予大力支持与帮助，这是对中国文化做一件好事。诸多烦渎，谢谢。

　　祝好

王元化
一九九八年五月二十八日

§351

致丁法章（2000）（《清园书简》第4页）

法章同志

听说最近《文汇读书周报》要作些调整。上次调整时我曾向仲伟同志反映了我的一点建议。当时不知您是具体抓《周报》工作的。现在我想还是向您直接谈谈为好。《周报》是一份小报，但在学术界文化界影响甚大，南北甚至海外一些友人都对《周报》评价极高，

---

① （原注）此信由蒋锡武面交龚心瀚。

期望极大。我觉得《周报》仍照过去办报方针一直办下去是会在读者中间产生好影响的,我是《周报》的读者和作者,对它十分关切。听说最近在您主持下,对《周报》将再作调整。我恳切希望您为我国文化事业和广大读者设想,使《周报》能保持过去在褚钰泉同志主持下的一贯风格,这张报在全国也是不多见的,质量下降,或竟至夭折,将是十分可惜的事。恳切建议您即找褚钰泉恳谈一次,了解一些具体情况,以办好这张报纸。我作为《周报》的一名读者和投稿者将会感激您。不尽一一。专此即颂

编安

王元化

二〇〇〇年八月二十八日

如您认为必要可将此函转龚学平、金炳华、王仲伟同志一阅。

§ 352

致吴敬琏(2000)(《清园书简》第 136 页)

敬琏同志

得你打来的电话后不久,李波即来衡山宾馆见面了。我没想到他竟是一位二十八岁的青年。我们谈话很相投,谈思想谈学问,都有共同语言。像他这样成熟在一般青年中似不大多见。他读书多,也很认真。今天得他赠我的一篇论文《民主的四大渊源》,读完了。大概由于他是位律师,行文条理清晰,逻辑严密,把复杂问题,概括为极其简要的说明,读后令人可敬,虽然在行文上不免有些像法律条文。过去我曾在谈民主的文章中一再呼吁过,也曾向一些办刊的编辑友人呼吁过,希望做些有关民主理论的通俗性、系统性工作。但石沉大海,连一点反应也没有,真是感到十分寂寞和悲哀。这工作对当前太重要了。如果真正要发扬顾准生前所做的事,这就是最

要紧的。你不难想到，李波这篇文章，是我希望有人去做而长期没人响应的工作，我读了是多么高兴。我要感谢你把这位青年介绍给我。

匆匆已尽二纸。

祝好

王元化

二〇〇〇年十一月二十五日

§ 353

致施亚西（2001）（第 522—523 页）

亚西先生

八月二十三日手教奉悉。亚泉先生文集可再版，闻之欣慰。先生等商定将内容再作斟酌，必定经过慎重考量，愚见最好有增而无减，盖亚泉先生著作，只有这本文集，多一篇总比少一篇好也。至于仍用旧序，我自然没有意见，此文虽在国内遭激进者或抱既定观念者攻击，但海外学者则多表赞同。去岁赴北大"五四"之会，美国加州大学教授胡志德（洋人，原不识）特为此来见我表示赞同，后来他又将他自己所撰谈中国近现代史专文（英文）惠寄，其中亦谈到杜亚泉。另一美国教授（哈佛，华裔）见我亦云读介绍拙撰杜文序后，改变了原来的看法，认为"五四"诸大师（陈独秀、钱玄同等）对传统的态度确实过偏。这位教授是李欧梵，还在一篇文章（英文）中表示赞同云云。但在国内则相反，如某某及林贤治诸人，或在口头，或在文中，大张挞伐。某某斥我为文化保守派，在态度上有一百八十度的大转变；而林则以骂王元化为快。我自五五年以来被骂至今，已近半个世纪。各种帽子都戴过，各种棍子都挨过，故有抗药性。谨以奉闻，聊博一笑。

不一一。即颂

大安

王元化手上

二〇〇一年八月二十七日

§354

致郭齐勇（2001）（《清园书简》第533页）

齐勇先生

九月十九日手教，收到已久，近因颈椎病，头昏目眩，未及时作复，请原谅。十力先生会议前寄去的贺词，书写时匆忙，有两处脱漏，请勿装裱，容另行书写寄奉。

先生现在主持系务，谅必忙碌。前得车桂来信，告知多蒙照顾，不胜感激。蒙赐十力全集，多谢多谢。请向萐夫先生问安。不尽一一。

即颂

教安

王元化手上

二〇〇一年九月二十七日

§355

致张汝伦（2002）（《清园书简》第467页）

汝伦同志：

上次你来畅谈，甚觉高兴。

临别时你说拟将我们的谈话写篇文章，这两天我想起此事，觉得这办法很好。你的文章中对我关于黑格尔的具体（总念）普遍性和关于卢梭《社约论》的批评,我应作一回答,这是一个很好的学术讨论,对目前学风或不无裨益。(这两个问题,我是经过深思才写出来的,而不是轻易地否定。)但上次谈的不知说充分了没有?我最近在治疗,一时无法集中写出来,倘你能将我们的谈话写出就最好了。(如需要,可麻烦你再来谈,我还可再说说。)不知以为如何?

祝好

王元化

二〇〇二年一月三十一日

§ 356

致王春瑜（2002） （《清园近作集》,文汇出版社,2004年,第172—174页）

春瑜先生：

十八日来信及所附退回再寄来的信（十日）并附大作简报一纸都已收到。

我最近几个月因头昏不能低头写字,想打电话给你,但没有电话号码。想问小未,但打了多次电话,她的电话已经变了,大概她因为搬家,电话也改了,故我没有办法,只好请人代笔,口述此信给你。望收到信后,来电或来信,将你的电话号告知,以后可用电话和你联系。这是我目前唯一和朋友联系的办法。倘你知道小未的新的地址或电话,亦请示知,她的确像你所说的,不是大大咧咧就是骂骂咧咧,这是她这一代人无形之中所受到的"文革"毒害。我不知劝告多少回,要她改一改,但积习已深,看样子是很难改的了。

你对拙著日记所作的评价十分感谢。文中所述两点至今似乎未受到别人的注意,但我觉得这两点倒是中国现当代史上具有一定意义的问题。你是史学家，所以拙文中的平凡记叙一下子就抓住了。我在《九十年代反思录》中所记一九五八年北戴河会议所作的人民公社决议，附有老人家自注《张鲁传》，这是雷同五十年前刘申叔的同样观点（还有认为农民是革命的主力军，也同样是雷同于刘说）。这是我于偶然中得知，自以为是独得之秘，认为提出了一个十分要紧的问题，但迄今尚未有人注意及此。

　　你向我推荐王朝柱，我大约于八十年代后期在深圳或杭州的创作之家也见过，并作过几次谈话。但分手后，就再没有来往了。信中所提到的，他从档案揭示的若干秘闻，其中有几条我也从别人处听到过，但有些则是不知道的。那时我还似乎读过他的一两本报告文学。我现在几乎什么会都不参加，和外界比较隔绝，信息很少。以后倘能和你以电话联系，我想一定可以从你处得到一些消息。最近在杂志上读到燕祥兄的两篇大作，一载于《收获》，一载于《随笔》，颇值得一读。读吴江新作的那篇，虽并不怎么样，但文后的附笔却极有看头。《收获》中的那篇好像是回忆的系列之一，写得颇好。这种写法也是他的独创。与其他回忆文不同，有新意。你的文笔是日渐向精练老辣方向走，也是在当今许多只知饶舌的杂文家中难见到的。

　　得信后请即将尊处的电话示知，并告我平时在何时打电话给你最为方便。

　　匆匆不尽一一，请向京中友人致意。

　　祝好！

王元化

二〇〇二年七月二十三日

附：

王元化历年出版物[①]

《抗战文艺论文集》（编者署名洛蚀文），文缘出版社1939年。

《文艺漫谈》（作者署名何典），上海通惠印书馆1947年。

《向着真实》，新文艺出版社1952年。

《太平天国革命亲历记》（王维周、王元化译），中华书局上海编辑所1961年（1997年由上海人民出版社改版印行）

《文心雕龙创作论》，上海古籍出版社1979年（1984年增订重印）。

《文学风格论》（译著），上海译文出版社1982年。

《向着真实》（改订版），上海文艺出版社1982年。

《脚踪》（小说散文），福建人民出版社1983年。

《日本研究文心雕龙论文集》（编选），齐鲁书社1983年。

《王元化文学评论选》，湖南人民出版社1983年。

《文学沉思录》，上海文艺出版社1983年。

《文化发展八议》，湖南人民出版社1988年。

《思辨短简》，上海古籍出版社1989年。

[①] 本目录是在《王元化集》卷十"著述目录"（钱钢2006年）基础上按年份先后叙列增补。——编者

《新启蒙》（主编，1—4册），湖南教育出版社1988—1989年。

《传统与反传统》，上海文艺出版社1990年。

《思辨发微》，香港三联书店1992年。

《文心雕龙讲疏》，上海古籍出版社1992年（该书为《文心雕龙创作论》的修订改版，1993年台湾书林出版有限公司重印刊行，2004年由广西师范大学出版社增订印行）。

《清园夜读》，海天出版社1993年。

《清园论学集》，上海古籍出版社1994年。

《学术集林》（主编，1—17卷），上海远东出版社1994—2004年。

《思辨随笔》，上海文艺出版社1994年。

《读黑格尔》（手稿影印），江西百花洲出版社1997年。

《清园近思录》，中国社会科学出版社1998年。

《谈文短简》，辽宁教育出版社1998年。

《莎剧解读》（张可、元化译），上海教育出版社1998年。

《清园文稿类编》（一函十册，钱钢编），华宝斋书社1999年

《九十年代反思录》，上海古籍出版社2000年。

《集外旧文钞》，上海文艺出版社2001年。

《九十年代日记》，浙江人民出版社2001年。

《清园文存》（三卷），江西教育出版社2001年。

《清园自述》，广西师范大学出版社2001年。

《冈村繁全集》（十卷另一别册主编），上海古籍出版社2002—2010年。

《清园书简》，湖北教育出版社2003年。

《人和书》，兰州大学出版社2003年。

《思辨录》，上海古籍出版社2004年。

《清园近作集》，文汇出版社2004年。

《清园书屋笔札》，中国美术学院出版社2004年。

《王元化著作集》（三册，冈村繁主编），日本东京汲古书院2005—2010年。

《人物·书话·记事》，人民文学出版社2006年。

《读黑格尔》，新星出版社出版2006年。

《清园谈戏笔札》（线装版），华宝斋书社2006年。

《清园谈戏录》，上海书店2007年。

《读文心雕龙》，新星出版社2007年（该书为《文心雕龙讲疏》的最终修订版）。

《沉思与反思》，上海辞书出版社2007年。

《王元化集》（十卷，钱钢编），湖北教育出版社2007年。

《读莎士比亚》（张可、元化），上海书店2008年。

《人物小记》，东方出版中心2008年。

《人文清园》（杨焄编），江苏文艺出版社2010年。

《海上文学百家文库　王元化卷》（傅杰编），上海文艺出版社2010年。

《思辨历程》，青岛出版社2011年。

《中国文化书院九秩导师文集·王元化卷》（蒋述卓编），东方出版社2013年。

（相关著述）

《跨过的岁月——王元化画传》，胡晓明，上海文化出版社1999年。（后修订改版为《王元化画传》，文化艺术出版社2007年）

《一切诚念终将相遇——解读王元化》，钱钢，湖北教育出版社2003年。

《王元化襟怀解读》，夏中义，文汇出版社2004年。

《王元化和他的朋友们》，罗银胜，湖北人民出版社2009年。

《清园先生王元化》陆晓光编,华东师范大学出版社2009年。

《王元化先生九十诞辰文集》,邵东方、夏中义编,上海文艺出版社2011年。

《王元化人文研思录》,陆晓光,华东师范大学出版社2015年。

《王元化谈话录:1986—2008》,吴琦幸,上海人民出版社2015年。

《王元化评传》,王岳川、王丽丽,黄山书社2016年。

《王元化别传·清园师友录》,罗银胜,文汇出版社2017年。

后　记

　　北京中央编译出版社的邓彤责编来电告知,《王元化文稿》付梓在即。虽然已是预期中的事,却还是倍感欣慰。这项工作的动议始于二〇〇九年六月,电脑中还存有当初收到的邮件。五年前《华东师范大学》校报(2012年9月25日)的报道文中写道:"中央编译出版社两年前曾派人专程前来王元化研究中心联系编辑《王元化文稿》事。此次再度洽谈,是就一月前初步拟就的编辑大纲作进一步商讨落实。""洽谈完毕后,两位老师参观了王元化学馆的展厅及图书室等。王忠波老师说,他两年前曾参观过这里,中心的变化不小,越来越正规,越来越有文化气息了。"(参见《王元化人文研思录》第530页,陆晓光著,华东师范大学2015年3月)我们从多年的联系和来访中感受到期望和责任,这项工作是作为王元化研究中心的主要项目黾勉以求的。《王元化文稿》作为国家出版基金项目正式实施则是始于去年七月,现在书稿终于可以付梓,编者首先要感谢该出版项目负责人邓彤责编的及时中肯细致。

　　编者师从王元化先生二十余年,本书稿编辑也是重温和追思往年教泽的过程。十多年前的新世纪初,由王元化担任顾问的东方文化研究中心在我任教的大学成立。当时该中心除了承担上海古籍整理出版项目《冈村繁文集》(全10卷)的任务外,还编辑了一本《旅外中国学者研究论集》。后者所辑主要是与我同龄的旅外学者的论文。其编列框架为：（序编）中国视域；（第一编）南太平洋地区；（第二编）日本地区；（第三编）美国地区；（第四编）欧洲与俄罗斯地区。我与时在美国大学任教的邵东方先生作为共同主编多次交流后，写了题为"描绘二十一世纪中国学术文化全球图景"的前言。这个前言标题至少从当时看来是有点梦想（dream）。然而当我将书稿提交王先生审阅时，先生欣然为该书出版题鉴"人文东方"。（《人文东方：旅外中国学者研究论集》，上海文艺出版社2002年）为该书题鉴的还有我任教中文系的王元化好友徐中玉先生与钱谷融先生，年事最高的施蛰存先生是用已经颤抖的手写下"现在应当是东西文化融合的时代"。（均见该书扉页）我由此感受到老先生们之间相通的心愿。该书前言中有如下一段文字：

> 二十世纪对于中国而言，主要面临的是如何摆脱自身落后挨打处境的问题，中国传统文化在很大程度上是因此而主要被视为一个需要扬弃改造甚至隔断抛弃的负面遗产；今天看来当时一些对中国传统文化之价值有清醒认识的有识之士（例如"五四"时期的杜亚泉等），他们发出的声音在很大程度上也是因此而被淹没甚至遭批判。换言之，上个世纪中国的特定历史背景在很大程度上遮蔽了中国母体文化对于中国人自身的价值。二十一世纪新背景中情况理应有所不同。（第13页）

其中是以杜亚泉为例说明如何"清醒认识"中国传统文化之价值，而我首次得知中国现代思想史上还有杜亚泉其人，是缘于王元化一九九三年发表的《杜亚泉与东西文化问题论战》。

该书前言中还表达了个人多年海外访学经历的感触："跨文化交往的经历可能使人由此发现并敏感于母体文化的一百个片面性和局

限性，但同时也无疑会使人至少前所未有地体验到母体文化的一个价值，即作为海德格尔所谓'存在之家'的基本价值。"（第4页）这段表述或有偏颇，却也是读王元化推重的《十力语要》后的"与心徘徊"（《文心雕龙》语）。熊十力说："哲学有国民性，诸子之绪，当发其微。若一意袭外人肤表，以乱吾之真，将使民性尽毁，渐无独立研究与自由发展之真精神，率一世之青年，以追随外人时下浅薄之风会。"王元化评曰："此语发自半个多世纪以前，但今日此种风习依旧，此实可悲。"熊十力当年又说："东方文化其毒质至今已暴露殆尽，然其固有优质待发扬者，吾不忍不留意也。"王元化于此又评曰："这些话多为人所不知，以至他被目为一个只知歌颂传统的国粹派。"（王元化《思辨录》第127条）

缘此我也感触到，王元化晚年"反思"潜在着一个根本性的问题意识，用今天的话来说，就是如何在新的历史时期重建中国人对自身母体传统的"文化自信"。① 王元化这个"反思"可以追溯到我国改革开放之初："我是在一九七九年平反前，……到大百科上海分社工作的。"（《姜椿芳与大百科全书》文，见《清园近思录》，中国社会科学出版社1998年）"我在编大百科《中国文学卷》时曾提到这样两个原则：第一，从比较中探索中国文学的特点；第二，从文化传统的背景上来探索形成这种特点的原因。我相信，如果我们这样去做，对一些长期晦暗不明、争论不清的问题可以理出一些头绪甚至有所突破，对一些似成定论的问题也可能作出新的估价，取得

---

① "要讲清楚中华优秀文化的历史渊源、发展脉络、基本走向，讲清楚中华文化的独特创造、价值理念、鲜明特色，增强文化自信和价值自信。"（习近平《谈治国理政》第164页，外文出版社2014年10月版）"中国有坚定的道路自信、理论自信、制度自信，其本质是建立在5000多年文明传承基础上的文化自信。""文化自信，是更基础、更广泛、更深厚的自信"。（新华网2016年8月5日文《文化自信——习近平提出的时代课题》）

新的认识。"(《从文化史的角度来研究文学》,《传统与反传统》,上海文艺出版社 1990 年)

王元化提出应予重新评价的标志性人物是王国维,其聚焦的正是中国传统文化之价值问题:"王国维自沉昆明湖,陈寅恪在挽词中说:'凡一种文化值衰落之时,为此文化所化之人,必感苦痛。'……可以用来作为阐释王国维自杀的原因。这种思想反映了这一代受到传统文化浸润的知识分子的普遍心态。"(《杜亚泉与东西文化问题论战》)我以为甚至可以说,王元化"反思五四"的诸多"再认识",包括"进化论"、"功利主义"、"意图伦理"、"激进主义",乃至"独立之精神,自由之思想"等,都是基于重建"文化自信"的目标,离开了这个根本问题讨论难免偏题乃至跑题。

然而王元化"反思"的历史语境以及赖以进行的思想资源,又有与其前辈不同的方面。早在上世纪八十年代初他就强调毛泽东《延安文艺座谈会讲话》最主要理论贡献在于"提出了中国作风和中国气派问题";"讲话发表以后,延安出现了大量具有中国作风、中国气派的优秀作品,克服了以前革命文学模拟或抄袭苏联文艺创作的缺陷。"(《文学沉思录》第 39 页,上海文艺出版社 1983 年)之后他又多次提问讨论"中国气派"与文化传统之关系。例如一九八六年四月在《文心雕龙》学会第二届年会上讲话中:"为什么在建国三十多年中文化研究几乎是空白?原因是多方面的,其中有一个重要原因就是把这种研究看成是与马克思主义相对立的。""马克思说,人性可分为'人性一般'和'在不同历史时期变化了的人性'。在我们的文化史中是不是也有一种共性的东西,像这里所说的'人性一般'的存在?即我们民族文化传统中在不同的历史时期、不同的社会条件下具有某种共性的东西。"(《从文化史的角度来研究文学》,《传统与反传统》第 74—75 页,上海文艺出版社 1990 年)一九八八年《文化交流和古籍整理》中再度提问并从另一角度解答:

"为什么我们的文化研究会中断三十多年呢？主要是在文化研究的认识上长期存在着一种片面理解。我们过去简单地认为，一定的文化是一定的政治经济的反映。不错，文化确实是与政治经济密切关联的，但这绝不是一种直线式的简单的对应关系，而是一种十分复杂的相互交错相互影响的辩证关系。然而，过去我们以为只要从事政治经济规律的研究，就足以说明文化，这样就把对文化自身发展规律的研究取消了。但是这并不是马克思主义的观点。"（《文化发展八议》第58页，湖南人民出版社，1988年）同书中的《文化发展战略是项系统工程》（第8页）写道："随着社会主义现代化建设的发展，如何看待传统文化的问题又摆到我们的面前。所谓中国特色的文化，就要从传统文化中去研究。……每个民族都用自己的文化特点丰富世界文化之林。"中国文化如何发展是王元化晚年最役心力研讨的课题，因而也是《王元化文稿》编辑期望的主旨。

编者写此后记时，正值美国总统特朗普访华期间。从媒体上看到特朗普总统展示自己外孙女阿拉贝拉背诵《三字经》和朗诵唐诗等视频。上世纪九十年代初我曾在美国访学，其时携家眷游览洛杉矶迪斯尼乐园留下的印象之一是，那里为游客所写指示标牌有英语、日语等说明文字，却没有汉语文字，而洛杉矶是美国华人居住较多的地区。我曾将此印象写入前面言及的《人文东方：旅外学者研究论集》（该书第2页）。两相对比，不能不感慨中国和世界确实是进入"新时代"了。① 《王元化文稿》的付梓出版恰逢"新时代"发轫，晚年最役心力研讨中国文化发展问题的王元化先生，应该是尤其欣慰的吧。"吾国人今日所急需要者，思想独立，学术独立，精神

---

① "中共十九大审议并一致通过《中国共产党章程（修正案）》，习近平新时代中国特色社会主义思想写入党章。这是历史的选择、人民的选择、全党的选择，具有重要而深远的意义。"（《人民日报》海外版2017年10月25日）

独立，依自不依他，高视阔步，而游乎广天博地之间，空诸依傍，自诚自明，以此自树，将为世界文化开发新生命，岂唯自救而已哉？"（摘自王元化《九十年代日记》第243页）

　　本书编辑过程中，得到王元化家人桂碧清先生、哲嗣王承义胥倬如夫妇，及蒋述卓、钟明奇、杨焄等师友教授的帮助。中国工程院院士闻玉梅先生（王元化表妹）曾致信勉励王元化研究中心工作，和建伟、张士立等博士生承担了诸多事务，我所在院系党委书记余佳副教授给予了力所能及的协助，我所居陋室提供了宁静有序，一并致谢。

二〇一七年十一月十三日

图书在版编目（CIP）数据

王元化文稿／陆晓光编著. —北京：
中央编译出版社，2017.12
（当代中国思想家文库／俞可平主编）
ISBN 978-7-5117-3416-7

Ⅰ.①王… Ⅱ.①陆… Ⅲ.①王元化（1920-2008）-文集
Ⅳ.①C53

中国版本图书馆 CIP 数据核字（2017）第 247496 号

王元化文稿

出 版 人：	葛海彦
责任编辑：	邓　彤
责任印制：	刘　慧
出版发行：	中央编译出版社
地　　址：	北京西城区车公庄大街乙 5 号鸿儒大厦 B 座（100044）
电　　话：	（010）52612345（总编室）　（010）52612352（编辑室） （010）52612316（发行部）　（010）52612346（馆配部）
传　　真：	（010）66515838
经　　销：	全国新华书店
印　　刷：	北京文昌阁彩色印刷有限责任公司
开　　本：	710 毫米×1000 毫米　1/16
字　　数：	1222 千字
印　　张：	95
版　　次：	2017 年 12 月第 1 版
印　　次：	2017 年 12 月第 1 次印刷
印　　数：	1—3000 册
定　　价：	360.00 元

网　　址：	www.cctphome.com　　邮　箱：cctp@cctphome.com
新浪微博：	@中央编译出版社　　微　信：中央编译出版社（ID：cctphome）
淘宝店铺：	中央编译出版社直销店（http：//shop108367160.taobao.com）　（010）55626985

本社常年法律顾问：北京市吴栾赵阎律师事务所律师　闫军　梁勤
凡有印装质量问题，本社负责调换。电话：（010）55626985